贵阳市

云岩区志

GUIYANGSHI YUNYANQUZHI

2001—2015

贵阳市云岩区地方志编纂委员会办公室　编

方志出版社
Publishing House of Local Records

《贵阳市云岩区志》（2001 年——2015 年）编纂委员会

2015 年

主 任 委 员　莫　蒞　王建忠　林　刚

副主任委员　杨晓阳　沈　兵　石　洋

委　　　员　（以姓氏笔画为序，下同）王恩红　刘莉娜　李发军

宋成强　夏建林

2016 年

主 任 委 员　王建忠　林　刚

副主任委员　沈　兵　石　洋

委　　　员　王恩红　刘莉娜　李发军　陈　俊　宋成强　张　华

夏建林

2017 年

主 任 委 员　王建忠　林　刚

副主任委员　沈　兵　石　洋

委　　　员　王恩红　刘莉娜　陈　俊　张　华　夏建林

《贵阳市云岩区志》（2001 年——2015 年）编纂委员会

2018 年

主 任 委 员　王建忠　林　刚

副主任委员　沈　兵　张　缨

委　　　员　王恩红　刘莉娜　陈　俊　张　华　夏建林

2019 年

主 任 委 员　林　刚　王　黔

副主任委员　王　峰

委　　　员　王恩红　刘莉娜　张　华　桂立安　夏建林　黄挥戈

2020 年

主 任 委 员　林　刚　王　黔

副主任委员　王　峰

委　　　员　方　超　刘莉娜　桂立安　夏建林　葛思东　谢朝勇

《贵阳市云岩区志》（2001——2015）编辑部

主　　编　王恩红（2015 年 — 2019 年 1 月）
　　　　　黄挥戈（2019 年 1 月 — 2019 年 12 月）
　　　　　葛思东（2020 年 1 月 — 2020 年 6 月）
执行主编　周诗若
副 主 编　于　明（2016 年 — 2019 年 1 月）
　　　　　龙继东（2019 年 1 月 — 2020 年 6 月）
总　　纂　郑荣晴
编　　审　刘正绪
审　　改　郑荣晴　刘正绪　周诗若　涂富强　林柏海　刘瑞兴
撰　　稿　刘瑞兴　刘正绪　周诗若　林柏海　涂富强　黎　元
　　　　　郑荣晴　杭复兴　姚贵云　黄挥戈　蔡　戬　李　梅
　　　　　王一宏　韦忠文
编辑校对　周懋昭　严　阵　华　宁　刘复青
编　　务　刘复青　姚沛吟　杨回莹

初审单位　中共云岩区委　云岩区人民政府
复审单位　贵阳市地方志编纂委员会办公室
终审单位　贵州省地方志编纂委员会办公室
验收单位　贵州省地方志编纂委员会办公室

贵阳市云岩区交通图
乌当区
南明区
黔灵镇
黔灵湖
黔灵园
云岩区行政中心
省政府
省人大
麦杆冲
百花坪
杨家山
狮子麻窝
三冲
白仕
黄家湾
东山农民新村
石板坡
和尚井
大塘村
长冲
江家湾
太乙井
银通山庄
麻冲
关刀岩
小关桥
图例
党政机关
公安派出所
区界
镇及办事处界
铁路
河流
街道
企事业单位
绿地、广场
比例尺：1：17700

位于新添大道的云岩区行政中心大楼

贵阳城市副中心，云岩区境内的中天未来方舟时间公园

·政务活动·

2010 年 1 月 29 日，中共云岩区委第七届第七次全体（扩大）会议召开

2011年10月30日至11月2日，中国共产党云岩区第八次代表大会召开

2013 年 12 月 31 日，中共云岩区委第八届第五次全体（扩大）会议召开

2015 年 1 月 26 日，中共云岩区委第八届第六次全体（扩大）会议召开

2015 年 2 月 15 日，中共云岩区第八届纪律检查委员会第五次全体会议召开

2015年12月25日，云岩区召开党风廉政建设和反腐败工作总结会

2014 年 3 月 3 日，云岩区第十六届人民代表大会第四次会议召开

2015年2月10日，云岩区第十六届人民代表大会第五次会议召开

2014 年 3 月 2 日，政协贵阳市云岩区第九届委员会第四次会议召开

2015年2月29日，政协贵阳市云岩区第九届委员会第五次会议召开

2010年7月29日，卫生部部长陈竺（二排中间）、世界卫生组织总干事陈冯富珍（一排）在云岩区环北社区卫生服务中心考察儿童保健工作

2013年5月8日，中共贵州省委书记赵克志（右起第四）、贵州省人民政府省长陈敏尔（右起第三）视察贵阳市实验小学

2014年1月2日，中共贵州省委常委、省人民政府常务副省长谌贻琴（右一）到云岩区调研第三次全国经济普查登记工作

2005年4月，贵阳市云岩区社区矫正试点工作启动仪式在中华中路办事处正新社区举行

2007年7月31日，云岩区为各社区流动人口计划生育管理站授牌

2014年10月22日，中共云岩区委党校离退休干部分校成立（校管会成员合影）

2015年9月20日，云岩区获纪念抗战胜利70周年纪念章的五名老干部（左起：柳亭荛、王维新、王兆兰、李新科、王银举）

·生态旅游·

位于云岩区文昌南路的明代武胜门城墙

位于云岩区的大十字广场

位于云岩区扶风山山麓的国家重点文物保护单位贵阳阳明祠

位于云岩区黔灵山公园内七星潭之一的天枢潭

黔灵山象王岭上瞰筑亭，“瞰筑亭”三字为著名书画家刘海粟题书

建造在关刀岩（贵山）脚的贵山标帜牌坊，额刻“贵山耸秀”

云岩区境的关刀岩山顶八角亭

黔灵山公园内的弘福寺外景

位于云岩区的鹿冲关森林公园“鹿冲关”石牌坊

鹿冲关森林公园莲花亭

贵阳市文物保护单位地母洞，全面抗战期间，四库全书从杭州转移至此保藏五年余

鹿冲关森林公园内环翠阁

位于云岩区境的市级文物保护单位圣泉，是明代贵阳十景之一

云岩区境的小关湖湿地公园

云岩区境的文峰山体公园一角

·经济建设·

云岩区的喷水池经济商圈楼宇群

云岩区兴建的贵阳城市副——中心未来方舟全景

2012 年整体搬迁前的云岩区市西路小百货批发市场

市西路小百货批发市场整体搬迁后，2015 年 1 月在原址建成的市西滨河商业街

位于云岩区的三桥中坝立交桥

横跨三桥片区的贵渝高铁云岩段从三桥片区穿过

贵广高铁三桥南路高架桥

建在云岩区北京路的贵阳首座四层立交桥

贵州益佰制药股份有限公司（2015年）

贵州永吉印务股份有限公司

云岩区电商产业园

瑞金路街景

飞山街棚户区新貌

2015年建成的宅吉“梦想典城”住宅区

中天花园小区的建筑群

·文教事业·

2013年，国家一级演员巩汉林参加贵阳市举办的“我的中国梦·未来方舟慰问演出”活动

2014年7月4日，国家一级演员唐国强（左起第四）出席云岩区庆祝中华人民共和国成立65周年嘉年华活动

钢琴家刘诗昆在云岩区为贵州琴童现场教学

2013年9月30日，云岩区举办消夏纳凉广场文艺演出

2014 年 4 月 2 日，云岩第四届三月三苗族风情盛会在杨惠村举行

2014年12月12日，“中天未来方舟，我们的中国梦——中国文联、中国曲协文艺志愿服务团送欢乐下基层”慰问演出在云岩区中天未来方舟社区举行

2015年1月31日，云岩区黔灵镇偏坡村残疾人联谊会

2015年3月6日，云岩区总工会“庆三八”女职工趣味运动会

2015年4月30日，云岩区举办职工工间操比赛

2015年10月20日，云岩区2015年老年节“夕阳无限好”文艺演出

2015年11月14日，云岩区青少年创新思维大赛开幕式

2015 年 3 月 17 日，贵州省暨贵阳市中小学“祖国好·家乡美”主题系列活动在云岩区安井学校举行启动仪式

2015 年 9 月 25 日，共青团云岩区委到普陀社区丰航学校举行赠书仪式

2015 年 4 月 4 日，云岩区在阳明祠开展阳明文化活动

2015 年 8 月 31 日，京筑教育合作项目学校授牌仪式暨北京市日坛中学贵阳分校建校

黔灵镇新建的乡村农家书屋

2015 年云岩区省府社区建造的千院项目宅吉路 7 号“群众书屋”

云岩区属贵阳市省府路小学

云岩区属贵阳市第二实验中学 教学楼

贵阳市第二实验中学足球场

改造后的云岩区属贵阳市三桥小学

云岩区属贵阳市实验幼儿园分院外景

2006年5月，云岩区人民政府首轮《贵阳市云岩区志》首发式座谈会会场

2001年至2015年云岩区出版的刊物

2013年9月28日，云岩区举办2013年地方志综合年鉴业务培训班

《贵阳市云岩区志》（2001年—2015年）研讨会

黔灵山公园摩崖石刻“关刀岩”

贵山——关刀岩崖壁上的摩崖石刻“贵山耸秀”

黔灵山摩崖石刻“黔南第一山”

黔灵山公园摩崖石刻“贵山耸秀诗”

云岩区境的海天园内的贵州革命英烈纪念碑

海天园内贵州籍抗日阵亡将士名录墙

·关注民生·

成立于 2015 年 8 月 15 日的云岩区属中心敬老院

中心敬老院大厅

中心敬老院双人间

改造后的云岩区妇幼保健院

2010 年全国人大调研组隋明太一行到云岩区宅吉办事处“阳光托老”中心调研

贵州省民政厅副厅长甑燕驰（右四）出席 2014 年云岩区白蜡井小区养老服务启动仪式

2007 年 7 月，云岩区中华街道办事处为辖区贫困学生发放助学金

2008 年 5 月，云岩区中华街道办事处群众为“5.12 汶川”地震捐款

2009 年 2 月，中华街道办事处为农民工发放工会证

2010 年云岩区宅吉街道办事处获全国敬老模范单位称号

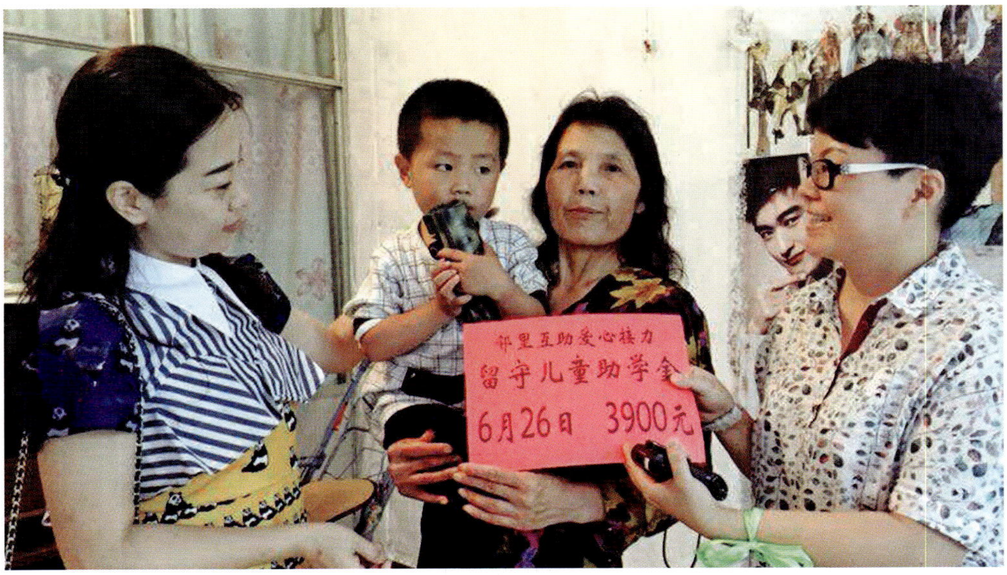

2015 年 7 月 15 日，云岩区栖霞社区开展“邻里互助 爱心接力”为留守儿童筹集助学资金

云岩区红十字会“博爱送温暖”活动中给群众发放过冬物资

序一

三阅寒暑，九易其稿，《贵阳市云岩区志（2001-2015年）》终于付梓问世。这是我区继首轮《贵阳市云岩区志》后，又一部完整系统记载云岩区发展历程的重要文献，是我区文化建设所取得的一项丰硕成果，对促进全区经济社会发展，加快省会城市核心城区建设具有重要的意义。在此，我谨向支持本书编纂的有关部门以及参与编纂工作的同志们致以衷心的感谢！

存史资政，鉴往知来。若要探究云岩区的昨天与今天，须穿越浩瀚史海。我们有计划、有目的的收集整理本地区资料，深入剖析区情，注重突出地方特色，于秀美云岩的万卷图画中，回眸岁月长河，追寻历史印记，以观深化改革的波澜。

《云岩区志》的时限，是从2001年开始到2015年，按照时间顺序对云岩的经济社会发展情况展开介绍。细细读完此书，仿佛将云岩区进入新世纪以来的历史重新翻阅，竟有一种重识云岩的感觉，对这片土地的景仰和热爱不禁又增添了几分。

云岩作为省会核心区，自明朝贵州建省以来，一直是省政府机构所在地。近年来，云岩区在中共贵州省委、省人民政府和中共贵阳市委、市人民政府的坚强领导下，在历届中共云岩区委、区人民政府的接力奋斗中，长期保持经济总量领跑全省、资源要素高度富集、政策红利不断释放、城市再造高速推进、人居环境更加优越、文化教育优势突出、干部队伍心齐劲足等发展优势，连续7轮获评“全国科技进步先进区”，并获“全国绿色发展百强区”“全国投资潜力百强区”“全国综合实力百强区”等荣誉称号。

如今，以沉稳姿态不断前行的云岩区，又进入新的发展阶段。我们将以《云岩区志》保存的历史经验为参考，加快“以率先实现基本现代化为己任”的步伐，认真贯彻落实中央、省和市的决策部署，团结奋进，继往开来，坚持苦干实干加油干，让人民公平共享发展成果，继续谱写新时代云岩区发展新篇章。

中共云岩区委书记

2020年6月

序二

修志不易。云岩区地方志办公室全体修志人员，历时 4 载的艰辛努力，终于让《贵阳市云岩区志（2001-2015 年）》面世，这是全区文化事业和精神文明建设值得欣喜、值得庆贺、值得铭记的一大盛事。

本志记述云岩区地域各方面发展之脉络、传续之轨迹，以发挥资治、存史、育人功能，即所谓“修志问道，以启未来”。“道”就在经济社会的生动实践之中，在百感交集的默然回顾之中。《云岩区志》以云岩区新世纪以来的发展历程为主线，全面、系统地记述辖区自然与社会的历史和现状；反映全区发展轨迹和区情特色。全书脉络清晰、门类齐全、内容丰富、文字凝练，较好地实现了方志的科学性、资料性、可读性和谐统一。它向人们展示了湖光山色的自然风景，有“笙歌十里市中市，冠盖千家城外城”的都市繁华，有“知行合一”的王学之旅。得天独厚的自然景观造就了钟灵毓秀的云岩，厚重的历史文化积淀了人文底蕴深厚的云岩。细读全书，令人更加深刻地读懂云岩、认知云岩，从而更加深沉地爱上云岩。

云岩区更有坚持绿色发展的坚实步履，有持续领跑全省发展的辉煌成绩，有“全国综合实力百强区”“全国科技进步先进区”“全国绿色发展百强区”“全国投资潜力百强区”的耀眼荣誉。

当前，云岩区正面临世界“百年未有之大变局”，欣逢“一带一路”和国际陆海贸易新通道建设、“陆港复兴”以及“消费升级”的历史契机，又处于需要加快迈向城市现代化和产业现代化、特别是城市能级和核心竞争力需要显著跃升的关键时刻。我们要实现这方热土产业业态、城市品质、核心功能、发展要素、公共供给的迭代升级，就必须重视历史、研究历史、借鉴历史。了解昨天、把握今天、开创明天，坚定不移地发扬“团结拼搏、自强不息、艰苦奋斗、争创一流”的“云岩精神”，坚定不移地围绕“一品一业、百业富贵”的发展愿景，推进“全国一流、全省领先、全市示范”的现代化新云岩建设，以实干实绩为伟大复兴中国梦作出云岩贡献。

是为序。

云岩区人民政府区长

2020 年 6 月

凡 例

一、本志以坚持马克思列宁主义、毛泽东思想、邓小平理论、“三个代表”重要思想、科学发展观、习近平新时代中国特色社会主义思想为指导，坚持辩证唯物主义和历史唯物主义的立场、观点和方法，力求准确科学地记述云岩区的发展变化。

二、本志为2005年出版的首轮《贵阳市云岩区志》的续修志，记述云岩区自2001年至2015年的政治、经济、文化、社会、生态建设等方面的历史与现状。

三、本志对特别重要的事件及历史人物的记述适当上溯，或设专文予以补充；政域变化、体制改革和经济建设方面具有连续性的重要事项适当下延。

四、本志使用规范的简体字和国家标准的标点符号，行文使用规范的语体文；体裁以记事为主，合理采用列表、图片和附录等表述方式。

五、本志按地理、政治、经济、社会、生态、文化等门类分设23篇；书末设《附录》，其中《艺文》为历史名人诗文辑录，是对首轮云岩区志的补遗。

六、本志《大事记》体裁以编年体行文，择要记述辖区15年中发生的重大事件和新生事物。

七、本志按“生不立传”的原则，以条目式体裁为人物立传。收录人物以长期居住在云岩区或工作单位在云岩区境内，并对贵州省、贵阳市或辖区有重大贡献，影响深远者为主，按生年先后排序；作为对首轮《贵阳市云岩区志》的补遗，适当收录不在本志时限的历史人物。获国家级、省（部）级表彰的先进人物列表记录。

八、中华民国以前（不含民国）的历史纪年，以汉字书写朝代年号，括注阿拉伯数字公元纪年，中华民国时期及中华人民共和国时期，一律用公元纪年。

九、本志涉及政治、军事和企事业单位等名称，第一次出现用全称，括注简称，再次出现用规范的简称；对人物直书其名，不用尊称；领导人和知名人士首次出现，前缀其主要职务或职称，再次出现省略其职务职称（职务职称有变更者除外）；地名一律用现行名称，必要时对历史名称予以括注。

十、本志数字写法，按国家2011年11月1日实施的《出版物上数字用法的规》(GB/T15835－1995) 执行；凡列入国家统计的数据，以贵阳市或云岩区统计部门《统计公报》数据为准，统计部门无记录的，采用有关单位提供、经核实的数据；由于统计口径的不同，各系统的数据可能存在差异。

十一、计量单位的名称和符号，按照国家关于《现行法定计量单位的命令》执行。

十二、表序按章排列；章内只有1个表的不列序号。

十三、本志史料，以各部门提供的档案、简报、总结、资料长篇和贵州省、贵阳市、云岩区各年《年鉴》资料为主，适当参考报刊杂志及正式出版的相关专著；对于各级人民政府官网公布的信息，经查实后，按实际需要采用，一般不注明出处。

十四、由于本志记述的时限内，全区体制改革处于动态发展阶段，很多单位尚未完成档案资料和图片的整理和移交，导致资料搜集困难，故本志部分章节存在断线缺项情况。

目 录

GUI YANG SHI YUN YAN QU ZHI 2001-2015

第二篇　中国共产党地方组织

第三篇 人民代表大会

第四篇 人民政府

第五篇　人民政协

第六篇 民主党派 人民团体

第七篇 审判 检察 公安 司法行政

第八篇　军　事

第九篇　商贸　服务业

第十篇 工业和信息化

第十一篇 农业 水利

第十二篇 经济管理

第十三篇 财政 税务 金融

第十四篇　城市建设与管理

第十五篇　邮政通信　交通运输

第十六篇　生态环境保护

第十七篇　教　育

第十八篇　科学技术

第十九篇　文化　体育

第二十篇　旅　游

第二十一篇　民族　宗教

第二十二篇　医疗卫生　计划生育

第二十三篇　就业和社会保障　民政

人 物

附 录

概 述

GUI YANG SHI YUN YAN QU ZHI 2001-2015

云岩区位于贵阳三个主城区的东北面，面积91.65平方千米，属黔中丘原盆地，具有典型喀斯特生态环境和良好避暑自然条件；是全国重要的生态休闲度假旅游城市贵阳市的都市功能核心区。

中共十一届三中全会后，着力发展街道（乡镇）经济，黔灵乡1991年成为贵州省第一个“亿元乡”，街道财政收入从1994年进行财政体制改革，建立街道财政后的2625万元增至2000年的10348万元。至“九五”计划期末，在全省县域经济中，总量排名第一，综合实力迈上新台阶。进入21世纪，云岩区抓住西部大开发、国务院出台国发2号文件支持贵州经济社会又好又快发展等重大历史机遇，从区情出发，在解放思想、改革创新中推进经济社会持续健康发展。在全省经济社会发展满意度测评中，从2011年的84.8%上升为2015年的95.04%。

一

2001年后，云岩区调整优化经济结构，重点培育新的经济增长点，实施开放带动、科教兴区、市场带动和可持续发展战略，确立三产立区、工业强区、体制活区的发展思路，明确“一核两带三片区”（一核：以云岩老城区为核心区，两带：东西发展带、南北发展带，三片区：东线渔安、安井片区，西线三桥、马王庙片区，北线小关、雅关片区）空间布局，制定建设生态文明城区的战略目标，发展服务业和高新技术产业，促进非公有制经济发展。在贵州省2007年—2010年区（县、市）经济发展增比进位综合测评及排位中均名列第一，在全省经济强县建设年度综合考核中连续11年位居榜首。

“十二五”规划期间，云岩区经济结构基本实现“四个优化”。产业结构优化：第一产业、第二产业、第三产业增加值占地区生产总值的比重，分别由2000年的0.5%、56.1%、43.4%，2005年的

0.2%、45.8%、54.02%，2010 年的 0.19%、40.53%、59.28% 调整为 2015 年的 0.08%、19.14%、80.78%，并向高增值、强辐射、广就业的现代服务业转变。税源结构优化：2005 年，全区纳税百强前 20 名企业，已由以房地产业为主变为以商贸、工业、房地产共同支撑的格局。2015 年，第三产业占税收比重达 69.34%，全区税收上亿元的商务楼宇有 21 栋，入驻企业（总部）227 户，产生税收 46.48 亿元，商务楼宇成为撬动经济转型升级的新引擎。企业结构优化：中共云岩区委、区人民政府表彰奖励 2010 年度百强纳税企业中，现代服务业有 54 户，高新技术企业 21 户。2015 年，高新技术产业增加值占地区生产总值 25% 以上。服务业产业结构优化：2015 年，服务业各行业增速依次为金融业 28.8%，交通运输、仓储和邮政业 15%，住宿业和餐饮业 5%，房地产业 3.3%，批发零售业 2.3%，其他营利性和非营利性服务业均为 13.8%。基本实现实体经济向总部经济、传统产业向现代产业、城区发展向“三圈”（核心圈、周边圈、外围圈）发展、商圈打造向商区建设的“四大转变”。以现代服务业为主导，都市工业为支撑的城区产业体系初基本形成。针对产业层次偏低的问题，云岩区不断提升产业配套能力，构建以大数据为引领，以金融业为龙头，以现代服务业为主体的新型产业结构，推动区域经济转型升级。

云岩区在全省率先发展楼宇经济和总部经济，推动中华北路、延安路、北京路、中山路等生产性服务业聚集街区升级发展。以商圈为依托，喷水池、紫林庵、大西门、大十字“四大商圈”提质升级。通过改造提升传统优势产业，推动了市西路业态升级、城市商贸综合体建设和金融、研发、信息、商务等现代服务业的发展。初期的市西路街边市场，逐步发展成为日均人流量达 30 万人次的繁华商业街区。2008 年，销售额近 200 亿元。2014 年，市西路批发业态转移升级后，建成市西路商业步行街；贵阳国贸集团发展成为全市商贸零售的龙头企业，以中天城投为代表的房地产业拓展提升产业价值链；金融业增加值由 2010 年的 30.3 亿元增至 2015 年 106.1 亿元，增速居服务业各行业第一。打造了以黔金所为代表的“互联网金融”平台；推动金融、商务、中介等重点业态以及企业总部集聚发展；“爽爽贵阳”“贵中云岩”文化旅游业带动“吃、住、行、游、购、娱”六大体系的传统服务业转型，旅游总收入位居全省第一。“十二五”规划期间，第三产业年均增长 16.25%，服务业增加值 2015 年达到 525 亿元，占全区经济总量的 80.78%。逐渐形成供水电热、装备制造、生物制药、印刷包装、现代食品五大支柱产业。2013 年，在中关村贵阳科技园的总体布局下，云岩产业园成为全市 13 个产业园区之一，在三桥马王庙片区构建“一区三园”（一区：云岩区；三园：益佰生物医药工业园、普天通信信息产业园、三马高新技术产业园）的产业布局。进入全省“五个 100 工程”的益佰医药工业园初具规模。至 2015 年，区境聚集大数据企业 165 家，实现产业规模总量 95 亿元。工业经济占云岩区生产总值的比重，由 2001 年的 54% 调整为 2015 年的 19.14%，工业增加值由 48.82 亿元增至 124.37 亿元，高新技术企业产值占工业总产值的比重达 36.63%。农业在云岩区三大产业中的占比，由 2001 年的0.7%调整为2015年的0.08%，农林牧渔业增加值5800万元。

2001年以来，云岩区对非公有制经济统一规划安排、统一检查落实和奖励，建设扶持发展中小微企业的服务体系，持续改善营商环境，促进非公有制经济的发展。把招商引资作为经济工作的重中之重，营造良好的服务环境、法制环境和投资环境，在省、市组织的招商活动中，充分发挥自主招商的积极性，聚力招大引强。“九五”计划至“十一五”规划期间，云岩区项目招商引资分别由15.4亿元、69.01亿元增至210.95亿元。“十二五”规划期间，引进项目967个，引进省外实际到位资金840亿元，实际利用外资3.13亿美元，康德乐、中国华融、万科地产、恒大地产、中航地产等国际国内500强企业的投资布局，促进了区域经济发展。非公经济增加值由2003年的44.67亿元增至2015年的357.07亿元，占全区总量比重由39.99%升至54.92%；民营经济占比扩大、产业升级、环境优化。2015年，全国投资潜力百强，云岩区排位前移到52位。

云岩区2003年、2008年和2013年连续三轮位居全省经济强县建设综合考核第一。全区生产总值由2000年的79.75亿元、2005年的156.53亿元、2010年的306.12亿元增至2015年的650.02亿元；地方财政收入由2000年的1.83亿元、2005年的6.96亿元、2010年的14.92亿元增长到2015年的136.98亿元；固定资产投资由2000年的3.01亿元、2005年的89亿元、2010年的143.99亿元增长到2015年的408.3亿元；社会消费品零售总额2000年的由24.96亿元、2005年的82.99亿元、2010年的181.9亿元增长到2015年的306.45亿元。2015年，在全省区（县、市）经济发展增比进位城区方阵，云岩区排位由三进二，35项指标中的地区生产总值、税收收入增速、旅游总收入、综合科技进步水平指数、城镇新增就业人数、城镇（农村）常住居民人均可支配收入等13项指标位列全省第一。

二

2001年，云岩区开始实施天然林资源保护、退耕还林还草等重点生态建设工程。至2004年，森林覆盖率比2000年提高9.5个百分点，获全省天然林资源保护工作第二名。2007年，实现打击违法占用林地专项整治目标，建设和保护环城林带，恢复区内绿化，实施湿地的生态修复和环境综合治理。2014年，开展森林保护执法专项行动，保护有林重点片区的森林资源，开展植树造林和城市绿化建设。通过道路绿化、社区绿化、棚改绿化、新建小区和项目配套绿化等方式，增加绿地面积。优化绿地布局，推行生态绿化方式，保护古树名木大树资源，巩固生态本底。全区森林覆盖率由2000年的19.8%增至2015年的33.5%；城市绿地率由2000年的34.93%增至2015年的45.34%，形成山水林城相融的生态格局。

2002 年，在全区推广落实树木包保责任制。2004 年，成为全国绿化模范城市。健全依法执行环评和“三同时”（在建设项目中，防止污染的设施，要与主体工程同时设计、同时施工、同时投产）制度，巩固“一控双达标”（一控：污染物总量控制；双达标：工业污染物排放达到国家或地方规定的标准，空气和地面水达到国家规定的标准）成果，淘汰不符合国家产业政策和污染严重的企业及落后的产能、设备和产品。2008 年，完成全国第一次污染源普查工作和污染减排目标。加大水资源保护力度，集中式饮用水源水质达标率保持在 100%。城市生活垃圾无害化处理率达到 100%。“十二五”规划期间，把“控违、治水、护林、净气、保土”作为生态环境治理的重点，完成饮用水源地生态移民搬迁，以及金钟河草坝等污水收集治理项目及打石沟截污工程建设，城市生活污水集中处理率达 99%。推进大气污染防治工作，强化建筑工地、道路扬尘、环境卫生、饮食油烟、能源污染等源头治理。2015 年，云岩区环境空气质量优良率达 93% 以上；单位 GDP 综合能耗降低率 18% 以上，工业固体废物综合利用率 95% 以上。

在东线片区的未来方舟，推进国家绿色生态示范城区建设，重点发展现代服务业。2015 年，在西线片区的三桥马王庙，配合进行贵阳市海绵城市建设研究工作，绿色社区、温馨家园建设初显；转变发展方式，促进经济社会发展和生态环境的改善，巩固了城区生态环境优势和全国文明城市、国家卫生城市、国家环保模范城市创建成果。

三

云岩区着力保障和改善民生。2000 年，在全省率先消除人居茅草房。2003 年，实现村村道路硬化和通水、通电、通电活、通有线电视。2012 年年底，率先在全省实现整体脱贫。2013 年，通过省级全面小康达标验收，提前 8 年建成全面小康。2001 年与 2015 年相比，常住居民人均可支配收入，城镇由 6979 元增至 28142 元；农村人均可支配收入由 3402 元增至 14080 元，均增加 4 倍以上，保持全省第一。民生投入由 2006 年的 4.43 亿元增至 2015 年的 32.62 亿元，占公共财政预算支出比例由 55.98% 升至 75.58%。在群众最关心、最直接、最现实的利益问题上，办实事、见实效，推进幸福云岩进程和社会事业全面发展。

扩大就业与发展社区服务相结合，创建充分就业社区。2008 年，云岩区实现“零就业家庭”动态为零。建立职业培训、技能鉴定、小额担保贷款、创业扶持与失业人员、高校毕业生、进城务工人员就业创业政策扶持体系。2014 年创建全国创业型城区，在全省率先建立就业行业服务网站。“十二五”规划期间新增就业 23.93 万人，保持全省第一，城镇登记失业率控制在 3.62% 以内；强化各项社会保险制度全覆盖。2002 年，基本实现城市居民最低生活保障。2008 年，云岩区在全省率先实行城市农村低保并轨。2015 年，参保规模达 68.5 万人，覆盖率 98% 以上；在区中心敬老院建立医养结合养老新模式，以居家为基础，社区为依托，机构为支撑的养老服务体系基本形成。解决“住房难”问题，住房保障范围从 2000 年开始的城市最低生活保障家庭，扩大到 2011 年的城市中等偏低收入家庭，城市低收入家庭和中等偏低收入家庭住房保障实现了“应保尽保”。

2001 年，云岩区成为西南地区第一个全国写字教育示范区和基础教育课程改革实验区。从 2004 年 9 月 1 日起，进城务工人员子女与本地学生在接受义务教养方面享受同等教养。坚持“以流入地政府为主、以全日制公办学校为主”的原则，公办学校接收进城务工人员随迁子女的比例，由 2008 年的 29.9%、2013 年 36.7% 升至 2015 年的 60%。“十二五”规划期间，新建一批中小学和幼儿园，整改提升一批民办校（园）；建立五大学区共同体，深化学区化改革和集团化试点管理工作；以巩固提高 9 年义务教育、落实 3 年免费中等职业教育、多措并举降低义务教育阶段辍学率为主要内容的教育“9 +3”计划基本完成。云岩区义务教育基本均衡发展 2015 年以全省最高分通过国家认定。

“十五”计划期间，云岩区科技三项经费投入 4677 万元，是“九五”计划期间的 5.8 倍，组织实施科技项目 154 项。评为国家科技工作先进区（县）和全国科普示范区。2009 年—2015 年连续 7 轮获全国科技进步先进区。2014 年国家知识产权强县工程试点区。综合科技进步水平指数 2015 年达 95.3%，连续四年位居全省第一。“十二五”规划期间，科技支出 3.213 亿元，占区公共财政预算支出的 1.83%，实施区级科技项目 236 个。全区人才总量近 22 万人，总量增长、结构改善、素质提高。

2002 年，建起 37 个社区卫生服务中心（站），初步形成集预防、医疗、保健、康复、健康教育、计划生育“六位一体”的社区卫生服务框架。2006 年，建立农村型合作医疗制度，城乡医疗救助制度。2011 年，实施基本药物制度，基本卫生服务均等化。2014 年，改革全科医生服务模式和执业方式。以城镇职工医疗保险、城镇居民基本医疗保险、新农合制度为主体，医疗救助和大病保险托底的医疗保障制度和疾病防控、卫生监督、医疗救治的服务体系基本建立，实现基本医疗及基本公共卫生服务全覆盖。云岩区获全国社区卫生服务示范区，全国计划生育优质服务先进县，全国残疾人社区康复示范区。

2002 年，云岩区 16 个街道办事处（镇）、114 个居（村）委会，建立文化站（室），基本形成以区文化馆为龙头、街（镇）文体站为中心、居（村）文化室为基础的三级群众文化网络。每年组织开展社区小舞台、文化艺术节、民族文化节等文体活动。云岩区获全国先进文化县、全国体育先进城区。2006 年，城东扶风山麓的阳明祠、东门月城内的文昌阁被国务院公布为全国重点文物保护单位。2011 年，第三次全国文物普查，云岩区有文物保护单位 67 处。纵深推进涵盖生态文化的生态文明示范城区建设，加强群众文化、文化品牌和文化产业三大文化基石建设。2012 年，云岩区获贵阳市创建全国文明城市“特别贡献奖”。2013 年，获“最美中国·生态旅游、文化旅游目的地”，旅游总收入全省第一。文化及相关产业增加值 2015 年达 28 亿元，打造了未来方舟“北京 798”艺术中心云岩站、“阅享云岩”图书馆小站等特色文化品牌。

2001 年，云岩区 241 个居委会整合为 114 个社区居委会。2012 年，城市新型社区建立后，探索建立普法教育联抓、社区治安联防、社区环境联治、弱势群体联帮、社区文化联办、社区文明联建的社会治理模式。以社区党建“连心行”等活动为载体，创建社区文化网络监管体系、互助式养老站点、“幸福社”“楼管委”等管理服务平台。云岩区“大数据全方位激发社会活力”案例入选中国治理创新百佳经验奖，初步形成以大数据为引领，“12319”公共服务平台、社区网格化管理服务平台、百姓与书记区长交流台“三台合一”的云岩特色社会治理模式。2011 年以来，全区安全生产连续五年实现死亡人数和事故起数的“双降”目标；清理、化解各类矛盾纠纷和信访案件，刑事案件发案率年均降低 10%。在全省社会治理水平的测评中，群众安全感从 2010 年的 77.56% 上升为 2015 年的 96.66%。

四

云岩区强化规划引领和空间布局，促进区域基础设施、产业布局、区域市场、生态环境和城市建设。自 2001 年宝山北路、贵开路拓宽改造以来，云岩区在配合贵广、长昆、渝黔快铁，城市轨道交通 1 号线，贵阳市主城区北二环、东二环、黔灵山路、北京西路、北京东路、甲秀南路（花溪二道）等“三环十六射线”和南垭路、黔春路等“1·5 环”（今中环路）等重大基础设施建设的同时，完成黔灵东、西路、百花山路、水东路、金西路等 26 条道路改扩建，基本形成快速通畅的城区道路网；完成雅关、三桥大沟工程，蔡家关、雅关河截污工程和蔡家关片区排水治污工程等市政设施建设；建成双龙峰、仙鹤山、云贵山、文峰苑等山体公园，云岩星力广场、渔安新城文化广场、中大国际广场和飞山横街、东山巷、大营坡等 79 个街区公园，公园绿地服务居民日常活动的功能增强。在建小关污水处理厂、小关湖湿地公园等一批打基础、利长远的基础设施。“十二五”规划期间，城区公共绿地面积新增 25 万平方米，棚户区减少 445 万平方米。通过打造都市功能核心区，实现片区差异化发展，形成“一核引领三片支撑”空间发展格局和新的“产居平衡”的城市发展模式。

2003 年，云岩区开始疏老城建新城，实施连接老城区与金阳新区的新三桥建设。西线三桥马王庙片区围绕益佰医药工业园、普天信息产业园和“三马”都市产业园，构建“一区三园”的产业布局；在东线渔安新城实施城中村改造和农民安置新模式，中天未来方舟 2013 年列为首批国家绿色生态示范城区，“七公里贵阳外滩滨河商业走廊”开始形成；北线小关雅关片区依托自然生态优势，加快基础设施建设和对外合作开发。2001年以来，有序疏解非核心区功能，整体搬迁花香村农副产品批发市场、东山水果批发市场等专业市场。贵阳卷烟厂、贵阳客车站等大中型企业迁出老城区，市西路批发业态逐步转移。通过“退二进三”、土地置换、棚户区城中村改造，推动商务楼宇、公园广场和城市综合体项目落地。2012年以后，中山西路恒峰步行街、北京路元隆国际、银海元隆、延安西路汇金广场、大营坡中大国际等城市商业综合体相继建成。新建住宅小区配套建设学校、幼儿园、超市、停车场地以及社区养老、医疗卫生、文化体育等公共设施。城市交通、通信、供电、供水、医疗、消防、燃气、防洪等部门编制救灾预案，对抢险救护的区域范围和主要对象作出安排。“十二五”规划期间，实施棚户区改造累计445万平方米，惠及群众8.9万人。实施“新型社区·温馨家园”社区公益项目353个，完成230个老旧小区院落改造和50条市政道路提升改造，升级改造公厕133座，市政设施完好率巩固提高。

云岩区行政区划调整后的2008年与2015年对比，城市建成区面积从39.29平方千米扩至64.88平方千米（含黔灵山公园和顺海公园11.37平方千米），户籍总人口由64.90万人减为62.89万人；基础设施、人居环境和城区面貌明显改善；商贸业多元化快速聚集，地均产值达7.09亿/平方千米，2015年云岩区获全国第三届国土资源节约集约模范县（市）称号。

2001年，云岩区率先在全省设立城管110热线电话，建立“一线接听、多方服务”的城市管理应急机制。落实“门前三包”责任制度，引导群众参与和监督城市管理，完善城市道路分类定级管理、综合执法联动及应急处置工作机制，实现城市管理网格化、工作常态化、执法人性化。推行城市环卫作业市场化、城管综合执法扁平化和市政设施管理多元化改革，完善城市管理常态化和应急措施，公共服务和管理水平持续提升。强化违法建筑管控长效机制，2001年—2015年，云岩区依法拆除违法建筑面积314.8万平方米，制止违法建房5530余户面积90.7万平方米，保障城市规划建设的有序进行。

五

云岩区率先在全省开展科学规范和有效监督县委书记用人行为试点工作，探索“两推一差”（两推：推选和推荐；一差：差额选举）的选人用人机制。建立实施绩效问责、“双优”考核以及纪检进社区、进项目、进工地等工作机制。落实中共云岩区委常委会重大事项决策制度，加强对“一把手”权力运行监督。“非公和社会组织党建品牌催生聚合效应”案例获首届中国治理创新百佳经验奖；坚持和完善人民代表大会制度，云岩区2004年建立社区人大代表工作联络站；建立健全窗口受理、全程代办、领导包保、服务评议等政务服务工作机制，推进管理型政府向透明、高效、廉洁的服务型、责任型政府转变。2012 年，组建云岩区生态文明建设局，增强生态文明建设的整体性、系统性；推进协商民主广泛、多层、制度化发展，云岩区人民政协《积极探索民主监督新形式，认真开展民主评议活动》。2001 年，在全国地方人民政协工作经验座谈会上交流。云岩区民政局“一键直通 96811，养老服务送上门”入选贵阳市 2015 年社会治理创新“十佳”案例。

2004 年，在全市率先全部免征农业税，促进城乡公共服务均等化和城乡一体化发展。2005 年以来，进行部门预算、国库集中支付、非税收入管理等改革。扩大“营改增”试点范围，推进商事登记制度改革，持续优化营商环境。

2012 年，云岩区改革城市基层管理体制，撤销原 18 个街道办事处，成立 27 个社区服务中心。2014 年，成立全省首家区级社会组织培育中心。

六

云岩区土地面积 91.65 平方千米，占贵阳市域面积 8034 平方千米的 1.14%，占贵阳市主城区（云岩区、南明区、观山湖区）面积 608.65 平方千米的 15.05%；2015 年，全区常住人口 99.44 万人，占全市 492.35 万人的 20.19%；生产总值 650.07 亿元，占全市 2891.16 亿元的 22.48%。辖区人口、产业、资源、环境和基础设施各类要素聚集度高，社会大局和谐稳定，民生福祉持续改善。

在发展的同时也存在困难和问题：产业发展青黄不接，传统产业占比高，新兴、高端产业带动能力弱；治安形势严峻，矛盾纠纷、安全隐患、民生“十困”等问题还比较突出；发展空间受限，公共产品和公共服务供给不足，交通拥堵、脏乱等“城市病”较严重；人才短板突出，人的素质与 GDP 的提高相比还要难。

中共贵州省委、省人民政府 2015 年出台支持云岩区率先迈向基本现代化的联系指导方案，给予多方面支持政策。中共贵阳市委常委会专题听取云岩区工作情况汇报，为“十三五”规划时期的发展帮助查找问题，理清发展思路。中共云岩区第九届委员会以“守底线、走新路、转作风，率先迈向基本现代化”为统领，以“一巩固两率先三建成”（巩固全面小康社会建设成果，2018 年率先达到生态文明城区标准、2020 年率先在全省迈向基本现代化，建成创新型中心城市核心区、建成全省大数据综合应用核心区、建成全省文化高地）为奋斗目标，用创新、协调、绿色、开放、共享的新发展理念引领经济社会发展，努力开创各项工作新局面。

大事记

2001 年

2 月 24 日 《中国青年报》刊登：云岩区青年志愿者服务中心入列第四届“中国青年志愿者行动·中国百个优秀青年志愿者服务集体”。

3 月 6 日 在贵阳市纪念“三八”国际妇女节 91 周年暨表彰大会上，云岩区获中共贵阳市委党政一把手“重视妇女工作”特别奖。

3 月 14 日 云岩区工商行政管理部门在大转湾垃圾场公开销毁有毒大米 466 袋共 11650 公斤；假冒名牌香烟 140 件、茅台酒礼品袋 25 万套和价值两万余元的洗头水及化妆品。

4 月 17 日 中共云岩区委对科（局）级领导干部任免首次实行无记名投票表决制。

4 月 24 日 云岩区 15 个街道办事处党委改建为党工委，为中共云岩区委派出机构。

5 月 1 日 贵阳市西百货小商品城试营业。商业面积达 12 万平方米，是全省最大的小商品批发零售市场。

5 月 30 日 云岩区非公有制经济组织共青团工作委员会成立。《中国青年报》报道为西部地区第一家类似的新型区级团组织。

6 月 22 日 云岩区社区建设暨社区整合工作会议召开。年内，全区 241 个居委会整合为 114 个社区居委会，居委会委员由原来的 1687 人减为 777 人，社区居民委员年轻化、知识化水平提高。社区居委会规模从 300 至 600 户扩大到千户以上。

7 月 5 日 云岩区大力发展非公有制经济暨“两委两中心”授牌大会召开，出台促进非公有制经济发展的政策措施，向中共云岩区委非公有制经济组织工作委员会、云岩区非公有制经济发展投诉中心、云岩区非公有制经济发展协调服务中心、云岩区非公有制经济发展咨询委员会授牌。

10 月 18 日 云岩区人民政府召开全区企业技术进步财政贴息大会，贵州益佰制药股份有限公司、贵州永吉印务股份有限公司等 25 家区属企业的 38 个项目获财政贴息资金共 1125.29 万元。

10 月 22 日 云岩区成为西南地区第一个全国写字教育实验基地，全国基础教育课程改革实验区之一。

11 月 30 日 2001 中国（贵阳·云岩）国际卡丁车锦标赛暨全国卡丁车锦标赛在小关贵州旋风卡丁车俱乐部车场举行。

是月 云岩区机构改革工作完成，全区机关行政编制总体精减 20%。

12 月 3 日 全国地方人民政协工作经验座谈会在京召开，云岩区人民政协《积极探索民主监督新形式，认真开展民主评议活动》的做法在会上交流。

12 月 4 日 云岩区在中华北路街道办事处、区卫生局主要领导中，采取听、评、访、查的形式首次开展民主评议。

12 月 7 日 中共贵州省委副书记、省长石秀诗，省委常委、贵阳市委书记王晓东等到云岩区普陀路街道办事处视察社区工作。

12 月 16 日 贵阳市首个大型经济适用住房——黔灵镇蛮坡世纪园小区通过验收。该住宅小区总建筑面积 42.3 万平方米，可入住 2.35 万人。

12 月 28 日 由国家发展计划委员会、贵州省人民政府批复立项建设的大型综合批发市场——贵阳三桥综合批发市场开市。

是月 云岩区计划生育工作被评为全国“婚育新风进万家”先进区。

是年 云岩区生产总值 90.42 亿元；财政总收入 4.13 亿元，其中地方财政收入 2.43 亿元；城镇居民人均可支配收入 6979 元，农民人均纯收入 3402 元。在全省经济强县建设年度综合考核中排名第一。

2002 年

1 月 22 日 云岩区人民政府公布第一期取消 15 项行政审批事项。

1 月 28 日 云岩区红十字会独立建会。

3 月 人事部、中国红十字总会授予贵阳市云岩区红十字会为全国红十字会系统先进集体。

7 月 11 日 贵州省首家街道慈善捐助中心在云岩区延安中路街道办事处挂牌。

7 月 31 日 云岩区“贵州旅游服务信息港”网站试运行。

8 月 1 日 云岩区星力广场地面部分建设完毕并正式开放。广场面积 6890 平方米，引入社会资本 1.2 亿元建设。

9 月 13 日 民政部授予贵阳市云岩区为全国社区建设示范区。

9 月 18 日 东山广场建成开放。广场面积 8045 平方米，绿化率 65.7%。

10 月 18 日 首届贵阳（云岩）电脑节在云岩星力广场举行。为期 4 天的电脑节开展了万人免费使用电脑、数字化城市贵阳论坛、IT 技术与通信产品展示、青少年科普活动、国际电脑围棋邀请赛等 5 大类 19 项活动。科技部、武汉大学、英特尔、华硕、三星公司等参加。

10 月 30 日 大十字广场建成开放。广场面积 2.8 万平方米，绿化率 48%，包括地面休闲广场和夹层的地景规模厅、咖啡厅、文化休闲吧、茶室及地下停车场。

11 月 2 日 云岩区举办“云岩清风　反腐倡廉”书画展，展期 4 天。中共中央纪律检查委员会、贵州省和贵阳市纪律检查委员会负责人及数千群众观看书画展。

12 月 15 日 民政部、卫生部、中国残疾人联合会授予贵阳市云岩区为“全国残疾人社区康复示范区”。

是月 国务院外事侨务办公室授予贵阳市云岩区黔灵东路街道办事处“全国社区侨务工作先进集体”称号。

是年 云岩区农村税费改革工作基本完成，税费改革后，全区农民人均减负 174.32 元，减负率达到 90.86%。

2003 年

1 月 1 日 云岩区街道财政新体制开始实施，原“超收分成”改为“总额分成”。

1 月 11 日 由香港宏龙投资有限公司投入 1 亿美元的建设项目——云岩区黔春路片区整体开发项目签约。这是年内云岩区最大的招商引资项目。

2 月 14 日 云岩区出台为农村独生子女、双女结扎户办理养老保险的计划生育综合改革措施，确保被保险人每年按期领取养老金。

2 月 25 日 中国共产党云岩区第六次代表大会召开。

3 月 9 日 政协贵阳市云岩区第七届委员会第一次会议召开。

3 月 10 日 云岩区第十四届人民代表大会第一次会议召开。

4 月 28 日 位于黔灵公园南门出口枣山路的贵州天怡豪生大酒店开业。这是贵州省首家五星级国际商务酒店。

3 月 29 日 贵阳市第一家异地商会——云岩区绍兴商会成立。

6 月 云岩区 12.5 万人参加爱国卫生运动，消杀面积 649.997 万平方米，清运生活垃圾 4030 吨，清理卫生死角 300 余处，疏通渠道水沟 1323 米，预防原发性非典型性肺炎（非典）疫情传播。

8 月 1 日 昆明官房集团与云岩区人民政府签订协议，投资 8 亿元在三桥片区开发建设圣泉流云花园住宅小区。

9 月 17 日 云岩区获贵州省双拥先进单位、贵阳市双拥工作先进区。

9 月 29 日 云岩区扩大开放和效能建设动员大会召开。全区从规范完善制度入手，改进机关作风，扩大对外开放。

10 月 1 日 2003 中国烹饪王国游首游式暨（贵阳·云岩）国际美食文化节"黔中美味·秀黔精品"展示会开幕式在贵阳客车站举行。

10 月 30 日 贵州省第三届少数民族体育运动会在贵阳六广门体育场举行。

11 月 云岩区实现村村道路硬化及通水、通电、通电话和有线电视。

12 月 21 日 云岩区境最低气温达 -6.6℃，伴有雨夹雪和凌冻。这样的低温天气为云岩区近十年来所少见。

12 月 30 日 中共贵州省委、省人民政府授予贵州省经济 10 强县（市、区）称号，云岩区位列第一名。

2004 年

1 月 18 日 贵阳市人民政府在云岩区二桥五柳小区举行廉租住房入住仪式，300 户城市最低收入家庭和住房困难户迁入新居。

是月 中共云岩区委、云岩区人大常委会、区人民政府、云岩区政协委员会及部分工作部门从毓秀路迁入新添大道南段 299 号云岩区行政中心新址。

2 月 12 日 贵州省第一轮建设经济强县综合考核，云岩区排名第一。

2 月 23 日 建设部授予云岩区城市综合执法大队为 2003 年度全国城建城管先进单位称号。

同日 云岩区个体私人协会获 2003 年度全国个体私人协会系统先进单位称号。

3 月 23 日 云岩区属贵州益佰制药股份有限公司 2000 万元股票在上海证券交易所成功上市，开贵州省民营企业上市的先河。

3月27日 云岩区国家税务局通过“档案工作目标管理省一级标”验收，成为辖区内第一家档案工作通过省一级标的单位。

4月 中国科学技术协会确定贵阳市云岩区为“全国科普示范城区”。

7月27日 2004年“云岩杯”中国国家少年围棋队选拔赛在贵阳棋院落子。

9月21日 共青团中央、中央社会治安综合治理委员会办公室等11个部门联合授予贵阳市云岩区中华中路派出所为“全国优秀青少年维权岗”。

是月 云岩区少年宫演出的合唱节目“好久没有唱山歌”获文化部全国第十三届“群星奖”。

10月23日 云岩区残疾人法律援助站成立，为贵州省第一家专门为残疾人提供法律援助的机构。

10月23日 云岩区全国第一次经济普查勘界工作完成。

11月 经过机构改革，云岩区人民政府设22个工作部门，4个直属事业单位。

12月2日 全国县（市）科技工作会议在北京召开，云岩区科技局获全国科技管理系统先进集体称号。

是月 云岩区直属行政机关全部实行政务公开，企事业单位、学校、医院等74个单位全面开展厂（校、院）务公开，119个社区居委会和13个行政村全部实行居（村）务公开，接受群众监督。

是年 云岩区获中国社科院颁发的中国西部开发贡献奖——西部区域经济增长最快区（县、市）奖。

2005年

1月26日 共青团中央授予贵阳市云岩区北京路青年中心全国优秀青年中心称号。

3月1日 云岩区率先实行义务教育阶段对贫困家庭子女免除书本费、学杂费和补助寄宿生生活费的“两免一补”政策。

3月21日 云岩区向开阳县捐赠对口帮扶资金100万元，用于该县“2005年万户小水池工程”建设。

4月5日 云岩区引进的中国最大家电连锁经营企业国美电器试营业。

4月22日 云岩区机关中层干部竞争上岗制度在全区全面推行。

同日 云岩区卫生信息网站和云岩区公众疾病预防信息系统正式开通，被列为贵州省科技攻关项目。

6月6日 在中央民族工作会议暨国务院第四次全国民族团结进步表彰大会上，贵阳市云岩区获全国民族进步先进集体称号。

8月8日 人事部、国家税务总局授予云岩区国家税务局“全国税务系统先进集体”。

8月11日 云岩区“两台一线”（书记区长信息平台和市民热线电话）公共服务窗口开通。

8月21日 市属贵阳市实验第二中学，贵阳市第四中学、贵阳市第七中学、贵阳市第十中学、贵阳市第十三中学、贵阳市第十七中学、贵阳市第十九中学、贵阳市第二十三中学、贵阳市第二十八中学、贵阳市第三十一中学、贵阳市第三十五中学和贵阳市行知学校等12所中学移交云岩区管理。

9月21日　国家体育总局授予贵阳市云岩区“2001年—2004年度全国群众体育先进单位”称号。

9月27日　贵阳市省府路小学获共青团中央、最高人民法院、教育部、公安部等9部委“为了明天——全国青少年自我保护教育基地”授牌。

是月　中共中央宣传部、中央文明办、教育部、文化部、国家广电总局、国家新闻出版总局、国家体育总局、共青团中央、全国妇联、中国科协联合授予云岩区少年宫中国青少年社会教育“银杏奖”。

11月11日　中央精神文明建设指导委员会办公室授予云岩区地方税务局、北京路街道办事处为“2005年全国精神文明创建工作先进单位”称号。

12月23日　在中国社会工作协会城区工作分会2005年街道年会上，云岩区市西路街道办事处被命名为首批全国和谐社区建设示范街道。

12月　云岩区地方志编纂委员会编纂的首轮社会主义新方志《贵阳市云岩区志》由贵州人民出版社出版发行。该志上限至元代，下限至2000年，共1500千字。

是年　云岩区生产总值156.53亿元；财政总收入10.3亿元；地方财政收入6.96亿元；城镇居民人均可支配收入10074元，农民人均纯收入4669元。三大产业在国民经济中的比重为0.2∶45.8∶54，由此形成稳定的“三二一”产业结构。

2006年

1月5日　国家人口与计划生育委员会授予贵阳市云岩区“全国人口和计划生育信息化建设先进单位”称号。

2月22日　国家人口与计划生育委员会主任张维庆一行到贵阳市云岩区妇女幼儿计划生育保健院视察。

2月26日　贵州省首个安全生产监管事故预防与应急救援系统信息平台在云岩区建立。

3月　卫生部、民政部、国家中医药管理局联合授予贵阳市云岩区为“全国社区卫生服务示范区”。

5月26日　国务院公布贵阳市阳明祠、文昌阁为全国重点文物保护单位。阳明祠在云岩区的扶风山麓，文昌阁位于东门月城内。

6月7日　中共贵阳市委七届第300次常委会审议贵阳市水东线工程项目实施方案的请示，同意按照“谁投资、谁受益的原则”，由云岩区自行投（融）资建设水东路，今后道路沿线土地开发权和所产生的收益归区级所有。

7月10日　贵阳市首家建筑农民工工会工作委员会——云岩区建筑农民工工会工作委员会在云岩区成立，188名农民工加入工会。

7月11日　中共云岩区委、区人民政府召开全区科技大会，“十五”计划期间科技工作突出的企事业单位和个人受到表彰。

8月20日　云岩区中山西路街道办事处在辖区设“群众意见回音壁”专栏，由群众留言台、群众回音壁、办事处当月大事记组成。群众可通过留言台将自己的意见向办事处反映，办事处及时在回音壁回复，并在大事记中公示与群众密切相关的工作事项。此举为贵阳市街道工作的首创。

8月25日 云岩区贵乌路街道办事处转业退伍军人创业服务中心建立。

8月31日 云岩区黔灵镇为民服务全程代理中心成立。

9月21日 云岩区党政联席会议原则同意区人民政府与金世旗国际控股股份有限公司（2008年1月更名为中天城投集团股份有限公司）合作开发东线。按照政府主导、企业为主、市场化运作的BT模式进行开发，由中天城投集团负责水东路和东线建设。

9月26日 中国共产党云岩区第七次代表大会召开。

是月 中央统一战线工作部、各民主党派中央、中华全国工商联合会等8部委联合授予贵阳市云岩区工商业联合会为“无党派人士为全面建设小康社会作贡献先进集体”。

10月20日 贵阳市第一家流动人口公寓在云岩区普陀社区建成。

11月19日 政协贵阳市云岩区第八届委员会第一次会议召开。

11月20日 云岩区第十五届人民代表大会第一次会议召开。

2007年

2月5日 贵州省首家农贸市场升级改造示范点——云岩区盐务街农贸市场投入使用。

3月5日 中国红十字总会、民政部授予贵阳市云岩区为全国社区红十字服务示范区。

5月10日 贵州省首家“空巢”老人爱心服务站，云岩区黔灵东路街道办事处扶风社区成立，对“空巢”老人开展“点对点”帮扶活动。

6月25日 为民服务全程代理制在云岩区推行。

7月31日 云岩区流动人口管理服务中心及南垭社区、百花社区、贵阳北站、汪家湾等4个流动人口管理站成立，云岩区城郊结合部流动人口管理服务圈在全省率先形成。

是月 云岩区开始实行工伤保险。年内590家企业职工27674人参保。

8月30日 云岩区、南明区、乌当区部分行政区划调整，将乌当区金阳街道办事处所属茶园村、金关村、金鸭村、杨惠村、大凹村以及南明区后巢乡所属蔡家关村划归云岩区管辖。调整面积26.07平方千米，总人口14.45万人（含在校学生人数4万人），其中非农人口9.5万人，农业人口0.98万人，流动人口3.96万人。

10月1日 云岩区城镇居民基本医疗保险启动。当年有114069人参加医保，财政补助资金73.93万元。

12月10日 云岩区人民政府组织城管、林业、公安等部门联合执法，依法拆除贵阳北站用地范围78户2.6万平方米违章建筑，整体推进辖区打击违法占用林地专项行动。

12月25日 全国平安畅通县（区）创建工作电视电话会召开，贵阳市云岩区被评为“平安畅通区”，获交通部等8部委表彰。

12月29日 民政部、卫生部、中国残疾人联合会明确贵阳市云岩区为“全国残疾人社区康复示范区”。

是年 贵阳市公安局云岩分局被公安部评为2007年度“全国追逃工作先进单位”。

2008 年

1 月 12 日—2 月 13 日 贵阳市遭遇历史上罕见的低温凝冻灾害天气，云岩区受灾人口 31.667 万人。

2 月 8 日 云岩区食品药品监督管理局、贵阳市技术质量监督局云岩分局获“2007 年度全国先进集体”。

3 月 云岩区 134 个居民委员会和 19 个村民委员会换届选举全部完成。

5 月 12 日 受四川汶川特大地震影响，贵阳市周边引发震感。云岩区成立四川地震灾区转运来筑治疗伤员及家属接待工作领导小组，收治灾区伤病员 1930 名，接收灾区学生入学 98 名，捐款 1200 余万元支援灾区重建。

6 月 30 日 云岩区市西商会成立。市西商圈经营户约 1.2 万户，日均人流量约 30 万人次，年产值逾 200 亿元，解决就业 6 万余人。

7 月 1 日 云岩区对外发布“黔灵毓秀·贵中云岩”城区品牌。

7 月 2 日 云岩区宅吉路街道办事处吉祥社区居家养老服务站挂牌，为全省首家社区养老服务站。

7 月 5 日 由中国振华（集团）电子有限公司、贵州振华房地产开发有限公司、贵阳国贸广场商贸有限公司共同投资 1.8 亿元兴建的云岩区凯都总部大厦正式挂牌。云岩区以楼宇引“总部”入驻，促经济发展，当年商务楼宇税收突破 1 亿元。

7 月 24 日 贵阳市中华中路被确认为全国“百城万店无假货”活动示范街，贵阳华侨友谊集团、贵阳国贸广场商贸被中央宣传部、中央文明办等 8 部委命名为全国“百城万店无假货”示范店。

9 月 云岩区人民政府门户网站上线试运行。

是月 云岩区机关事业单位职工生育保险开始实行，当年有 1.58 万人参保。

10 月 20 日—22 日 由云岩区人民政府承办的第二十二届全国部分城市科协经验交流会在贵阳召开，全国 27 个城区的 70 余名代表围绕“关注节能减排，建设生态文明”进行学术交流。

11 月 1 日 贵阳市 515 座公厕免费对社会开放，其中云岩区 192 座。

12 月 27 日 贵州省黔商市西企业投资信用担保股份有限公司成立。

是月 中共中央宣传部、中央文明办、文化部、中国文联联合授予贵阳市云岩区中天花园社区“全国文化先进社区”称号。

是年 云岩区有个体工商户 24755 户，私营企业 7277 家，非公有制经济单位 30607 家，其中工业企业 433 家（规模以上 61 家）、批发零售企业 2073 家、建筑业 192 家、个体工商户 26278 户，在非公有制企业就业的有 31 万余人。非公有制经济增加值 93.89 亿元，占全区经济总量 238.27 亿元的 39.43%。

2009 年

1 月 1 日 云岩区开始将政府各项非税收入纳入公共财政管理范围。

2 月 25 日 云岩区三桥马王庙片区开发建设指挥部和金关、金鸭、金惠街道办事处同时挂牌成立。

3 月 5 日 《贵州日报》经济新闻版头条报道：云岩区工商联以商会为载体，破解中小企业融资难题。

3 月 10 日 云岩区获首批“全国妇联基层组织建设示范区”称号。

3 月 10 日 云岩区农民工维权热线电话开通，为农民工提供免费法律咨询、法律援助等服务。

3 月 30 日 民政部明确贵阳市云岩区民政局为“全国基层低保规范化建设典型单位”。

4 月 13 日 中共贵阳市委、市人民政府出台加快推进三桥马王庙片区开发建设的意见。

4 月 29 日 云岩区科学技术局职工张超，在广州军区总医院顺利完成造血干细胞采集，为白血病患者带来希望。

5 月 1 日 位于云岩区中山西路与公园西路交叉口的贵阳恒峰商业步行街开业。该城市综合体集商业零售、商务办公、酒店餐饮、公寓住宅、综合娱乐等功能为一体。

同日 位于云岩区宅吉小区的全省首家民营综合性博物馆——日月圆博物馆开馆。展厅面积千余平方米，存有文物 2000 余件。

5 月 7 日 云岩区宅吉社区图书馆向居民免费开放。这是全省首个社区图书馆。

7 月 1 日 中国青少年科技辅导员协会授予云岩区少年宫全国青少年校外科技教育先进集体称号。

是月 科技部授予贵州益佰制药股份有限公司国家级创新型企业称号。

8 月 1 日 国家林业局、教育部、共青团中央授予贵阳市黔灵山公园和其他 10 家单位为国家生态文明教育基地。

8 月 28 日 贵州永吉印务股份有限公司基地落成庆典仪式在区境观山东路新址举行。该民营企业是贵州省印制烟标、酒标、药标等彩色包装制品的骨干企业，年产值 3 亿多元。

10 月 云岩区获科技部第三批国家科技进步示范县（市、区）授牌。

11 月 23 日 贵阳市水东路建成通车，道路总长 16.11 千米，路宽 30 至 20 米，其中水东路云岩段 6.75 千米，支线 1.9 千米（2 座桥梁 0.4 千米），工程总投资 9.55 亿元。

12 月 25 日 贵广快速铁路（云岩段）拆迁征地工作提前完成。

2010 年

1 月 21 日 云岩区召开“三创一办”（创建国家卫生城市、国家环境保护模范城市、全国文明城市，协办 2011 年第九届全国少数民族传统体育运动会）动员大会，大会旨在纵深推进生态文明示范城区建设。

3 月 3 日 云岩区与广东广晟集团签订三桥马三庙片区城市基础设施建设及旧城改造和城市开发项目招商引资协议书，合作开发建设新马王路片区。

3 月 18 日 云岩区与香港凯联国际投资集团有限公司签订三桥马三庙片区城市基础设施建设及旧城改造和城市开发项目招商引资协议书，合作开发建设金阳大道片区。

3 月 26 日 云岩区人民政府启动自然灾害 1 级响应并成立综合应急指挥部，应对贵阳市有气象记录以来最为严重的一次旱情。4 月 12 日 24 时至 13 日 8 时，全市普降中到大雨，自 2009 年 8 月 5 日以来无大雨造成的旱情得到缓解。

4 月 26 日 全国妇联、教育部明确云岩区宅吉路街道办事处为“吉祥社区为全国家庭教育示范社区”。该社区已形成学校、家庭、社区“三位一体”的教育网络和未成年人思想道德教育工作平台。

5 月 1 日 云岩区延安西路、枣山路地段的贵阳客车站、西客站、第一社会服务车站、旅游车站全部迁至金阳新区（今观山湖区）临时过渡车站，缓解老城区“行车难”的问题。

6 月 13 日 云岩区斥资 10 万元修建的 6 个备用水源点全面竣工。

6 月 25 日 由云岩区人民政府承办的第二十届全国城市体育工作研讨会在贵阳召开，主题为深入学习贯彻全民健身条例，促进体育生活化进程。来自全国 23 个省、市、自治区 65 个区（市）会员单位的 110 名群众体育工作者参会。

7 月 9 日 为期 1 个月的“红色服务月系列活动”在云岩区 112 所中小学校园开展。围绕活动主题，各校园设立“党员道德风采榜”，推荐评选一批师德师风先进党员教师作为学习的榜样，组织开展“千师进万家，携手助成长”家访活动。

10 月 在全国第四届敬老主题教育表彰大会上，云岩区宅吉街道办事处获“全国敬老模范单位”称号。

12 月 29 日 水东路支线建成通车，道路全长 1320 米，总投资 2.1 亿元。连接水东路和东山珞，贯穿王家桥、渔安村、安井村等地属城市一级道路支线。

是年 云岩区生产总值 306.12 亿元，财政总收入 27.99 亿元，地方财政收入 14.92 亿元，全社会固定资产投资 143.99 亿元，社会消费品零售总额 181.9 亿元；居民人均可支配收入城镇 16597.28 元，农村 7638.95 元；三大产业结构为 0.19∶40.53∶59.28。

2011 年

1 月 24 日 中共云岩区委、区人民政府表彰奖励贵州益佰制药股份有限公司、贵阳保利房地产开发有限公司、中天城投集团城市建设有限公司等 2010 年度纳税百强企业。

1 月 30 日 贵阳市创建国家级创业型城市工作综合考评，云岩区名列区县市第一。

2 月 12 日 中共中央政治局常委、国务院副总理李克强在贵州考察期间，考察贵阳市云岩区大营坡棚户区改造工作。

2 月 15 日 云岩区与中国石油天然气股份有限公司贵州贵阳销售分公司举行战略合作协议签约仪式。

3 月 26 日 位于云岩区渔安安井村的贵阳市公共租赁住房项目开工建设，总建筑面积 30 万平方米，这是引入社会资本参与的首个公共租赁住房项目，由中天城投集团投资承建。

是月 中共贵州省委、省人民政府、中国人民解放军贵州省军区授予云岩区人民政府拥军优属先进单位称号。

4 月 15 日 和谐云岩促进会在中共云岩区委统战部挂牌成立。

4 月 29 日 云岩区与清镇市恒驰实业有限责任公司达成合作协议，在全省首家成立戒毒人员阳光就业生产基地——贵州省阳光电子厂。

5 月 30 日 中共云岩区中华社区委员会和中华社区服务中心成立。

7 月 1 日 云岩区举行庆祝中国共产党建党九十周年暨 2011 中国贵阳避暑季云岩区少儿艺术节颁奖晚会。

9 月 16 日 云岩区人民政府自然灾害综合应急指挥部成立，设 9 个工作组。

是月 《中国共产党贵阳市云岩区历史第一卷（1934—1978）》，由贵州人民出版社出版。共 255 千字。

10 月 30 日 中国共产党云岩区第八次代表大会召开。

11 月 16 日 贵阳市“城市绿卡”在云岩区中华社区等 4 个社区试行。凡在本市居住一个月以上并准备长期居住的外来人口均可免费办贵阳市居住证。

11 月 20 日 中央电视台新闻联播在“走基层 · 最美中国人”栏目报道贵阳市云岩区旭东路一家“无人报刊”六年“不差钱”的故事，高度赞扬贵阳的诚信氛围。

11 月 29 日 国家禁毒委员会副主任、公安部副部长张新枫及相关部办委局、各省、自治区、直辖市禁毒办领导到云岩区阳光就业生产基地考察调研。

12 月 8 日 中共贵州省委副书记、省长赵克志到云岩区调研社区卫生服务工作。

12 月 19 日 政协贵阳市云岩区第九届委员会第一次会议召开。

12 月 20 日 云岩区国家税务局被授予“全国文明单位”称号。

是月 历时 5 年的云岩区第三次全国文物普查工作完成。出版《文物典藏再现历史——云岩区第三次全国文物普查专辑》。

2012 年

1 月 4 日 云岩区第十六届人民代表大会第一次会议召开。

1 月 13 日 贵阳市举行创建全国文明城市、国家卫生城市总结表彰大会，云岩区获“创建全国文明城市特别贡献奖”。

2 月 23 日 国家人口计划生育委员会确定云岩区黔灵镇为全国人口和计划生育依法行政示范乡镇（街道）。

3 月 2 日 云岩区召开托管企业离退休人员社会化管理服务培训会，8000 余名托管企业离退休人员社会化管理服务全面启动。

3 月 18 日 总投资逾 40 亿元的新马王路道路及安置房建设项目开工奠基仪式在小湾河举行。

3 月 22 日 中共贵州省委常委、贵阳市委书记李军到云岩区渔安安井片区调研棚户区城中村改造工作，并主持召开贵阳二环四路城市带规划方案论证会。

是月 云岩区与乌当区就两区交界的白脚岩区域争议边界达成一致，解决了 60 多年来悬而未决的“插花地”难题，加快白脚岩保障性住房建设。

4 月 12 日 水东路云岩段道路景观整治工程完工，从红岩桥至保利温泉全长 6.75 千米。

5 月 4 日 云岩区人民政府联合贵阳市“两湖一库”管理局，组织环保、工商，质监、公安和蔡关社区等部门执法人员，依法取缔阿哈湖饮用水源一、二级保护区范围内的14家无证非法加工作坊，拆除燃煤锅炉4台。

5月18日 在第八届中国（深圳）国际文化产业博览交易会贵州省文化产业项目招商引资推介会及签约仪式上，贵阳市云岩区东线（渔安安井）片区“南明河七公里滨河景观文化旅游商业街”项目完成签约金额45亿元。

5月28日 云岩区举行派出纪工委（监察分局）成立暨挂牌仪式。云岩区建立4个派出纪工委（监察分局），实现了县级纪委（监察局）对派出机构的直接领导。全区形成点面结合、全面监管的工作格局。

6月29日 云岩区在全市率先设立70岁以上高龄老人长寿补贴专户，发放辖区高龄老人上半年“长寿补贴”。

7月23日 云岩区土地价格政策管理工作领导小组成立。通过联席会议“一事一议”，在向贵阳市土地储备中心上报招拍挂地块成本前提出土地成本组成、投资企业优惠政策、市政基础设施分担、成本返还等相关事宜，确保摘牌项目落地。

7月29日 首届云岩（城市）文化旅游年活动正式开幕，3个月期间，开展大型赛事、继承云岩传统文化活动品牌、创新文化载体三大内容12项子活动。

8月12日 贵阳市人民政府研究决定，云岩区撤销16个街道办事处，设立26个社区服务中心。

9月11日 经省、市新闻出版局批准，云岩区在延中、中华等14个社区服务中心启动社区书屋试点建设，并向社区书屋配送图书2.94万册。

9月29日 贵阳市首个巡回法庭在云岩区金鸭社区挂牌。

9月 《中华人民共和国政区大典贵阳市云岩区分卷》由云岩区分卷编纂委员会编辑出版。云岩区分卷上限到唐宋时期，下限至2011年12月31日。设政区概况、自然条件、经济概况、社会发展、基础设施、名胜旅游、城区市政建设、著名人物、重大事件、街道名称索引、基层建置（含社区服务中心、街道办事处、镇、居和村）等篇章，记述云岩区政区概况。

10月 云岩区圣泉社区服务中心阳关、新阳关、建材3个居民委员会划归观山湖区管理，结束了长达50年的“跨区”管理。

11月17日 在区境重建的东山寺正式对外开放。

12月7日 中共贵州省委书记赵克志到云岩区督查惩治和预防腐败工作体系建设情况。

12月23日 云岩区人民政府门户网站“居家服务”栏目被中国电子政府理事会和《电子政务》杂志社评选为全国“政府网站”精品栏目。

是月 云岩区率先在全省实现整体脱贫。

2013年

1月14日 中央电视台《新闻联播》和《朝闻天下》栏目报道云岩区农房确权工作中发生村民“离婚潮”情况后，中共云岩区委对下一步推进农房确权工作进行再安排、再部署。

1月22日 云岩区文学艺术联合会成立，召开第一次代表大会。

1 月 24 日 云岩区东线片区中天未来方舟被列为首批国家绿色生态示范城区。

2 月 5 日 打通云岩向北发展的盐沙大道建成通车。

3 月 1 日 云岩区开始免费为城乡亡故居民提供基本殡葬服务。

3 月 13 日 云岩区列为贵阳市首批旅游标准化试点区（县）。海峡阳光旅行社、天怡豪森大酒店、黔蘑菇四季餐厅等 10 余家旅游企业为旅游标准化试点企业。

3 月 13 日 国家体育总局授予贵阳市云岩区“全民健身活动先进城区”称号。

3 月 22 日 云岩区省府社区归侨侨眷联谊会成立，是为全国首家城市社区归侨侨眷联谊会。

3 月 31 日 云岩区人民政府与观山湖区人民政府、贵阳西南国际商贸城有限公司和云岩区市西商会签订合作协议，将贵阳老城区批发市场的批发业务逐步整合转移到新建的西南国际商贸城，推动全市商贸批发市场专业化、规模化、集聚化、规范化发展。

是月 中共贵州省委、省人民政府确定云岩区东线片区中天未来方舟为全省 100 个城市旅游综合体首批试点项目。

4 月 新华通讯社贵州分社刊发，题为《旧城改造的“云岩范本”——贵阳市云岩区东线（渔安安井）片区改造经验与启示》的报道。

5 月 6 日 中共贵州省委书记赵克志，副书记、省长陈敏尔，省委副书记李军，副省长蒙启良等省市领导和有关部门负责人，在云岩区东线片区调研城市旅游综合体和未来方舟滨河休闲景观带建设情况。

5 月 8 日 中共贵州省委副书记、省长陈敏尔视察贵阳市实验小学学生孔学堂。

5 月 29 日 贵州省地税系统首家微信公众服务平台“云岩地税”开通。

7 月 17 日 区境鹿冲关森林公园免费向市民开放，公园面积 700 余公顷，健身步道 21.4 千米。

同日 云岩区城乡规划建设委员会及项目建设推进会专题会召开。

8 月 26 日 中共贵州省委常委、贵阳市委书记陈刚到贵州轮胎股份有限公司调研企业生产经营情况。该公司是国内规格品种最为齐全的轮胎制造企业，产品除国内市场外，还出口到美国、英国、意大利、南非等 70 多个国家和地区。

9 月 13 日 公安部授予云岩区拘留所全国拘留所社会矛盾化解工作先进单位称号。

11 月 28 日 云岩区 26 个社区人口基础信息采集录入工作完成，社区网络化管理系统共录入 69.90 万人，法人单位 1.14 万个，楼房 1.14 万栋，建立网格 1025 个。

12 月 10 日 贵州省同步小康创建达标认定实地验收组到云岩区检查和指导工作。

12 月 13 日 云岩区在新华网主办的“最美中国·生态旅游·文化旅游目的地”活动中，名列“最美中国榜”。

12 月 18 日 北京海汇天创科技全智能化生态示范园项目在中关村贵阳科技园云岩产业园破土动工。

12 月 20 日 云岩区人民政府召开深化政产学研合作暨创新驱动座谈会。贵州大学、贵阳医学院、贵州财经大学、贵州师范大学、贵阳中医学院、省食品药品检验所、贵州科学技术研究所、中介机构负责人、专家及区属相关部门和科技型企业负责人参加。

12 月 26 日 中国普天贵阳创业园暨云中环线道路工程举行开工仪式。

是月 云岩区文化体育广播电视局获 2013 年全国“打黄扫非”先进集体称号。

是年 云岩区与省经信委、省质监局、省安监局等部门及其直属站所合作，建设为中小企业服的公共技术服务平台。至2015年，共建成技术创新服务、数字信息，资信评估、金融服务、检验检测等12个公共技术服务平台。

2014年

1月7日 中共贵州省委书记赵克志在贵阳市调研疏老城建新城及云岩区红边门农贸市场保供稳价工作。

2月12日 中共贵州省委常委、贵阳市委书记陈刚到云岩区调研南明河水环境综合整治及城市污水治理工作。

2月19日 位于云岩区文笔街9号的中共贵州省工委旧址纪念馆贵州省党史教育基地举行挂牌仪式。

是月 云岩区1.37万名机关事业单位职工与企业职工养老保险制度并轨。

3月25日 全省首个养老服务信息平台“96811”在云岩区启动。云岩区民政局“一键直通96811，养老服务送上门”案例，入选贵阳市2015年社会治理创新十佳案例。

5月7日 云岩区市西商会统战工作站建立，中国民主建国会云岩区总支市西商会支部成立。这是贵州省率先成立的商会组织中统战工作站和民主党派基层组织。

5月26日 中共贵州省委书记赵克志，省委副书记、省长陈敏尔，省委常委、副省长秦如培，省委常委、贵阳市委书记陈刚等调研云岩区城市旅游综合体项目建设推进情况。

6月24日 大十字贵阳百货大楼环形商场主体建筑开始拆除，并在原址规划建设“贵阳1号”商务楼宇。

6月26日 在首届国家治理高峰论坛颁奖大会上，云岩区党建创新案例“非公和社会组织党建品牌催生聚合效应”和云岩区群工委的“大数据全方位激活社会活力”两案例被评为“首届中国治理创新百佳经验”。

6月27日 主题为“外滩七公里·干杯·世界杯”2014第三届贵阳国际啤酒节在中天未来方舟外滩开幕。为期8天的啤酒节共迎客20万人，各种品牌的啤酒销售达10万升。

7月15日 20时到16日20时，贵阳市城区遭遇有气象完整记录以来最大的降雨量（201.7毫米）。云岩区有2547人受灾，656人紧急转移安置；37.37公顷农作物受灾，民房、农房严重损坏，直接经济损失逾400万元。

7月26日 贵阳市西路市场批发业态开始转移。清退市西商业街所有占道经营和转移裕华小商品市场摊位业态，关停或转移物流企业500余家，动员引导6732家批发业态经营户转移到位于观山湖区的贵阳西南国际商贸城等市场。

8月15日 贵州省第九届旅游发展大会未来方舟分会场开幕。中共贵州省委书记赵克志，省委副书记、省长陈敏尔，省委常委、贵阳市委书记陈刚等为旅发大会剪彩。

9月2日 云岩区人民政府与贵阳北控水务公司签订供水合作协议暨向“用水难”宣战启动仪式在区行政中心举行。

是月 贵州省县域经济20强云岩区名列第一。

10月27日 云岩区召开党的群众路线教育实践活动总结大会，推动把活动成效转化为进一步密切党群干群关系，增强各级党组织的战斗力凝聚力执行力的生动实践。

是月 科技部批准，由贵州益佰制药股份有限公司与贵阳医学院、贵阳中医学院联合组建国家苗药工程技术研究中心。

11月21日 政府职能转变和机构改革，云岩区形成24个政府工作部门和4个直属事业单位新构架。

11月27日 中共云岩区委、区人民政府发布实施意见，深入开展禁毒人民战争。云岩区特殊的区位特点、庞大的人流人群、毒品的过境流转，致使登记在册吸毒人员已过万人，涉毒吸毒情势十分严峻。

12月2日 云岩区普法网站上线，是全省首家上线的县级普法网站。

12月31日 云岩区82个部门185个单位全部推行部门预算，建立健全涵盖所有财政资金的一般预算、政府性资金预算、社会保障性资金预算收支体系。

是月 云岩区第三次全国经济普查完成，查明全区法人和产业活动单位共11231个；个体经营户共38798户（不含个体运输户），其中有证经营户20016户。

2015年

1月 中共贵州省委、省人民政府出台支持云岩区率先迈向基本现代化的联系指导方案，在城市建设、财政收入、政策审批、人才引进等方面给予政策支持。

2月14日 中央政治局常委、国务院总理李克强在贵州视察期间，到贵阳市云岩区渔安新城考察。

4月28日 云岩区环境卫生管理站清扫大队环卫工赵坤武被授予“全国劳动模范”称号。

是月 中共云岩区委、区人民政府和区委宣传部、区文联、区档案局及有关单位联合编辑的《城北旧事百年云岩影像记忆》配文影像图书，由中国民族摄影艺术出版社出版。

5月20日 云岩区宏福景苑因连续降雨发生山体滑坡地质灾害，致21栋9层住宅楼3、4单元部分垮塌，16人遇难，1092人转移安置。

是月 《云岩年鉴（2014）》出版。该书是一部地方性、综合性经济社会建设发展和政务活动的资料工具书，是云岩区编纂出版的第一部年鉴。《云岩年鉴（2014）》的出版，意味着云岩区的年鉴编纂工作步入正轨。

6月15日 位于云岩区境内的贵阳医学院更名为贵州医科大学。

7月17日 云岩区人民政府召开全区大数据发展工作专题会。全年实现大数据产业规模总量达95亿元。

8月25日 云岩区公共法律援助中心揭牌。

是月 云岩区中心敬老院（一期）建成使用。该敬老院建筑面积1.1万平方米，床位300张，内设康复理疗室、图书室、娱乐室、餐厅等，形成为老年人提供日常护理、文化休闲、心理咨询、康复理疗等服务的医养结合新模式。

9月8日 全国人大常委会执法检查组到贵阳市云岩区调研。

10月 国土资源部授予云岩区第三届“国土资源节约集约模范县（市）”称号。

11月27日 第十一届中国中小城市科学发展评价指标体系研究成果暨《中国中小城市绿皮书2015》发布，云岩区位列全国投资潜力百强区第52位，较2014年前移1位。

12月25日 中国少年先锋队云岩区金狮社区工作委员会成立。这是贵州省首个城市少年先锋队工作委员会。

12月26日 云岩区义务教育基本均衡发展以全省最高分通过国家认定。

是年 云岩区生产总值650.02亿元；财政总收入136.99亿元；公共财政预算收入35.88亿元；固定资产投资408.3亿元；社会消费品零售总额306.45亿元；常住居民人均可支配收入农村14080元，城镇28142元。三大产业结构为0.08∶19.14∶80.78。全省增比进位城区方阵中，云岩区在省内排位由三进二；35项增比进位指标中的地区生产总值、税收收入增速、旅游总收入、综合科技进步水平指数、城镇新增就业人数、农村和城镇常住居民人均可支配收入等13项指标贵州省第一。

第一篇

地 理

第一章　自然环境

云岩区在贵阳老城北部，东径 106°33′—107°47′，介于北纬 26°35—26°40′之间。2015 年，土地总面积 93. 6 平方千米，其中城区面积 42. 23 平方千米，乡镇面积 51. 37 平方千米。

第一节　地理位置和面积

云岩区位于贵阳市城区南北向船形盆地的北部，北、西、东三面环山，与南面南明区同为老城区；东，北和部分西部与乌当区接壤，部分西和西北接观山湖区；西北接白云区；部分南和西与花溪区接界。云岩区为省会中心城市核心区，区行政中心距市行政中心 8 千余米。

贵阳市城区（云岩区、南明区、观山湖区）面积 608. 65 平方千米。其中云岩区面积 91. 65 平方千米，土地面积占贵阳市城区面积的 15. 05%，占贵阳市域面积的 1. 14%。

第二节　区域界桩位置

云岩区与白云区、乌当区边界走向和界桩位置。云岩、白云区行政区域界线呈北南走向。从 010301120113 Ⅰ 号界桩点起，边界线向西沿山脊下行为 500 米至沟谷中，转西偏西北上行至山顶后，又沿沟谷下行约 500 米，又向西沿山脊下行过公路行约 300 米至小山顶，往南沿山脊下行约 150 米，又转西偏西北过铁路后，又沿沟谷、山脊上行约 650 米至跳厂坡村民组东南侧约 300 米处山脊上，再转南偏西南沿山腰约 900 米至大坡山顶东侧约 350 米处小路上。从小路起，界线往南又沿山腰上行至 1286 米山顶后，下行约 70 米，转西偏西南下行约 70 米，又转向西北下行约 230 米至沟谷中，再转南偏西南沿沟谷上行至 1290 米高程点。从 1290 米高程点起，界线向东南沿山脊上行至山顶西侧边缘，往南沿山脊下行至小路上，转向西北沿沟谷上行约 450 米，又转向西南沿山腰行约 200 米，再转南偏东南沿山脊上行至 1354 米山顶边缘后，往南又沿山脊下行约 300 米，转西偏西北下行至沟谷后，又上行至山脊上，又转向西南跨沟谷、山脊行约 450 米至沟谷小路上，再转南偏西南上行至位于上坝村民组东侧约 600 米处山顶上的云岩、乌当、白云三区边界线交汇点 010301120113 Ⅱ 号界桩点止，云岩区白云线全长为 8. 43 千米。

云岩、乌当区（东）行政区域界线呈北南走向。从 010301120113 Ⅰ 号界桩点起，边界线南偏西南沿山脊下行约 300 米，向西沿山脚约 250 米，转西偏西南沿山脊上行至 1387 米山顶后，又沿山脊下行至1350米小山顶，又转向东南行约200米，再转向东北沿沟谷下行至1250米高程点。从1250米高程点起，界线往南上行经猫坝村民组至1410米山顶东侧，又沿沟谷下行至1276米小山顶，转向西北上行约350米又至小山顶，往南沿山脊下行约550米，再转南偏东南沿山脊上行经1383米山顶至唐家山山顶（高程为1438米）。从山顶起，界线向东行约150米，转向东南沿山脊下行至大车路，又转向东北沿大车路行约350米，折向南偏西南约200米，再转西偏西南沿山脚行至鹿冲关原精神病院东侧约250米处山嘴上，从山嘴起，界线沿山脊上行至122.2米小山顶，向东下行过公路行约150米，转向东北上行约250米，又转东偏东南南沿沟谷下行约450米，再转南偏西南下行至1145米高程点。从1145米高程点起，界线向东南下行过公路后，由沿沟谷绕行至滥坝村民组北偏东北侧约200米处为小路上，再沿沟谷上行至岔路口后，转向西南沿山脊上行经1192米山顶行约700米，往南行约250米，又转向东南行约200米，再转东偏东北沿山脊下行至1125米高程点。从1125米高程点起，界线东偏东南沿沟谷绕行至水牛田村民组东南侧约200米处沟谷中1087米高程点，转北篇东北沿山腰行约200米，又转东偏东北又沿山腰下行约450米至南明河西侧岸边，界线北偏西北沿周边行约150米后，再转向东北下行至南明河中，再沿南明河河道中心线顺流下行至大凉口村民组北侧岔河口处1021.1米高程点。从1021.1米高程点起，界线东偏东南沿河道中心线下行约350米后，界线离开南明河沿沟谷绕行小溪中，转向东南沿小溪上行600米，向东上行约250米，又转南偏东南界线离开小溪沿山脊上行约500米，现转向东南沿山腰、山脊行至马鬃岭山顶东南侧约50米处1385米高程点。从1385米高程点起，界线南偏西南沿山脊下行约600米，转南偏东南沿沟谷下行约500米至白岩脚北侧山脊上，向东行约100米后，又转南偏东南沿山腰行约250米，再转西偏西南沿山腰行至位于白岩脚村民组南偏西南侧徒崖顶部的南明、云岩、乌当三区边界线交汇点010301120113Ⅰ号界点止，云岩乌当线全长为22.24千米。

010301120113Ⅰ号界桩点为云岩、乌当、白云三区边界线交会点，位于云岩区黔灵镇偏坡村、乌当区新添寨和白云区都拉乡黑石头村。在磁方位角71度18分，距离353米处为一山头（高程为1295.5米）；磁方位角171度33分，距离323米处为一山头（高程点为1365.0米）；磁方位角257度33分，距离240米处为一山头（高程点为1356.6米）。该三交点边界线走向清楚，四至关系明确，故未埋设界桩。

010301120113Ⅱ号界桩点为单立三面型石质界桩。位于云岩区黔灵镇雅关村、乌当区野鸭乡大关村和白云区都拉乡黑石头村。在磁方位角194度02分，距离468米处为一山头（高程为1259.2米）；磁方位角231度17分，距离177米处为一头山（高程为1267.7米）；磁方位角269度02分，距离470米处为一山头（高程为1315.7米）。该界桩点埋设在核定点位东偏东南约430处，位于云岩境内。

云岩区与南明区区域边界走向和界桩位置010201030112Ⅰ号界桩点为南明、云岩、乌当三区边界线交会点。位于南明区云关乡云关村、云岩区黔灵镇安井村和乌当区新添寨阿栗村。在磁方位角139度27分，距离50米处为一山头（高程为1230.3米）；磁方位角178度57分，距离373米处为一山头（高程为1227.9米）；磁方位角282度57分，距离295米处为一山头（高程点为1135.1米）。该三交点边界线走向清楚，四至关系明确，故未埋设界桩。

第三节 地质地貌

一、地质

（一）地层

云岩区境内出露的地层有志留系、二叠系、三叠系、侏罗系和第四系等，主要岩层有白云岩、石灰岩、砂页岩、泥灰岩和第四系松散堆积物。

（二）构造

云岩区的地质构造为贵阳溶蚀盆地北半部，境内碳酸盐类岩石分布广，岩溶发育。峰林槽谷、峰丛洼地、溶丘洼地等岩溶地貌分布较广，河谷盆地有第四纪沉积物分布。西部从偏坡、雅关、小关水库至黔灵湖一带，由于内外地质应力的共同作用，形成一条南北走向的紫色砂页岩低中山长沟谷。自然土壤以酸性土为主。东部为石灰岩中山，自然土壤以石灰土为主。东部主要出露志留系及部分二叠系地层，以泥灰岩为主，兼有砂页岩及薄层石灰岩。西部以白云岩、砂页岩、白云质灰岩为主，还有少量泥灰岩。中南部市区及黔灵、宅吉、茶店、沙河、东山等，以岩溶构造盆地为主体。主要出露砂页岩、白云岩和白云质灰岩，自然土壤以黄壤、黄色石灰土、黑色石灰土为主。

二、地貌

（一）地貌特征

云岩区地处苗岭山系中段，中南部为贵阳盆地的一部分。东、西、北为丘陵及山地，形成东、西、北三面高，中南部低的地形特点。最高点在北部鹿冲关的唐家山五虎朝阳峰，海拔 1438 米，最低点在东南部安井河谷与乌当区交界的河面，海拔 1013.5 米。最高与最低相对高差为 425.5 米。全区境内有 80% 的土地在海拔 1013 米~ 1250 米之间，有 20% 的土地在海拔 1250 米~ 1400 米之间。全区地貌类型分为五个地貌区，据云岩区 2007 年 8 月行政区划调整以前不完全调查资料统计，特征如下：

1. 石灰岩中山峰丛区。范围在偏坡村一带，面积为 14.08 平方千米，占全区总面积 27.52% 。其地貌特征为：海拔 1200 米~ 1400 米，溶蚀强烈，切割较深。

2. 紫色砂岩页低中山沟谷区。范围包括雅关、顺海林场、黔灵山公园等地带。面积为 6.49 平方千米，占全区总面积的 6.49% 。其地貌特征是海拔低，坡度缓。

3. 白云岩低中山低丘区。范围包括三桥、改茶、云岩村及黔灵山公园的一部分，面积为 13.2 平方千米，占全区总面积的 19.55% 。其地貌特征是岩石裸露多，局部山头坡度较陡。

4. 白云岩低中山丘盆区。范围包括城区、黔灵、宅吉、沙河、茶店、东山、西瓜地及顺海林场等地，面积为 32.96 平方千米，占全区总面积的 48.82% 。其地貌特征是以岩溶构造盆地为主体，周围分布浅丘。

5. 泥灰岩低中山高丘区。范围在安井、渔安、西瓜村一带，面积为 13.36 平方千米，占全区总面积的 19.82% 。其地貌特征为泥质山地，较平缓。

（二）地貌类型

全区地貌类型以坝地为主，山地次之，丘陵较少。其构成：坝地约有 28.22 平方千米，占全区总面积的41.81%；山地约有24.23平方千米，占全区总面积的35.89%；丘陵约有15.05平方千米，占全区总面积的22.29%。北部以山地为主，地貌类型明显分为东西两部分。西部从偏坡、雅关至黔灵湖一带，形成一条南北走向的长沟谷，为紫色砂页岩低中山沟谷，河流南部走向。东部为石灰岩中山，山脉由东部向西南方向延伸。中南部为丘盆地貌，大部分属缓丘坝地，地势平缓。

第四节 气候 水文水系 山川河流 土壤植被

一、气候

云岩区属于亚热带季风湿润气候区，纬度较低，海拔较高，受东亚季风环流影响，具有高原季风湿润气候的特点。冬无严寒，夏无酷暑，气候温和，雨量充沛，光、热、水同季，有利于资源的有效利用。

（一）日照和太阳辐射

云岩区阴雨日数多，云量多，日照和太阳辐射处于全国低值区。区境太阳总辐射量为3797.43兆/平方米，低于国内多数城市。最高年为4454.75兆/平方米，最少年仅为3001.94兆/平方米，变幅为1452.81兆/平方米。区境年平均日照时数为1253.8小时，最高年出现在1963年，为1788.5小时；最低年为1997年，日照为885.1小时。变幅达903.4小时。云岩区的年平均日照百分数率为28.62，最高年份为1963年达41%，最低年份1997年仅20%，变幅达10倍以上。年际变化大，对农业生产有一定影响。日照时数年内分配是7月、8月最高，1月、2月最低。

从地区分布状况来看，各地光照条件差异主要受地形遮蔽程度的影响。地势开阔地区，光照条件较好。地形闭塞，特别是山高谷深的河谷地带，光照条件就差。比如登高坡年日照时数为1209.5小时，而安井河谷年日照时数仅为1076.2小时，登高坡比安井河谷多133.3小时。

（二）气温

云岩区的年平均气温为15.3℃，最冷月（1月）平均气温5.0℃，其中1月上旬最冷，旬平均气温4.6℃，1月最低气温平均为2.2℃。最热月7月平均气温为23.9℃，7月下旬最热，旬平均气温为24.1℃（1952年），7月最高气温平均为28.7℃。气温的年际变化小，最高年均气温为16.7℃，最低年均气温为13.9℃（2000年），相差仅2.8℃。但气温月内变化较大，春秋两季最为突出，4月最高气温极值可达35.3℃，最低气温极值仅0.1℃；9月最高气温极值达34.4℃，最低气温极值仅8.1℃。

云岩区历史记录的极端最高气温为39.5℃，出现在1930年7月1日，一般年最高气温极值为33℃至34℃。极端最低气温为零下9.5℃，出现在1925年1月9日；一般年最低气温极值为零下4℃至零下5℃。云岩区无霜期平均为290天，最长328天，最短为213天，年际变幅115天，有利多种植物露地生长。辖区气温主要受海拔高度（递减率为0.54℃/100米）和“城市热岛效应”影响，城区盆地和渔安河谷地带最热，北部雅关和鹿冲关附近最冷，其余地区一般，其差值年均0.5℃。

（三）降水

云岩区雨量充沛，年平均降水量1142.4毫米，80%保证率的年降水量为1031.6毫米。年平均相对湿度为77%。降水主要集中在夏季，其降雨量占全年雨量的47%；冬季最少，仅占全年雨量的

5.4%。各月雨量分布以6月最多，为223.0毫米，1月最少，为20.2毫米。各月雨量实际变幅大，如7月年际变幅高达364.7毫米。雨季平均开始于每年4月18日，最早于3月16日，最晚为5月13日，80%保证率的雨季开始于5月上旬前期。降水强度夏季最大，冬季最小，春秋介于夏冬之间。平均年暴雨日数为2.7天。

（四）自然灾害

云岩区灾害性天气主要有倒春寒、干旱、秋季绵雨及霜冻，其次有冰雹和凝冻。

1. 倒春寒

每年3月下旬至4月下旬期间出现连续3天（或以上）日气温低于10℃为倒春寒。云岩区倒春寒一般3月下旬出现频繁，累年平均2.16次。

2. 干旱

区境几乎年年都有40%~60%的菜地受到干旱的威胁，加之蔬菜具有周年栽培的特点，需水量大，因此，一年四季都有受旱的可能，干旱是形成产量不稳定的主要其后原因。影响最大，危害最重的是6月—8月的夏旱。由于太平洋副热带高气压西伸对区境的影响，常出现久晴不雨的天气。春旱主要发生在3月—5月，每年不同程度的春旱约2次。2009年8月5日至2010年4月11日，区境发生有气象记录以来最为严重的一次旱情。12日24时至13日8时，全市普降中到大雨，缓解了久旱无大雨造成的旱情。另一次发生在2011年的旱灾，19个村有7个村受灾，农作物受灾面积为3725亩，其中重旱953.3亩，绝收面积为100亩，1.8万人饮水困难，直接经济损失为820.82万元。

3. 秋季绵雨

由于南北冷暖空气交遇停滞，形成静止锋天气，产生长时间连绵阴雨。主要发生在每年的9月—11月，累年平均出现绵雨2.4次；其中轻度绵雨（日雨量≥0.1毫米，连续5天~6天）0.7次；中度绵雨（日雨量≥0.1毫米，持续7天~10天）1.4次；重度绵雨（日雨量≥0.1毫米，持续10天以上）0.2次。秋季绵雨以每年10月发生几率最大，占全年总次数的52%。9月占21%，11月占27%。秋季绵雨天气由于气温低，光照弱，湿度大，土壤积水，导致蔬菜病虫大量发生，给农业生产造成大量损失。1951年以后，区境共有16年发生重度及特重秋季绵雨。

4. 霜及霜冻

区境霜期平均75天，无霜期290天，80%保证率，初霜日为11月25日，终霜日为2月7日。霜冻地区分布，一般随海拔升高而霜期增长，霜害加重。由于局部地形不同，也会造成较大差异。在洼地、谷地、盆地和坡地下部常因冷空气下沉堆积形成“冷湖”，霜害最重。而在相同高度的山腰或山顶反而较轻。发生在早秋和晚春的霜和霜冻，对农业生产危害最大。但近30年来，受全球气候变暖影响，区境内仅有极个别地势较高的山坳地点存在轻微霜冻现象。

5. 冰雹

区境冰雹的特点是次数多，危害轻。累年平均每年降雹1.9次，主要集中在2月—5月，以3月—4月降雹几率最大。雹灾相对较多的是偏坡村，平均三年一次，其次是三桥、改茶一带，平均4年~5年一次，城区平均10年1次。

6. 凝冻

俗称“桐油凝”，是冬季毛雨在物体表面凝结形成，一般出现在12月至次年4月，以1月—2月发生几率最大，累年平均8.7天，最多年达23天，持续期最长达9天。凝冻程度和时间，随海拔增高而增加。凝冻对半耐寒蔬菜有一定威胁，尤其对早莴笋危害最大。凝冻主要发生在1月—2月。2008年1月12日—2月13日，贵阳市遭受历史上罕见的特大凝冻灾害，云岩区受灾人口达31.667万人，因灾不同程度伤病1.2万余人，共救治受伤人员1930余人次；居民冻裂房屋193户，道路损坏30多千米；45辆垃圾清运车、9辆洒水车、132个果皮箱、111座公厕水管、20座垃圾转运站升降机受损；35个农贸市场、3个大型综合批发市场受灾损失150多万元；农作物受灾（一季）面积近万亩，其中绝收面积约为5000亩；果树受灾面积约1764亩，冻死猪204头，家禽8078只，损坏各类规格的供水管道约7.5万米，水表表组730组（约1.1万户）；约200亩林地因灾部分死亡，城区绿化灌木死亡约10万株、草坪冻死损害约3万平方米；因停电、停水造成工业产值减少3500余万元，第三产业因灾造成经营性损失和设备设施损失2000多万元。

二、水文水系

（一）水文

境内河流水文为陆地水文。含沙量重，汛期短，无凌汛和结冰期，水能资源少，水能理论蕴藏量为500千瓦，平均每平方千米6.5千瓦，仅为贵阳市全市水能理论蕴藏量的0.6%，未全部开发利用。

（二）水系

流经区境内的南明河为长江流域乌江水系。其他河流发育于抗蚀力较一致的沉积岩或变质岩地区，属于树枝状水系。

三、山川河流

（一）山川

贵阳老城区附郭诸山（注：明代贵阳9座城门外）有正枝南行山9座，其中云岩区境内的为东山、狮子山、扶风山、崆巄山、巫峰山、六冲关（鹿冲关）；副枝西行诸山10座，其中云岩境内为贵山（关刀岩）、黔灵山、白岩山、鸦关山、天马山、金鳌山、骊珠山、坎马山、营盘山。

东山，俗名老王山。位于贵阳老城东边里许，东山路南端，山上有寺名栖霞寺。为明代贵阳十景之首，名“东山胜概”。

相宝山，又名照壁山。位于贵阳老城区宝山北路东侧。海拔1172米，孤山突出如屏，故名。明、清两代于山顶建有庙宇，与黔灵山、东山并列为三大胜地。

狮子山，贵阳“五虎三狮一凤凰”中“三狮”之一。位于贵阳老城区东北隅，北京东路东侧（贵阳市第五人民医院后面）。

扶风山，又名螺蛳山，俗名尖山。位于贵阳老城区东面，东山路西端北侧，阳明祠建于扶风山麓的扶风寺遗址南侧，为贵州省两处王学圣地之一。

崆巄山，俗名小葫芦山。位于贵阳老城区东北面，黔灵镇茶店村。

巫峰山，又名百花山。位于贵阳老城区东北面，百花山路。

六冲关，又名鹿冲关，鹿疃关。位于贵阳老城北边，黔灵镇茶店村境内。主要由五座高峰组成，名“五虎朝阳”，其中最高峰海拔1441.2米，为贵阳老城区海拔最高处。

贵山，位于贵阳老城区北面、云岩区樱花巷西侧，海拔1300多米，贵阳之名来源于此（贵山之阳）。明代弘治《贵州图经新志　山川》记载：“贵山、在治城北二里，孤峰峭拔、兀出群山，鸦关在其后，又名贵人峰，郡之得名于此。”

黔灵山，位于贵阳老城区西北，枣山路北段。黔灵山由中峰、北峰、三台峰、锡杖峰四峰，象王岭、大罗岭二岭，钵盂山一山，狮子岩一岩组成，合称黔灵山，为黔中旅游胜景。山上有弘福寺，为贵州省佛教会驻地。

白岩山，俗称八角岩。位于贵阳老城区北面，八鸽岩路附近。

鸦关山，又名鸦山或鸦关。位于贵阳老城区北面，黔灵镇鸦关村境内上有关门洞和古驿道、关门洞门楣上刻有“北门锁钥”四字，为明代贵阳八景之一，名“鸦关使节”。

天马山，俗名马鞍山。位于贵阳老城北，黔灵山公园内。

金鳌山，位于贵阳老城区北面，头桥社区境内。

骊珠山，位于贵阳老城区北面，黔灵镇境内。

坎子山，即今海马冲。位于贵阳老城区西，头桥社区境内。

营盘山，位于贵阳老城区西，头桥社区境内。

金钟山，又名金钟卜地。位于贵阳老城区西，枣山路西侧。

（二）河流

南明河，云岩区境内河段7.5千米。从云岩区与南明区交界的打渔寨进入云岩区境，经渔安村（今渔安新城）流至白岩脚向北流入安井村，从安井村的菊花冲出境进入乌当区境。20世纪90年代，南明河污染严重，2001年以后经综合治理，河水逐渐变清。

市西河，原名水磨河，因位于贵阳老城西部，故称市西河。源于黔灵镇偏坡村万鸡山的源头水，流经三桥下五里，再流入二桥与从黔灵湖流来的小关湖水汇合，流过转湾塘，经头桥、平桥入市西河，再流经香炉桥至金锁桥，入南明区境汇入南明河。境内市西河段全长16.2千米。

贯城河，又名玉带河。发源于东北面黔灵镇茶店村母猪龙洞的溶洞水，流至盐务街与从北面发源于穿洞的择溪水汇合于沙河街，向南流过普陀桥、化龙桥、普济侨、北门桥、狮子桥，在贯珠桥进入南明区境，在云岩区境河段为3千米。贯城河以贯穿贵阳老城区从北到南得名。瀑雨雨季节还会淹喷水池。1967年，在择溪水上游建春雷水库、总容量12万立方米，其水源出自穿洞，证明贯城河水充盈。区境贯城河床只有白鹦巷段和四川巷段仍为裸露河床，其余绝大部分河床已加盖水泥板。上游两处水源水流骤减，裸露部分河床，除雨天有水流外，平常几乎干涸。

金钟河，位于区境内北面，为过境小河，境内河道长3.5千米。

四、土壤植被

（一）基本特征

1. 成土母质多样：区境出露地层为二叠系、三叠系、侏罗系和第四季覆盖物。出露岩石主要有碳酸盐岩、砂页岩。这些岩石呈南北向条状出露。主要有白云质石灰岩风化母质、石灰岩风化母质、砂页岩风化母质、第四系红色粘土。此外，河流两岸分布着河流冲积物，如卵石、细砂、粉砂、粘土等。

2. 土壤类型多样：全区土壤总面积为4721.59公顷，共有黄壤、石灰土、紫色土、潮土和水稻土5个土类、10个亚类、18个土属和26个土种。

（二）土壤类型

1. 黄壤：分布在海拔1020米~1400米的地区，面积2215.69公顷，是云岩区的主要土类。黄壤分黄壤和黄泥土两个亚类。黄壤亚类是自然土壤，分硅铁质黄壤和硅质黄壤两个土属，硅铁质黄壤分布于盆地中部及边缘，质地粘重、土层深厚。硅质黄壤分布在山地缓坡，土质松散。黄泥土亚类是耕作土，包括黄泥土、黄砂泥土、石沙土 3 个土属，黄泥土耕作层厚度约 15 厘米~ 25 厘米；黄砂泥土土层厚度在 60 厘米以上；石沙土含有较多砾石和半风化碎片，耕作十分不便。

2. 石灰土土类：是区内仅次于黄壤而分布最广的岩成土，面积为 1737. 8 公顷，包插黑色石灰土、大土泥、小土泥 3 个土属，主要分部在中西部的宅吉、黔灵、云岩、改茶、三桥等地，有机质及矿质养分丰富，表土常为灰黑色，上层土壤结构良好，不易板结，肥力较高，适种性广。

3. 紫色土土类：面积 464. 64 公顷，包括酸性紫色土、血泥土和紫砂土 3 个土属，是云岩区分布面积最小的一种土壤，主要分布在雅关、偏坡村一带，该土磷钾含量丰富，有机质和氮素缺乏，开垦熟化后，生产性能较好。

4. 潮土：系由近河流冲积物形成，主要分布在雅关河（下游为市西河）、打渔河两岸，面积 434. 5 亩，包括潮砂土、潮砂泥土两个土属，土壤肥力较高，多开垦为水田或菜地。

5. 稻田土：是各种自然土和旱作土经水耕熟化而形成的一个独立土类，面积 1384. 68 亩，包括大泥土、大眼泥土、紫泥田、湖泥田、烂泥田五个土属，分布在安井、雅关等边远地区。由于还淋溶、氧化沉积，产生与旱地不同的层次分化，这些发生层有淹育层、渗育层和潴育层。

（三）土壤质地

从土壤质地看，土壤质地适中，便于耕作，但从总的情况看，土壤质地不高，各种条件较好的一、二级土地仅占土地总面积的 4. 5%，而坡度大于 25 度，水土流失严重，土层浅薄的 4 级~7 级 ± 则占土地总面积的 65%。土壤质地不高主要表现在耕层浅薄（8% 小于 20 厘米），有效养分含量低（有机质含量大于 4% 的一级耕地面积仅占全耕地面积的 39. 9%，小于 4% 的占 62. 7%，全氮小于 2% 的占 63. 94%，速效磷小于 10PPm 的占 44. 3%）、速效钾小于 50PPm 的占 17. 19%，pH 值小于 5. 5 的过酸土壤占 10. 57%。耕地零星分散，园地少、坡地多、土壤灰渣含量高，团粒结构少，土壤“三废”污染严重（1981 年省环保局对云岩区 17 个土壤样点检测中，有 6 个点含氟量超标，有 5 个点有机氯超标）。

（四）植被

云岩区地带性原生植被，主要是中亚热带湿润常绿阔叶林，由于辖区地处中心城区，开发时间较长，天然植被破坏严重。2001 年以后，在黔灵山、东山、鹿冲关等山地内有小面积壳斗科、樟科、山茶科等常绿阔叶林存在。贵阳地区最具代表性的常绿落叶阔叶混交林，分布在黔灵山周边的有贵州沧花树、猴樟、椤柘楠等。常绿树种与云贵鹅耳枥，枫香等落叶树种形成的混交林；区境内岩溶植被丰富，常见的有榆、朴树、鹅耳枥、化香、石班木、刺槐及野花椒等。

自 1958 年以后，人工植树造林及天然次生植被类型，以马尾松、响叶杨、光皮桦、枫香等最多，在土壤瘠薄、干旱的山坡地区，发育有栎类灌丛、藤刺灌丛，以及由黄茅、百合、蒿类和蕨类构成的草丛和人工培植的草坡等。此外，人工园林和田园化农作物也是区内重要植被组成部分。

第五节 自然资源

一、水资源

（一）地表水

区境地表水平均年天然径流深为545毫米，比全省平均值低43毫米，年径流量3434立方米，年人均水量每人100立方米，仅为全省平均值的3%。偏丰年年径流深为670毫米，年径流量为4221立方米，年人均用水量为122立方米；偏枯年年径流深为437毫米，年径流量为2753立方米，年人均用水量为80立方米；特枯年年均径流深为321毫米，年均径流量为2022立方米，年人均用水量为60立方米。云岩区境内产水量较少，属于水资源贫乏区，区内用水大部分靠客水解决。但若除去非农业生产用水和生活用水，农村生产和生活用水云岩区境水资源基本能满足需要。至2015年年底，有小关水库、黔灵湖、打渔寨电灌站、茶店、麻冲等处可向城区供水。区内水资源年际变化大，年内分配不均。如1954年，年降雨量1664.7毫米，而1966年只有765.7毫米，丰、枯年降雨量差异大，易造成水、旱灾害。

（二）地下水

云岩区地下水主要靠降水补给，地下水又由泉水出露补给河水。全区地下水年平均水量为1698万立方米，比较丰富。有较大的泉井9处，以岩溶水为主，一部分来自区境外，属地下溶水。

（三）水质

区境雅关河水质较好。城市中心区市西河、贯城河段化学耗氧量超标40多倍，污染特别严重。境内其他小河沟一般都是上游水质较好，下游水质较差，基本能满足蔬菜灌溉的要求。境内泉井出露的地下水一般水质都较好，能满足人畜饮水的要求。

云岩区泉水汇总表

单位：升/秒

泉水名称	分布地点	流量				利用现状
		最枯	灌期枯流	最大	一般	
打渔寨龙井水	打渔寨	300	400	1000	400	已修两级提灌站，抽水流量25升/秒，供生活用水及灌溉1100亩菜地
麻冲泉水	宅吉	16	16	150	16	已被自来水公司开发供城市用水
穿洞泉水	沙河	10	12	400	25	流进春雷水库
圣泉水	三桥	8	15	20	15	下五里提水站水源
母猪龙	茶店	8	10	25	16	已修引水工程，灌溉茶店坝子及解决当地农民，居民用水
雅关铁桥泉水	雅关	5	5	20	15	尚未开发利用
雅关七队泉水	雅关	10	15	250	25	已修雅关改水工程，解决当地1300多人饮水，改善灌溉工程120亩，增加灌溉面积80亩
雅关二队泉水	雅关	5	5	15	10	待开发利用
改茶泉水	改茶	5	8	20	15	最枯年径流量11.7万立方米，已被铁路医院利用

二、矿藏资源

云岩区的主要矿藏有煤矿、油页岩、重晶石、石英砂矿、石灰石矿、白云石矿、硅铁矿等。

（一）煤矿

分布在区境东部的巫峰山一带，含煤地层 P_2L—c，总厚度350米，含煤三层，可采煤一至二层，煤层总厚度2.3米，最大含煤系数为0.65%。可采煤总厚度1.6米，可采煤系数为0.45%，储煤量估计为210万吨。20世纪50年代，已基本开采枯竭。

（二）油页岩

分布在区内仙人洞路、太乙井一带，分上下两层。上层厚0.31米，下层厚0.55米，相距0.3米；含油率为8.8%。云岩区油页岩虽稳定，但厚度薄，变化大，又处于市区，无开发价值。

（三）重晶石

分布在区内鹿冲关、红岩冲矿化带。重晶石赋存于北和北东向的断裂带中及其附近。矿体呈团块、结核状，产于上泥盆统高坡场组白云岩中，矿化范围较广。含硫酸钡均在95%左右，质量较好。

（四）石英砂矿

其矿点在燕子岩和马鬃岭两处。燕子岩石英砂矿为小型矿床，位于区境燕子岩。矿层产于二统梁三组，为浅灰白色、肉红色。中厚3.3米~0.7米的泥质粉砂岩或碳质页岩。矿体长3200米，厚45米，工业储量21.3万吨。马鬃岭石英矿位于云岩区东南部安井村，矿体产于中泥血马鬃岭组中部，为灰白石、白色中原层石英砂矿，夹少许粘土页岩。厚13米~20米，矿石品位较低，可作一般玻璃原料。

（五）石英石矿

矿点零星分布在东山、三桥、改茶、宅吉等地。但总体来看，储量小，无开采价值。

三、森林资源

（一）林业用地面积及覆盖率

全区林业用地面积为33516亩，占全区总面积的35.3%，无林地面积为12728亩，占全区总面积的13.5%，占林业用地面积的38%。无林地中，荒山10599亩，火烧迹地320亩，灌丛地920亩，半岩山889亩，无林地主要分布在市区外围。林业用地面积中，有林地17224亩，其中用材林112亩，特用林15492亩，经济林611亩，疏林地1659亩，灌木林地1532亩，未成林造林地316亩，苗圃地57亩。全区森林覆盖率2015年为33.55%。

（二）树种及立木蓄积量

全区林种以用材林为主；树种组成以马尾松为主，其次为侧柏和柏木。阔叶林有桦木、梧桐、女贞、檫木、苦楝、杜仲、泡桐等。针阔叶混交林一般为马尾松、桦木混交林。有小片经济林和果木林（油茶、茶叶、核桃、板栗、杨梅、桃、梨、杏、苹果等）。全区林木总蓄积量85211立方米，人均储积量0.15立方米。其中，用材林蓄积量5407立方米，特用林蓄积量77263立方米，疏林蓄积量2035立方米，散生木蓄积量100立方米，四旁树蓄积量406立方米。

（三）各林种、树种面积和蓄积量

特用林15492亩，蓄积量77263立方米，占总蓄积量的90.67%，其中：马尾松10771亩，华山松1109亩，柏木797亩，软阔13568亩，硬阔150亩。用材林1121亩，5407立方米，占6.35%，树种多为马尾松。疏林及其他蓄积林2541立方米，占2.98%。疏林地中，马尾松144亩，柏木24亩，软阔188亩。散生木、四旁树也多为以上三个树种。

四、野生动植物资源

（一）野生动物

区境野生动物，除黔灵公园内有数百只半野生猕猴外，安井、偏坡等边远地区尚有数量不多的野兔、黄鼠狼、野猪等哺乳动物；鸟类主要有锦鸡、猫头鹰、啄木鸟、斑鸠、噪鹃、画鹛等。偶然可见穿山甲、乌梢蛇、菜花蛇、蛙类及蝙蝠等活动，数量极少。

（二）野生植物

由于云岩区城市建设的迅速发展，野生植物资源保存极少。树种组成以马尾松为主，其次为侧柏和柏树；阔叶林有桦树、梧桐、女桢、檫木、苦楝、杜仲等。截至2015年，仅在雅关、偏坡、安井等偏远村寨的山坡地带，尚有紫萁等蕨类、芭茅草等草丛，以及金樱子、野山楂、野生刺梨、火棘等灌丛零星分布。

第二章　建　置

云岩区是贵阳市三个城区之一。云岩区的区名，源于区境黔灵山公园内的云崖洞（俗名麒麟洞）。因贵阳方言读音“崖”“岩”同音，后逐步演变为“云岩洞”。1937年，贵阳北部行政建置中，已设云岩乡。今云岩街即原云岩乡下辖的云岩村（2005年出版的首轮《贵阳市云岩区志》对云岩区区名来源的记载有误）。2009年2月前，辖15个街道办事处和黔灵镇。2009年2月，根据贵州省人民政府《关于同意贵阳市云岩区南明区乌当区调整部分行政区划的批复》，乌当区属的茶园村、金关村、金鸭村、金惠村、大凹村及南明区属蔡家关村划归云岩区管辖。街道办事处增至18个。2012年4月，遵照贵阳市人民政府《关于撤销四十九个街道办事处设立九十个社区服务中心的通知》，云岩区撤销18个街道办事处，设立26个社区。2014年12月，新成立水东社区服务中心。2015年年末，辖黔灵镇和27个社区服务中心。

第一节　政区沿革

至元二十九年（1292年），设八番宣慰司都元帅府于顺元城（今贵阳）。顺元城城墙为土筑，设东、南、西、北四门。东门即今老东门，南门临南明河，西门即今大西门，北门在钟鼓楼（今勇烈路），今云岩区域大部分为顺元城东、西、北三门城外附郭。

明洪武四年（1371年），置贵州宣慰司，隶四川行省。永乐十一年（1413年）改贵州行省。贵阳地（域）设贵州前卫，今云岩地域属贵州前卫。隆庆二年（1568 年），移程番府入省城。三年，改程番府为贵阳府，今云岩区域大部分为府城附郭。

清康熙二十九年（1690 年），设置贵筑县，贵筑县辖九里。今云岩区主城区部分区域分属洪边里、西上里、南隅里。

1914 年 1 月，改贵阳府为贵阳县。1920 年，废除里、甲设置，改设区、乡。今云岩区六广门内为府城内区域。分属中区、东一区、东二区、西一区、西二区、北一区、北二区，六广门外的区域为贵阳府城附郭，分属贵山乡、云岩乡、鸦关乡、百花乡、阿江乡、阿井乡。1941 年 7 月 1 日，贵阳市成立。将原来市以外之地划归贵筑县。1944 年 11 月，贵阳市建 9 个区，今云岩区境分别属第一、二、三区，部分属七、九区。

11 月 15 日贵阳解放，26 日贵阳市军事管制委员会接管民国贵阳市政府所辖的 9 个区的政权。第一区区公所驻普陀路 164 号灵官阁（现洪边门农贸市场），第二区区公所驻圆通街 18 号圆通寺，第三区区公所驻飞山街 110 号飞山庙（现延中派出所），第七区区公所驻三桥街上，第九区区公所驻贵乌路（今贵开路转半边街交汇处）。1950 年 5 月，将原一、二、三区调整为一、二区，第一区区公所驻地黔灵西路 8 号，第二区区公所仍驻飞山街 110 号。1951 年 9 月，贵阳市人民政府撤销原市辖各区区公所，成立区人民政府，第一区人民政府驻中华北路 216 号（今白鹭巷 8 号云岩区宿舍大院），第二区人民政府驻地仍在飞山街 110 号。1955 年 5 月，各区人民政府改称区人民委员会。8 月，贵阳市人民委员会将第一区更名为云岩区，将第二区更名为富水区。

1958 年 3 月 24 日，奉贵阳市人民委员会令，云岩区和富水区合为云岩区，驻地迁毓秀路 66 号。2004 年年初，云岩区行政中心迁至新添大道南段 229 号新址。

2001 年，云岩区辖 18 个街道办事处和 1 个黔灵镇。2011 年 5 月—2012 年 4 月，撤销街道办事处，成立社区服务中心。至 2015 年，辖 27 个社区服务中心和黔灵镇。

第二节 行政区划

1958 年 8 月前，云岩区人民政府按公安派出所管辖的区域，成立普陀路、贵乌路、黔灵东路、中山东路、中华中路、中华北路、环城北路、大洼、延安中路、黔灵西路、中山西路、公园北路、威清路、市西路、头桥、三桥 16 个街道办事处。9 月，合所并街（即几个公安派出所和街道办事处合为一个街道办事处和派出所），将 16 个街道办事处合并为普陀、中东、环北、合群、中西、头桥 6 个街道办事处。(1958 年云岩，富水两区合并为云岩区前略)

1960 年 2 月，实行城市人民公社化，云岩区将 6 个街道办事处整合为普陀人民公社、合群人民公社和市西人民公社。6 月，将 3 个人民公社分解组成 8 个分社：云岩区人民公社普陀分社、东山分社、北京路分社、中西分社、合群分社、马王庙分社、延安路分社、河西路分社。1961 年 10 月，将 8 个分社重组为普陀、中东、中北、北京路、合群、中西、头桥和马王庙人民公社。

1962 年 12 月，撤销城市人民公社，恢复街道办事处，街道办事处增加到 14 个，即普陀路、贵乌路、黔灵东路、中山东路、中华中路、中华北路、环城北路、北京路、延安中路、中山西路、威清路、市西路、头桥、三桥街道办事处。合群和马王庙的名称取消。

1989年1月，将北京路和贵乌路街道办事处及黔灵乡的部分区域划出，新成立宅吉路街道办事处。

2007年8月，省人民政府批复同意贵阳市云岩区、乌当区、南明区调整部分行政区划，将乌当区金阳街道办事处所属茶园村、金关村、金鸭村、杨惠村、大凹村以及南明区后巢乡所属蔡家关村划归云岩区政府管辖。区人民政府将这6个村组合为金关、金鸭、金惠3个街道办事处，于2009年2月25日正式挂牌。

2009年6月27日，第十一届全国人民代表大会常务委员会第九次会议决定废止《城区街道办事处组织条例》。中共贵阳市委、市人民政府《中共贵阳市委办公厅贵阳市政府办公厅关于印发〈贵阳市全面推进城市基层管理体制改革工作的意见〉的通知》精神，云岩区撤销18个街道办事处，组建26个社区服务中心，于2012年4月集中授牌：将原中华北路和环城北路街道办事合并成立中环社区服务中心；将原延安中路和中山西路街道办事处合并成立延中社区服务中心；将原北京路街道办事处一分为二，分别成立北京路社区服务中心和省府社区服务中心；将原贵乌路街道办事处一分为三，分别成立贵乌社区服务中心、中天社区服务中心和金狮社区服务中心；将原中山东路街道办事处一分为二，分别成立中东社区服务中心和东山社区服务中心；将原黔灵东路街道办事处一分为二，分别成立黔东社区服务中心和栖霞社区服务中心；将原三桥街道办事处一分为二，分别成立三桥社区服务中心和圣泉社区服务中心；将原头桥街道办事处一分为二，分别成立头桥社区服务中心和金龙社区服务中心；将原金关街道办事处一分为二，分别成立金关社区服务中心和蔡关社区服务中心；将原金鸭街道办事处一分为三，分别成立金鸭社区服务中心、荷塘社区服务中心和普天社区服务中心；撤销市西路街道办事处，成立市西社区服务中心，撤销威清路街道办事处，成立威清社区服务中心，撤销普陀路街道办事处，成立普陀社区服务中心，撤销宅吉路街道办事处，成立宅吉社区服务中心，撤销金惠街道办事处，成立金惠社区服务中心。2014年10月，成立水东社区服务中心。

1955年3月，贵阳市郊区人民政府成立黔灵乡和东山乡。1958年，黔灵乡和东山乡划归云岩区人民政府管辖。黔灵、东山两乡合并成立黔灵人民公社。1984年6月，撤销黔灵人民公社，成立黔灵乡人民政府。2000年4月，省人民政府批复撤销云岩区黔灵乡设立黔灵镇。

第三节　街道办事处

街道办事处是区人民政府的派出机构。至2011年4月，云岩区辖中华北路、中华中路、中山东路、中山西路、北京路、贵乌路、环城北路、普陀路、黔灵东路、三桥、市西路、头桥、威清路、延安中路、宅吉、金关、金鸭、金惠18个街道办事处。

一、中华北路街道办事处

中华北路街道办事处位于云岩区中华北路中段，驻北横巷22号。辖区东面是普陀、黔东街道办事处；南面是延中街道办事处；西面是环北街道办事处；北面是北京路、贵乌街道办事处。面积0.23平方千米。

1953年9月，中华北路街道办事处成立。1958年9月，并入环城北路街道办事处。1960年6月，划为合群人民公社中北管理区。1962 年 12 月，撤销城市人民公社，恢复中华北路街道办事处。

2001 年，中华北路街道办事处有毓秀、北横、六广门 3 个居民委员会 90 个居民小组。有汉族、苗族、布依族等民族。总人口 8360 人，其中流动人口 1052 人；汉族 7830 人，占总人口约 91%；少数民族 530 人，占总人口约 0.9%。全年第三产业总产值 6263 万元，引进外资 3000 万元，地方财政收入 410 万元。至 2012 年 3 月，办事处社区居民委员会和居民小组未变。有汉族、苗族、布依族等民族。总人口 11352 人，其中流动人口 1351 人；汉族 10251 人，占总人口 90%；少数民族 1101 人，占总人口 10%。全年第三产业收入 5.01 亿元，引进到位外资 6.51 亿元，地方财政收入 5700 万元。

驻辖区单位有区城市管理局、区城市综合执法大队、区国税局、市劳动保障监察支队、省文史馆、区档案局、贵阳市毓秀路小学、市邮政局、市京剧院、贵阳市第七中学、贵阳市北供电局、贵阳国贸广场、贵阳铭都酒店、贵阳国美电器、平安财产保险、建行贵州省分行、市公积金管理中心、贵阳银行永乐路支行，招商银行和省工商银行分行、工商银行贵州省分行等单位。

道路主要有中华北路、毓秀路、成都路、永乐路，沙河街，北横巷、白果巷、白鹦巷、毓秀巷，共 4 路 1 街 4 巷。

2012 年 4 月，撤销中华北路街道办事处，与环城北路街道办事处合并成立中环社区服务中心。

二、中华中路街道办事处

中华中路街道办事处驻省府北街。辖区东与中东街道办事处相邻；南面与南明区相邻；西面与中山西路街道办事处相邻；北面与黔东街道办事处相邻。面积 0.5 平方千米。

1953 年 12 月，中华中路街道办事处成立。1958 年 9 月，与中山东路街道办事处合并为中山东路街道办事处。1960 年 3 月，与普陀、黔东、贵乌街道办事处合并成立普陀人民公社，为中华管理区。1962 年 12 月，撤销城市人民公社，恢复中华中路街道办事处。

2001 年，中华中路街道办事处有 14 个居民委员会 78 个居民小组。有苗族、布依族、侗族等民族。总人口 17588 人，其中：流动人口 6532 人；汉族 14325 人，占总人口 92%；少数民族 3263 人，占总人口的 8%。全年第三产业总产值 4307 万元，引进外资 1000 万元，地方财政收入 2300 万元。2011 年 4 月，办事处辖正新、贵山、圆通、富水 4 个社区居民委员会共 130 个居民小组。有苗、土家、蒙古等 7 个少数民族。总人口 17389 人。汉族 16567 人，占 95.27%；少数民族 822 人，占 4.73%。全年第三产业收入 3.89 亿元，地方财政收入 8526 万元。

驻辖区单位有市地税局、省文化馆、省物价局，贵阳时代广场、南国花锦商业、苏宁电器集团、龙港百盛商业、北京华联综合超市、贵阳云岩忠富酸汤火锅、正新综合批发市场，贵阳银行富北支行、交行贵州省分行、建行贵阳富水支行、海通证券、平安保险、人寿保险、太平洋保险、贵阳市第十九中学、贵阳市省府路小学、贵阳市毓英小学等单位。

道路有省府路、富水中路、中华中珞，正新街、正山街、红石街、忠烈街、省府北街，省府东街、圆通街，铁局巷、黑羊巷、慈善巷、引线巷，共 3 路 7 街 4 巷。

2011 年 5 月，撤销中华中路街道办事处，设中华社区服务中心。

三、中山东路街道办事处

中山东路街道办事处位于贵阳老城区东侧，驻地蔡家街 39 号。辖区东起东山路，南至中山东路，西至富水北路，北起九华路。面积5.4平方千米。

1953年12月，中山东路街道办事处成立。1960年3月，与中华、黔东、普陀、贵乌合并成立普陀人民公社，为中东管理区。1962年12月，撤销城市人民公社，恢复中山东路街道办事处。

2001年，中山东路街道办事处有9个居民委员会。全年第三产业总产值939万元。至2012年3月，办事处有民生路、电台街、莲花坡、宝山北路、警苑、东山路、达兴、东新路、王家桥9个社区居民委员会277个居民小组。有苗族、布依族、侗族等民族25个。总人口50016人，其中：常住人口41500人，暂住人口8516人；汉族人口49057人，占总人口的98%；少数民族959人，占总人口2%。全年第三产业收入1.9亿元，地方财政收入7500万元。

驻辖区单位有省公安厅、武警贵州省总队，省交通医院、省邮电医院、省交通设计院、贵阳日报社、贵阳晚报社、贵阳中医一附院、贵阳市市级机关幼儿园、贵阳市第十中学、贵阳市东山小学、贵阳市省府路小学第二分校、贵阳市体育中学、贵阳市第二中学、老东门小学、贵阳兴甫武校、莲花幼儿园，西湖花园大酒店、金卡道酒店、七天连锁酒店、如家酒店、拉丁酒店、锐辉酒店、尚客话语酒店、贵阳银行三合支行、邮政储蓄老东门支行、人行贵阳市中心支行，还有中国银行、建设银行、交通银行、工商银行、农业银行、中信银行等银行的分行等。

道路有中山东路、民生路、文明路、文昌北路、九华路、环城北路、东新路、外环城东路、外环城路、仙人洞路、栖霞路、扶风路、东山路；文昌街、贵山街、竹筒街、蔡家街、弯弓街、文笔街、电台街，洙泗巷、中尚巷、君子巷、芙蓉巷、传书巷、荷叶巷、莲花巷、鸿雁巷、慈庵巷、东林巷、东山巷，共14路6街11巷。

2012年4月，撤销中山东路街道办事处，设中东社区服务中心和东山社区服务中心。

四、中山西路街道办事处

中山西路街道办事处位于贵阳市中心繁华地段大十字的西侧，驻岳英街22号。辖区东至中华中路，南至中山西路，西至瑞金中路，北到延安中路。面积0.60平方千米。

1953年12月，中山西路街道办事处成立。1958年9月，与市西路街道办事处合并为中山西路街道办事处。1960年3月，改为中西人民公社。1962年12月，撤销城市人民公社，恢复中山西路街道办事处。

2001年，中山西路街道办事处有4个居民委员会。全年第三产业总产值882万元。至2012年3月，办事处辖岳英、龙井、公园路、飞山街4个社区居民委员会157个居民小组。有苗族、布依族、彝族等8个少数民族。总人口17793人，其中常住人口15974人，暂住人口3244人。汉族人口17330人，占总人口的91.72%；少数民族人口1463人，占总人口的8.23%。全年第三产业收入1.87亿元，招商引资2.9亿元，地方财政收入8079万元。

驻辖区单位有市老年大学、省地方税务局、省社区保险事业局、市道路运输管理局、市人力资源和社会保障局、市工商管理局、市食品药品监督管理局、贵阳市岳英小学、市房屋征收管理中心、贵阳第一幼儿园、贵阳市第二十四中学、贵阳中医学院二附院、市文学艺术界联合会、市美术馆、市群众艺术馆、贵阳危旧房改造公司、市美术广告公司、贵阳长江医院、华西口腔医院、永辉超市、贵阳星力百货集团、国泰君安证券、国海证券、中国太平洋保险、新华保险、华泰保险、贵阳银行飞山支行和星力支行、中行公园北路支行、农行贵阳中西支行和太平路支行、工行贵阳市中西支行和飞山支行、民生银行贵阳公园路支行、中信银行贵阳公园路支行、贵阳农商银行黔灵支行、建行贵阳城北支行等单位。

道路有中山西路、公园西路、公园北路、河西路、河东路、龙井路、太平路，飞山街、岳英街、飞山横街、通衢街、大同街、交通街，晚报社巷、龙井巷、金梭巷、省府西巷，共7路7街4巷。

2012年4月，撤销中山西路街道办事处、延安中路街道办事处，成立延中社区服务中心。

五、北京路街道办事处

北京路街道办事处位于六广门西北侧省人民政府西侧，驻安云路29号。辖区东与宅吉、中华北路、贵乌路三个办事处相邻；南与中华北路、环城北路、威清路三个办事处相连；西与头桥办事处接壤；北与黔灵镇相交。面积1.2平方千米。

1954年4月，大洼街道办事处成立。1958年9月，并入环城北路街道办事处。1960年3月，改为合群人民公社北京路分社。1962年12月，撤销城市人民公社，成立北京路街道办事处。

2001年，北京路街道办事处有市北路、体育场、省府、安云路、云岩街、八鸽岩、地矿和北新区路8个居民委员会180个居民小组。总人口42049人，其中：流动人口509人；汉族人口39005人。有苗族、布依族、侗族等6个少数民族。全年第三产业总产值8891万元，地方财政收入3200万元。至2012年3月，办事处辖社区居民委员会未变，居民小组增加到300个。总人口45553人，其中：常住人口43679人，暂住人口4342人，汉族人口41317人。有布依族、苗族、仡佬族等6个少数民族，共4236人。全年第三产业收入5.80亿元，引进资金4.95亿元，地方财政收入1.48亿元。

驻辖区单位内有省人大、省人民政府、省政协、省人事厅、省民族事务委员会、省财政厅、省邮电科研规划设计院、省城乡规划设计院、省地质实验研究所、贵阳市第六中学、贵阳市第十七中学、贵阳市实验小学、贵阳市云岩小学、省政府机关幼儿园、贵铁分局幼儿园、省图书馆、贵阳电信68局、贵州储备物资管理局、省卫生防疫站、省体育局、省经济贸易委员会、省卫生厅、省国土资源厅、省国家税务局、省地方税务局、贵州广播电视大学、省第二测绘院、省第三测绘院、建行城北支行、贵州证券公司、中行贵阳市分行、贵州饭店、雅园酒家、山水旅行社、智诚超市、省对外贸易发展公司、省技术进出口公司、中国石化贵阳分公司、省电影公司、市体育局、省民政厅、贵州迎宾馆、贵州青年旅行社、贵州高速公路总公司等单位。

道路有中华北路、北京路、安云路、八鸽岩路、市北路、北新区路，云岩街，凤蝶巷、樱花巷、竹市巷、象山巷、建工巷、云霞巷、金筑巷、青石巷、山楂巷、黔灵巷、水井巷、云深巷、鸭井巷、双井巷、江西巷、铝镁巷、碧云巷，共6路1街17巷。

2012年4月，撤销北京路街道办事处，设北京路社区服务中心。

六、贵乌路街道办事处

贵乌路街道办事处位于贵乌大道南段，驻新添大道南段28号。辖区东到外环东路（宝山北路）原凯福糖果厂，南至贵乌南路27号，西至沙河桥盐务街口，北到鹿冲关、茶店，中天花园小区。面积4.53平方千米。

1954年4月，贵乌路街道办事处成立。1958年9月并入普陀路街道办事处。1960年3月，普陀路街道办事处为普陀人民公社贵乌管理区。1962年12月，撤销城市人民公社，恢复贵乌路街道办事处。

2001年，贵乌路街道办事处有冠竹苑、友谊、银佳、贵医、兴黔、筑新、石洞坡、杨柳湾、中天、万江、百花山11个居民委员会。全年第三产业总产值718万元。至2012年3月，办事处增加顺海、黄山冲、金狮、登高、大营、乌江怡苑、巫峰7个共18个社区居民委员会，有192个居民小组。总人口83024人，其中：常住人口71579人，暂住人口11443人，汉族人口74782人。有苗族、布依族、仡佬族等9个少数民族，共8242人。全年第三产业收入2.88亿元，招商引资8.33亿元，地方财政收入2300万元。

驻辖区单位内有省出入境检验检疫局、省残疾人联合会、新华通讯社贵州分社、市收容遣送所、省电子工业研究所、市质量技术监督检测所、省监督检测所、省电信公司贵阳市运营公司、市北供电局、贵州医科大学、贵州医科大学附属医院、市第五人民医院、市精神病人福利院、贵阳市第二十三中学、贵阳市北郊小学、市儿童福利院、市第一社会福利院、中建四局一公司、化工原料厂、无线电二厂、凯福糖果厂、神奇假日酒店、神奇星岛酒店、黑马建材装饰材料超级市场、红华家电超市、雅园渔村、好日子酒店等单位。

道路有鹿冲关路、新添大道、宝山北路、北京路（东段）、新百路、贵乌北路、百花山路、登高路、松柏路、新贵路、大营路、常青路、贵乌南路、贵乌中路，贵乌街、半边街，狮子巷、雄狮巷、筑新巷、云鹤巷、云鹰巷、幼育巷、百峰巷、贵新巷、思源巷、登高巷、云翔巷、北郊巷、鹿冲关巷、银杏巷、松柏巷、鹿云巷、百花巷、石洞坡巷、汪家巷、新黔巷，共14路2街20巷。

2012年4月，撤销贵乌路街道办事处，设贵乌、金狮、中天3个社区服务中心。

七、环城北路街道办事处

环城北路街道办事处位于北京路以南黔灵西路以北，驻环城北路139号。辖区东临中华北路，南至黔灵西路，西底瑞金北路，北至北京路。面积0.7平方千米。

1953年12月，环城北路街道办事处成立。1958年9月，与中华北路街道办事处合并为环城北路街道办事处。1960年3月，划入合群人民公社环北管理区。1961年10月，环北管理区与中北管区合并成立中北人民公社。1962年12月，撤销城市人民公社，恢复环城北路街道办事处。

2001年，环城北路街道办事处有环兴、吉新、永乐、合群4个居民委员会177个居民小组。总人口18865人，其中：流动人口3509人，汉族17692人。有苗族、布依族、侗族等5个少数民族，共1173人。全年第三产业总产值3641万元，地方财政收入1146万元。至2012年3月，办事处辖社区居民委员会和居民小组未变。有布依族，苗族，彝族等6个少数民族。总人口19805人，其中常住人口18600人，暂住人口1205人。汉族18708人，占总人口的94%；少数民族1097人，占总人口的6%。全年第三产业收入2.40亿元，招商引资3.25亿元，地方财政收入1.06亿元。

驻辖区单位有区地税局、市国土资源局，省人才市场、贵阳市第五中学、省黔绘勘测设计院、智城超市永乐路分店、贵阳海兰云天酒店、贵阳星际商务酒店、贵阳云岩升怡化妆品、贵州云茅酒业，贵州银行贵阳瑞金支行、农行贵阳瑞金北路支行、贵阳银行环城北路支行、工行瑞北支行、江西村信用社、国家级工程技术研究中心等单位。

道路有毓秀路、永乐路、瑞金北路、北新区路、环城北路、上合群路、城基路，江西巷、古田巷、北新巷、乐育巷、永乐巷、菜园巷、合群巷、永新巷、北横巷、白果巷、成都巷、白鹦巷、吉安巷、毓秀巷、马家巷，共7路15巷。

2012 年 4 月，撤销环城北路街道办事处、中华北路街道办事处，设中环社区服务中心。

八、普陀路街道办事处

普陀路街道办事处位于中华北路中段东侧，驻友谊路 49 号。辖区东与狮子路和黔灵镇东山村相连，南与黔东办事处相邻，西以贯城河为界，北与贵乌南路及贵乌办事处相接。面积 2.20 平方千米。

1953 年 12 月，普陀路街道办事处成立。1958 年 9 月，黔东、贵乌街道办事处与普陀路街道办事处合并。1960 年 3 月，普陀路街道办事处与中山东路街道办事处合并为普陀人民公社。同年 6 月，改为普陀分社。1961 年 10 月，恢复为普陀人民公社。1962 年 12 月，撤销城市人民公社，恢复普陀路街道办事处。

2001 年，普陀路街道办事处辖和平、普陀、友谊、相宝、金波、贵州日报社 6 个居民委员会 268 个居民小组。总人口 31000 人，其中常住人口 27236 人，暂住人口 3764 人，汉族人口 26546 人。有苗族、布依族、侗族等 6 个少数民族共 4454 人。全年第三产业总产值 3289 万元。至 2012 年 3 月，办事处辖社区居民委员会和居民小组未变。总人口 32394 人，其中常住人口 27236 人，暂住人口 5158 人，汉族人口 26546 人。有布依族、苗族、彝族等 6 个少数民族，共 5848 人。全年第三产业收入 1.2 亿元，招商引资 5.48 亿元，地方财政收入 7462 万元。

驻辖区单位有区环保局、市盲聋哑学校、贵阳市市第六幼儿园、贵阳市市第九幼儿园、贵阳市红十字会康复医院、贵阳黄果树房开、贵州毅烨经贸、贵州强生医药、贵州中烟工业公司、贵州新华印刷厂、贵阳农村商业银行、农村商业合作信用社等单位。

道路有陕西路、普陀路、贵乌南路、友谊路、宝山北路、狮子路、金坡路，沙河街，余家巷、虎门巷、和平巷、许家巷、沙河巷、灵光巷、坪子巷、桑园巷、敦临巷、豆腐巷、相宝巷、照壁巷，共 7 路 1 街 12 巷。

2012 年 4 月，撤销普陀路街道办事处，设普陀社区服务中心。

九、黔灵东路街道办事处

黔灵东路街道办事处位于喷水池以东的延安东路北侧，驻友谊路 21 号。辖区东至巫峰山麓，与黔灵镇相连；南接中东办事处地段，以九华路、三民巷为界；西临喷水池；北与普陀地段相邻以黔灵东路为界。面积 2 平方千米。

1953 年 12 月，黔灵东路街道办事处成立。1958 年 9 月，与普陀、贵乌街道办事处合并为普陀路街道办事处。1960 年 3 月，与中东、中华、普陀、贵乌街道办事处合并为普陀人民公社。1962 年 12 月，撤销城市人民公社，恢复黔灵东路街道办事处。

2001 年，黔灵东路街道办事处有陕西路、三民、筑东、贵州师范大学、栖霞、旭东 6 个居民委员会 207 个居民小组。全年第三产业总产值 5635 万元。至 2012 年 3 月，办事处增加扶风、大吉 2 个共 8 个社区居民委员会 207 个居民小组。总人口 20506 人，其中常住人口 18282 人，暂住人口 2224 人，汉族 18480 人。有苗族、布依族、彝族等 5 个少数民族共 2026 人。全年第三产业收入 7975 万元，地方财政收入 6000 万元。

驻辖区单位有省科学院、黔东税务局、黔东工商分局，贵阳市第八幼儿园、贵阳市市东小学、贵阳市黔灵小学、贵州师大附中，贵阳乳腺疾病医院、贵州柏顿酒店、和舍酒店、贵阳枫源佰林商贸、智诚集团投资公司，贵阳移动公司云岩分公司、市公共住宅投资建设公司、贵阳华侨友谊公司、中国石油公司，贵州银行分行、贵阳银行汇通支行等单位。

道路有延安东路、陕西路、黔灵东路、友谊路、文昌北路、九华路、宝山北路、旭东路、螺丝山路、巫峰路、三民东路，四川巷、翠屏巷、三民北巷、三民巷、环山巷、筑东巷、华宫巷、旭东巷，共11路8巷。

2012年4月，撤销黔灵东路街道办事处，设黔东社区服务中心和栖霞社区服务中心。

十、三桥街道办事处

三桥街道办事处位于市西河上游黔川、黔滇公路贵阳西出口交汇处，驻三桥中路34号。辖区东至二桥铁路桥，南与南明区后坝接壤，西与乌当区、花溪区相接，北与白云区、乌当区相连。面积21.39平方千米。

1954年4月，三桥街道办事处成立。1960年6月，三桥街道办事处改为马王庙人民公社。1962年12月，撤销城市人民公社，恢复三桥街道办事处。

2001年，三桥街道办事处辖圣泉、白云、新街、阳关、新阳关、改茶、北路、建材、黎苏、汽制、金马、贵轮、九局、八局、鸭江、三砂、普天、北极星18个居民委员会38个居民小组。总人口10560人，其中：流动人口5280人，汉族3890人。有苗族、布依族、侗族等6个少数民族，共1390人。全年第三产业总产值1906万元，引进外资1700万元，地方财政收入480万元。2010年1月，按照区人民政府令，将汽制、黎苏、金马、贵轮、九局、八局、鸭江、三砂、普天、北极星10个社区居民委员会区域分别划到金关、金鸭、金惠3个新组建的街道办事处。至2012年3月，办事处辖新街、北路、改茶、圣泉、白云、阳关、新阳关、建材8个居民委员会136个居民小组。总人口29846人，其中：常住人口24456人，暂住人口2390人，汉族28181人；有苗族、布依族、仡佬族等6个少数民族共1665人。全年第三产业收入6374万元，招商引资3.23亿元，地方财政收入4178万元。

驻辖区单位有新新公司、三桥医院、贵阳市第三十中学、贵阳市林泉小学、贵阳市黄花街小学、四八电信局、水电九局安装处、海恒股份有限公司、贵州客车厂、国营3651厂、贵州汽车配件厂、工行三桥支行等单位。

道路有三桥北路、三桥南路、三桥中路、改茶路、三桥南路、松坡路、白云大道、莲平路、上寨路、中坝路、圣泉路、林泉路，黄花街、新街，花坪巷、凉井巷、中坝巷，共12路2街3巷。

2012年4月，撤销三桥街道办事处，设三桥社区服务中心和圣泉社区服务中心。

十一、市西路街道办事处

市西路街道办事处位于市西河畔，驻琼花巷25号。辖区东与中山西路街道办事处和南明区河滨街道办事处相接；南至花溪大道北段，与南明区河滨街道办事处隔路相望；西与头桥街道办事处南明区太慈桥街道办事处相邻，北与威清路街道办事处接壤。面积0.2平方千米。

1953年12月，市西路街道办事处成立。1958年9月，与中山西路街道办事处合并成立中西路街道办事处。1960年6月，与头桥、三桥街道办事处合并成立中西人民公社。1962年12月，撤销城市人民公社，恢复市西路街道办事处。

2001年，市西路街道办事处有瑞金、海文、市西、平安、新建、浣纱、商业街、桂月、乌金9个居民委员会。全年第三产业总产值13778万元。至2012年4月，办事处辖社区居民委员会未变，有居民小组314个。总人口32038人，其中：汉族人口30047人。有苗族、布依族、彝族等6个少数民族，共1991人。全年第三产业收八1.75亿元，地方财政收入1.84亿元。

驻辖区单位有省机电研究设计院、省机电产品质量检查监测站、贵州大学成人教育学院、贵阳卫校、贵阳市第八中学、市纺织品公司、省饮食服务公司、省食品公司、省水产公司、区人民医院、市信息中心、市奶品站、中国进出口汽车贸易公司、市邮政公寓及瑞金邮政支局、贵阳卷烟厂、市粮油食品公司、市二轻农副产品集贸批发市场、省工商银行分行、贵阳商业银行市西支行、工行贵溪支行、建行乌金路分行等单位。

道路有瑞金中路、市西路、新建路、花溪大道、乌金路、浣纱路、延安西路、香狮路，市西街，瑞金西巷、芦花巷、市西巷、平安巷、石莲巷、桂月巷、如意巷、花香巷、红豆巷、浣沙巷、平桥巷、桂香巷，共8路1街12巷。

2012年4月，撤销市西路街道办事处，设市西社区服务中心。

十二、头桥街道办事处

头桥街道办事处位于头桥北侧，驻海马冲街3号宏福景苑内。辖区东与威清路街道办事处、市西路街道办事处相接，南与南明区太慈桥街道办事处相邻，西与三桥街道办事处相连，北与黔灵镇接壤。面积8.4平方千米。

1954年3月，头桥街道办事处成立。1960年3月，改为头桥人民公社。1962年12月，撤销城市人民公社，恢复头桥街道办事处。

2001年，头桥街道办事处辖海马、松山、罗汉营、头二桥、延安西路、英烈、黄金、双峰、黔春、柳湾、金鼎山11个居民委员会。全年第三产业总产值3644万元。至2012年3月，办事处增加头桥、宏福、五柳、金谷、龙城松山5个共16个社区居民委员会，有居民小组256个。总人口102379人，其中：常住人口85927人，暂住人口16453人，汉族97484人。有布依族、苗族、侗族等11个少数民族，共4895人。全年第三产业收八2.82亿元，招商引资3.9亿元；地方财政收入5960万元。

驻辖区单位有贵阳铁路分局、铁道部第五工程部、省农业机械局、省技术质量监督局、省经济管理学院、省招生办公室、贵铁第一中学、省机电学校、市城市建设学校、贵阳市第十三中学、贵阳市头桥小学、贵阳女子职业学校、铁五局职工医院、市黔灵山公园管理处、黔春路粮油批发市场、大西南钢铁批发市场、市社会客运服务车站、贵州农商银行黄金路支行等单位。

境内有15条路5条街25条巷。

2012年4月，撤销头桥街道办事处，改设头桥社区服务中心和金龙社区服务中心。

十三、威清路街道办事处

威清路街道办事处位于贵阳老城区西北面，驻瑞金北路46号。辖区东至瑞金北路，东北面到北新区路，南接延安西路，西至枣山路，北至北京路。面积0.98平方千米。

1953年12月，威清路街道办事处成立。1958年9月，与合群路街道办事处合并，仍然叫威清路街道办事处。1960年6月，为合群人民公社威清管理区。1962年12月，撤销城市人民公社，恢复威清路街道办事处。

2001年，威清路街道办事处辖瑞金北路、威西门、鲤鱼街、山林路、延安巷、下威清6个居民委员会189个居民小组。有苗族、布依族、侗族等8个少数民族。总人口22883人，其中流动人口5639人。全年第三产业总产值4280万元，地方财政收入900万元。至2012年3月，办事处辖社区居民委员会和居民小组未变。总人口22530人，其中汉族21786人。有苗族、布依族、彝族等9个少数民族共744人。全年第三产业收入3.46亿元，地方财政收入4100万元。

驻辖区单位有省公路局、省住房和城乡建设厅、社区卫生服务中心、市检察院、省高级人民法院、区教育局、省交通厅，省运管局，市交通局，区市政管理所、贵阳市第七中学瑞北分校，省高速公路管理局、城西小学、市新华书店、贵阳现代女子医院、贵阳新东方学校、凌云酒店、林都酒店、丽豪酒店、南翔酒店、嘉华酒店、山林酒店、中建四局、贵阳银行直属支行和瑞金支行、工行瑞北支行、中行瑞北支行、建行朝阳支行、交行瑞北支行、农行瑞北支行、邮政储蓄瑞北支行，中信银行、贵州银行分行等单位。

道路有瑞金北路、延安西路、威清路、山林路，鲤鱼街，山林巷、鲤鱼东巷、鲤鱼西巷、吉庆巷、文山巷、延安巷，共4路1街6巷。

2012年4月，撤销威清路街道办事处，设威清社区服务中心。

十四、延安中路街道办事处

延安中路街道办事处位于贵阳市中心喷水池西侧，驻龙泉巷1号。辖区东起中华北路，南接延安中路，西至瑞金北路，北至黔灵西路。面积0.34平方千米。

1953年12月，三民西路街道办事处成立。1958年9月，改为合群路街道办事处。1960年3月，与威清、中北街道办事处合并为合群人民公社，属延中管理区。1962年12月，撤销城市人民公社，改为延安中路街道办事处。

2001年，延安中路街道办事处辖嘉禾、交易路、城基路、下合群、团结、黔灵西路6个居民委员会。全年第三产业总产值4674万元。至2012年3月，办事处辖居民委员会未变，有居民小组170个。总人口22744人，其中：常住人口20029人，暂住人口2715人，汉族21077人。有苗族、布依族、彝族仡佬族等6个少数民族共1022人。全年第三产业收入1.63亿元，招商引资5.47亿元，地方财政收入6577万元。

驻辖区单位有省农委、省发展改革委、省林业厅、省新闻出版局、省商务厅、省伊斯兰教协会、市伊斯兰教协会、君安宾馆、区妇幼保健院、贵阳市龙井小学、贵阳市第五幼儿园、省供销社、省新闻出版局、省人力资源和社会保障厅、区少年宫，盘江宾馆、金禾王粮油公司、六盘水宾馆、市供水公司、成黔企业集团、贵州国美电器、贵阳银行金城支行和宏达支行、邮政储蓄黔灵支行、工行云岩支行、农行云岩支行、贵阳农村商业银行、上海浦发银行贵阳分行等单位。

道路有延安中路、嘉禾路、交易路、木市路、城基路、合群路、黔灵西路，青禾街、夏状元街，福田巷、交易东巷、龙泉巷、文庙巷、团结巷，共7路2街5巷。

2012年4月，撤销延安中路街道办事处、中山西路街道办事处，设延中社区服务中心。

十五、宅吉路街道办事处

宅吉路街道办事处位于省人民政府以东，驻吉祥路12号。辖区东是黔灵镇、贵乌路街道办事处，南是贵乌路街道办事处，西是北京路街道办事处，北是黔灵镇。面积6.1平方千米。

1989年1月，宅吉路街道办事处成立。

2001年，宅吉路街道办事处辖吉祥、盐务街、永安、半边街、盐吉、扁井、南垭7个居民委员会和水电九局1个家属委员会，居民小组共560个。总人口59180人，其中：流动人口1233人，汉族49822人。有苗族、布依族、侗族等7个少数民族共9358人。全年第三产业总产值1350万元，引进外资10万元，地方财政收入810万元。至2012年4月，办事处增加金仓、银通2个共9个社区居委会，有居民小组236个。总人口34383人，其中汉族29824人。有苗族、彝族、土家族等6个少数民族共5358人。全年第三产业收入4.57亿元，地方财政收入3550万元。

驻辖区单位有区人民法院、宅吉工商所、宅吉地税所、贵州501广播电台、贵阳市实验二幼、贵阳市实验二小、贵阳市实验四小、贵阳市宅吉小学、贵阳市实验二中、贵州大学科技学院、贵州财经学院、贵州商业高等专科学院、省财政学校，北京华联超市、贵阳卞氏菜根香酒楼、贵州宏奇药业、贵州荣辉房开、贵州典城房开、贵阳云岩实瑶酒店、贵阳老凯俚酸汤鱼、贵阳云岩都市村庄酒楼、贵阳云岩五月花山庄、贵阳国泰酒店、贵阳吉奥康体浴业、农行贵阳宅吉支行、工行贵阳金仓路支行、邮政储蓄银行宅吉邮局营业部、建行贵阳宅吉支行、云岩区农村合作银行宅吉支行等单位。

道路有金仓路、吉祥路、宅吉路、庆丰路、吉贵路、白腊路、鹿冲关路、市北路、南垭路、麻冲路，盐务街、半边街、永安寺街，吉祥巷、太乙巷、扁井巷、百草巷、协和巷、永安巷，共10路3街6巷。

2012年4月，撤销宅吉路街道办事处，设宅吉社区服务中心和省府社区服务中心。

十六、金关街道办事处

金关街道办事处位于云岩区西北部，驻百花大道金坡路。辖区东至三桥社区，南邻蔡家关社区，西接观山湖区，北至金鸭社区。面积9.18平方千米。

2009年2月25日，金关街道办事处成立。辖金关、蔡家关2个村民委员会和金关、贵工大2个社区居民委员会。2010年1月，三桥街道办事处贵轮、三砂社区居委会划入金关街道办事处。2011年年末，总人口6.5万人。至2012年3月，办事处辖金关、蔡家关2个村民委员会和金关、贵工大、三砂、贵轮4个社区居民委员会，有92个居民小组、23个村民小组。

驻辖区单位有贵阳市金关小学、贵阳市百花坪小学、贵阳市林木小学、省第三人民医院、贵州111地质大队、贵阳银行金关支行、乌当农商银行金关支行、农行金关支行，贵州前进轮胎厂、省地质工程勘察设计研究院、省第三砂轮厂、贵阳木材公司等单位。

2012年4月，撤销金关街道办事处，设金关社区服务中心。

十七、金鸭街道办事处

金鸭街道办事处位于云岩区与观山湖区结合部，驻金阳南路118号。辖区东南西北分别与三桥街道办事处、金阳街道办事处、黔灵镇三桥村和改茶村以及金关、金惠街道办事处接界。面积14.5平方千米。

2009年2月25日，金鸭街道办事处成立。辖水电八局、水电九局、鸭江、汽制、黎苏、金马、普天、金鸭、野鸭9个社区和茶园、金鸭2个村。总人口41748人，其中汉族人口34901人。有苗族、布依族、回族等9个少数民族共6847人。2012年4月，办事处辖居民委员会和村民委员会同时成立，有235个居民小组和24个村民小组。

道路有黎苏路、金阳大道、白云大道、北京西路，金马街、马王街、金马街，马王巷、飞来巷、金关巷、龙坝巷、隆昌巷、刺梨巷。

2012年4月，撤销金鸭街道办事处，设金鸭社区服务中心。

十八、金惠街道办事处

金惠街道办事处位于云岩区与观山湖区结合部，驻金燕路大凹村旁云潭南路延伸段。辖区东南西北分别与金阳街道办事处、三桥街道办事处、金关街道办事处、金鸭街道办事处分别接界。面积16.7平方千米。

2009年2月25日，金惠街道办事处成立。辖杨惠村、大凹村和北极星居委会7个居民小组和14个村民小组。面积16.7平方千米。是年，总人口7239人，其中汉族人口6801人。有布依、苗、土家等民族共438人。2012年3月，办事处辖杨惠村，大凹村和北极星社区居民委员会，有7个居民小组和14个村民小组。有苗族、布依族、彝族等4个少数民族。全年地方财政收入50万元。

驻辖区单位有大凹医院、贵阳市大坪小学、贵阳市杨惠小学等单位。

道路有云潭南路延伸段、金燕路两条街道。

2012年4月，撤销金惠街道办事处，设金惠社区服务中心。

第四节　社区服务中心

2012年，云岩区先后撤销18个街道办事处，整合成立26个新型社区服务中心。2014年10月，组建水东社区服务中心。至2015年，云岩区辖中华、中环、延中、威清、市西、北京路、黔东、栖霞、中东、东山、普陀、宅吉、省府、贵乌、中天、金狮、头桥、金龙、三桥、圣泉、金鸭、荷塘、普天、金关、蔡关、金惠、水东等27个社区服务中心。

一、中华社区服务中心

2011年5月，中华社区服务中心成立。圆通、贵山、富水、正新社区居民委员会同时更名为居民委员会，有居民小组130个。是贵阳老城区第一家新型社区服务中心。

中华社区服务中心位于贵阳市老城区大十字东侧，驻省府路43号。辖区东临南明区中南社区，南至中东社区，西到延中社区，北抵黔东社区。面积0.5平方千米。2015年年末，社区所辖居委会未变，居民小组增加到186个。总人口21045人，其中：常住人口17020人，流动人口4025人。有蒙古族、苗族、土家族等25个民族共300余人。有民营企业1112家，个体商户门面527家，大型购物商场6家。

辖区路、街、巷，单位与中华中路街道办事处时基本相同。

二、中环社区服务中心

2012年4月，中环社区服务中心成立。永乐、合群、环兴、吉新、六广门、北横、毓秀社区居民委员会同时更名为居民委员会，有居民小组 49 个。

中环社区服务中心位于贵阳市老城区北端的中华北路，驻北横巷 32 号。辖区东临贯城河与黔东、普陀社区相邻，南至延安中路与延中社区相邻，西到北新区路与威清社区相邻，北抵北京路与北京、贵乌社区相邻。面积 0.93 平方千米。2015 年年末，社区所辖居委会未变，居民小组增加到 244 个。辖区总人口 37467 人，其中：常住人口 23935 人，流动人口 13532 人，汉族人口 36944 人。有蒙古族、苗族、土家族等 10 余个少数民族，共 1253 人。有民营企业 189 家，个体商户门面 210 家，大型购物商场 3 家。

路、街、巷有：中华北路、毓秀路、永乐路、瑞金北路、北新区路、环城北路、上合群路、城基路，沙河街，江西巷、古田巷、北新巷、铜佛巷、乐群巷、园丁巷、乐育巷、永乐巷、菜园巷、合群巷、永新巷、北横巷、环北巷、白果巷、成都巷、白鹦巷、吉安巷、毓秀巷、马家巷。

驻辖区单位有区地税局、市国土资源局、区城管大队、市城管局、市劳动保障监察支队、区国税局，省文史馆、省人才市场、贵阳市第五中学、贵阳市毓秀路小学、市邮政局、市京剧院、贵阳市第七中学、贵阳市北供电局、省黔绘勘测设计院、贵阳海兰云天酒店、贵阳星际商务酒店、贵州云茅酒业、贵阳国贸广场、贵阳铭都酒店、贵阳国美电器、民生银行分行、中国平安财产保险、贵州银行贵阳瑞金支行、农行贵阳瑞金北路支行、建行贵州省分行、贵阳银行永乐路支行和环城北路支行、华创证券、工行瑞北支行、江西村信用社、市公积金管理中心等单位。

三、延中社区服务中心

2012 年 4 月，延中社区服务中心成立。飞山街、岳英街、公园路、龙井路、黔灵西路、下合群路、团结巷、城基路、交易路、嘉禾路社区居民委员会同时更名为居民委员会。

延中社区服务中心位于贵阳市商业繁华区的延安中路，驻下合群路 9 号。辖区东邻中环、黔东社区，南邻市西社区，西邻威清社区，北邻中环社区，面积 0.94 平方千米。2015 年年末，社区所辖居委会未变，有居民小组 315 个。总人口 38686 人，其中：流动人口 8273 人，汉族人口 30413 人。有蒙古族、苗族、土家族等 8 个少数民族共 4248 人。

路、街、巷有：公园路、公园北路、公园西路、下合群路、黔灵西路、龙井路、太平路、贯城河路、延安中路、交易路、城基路、嘉禾路、省府西路、中山西路、河东路、河西路、中山西路，夏状元街、金沙街、大同街、沙井街、青禾街、飞山街、岳英街、金沙街，清平巷、团结巷、德家巷、文庙巷、太平巷、龙井巷、交易东巷、福田巷、洪安巷、先知巷、新生巷、金梭巷、龙泉巷、下城基巷。

驻辖区单位有省发展改革委、省林业厅、省新闻出版局、省商务厅、市老年大学、市交通运输管理局、市人力资源和社会保障局、市工商局、贵阳市第一幼儿园、区妇幼保健院、贵阳市岳英小学、市房屋征收管理中心、贵阳市第五幼儿园、贵阳市龙井小学、省供销合作社、省人力资源和社会保障厅、区少年宫、贵阳市第二十四中学、贵阳中医学院二附院、市文学艺术界联合会、市美术馆、市群众艺术馆、市供水公司、贵州成黔企业集团、贵阳永辉超市、贵阳星力百货集团、中行公园北路支行、贵阳银行公园路支行、邮政储蓄黔灵支行、工行贵阳市云岩支行、农行贵阳市中西支行、贵阳农村商业银行、上海浦发银行贵阳分行、民生银行贵阳公园路支行、中信银行贵阳公园路支行、贵阳农商银行黔灵支行、建行贵阳城北支行、贵州国泰君安证券、贵州国海证券、贵州广发证券、中信建投证券、新华保险、太平洋保险、华泰保险等单位。

四、威清社区服务中心

2012年4月，威清社区服务中心成立。瑞金、延安、威西门、山林、下威清、鲤鱼社区居民委员会同时更名为居民委员会，有189个居民小组。

威清社区服务中心位于中华北路西侧和瑞金路东面，驻威清路83号。辖区东与延中社区相邻，南与市西社区相连，西与头桥社区相接，北邻北京路社区。面积0.98平方千米。2015年年末，社区所辖居委会未变，有居民小组208个。辖区总人口29222人，其中：常住人口23333人，流动人口5889人。有布依族、苗族、土家族等21个民族，共2308人。有民营企业600家，个体商户门面980家。

路、街、巷，单位与威清路街道办事处时基本相同。

五、市西社区服务中心

2012年4月，市西社区服务中心成立。市西路、瑞金中路、海文、桂月巷、浣沙巷、新建路、平安巷、商业街、乌金路社区居民委员会同时更名为居民委员会，有居民小组212个。

市西社区服务中心位于市西河畔，驻琼花巷25号。辖区东临延中社区，南临南明区河滨社区，西临金龙社区、南明区花果园社区，北临威清社区。面积1.5平方千米。2015年年末，社区所辖居委会未变，居民小组增加到238个。总人口26195人，其中：常住人口19800人，流动人口9323人，汉族人口34288人，少数民族2245人。

辖区路、街、巷，单位与市西街道办事处时基本相同。

六、北京路社区服务中心

2012年4月，北京路社区服务中心成立。地矿、安云路、体育场、八鸽岩路、北新区路、云岩街、省府、市北社区居民委员会同时更名为居民委员会，有331个居民小组。

北京路社区服务中心位于省人民政府西南侧，驻碧云巷1号。辖区东与贵乌社区相邻，南与中环社区相连，西与头桥社区相接，北邻省府社区。面积1.2平方千米。

2015年年末，社区所辖居委会未变，居民小组增加为373个。辖区总人口46954人，其中：流动人口4080人，汉族人口44137人。有布依族、苗族、仡佬族等10余个少数民族，共2817人。

辖区路、街、巷，单位与北京路街道办事处时基本相同。

七、黔东社区服务中心

2012年4月，黔东社区服务中心成立。三民、陕西、筑东社区居民委员会同时更名为居民委员会，有106个居民小组。年末，总人口19857人，其中常住人口13982人，流动人口5875人。有苗族、土家族、布依族等7个少数民族共1816人。

黔东社区服务中心位于贵阳市老城区中心地带，驻友谊路13号。辖区东与栖霞社区相邻，南与中东社区相连，西与中华社区相接，北邻普陀社区。面积1.0平方千米。

2015年年末，社区所辖居委会与未变，有居民小组129个。辖区总人口19951人，其中：常住人口16955人，流动人口2996人。有苗族、土家族、布依族等7个少数民族共1817人。有民营企业945家，个体商户门面315家，大型购物商场2家。

路、巷、桥有：黔灵东路、友谊路、延安东路、陕西路、文昌北路、宝山北路、九华路、三民东路，四川巷、翠屏巷、华宫巷、三民巷、三民北巷，化龙桥、师大人行天桥、友谊路和陕西路人行天桥。

驻辖区单位有省科学院、黔东税务局、黔东工商分局，贵阳市第八幼儿园、贵阳市市东小学、贵阳市黔灵小学、贵州师范大学附中，贵阳乳腺疾病医院、社区卫生服务中心、贵州柏顿酒店、和舍酒店、贵阳枫源佰林商贸、智诚集团、贵阳移动云岩分公司、贵阳华侨友谊公司、中国石油公司、贵阳银行聚兴支行，还有贵州银行、建设银行、工商银行、中国银行的分行等。

八、栖霞社区服务中心

2012 年 4 月，栖霞社区服务中心成立。栖霞、师大、旭东、大吉、扶风社区居民委员会同时更名为居民委员会，有 122 个居民小组。年末，辖区总人口 37909 人，其中常住人口 33152 人，流动人口 4757 人。有苗族、布依族、侗族等 3 个民族共 3750 人。

栖霞社区服务中心位于贵阳老城东面“栖霞胜境”景区，驻螺丝山路 107 号。辖区东邻黔灵镇东山村和东山社区，南接东山社区，西邻普陀社区，北以宝山北路为界与黔东社区相邻。面积 0.72 平方千米。

2015 年年末，社区所辖居委会未变，有居民小组 267 个。总人口 12162 户 46966 人，其中常住人口 39291 人，流动人口 7705 人，汉族人口 39067 人，有苗族、布依族、回族等 13 个少数民族共 7005 人。

境内有旭东路、巫峰路、螺丝山路、照壁路。

驻辖区单位有贵州师范大学、贵阳长峰医院、贵州师大体育活动中心、贵阳农村商业银行煤矿村支行、贵州贵阳云岩农村合作银行煤矿村支行、重庆银行贵阳城东支行、贵阳银行东山支行、农行贵阳市龙井支行和师大支行、中共云岩区委党校、中国移动贵州公司贵阳分公司、贵阳云岩开心吃典餐饮、贵阳 TCL 电器销售、长城建业工程、贵阳满天星幼儿园、贵阳东方二幼等单位。

九、中东社区服务中心

2012 年 4 月，中东社区服务中心成立。民生、电台、莲花、东新、宝山社区居民委员会同时更名为居民委员会。年末，辖区总人口 24817 人，其中常住人口 32083 人，流动人口 4880 人。有苗族、布依族、穿青族等 25 个少数民族共 2793 人。

中东社区服务中心位于贵阳老城区东面武胜门文昌阁，驻蔡家街 47 号。辖区东与东山社区相邻，南与南明区大南、西湖社区相连，西和北与中华社区接壤。面积 2.4 平方千米。

2015 年年末，社区所辖居委会未变，有居民小组 249 个。辖区总人口 35055 人，其中：常住人口 27790 人，流动人口 5955 人，汉族人口 24985 人。有蒙古族、苗族、土家族等 30 个少数民族共 2790 人。有民营企业 410 家，个体商户门面 440 家。

路、街、巷有中山东路、民生路、文明路、文昌北路、宝山北路、九华路、东新路，贵山街、竹筒街、蔡家街、弯弓街、文笔街、电台街，传书巷、荷叶巷、莲花巷、鸿雁巷、慈按巷、金融巷、东山巷。

驻辖区单位有省交通医院、省邮电医院、省交通设计院、贵阳日报社、贵阳晚报社、贵阳中医学院一附院、贵阳市中心实验幼儿园、贵阳市第十中学、贵阳市东山小学、贵阳市省府路小学第二分校、贵阳市体育中学、贵阳市第二中学、泡泡秀幼儿园、志道小学、兴甫武校、粮食局幼儿园、莲花幼儿园，西湖花园大酒店、锦江之星、金卡道酒店、七天连锁酒店、如家酒店、拉丁酒店、锐辉酒店、尚客话语酒店，贵阳农商银行晒田坝支行、工行结算中心、贵阳银行三合支行、邮政储蓄老东门支行、人行贵阳市中心支行，还有中信银行、中国银行、建设银行、交通银行的分行等单位。

十、东山社区服务中心

2012 年 4 月，东山社区服务中心成立。东山路、警苑、达兴、王家桥社区居民委员会同时更名为居民委员会，有 93 个居民小组。至年底，辖区共 8266 户 20998 人。其中常住人口 16473 人，流动人口 4525 人；有蒙古族、苗族、彝族等 19 个民族共 2701 人。

东山社区服务中心位于贵阳市老城区东面，地址在东山路 97 号达兴花园内。辖区东邻水东社区，南接水口寺社区，西靠中东社区，北连栖霞社区、黔灵镇。面积 4.1 平方千米。

2015 年 8 月，王家桥居委会划入水东社区。年末，社区辖区包括达兴、警苑、东山路、王家桥 3 个居民委员会，有居民小组 136 个。总人口 18437 人，其中常住人口 14072 人，流动人口 4365 人。有民营企业 44 家，个体商户门面 102 家。

道路有东山路、仙人洞路、栖霞路。

驻辖区单位有贵州省公安厅、贵阳市第二十八中学、贵阳市中东十五幼儿园、贵阳市东山公园管理处、贵阳市扶风公园管理处、社区卫生服务站、广州中爆数字信息科技股份有限公司、贵州方添泰房地产开发公司、贵州凯林科技信息网络有限公司、贵州创慧科技开发有限公司、贵州中大房地产开发有限公司、贵州劲德源汽车服务有限公司、东山大酒店、贵州赛诺矿山工业有限公司、贵州鸿讯科技发展有限公司、中国工商银行贵阳市宝山北路支行、贵阳农村商业银行东山支行等单位。

十一、普陀社区服务中心

2012 年 5 月，普陀社区服务中心成立。和平、普陀、友谊、贵州日报社、金波、相宝社区居民委员会更同时名为居民委员会。年末，常住人口 13000 户 30084 人，流动人口 1450 户 3715 人。有汉族和苗族、布依族、侗族等 6 个少数民族共 4454 人。

普陀社区服务中心位于贵阳市老城区东北面中华北路东侧，驻友谊路 49 号。辖区东临延安西路、南至中华北路、西到宝山北路，北抵大营路。面积 2.2 平方千米。

2015 年年末，社区所辖居委会未变，有居民小组 199 个。总人口 32394 人，其中：常住人口 31915 人，流动人口 6778 人。汉族人口 27561 人。有苗族、布依族等少数民族共 4354 人。

辖区路、街、巷，单位与普陀街道办事处时基本相同。

十二、宅吉社区服务中心

2012 年 4 月，宅吉社区服务中心成立。吉祥、半边街、永安、金仓社区居民委员会同时更名为居民委员会，有 236 个居民小组。年末，辖区总人口 34383 人，其中：常住人口 29295 人，流动人口 5088 人。有苗族、彝族、土家族等 7 个少数民族共 5358 人。

宅吉社区服务中心位于云岩区东北面，驻吉祥路 12 号。辖区东与黔灵镇、贵乌社区相邻，南与贵乌社区相连，西与省府社区相接，北邻黔灵镇。面积 3.82 平方千米。

2015 年末，社区所辖居委会未变，居民小组减为 204 个。总人口 35264 人，其中：常住人口

26867 人，流动人口 8397 人，汉族人口 22843 人。有蒙古族、苗族、土家族等 7 个少数民族共 4024 人。有民营企业 220 家，个体商户门面 712 家，大型购物商场 1 家。

路、街、巷，单位与宅吉街道办事处时基本相同。

十三、省府社区服务中心

2012 年 4 月，省府社区服务中心成立。盐务、盐吉、银通、扁井、南垭社区居民委员会同时更名为居民委员会，有 247 个居民小组。年末，辖区总人口 8231 户 29237 人，其中：常住人口 24202 人，流动人口 5035 人，汉族 25841 人。有苗族、布依族、侗族等 18 个少数民族共 3396 人。

省府社区服务中心驻市北巷 6 号黔灵文峰苑 1 楼。辖区东与宅吉社区相邻，南与普陀社区相连，西与北京路社区相接，北与黔灵镇接壤。面积 3.42 平方千米。

2015 年年末，社区所辖居委会与 2012 年 4 月时相同，居民小组 151 个。总人口 29658 人，其中：常住人口 7703 户 23857 人，流动人口 5801 人，汉族人口 26427 人。有布依族、苗族、土家族等 17 个少数民族共 3231 人。

路、街、巷有：宅吉路、市北路、南垭路，盐务街，百草巷、市北巷、扁井巷、扁井西巷、扁井东巷。

驻辖区单位有省国家安全厅、省食品药品检验所、区生态文明建设局、省审计厅、省民族研究所、省防汛抗洪应急抢险总队、省老年大学、省老干活动中心、贵州大学科技学院、贵州高等专科商业学院、贵州财政学校、贵阳市实验四小、贵州商业高等专科学院、精英幼儿园、百灵幼儿园、贵州医科大学附属医院门诊部、水电九局卫生服务站、扁井诊所、省中草医医院、中国水利电力部第九工程局、北京华联超市、贵阳海格投资、国泰酒店、农行贵阳盐务支行、工行宅吉支行、贵阳银行宅吉支行、贵阳农村商业银行宅吉支行、交行贵阳盐务支行、农行贵阳市北支行等单位。

十四、贵乌社区服务中心

2012 年 4 月，贵乌社区服务中心成立。杨柳湾、贵医、兴黔、万江、大营、贵开友谊、银佳、筑新、冠竹苑社区居民委员会同时更名为居民委员会，有 401 个居民小组。

贵乌社区服务中心位于云岩区东北面，驻新添大道南段 28 号。辖区东临万东花园，南至贵州日报社，西到省外贸餐厅，北至沙河花园。面积 3.13 平方千米。

2015 年，社区所辖居委会未变，居民小组减为 359 个。19648 户 60179 人，其中农业户口 4478 人，常住人口 45388 人，流动人口 14791 人，汉族人口 55810 人。有苗族、回族、蒙古族等近 10 个少数民族共 3287 人。

路、街、巷有：新添大道、兴贵路、贵乌南路、贵乌北路、鹿冲关路、化工路、大营路、长冲路、北京路、宝山北路，半边街。

驻辖区单位有中国贵州出入境检验检疫局、新华社贵州分社、贵阳白志祥骨科医院、中国移动贵州分公司、中建四局、省国土勘测院、省农产品监测中心、省电子工业研究所、贵阳凯福糖果厂、贵阳市北供电局客户服务中心、贵阳社会福利院、贵阳电信、区行政中心、区工商分局、贵乌税务所、区环境卫生管理站、区疾病预防控制中心、区食品卫生监督所、贵州医科大学、贵阳市第二十三中学、贵阳市实验小学贵乌校区、行知学校，阳光幼儿园、金摇篮幼儿园、向日葵一幼、美福儿幼稚园、新世纪幼儿园、星竹幼儿园、贵阳医科大学附属医院、黔灵医院、贵阳市第五人民医院、农行环北支行、工行大营支行，还有建设银行、中国银行、贵阳银行、交通银行的分行等单位。

十五、中天社区服务中心

2012年4月，中天社区服务中心成立。中天花园、黄山冲、乌江怡苑、顺海社区居民委员会同时更名为居民委员会。年末，辖区总人口25277人，其中常住人口22460人，流动人口2817人。有蒙古族、回族、彝族等12个少数民族。2015年，中天社区服务中心增设御翠岭居委会。

中天社区服务中心位于云岩区北面黔灵镇茶店，驻新添大道289号中天花园玉兰园E座架空二楼。辖区东临顺海林场林区至贵州大学茶店校区，南至省二医至顺海林场林区，西到万江花园，北至鹿冲关山脉。面积2.52平方千米。

2015年年末，中天社区服务中心所辖居委会5个，有居民小组225个。总人口26880人，其中：常住人口23139人，流动人口3741人，汉族人口25295人。有蒙古族、苗族、土家族等12个民族共14261人。有民营企业168家，个体商户门面219家。

路、巷有：新天大道289号、黄山村35号、中天花园小区内1号路、中天花园小区内2号路，新添大道南段清凉巷。

驻辖区单位有中天北京小学、中天北京中学、中天一幼、中天二幼、贵阳铭仁耳鼻喉医院、贵州贵德餐饮、星力百货超市、中天立馨不动产、家中信地产、贵州千禧绿色出租汽车服务、农行贵阳中天花园分理处、阳光保险、人民社区保险、银河证券、华创证券、阳光保险，还有贵阳农村商业银行、建设银行、光大银行、贵州银行、浦发银行、贵阳银行的分行等单位。

十六、金狮社区服务中心

2012年4月，金狮社区服务中心成立。登高、金狮、巫峰、百花、石洞社区居民委员会同时更名为居民委员会，有230个居民小组。年末，辖区共10559户26567人。

金狮社区服务中心位于云岩区东北面百花山地区，驻百花山路218号巫峰组团29栋。辖区东与黔灵镇相邻，南与黔东社区相连，西与贵乌社区相邻，北与黔灵镇相接。面积1.94平方千米。

2015年年末，社区所辖居委会未变，居民小组96个。辖区共10777户55004人，其中：常住人口22189人，流动人口3478人，汉族人口2374人，少数民族1925人。有民营企业100家，个体商户门面249家，大型购物商场1家。

路、巷有：大营路、百花山路、登高路、石洞坡路，百花巷、北郊巷、百峰巷。

驻辖区单位有区人民防空办公室、市救助管理站、云岩区第一小学、市公共卫生救治中心、市民政福利服务中心、省医疗器械检测中心、省经济适用住房建设发展中心、贵阳阳明眼科医院、贵阳合瑞康医疗设备、贵阳娘家米汤饭店餐饮、四川美城建筑规划设计贵州分公司、贵阳如家大营路酒店、省安居乐业建筑工程、贵阳源丰之味餐饮、贵阳云岩仟纳概念餐厅、贵阳云岩亚多湾酒店、贵阳云岩新凯里酸汤鱼名品店、贵阳云岩爽又爽鱼庄、邮政储蓄银行万东花园邮政储蓄所、工行筑新路分理处、贵阳农村商业银行百花山支行、贵阳银行贵开支行、社区卫生服务中心等单位。

十七、头桥社区服务中心

2012年4月，头桥社区服务中心成立。头二桥（头桥和二桥）、黔春、宏福、英烈、黄金、延西、海马、双峰社区居民委员会同时更名为居民委员会，有230个居民小组。

头桥社区服务中心位于贵阳市老城西出口头桥，驻海马冲街3号宏福景苑内。辖区东与枣山路和威清社区相邻，南与金龙社区及南明区后巢乡相连，西与三桥社区相接，北以黔灵山公园为界与黔灵镇接壤。面积5.73平方千米。

2015年年末，社区所辖居委会未变，居民小组减为204个。总人口43814人，其中：常住人口34635人，流动人口9179人，汉族人口39263人。有蒙古族、苗族、土家族等10个民族共4551人。

路、街、巷有：枣山路、双峰路、北京西路、黔春路、头桥路、二桥路、双龙路、黄金路、英烈路、延安西路，北站街、海马冲街，小山巷、二桥巷、珍珠巷、海马巷、何家巷、百灵巷、毛藤巷、双峰南巷、金钟巷、金星巷、金山巷、毛藤巷、湾子巷。

驻辖区单位有市黔灵山公园管理处、贵阳铁路公安处、贵阳铁路运输检察院、贵阳铁路运输法院、省质量监督管理局、省林业调查规划院、贵阳盆景场、贵阳市第三十七中学、贵阳双语实验小学、省肿瘤医院、贵阳市头桥小学、贵阳电务段、贵阳高铁工务段、贵州天怡豪生大酒店、贵阳邮电设计院、成都铁路局贵阳办事处、北京华联、果品冷冻厂、头桥加油站、转弯塘加油站、宾隆超市、苗乡山寨、吃饭湘、工行贵阳枣山支行、农行贵阳枣山支行、贵阳银行铁运支行、农行黄金路支行、贵阳农商银行、邮政储蓄银行、工行枣山路支行、贵阳农商银行、建行二桥支行等单位。

十八、金龙社区服务中心

2012年4月，金龙社区服务中心成立。松山、龙城、金顶、金谷、柳湾、罗汉营、五柳社区居民委员会同时更名为居民委员会，有245个居民小组。年末，辖区总人口33220人，其中常住人口25786人，流动人口7475人。有布依、苗族等18个少数民族共1975人。

金龙社区服务中心位于头桥西南面，驻松山路香樟苑101号。辖区东与市西社区相邻，南与南明区花果园社区相连，西与三桥社区相接，北与头桥社区接壤。面积3.53平方千米。

2015年年末，社区居委会共8个。总人口52614人，其中：常住人口42899人，流动人口9715人，汉族人口46919人，少数民族人口3354人。

路、街、巷有：延安西路、浣纱路、中山南路、松山路、罗汉营路、金顶路，五柳街、后冲街、金阳街、金谷街，梓木巷、青竹巷、槐树巷、沙滩巷、柳湾巷、西河巷。

驻辖区单位有省招生办公室、市园林绿化工程处、贵阳市第十三中学、贵阳市实验第三小学、贵阳市金鼎幼儿园、向日葵幼儿园、省机电学校、市城乡建设学校、贵州大学继续教育学院、贵州商业储运集团、贵州盐业集团、贵州向阳机床厂、贵州数海统计印务、浣纱路化妆品批发市场、罗汉营五金土产批发市场、源岭塑料制品批发市场、百汇通布料批发市场、市农机公司、邮政储蓄所、金龙社区银行等单位。

十九、三桥社区服务中心

2012年4月，三桥社区服务中心成立。北路、改茶、白云、新街社区居民委员会同时更名为居民委员会，有40个居民小组。年末，辖区总人口19360人，其中：城镇常住人口10440人，流动8920人。有汉族、苗族、布依族等7个民族共2010人。

三桥社区服务中心位于贵阳老城区西出口黔川、黔滇公路交汇处，驻三桥中路34号。辖区东邻三桥金龙社区，南与黔灵镇社区相连，西与金关、金鸭两个社区相接，北与圣泉社区接壤。面积6.55平方千米。

2015年年末，社区所辖居委会增加檀溪谷、恒大名都2个，共6个。总人口25890人，其中：常住人口25229人，流动人口6076人，汉族人口23564人。有蒙古族、苗族、土家族等7个民族共2850人。有民营企业380家，个体商户门面560家，大型购物商场1家。

境内路、街、巷有：三桥南路、松坡路、林泉路、三桥中路、三桥北路（上、下）、改茶路、白云大道，新街、黄花街。

驻辖区单位有贵阳市一幼儿园一分园、贵阳市第三十中学、贵阳市林泉小学、贵阳市黄花街小学、贵阳汽车工业学校、云岩区底二人民医院、新新公司，水电九局安装处、海恒股份、贵州客车厂、中国邮政储蓄，还有工商银行、建设银行、贵阳银行、农村商业银行的分行等单位。

二十、圣泉社区服务中心

2012年4月，圣泉社区服务中心成立。圣泉、阳关、新阳关、建材社区居民委员会同时更名为居民委员会，有23个居民小组。年末，辖区总人口38446人，其中常住人口33217人，流动人口5229人。有苗、布依、土家、侗等少数民族共4095人。2013年10月31日，辖区阳关、新阳关、建材3个“飞地”居委会划归观山湖区管理。

圣泉社区服务中心位于贵阳甲秀南路二环城市带，驻中坝路99号圣泉流云花园小区内。辖区东与头桥社区相邻，南与三桥社区相连，西与荷塘社区相接，北与观山湖区相接。面积1.17平方千米。

2015年年末，社区辖帝景、圣泉居民委员会。总人口17942人，其中：常住人口13620人，流动人口4322人，汉族人口11763人。有苗族、布依族、土家族等4个少数民族共6179人。有民营企业140余家，个体商户门面300家，大型购物商场2家。

道路有中坝路、圣泉路。

驻辖区单位有贵阳市三桥小学、省女子职业学校分校区、贵州国安社区智城连锁购物有限责任公司、贵州贵龙机动车驾驶技能培训、贵州鑫旺诚达汽车服务、贵州和泉顺汽车、贵州三正种业、贵州景台醇酒业、贵州云岩亿杰商贸、贵州华艺文化传媒、贵阳特优美汽车服务中心、益佰工业园、贵阳印象等单位、贵州斌炳华餐饮管理有限公司、贵州黔中建设工程测绘有限公司、贵阳鑫德酒店管理有限公司。

二十一、金鸭社区服务中心

2012年4月，金鸭社区服务中心成立。金鸭、金马、黎苏、汽制社区居民委员会同时更名为居民委员会，辖金鸭村民委员会。

金鸭社区服务中心位于云岩区西北面城乡结合部，驻金马街42号。辖区东与荷塘社区相邻，南与三桥社区相连，西与金关社区相接，北与普天社区相邻。面积11.4平方千米。

2015年年末，社区所辖居（村）委会未变，有居民小组94个；金鸭村委会有村民小组16个。辖区总人口31651人，其中：常住人口18815人，流动人口14764人。有蒙古族、苗族、土家族等23个少数民族共6083人。有民营企业108家，个体商户门面224家。

辖区路、街、巷，单位基本与金鸭街道办事处时相同。

二十二、荷塘社区服务中心

2012年4月，荷塘社区服务中心成立。水电九局、水电八局、鸭江社区居民委员会同时更名为居民委员会，有188个居民小组。年末，辖区总人口24836人，其中常住人口21853万人，流动人口3128人。有苗族、土家族、布依族等11个民族共4168人。

荷塘社区服务中心位于贵阳市西北面三桥和尚坡，驻白云大道203号水电九局基地光明桂花园一楼2号。辖区东与圣泉、三桥社区相邻，南与金鸭社区相连，西与观山湖区世纪城社区相接，北与观山湖区金岭社区相邻。面积3.2平方千米。

2015年年末，增加鑫园居委会。社区总人口34830人，其中常住人口30964人，流动人口3866人，汉族人口28823人。有苗族、布依族、土家族等11个民族共6007人。有民营企业92家，个体商户门面144家。

驻辖区单位有贵阳市第四十中学、观山湖区第六中学、金苹果幼儿园、小树幼儿园、贵阳鹏程学校、贵州省肿瘤医院综合院区、贵州省经济学校、贵州省教育职业技术学院、贵州工业职业技术学院、贵阳中铁五局技工学校，贵州省交通科学研究院股份有限公司、中国水利水电第九局工程局有限公司基地管理中心、中国水利水电第八工程局有限公司基地服务管理中心贵阳基地、贵阳市公路工程集团有限公司、华润雪花啤酒（贵州）有限公司、工行广九支行、建行贵阳白云大道支行等单位。

二十三、普天社区服务中心

2012年4月，普天社区服务中心成立。普天、野鸭社区居民委员会同时更名为居民委员会，有11个居民小组和茶园村委会8个村民小组。年末，辖区总人口23433人，其中常住人口14966人，流动人口8467人。苗族、布依、土家族等6个少数民族共2300人。

普天社区服务中心所在地野鸭塘，位于云岩区西部，驻金阳大道南段118号。辖区东与金鸭社区相邻，南与金惠社区相连，西与金惠社区相接，北与观山湖区金源社区相接。面积2.5平方千米。

2015年年末，增加安居、茶园居委会，共有4个居委会。辖区总人口15307人，其中：常住人口9798人，流动人口5509人，汉族人口13099人。有苗族、布依、土家族等6个少数民族共2208人。有民营企业5家，个体商户门面938家。

路、街、巷有：金阳南路、茶园路、黑丫口路、苗圃路，野鸭街、打石沟街（巷），武警巷。

驻辖区单位有贵阳市野鸭中学、贵阳市野鸭小学、丰航学校、振华附小、永恒学校、筑城学校、童乐智幼儿园、区野鸭卫生院、贵阳云岩金康医院、贵州华通汽车贸易服务、西南五金市场、贵州建工混凝土、贵州临沃工程机械工程、贵州宏阳公路机械、邮政储蓄银行观山湖区邮政局野鸭支局等单位。

二十四、金关社区服务中心

2012年5月，金关社区服务中心成立。贵轮、三砂、金关3个社区居民委员会同时更名为居民委员会。年末，辖区总人口29504人，其中常驻人口11993人，流动人口17511人。有布依族、苗族、彝族等20个名族共5111人。

金关社区服务中心位于贵阳市老城区西出口，驻金坡路5号。辖区东接黔灵镇，南接蔡关社区，西接金惠社区，北接金鸭社区。面积5.6平方千米。

2015 年年末，社区辖三砂、金关、贵轮 3 个居委会和金关村，有居民小组 74 个；村委会村民小组 10 个。总人口 29504 人，其中常住人口 11116 人，流动人口 17039，汉族人口 21259 人。有布依族、苗族、彝族等 20 个民族共 5111 人。有民营企业 568 家，个体商户门面 320 家。

辖区路、街、巷，单位基本与金关街道办事处时相同，2015 年，新建标准化社区服务中心。

二十五、蔡关社区服务中心

2012 年 4 月，蔡关社区服务中心成立。贵工大社区居民委员会同时更名为居民委员会，有 27 个居民小组，辖蔡家关村 3 个村民小组。年末，辖区总人口 27413 人，其中常住人口 14990 人，流动人口 12423 人。有布依族、苗族、土家族等 15 个民族共 5525 人。

蔡关社区服务中心位于云岩区西南面，驻蔡家关贵工路 115 号。辖区东与南明区花果园社区相邻，南与阿哈湖水库相连，西与金关社区相接，北与三桥社区相连。面积 3.98 平方千米。

2015 年年末，社区所辖居（村）委会未变，有居民小组 30 个；蔡家关村委会有村民小组 3 个。总人口 43000 人，其中：常住人口 24505 人，流动人口 18495 人，汉族人口 18422 人。有布依族、苗族、土家族等 15 个民族共 6083 人。有民营企业 52 家，个体商户门面 310 家。

路、街、巷有：路 12 条，无标识街道、巷道 14 条。

辖区有贵阳市第四十二中学、翔宇小学、华兴小学、中华小学、建设银行分行等单位。

二十六、金惠社区服务中心

2012 年 4 月，金惠社区服务中心成立。北极星社区居民委员会同时更名为居民委员会，辖大凹村、杨惠村 2 个村民委员会。年末，辖区总人口 12666 人，其中常住人口 8967 人，流动人口 3669 人。有苗族、布依、满等 16 个民族共 1017 人。

金惠社区服务中心位于云潭南路延伸段，驻杨惠村一组云潭南路中航城对门。辖区东临普天社区茶园村，南至花溪区久安乡吴山村，西至观山湖区金华镇，北抵观山湖区金源社区二埔村。面积 16.7 平方千米。

2015 年年末，社区所辖居（村）委会和村与无变化，有居民小组 7 个，村民小组 14 个。总人口 11109 人，其中常住人口 11109 人，汉族人口 9220 人。有蒙古族、苗族、土家族等 11 个民族共 1889 人。

辖区道路，单位与金惠街道办事处时基本相同。

二十七、水东社区服务中心

云岩区划出黔灵镇渔安、安井 2 个村和石榴园居民委员会组建水东社区服务中心，于 2014 年 12 月 2 日挂牌成立。

水东社区服务中心位于云岩区东北部中天未来方舟，驻中天未来方舟 G1 组团 15 栋。辖区东与乌当区顺海村、新庄村、阿栗村接壤；南与乌当区高新社区阿栗村和南明区云关乡红岩村及水口寺社区比邻；西与黔灵镇西瓜村、东山社区和南明区水口寺社区相接；北与黔灵镇西瓜村、茶店村和顺海林场交界。面积 11.5 平方千米。

2015 年 4 月，东山社区王家桥居委会划归水东社区。社区辖渔安、安井 2 个村民委员会，王家桥、石榴园2个居民委员会及中天世纪新城5、6、7、9、10组团、万科玲珑湾、未来方舟城市综合体、中天甜蜜小镇。总人口4万人，其中未来方舟片区2万人，渔安新城片区6189户18269人。户籍人口10295人，汉族人口9363人。有仡佬族、彝族、壮族等少数民族共932人。

道路有北京东路、水东路、水东路支线、东二环路、东山路，仙鹤路。

驻辖区单位有区政务服务中心、贵阳市安井学校、北京日坛中学贵阳分校、贵阳市第九幼儿园渔安分园、达兴学校、贵州华联超市，还有中国银行、农业银行的分行等单位。

第五节 黔灵镇

1950年，今黔灵镇辖地分别属第六区和第七区管辖。贵阳市郊区人民政府成立后分属郊区人民政府第二乡和第三乡。1955年3月，属黔灵乡。1958年，贵阳市将黔灵乡和东山乡划归云岩区管辖。9月，黔灵、东山两乡合并成立黔灵人民公社。1984年6月，撤销公社成立黔灵乡人民政府。2000年4月，省人民政府批复撤销云岩区黔灵乡设立黔灵镇，辖地不变。

黔灵镇黔灵山而得名，位于云岩区东、北、西边缘部，与南明、乌当、白云、观山湖和花溪5个区界接壤，南临宅吉社区和贵乌社区，面积42平方千米。镇人民政府驻地黄山冲路167号。

一、村（居）民委员会

2001年，黔灵镇辖茶店、沙河、东山、西瓜、三桥、改茶、云岩、宅吉、黔灵、雅关、偏坡、安井、渔安13个村1个居委会。之后新建小区先后增加，辖地居委会相应建立。2005年，设世纪园居委会。2006年，设石欣居委会。2008年，设扶风花园居委会。2011年，设景馨居委会。至2015年，村名未变，共13个村委会86个村民小组；有沙河、世纪园、石欣、扶风花园、景馨5个居委会157个居民小组。

二、人口

2001年，黔灵镇总人口36269人，流动人口近10万人。2007年，流动人口29159人。2011年，流动人口76428人。2015年，黔灵镇总人口102436人，其中农业人口30636人，占全区总人口的2.99%；非农业人口34645人，占全区总人口的3.38%。流动人口10万余人。汉族人口占人口总数的94.7%；少数民族2986人占人口总数的5.3%，有苗族、布依族、侗族等10余个少数民族。

三、驻辖区单位

有贵州省第二人民医院、雅关幼儿园、贵阳市茶店小学、贵阳市三桥小学、贵阳市实验二小天誉城分校、贵阳市东新小学、贵阳市改茶小学、贵阳市实验小学云山分校、世纪园小学、贵阳市第二十八中学、贵阳实验二中、贵阳市雅关学校、贵阳实验三中、省医护士学校、省贸易经济学校、贵州大学明德学院、贵州泰联房开、贵州誉浚房开、贵阳银通房开、贵州海泓房开、市城市建设投资、贵州迈克科技、贵州大隆药业、贵州盛远医药、贵州科辉制药、贵州黄果树立爽药业、贵州万信医药、贵州红华便利购物连锁、贵州通源汽车、贵州时代纸业、贵阳佳天贸易、贵阳海恒农副产品批发市场、贵州立诚通信、贵阳誉浚物业管理、贵州诚远保安服务、贵州燃气集团、贵阳华旭科技、贵州永吉印务公司、贵阳宝莲印务公司、贵阳黄果树纸业、贵州西牛王印务公司、宅吉农商银行、开磷农商银行、贵阳农商银行三桥支行、贵阳银行三桥支行、工行三桥支行、农行小石城支行、贵州银行小石城支行、中行贵州省分行、农村商业银行红岩支行、建行朝阳支行、浦发银行贵阳分行等单位。

四、交通

公路有贵遵（贵阳—遵义）、贵黄（贵阳—黄果树）、贵阳东北绕城环线、大外环线四条高等级公路和滇黔（云南—贵州）公路、川黔（四川—贵州）铁路。至2015年，开通水东路、北京东路、北京西路等城市快速路；贵广（贵州—广州）铁路、长昆（长沙—昆明）铁路、贵开（贵阳—开阳）城市快铁开工建设；新修村级道路60余条。

五、经济发展

乡镇企业是黔灵镇经济发展中最具活力的增长点。黔灵镇先后获全国亿元乡、全国乡镇发展先进集体、全国明星乡镇。乡镇企业2001年总产值16.97亿元，其中：工业产值7.92亿元，第三产业总产值3.88亿元，农业产值6408万元，财政总收入4433万元，地方财政收入2604.88万元；工业企业年产值千万元以上的企业有15家，百万元以上的企业有62家。农民人均纯收入3400元。2006年，乡镇企业增加值5.07亿元，规模工业总产值6.20亿元，财政总收入8326万元，地方财政收入6119万元。农民人均纯收入5047.55元。全年新引进项目25个资金2.5亿元。2010年，财政总收入2.20亿元，地方财政收入1.34亿元，固定资产投资3.6亿元；农民人均纯收入7513元。2015年，公共财政预算收入1.16亿元。固定资产投资152.77亿元，招商引资28亿元，全年新引进企业76家，其中注册资金1000万以上的项目10个。

2001年以后，西牛王、永吉、宝莲印务、黄果树立爽药业等企业发展成为区域纳税骨干企业，占全区“纳税百强”的五分之一。2007年，镇财政总收入突破亿元大关，2009年，实现财政收入“双过亿”，各项经济指标均居全省乡（镇）前列。2015年，全镇企业近400家，规模以上工业企业11家。

黔灵镇2002年被评为全国乡镇企业示范区；2012年，被评为全国人口和计划生育依法行政示范乡镇，获全国两个文明建设先进乡镇、贵州省人口计生基层文明执法先进乡镇、贵州省发展乡镇企业先进乡镇等19项国家级和省级荣誉。

六、社会事业

2001年—2015年，黔灵镇农村贫困有“低保”、看病有“医保”、就业有“劳保”。在10个村建立农村幸福院，形成政府、家庭、社会三位一体的关爱老人服务体系。辖区有各类移民331人，发放移民扶持金178.74万元。有残疾人905人，其中一、二级重度残疾人232人，1051条残疾人基础信息建档管理。

至2015年，黔灵镇村村建立文化活动室，办公全部实现电脑化，电视覆盖率100%；有市级甲级卫生室13个，农村新型合作医疗覆盖率100%。有公办幼儿园1所，民办幼儿园71所，小学9所，初中3所，高中1所；适龄儿童入学率100%。户户通电、通水、通电话，电信、移动、联通信号全覆盖。辖区建成欣歆园、小石城、世纪园、沙河花园等住宅小区；建成沙河长冲、沙河红土田、改茶鸡冠山、三桥对门坡、茶店罗家坡、宅吉6个新村农民新村。全镇有“星级文明户”3025家，“书香人家”20户。宅吉村获全国创建文明村镇工作先进村镇、云岩村获省级文明村，雅关村获省级先进文明村，西瓜、东山等4个村评为市级文明村。茶店村罗家坡农民新村及两广地村民组获省、市文明村寨；云岩村云盘村民组、渔安村小车村民组获贵阳市卫生村寨。全镇11个行政村全部进入“小康村”，4个村被中共贵州省委、省人民政府命名为全省百强小康村。

第三章 人 口

2001年—2015年期间，经历两次全国人口普查，到2015年末，全区总人口中，户籍人口为62.91万人；常住人口为99.15人。汉族人口占85.69%；少数民族人口占14.31%（第六次人口普查数）。区境内的少数民族以苗族和布依族占多数。

第一节 人口数量人口密度和分布

一、人口数量

2000年11月1日第五次全国人口普查时，云岩区的人口为698880人（包括外来人口，不包括外出人口）。2010年11月1日第六次全国人口普查时，云岩区常住人口为957535人，同第五次人口普查的698988人相比，十年共增加258547人，增长36.99%，每年平均递增3.20%。（云岩区统计局提供的第五次和第六次全国人口普查公报）。人口增长的主要原因是，2007年8月，省人民政府批复同意贵阳市云岩区南明区乌当区调整部分行政区划，将乌当区金阳街道办事处所属茶园村、金关村、金鸭村、杨惠村、大凹村以及南明区后巢乡所属蔡家关村划归云岩区行政管辖，面积共26.07平方千米，总人口14.45万人（含在校学生人数4万人）。到2015年年末，云岩区总人口为99.44万人，与2011年11月1日第六次全国人口普查室的957535人相比，五年又增加36865人增长3.85%，平均每年递增0.08%。

2015年年末，全区户籍人口为629100人，常住人口991500人，出生率为3.12‰，人口自然增长率为1.70%。

二、人口密度和分布

云岩区城市建设用地64.88平方千米（含黔灵山公园5.03平方千米、顺海森林公园6.34平方千米）。2015年年末，常住人口99.15万人。人口密度每平均平方千米1.85万人；人口密度每平方千米老城区3万人，其中：一环内核心区约5万人，市西社区达7.1万人。

表1 云岩区2000年第五次人口普查人口分布表

街道办事处（镇）名称	人口数（人）	街道办事处（镇）名称	人口数（人）	街道办事处（镇）名称	人口数（人）
中北办事处	9218	市西办事处	35943	头桥办事处	71168
中华办事处	15979	普陀办事处	27791	三桥办事处	66289
中东办事处	51348	环北办事处	21828	宅吉办事处	48547
中西办事处	15562	贵乌办事处	64995	黔灵镇办事处	136559
北京路办事处	43584	黔东办事处	44047		
延中办事处	22481	威清办事处	23541		

表2 云岩区2015年年末各社区服务中心（镇）人口面积统计表

序号	社区服务中心（镇）名称	人口数（人）	面积（平方千米）	序号	社区服务中心（镇）名称	人口数（人）	面积（平方千米）
1	黔灵镇	102436	42.0	15	中天社区	26880	2.52
2	中华社区	21045	0.38	16	金狮社区	25667	1.94
3	中环社区	37467	0.93	17	头桥社区	43814	5.73
4	延中社区	38686	9.40	18	金龙社区	52614	3.53
5	威清社区	24247	0.98	19	三桥社区	25229	6.55
6	市西社区	28057	0.20	20	圣泉社区	10981	1.17
7	北京路社区	46954	1.20	21	金鸭社区	31651	11.40
8	黔东社区	19951	1.0	22	荷塘社区	34830	3.20
9	栖霞社区	46966	4.72	23	普天社区	15307	2.50
10	中东社区	35055	2.40	24	金关社区	26370	5.60
11	普陀社区	31915	2.20	25	蔡关社区	43000	3.98
12	宅吉社区	35264	3.82	26	东山社区	18437	2.10
13	省府社区	28544	3.42	27	金惠社区	11109	16.70
14	贵乌社区	60179	3.13	28	水东社区	10295	11.50

第二节 人口自然变动

2010年11月1日，全国第六次人口普查时，云岩区人口自然变动为常住人口中出生人口为7749人，出生率为8.16‰，死亡人口为3082人，死亡率为3.25‰，自然增长人口为4667人，自然增长率为4.91‰。与2000年第五次全国人口普查相比，出生率下降5.16个千分点、死亡率下降1.52个千分点、自然增长率下降3.65个千分比（云岩区2010年第六次人口普查主要数据公报）。2015年年末，云岩区计划生育统计年度出生人口为5435人，比2009年减少199人，出生率为5.91‰；人口自然增长率为2.78‰，比2009年下降0.41‰。

第三节 人口构成

2010年11月1日第六次全国人口普查云岩区人口构成：

一、性别构成

在云岩区常住人口中，男性人口为486252人，占50.78%；女性人口为471283人，占49.22%。总人口性别比（以女性为100，男性对女性的比例）由2000年第五次全国人口普查的100.75下降为103.18.

二、年龄构成

云岩区常住人口中，0岁~14岁人口为132907人，占总人口比重的13.88%；15岁~64岁人口为751135人，占78.44%；65岁及以上人口为73497人，占7.68%。同2000年第五次全国人口普查相比，0岁~14岁人口的比重下降3.42个百分点；15岁~64岁人口的比重上升2.5个百分点；65岁及以上人口的比重上升0.92个百分点。

三、民族构成

云岩区常住人口中，汉族人口为820477人，占总人口比重的85.69%；各少数民族人口为137058人，占14.31%。同2000年第五次全国人口普查相比，少数民族人口比重上升了3.83个百分点。（根据云岩区统计局提供的2010年第六次全国人口普查重要数据公报）

四、受教育程度

接受大学（指中专及以上）教育的108538人，占15.53%；接受高中（含中专）教育的144504人，占20.68%；接受小学教育的152537人，占21.83%。共余11.29%的15岁及以上人口为文盲。

表3 云岩区人口及其变动情况统计年报表

（2002年—2014年）

年份	年末总户数（户）	年末总人口数(人)									
		合计	合计中		性别		年龄				
			非农业人口	未落常住户口人员	男	女	18岁以下	18岁~35岁	35岁~60岁	60岁以下	
2002年	146300	55640	—	—	—	—	—	—	—	—	
2003年	—	573000	547000	—	290000	283000	100600	185000	210400	77000	
2004年	—	552300	523700	—	—	—	—	—	—	—	

续上表

年份	年末总户数（户）	年末总人口数（人）								
		合计	合计中		性　别		年　龄			
			非农业人　口	未落常住户口人员	男	女	18 岁以下	18 岁~35 岁	35 岁~60 岁	60 岁以下
2005 年	—	599700	564600	—	301100	298600	—	—	—	—
2006 年	158650	599671	564602	9844	301101	298570	96801	197218	223266	82396
2007 年	162214	609018	576206	7709	305798	303220	96008	200174	227022	85814
2008 年	167178	616950	586895	4398	304348	307602	91620	212761	227599	84970
2009 年	177484	649018	602852	5096	327960	321058	97126	216184	242220	93488
2010 年	198025	646405	598120	8762	328967	319438	94839	206166	251498	95902
2011 年	178835	647005	600242	3916	327075	319930	94130	193024	262781	97070
2012 年	187256	645479	598937	2353	324829	320650	91976	181592	265901	106010
2013 年	189264	635007	589180	878	316543	318464	93734	166747	269499	105027
2014 年	192577	628980	582050	440	312642	316338	95246	158966	267483	107288

资料来源：云岩区统计局

第四节　人口调查

一、第五次人口普查主要数据公报

根据《全国人口普查条例》和国务院的决定，以 2000 年 11 月 1 日零时为标准时点进行了第五次全国人口普查。云岩区普查主要数据如下：

（一）常住人口

云岩区常住人口为 698988 人，同第四次人口普查 1990 年 11 月 1 日零时的 458552 人相比，十年共增加 240436 人，增长 52.43%，年平均递增 4.56%。

（二）人口自然变动

1999 年 11 月 1 日至 2000 年 10 月 31 日，云岩区常住人口中的出生人口为 8706 人、出生率为 13.33‰，死亡人口为 3117 人、死亡率为 4.77‰，自然增长人口为 5589 人、自然增长率为 8.56‰。与 1990 年第五次人口普查相比，出生率下降了 2.27 个千分点、死亡率下降 0.44 个千分点、自然增长率下降 1.83 个千分点。

（三）家庭户人口

云岩区常住人口中共有家庭户 215223 户，家庭户人口为 627453 人，平均每个家庭户的人口为 2.92 人。

（四）性别构成

云岩区常住人口中，男性人口为 355920 人，占 50.92%；女性人口为 343068 人，占 49.08%。总人口性别比（以女性为100，男性对女性的比例）为103.75。

（五）年龄构成

云岩区常住人口中，0岁~14岁人口为120921人，占总人口比重的17.30%；15岁~64岁人口为530794人，占75.94%；65岁及以上人口为47273人，占6.76%。

（六）民族构成

云岩区常住人口中，汉族人口为625711人，占总人口比重的89.52%；各少数民族人口为73277人，占10.48%。

（七）各种受教育程度人口

云岩区常住人口中，具有大学（指大专以上）文化程度的人口为109114人；具有高中（含中专）文化程度的人口为1144788人；具有初中文化程度的人口为214246人；具有小学文化程度的人口为152184人（以上各种受教育程度的人包括各类学校的毕业生、肄业生和在校生）。同1990年第四次人口普查相比，每10万人中具有大学文化程度的由9438人上升为15610人；具有高中文化程度的由19920人上升为20714人；具有初中文化程度的由30836人上升为60651人；具有小学文化程度的由22066人下降为21772人。全区常住人口中，文盲人口（15岁及以上不识字的人）为578067人，同1990年第四次人口普查相比，文盲人口增加205932人，文盲率由1990年第四次人口普查的8.70%下降为4.08%，下降4.62个百分点。

二、第六次人口普查主要数据

2011年5月13日，云岩区根据《全国人口普查条例》和国务院的决定，以2010年11月1日零时为标准时点进行第六次全国人口普查。

（一）常住人口

2011年，云岩区常住人口为957535人，同第五次人口普查2000年11月1日零时的698988人相比，十年共增加258547人，增长36.99%，年平均递增3.20%。

（二）人口自然变动

2009年11月1日至2010年10月31日，云岩区常住人口中的出生人口为7749人、出生率为8.16‰，死亡人口为3082人、死亡率为3.25‰，自然增长人口为4667人、自然增长率为4.91‰。与2000年第五次人口普查相比，出生率下降了5.16个千分点、死亡率下降1.52个千分点、自然增长率下降3.65个千分点。

（三）家庭户人口

云岩区常住人口中共有家庭户320901户，家庭户人口为873085人，平均每个家庭户的人口为2.72人，比2000年第五次人口普查的2.92人减少0.2人。

（四）性别构成

云岩区常住人口中，男性人口为486252人，占50.78%；女性人口为471283人，占49.22%。总人口性别比（以女性为100，男性对女性的比例）由2000年第五次人口普查的103.75下降为103.18。

（五）年龄构成

云岩区常住人口中，0岁~14岁人口为132907人，占总人口比重的13.88%；15岁~64岁人口为751135人，占78.44%；65岁及以上人口为73493人，占7.68%。同2000年第五次人口普查相比，

0 岁~14 岁人口的比重下降 3.42 个百分点，15 岁~64 岁人口的比重上升 2.5 个百分点，65 岁及以上人口的比重上升 0.92 个百分点。

（六）民族构成

云岩区常住人口中，汉族人口为 820477 人，占总人口比重的 85.69%；各少数民族人口为 137058 人，占 14.31%。同 2000 年第五次人口普查相比，少数民族人口比重上升了 3.83 个百分点。

（七）各种受教育程度人口

云岩区常住人口中，具有大学（指大专以上）文化程度的人口为 242443 人；具有高中（含中专）文化程度的人口为 176425 人；具有初中文化程度的人口为 290690 人；具有小学文化程度的人口为 173204 人（以上各种受教育程度的人包括各类学校的毕业生、肄业生和在校生）。同 2000 年第五次人口普查相比，每 10 万人中具有大学文化程度的由 15610 人上升为 25320 人；具有高中文化程度的由 20714 人下降为 18425 人；具有初中文化程度的由 30651 人下降为 30358 人；具有小学文化程度的由 21772 人下降为 18088 人。全区常住人口中，文盲人口（15 岁及以上不识字的人）为 19044 人，同 2000 年第五次人口普查相比，文盲人口减少 9467 人，文盲率由 2000 年第五次人口普查的 4.08% 下降为 1.99%，下降 2.09 个百分点。

（八）城乡人口

云岩区常住人口中，居住在城镇的人口为 931777 人，占总人口比重的 97.31%；居住在乡村的人口为 25758 人，占 2.69%。同 2000 年第五次人口普查相比，城镇人口增加 232789 人，乡村人口增加 25758 人，城镇人口比重下降 2.69 个百分点。

第二篇

中国共产党地方组织

第一章　中共云岩区委员会

中国共产党云岩区第一次代表大会1971年6月召开至2011年11月，选举产生第一至第八届中共云岩区委为领导机关，发挥总揽全局、协调各方的领导核心作用。

第一节　中国共产党云岩区代表大会

一、第五次代表大会

1998年12月11日—15日，中国共产党云岩区第五次代表大会召开。出席大会的代表有240人，特邀列席代表35人。大会主席团由王明铮等30人组成。王明铮代表中共云岩区第四届委员会作《高举邓小平理论伟大旗帜　把富民强区伟大事业全面推向二十一世纪》的报告，回顾总结第四次代表大会以来的工作，确定今后五年跨世纪发展的指导思想、奋斗目标和主要任务。会议听取和审查中共云岩区委的工作报告；审查中共云岩区纪律检查委员会的工作报告；选举中共云岩区第五届委员会；选举中共云岩区第五届纪律检查委员会。

二、第六次代表大会

2003年2月25日—28日，中国共产党云岩区第六次代表大会召开。出席大会的代表有253人，特邀列席代表38人。大会主席团由王明铮等33人组成。王明铮代表中共云岩区第五届委员会作《与时俱进　开拓创新　为在全市实现“两个率先”目标而努力奋斗》的报告，总结第五次代表大会以来的工作，对21世纪头20年云岩区的政治、经济、文化进行规划，并确定今后5年的奋斗目标和主要任务。会议听取和审查中共云岩区委的工作报告；审查中共云岩区纪律检查委员会的工作报告；选举中共云岩区第六届委员会；选举中共云岩区第六届纪律检查委员会。

三、第七次代表大会

2006年9月26日—29日，中国共产党云岩区第七次代表大会召开，出席大会的代表有268人，特邀列席代表48人。大会主席团由蒋纪鸣等28人组成。蒋纪鸣代表中共云岩区第六届委员会作《抢抓新机遇　增创新优势　努力开创经济社会发展新局面》的报告，总结第六次代表大会以来的工作，提出今后5年全区经济社会发展的总体思路和工作目标，全面贯彻落实科学发展观。会议听取和审查中共云岩区委的工作报告；审查中共云岩区纪律检查委员会的工作报告；选举中共云岩区第七届委员会；选举中共云岩区第七届纪律检查委员会。

四、第八次代表大会

2011年10月30日至11月2日，中国共产党云岩区第八次代表大会召开。出席大会的代表有279人，特邀列席代表34人。大会主席团由聂雪松等31人组成。聂雪松代表中共云岩区第七届委员会作《加速发展 率先跨越 为建设幸福云岩而努力奋斗》的报告，回顾总结了第七次代表大会以来的工作，安排部署今后5年经济社会发展的目标任务。会议听取和审查中共云岩区委的工作报告；审查中共云岩区纪律检查委员会的工作报告；选举中共云岩区第八届委员会；选举中共云岩区第八届纪律检查委员会。

第二节 领导机关

1998年12月，中共云岩区第五次代表大会选举产生区委委员33名，候补委员5名。在五届一次全会上，选举中共云岩区常务委员会，王明铮为中共云岩区委书记，翟彦、杨文慧（女）、徐恒为副书记。2000年8月，刘军、黄庆会任中共云岩区委副书记。2002年4月，任四海任中共云岩区委副书记（挂职）；8月，张新全任中共云岩区委副书记。

2003年2月，中共云岩区第六次代表大会选举产生区委委员33名，候补委员6名。在六届一次全会上，选举中共云岩区常务委员会，王明铮为中共云岩区委书记，张传庆、刘军、黄庆会、张新全为副书记；同月，任四海任中共云岩区委副书记（挂职）；9月，蒋纪鸣任中共云岩区委副书记；12月，徐恒任中共云岩区委书记。2004年4月，李景晗任中共云岩区委副书记；5月，蔡中孚任中共云岩区委副书记（挂职）。2006年3月，蒋纪鸣任中共云岩区委书记；4月，丁旭东任中共云岩区委副书记；5月，聂雪松任中共云岩区委副书记。

2006年9月，中共云岩区第七次代表大会选举产生区委委员39名，候补委员7名。在七届一次全会上，选举中共云岩区委常务委员会，蒋纪鸣为中共云岩区委书记，丁旭东、聂雪松为副书记。2011年10月，聂雪松任中共云岩区委书记，莫惹任中共云岩区委副书记。

2011年10月30日至11月2日，中共云岩区第八次代表大会选举产生区委委员41名，候补委员8名。在八届一次全会上，选举中共云岩区委常务委员会，聂雪松为中共云岩区委书记，莫惹、张海波为副书记。2012年9月，杨继任中共云岩区委副书记。2013年4月，林元森任中共云岩区委副书记（挂职）。2014年1月，莫惹任中共云岩区委书记；5月，张荣斌任中共云岩区委副书记（挂职）；8月，杨晓阳任中共云岩区委副书记；12月，林刚任中共云岩区委副书记。2015年4月，王建忠任中共云岩区委书记；12月，沈兵任中共云岩区委副书记。

中共云岩区委员会书记、副书记、常委任职情况表

（1998 年—2016 年）

届别	职务	姓名	任职时间
第五届委员会	书记	王明铮	1998 年 12 月—2003 年 2 月
	副书记	翟　彦	1998 年 12 月—2003 年 2 月
		杨文慧（女）	1998 年 12 月—2000 年 8 月
		徐　恒	1998 年 12 月—2000 年 7 月
		刘　军	2000 年 8 月—2003 年 2 月
		黄庆会	2000 年 8 月—2003 年 2 月
		任四海	2002 年 4 月—2004 年 4 月
		张新全	2002 年 8 月—2003 年 2 月
第六届委员会	书记	王明铮	2003 年 2 月—2003 年 12 月
		徐　恒	2003 年 12 月—2006 年 3 月
		蒋纪鸣	2006 年 3 月—2006 年 9 月
	副书记	张传庆	2003 年 2 月—2003 年 7 月
		刘　军	2003 年 2 月—2006 年 4 月
		黄庆会	2003 年 2 月—2006 年 3 月
		任四海	2003 年 2 月—2004 年 3 月
		张新全	2003 年 2 月—2006 年 9 月
		蒋纪鸣	2003 年 9 月—2006 年 3 月
		李景晗	2004 年 3 月—2005 年 3 月
		蔡中孚	2004 年 4 月—2006 年 4 月
		丁旭东	2006 年 4 月—2006 年 9 月
		聂雪松	2006 年 5 月—2006 年 9 月
	常委	杨小平	2003 年 2 月—2004 年 8 月
		朱玉峰	2003 年 2 月—2006 年 9 月
		田儒雄	2003 年 2 月—2006 年 9 月
		熊国华（土家族）	2003 年 2 月—2006 年 9 月
		曾明强	2003 年 2 月—2006 年 9 月
		宗玲玲（女）	2003 年 2 月—2006 年 9 月
		马　磊	2003 年 2 月—2005 年 3 月
		邱　斌	2005 年 6 月—2006 年 9 月
		唐本文	2006 年 9 月—2006 年 9 月
		黄玉峰	2006 年 9 月—2006 年 9 月
		段　迪	2006 年 9 月—2006 年 9 月

续上表

届　别	职　务	姓　名	任职时间
第七届委员会	书　记	蒋纪鸣	2006 年 9 月—2011 年 10 月
		聂雪松	2011 年 10 月—2011 年 10 月
	副书记	丁旭东	2006 年 9 月—2009 年 1 月
		聂雪松	2006 年 9 月—2011 年 10 月
		莫　惹	2011 年 10 月—2011 年 10 月
	常　委	宗玲玲(女)	2006 年 9 月—2010 年 4 月
		田儒雄	2006 年 9 月—2011 年 10 月
		熊国本(土家族)	2006 年 9 月—2011 年 10 月
		邱　斌	2006 年 9 月—2011 年 10 月
		唐本文	2006 年 9 月—2011 年 10 月
		段　迪	2006 年 9 月—2011 年 10 月
		黄玉峰	2006 年 9 月—
		杨天华	2008 年 5 月—2011 年 10 月
		李作勋	2010 年 2 月—2011 年 2 月
		佘　龙	2010 年 2 月—2011 年 10 月
		董亚伟	2011 年 10 月—2011 年 10 月
		杨　梅	2011 年 10 月—2011 年 10 月
		段　蓓	2011 年 10 月—2011 年 10 月
		宋庆松	2011 年 10 月—2011 年 10 月
第八届委员会	书　记	聂雪松	2011 年 10 月—2014 年 1 月
		莫　惹(壮)	2014 年 1 月—2015 年 4 月
		王建忠	2015 年 4 月—
	副书记	张海波(仡)	2009 年 04 月—2011 年 11 月
		莫　惹(壮)	2011 年 10 月—2012 年 11 月
		杨　继	2012 年 9 月—2014 年 12 月
		林元森	2013 年 4 月—2014 年 4 月
		张荣斌	2014 年 5 月—2015 年 3 月
		杨晓阳	2014 年 8 月—2015 年 12 月
		林　刚(土家)	2014 年 12 月—
		沈　兵	2015 年 12 月—
	常　委	杨　梅(女)	2011 年 10 月—2012 年 9 月
		佘　龙	2011 年 10 月—2012 年 4 月
		董亚伟	2011 年 10 月—2014 年 12 月

续上表

届 别	职 务	姓 名	任职时间
第八届委员会	常 委	杨天华	2011 年 10 月—2012 年 4 月
		柴忠元	2011 年 10 月—2012 年 7 月
		段 蓓	2011 年 10 月—2015 年 12 月
		宋庆松	2011 年 10 月—2014 年 12 月
		沈 川	2012 年 4 月—2014 年 4 月
		杨晓阳	2012 年 4 月—2014 年 8 月
		张文科	2012 年 7 月—
		张 洪	2012 年 9 月—
		刘渝安	2013 年 4 月—2014 年 3 月
		杨炜锋	2014 年 12 月—
		漆 勇	2014 年 12 月—
		孙蓓红(女)	2015 年 7 月—
		吴永康	2015 年 11 月—
		杜凌云	2016 年 3 月—
		张 虎	2016 年 9 月—
		滕晓洪(女)	2016 年 9 月—

第三节 工作机构

至 2001 年，中共云岩区委工作部门有区委办公室、组织部、宣传部、统一战线工作部、政法委员会、离退休干部工作局。2002 年，增设区直属机关委员会和区机构编制委员会办公室。2012 年，增设区群众工作委员会。至 2015 年，有区委办公室（机要局、保密局）、组织部、宣传部（信息中心、新闻中心）、统一战线工作部、政法委员会（社会治安综合治理委员会办公室、维护社会稳定领导小组办公室、禁毒委员会办公室、国家安全工作领导小组办公室、流动人口服务管理工作领导小组办公室）、群众工作委员会（“12319” 公共服务指挥中心）、直属机关委员会、教育工作委员会、精神文明建设委员会办公室、政策研究室、机构编制委员会办公室、离退休干部工作局；直属单位有中共云岩区委党校（云岩区行政学校）等。

中共云岩区委办公室

2002 年 1 月，区委办公室内设秘书一科、秘书二科、督查室、信息科、党史研究科、行政科。行政编制 23 名，机关后勤服务人员事业编制 10 名（含驾驶员），财政全额预算管理。原区委机要局（区委密码工作领导小组办公室）更名为区委办公室机要局，副科级建制，行政编制 4 名；区委保密委员会办公室（区国家保密局）设在区委办公室，副科级建制，行政编制 2 名。2004 年，增设财务科。2008 年，设区委政策研究室（正科级），挂靠在区委办公室。2013 年，增设秘书三科。至 2015 年，区委办公室内设秘书一科、秘书二科、秘书三科、财务科、信息科、行政科；机要局、保密局，政策研究室（挂靠）。

中共云岩区委组织部（组织部）

2002年1月，组织部内设办公室、干部科、干部调查审理科、组织员办公室与组织科（农村基层领导小组办公室）、知识分子工作领导小组办公室、干部教育工作领导小组办公室与党员电教室，行政编制15名。2007年4月，在干部科加挂公务员管理科牌子。2011年2月，增设信息科。2012年1月，增设非公经济组织和社会组织党建工作科。2013年6月，设区党员代表联络办公室，12月，更名为区组织员办公室，加挂区党员代表联络办公室牌子。至2015年，组织部内设办公室、干部科（公务员管理科）、干部监督科、干教办、组织科、非公党建科。设参公管理和事业单位各1个，即农村党员干部现代远程教育办公室和组织员办公室，组织科、非公党建科、组织员办为合署办公；人员编制28人。其中行政编制19人、工勤2人、参公5人、事业编制2人，在编在岗21人。

中共云岩区委宣传部（宣传部）

2001年，宣传部内设社会宣传科、理论教育科、通讯报道科、办公室。区文明办2002年设在区委宣传部，对外独立开展业务，党务和行政后勤由宣传部统一管理，编制5人。2007年4月，成立贵阳市云岩区新闻中心，为宣传部所属副科级事业单位，核定事业编制5名，财政全额预算管理。2013年10月，区信息中心连人带编划转宣传部，加挂区互联网信息办公室牌子。区信息中心（区互联网信息办公室）为宣传部所属正科级事业单位，核定事业编制10名，经费由财政全额预算管理。至2015年，宣传部内设办公室、社会宣传科、理论教育科、通讯报道科；隶属单位有区文明办、区信息中心（互信办）、区新闻中心。

中共云岩区委统一战线工作部（统战部）

2002年1月，统战部内设办公室和综合科，核定行政编制7名，机关后勤服务事业编制1名，由财政全额预算管理。至2015年，内设机构没有变化。

中共云岩区委政法委员会（政法委）

2002年1月，政法委与区社会治安综合治理委员会办公室合署办公，一个机构两块牌子，内设政工科、办公室、执法监督科、综合治理工作科；区维稳办（正科级）设在政法委。2004年6月，区禁毒办设在政法委，人员编制和经费保障体制不变。2006年4月，成立区“见义勇为”奖励和保护工作委员会，办公室设在区社会治安综治委办公室。2011年8月，成立区国家安全领导小组办公室（正科级）。2015年2月，区流动人口服务管理领导小组办公室调整为政法委管理，升格为正科级单位，内设综合统筹科，宣传维权科。

中共云岩区委群众工作委员会（群工委）

2012年4月，设立并加挂区社会管理综合治理委员会牌子，为正科级行政机构，列入党委序列；内设办公室、综合科，核定行政编制4名，机关工勤编制1名。2013年5月，将区城市管理局所属区城市管理指挥中心连人带编划转群工委管理，更名为云岩区“12319”公共服务指挥中心，加挂区社区网格管理监管中心牌子，内设综合协调部、运行维护部和网格监管部，为群工委所属副科级事业单位，核定事业编制9名。2014年6月，区委群工委加挂中共云岩区委社会建设工作委员会和云岩区社会建设工作办公室牌子。社会建设工作委员会为区委社会建设的工作机构，社会建设工作办公室为区人民政府负责社会建设的工作机构。2015年6月，区群工委行政编制由4名增至6名。

中共云岩区委离退休干部工作局（老干局）

前身为成立于1984年12月的中共贵阳市云岩区委老干部局，1996年，更名为中共云岩区委离退休干部工作局。2002 年 1 月，内设办公室、老干部活动室；人员编制 9 人（行政编制 6 人，事业编制 3 人）。至 2015 年，内设机构没有变化。

中共云岩区直属机关委员会（机关党委）

前身为 1984 年 11 月组建的中共云岩区直属机关党委。至 2000 年年末，机关党委下属 4 个党总支（区人大、区检察院、区法院、区军干所），42 个党支部。2002 年，中共云岩区直属机关委员会成立，内设办公室、组织科；行政编制 4 名，机关后勤人员事业编制 1 名，由财政全额预算管理。2015 年 12 月，机关党委下属党（总）支部 64 个，分布在 44 个单位。

中共云岩区委机构编制委员会办公室

2001 年，区机构编制工作归属区人事劳动局管理。2002 年 1 月，区机构编制委员会办公室列入中共云岩区委工作部门，是区机构编制委员会的常设办事机构，负责全区行政管理体制和机构改革以及机构编制的管理。

第四节　重要制度和会议

一、重要制度

中共云岩区委结合工作实际，2001 年以后，有针对性地加强党的制度建设，用制度规范、约束行为，提高领导水平和执政能力。

2014 年，中共云岩区委办公室就执行中共云岩区委常委会重大事项决策制度发出通知，主要内容：

遵循原则：坚持依法决策、民主决策、集体决策、科学决策、效率决策；对未经调查研究论证，分管常委和部门意见认为不成熟，有异议或分歧较大的事项可不决策。

决策范围：贯彻落实中共中央和中共贵州省委、贵阳市委重大决策部署的安排意见；落实区党代会和全委会决议、决定的具体意见和措施；中共贵阳市委要求中共云岩区委讨论决定的问题；以区委或区人民政府名义出台的重大决定及事关全区经济社会发展的政策。全区改革开放、经济建设、社会发展的指导方针、战略目标、中长期规划；关系民生问题的重要政策；全区改革开放和经济发展运行中出现的重大问题；全区城市建设总体规划及对经济社会发展有重大影响的基础设施建设、重点工程项目建设、国有资产处置、国有土地资源管理以及支柱产业应把握的原则和设计方案；全区党的建设、精神文明建设和民主法制建设的总体规划和实施中遇到的重大问题；全区党风廉政建设和反腐败工作的目标、任务和措施。由政府投资（含职能部门）或由政府负连带责任的重大基础设施建设和工程项目；没有纳入财政预算的非常规性财政支出；全区的投资方向和产业政策；大额资金使用。群众反映强烈且对社会稳定的重大影响问题的处理意见；区委管理干部的提名、任免和奖励的研究讨论。以区委名义上报市委的重要文件；研究决定区人大常委会、区政府、区政协、区纪委、区法院、区检察院、区人武部和区直各部门、各社区（镇）、各人民团体报请区委研究决定的重大问题；全区重大、突发事件的处理意见。其他须由区委常委会集体研究决定的重大问题。

决策形式：研究决定重大事项，须坚持集体决策，三分之二以上常委到会；会议表决时，赞成票超过应到会常委人数的半数为通过。表决可根据讨论事项的不同内容，分别采取口头、举手、无记名投票或记名投投票方式。会议决定多个事项时，应逐项表决。提名干部和决定干部任免、奖惩事项，应逐个表决；对重大突发事件和紧急情况，不能及时召开常委会的，区委书记、区委副书记或其他常委可临机处置，事后应及时向常委会报告；常委会讨论决定重大事项，可根据重大事项具体内容，邀请党代表、人大代表、政协委员、老干部代表、群众代表及有关部门负责人、监督人员列席会议。列席人员无表决权。

决策程序：凡涉及重大事项决策，严格执行酝酿、决策、执行三个阶段程序。

决策监督：区委全委会负责监督区委常委会重大决策结果和实施效果，区委全委会有权否决区委常委会决策。区委常委应根据职责分工及时向区委书记、副书记及常委会报告重大事项决策的执行落实情况。区委办公室、区人民政府办公室负责跟踪督查决策的执行情况，并及时向区委书记、副书记和分管常委报告进展情况；区人大、区政协、区纪检监察、审计等部门根据职责权限对决策执行情况进行监督检查，发现问题及时报告，提出纠正整改意见。

严格责任：对尚未正式公开的会议决定和需要保密的会议内容，与会人员不得外泄，否则追究有关人员泄密责任；对个人或少数人违规决定重大事项的（除遇紧急情况外），拒不执行或擅自改变集体决策的，集体决策执行不力或错误执行并造成严重损失的，由纪检、监察机关根据事实、性质、情节和影响，依纪依法追究主要责任人的责任等。

区人民政府以关心、爱护领导干部尤其是“一把手”为着眼点，以加强反腐败机制创新和制度保障为抓手，从监督原则、监督范围（区直各部门、各社区、镇党政主要负责人，各人民团体、企事业单位、区属学校主要负责人）、监督的主要内容（遵守纪律情况、执行民主集中制情况、抓作风建设情况、执行干部人事制度情况、执行请示报告制度情况、落实党风廉政建设责任制悄况）、监督措施和监督保障等方面加以规范，切实形成科学有效的“一把手”权力运行监督机制，推动领导干部权力运行监督工作的制度化、规范化和科学化。该《实施办法》2014 年 7 月 25 日公布执行。

中共云岩区委还制定常委会民主生活会制度、党风廉政建设制度、重大事项议事制度、学习制度、作风建设制度、领导干部廉政谈话制度等规章制度。

二、重要会议

（一）常委（扩大）会议

中共云岩区第五届常委会任职期间（1998 年 12 月—2003 年 2 月）：2001 年，召开常委会 21 次，内容有云岩区国民经济和社会发展第十个五年规划纲要（草案），云岩区行政综合大楼土地置换事宜，开展农村税费改革有关问题等。2002 年，召开常委会 21 次，内容有研究通过云岩区部分长期在干部岗位上工作的全民所有制身份工人提拔使用的请示等。2003 年，召开常委会 6 次，内容有关于在全区党政机关开展效能建设的意见，成立云岩区黔春路开发建设项目拆迁协调领导小组等。

中共云岩区第六届常委会任职期间（2003 年 2 月—2006 年 9 月）：2003 年，召开常委会 16 次，内容有成立贵阳云岩新纪元基本建设投资开发管理有限公司有关事宜，区农村信用社改革试点工作，修编云岩区土地利用总体规划有关事宜等；2004 年，召开常委会 28 次，内容有面向全区公开选拔部分副科级领导干部有关事宜，关于大力发展“楼宇经济”的实施意见等；2005 年，召开常委会 21 次，内容有修建云岩区文体活动中心有关事宜，撤销云岩区农村信用联社党委，成立贵州贵阳云岩农村合作银行党委有关事宜等。2006 年，召开常委会 20 次，内容有审议云岩区国民经济和社会发展第十一个五年规划纲要（草案），关于进一步加快发展服务业的实施意见，审定云岩区农房违法建筑监督控制工作方案等。

中共云岩区第七届常委会任职期间（2006 年 9 月—2011 年 10 月）：2006 年，召开常委会 8 次，内容有审议云岩区国民经济和社会发展计划执行情况报告（讨论稿）等；2007 年，召开常委会 20 次，内容有审议云岩区第十五届人民代表大会第二次会议上的《政府工作报告》等；2008 年，召开常委会 34 次，内容有学习中央政治局常委、书记处书记习近平在贵州巡察抗灾救灾工作时的讲话和抗灾救灾工作纪实，研究北京 2008 奥运会火炬接力在云岩境内传递活动有关事宜等；2009 年，召开常委会 29 次，内容有关于加快三马片区开发建设的工作方案，学习中央政治局常委、国务院副总理李克强考察贵州重要讲话精神等；2010 年，召开常委会 27 次，内容有关于报请研究推进区属中小学学区化管理改革及规范“公参民”学校办学行为有关问题等；2011 年，召开常委会 30 次，内容有关于成立云岩区城市基层管理体制改革试点工作领导小组，关于进一步深化对房地产开发中违规变更规划、调整容积率问题以及土地出让、探矿权采矿权出让制度执行情况专项清理工作的实施方案等。

中共云岩区第八届常委会任职期间（2011 年 10 月—2015 年 12 月）共召开常委会议 120 次。其中 2011 年召开常委会 6 次，内容有关于报请审定《云岩区 2011 年—2015 年依法治区规划》有关问题，云岩区国民经济和社会发展第十二个五年规划纲要（草案）等；2012 年，召开常委会 38 次，内容有学习国务院关于进一步促进贵州经济社会又好又快发展的若干意见（国发［2012］2 号）文件精神，关于在全区开展道德领域突出问题专项教育和治理工作等；2013 年，召开常委会 28 次，内容有云岩区面向全省公开选拔副科级领导干部和区属中学校级领导干部工作实施方案（送审稿）、面向全区公开考调区党政机关、参公事业单位工作人员实施方案（送审稿）等；2014 年，召开常委会 26 次，内容有云岩区党的各级代表大会代表任期制暂行办法等相关制度，关于云岩区产业园区建设开发攻坚工作（建议）方案等；2015 年，召开常委会 22 次，内容有关于进一步深化区直纪检监察派驻机构统一管理的实施方案，云岩区国民经济和社会发展“十三五”规划编制工作方案等。

（二）全委（扩大）会议

2002 年 1 月 22 日，中共云岩区委五届六次会议贯彻落实市委七届六次全会精神，总结云岩区 2001 年工作，安排部署 2002 年各项目标任务。2003 年 1 月 24 日，五届七次会议审议通过召开中共云岩区第六代表大会的决议，中共云岩区第五届委员会在中国共产党云岩区第六次代表大会上的报告，中共云岩区委、区人民政府《关于加快全面建设小康社会步伐 率先在全市基本实现现代化的决定》《中共云岩区委 2003 年工作要点的决议》。

2003 年 2 月 28 日，中共云岩区委六届一次会议通过中共云岩区委的报告；选举六届常务委员会和书记、副书记。8 月 8 日，六届二次会议审议通《关于进一步加强党风廉政建设和反腐败工作的决定》《关于进一步加强新阶段城乡扶贫工作的实施意见》。2004 年 1 月 16 日，六届三次会议对 2004 年经济工作进行安排，审议通过《中共云岩区委 2004 年工作要点的决议》。2005 年 2 月 2 日，六届四次会议听取区委的报告，审议通过《中共云岩区委 2005 年工作要点的决议》。2006 年 1 月 20 日，六届五次会议听取中共云岩区委常委会工作报告，审议通过《中共云岩区委 2006 年工作要点的决议》，2006 年 9 月 21 日，六届六次会议审议通过中共云岩区第六届委员会在中国共产党云岩区第七次代表大会上的报告。

2006 年 9 月 29 日，中共云岩区委七届一次会议审议通过中共云岩区委的报告；选举七届常务委员会和书记、副书记。2007 年 1 月 26 日，七届二次会议审议通过《中共云岩区委 2007 年工作要点的决议》。2008 年 1 月 11 日，七届三次会议审议通过《关于建设生态文明城区的实施意见》《中共云岩区委 2008 年工作要点的决议》。2009 年 1 月 9 日，七届四次会议审议通过《中共云岩区委 2009 年工作要点的决议》。2 月 5 日，七届五次会议听取中共云岩区委常委会工作报告；2008 年度云岩区干部选拔任用工作，对全区干部选拔任用工作进行民主评议，新提拔的党政主要领导干部进行民主测评。6 月 19 日，七届六次会议民主推荐区科级重要领导岗位干部。2010 年 1 月 29 日，七届七次会议审议通过《中共云岩区委 2010 年工作要点的决议》《中共云岩区委关于纵深推进生态文明城区建设的若干措施》。2011 年 1 月 12 日，七届八次会议审议通过《中共云岩区委 2011 年工作要点的决议》《中国共产党云岩区第七届委员会第九次全体会议关于召开中国共产党云岩区第八次代表大会的决议（草案)》。8 月 24 日，七届九次会议审议通过召开中国共产党云岩区第八次代表大会的决议。10 月 24 日，七届十次会议审议通过中共云岩区第七届委员会在中国共产党云岩区第八次代表大会上的报告，圈选云岩区出席中共贵阳市第九次代表大会代表预备人选。

2011 年 11 月 2 日，中共云岩区八届一次会议审议通过中共云岩区委的报告；选举八届常务委员会和书记、副书记。11 月 30 日，八届二次会议表决通过云岩区出席中共十八大和省第十一次党代会代表候选人初步人选名单。2012 年 2 月 16 日，八届三次会议审议通过《中共云岩区委 2012 年工作要点的决议》。2013 年 1 月 11 日，八届四次会议审议通过《云岩区关于加快生态文明示范城区建设，全面推进幸福云岩进程的实施意见》《云岩区进一步实施人才战略，加强人才队伍建设工作的决定》。2013 年 12 月 31 日，八届五次会议审议通过《中共云岩区委 2014 年工作要点的决议》。2015 年 1 月 26 日，八届六次会议审议通过中共云岩区委的报告，《中共云岩区委关于率先迈向基本现代化的实施意见》。

第五节　决策的执行

中共云岩区委常委会定期向委员会全委会议报告工作，接受监督。中共云岩区第六届委员会围绕“聚人心、调结构、兴规矩”九字方针扎实工作，树立“有限空间，无限发展”理念，确立“三圈”发展战略，经济发展突破“五个大关”：全区生产总值突破 150 亿元大关，占全市的四分之一；人均生产总值 28274 元，突破 3000 美元大关；财政总收入突破 10 亿元大关；城镇居民人均可支配收入突破万元大关；各街道（镇）财政收入全部突破 1000 万元大关。云岩区在全省首轮建设经济强县综合考核中名列第一。获中国·西部开发贡献奖——西部区域经济增长最快区（县、市）奖。三大产业比重由“九五”计划期末的“二三一”转变为“十五”计划期末的“三二一”，第三产业成为立区之本。扎实开展“三个代表”重要思想和“立党为公、执政为民”等为教育实践活动，达到了提高党员素质，加强基层组织，服务人民群众，促进各项工作的目标要求。

中共云岩区第七届委员会坚持“有限空间、无限发展”理念，坚持“三产立区、工业强区、体制活区”发展思路，明确“一核两带三片区”发展方向，制定生态文明城区建设的战略目标，实现了经济社会的又好又快发展。2010 年，全区生产总值达 306 亿元，比“十五”末翻了一番，连续五年在全市年度目标综合考核中保持第一，在全省 2007 年—2010 年市县经济发展增比进位综合测评及排位中均名列第一；5 年投入建设资金 21.86 亿元，征地 4000 余亩，道路建设总里程 35.65 千米，基本形成快速畅通的路网体系。实现了城市管理模式的网格化、工作的常态化和执法的人性化；实施为民办实事工程共投入 40.38 亿元，占全区财政支出的 60% 以上。广大干部下基层 15 万余次，为群众办实事 2 万余件；建立了重大事项议事制度、区四大班子领导包片、包社区、包企业、包项目的工作机制，率先在全省开展科学规范和有效监督县委书记用人行为试点工作，有效探索“两推一差”的选人用人机制。建立实施绩效问责、“双优”考核以及纪检进社区、进项目、进工地等工作机制。

中共云岩区第八届委员会坚守生态和发展两条底线，“十二五”云岩区 GDP 年均增长 13.33%，2015 年达 650 亿元，总量保持全省第一。全省增比进位综合测评由三进二。第三产业比重达 80.78%，高新企业产值占工业总产值比重超过 36%，步入结构向优、质量向好的发展轨道；五年间引进房地产、现代服务业、大数据等项目 967 个，引进省外实际到位资金 1011 亿元。全面深化经济发展、社会体制、民主法制、民生保障、城市规划建设管理、生态文明建设等改革。非公有制经济增加值达 357 亿元，占全区生产总值的 54.92%。综合科技进步水平指数连续五年全省第一；疏老城建新城，城市基础设施和城市功能不断完善。建成东线片区未来方舟商圈 7 千米滨河商业长廊。转移市西路批发业态，完成棚户区改造面积 445 万平方米，改造提升老旧小区院落 300 多个。完成阿哈湖水源一级饮用水源生态移民搬迁、南明河及其支流清淤、金钟河草坝等污水治理项目及截污工程，城市污水处理率达 99%，饮用水安全达到创建国家环境保护模范城市要求。环境空气质量状况优良天数达标率 95%。森林覆盖率 34.58%，建成区绿化覆盖率 45.34%；五年累计投入资金 117.5 亿元，占财政支出的 70% 以上。2012 年年底，率先在全省实现整体脱贫。集中解决了 3.34 万人的“用水难”问题。完成 20 个村（居）软弱涣散党组织的转化提升。

第二章　纪检监察

中共云岩区纪律检查委员会和区监察局 1993 年 5 月合署办公，一个领导班子，一套工作机构，两个机关名称，履行纪律检查和行政监察两项职能，对中共云岩区委全面负责。合署后的区监察局列入区人民政府机构序列。至 2015 年，没有变化。

第一节　纪律检查委员会

一、纪检机关

中共云岩区纪律检察委员会（区纪委）2001 年将全区 15 个街道办事处纪委改建为街道纪工委，为区纪委的派出机构。2012 年 5 月 28 日，云岩区派出纪工委（监察分局）成立，实现县级纪委（监察局）对 4 个派出机构的直接领导。2015 年 7 月，按片区成立 6 个纪工委监察分局，作为区纪委的派驻机构；11 月，更名为纪检监察组。区纪委在中共云岩区委和贵阳市纪律检查委员会双重领导下进行工作，每届任期和中共云岩区委员会相同。

1998 年 12 月 11 日—15 日，中共云岩区第五次代表大会召开，选举区纪委委员 14 名。区纪委五届一次全会选举常务委员会，刘军为书记，杨大连为副书记。

2003 年 2 月 25 日—28 日，中共云岩区第六次代表大会召开，选举区纪委委员 16 名。区纪委六届一次全会选举常务委员会，张新全任书记，王海任副书记。

2006 年 9 月 26 日—29 日，中共云岩区第七次代表大会召开，选举区纪委委员 21 名。区纪委七届一次全会选举常务委员会，唐本文任书记，刘有刚、李笑雪任副书记。

2011年10月30—11月2日，中共云岩区第八次代表大会召开，选举区纪委委员21名。区纪委八届一次全会选举常务委员会，杨梅（女）任书记，刘有刚、李笑雪任副书记。2012年9月—2015年，张洪任区纪委书记。

二、工作机构

2002年1月，区纪委机关（区监察局）内设办公室、执法监察室（投资环境监督投诉中心）、宣传教育调研法规室、党风廉政建设室（廉政工作领导小组办公室、党风廉政建设责任制领导小组办公室、干部管理室）、纠正部门和行业不正之风室（区政府纠正部门和行业不正之风办公室）、纪检监察室、案件审理室、信访室（行政监察举报中心）8个职能科室。2014年10月，区纪委监察局内设机构调整为办公室、干部室、宣教室、党风政风监督室、第一纪检监察室、第二纪检监察室、第三纪检监察室、案件审理室、信访室。

第二节　党风廉政建设和反腐倡廉

云岩区党风廉政建设责任制领导小组2001年成立，中共云岩区委书记任组长，分管纪检工作；区长分管监察工作。制定工作目标及考核办法，与各街道办事处、镇签订目标责任书，把纪检监察纳入目标管理。中共云岩区委建立党风检查员制度，成立党风检查员办公室，与区纪委党风廉政建设室合并办公。区纪委会同中共云岩区委组织部挑选5名退休员工任党风检查员，聘请4名党风监督员和6名特邀监察员。12月4日，在中华北路街道办事处、区卫生局主要领导中采取“听、评、访、查”形式开展首次述职评议活动。把街道（镇）、区直部门单位反腐败工作基本要求和任务纳入目标管理。目标责任书年初签订，年中督查，年终量化考核。开展干部述职述廉评议活动。

2002年，对15个街道（镇）、13个区直机关党委（组）、党工委执行党风廉政建设责任制进行检查，检查面77.8%。检查社区居委会2个，村党支部1个。检查“五不准”（不准领导干部收受现金、有价证券和支付凭证规定；不准领导干部到企业和单位报销应由本人或配偶、子女支付的费用；不准奢侈享乐、铺张浪费歪风；不准领导干部用公款进行高消费娱乐和健身活动；不准乡镇领导干部“走读”现象）落实情况。2003年，建立领导干部廉政谈话打招呼制度、区纪委主要负责人同下级党政主要负责人谈话制度、领导干部任前廉政谈话制度、诫勉谈话制度、领导干部廉政述职评议实施办法。2004年，在27个单位和部门党员领导干部中开展争做廉洁从政表率活动情况工作，提高党员干部遵纪守法、廉洁从政的自觉性和主动性。2005年，中共云岩区委领导带队组成4个组，对17个部门和单位的党风廉政建设责任制落实情况进行检查；安排4个单位主要负责人作述职述廉。

2007年，中共云岩区委常委出台党风廉政建设责任制、加强农村基层党风廉政建设的任务分工、建立作风建设长效机制和监督检查的实施意见、党政机关效能建设督促检查实施方案，建立由区相关部门组成的农村基层党风廉政建设协调联席会议制度，开展作风教育整顿活动。2009年，对落实《建立健全惩治和预防腐败体系2008年—2012年工作规划》任务进行分解，建立检查工作机制，落实党政领导干部“一岗双责”责任制。制定党政领导干部问责实施办法（试行），建立区纪委监察局反腐败大要案协调联席会议制度、治理商业贿赂专项工作联席会议制度、区纪检监察机关与区人民法院、区人民检察院、区公安机关相互移送案件制度（试行），将党风廉政建设和反腐败工作纳入中共云岩区委、区人民政府年度工作共性目标检查考核。2010 年，对照禁止利用职权和职务上的影响谋取不正当利益、禁止私自从事营利性活动等规定，以及不准索取、接受占用管理的服务对象，行使职权有关系的单位、个人的财物，不准接受执行公务的礼品、宴请以及旅游、健身、娱乐等活动安排等的要求，加强党员领导干部廉洁自律情况的监督检查。

2013 年，建立区纪委监察局派出纪工委（监察分局）党风廉政巡查制度。4 个派驻纪工委（监察分局）分别对共青团云岩区委等 9 家单位开展驻点巡查；对重大问题决策、重要干部任免、重大项目建设、大额资金使用情况开展监督 27 次，全部建立监督档案。2014 年，云岩区党员干部、国家工作人员参与违法“种房”专项行动领导小组成立。面向社会聘请 109 名党风义务监督员，加强对形式主义，官僚主义，享乐主义，奢靡之风“四风”问题的监督。

2015 年，云岩区 82 家单位拟定责任清单和任务清单，明确党委（党组）书记、班子成员履行主体责任的内容、方式和工作重点。区纪委监察局设立 6 个纪检监察组，涵盖 60 家区直单位，实行集中办公、统一管理，实现对区直各部门监督全覆盖；设立 7 个民生监督组，覆盖 28 个社区（镇）。民生监督组成员实行集中办公。在 159 个居委会（村）聘请民生监督员 477 名。出台贯彻落实党风廉政建设主体责任的实施办法，中共云岩区委常委党风廉政建设责任制联系点，建立对重点领域、重点环节、重点岗位和大额资金使用情况日常监督机制。查处无视上级决定、泄露党和国家秘密、欺骗组织、对抗组织、违反政治纪律和违反“十严禁”（严禁对属于职责范围内的事项推诿、扯皮，不落实首问首办责任制，不按规定时限或承诺时限办结；严禁对管理或服务对象态度冷硬、蛮横粗暴、故意刁难；严禁利用职务或工作便利吃、拿、卡、要，违规向管理或服务对象摊派收取钱物、接受有偿服务或购买指定商品；严禁擅自出台收费、罚款项目，下达收费、罚款指标，违规收费、罚款；严禁违法实施处罚、检查、行政许可和采取强制措施；严禁违规指令单位或个人参加各种评比、达标、升级、考核、培训等活动；严禁利用职权为个人或其他关系人谋取不当利益或强令下级机关或有关人员违规行使职权；严禁用公款大吃大喝或进行高消费娱乐、健身活动；严禁以各种名义用公款在国内或出国（境）旅游；严禁工作时间上网炒股、玩游戏、打牌下棋及其他娱乐活动）行为。中共云岩区委书记对重要工作亲自部署、重大问题亲自过问、重要环节亲自协调、重要信件亲自阅批、重要案件亲自督办。

第三节　党风廉政教育

2001 年，区纪委召开宣传教育联席会议，组织 4300 余名党员、350 余名副科级以上干部开展警示教育活动。区纪委撰写的《管好辖区这个家——记环北办事处书记余正才》一文，被《贵州党风廉政》采用；《国家法律不容践踏》《真抓实干，各方联动，认真落实党风廉政建设责任制》《增强抵御腐败能力，保持廉洁勤政为民》《从“腐”字说开去》《增强抵御腐败能力　保持廉洁勤政为民》《纪检监察干部实践“三个代表”应做好“三个表率”》刊登在《贵州党风廉政》《贵阳风纪》等刊物上，促进了警示教育活动的开展。2002 年，运用正反典型案例文章和影视作品开展警示教育，组织 2000 多人次观看《深渊——邪教的本质》《汪洋湖先进事迹报告会》等教育片。

云岩区开展“云岩清风”党风廉政教育活动，以正反典型影视作品开展警示教育。2004 年，编撰教育读本《荡涤》发给副科（局）级以上领导干部。组织《反腐倡廉宣教资料集》展评；开展《中国共产党党内监督条例》《中国共产党纪律处分条例》学习答题测试；组织党员干部观看反腐倡廉警示教育片《绝路》。2005年8月26日和9月1日，组织县、科级干部220余人在大洞口监狱，以；服刑人员“现身说法”进行警示教育。9月，举办云岩清风——反腐倡廉漫画展；以“保持共产党员先进性教育·家庭助廉”活动为主题，开展廉政文化进家庭活动；在省府路小学启动“小手牵大手，共创洁净蓝天”廉政文化进校园活动；结合文化、卫生、科技“三下乡”活动组织廉政文化进农村活动；创作廉政歌曲和反腐倡廉公益广告参加省市纪委创作大赛；开展《建立健全教育、制度、监督并重的惩治和预防腐败体系实施纲要》知识竞答活动。

2006年6月，“云岩清风”廉政歌曲比赛在云岩区少年宫举办，全区24支代表队700余名选手参加比赛。组织参加“红船杯”学党章知识竞答活动。将《“八荣八耻”歌》列入“云岩清风”廉政歌曲大赛活动选唱歌曲。2007年，总结撰写《营造大宣教工作格局，弘扬云岩清风》。2008年，组织全区党员干部收看中央电视台《新闻联播》播出的在“抗凝冻、保民生”中牺牲的李彬的先进事迹，号召全区党员干部向李彬学习。2009年，对照《工程建设领域典型案例警示教育读本》开展警示教育；组织党员干部到三江农场警示教育基地，进行现身说法警示教育；结合农村基层党风廉政建设专项检查中发现的问题，举办村级财务人员业务培训班，规范农村集体所有的资金、资产、资源“三资”管理。

2010年后，每年组织正科级干部参加全市反腐倡廉暨预防职务犯罪警示教育，组织基层干部、社区两委会成员集中学习《廉政准则》知识。以进机关，增效能；进学校，增意识；进企业，增效益；进社区，增和谐；进农村，增收入；进家庭，增幸福的“六进六增”活动为载体，设立党（政）务公开栏、廉政文化宣传栏，打造廉政文化教育基地、反腐倡廉警示教育基地。2015年，召开警示教育大会，组织干部到王武监狱进行警示教育。党委（党组）召开党风廉政警示教育会94次，干部观看党风廉政建设短片5000余人次；印发典型案例通报6期；开设云岩讲堂、举办廉政文化书画作品展，在一些社区和单位设立“廉政书角”等，推进全区廉政文化活动。

第四节　监督执纪问责

区纪委2001年查处责任追究案件2件，有9名干部因违反党风廉政建设责任制被追究；对6名副科级干部进行诫勉谈话。有41名县级干部对配偶子女从业情况填表清理登记；有41名县级干部、380余名科级干部进行自查。2002年，全区受党纪政纪处分2人，经济处罚16人。对两起违反规定公车旅游问题进行责任追究。2003年，对副科级以上干部进行打招呼、诫勉谈话；查出持私人户头公车4辆。区纪委与50多名干部进行任前廉政谈话；纠正少数单位用公款为干部职工购买商业保险问题；查处各类违纪违规款项96万元，纠正违规资金181万元。至2004年，有县级、科级、一般干部共26人受到责任追究。2005年，与领导干部任前谈话35人；在经济责任审计中查出违规资金5040元，纠正管理不规范资金130万元。

云岩区2006年查出违规资金11万元，管理不规范资金245.4万元，应缴未缴财政11万元；对45名新任科级领导干部进行任前谈话。2007年，专项检查党政机关配备和使用公务用车；在法定假日对公车使用进行检查；对楼堂馆所在建项目进行清理。2010年，对扩内需项目、工程建设领域、“小金库”等重大决策部署执行情况专项治理，开展专项检查督查6次，对5个项目中存在的问题提出整改建议；检查“三马”片区开发建设等中心工作，对不履行或不正确履行职责的人员进行问责。2011年，针对围绕

“三创一办”（创建国家卫生城市、创建全国文明城市、创建国家环境保护模范城市，协办第九届全国少数民族传统体育运动会）、“三马”片区开发建设等中心工作，开展作风效能督查，131 名干部被问责。

2012 年，就城市基层管理体制改革、“三马”片区开发建设等中心工作落实情况开展作风效能督查，对不履行或不正确履行职责的 8 名副科级以上领导干部作出党纪政纪处分、组织处理等责任追究决定。成立 4 个督查问责组，每月开展 1 次~2 次明察暗访，督查情况通报全区。开展“一强二转三促”（强执行，转作风、转形象，促进发展、促进管理、促进整顿）作风教育整顿专项活动，出台相关规定，22 家单位被通报批评或约谈，对 15 名违纪违规人员分别作出辞退、行政警告、经济处罚、通报批评或诫勉谈话处理。纪工委开展督促检查，对重大问题决策、重要干部任免、重大项目建设、大额资金使用事项进行监督。

2013 年，对 28 家机关事业单位和各社区服务中心落实情况开展督促检查；参与省市联合检查组，对公款吃喝、上班时间打麻将等明察暗访，对违反规定的 5 人进行处理；牵头对公款消费、节日期间公车私用等开展检查；对 22 家单位进行作风建设督查问责，对 15 名违纪违规人员分别作出辞退、行政警告、经济处罚、通报批评等处理，对违反会场纪律的 41 人进行约谈、告诫和函询。

2014 年，核查公款消费 37 家次，查实违规公款消费 3 件 9 人，追究并责令由个人承担或退还相关费用；对 233 名打麻将人员身份进行核查，处理党员干部 16 人，其中区外党员干部 8 人；核查公车私用情况 63 件次，查实 17 人违规使用公车，对其中 13 人给予经济处罚、诫勉谈话或通报批评，4 人给予党纪政纪处分；查处 47 件不遵守工作纪律等方面问题，55 人受到通报批评。中共云岩区委对 76 名党委书记、纪委书记落实主体责任、监督责任进行约谈、提醒、诫勉谈话。查处违反“八项规定”（中共中央政治局 2012 年 12 月“关于改进工作作风、密切联系群众的八项规定”）精神、省市纪委相关精神的有 87 件，问责处理 119 人，党纪政纪处分 6 人。

2015 年，全区各单位开展自查自纠；对滥发加班费、会议签到费等进行清查，组织开展 4 次专项检查，部分单位和部门主动清退上交违规发放资金。全年查处违反“八项规定”问题 18 起 19 人，其中给予党纪政纪处分 12 人。开展微型企业扶持资金专项监察，走访核查微型企业 1387 家，发现问题 419 个，立案 35 件 35 人。其中党政纪轻处分 30 人，重处分 5 人，采取“两规”（要求有关人员在规定的时间、规定的地点就案件所涉及的问题作出说明）1 人，司法处理 5 人；挽回直接经济损失 1300 余万元。对 21 名履行党风廉政建设主体责任和监督责任不到位的党委（党组）书记和纪委书记（纪检组长）进行诫勉谈话和提醒谈话。

第五节　案件查处

区纪委 2001 年立案查处各类违纪案件 25 件，结案 25 件，其中万元以上大要案 2 件。自办案件 8 件。结案件中，受党纪、政纪和组织处理 28 人；受党纪处分 6 件 6 人，其中党内严重警告 4 件 4 人，党内警告 2 件 2 人；受政纪处分 9 件 9 人，其中开除工作籍 2 件 2 人，撤职 1 件 1 人，降级 1 件 1 人，行政记大过 2 件 2 人，行政警告 3 件 3 人；受其他处理 16 人（含 3 人同时受党纪政纪双重处分），其中通报批评 3 人，受辞退、解聘处理 11 人，其他组织处理 2 人。在受处分和处理的党员干部中，有科级干部 2 人，一般干部 14 人，其他人员 12 人。恢复党员权利 1 人，解除处分 1 人。

2002 年，立案查处各类违纪案件 27 件，结案 26 件。其中万元以上大要案 4 件。给予党纪政纪处分和组织处理 38 人。其中：党纪处分 5 人，政纪处分 12 人，组织处理 22 人；有科级干部 2 人，一般干部 16 人，其他人员 19 人，为国家和集体挽回经济损失 36.06 万元。审理案件 4 件 5 人。其中科级干部 2 人，一般干部 3 人；受开除党籍处分 5 人，受政纪处分 3 人，开除工作籍 2 人。对受行政处分人员中符合解除规定的 3 人按期解除行政处分。2003 年，立案 27 件，结案 27 件。共处分 31 人，其中科级干部 1 人，一般干部 23 人，其他人员 7 人。立案查处万元以上大案 6 件，为国家和集体挽回经济损失 254.17 万元。2004 年，共查处违纪案件 27 件，结案 27 件，36 人受到党纪政纪处分和组织处理；为国家和集体挽回经济损失 190.1325 万元。

2005 年—2006 年，共查处各类违纪案件 33 件，给予 36 人党纪政纪处分和组织处理。2006 年，为一些党员干部澄清是非，维护其正当权益。查处商业贿赂案件 34 件，其中 22 件已结案，涉案金额 137.62 万元。2007 年，立案查处违纪案件 13 件，结案率 100%，有 18 人受党纪处分和组织处理。其中受党纪处分 4 人（警告 3 人，开除党籍 1 人），受组织处理 14 人（通报批评及其他组织处理）；为国家集体挽回经济损失 35.3 万元。查办各类商业贿赂案件 23 件，涉案金额 49.8 万元，行政处罚金额共 1.52 万元，6 名涉案人员被依法起诉。2008 年—2009 年，立案查处各类违纪案件 29 件，结案 29 件。给予党内严重警告 2 人，受留党察看处分 3 人，政纪撤职处分 1 人，通报批评及其他组织处理 32 人。2008 年，审理案件 3 件全部结案。2009 年，查办商业贿赂案件 19 件，涉案金额 1159.84 万元，移送审查起诉 13 件 13 人，为国家挽回经济损失 496.54 万元。2010 年，立案查处商业贿赂犯罪案件 6 件 6 人，其中涉及副县级以上干部的要案 1 件 1 人，科级干部 2 件 2 人，为国家挽回经济损失 454 万元。

2011 年，查处违纪案件 12 件，结案率 100%。其中受党政纪处分 7 人，受组织处理 13 人。查处商业贿赂案件 11 件 12 人，挽回经济损失 602.6 万元。2012 年，查处违纪案件 12 件，党纪处分 1 人，政纪处分 11 人，组织处理 8 人，移送司法机关 1 人。2013 年，立案 12 件，处分 18 人，其中党纪处分 6 人，政纪处分 12 人。2014 年年初，核线索 30 件，立案 28 件，结案 19 件；党纪政纪处分 21 人，移送司法机关处理 1 人；为国家和集体挽回直接经济损失近 1000 万元。查处违反“种房”“三禁止”（禁止本人及配偶、子女违法“种房”或以入股等形式参与违法“种房”；禁止利用职权或职务影响，参与或帮助他人违法“种房”；禁止购买违法“种房”建筑物）规定案件 18 件 21 人。其中：司法处理 3 件 3 人，党纪政纪处分 6 件 7 人，诫勉谈话、通报批评等其他处理 9 件 11 人。

2015 年，立案违反党纪政纪案件 131 件，立案数相当于前 20 年违纪案件数的总和。案件 95% 发生在中共十八大和“八项规定”出台之后，其中 80% 的案件发生在 2014 年党的群众路线教育实践活动之后。这些案件结案 113 件；给予党纪政纪处分 117 人。其中科级干部 12 人，党员 88 人。使用“两规”措施 1 人，移送司法处理 7 人，挽回直接经济损失 1437 万元。

第六节　行政监察

一、民生保障监察

云岩区 2001 年对社会保障资金管理使用开展监察，至 11 月 14 日，监察基本养老保险金征缴 571 万元，支出 70 万元，享受退休待遇 220 人，当年结余 501 万元，累计结余 2586 万元；企业实际参保 592 户，参保职工 6370 人，失业保险金征缴 185 万元；城市居民最低生活保障资金按照居民最低生活保障对象列入地方财政预算，按时足额发放。2002 年，对失业保险金、养老保险金、社保、低保资金、救灾款、房改资金等社保资金使用开展专项执法监察。2005年，对国债、社保、扶贫等专项资金进行监督检查。2007年，对农村义务教育、最低生活保障资金、就业再就业资金等专项资金进行监管；检查各项支农惠农政策落实情况。2008年，对“抗凝冻、保民生”情况进行专项督查；对救灾款物发放情况、救灾和灾后重建款物的使用情况进行监督检查。2012年，落实涉农资金备案制、公示制和责任追究制，对农村集体“三资”的管理监督。2013年，指导督促19个行政村建立村务监督委员会，监督检查惠农惠民资金，规范村级资产管理。

2015年，区纪委6个纪检监察组和7个民生监督组开展家电下乡补贴资金管理使用情况专项监察，发现违反政策领取补贴2096起，追缴资金80余万元，党纪政纪处分9人，诫勉谈话10人，提醒谈话1人；低保核查发现问题554个，党纪政纪处分18人。

二、财政资金使用监察

云岩区2001年实行通讯设备及效能工具审批，对“收支两条线”和财政性资金进行监管，完成53家单位的购置审批，采购商品金额367万元；预算内资金支出81万元，预算外资金支出286万元，比原价金额376万元节约9万元，资金节约率2.4%。2002年，对增收节支和清理整顿“小金库”等进行专项执法监察。对政府集中统一采购项目全程监督。对区属12个执收执罚部门2001年1月—2002年4月执行“收支两条线”规定进行重点检查。2003年，对全区所有行政事业性收费实行“收支两条线”管理；整顿和规范行政事业单位的银行账户；拓宽政府集中采购范围。2004年，把区民政局等11个部门收取的部分行政事业性收费纳入部门预算管理，实施政府采购监督，资金节约率14.82%；对新设立的区财政性资金投资市政项目建设实施主体云岩区新纪元公司进行监督检查。

2005年—2008年，通过对政府采购实施监督，节省财政资金1714.57万元，资金节约率17.56%。2009年，对整脏治乱、国庆、维稳、扩大内需专项资金使用进行监管，对贵广快铁（云岩段）、北京西路、水东路等重点建设项目完成情况进行监督检查，对重点工程建设征地拆迁、招标投标、施工质量、工程进度提前介入、全程监督；监督政府采购，节约资金1053万元，资金节约率15.5%；对区人民政府办公室、区统计局等8个单位主要领导进行经济责任审计。2010年，开展党政机关和事业单位、社会团体“小金库”专项治理。政府采购监督节约资金980万元，资金节约率15.7%。2011年，监督政府采购节约资金364万元，资金节约率14.7%。2013年，建立云岩区涉农资金联席会议制度，全区19个行政村都成立财务监督委员会，建立财务管理制度。经自查，无截流、挤占、挪用涉农资金的情况。

三、行政管理监察

云岩区2001年对推行村务公开、厂务公开、政务公开进行监察；推动事业、企业单位实施民主管理、民主监督。2002年，对高考、征兵、招聘低保工作人员、公安巡防人员、从机关公务员中招考公安干警等实施监察。2003年，成立云岩区效能监察投诉中心，开展行政效能监察。2004年，对有关部门招考城管队员、招聘公安巡防队员、招聘教师和干部选拔、村（居）委会换届选举进行监察。2006年，对环境保护法律法规贯彻落实情况进行监督检查。2007年，对土地使用中的超“红线”用地、“未批先用”等现象开展4次专项检查；对经营性用地及工业用地出让进行监督管理；对公务员公开招考工作实施监察；清理评比达标表彰活动。2008年，对工业和经营性用地招标、拍卖、挂牌出让等制度的执行情况进行监督；督促区环保部门加强餐饮等行业的环保执法力度；对区环卫站招工和区教育局招考教师等工作进行监督。

2011 年，开展 6 次环境建设专项督查。2012 年，对工程建设领域进行专项治理，对房地产开发中违规变更规划、调整容积率问题以及土地出让制度执行情况进行专项清理；对安全生产、节能减排等政策落实情况进行监督检查；督促执法部门对药品经营企业执行药品分类管理情况进行专项检查；清理和规范庆典、研讨会、论坛活动及检查考核活动。2013 年，围绕“两严一降”（严厉打击“两抢一盗”、严厉防范两抢一盗、降低刑事犯罪发案率）、查处违章建筑、棚户区改造等 12 项重点工作开展行政监察。2014 年—2015 年，对重大决策、重要干部任免、重要项目安排、大额资金使用事项开展行政监督；开展廉政风险防控机制建设，排查各类风险点 735 个。

四、建筑市场管理监察

云岩区清理整顿建筑市场领导小组 2001 年成立后，对 25 个建筑工程招标项目进行监督，招标率 100%；对农房建设审批实施监督。2002 年，对 16 个建设工程招投标项目进行监督，总面积 21. 87 万平方米，总造价 11845. 73 万元，招标率 100%。2003 年，对 34 个建设工程招投标项目进行监督，总造价 36338. 7 万元，招标率 100%。2004 年，对 29 个建设工程招投标项目进行监督，涉及金额 10469. 44 万元。2005 年—2015 年，监督 200 余个建设工程招投标项目，招标率 100%。对农房建设审批进行监督。

第三章　党的建设

根据中共贵阳市委的统一安排，云岩区按计划、分步骤、有重点的组织开展党的思想理论教育活动，夯实党的执政基础。

第一节　思想理论教育

一、“三个代表”重要思想学习教育活动

2001 年，云岩区在各部门、街道办事处（镇）、居委会（村）领导班子和基层干部中开展“三个代表”（中国共产党要始终代表中国先进生产力的发展要求、中国共产党要始终代表中国先进文化的前进方向、中国共产党要始终代表中国最广大人民的根本利益）重要思想学习教育活动。分为学习培训、对照检查、整改提高三个阶段。全区参加学习教育活动的干部有 3000 多人。在学习教育活动中，领导干部带头，广大干部深入基层调查研究，到社区居委会和村寨听取群众意见，为群众办实事解难事，促进干部作风转变，密切党群干群关系，推动了经济强县建设。

二、保持共产党员先进性教育活动

2005 年，全区基层党组织分三批开展以实践“三个代表”重要思想为主要内容的保持共产党员先

进性教育活动。通过先进性教育活动，使党员思想政治素质得到提高，党的基层组织建设得到夯实，机关作风得到改进，一些群众反映的热点难点问题得到解决，党群干群关系得到进一步改善，各项工作得到推进，切实做到"两不误，两促进"。达到中央提出的"提高党员素质，加强基层组织，服务人民群众，促进各项工作"的目标要求，使先进性教育活动真正成为群众满意工程。

三、科学发展观学习实践活动

2009 年，云岩区组织开展科学发展观教育实践活动。全区约 800 个党组织、160 多个单位的党员干部参加学习实践活动。活动把学习提高、边整边改贯穿始终，对整改落实情况进行"回头看"，达到"党员干部受教育，科学发展上水平，人民群众得实惠"的总要求。全区党员干部学习教育有成果，推动科学发展有突破，服务群众改善民生有成效，领导科学发展能力有提升，纵深推进生态文明城区建设等目标。

四、群众路线教育实践活动

2014 年 2 月—12 月，云岩区组织开展党的群众路线教育实践活动。在学习教育、听取意见阶段，组建 7 个工作组，共走访慰问群众 3000 余人次，收集群众诉求 1080 条，解决实际问题 720 余个，募集捐款及物资 42 万余元。对全区 800 余名党政"一把手"、科级干部、基层党支部书记等进行培训。在查摆问题、开展批评阶段，7 月，中共云岩区委常委和全区 121 个部门领导班子分别召开专题民主生活会，1029 个基层党组织召开专题组织生活会，开展民主评议党员。在整改落实、建章立制阶段，由 26 个责任单位牵头，调整清理办公用房 654.75 平方米；清理清退公务用车 26 辆，查处违规配备使用公车 15 起；精减会议 16%、文件 27%；"三公"（政府部门人员因公出国、公务车购置及运行费、公务招待费）经费缩减 675 万元，同比下降 22.5%；处理违规打麻将、滥办酒席、公款吃喝、吃拿卡要、公职人员参与"种房"等违纪行为 70 起，涉及干部职工 97 名。废、改、立制度 77 项，全区参加活动单位废、改、立制度共 1341 项。教育实践活动实现"转作风、抓腐败、办实事、树形象、促发展"的目标。

五、"三严三实"专题教育

2015 年，在云岩区县级党员领导干部中开展"三严三实"（严以修身、严以用权、严以律纪，谋事要实、创业要实、做人要实）专题教育活动。中共云岩区委、区人大、区人民政府、区政协共查摆"不实不严"问题 41 个，采取 125 条措施加以整改；29 名县级党员领导干部查摆"不实不严"问题 265 个，采取 771 条措施加以整改。贵阳市"三严三实"专题教育第一次专题学习调研质量评估中，被评为"好"。

第二节　组织建设

2001 年年初，云岩区党的基层组织有总支部委员会（党总支）10 个，支部委员会（党支部）531 个；共产党员 5764 人。"三马"片区调整由云岩区行政管辖后，2009 年，成立金关、金鸭、金惠 3 个街道办事处党工委。2011 年—2012 年，撤销 18 个街道办事处党工委，成立 26 个社区服务中心党委。至 2015 年 12 月，全区有党的基层委员会（党委）50 个，党总支、党支部 1208 个；共产党员 17112 人。

一、街道社区党组织建设

2001年4月，全区15个街道办事处党委，改建为中共云岩区委街道办事处党工委，街道办事处辖各社区居委会、黔灵镇辖各村委会设置党（总）支部。党的基层组织按照《中国共产党章程》任期届满进行换届。2011年5月，云岩区撤销中华街道办事处党工委，成立中共中华社区服务中心委员会。首次采用公开推选、直接选举、党内推荐、群众推荐、党内选举的方式，完成135个社区居委会党（总）支部换届选举。2012年4月，撤销17个街道办事处党工委，成立25个社区服务中心党委，通过“公推直选”和“两推一选”相结合，搭建社区党委、居民议事会、社区服务中心组织构架。2013年，完成137个居委会党组织换届选举。2014年，建立社区“大党委”兼职委员制、共驻共建轮值主席制工作机制。2015年，在省府社区开展“社区社会建设党委”试点，在26个社区推行共驻共建轮值主席制度。

2001年，普陀路街道办事处和平社区党总支成立后，在社区建立离退休党支部2个、居民党支部3个、院落及流动人口党支部各1个，有党小组20个，形成以社区党总支为核心，居民院落党支部为基础，广大党员为主体的党建工作格局。云岩区开展创建社区党的建设先进区、五好街道党工委和社区党组织“三级联创”党建活动。2002年，召开云岩区社区党建经验交流会，总结贵乌街道办的百花山、威清街道办的山林、宅吉街道办的吉祥、北京路街道办的地矿、中华街道办的富水五个社区的经验。2003年，加大社区党建经费投入，从党费中下拨社区党建专项经费2.85万元。2004年，开展社区党建示范点创建活动。2005年，开展“五好三优双示范”（领导班子好、党员干部队伍好、工作机制好、工作业绩好、群众反映好，一支优秀社区工作者队伍、一套优良社区党建工作协调机制、一个优美社区家园，社区党建示范点、社区建设示范点）创建活动，召开社区党建示范点和创建“三优”社区经验交流会。至2006年，云岩区创建“三优”社区90个。2007年，开展党的建设模范区创建活动。创建市级示范点9个，区级示范点31个。2008年，在16个街（镇）53个社区挂牌成立“两代表一委员”民情联络站。开展“社区邻里节”等党建活动。2009年，创建科教、文体、法律、卫生“四进社区”示范点30个，成立10余种功能型党小组100个。2010年，将社区建设的51项具体工作指标分解到24家区直部门和19个街道（镇）。2012年，以五星服务建五星社区创五好党组织为载体开展区域化党建活动。至2013年，初步构建起社区“一核多元协调”的区域化党建工作格局，创建了普陀、中天、省府、宅吉等7个市级先进党组织，和中环、金龙、延中等10个区级先进社区党组织。建立社区（镇）业余党校27个；组织全区286个党支部及4000余名党员到27个社区（镇）报到。2014年，建立区领导联系社区（镇），部门单位联系居（村），党员干部联系群众的“三级联动”（重点扶贫指区、镇、村三级）定点联系制。创建市、区两级先进社区党组织9个。云岩区获全省基层党组织建设先进县称号。2015年，指导10家社区服务中心党委创建先进基层党组织。建成25家党建文化院落。2015年，开展党建文化进百院活动。

二、农村党组织建设

2001年—2002年，云岩区从机关干部中选派4名干部任村党支部书记。在茶店村开展“三级联创”活动，组成联合调研组到黔灵镇13个行政村进行调查研究。2003年，50个区直部门分别与13个村签订部门帮村目标责任书开展帮村工作。召开“双带致富”工程现场会。2004年，完成13个村党组织换届。2005年，选派55名年轻干部到13个村以及开阳县参加“双千工程”（千个支部结对、千名党员帮村）和挂职锻炼。2006 年，全面实行党员设岗定责和承诺制，参与承诺制的党员 80% 以上。将黔灵镇西瓜村、茶店村、沙河村培育成党建示范村。2007 年，从区直部门和街道、镇选派 48 名优秀青年干部组成第三批“双千工程”工作队，分别到黔灵镇 13 个村和开阳县 35 个村寨帮村扶贫。2008 年—2009 年，选派 60 名机关党员干部组成第四批和第五批“双千工程”工作队，到云岩区 19 个村和开阳县 41 个村寨帮村扶贫。建成 6 个区级党建示范村。2010 年，从机关选派党员到社区、村开展“双千工程”。2011 年—2012 年，选派 19 名机关党员干部驻村挂职帮扶。2011 年和 2013 年完成 19 个村党组织两次换届。2013 年—2014 年，分别选派 24 名、18 名党员干部开展同步小康驻村帮扶。2015 年，选派 33 名机关党员干部组建 7 个工作组，到黔灵镇三桥、云岩、雅关、偏坡、黔灵、宅吉村和金惠社区杨惠村驻村帮扶，协调资金 400 万元，争取项目 26 个，为村民办实事 150 余件。

三、机关党组织建设

中共云岩区直属机关委员会每年定期召开机关党建工作会，总结上年部署本年的党建工作。2002 年，举办纪念中国共产党成立 81 周年图片展；召开纪念中国共产党成立 81 周年暨先进基层党组织、优秀共产党员、优秀党务工作者表彰大会，表彰 20 个先进基层党组织，75 名优秀共产党员，组织 36 名新党员进行入党宣誓。之后，每年举办类似党建活动。

2004 年起，在机关党建工作会上签订机关党建工作目标责任书，把党费收缴纳入目标考核。2006 年，在开展创建先进基层组织、争做优秀共产党员活动中，区直机关党委评为贵阳市先进基层党组织。2008 年，开展“我是党员我爱岗、我敬业、我争先、我为党的事业做贡献”宣誓主题活动，召开 40 年以上党龄老党员座谈会。2010 年，开展党员亮身份和“三保三实”活动。2012 年，在党（总）支部中选出 4 个先进基层党组织和 53 名优秀共产党员先进事迹建立先进典型信息库。2013 年，组织收集、甄别、推荐 20 名作风正派、业绩突出、群众喜爱的一线党员，参加“感动云岩我身边的优秀党员”和“建设幸福云岩奉献在岗位好职工”评选活动。2014 年，以“重温历史，坚定信念”为主题，组织党（总）支部书记和预备党员到贵阳市委党校开展讲一堂革命历史党课、重温一次入党誓词、开展一次拓展训练的“三个一”活动。2015 年，组织党支部书记和党务工作者 60 余人到贵阳大数据广场和中天未来方舟 798 艺术展览馆参观学习，强化机关党务工作者的创新意识。

2002 年—2003 年，制定党风廉政建设责任制、党费收缴管理使用办法、效能建设实施方案，开展效能建设活动。2004 年，组织开展争做廉洁从政表率活动。2011 年以来，每年定期召开区直机关党委科级领导干部民主生活会。2012 年，开展“三比三提升”（比学习、比业务水平、比奉献精神，提升服务、提升群众满意度、提升幸福感）活动。按照上级规定 2013 年下拨党费至各党（总）支部用于开展党员教育培训和党员活动。至 2015 年，云岩区直属机关党委有党总支 6 个、党支部 57 个，共产党员 886 名；审批党（总）支部改选 204 个。

四、非公有制企业党组织建设

中共云岩区委非公有制经济组织工作委员会 2001 年 7 月成立。2012 年 1 月，中共云岩区委组织部增设非公有制经济和社会组织（“两新”组织）党建工作机构。

2001 年—2002 年，云岩区在非公企业建立党支部 53 个。2003—2004 年，分别在绿山野购物有限公司等 12 家非公经济组织和天天外语学校等 12 家社会组织建立了党支部。中华北路街道办事处党工委 2006 年建立“千禧苑”楼宇联合党支部。2007 年，云岩区在 53 家“两新”组织中建立党支部。新建规模以上非公企业党支部15个。2008年—2009年，分别新建“两新”党组织70个和51个。2010年，在19个街道（镇）成立19个“两新”组织党委。2011年，新建“两新”党组织361个。2013年5月28日，中共云岩区市西商会委员会成立。至12月，云岩区已在“两新”组织中建立党组织664个。

云岩区2004年在非公党组织设立党员示范岗96个。2006年，明确4家党支部为“两新”组织示范点；在65家“两新”党组织中选派46名党员为“两新”组织党建工作联络员。2013年4月，在“两新”组织中开展“党建同心发展同行”主题活动，创建大学生党员“两新”组织党建实践基地平台。8月9日，全省非有制经济组织现场会参观云岩区市西商会、贵州黔商市西投资担保股份有限公司和贵阳田田外语学校。当年，区卫生监督局、延中社区服务中心党委联手组建飞山街饮食一条街党支部，有效加强监管，促进行业间合作。以地域为单位，增设18个私协分会，组建党支部，将党建工作覆盖至辖区小微企业和个体商户；创建区级非公经济和社会组织示范点10个。是年，云岩区《非公党建助推企业发展》课题获贵州省组织工作自选课题一等奖；课题《党建同心发展同行——云岩区三措并举社会组织党建活动》被评为贵阳市党建“十佳”特色工作第一名。《党建品牌催生聚合效应》案例2014年获中国治理创新100佳党建经验奖，名列十佳党建经验第一。2015年，《党建品牌催生聚合效应》案例获贵阳市社会治理创新优秀案例。11月，全省非公经济和社会组织党建工作现场会在云岩区召开。

五、党校建设

2001年3月，中共云岩区委党校委员会成立。2002年7月，明确区委党校为副县级事业单位。人员编制10名，设科室3个。2003年和2008年，区委党校增加事业编制4名。2013年3月，撤销党校委员会。8月，成立党校校务委员会。2014年，党校内设办公室、行政科、教务科（科研办）；校长由区委领导兼任；事业编制20名。2015年9月，区委党校加挂云岩区行政学校名称，实行“一个机构，两块牌子”的办学模式。

2001年—2015年，区委党校每年都选派教师到街道（社区）、居（村）委会和区直机关单位上党课或指导党建工作。选派教师到上一级党校培训。制定实施《中共云岩区委党校2013年—2017年科研规划》，建立和完善科研激励机制，鼓励教育工作者教学创新，申报社会科学科研课题，发表科研论文。在区委组织部的支持、帮助下，区委党校围绕区委的中心工作，发挥党校“三个阵地”（轮训党员领导干部，培养党的理论队伍，学习、研究、宣传马列主义、毛泽东思想、邓小平理论、“三个代表”重要思想、科学发展观的重要阵地）、一个熔炉（干部加强党性锻炼的熔炉）和干部培训主渠道作用。

2015年，成立了工作领导小组，制定工作计划，投入专项经费，推进县级党校体制改革工作。

六、离退休干部组织建设

中共云岩区委老干部局设办公室、老干部活动室，有9名编制人员。至2015年，云岩区的离休干部有50人，副县级及以上退休干部82人，正科级实职退休干部130人，共262人。其中，享受副地级待遇离休干部5人。

落实政治待遇。严格执行中共中央、中共贵州省委和中共贵阳市委相关文件精神，区老干局每年按时组织离退休干部看文件、听报告、参加有关重要政治活动，进行政治理论学习，通报工作情况；通过党的组织生活、参加党的活动，参观经济建设新成就，开展文化健身活动，春节慰问和重大节日活动等。鼓励和支持老同志在思想政治上、文化学习上创先争优，做好干部。对贵阳市国有改制企业的党员离休干部，按属地管理原则，建立完善党员离退休干部信息库，加强跟踪服务。坚持老干部参加区委全会、区人大、区政协“两会”、区“五年规划”讨论会等重要会议和重大活动。在每年初全区离退休干部迎春茶话会上和7月前，中共云岩区委、区人民政府主要领导向老干部通报全区各项工作。坚持重大节日走访慰问制度。2014年10月，成立中共云岩区委离退休干部分校。

落实生活待遇。保障老干部需用的各种费用。2002年，区老干局联合区财政局、人事劳和社会保障局、卫生局制定《建立和完善离休干部离休费、医药费保障机制和财政支持机制的实施办法》，抚恤金等；按照上级要求提高老干部的特需费及医药补助费，提高中华人民共和国成立初期参加革命工作脱产享受供给制待遇的退休干部生活补助费；坚持两年一次老干部例行体检，配合老干部遗属和原单位处理老同志后事；坚持执行对老干部病困慰问及用车制度。

文体活动及协调服务。区老干局每年组织元宵老干部游艺活动、春游和秋游活动，开展文体活动，适时更换和增加活动设施，修缮活动场所。每年为老干部订阅相关报刊杂志及学习资料。经常到老同志家了解情况，遇到突发事件采取相应应急措施。

七、关心下一代组织建设

云岩区关心下一代协会1995年更名为云岩区关心下一代工作委员会（区关工委）。2001年，云岩区居（村）民委员会关心下一代工作委员会成立，形成区、街道（黔灵镇、教育局、政法委、工商联）、居（村）委会、楼院四级关心下一代组织网络。2012年，街道关工委更名为社区关工委。至2015年，全区各级关工委组织共913个。其中区1个，社区服务中心（黔灵镇）28个，居（村）委会159个，区政法委、区教育局、区工商联和市西商会各1个，公办中小学56个，73所民办学校以党支部为单位建有7个关工委。区关工委组织开展青少年理想信念教育、社会主义荣辱观教育、法制禁毒宣传教育和科普宣传教育。依靠学校主课堂和街道（社区）主阵地，发挥各级关工委和“五老”（老干部、老战士、老专家、老教师、老模范）优势，对青少年进行爱国主义、社会主义、集体主义和革命传统教育。2008年，各社区关工委发动辖区“五老”与公安、政法等部门联手，组成1500人的帮教队伍分组分批到劳动改造和劳动教养人员场所看望服刑人员，有针对性地组织座谈或个别交谈；区法院少年审判庭人民陪审员每年出庭陪审，先后对25名缓刑青少年进行教育挽救，对刑释、解教人员采取“二帮一”“多帮一”等形式跟踪帮教。

创建和巩固“五好”（领导班子建设好、骨干队伍作用好、制度健全执行好、活动经常效果好、积极探索创新好）基层关工委。2011年8月，省社区关工委工作现场会在贵阳市云岩区召开，与会代表参观了宅吉街道办事处吉祥社区关工委。2012年—2013年，全区参加创建“五好”基层关工委的单位有30个达标，区关工委、贵乌和中环社区3个关工委获贵州省“五好”基层关工委称号。区和各社区关工委在每年的“六一”前都要组织关爱帮扶留守儿童、困境儿童活动；向南垭、未来、照壁等民办学校图书室赠送图书；帮助荷塘、金鸭、中环等社区建立青少年图书室，至2015年，全区已建成青少年图书室22个。区关工委培训会总结了关工委活动品牌“幸福云岩·阳光少年”特色亮点。

第三节　班子建设

中共云岩区委2002年在全区科局级领导干部中推荐副县级领导干部。5月，对45岁以下正科级（含享受正科级待遇）领导干部及副科级非中共党员干部进行民主推荐和考察，提出27名副县级后备干部建议人选。2003 年 4 月，推荐副县级后备干部建议人选 40 岁以下 20 名，41 岁~45 岁 10 名；结合民主推荐，2008 年 1 月，研究确定县级副职后备干部建议人选 28 名，其中正科级 21 名，副科级 7 名。2012 年，推荐县级副职后备干部 16 名。云岩区建立由 360 名正、副科级后备干部组成的后备干部库，对其实行动态管理。

从 1998 年开始，面向全区公开选拔副科级领导干部。2004 年、2005 年、2009 年和 2010 年，全区共有 33 人通过公开选拔走上科级领导和中学校级领导岗位。2003 年 8 月，对区公安分局下设的 1 室 5 科 8 个大队 20 个派出所进行级别确定，任命 43 个单位部门和 25 个正副科级侦察员干部职位；9 月，任命部分单位纪委书记兼任党委副书记。2004 年，任命 36 名党组（党委）领导干部。2006 年 2 月，市质监局云岩分局党组成立，局长兼任党组书记。2007 年 5 月，提出“三片区”（东线片区、西线片区、北线片区）开发建设指挥部领导班子人选；6 月，在每个街道办事处和黔灵镇分别配备 3 名非领导职务；7 月，部分单位行政正职兼任党委书记。12 月，对部分党组配备专职党组书记进行消化。2008 年，区法院中层干部明确为副科级，对有关负责人进行职级明确和配备。2009 年，对 3 个正科级职位进行选拔任用。2012 年，面向全国公开选拔 9 名研究生担任云岩区正、副科级领导干部。首次采取“两推一述”（民主推荐和遴选推荐，遴选推荐前被推荐人选进行自述）、中共云岩区委常委会差额表决方式，公开选拔 4 名区纪委派出纪工委书记（监察分局局长）。2013 年，采用不定岗选拔模式，通过笔试、面试、驻点调研测试、组织考察、个人陈述、差额票决和公示选拔程序，面向全省公开选拔区级机关副科级领导干部 5 名，社区服务中心副科级领导干部 5 名，区属医院副科级领导干部 1 名，区属中学校级领导干部 1 名。

云岩区 2001 年 11 月在 5 个街道办事处配备武装部长。2002 年 12 月，各街道党工委配备专职政法委副书记（副科级）。2005 年 6 月，在每个街道办和黔灵镇各配备 3 名非领导职务。2007 年 7 月、2008 年 9 月、2010 年 10 月和 2011 年 3 月，对街道办领导班子进行集中调整和充实。2009 年 2 月，金关、金鸭、金惠三个街道办事处和街道党工委成立，通过从区属机关和街道办中交流或提拔任职方式，选配班子成员。

2011 年 5 月—2012 年 4 月，撤销所有街道党工委和办事处，设立社区服务中心，完成 26 个社区服务中心领导班子配备，317 名街道科级领导干部的“进退留转”问题得到妥善解决。对明确为正科级规格设置的 14 个社区服务中心主任确定为正科级职级。完成社区党委书记兼任政法委书记、社区主任兼任人民武装部部长的配备。2015 年，全区 27 个社区服务中心干部工作调研和优秀干部推荐工作完成。按照云岩区科级领导班子和科级领导干部年度考核工作方案；完成 2014 年度全区 105 个科级领导班子和 483 名科级干部年度考核工作。中共云岩区委常委会票决任免干部 271 名，其中提拔 45 名，平级交流任职 156 名，免职 70 名。

第四节　干部队伍建设

一、干部教育培训

2001 年，云岩区组织 45 人次县级领导干部参加省、市举办的相关培训。2003 年—2005 年，与清华大学联合举办“楼宇经济”专题培训班。2006 年，与厦门大学合办公共管理知识培训班，选派综合素质好的干部深造学习；组织县级领导干部 22 人次参加贵州省省、贵阳市举办的学习培训。2008 年，与厦门大学合作，举办参加公共管理知识培训班。2013 年，选派党务干部赴中共杭州市委党校参加提升党建科学化水平培训班；举办党支部书记培训班 2 期。2014 年，组织科级领导干部赴中共北京朝阳区委党校参加提升服务经济发展能力培训班；组织 3 批科级及以上干部到北京·贵阳大数据应用展示中心参观学习；配合省、市调训县级干部 63 人次。2015 年，配合省、市调训县级干部 42 人次，科级及一般干部 68 人次。

2001 年—2008 年，云岩区每年举办干部轮训班，一年办班 1 期，培训干部在 100 人以内。2009 年，培训干部 173 人。2010 年，举办云岩区提高科级领导干部执行力专项培训班三期，每期一周，培训 334 人次。2013 年，举办云岩区科级领导干部学习贯彻习近平总书记系列重要讲话精神轮训班等 16 个主体班次，培训 596 人次。2014 年，举办云岩区学习贯彻中共十八届三中全会精神暨党的群众路线教育实践活动专题领导干部轮训班四期，每期 3 天，培训 606 人次。2015 年，举办学习中共十八届四中全会精神领导干部轮训班 5 期，培训科级干部和中小学、幼儿园负责人 500 余人次。

云岩区青年干部培训班 2001 年首次进行异地教学，至 2015 年，先后在中共广州市委党校、中共北京市朝阳区委党校等进行授课，每次人数 40 余人。先后举办十六期青年干部培训班。其中 2014 年培训干部 61 人，其他年份在 30 人~50 人之间。

2001 年—2009 年，每年举办 1 期街道社区党支部书记、主任培训班，培训干部约 200 人次。2010 年—2013 年，每年举办 2 期，培训干部 200 人次~300 人次。2014 年，举办 3 期，每期 7 天，培训干部 250 人次。

2007 年—2015 年期间，云岩区每年举办党务干部暨党员轮训班，街道（社区、镇）干部培训班，居（村）两委后备干部培训班。

二、干部监督管理

2005 年，中共云岩区委组织部干部人事档案达标工作领导小组成立，购置完善干部人事档案管理硬件设施，建立健全档案管理制度，干部人事档案管理达到国家一级标准。2010 年 1 月，召开全区干部人事档案工作会议，安排区属各管档单位干部人事档案达标工作。区教育局和卫生局 2011 年达国家一级标准，区人社局 2012 年达国家一级标准。

2012 年 9 月，云岩区《干部监督工作联席会议制度实施意见》《干部监督信息沟通办法（试行）》《领导干部离任交接工作办法（试行）》出台，完善云岩区 9 个部门干部监督工作联席会议制度，明确区管干部在调任、转任、免职、辞职及其他原因离任之前，按照规定办理离任交接手续。落实干部选拔任用“一报告两评议”（地方党委常委会每年向全委会专题报告年度干部选拔任用工作情况，在一定范围内接受本级党委干部选拔任用工作评议和新选拔任用干部的民主评议）制度。2013 年，经中共贵阳市委组织部测评，云岩区四项测评指标满意度为 100%；59 名工作调整的科级领导干部按照《离任交接书》履行交接手续。

2014 年，云岩区对“三超两擅”（超职配备干部，超机构规格提拔干部，超审批权限设置机构；擅自提高干部职级待遇，擅自设置职务名称）、干部档案造假、领导干部违规兼职、“裸官”、违规进人、“绕圈子”进机关、冒充人头吃空饷等问题进行清理，制定云岩区干部关爱谈话制度，变事后监督为事前监督。落实领导干部个人有关事项报告制度，完成 486 名科级领导干部个人有关事项集中填报工作。对离任的 6 名主要领导干部进行离任审计，对 1 名主要领导干部进行任中经济责任审计。2015 年，组织全区 650 余名科级干部（含科级非领导职务干部）填报《领导干部个人有关事项报告表》，并对报告表进行审核梳理。规范退（离）休干部在社会团体兼职工作，对不符合兼职条件的退

（离）休领导干部进行规范清理。开展违规办理和持有因私出国（境）证件专项治理，完成755名登记备案人员因私出国（境）信息数据库的完善和报备。完成区管干部人事档案信息化建设，全区干部人事档案专项审核，继续组织开展干部选拔任用“一报告两评议”工作。

三、干部人事制度改革

2001年8月，云岩区学习和总结贯彻落实深化干部人事制度改革纲要。2002年12月，中共云岩区委常委会研究通过《部分长期在干部岗位上工作的全民身份工人提拔使用的请示》，被聘部分全民所有制工人到科级领导岗位（不占用行政编制，实行任期制，每届5年，任期内享受干部福利待遇，身份不变）。2005年3月，中共云岩区委研究通过非领导职务确定晋升工作的请示，对有关晋升主任科员和副主任科员的条件和在事业单位从事行政管理工作岗位人员确定非领导职务进行规定。从2007年2月起，非领导职务的确定和晋升成为日常性工作。

2007年1月，中共云岩区委常委会通过《科级领导干部男满55周岁，女满53周岁，不再担任实职，保留原职级待遇》规定。2月，研究提出纪检员、组织员等配备按照同级非领导职务确定；结合区行政编制，11月，对区机关公务员非领导职务（主任科员、副主任科员）重新设置，重新设置后为34名；根据有关规定终止实行区内干部聘任制，坚持德才兼备原则，选拔任用干部。云岩区被中共贵州省委组织部确定“为科学规范和有效监督县（市、区）委书记用人行为试点工作县（市、区）”。

2010年2月，《云岩区区直部门区管干部年度考核办法（试行）》出台。2012年4月，干部“辛苦指数”测评在城市基层管理体制改革中首次采用；12月，科级领导班子和区管干部年度考核办法实施。2014年，开展机构和任用编制核查，对区属单位领导干部个人基本信息、配备情况信息，以及管理范围内非领导职数核定和配备数据信息进行核查；制定云岩区科级非领导职务干部管理暂行办法，开展区管干部履职专项核查，完成全区科级领导干部、非领导职务干部和“改非”干部履职的摸底清查。落实县以下机关建立公务员职务与职级并行制度要求，采取各单位自报和组织、人事部门联合审核的方式，对各单位自报的540余名干部套格资格、条件进行审核。截至2015年12月，全区晋升人数为28名。公务员职务与职级并行制度形成。

第四章　宣传工作

中共云岩区委建立健全各级领导班子中心组学习制度和干部轮训培训制度，在不同历史阶段，组织学习中央领导的重要讲话精神、重要理论和中央、省、市党代会工作报告；开展党的群众路线实践教育活动；围绕中心工作，引导广大党员干部主动适应经济发展新常态，增强政治意识、担当意识、法治意识、民主意识、宗旨意识、廉政意识，提高改革创新能力、社会治理能力、科学决策能力、为民谋利能力、拒腐防变能力。

第一节 精神文明建设

一、群众性精神文明创建活动

2001年，云岩区以普陀路街道办事处和平社区为试点，开展文明社区创建活动。该社区的主要做法是：成立社区党总支，有6个党支部20个党小组，以党建促创建；在社区组建“议行分设”群众组织及协调议事委员会；社务公开、政务公开；以“民思我想、民困我帮、民求我应、民需我办”为社区服务宗旨，设社区服务项目40个、便民利民服务点9个；资源共享、共育共建，组建“联合舰队”开展社区事务与服务。如与贵阳市第九幼儿园共建社区“少儿之星”园地，为101名贫困家庭儿童免费学前教育。中央文明办主任刘云山，省市领导来云岩区视察文明社区创建工作。12月26日，《人民日报》报道云岩区普陀路街道办事处和平社区创建文明社区的做法。

云岩区2002年—2004年，创建市级红旗文明单位、红旗文明镇、红旗文明村45个；创建文明单位、文明村99个；评选出区级文明单位和文明村22个，文明社区9个，被中共贵阳市委、市人民政府授予2003年—2004年度文明区称号。至2005年，创建区级文明社区92个，市级文明社区80个，分别占全区社区总数的72.44%和62.99%；中央文明办授予云岩区地方税务局、北京路街道办事处为全国精神文明创建工作先进单位。2009年，头桥街道办事处被贵州省文明办评为2006年—2008年度全省精神文明建设工作先进单位。

2013年，云岩区制定文明社区创建工作方案、文明社区考核评分细则，成立以辖区100名居民为主要成员的“我的梦·中国梦”百姓宣讲团，进一步推进文明社区创建工作。2015年，三桥、头桥、金关等12个社区申报贵阳市文明社区创建，巩固普陀、宅吉、黔东等15个市级文明社区创建成果。全区27个社区利用辖区市民学校、科普设施、道德讲堂、学雷锋志愿者服务队等活动平台，开展讲文明树新风、学习型社区、学习型家庭、多彩贵州文明行动、文明餐桌、图说我们的价值观等群众性精神文明创建活动，巩固全国文明城市、国家卫生城市、国家环境保护模范城市创建成果。

二、公民道德建设

2001年，云岩区开展《公民道德建设纲要》专题宣传。以全国“公民道德宣传日”和省“公民道德宣传月”为载体，每年组织宣传教育活动。加强市民诚信教育，开展道德领域突出问题专项教育和治理工作。2011年11月20日，中央电视台新闻联播在“走基层·最美中国人”栏目报道贵阳市云岩区旭东路一家“无人报刊”六年“不差钱”的故事，高度赞扬贵阳的诚信氛围。

2013年3月，荷塘社区退休职工刘国义，入选“中国好人榜”。2014年，被评为贵州省第四届道德模范。2015年，获第五届全国道德模范提名奖。刘国义退休20多年来坚持义务植树，在黔春路河边种树栽花近万棵，为家园增添了一片绿色。

2014年7月3日，云岩区历届道德模范与身边好人代表，各部门、社区、文明单位学生代表和辖区群众参加贵阳市道德模范事迹巡演。当年云岩区实现162个道德讲堂“积德榜”设置全覆盖，有专业道德讲师195名。每月举办道德讲堂活动，全年参与者2500余人次；以基层党校和党员电教室为主阵地，开办道德讲堂1200余场次；全区中小学开展“学习雷锋，做美德少年”活动与贯彻《公民道德建设实施纲要》相结合，到社区、敬老院开展活动。

2015 年，云岩区举办道德讲堂 489 场、评选身边好人 43 人。组织开展未成年人思想道德建设十年“回头看”活动，将社会主义核心价值观内容写进教材，促进学生提高道德素养。

三、志愿者服务活动

2001 年，云岩区青年志愿者服务中心，成为第四届中国青年志愿者行动·中国百个优秀青年志愿者服务集体。2010 年 10 月，首先在中华中路街道办事处成立社区志愿者服务站，建立完善志愿者服务需求登记制度，自愿服务针对性、实效性增强。

2012 年 3 月 10 日，云岩区举行弘扬雷锋精神开展志愿服务志愿者誓师大会，成立 9 支志愿者队伍，对全区 114 名星级志愿者进行表彰。区教育、民政、文化、残联等部门分别组建区教育系统学雷锋志愿服务队、真情暖夕阳服务队、学雷锋文化服务队等 9 支志愿服务队，开展关爱留守儿童、帮扶支教、关爱空巢老人等志愿服务活动。全区有志愿者队伍 28 支，注册志愿者 5 万余人。以提升城市形象、提高居民素质为根本，组织各社区开展生态文明环保宣传、扶贫帮困、整脏治乱、文明交通督导、义务巡逻等形式的志愿者服务活动。2013 年，建立和完善志愿服务的长效服务机制，在社区（镇）按照综治、宣传、助老等类别组建起近百支群众工作志愿者队伍。全年组织志愿服务活动 1982 次，参加志愿者服务 38978 人次。

至 2015 年，云岩区注册志愿者近 7 万余人。在“步行日”“无车日”“禁毒日”、公民道德宣传月，生态文明贵阳国际论坛年会、贵阳国际大数据产业博览会、中国（贵州）国际酒类博览会等重大活动以及春节、清明、国庆等节日期间，组织开展志愿服务活动，参加志愿者达 5 万人次。参与“志愿贵阳”云信息平台建设，完善志愿者招募注册、培训管理、服务记录、供需对接和回馈嘉许等制度，推动了志愿者服务活动的开展。

第二节　宣传活动

一、生态文明城区建设宣传

中共云岩区委、区人民政府 2008 年启动实施“黔灵毓秀·贵中云岩”建设生态文明城区行动计划。与《贵阳日报》推出云岩区建设生态文明城区行动计划亮点巡礼专栏，在第一版开辟云岩区发展现代服务业系列报道，从实施生态环境立区视角报道现代服务业发展的新突破。2009 年，组织先锋带动工程、产业优化工程、民生保障工程、环境治理工程、党的建设工程“五大工程”宣传，《贵阳日报》设实施科学发展五大工程推进生态文明城区建设专版，介绍云岩区实施“五大工程”给百姓带来的实惠和社会效益。

2011 年开展创建国家卫生城市、全国文明城市宣传，在《贵州日报》《贵阳日报》刊登《云岩区集中整治三马片区》《我们的“家”真变了样》等文章。开展喜迎第九届全国少数民族传统体育运动会、讲文明树新风宣传。为参加贵阳市举办的 2012 贵阳观山湖公园春节灯会庙会制作“幸福云岩·未来方舟”等灯组，开展全国城市文明程度指数测评工作宣传。2013 年 7 月，在《贵州日报》《贵阳日报》《当代贵州》和香港《文汇报》等媒体推出云岩区生态文明建设成就报道。当年举办云岩区首届“（城市）文化旅游年系列赛事·靓丽城市精彩云岩”摄影展。2014 年，开展《贵阳市建设生态文明城市条例》法规宣传活动。4 月 25 日，在云岩广场开展以共建精神文明推动经济发展生态改善双赢为主题街头宣传，展示生态文明城区建设成果和生态文明执法情况。2015年8月，开展创建国家卫生城市宣传报道。

二、专题宣传

2001年，开展《公民道德建设纲要》专题宣传，在《贵阳日报》开设《云岩之窗》专版3期，刊发《送人玫瑰，手有余香》《构建云岩区公民道德建设平台》等文章85篇。2002年，在《贵阳日报》开辟学习"三个代表"重要思想笔谈、"文明林城大家谈""身边事看变化"等征文活动。围绕首届（贵阳）云岩电脑节、首届旅游文化美食节、第五届文化艺术节活动开展宣传。2003年，在《贵阳日报》刊登《腾飞云岩》宣传专版24期。在贵阳电视台配合下创作专题片《林城贵阳电视片——腾飞云岩篇》反映改革开放取得的成就。2004年，开展"聚人心，调结构，兴规矩"九字方针专题宣传，与《贵阳日报》合办《今日云岩》专版。系列报道宣传央视少儿频道"风车行"、云岩首届手机节等特色活动。2005年，开展党的先进性教育活动系列宣传报道。

2006年，云岩区在新闻报刊推出"辉煌五年"和"数字看变化"等专题报道。对外推介"十五"规划期间坚持科学发展观，全面推进三个文明建设所取得的成就和云岩形象；通过开展"十大评选"活动，评选出"贵阳十八彩""贵阳八景""贵阳八大名小吃""贵阳十大乡土特产""贵阳十大和谐社区""贵阳十大生态文明村""贵阳十大珍稀植物""贵阳最具魅力文化艺术作品""贵阳最具魅力民族文化传承"和"贵阳十大经典楼盘"。2007年，开展"多彩贵州"舞蹈大赛、首届云岩区少儿艺术节、禁毒宣传系列宣传报道。2011年，出台云岩区服务发展评选方案、服务发展示范岗评选标准。2012年，在《贵阳日报》推出"十年砥砺前行·全力构建幸福云岩"等系列宣传报道；在《贵州日报》整版刊登云岩区构建"大党建综述"等文章，在全省迎接中共十八大专版刊发《开展树形象显党性活动回应群众新诉求——云岩区党员办实事纪实》。

2013年，成立"我的梦·中国梦"百姓宣讲团，进机关、进社区、进学校、进企业，开展以学习中共十八大、十八届三中全会、全国宣传思想文化工作会议精神为主题的"中国梦·我的梦"系列宣传活动。在中央、省、市新闻媒体刊发播稿件2000余条、在网络等媒体刊发稿件6000余条。2014年，在《贵阳日报》开设党的群众路线教育实践活动专栏，媒体发稿800余条，在贵阳电视台新闻联播发稿100余条。在《贵州日报》《贵阳日报》《当代贵州》推出云岩区开展党的群众路线教育实践活动整版报道、综述报道，编制《云岩区党的群众路线教育实践活动新闻选编》10期。2015年，围绕"三严三实"、践行社会主义核心价值观、落实党风廉政建设责任制等专题在新闻媒体深度报道。以刘国义为宣传典型推进"积德榜"传播。策划北京798艺术中心亮相云岩系列报道活动。

三、经济形势宣传

2001年，在香港《文汇报》专版刊发《超常规前进，跨越式发展——为争创全省一流经济强区奋力冲刺》宣传云岩区经济发展。2002年，在《贵州日报》刊发经济强区系列报道，《开拓创新跨越发展——云岩区建设经济强区纪实》等170余篇稿件推广旅游、文化品牌。2003年，开展打造新三桥专题新闻宣传，在《贵州日报》等报刊刊发《借势造力，顺风扬帆——三桥街区经济驶上快车道》等文章。2009年，在《贵阳日报》刊发《紧抓发展机遇　实施战略转型》《实施四大带动　增强发展活力》等文章；在《贵州日报》刊登《变危为机保增长　借机成事上水平——从贵阳国贸广场百货集团的诞生看云岩区应对国际金融危机策略》。

2010 年 3 月 1 日，《贵州日报》第五版头条发表《面对金融危机市西大市场逆势“飘红”》；4 月 27 日，《贵州商报》连版刊登《市西商业街模式缔造一个个财富神话》。6 月 11 日，《贵州日报》头版发表《云岩区开展“345”系列主题活动推进“创先争优”》，7 月 4 日，头版《“创先争优”展风采“六大攻坚”创实绩》，7 月 26 日，第六版整版《云岩“理性选择下的城市发展”》，9 月 1 日，第二版《云岩区“开放带动”战略催生强大张力》，9 月 9 日，头版《云岩区抢抓固定资产投资推动全区经济更好更快发展》。为展示云岩“十二五”经济社会发展思路和远景。2011 年，开展“多彩贵州踏春行”云岩大型采访活动。2012 年，开展云岩区城市基层管理体制改革系列报道撰文宣传。贵州省第十一次党代会召开之际，在《当代贵州》《贵州政协报》、金黔在线网站制作专版，全面反映云岩区经济社会发展取得的成就。2013 年，中共云岩区委宣传部与《贵州经济信息时报》合作创办《云岩周刊》。

四、社会民生建设宣传

2003 年，云岩区开展“非典”防治工作宣传报道。2005 年，围绕为民办实事工程开展为期 3 个月的重点宣传，《农户乐居民笑》《听群众呼声·解群众难题——云岩区书记区长短信接收平台直通民意》等报道获好评。2008 年，在《贵阳日报》第一版刊发《云岩区紧急行动接农民工兄弟回“家”》，在《今日云岩》推出《众志成城·融冰化雪——云岩区“抗凝冻、保民生”工作综述》《春风化“凝”暖人心》《云岩区开展“抓重建、保民生”灾后重建工作》专版。邀请人民日报记者采写的《一个社区的沉着和温暖》，2 月 1 日，在《人民日报》刊发。2010 年，在严打“两抢一盗”（抢劫、抢夺、盗窃）宣传中，邀请省、市记者编写《云岩警方打响夏季严打第一枪》《一切为了孩子安安全全应考》为题报道；贵阳电视台也进行多次报道。2011 年，在《贵州日报》《贵阳日报》刊发《云岩区 5000 余人上街除冰扫雪》等文章。2013 年，在《贵阳日报》开设《率先实现全面小康　加速构建幸福云岩》专栏，在《经济日报》、香港《文汇报》《贵州日报》《贵阳日报》开展全面小康建设报道。

第三节　舆情监控舆论引导

云岩区互联网信息办公室加强网络管理，每日通过浏览、监控互联网网站、论坛、微博等帖文，管控和处置网络舆情。2013 年，共发现涉及云岩区网络舆情信息 942 条，收到舆情周报 40 期、急报 27 期；将 900 条互联网舆情报告贵阳市互联网信息办，及时通报各涉事部门、单位和社区，并分别提出处置和应对建议。全年在腾讯微博、新浪微博、天涯社区、贵州都市网等转发和宣传正能量帖文 10 万余条次。2014 年，处置涉区舆情事件 1120 余条，包括城市环境、民生问题、交通问题、公共安全、治安问题、基层单位服务质量、政府工作人员言行不当 7 大类。2015 年，处置涉区舆情事件 910 余条，收集媒体报道 2976 篇。与区公安、网监、安监、应急办等部门研判舆情事件发生及可能的走向，作好预案，减少网络舆情事件的发生。

在原有 27 名网评员的基础上，2014 年增加二级网评员 108 名，建立网评员台账规范管理；举办基层宣传思想文化及舆论引导队伍培训班，培训区直各部门网评员和各社区服务中心、黔灵镇的专职宣传员共 130 名；加强对新闻舆情、网络舆情、社会舆情的收集研判，参与“2·27”贵阳公交车纵火案舆情事件、贵阳大数据产业、贵阳市微博民生服务日接力活动、生态文明贵阳国际论坛、抗旱抗洪抢险、贝地卢加诺事件、未来方舟供热维权、市西路批发业态转移等网络舆论事件的引导；加强云岩区政务微博建设，组建微博粉丝团，对微博信息的发布、数量、审核、管理措施和办法作出规定。至年末，区各级各部门开设政务微博共24个，宣传部3个，在人民网发布信息142条，腾讯网发布信息380余条。

第五章 统战工作

中共云岩区委不断促进政党关系、民族关系、宗教关系、阶层关系、海内外同胞关系的和谐，改进统一战线工作；加强民主党派成员、无党派人士、党外知识分子、少数民族人士、宗教界人士、非公有制经济人士、新的社会阶层人士、出国和归国留学人员、港澳台同胞及其在大陆的亲属、华侨归侨及侨眷中的代表人士的联系，增强统一战线服务全区中心工作的能力。

第一节 民主党派建设

一、协助民主党派加强思想和组织建设

2001年9月，举办全区统战工作培训班。2002年，组织各民主党派云岩区支部（支社）学习省、市统战工作会议精神。2004年7月，举办统战理论培训班。2005年，组织学习《中华人民共和国反分裂国家法》。2011年6月，组织民主党派人士到贵州省黔南州荔波县参观革命先烈邓恩铭故居。2012年，全区共安排45人次党外干部参加市、区相关部门举办的专题讲座和学习培训，其中9名党外干部参加市委统战部在上海复旦大学、上海交通大学、浙江大学举办的培训班学习。2014年9月，建立云岩区民主党派之家，为各民主党派云岩支部之间的学习交流提供平台。

2006年7月，中国致公党贵阳市委云岩支部（致公党云岩支部）成立。2011年6月，中国民主建国会民建贵阳市云岩总支部成立（民建云岩支部），辖四个支部。至2015年，中国国民党革命委员会（民革）、中国民主同盟（民盟）、中国民主建国会（民建）、中国民主促进会（民进）、中国农工民主党（农工党）、中国致公党（致公党）和中国九三学社（九三学社）7个民主党派，在云岩区有13个基层组织。其中民建贵阳市委设总支，民盟贵阳市委有7个支部。中共云岩区委统战部支持各民主党派云岩区支部开展各种政治活动。

二、民主党派人士的政治安排

按照政协换届相关工作程序，2002年11月—12月，中共云岩区委统战部完成政协云岩区第七届委员会委员的提名推荐。2006年11月—12月，与区直相关部门共同拟定云岩区政协换届人事工作方案，完成政协云岩区第八届委员会委员的提名推荐。2011年11月—12月，完成政协云岩区第九届委员会委员的提名推荐。2015年，云岩区各民主党派成员中，担任市、区人大代表、政协委员的有65人。其中贵阳市人大代表2人、政协委员14人，云岩区人大代表6人、政协委员43人；担任政府工作部门单位领导职务的有14人，区政协副主席2人；受聘担任民主监督员2人，人民陪审员2人。

三、支持民主党派开展参政议政活动

中共云岩区委统战部每年组织召开各民主党派云岩区支部（总支、支社）负责人联席会议，听取上一年度工作情况，安排部署本年度工作。元旦春节期间，组织看望慰问民主党派、工商联、无党派、民族、宗教、侨、台、非公有制经济代表人士，宣传中共统一战线方针政策，介绍云岩区经济社会发展情况。各民主党派云岩支部在政治协商中提出意见和建议。民主党派成员中的人大代表、政协委员在“两会”（人大、政协会议）中提出意见建议和提案，有的参加人大及其常委会和各专门委员会组织的调查研究，有的参加政协组织的视察调研。组织各民主党派云岩支部围绕经济社会发展开展调研，建言献策。2010 年 5 月 18 日，组织各民主党派贵阳市委员会及云岩支部主要负责人到云岩区市西商会调研。

第二节　非公有制经济领域工作

一、非公有制经济人士理想信念教育

2001 年，在云岩区非公有制经济人士中倡导开展“双思”（致富思源、富而思进）教育。2013 年 8 月 15 日，召开非公人士理想信念教育实践活动工作推进会，组织开展以守法诚信为重点的非公人士理想信念教育；举办国内面临的“经济形势及对策分析”专题讲座，帮助非公人士了解当前经济形势，提高思想认识，增强理想信念。2015 年 7 月 28 日，中央统战部副部长、全国工商联党组书记全哲洙一行到贵阳市调研，对云岩区市西商会结合实际开展理想信念“四信”（道路自信、理论自信、制度自信、企业发展自信）教育活动成效给予充分肯定。辖区非公经济中涌现出贵州益佰制药股份有限公司、贵阳国贸广场商贸有限公司、贵阳星力百货集团有限公司、贵州雅园饮食娱乐有限责任公司、贵州黔商市西企业投资信用担保股份有限公司等明星企业、先进单位，和一批坚决拥护中国共产党领导，坚定走中国特色社会主义道路，拥护改革开放政策，践行社会主义核心价值观，遵守国家法律法规，爱国敬业、守法经营、创业创新、回报社会，具有良好的道德品行和社会形象的先进个人。

二、为非公企业发展服务

每年元旦、春节期间，中共云岩区委统战部主要领导带队慰问非公人士，了解企业发展情况，协调区直相关部门为非公企业排忧解难。2006 年，安排辖区非公人士参加贵阳市举办的非公经济专题讲座。2008 年年初，组织区工商联、民主党派代表、非公经济代表并邀请省银监局、农业银行、贵阳商行等金融机构一起，对市西大市场、金关钢材市场、IT 产业市场、星力百货等单位，就银企合作破解中小企业融资难，贷款难问题进行专题研究，为中小企业搭建融资平台服务。云岩区非公有制企业俱乐部 2010 年 1 月成立后，加强会员单位相互联系。2 月，组织 10 家非公企业及区直相关部门主要负责人组成的“赴东西部商务考察团”到成都、武汉、浙江义乌等地进行为期 12 天的考察。2014 年 11 月，与区工商联联合举办云岩区民营企业家经济发展新常态专题讲座。2015 年 7 月，组织部分非公企业到修文县考察。

三、引导非公企业履行社会责任

中共云岩区委统战部倡导非公经济人士参加“光彩事业”社会公益活动。2001 年，捐赠现金 17.3

万元，文教学习用品13箱，衣物300套件。2005年6月，组织非公经济人士到开阳县楠木渡镇中小学开展献爱心活动。2007年3月，组织贵州添汇物业管理有限公司董事长等非公经济人士向黔东南州雷山县乔兑村苗族大寨火灾受灾村民捐款。2008年1月，组织卞氏菜根香、实瑶酒店等6家非公企业与云岩区困难户结对帮扶和节日慰问。5月，与区工商联联合动员辖区非公人士、各民主党派支部成员参加为四川汶川特大地震灾区的捐赠活动。2011年4月，倡导成立和谐云岩促进会。区非公人士2012年向贫困乡村捐资助教70万元。2013年，组织非公人士参与"贵阳市万企助村"活动和社会公益活动。2015年5月，组织非公人士向宏福景苑"5·20"山体滑坡地质灾害受灾群众捐款96.8万元。

第三节　党外人士队伍建设

中共云岩区委统战部会同区委组织部培养党外干部，提高他们的政治思想素质和业务能力，推荐参加培训学习、挂职锻炼；把思想素质好、工作能力强的民主党派科级后备干部作为重点培养对象；引导优秀的党外干部加入民主党派。2012年3月26日，召开云岩区党外科级领导干部座谈会，传达学习中共中央《关于加强新形势下党外代表人士队伍建设的意见》电视电话会议精神。2014年3月，中共云岩区委就加强新形势下，党外代表人士队伍建设和进一步加强党外干部队伍建设，制定实施方案。2015年4月，对全区机关事业单位股级党外干部进行摸底统计，初步建立59人的党外科级后备干部人才库。贯彻落实贵阳市各区市县党委三年内新增民主党派干部、正副科级领导干部各100人的"两个一百"工程，12月，安排45人次党外干部参加贵阳市、云岩区相关部门举办的专题讲座、培训班；向中共云岩区委组织部推荐19名党外科级后备干部，引导2名科级干部加入民主党派。

第四节　港澳台侨统战工作

2001年6月，中共云岩区委统战部支持并参加黄埔军校同学会云岩联络组举行的纪念辛亥革命90周年、黄埔军校建校77周年活动。2003年6月—10月，举办云岩区统一战线黑板报竞赛、书画、摄影展、篮球比赛等文体活动，营造和谐统战氛围。2004年9月28日至10月，开展"一国两制，和平统一"黑板报宣传活动。2005年，"三八"妇女节期间，省台湾联合会会长和市台办负责人看望慰问辖区困难台胞。2007年7月，在清镇市兴隆度假村开展统一战线联谊活动。进行赴台手续办理、反映权益事宜及台资企业政策咨询，妥善办理相关事项或协调有关部门处理。2010年5月，接待台湾旺旺中时跨媒体集团到云岩区5个点的拍摄、采访。2013年3月22日，全国首家社区归侨侨眷联谊会在云岩区省府社区成立。2014年，在筑台两地乡镇（社区）服务与管理研讨会期间，安排人员参加研讨会，协调中天社区服务中心做好台胞参观的接待服务。每年元旦、春节期间，中共云岩区委统战部组织走访慰问困难台胞、台属、黄埔同学会同学。通过宣传教育、办好信访接待，增进情感和亲情，共同致力于祖国统一。

第五节　统战组织建设

2011年4月16日，和谐云岩促进会成立，非公有制经济、民主党派、宗教界人士等参加，有会员

58名。2012年，有会员99名，在和谐云岩促进会第二次捐款活动中认捐391万元。2013年6月25日，中共云岩区委统战部召开建立基层和谐促进会工作推进会。中华社区、省府社区、中环社区、市西社区、延中社区5个社区和谐促进会建立。至2015年，和谐云岩促进会共使用捐赠资金1605万元，调处、化解社会矛盾100余起，惠及群众800余人。

2014年5月7日，贵州省第一家商会组织统战工作站——贵阳市云岩区市西商会统战工作站及贵州省首家商会民主党派基层组织——民建贵阳市云岩区总支市西商会支部成立。同年11月—12月，在市西社区、中环社区、省府社区建立社区统战工作站。至2015年12月，中天社区、黔灵镇、北京路社区、延中社区、中华社区、威清社区、黔东社区、金关社区、贵乌社区、普陀社区、中东社区、东山社区、蔡关社区、普天社区、栖霞社区等19个社区（镇）统战工作站建立。

第六章　政法工作

云岩区的政法工作，主要包含加强社会治安综合治理，落实区领导干部包案制度，开展重大事项社会稳定风险评估工作，预防和妥善处置群体性事件，维护社会稳定。2010年—2015年，群众安全感指数分别为77.56%、80.05%、85.48%、91.8%、96.1%、96.66%。

第一节　维护社会稳定

一、矛盾纠纷处置

2001年，云岩区《维护社会政治稳定工作制度（试行）》明确了领导责任制、矛盾纠纷排查调处制、定期排查制、调处责任制、联席会议制、协调工作制、分口负责制、归口管理制及情报信息报送制，进一步规范工作程序，落实部门职责。16个街道办事处（镇）成立维稳领导小组，实行党工委维稳工作责任制，街道办事处书记为第一责任人，副主任（派出所所长）专职抓维稳；落实区委书记、区长总负责，分管维稳的领导具体抓，区四大班子领导按分工负责联系点的工作措施。全年参与解决群体性事件666起，调处成功率100%；司法调解民间纠纷966起，调解成功943起，调解成功率97.62%。

2003年，组织召开会议40余次，研究市西路部分经营户上访，安井村村民因土地安置费上访、兴黔厂堵门事件等问题。2004年—2006年，开展矛盾纠纷排查调解60余次900余起，调处860余起矛盾隐患；处理突出矛盾和重大不稳定问题312起，处置市西路个体摊户堵路、贵阳香料厂职工挡工、安井天邑度假村村民阻工等影响较大群体性事件。2007年，处置影响较大群体性事件9件，调处不稳定因素304起，成功率100%。配合省、市处置群体性非正常上访事件212起，解决普陀路红边门菜场经营户堵路、贵州银海房开公司与兴黔厂住户拆迁矛盾纠纷等群体性事件。

2008年，为确保北京奥运会期间及重要时期社会稳定，中共云岩区委、区人民政府召开30余次专题会议部署维稳工作。全年调处不稳定因素302起，处置影响较大群体性事件6起，涉及400余人次。配合贵阳市维稳办处置医患纠纷2起；配合省人民政府处置非正常群体上访103起，涉及3200余人；配合省、市解决跨区域、跨部门信访突出问题76起。妥善处置兴黔厂职工与银海嘉怡房开公司房屋拆迁、中国航空港建设总公司下属职工讨要工资、六枝下属工矿职工到省政府上访等事件。2009年，完成全国“两会”、中华人民共和国成立60周年期间的维稳任务。2010年—2012年，云岩区开展重大事项社会稳定风险评估的12起中，11起通过实施，1起暂缓实施，通过实施的项目中未发生严重群体事件。推进“人民调解、行政调解、司法调解”三调联动和法律援助工作，开展矛盾纠纷隐患排查和化解，建立区领导包案制度，2012年，化解各类矛盾纠纷263件。

在2013年开展矛盾纠纷化解百日攻坚战期间，云岩区争取专项经费提供保障，成立领导小组和工作专班，对影响稳定的突出矛盾和信访问题化解率94%。对中航城棚户区改造项目、杨惠村土地房屋征收等17个重大项目逐一审查，妥善处置大营坡棚户区房屋拆迁等影响稳定的突发性矛盾，全年未发生重大群体性事件。对市西路占道经营和小商品市场经营户清退、贵阳轻轨1号线（云岩段）土地房屋征收等23个重大项目逐一审查，未发生一起群体性事件。2015年，制定19件重大事项处置预案和维稳风险评估，及时化解矛盾纠纷。全年清理、化解各类矛盾纠纷和信访案件8432件，维护社会稳定。

二、严打整治专项行动

2001年—2002年，云岩区开展严打整治统一行动35次，组织民警、联防、保安人员清理复杂场所296家，清理房屋租赁户2194家，清理暂住人口11751人，遣送“三无”人员2178人。2003年，开展打击犯罪专项行动。对大营坡、东山路口、客车站等重点区域开展巡逻防范。2004年—2006年，开展“禁毒会战”“打击治理手机短信诈骗”等专项行动。依法惩处一批违法犯罪人员。2007年，开展严打“两抢一盗”专项行动。2009年，集中整治省人民政府周边、头桥、大营坡等43处发案突出区域。2010年，开展“夏季严打会战”100天行动。

2012年，推出“三级警情研判、三级预警防范”（三级警情：市公安局、实践大队、派出所；三级预警：监狱管理、黄、橙、红三级）机制，完善打、防、控一体化长效管理机制。2013年，中共云岩区委书记与区直各部门、社区（镇）签订云岩区“两严一降”专项工作目标责任书，共同筑牢人防、物防、技防“三张网”。用集资款补助值班守护人员2098人，组建专职巡逻、志愿巡逻、城管巡逻、民兵巡逻的4支队伍巡逻，落实居民小组长、楼长、院长的三长制，健全群防群治工作体系。全区新增“两严一降”专项经费4632万元，刑事发案下降18%、“两抢一盗”下降19%，在全省安全感测评中达91.81分，位次上升9位。2014年，对治安问题突出的区域，由区领导干部牵头包保整治。2015年，采取“一帮一”“点对点”工作方式整治重点地区，省府社区扁井小区实现监控全覆盖和所有住户锁芯全覆盖；金龙社区金鼎山小区环境明显提升，成为贵阳市深入“两严一降”推进会的现场参观点。

第二节　社会治安综合治理

云岩区社会治安综合治理办公室在各街道办事处（镇）设综治办公室。以中北、宅吉街道办事处和黔灵镇为试点。2009 年，成立综合治理工作中心。2013 年，在全区 137 个居委会建立综治工作站。

一、平安工程创建

云岩区及各街道（镇）和相关部门创建平安云岩工作领导小组及其办公室 2004 年成立。2006 年，制定平安社区、平安村、平安单位创建活动考核评比细则，授予在平安工程建设工作中成绩突出的环北街道办事处永乐社区、黔灵镇黔灵村等 76 个平安社区（村），省人事厅等 75 个平安单位，贵州师大附小等 30 个平安校园。2007 年，在重点路段安装监控设备，实施区域治安防范的信息化管理。2008 年，开展争创省级平安建设先进区，市级平安建设模范区活动。2010 年，开展“三创一办”社会治安重点整治攻坚工作。云岩区“平安 E 家”（通过互联网技术，把居民、学校、企事业单位实施活动场景传到手机和电脑，起到防盗报警作用。）报警电话 2011 年进万家，加强防盗门工程建设。云岩区平安社区创建工作实施方案 2013 年出台。2014 年，刑事立案同比下降 24.53%，“两抢一盗”同比下降 20.21%；创建 11 个平安社区。在建设平安贵州禁毒雷霆严打整治行动中，云岩区排名全市第一。2011 年—2015 年，辖区刑事案件发案率年均降低 10%，群众安全感测评从 80% 上升至 96.66%。

二、治安防范

2001 年，云岩区组建治安巡防大队，加强社会面治安巡逻防控。建立社区警务室 54 个，推行“一区一警”或“一区多警”管控模式，把精力放在社区安全防范上。2002 年，建立以住宅区居民段为主的群防群治基层防线，组织辖区单位和群众义务联防队，加强宿舍、院落的值班守护；建立以公安派出所为主的治安管理控制防线，以治安岗亭和治安执勤点为依托，以治安联防队为基干力量，实行片区联防联治，全区楼群院落看护率 98.1%，巡查率 92.4%。2003 年，在社区居委会（村）成立治保会 127 个、治保小组 847 个 2989 人、联防队 70 支 778 人、保安队 121 支 1104 人、低保义务巡逻队 91 支 4271 人、调解组织 156 个 1777 人。开展 3 个半月的刑释解教人员、吸毒人员、流动人口和闲散青少年“四类群体”调查统计，建立完善管理机制，做好预案。2004，年区人民政府与各街道（镇）签订目标责任书；完成全区 114 个社区“一区一警”“一区多警”的警力配置，初步形成群防群治网络。

2007 年，云岩区投入 1000 万元专项资金，在重点路段安装监控设备，将区域治安状况纳入公安干警视线范围。2008 年，重点整治大营坡、客车站、“三马”片区、东山片区等治安乱点。2009 年，整合派出所、公安分局机关、巡逻（特警大队）、“战训合一，轮值轮训”班、治安巡防队五支力量，每天 500 警力，每周 7 天，每天 24 小时滚动出击的治安巡逻办法，维护社会治安秩序。2010 年，开展“三创一办”社会治安重点整治攻坚战。

2011 年，云岩区开展技术防盗设施入户和“平安 E 家”报警电话进万家，安装报警电话 1.62 万门，建成小区“平安 E 家”联网报警平台 14 个，全区防盗门安装覆盖率 82%。2012 年，开展社会治安综合治理攻坚战役，实施社会治安网格化、分级式管理，建立治安网格 270 个，安装单元防盗门 5601 扇、“平安 E 家”报警电话 3.99 万户。2013 年，安装单位防盗门 1361 扇，安装“平安 E 家”报警电话 9947 户。2014 年，创建 11 个平安社区。2015 年，开展星级居委会综治工作站、星级平安居住小区（院落）、“零发案”小区创建工作。当年，星级平安居住小区（院落）达到市级标准的有 20 个；区级标准的有 50 个。通过社会治安综合治理。

三、流动人口管理

2003 年，云岩区对房屋出租户和流动人口管理实行“利益捆绑”制，出租房主逐户登记、造册、建档，签订责任书，严格控制许可证发放；对发生在出租房屋内的违法案件，依法查处当事人，同时追究房主的责任。落实连带责任制，按照谁经营，谁负责；谁用工，谁负责原则，加强建筑工地、公共娱乐场所等用工单位管理，出现问题追究单位和经营者责任；坚持属地管理，居住在机关、团体、军队、大专院校等单位的流动人口纳入公共管理范畴，加强对旅店业、集贸市场、职业介绍所等行业的管理。对流动人口通过查验居民身份证、暂住证和其他有效证件摸清底数，出现问题寻找线索，查获犯罪嫌疑人；遣送“三无”人员。2005 年，对高校周边的暂住人口进行清理，整治校园周边租赁户 2226 户，暂住人口 6958 人。2007 年 7 月，云岩区流动人口管理服务中心及南垭社区、百花社区、贵阳北站和汪家湾流动人口管理服务站成立，辖区城郊结合部流动人口管理服务圈在全省率先建立。

2014 年，云岩区实行“以业管人”流动人口服务管理，将无编号的自建房统一编号管理，按月召开工作例会及相关工作协调会，研究解决工作推进中存在的问题，统一制作相关表格，开展集中培训。5 月，建立流动人口和出租屋管理普查登记工作责任制，明确首次采集信息时限和责任，信息交换比对时限和责任、流动人口作案后倒查责任。建立经常性入户巡查机制、流动人口和出租屋管理普查登记责任制、定期信息比对制度。至 12 月，全区流动人口 26.4 万人，其中流入人口 25.6 万人，符合办理居住证条件的 20.9 万人，已办证 20.5 万人，办证率达 98%。2015 年，通过信息比对掌控重点人员 11616 人，完成房东信息采集登记 56589 人，房屋信息采集数 69741 户。

四、禁毒工作

云岩区每年举办“6·26”国际禁毒宣传活动。2004 年，各街道办事处（镇）辖区毒情排查出吸毒人员 7443 人，对排查出的吸毒人员逐一登记建档，100% 填写吸毒人员登记表。签订帮戒责任书，分级分类管理。2005 年，开展破案攻坚战，打击零包贩毒任务落实到派出所，彻底整治娱乐场所贩毒，加强易制毒化学品和精神类药品管理；创建“无毒社区”，在 16 个街道（镇）设立尿检点；普及禁毒知识进社区、进农村、进单位、进课堂、进家庭。2006 年，云岩区组织 800 名“巾帼禁毒志愿者”开展帮教和宣传活动；筹办“手拉手——全民共铸禁毒长城”中国禁毒志愿者汽车万里行活动。全年破获毒品案 634 起。至 2008 年，云岩区无毒社区覆盖面 74.47%；在被省、市列为重点整治的街（镇）实施为期 3 年的重点整治。2009 年，开展吸毒人员集中排查和管控行动，失控失管从 2018 年的 54% 降到 22.98%。2010 年，全区创建，无毒社区 35 个、无毒村寨 6 个、无毒单位 722 个、无毒学校 61 个、无毒家庭 2902 个、无毒先进单位 85 个。2011 年，帮助社区吸毒人员戒毒，解决康复后就业岗位安置难问题，创建“阳光就业基地”，从特殊就业环境上搭建回归社会平台。2012 年，开展社区戒毒、社区康复“阳光工程”建设。2014 年，明确 12 个 400 人以上的社区（镇）为重点整治单位，圣泉、中天、蔡关、普天、金鸭、金关 6 个社区为“无毒社区”争创单位。

2015 年，云岩区新增禁毒专项经费 1700 万元，建成禁毒特殊病区，在延中、省府社区新建社会化康复站。

第三节　涉法涉诉执法检查

云岩区政法委 2001 年协调处理疑难案件 6 件，成功率 100%。2002 年，组织开展执法执纪检查 4 次，其中专项检查 2 次。2003 年，规范和加强党内执法监督。对重大案件的解决提出意见。2004 年，排查出涉法上访案件29件，息访罢诉28件，结案率92%。2007年7年—9月，在全区开展为期3个月的涉法涉诉非正常上访案件巡回下访活动。2008年11月底至12月中旬，集中开展区政法各部门执法检查。2009年，重点检查违法办案、滥用强制措施、案件久拖不决、重罪轻判、违法取保候审、违法保外就医、执行难等问题；检查司法公正、依法履行职责、权力运行制约和监督，落实政法干警违纪违法，领导干部责任查究制等方面的情况。2014年，全区开展涉法涉诉信访问题“四个一批”（一批群众反映强烈的涉法涉诉信访案件，一批治安混乱、存在安全隐患的地区和场所，一批影响社会稳定的重大社会矛盾，一批群众反映强烈的纪律作风突出问题）专项行动。2015年，开展“百案评审”，以案示教，加强执法监督。

第四节　见义勇为奖励和保护

2006年4月10日，云岩区见义勇为奖励和保护工作委员会成立，下设办公室；设立见义勇为奖励基金，专户存储，专款专用。4月5日—30日，在全区开展见义勇为资金募集活动。4月18日，召开云岩区见义勇为奖励资金募集动员大会。4月29日，举行全区见义勇为奖励资金募集活动集中捐赠仪式。2012年10月，云岩区见义勇为工作协会成立，区人民政府将见义勇为工作经费50万元列入财政预算，定期划拨，保障见义勇为人员的奖励、慰问、医疗费用支出。协会工作人员每年春节慰问见义勇为者，帮扶见义勇为困难家庭。至2015年，云岩区表彰奖励了卢吉荣、石磊、孙凯等39位见义勇为者。

第七章　群众工作

云岩区以社区建设为基础，以群众满意为目标，统筹协调和推进云岩区群众工作和社会管理工作创新。2012年，城市基层管理体制改革后，云岩区加强社会管理，做好组织保障、制度保障、经费保障。

第一节　社会管理

一、社会管理“三个保障”

组织保障。2012年，成立以中共云岩区委、区人民政府主要负责人任组长，分管领导任副组长，区各相关部门、社区（镇）党政负责人为成员的云岩区加强和创新社会管理工作领导小组，下设15个工作组。建立四大班子领导包社区工作机制，实行工作周报制，进度通报制、提醒制。2014年，在区委群工委加挂社会建设工作委员会和社会建设工作办公室牌子，按“三定”（机构、人员、编制）方案配齐领导班子和工作人员，赋予区委群工委（社工委）对社区干部“进退流转”的人事建议权。全区27个社区

（镇）和156个村（居）群众工作站（室）建成，构建区、社区（镇）、居（村）三级群众工作网络。

制度保障。以群众满意度为核心，制定云岩区社会管理工作目标考核办法、社会管理工作问责办法等制度，与牵头单位及各社区服务中心签订目标责任书。中共云岩区委、区人民政府2014年建立重点社会工作调度例会制度，全年召开重点工作调度例会7次，重点研究解决社会工作领域存在的困难和问题。

经费保障。至2012年年底，全区信访维稳经费投入2000万元。2013年，建立与经济增长幅度相适应的社会管理和群众工作经费投入增长机制，社区经费在“三年一调”的基本原则基础上根据实际情况适度调整。2014年，区财政投入2.8亿元用于社会治理和群众工作，各职能部门购买服务投入社区经费4000万元，实际投入3.2亿元。投入2250余万元用于社区公益事业项目建设。区财政划拨社会治理专项资金2000万元，用于社会治理和群众工作。

二、社会管理工作创新

畅通民意渠道。2012年年初，云岩区以项目化推进方式，推行县级党政班子成员牵头主抓创新社会管理工作51项，明确牵头单位责任人29个，细化配合单位工作职责45个，做到事情有人抓、有人管、有人做。在年内开展风险评估的12起重大项目、事项中，11起通过实施，1起暂缓实施，没有一项实施后引发大规模群体性事件。2014年，创办《云岩周刊》民生报，开通24小时热线电话，公布电子邮箱，建立健全群众工作网络，开展“组团”式征求意见等措施，打通民意快递渠道；建立区领导班子定点联系1个社区（镇），区直部门定点联系1个~3个居委会，党员干部定点结对帮扶1户困难群众的“三级联动定点联系制”，开展“千名党员帮千户，干部群众心连心”、党员到社区报到、“心连心”党员志愿者先锋等活动，为基层和群众解决实际问题。区四大班子副县级以上领导干部在区群工中心定时定点接待来访群众163批次500余人次；到所包保联系的社区（镇）接待来访群众近200人次。全区1000名机关和“两新”组织党员与1000名困难群众结成帮扶对子，为困难群众排忧解难。全区机关党员干部共走访慰问群众3000余人次，发放连心卡1000张，办理民生实事1500余件，协调解决群众诉求240余件，募集捐款及物资折合人民币共42万余元。驻村干部走访群众2000余户6000余人次。举办党建文化活动13场，发放党建知识读本、工作手册2000余本；开展法制宣传教育活动20余次；开展就业技术培训50余次，为130余名失地失业村民群众联系工作岗位。为基层协调引入道路、路灯、水、电等帮扶项目10余个，筹集建设及慰问资金300余万元。云岩区“12319”公共服务平台2014年受理公众反映案4.87万件，处置4.77万件结案率97.84%，群众反馈满意率100%。2015年，受理4.7万件，处置4.62万件处置率98.13%，按期结案3.47万件，按期结案率73.82%，群众反馈满意率100%。

培育社会组织。云岩区促进社会组织建设工作领导小组建立社会组织建设联席会议制度，研究解决社会组织发展中的问题；出台培育和扶持社会组织的实施意见，实施公共财政基本支持，实行登记备案双轨制，完善购买服务流程，在社区建立社会组织孵化器，引导和推动社会组织发展；设立《云岩区社会组织导向目录》，培育登记注册的社会组织、社区社会组织、草根型社会组织。2014年，组建云岩区社会组织培育发展中心，中天社区社会组织孵化站，在中天和省府社区试点成立社工服务社，重点培育云岩区欢乐船儿童特殊教育康复中心等17个社会组织。有10家社会组织获得贵阳市支持社会组织发展项目10个资金41万元，社会资金200余万元参与社会管理。各入驻社会组织开展活动199次，受益群众5358人。2015年，重点培育的社会组织开展活动190余次，服务群众5300余人次。引导和鼓励社会力量参与公共服务，制定云岩区政府向社会组织购买服务项目指导目录，构建社会组织、政府、企业、群众多元参与社会治理新格局。

社区群众参与。2012 年，全区 70 个单位完成社会责任承诺书公开工作。通过政府门户网站、党务政务公开栏和 LED 显示屏公开接受社会监督；整合“百姓——书记区长交流台”、政府门户网站、专线电话和宣传、公安等部门资源，开设“微云岩”系列微博平台；印发《致驻区单位和居民群众的公开信》30 余万份，引导驻区单位、居民群众参与社区建设，增强认同感和归属感；发出《致广大党员干部、团员青年的倡议书》3 万余份，各单位充分利用黑板报、宣传栏、宣传横幅等形式开展宣传，在主干道设立大型宣传展板，编发群工简报 46 期。2013 年，设立《群众之声》专刊，了解群众呼声，解决群众诉求。专刊收集民生类问题 364 件，多数问题得以解决。

2014 年—2015 年，云岩区社会管理创新工作分别在人民网，《贵州日报》《贵阳日报》和贵阳电视台等宣传报道 20 余次。

第二节　社区建设

一、社区公益事业项目建设

云岩区 2013 年获得四批“新型社区·温馨家园”社区公益事业项目 235 个，总金额 4800 余万元。2014 年，获两批社区公益事业项目 65 个，总金额 4500 余万元，实体建设全部完成，项目资料按“一目一档”归档，社区和区级验收。2015 年，获三批社区公益事业项目 52 个，总金额 3570 余万元。

通过实施社区公益事业项目，改善社区公共基础设施、服务设施、文体设施、安保设施和环境卫生状况，提升了社区管理和服务硬件水平，提高群众安全感及群众对城市基层体制改革和社区建设的认可度和满意度。

二、社区体制机制建设

2012 年，云岩区明确城市新型社区建设责任，细化任务，建立新型社区机构设置职能职责及社区工作规则、社区工作章程、社区党委职责和工作规则、社区居民议事会工作规则、社区工作者职责、社区服务中心运行网格划分范围统计、社区机构运行示意图、社区服务中心为民服务工作细则和考核办法（试行）。制定云岩区社区工作指导目录统计表（试行）、准入制度实施办法（试行），指导目录表内统计 150 项工作，其中以社区为主 82 项，以职能部门为主、社区协助 68 项；明确社区和职能部门各自承担的责任，社区主要精力用于为民服务，发挥社区“服务群众、凝聚人心、优化管理、维护稳定”的作用。建立社区“大党委”工作机制，根据各社区实际。2014 年，将派出所、司法所、城市管理、工商行政管理等部门领导纳入“大党委”范围；赋予社区党委对辖区内派驻机构领导干部“进退流转”人事建议权；理清社区职能职责，理顺社区与职能部门关系，规范社区运行，提升社区统筹协调能力。强化社区党委、社区居委会、社区服务中心“一委一会一中心”治理模式，筑牢社区党委领导核心地位。建立一月一议、特事特议工作机制，拓宽议事渠道、提升议事效率、提高议事质量。完善社区工作经费保障机制。社区统筹经费列入财政预算，简化事前审批程序，强化事后审计，提高社区应急处置能力。

三、社区干部队伍建设

2013 年云岩区有社区后备干部 109 人，占全区后备干部总数的 28.43%。社区干部开展党的建设、社会管理、公共服务、法律法规、和谐创建、群众工作和维护稳定等方面业务知识轮训，帮助干部转变观念、提升能力素养。全年培训社区干部297人次；开展网格工作人员培训136期1500余人次，培训考核228人。2014年举办干部主体培训班、云岩讲堂、开展网格队伍专业培训；指导各部门开展各类培训，培训1.5万人次。2015年，开展网格队伍专业培训2300余人次，重新核编每个社区事业编制人数。

四、社区网格化建设管理

云岩区2012年按照社区网格划分方法对社区网格进行重新划分。中共十八大期间，区信访维稳专班实行24小时值班备勤，发挥专班统筹协调功能，全区信访维稳实现不发生进京非正常上访事件；不发生到省到市群体性上访极端事件；不发生网上恶意炒作事件；不发生大规模群体性事件；不发生信访恶劣性事件；不发生因工作失误造成严重失误事件的目标。

2013年，更新信息平台GIS地图信息，每个社区配备一台电脑和网格交换机，网格员配置303台手持终端（PDA）。建立起区级网格指挥中心和26个社区指挥中心。至11月18日，辖区26个社区完成人口基础信息采集和录入，全区网格化管理系统录入69.90万人，建立网格1025个，楼栋1.39万栋，录入法人单位1.14万个。至2015年，数据库录入人口信息72.79万条，楼栋信息1.4万条，法人单位信息1.23万条，消防安全重点单位信息790条，更新地理信息100平方千米。以社区网格化信息管理服务平台为基础，整合云岩区“12319”公共服务指挥中心、社区网格化管理服务平台、书记区长——百姓交流台。

2014年，完善区、社区（镇）两级综合信息平台，社区设立网格监管部，居（村）委会负责人担任网格长，在部分居委会建立社会工作站全面承担网格工作。完善以人口、单位（法人）、房屋（楼栋）、公共设施等地理信息、事件分类为主要内容的基础信息数据库。与区地税、公安、消防实现数据共享与比对。与区消防大队综合集成“大数据”系统，拓展物联网、GIS等信息技术在消防安全管理、火灾应急救援等中的应用。运用空间地理信息技术，实现消防部件一键定位；接入街面视频探头信号和重点区域的3G视频信号，实现火情火警实时监控。通过综合平台对采集的数据信息进行智能化分析比对，进行火灾风险评估，实行分色预警，实现对重点区域和对象的主动防控。

2015年，全区27个社区和黔灵镇网格化覆盖率达到100%。按照200户~400户标准，将27个社区划分为1025个网格，配备1196名网格员。

第三篇

人民代表大会

第一章　地方国家权力机关

云岩区第八届人民代表大会1980年8月设立云岩区人民代表大会常务委员会（区人大常委会），为区人大的常设机关，在闭会期间行使地方国家权力机关云岩区人民代表大会的职权，对区人大负责并报告工作。区人大常委会由常委会主任、副主任和委员若干人组成。云岩区人大常委会依法行使人事任免权；依法对一府两院工作行使法律监督和工作监督；依法对重大事项行使决定权；对人民代表提出的议案、建议、批评进行办理；代表工作贯彻《人民代表法》做好区人民代表的服务、培训、联络工作；接待和办理人民群众来信来访。

第一节　云岩区人民代表大会

一、代表选举和构成

（一）代表选举

云岩区人民代表大会的代表，按划分选区、选民登记和选民资格审查、提名和推荐代表候选人，选民投票选举等几个步骤进行。

第十三届人民代表大会代表的选举，全区划分为108个选区。其中，选3名代表的选区9个，选2名代表的选区11个，选1名代表的选区88个。108个选区提出区人大代表候选人858名。其中，政党和人民团体推荐51名。经过选民充分酝酿、讨论协商，确定区人大代表正式候选人325名，选举出云岩区第十三届人大代表218名。

第十四届人民代表大会代表的选举，全区划分城镇选区98个，提出区人大代表候选人517名。其中，10人以上联合提名174名，政党和人民团体推荐45名。经过选民充分酝酿、讨论协商，确定区人大代表正式候选人396名，选举出云岩区第十四届人大代表219名。

第十五届人民代表大会代表的选举，全区划分城镇选区95个。其中，10人以上联合提名166名，政党和人民团体推荐24名。经过选民充分酝酿、讨论协商，确定区人大代表正式候选人369名，选举出云岩区第十五届人大代表217名。

第十六届人民代表大会代表的选举，全区划分城镇选区101个，提出区人大代表候选人410名。其中，10人以上联合提名373名，政党和人民团体推荐37名。经过选民充分酝酿、讨论协商，确定区人大代表正式候选人311名，选举出云岩区第十六届人大代表210名。

（二）代表构成

云岩区第十三届人民代表大会代表218名。其中省、市、区机关、群众团体41名，工交、街道工业40名，商业服务、金融、工商、税务、个体经济27名，教科文卫体30名，农民、农村工作者10

名，街道工作者、军烈属、复员转业军人、离退休干部56名，民主党派、无党派爱国人士、宗教、三胞两属13名，解放军代表1名。

云岩区第十四届人民代表大会代表219名。其中知识分子代表23名，干部代表75名，工人代表98名，农民代表11名，军人代表1名，其他人士代表11名。代表中，中共党员代表143名，非中共党员代表76名，妇女代表74名，少数民族代表26名。

云岩区第十五届人民代表大会代表217名。其中知识分子代表22名，干部代表77名，工人代表98名，农民代表9名，军人代表1名，其他人士代表10名。代表中，中共党员代表140名，非中共党员代表77名，妇女代表68名，少数民族代表37名。

云岩区第十六届人民代表大会代表210名。其中非公经济人士代表47名，干部代表58名，工人代表53名，农民代表12名，专业技术人员代表23名，军人代表1名，其他人士代表16名。代表中，中共党员代表151名，非中共党员代表59名，妇女代表62名，少数民族代表30名。

二、第十三至第十六届人民代表大会

（一）第十三届人民代表大会

1998年3月25日—30日，云岩区第十三届人民代表大会第一次会议召开，出席会议的代表218名。至2000年，区第十三届人大召开了四次会议。

第五次会议　2001年2月6日—9日，云岩区第十三届人大第五次会议召开，218名代表参加。会议听取和审议通过了《云岩区人民政府工作报告》《云岩区人大常委会工作报告》《云岩区人民法院工作报告》《云岩区人民检察院工作报告》；审查和批准《云岩区国民经济和社会发展第十个五年计划纲要草案的报告》《云岩区2000年国民经济和社会发展计划执行情况及2001年国民经济和社会发展计划草案的报告》《云岩区2000年财政预算执行情况和2001年财政预算草案的报告》。

第六次会议　2002年2月26日—29日，云岩区第十三届人大第六次会议召开，218名代表参加。会议听取和审议通过了《云岩区人民政府工作报告》《云岩区人大常委会工作报告》等报告。

（二）第十四届人民代表大会

第一次会议　2003年3月10日—15日，云岩区第十四届人民代表大会第一次会议召开，出席会议代表219名。会议听取和审议通过《云岩区人民政府工作报告》《云岩区人大常委会工作报告》《云岩区人民法院工作报告》《云岩区人民检察院工作报告》；审查和批准《云岩区2002年国民经济和社会发展计划执行情况及2003年国民经济和社会发展计划草案的报告》《云岩区2002年财政预算执行情况和2003年财政预算草案的报告》。大会选举产生云岩区第十四届人民代表大会常委会主任、副主任、委员，云岩区人民政府区长、副区长，云岩区人民法院院长、云岩区人民检察院检察长。

第二次会议　2004年3月2日—5日，云岩区第十四届人大第二次会议在云岩区行政中心主会场召开（此后会议地点未变），210名代表参加。会议听取和审议通过《云岩区人民政府工作报告》《云岩区人大常委会工作报告》等报告。

第三次会议　2005年3月15日—18日，云岩区第十四届人大第三次会议召开，211名代表参加。会议听取和审议通过《云岩区人民政府工作报告》《云岩区人大常委会工作报告》等报告。

第四次会议　2006年3月21日—25日，云岩区第十四届人大第四次会议召开，209名代表参加。会议听取和审议通过《云岩区人民政府工作报告》《云岩区人大常委会工作报告》等报告；审查和批准《云岩区国民经济和社会发展第十一个五年规划纲要草案的报告》等报告。大议选举云岩区第十四届人大常委会主任。

（三）第十五届人民代表大会

第一次会议 2006 年 11 月 20 日—25 日，云岩区第十五届人民代表大会第一次会议召开，出席会议代表 217 名。会议听取和审议通过《云岩区人民政府工作报告》《云岩区人大常委会工作报告》等报告。大会选举产生云岩区第十五届人民代表大会常委会主任、副主任、委员，云岩区人民政府区长、副区长，云岩区人民法院院长、云岩区人民检察院检察长。

第二次会议 2007 年 3 月 6 日—9 日，云岩区第十五届人大第二次会议召开，213 名代表参加。会议听取和审议通过《云岩区人民政府工作报告》《云岩区人大常委会工作报告》等报告。

第三次会议 2008 年 3 月 4 日—7 日，云岩区第十五届人大第三次会议召开，210 名代表参加。会议听取和审议通过《云岩区人民政府工作报告》《云岩区人大常委会工作报告》等报告。

第四次会议 2009 年 3 月 24 日—27 日，云岩区第十五届人大第四次会议召开，209 名代表参加。会议听取和审议通过了《云岩区人民政府工作报告》《云岩区人大常委会工作报告》等报告。大会补选云岩区第十五届人大常委会副主任 1 名。

第五次会议 2010 年 3 月 2 日—4 日，云岩区第十五届人大第五次会议召开，210 名代表参加。会议听取和审议通过《云岩区人民政府工作报告》《云岩区人大常委会工作报告》等报告。

第六次会议 2011 年 3 月 9 日—11 日，云岩区第十五届人大第六次会议召开，214 名代表参加。会议听取和审议通过《云岩区人民政府工作报告》《云岩区人大常委会工作报告》等报告；审查批准《云岩区国民经济和社会发展第十二个五年规划纲要草案的报告》等报告。

（四）第十六届人大代表大会

第一次会议 2012 年 1 月 4 日—8 日，云岩区第十六届人民代表大会第一次会议召开，出席会议代表 210 名。会议听取和审议通过《云岩区人民政府工作报告》《云岩区人大常委会工作报告》《云岩区人民法院工作报告》《云岩区人民检察院工作报告》；审查和批准《云岩区 2011 年国民经济和社会发展计划执行情况及 2012 年国民经济和社会发展计划草案的报告》《云岩区 2011 年财政预算执行情况及 2012 年财政预算草案的报告》。大会选举产生云岩区第十六届人民代表大会常委会主任、副主任、委员，云岩区人民政府区长、副区长，云岩区人民法院院长、云岩区人民检察院检察长。

第二次会议 2012 年 9 月 17 日—19 日，云岩区第十六届人大第二次会议召开，200 名代表参加。大议补选云岩区第十六届人大会常委会副主任 1 名。

第三次会议 2013 年 2 月 26 日—28 日，云岩区第十六届人大第三次会议召开，210 名代表参加。会议听取和审议通过《云岩区人民政府工作报告》《云岩区人大常委会工作报告》等报告。

第四次会议 2014 年 3 月 3 日—5 日，云岩区第十六届人大第四次会议召开，210 名代表参加。会议听取和审议通过《云岩区人民政府工作报告》《云岩区人大常委会工作报告》等报告。大会补选云岩区第十六届人大常委会副主任 1 名。

第五次会议 2015 年 1 月 4 日—8 日，云岩区第十六届人大第五次会议召开，207 名代表参加。会议听取和审议通过《云岩区人民政府工作报告》《云岩区人大常委会工作报告》等报告。大会选举产生云岩区人民政府区长；选举云岩区第十六届人大常委会委员 3 名。

第二节　云岩区人民代表大会常务委员会组成情况

一、第十三至第十六届人大常委会

（一）第十三届人大常委会

1998 年 3 月 24 日—30 日，云岩区第十三届人大第一次会议召开，会议选举王德本、邓维加、朱开萍、刘铁良、杨惠斌、李清萍、陈黔英、罗万权、罗启坤、蒋宗功、曾瑜、蔡瑞民、潘恭筑（女）为第十三届人大常委会委员；选举王晓玲为第十三届人大常委会主任，陈永梅、邢群、陈兴武、姚英明、张毓、朱昌徽为副主任。

（二）第十四届人大常委会

2003 年 3 月 10 日—15 日，云岩区第十四届人大第一次会议召开，会议选举王承华、龙其凡、卢仁新、刘铁良、杨惠斌、沈小莉、陈晓筑、陈家俐、岳巍、周英英、袁家德、顾松轩、焦俊为第十四届人大常委会委员；选举杨文慧为第十四届人大常委会主任，朱昌徽、刘志霖、李清萍、陈学宪、周佐祥、姚英明为副主任。2006 年 3 月 21 日—25 日，召开的云岩区第十四届人大第四次会议，选举黄庆会为第十四届人大常委会主任、熊百霖为副主任。

（三）第十五届人大常委会

2006 年 11 月 20 日—25 日，云岩区第十五届人大第一次会议召开，会议选举龙其凡、卢仁新、冉先黎、刘莉娜、关关（女、满族）、杨淇龠、沈小莉、宋波、陈家俐、周英英、郎洪平、赵子依、胡晓玲、袁家德、贾吉成、顾松轩、晏福平、焦俊、谢朝勇为第十五届人大常委会委员；选举黄庆会为云岩区第十五届人大常委会主任，余铁权、周进、姚英明、聂钢、熊百霖为副主任。2009 年 3 月 24 日—27 日，召开的云岩区第十五届人大第四次会议上，补选张川西为第十五届人大常委会副主任。

（四）第十六届人大常委会

2012 年 1 月 4 日—8 日，云岩区第十六届人大第一次会议召开，会议选举古嘉扬、龙其凡、卢毅、冉先黎、刘莉娜、关关、何黔芳、宋波、陈碧华、周雪、郑璐、赵子铱、董夏良、焦俊、童春林、熊伟为第十六届人大会常委会委员；选举黄庆会为第十六届人大常委会主任，余铁权、熊百霖、周进、张川西、张晓甦、黄栋全、陈卫为副主任。2012 年 9 月 18 日—19 日，召开的云岩区第十六届人大第二次会议上，补选田盛为第十六届人大常委会副主任。2013 年 2 月 26 日—28 日，召开的云岩区第十六届人大第四次会议上，补选兰岚为第十六届人大常委会副主任。

云岩区人大常委会正副主任任职情况表

（1998 年—2015 年）

届次	职位	姓名	任职起止时间
第十三届	副主任	王晓玲（女）	1998 年 3 月—2000 年 9 月
		杨文慧（女）	2000 年 9 月—2003 年 3 月
		陈永梅（女）	1998 年 3 月—2000 年 9 月
		邢　群	1998 年 3 月—2003 年 3 月
		陈兴武	1998 年 3 月—2000 年 9 月

续上表

届次	职位	姓名	任职起止时间
第十三届	副主任	姚英明(女)	1998 年 3 月—2003 年 3 月
		张毓(女)	1998 年 3 月—2000 年 9 月
		周佐祥	1998 年 3 月—2003 年 3 月
		朱昌徽	2000 年 9 月—2003 年 3 月
		李清萍(女)	2000 年 9 月—2003 年 3 月
		陈学宪	2000 年 9 月—2003 年 3 月
第十四届	主任	杨文慧(女)	2003 年 3 月—2006 年 3 月
	副主任	朱昌徽	2003 年 3 月—2006 年 3 月
		刘志霖	2003 年 3 月—2006 年 11 月
		李清萍(女)	2003 年 3 月—2006 年 11 月
		陈学宪	2003 年 3 月—2006 年 11 月
		周佐祥	2003 年 3 月—2006 年 11 月
		姚英明(女)	2003 年 3 月—2006 年 11 月
第十五届	主任	黄庆会	2006 年 3 月—2012 年 1 月
	副主任	聂　钢	2006 年 1 月—2012 年 1 月
		熊百霖(女)	2006 年 3 月—2012 年 1 月
		余铁权	2006 年 11 月—2012 年 1 月
		周　进(女)	2006 年 11 月—2012 年 1 月
		姚英明(女)	2006 年 11 月—2012 年 1 月
		张川西	2009 年 3 月—2012 年 1 月
第十六届	主任	黄庆会	2012 年 1 月—
	副主任	陈卫	2012 年 1 月—2012 年 8 月
		黄栋全	2012 年 1 月—2013 年 2 月
		余铁权	2012 年 1 月—2015 年 8 月
第十六届	副主任	张川西	2012 年 1 月—
		张晓甦	2012 年 1 月—
		熊百霖(女)	2012 年 1 月—
		周　进(女)	2012 年 1 月—
		田　盛	2012 年 9 月—
		兰　岚(女)	2014 年 3 月—

二、人大常委会

根据中共贵州省委关于全省各级人大机关、政协机关机构改革的实施意见和中共云岩区委的实施意见。2002 年 1 月，云岩区人大常委会机关内设办公室（秘书科、信访科、行政科），工作委员会办公室；工作委员会办公室为综合办事机构，分为内务司法、财政经济、城建环保、教科文卫、选举任免联络五个工作委员会。行政编制 21 名，后勤服务人员事业编制 6 名，由财政全额预算管理。至 2015 年，区人大常委会设办公室，工作部门有内务司法委员会、财政经济工作委员会、教科文卫工作委员会、城建环保工作委员会、选举任免联络工作委员会。

第三节　黔灵镇人民代表大会

2002 年 1 月 23 日—25 日，黔灵镇第二届人民代表大会第一次会议召开，出席会议代表 59 名。选举出黔灵镇人大主席团主席 1 名，副主席 1 名；镇长 1 名，副镇长 6 名。

2006 年 11 月 11 日—13 日，黔灵镇第三届人民代表大会第一次会议召开，出席会议代表 59 名。选举出黔灵镇人大主席团主席 1 名，副主席 1 名；镇长 1 名，副镇长 3 名。

2011 年 11 月 30 日至 12 月 2 日，黔灵镇第四届人民代表大会第一次会议召开，出席会议代表 56 名。选举出黔灵镇人大主席团主席 1 名；镇长 1 名，副镇长 3 名。

第二章　会议及审议事项

本章主要记述云岩区人大常委会议和主任会议以及区人大常委会审议决定的重大事项。

第一节　会　议

一、常委会会议

云岩区人大常务委员会依照法律规定，每两个月至少一次常委会会议，听取和审议“一府两院”等工作情况报告，审议决定和批准本行政区域内的政治、经济、教育、科学、文化、卫生、生态环境保护、民政、民族等工作的重大事项。在云岩区第十三届至第十六届人大常委会（1998 年 4 月—2015 年 12 月）期间，召开 145 次常委会会议。其中 1998 年 4 月—2003 年 2 月云岩区第十三届人大常委会期间，召开 48 次常委会会议。2003 年 3 月—2006 年 11 月云岩区第十四届人大常委会期间，召开 28 次常委会会议。2006 年 11 月—2011 年 12 月云岩区第十五届人大常委会期间，召开 42 次常委会会议。2012 年 1 月—2015 年 12 月云岩区第十六届人大常委会期间，召开 27 次常委会会议。

二、主任会议

云岩区人大常委会主任会议，由主任、副主任组成，主要处理常委会的重要日常工作。2015 年，召开主任会议 11 次，议题有开展“三严三实”专题教育，商定常委会议题，传达学习中共云岩区委有关会议精神，讨论常委会工作要点，区人大常委会人事任免，督办代表建议，区人民政府提请区人大常委会审议的相关工作事宜，承担区中心工作的进展和完成情况，人大调研课题等。

第二节　审议事项

2001 年 1 月—2003 年 2 月，云岩区第十三届人大常委会审议决定的重大事项：2002 年 4 月 18 日，第三十九次会议审议通过《关于进一步开展普法和依法治区工作的决议》；8 月 22 日，第四十一次会会议作出《关于批准区人民政府关于承诺用财政预算资金归还建设区行政综合大楼贷款的报告》的决议；12 月 5 日，第四十四次会议听取和审议《云岩区 2002 年财政预算调整方案（草案）的报告》和云岩区人大常委会财经工作委员会的调查报告。会议通过《关于批准云岩区 2002 年财政预算调整方案的决议》等 16 项决定、决议。

2003 年 3 月—2006 年 11 月，云岩区第十四届人大常委会审议决定的重大事项：2003 年 7 月 11 日，第五次会议听取并审议通过《关于同意〈区人民政府关于申请国家开发银行资金拟建云岩区雅关工业园的报告〉的决定》；9 月 17 日，第七次会议听取并审查通过《关于批准区人民政府关于区土地利用总体规划修编的决定》。2005 年 7 月 28 日，第二十四次会议审查通过《关于同意〈区人民政府贷款解决三桥北路建设资金有关问题的请示〉的决议》等 15 项决定、决议。

2006 年 11 月—2011 年 12 月，云岩区第十五届人大常委会审议决定的重大事项：2010 年 3 月 10 日，第二十九次会议审议通过《关于同意区人民政府关于〈贵州省贵阳市云岩区国家科技进步示范区建设与发展规划〉（2010 年—2012 年）的报告的决议》《关于进一步开展普法和依法治区工作的决议》。2011 年 9 月 9 日，第四十一次会议审议通过《关于成立云岩区选举委员会的决定》等 48 项决定、决议。

2012 年 1 月—2015 年 12 月，云岩区第十六届人大常委会审议决定的重大事项：2014 年 6 月 12 日，第二十次会议审议通过作出《关于批准云岩区 2013 年财政决算的决定》；11 月 18 日，第二十三次会议审议通过作出《关于同意发售民生——云岩市西宝 1 号金融产品的决定》。2015 年 12 月 25 日，第 23 次会议审议通过《关于批准云岩区 2014 年财政预算调整的决定》等 19 项决定、决议。

2001 年—2015 年期间，区人大常委会作出 98 项重大事项决定、决议；对 68 项法律法规开展了执法检查。

第三章 监督 重大事项决定 任免

云岩区人民代表大会及其常务委员会依法履行监督权、重大事项决定权、人事任免权。通过行使法律赋予的权力开展各项工作，促进全区改革开放经济发展社会和谐稳定。

第一节 监督

一、法律实施情况监督

区人大常委会每年针对法律法规实施的难点，群众普遍关心的社会热点，制定法律监督工作计划，邀请部分代表和有关专家组成调查组，通过法律法规学习、现场明察暗访、随机抽查、群众座谈、问卷调查等形式，加强重点监督、连续监督、联合监督、跟踪监督，对提出的整改意见和建议跟踪检查，增强监督实效。

2001 年—2003 年间，对云岩区贯彻执行《流动人口计划生育管理办法》《中华人民共和国食品卫生法》《中华人民共和国义务教育法》《中华人民共和国红十字会法》《中华人民共和国建筑法》等法律法规执行情况进行检查。2003 年—2006 年间，对《人中华人民共和国口与计划生育法》《中华人民共和国环境保护法》《中华人民共和国义务教育法》《中华人民共和国婚姻法》《中华人民共和国律师法》《中华人民共和国传染病防治法》《中华人民共和国残疾人权益保障法》《贵阳市促进非公有制经济发展办法》等法律法规进行执法检查 60 余次。采取专题调研、重点视察、个案监督等形式，提出意见和建议并跟踪督办。2006 年—2010 年间，对《传染病防治法》《食品安全法》《互联网上网营业场所管理条例》等法律法规的贯彻执行情况进行执法检查；听取区人民政府关于依法行政、审计、监察、普法等方面的工作报告；检查《劳动合同法》《妇女权益保障法》《行政复议法》《行政监察法》《律师法》《贵州省行政复议条例》等法律法规的贯彻落实情况；对《环境保护法》《贵阳市城市市容和环境卫生管理办法》《贵阳市促进生态文明建设条例》等法律法规贯彻执行情况进行执法检查。将“三创一办”列为重点监督事项。

2012 年后，对《居民委员会组织法》《科技进步法》《法律援助条例》的贯彻落实情况进行检查。有针对性地开展食品安全、互联网上网营业场所管理、禁毒工作、未成年人保护等专项工作监督 40 余次。2014 年，对《禁毒法》执法检查，针对云岩区存在吸毒人员总量增多，管控工作滞后，社区戒毒、社区康复执行率低，禁毒机制不够健全，防控体系薄弱等方面的困难和问题提出意见和建议。对《未成年人保护法》执法检查，针对法律宣传力度不够、未成年人犯罪呈上升趋势等问题提出建议。

2015 年，对《食品安全法》进行执法检查，检查组到辖区部分食堂、超市、农贸市场、餐饮店实地察看、走访群众、座谈交流，了解贯彻实施情况；针对部分食品生产经营者未切实履行好食品安全第一责任人的职责、法规宣传培训工作不够、行业自律和社会监督的作用未充分发挥等问题提出建议；

对《贵阳市人大常委会关于依法推进教育立市战略实施的决定》进行执法检查，通过对学前教育、素质教育、学区化管理改革情况的调查和分析，找出存在的困难和问题，提出的解决意见和建议，中共云岩区委、区人民政府责成分管领导牵头组织相关职能部门立即整改，取得较好的效果。

二、经济工作监督

区人大常委会2007年在对云岩区“三圈”（核心圈、周边圈、外围圈）建设、楼宇经济、产业布局调整等重大事项进行决定过程中，区人大常委会组织有关人员进行专题调研。向政府提出建设性意见和建议。2013年，成立云岩区“十二五”规划纲要中期评估工作督查调研组，对涉及的25项主要指标完成情况进行督查，有效促进规划实施；对云岩区1月—10月财政预算执行情况调查，针对新的财政体制和“营改增”等改革，云岩区财政、税收相关基数变动较大，财政支出暂时无法调整的实际，向政府提出做好新老财政体制的衔接，全力搞好市下划企业的服务和征收征管工作的建议；组织代表调查并听取区人民政府关于2013年国民经济和社会发展计划执行情况的汇报，针对调查中发现综合经济工作部门之间存在沟通不畅等问题，及时向政府提出理顺关系，加强协调的建议。

受市人大委托，2014年牵头组织区发展改革局、科技工信局、投资促进局等部门对云岩区涉及北京·贵阳创新驱动、区域合作重点签约项目进行调研；对重大项目建设资金进行审核，作出《关于同意发售民生——云岩市西宝1号金融产品的决定》。2015年，引导财政部门按照新修订的《预算法》要求编制、执行预算；原则上对年初的预算不作调整，而是根据当年财力状况、重点支出项目等实际情况由政府作出调整。常委会专题调研组针对调研中发现的问题，组织召开云岩区“十三五规划纲要编制工作专题咨询会”，提出意见和建议。

三、生态文明城区建设监督

区人大常委会及其专委会对生态环境建设、森林水源保护、公园绿地建设、城市综合管理等工作开展调研、考察和检查。2001年—2003年间，对云岩区贯彻执行中华人民共和国《土地法》《森林法》《环境保护法》《水土保持法》《城市规划法》《贵阳市城市绿化管理条例》等法律法规执行情况进行检查。2009年，通过调研，对三桥片区、渔安安井片区、雅关偏坡片区开发建设、小关湖生态环境保护等提出建设性意见和建议。

2013年，主要是一年两次对“门前三包”责任制度贯彻落实情况进行检查，通过不间断跟踪监督，促进制度落到实处；对全区开展严厉打击违法违章建筑行为专项整治工作进行检查，通过实地察看、听取汇报掌握情况后，提出了有针对性的意见和建议；检查区公安分局办公楼、金龙国际等施工工地的安全生产、文明施工等情况。2015年，对《贵阳市生态文明城市建设条例》贯彻实施情况进行综合执法检查，梳理出意见和建议10余条，形成专题报告送市人大常委会。

四、司法工作监督

2009年以来，区人大常委会对区人民政府“严打‘两抢一盗’，保卫百姓平安”专项工作及区检察院反渎职侵权、区公安分局看守所监所管理、区司法局社区矫正等工作进行专项检查、视察和调研。针对群众反映强烈的法院执行难问题，多次组织相关人员对区法院的执行工作进行检查。2012年，选择社会影响较大的重点案件进行个案监督，并邀请市人大常委会、市中院执行局有关领导、专家座谈研究，提出建议和意见，增强工作监督实效。2013年，对区人民法院审理和执行民间借贷案件情况进行专题调研，提出应加强法制宣传教育，引导规范民间借贷活动等意见和建议。2015 年，组织省、市、区三级人大代表参加区人民法院、区人民检察院（“两院”）开展的“公众开放日”活动，通过旁听庭审等形式，加大对“两院”工作的日常监督。

五、社会事业监督

区人大常委会 2004 年组织相关部门及部分市、区人大代表进行专题调研并提出意见和建议，促进义务教育基本均衡发展，进城务工人员子女义务教育阶段入学问题逐步得到解决。对全区中小学素质教育开展情况进行专题调研。对区人民政府开展社区卫生服务体系建设、校园周边环境整治等工作情况进行检查。2008 年，“两访一户”（集体上访、告急访、上访老户）案件列为区人大常委会督办案件。

2011 年开始，抓住人民群众普遍关注的教育、食品、药品安全等民生问题，开展工作监督。2012 年，将校园安全作为专项评议的议题，首次采用“就一个议题对多个部门进行评议”的方式，把事关校园安全的教育、公安、卫生、文化、工商、城管等主要部门纳入评议范围，促进整改意见的落实。2013 年，对辖区中小学素质教育情况进行专题调研，分别走访贵阳市第二实验小学、第二实验中学两所公办学校和金狮恒凯九年制民办学校。调研提出学生课业负担过重的情况仍然存在，尤其是在初三年级学生中，经历中考、作业和考试较多；建议素质教育的开展还需要进一步研究方式方法，让每个学生的潜得到最大的开发；要想方设法做好思想工作，确保教师队伍稳定。针对食品、药品安全管理、文化市场管理检查中发现的问题，区人大常委会以审议意见转达书的形式交区人民政府办理，并跟踪督办。2015 年，对义务教育均衡发展、食品药品安全等重点工作开展专项检查，提出建议与对策。

六、专业代表小组监督

云岩区人大工作委员会组织专业代表小组开展监督活动。2013 年 7 月，教育科学文化卫生工作委员会组织人大代表、委员组成检查小组，在盐务街等处对辖区食品、药品和诊所安全管理工作进行专项检查。2015 年，教科文卫代表小组就政府重大项目和十件实事进展情况进行跟踪检查；对全区义务教育均衡发展情况、中小学生体质健康状况进行调研，发挥专业优势，通过实地查看、调查问卷、开座谈会、查阅资料等形式，查找存在的困难和问题，提出有分析、有对策的可行性建议，供区委决策参考。

第二节 重大事项决定

2001 年 2 月，区第十三届人大五次会议至 2015 年 1 月第十六届人大五次会议期间，听取和审议《云岩区人民政府工作报告》《云岩区人大常委会报告》《云岩区人民法院工作报告》《云岩区人民检察院工作报告》，审查《云岩区国民经济和社会发展计划执行情况及国民经济和社会发展计划草案的报告》《云岩区财政预算执行情况及财政预算草案的报告》等报告；大会表决通过以上报告。审查和批准云岩区国民经济和社会发展“十五”计划、“十一五”、“十二五”规划纲要及执行情况的报告等重大事项。区第十六届人大第六次会议《关于政府工作报告的决议》，充分肯定云岩区人民政府“十二五”规划时期和 2015 年的工作，同意报告提出的“十三五”规划时期的主要目标任务和 2016 年重点工作，决定批准这个报告。

为促进区人大常委会讨论、决定重大事项的规范化、制度化，按照《贵阳市人民代表大会常务委员会讨论决定重大事项的规定》，围绕云岩区经济社会发展中带有全局性、根本性、长远性的问题，在听取和审议“一府两院”等有关工作报告，深入调研的基础上，履行审查监督职能，依法作出批准云岩区经济社会发展第十个、第十一个和第十二个五年规划、年度财政预决算、进一步开展普法教育和依法治区工作、云岩区土地利用总体规划修编、发售民生——云岩市西宝1号金融产品等的决定、决议共98项；及时把中共云岩区委的重大决策部署，通过法定程序转化为全区人民的共同意志，促进云岩区经济社会的健康持续发展。

第三节 依法行使任免权

云岩区人民代表大会及其常委会根据法律规定，通过法定程序，任免国家工作人员，对拟任命人员坚持任前法律知识培训、考试、拟供职务报告等制度，在颁发任命书时，向被任命人赠阅宪法、监督法等法律法规文本。

1998年3月—2003年2月，区第十三届人大及其常委会期间，依法任命国家行政机关、审判机关、检察机关和人大常委会组成人员152名，免职33名，撤职2名。首次对“一府两院”提请任命的工作人员进行任前法律知识考试，任中听取供职报告、任后述职评议，强化了对任免国家工作人员的监督。

2003年3月—2006年11月，区第十四届人大及其常委会期间，依法任命国家机关工作人员87名，免职32名。根据最高人民法院《关于完善人民陪审员制度的决定》，2005年，云岩区人大常委会依法任命16名人民陪审员。

2006年11月—2011年12月，区第十五届人大及其常委会期间，依法任命国家机关工作人员139名，免职56名，补选市人大代表1名，区人大代表6名，罢免市人大代表2名。云岩区人大常委会坚持党管干部原则，进一步完善和规范人事任免工作，依法行使人事任免权，不断增强拟任命人员法制意识和责任意识。2012年1月—2015年12月，区第十六届人大常委会依法任命国家机关工作人员150人，免职67人。补选市人大代表3名，补选区人大代表25人，终止代表资格15人。其中2013年依法任命29人，免职14人，补选区第十六届人大代表1名；2014年，依法任命34人，免去职务30人，接受辞职2人，补选市人大代表1人，增选、补选区人大代表18人，终止代表资格15人。指导召开黔灵镇人民代表大会，补选镇人大主席1人。

2015年，依法任命、决定任命37人，免职8人，补选市人大代表2人，区人大代表3人。审议通过《云岩区人大常委会实施宪法宣誓制度规程》，在区第十六届人大常委会第二十九次会议上，首次对新任命的1名副区长、1名政府组成人员和20名法官举行向宪法宣誓仪式。

第四章　代表工作

云岩区人大常务委员会制定《联系区人大代表的办法》《常委会组成人员分工联系代表制度》《代表小组组长职责》《人大代表组联络员工作职责暂行规定》《邀请代表列席人大常委会会议制度》《代表执行职务登记制度》《常委会组成人员联系本级人民代表大会代表暂行办法》，规范、完善代表工作。

第一节　代表活动

区人大常委会每年组织代表视察和调查；督促办理代表的议案建议；邀请代表列席人大常委会和专门委员会会议；走访人大代表，召开座谈会，听取代表意见；召开代表履职座谈会，组织代表在闭会期间开展活动。年初，组织市、区代表参加两级人大会议。常委会加强与代表联系，为人大代表履职提供保障和条件。围绕代表履职，发挥代表作用。立足代表作用发挥，开展代表主题活动。

2001 年以来，区人大常委会每年邀请部分人大代表和有关专家组成调查组，对当年事关大局的工作重点，法律法规实施的难点，群众普遍关心的热点进行明察暗访，提出整改意见和建议。2004 年，组织召开人大代表座谈会，讨论学习《中华人民共和国宪法》和人民代表大会制度。

2013 年，从区人民政府办理的 7 件代表建议中，选出杨志刚等代表提出的《关于解决金关村村民饮水难的建议》为重点跟踪件，组织常委会委员和提建议代表进行跟踪督办和评审，提出可行性意见和建议，促使政府将金关村饮水安全工程纳入 2014 年拟办十件实事之一。组织市、区代表小组开展学习讨论、专题调研、实地视察、交流座谈等活动。2014 年，就金关村村民饮水改造工程和云岩区环卫市场化运作，组织云岩团市人大代表进行专题视察。通过视察，代表们就加快推进民生工程建设，促进环卫市场化运转提出意见和建议。紧扣全区中心工作。2015 年，组织各地区代表小组开展活动，替民代言，提出意见建议 50 余条。两次组织市人大云岩团代表视察打渔寨重点改水工程项目、飞山横街等非集中成片棚改项目、益佰医药产业园建设和渔安新城产城互动工作情况。

第二节　代表议案

区人大常委会不断规范代表建议的办理程序，完善建议交办、督办和反馈制度，采取重点督办、跟踪检查和评审等方式促进重点、难点建议的办理；每年听取和审议区人民政府关于代表建议、批评和意见办理情况的报告，区人民政府建立相关副区长领衔督办代表重点建议工作机制，督促承办部门和单位开展建议办理“回头看”工作，使建议的办理质量、代表满意度和问题解决率有提高。

2001 年—2003 年 3 月，云岩区第十三届人大会议期间，收到代表建议 296 件。需转请省、市有关部门处理的117件；属于区人民政府办理的179件中，财政、经济、市场建设38件，城建城管、环保、国土130件，科技、教育、卫生、文体、计划生育40件，公安、社会治安综合治理（综治）23件，民政65件。代表建议提出的问题基本解决的236件占办理总数的79.73%，列入计划解决的46件占15.5%，因客观条件限制至2003年2月未解决的14件占4.5%。

2003年3月—2006年11月，云岩区第十四届人大会议期间，收到代表建议（含视察建议）338件，需转请省、市有关部门处理的占108件；属于区人民政府办理的229件中，财政、经济、市场建设29件，城建城管、环保、国土82件，卫生、文体27件，公安、综治17件，民政、水利、农业、劳动就业及其他74件。代表建议提出的问题基本解决的171件占办理总数的74.7%，列入计划解决的53件占23.1%，因客观条件限制至2006年11月未解决的5件占2.2%。

2006年11月—2011年12月，云岩区第十五届人大会议期间，收到代表建议288件，视察建议13件，需转请省、市有关单位处理的占83件；属于区人民政府办理的218件中，财政、物价、地方税收、市场建设24件，城市规划、城建城管、林业绿化70件，教育、卫生、文体21件，公安、综治19件，民政、农业水利、社会保障、劳动仲裁及其他84件。代表建议提出的问题基本解决的164件占办理总数的75.23%，列入计划解决的42件占19.27%，因客观条件限制至2011年12月未解决的12件占5.5%。

2012年1月—2015年，云岩区第十六届人大会议期间，共收到代表建议86件。需转请省、市有关单位处理的24件；属于区人民政府办理的86件中，财政、物价、地方税收、市场建设3件，城市规划、城建城管、林业绿化21件，教育、卫生、文体6件，公安、综治6件，民政、农业水利、社会保障、劳动仲裁21件，其他方面的5件。代表建议提出的问题基本解决的27件、列入计划解决的26件、因客观条件限制至2015年12月未解决的9件，分别占办理总数的43.54%、41.94%、14.52%。

2015年1月，召开的区第十六届人大五次会议收到代表建议24件，属于区人民政府办理的23件，转请市有关部门处理的1件；为做好建议的跟踪检查和评审工作，常委会从23件督办件中选出《关于在三桥中坝路与三桥北路口安装红绿灯的建议》《关于完善金钟河蔡家关雅河桥交通安全设施的建议》作为常委会主任会议重点督办件进行跟踪检查。

第三节　代表培训

云岩区人大常委会每年邀请省、市，区人大常委会专家或领导作专题讲座报告；各级人大代表、各地区人大代表工作室主任、联络员参加代表专题知识讲座；派代表参加省市人大常委会在本地或外地举办的区县人大干部培训诳、乡镇人大干部培训班、代表组长培训班、代表履职座谈会等。采取集中学习与个人自学相结合、听取辅导与汇报交流相结合、就地学习与个人自学相结合等形式培训代表。2013年，组织部分市、区人大代表分6期参加市人大在厦门大学、清华大学及举办的各区（市、县）代表培训班。通过以会代训方式，两次对各地区代表组组长、社区人大工作联络员进行培训。

2014年，组织市、区人大代表和区人大机关干部参加省、市人大举办的规范性文件备案审查、环境和资源保护等专题培训班。在区十六届人大五次会议召开之前，通过以会代训方式，对各地区代表组组长和社区人大工作联络员进行培训。区人大代表参加大数据知识、基层党组织建设等业务培训。2015年，辖区省市区人大代表参加省内外专业培训有6次100余人。通过安排培训，使每届的人大代表都普遍受到一次以上的培训，向人大代表普及人民代表大会制度建设的基本知识，增强代表的履职意识和履职能力。

第四节　代表工作创新

云岩区人大常委会在建立街道办事处代表工作室的基础上，2004 年把代表工作延伸到社区居委会和村委会，在全区 127 个社区居委会和 13 个村委会设立 140 个代表工作联络站，形区有人大常委会，街道有人大代表工作室，社区（居、村）有人大代表工作联络站的人大代表工作网络。街道代表工作室不断探索创新工作方法，促进人大代表工作上台阶。如结合“改茅工程”、为民办实事、扶贫助困、整脏治乱等专项工作，为息烽县消灭农村人居茅草房工程捐款；为黔灵镇雅关、改茶、圣泉、偏坡等偏远学校捐赠图书建立“育才图书室”；为辖区戒毒人员捐款；向困难群众子女捐资助学等。贵州省《人大论坛》报道称：云岩区建立社区人大代表工作联络站的做法为“国内首创”，贵阳市人大常委会要求在全市推广。云岩区两次在全省人大代表工作经验交流会上作交流发言。2008 年，开展人大代表回选区述职工作的基础上，推进人大代表工作创新。2013 年 9 月，区人大常委会在中华社区首次召开代表回选区述职评议观摩会，来自社区的 60 名选民代表和 25 个社区的党委书记、人大工作联络员现场观摩。会上，中华社区的 4 名区人大代表作书面述职后，选民代表进行评议。通过听得见、看得到、面对面的评议，拉近了代表与选民之间的距离。

第五章　加强和改进人大工作

云岩区人大常委会坚持党的领导、人民当家做主、依法治国有机统一，不断加强和改进人大工作，促进履职水平提高。

第一节　加强履职能力建设

加强自身建设。区人大常委会始终把思想建设摆在首位，努力把常委会建成规范务实的权力机关、工作机关和代表之家。2013 年，开展“找问题、找差距、找目标”讨论活动与代表主题活动相结合，从加强常委会覆职能力建设、思想作风建设等方面人手，推动思想观念的转变和工作能力的提高。2015 年，以开展“三严三实”专题教育为契机，进一步加强机关作风建设，解决人大机关“不实不严”的问题，形成守规矩、讲纪律、真抓实干的良好氛围，不断提高常委会及其机关工作能力和水平。接待武汉市汉阳区、南宁市兴宁区、都匀市人大常委会考察组，交流和探讨新形势下的区县人大工作，拓宽工作视野。

加强人大工作调研。2013 年，由区人大常委会 4 名副主任牵头组织相关工委，就发展云岩区生产性服务业、棚户区城中村改造的路径和模式、当前和长远解决民生问题的思路和办法进行联合调研，形成两篇调研报告，为中共云岩区委、区人民政府决策提供参考。2015 年，常委会领导和机关干部下到包保社区、居（村）委会及重点企业、重大项目工地调研 40 余次，形成《云岩区人大常委会关于县乡人大换届选举工作的意见及建议》《云岩区镇人大规范化建设及社区人大代表工作情况报告》，梳理意见建议 12 条供市人大参考。

加强制度建设。区人大常委会制定云岩区人大宣传工作方案，规范工作程序、宣传要点和稿酬奖励。2013 年，云岩区人大在省市报刊、杂志刊发宣传报道 30 余篇。市人大 2014 年编辑出版的《人大代表风采录》，反映云岩区人大代表先进事迹的有 12 篇。在联络和资格审查方面，2014 年通过全面排查，首次终止 15 名人大代表的代表资格。制定《云岩区人大常委会组成人员联系本级人民代表大会代表暂行办法》，进一步加强闭会期间常委会与人大代表的经常性联系，12 名驻会常委会组成人员联系走访基层人大代表 36 人，帮助协调解决问题 10 余个。在行使人事任免权方面，2015 年按照《云岩区人大常委会实施宪法宣誓制度规程》，在第十六届人大第二十九次会议上首次对新任命的 22 名国家工作人员举行向宪法宣誓仪式，增强任职人员的宪法意识和依法履职、接受监督的意识。

第二节　加强人大工作

中共云岩区委把人大工作纳入全区工作大局，统一谋划、统一部署、统一推进，坚持和完善人民代表大会制度，保证和支持人大在党的领导下履行宪法和法律赋予的职责。召开全区人大工作会议等重要会议，2014 年 11 月，中共云岩区委关于进一步加强和改进人大工作的意见，提出新时期人大工作的指导思想、目标要求和工作措施。中共云岩区委研究重大项目、重大资金、重要人事等工作，听取人大党组的意见；定期听取人大工作汇报。针对新型社区代表工作开展受限等问题，2015 年在 27 个社区服务中心成立代表工作室，补选 10 名社区党工委书记为区人大代表。

第三节　探索人大工作机制

2012 年，区人大常委会首次采用“就一个议题对多个部门进行评议”的方式，把事关校园安全的教育、公安、卫生、文化、工商、城管等部门纳入评议范围，促进了整改意见的落实。区人大教科文卫委员会组织专业代表小组，2013 年和 2015 年，先后对食品、药品和诊所安全工作进行专项检查，对义务教育均衡发展、中小学生体质健康状况进行专题调研，提高了代表监督工作的针对性。

2014 年，区人大常委会对人大代表的履职情况进行全面排查，准确掌握各选区人大代表的真实情况，依照法律规定，首次终止 15 名人大代表的代表资格。

第四篇

人民政府

第一章 云岩区人民政府

云岩区人民政府是区人民代表大会的执行机关，县级国家行政机关，对本级人民代表大会及其常委会和贵阳市人民政府负责并报告工作。1955 年 8 月，云岩区人民委员会（人民政府）成立至 2015 年，历经十六届。

第一节 行政机关

云岩区人民政府行使宪法和地方组织法规定的职权。由区人民政府区长、副区长，办公室主任、政府工作部门局长组成。实行区长负责制。区长主持区人民政府的工作。政府工作的重大问题，须经政府常务会议、全体会议或区长办公会议讨论决定。2001 年后，翟彦、张传庆、蒋纪鸣、丁旭东、聂雪松、莫惹、杨继、林刚先后担任区人民政府区长。2015 年，政府职能转变和机构改革，云岩区形成一府 24 个工作机构和 4 个直属单位新构架。

云岩区人民政府正副区长任职情况表

（1998 年—2015 年）

职务	姓名	任职时间	备注
区长	翟彦	1998 年 3 月—2003 年 3 月	
	张传庆	2003 年 3 月—2003 年 9 月	
	蒋纪鸣	2003 年 11 月—2006 年 5 月	
	丁旭东	2006 年 4 月—2009 年 1 月	
	聂雪松	2009 年 3 月—2011 年 10 月	
	莫惹	2012 年 1 月—2012 年 12 月	
	杨继(女)	2012 年 12 月—2014 年 12 月	
代区长	林刚	2014 年 12 月—2015 年 2 月	
区长		2015 年 2 月—	
副区长	徐恒	1998 年 3 月—2000 年 7 月	
	杨小平	1998 年 3 月—2004 年 8 月	
	聂钢	1998 年 3 月—2006 年 11 月	
	谭筑	1998 年 3 月—2003 年 3 月	

续上表

职　务	姓　名	任职时间	备　注
副区长	杨芝芳(女)	1998 年 3 月—2003 年 3 月	
	余维祥	2000 年 1 月—2003 年 3 月	
	汤慧勇	2001 年 1 月—2011 年 10 月	
	张志祥	2001 年 5 月—2005 年 7 月	
	刘　敏(女)	2003 年 3 月—2012 年 11 月	
	余铁权	2003 年 3 月—2006 年 9 月	
	段　迪	2003 年 3 月—2011 年 10 月	
	田儒雄	2004 年 8 月—2011 年 10 月	
	赵震洋	2005 年 2 月—2013 年 10 月	
	张　艳(女)	2006 年 06 月—2007 年 6 月	挂职
	杨文莉(女)	2009 年 09 月—2011 年 9 月	挂职
	廖玫妮(女)	2010 年 09 月—2011 年 9 月	挂职
	董亚伟	2011 年 10 月—2014 年 6 月	
	吴永康	2011 年 10 月—	
	杨天华	2012 年 01 月—2012 年 4 月	
	杜凌云	2012 年 1 月—	
	罗丕	2012 年 3 月—2014 年 3 月	挂职
	沈　川	2012 年 4 月—2014 年 4 月	挂职
	陈　卫	2012 年 8 月—	
	黄栋全	2013 年 2 月—2015 年 1 月	
	杨会生	2013 年 7 月—2014 年 7 月	挂职
	石　洋	2013 年 11 月—	
	杨炜锋	2014 年 12 月—	
	孙蓓红(女)	2015 年 6 月—	挂职
	周　勤	2015 年 7 月—	挂职

第二节　工作部门和直属单位

2000 年，云岩区人民政府有 31 个工作部门和直属单位。2001 年 9 月，云岩区工商行政管理局更名为贵阳市工商行政管理局云岩分局，为省垂直管理正科级单位；11 月，区计划经济局撤销，设立区发展计划局；区商业委员会（区第三产业办公室）更名为区经济贸易局；设立区旅游事业局，区民族宗教事务局。2002 年 1 月，区卫生局红十字会办公室及工作职能划出，设立区红十字会，为区人民政府直属副科级行政单位；区国土局更名为区国土资源局；3 月，撤销区环保工作处，设立区环境保护局；4 月，区人事劳动局更名为区人事劳动和社会保障局；区就业管理办公室并入区社会保险事业局，更名为区就业和社会保险局，为人社局直属机构；12 月，成立区机关后勤服务中心，为区人民政府直属正科级事业单位。2003 年 4 月，成立贵阳云岩新纪元基本建设投资开发管理有限公司。

2004 年 10 月，区发展计划局招商引资协调办公室及工作职能划出，设立区招商引资局；区乡镇企业局并入区发展计划局并更名为区发展和改革局（区乡镇企业局）；区人民政府办公室信访办公室更名为区信访局；设立区安全生产监督管理局；区经济贸易局更名为区商务局；11 月，区计划生育局更名为区人口和计划生育局；12 月，区国土资源局由区人民政府工作部门调整为市国土资源局派出机构，更名为贵阳市国土资源局云岩区分局。

2005 年 1 月，撤销区就业和社会保险局，设立区社会保险收付管理中心和区就业与职业技能开发中心；9 月，撤销区公安分局消防科，成立贵阳市公安消防支队云岩区消防大队。2006 年 1 月，区社会保险收付管理中心更名为区社会保险事业局。2007 年 4 月，区就业与职业技能开发中心更名为区就业局；6 月，区安全生产监督执法大队成立，为区安监局下属事业单位；8 月，贵阳市规划管理局云岩分局成立。2008 年 5 月，贵阳市划转房管所到区，成立云岩区住房保障和房产管理局，为区人民政府直属事业单位。

2010 年 1 月，撤销区乡镇企业局，设立区水利水电工程移民局；2 月，贵阳市规划管理局云岩分局更名为贵阳市城乡规划局云岩分局；8 月，贵阳云岩新纪元基本建设投资开发管理有限公司整合更名为贵阳云岩贵中土地开发基本建设投资管理有限公司（云岩贵中公司）；9 月，区人民政府办公室督查室职能划转，设立区督办督查局；12 月，区民族宗教事务局更名为区民族事务局；区人事劳动和社会保障局职能调整更名为区人力资源和社会保障局。

2011 年 3 月，区科学技术局职能调整并更名为区科学技术和工业信息化局（区知识产权局），区旅游事业局更名为区旅游局，贵阳市工商行政管理局云岩分局更名为云岩区工商行政管理局；7 月，设立区群众工作中心，与区信访局合署办公；9 月，区招商引资局撤销，设立区投资促进局和区政务服务中心；8 月，区拆迁安置所更名为区国有土地上房屋征收管理局。2012 年 1 月，成立区棚户区城中村改造办公室；3 月，成立黔灵片区经济发展中心、“三马”片区经济发展中心和中华片区经济发展中心，为区发展和改革局所属正科级事业单位；区爱国卫生运动委员会办公室恢复为区人民政府直属正科级事业单位，撤销区卫生和食品药品监督管理局原内设区爱国卫生运动委员会办公室；8 月，成立区节能减排监察大队，为区发展和改革局所属副科级事业单位；12 月，组建区生态文明建设局，加挂区环境保护局、区林业绿化局牌子。

2013 年 4 月，成立区产业园区建设办公室；12 月，区工商行政管理局由省垂直管理改为市县政府分级管理；成立区金融工作办公室，为区财政局下属副科级事业单位。2014 年 4 月，成立区土地储备中心，为市级直管单位；云岩贵中公司变更为贵阳云岩贵中土地开发基本建设投资管理集团有限公司。2015 年，区金融工作办公室划归政府管理，为区人民政府直属正科级事业单位。

至 2015 年，云岩区人民政府设置工作部门 24 个：区人民政府办公室、区发展改革局、区商务局、区教育局、区民族事务局（区宗教事务局）、区民政局、区司法局、区财政局、区人力资源和社会保障局、区生态文明建设局、区住房和城乡建设局、区农业水利局、区文体广电局（区新闻出版局版权局）、区审计局、区统计局、区城市管理局、区旅游局、区安全生产监督管理局、区督办督查局、区卫生和计划生育局、区市场监督管理局（区工商行政管理局、区质量技术监督局、区食品药品监督管理局）、区工业和信息化局、区科学技术局（知识产权局）、区信访局、区监察局（与区纪律检查委员会机关合署办公，列入区人民政府机构序列，不计入机构个数）。

区人民政府直属事业单位4个：区档案局、区水泥水电工程移民局、区投资促进局、区爱国卫生运动委员会办公室。

第三节　街道办事处 镇人民政府

云岩区街道办事处始建于1953年。2000年3月，黔灵乡撤乡设镇。黔灵乡人民政府改称黔灵镇人民政府，与街道办事处均为区人民政府的派出机构。2012年，云岩区城市基层管理体制改革，撤销街道办事处，设立社区服务中心，受区人民政府领导。

一、街道办事处

2001年，云岩区有中山东路、中华中路、黔灵东路、贵乌路、宅吉路、北京路、环城北路、中华北路、延安中路、威清路、中山西路、市西路、头桥、三桥、普陀路等15个街道办事处。街道办事处内设党政办公室、社会治安综合治理办公室、经济管理科、计划生育科、城市管理科、民政管理科、社会保障所、社区服务中心、财政所、文化站、安监站、夜市办、清洁队、武装部等部门。

2007年8月，“三马”片区调整由云岩区行政管辖后，2009年，新增金关、金鸭、金惠3个街道办事处。至2011年4月，云岩区辖18个街道办事处。

二、社区服务中心

2011年5月30日，贵阳市城市基层管理体制改革试点单位云岩区中华社区服务中心首个挂牌成立。2012年4月28日，云岩区新型社区党委、社区服务中心在延中社区授牌。全区18个街道办事处改制为26个社区服务中心。2014年12月，水东社区服务中心成立。截至2015年，云岩区有27个社区服务中心。社区服务中心内设机构为：党政工作部（综合协调办、网格办）、群众工作部、社会事务部、城市管理部、经济服务部；辖村委会的社区还设农村工作服务部。社区服务中心均设便民服务大厅，为辖区群众提供党务咨询、党组织关系转接、志愿者招募登记、精神文明建设、群团、低保、双拥、社保、医保、医疗卫生、扶贫救困、创业、就业培训介绍、残疾人服务、经济适用房和廉租房初审、人口计划生育服务、流动人口管理服务、城市管理、绿化、爱国卫生、群众来信来访、人民调解、法律咨询、社会治安防范、戒毒、康复、安全生产以及涉农服务等服务。

三、黔灵镇人民政府

黔灵镇人民政设镇长、副镇长。实行镇长负责制，镇长主持镇人民政府工作。行使宪法和地方组织法规定的职权。2015年，黔灵镇人民政府内设党政办公室、社会治安综合治理办公室、人口计划生育办公室、经济发展办公室（安全生产监督管理办公室）、城镇管理办公室、社会事务管理办公室。黔灵镇人民代表大会常设机构、镇纪委（监察）、政法委、人民武装部、工会、共青团、妇联等组织机构按规定设置，工作职责由镇党政机构承担；事业单位有镇人力资源和社会保障服务中心（新型农村合作医疗管理站）、镇科技宣教文化信息服务中心、镇统计站、镇林业站、镇财政所、镇农业服务中心。黔灵镇2001年辖13个村1个居委会。2005年、2006年、2008年和2011年，新增世纪园、石欣、扶风花园和景馨居委会。至2015年，黔灵镇辖茶店、沙河、东山、西瓜、三桥、改茶、云岩、宅吉、黔灵、雅关、偏坡等11个村，沙河、世纪园、石欣、扶风花园、景馨、银枫、天誉城、云山、金海等9个居民委员会。

第二章　行政制度

云岩区人民政府不断加强规章制度建设和执行，规范行政行为，提高依法行政能力和水平，推进法制政府建设。

第一节　制度建设

2001年，云岩区进一步加强推行政府采购制度工作，规范政府采购行为。2008年，区人民政府将《采购暂行管理办法》《采购集中采购目录及限额标准》发至区属各部门、街道（镇）执行。针对执行情况，把区属单位50万元以下工程项目纳入政府采购工作管理，以解决《政府采购法》与《招投标法》的衔接问题。

云岩区2003年从制度建识设入手，进一步改进机关作风。2004年，建立处理信访突出问题及群体性事件联席会议制度。2005年，建立《云岩区信访维稳督办督查制度》等规章制度。加强源头预防治理，2013年，制定《云岩区重大事项社会稳定风险评估实施细则（试行）》。2014年，出台了规范信访工作流程、健全完善领导包案制度、开门接访制度、首接责任制和矛盾纠纷排查化解、风险评估、责任追究机制等跟进措施，确保信访维稳工作实效。

区人民政府为贯彻落实国务院《全面依法行政实施纲要》（《纲要》），于2005年印发贯彻《纲要》的具体规划和实施意见，通过行政执法责任制考评，将依法行政工作分解到政府工作的各个方面和环节，逐级落实。建立区人民政府规范性文件备案审查制度、行政执法责任制度、行政执法调查取证与审查决定分离办法、罚款决定与罚款收缴分离实施办法、行政执法错案责任追究和赔偿办法、行政执法过错责任追究制度和行政应诉工作规则（试行），为依法行政提供制度保障。

2008年，云岩区落实《国务院关于加强市县政府依法行政的决定》，将行政执法评议考核工作纳入各行政执法部门年度目标管理考核。举办32期培训班，对行政机关700余名干部进行依法行政业务培训；对行政审批部门执行《行政许可法》的情况进行专项检查。政府工作部门结合实际，建立健全相关规章制度和考核办法。区公安、工商、财政、地税、国税、卫生、计生、林业绿化、农业水利、技术质量、食品药品、科技等行政部门和街道办事处，将相关行政规章制度汇编成册，发到科室、站、所、队，使行政管理、依法行政有章可循、有法可依。

2011年，区人民政府建立《重大行政决策程序规定（试行）》《重大行政决策合法性审查制度（试行）》（“两个制度”）等规章制度，加强法制政府建设。同时，结合行政审批制度改革和政务服务中心建设，建立健全部门首问责任制、限时办结制、责任追究制、考核奖励制等规章制度。建成区级行政审批电子监察系统，并与市级电子监察系统联网。加强行政决策配套制度建设，建立了云岩区重大行政决策报告制度、集体讨论制度、合法性审查机制。2015 年，建立区级公共法律服务中心，完善政府法律顾问制度，按照法治政府、服务政府建设等要求，废、改、立制度 77 项，新的行政制度体系基本形成。

第二节　制度执行

一、会议制度的执行

区人民政府坚持法定的会议制度，通过政府全体会议，决定和部署区人民政府的重要工作；讨论重要规章和政府工作中的重大事项；讨论分析经济形势、通报全区经济和社会发展情况。通过政府常务会议，传达贯彻中共中央、国务院，中共贵州省委、省人民政府和中共贵阳市委、市人民政府的指示和决定，研究制定贯彻落实的措施；讨论需要报请中共云岩区委决定的重大事项；研究部署政府的全面工作，讨论决定政府工作中的重大问题；讨论提请区人民代表大会及其常务委员会审议的规章（草案）的议案和重要报告；讨论通过云岩区国民经济和社会发展规划、年度计划和财政预算；讨论通过由政府发布的行政规章、行政措施、决定和命令。通过区长办公会议，研究处理政府日常工作中的重要问题；审议上报市人民政府或政府有关工作部门审批的重要事项；讨论决定重大投资项目、技术改造项目和区级财政支出预算执行中追加的一次性财政专款；讨论决定政府各工作部门及各社区（镇）请示区人民政府的重要事项；讨论决定以区人民政府名义授予的先进集体和个人荣誉称号。通过政府专题会议，研究协调政府日常工作中的具体问题，处理具体业务工作；研究处理政府各工作部门和各社区（镇）向区人民政府专题请示的事项；研究协调部门之间的重要工作。

云岩区 2013 年对违反会场纪律的 41 人进行约谈、告诫或函询。2014 年，精减会议、文件比例分别达 16%、27%。“三公”经费压缩 23%。2015 年，区长办公会研究云岩区大数据产业园规划、大数据产业发展优惠政策、地质灾害防治三年行动计划工作方案、为民服务全程代理工作方案、进一步加强政府性融资和债务管理、社区养老服务体系建设项目、机关公务用车改革方案等重要事项。

二、规章制度的执行

云岩区执行领导干部任期经济责任审计规定，于 2002 年建立由区纪委、区委组织部、区审计局、区人力资源和社会保障局、区财政局、区监察局六部门组成的经济责任审计工作联席会议制度和审前共商、审中互动、审后运用的工作机制。至 2015 年，进行区属单位领导干部经济责任审计 90 项，对被审计领导干部个人廉政方面进行取证和评价；本人及单位的有关情况，则采取无记名填写方式进行民意调查，促进审计结果的整改落实及审后运用。

2003 年 9 月 29 日，召开全区扩大开放和效能建设动员大会，进一步改进机关作风，实行政务公开、限时办结、一次性告之制、岗位责任制、首问责任制、服务承诺制、联合办公制、绩效考评制、行政过错责任追究等制度，成立云岩区效能监察投诉中心，共受理群众投诉 79 件，当年办复 72 件；接待上访投诉近 200 人次。

2008 年《云岩区人民政府采购暂行管理办法》《政府采购集中采购目录及标准》实施。至 2015

年，政府采购资金节约15679万元，节约率14.87%。

2014年，云岩区全面厘清区人民政府各工作部门的行政职权及其依据、行使主体、运行流程、对应的责任等，并向社会公布接受监督。至2015年，完成78项政府工作部门简政放权、放管结合、职能转变工作。执行权力清单、责任清单制度，通过对行政许可、行政处罚、行政给付、行政征收等事项的清理，加强了“接、管、放”等工作，推进行政审批制度改革和政务服务规范化建设。

2011年以来，落实“两个制度”，区人民政府在作出重大行政决策之前广泛听取意见，充分吸收专家学者的意见和建议，坚持把专家论证、风险评估、合法性审查和集体讨论作为重大行政决策的必经程序，健全决策纠错和问责机制，全面评估决策执行效果。充分发挥政府法律顾问在政府重大决策、重要工作、重要事项中的参谋、助手作用，对全区重大项目、招商引资协议等的合法性、合理性、可操作性进行严格审查并提供法律意见建议。加强对规范性文件的备案审查，强化文件制定的合法性、科学性、民主性，维护法制统一、政令畅通。2015年，共审查修改政府及部门的有关合同、协议约80件，政府类公告、决定120多件。

第三章　政府工作

云岩区人民政府工作以经济建设为中心，守住生态和发展两条底线，在历届政府工作的基础上，推进云岩区经济建设和社会事业持续健康发展。

第一节　经济社会发展五年规划和执行

一、五年规划

云岩区国民经济和社会发展五年规划，根据中共云岩区委制定云岩区经济社会发展五年规划的建议编制，主要阐明区委、区人民政府的战略意图，提出经济发展、社会发展、人民生活、资源环境主要指标，明确政府工作重点，引导市场主体行为。五年规划是未来五年云岩区经济社会发展的蓝图，是政府部门依法履行职责，编制专项规划，制定实施年度计划和各项政策措施的重要依据，是全区奋斗的行动纲领。贯彻落实中央、省市重大工作安排部署，结合区情制定方案、政策、措施和年度目标任务。

（一）“十五”计划

“十五”计划（2001年—2005年）提出以建设现代化城区目标总揽全局，牢固树以人为本的理念和全面协调可持续的发展观，深入实施市场带动、开放带动、科教兴区和可持续发展四大战略，创新发展理念，深化战略研究，强化战略执行，加快结构调整，推进体制创新，紧紧抓住西部大开发和经济结构调整等机遇，加快推进全面建设小康社会和现代化城区建设。期间，云岩区出台了整顿市场经济秩序的意见，推进社区建设加强城市基层基础工作的实施意见，大力发展“楼宇经济”的实施意见，进一步推进经济强区建设的实施意见，对云岩区纳税百强企业提供特别服务的实施意见，招商引资优惠政策，深入实施“总部战略”加快发展“楼宇经济”扶持基金管理办法，科技进步专项资金管理（试行）办法等政策和措施。

（二）“十一五”规划

“十一五”规划（2006年—2010年）提出牢牢把握科学发展观，以人为本，实施科教兴区、人才强区、开放带动和可持续发展战略，紧紧围挠“两个率先”目标，提高执政能力和执政水平，实现三产立区、工业强区、体制活区，促进经济增长方式转变和经济结构优化升级，打造效益云岩、生态云岩、文明云岩、和谐云岩，实现全区经济社会发展的历史性跨越。期间，云岩区出台了进一步加快旅游业发展的实施意见，进一步加快发展服务业的实施意见，第三产业专项发展规划和城市商业网点发展规划，加快三桥马王庙片区建设工作方案，实施科学发展五大工程推进生态文明城区建设工作方案，振兴工业经济的若干意见等规划、方案和措施。

（三）“十二五”规划

“十二五”规划（2011年—2015年）提出牢牢把握加速发展、加快转型、推动跨越的主基调，紧紧围绕生态文明城区建设目标，加快发展和转变发展方式，着力发展现代服务业；以建设现代化城区为重点，加快现代化、信息化、城市化和市场化步伐；构建和谐社会，加强社会主义精神文明和民主法制建设，实现新的历史性跨越，全面建成小康社会。期间，云岩区出台了加快推进棚户区城中村改造工作实施方案，开展城市基层管理体制改革试点工作方案，落实大力扶持微型企业发展工作的意见，加快发展高新技术产业和现代制造业的实施意见，创建生态文明示范城区实施方案，进一步支持渔安安井片区经济社会发展的意见，推进义务教育优质均衡发展的实施方案，率先迈向基本现代化的实施意见、城市控制性详细规划等方案，规划和措施。

二、五年规划执行

“十二五”规划期间，云岩区全面推进经济、政治、文化、社会、生态建设，较好完成了规划确定的目标任务，率先在全省实现全面小康。

通过改造提升传统优势产业，推动市西路业态转型升级，建设城市商贸综合体，金融、研发、信息、商务等现代服务业发展，旅游基础设施逐步完善，总部经济和楼宇经济得到发展，服务业规模不断壮大，结构优化、产业升级。至“十二五”规划期末，服务业增加值超过500亿元，年均增长16%以上，占云岩区生产总值的比重达80%以上。生物制药、包装印刷等特色优势产业和信息技术等高新技术产业加速发展，园区建设推进迅速，工业增加值基本达到目标，高新技术产业增加值占GDP的25%以上。地区生产总值比“十一五”规划期末的306亿元翻了一番，持续位居全省第一。

加快“疏老城、建新城”步伐，建设轨道交通1号线，实施南垭路、黔春路等道路建设，金西大道延伸段、金工路、园区次干道二级道路建成通车，金阳环线、金阳大道两条主干道及园区次干道开工建设，道路交通得到改善。同期启动大营坡、老百货大楼等一批棚改项目，完成改造面积445万平方米，惠及群众8.9万人。建成银海元隆、中大国际、汇金国际广场等城市综合体。共完成300个老旧小区的整体提升和局部改造。

完成卫生、计生、物价、工商、质监等部门的撤并整合，形成24个政府机构和4个直属事业单位新构架。设立新型社区，推行“网格化”管理。深化财税体制改革，扩大“营改增”试点范围，启动实施“三证合一、一照一码”（工商营业执照、组织机构代码证、税务登记证；一个部门核发，加载社会信用统一代码）的登记制度，各类市场主体约8万户，注册资本达610亿元以上。引进康德乐、希尔顿、恒大、万科、腾邦集团、中航地产等国际国内500强企业，推动了区域发展。累计引进省外实际到位资金840亿元，实际利用外资超过3.13亿美元。

实施“碧水”“蓝天”“绿地”“清洁”“田园”保护计划，加大阿哈水库、小关水库、黔灵湖等水系资源保护力度。金钟河草坝、龙潭、汇源桥、蔡家关污水收集治理项目及打石沟截污工程建设竣工。完成对南明河、市西河的清淤。环境质量优良天数达标率92%以上。单位GDP能耗下降率，控制主要污染物排放总量均完成市下达任务。建成区绿化覆盖率45.34%。创建国家环境保护模范城市通过考核验收。

云岩区2013年通过省级全面小康达标验收，提前8年在全省率先建成全面小康社会。城镇居民人均可支配收入达28142元，农村居民人均达14080元，两项指标全省第一。新增就业人员累计达23.93万人，城镇登记失业率控制在4%以内；义务教育基本均衡发展通过国家认定，小学、初中毛入学率均达98%；人才资源总量14.5万人，高层次人才3.1万人，人才总量增长；各级各类医疗卫生机构达548所，千人有床位数13张、卫生技术人员19人，医疗服务、保障体系健全；全面启动云岩区96811便民服务平台居家养老购买服务，在区中心敬老院建立实行医养结合的养老新模式；实现各项社会保险制度全覆盖，参保规模达63万人，平均覆盖率达98%以上；获批2014年国家知识产权强县工程试点区，科技进步贡献率达90%，科技进步水平指数持续四年全省第一；“两严一降”专项行动和“禁毒人民战争”不断深化；开展“平安云岩”创建工作，做好矛盾纠纷排查化解工作，群众安全感连续五年提升。

第二节　目标管理 督办督查

一、目标管理

目标制定。2001年—2010年每年初，由中共云岩区委办公室、区人民政府办公室督查室（“两办”督察室）一起编制各街道办事处（镇）、区直各部门、群团组织的年度目标责任书。2011年后，由区督办督查局目标办结合中共贵阳市委、市人民政府下达的年度目标和中共云岩区委、区人民政府工作要求制定年度目标责任书。年度目标制定围绕经济和社会发展的中心任务，结合机关工作特点，每年突出重点；包括共性目标和业务目标，共性目标是各部门都要实施的共性任务，业务目标是各部门履行职能的重点工作。

目标实施。按照政府与部门签订的目标责任书，各部门再分解到科室、下属单位，落实责任和目标任务；每年目标在每季度初，向主要经济部门和片区发展中心下达八大核心经济指标任务，并建立倒排机制；区“两办”督查室建立目标跟踪督查机制，每月跟踪督查重点目标任务、实事项目的进展完成情况，在每季度末，对全区各项目标执行进展情况进行督查，通报督查结果。

目标考核。2001年后，云岩区按照各年度考核办法，分别对区直部门（片区经济发展中心）、街道办事处（社区服务中心）黔灵镇绩效目标完成情况进行考核。每年考核评出各等奖次若干名。各年考核办法不同，奖项设置、名额名次等各有不同。期间，每年做好贵阳市对云岩区的年度目标考核检查工作。2011年起，由区督办督查局按年度修订的综合目标绩效考核办法。2013年，制定云岩区综合目标绩效考核办法（试行），明确考核原则、调整考核对象，设置考核权重、计分办法，确定考核等次及结果运用，规定考核程序。强化考核结果运用、细化奖惩措施。每年年末进行目标考核，公布考核结果。2014 年，云岩区对目标任务的完成情况采取年初分解落实、季度督促检查、半年排查进度、年终综合考核的步骤，实行定期目标管理，督促每一项指标、每一项工作的落实。形成月工作报告制度，定期按时上报。2015 年，每季度初向主要经济部门和片区发展中心下达 8 大核心经济指标任务；每季度末，对云岩区 10 大类 148 项目标执行情况进行督查并通报；每月督查大营坡棚户区改造、益佰医药产业园等 9 个省级重点项目建设情况，每季督查市人民政府“四重”工作落实情况。

二、督办督查

督办督查工作由区人民政府办公室督查室负责。2010 年 9 月，中共云岩区委办公室督查室和区人民政府办公室督查室撤销，组建区督办督查局（区督查局）以后，进一步发挥督办督查促落实作用，围绕省、市、区中心工作和重点事项，年初制定督办督查目标要求，每月组织开展督促检查工作。

重点督查。2013 年，对益佰医药工业园、贵阳中航城棚户区成片改造项目、大营坡棚户区改造项目、贵阳普天物流园、贵阳市小关湖片区环境综合治理等 8 个列入省、市重点工程和重大项目，对云岩区实施的 39 个重大项目进行跟踪督查，每月通报。2015 年，对重点建设项目、城中村棚户区改造、重点地区活禽交易、低保户粮油工作、招商引资等工作的进展落实情况进行重点督查。

联合专项督查。2013 年 3 月，区督查局联合有关部门，对民生实事、森林防火、农业产业结构调整、“两严一降”、维稳、信访、“创模”、拆违、平安建设、教育“9 +3”计划等工作推进情况进行了 90 余次联合专项督查。对存在的问题进行分析、总结并提出建议，要求相关单位及时整改落实。全年编发《督办督查通报》132 期，《督办督查专报》29 期，发出《督办督查通知》39 份。2015 年，联合区直有关部门组成督查组，对市、区实事目标、重大项目、“两严一降”、维稳、信访、平安建设、“创模”、拆违、教育“9 +3”计划、“154”专项行动等工作推进情况，联合专项督查 110 余次。编发《督办督查通报》219 期，《督办督查专报》28 期，发出《督办督查通知》40 份，督查调研 10 期。2011 年—2015 年，通过督办督查，督促完成市级实事项目 40 大项、91 小项，区级实事项目 60 大项、134 小项。

专项督查。2013 年 1 月，对防控人感染高致病禽流感疫情进行跟踪督查，全天 24 小时值守，实行日报制、零报制。2015 年，制定专项督查工作方案 4 项。

通过调训、顶岗学习等方式，培训社区（镇）、区直各部门督查人员。2011 年—2015 年，云岩区培训基层督查人员共 263 人次。

第三节 保障和改善民生

一、为民办实事

区人民政府 1998 年将为民办实事项目纳入年度工作安排和目标管理。2001 年—2015 年，共计为民办实事 132 件（大项）。其中 2001 年 6 件、2002 年 7 件、2003 年 8 件、2004 年 4 件、2005 年 12 件。2003 年—2005 年，云岩区共投入 2800 多万元，为群众办理和解决就业难、买菜难、行路难、入学难、入厕难、饮水难、投诉难等实事 1661 件。实现了既发展社会事业，又解决人民群众的困难问题；既改革和创新，又达到贴近群众切身利益的目的。

2006 年 7 件、2007 年 8 件，2008 年开始每年为 10 件；实事大项中又分为若干小项。2011 年—

2015 年，民生实事共 60 大项 134 小项，主要涉及城市基础设施和公共服务设施建设、环境卫生和社会治理、入学、医疗养老、就业与社会保障、社区建设等社会事业方面。2015 年完成的 10 件实事：1. 完成 12 条道路改造工程，清掏社区院落老旧化粪池 829 座，更新改造公厕 30 座，创立“阅享云岩”图书小站 10 个，建设全民健身路径 15 条；2. 继续实施保供计划，完成蔬菜播面 1.14 万亩（次），蔬菜上市 1.48 万吨，完成出栏生猪 2.9 万头，出栏肉鸡 4.36 万羽，肉类总产量超 2500 吨；3. 实现“新型社区　温馨家园”创建目标 5 个，完成老旧小区院落升级改造 80 个，创建“精品院落”6 个；4. 在 50 个小区开展星级示范小区创建工作，安装监控探头、更换门禁系统，在市第二十八中学创建区级禁毒预防教育基地，在延中和省府社区建禁毒康复示范点 2 个；5. 新建（改建）公办幼儿园 4 所，新建义务教育学校 2 所；6. 创建金狮、金关标准化社区卫生服务中心 2 个，建立区级公共法律服务中心；7. 与市第三人民医院在曦阳老年公寓和康园老年公寓设置医养结合老年康复基地，在中天社区建大数据——云健康养老服务信息平台；8. 全年完成新增就业 57215 人，在环城北路建 3000 平方米的云岩区社会保障服务大厅，引导发展微企 900 户，护持微企 510 户；9. 新增绿地面积 16 万平方米，建成文峰苑山体公园，实施金钟河 6.4 千米河道治理工程；10. 疏老城建新城，全年完成棚户区城中村改造面积 55.2 万平方米等。

二、民生工程

云岩区 2003 年加强新阶段的城乡扶贫工作。2006 年，投入民生资金 4.43 亿元，约占公共财政预算支出的 56%。2007 年后，云岩区实施“六有”（学有所教、劳有所得、病有所医、老有所养、住有所居。居有所安）民生计划，推进“十大民生工程”（就业与增收工程、扶贫济困工程、普教优教工程、健康工程、养老敬老工程、安居工程、平安工程、畅通工程、生态建设与整脏治乱工程、传统美德弘扬工程）。“十二五”规划期间，云岩区累计投入民生资金 123.84 亿元，解决“民生十困”（收入低、就业难、上学难上好学难、看病难、养老难、治安形势严峻、住房难、行车难停车难、买菜难买菜贵、活动空间少）问题。

2011 年与 2015 年相比，云岩区常住居民人均可支配收入由城镇 16597 元、农村 7639 元增至 28142 元、14080 元，“两个收入”增长全省第一。城镇登记失业率控制在 3.62% 以内，五年新增就业累计 23.93 万人，保持全省第一。云岩区义务教育基本均衡发展以全省最高分通过国家认定，公办学校接收进城务工人员子女的比例由 2008 年的 29.9% 升至 2015 年的 60%，学生 17964 人。依托老城区的优质医疗资源条件，完善社区卫生服务中心，实现基本医疗及基本公共卫生服务全覆盖。新建 11 家养老机构，养老床位 3023 张，入住 1800 余人，在区中心敬老院建立医养结合养老新模式。2011 年，将城市低收入家庭和中等偏低收入家庭全部纳入住房保障实现“应保尽保”。2013 年，人均保障性住房面积 15.23 平方米，云岩区人均住房面积 30.52 平方米。深入开展“两严一降”专项行动，广泛发动群众参与群防群治，刑事发案率年均降低 10%，群众安全感测评从 2011 年 80% 上升到 2015 年 96.66%。

云岩区 2011 年将在红边门、盐务街等 4 个农贸市场进行生鲜蔬菜统一配送体系建设试点。期间，完成 18 个农贸市场的升级改造，新建王家桥综合农贸市场、宅吉社区公益性菜场和 3 生鲜直销超市；加强 27 个农贸市场统筹管理和保供稳价等措施，缓解买菜难买菜贵。配合建成贵阳市中心城区道路网，打通“断头路”，扩大“微循环”，中天花园、蛮坡、渔安新城等小区内部道路公共化，新建大型公建和住宅小区配套建设停车场位，使路网性堵塞减少，缓解停车难。至 2015 年，建成云贵山、海马冲和文峰苑山体公园、渔安新城文化广场、大营坡等 37 个公园广场和街区绿地，提供绿化和开敞空间

25万平方米、体育路径15条，公园绿地就近服务居民日常活动的功能增强、空间增加、环境改善。

表1　云岩区公共财政民生资金投入统计表

（2006年—2015年）　　单位：亿元

年份	投入民生资金	公共财政预算	占公共财政预算(%)
2006年	4.43	7.91	55.98
2007年	6.44	10.50	61.35
2008年	7.96	13.45	59.18
2009年	9.6	15.66	61.65
2010年	11.89	17.81	66.75
2011年	14.51	22.39	64.81
2012年	25.17	36.14	69.64
2013年	24.21	35.33	68.51
2014年	27.33	37.80	72.31
2015年	32.62	43.16	75.57

第四节　建议和提案办理

区人民政府切实加强对人大代表建议、批评、意见和政协委员提案的办理力度，努力解决代表建议和委员提案反映的问题。2001年，办理区人大代表建议78件、政协委员提案118件，省、市人大代表建议、政协委员提案共49件，办结率100%。2002年—2005年，办理各级人大代表建议（含视察建议）、政协委员提案共813件，办复率100%，满意率99.9%。

2006年，办理区人大代表建议、政协委员提案306件，办复率均为100%。2007年，办理代表建议254件、委员提案110件，办复率100%。2008年，办复省、市人大代表建议和政协委员提案56件，涉及城建城管、民政、劳动等部门及街道办事处，提出的问题当年解决27件。2009年，办理区人大代表建议49件、政协委员提案108件，办结率100%，满意率99%。2010年，办理的区人大代表建议36件中，财政、物价、市场建设5件，城建城管、林业绿化、环保12件，教育、卫生6件，公安、社会治安综合治理（综治）4件，民政、社保、农村及其他9件，办复率100%；办理区政协委员提案73件，中城建城管、生态环保13件，文教、科技、卫生8件，财政、市场建设7件，社保、民政、旅游6件，公安、综治11件，其他28件。至8月10日，全部办理，办结率100%，满意率99%；办理省、市人大代表建议和政协委员提案共47件，其中城建城管、林业绿化36件，教育、卫生3件，农水、民政、应急、民宗等8件。至6月8日，全部办复，满意率98%。

2011年，办理区人大代表建议25件中，财政、物价、地方税收、市场建设10件，规划城建城管、林业绿化7件，教育、卫生、文体3件，民政、农村建设及其他5件，均按期办理，办复率100%；办理区政协委员提案61件中，城建城管、生态环保14件，文教、科技、卫生9件，财政、市场建设8

件，社保、民政、旅游 11 件，公安、综治 8 件，其他 11 件。至 7 月 15 日，全部办理，办结率 100%，满意率 99%；办理省、市人大代表建议和政协委员提案共 39 件，其中经济发展、市场建设 2 件，规划城建城管 23 件，教育、卫生 8 件，农业水利、民政、民宗、老龄等 6 件。均提前办复，满意率 98%。

2012 年，办理区人大代表建议 9 件中，财政 1 件，住建环保 1 件，教育、卫生 3 件，公安综治 1 件，民政、农村基础设施建设 3 件，办复率 100%。办理省、市人大代表建议 14 件，主办 2 件，协办 12 件。其中城建、规划 2 件；财政、福利待遇 5 件；旅游、文体 1 件；农村、教育 2 件；民政、计生 2 件；编制人事 1 件；安全生产监督 1 件，办复率 100%，人大代表反映良好；办理区政协委员提案 64 件中，城建城管、环保 20 件，文教、科技、卫生 16 件，财政、市场建设 8 件，社保、民政、旅游 2 件，公安、综治 7 件，其他 11 件，办结率和满意率 100%。

2013 年，区人大代表建议 7 件中，综治 2 件、农村水利 1 件、民政 3 件、就业 1 件，全部按期办理，办复率 100%；区政协委员提案 56 件，其中城建 5 件、城管 11 件、教科文卫 12 件、财经 5 件、生态文明 4 件、民政 3 件、政法 3 件、其他 13 件。2014 年 8 月 20 日，全部办理，办复率 100%，委员反应良好；办理省、市人大代表建议和政协委员提案共 34 件，主办 18 件，会办 16 件。其中城建、规划 3 件，财政待遇 1 件，农业、教育、文化 8 件，民政 3 件，城管 9 件，宗教 2 件，环保 1 件，交通、治安、消防 7 件。2014 年 7 月 20 日，全部提前办理，办复率 100%。

2014 年，办理区人大代表建议 23 件，其中城建城管 7 件、财经 2 件、教科文卫 1 件、农林水 1 件、政法 3 件、民政 5 件、其他 4 件，均按期办理，办复率 100%；办理省、市人大代表建议 22 件，主办 1 件，会办 21 件。其中城建 8 件、城管 5 件、财经 1 件、农林水 6 件、其他 2 件。办复率 100%；办理区政协委员提案 36 件，其中城建 1 件、城管 6 件、教科文卫 10 件、财经 3 件、生态文明 2 件、农林水 1 件、政法 2 件、其他 11 件。9 月 26 日，全部办理完毕，办复率 100%。收到省政协提案 16 件、市政协提案 41 件（主办 12 件、会办 29 件）均按期办理，办复率 100%。

2015 年，办理区人大代表建议 23 件，其中城建城管 13 件、教科文卫 2 件、农林水 1 件、其他 7 件，全部按期办理，办复率 100%；主办省人大建议 7 件，主办市人大建议 3 件，会办 23 件。其中城建 10 件、城管 3 件、财经 1 件、教科文卫 7 件、农林水 3 件、其他 9 件，办复率 100%；办理区政协委员提案 45 件，其中经济建设 6 件、政治建设 5 件、文化建设 3 件、社会建设 30 件、生态文明 1 件，全部办理；办理省、市政协委员提案共 56 件，主办 19 件，会办 37 件。其中社会类 33 件、经济类 4 件、政治类 4 件、文化类 9 件、生态文明类 6 件，8 月 31 日，全部提前办理，办复率 100%。

区人民政府 2005 年制定办理人大代表建议、政协委员提案工作考评办法，建立并落实建议提案交办、签收办理、办复审核、跟踪反馈、年终考核制度，加强建议提案的办复跟踪，规范办复格式，严把回复质量关。建立区人民政府相关副区长领衔督办重点建议提案、督办和反馈等制度；承办部门单位开展建议提案办理回头看工作，使建议和提案的办复质量、代表和委员满意率、问题解决率有所提高。云岩区多次被贵阳市人民政府评为建议提案先进承办单位。

第五节　招商引资和改善营商环境

一、招商引资

2001 年—2005 年，全区签约国内合同项目 1724 个，其中 1000 万元以上的大项目有 167 个，引进内资66.46亿元，直接利用外资2448万美元。超过改革开放以来（1978年—2000年）的总和，引进市外资金年均增长51.57%。中国水利水电工程总公司、徐州矿务集团有限公司等4家国内500强企业相继落户云岩区。内资来源地逐步扩大到包括珠江三角洲、长江三角洲和环渤海湾经济圈等经济发达地区；境外资金来源地则由香港、台湾地区拓展到东盟各国及美国、加拿大等国家。

2006年，云岩区引资27.17亿元，引进外资945万美元。签约项目626个，其中1000万元以上49个，3000万元以上20个；外出招商签订项目15个，到位资金27.17亿元。引进加拿大舒普玛、北京华联、阳光财产保险、苏宁电器等国内外知名企业。2007年，引进外资32.43亿元；签约合同项目680个，其中3000万元以上2个，5000万元以上3个，亿元以上2个；引进华润集团、保利集团、香江集团等500强企业。2008年，引进麦当劳、百胜餐饮、俏江南餐饮连锁、大西南矿业等国内外500强企业；引进574个项目中，有亿元以上5个，5000万元以上2个，3000万元以上5个；引资41.1亿元。2009年，签约项目876个，其中3000万元以上20个，5000万元以上5个，亿元以上4个，到位资金50.05亿元；引进外资1475万美元。2010年，签约项目693个，其中3000万元以上27个，5000万元以上15个，亿元以上5个，实际到位资金60.23亿元；引进外资1645万美元。

云岩区2011年引资78亿元，境外资金2371万美元；签约480个项目中，5000万元以上13个，亿元以上9个，实际到位资金78.02亿元；引进外资3305万美元。2012年，引进项目361个资金150.2亿元，实际利用外资5706万美元；引进山东能源集团、光大银行外500强企业；引进366个项目中，亿元以上14个，5000万以上7个。2013年，招商引资191.33亿元；引进93个项目中，3000万元以上12个；实际利用外资7770万美元。全省“万亿项目千次对接”活动签约项目53个。其中普天信息产业园、益佰产业园、大营坡中建华府、中航城棚户区改造等8个项目被列为省级重大项目和重点工程。2014年，引进中航城投资、深圳富誉控股等项目；项目招商引进福建龙川集团、上海中本集团、北京百信公司等15个项目，超亿元项目12个，涉及高新技术、大数据、高端商务、文化创意等产业。到位资金234.6亿元。全省“万亿项目千次对接”活动签约项目14个。

2015年，引进“创想+联合工坊”、星巴克、中国华融证券等项目；自主招商签约万科云岩大都会、中大国际商业广场、维也纳国际酒店、跨境商品O2O体验店等项目签约金额28.2亿元。11月3日，云岩区在深圳举办专场招商推介会，70余家国内500强企业参会。一树药业总部基地、电子芯片开发基地、红星城市广场美凯龙、希尔顿花园酒店等项目签约金额37.5亿元；美国康德乐、中国华融、万科地产、恒大地产、中航地产、香港阳晨、腾讯集团、腾邦集团、深圳劲嘉、西南能矿等落户云岩区，麦当劳、星巴克、哈根达斯、万达IMAX影院、世茂影城等知名品牌入驻云岩区。到位资金282亿元。引进3000万元以上项目27个。全省“万亿项目千次对接”活动签约项目24个。2013年—2015年，区领导干部带头招商的18个项目全部动工，资金到位率分别为70%、46.59%、27.29%。2011年—2015年，项目引进省外资金840亿元，利用外资3.13亿美元。

二、改善营商环境

（一）软环境治理

2001年，云岩区清理涉及乡镇企业各项收费，推行使用企业监督员证、企业收费登记证（两证），55家区属企业获得“两证”；将30家乡镇骨干企业列为挂牌保护单位。2002年，召开区属部分非公有制企业座谈会，向19家重点企业发出的云岩区投资发展软环境企业收费问卷调查表显示，存在“三乱”（乱收费、乱摊派、乱集资）收费的企业占41.1%。治乱减负与转变行业作风、廉洁从相政结合，政府设立减负举报电话，主动接受社会监督。各部门向企业收费必须持有收费许可证，企业持证监督员有权要求收费单位填写企业收费登记证。2003 年，在 45 家乡镇企业开展企业负担问题问卷调查，推荐贵州立爽药业等 3 家民营企业，作为贵阳市减轻乡镇企业负担监测点，选择怡信数码港等 30 家区属非公企业挂牌联系。2004 年，建立招商引资服务的办事机构，提供集中办证、投资咨询等一条龙服务，依法保护投资者的合法权益。2005 年，清理检查行政机关、行业主管部门乱办班、乱收费、乱发证等问题。

云岩区 2008 年在贵州立爽药业等 10 个非公企业设立软环境建设中，完善、新建服务和促进经济社会发展的政策措施 85 项。2009 年后，整治发展软环境以转变工作作风为重点，加强党员干部宗旨教育；以促进经济发展为重点，创新服务经济工作机制；以加强依法行政为重点，开展专项治理工作；以服务企业发展为重点，加强行政效能监察；以强化监督为重点，建立公共评价机制；以严肃执纪为重点，加大案件查处力度；以建章立制为重点，建立改善发展环境长效机制。聘请 105 名群众担任软环境义务监督员，受理、办结群众举报投诉软环境建设方面的问题 11 件。2010 年，召开非公企业业主和义务监督员代表座谈；出台云岩区富中才智服务业大楼和凯都总部大厦扶持措施；清理行政许可、非行政许可事项；政府机构及职能调整优化，全区软环境建设有了长足进步。“十一五”规划期间，引进项目资金 210.95 亿元，是前五年的 2.89 倍。

2011 年，清理区属单位的 84 个收费项目；对企业进行维护合法权益、热心为企业服务、有无“三乱”现象等指标测评，56 个区属行政单位的测评满意度为 85%；严厉查处以权谋私、权钱交易、吃拿卡要等行为。2012 年，在全区 32 个基层站所开展行风评议，受理办结群众反映问题 12 件，责任追究 8 名工作人员。

（二）优化投资环境

云岩区在 2001 年后，出台招商引资奖励办法、招商引资资金认定办法、科技进步专项资金管理办法、深入实施“总部战略”加快发展“楼宇经济”扶持基金管理办法，对云岩区百强纳税企业提供特别服务的实施意见等政策和措施，在税费优惠、租金补贴、土地使用、户籍管理、人才引进等方面提供优质服务。2004 年—2012 年的 9 年间，云岩区为 291 户企业的 333 个科技进步项目财政贴息资金达 2.31 亿元；落实起征点调高的优惠政策，2006 年—2008 年，共审批减免了 455 户中小企业的增值税 8288 万元；获得省级中小企业发展专项资金支持的项目有 16 个，项目总投资 1.11 亿元；深化财税体制改革，至 2014 年 6 月底，有 1636 户企业完成“营改增”，涉及税收 8.1 亿元。

云岩区从规范完善制度入手，转变机关作风。2003 年，成立云岩区效能监察投诉中心，清理规范收费项目，对纳税大户企业实行挂牌保护，表彰奖励年度纳税百强企业等措施，为企业发展创造宽松环境。2011 年后，完成 78 项政府工作部门简政放权、放管结合、职能转变等；简化规范办事程序，提高办事效率和服务质量。2011 年—2015 年，区政务服务中心办理行政事项 34081 件，按时办结率由 87% 提高到 100%，即时办结年均差错率 0.6%。对小微企业“资料齐全立即办、资料不全指导办、非禁即允变通办、急重项目加班办、特殊项目跟踪办”，2012 年—2014 年，发展小微企业 3136 户，其中重点扶持 1486 户。

云岩区通过优化市场环境，整顿市场经济秩序，查处假冒伪劣商品和侵犯知识产权行为；健全市场监管体系，营造公平公正的市场环境；建设市场信用体系，培育诚信守法的市场主体和社会个体，至 2013 年 12 月 31 日，云岩区登记在册民营经济组织 65529 户。其中民营企业 18793 户，个体工商 46736 户；注册资本 234 亿元，其中注册资本 100 万元以上的有 5976 户。新增民营企业 3724 户，注册资本52.7亿元；新增个体工商4746户，注册资本2.54亿元。全年完成民间投资217.82亿元，实现非公经济增加值260.35亿元，增速22.4%，总量居全市10个区市县第一。

2015年11月27日，第十一届《中国中小城市科学发展评价指标体系研究成果暨中国中小城市绿皮书（2015)》发布，云岩区位列全国投资潜力百强区第52位，比2014年上升1位。云岩区引进省外实际到位资金，由“十五”计划期间的69.01亿元、“十一五”规划期间210.95亿元上升到“十二五”规划期间的840亿元。当年推进商事登记制度改革，各类市场主体达8万户，注册资本610亿元；分别是2002年20535户的3.9倍，30.59亿元的19.9倍。

第六节 应急管理

一、加强应急管理

云岩区2002年对容易引发特别重大或重大突发事件的危险源、危险区域进行调查登记和风险评估；各街道（镇)、区有关部门全面调查掌握各级各类风险隐患的数量和状况，汇总造册建立数据库，为预防和应急处置提供依据。2005年，各街道（镇)、区有关部门和单位完成应急物资的调查统计，摸清各类应急物资储备的品种、数量、分布，建立全区应急物资数据库。2006年，黔灵镇关刀岩的滑坡，渔安碎石场、仙鹅抱蛋采石场等危岩体潜在崩塌得到有效控制，对曾经出现过滑坡的偏坡母猪龙滩、安井大寨、黔春路工程采取预防措施。2007年，妥善处置各类大中型突发应急事件10余起。

2008年年初，贵阳发生凝冻灾害期间，云岩区投入抗灾救助资金1584万元，清理雪凝道路234条，帮助企业恢复生产，救助1万多户困难家庭，建立“农民工之家”，安置夜间露宿街头农民工626人。出台地质灾害防治工作责任制度、安全生产隐患排查专项制度、应对凝冻灾害天气应急预案、地质灾害防灾预案、防汛抢险工作预案。全年启动各类预案20余次，处置大小突发事件30余起。“5·12”四川汶川特大地震发生后，云岩区接收98名灾区学生入学，收治灾区伤病员1930人，捐款1200余万元支援灾区重设。2010年，汛期，小关水库、黔灵湖等超汛限水位运行，区防汛抗旱指挥部各成员单位有序进行防汛救灾工作。

云岩区2011年推进“一案三制”（修订应急预案，健全应急体制、机制和法制）突发事件应急体系建设。7月经及时治理，基本控制贵乌路187号地块边坡险情。2012年5月，打渔寨电灌站水源受到污染关闭，云岩区按应急抢险工程处置，及时向当地居民恢复供水。2013年5月，水东路K4+010段因连降暴雨发生山体滑坡，土石方阻塞道路通行，区相关部门配合施工单位及时修复道路。2014年，组织市西商业街财富公寓商住楼大型应急救援演练预演，强化商户及群众的防火自救安全意识。参加贵阳市城区大面积停电等应急演练，妥善处理金阳南路“2·27”公交车放火案等突发事件。2015年1月—11月30日，辖区未发生突发公共卫生事件；发生较大自然灾害1起，同比下降50%；发生各类安全事故31起死亡24人，同比下降11.4%；发生社会安全事件10214起。

二、应急救援队建设

2010年6月，云岩区将农水、国土、林绿、安监、环保、质监、住建、卫生等专业队伍纳入区人民政府统一领导，统一调度和统一作战和训练，组建云岩区综合应急救援大队，形成以消防队伍为主体的应急救援力量体系。至2014年，有专兼职应急救援队伍30支，专兼职人员170人，各支队伍之间相互配合联动，实现“一专多能，一队多用”。

三、建立应急管理机制

2014 年，云岩区首创全省县级单位应急值守新模式，将中共云岩区委、区人民政府办公室值班室整合为云岩区总值班室，统一领导、统一管理、统一办公、统一平台（云岩区突发事件应急管理值守系统），形成党委、政府应急管理联动机制，预防、处置自然灾害、事故灾难、公共卫生和社会安全事件等突发事件。制定分级处置职责，明确分级管理职责。区突发应急办公室完善应急预案 40 个，提升应对各类突发公共事件的能力。

四、应急处置案例

（一）“2·27”贵阳公交车放火案处置

2014 年 2 月 27 日，贵阳市 237 路公交车行驶至金阳南路野鸭小学路段时突然起火燃烧，造成 6 人遇难，38 人受伤。案件发生后，省、市相关领导中共云岩区委主要领导及有关部门赶到现场处置。中共贵阳市委、市人民政府主要领导立即召开专题会，对处置工作进行具体安排部署。公安机关迅速侦破案件，抓获放火的犯罪嫌疑人。

（二）“5·20”山体滑坡地质灾害处置

2015 年 5 月 20 日，宏福景苑小区因连续多日降雨引发山体滑坡，导致第 21 栋 3、4 单元部分房屋垮塌，16 人遇难，1092 人转移安置。在省、市的统一调度指挥下，云岩区抽调 200 余名干部职工和 300 余名公安民警，参与遇难和受灾群众的身份核实、秩序维护、应急疏散、灾害救助等工作；向因灾遇难人员家属和受灾群众发放救助金 1381.9 万元。

第七节　信　访

一、接访包案制度

中共云岩区委、区人大常委会、区人民政府、区政协的领导成员 2000 年都参加信访接待日，轮流在每周星期三全天接待处理人民群众来信来访，接待地点设在区信访办公室。2004 年后，在全国和省“两会”期间，云岩区每个工作日都有 1 名区领导在区信访局定时定点接待群众来访。每名区领导每月按接访日程到所包保联系的街道（社区、镇）接待来访群众不少于 2 天。对群众反映的诉求，采取面对面的交流，倾听意见，解答问题；召集相关单位研讨解决方案，约见信访人进行答复；做思想疏导工作，工作小组协商化解事宜等形式解决问题。健全完善领导包案制度，落实以“包掌握情况、包教育疏导、包稳控管理、包解决化解、包息诉罢访”为主要内容的“五包”责任制，把合理诉求解决在当地，把信访人稳定在当地。2015 年，由中共云岩区委、区人民政府领导包案案件 158 件全部送审。

二、信访督办

2004 年，省、市、区先后设立“省长信箱”“市长信箱”“区长信箱”“专线电话”等平台方便群众反映诉求，群众来信渠道拓宽。云岩区平均每年处理群众来信反映的问题 500 余件。2014 年，省、市整合网络信访平台资源，先后建立省、市信访信息系统。2015 年，云岩区推广两个系统的管理及运用，推动全区信访工作规范化、网络化。在该系统上处理群众反映的信访问题220件。信访案件的办理过程实行群众来访登记、接谈登记、事项交办、督办和办理结果登记簿，办理完毕及时通报情况的工作制度。2001年—2015年，区信访部门接待来访群众3497批次，向中共云岩区委、区人民政府及上级相关部门上报信访信息1000余条。

自2007年起，每月末对临近办结时限尚未反馈办理结果的群众来访事项，省、市、区领导包案督导和领导批示的信访案件，可能引发群体性事件的矛盾纠纷和重大突出信访事项，由区信访部门组成联合督查组督办，督查情况每月通报全区。当年督办19件省市交办信访件，175件自立信访件。2008年，督办204件信访件。2009年，督办55件信访积案，103件自立信访件。2010年，督办55件信访积案，50件区领导批示件。2011年，督办7件信访积案，143件区领导批示件。2012年，督办16件自立信访件，32件信访积案；督办省级和市级交办147件。2013年，督办88件“百日攻坚战”交办件，46件中央巡视组交办信访件。2014年和2015年，分别督办190件、114件省、市信访“百日攻坚战”、市信访“一号工程”“积案化解年”市领导督办件。通过立案督办妥善化解一批信访突出问题。为群众办理一批“看得见、摸得着”的实事，解决一批影响百姓衣食住行的问题，化解不稳定因素。

2001年—2015年，区信访部门接待来访群众3497批次，办结率为100%。2009年—2015年，在解决信访疑难问题、化解信访积案工作中，年平均办结200余件省、市交办件。

表2　云岩区信访接待立案办理情况统计表

（2001年—2015年）

年份	来信（件）	来访（批次）	立案（件）	办结（件）	办结率（%）
2001年	88	210	298	298	100
2002年	112	188	300	300	100
2003年	90	190	280	280	100
2004年	180	202	382	382	100
2005年	214	217	431	431	100
2006年	228	237	465	465	100
2007年	277	227	504	504	100
2008年	278	150	428	428	100
2009年	933	203	1136	1136	100
2010年	1669	228	1897	1897	100
2011年	1535	275	1810	1810	100
2012年	1542	375	1917	1917	100
2013年	1066	209	1275	1275	100
2014年	929	259	1188	1188	100
2015年	750	327	1077	1077	100
合　计	9891	3497	13388	13388	100

第四章　政　务

云岩区推动政府职能向营造良好环境，提供优质公共服务转变，建立和完善政务服务体系，提高政府管理科学化和政务服务水平。

第一节　政务服务

云岩区2003年12月，直属行政机关已全部实行政务公开。工商、税务等窗口服务部门开设服务大厅，方便群众办事。2006年，黔灵镇为民服务全程代理中心成立。2007年6月，为民服务全程代理制在全区推行。

2011年9月，云岩区政务服务中心成立后，面向社会公众公开、集中、联合办理行政许可和行政服务事项，实行一门受理、统一收费、限时办结的运行方式。至年底，行政事项办理1947件，按时办结率87%，其中现场办结874件办结率95%；即时办结790件办结率97%；差错率为0.5%。2012年，行政事项办理24254件，按时办结率100%，其中现场办结19171件办结率80%；即时办结12019件办结率100%；差错率2%。

区政务服务中心2013年更名为区人民政府政务服务中心，设办事窗口20个，办理113项服务类事项。统一窗口人员管理、牌桌、着装、办公设备配置、文明服务用语、行政审批系统操作培训。通过云岩区“12319”公共服务热线专网连接到各社区服务中心电子监察系统，全区26个社区服务大厅均实现行政审批系统、电子监察系统的市、区、社区三级联网。12月20日，贵阳银行进驻政务服务中心后，实现事项办理非税性收费功能和存款、取款、代缴费等便民服务功能。全年行政事项办理1961件，按时办结率100%，其中现场办结974件办结率95%；即时办结900件办结率100%。

2014年，将区级行政审批事项全部纳入行政审批系统和电子监察系统，按照区法制办重新清理的区级行政审批事项目录制作办事指南及一次性告知单，优化办事程序，压缩办事时限。11月19日，对全区26个社区和黔灵镇的具体负责人和代理员进行为民服务全程代理相关工作培训。全年，行政事项办理3600件，按时办结率100%，其中现场办结2047件办结率50%；即时办结1006件办结率100%；差错率低于0.01%。

2015年8月17日，组织全区涉及行政审批事项部门进行贵州省网上办事大厅系统操作及办事指南录入培训；9月，完成行政审批事项办事指南的录入；为民服务全程代理制工作，实行区、社区（镇）两级统筹管理，挂牌设立全程代理示范点25个；梳理社区（镇）、居（村）两级办理事项，纳入省网上办事大厅公布及办理。按政务服务中心行政审批事项目录库标准，对入驻行政审批事项进行全面清理：云岩区15个进驻部门有行政审批事项246项，其中行政许可事项90项，非行政许可事项97项，服务类事项59项。全年，行政事项办理2419件，按时办结率100%，其中现场办结1379件办结率

70%；即时办结617件办结率100%；差错率0.5%。

第二节　政府门户网站

云岩区人民政府门户网站（http：//www.yunyan.gov.cn/），2008年9月上线试运行，成为在互联网上发布信息、提供在线服务、与公众互动交流的渠道和载体，面向公众、服务公众的窗口。全年，网站上报贵州省、贵阳市门户网信息454条，市门户网站采用170条。2009年，网站公开政府信息315篇，其中图片信息196篇，上报省门户网信息126篇采用25篇；上报市门户网信息209篇，采用73篇。先后开通贵中云岩、政务公开、公共服务、网上办事、互动交流、街镇专区六大频道共52个一级栏目，100多个二级栏目。开通生态文明城区建设、三产立区、三片片区开发、整脏治乱、关注民生6个独立热点专题。12月开通新闻发布网络平台，启动政府网络新闻发言人工作。

政府门户网站2010年采用各部门信息300余条、各街道（镇）信息150条；上报省、市门户网信息共500余条，市门户网采用103条。2011年，网站以信息公开、在线服务、公众参与这三大基本功能为建设的着力点和突破点，提升整体建设水平。在第十届中国政府网站绩效评估全国参与测评的451个区县中云岩区位列283名，居贵阳市第一。在省政府系统门户网站绩效评估中，云岩区获全省二等奖。网站政府信息公开专栏定期更新政策法规、重大项目、城乡建设、监督检查等与公众生活密切相关的信息。

2012年，编发政务信息1390余条，图片信息680余条，公告公示63条，便民服务743条，登录浏览人数40.38万人次；“区长信箱”收到群众来信260封，回复260封，办结率100%；向省、市政府门户网站报送云岩区最新工作动态信息410条，网站浏览量60余万人次。在参与第十一届中国政府网站绩效评估全国测评的454个区县中，云岩区位列第260名，居贵阳市第一。在年度省政府系统门户网站绩效评估中获全省二等奖。12月23日，云岩区政府门户网站“居家服务”栏目，被中国电子政府理事会和《电子政务》杂志社评选为全国“政府网站”精品栏目。2013年，在全省政府系统门户网站绩效评估中再获二等奖。

2014年8月，政府门户网站经过升级改版，开通政务微信——幸福云岩微信公众平台。全年编发各类信息9700余条，网站访问量累计达70万余人次。2015年，云岩区政府网站通过国务院办公厅组织开展的第一次全国政府网站普查。全年编发信息2.3万余条；及时向省、市政府门户网站报送最新动态信息；网站浏览量45万余次。强化区长信箱、在线咨询、信息公开工作意见箱、建言议政等政民互动渠道，全年收到群众来信228封，回复228封，办结率100%。政务微信——幸福云岩微信公众平台编辑发送政府工作动态信息2600余条，处理、回复群众来信5件。

第三节　大数据社会管理平台建设

2005年8月11日，云岩区“两台一线”（书记区长信息平台和市民热线电话）交流台开通后，收到群众来“信”63条，来“电”500余个，为群众办理实事1660余件。

云岩区2012年进行城市基层管理体制改革，结合户籍人口、流动人口、居民认同感、楼群院落分布、管辖面积等因素，实行社区网格化管理模式。2013年，建立社区网格化服务监管中心，采取统一领导、统一规划、统一划分的措施，完成26个社区人口基础信息的采集和录入，区网格化管理系统录入人数698972人，占全市录入人数1860536人的37.67%。建立网格1025个，楼房13945栋，录入法人单位11364个，占全市录入法人单位25905个的43.84%。至2015年，网格化覆盖率达100%。按照200至400户的标准，将27个社区划分为1025个网格，配备1196名网格员，建立社区网格化管理服务信息平台。

2013年5月，区城管局"12319"服务热线升级为云岩区"12319"公共服务热线后，云岩区加快推动"12319"公共服务热线、社区网格化服务监管中心和"百姓与书记区长交流台"等服务平台的整合。年内，公共服务热线和交流台受理21463件，办结19036件，办结率88.69%，反馈满意度99.92%。落实《云岩区"12319"公共服务热线、"百姓与书记区长交流台"（两台）目标管理绩效考核办法》。2014年，分类建立健全联动单位考核机制，两台受理电信件集中交办、逐件督办、联系催办，定期检查、通报，使办结率提高。至年末，服务台受理48645件，办结47347件，办结率97.33%；交流台受理263件，办结率100%。由人民日报社、人民论坛杂志社等组织发起的"首届国家治理高峰论坛暨首届中国治理创新100佳经验"颁奖大会，2014年6月24日，在北京举行。云岩区《大数据全方位激发社会活力》案例入选"创新100佳经验"。该案例吸收北京等地先进经验，结合本地实际改革创新，形成以大数据为引领的云岩特色社会治理模式，即建立云岩区"12319"公共服务指挥中心、社区网格化管理服务平台和百姓与书记区长交流台"三台合一"的大数据社会管理平台。2015年，两台共处置45248件，处置率98.2%，按期办结32805件，办结率74.46%；群众反馈满意率100%。实现广泛参与、优化配置、重心下沉的改革目标。

第四节　人才服务

一、人才引进和服务

2004年，制定人才强区分解目标实施方案，实施人才工程。"十二五"规划期间，建立区领导干部联系专家和优秀人才工作制度，落实人才工作目标检查考核指标。区级财政每年投入人才工作专项资金，用于各类人才的培养、引进、激励和人才资源开发研究，开展机关和企事业单位引进高层次人才需求调查。

在区政务服务中心设人才咨询服务窗口。2013年，采取公开招考、招聘和"人才+项目"等形式，引进33名高层次人才到区机关、区属非公企业工作；开展云岩区第五批学术（技术）带头人和中青年科技骨干评选工作，表彰25名学术（技术）带头人和25名中青年科技骨干。2014年，建立黔籍学子信息库、黔籍优秀人才信息库和黔籍企业家信息库；引进30名高层次人才；为5名高层次人才发放生活津贴，为1名新引进高层次人才发放一次性住房补贴。2015年，引进32名高层次人才，发放高层次人才津贴3万元；云岩区黔归人才库共统计2755名贵州籍黔归人才学子信息，人才总量近22万人，其中高层次人才30717人。

二、公务员管理

2001年—2013年，云岩区录用行政编制人员共827人。2014年3月，省、市、县、乡四级国家机关统一面向社会公开招录公务员，11月18日完成笔试、资格复审、面试、体检、政审、录用手续，7

个单位录用公务员 31 人。云岩区 2015 年在市、区、乡三级公务员（参公人员）公开招录中，录用公务员（参公人员）41 人。10 个单位参与省、市、县、乡四级国家机关统一面向社会公开招录公务员，11 月 20 日完成笔试、资格复审、面试、体检、政审、录用手续，录用公务员 26 人。

三、专业技术人员管理

2001 年，云岩区审核高级职称 9 人、中级职称 77 人、初级职称 81 人。2002 年—2003 年，审核高级职称 21 人、中级职称 126 人、初级职称 1017 人。按照“个人申报、社会评价、单位使用、政府调控”的职称改革方向，2004 年，在 70% 的机关事业单位推行专业技术职务任职资格评定与专业技术职务聘任相分离制度。2005 年，全面推行先评审、后聘岗的评聘分离制度，并对职称外语和职称计算机放宽条件的对象范围扩大至 45 岁以上。评定高级职称 10 人、中级职称 98 人、初级职称 80 人。2006 年，评定高级职称 8 人、中级职称 87 人、初级职称 88 人。2007 年，全面推行评聘分开制度，至 2014 年，在全区共评定高级职称 98 人、中级职称 665 人、初级职称 853 人。

全区事业单位专业技术岗位设置始于 2007 年。2009 年 11 月，按照“因事设岗”的原则合理设置专业技术职务岗位，制定岗位职务任职条件、任期目标等内容的岗位说明书，择优竞争上岗。至 2015 年，竞争上岗 529 人，涉及教育、卫生、工程专业，其中高级岗位 45 人（六级岗位 18 人，七级岗位 27 人），中级岗位 251 人（八级岗位 48 人，九级岗位 49 人，十级岗位 154 人），初级岗位 233 人。

从 2010 年 1 月起，在区教育系统开展岗位设置管理工作，至 2015 年 12 月，历经两个聘期。各校（园）事业单位在册正式工作人员 5165 人，其中管理人员 537 人。专业技术人员 4236 人中，初级岗位 1941 人（其中，十三级 2015 人、十二级 997 人、十一级 729 人），中级岗位 1585 人（其中，十级 632 人、九级 552 人、八级 401 人），高级岗位 402 人（其中，七级 333 人、六级 56 人、五级 13 人），其他等级 308 人，工勤技能人员 392 人。

第五节　档案管理和地方志年鉴编纂

一、档案管理

（一）档案分类

云岩区的各类档案，按照规范的档案分类进行管理。

机关档案。在各机关部门配备兼职档案员，各部门有领导分管档案工作，并定期将历史档案整理分类移交区档案局管理。至 2015 年，全区 67 个机关单位全部建立档案室，对本部门档案进行规范管理。

城市基层组织档案。2012 年前 18 个街道办事处，其中 15 个街道办事处档案在 2015 年全部接收进馆，档案内容涉及党的建设、经济工作、城市管理、计划生育、社会治安、民政等。记载街道办事处从 1954 年成立至 2012 年撤销 57 年间开展工作的情况。2002 年，中北街道办事处六广社区居委会为全省首家建档单位。2004 年，完成全区 57% 社区居委会建档工作，归档文件 53782 份。2009 年，全区所有社区居委会全部建档。

非公有制企业档案。2003 年，开展区属非公企业档案工作，贵州黄果树立爽药业有限公司、贵阳宝莲印务有限公司为试点单位，共整理文书档案 27 盒计 689 件、科技档案 8 盒计 131 件。2013 年，在全区非公企业中开展建档工作；市西商会、三桥农副产品批发市场商会和金关钢材市场商会完成建档。

重点建设项目档案。2011 年，对大营坡棚户区改造国有土地上 2430 户房屋拆迁档案进行建档指导。2014 年，区人民政府联合贵阳星力百货集团对市西路商业步行街改造升级，市西路批发业态整体转移拆迁的档案经过两个月的整理，归档 1365 卷全文扫描移交区档案馆。

农业农村档案。2000 年，黔灵镇档案管理达到贵州省县直一级标准。2001 年，云岩区农村信用联社达到贵州省机关档案管理工作二级标准。2003 年，整理农村税费改革档案 63 卷，声像档案 1 卷。2006 年，整理农房普查档案 12055 件全文扫描。2009 年完成 3 个村委会建档工作。2013 年，全区涉农部门、黔灵镇完成立卷归档，共整理档案 1372 卷 843 件。

婚姻登记档案。2006 年，开始婚姻登记档案的整理和接收工作。至 2015 年，接收和整理 15 个街道办事处及黔灵镇全部婚姻登记档案 5392 卷 1449 件，全文扫描 321815 页；主要内容有结婚申请书、结婚证明、婚检报告、婚姻状况证明、结婚证存根、离婚申请书、申请离婚情况登记表和谈话记录、子女抚养和财产分割协议书等。

（二）档案接收保管

云岩区档案馆的馆藏档案 1985 年前分批进馆，共 34 个全宗，6509 卷。2000 年，开展档案整理鉴定工作，共整理出有保存价值档案 3767 卷；清理出无保存价值的 2033 卷；接收档案 10472 卷。馆藏 1950 年后的档案，主要是中共云岩区委及其工作部门、区人大及其常委会、区人民政府及其工作部门、区政协、各人民团体以及全区重大活动档案。

截至 2015 年，馆内共有 88 个全宗，档案 42431 卷，计 237255 件；上架排列长度 790 米，以文书档案为主，有部分声像档案。主要有中共云岩区委及其工作部门档案，包括区委办公室、组织部、宣传部、统战部、纪委等部门档案，反映全区党的建设、党风廉政建设、组织、宣传、统战等工作；区人大、区政协、区工会、团区委、区妇联等单位档案，主要是会议文件、建议和提案、工青妇工作、妇女儿童保护；区人民政府及其工作部门档案，反映全区经济建设、人事、文化、教育、医疗、依法行政、市场管理、安全生产等；全区重大活动档案主要为政治运动、党政机关重要会议报告和学习资料等内容。

馆藏资料收集包括党政机关出版的刊物、图书、工具书等，馆藏图书、报刊共 25 类 3399 册。截至 2015 年，馆藏资料 6895 册，分图书、期刊、报纸等，主要有《毛泽东选集》《邓小平理论》《党的群众路线教育活动文件汇编》《国务院公报》《云岩区大事记》《云岩区组织史》《贵州日报》《贵阳日报》《半月谈》《贵州档案工作》《人文贵阳》《中国大百科全书·贵阳市卷》《云岩区志》《云岩年鉴》等。

区档案局 2000 年建立计算机局域网，至 2009 年共录入档案目录 354651 条。2010 年，开始对馆藏档案进行全文扫描，婚姻档案全文扫描 321815 页，文书档案（人事任命、土地延包）全文扫描 301100 页。2012 年，将 2003 年以前的馆藏婚姻档案全文扫描，实现贵阳市两城区婚姻档案资源共享。建立婚姻档案、土地延包、农村税费改革、人事任命、知青等专题数据库。至 2015 年，共完成全文扫描 1165318 页，实现查阅部分专题档案不入库房，保护档案原件。全区 47 个部门使用档案管理软件，共录入条目 23718 条。

（三）档案利用

云岩区档案馆围绕全区中心工作，利用馆藏档案、资料开展编研工作。2005 年，首轮《贵阳市云岩区志》出版。在《贵阳市云岩区志》编纂期间，区档案馆提供馆藏档案、资料 18574 卷（册）及图片 360 余幅。至 2015 年，为《云岩区档案馆指南》《云岩区 2001 年—2014 年大事记》《云岩区组织史》《人文贵阳·云岩篇》《贵阳百科全书》《城北旧事——云岩百年影像记忆》《云岩区街道办事处、镇行政区划概况（1978—2005）》等资料性著述提供档案资料；向上级档案部门和地方志办公室报送稿件 76 篇。

（四）档案开放

区档案馆整理馆藏 76 个全宗 14217 卷档案，向社会开放档案 3491 卷。2003 年，对满 30 年的档案（1963 年—1983 年）进行鉴定，向社会开放档案 382 卷，接待查阅档案 412 人次，提供档案 4582 卷；馆内现行文件中心收集涉及土地、环境保护、计划生育、农业、民政、社会保障等 681 份文件并对外开放。2009 年，提供婚姻登记档案 1872 卷，核实虚假婚姻登记档案 102 本。至 2015 年，提供档案利用 48897 卷次，接待 36632 人次。档案利用主要是婚姻、贷款、社保、工资、入学等方面。其中婚姻方面 22346 人次、贷款 7693 人次、社保 6227 人次、工资方面 330 人次、入学 36 人次，分别占档案利用总人数的 61%、21%、17%、0.9%、0.1%。

云岩区档案馆档案利用情况统计表

（2000 年—2015 年）

年度	利用人次(人)	卷数(次)	年度	利用人次(人)	卷数(次)
2000 年	128	1028	2008	2087	2185
2001 年	92	140	2009	2112	4212
2002 年	443	4582	2010	3839	5120
2003 年	151	580	2011	4203	5742
2004 年	201	889	2012	6089	5843
2005 年	385	485	2013	5800	5106
2006 年	458	482	2014	5104	5840
2007 年	1240	2163	2015	4300	4500
			总计	36632	48897

二、地方志编纂

2001 年 8 月 3 日，贵阳市人民政府召开市辖六区地方志编纂工作会，部署启动区地方志编纂工作。据此，云岩区首轮地方志编纂工作正式启动，2005 年 12 月，由贵州人民出版社出版。首轮云岩区志 1500 千字。上限至宋代，下限至 2000 年 12 月。分上下两册，印数为 1200 册。

按照贵阳市地方志办公室对市辖各区启动二轮区志编纂工作的统一部署，云岩区于 2015 年正式启动《贵阳市云岩区志》（2001 年—2015 年）的续修工作。

三、年鉴编纂

根据 2013 年贵阳市人民政府办公厅下发关于市下区启动年鉴编纂工作《通知》精神，云岩区于 2014 年 1 月，正式启动云岩年鉴编纂工作。2014 年，《云岩年鉴》由贵州科技出版社出版，580 千字，印数 450 册。2015 年，《云岩年鉴》由开明出版社出版，580 千字，印数 500 册。

四、成果利用

2004 年，利用云岩区志、云岩区年鉴，为云岩区政协文史委编写文史专辑《云岩胜景》。2006 年，为云岩区政协文史委编写文史专辑《云岩人物》。2011 年，为中共云岩区委编辑出版《中国共产党贵阳市云岩区历史》第一卷（1934—1978）。2011 年，黔灵公园更名黔灵山公园前，贵阳市园林局派员到云岩区地方志办公室查阅黔灵山的历史资料，为黔灵公园更名为黔灵山公园提供历史资料支撑。2012 年，云岩区地方志办根据地方志和年鉴资料，编写《品味云岩》，作为介绍云岩境内自然和人文历史文化工具书，分发各部门做宣传。2013 年，贵阳市顺海林场对鹿冲关森林公园进行升级改造前，云岩区地方志办公室参加两次研讨会，为林场提供了在抗日战争期间，鹿冲关地母洞保存《四库全书》的历史资料。

第五章　政府各项改革

云岩区以改革开放为动力、民生改善为根本、城市转型为重点、党的建设为保证，推进和深化政府各项改革并取得成效。

第一节　机构改革和职能转变

2001 年云岩区实施区、街（镇）两级机构改革。改革过程中做到思想不散、秩序不乱、人员安排妥善、工作正常运转、国有资产不流失，全区机关行政编制总体精减 20%。改革社区管理体制，将全区 241 个居民委员会整合为 112 个社区居民委员会，委员由 1687 人减为 777 人，年轻化、知识化水平提高。

按照云岩区人民政府机构改革方案，2004 年经过调整改革，区人民政府设 22 个工作部门，受政府委托行使部分行政管理职能的直属事业单位 4 个，进一步调整完善政府机构设置，科学规范部门职能，提高工作效率，促进了行政管理体制化、规范化、法制化建设。2006 年，开始推广“一站式”服务和全程办事代理制。

2011 年 3 月，按照贵阳市的相关要求，对云岩区政府机构及职能进一步优化和调整。转变政府职能，改进行政方式。

云岩区 2014 年政府机构改革，主要从推进简政放权，提高行政效能，减少微观事务管理，充分发挥市场在资源配置中的决定性作用，更好地发挥社会力量在管理社会事务中的作用；转变管理理念，强化市场和环境监管，改革工作方式，加强事中事后监管，有效履行职责，避免管理缺位；强化公共服务职能，提高公共服务能力，突出政府提供公共服务的主体地位；构建服务平台，完善政务服务体系，打造综合、高效的服务平台，提高政务服务保障能力；规范权力运行，提升执行能力，加快法治政府建设，完善依法行政各项制度，坚持用制度管权、管事、管人，提高政府公信力和执行力这五个方面加快政府职能转变。

这一轮政府机构改革，完成卫生、计生、物价、工商、质监、食药监等部门的撤并整合，区人民政府机构按照精减统一效能的原则设置直属事业单位 4 个（详见本篇第一章第二节）。经调整的机构变化情况如下。

云岩区人口和计划生育局：将原区卫生局和食品药品监督管理局涉及卫生的职责、区人口和计划生育管理和服务职责整合，组建区卫生和计划生育局，为区人民政府工作部门；不再保留区卫生和食品药品监督管理局、区人口和计划生育局。

云岩区市场监督管理局：将区食品安全委员会办公室、区工商行政管理局、区质量技术监督局的职责和区卫生和食品药品监督管理局的食品药品监督管理、区商务局的酒类流通监管职责整合，组建区市场监督管理局，为区人民政府工作部门，挂区工商行政管理局、区质量技术监督局、区食品药品监督管理局牌子；区食品安员委员会办公室设在区市场监督管理局。

区工业和信息化局、区科学技术局：将原区科学技术局和工业信息化局的工业和信息化管理职责、科学技术管理职责分别划入区工业和信息化局、区科学技术局，为区人民政府工作部门，区科学技术局挂区知识产权局牌子。不再保留区科学技术局和工业信息化局。

云岩区信访局：云岩区信访局作为政府工作部门单独设置。

通过机构改革，云岩区2015形成24个政府机构和4个直属事业单位新构架。

第二节 行政审批制度改革

一、清理行政审批事项

云岩区2001年制定行政审批制度改革工作实施方案，19个部门填报行政审批事项共148项。其中：行政审批80项、许可19项、核准15项、审核18项、备案4项；经清理，取消行政审批事项83个，减少56%。2003年—2004年，对清理出的45项行政审批事项加强后续监管。2005年，清理141项行政许可事项。2009年，清理123个行政许可事项，取消7项。2011年，在政府门户网站公布1402项行政权力、75个行政许可类、35个非行政许可类审批事项。推广“一站式”服务和全程办事代理制，完善行政投诉工作机制。2014年，清理规范行政许可事项90项、非行政许可事项97项、行政服务事项57项。2015年，云岩区推进职能转变协调小组下设行政审批改革组、投资审批改革组、职业资格改革组、收费清理改革组、商事制度改革组、教科文卫体改革组等6个专题组和综合组、督查组、法制组。清理涉企收费，部分单位的收费由行政事业性收费转为经营性收费，取消收费许可证制度。

二、简政放权

区人民政府2014年把简政放权、放管结合、优化服务三个方面任务全部分解至牵头部门和参与单位，明确各项工作完成期限。简政放权方面包括推进行政审批改革、投资审批改革、职业资格改革、收费清理改革、商事制度改革和教科文卫体领域改革；放管结合方面包括规范行政审批行为，强化监督问责，建立健全权力清单和负面清单及责任清单制度，创新行政审批管理体制，强化涉企中介机构管理，进一步加强市场监管；优化服务方面包括完善公共服务提供方式，深化政务服务、公共资源交易、电子政务三个平台建设，运用大数据提升治理能力，推进依法行政，进一步转变工作作风，强化改革保障。至2015年年底，政府工作部门简政放权、放管结合、职能转变工作任务完成78项。

三、建立权力和责任清单制度

云岩区推进行政审批制度改革，全面厘清政府工作部门行使的行政职权及其依据、行使主体、运行流程、对应的责任等。2004 年，开始通过清理，区直 27 个部门审核的 10 个权力清单事项为：行政许可 51 项、行政处罚 743 项、行政强制 54 项、行政征收 7 项、行政给付 7 项、行政检查 41 项、行政确认 17 项、行政奖励 2 项、行政裁决 2 项、其他权利 157 项，共计 1081 项。清理结果报区人民政府区长办公会审核批准。2015 年 12 月 31 日，将 26 个部门和黔灵镇的权力清单和责任清单目录在政府门户网站、政务服务大厅网站公布，接受社会监督。通过对行政许可、行政处罚、行政征收等事项的清理，进一步加强“接、管、放”等工作。建立权力清单和责任清单制度，明确本级政府工作部门职责权限，形成边界清晰、分工合理、权责一致、运转高效、依法保障的政府职能体系和科学有效的权力监督、制约、协调机制。

第三节　街道财政体制改革

云岩区通过街道财政体制改革，克服区街责任和利益脱节等弊端，增强经济实力和办事能力。2001 年，各街道（镇）完成财政收入 1.40 亿元，其中市西路、北京路、环城北路三个街道办事处和黔灵镇地方财政收入超千万元。《云岩区 2003 至 2007 年分税制街道（镇）财政体制补充方案》将各街道（镇）原“超收分成”改为“总额分成”。2005 年，各街道（镇）财政收入全部突破 1000 万元大关。

《云岩区 2008 年至 2011 年分税制街道（镇）财政体制方案》实行总额分成地方财政收入上划市级 40% 后，所留财力 2000 万元以内部分，区、街道（镇）按 4∶6 比例分成；超出 2000 万~3000 万元以内部分及超出 3000 万元以上部分，区、街道（镇）分别按 5∶5 及 6∶4 比例分成。自实行分税制财政体制后，云岩区街道（镇）财政组织的地方收入，由 1994 年的 2625.4 万元增至 2011 年的 113069 万元，年均增长 24.78%，占区级财政收入比重的一半以上。

2012 年，云岩区撤销街道办事处设立社区服务中心，在区发展和改革局下设黔灵、中华、“三马”3 个区域经济发展中心，承接原街道办事处的区域经济发展、实施项目建设、服务企业发展和加强税源管理等职能，实行以片区发展中心为主的经济体制。

第四节　城市基层管理体制改革

按照中共贵阳市委“精减管理层级，优化整合资源，实行区域化管理，建设党的基层组织”的城市基层管理体制改革基本思路，云岩区以“宜分则分、宜统则统、方便群众、节约成本”为原则。2011 年，把地处中心城区核心地带、人口密集、商贸繁荣的中华中路街道办事处作为改革试点单位再全面推开。

推进城市基层管理体制改革，精减行政管理层级，优化公共服务。2012 年 4 月，云岩区撤销 18 个街道办事处，设立 26 个社区服务中心。采用网格化管理模式，将 26 个社区划分为 1025 个网格，配备网格社工 1254 人。

改革主要从五个方面：治理单元以地域面积和服务半径为主要依据，兼顾人口数量、居民认同感、治安管理、公共服务资源配置等因素，合理划分社区管理服务范围。综合采用购买、租用、原地改造、异地改造方式，将原街道办事处改建成社区办公、活动场所不少于 800 平方米的 26 个社区服务中心；

构建新型社区“一委一会一中心”的组织构架和基本治理模式。“一委”即社区党委，是社区领导核心，受中共云岩区委领导；“一会”即居民议事会，是社区议事协调机构，实行“三会一评”（群众意见收集会、议题讨论会、议事决策会和述职评议）四部工作法；“一中心”即社区服务中心，受区人民政府领导，区职能部门指导；“公推直选”产生社区党委书记、社区服务中心主任，“两推一选”产生社区“一委一会一中心”领导班子成员；机构整合为社区服务中心设正科级18个、副科级8个，为全额拨款事业单位，社区的公用经费、项目经费、人员经费纳入区级财政。“新人新办法，老人老办法”，实名制管理；职能转变为重点开展公共管理、公共服务、群防群治等工作，不再承担经济职能。将行政审批及行政执法管理职能归口收回区人民政府职能部门；把原街道办事处承担的民政、人力资源和社会保障、城市管理、计生、文化、卫生、社会治安等职能划转到社区服务中心，直接面向居民“一站式”服务。

第六章　自身建设

云岩区人民政府全面加强自身建设，坚持党的领导，强化依法行政、宗旨意识、责任担当和勤政廉政。坚持和完善政府向人大及其常委会报告工作，向人民政协通报情况制度。听取工青妇、民主党派、工商联和无党派人士意见，促进政府法制化、民主化、科学化建设。

第一节　法治政府建设

一、行政执法规范化建设

2005年，云岩区行政执法责任制评议考核方案将依法行政纳入各行政部门单位年度目标考核，各街道办事处、黔灵镇、行政执法部门结合本单位工作实际，建立行政管理、行政执法工作责任制，分解、量化本单位考核目标。行政主要负责人是第一责任人。通过行政执法责任制考评，将依法行政工作落实到政府工作的各个方面、各个环节，逐级抓落实。依法行政和行政执法情况检查常态化。区人民政府出台规范性文件审查备案制度、行政执法责任制度、行政执法调查取证与审查决定分离办法、罚款决定与罚款收缴分离实施办法、行政执法错案责任追究和赔偿办法、行政执法过错责任追究制度（试行）等制度。2006年，对全区行政执法依据进行全面梳理。2008年，对涉及行政审批项目的单位执行《行政许可法》的情况进行专项检查，纳入各行政执法部门的年度目标考核。结合本单位工作实际，建立和完善重大行政管理、行政执法事项民主决策、依法决策等工作制度。区公安、工商、地税、国税、财政、卫生、林业绿化、农水、计生、质监、食药监、科技等行政部门及街道办事处，将依法行政和行政执法制度汇编成册，发到各科、所、队、室，做到行政管理、行政执法有章可循，有据可依。逐步形成用制度管权、管事、管人的工作机制。

在贵阳城市轻轨1号线（云岩段）用地拆迁、公园路2、3号地块等10多个非集中成片棚户区改造项目房屋征收中，坚持依法征、和谐征收。2015 年，被征收人不服区政府作出的房屋征收决定或征收补偿决定向市政府提起行政复议的有 57 件，向市中院、省高院提出行政诉讼的有 49 件，还有被征收人与征收单位签订了补偿协议又不按期腾房搬家的有 31 件。区政府积极应诉，又充分运用调解、和解方式化解行政争议和社会矛盾，没有被撤销或责令履行的行政行为，也没有被确认为违法的行政行为。

二、法治区（县）创建工作

2010 年，云岩区全面启动法治区（县）创建工作。在法治宣传方面，以“六五”普法为契机，面向青少年学生、企业经营管理人员、流动人口、重点工程建设和棚户区城中村改造涉及村寨村民和居民，有针对性地进行法律教育宣传。2013 年，建成云岩法治文化广场。2014 年 12 月 2 日，云岩区普法网站上线，网站设普法中心、司法行政、法律服务、法律咨询、以案说法等栏目，成为全省首家上线的县级普法网站。

2011 年，云岩区编制和实施《云岩区 2011 年—2015 年依法治区规划》，区人民政府重大行政决策程序规定（试行）、重大行政决策合法性审查制度（试行）等行政制度印发执行。2012 年，行政调解工作实施方案施行。云岩区成立了医疗、环境保护、土地、林地、城市建设、劳动、食品安全、学生权益保护等 8 个专业调解委员会，扩大了行政纠纷多发领域的调解工作覆盖面，2014 年，调解医患纠纷 98 件次，劳动争议 119 件。2013 年，实现行政审批电子系统、电子监察系统的市、区、社区三级联网。严格执行重大事项决策制度，加强对“一把手”权力运行监督。坚持把专家论证、风险评估、合法性审查和集体讨论作为重大行政决策的必经程序，对重大项目、招商引资协议等的合法性、合理性、可操作性严格审查。建立区级公共法律服务中心和政府法律顾问制度。2015 年，修改政府及各部门合同、协议 80 件，政府公告、决定 120 件。

第二节　作风和廉政建设

一、作风建设

云岩区 2003 年 9 月 29 日，召开全区扩大开放和效能建设动员大会。建立区效能建设领导小组，出台具体安排意见，在全区党政机关开展效能建设，改进机关作风。从规范完善制度入手，实行政务公开、限时办理、一次性告知制、同岗替代制、首问责任制、服务承诺制、“窗口试”集中办理制、行政过错责任追究制等一系列制度，强化公务员绩效考核，提高工作效率。2008 年，开展 4 次机关作风效能监察。2009 年，开展政风行风建设、转变机关作风督查，强化公务车辆日常管理等工作，处理公车私用责任人，进一步压缩公款出国（境）旅游、公务接待、楼堂馆所建设等费用。2010 年，对机关作风效能情况进行 6 次专项督查；在整治发展软环境，建设服务型机关专项督查中，组织非公有制企业业主和义务监督员代表座谈，及时掌握非公企业对经济发展环境的意见建议，提高行政执法部门的工作效能和服务水平，及时妥善处理举报投诉问题。

2011 年后，先后开展“三个建设年”、机关作风效能建设专项活动、党的群众路线教育实践活动和“三严三实”专题教育。2013 年，在 27 个社区服务中心（镇）、政务服务大厅和 18 个基层站所开展“万人评议”活动；组织党风检查员、行风评议员、特邀监察员和新闻媒体，对群众反映“办事难”的窗口单位和基层站所进行明察暗访，对党员干部工作效能、作风纪律等开展作风专项督查 8 次。

2014 年，开展打麻将“三不许”（不许在工作时间、工作场所打麻将等类似活动；不许在除家庭以外的公共场所打麻将等类似活动；不许与利益相关人员打麻将等类似活动）行动。对违规公款消费相关人员进行追究并责令由个人承担或退还相关费用；加强公务用车管理，印制统一的公车标识；查处不遵守工作纪律等问题。2015 年，各单位开展自查自纠，32 名领导干部主动上交收到的礼金和购物卡价值共 17.64 万元；清查巧立名目滥发加班费、会议签到费等，组织开展 4 次专项检查，部分单位和部门主动清退上交违规发放资金 25.38 万元；采取“明察暗访”公车私用、公款购物、公款吃喝、公款旅游等行为。全年查处违反中央“八项规定”及省市规定的 18 起 19 人。

二、廉政建设

云岩区建立有领导干部任期经济责任审计工作联席会议制度和审前共商、审中互动、审后运用的工作机制。2001 年—2015 年，对区属部分单位领导干部经济责任审计 90 项，查处管理不规范资金 90458.01 万元。其中违规资金 1162.12 万元，违纪金额 45.74 万元。通过民意调查，对被审计领导干部进行个人廉政方面的取证和评价；对区属各部门“小金库”“账外账”“收支两条线”“三公”经费等开展常态化的审计监察，促进政府部门的廉政建设。

云岩区 2003 年成立效能监察投诉中心，向社会公布投诉电话，暗访部分机关部门和街道办事处（镇）的服务态度、服务质量、办事效率及考勤情况。全年受理群众投诉 79 件，办复 72 件，其余 7 件于下年办理；接待上访投诉群众近 200 人次。2006 年—2008 年，在教育、卫生、建设、城管等 8 个部门单位进行行风整顿和民主评议行风，提出的整改意见大部分得到解决。

2013 年—2015 年，围绕“两严一降”、违法“种房”“三严禁”专项行动、信访维稳反“四风”“一号工程”、棚户区城中村改造等 12 项重点工作开展行政监察；开展微型企业扶持资金专项监察，走访核查企业 1387 个，发现问题 419 个，责令相关部门整改。

三、纠正部门和行业不正之风

（一）乱收费乱罚款乱摊派治理

学校“三乱”治理。云岩区 2001 年专项检查区属 46 所小学、8 所幼儿园、1 所中学春秋两季收费情况，检查面 100%，查出违规收费 1.05 万元，取消收费项目 2 个，减轻学生费用负担 1328 元。2002 年，抽查 6 所学校，发放问卷调查表 750 份。2003 年，查出并及时清退 5 所小学超标准收取的借读费 117.4 万元。2004 年，区纠风办采取专项检查、问卷调查、重点抽查方式，对区属中小学、幼儿园进行专项检查，检查违规收费、未亮证收费、收支两条线执行情况以及“专户存储、计划管理、财政审批、专款专用”等；严禁各个学校滥摊报刊乱收费行为。2005 年，将规范教育收费行为纳入学校和教职工晋升职级评先选优考核范围；加强各校“一费制”收费管理。2007 年，对全区 70 余所中小学落实《教育收费公示制度》和执行“一费制”情况进行专项检查，共减轻农村学生家庭负担 21.18 万元。2008 年，开展教育收费专项检查；对实验二小违规收费人员进行诫勉谈话和批评教育。2009 年，查处个别小学校长以权谋私和违规收费等问题，在全系统开展岗位廉政教育活动。2010 年，监督检查教育“一费制”，查处以收取个人补课费形式的违规收费 2 件，涉及金额 11 万元。2011 年，处理涉及教育乱收费的转办函及信访 101 件；查处违规收费并清退违规收费。在治理教育“乱收费”中，2012 年查处案件 4 起，处理 4 名责任人。2013 年—2015 年，区教育系统乱收费问题专项整治方案和行风建设实施办法实施，规范办学行为 20 条（试行），治理中小学有偿补课、教师违规收受礼金礼品和违规办“升学宴”“谢师宴”等，把专项整治情况纳入党风廉政责任制、政绩考核和行风评议的重要内容。

企业“三乱”治理。2001年，区纠风办清理涉及乡镇企业的各项收费，推行使用收费登记证；将30家骨干乡镇企业列为挂牌保护单位。2002年，召开区属部分非公有制企业座谈会，向19家重点企业发出云岩区投资发展软环境企业收费问卷调查表，调查企业是否遇到“三乱”行为。治乱减负工作与转变行风、廉洁从政结合，设立减负举报电话，主动接受社会监督。2003年，在45家乡镇企业开展企业负担问卷调查；推荐贵州立爽药业等3家企业为贵阳市减轻乡镇企业负担监测点，选择怡信数码港等30家区属非公企业挂牌联系。2005年，对行政机关、行业主管部门乱办班、乱收费、乱发证等问题进行清理检查。2011年，清理区属88个单位的84个收费项目；在对企业维护合法权益，热心为企业服务、有无三乱现象等指标的测评中，56个区属行政单位的测评满意率85%。

农村“三乱”治理。云岩区2001年检查黔灵镇13个村的“三乱”治理及村务公开情况，通过治理减轻农民负担31万元，取消涉农收费2项。2002年，查处涉农案件3起。2003年，农民持有负担监督卡，全年减轻农民负担24.38万元。2004年，取消农业税，专项清理农业生产性费用，减轻农民负担29.6万元。2005年—2008年，督查各项涉农政策落实情况，防止农民负担反弹。2009年—2010年，督促强农惠农政策落实情况，纠正农村土地承包、征收征用中损害农民利益的问题，治理涉农乱收费、乱罚款和集资摊派问题。2011年，对行政事业性收费、教育收费、农村“一事一议”筹资筹劳、农业直补和农村经营服务性收费等涉农收费项目实施监管。2012年，将减轻农民负担工作纳入政府目标考核管理。2013年，农民人均减负782元。2014年，农业人口人均减负780元。2015年，强化涉农收费和价格监管、农村“一事一议”筹资筹款筹劳规范、农业直补等涉农项目监管。

（二）民主评议行风

云岩区2001年在46家单位开展行风整顿和民主评议行风工作，15个街道办事处和黔灵镇为重点评议单位。2002年，在区民政局、农水局开展民主评议行风，从民主党派中聘请8位行风评议代表，向被评单位提出问题并限期整改。2003年，在区教育局、旅游事业局、环境保护局进行行风评议。2004年，聘请20名党风检查员等为成员，组成4个评议小组，在区教育局、文体广电局、建设局、国土局开展行风建设民主评议，听取群众意见，督促整改；清理整顿10个部门统一着装，涉及319人，着装经费25.6万元，收回制服653套，着装标志1271套。2005年，从党风检查员、民主党派成员中聘请10名评议代表，在区科技局、商务局开展民主评议行风。

2006年，民主评议行风以卫生医疗单位和区属中小学校为重点，聘请行风监督员215人，分成61个测评组，召开座谈会425次，走访群众5239人次，调查问卷发出20357份，收回19234份，提出整改意见和建议297条，大部分得到解决。2007年，聘请18名行风监督员对区建设局、城管局、物价局行风建设进行民主评议。召开座谈会43次，走访群众1253人次，问卷调查表发出1447份。梳理出被评议单位存在的问题28个，提出整改意见24条。2008年，对区药监局、农水局、林业绿化局进行民主评议行风，聘请10名行风监督员，召开座谈会17次，走访群众1381人次，发出问卷调查465份。梳理出两个部门存在的10个方面主要问题，提出11条整改意见。

2010年，对76个行风参评基层站所开展为期5个月的评议活动，参评站所均达到合格等次以上。2011年，在区计生、民政、文化、水利等部门的67个基层站所进行行风评议。2012年，在全区32个基层站所开展行风评议，收集意见建议106条，督促有关单位整改94条。通过政风行风热线和贵阳电视台《执行力》栏目及时回应群众关切问题。受理办结群众反映问题12件，责成相关单位对8名工作人员进行责任追究。

第五篇

人民政协

第一章　地方政协组织

政协贵阳市云岩区委员会（区政协）第一届委员会1980年8月召开至2011年12月历经九次换届，在政治协商、民主监督、参政议政等方面发挥重要作用，推动民主协商制度化发展。

第一节　政协贵阳市云岩区委员会

一、委员产生与构成

（一）委员产生

区政协委员产生的基本程序，是在中共云岩区委领导下，区委组织部、统战部会同区政协党组，对本届政协委员的情况进行全面了解，摸清各方面情况，做好退、留情况的综合分析；对现任委员是否继续保留，以及新委员人事提名，听取各民主党派、人民团体等有关方面的意见，同时对拟进人选进行了解，综合提出政协换届委员的安排意见。

中共云岩区委组织部、统战部会同区政协党组，根据相关规定研究提出区政协换届委员人事安排工作方案，报中共云岩区委，根据区委确定的方案，各推荐单位对拟推人选进行考察。推荐人选为党政干部的，要听取纪检监察机关的意见；推荐人选为新社会阶层人士的，要听取行业主管部门、行业协会党组织和相关部门的意见。其中非公经济人士由中共云岩区委统战部牵头进行综合评价；推荐人选为异地交流任职不满两年的，要听取人选原所在地区和单位党组织的意见。推荐人选经考察和在一定范围内公示后，按照党内、党外分别报中共云岩区委组织部、统战部；区委组织部、统战部听取区政协党组的意见，并与各推荐单位沟通协商后（民主党派、工商联人选由区委统战部征求相关民主党派、工商联组织负责人意见），综合考虑民族、地域、界别、年龄、性别及历史等情况，分别提出党内、党外初步人选名单，由区委统战部汇总。受中共云岩区委委托，区委统战部召开各民主党派、工商联组织负责人和无党派代表人士等参加的民主协商会，就初步人选名单进行协商，并进一步征求区委组织部、区政协党组意见，形成委员人选建议名单草案，报中共云岩区委审定。

2001年后，区政协适当增加安排民营工商企业家、科学文化专业人士、社会知名人士和归侨侨眷、港澳台同胞及其眷属名额，以完善人选结构。对相关人选着重考察其在国外、境外的社会影响、政治作用，以及在内地的投资规模、捐助数量等情况。在确定人选建议名单后，受中共云岩区委委托，区委统战部长在会议上作建议名单说明。所有推荐人选必须经过酝酿提名、推荐考察、民主协商和审议决定等程序。因工作需要、人事变动或其他特殊原因，届中历次全体会议也有增补或撤销委员职务的情况。

（二）委员构成

区政协第六至第九届政协委员构成基本不变，人选有调整。从2003年第七届委员会起，将文化艺术界、体育界合并为文体界。主要界别有，中共云岩区委及部门单位、民主党派、无党派人士、工商联、工会、共青团、妇联、科技、经济、农林、教育、文体、医疗卫生、宗教、台胞台属、归侨侨眷、少数民族和特邀人士等组成。

政协云岩区第六届委员界别：中共云岩区委及部门单位16名，民主党派、无党派人士6名，工商联12名，工会、共青团、妇联19名，科技、科协20名，经济26名，农林8名，教育16名，文化艺术5名，体育6名，医疗卫生12名，宗教4名，少数民族7名，台胞台属、归侨侨眷16名，特邀32名。

政协云岩区第七届委员界别：中共云岩区委及部门单位16名，民主党派、无党派人士6名，工商联15名，工会、共青团、妇联19名，科技17名，经济29名，农林8名，教育16名，文体12名，医疗卫生12名，少数民族7名，台胞台属、归侨侨眷16名，宗教4名，特邀33名。

政协云岩区第八届委员界别：中共云岩区委及部门单位17名，民主党派、无党派人士7名，工商联15名，工会、共青团、妇联21名，科技18名，经济31名，农林8名，教育16名，文体14名，医疗卫生12名，宗教4名，台胞台属、归侨侨眷15名；少数民族7名，特邀31名。

政协云岩区第九届委员界别：中共云岩区委及部门单位20名，民主党派、无党派人士6名，工商联14名，工会、共青团、妇联20名，科技17名，经济36名，农林9名，教育17名，文体14名，医疗卫生15名，宗教5名，台胞台属、归侨侨眷13名，少数民族6名，特邀24名。

二、第六届至第九届委员会

（一）第六届委员会

第六届委员会（1998年3月—2003年3月）由205名委员组成。其中：中共党员79名，占38.5%；非中共委员126名，占61.5%。政协主席1人，副主席6人，秘书长1人。205名委员中，有少数民族7名，妇女79名，列席39名。云岩区人民政协2002年被评为贵州省人民政协工作先进集体。

（二）第七届委员会

第七届委员会（2003年3月—2006年11月）由210名委员组成。其中：中共党员83名，占39.5%；非中共委员127名，占60.5%。政协主席1人，副主席5人（含不驻会副主席1名），届中两任秘书长（2004年10月届中补选秘书长1人，原秘书长另行安排），常务委员37人。210名委员中，有少数民族7名，妇女95名，列席35名。

（三）第八届委员会

第八届委员会（2006年11月—2011年12月）由216名委员组成。其中：中共党员87名，占40.2%，非中共委员129名，占59.8%。政协主席1人，副主席6人（含不驻会副主席1名，2011年届中补选副主席1名），秘书长1人，常务委员38人。216名委员中，有少数民族20名，妇女65名，列席41名。

（四）第九届委员会

第九届委员会（2011年12月—2016年12月）由216名委员组成。其中：中共党员83名，占38.4%；非中共委员133名，占61.6%。政协主席1人，副主席8人（2014年3月届中补选副主席1名，不驻会副主席1名，因故撤销副主席1名），秘书长1人，常务委员31人。216名委员中，有少数民族20名，妇女74名，列席37名。

云岩区人民政协正副主席任职情况表

（1998年—2015年）

届别	姓名	党派	职务	任职时间
第六届	周龙英(女)	中共	主席	1998年3月—2003年3月
	李洪鑫	中共	副主席	1998年3月—2003年3月
	张松珍(女)	致公		1998年3月—2003年3月
	杜　平			1998年3月—2003年3月
	田素珍(女)	民进		1998年3月—2003年3月
	谭万明	中共		1998年3月—2003年3月
	张正林(女)	中共		1998年3月—2003年3月
第七届	杨芝芳(女)	中共	主席	2003年3月—2006年11月
	张正林(女)	中共	副主席	2003年3月—2006年11月
	陈华江	中共		2003年3月—2006年11月
	叶湘武	民建		2003年3月—2006年11月
	周　进(女)	民建		2003年3月—2006年11月
	张　燕(女)	民盟		2003年3月—2006年11月
第八届	杨芝芳(女)	中共	主席	2006年11月—2011年12月
	张正林(女)	中共	副主席	2006年11月—2011年12月
	陈华江	中共		2006年11月—2011年12月
	叶湘武	民建		2006年11月—2011年12月
	于笑兰(女)	民建		2006年11月—2011年12月
	曲红漫(女)	九三		2006年11月—2011年12月
	王明祥	中共		2011年3月—2011年12月(届中补选)
第九届	田儒雄	中共	主席	2011年12月—
	于笑兰(女)	民建	副主席	2011年12月—
	曲红漫(女)	九三		2011年12月—
	王明祥	中共		2011年12月—2014年3月(因故撤销)
	刘豫清	中共		2011年12月—
	张保兰(女)	中共		2011年12月—
	陈先红	中共		2011年12月—
	窦敢玲(女)			2011年12月—
	翟　莉(女)	中共		2014年3月—(届中补选)

第二节　政协机关

根据中共贵州省委、省人民政府关于全省各级人大、政协机关机构改革的实施意见以及中共云岩区委的实施意见，2002 年 1 月，云岩区政协机关设办公室、专门委员会办公室。至 2015 年，区政协各专委会及工作部门有教文卫体委员会、学习文史与港澳台侨委员会、经济科技委员会、提案社工法制委员会 4 个专门委员会。行政编制 14 人，事业编制 4 人，由财政全额预算管理；区智力支边联系小组办公室设在区政协办公室，事业编制 3 人，由财政全额预算管理，列入参照试行国家公务员制度范围。

第二章　政协会议

云岩区政协加强中国共产党领导的多党合作和政治协商制度建设，通过政协全体会议、常委会议、主席会议、专题会议等形式进行的协商议政活动是政协履行职能的主要形式。

第一节　全体会议

一、第六届委员会全体会议

云岩区第六届委员会第一次全体会议于 1998 年 3 月举行，至 2000 年 3 月已举行 3 次全体会议。

第四次会议

第六届委员会第四次会议 2001 年 2 月 5 日—8 日举行。会议审议通过《政协云岩区常委会工作报告》《提案工作报告》等；列席区第十三届人大第五次会议，听取并讨论《云岩区国民经济和社会发展第十个五年计划纲要草案的报告》及相关报告。

第五次会议

第六届委员会第五次会议 2002 年 2 月 25 日—28 日举行。会议审议通过《政协云岩区常委会工作报告》《关于六届四次会议以来提案工作情况的报告》；听取并讨论《云岩区人民政府工作报告》及相关报告；通过第五次会议《提案审查情况的报告》。

二、第七届委员会全体会议

第一次会议

第七届委员会第一次会议 2003 年 3 月 9 日—13 日举行。会议审议通过《政协云岩区常委会工作报告》等，听取并讨论《云岩区人民政府工作报告》及相关报告。

第二次会议

第七届委员会第二次会议2004年2月29日至3月4日在云岩区行政中心主会场（之后会议地点未变）举行。会议审议通过《政协云岩区常委会工作报告》《关于七届一次全体会议以来提案工作情况的报告》《政协云岩区第七届委员会第二次全体会议决议》。10月，届中补选秘书长1名，原秘书长另行安排。

第三次会议

第七届委员会第三次会议2005年3月14日—17日举行。会议审议通过《政协云岩区常委会工作报告》；听取并讨论《云岩区人民政府工作报告》及相关报告。按照《中华人民共和国宪法》和《中国人民政治协商会议章程》的规定，修订完善全体会议、主席会议、专委会职责等工作制度。

第四次会议

第七届委员会第四次会议2006年3月20日—24日举行。会议审议通过《政协云岩区常委会工作报告》；听取并讨论《云岩区国民经济和社会发展第十一个五年规划纲要草案的报告》及相关报告。

三、第八届委员会全体会议

第一次会议

第八届委员会第一次会议2006年11月19日—24日举行。会议审议通过《政协云岩区常委会工作报告》；听取并讨论《云岩区人民政府工作报告》及相关报告。

第二次会议

第八届委员会第二次会议2007年3月5日—8日举行。会议审议通过《政协云岩区常委会工作报告》；听取并讨论《云岩区人民政府工作报告》及相关报告。修订《全体会议工作条例》《常委会议工作条例》，编撰《云岩区政协工作手册》。

第三次会议

第八届委员会第三次会议2008年3月3日—6日举行。会议审议通过《政协云岩区常委会工作报告》；听取并讨论《云岩区人民政府工作报告》及相关报告。

第四次会议

第八届委员会第四次会议2009年3月23日—26日举行。会议审议通过《政协云岩区常委会工作报告》；听取并讨论《云岩区人民政府工作报告》及相关报告。

第五次会议

第八届委员会第五次会议2010年3月16日—19日举行。会议审议通过《政协云岩区常委会工作报告》；听取并讨论《云岩区人民政府工作报告》及相关报告。协商讨论区人民政府和人民法院、人民检察院工作报告，计划、财政工作报告。补选政协副主席1人。

第六次会议

第八届委员会第六次会议2011年3月8日—10日举行。会议审议通过《政协云岩区常委会工作报告》；听取并讨论《云岩区人民政府工作报告》及相关报告。增补政协副主席1人。

四、第九届委员会全体会议

第一次会议

第九届委员会第一次会议2011年12月19日—21日举行。会议审议通过《政协云岩区常委会工作报告》；听取并讨论区人民政府、区人民法院、区人民检察院拟提请区第十六届人大一次会议审议的工作报告（协商稿）和说明，协商讨论“一府两院”和计划、财政工作报告。

第二次会议

第九届委员会第二次会议2012年1月3日—6日举行。会议审议并通过《政协云岩区常委会工作报告》；听取并讨论《云岩区人民政府工作报告》及相关报告。

第三次会议

第九届委员会第三次会议2013年3月26日—28日举行。会议审议并通过《政协云岩区常委会工作报告》；听取并讨论《云岩区人民政府工作报告》及相关报告。

第四次会议

第九届委员会第四次会议2014年3月2日—4日举行。会议审议并通过《政协云岩区常委会工作报告》；听取并讨论《云岩区人民政府工作报告》及相关报告。撤销副主席职务1人，补选副主席1人。

第五次会议

第九届委员会第五次会议2015年2月9日—11日举行。会议审议并通过《政协云岩区常委会工作报告》；听取并讨论《云岩区人民政府工作报告》及相关报告。

第二节　常委会会议

一、第六届常委会会议

第六届委员会常务委员会由主席1人、副主席6人、秘书长1人和常务委员35人组成。

2001年—2002年，区政协常委会协商讨论《云岩区国民经济和社会发展“十五”计划和2001年计划纲要草案》，将意见和建议报送中共云岩区委、区人民政府。常委会和专委会例会常态化进行全区经济工作、城建城管工作、党风廉政建设、社会力量办学、计生工作等的协商讨论，并以调查报告或建议案等形式报中共云岩区委、区人民政府。

二、第七届常委会会议

第七届委员会常务委员会由主席1人、副主席5人（含不驻会副主席1人）、秘书长1人和常务委员37人组成。

2003年，区政协邀请各民主党派基层支部（支社）负责人列席政协常委会议，听取全区工作通报，参与重要问题的讨论。2004年，邀请区人民政府、区纪委领导在区政协常委会上通报全区经济社会发展情况、党风廉政建设、提案办理落实情况等工作。2005年，召开区政协第十一次常委会时，邀请区政协专委会负责人和部分非公企业政协委员参会，听取贵州益佰制药有限公司生产经营的经验介绍，会议就现代企业管理等问题展开讨论；修订完善全体会议、主席会议、专委会职责等工作制度。

三、第八届常委会会议

第八届委员会常务委员会由主席1人、副主席6人（含不驻会副主席1人）、秘书长1人和常务委员38人组成。

2007 年，区人民政府主要领导及相关单位负责人，针对第八届第二次会议期间常委提出的净化、美化校园周边环境的意见和建议，在区政协专题议政会上进行现场办理。围绕生态文化建设，于 2008 年举办“生态文化建设”专家论坛会，邀请省管专家为区生态文化建设出谋划策，提出意见建议 8 条。2009 年，常委会完善街道（镇）政协联络组工作制度、政协委员管理制度、政协促进非公经济发展联席会议制度、政协常委会工作制度，促进政协工作制度化、规范化、程序化。政协常委按年度总结履职情况，在述职大会上交流参政议政体会、查找存在的不足。2010 年，常委会以“十二五”规划编制、“三创一办”以及开展反腐倡廉、重大项目建设等工作为协商内容，组织政协常委、委员、民主党派人士参加协商讨论，全年收集意见建议 136 条。

四、第九届常委会会议

第九届委员会常务委员会由主席 1 人、副主席 8 人（含不驻会副主席 1 人）、秘书长 1 人和常务委员 31 人组成。

2011 年，区政协常委会开展“建言城市社会治安，测评群众安全满意度”委员活动，加强委员之间的联系和交流。邀请各民主党派负责人列席区政协常委会，参加政协培训、视察、座谈等活动，为民主党派、工商联、无党派人士知情参政创造条件。2012 年，常委会组织学习中共十八大报告，全国和省市人大、政协“两会”精神，学习省市党代会精神。聘请专家为新委员授课，重点学习《中国人民政治协商会议章程》《中共中央关于加强人民政协工作的意见》《中共贵州省委关于进一步加强人民政协政治协商制度建设的意见》精神。邀请各民主党派负责人列席常委会，各界代表人士参加区政协组织的调研、视察。2013 年，常委会以习近平系列重要讲话和党的统一战线理论、《中国人民政治协商会议章程》为学习重点展开培训学习。2014 年，常委会贯彻中央“八项规定”和中共贵州省委“十项规定”以及中共贵阳市委“实施细则二十九条”，对党的群众路线教育实践活动中查出的问题逐项整改落实。2015 年，常委会通过区政协“三严三实”专题教育活动实施方案和措施，指导各项活动的开展。

第三节　主席会议

一、第六届主席会议

第六届委员会主席会议期间，建立完善规章制度，修订全体会议、常委会议、主席会议、专委会议等工作规则，制定云岩区政协加强与非公有制企业人士联系制度，政协领导联系常委、委员制度，政协委员管理制度等，开展以实践“三个代表”重要思想为主要内容的保持共产党员先进性教育活动和以“八荣八耻”为主要内容的社会主义荣辱观教育活动。

二、第七届主席会议

2005 年，召开主席与委员约谈会，就促进市西商圈发展、加强人民政协民主监督力度、完善社情民意反映机制等进行交谈，委员们提出意见和建议 15 条。区政协提案委选择《安井村新口铁索桥安全隐患亟待排除》《加大我区民办学校禁毒宣传力度，在民办小学开展禁毒宣传课》两件提案交主席会议督办。区政协领导现场办公，落实主席会议督办重点提案。2006 年，以“十一五规划纲要”作为主席会议协商议题开展调查研究，提出意见和建议，为中共云岩区委、区人民政府编制规划纲要提供参考。

三、第八届主席会议

2007年，政协主席会议就党风廉政建设、三桥马王庙片区开发建设以及整脏治乱、社会治安等问题展开专题协商，议定建立“一人一档”委员管理档案、“一事一记”履职记录卡、“一季一统”履职统计表和“一年一总”履职汇总表，将委员履职情况列入委员个人档案作为评定委员资格、评选优秀委员的依据。规范政协党组会议、主席会议、常委会议、全体会议、专题会议、委员管理等制度。2008年，制定区政协专门委员会及街道（镇）政协联络组信息报送管理办法。2009年—2012年，共召开了22次主席会议。

四、第九届主席会议

2013年，召开第七次主席会议，提出办一件实事，立足委员届别和工作岗位为出发点，思考一件事、办好一件事；守一道底线，遵纪守法不出问题，在工作和生活中严格遵守中央“八项规定”的要求，组织政协委员学习贯彻中共十八大精神，围绕中共贵阳市委和云岩区委提出的奋斗目标，结合区政协工作要点，进一步解放思想，以云岩区实现“三个率先”为奋斗目标开展各项工作。2014年、2015年，各召开8次主席会议。

第四节　专题会议

2001年，区政协和非公经济代表人士通过专题会议协商，提出成立云岩区非公有制经济发展咨询委员会等促进非公经济发展的实施方案。中共云岩区委研究决定建立促进非公经济发展工作机制。7月5日，云岩区召开大力发展非公有制经济暨“两委两中心”（中共云岩区委非公有制经济组织工作委员会、云岩区非公有制经济发展协调服务中心、云岩区非公有制经济发展投诉中心、云岩区非公有制经济发展咨询委员会）授牌大会。加强协调服务，改善营商环境，促进非公经济发展。2005年，区政协举行专题协商会，就云岩区国民经济和社会发展第十一个五年规划草案提出修改意见。

区政协2008年在环北街道办事处永乐新苑社区召开“社区是我家、环境靠大家”政协主席与市民约谈会。2009年，召开“应对金融危机，促进经济发展”专题议政会；年内召开促进非公经济发展咨询委员会联席会议，协调解决非公企业发展中存在的困难和问题。2010年，召开推进“三创一办”，针对白果巷棚户区、六广社区煤棚拆除等问题，召开专题协商会议，协调市、区相关单位予以解决。至2015年，先后召开专题会议对口协商，举办云岩区“率先实现全面小康”各族各界人士恳谈会、区长与非公有制企业人士约谈会、生产性服务业发展研讨会、促进非公经济发展专题联席会等专题会。

第三章 政治协商 民主监督 参政议政

云岩区政协制定“会前确定主题、会中围绕主题、会后解决问题”的协商流程。自第八届区政协以来，政治协商逐步从注重“协商流程”转变为提高协商效果和质量的“主动协商、及时协商、多层协商、全面协商”，推动协商民主、广泛、制度化发展。充分发挥政协委员的主体作用，团结各民主党派、工商联、人民团体和社会各界人士，围绕中共云岩区委、区人民政府中心工作，履行政治协商、民主监督、参政议政职能。

第一节 政治协商

一、全体会议广泛协商

云岩区政协在每年召开的全体会议上，协商讨论“一府两院”工作报告及计划、财政工作报告。在2011年12月，召开的区政协第九届第一次会议上，提出进一步加大“三马”片区开发建设力度、大力发展文化产业、加大对企业科技创新专项补贴力度、进一步细化“幸福云岩”指标体系、强化城区植树的管理与维护等意见建议。在2015年2月召开的区政协第九届第五次会议上，提出的加快发展生产性服务业、老城区改造的模式和路径、老百最迫切需要解决的民生问题、产业发展与转型升级、提升改造市西商圈促进三产可持续发展等建议被区人民政府采纳。

二、常委会议重点协商

区政协常委会每年向中共云岩区委、区人民政府领导通报经济社会发展重要工作情况，采取知情知政与建言献策结合的方式，共商发展大计。2001年，区政协常委会协商讨论《云岩区国民经济和社会发展十五计划和2001年计划纲要草案》，将讨论的意见和建议报中共云岩区委、区人民政府。协商讨论全区经济工作、党风廉政建设、城建城管、社会力量办学等重要问题。2006年，召开区政协常委30余人参加的整脏治乱专题议政会，通过听取职能部门工作汇报、实地视察、座谈讨论提出建议。2007年，区政协就市西商业街占道经营专项整治、西线开发建设、流动人口计生管理等开展13次专题视察活动，并就视察中发现的问题召开专题议政会。视察水东路开发建设、治安远程监控系统时，区人民政府领导在现场听取委员建议，提高解决问题的效率。2009年，就推动生态文明城区建设等问题进行协商讨论，区人民政府领导班子听取并采纳协商会的意见建议；服务非公经济发展的政策措施、民主评议等问题，采取大范围讨论、小范围座谈，分开协商、内部沟通等协商形式开展；有的协商情况如全区经济工作、党风廉政建设、城建城管工作、社会力量办学、计划生育工作等，通过建议案或调查报告的形式报中共云岩区委、区人民政府。2011年12月，区政协第九届第一次会议以来，组织召开商旅联动促进旅游经济跨越发展、建设生态文明示范城区、推进“幸福云岩”进程等专题咨政会20余次。

三、专题会议对口协商

区政协2001年与非公经济代表人士就促进非公有制经济发展专题协商。2005年，召开《云岩区国民经济和社会发展十一五规划纲要草案》专题协商会，提出修改意见。2006年，召开“整脏治乱”专题议政会。政协主席班子2011年就棚户区改造、旱厕改造、加强市场监管等工作，全年召开10余次专题联席会，促进120余项民生问题的解决。2011年以来，区政协通过举办“生态文明城区建设专家论坛”“社区是我家环境靠大家”、政协主席与市民约谈会、率先实现全面小康各族各界人士恳谈会、区长与非公企业人士约谈会、生产性服务业发展研讨会、促进非公经济发展专题联席会等协商会，促进党委、政府决策前和执行中的科学化、民主化。

四、改进和丰富协商形式

区政协通过全体会议、常委会议、主席会议、常委会专题座谈会、各专门委员会议，根据需要召开民主党派、无党派爱国人士、非公经济人士、人民团体、少数民族人士和爱国人士的代表等参加的协商座谈会；通过政协主席列席中共云岩区委常委会议，副主席列席中共云岩区委、区人民政府有关会议，专门委员会主任列席中共云岩区委、区人民政府有关部门的会议，以及应邀列席区人民代表大会和区人大常委会、区人民政府的有关会议，知情知政，并在讨论中提出建议和意见。

政治协商一般于决策之前，将《政府工作报告》等政协协商的主要内容，提前15天交政协常委会协商讨论。区政协2001年2月第六届第四次会议至2015年2月第九届第五次会议期间，每次全会都要组织联组讨论，云岩区党政主要领导及相关职能部门主要负责人列席参加讨论。联组讨论中委员对党委、政府工作提出的意见和建议，送中共云岩区委、区人民政府作决策参考。2003年，邀请云岩区7个民主党派基层支部负责人列席政协常委会，听取全区工作通报，参与重要问题的讨论。2010年，区政协常委会以“十二五”规划编制、“三创一办”、反腐倡廉、重要工程重大项目建设等为协商内容，组织政协委员、民主党派人士参加协商讨论。

第二节　民主监督

一、政协提案

第六届委员会期间（1998年3月—2003年3月），收到委员提案527件，审查立案396件。其中教育、文化、卫生、科技、体育、精神文明100件占25.3%，农业水利5件占1.3%，工商4件占1%，经济建设59件占14.9%，政法、社会治安4件占1%，城管城建89件占22.5%，政协统战20件占5%，环保20件占5%，劳动人事、民族宗教23件占5.8%，党政建设6件占1.5%，其他66件占16.7%。131件属于意见转送有关部门参考。

第七届委员会期间（2003年3月—2006年11月），收到委员提案569件，审查立案475件。其中经济建设72件占15.16%，城市建设102件占21.47%，社会治安37件占7.29%，教育、文化、科技127件占26.74%，劳动人事43件占9.05%，其他94件占19.79%。作为意见和建议转交94件。至2006年8月30日全部办理完毕，满意率98.9%。

第八届委员会期间（2006年11月—2011年12月），收到委员提案505件，审查立案364件。其

云岩区政协提案类别情况表

（2001 年—2015 年）

年份	提案（件）	立案（件）	经济建设	百分比（%）	城市管理	百分比（%）	环保	百分比（%）	社会治安	百分比（%）	教育、文化、卫生、科技、体育、精神文明建设	百分比（%）	劳动人事、民族宗教、统战、政协	百分比（%）	政治统战、民族宗教	百分比（%）	民政、旅游	百分比（%）	生态文明	百分比（%）	其他	百分比（%）
2001 年 2002 年	118	89	10	11.24	13	14.6	9	10.11	—	—	43	48.32	6	6.74	—	—	—	—	—	—	8	8.89
2003 年	162	127	23	18.1	25	19.7	2	1.57	6	4.7	36	28.4	9	7.1	—	—	—	—	—	—	26	20.5
2004 年	152	133	23	15	34（22%）				11	7	36	24	9	6	—	—	—	—	—	—	20	13
2005 年	125	101	21	20.79	16	15.84	—	—	8	7.92	21	20.79	14	13.86	—	—	—	—	—	—	21	20.79
2006 年	130	114	5	4.39	25	21.93	—	—	12	10.53	34	29.82	11	9.65	—	—	—	—	—	—	27	23.68
2007 年	164	118	11	9.3	50	42.4	—	—	18	15.2	16	13.6	4	3.4	—	—	—	—	—	—	19	16.1
2008 年	122	90	10	11	25	27.8	13	14.4	11	12.2	14	15.6	4	4.4	4	4.4	—	—	—	—	9	10
2009 年	108	77	9	11.7	13（16.9%）				13	16.9	15	19.5	10	13	—	—	7	9	—	—	10	13
2010 年	111	79	6	7.6	39（49.4%）				6	7.6	11	13.9	7	8.9	—	—	—	—	—	—	10	12.6
2011 年 2012 年	95	71	9	12.68	20（28.16%）				9	12.68	15	21.12	3	4.23	—	—	6	8.45	—	—	9	12.68
2013 年	89	64	28	43.75	—	—	—	—	15	23.43	10	15.63	—	—	5	7.81	—	—	6	9.38	—	—
2014 年	66	47	13	27.66	—	—	—	—	7	14.89	7	14.89	—	—	11	23.4	—	—	4	8.51	—	—
2015 年	61	53	14	26.4	—	—	—	—	25	47.2	4	7.5	—	—	7	13.2	—	—	3	5.7	—	—

中经济建设36件占10%，城市建设127件占34.9%，社会治安48件占13.1%，教育、文化、科技56件占15.4%，劳动人事25件占6.8%，民政、旅游20件占5.6%，政协统战、民政宗教4件占1.1%，其他48件占13.1%。作为意见和建议转交的141件，于2011年9月30日全部办理完毕。

第九届委员会期间（2011年12月—2015年12月），收到委员提案311件，审查立案235件。其中经济建设64件占27.23%，城建城管、环保20件占28.16%，政治建设29件占12.34%，文化建设36件占15.31%，社会建设64件占27.23%，生态文明建设13件占5.53%，其他9件占3.82%。作为意见和建议转交的25件，于2015年10月30日全部办理完毕，满意率98%。

2001年—2015年期间，区政协委员提案共1635件，审查立案1546件占提案总数的94.55%，采纳率约70%，办复率100%，满意率98.5%。对党委、政府民主决策、科学决策、改进工作和经济社会发展、社会和谐稳定起到促进和监督作用。

区政协每年听取区人民政府通报提案办理情况。2004年2月29日，在政协云岩区第七届委员会第二次会议上，对44名优秀政协委员、30件优秀政协提案、5个优秀政协联络组和10个提案承办先进单位予以表彰，向2个政协委员满意承办单位授牌，促进提案质量和提案办理质量的提高。2010年，区政协召开提案办理通报会，进行提案知识培训。加强主席会议、专委会与提案承办单位联合督办重点提案工作力度。通过重点提案主席会议督办、重要提案专委会调研督办、难点热点提案组织视察督办等形式，增强了提案办理实效，逐步实现提案办理由答复型向落实型转变，由数量型向数量质量型转变。

二、反映社情民意

区政协通过社情民意调查，反映云岩区有关经济、社会、民生等方面的具体困难和问题，提请有关部门调查研究，提出解决办法。2005年—2006年，收集编报《社情民意》55期，反映意见和建议130多条。2011年，开通社情民意网上反映平台，内容涉及经济发展、环境保护、教育医疗、社会保障等方面，全年共收集编报政协信息263条，被市政协采用241条。2012年，委员针对流动摊点和家庭式餐饮卫生、物流园区建设、生态文化长廊的构想与建设、小关湖文化旅游区建设等进行调研视察，反映社会公益事业及社情民意13条。2014年，组织委员参与相关部门开展的检查、座谈等活动30余次。领导班子带领各专委会、办公室人员和所在辖区委员深入社区、部门开展工作调研，对贯彻落实中央和省、市、区党委、政府出台的涉及教育、卫生、医疗、社保等与群众切身利益相关，群众关注的政策措施执行情况进行民主监督，维护社会和谐稳定。

三、民主监督评议

2001年，区政协指导区工商分局和贵阳客车站市场管委会，对扶持服务非公经济发展情况进行民主评议；组织区地税局，对执行非公经济税收政策及服务情况进行专项民主监督评议。评议结果报中共云岩区委。区政协撰写的《积极探索民主监督新形式，认真开展民主评议活动区政协的创新实践》，12月3日在全国地方人民政协工作经验座谈会上交流。

2002年向中共云岩区委、区人民政府和有关部门推荐30余名民主评议行风代表、执法监督员和纪检监督员，组织政协委员对有关部门的行风进行监督，提出建议意见供有关部门参考。在威清、宅吉街道办事处、区卫生局、计生局等单位开展民主监督评议，达到“正面评议，民主监督，献计献策，共谋发展”的目的。2003年，推荐17名委员担任区纪委、人民法院、人民检察院、公安分局等部门的特邀监督员。2009年，推荐政协委员担任区有关部门特邀监督员，对公安、工商、绿化等部门进行行风评议。2010 年，推荐政协委员担任审计、城管、公安、工商等部门的特邀监督员，对党政部门、窗口行业的政风、行风进行民主监督。

2015 年，组织政协委员参与有关部门开展的检查、评议、座谈等活动有 30 余次，对教育、医疗卫生、社保等与群众利益密切相关的政策措施进行民主监督。统筹安排 200 余名委员参与社会监督管理、参加政风行风监督测评、重要规划和重大项目评审、重点工作的检查和督查等民主监督评议活动，在促进党风廉政建设、转变机关作风、改善行业风气、优化发展环境等方面发挥积极作用。

第三节　参政议政

一、通过会议参政议政

区政协在每次全体会议召开之前，提前向民主党派、工商联发出征集大会发言和提案的通知，要求围绕中心工作，就全区经济社会发展和民生等重大问题进行调查研究，在会上就经济社会发展、生态环境保护、城建城管、教育文化、医疗卫生、政务等方面在政协全会上作大会发言，并以党派、界别名义提出提案，进行参政议政。在区政协 2001 年 2 月第六届第四次会议至 2015 年 2 月第九届第五次会议期间，工商联和民主党派的集体提案，多数围绕经济社会发展、民主法治建设、非公经济、城建城管、科教文卫、社会民生等一些重要问题，提案、建议案的质量较高，多数被采纳实施。

区政协建立民主党派、工商联、无党派人士列席的会议制度。邀请民主党派的负责人列席区政协全体会议和常委会议，参加有关专题协商会议和有关调查、视察、考察活动，使他们知情知政，发表意见建议，进行参政议政。2008 年 3 月区政协第八届第三次会议期间，召开“实施居有所安、构建平安云岩”各族各界人士恳谈会，邀请云岩区党政领导及区综治办、区人民检察院主要负责人和区公安分局领导班子成员到会，听取各界人士对开展“打击两抢一盗，保卫百姓平安”专项行动的意见和建议，提出打击危害医疗秩序的“医闹”行为、加强户籍管理、净化校园周边环境、建立社区治安形势通报制度等建议，中共云岩区委、区人民政府主要领导作出批示。2001 年 2 月，区政协第六届第四次会议以来，每年组织几次情况通报会，邀请云岩区主要领导就全区经济社会发展情况或问题向政协委员通报，听取委员的意见和建议。

二、通过提案议政建言

2001 年，区工商联在“两会”召开之前组织非公经济人士中的人大代表和政协委员参加建议提案座谈会、讨论会，提前安排准备，对有分量的建议提案，采用集体或多人签名方式提交“两会”，提高议政建言质量。

2003 年 3 月，根据区政协委员关于《希望各街道办事处党政领导重视对下岗青年再就业培训，提高下岗青年的就业率》的提案，由分管区长阅签承办意见，区劳动保障部门和各街道办事处组织城镇失业人员培训 1085 人，下岗职工转岗培训 724 人，通过企业和社区发放就业岗位名额吸纳安置城镇失业人员 1064 人，下岗再就业 746 人，促进就业和再就业工作；根据《整顿正山街“脏乱差”现象》的提案，区城管局会同中华中路街道办事处实地察看，采取措施取缔占道经营 15 家，清除煤炭炉灶 18 个，对沿街经营户进行宣传教育，加强清扫保洁，落实长效管理机制。

2008 年，委员提案《关于平衡各街道办事处环卫工人工资、福利待遇的建议》，提出制定相关政策、措施及实施细则，切实做到环卫工人病有所医、老有所养等建议。5月，中共云岩区委、区人民政府就切实做好区环卫工人社会保险工作出台意见，解决全区1600余名环卫工人的社会保险问题。《切实加强大营坡地下通道管理，整治通道上下环境》《关于整顿规范汪家湾路“脏、乱、差”现象的建议》的提案，由区政协主席率视察组现场办公，约请市交警一大队负责人与承办单位、提案人现场商讨解决方法，提高提案落实率。《构建和谐云岩，提案催生决策》的提案，2009年，入选贵阳市第十五届“好新闻”二等奖。2011年，主席会议督办《建议加强整治合群路清真街环境卫生》提案，组织相关部门实地视察，政府相关部门、辖区街道办事处投入资金，对清真寺周边环境卫生全面治理。《建议在沙河桥头竖革命纪念碑》的提案，主席会议督办组到现场视察协调，区文化馆申报在沙河桥头竖革命纪念碑的方案获市文物局批准。

2012年，《理顺招商机制，提高招商成效》的委员提案，区人民政府采纳了提案意见，完善招商项目库建设；加强外来投资企业的考察工作；加强企业的服务工作；编制招商引资工作规范。2015年“两会”期间，《加强行政事业单位结转资金管理》《完善招商引资项目推进工作制度》《整治背街小巷提升城市文明程度》《在社区开展智慧养老综合服务试点》《完善协税机制增加财税收入》《加强社会治安视频监控平台终端普及和维保》《加快推进餐饮业转型升级，进一步提升我区第三产业发展水平》等提案，中共云岩区委、区人民政府领导均作出批示，有关部门加大办理力度，推动了整改落实。

区政协第八届与第九届委员提案数相比，由505件增至561件，审查立案的由364件增至447件，分别提高11%、22.8%。

三、参加视察调研建言资政

区政协按照“选题求准，调研求实，论证求果，建议求效”的要求组织视察调研。2001年主持召开云岩区非公有制经济发展咨询委员会会议；会同各专委会组织委员对区人民法院涉及非公经济企业、人士的案件审理和司法部门执法情况开展调研、视察；组织区防疫站为非公经济人士开展便民利民服务等情况进行专项调研、视察；组织委员就社会力量办学、社区建设等情况进行调研，形成云岩区社会力量办学、计生工作、民办幼儿园建设、黔灵镇村级卫生医疗工作，师资队伍建设、社区建设等6篇调研报告。2002年，组织委员实地考察辖区15个消毒公司，提出建立现代集约化、环保型消毒公司的建议。

2003年，区政协将调整云岩区行政区划工作列入调研课题，组织政协委员到各街道办事处（镇）调研。2004年，开展调研视察活动17次，形成《云岩区中小工业企业调查》《关于促进非公有制经济发展的建议》《高层建筑计生管理的模式探索》等调研报告。2005年，通过调查，从家庭、学校、社会三方面剖析未成年人犯罪低龄化呈上升趋势的原因，形成《未成年人犯罪的特点、原因及对策思考》调研报告送区人民政府。与区工商联、市场管委会联合完成《云岩区农贸市场调研报告》提出的意见建议被采纳。2006年，组织委员开展视察活动14次，选择人口老龄化的现状及对策为调研课题，次年开展为期3个月的调研。2008年，就推进“三马”片区经济社会发展进行调研。对平抑春节期间市场物价、街道（镇）环卫工人社保落实情况、城市低保工作、住宅楼开设餐馆、会所等情况组织视察活动13次。2009年，视察驻区武警中队营区，形成《云岩区看守所及驻地武警中队营区现状调查视察报告》报送区人民政府。区财政局拨付专项资金200余万元，升级改造监控设备和监区照明设备，消除看守所的安全隐患。在《应对金融危机，促进非公企业发展》调研报告中，提出加大财税支持，破解融资难问题；提供优质服务，优化发展环境等对策建议。2010年，形成《关于进一步推动市西商圈繁荣发展》《关于云岩区科技孵化器建设》的调研报告。围绕十件实事、“三创一办”、生态文明城区建设等工作及群众关注的问题，2011 年，组织委员开展专题视察。组织开展农贸市场升级改造、少年法庭工作、基层司法所建设、宗教场所及周边环境整治、落实“门前三包”责任制度、廉租房建设及分配管理、基层公共卫生服务能力建设等专题视察活动 11 次。

以“政协委员活动日”为载体，2012 年组织全区 217 名委员按届别编成 9 个调研视察活动组，就街道办事处改社区服务中心后的运行情况进行调查研究。2013 年，由区政协主席班子成员分别带队，政协委员和民营企业家组成调研组，分别到省物资流通商会、民营企业、“三马”物流园区、“三马”经济发展中心等专题视察。组织委员深入黔灵镇和“三马”片区调研，形成《城市化进程中预防被征地农民返贫的对策和建议》调研报告。教育界别委员在《关于对我区中小学“控辍保学”的对策及建议》调研报告中，提出督促责任书的落实、建立流动人口住户子女入学档案和全国学籍管理系统便于查找流失学生等建议。2014 年，委员参与政协组织的活动有 200 余人次，完成贵阳市轨道交通 1 号线（云岩段）土地和房屋征收工作视察；对强化依法行政促进经济发展、产业园区建设、棚户区改造、区域经济发展、文化市场综合执法等进行调研或视察，形成调研报告。2015 年，就城区棚户区改造、产业发展与转型升级的模式和路径等课题进行调研并形成调研报告。完成云岩区重点工程项目建设情况，科技型企业技术创新情况，西线、北线片区开发建设情况等调研。对强化依法行政，推进产业园区建设、特色商业街打造、区域经济发展、“整脏治乱”“两严一降”、禁毒工作等情况进行视察调研，完成《京筑合作大数据，助推贵州彩云飞》等调研报告。

区政协把加强调研视察作为新形势下做好政协工作的“重头戏”。一方面，重视调研视察选题的准确性，强化资政建言功能，推动成果转化。建立调研报告报送制度，跟踪问效、了解调研成果的转化情况。《云岩区政协对促进建言成果科学有效转化的初探》2010 年被省政协理论研究会和省政协工作经验交流会采用。完成的《云岩区生态文明建设现状与思考》《贵阳市轨道交通 1 号线（云岩段）建设》《云岩区区域经济发展中心运行情况分析》《云岩区多层面多渠道社会居家养老的社会调查》《稳步推进法制进程建设幸福云岩》《浅议云岩区棚户区改造》等 30 篇调研报告，提出约 200 条意见和建议，云岩区党政主要领导和分管领导均作出批示并采纳于施政之中。另一方面，委员通过深入实际调研视察，了解党和国家方针政策的贯彻落实情况，收集反映社情民意，提高履职能力。

四、服务中心工作知情参政

按照中共云岩区委、区人民政府的统一部署，2009 年以来，区政协参与重点工程和重大项目建设、生态文明示范城区建设和包保联系社区（镇、部门），做好维护社会稳定等中心工作。参与北京西路、水东路、北京东路和“二环两路”（云岩段）的征地拆迁工作。2011 年后，参与领导西线、北线片区开发建设工作，制定完善工作制度，理顺工作关系，完成规划编制，依托产业项目和棚户区改造，推进“三马”片区产城融合发展；2014 年，参加贵阳轨道交通 1 号线（云岩段）及公园路 2、3 号地块棚户区改造项目房屋征收等工作，按时完成阶段性任务。参与 1.5 环土地上房屋征收等重点项目推进工作；参加市西路批发业态转移和环境提升改造工作，区政协四名班子成员入户宣传，做好业主、经营户信访接待工作，梳理排查问题，到基层联系点指导工作近 200 次，主动化解矛盾。

在 2009 年区政协述职大会上，政协常委交流参政议政的体会，查找存在的不足。云岩区政协撰写的《搭建平台，充分发挥委员主体作用的实践》，在省政协理论研讨会上发言交流。2015 年，在社区（镇）建立政协工作联络组，为政协委员履职搭建平台，开展座谈、调研等经常性活动。

第四章 文史刊物 信息交流

云岩区政协通过编发文史刊物，传承历史文化，加强信息交流促进政协工作。

第一节 编辑文史刊物

区政协2001年编辑出版《发展非公有制经济文件选编》。2002年，调整编辑出版《二十年巨变话云岩》等4部文史资料专辑。2003年，出版《云岩区文史资料》（宗教）专辑等。2004年，出版第21辑文史资料选集《云岩胜景》。编辑出版《2006年云岩人物——云岩区文史资料选辑》第22辑。2009年参与贵阳市政协编辑出版的《见证——我与筑城的故事》组稿工作，有6篇文章入选；60张照片入选贵州省政协编辑出版的《贵州三十年变迁》。2012年，协助市政协文史和学习委员会进行《贵阳商业变迁》一书的史料查询和征稿工作，提供《云岩文史资料》共5期；撰写《今夕大市场——见证市西路40年变迁》报市政协。2013年，组织撰写《水东路——圆东线村民致富梦》系列文稿，一批老同志以“亲历、亲见、亲闻”为基础撰写的文稿、摄影作品被《贵州政协报》、贵阳《文史天地》等刊载、收录。

2014年，区政协参与市政协《聚变·贵阳城市建设发展历程》征文工作，组织撰写《古关隘上的现代交通路网》《城市中的牌坊》《大营坡——一个城郊结合部的发展变迁》《渔安安井成贵阳“外滩”》被收录。组织人力参与市政协《贵阳百年教育》文史资料的征集编撰工作，《云岩一小——希望在这里起飞》《省府路小学百年校史回眸》《从公办、民办、五独立到民办》等多篇被《贵阳百年教育》收录，全部稿件在《贵中云岩》专版刊发。

第二节 信息编发和交流

一、编发信息和简报

《云岩社情民意》，原为《云岩政协信息》。区人民政府根据区政协撰写的《安井村蕴藏地下热水资源》一文，于2001年1月3日，召开专题会议研究开发安井温泉有关事宜。区政协2002年印发《关于加强信息工作的意见》，鼓励机关干部职工和政协委员采写信息。召开信息工作会，增聘、培训和表彰信息员，促进了信息工作。编发的《社情民意》《政协简讯》和理论文章、通讯、信息、图片新闻等，有的被《贵州政协报》《贵阳日报》、省市人民政协网站等传媒采用。编发《社情民意》《政协简讯》45期，反映意见建议100余条。2006年，报信息45期，社情民意10期。2008年，制定《云岩区政协专门委员会及街（镇）政协联络组信息报送管理办法》，全年共有36篇理论文章和《履职纪实》信息在《贵州政协报》登载，178 篇信息动态被市政协网站采用。2009 年，制定《云岩区政协信息工作管理办法》，所采集的信息，被市政协网站采用 233 篇，云岩区《领导内参》《贵中云岩》采用 5 篇。

二、经验交流

2001 年，云岩区政协参加全省人民政协专委会工作经验交流会，工作经验交流材料在《贵州政协报》《贵阳日报》刊登。2004 年，有 10 篇理论文章在《贵州政协报》上发表。2005 年，在贵阳市第十一届“好新闻”评选活动中，区政协撰写的《加强民主政治建设，促进区域经济发展》获“好新闻”二等奖，另有两篇稿件获“好新闻”三等奖。《将政协工作延伸至基层的实践与探索》，被贵州省人民政协选编入《全省县级政协工作经验汇编》一书。区政协在《贵州政协报》上发表理论文章 16 篇；在贵阳市政协工作理论研讨会第二十四次会议上，交流《多管齐下促和谐，履职呈现新活力》学习成果。在省政协举办的全省县级人民政协工作经验交流会上，作《将政协工作延伸至基层的实践与探索》论文交流。

2007 年，区政协举办云岩区构建和谐企业论坛会，4 篇优秀论文被《贵州政协报》、贵阳市人民政协网站采用。与《人民政协报》《贵州政协报》等媒体协调，及时宣传报道云岩区政协工作的创新实践，其中《加强政协委员管理的创新实践》在省人民政协工作经验会上交流，编入《贵州人民政协工作》文集。通过组织征集加强和改进政协工作的研讨文章，评选出优秀论文 9 篇；通过理论学习，政协委员、机关干部在《人民政协报》《贵州政协报》发表理论文章 23 篇。

区政协 2008 年获贵阳市第十四届“好新闻”评选一等奖。2009 年，组织完成并获得的优秀调研文章 3 篇、优秀理论文章 3 篇、优秀政协好新闻 16 篇。《贵州政协报》刊登云岩区政协理论文章和《工作动态》32 篇，《搭建平台，充分发挥委员主体作用》《风雨兼程 60 载，继往开来铸辉煌》等 3 篇被贵州省人民政协理论研究会汇编入册，并在全省人民政协理论研究会上发言交流；《改革开放风雨路漫漫，创新履职奏响新篇章》《构建和谐云岩，提案催生决策》两篇文章，分获贵阳市第十五届“好新闻”二等奖和三等奖。云岩区政协被贵阳市政协、中共贵阳市委宣传部评选为“好新闻”先进单位。2010 年，《云岩区政协对促进建言成果科学有效转化的初探》，被省政协理论研究会和省政协工作经验交流会采用。云岩区政协选送的文章有 23 篇登载《贵州政协报》。区政协各年度派送委员分别参加省、市政协史料学术交流活动。2015 年，参加中国近代史学会举办的“回顾大西南抗战历史，纪念抗战胜利 70 周年”等交流活动。

第五章 智力支边和对外交流

云岩区政协发挥人民政协和民主党派、社会组织人才智力优势，支持贫困地区发展。开展对外交流，拓宽政协工作思路。

第一节 智力支边

区政协2001年组织有关专家赴息烽县等地开展支边活动，培训小学教师，传授板栗栽培、蔬菜管理等农村实用技术，组织义诊，捐献药品和医疗器材等。2002年，组织政协委员和有关专家在黔灵镇偏坡、安井、渔安村和息烽县等地开展支边活动，向息烽等偏远贫困地区捐款人民币1万多元，衣物1万多件，笔、药品等价值4万余元的物品。2003年，会同区教育局、黔灵镇等有关单位加大对改茶小学的扶持力度，与毓秀路小学结成对子“一帮一”；委员中的非公经济代表人士在防治“非典”中捐款34万元，为农村贫困儿童捐资助学4万余元。2004年，组织在省、市经济部门工作的区政协委员，到区属中小企业开展科技推广、人才培训，组织开展捐资助学、扶持贫困户、改善农村学校办学条件、慰问偏远学校等献爱心活动，捐赠物品和现金共66万元。

2007年，组织委员扶贫帮困、捐资助学、医疗义诊、智力支边等活动13次，向黔灵镇、雷山县等地的边远学校和困难群众捐资捐物共150万元；组织对黔灵镇偏坡村村民进行电脑培训，使百余名村民劳动就业技能得到提高。2009年，组织经济界别委员捐资36万余元，为黔灵镇东新小学350名学生购置校服和文体用品；为开阳县南江乡、禾丰乡学校配置电脑等教学设备；为遭受洪灾的从江县苗族同胞捐赠现金和物资。2010年，开展捐资助学、扶贫济困、抗灾救灾捐资捐物达231万元。

2011年，组织委员赴开阳县高寨乡、息烽县永靖镇等地，开展抗旱灾、保民生，情暖山区儿童、“六一”奉献爱心，英语教师培训等20余次惠民捐资助学活动，累计捐资捐物达130万元。2012年，开展捐资助学、帮贫济困、师资培训等支边帮扶活动10余次，组织政协委员和各界人士捐赠款物117.59万元（其中资金67.58万元）；帮助79户贫困户，资助68名农村贫困学生，慰问老年人160人，有1700多名师生在帮扶中受益。

区政协2013年向全体委员发出开展扶贫济困等公益活动的倡议书。为鸭江寨村民健身活动广场配备健身器材；为辖区内考入大学的优秀贫困学生捐助，为定点帮扶的息烽西山乡3所小学师生捐助等，累计捐款捐物达26万余元，受益学生和困难群众超千人。2014年和2015年，组织委员及企业与区委统战部、区工商联、科协等开展帮扶慰问、捐资助学、示范教学、科普扶智，捐款捐物献爱心活动20余次共120余万元，2000余名贫困群众、1000余名学生受益。贵阳市人民政府、贵阳市人民政协2007年授予云岩区人民政协为贵阳市智力支边工作先进集体。

第二节 对外交流

2001年，区政协参加全国十城区政协工作研讨会，接待全国各地30多家政协的来访。12月3日，全国地方人民政协工作经验座谈会在北京举行，区政协主席周龙英出席会议。会议期间，区政协撰写的《积极探索民主监督新形式，认真开展民主评议活动的创新实践》作书面交流，载入全国人民政协编辑的《实践、总结、创新》一书和《中国人民政协》等刊物。2002年，接待全国各地来访政协单位130多家。

2012年，组织经济等界别委员赴厦门海沧区、云南元阳和建水、贵州遵义和仁怀等地考察学习，与当地政协委员、商会、知名企业家和民族群众代表座谈，促进委员在项目投资、建设方面的交流合作；承办贵阳市区（市、县）政协工作交流会，通过交流发言、协商研讨、专题座谈，交流履职经验；参加全国十四城区政协工作经验交流会，接待省内外区县政协委员到云岩区开展政协工作调研。

区政协组织经济界和民族宗教组政协委员2013年3月18日—27日赴越南、柬埔寨进行为期10天的参观考察。10月，组织部分委员和企业家到厦门、福州等地参观学习考察，形成考察报告。组织委员赴江西景德镇，湖南长沙，云南昆明、保山、德宏等地参观考察高新技术产业、金融投资业、文化教育产业和瓷器产销、家电超市等企业，加强企业之间的相互促进和发展。接待安徽、广东、新疆等地的区（市、县）政协到云岩区考察，就民主协商和调研课题管理、民族宗教工作、协商民主制度建设、党委政府重视协商民主的情况等议题进行交流。与来贵阳考察的安徽省、广州市的区（市、县）政协，就“协商民主制度建设”“党委政府重视协商民主情况”进行交流和探讨。2015年，组织政协委员赴广西柳州、三江，贵州平坝，福建福州、厦门，浙江杭州，宁夏银川等地参观考察农业科技、交通设施、大数据应用等企业，拓宽政协工作的思路和委员的视野。

第六篇

民主党派 人民团体

第一章　民主党派

中国国民党革命委员会（民革）、中国民主同盟（民盟）、中国民主建国会（民建）、中国民主促进会（民进）、中国农工民主党（农工党）、中国致公党（致公党）和九三学社贵阳市委员会7个民主党派在区岩区有13个基层组织。各民主党派由中共云岩区委统战部负责联系。

第一节　民革贵阳市云岩支部

一、组织建设

1979年，民革贵州省委在贵阳市有5个直属支部。1983年1月，民革贵阳市委筹备小组成立后，将基层组织调整划分为5个支部，云岩支部是其中之一。同年7月，民革贵阳市云岩支部（民革云岩支部）成立。至2001年1月换届时，党员26人。2004年11月换届，党员32人。2008年1月换届，党员39人。2012年1月换届，党员48人。2015年11月换届，党员55人。

民革云岩支部建立学习制度、重要事项请示汇报制度、分工负责制、支部民主生活会制度。2006年民革云岩支部网上信箱和贵阳民革网站同时开通。2008年，确定每月第一个星期三下午为“支部活动日”，开展支部党员见面活动。活动日地点开始在富水北路20号物资综合大楼22楼维拓律师事务所会议室，2015年改在贵州师范大学嘉信华庭25楼贵阳路路通培训学校。2015年，开展支部建设年活动。

民革云岩支部2010年被民革贵州省委授予先进基层组织；2014年入选民革贵州省委八佳基层支部。2015年，民革党员中，担任政协贵阳市第十一届委员会委员1人，云岩区第十六届人民代表大会代表1人，政协云岩区第九届委员会委员2人；科级领导职务2人；民主监督员1人、人民陪审员1人。

二、参政议政

2001年6月底，民革云岩支部参与黄埔军校同学会云岩联络组举行的纪念辛亥革命90周年、黄埔军校建校77周年活动。2003年，各民主党派负责人应邀列席区政协常委会议，听取全区工作通报，参与重要问题讨论。2007年7月19日，参加中共云岩区委统战部组织召开的第三季度民主党派基层支部负责人联席会议，学习总书记胡锦涛6月25日在中央党校发表的重要讲话。民革云岩支部党员代表参加由市、区人大、政协组织的贵阳市城乡一体化建设、云岩区农贸市场整顿、食品药品安全管理等考察、视察或调研。2008年，支部完成《云岩区中小企业融资难问题》的调研课题。2010年5月18日，参加由中共云岩区委统战部组织的各民主党派贵阳市委及云岩支部的主要负责人到云岩区市西商会和云岩钢材市场调研。2012 年，各民主党派负责人应邀列席区政协常委会议，参加视察、座谈等活动。区人大、政协“两会”期间，民革云岩支部和代表委员建言议政，反映社情民意。支部两名市政协委员在市政协第九、第十和第十一届会议期间，共提交提案 10 余件。2007 年—2015 年，民革云岩支部人大代表、政协委员向“两会”提交的建议和提案有 27 件，如关于《疏导罗汉营路交通现状的建议》《对三马片区主干道沿线居民生活污水排放问题进行整改的建议》《平价农产品进社区在经营管理方面的建议》《师大人行天桥占道经营拥堵状况》等提案均已办复。民革党员中的市政协委员、特邀监督员参与重点工作督办、政风行风监督测评等民主监督活动。

三、社会公益活动

2008 年 5 月 12 日，四川汶川特大地震发生，民革云岩支部在威威外语学校举办“向灾区伸援手，献爱心”捐赠活动，党员捐款捐物价值 5 万余元。2010 年，民革云岩支部向贵阳市第四实验小学赠送价值 3.8 万元的儿童剧《海宝》入场券，向乌当区水田镇中学捐赠竖笛 200 余支；开展以促进贵阳民办教育发展为目标的结对帮扶活动，定点帮扶辖区百花小学和西瓜村学校两个民办学校。2011 年 3 月，向百花小学捐赠价值 2.5 万元的实验室设备和教学用品。2012 年，开展“同心助学”结对帮扶活动，民革云岩支部、贵阳实验二小与百花小学举办“同心同行·手拉手心连心”庆“六一”联谊活动，为百花小学送去一批生化实验室器材、1175 本图书、180 支竖笛、20 把椅子等；为西瓜村学校送去价值 1 万多元的电脑 2 套；邀请民革“同心工程”专家组成员和贵阳实验二中优秀数学教师，为西瓜村学校送去小学语文和中学数学课。2013 年 12 月 5 日，向百花小学优秀教师和成绩优秀家庭困难学生送去奖金和奖学金。2014 年、2015 年，为西瓜村学校、百花小学送去学习用具和奖学金。

第二节　民盟贵阳市云岩区支部

一、组织建设

民盟贵阳市云岩区支部成立于 1997 年 3 月，盟员 28 人。1999 年，民盟贵阳市委在云岩区设 7 个基层支部，有盟员 150 人。2010 年、2015 年两次换届，至 2015 年年末，有盟员 46 人。

民盟贵阳市云岩区少年宫支部 1989 年 6 月 22 日成立，盟员 13 人。1995 年 3 月—2015 年年末，支部盟员 8 人。其中高级职称 6 人、初级职称 2 人。

民盟贵阳市第十三中学支部 1989 年成立，至 2015 年年末有盟员 26 人。

民盟贵阳市第十九中学支部 1990 年 1 月成立，至 2015 年年末有盟员 11 人。

民盟贵阳市第七中学支部 1998 年成立，盟员 7 人。至 2015 年年末，有盟员 27 人。

民盟贵阳市第十中学支部 1998 年成立，至 2015 年年末有盟员 16 人。

民盟贵阳市实验第二中学支部 1999 年成立，至 2015 年年末有盟员 16 人。

民盟贵阳市云岩区支部，2014 年被评为民盟贵阳市委优秀支部，民盟贵州省委 2015 年度“提质创优”活动优秀支部。2015 年 12 月 3 日—4 日，民盟贵阳市云岩区支部组织盟员到民主党派的发源地“重庆特园”考察，促进支部盟员对民盟和其他民主党派发展史的认识。2015 年，支部盟员中，担任政协贵阳市第十一届委员会委员 2 人，政协云岩区第九届委员会委员 6 人；科级领导职务 2 人。

二、调查研究参政建言

担任政协云岩区第八届委员会委员，政协贵阳市第十届、第十一届委员会委员的民盟云岩区少年宫支部盟员，发挥自身优势，在“两会”期间，就区少年宫的发展、少年科技教育活动的开展等提交提案，建言献策。2011年，民盟云岩区支部完成《幼儿教育的调研报告》，送民盟贵阳市委和中共云岩区委统战部参考。各民主党派负责人应邀列席区政协常委会议，参加政协组织的视察、座谈等活动。民盟云岩区支部组成调研小组，于2013年9月26日和11月7日，在辖区筑东学校、筑西学校、华兴小学、星光双语学校、培基小学和成才学校就民办学校办学情况进行调研，发现各校课时重、收入与付出不平衡，办学经费不足是民办学校存在的主要问题。11月20日，完成《云岩区民办学校发展现状及对策》调研报告，为政府有关部门提供参考。2014年8月，通过调研形成《云岩区网络文化市场现状及分析》，对加强互联网文化市场起到监管作用。2015年10月，完成《云岩区部分路段交通现状及浅析》调研报告，为改变和缓解部分路段的交通状况提出建议。民盟云岩区支部率先建立基层组织参政议政微信公众号。

三、社会公益活动

每年春节前夕，民盟云岩区少年宫支部组织盟员到偏远乡村为村民义务书写春联活动，十多年坚持不变。先后到过云岩区偏坡乡、雅关村、渔安村，花溪区高坡乡、湖潮乡广兴村，乌当区新添寨，息烽县青山乡、九庄镇、阳郎村，清镇市中八长岭岗苗寨等村寨。支部与少年宫科技工作室联合，长期开展送科技下乡活动，到过的学校有龙里县第四小学、普定县白岩镇红旗小学、遵义市新蒲小学、花溪区高坡乡云顶小学；与省科协联合举办科技夏令营，暑假期间为城市新建住宅小区居民进行为期一周的科技培训。参加的社会公益活动主要有：向紫云县火花乡民族学校捐衣捐款，向息烽县九庄、底寨、新华3个希望小学捐款捐物，每年4月云岩区科技活动月期间，开展智力支边活动，为渔安、雅安、安井等小学送去图书，放映科技电影，开办科技讲座。到息烽开展扶贫活动，对贫困生给予经济上的帮助。2012年后，在息烽县、修文县大石乡民族学校、花溪区高坡乡五寨小学开展支教帮扶活动。2014年10月24日，在大石乡民族学校开展送课下乡活动。2015年，向云岩区“5·20”山体滑坡地质灾害捐款等。10月23日，在高坡乡五寨小学支教帮扶。

第三节　民建贵阳市云岩区总支部

一、组织建设

民建贵阳市云岩区支部（民建云岩区支部）1994年12月16日成立，有会员13人。2004年4月换届，会员24人。2011年6月换届，会员38人。

2011年6月17日，民建贵阳市云岩区总支部（民建云岩区总支）成立，辖四个支部，会员共81人。其中：一支部会员21人，二支部会员20人，三支部会员20人，四支部会员20人。

2014年5月7日，五支部（民建云岩区总支市西商会支部）成立，会员7人。

至2015年12月，民建云岩区总支部基层组织负责人有17人，会员共130人。

民建云岩区支部评为2006年—2010年民建贵阳市委先进集体。民建云岩区总支部评为2015年民建贵州省委先进集体、民建贵阳市委先进集体。2015 年，民建会员中，担任贵阳市第十三届人民代表大会代表 2 人、政协贵阳市第十一届委员会委员 9 人，云岩区第十六届人大代表大会代表 5 人、政协云岩区第九届委员会委员 11 人；科级领导职务 5 人。

二、调查研究参政议政

民建云岩区支部区人大代表、政协委员，每年“两会”期间，提交建议和提案，建言献策，反映社情民意。2002 年，提交建议提案 8 件。如《加大对非公有制经济发展支持力度》《农贸市场实行等级化管理，向超市发展》《整顿市西路市场秩序》等。2006 年—2010 年间，向“两会”提交关于《消除三林路文山巷危房安全隐患的建议》《建立区域企业在外人才信息平台》《消除市西路安全隐患的建议》《在云岩区建立中小企业维权站》《建议云岩区非公企业尽量少裁员、少减薪》《做大做强市西商圈，带动贵阳市第三产业发展》《应对金融危机促进非公经济发展》等建议和提案 40 余件。2008 年，进行《云岩区中小企业融资难问题》专题调研并完成调研报告。11 月 26 日，参加贵阳市服务业发展座谈会。2009 年，就《促进非公有制企业发展》课题开展调研，形成调研报告。2011 年，各民主党派负责人应邀列席区政协常委会议，参加政协组织的视察、座谈等活动。民建市人大代表，2014 年，参加区人大组织云岩团市代表就金关村村民饮水改造民生工程和云岩区环卫市场化运作工作专题视察。通过视察，提出意见和建议。有的委员参与政协组织的社会监督管理、政风行风监督测评、重点工作督办等民主监督活动。协助民建贵阳市委就《做大做强印刷包装产业，助推特色优势产业实现跨越发展》课题进行调研。2015 年 12 月，民建云岩区总支部被民建贵州省委授予参政议政先进集体。

三、社会公益活动

（一）捐资助学

2001 年，民建会员企业贵州东方牛仔服饰有限公司向息烽县三田小学、养龙司坝上小学，开阳县万达小学、楠木渡村，清镇市麦格乡龙滩希望小学，云岩区偏坡小学以及贫困生捐资助学，赠送学习、体育用品价值 50 万元。2002 年，佰佰利贸易有限公司牵线香港新兴塑料工业公司资助清镇市 25 名贫困学生共 11 万元，向花溪区民族希望小学捐助 30 万元，还先后向清镇市下寨小学、开阳县南龙乡田坎小学和息烽县九庄乡铜枝驿小学捐资捐物。2003 年，贵州黄果树立爽药业有限公司出资在丹寨县修建希望小学，在丹寨县长青小学设立教师奖励基金，连续 4 年资助贵州大学 60 名贫困学生共 28 万元。2004 年，贵州塞狮龙贸易有限公司向花溪区青岩小学、高坡小学，开阳县南龙乡田坎村小学捐资 3. 5 万元。2005 年，贵阳芙瑞商贸有限公司为边远山区儿童入学捐款 3. 5 万元。

2007 年，贵阳添秀商贸有限公司和部分会员企业先后为开阳县禾丰乡马头村小学捐助教学用具。10 月，贵阳美瑞商贸有限公司和乌当区工商联向永乐乡希望小学捐赠价值 10 万元的物资。2008 年 1 月 31 日，民建云岩区支部组织会员慰问辖区困难群众。5 月 14 日，倡导发起“抗震救灾，共铸爱心丰碑”紧急救灾活动。6 月，贵阳添秀商贸派员到贵阳市儿童福利院慰问孤儿和特殊儿童，捐赠乳制品和饮料。2010 年 4 月 26 日，在民建云岩区支部副主委冉先黎的倡导下，部分会员企业家共同发起“情系玉树，大爱无疆”捐款活动。

民建会员 2011 年资助息烽县、清镇市贫困大学生在校生活费 8 万元；2012 年，捐助瓮安县草塘镇小学基础设施建设、大学生学费和生活费共计 11 万元；为息烽县困难学校购置教学设备，息烽县石硐乡猫场小学捐赠 100 套课桌椅共计 4. 6 万元。贵州宏迪投资有限公司向息烽县九庄镇竹花小学、新沙小学、柏茂小学、团山教学点捐赠价值24万余元的童装；贵州可吉立贸易有限公司、贵州今童贸易有限公司在“同心同行”座谈会上，爱心捐资助学6万元。2013年，民建云岩区总支第四支部20余名会员向息烽县九庄镇乌江复旦学校捐赠30台电脑和桌椅，价值近12万元。民建会员向白云区麦架镇果园村孙关小学、息烽县新杨小学捐赠交互式多媒体教学设备，资助清镇市贫困大学生，为乌江复旦中学购买学生用床垫，价值共18万元。2014年，陈格路贵州合石电子商务有限公司向六枝特区梭戛乡团结小学师生送去价值8万元的校服、书籍、书包和文具；延安资协有限公司捐赠8套多媒体教学系统给高坡乡民族中学；贵州华源混凝土有限公司向高坡乡民族中学捐赠课桌椅、篮球架、乒乓球台、餐桌椅和不锈钢餐盘；金泰网络系统工程有限公司在高坡乡民族中学为40余名教师进行多媒体教学系统应用培训；民建会员资助修文县王官村小学三年级1名贫困学生至初中毕业2.3万元；协调迈高乳业（青岛）有限公司、贵州元亨荣诚商贸公司向克里、大洪、平寨、王官村共99名10岁以下贫困儿童捐赠价值10万元的迈高奶粉。2015年，民建会员在乌当区新堡布依族乡进行乡村旅游管理培训；资助息烽县两名高中生2万元；出资20万元在玉屏侗族自治县朱家场镇洪家湾村设立奖学金，用于奖励优秀学子和教师。

（二）资助新农村建设和贫困农户

民建会员长期资助新农村建设和贫困农户。2002年—2004年，为新农村建设先后捐助7万元。2005年，贵阳添秀商贸有限公司为新农村建设捐资2万元。2006年，民建会员向惠水县打岭乡董家村捐款1.58万元和价值5000元的医药用品；会员企业家向开阳县禾丰乡长红村基础设施建设及援建部分农户沼气池捐资共20万元。2011年，贵州赛狮龙贸易有限公司将价值20多万元的13418件“阿玛施”“哥弟”品牌女装赠送给息烽县流长乡、修文县小箐乡、清镇市青龙街道办事处、红枫湖镇、站街镇的困难妇女、民办女教师。2013年，在息烽县九庄镇捐赠1万元购种子助农增收；贵阳添秀和谐贸易公司到修文县大石乡大石村开展中秋慰问活动，送去价值2万余元的月饼，分发给该村困难户、部分受灾户和乡、村干部。2014年7月25日，贵阳市云岩区民建博泰小额贷款股份有限公司向花溪区高坡乡大洪、克里、平寨3个村的31户贫困户捐赠东芝32寸液晶电视，价值5.27万元。

第四节　民进贵阳市云岩支部

一、组织建设

民进贵阳市委在云岩区原有环西小学支部、教师进修学校支部、实验小学支部、小教一支部和二支部，2000年4月，5个支部合并为民进贵阳市云岩支部（民进云岩支部），会员共28人。2008年12月换届，支委会由5人组成，会员32人。至2015年12月，民进云岩支部会员95人。

民进云岩支部每3个月组织一次会员集中学习，《中国统一战线》《贵州民进》《贵阳民进》等学习材料发至每个会员。要求会员尽力做到每年提一条反映社情民意的信息；参与一项调研活动；参与一次社会公益活动；立足本职工作做一件有益于社会的事。每年春节、中秋等重要节日，组织全体会员开展联谊活动，发送纪念品，加强会员与组织的感情和会员参加支部活动的热情。在贵阳市政协召开的2002年—2004年度贵阳市各界人士为“三个文明”建设服务先进集和先进个人经验交流暨表彰会上，民进云岩支部为先进集体受表彰。2004年，在民进贵州省委召开的先进基层组织表彰会上，民进贵阳市云岩支部受到表彰。2015年，民进会员中，担任政协云岩区第九届委员会委员4人（常委会委员 1 人）；担任科级领导干部 1 人。

二、建言议政

2001 年 4 月，民进云岩支部组织会员参加中共云岩区委统战部组织的中央统战部、人民日报社举办的“统战知识竞赛”。

发挥自身党派优势，开展和参与社会调研、社会视察活动，及时反映社情民意，使参政议政落到实处。2008 年，在世界金融危机背景下，中共云岩区委、区人民政府多次邀请民进云岩支部等民主党派参与座谈，商请民进云岩支部发挥人才优势，为云岩区的中小企业走出困境出谋划策。云岩区的中小型企业都普遍存在经营规模小，贷款融资难，抗经营风险弱的特点。经商请中共云岩区委统战部，成立区委统战部部长为组长，民进云岩支部会员为主要组成人员组成的课题调研组。课题调研组通过对贵阳市西路百货大市场、云岩金关钢材市场等实地调研后认为，这两大市场虽然有 1.2 万多户商家和 600 多户商家，但都普遍存在经营规模小且分散，缺少组织领导，贷款融资难，抗经营风险弱等问题。课题调研组商请云岩区工商业联合会，于同年 6 月在两大市场分别成立云岩区市西商会和金关钢材市场商会，基本解决问题。以两个商会为依托，商请贵州省银监局和中国人民银行贵阳分行，批准云岩区市西商会和金关钢材市场商会各自成立投资担保公司，解决中小微企业融资难的问题。至 2010 年，两家投资担保公司共为云岩区中小微企业提供投资担保 10 亿多元。

2008 年，民进云岩支部政协委员参加区政协对《加强校园周边环境安全综合治理》的专项调研后，针对学校周边治安环境较差，学校教师、学生和家长缺乏安全感的问题提交《切实解决校园周边安全问题，还学校一个安全环境》的提案。由区人民政府拨出专款，在学校设专职保卫人员，维护校园周边环境。2009 年 4 月，支部区政协委员参加区政协调研组到百花山云岩区看守所调研。区看守所由于监控设备陈旧老化，存在重大安全隐患。调研结束后，提出《贵阳市云岩区看守所存在安全隐患，贵阳市云岩区人民政府应拨专款抓紧解决，以防“躲猫猫”事件发生在贵阳市云岩区看守所》的提案。区人民政府拨专款 200 多万元，解决了区看守所购买自备发电设备和更新监控设备等问题。

民进云岩支部通过对部分边远学校尤其是民办学校的现状调查分析，2008 年“两会”期间，提交《关于推进薄弱学校得到均衡发展》的提案。区教育局向区人民政府申请教育资金，加大对薄弱边远学校的投入，使部分学校的办学环境和教学质量得到改善。《切实加强大营坡地下通道管理，整治上下环境》提案，列为区政协主席会议督办重点提案。邀请市交警支队、区城管局等相关部门和区政协主席等，实地视察大营坡地下人行通道，召开座谈会和重点提案现场督办会督办提案的落实；《要求搬迁贵乌小学旁燃油销售点》提案被列为区政协主席会议督办重点提案，该提案 2009 年被区政协评为优秀提案。

2014 年 12 月 1 日，民进云岩支部会员张华，向中共中央办公厅提出《建议中国共产党中央委员办公厅代表中国共产党中央委员会责令中国共产党新闻网络将中华人民共和国主席、中华人民共和国中央军事委员会主席、中国共产党中央委员会总书记、中国共产党中央军事委员会主席习近平的法定称谓擅自改变成“习大大”，并以此发布的“习大大，加油”的网络留言板删除》。2015 年 1 月 4 日和 2 月 8 日，张华《再次建议中国共产党中央委员会办公厅代表中国共产党中央委员会责令中国共产党新闻网络将其发布的“习大大，加油”的网络留言板删除》。在中央办公厅的监督下，2015 年 3 月 25 日，《人民日报》网络板人民网将其下属中国共产党新闻网发布的“习大大，加油”的网络留言板删除。

三、爱心助学服务社会

民进云岩支部会员利用组织优势，于2005年10月组建“贵州爱心爱园”，聚集爱心人士1500多人，开展献爱心活动。至2015年，已在贵州省赫章县可乐乡、剑河县南加镇、望谟县、毕节市等地修建新泉希望小学、海子希望小学、芳武希望小学、铁炉村希望小学等9所希望小学，长期开展资助贫困儿童的爱心活动，组织以助学为主的社会公益活动百余次，惠及贫困地区上万名孩子。2008年，民进云岩支部接待息烽县西山小学15名教师到贵乌路小学进行教学交流。一些会员利用学校优势，组织贵乌路小学与息烽西山小学开展结对子活动，贵乌路小学教师多次前往西山小学献课并进行教学交流研讨。助学活动得到市、区政协，市、区教育局等部门的指导和肯定。一些会员利用自办公司为中小企业发展提供服务。至2015年12月，为119家中小型企业提供投资担保，落实贷款共1.6亿多元。

第五节　农工党贵阳市云岩支部

一、组织建设

农工党贵阳市云岩支部前身为1984年7月19日成立的农工党贵阳市云岩区人民医院支部。支部组织关系直属农工党贵州省委。1986年12月，农工党贵阳市委成立后，支部组织关系归属农工党贵阳市委。2006年7月，农工党贵阳市云岩区人民医院支部更名为农工党贵阳市云岩支部（农工党云岩支部）。

1984年7月农工党云岩支部成立时，有党员9人。至2002年3月，第七届支部产生，有党员25人。2015年，支部党员33人。其中医药卫生界29人，非公经济1人，金融系统1人，其他界别2人；有高中级专业技术职称31人，占94%。其中：高级职称7人，占21%、中级职称24人，占73%。

农工党云岩支部每月召开一次支委会，商讨支部工作，布置支部活动。每季度按期组织活动，组织学习新的大政方针和时事动态，汇报近期开展工作的情况，加强党员之间的交流，增强组织的活力和凝聚力。2009年—2010年，一名支部党员到息烽县卫生局挂职锻炼。农工党贵阳市委云岩支部2009年获农工党中央表彰的优秀基层支部；农工党贵州省委2014年度、2015年度优秀基层支部。2015年，支部党员中，担任政协贵阳市第十一届委员会委员1人，政协云岩区第九届委员会委员2人。

二、反映社情民意

2003年，各民主党派负责人应邀列席区政协常委议，听取全区工作情况汇报，参与重要问题的讨论。2011年—2015年“两会”期间，农工党云岩支部政协委员提交的关于《修通化工路缓解交通压力》《修通黔灵山路马鞍山处接口以缓解市北路交通压力》《建议地下通道设立自动扶梯》《建议临街门头地砖防滑的提案》《建议垃圾分类实施》等提案，部分得以采纳。

三、社会公益活动

农工党云岩支部发挥自身优势，积极开展智力支边和社会服务等活动。2006年—2010年间，利用休息时间，组织医药专家义诊4次，服务群众4000余人次，捐赠药品1万余元。为息烽阳郎小学、清镇大麦西村小学学生进行义务体检，并建立1000余份健康档案。2008年，贵阳凝冻灾害和四川汶川特大地震中，农工党云岩支部党员捐赠现金1万余元。

第六节　致公党贵阳市云岩支部

一、组织建设

2006年7月11日，致公党贵阳市云岩支部（致公党云岩支部）成立，党员20人。其中省政协委员1人，市政协委员1人，区政协委员5人。2008年换届，党员26人。至2015年，致公党云岩支部党员31人，其中担任政协云岩区第九届委员会委员2人。

二、参政议政建言献策

2002年，致公党云岩支部区政协委员提交提案2件。2004年，《建议对三民东路菜场进行改造》的提案，被区政协评为优秀提案。2006年“两会”期间，《关于加强我市食品安全监督管理的建议》提案，被列为市政协主席会议督办重点提案，并作大会发言。提交的《加强复方地芬诺管理的建议》《加强孕期艾滋筛查，防范母婴垂直传播》提案，在《贵阳晚报》“聚焦贵阳市两会”栏目报道；《对我市公共交通行业的几点建议》，列为2007年市政协主席会议督办重点提案。致公党云岩支部提出并完成的《我市全民健身应关注中青年人群》调研报告，作为致公党贵阳市委向贵阳市政协提交的提案。受致公党贵阳市委委托。2009年，致公党云岩支部通过调研，完成《贵阳市幼儿教育存在的问题及对策研究》调研报告。支部区政协委员提交的《建立贵阳市旅游商品市场，促进我市旅游业发展》提案中的有关内容，选入《云岩区旅游产品产业发展规划》。2010年，致公党云岩支部负责人参加云岩金关钢材市场交通改造考察、云岩区食品商会的建设和三桥食品综合批发市场升级改造考察。2011年，各民主党派负责人应邀列席区政协常委会议，参加政协组织的视察、座谈等活动。支部区政协委员提交的《关于对海马冲隧道口至黔灵山西大门100米路段维护的建议》，被列为2012年区政协主席会议督办重点提案。2012年11月，参加区政协组织的云岩区20万棚户区改造工作调研活动。2015年，提交委员提案3件。

三、社会公益活动

2002年，致公党云岩支部与致公党贵阳市支部联合，赴息烽县流长乡支教，捐赠书包100个。2006年，将价值9万元的电视机、电脑、办公桌等办公用品，分别捐赠给开阳县毛云乡鲁底村，修文县龙场镇木厂村平坝现代艺术幼儿园，清镇市流长乡人民政府和市人民政府办公室，支持社会主义新农村建设。2007年，与云岩区食品药品质量管理协会联合，向开阳县毛云乡鲁底村20名计划生育先进户捐赠农资款，向村小学捐赠教学辅导用书，发放《安全用药知识指南》《抗菌药物知识问答》等宣传资料。2008年，支部委员分别与花溪区陈亮村、开阳县花梨乡清山村结成帮扶对子，在“三百生态工程”联系点清山村、陈亮村，与0岁~3岁幼儿早教专家举办幼教讲座，并赠送1台电脑及预防甲流资料。四川汶川特大地震，致公党云岩支部全体党员捐款共7.5万元。2010年，为花溪区云上村幼儿园送去幼教提示牌，捐赠10个幼儿睡床和音乐教具。2011年4月，向金阳新区金华镇捐赠图书，并对居民文化需求开展调研。2013年，到修文县洒坪中学开展支教和助学活动，捐赠学习用品。2014年，致公党云岩支部党员捐赠13万元，为习水县同民镇中心小学购置33台电脑和整套多媒体教学配件和1000册图书，支援该校建起多媒体教室。2015年10月，向石阡县白沙镇小岩小学捐赠学生课桌凳300余套，价值4.2万元。

第七节　九三学社贵阳市云岩支社

一、组织建设

2000年7月20日，九三学社贵阳市云岩支社（九三学社云岩支社）成立，社员16人。2006年5月换届，支社社员43人。2011年，第三届支社社员52人。至2015年12月，支社社员49人。其中：医疗卫生界17人、教育界（高等教育）11人、金融界6人、农林界5人、工业科技界3人、文体界4人、非公经济3人；有中高级专业技术职称46人，占社员数的93%；有博士后1人、博士1人、硕士12人。

2001年后，九三学社云岩支社三次被九三学社贵阳市委评为优秀支社。2015年，九三学社云岩支社社员中，担任政协贵阳市第十一届委员会委员1人，政协云岩区第九届委员会委员16人；科级领导干部职务4人；民主监督员1人。

二、反映社情民意

2001年—2015年期间，九三学社云岩支社社员担任各级人大代表、政协委员共15人次。其中：市政协委员2人，区人大代表1人、区政协委员11人。提交代表议案和委员提案共62件。2003年，各民主党派负责人应邀列席区政协常委会议，听取全区工作情况汇报，参与重要问题的讨论。九三学社云岩支社组织社员2011年完成《贵阳市两城区六家集贸市场蔬菜价格波动调研》，2012年完成《建设百花湖乡百花湖村生态经济的几点思考与建议》。九三学社云岩支社负责人应邀列席区政协常委会议，参加政治组织的视察、座谈等活动。2013年完成《加强校企合作，促进我市中等教育与企业无缝对接的建议》，2015年完成《关于加强高层建筑及重点防火单位消防工作的建议》等4篇调研报告，获九三学社贵阳市委表彰。其中《关于加强高层建筑及重点防火单位消防工作的建议》，2015年获评反映社情民意典型提案，受到区政协大会表彰。

三、社会公益活动

2001年8月3日，九三学社云岩支社参加中共云岩区委统战部组织到雅关村的义诊活动。参加义诊服务有内科、眼科、伤科、妇科等，为村民义诊146人次，其中妇科作B超检查38人次、伤科按摩15人次、看病开处方发药72人次、无处方发药21人次，免费发放药物价值共1000余元。至2015年，九三学社云岩支社共组织社员集体开展社会公益活动37次。其中社员进村义医义诊7次。2005年，到开阳县为农户举办蔬菜栽培技术讲座。2008年5月12日，四川汶川特大地震，九三学社云岩支社社员捐款近7万元，在第一时间采购救灾物资运至灾区。2008年9月以来，在中共贵阳市委统战部组织开展的“三百生态工程”活动中，三名社员作为百名民主党派专家学者，在开阳县金中镇中心村等3个村寨定点帮扶。组织农业种植专家、果树种植专家，于2011年启动九三学社云岩支社长期定点帮扶百花湖村酥李种植等项目。至2015年，组织专家进村科技帮扶3次。

第二章　人民团体

本章记述云岩区的人民团体为云岩区工商业联合会、云岩区总工会、共青团云岩区委员会、云岩区妇女联合会、云岩区科学技术协会、云岩区归侨侨眷联合会、云岩区残疾人联合会、云岩区红十字会。

第一节　云岩区工商业联合会

一、会员代表大会

云岩区工商业联合会（区工商联），自2001年10月—2011年8月，召开第四届、第五届、第六届会员代表大会。

2001年10月22日—23日，云岩区工商联第四届会员代表大会召开。代表135人，代表全区1295个个体会员，223个企业会员。会议听取并审议三届执委工作报告；选举产生四届执委58名，常委31名，副会长15名，会长1名。

2006年7月27日—28日，云岩区工商联第五届会员代表大会召开。代表189名，代表全区1500多个个体会员，387个企业会员。会议听取并审议四届执委工作报告；选举产生五届执委92名，常委54名，副主席18名，主席1名。

2011年8月25日—26日，云岩区工商联第六届会员代表大会召开。代表218名，代表全区1400多个个体会员，1800多个企业会员。会议听取并审议五届执委工作报告；选举产生六届执委139名，常委69名，副主席（副会长）28名，主席（会长）1名。

二、县级工商联建设示范点创建

2010年9月，云岩区工商联胡良屏代表全省88个县（市、区）工商联，参加在北京召开的全国县级工商联组织建设经验交流会，作大会交流发言。

贵州省工商联、贵阳市工商联2013年推荐区工商联参加全国县级工商联建设示范点创建工作，推进“五好”（领导班子好、党员队伍好、工作机制好、工作业绩好、群众反映好）县级工商联创建。云岩区由区委副书记分管，“五好”工商联创建指标列为区相关部门年度综合考核内容。全区26个社区（镇）和3个经济发展中心工商联基层组织，工作任务、内容明确，人员配备、经费落实；健全领导班子，提升服务能力。建立完善区工商联《驻会班子成员联系副主席副会长制度》《班子成员联系执常委制度》等18项制度，议定并落实商会建设、商会党建带群建、非公经济人士培训等重要事项；从注重会员数量向注重会员质量转变，制定《云岩区工商联2013年—2016年会员发展规划》，注重将区域内省市级商会的优秀企业家吸纳为会员。积极服务会员企业，践行上为政府分忧，下为会员解难的建会宗旨；发展商会组织，拓展服务空间。

2013 年 9 月，中华全国工商业联合会授予区工商联为全国“五好”县级工商联建设示范点。12 月，区工商联接待全省 88 个县级工商联“五好”创建工作观摩学习，学习交流“五好”创建经验。2014 年 4 月 21 日，全国工商联副秘书长王瑗，中共贵州省委统战部副部长、省工商联党组书记刘潮荣到云岩区指导全国“五好”工商联建设示范点工作。

三、机构和组织建设

（一）机构

2002 年 1 月，区工商联机构改革方案明确，机关行政编制 4 名，后勤人员事业编制 1 名，由财政全额预算管理。2015 年，行政编制、事业编制不变。

（二）组织建设

从 2000 年开始，区工商联把队伍建设列入下属分会年终考评，在 33 家非公有制企业、4 个个体经营户相对集中的市场单位建立中共组织。2008 年，全区规模以上非公企业均建立党支部。至 2010 年，共建立 664 个党组织，覆盖非公企业和社会组织 1238 家；在全区 16 个街道办事处（镇）建立工商联分会，发展个人会员 1295 个，企业会员 285 个。其中有市、区人大代表 17 人，市、区政协委员 39 人。区工商联 55 名执行委员中，非公经济人士有 42 人，占 76.36%。至 2011 年 7 月，全区规模以上非公企业和符合条件的规模以下“两新”组织（非公有制经济组织和社会组织）均建立了中共组织，组建率达到 100%。云岩区市西商会的中共党员，由 2008 年党支部成立时的 30 多名发展到 88 名。2013 年 5 月 28 日，中共云岩区市西商会委员会成立。至 2015 年年底，云岩区有商会会员 4670 个。其中团体会员 36 个（异地商会 1 个，市场商会 3 个，其他商会 1 个，社区、镇商会 28 个，经济发展中心商会 3 个），企业会员 3199 个，个体会员 1435 个。

区工商联先后获得中共中央统战部、各民主党派中央、中华全国工商业联合会等 8 部委联合授予 2006 年各民主党派、工商联“全面建设小康社会作贡献先进集体”称号；被中共贵阳市委、市人民政府授予“2009 年度贵阳市非公有制经济优质服务先进单位”称号；获得贵州省工商业联合会 2015 年贵州省第一批“五好”县级工商联等荣誉称号。

四、服务非公有制经济发展

（一）帮助非公企业缓解融资难问题

2008 年 6 月，组织成立云岩区市西商会和金关钢材市场商会。以商会为依托，12 月 27 日，成立贵州省黔商市西企业投资信用担保股份有限公司，至 2009 年 5 月 5 日，担保公司为市西商圈 80 户中小企业和个体商户提供贷款担保共 1.1594 亿元。2010 年年底统计，市西和钢材两家担保公司为云岩区 300 多家非公企业提供融资担保 10 亿余元；截至 2014 年 8 月，累计担保资金逾 100 亿元。2010 年 8 月 27 日，贵阳市云岩区黔商市西小额贷款有限公司揭牌，至 2014 年 10 月底，该公司提供贷款 8847 笔，累计贷款金额 15.8195 亿元。《贵州日报》2009 年 3 月 5 日经济新闻版以《云岩区工商联以商会为载体，破解中小企业融资难题》为题，报道区工商联解决中小企业融资问题。

（二）对非公企业的智力支持

2006 年—2008 年，云岩区非公企业引进各类人才 75 名。2010 年 11 月，组织非公经济人士参加中共云岩区委组织部服务非公企业发展专题培训月的培训。2013 年，区工商联建立会员非公企业技术人才信息库，推荐非公经济人士王明亮等4人为云岩区第四批学术技术带头人和中青年科技骨干。2014年，建立非公企业经营管理人才库，有60人申报专业技术职称，其中高级职称8人。2012年—2015年，组织233名会员参加省优秀会员企业家成长计划培训班和非公经营管理人才高级研修班。侨资企业贵州西牛王印务有限公司参加第十三届中国国际人才交流会，与意向专家及项目对接联系。促进政府政策导向与非公企业发展双向交流。2015年11月16日—21日，组织贵州益佰制药股份有限公司、贵州精忠橡塑实业有限公司、贵州蕴辰拓元网络科技有限公司、贵州三福生物科技有限公司参加在深圳举办的第十七届中国国际高新技术成果交易会。

（三）为会员企业办实事

2001年，云岩区受理民营企业投诉及有关协调工作30余件，提供办证等服务100余起。2003年7月，贵阳怡信数码港部分商家因经营环境、房租等问题与商场发生纠纷，商场大门被堵，区工商联通过细致工作，妥善化解了商户矛盾。2010年1月29日，云岩区非公有制企业俱乐部成立，11月9日，在贵阳医学院运动场举办云岩区第一届非公有制企业运动会，来自63家非公企业约1200名运动员参加羽毛球等五个项目的比赛。2011年10月—2014年9月，区工商联系统共接待会员来访300余人次，帮助会员协调解决涉及工商、税务、质检、安全生产等方面问题136件次。区工商联2013年和贵阳市仲裁委、民尚律师事务所、贵阳农商行、贵阳银行等单位走访辖区非公会员企业。建立会员商事协调服务机构和调解制度，为党委政府分忧，为企业会员解难。2014年，组织非公经济副主席（副会长）39人到贵阳医学院附属医院体检。协调解决他们在生产经营和生活中遇到的诸如土地纠纷、法律维权、子女读书等矛盾和困难。

五、参政议政

区工商联负责人参加或列席中共云岩区委、区人大、区人民政府、区政协和区委统战部等部门召开的有关通报会、征求意见会、座谈会、协商会，参加组织的有关视察、考察、调研等活动提出建议。2001年，区工商联组织副会长和执委，考察辖区汉方集团有限公司、永吉印务公司等工商企业，撰写《试谈云岩区非有制经济现状》等考察报告和调研文章。提出《关于清理整顿收费问题》等提案，云岩区主要领导签批要求有关职能部门研究解决。《关于将中华路建成商业步行街，推动云岩区第三产业大发展》等建议，被列为中共云岩区委、区人民政府的调研课题。

每年“两会”召开前，区工商联组织非公经济人士中的人大代表和政协委员参加建议提案工作座谈会、讨论会，提出、商讨代表建议委员提案，对有分量的建议提案，采用集体或多人签名的方式提交“两会”。围绕云岩区经济社会发展和服务非公经济开展调研，建言献策。2004年，区人大、政协“两会”期间，非公经济人士人大代表政协委员提出建议、提案共29件。9月25日，组织7家异地商会负责人参加区人民政府召开的云岩区“楼宇经济”座谈会。针对区农贸市场现状及市场发展中存在的问题和困难，2005年5月，区工商联与区政协科技经济委员会、区市场管委会组成联合调查组，对云岩区农贸市场进行为期一个月的调研。2009年，《在云岩区建立中小企业法律维权工作站》的提案，被列为区政协主席会议督办重点提案。政府拨专款由区工商联负责云岩区中小企业法律维权站的建立工作。

协助中共云岩区委统战部，2011年4月16日成立和谐云岩促进会，引导会员企业为和谐云岩促进会捐款。至2015年，和谐云岩促进会共使用捐赠资金1605万元，化解社会矛盾100余起，实施民生改善项目惠及群众800余人。工商界别人大代表，2014年参加区人大组织云岩团市人大代表就金关村村民饮水改造民生工程和云岩区环卫市场化运作工作进行专题视察并提出意见和建议。区政协委员参与社会监督管理、重点工作督查等民主监督活动。结合区情调查研究，形成《不断提高服务企业水平》等调研报告。2015年，区工商联有25名非公有制经济人士担任第六届执委副主席（总商会副会长）；执行委员中，担任各级人大代表、政协委员的有43人。

六、扶贫救助

区工商联引导会员企业、商会组织、非公代表人士参与扶贫救助等社会公益和慈善事业。2001年，贵州天宇办公设备有限公司与东芝复印机（深圳）公司向云岩区江西村小学捐赠价值15万元的电脑设备及电子器材。2001年—2002年，云岩康利机械化土石方公司捐款21.4万元用于帮村扶贫和修建公路。市西浙江绍兴经营户向贵阳市儿童福利院捐赠童装和学习用品。区工商联与中华中路街道办事处、东方牛仔服饰公司向息烽县养龙司乡坝上小学捐赠文具、服装和食品，贵州赖永初酒业有限公司帮村扶贫、捐赠衣物价值共6万余元。2002年10月，区工商联设立云岩区光彩事业基金，筹集资金17.57万元。

2003年，组织区非公有制企业家，先后到丹寨县、息烽县、黔灵镇，捐资救助失学和贫困儿童33名，捐赠文教学习用品13件（箱）、衣物289件和踏花被、被套、药品等价值6万余元；区工商联部分执委向本省贫困地区捐钱捐物合计17.3万元；浙江绍兴商会向贵阳市儿童福利院孤儿捐赠价值2万元的物品。2004年，咽立爽药业公司捐资农村“改茅工程”6万元，嘉旺公司“六一”儿童节向贫困地区捐赠6.2万元。

2005年1月8日，贵州赛狮龙服饰有限公司向区红十字会捐款2.4405万元用于印尼海啸灾民；区工商联开展“千人牵手”扶贫捐赠活动，16个街道分会和非公企业参加，向贫困失学儿童、辖区低保户和环卫工人捐款捐物共7.5万元。通过16个街道分会和非公经济人士筹集光彩事业基金1.6万元。区工商联组织开展2006年“千人牵手”扶贫捐赠活动，为开阳县楠木渡镇合木村25家农户，清镇市、息烽县、开阳县的43名贫困学生共捐赠7.7万元；非公经济人士向见义勇为基金捐赠2.2万元。2007年2月，雷山县桃江村乔兑村受灾，区工商联多位副会长组织本公司职工向灾区捐款捐物共17.6万元。

2008年年初，贵阳市发生百年不遇的凝冻自然灾害。贵州万顺堂药业公司、贵阳星力百货集团有限公司、贵阳展望集团、贵州精忠橡塑有限公司、贵州麒龙房地产开发公司等10多家非公企业和非公经济代表人士捐款共100余万元。春节前，全区非公企业和非公代表人士捐款捐物共500余万元。区工商联发动会员向四川汶川抗震救灾捐款100余万元。2009年11月28日，贵阳市举行非公经济人士“爱环境、保水缸”志愿行动捐赠仪式。云岩区非公人士向贵阳市“两湖一库环保基金”等捐款150余万元。添汇物业有限公司组织市西商业街部分商户帮扶贫困地区，筹集现金5万元和价值25万余元的衣服。

2010年，青海玉树地震灾害，息烽、开阳、清镇、花溪及金沙县等地旱灾，云岩区市西商会97家经营户两笔捐款捐物共63万元，云岩区金关钢材商会近50家企业两笔捐款捐物共17.5万元，贵阳添秀商贸有限公司捐赠21万元，贵州赛狮龙服饰有限公司董事长邹红捐资12万元等，整个活动捐赠款物近120万元。2010年和2013年，云岩区市西商会两次捐款103万元，在息烽县鹿窝乡九年制义务教育学校修建贵州市西商会教学楼。2011年“五一”劳动节期间，市西商会向大方县星缩乡盐行小学贫困学生捐款16万元。“六一”儿童节前夕，市西商会关心下一代工作委员会向新建小学捐赠价值4万余元的多媒体课桌。

2012年5月25日，区工商联一位常委向清镇市洛阳希望小学捐赠200套桌椅；5月30日，云岩区市西商会和省直机关工会向长顺县“背篼干部”捐款3万元；8月，云岩区金关钢材商会购买电脑、洗衣机等4万元物资慰问武警云岩中队；9月，区工商联一位副会长联系合作伙伴浙江日康婴儿用品有限公司，捐赠60万元在关岭布依族苗族自治县板贵乡修建希望小学；10月16日，又向息烽县九庄镇竹花、新沙和上坝小学的230多名学生捐赠衣裤1168套、鞋袜1000双，价值24.41万元。2013年5月，贵阳市乐清商会向清镇市暗流乡贫困学生捐款和文体用品共计3.8万元；市西商会关工委向息烽县鹿窝乡九年制义务教育学校100名贫困生捐资助学共5万元。2014年，非公经济人士帮扶社会弱势群体、社区困难户、贫困村寨、特困家庭子女就读等，捐赠款物共97.8万元。2015年，云岩区头桥“5·20”山体滑坡地质灾害，区工商联组织会员捐款共96.8万元。

2001年—2015年，区工商联引导非公企业参加社会公益慈善活动100多次，捐款捐物总额逾5000万元。期间，区工商联与区人力资源和社会保障局、区总工会等部门联合，多次参加全国和省市“民营企业招聘周”等招聘活动，安置下岗职工、失业人员和农民工等共8000多人次。

七、商会

2003年3月29日，云岩区绍兴商会成立。在区工商联的引导帮助下，云岩区市西商会、金关钢材商会、农副产品商会、炫彩绿丝带协会等先后成立。商会的成立，使众多商户成为一个整体，经营户、企业有困难找商会，商会找区工商联，桥梁畅通了，形成促进企业抱团发展的良好格局。区工商联引导直属商会，2012年以后开展或参与的主题活动有30余次。区工商联2014年拟定商会发展规划，出台《云岩区工商联2014年—2017年商会发展规划》，修改完善《商会建会程序》《云岩区工商联（总商会）直属商会管理办法》。2014年5月7日，云岩区市西商会统战工作站、民建云岩区总支市西商会支部成立；7月27日，云岩区中小企业联合商会成立。各社区、黔灵镇和经济发展中心商会相继成立。2015年9月统计，全区有36个商会组织。其中，一级商会6个，二级商会30个。36个商会中，有党委1个、党总支1个、党支部35个，共产党员236人。

云岩区市西商会每年开展诚信商户、优秀共产党员、优秀员工等评选活动；云岩区金关钢材商会开展创先争优、党员示范企业、党员服务商会、党员商会承诺、党员示范岗等活动；农副产品商会开展党员示经营户评选等活动；炫彩绿丝带协会组织开展志愿服务、献爱心等活动。云岩区金关钢材商会党组织，创新的非公有制党建模式入选“中国治理创新100佳经验”之十佳党建经验——贵阳市云岩区非公党建模式之一。2015年7月26日，中央统战部副部长、全国工商联党组书记全哲洙到贵阳市云岩区市西商会调研，对市西商会党建带统战，结合本地实际开展“四信”（道路自信、理论自信、制度自信、企业发展自信）教育活动成效给予充分肯定。

第二节　云岩区总工会

一、代表大会

云岩区总工会（区总工会），自1999年8月—2011年3月，召开第三次、第四次、第五次代表大会。

1999年8月12日—13日，云岩区总工会第三次代表大会召开，正式代表172人，列席代表6人，特邀代表7人。大会听取并审议工作报告；选举产生第三届工会委员会和经费审查委员会，选举产生总工会主席、副主席。

2005年9月20日—21日，云岩区总工会第四次代表大会召开，正式代表150人，特邀代表19人。会议听取并审议工作报告；选举出第四届工会委员会和经费审查委员会，选举产生总工会主席、副主席。

2011年3月28日—29日，云岩区总工会第五次代表大会召开，正式代表180人，特邀代表19人。会议听取并审议工作报告；选举出第五届工会委员会和经费审查委员会，选举产生总工会主席、副主席。

二、机构和组织建设

（一）机构

云岩区总工会是全区各片区、系统工会和基层工会的领导机关，接受中共云岩区委和贵阳市总工会双重领导。2002年1月，机构改革方案明确内设机构为办公室、基层组织建设和劳动法律保障部；机关行政编制7名，由财政全额预算管理。2015年机关行政编制不变。

2015年落实《中共云岩区委关于进一步加强和改进党的群团工作的实施意见》，各级各部门依法足额缴纳工会经费。

（二）组织建设

区总工会2001年全面开展建会工作，全区有工会组织702个，会员19365人；区总工会对89个基层工会进行整顿并验收合格。开展融职工权益维护、生产工作、生活保障、文化娱乐、团结互助为一体的“职工之家（职工小家）”创建活动。2007年，创建合格“职工之家”5个。2010年，在全区组建“职工书屋”23个。2011年，全省首家楼宇联合工会和贵阳市首家工程项目农民工工会工作委员会成立。2012年5月，全区新型社区工会工作委员会全部挂牌，居委会（村）工会联合会成立；辖区88家规模以上非公企业工会组织全部建立。岳英居委会工会联合会、金关钢材市场工会联合会、贵州石油基地服务中心和贵阳市第十七中学职工书屋创建为省级“职工书屋”。2015年推选贵州红华便利购物连锁有限公司、贵阳市百花坪小学工会委员会为贵阳市先进“职工之家”；贵州红华便利购物工会第二工会小组和贵阳市第五幼儿园教研组为贵阳市先进“职工小家”。全区基层工会有3506个（覆盖企业7110家），工会会员共64793人。

2010年启动地税代收工会经费工作，加强基层工会经费收支管理。2015年，区总工会经费总收入741.67万元，完成预算的108.34%，其中拨缴经费收入594.23万元，完成预算的108.83%；经费支出总计220.28万元，为预算的49.61%。其中职工维权支出33.95万元，占总支出的15.41%。

云岩区总工会2001年获贵州省总工会工会工作创新奖，被评为贵阳市总工会县（市、区）工会工作先进单位；同年获中华全国总工会申奥运全国亿万职工体育活动月优秀组织奖。2008年获中华全国总工会全国“六好”乡镇（街道）工会。2013年获2011年—2013年全国工会贯彻落实工资集体协商三年规划先进集体等奖项。

三、维护职工合法权益

（一）建立职工维权机制

云岩区建立健全平等协商签订集体合同制度和职工代表大会制度这两个维权机制，把平等协商集体合同制度作为工会调整企业劳动关系、职工维权的主要手段，用集体合同规范劳动合同，切实代表和维护职工的合法权益。

2001年5月全区有1.2万名职工参加省总工会编印的《我们有哪些合法权益》一书的学习竞赛活动，参赛率达80%。年内，新建企业建立平等协商、签订集体合同制度的有220家。在各企业就集体合同履约兑现情况自查的基础上，由区人大、政协、劳动局和区总工会组成检查组，有重点地进行抽查，发现问题及时整改。职工普遍反映，集体合同的签订使职工受到法律保护。贵州益佰制药股份有限公司和工会，以签订集体合同为主线，全方位地维护职工的合法权益，形成企业爱职工，职工爱企业的“双爱”氛围。该公司先后选送18名职工到清华大学、上海交通大学有关专业进修并取得结业证书，126名职工到贵阳医学院和贵阳卫校接受制药专业知识系统培训后持证上岗，190名45岁以下职工制定了三年学习计划。贵州益佰制药股份有限公司2003年获全国“五一”劳动奖状。

2003年云岩区职工法律援助中心、云岩区农民工维权服务中心、云岩区劳动争议调解中心成立。11月，云岩区召开厂务公开先进集体表彰大会，区人民医院、环境卫生管理站、宝莲印刷厂、新建小学等15个单位评为云岩区厂务公开先进单位，55个单位受到表彰。2004年，在全区15个街道和黔灵镇建立区域性劳动争议调解委员会。2005年在76户企业推行区域性工资集体协商制度，初步形成企业职工工资正常增长和调整的机制。2006年年初，云岩区维护职工合法权益委员会成立，由中共云岩区委分管副书记任主任，区人大、政府、政协联系领导为副主任，公安、检察院、法院、司法、工会、团委、妇联为成员单位。建立工会与政府相关部门联席会制度，推行劳动关系三方协商机制，协商解决了区磨料厂与区政协临时用工等劳动纠纷。工会干部受聘担任人民陪审员。2010年—2013年，人民陪审员参与区法院涉及职工合法权益案件审理的有193件。

区总工会与劳动监察大队联合，2014年对用人单位主动监察625次户，开展企业用工专项检查6次，对企业劳动合同的签订、履行、变更、解除、终止等全过程进行抽查，对存在的不与员工签订劳动合同，不办理养老保险、失业保险，使用童工等问题，当场下达限期整改指令书。全年，为劳动者追回工资、保证金等共7466.73万元。

2015年3月24日，云岩区召开工资集体协商集中行动推进会，区总工会、劳动监察大队、就业局、劳动仲裁院等多部门共同推进劳动和谐关系等工作。区劳动监察大队把集体合同、工资集体协商“两个合同”签订纳入劳动用工年检，区总工会参加，对7300余家企业的工会建会情况和“两个合同”签订情况进行审查。云岩区各级工会代表职工与企业就劳动报酬、工作时间、休息休假、劳动安全卫生、保险福利等事项，签集体合同1247份，覆盖职工16409人；签订工资集体协议776份，覆盖职工17703人。云岩区已建公有制企业、事业单位工会职工代表大会，厂务公开建制率达到100%；已建非公企业工会职代会，厂务公开建制率95%。

（二）维护农民工合法权益

云岩区各级工会就近组织农民工入会。2006年7月10日，全市首家建筑农民工工会工作委员会在云岩区成立，188名农民工加入工会。到2015年12月，共发展农民工会员17036人。2009年先后在中西、宅吉、延中等9个街道办事处建立农民工维权站，每个街道办事处有一名法律顾问，为需要帮助的农民工提供法律援助。宅吉街道办事处总工会下属9个居委会农民工维权站挂牌成立。延中街道办事处总工会把农民工维权站设在项目建设工地，并整合城建、劳动监察、司法等力量，加强联合执法检查力度，切实维护职工的合法权益。该维权站在援助行动中，共接待来访农民工7人，追回拖欠农民工工资5300元。至2014年，区总工会参与劳动争议调解案件127件，其中涉及农民工利益案件

119件，占93.7%；协助追回工资、保证金共1.03亿元。

2015年，区总工会参与区劳动仲裁院职工集体劳动争议案件调解仲裁12件，并与法律援助工作站成员单位做好法律援助工作。春节前，配合区有关部门开展农民工工资清欠行动，解决农民工工资拖欠案128件，涉及3112人，清欠金额3651万元。

（三）女职工特殊权益保护

2001年，全区建建立工会组织702个，会员19365人，其中女职工有9709人，建立女职工委员会582个，女职工较少的单位均设女工委员。增强女职工依法维权意识，落实女职工婚假，生育假，经期、孕期、哺乳期劳动保护等规定。2005年全区8000余名女职工参加全国、省、市总工会组织的保障女职工权益法律法规知识竞赛答题，有8名获奖。2011年，组织开展《女职工劳动保护特别规定》主题讲座，签订《女职工特殊权益保护专项集体合同》243份。至2012年，全区建立女职工委员会共2463个。截至2013年11月底，全区签订女职工专项集体合同的企业有3002家。2014年，区总工会完成《女职工劳动保护状况的调查与思考》调研报告。指导基层工会推进合同的签订、续签和履约工作。2015年，签订《女职工权益保护专项合同》262份，各类专项集体合同建制率为92%。

（四）安全生产与劳动保护

工会代表职工实施监督安全生产、劳动保护事项，参与职工重大伤亡事故的调查处理。2001年，区总工会配合区安监、劳动部门，开展安全生产检查296次，隐患整改99次；受重伤2人，死亡3人。2011年—2015年，云岩区安全生产连续五年实现死亡人数和事故起数的“双降”目标。

2013年—2015年，工会参与8起职工因工伤亡事故的调查，参与率100%；参与4起安全事故调查处置。加强安全生产源头治理，开展安全生产、职业病防控知识专题培训2次，会同区安监局对安全生产、职业病防治和有毒作业进行专项检查4次。配合安监、劳动部门深入贵州益佰制药、贵州通源汽车、贵州永吉印务等企业500多家次，检查企业安全生产设施、设备，督促企业落实安全生产主体责任和规章制度，使200多家企业的安全生产设施设备得到加强、改善。企业负责人和广大职工的安全生产“红线”意识明显增强。期间，区总工会召开《中华人民共和国安全生产法》宣讲会7次，参会工会干部670多人次。

2015年，全区建成由74个基层工会劳动保护监督检查委员会、车间监督检查委员会和班组检查员组成的三级安全监督检查网络。“安康杯”竞赛活动成为推动企业安全生产工作的有效载体。安全生产与劳保护制度和措施的完善和落实，职工的职业健康权益得到维护，

四、经济技术创新

2001年5月，市总工会、市经贸委表彰2000年度贵阳市经济技术创新劳动竞赛活动先进单位、先进班组和岗位能手。贵州永吉印务有限公司胶印车间五色机印刷班、云岩区人民医院、贵阳磨料厂、贵州精忠橡塑实业有限公司、云岩区环境卫生管理站、贵州永吉印务有限公司、云岩区建筑安装公司等企事业的岗位能手受到表彰。在全区职工中普遍开展“五创一增”（班组生产创先、职工技术创新、产品质量创优、服务质量一流、降低成本创效，实现扭亏为盈）经济技术创新和劳动竞赛活动。当年参赛企业单位工会190个，其中非国有企业工会125个，提出合理化建议300条，采纳建议173条，实施建议65条，创造经济效益336.59万元；技术攻关6项，技术改造11项，创造经济效益27.6万元；节能降耗44.2万元；研制、创造技术成果5项；技术革新6项，创造经济效益81.3万元；开发新产品4项，创造经济效益5011.5万元；改革新工艺4项；修旧利废64项；技术比武创先进管理法

10 项，创先进工作法 8 项，创先进操作法 7 项，创造经济效益 10.3 万元；技术练兵 135 次，参加人数 4768 人，技术培训 136 期，受培训人数 3437 人；创最佳服务技能 3 项，创最佳服务法 10 项，实现经济效益 789.6 万元。

2005 年 5 月，在贵州益佰制药股份有限公司包装车间举办技术竞赛和消防操作技能竞赛，参赛职工 5000 余人。开展以“创先争优建功立业”“百万职工大练兵”为主题的劳动竞赛活动和“增收节支、节能降耗”“我为节能减排作贡献”等经济技术创新活动。2008 年有 481 家企业开展劳动竞赛，提出合理化建议 689 条，采用 309 条。2013 年，在全区重点行业和单位开展技术创新和“劳动增效益、职工爱企业”劳动竞赛，激发广大职工的积极性、创造性和主人翁责任感，促进生产任务完成和企业提质增效。在企业开展“金点子”合理化建议推荐征集活动。2014 年征集节能减排、技术创新等“金点子”、合理化建议 250 余条。

五、帮扶困难职工

2001 年 3 月，区总工会对辖区生活特困职工情况进行调查。由政府拨款，发动群众捐款，市总工会下拨和区总工会自筹，共筹集特困基金 30 多万元。为全区特困职工发放困难救济金 20 多万元，有 800 多人次受益，并帮助 40 多名特困职工脱困。贵阳客车总站职工莫某下岗后，区总工会重新安置到贵阳博士化工公司上班。帮扶困难企业贵阳永固建材厂，指导企业建立健全职代会制度，坚持科学决策、民主决策，使企业扭亏增盈。同年 9 月，区总工会制定《送温暖工程基金管理使办法》。全年，配合政府实施下岗职工再就业 709 人。

云岩区 2003 年建立困难职工帮扶中心，整合社会资源，强化就业培训、岗位援助、法律援助及困难帮扶等措施，筹集特困基金 101 万元，帮扶困难职工。在街道办事处（镇）建立困难职工援助中心。2005 年，向 50 名困难职工、农民工子女发放助学金 1.55 万元；困难职工慰问金 3.32 万元。2008 年年初，贵阳凝冻和“两节”期间，发放救灾资金和物资共 7.34 万元，惠及职工群众 297 人；提供困难职工和农民工子女助学金 5.17 万元。2010 年为困难职工和农民工 1638 人次发放临时物价补贴 14.742 万元和 245 人一次性价格补贴 11.082 万元；提供困难职工和农民工子女两次共 134 人和 2 名困难劳模子女助学金 11.28 万元；提供 4 名重病的职工、农民工医疗救助金 9000 元；对 245 户困难职工建档帮扶。

2014 年云岩区在 56 家规模以上企业挂牌建立企业职工帮扶站，开展送温暖活动，“两节”期间为困难职工、农民工、环卫工人发放慰问金和慰问品共 14.05 万元；“金秋助学”活动为 66 名考上大学（大专）、高中（中专）的困难职工（农民工）子女发放助学金共 13.45 万元；为区人民医院、宅吉社区清洁队患重病困难职工送去救助金共 3.3 万元；为区环卫站 80 名环卫工人送去健康体检套餐；看望慰问困难劳模。2015 年，开展“暖民心、促和谐、迎双节”活动，为 357 名生活困难职工、环卫工人、农民工和劳模送去慰问金共 17.85 万元；梦圆“六一”活动惠及 150 名农民工和困难职工子女，发放慰问金及慰问品价值 1.7 万元；慰问中建四局六公司贵州分公司未来方舟 D2 项目部一线农民工 510 人；对 68 名困难职工家庭子女建档帮扶，发放助学慰问金共 15.95 万元，为三名品学兼优的困难学生申请“梦圆金秋”助学活动慰问金共 1.5 万元；在环卫工人节慰问一线环卫工人 915 人；为黔灵镇 15 名农村留守儿童送去购书卡。开展职工互助活动，为患病职工解决医疗补助近 20 万元。

2001 年—2015 年，云岩区各级党委政府和工会组织，共慰问困难企业 180 余户次；慰问困难职工 3889 人次，发放慰问金 91.984 万元，帮扶困难职工和农民工子女 310 人次，发放助学金 29.1 万元。

六、劳模管理

在国民经济和社会发展“十五”计划至“十二五”规划期间，云岩区有27名职工（32人次）先后获国务院全国劳动模范，贵州省人民政府省劳动模范（先进工作者），贵州省总工会省“五一劳动奖章”和贵阳市人民政府市劳动模范（先进工作者）称号。

区总工会加强劳模推荐、评选、管理和服务工作，落实好劳模的政治、经济、社会等待遇。为196名各级劳模办理“劳模优待证”，9名劳模落实生活补贴。关心劳模的生活和工作，为生活困难的劳模送去生活困难补贴。其中2009年建国六十周年，为228名劳模发放慰问金等共11.7万元，看望慰问4名生活困难劳模和1名重病劳模。

2015年，区总工会采集更新现有的三级劳模信息，编制劳模基本情况档案，制成表格录入电脑规范管理。组建云岩区劳动模范上讲堂报告团，开展“忠诚跟党走　敬业作奉献”劳动模范上讲堂巡讲活动。

第三节　共青团云岩区委员会

一、代表大会

共青团云岩区委员会（团区委），自2002年10月—2013年6月，召开第十一次、第十二次、第十三次、第十四次代表大会。

2002年10月15日—16日，共青团云岩区第十一次代表大会召开。会议听取并审议工作报告；选举产生新的常委和团区委书记、副书记。

2005年10月17日—18日，共青团云岩区第十二次代表大会召开。会议听取并审议工作报告；选举产生新的常委和团区委书记、副书记。

2008年10月17日—19日，共青团云岩区第十三次代表大会召开。会议听取并审议工作报告；选举产生新的常委和团区委书记、副书记。

2013年6月18日，共青团云岩区第十四次代表大会召。会议听取并审议工作报告；选举产生新的常委和团区委书记、副书记。

二、机构和组织建设

（一）机构

团区委由中共云岩区委领导，接受共青团贵阳市委指导。2002年1月，共青团云岩区委员会机构改革方案明确内设办公室，机关行政编制5名；机关后勤服务人员事业编制1名，由财政全额预算管理。2015年机构编制不变。

（二）组织建设

2001年，云岩区15个街道办事处的街道共青团工作指导委员会全部建立，搭建起辖区内省、市、区单位信息交流、资源共享、共驻共建的平台。以“围绕团建促经济，经济进步促团建”为工作指导思想，团区委专门聘请3个督导员，定期到非公有制企业进行督导指导，在非公企业团员青年中开展技术创新、管理创新、营销创新、服务创新等活动，使共青团组织在广大团员青年中形成凝聚力。5

月30日，云岩区非公有制经济组织团工委成立。8月25日，《中国青年报》团内聚焦栏目以《非公经济为啥争牵团组织的手?》为题报道：作为西部地区第一家类似的新型区级团组织，这是该团工委在非公经济组织中建立的第一批基层团组织。全区非公有制经济从业人员，80%以上是年轻人，其中共青团员有近2600人。

2012年3月29日，在中华社区开展社区团委书记公推直选试点工作。2013年10月15日，云岩区市西商会团委成立，推动了非公有制经济组织和社会组织的团建工作。2014年3月4日，中共贵州省委常委、贵阳市委书记陈刚在省府社区和市西商会调研共青团工作。3月14日，团中央组织部相关领导在省府社区调研共青团工作。之后，云岩区区域化团建工作在中天、宅吉、省府等3个社区试点。至2015年12月，全区28个社区（镇）、区直属机关、学校、企业、武警部队等都有共青团基层组织。共青团云岩区委下设团委28个，团总支部202个，团支部350个，非公有制经济组织和社会组织（“两新”组织）团组织402个；共青团员63221人。

共青团云岩区委2006年获共青团贵阳市委2006年贵阳市先进团组织；共青团贵阳市委2008年非公有制经济组织和社会组织共青团组织建设先进单位；共青团贵阳市委2009年获基层组织建设先进单位、宣传工作先进集体和青年文明号先进单位；共青团贵州省委2011年、2013年全省“五四”红旗团委等荣誉。

三、青少年思想道德建设

（一）提高青少年思想道德素质

2001年“五四”青年节前夕，团区委与省人民政府办公厅团委联合举办知识讲座，同时启动云岩区“31211”知识工程（倡导青年团员们在三年内学习一门外语、读两本经济学著作、读一本哲学类书籍、学习一种专业技能）。4月26日，与区文体局、区文明办联合举办《青春风采》展示大赛文艺演出活动，纪念中国共产党成立80周年。2004年，与贵阳市实验小学、云岩小学、贵阳市第六中学、第十七中学等共同开展“青少年心理健康咨询进社区”“法制教育进第二课堂”“模拟法庭审判会”“安全知识竞赛”“做了不起的中国人”主题班会，举办“网络文化对学生是利大于弊还是弊大于利辩论赛”，对青少年进行思想道德教育、法制法纪教育。整合社会资源，优化活动载体，在社区青少年中开展“珍爱生命，远离毒品”“大手牵小手”“争当合格小公民”活动，举办“小公民道德建设”专题讲座，组织小公民到社区帮助孤老打扫卫生、清洗衣物等活动，收到良好社会效果。

云岩区2007年举办“弘扬民族精神”中学生18岁成人宣誓仪式，引导学生在“学会关心，学会负责，学会参与”的实践活动中进行自我教育，自我磨炼，把自己培养成为富有道德和社会责任感的合格公民。2008年，组织开展“同一个世界，同一个梦想”“奥林匹克思想与组织”等系列活动。建设生态文明城市，参加“保护森林资源，就是保护我们的家园”主题演讲比赛。2010年以来，团区委联合区教育局、区文明办，每年组织为年满18岁的青少年举行的象征迈向成人阶段的仪式，弘扬以爱国主义为核心的“五四”精神，激发广大青少年的成人意识和社会责任感。

用社会主义核心价值观教育青少年，开展以爱学习爱劳动爱祖国、青春奋斗、科普教育、课业辅导、安全知识培训、文艺演出、心理健康教育进校园等为主要内容的分类指导活动。2013年，开展“中国梦·我的梦”主题活动，点燃青年的“激情与自信”专题讲座活动，引导广大团员青年研读中共十八大报告，通过微话题、微访谈、微影像等形式传播正能量。12月2日，组织20余名青年代表到云岩区市西商会，与中国石油天然气第一建设公司第三工程处电焊技师裴先锋、江西省宜春市万载县康乐镇猛辉村村主任助理谢文家，听取他们的先进事迹。联合区城管大队团总支，2014 年 3 月，在云岩星力广场开展“雷锋示范岗”启动仪式，六广门、喷水池燃气公司门口、华联酒店旁、宝山北路师大后门、黔灵山公园南大门和三桥南路示范执法岗亭同时挂牌。岗亭执法队员在维护市容环境秩序的同时，为市民和外地游客提供免费饮水、咨询、医药箱、雨具等便民服务。2015 年 4 月 16 日，组织各社区（镇）、区直相关部门、贵州省第二人民医院、云岩区市西商会等团委负责人到息烽集中营开展爱国主义教育主题团日活动。“五四”青年节，团区委联合区教育局、贵阳市第二十四中学举办新团员宣誓仪式。当年在青少年中开展“红领巾相约中国梦”“我的中国梦”等主题教育活动。

（二）基层青年组织建设

2003 年，团区委在全省率先启动城市青年中心试点工作，将未成年人团结在团组织周围。宅吉街道办事处创办“学生之家”，得到社会和家长的称赞。2005 年 1 月 26 日，云岩区北京路青年中心被共青团中央评为全国优秀青年中心。3 月，中华北路街道办事处成立城市青年中心，动员辖区内年龄在 14 岁~40 岁的青年，积极参与构建和谐社会，主动帮助社区弱势群体，做好青少年维权工作等。利用学校操场作为活动场地，设立图书室、健身房等，免费向会员开放。不定期利用节假日，组织自愿服务活动。到 2006 年 12 月，该青年中心有团体会员 230 个，个人会员 940 人。被共青团中央评为 2006 年度全国优秀青年中心。云岩区被评为全国城市青年中心建设先进县（市）。搭建平台汇集青年团体爱心，引导青年团体积极参与社会建设，团区委选取贵乌、宅吉、金惠、中天、东山、普陀等 10 个社区为青年汇试运行点。2014 年 5 月 28 日，中天社区中天青年汇成立。7 月 11 日，云岩区为 10 个试点社区青年汇举行集中授牌仪式。社区青年汇依托基层社区，在青年居住、工作聚集区域建设，以青年就业创业、交友联谊、文体娱乐、教育培训、法律心理等为服务内容，成为青年身边的地域性活动平台和团组织主导的基层青年组织。

（三）创建“青年文明号”

2003 年以后，倡导职业道德和职业文明的“青年文明号”创建活动在窗口行业开展。至 2015 年，云岩区共评选出贵阳商业银行金城支行、瑞金支行和宏达支行等 3 家省级青年文明号，云岩区城管大队女子中队、云岩区市西地税所等 30 家市级青年文明号，云岩区地税局计财科、城西小学等 70 家区级青年文明号。

共青团云岩区委获共青团贵州省委 2002 年度贵州省保护母亲河先进集体；共青团贵阳市委、贵阳市财政局、市国家税务局、市地方税务局 2004 年贵阳市首届我为筑城聚财忙系列活动组织奖；共青团贵阳市委、市文明办、市教育局 2006 年“动感地带”贵阳市首届青少年文化艺术节贡献奖；共青团贵阳市委 2005 年—2007 年度“林城文明小使者”先进单位；共青团贵阳市委贵阳市 2007 年廉政文化进校园活动月优秀组织奖；共青团贵阳市委贵阳市 2008 年“宏立城”杯“保护森林资源，就是保护我们的家园”主题演讲比赛优秀组织奖。

四、青少年关爱行动

（一）关注贫困学生

2004 年“六一”儿童节期间，发动区妇女儿童工作委员会成员单位开展“关爱女孩、爱心助学、扶贫帮困”“保护明天、关爱孩子”“一对一”等帮扶活动，向计生贫困户捐款 2.2 万元，向流动人口计生贫困女孩捐赠童鞋 100 双，帮助 44 户独生子女困难户，其中资助 3 名特困大学生部分学费。2007 年 2 月，启动“关注贫困、回报社会”活动，设爱心助学金。8 月，举办云岩区“春晖　爱心助学金”

捐助仪式，向全区40余名中小学贫困生发放助学金2万余元；在团省委的帮助下，协调爱心企业为辖区12名高考成绩优秀生筹集希望工程助学金3万元。辖区企业艾维公司捐资10万元注入爱心助学金，还捐助10名贫困学生每人300元的学习和生活用品。

2008年，在“三马”片区开展爱心助学活动，为6个村的40余名贫困学生捐助学金共1万余元；“共同关注　圆梦行动”爱心助学活动，向103名贫困学生发放助学金3.5万余元。2009年，和区总工会联合举办云岩区“落实科学发展观·关注民生”爱心助学活动，向130余名贫困学生发放助学金共8万余元。云岩区市西商会2010年7月14日向团区委爱心助学金捐赠11万元，用于帮助辖区贫困家庭子女上学。联合市西商会，组织开展2012年度特困中小学生爱心助学活动，资助辖区77名学生共4.63万元。2014年度特困中小学生爱心助学活动，受资助学生83人，助学金近3万元。

2001年—2015年，团区委通过希望工程、爱心助学、“国酒茅台·国之栋梁”“习酒·我的大学”等社会公益活动，筹集发放助学金共85万余元，资助贫困大中小学生600余名。

（二）预防未成年人犯罪

团区委在全区青少年中深入开展“珍爱生命，远离毒品”宣传教育活动。2003年，选派16名文体工作人员担当青年网吧义务监督员。举办云岩区中小学禁毒知识手抄报竞赛，有55名学生和5所学校获奖。《热血铸净土》画册汇集云岩区多年来青少年禁毒宣传图片。2005年，在北京路青年中心正式启动“关心社区教育，奉献一片爱心”义务支教活动，通过“大手牵小手”“一帮一”等形式整合社区资源，建起一个给社区流动人口的子女以更多关爱的活动载体，预防未成年人犯罪。2008年，云岩区举办《知心姐姐》心理健康教育报告会20余场，有2万余人受到教育；宅吉街道办事处吉祥社区利用办公房办起“学生之家”。2011年11月，区人民法院、团区委回访未成年犯罪对象，联系心理咨询师为即将刑满释放的一批未成年人犯进行心理疏导，鼓励他们重新树立融入社会的信心。2014年，联合区人民法院、贵阳市职业技术学院，建立失足青少年帮教组和团区委法律援助工作站，引导和感化问题青少年重回校园，重回社会。2015年11月13日，团区委与区人民法院、未成年人保护委员会、关心下一代工作委员会、云岩中学、海之源心理教育机构和贵州都市报组成的帮教团，到位于贵定县的省未成年犯管教所回访帮教。对因抢劫盗窃等犯罪的30余名未成年犯开展以“我的人生我来打算”为主题的心理帮教活动；开展“送法到学校”活动，开办法制讲座12次，帮助3名未成年人重返校园。

（三）爱心帮扶活动

以“同在蓝天下，大手拉小手”为主题，团区委组织社区和非公企业团委与农民工子女学校结为帮扶对子。2008年“六一”儿童节期间，向星宇小学、启育小学等10个民办学校送去价值1万多元的学习用品。2013年1月14日，组织云岩区市西商会、贵州广颢城乡建筑有限公司到扶风小学开展云岩区关爱农民工子女系列活动“云岩暖冬行·温暖学子心”慰问活动，送去棉被346床、书包文具346套，价值8万余元。6月1日，团区委、区残联、计划生育协会、贵州大学明德学院、区文明办等单位在云岩区行政中心主会场共同举行“微公益·聚能量　助推幸福云岩建设　有你关爱·我不孤独——关爱自闭症儿童”公益晚会，共筹得善款11万余元及钢琴、空调、高低床等物资，全部用于资助自闭症儿童的康复训练。近百名自闭症儿童由家长陪着参加公益晚会。2014年9月2日，在区行政中心开展关爱困难少年儿童特别是留守儿童的爱心帮扶活动。2015年8月，联合贵阳德泽方晖广告工程公司开展2015年云岩区困难留守儿童爱心帮扶活动，56名儿童受助资金近3万元。

共青团云岩区委获共青团贵州省委2005年度“手拉手一起走”活动先进集体；中共贵州省委组织

部、省文明办、共青团贵州省委、省教育厅、省农业厅、省扶贫开发办公室2008年“春晖行动”贡献奖等荣誉。

五、志愿者行动

2001年2月24日，云岩区青年志愿者服务中心入列“第四届中国青年志愿者行动·中国百个优秀青年志愿者服务集体”。2003年，云岩区青年志愿者服务中心获“贵州省学雷锋志愿服务先进集体”。同年12月11日，云岩区青年志愿者活动营成立，成为全省第一个为青年志愿者提供交流和服务的场所。2004年7月5日，全省第一支流动人口计划生育志愿者服务队在云岩区头桥办事处流动人口学校成立，队员由该校10名共青团员组成。在2006年云岩区“整脏治乱双百会战”中，以各街道（镇）共青团组织、青年联合会为基础，招募一支由3600余名青年志愿者组成的整治突击队，按住区和个人特长分为16支突击中队和127个突击小队，参与辖区脏乱整治和突发事件的应急处理。2008年4月22日，在普陀社区启动“绿丝带·云岩社区行”青年志愿者活动，千名社区志愿者上门为辖区孤寡老人、空巢老人打扫卫生、做家务事、和老人谈心。组织辖区家政公司为孤寡、空巢老人定期提供免费家政服务。

2010年10月，云岩区首先在中华中路街道办事处成立社区志愿者服务站，逐步建立完善志愿者服务需求登记制度，增强自愿服务的针对性和实效性。2011年，组织志愿者与雅园青年爱心网来到清镇市站街中寨小学，向该校和暗流小学分别赠送7层大蒸锅和电冰箱，搭建灶台，援建“希望食堂”，让中寨小学120余名、暗流小学100余名中午不能回家的学生能够吃上热饭菜。12月5日，在贵阳市2011年度“绿丝带”志愿者表彰大会上，团区委推荐的志愿者3名获五星级志愿者称号、20名获四星级志愿者称号，云岩区星级志愿者人数占全市总数的60%。

2014年4月18日，团区委联合区委宣传部、区文明办在云岩星力广场共同举办“邻里守望·平安云岩”学雷锋志愿服务集中示范活动启仪式，贵州商业高等专科学校会计系学生、单位、各社区（镇）志愿者代表共200余人参加平安使者志愿服务队。2015年10月30日，组织贵州师范大学、贵州大学明德学院青年志愿者团队来到康园敬老院，开展“牵手夕阳行·敬老爱老情”志愿服务文艺演出活动，并向敬老院的172位老人送上节日慰问品。9月30日至12月31日期间，每周三下午组织20名~30名青年志愿者到13个社区开展环保、市民文明出行、禁毒宣传等志愿服务，参与志愿服务共600余人次。

共青团云岩区委先后获中共贵州省委宣传部、省文明办、省军区政治部、共青团贵州省委、贵州省2003年学雷锋志愿服务先进集体称号；获共青团贵阳市委、贵阳市青年志愿者协会2006年贵阳市青年志愿服务杰出集体称号；获共青团贵阳市委2007年度整脏治乱·林城青年志愿行动优秀组织奖；获共青团贵阳市委2009年志愿者工作先进集体等称号。

六、少先队工作

贵阳市云岩区少年先锋队工作委员会（少工委）1998年5月28日成立。这是贵州省成立的第一个县级少工委。在少工委的组织下，学校少先队活动广泛开展。贵阳市实验小学为贵州省优秀少先队集体，贵阳市省府路小学为少先队全国红旗大队、全国少年军校示范学校，贵阳市环西小学为全国红领巾示范学校、少先队全国红旗大队等。2007年10月23日，贵阳市省府路小学少先队大队辅导员汪李莉获全国十佳少先队辅导员称号。团区委开展少先队组织教育、自主教育实践活动，帮助少年儿童养成好思想、好品格、好习惯。2009 年 12 月，共青团贵阳市委授予共青团云岩区委少先队工作先进集体。

2013 年，云岩区纪念少先队建队 64 周年系列活动在各中小学开展。9 月 22 日至 10 月 22 日，各校学生“向国旗敬礼，做一个有道德的人”网上签名寄语活动参与率达 90% 以上。10 月 11 日，“红领巾相约中国梦”主题队日活动在贵阳市毓秀路小学举行。少先队员们通过讲述身边榜样的故事、朗诵、情景剧等形式分享梦想、追逐梦想；通过描述“我的心愿我的梦”，树立志向；用书画的形式自己的梦想写好贴在心愿墙上，拟定追梦计划。其他小学分别在各自学校开展“童心向党，放飞中国梦”“心存感恩，关爱他人”等主题活动。开展以“红领巾心向党”“我的中国梦”等为主题的教育活动，2015 年 5 月 29 日，团区委联合区教育局等部门在丰航学校举办“爱学习、爱劳动、爱祖国”文艺演出，千余名学生参加会演活动，欢度“六一”儿童节。9 月 25 日，联合北京科技文献出版社在丰航学校举行“红领巾相约中国梦，好书本相伴我成长”教育活动，出版社向云岩区 69 所民办学校 509 个班捐赠图书 1018 套。12 月 25 日，中国少年先锋队云岩区金狮社区工作委员会成立。社区少工委利用“四点半小课堂”“我们的节日”等平台载体，进行中华优秀传统文化教育和革命传统教育，组织学生开展书法绘画、科技、科普、演讲、文艺演出等活动。

至 2015 年，全区 125 所中小学（初中 48 所、小学 77 所）在校生共 95154 人（初中生 32789 人，小学生 62365 人）中，有少先队员 47849 人，占在校小学生总数的 76. 72%；小学校设少先队大队辅导员。

第四节　云岩区妇女联合会

一、代表大会

云岩区妇女联合会（区妇联），自 2008 年 8 月—2011 年 11 月，召开第十次、第十一次、第十二次代表大会。

2000 年 8 月 30 日，云岩区妇女第十次代表大会召开，代表 200 人。会议听取并审议工作报告；选举产生本次区妇联主席、副主席。

2005 年 8 月 26 日，云岩区妇女第十一次代表大会召开，代表 178 人。会议听取并审议工作报告；选举产生本次区妇联主席、副主席。

2011 年 11 月 5 日，云岩区妇女第十二次代表大会召开，代表 166 人。会议听取并审议工作报告；选举产生本次区妇联主席、副主席。

二、机构和组织建设

（一）机构

2002 年 1 月，区妇联机构改革方案明确内设办公室、维权部、区妇女儿童工作委员会办公室。机关行政编制 6 名，后勤服务人员事业编制 1 名，由财政全额预算管理。2015 年，机关行政编制、事业编制不变。

2015 年，贯彻执行《中共云岩区委关于进一步加强和改进党的群团工作的实施意见》，继续落实《中共贵州省委关于加强和改进新形势下妇女工作的意见》关于“各级政府按照所辖妇女人口总数，分别以每人每年不少于 1 元钱的标准安排妇联专项经费，纳入同级财政预算”的要求。

（二）组织建设

贵阳市妇联和云岩区妇联合作，2001 年 3 月 9 日首先在普陀路街道办事处建立街道社区妇女组织。至 10 月 25 日，全区 16 个社区（镇）妇联组建工作全部完成。2002 年 4 月 8 日，中共云岩区委、区人民政府印发实施意见，加强云岩区社区妇女组织建设。夯实妇联基层，加强“妇女之家”建设，在街道（镇）、社区居委会（村）建立贴近妇女生活的工作载体和网络服务平台。2008 年 8 月 24 日，全市首批“流动妇女平安之家”在云岩区黔灵东路街道办事处栖霞社区、中山东路街道办事处达兴社区、贵乌路街道办事处万江社区等 8 个社区成立。把“家”建在居村（两委），还把“家”建在妇女集中的商会、超市。

2015 年年底，健全全区 28 个社区（镇）妇联组织，140 个居委会、19 个行政村“两委”均有妇女代表；在 126 家上规模的“两新”组织中成立“妇女之家”，创建省级“妇女之家”示范点 2 个，市级“妇女之家”示范点 2 个。云岩区市西商会“妇女之家”，开展手拉手结对帮扶活动，帮助失业女工再就业；帮助女会员解决投资困难，扩大生产经营规模提供就业岗位的做法和经验，选入全国妇联《“妇女之家”建设经验交流文集》。云岩区市西商会和贵阳市云岩区田田外语学校“妇女之家”，作为妇女组织先进代表，被列为全省妇联基层组织建设工作会议示范点参观学习。

中华全国妇女联合会 2009 年 3 月授予贵阳市云岩区“全国妇联基层组织建设示范区”，云岩区妇联获 2001 年贵阳市“三八红旗集体”，2015 年获贵州省“三八红旗集体”。

三、维护妇女儿童合法权益

2001 年，区妇联与区人民法院联合，组织法官深入社区开展普法宣传咨询活动，接待群众千余人次。云岩区法律援助中心妇女工作站 2003 年 4 月正式挂牌后，区妇联主动与区法院联系沟通，把人民陪审员工作向社区拓展，增加 16 名社区妇联干部为法院特邀人民陪审员。

2004 年 3 月，在普陀路街道办事处组织为未成年人尤其是问题少年提供生活、学习、思想帮助的“爱心妈妈”活动。启动仪式上，19 名“爱心妈妈”与 19 名问题少年签订“一帮一”结对子帮扶协议书。巡逻队由爱心妈妈和问题家庭母亲组成，每天负责对未成年人进入网吧、娱乐场所进行疏导和教育，及时向有关部门举报收留未成年人进入网吧、娱乐场所的行为，预防未成年人沾染不良习气。中共贵阳市委和市人民政府相关领导以及市妇联主席等出席启动仪式并向首支“爱心妈妈巡逻队”授旗。10 月 16 日，全国“关注未来，关注孩子‘十大杰出母亲’思想道德教育行动”巡回报告团到云岩区普陀路街道办事处，与社区家庭代表和未成年人代表等，围绕“关注未来，关注孩子”主题进行家庭教育的咨询座谈。全国妇联副主席、书记处书记莫文秀和中国妇女发展基金负责人在听取普陀街道办开展“爱心妈妈”帮扶活动的工作后，对云岩区在未成年人思想道德建设中所做的工作给予充分肯定，并决定捐款 3 万元，作为办事处开展“爱心妈妈”活动的发展基全。辖区爱心妈妈义务巡逻队发展到 300 余人，有效杜绝未成年人进入网吧等娱乐场所。区妇联在全市率先设立街道社区妇女维权基金，初期基金 5000 元。

区妇联与区人大内务司法委配合，2005 年建立云岩区妇女儿童维权工作联席会制度；妇联系统人民陪审员参与法院案件审理工作纳入各法庭目标考核。区妇女系统人民陪审员 7 次参与区法院有关案件庭审工作。2007 年“三八”妇女节期间，云岩区表彰妇女维权工作先进集体 15 个，妇女维权先进个人 25 名。使用妇女维权解困资金帮助中华北路社区成都路 89 岁孤寡老人吴世珍渡过难关；看望特殊来访者高琼躺在病床上的母亲，协调有关部门帮助取得全保低保金每月 710 元，资助 1000 元为她母亲看病及高琼复学。

2009年，开展针对未成年人犯罪的专题调研，与区法院少年法庭负责人和办案人员座谈，详细了解辖区未成年人犯罪和犯罪率上升的成因，加以分析研究，形成《云岩区妇联关于未成年人犯罪调研报告》，报省、市妇联妇女儿童工作委员会。11月26日，市妇儿工委为云岩区五柳社区等4个创建贵阳市“社区青少年阳光之家”授牌，试点社区获1.2万元工作经费。宅吉街道办吉祥社区探索社区家庭教育工作新路径，形成学校、家庭、社区“三位一体”的社区教育网络，通过建机制、强阵地、抓队伍、搞活动、创载体，开展全方位、多角度的系列主题教育活动，形成社区未成年人工作平台；利用社区市民学校、社区读书会、社区远程教育等阵地，不定期对少年儿童和家长进行寓教于乐的家庭教育活动。2010年4月，全国妇联、教育部命名贵阳市云岩区吉祥社区为全国家庭教育工作示范社区。

2013年在头桥社区举办预防未成年人犯罪法制讲座，请区法院少年庭庭长范银燕以案说法，对容易引发未成年人犯罪的各类家庭教育盲区进行讲解，60家未成年人家长参加培训。在各个社区（镇）建立“儿童之家”。普陀社区服务中心“妇女之家”成立家事调解中心，采取集司法、警察、专业心理工作者为一体的联动家庭事务纠纷调解模式，化解家庭矛盾，为妇女维权服务。宅吉社区利用教育资源优势成立实践指导站，推进未成年人素质教育取得实效，2014年5月被市妇联授予示范家长学校。省、市、区、中环社区四级妇联在美佳大厦广场进行妇女维权宣传。区妇联设妇女维权反家暴工作接待站，每周二由专业律师向有需求的妇女免费提供法律服务，解答相关婚姻、财产、子女抚养等法律问题。在社区（镇）设立法律维权服务台，帮助需要获得法律援助的妇女。

全国妇联妇女儿童部2015年4月9日在贵阳市茶店小学调研“儿童之家”开展工作的情况。认为茶店小学“儿童之家”深入对留守、流动儿童进行思想道德教育、心理健康疏导、实践能力的培养，为他们与家长、监护人的沟通和交流搭建平台。通过主题实践活动培养孩子的社会主义价值观，把学校和家庭教育有机结合起来的做法和这种关爱、合作、分享的理念值得传达、复制和借鉴。在流动人口子女较多的茶店小学、百花坪小学和三桥小学“儿童之家”，设置阅览室和温馨室，为进城务工人员子女提供图书、心理健康疏导。贵阳市茶店小学和三桥小学，被授予省级示范“儿童之家”；新建省级标准化留守“儿童之家”1个。

四、争先创优活动

2001年3月6日，在贵阳市纪念“三八”国际妇女节91周年暨表彰大会上，中共贵阳市委向云岩区党、政一把手颁发重视妇女工作特别奖。同时表彰含云岩区在内的100户“五好文明家庭”、100名“三八”红旗手和妇联等50个“三八”红旗集体。引导广大妇女弘扬传统美德和自尊自信自立自强精神，培育良好家风，推进家庭文明建设。全区共评选出优秀文明家庭16户，教子有方、自强自立、文体之家等家庭78户；评选表彰好婆婆、好媳妇等34名。开展“巾帼建功”活动，市妇联推荐云岩区红边门农贸市场妇委会等3个全国巾帼文明示范岗，云岩康利机械化土石方工程公司经理余明惠被评为全国巾帼创业带头人。2004年云岩区评选巾帼建功女能人35名。9月28日，在贵阳市第二届“十大女杰”表彰大会上，陈琼书（贵阳市第十九中学校长兼党支部书记）、曾敏华（云岩区宅吉街道办事处党工委书记）、林晓风（贵阳市新建小学副校长）当选。2007年3月1日，云岩区召开各族各界妇女庆祝“三八”国际妇女节暨表彰大会，表彰巾帼科技创新带头人23名，农村新女性标兵5名，绿色环保家庭、学习型家庭、廉洁文明家庭等“五好文明家庭”共74户。

中华全国妇女联合会2009年2月授予贵阳市云岩区城管大队女子中队“巾帼文明岗”称号。云岩区2010年共评选出“五好文明家庭”30843户。推荐评选出省级和谐家庭150户，市级“五好文明家庭”140户。对实施《2001年—2010年云岩区妇女儿童发展规划》作出贡献的先集体和先进个人进行表彰。2012年授予贤惠最美妈妈——好婆婆之星20名、贤惠最美妈妈——科学家教之星20名。云岩区2014年组队参加省文明办、省妇联、省文联举办的“明礼知耻·崇德向善在家庭——巾帼风范·家园情怀”歌唱大赛，区妇联代表队在全省41支参赛队中获大赛二等奖。全区共命名生态文明家庭85680户。推选出最美家庭11户，孝女之星10个，贤妻之星12个，慈母之星11个；向市妇联推荐各2户。云岩区普陀社区“妇女之家”为2015贵州省、贵阳市“四星妇女之家”，云岩区市西商会“妇女之家”为2015省、市“三星妇女之家”。

云岩区妇联获2009年全国少年儿童“双有”主题教育活动组织先进集体，贵州省妇女联合会2009年度争先创优活动先进妇联组织；2015年获贵州省“三八”红旗手集体、贵阳市生态文明家庭创建单位等荣誉称号。

五、社会事务管理

2001年8月4日，市、区妇联与省妇联在贵乌社区沙河花园开办以社区为依托的0岁~3岁婴幼儿“亲子苑”家长学校，培训家长241名。普陀路街道办事处和平社区与贵阳市第九幼儿园共建“少年之星”园地，为社区101名贫困家庭的子女免费进行学前教育。2002年1月，云岩区机构改革明确区妇女儿童工作委员会办公室为区妇联内设机构，代表妇女参与国家和社会事务的民主管理、民主监督，促进妇女参政；参与有关妇女儿童发展规划、法规、规章的制定，维护妇女儿童的合法权益。

2005年，区妇联5名人民陪审员参加省司法厅举办的人民陪审员培训，由区人大任命人民陪审员。2006年，在社区成立16支巾帼禁毒志愿者服务队，在三桥水电社区举行服务队授旗暨行动启动仪式。开展“不让毒品进我家”活动，改善辖区女性涉毒人员戒毒（康复）环境，促进贵州省阳光电子厂（云岩区阳光就业生产基地）建设。2009年7月30日，黔灵东路栖霞社区流动妇女就业帮扶中心成立。市、区妇联向就业帮扶中心提供5000元工作经费。挂牌当天，辖区50余名妇女报名参加就业帮扶中心举办的家政服务就业培训班。经培训有11名妇女就业。2013年举办“争做合格家长，培养合格人才”科学家教知识讲座，在贵乌社区万江小区举行“生态贵阳——云岩家庭率先行”宣传活动。在贵阳市阳明书院举行“明礼知耻·崇德向善在家庭”活动启动仪式，开展“美丽乡村·巾帼先行——最美庭院”评选活动。以家长学校、“流动儿童之家”为阵地，开展“生态贵阳——百万家庭我先行”“弘扬好家风　共筑中国梦”科学家教百场宣讲活动、“最美阳台”家庭评选活动。在云岩区第一小学开展“祖国好家乡美”系列活动之“中华经典优秀童谣诵读传唱比赛”等主题实践活动，在黔灵镇雅关学校开展以“争做文明小卫士　美化乡村我参与”为主题的农村环境综合整治倡议活动，弘扬“为国教子　以德育人”的家庭道德教育主旋律。

2014年，贵阳市第二十三中学代表贵州省、贵阳市接受全国妇联家庭教育工作调研组对《贵阳市家庭教育工作十二五规划》实施情况的调研，受到好评。全国儿童工作委员会检查组检查流动人口子女入学情况，充分肯定云岩区妇女儿童工作取得的成绩。宣传妇女创业小额担保贷款（妇女小贷）财政贴息政策，2014年，全区有261人获得妇女小贷共3400万元，带动800余名妇女创业就业。

贵阳市2015年“弘扬好家风　共筑中国梦”科学家教百场宣讲云岩区分会场活动在贵阳市实验小学“儿童之家”举办。市、区妇联联动，活动邀请全国社会工作师、国家家庭教育指导师、婚姻家庭咨询师刘航授课，100余名家长参加讲座受益。联合水东社区妇联举办“廉政文化宣传教育”专题讲座，介绍如何经营婚姻、维系一个廉洁温馨家庭的理论经验，促进廉政文化教育。

六、实施妇女儿童发展规划

区妇女儿童工作委员会办公室组织协调全区妇女儿童工作，协调有关部门对《云岩区2001年—2010年妇女发展规划》《云岩区2001年—2010年儿童发展规划》（“两个规划”）组织实施；编制、宣传妇女儿童规划；组织开展法律、科技、业务培训；开展妇女儿童工作调研，牵头组织、监测评估工作。针对妇女儿童工作的状况和问题进行调查研究。

2002年4月，区人民政府颁布《云岩区妇女发展规划（2001年—2010年）》以后，妇女就业规模、层次与社会保障水平不断提高，贫困妇女人口减少，妇女生活水平与质量明显提高；各级党委、政府领导班子和人大、政协女性比例基本达标，基层妇女参政状况进一步改善，妇女参政议政水平不断提高；基础教育的性别歧视现象与两性差距基本消除，女性职业教育得到加强，女性在教育机会与资源占有方面与男性趋于平等；育龄妇女普遍接受了妇科病免费检查与适度治疗，部分妇女接受了“两癌”检查，妇女健康水平明显提高；各级政府落实妇女权益保障法律法规，妇女维权机制不断完善，权益得到保障；社会性别意识不断增强，妇女生存发展环境进一步优化。

2004年，完成《云岩区流动人口妇女教育、卫生、劳动、就业调查报告》。向中共云岩区委、区人民政府提出意见和建议；“两个规划”实施工作纳入政府年度目标考核内容；区四大班子领导和街道社区妇联主席在《云岩宣传》刊登学习文章，宣传男女平等基本国策。云岩区“两个规划”主要目标97%达到终期目标。

2011年以来，每年召开云岩区妇女儿童工作会暨“两个规划”数据统计填报工作专项培训会，每年进行《妇女儿童发展规划》数据统计并完成评估报告。省妇联2011年授予云岩区妇联为贵州省实施妇女儿童发展规划（2001年—2010年）先进集体。2015年10月27日，省“两个规划”终期评估第一督导组对贵阳市妇女和儿童发展规划（2011年—2015年）实施情况进行终期评估督导。督导组一行到贵阳市茶店小学等地现场考察，查看文字图片资料，观看专题汇报片，听取市“两个规划”实施情况汇报并给予高度评价。

第五节　云岩区科学技术协会

一、代表大会

云岩区科学技术协会（区科协），自2003年10月—2012年11月，召开第三次、第四次代表大会。

2003年10月9日，云岩区科学技术协会第三次代表大会召开，选举产生主席、副主席；2004年11月，补选主席。

2012年11月11日，云岩区科学技术协会第四次代表大会召开，选举产生主席、副主席。

二、机构和组织建设

（一）机构

区科协是中共云岩区委领导下的人民团体，是中国科协的地方组织。2002年1月，机构改革方案明确机关事业编制4名，列入参照试行国家公务员制度范围。主席由区分管领导兼任；云岩区全民科学素质行动计划纲要办公室设在区科协。区科协机构单列。2005年4月，区科协与区科技局分署办公。2015年，事业编制5名。

2015年，贯彻执行《中共云岩区委关于进一步加强和改进党的群团工作的实施意见》，区科协按照“全国科普示范区”及“创建省公民科学素质先进区”的标准，原则上按辖区常住人口人均1.2元的工作经费完善科普基础设施和开展各种科普活动。

（二）组织建设

2005年，云岩区科普领导小组、全民科学素质工作领导小组成立，调整云岩区科普联席会成员单位。成立云岩区科协咨询中心，建立“一网三库一中心”（科普组织网，高级专家顾问库、科技专家库、科普志愿库，科技咨询中心）电子档案管理系统。区科协在科学普及，提高公民科学素质，推动科技事业发展中的作用进一步发挥。至2015年年底，云岩区有8个专业学会（协会）会员2180人；9个企业科协会员250人；28个社区（镇）科协会员1400人；会员单位共45个。159个居委会（村）科普分会会员3180人。会员总数7010人；29支科普志愿者队伍和159个科普志愿者小组志愿者（反邪教志愿者）共2695人。

云岩区科协获中国科协、全国总工会、共青团中央、全国妇联、中国文联2005年科学发展观——资源节约与可持续发展利用知识大赛组织奖；中共贵阳市委、市人民政府贵阳市2005年—2007年度、2008年—2010年度精神文明建设工作先进单位；中国科协、中央文明委2005年、2006年全国科教进社区活动优秀组织单位；2013年第十五届中国科协年会承办工作先进集体等荣誉。

三、科学普及

（一）创建科普示范区

云岩区1999年列为首批创建全国科普示范城区。2000年，建立科普领导体系和创建机制。2001年，各级科普组织工作年度计划纳入同级党政工作考核目标。2002年10月18日—20日，首届贵阳（云岩）电脑节在云岩星力广场举行，参加“万人上机上网”“电脑围棋”“青少年科普系列活动”等5大类19项活动的有5万余人。2003年2月，云岩区以99分的成绩通过省科协创建全国科普示范城区专家组考核。3月底，由来自7省市的领导和专家组成的中国科协创建全国科普示范城区检查验收组实地考察云岩区创建情况，对云岩区健全的基层组织建设、完整规范的基础资料、翔实完备的活动记录以及基层经常化、群众化、社会化的科普活动和完善的科普领导体系给予较高评价。云岩区以各项指标均居西南片区之首的成绩通过验收。2004年10月，云岩区评为全国科普示范城区。

云岩区以科普宣传、培训、讲座、竞赛、展览、刊物和青少年科技活动月等为载体，坚持开展群众性科普工作。2006年9月17日，在云岩广场举办全国科普日活动，科技协会和学校师生共400余人参加，现场展示科技进步产品15类（件），发放科普资料5175册（本），开展义诊1062人次，展出科普展板72块；来自11所学校的200余名师生围绕“预防疾病、科学生活、节约能源、从我做起”活动主题进行现场绘画活动竞赛。召开科普现场会，举办科普知识培训、科普作品评比、交通知识竞赛、“动手动脑”竞赛、电脑绘画和“科普大篷车”进校园活动。各街道（镇）科协及专业学（协）会开展咨询服务5121人次。2007年，组织开展科技（科技人员、科技信息、科普知识）下乡活动和全国科普日活动。

2008年3月8日，省科协、省科技厅、《科技日报》贵州记者站、市科协等部门负责人组成的全国科普示范城区总结检查组，对云岩区科普工作进行总结检查。中共云岩区委、区人民政府刊物《贵中云岩》开辟科普之声栏目，政府门户网站设科普网页；《云岩区基层领导干部科普读物》《公民科学素质知识200问》等科普资料发至各成员单位和社区（镇）、居委会（村）；通过科普宣传栏、科普大篷车、科普讲座、云岩讲堂、“三下乡”活动和远程教育、LED电子显示屏、手机APP、科普网页等新媒体平台，传播科学知识，形成热爱科学、崇尚科学的良好社会氛围。2010年9月，区科协获贵州省第二届科普工作先进集体；2011年4月，省科协授予云岩区为贵州省科普示范县（市、区）；中国科协授予贵阳市云岩区为全国科普示范县（市、区）并颁发奖牌。

2010年12月22日，云岩区被确定为2011年—2015年度全国科普示范县（市、区），示范期五年。

五年中期间，实施《全民科学素质行动计划纲要》，纳入政府年度目标管理考核，开展提高未成年人、农民、城镇劳动者、领导干部和公务员科学素质的工作；加强科技创新教育，培养青少年创新意识和素养，全区109所中小学校参与科普活动的师生达98%以上。贵阳市省府路小学、贵阳市第二实验中学等学校为全国青少年科普创新示范学校；2015年，贵阳市第三实验小学获第三十届贵州省青少年科技创新大赛优秀组织奖等荣誉。

五年期间，在黔灵镇开展技能及科普培训、农村实用技术培训、提升学历培训、“阳光工程”计算机操作员培训，促进农村青壮年科学文化素质提高；在涉农社区开展“科技示范户”评选活动；面向农民开展科技、文化、医疗卫生咨询服务活动普及率100%，农村妇女学文化、学技术、比成绩、比贡献的“双学双比”活动知晓率在90%以上，全区19个行政村村干部和农民党员劳动力均接受了科技科普知识培训。2012年，帮助村属企业贵州荣清工具有限公司成功申报超硬材料项目。2014年11月，区科技局组织贵州荣清工具有限公司等4家企业，参加在深圳举办的第十六届中国国际高新技术成果交易会。

五年期间，为了提升城镇劳动者科学素质，2013年举办就业技能培训95期，培训城镇劳动者3712人次，通过培训后的考核有1320人成功创业，带动5000余人实现就业；组建云岩区科技创新联盟专家咨询团和科技特派员队伍。区属益佰制药、永吉印务、华旭科技、四方鼎力、爱信诺等企业将现代信息技术引入管理机制，推动企业科学管理、技术创新及产品研发能力的提高。2015年培育国家高技术企业3家；培育省级创新型企业1家，市级创新型企业2家。社区（镇）、居委会干部既参加科技培训和科普教育，又在辖区开展科普教育，广泛宣传生态文明、绿色发展、安全生产、反对邪教、健康生活等科普知识，提高进城务工人员稳定就业和科学生活能力。

五年期间，举办空间探测与《嫦娥工程》、中国式管理、“十二五”规划与中国宏观经济形势、社会管理创新、科学素质工作等专题科普讲座。2013年11月30日，举办云岩区领导干部“大数据时代”专题讲座。2015年6月27日，特邀来筑参加生态文明贵阳国际论坛2015年会的院士林惠民作大数据产业之“云计算与网络安全”科普讲座。全区各部门、社区（镇）副科级以上领导干部、中小学校长共500余人参加。通过对基础科学知识的普及，以重点人群科学素质的提高带动全民科学素质的整体提高，把科技教育培训和科学素质教育纳入对领导干部和公务员的年度目标考核内容。

五年期间，全区28个社区（镇），159个居委会（村）两级科普组织健全，有专人负责科普工作；有青少年科普教育基地4个，省市级青少年科技教育特色学校9所，区级科普示范（特色）学校18所，区属中小学建有科技活动室。2012年，云岩区科协获贵州省第三届科普工作先进集体。云岩区综合科技进步水平指数2015年达95.3%，连续四年全省第一。2015年，云岩区成为全国科普示范区。

（二）创建科普示范社区

2003年，云岩区与省科协共同举办社区科普骨干培训班，培训社区科普骨干39人。2004年5月，全国科技活动周期间，云岩区召开科普进社区经验交流会，六广门社区、鲤鱼街社区等5个社区代表作交流发言，探索城市社区科普工作，省、市科协和区领导参加。黔东街道办事处科协2007年获省科协先进集体表彰。2008年，北京路和黔灵东路街道办事处社区开办科普分校。2009年，北京路、黔灵东路、中华北路3个街道办事处科普示范街道建成。2012年，制定云岩区科普示范社区基础设施管理方案，筹措资金5万元，为社区添置电脑、书柜和科普图书，组织多名专家深入社区举办科普讲座和报告；各社区（镇）开展节约能源资源、保护生态环境、保障安全健康为主题的全国科普日宣传活动。6月，中国科协授予云岩区北京路社区、省府社区为全国科普示范社区，并获得20万元奖励资金。延安中路社区建立科普画廊、科普图书阅览室、科普网站和科普宣传栏，利用"一廊一室一站一栏"科普宣传阵地，宣传科技法规、科学常识、生活小窍门等科普知识并适时更新。

云岩区2011年启动市级科普示范社区创建工作，区科技局和科协出资32万元，为中天、六广门、栖霞、吉祥、省府和岳英等6个社区建立宣传栏，添置科普图书和电脑桌椅，购买生活百科、环境科学等28个类别3000余册科普图书，示范社区各500本。2013年5月23日，中国科协和省市区有关部门领导参观云岩区中天社区科普活动室，并召开第十五届科协社区科普工作座谈会。2014年6月，中国科协授予贵阳市云岩区中天社区服务中心为2014年基层科普行动计划全国科普示范社区，并得到中国科协20万元奖励补助资金支持。制定《云岩区科普示范社区标准》，创建东山、金关、金惠、金鸭、金狮、荷塘、市西7个社区为云岩区科普示范社区。2015年3月13日，贵阳市科普大学云岩区普陀分校授牌仪式暨培训会在普陀社区举行。4月24日，区科协和普陀科普分校联合举办地震科普知识讲座。7月15日，和贵乌社区在万江小区举办珍稀濒危植物保护科普图片展。

中国科协、中央文明办授予云岩区科协2002年—2004年全国科教进社区活动先进集体；2012年6月，中国科协、财政部授予云岩区为全国科普示范社区并颁发奖牌。

（三）科普基础设施建设

云岩区少年宫建有区青少年科普活动中心。2003年，建立省府路小学、实验小学2个科普示范学校和省博物馆、贵州师范大学、实验小学、环西小学4个科普示范点。2004年6月，区科协与区园林局在黔灵公园共建云岩区生态环境科普教育基地。8月，与贵州省植物园共建云岩区生态资源科普教育基地。2005年，在栖霞社区建云岩区社区青少年工作室。在贵阳医学院的支持下，云岩区生命科学科普基地2008年7月22日在贵阳医学院生命科学馆挂牌成立。区科协与贵阳市第九幼儿园联系，投入资金将该园"科学宫"建成云岩区学前教育科普基地，于2009年5月31日挂牌，成为全省首家学龄前儿童科普教育示范基地。与区科技局2010年在宅吉社区共建云岩区科技（科普）培训基地。配合区计生局，2011年5月，在黔灵山公园东门处建贵州世居民族婚育风情文化园科普景观。至2015年，云岩区有科普教育基地5个，科普示范社区10个，科普示范街道3条。为公众参与科普活动创造了有利条件。

2010年8月8日，中国科协科普研究所和中国科协《全国科普基础设施发展监测评估》课题组和省科协科普部对云岩区科普基础设施建设、社区青少年科普工作室、社区科学普及情况、科普示范社区、科普示范学校进行实地考察时，对云岩区科普基础设施建设及科普活动的开展给予高度评价。

四、提高全民科学素质

（一）科学素质培训

云岩区全民科学素质工作领导小组2006年成立，办公室设在区科协。区人民政府印发《云岩区2006年—2020年全民科学素质行动计划纲要》（《纲要》）和《纲要实施方案》，涉及未成年人科学素质行动、领导干部和公务员科学素质行动、农民科学素质行动、城镇劳动人口科学素质行动等9项实施任务，针对不同群体开展形式多样的科学素质培训。

培养青少年创新意识和素养。在全区中小学举办了青少年科技作品展、计算机知识竞赛、中学生生物学科普知识竞赛、青少年教育机器人竞赛、D1青少年创新思维大赛等科技活动。2015年5月，在美国田纳西州立大学举行的D1全球青少年创意大赛总决赛中，云岩区少年宫获优秀团队奖。

面向农村开展科技、卫生、文化咨询和培训，帮扶返乡农民就业创业百日活动等科技帮扶活动。2013年，云岩区率先在全市实行面向农村进城务工人员和流动人口的就业定向免费培训。“十二五”规划期间，开展各类从业人员在岗培训、劳动预备制培训、再就业培训等逾5万人次；城镇各类从业人员在岗培训、继续教育在80%以上。2015年举办科普讲座50余次，大型科普宣传活动7次。

全国政协人口资源环境委员会副主任齐让和政协科技界一行10人，2013年8月10日视察云岩区《全民科学素质行动计划纲要》实施情况，对社区科普工作给予高度评价，并对全面提升公民科学素质工作提出具体要求。

（二）创建贵州省公民科学素质先进区

2012年9月，云岩区举办全民科学素质调查培训，并完成抽样调查250人次。2013年3月，制定云岩区创建贵州省公民科学素质先进区实施方案。10月14日，云岩区召开创建全省公民科学素质先进区推进会暨创建工作培训会。完成省科协分配给云岩区的360份入户调查问卷。2014年3月，云岩区创建贵州省公民科学素质先进区领导小组成立，领导小组办公室设在区科协。云岩区与25个区直成员单位、26个社区和黔灵镇签订创建工作责任书，明确公民科学素质比例达到8%等主要目标。

创建工作与科学普及进社区宣传防震减灾，崇尚科学、反对邪教；进学校开展科普知识竞赛和创新思维大赛；进企业宣传科技创新和知识产权保护；进机关进行科技知识普及和科学素质教育；进农村开展“三下乡”活动，倡导科学文明的生活方式相结合，提升全民科学素质。云岩区2014年获贵阳市全民科学素质大赛优秀奖。2015年，成为贵州省公民科学素质先进区。

（三）百万公众网络学习工程

2010年后，云岩区开展以街道（镇）、居委会（村）基层干部为主要对象的“百万公众网络学习工程”活动。通过区文件交换中心将印有贵州数字图书馆网址的卡片发至各行政事业单位和街道（镇）。结合全国第六次人口普查入户登记调查时机，将贵州数字图书馆这个免费学习平台的网址宣传到居民家中，提高了辖区居民对公众网络学习活动的知晓率和参与率。公众网络学习活动与科普进社区相结合，建立了北京路街道办事处省政府社区居委会、黔东街道办事处栖霞社区居委会和区青少年宫三个示范点，以点示范，辐射带动。社区青少年科普活动室的12台电脑向公众免费开放。为区青少年科普活动中心（区少年宫）定点配备“百万公众网络学习工程”活动的电脑和打印机，捐赠科普书籍600余册。辖区居民参加网络学习活动的普及率2010年达80%以上，参加答题人数名列全省前茅。11月，在全市“百万公众网络学习工程”活动总结会上，云岩区科协和省政府社区居委会作经验介绍。

2013年，组织各社区（镇）开展“百万公众网络学习工程”活动网上学习和参加网上成效测试。组织辖区公民参加2013年贵州省第一届公民科学素质大赛（贵阳赛区）网络知识竞赛，云岩区获组织奖。推动公众安全上网、理性上网，2014年，投入17.45万元在市西社区、中东社区、金惠社区、区委党校建立“百万公众网络学习”示范点。9月，授予金惠社区云岩区“百万公众网络学习”示范点匾牌，并赠送价值2.48万元的6台电脑。2015年，金龙、延中、蔡关等社区举办“百万公众网络答题”活动。云岩区参加2015年贵州省第二届公民科学素质大赛（贵阳赛区）网络知识竞赛获优秀奖。全年，全区网上测试人数123559人，占全年全市参加在线测试总人数416874人的29.64%，位居全市乃至全省前列。

五、青少年科技教育活动

2001年开展的青少年科技教育活动，全区178所中小学学生参与率达95%以上，云岩电建一公司子校、贵阳市实验小学、省府路小学、毓秀路小学、岳英小学获2001年度贵阳市各项青少年科技教育活动一等奖。2004年4月15日—23日，组织全区公办、企事业办和民办学校参加第二十三届贵阳市青少年科技活动月和第三十届云岩区小学生计算机应用能力竞赛。辖区34所学校共302名学生参赛，有98名学生获奖。

2007年，第二十六届贵阳市青少年科技活动月的10大类15项次科技科普活动，全区109所中小学全部参加，师生共5万余人次。为在贵州移动杯航模比赛中获得名次的贵阳市实验小学、实验四小、环西小学、安井小学、三桥小学、东山小学等，颁发冠亚军奖和优秀辅导员奖。2008年，全区109所中小学组织学生参加第二十七届贵阳市青少年科技活动月云岩区青少年科技作品展。云岩区科协等组织单位受到贵阳市表彰。市第九幼儿园评为贵阳市科技教育特色学校。2009年5月12日，云岩区首届中小学发明创造竞赛表彰会，对贵阳市实验小学等2所学校和胡鹏飞等获奖学生进行表彰；通报贵阳市首届发明创造竞赛奖云岩区获奖名单。

2010年，第二十九届贵阳市青少年科技活动月，云岩区活动项目有科普小实验、力制作、科学小论文、计算机知识、奥林匹克知识竞赛、科技小模型展等。2012年4月，开展的青少年科技月活动，云岩区举办科技讲座86次，参加学生15432人次；科技文艺活动50次，参加学生12326人次。科学参观26次，参加学生7158人次；科技竞赛活动20次，参加学生8898人次；放映科普电影127场，观看学生12423人次；读科普书及期刊15468人次；撰写科普小论文2440篇；科技小发明、小制作4277件；还组织3507名中小学生参加其他科技活动。云岩区首届青少年机器人大赛，9月在省实验二中举办。省、市科协和云岩区领导参加科技创新大赛启动仪式，云岩区和遵义市共21所中小学校的500多名青少年参赛。2013年5月18日，云岩区青少年科技教育竞赛活动在贵阳市实验二中茶店分校开赛，44所中小学、幼儿园共2200余人参加，有航空航天模型、航海模型、车辆模型、建筑模型、机器人竞赛等6个大类，纸折飞机模型、航空母舰模型制作、现场拼装、改造四驱车、创意中国设计规划、少数民族民居设计、虚拟机器人搜救等几十种比赛项目。2014年5月17日，云岩区科技教育竞赛活动暨贵阳市电教馆教育机器人竞赛在贵阳市第十三中学举行。

2015年的“科普大篷车”进校园活动6月18日在贵阳市毓秀路小学举行。手蓄电池、梵天塔、双曲狭缝、铿锵锣鼓、驻波等14种科教产品展示数学、光学、电磁学等方面的科学原理，参加科教活动的师生700余人。9月10日，云岩区全国科普日活动在雅关学校举行。全校师生千余人依秩序参观“科普大篷车”。贵州省第二届D1青少年创新思维大赛11月14日在云岩区青少年宫举行，来自贵阳市27所学校的95支队伍600余名学生经过角逐，21支队伍胜出，获参加全国比赛资格。开幕式上，D1中国区CEO肖力为D1模范学校贵阳市第四十中学、贵阳市实验二中授牌。D1创新思维大赛的开展，培养和锻炼了学生的创造能力、团队合作精神及快速形成问题和解决问题的方案。12月，贵阳市雅关学校被命名为贵阳市科技教育特色学校。

中国青少年科技辅导员协会，2009年6月，授予云岩区少年宫为全国青少年校外科技教育先进集体；贵阳市省府路小学、贵阳市第二实验中学为全国青少年科普创新示范学校。云岩区科协获：2013年贵州省青少年科技创新大赛优秀组织奖，2014年贵州省首届青少年科普知识竞赛先进单位，2015年贵州省第二届青少年科普知识竞赛先进集体等荣誉。

六、学术交流

2003年5月，组织区属学会（协会）参加中国西部科技论坛报告会。2004年9月，云岩区科协参加在北京市崇文区举办的第十八届全国部分城区科普工作经验交流会。2005年10月17日—23日，云岩区科协参加在四川省成都市武侯区举办的第十九届全国部分城区科协工作经验交流会，会议主题为科学普及与构建和谐社会。来自全国5个城市25个单位共58名代表，围绕科普与小康、科普与和谐社会、社会科普、青少年科普进行交流。

2006年4月3日，云岩区科协参加由河北省唐山市科协承办的科普进社区经验交流会，并作《树立和落实科学发展观，积极实施科学素质工程全面推进城市社区科普工作的有序开展》交流发言。6月11日—17日，全国部分城区第二十届科协工作经验交流会在重庆市渝中区召开，云岩区科协作《全面普及科学知识，努力推进城市社区科学素质工程建设》专题发言。8月31日，云岩区科协承办贵阳市（区、市、县）科协工作经验交流会，10个区（市、县）科协共42名科技工作者参加会议。2008年10月20日—23日，贵阳市云岩区科协承办第二十二届全国部分城市科协工作经验交流会，来自全国27个城区的70余名代表围绕“关注节能减排，建设生态文明”进行学术交流。2009年6月24日—29日，中国科协在山东省青岛市举办县级科协主席培训班。中国科协和有关专家作《关于科协组织的几点思考》《贯彻〈全民科学素质行动计划纲要〉做好科普》《关于科协组织建设》专题讲座；全国31个省市区的132名学员进行工作交流，云岩区科协作《加强企业科协组织建设，推动经济社会又好又快发展》大会交流发言。

2011年，组织黔灵镇科协参加第八届海峡休闲农业发展学术研讨会学术论文征集活动。2012年9月，参加在甘肃省兰州市城关区举办的第二十四届全国城区科协工作理论研讨会，云岩区科协作交流发言。2013年5月25日，第十五届中国年会百场院士专家科普报告黔贵行科普报告《提高健康防治心脑血管病》专题学术报告会在云岩区行政中心主会场举行，全区副科级以上领导干部500余人参加。

第六节　云岩区归侨侨眷联合会

一、侨联代表大会

云岩区归侨侨眷联合会（区侨联），自2000年11月—2011年7月，召开第四次、第五次、第六次归侨侨眷代表大会。

2000年11月，云岩区第四次归侨侨眷代表大会召开，代表86人。选举产生主席1人，副主席1

人，委员15人，常务委员9人。

2006年7月25日，云岩区第五次归侨侨眷代表大会召开，代表80人。选举产生主席1人，副主席1人（兼）、副主席兼秘书长1人，常务委员7人。

2011年8月17日，云岩区第六次归侨侨眷代表大会召开，代表43人。

二、机构和组织建设

（一）机构

区侨联是由全区归侨、侨眷组成的人民团体，是党和政府联系广大归侨、侨眷和海外侨包的桥梁和纽带，由中共云岩区委领导，区委统战部代管。2002年1月，机构改革方案明确区侨联机关事业编制2名，列入参照试行国家公务员制度范围。2015年事业编制不变。

（二）组织建设

2003年11月，在全市侨务工作研讨会上，云岩区侨联、北京路街道办事处和黔灵东路街道办事处侨联小组等单位介绍经验和体会。2005年6月，开始在黔东街道办事处师大社区和北京路街道办事处市北路社区进行侨务工作进社区（基层）试点，对社区侨情进行摸底、登记、走访。10月，这两个社区侨联小组成立；师大社区侨联小组被市外事侨务办公室列为贵阳市社区侨务工作示范单位。2008年，云岩区市北路社区、师大社区通过市侨联社区侨务工作示范单位的检查验收。6月，岳英社区通过验收，达到社区侨务工作示范单位要求。12月，市侨联授予师大社区等社区为模范社区侨联小组。云岩区黔东街道办事处被授予全国侨务工作先进单位。市西路街道办事处侨联小组建立。2009年5月8日，在全市社区侨务工作经验交流会上，云岩区圆通社区被授予贵阳市社区侨务工作示范单位并授牌。国务院侨务办公室2011年授予贵阳市云岩区师大社区侨联小组为全国社区侨务工作侨之家示范单位。

2012年，以云岩区省府社区作为试点，将侨务工作纳入社区服务中心工作内容。加强城市新型社区侨联小组建设。2013年3月22日，省府社区侨联小组成立。同时成立省府社区归侨侨眷联谊会，成为归侨侨眷交流交往的平台。同年，在中国侨联第九次全国归侨侨眷代表大会上，云岩区省府社区侨联小组被授予全国侨联系统先进组织。2015年1月19日，贵阳市云岩区省府社区获全国社区侨务工作示范单位。至年末，云岩区在19个社区建设基层统战工作站，依托统战网络和工作平台开展包括侨务工作在内的统战工作；在归侨侨眷较为集中的5个社区建立了侨联小组，有5名侨务工作人员。

云岩区侨联获贵阳市侨联2004年度侨联工作先进奖；2008年省侨联贵州省基层侨联“聚侨心促和谐”工作先进集体；在2008年度贵阳市模范社区侨联小组创建活动中获组织奖。

云岩区黔东街道办事处2002年获全国社区侨务工作先进集体，北京路街道办事处党委书记获全国社区侨务工作先进个人。

三、促进海外华侨交流合作

2005年，区侨联参加并提出《贵州省实施〈中华人民共和国归侨侨眷权益保护法〉办法》（征求意见稿）的修改意见。2009年组织召开侨资企业、归侨侨眷代表座谈会。到贵州西牛王印务有限公司、贵州佰顿酒店、贵州雅园饮食娱乐有限公司、贵阳白志祥骨科医院等侨界企业考察调研，形成《云岩区侨资企业现状调研》《基层侨联的群众工作》调研报告供有关部门参考。向省侨联推选云岩区侨眷企业参加2012年中国侨联举办的第二届归侨自主创新成果交流展示会并做好服务工作。全国首家社区归侨侨眷联谊会2013年3月22日在云岩区省府社区成立。通过联谊会活动扩大交流交往，引导归侨侨眷关心和支持贵阳经济社会发展，为引进侨资、技术和人才发挥作用。2014年6月6日—9日，区侨联和侨资企业参加贵阳市代表团赴昆明参加由国务院侨务办公室和云南省政府共同主办的第十二届东盟华商会。2015年，香港大都会邮轮有限公司美籍华人周敬强到贵阳进行商务投资考察，区侨联积极沟通，为本地旅游市场牵线搭桥，引导来贵阳观光旅游，投资兴业。为百华协会（全球生命科技和医疗健康产业领域的华人精英组织）搭建沟通桥梁，促成协会成员到贵安新区考察。接待加拿大贵州同乡会和贵州商会会长王华一行，促进海外侨胞与贵阳市的交流合作。

四、爱侨助侨

云岩区归侨侨眷来信来访主要涉及房屋拆迁安置补偿、医疗保险、工资职称待遇、子女升学加分、就业、出境出国手续等方面的问题。侨联既耐心讲解有关政策，又协调相关部门化解矛盾。2002年，区侨联接访60余人次，其中协调解决老侨眷黄某的低保问题；解决无息贷款，使之脱贫。侨务信访做到有登记、有办理记录、有答复。2003年，配合有关部门，分别协调解决一位归侨之孙被伤害赔偿案，一位侨眷房屋被骗案，一位侨眷的就业，一位侨眷无息贷款建厂等问题。2004年，协调解决归侨李某家被拆迁安置的户头房。2008年，贵阳凝冻期间，帮扶侨眷70余人。2009年7月15日，在贵阳市侨法暨创新侨务工作培训班，云岩区北京路街道办事处、圆通社区负责人就宣传贯彻侨法和社区侨务工作开展情况作交流发言。2013年，将30户孤、老、病、困归侨归眷情况汇总，统一管理。2014年7月14日，在全市侨务信访工作经验交流会上，云岩区侨联做好信访工作体现为侨服务、维护侨益的做法，受到贵阳市领导、市信访局和市侨联的肯定。2007年—2008年，侨务信访近140人次。期间，解决在美国定居华侨孙某和定居香港的张某房产拆迁安置等问题。2012年—2014年，侨务信访114人次。2015年，妥善解决加拿大刘某房屋改造补偿问题。区侨联走访慰问孤、老、病、困和重点归侨侨眷100人次，共送去慰问金6.9万元、慰问品1.5万元。侨界政协委员《关于对我市已逾退休年龄归侨予于适当生活补助》的提案，在当年就得到落实，符合条件的老归侨，每年可获得最高1400元，最低800元的生活补贴。

五、参与政治协商

2003年，区侨联配合有关部门做好区人大、区政协中的归侨侨眷代表、委员的协商和推荐，提出侨界的人大代表和政协委员推荐名单。2004年8月17日，区侨联组织侨界人大代表、政协委员和归侨、侨眷代表30余人，参加省、市侨联组织召开的贵阳地区侨界传达学习第七次全国侨代会精神会议。侨界政协委员围绕党委和政府的中心工作，汇集侨情民意，参与政治协商，发挥民主监督作用。2005年，区“两会”期间，侨界政协委员提案有20件。侨界政协委员参加有关会议，组织的视察、调研并提出意见和建议。11月，区侨界选出6名代表参加省第六次归侨侨眷代表大会。2006年5月22日，参加中共云岩区委统战部组织召开的统战对象普查工作协调会。7月4日，区委统战部、区工商联、民宗局、侨联在区行政中心联合召开全区港澳台侨、少数民族、工商界人士等参加的普查工作动员大会。2013年，开展云岩区侨务普查工作。2014年年初，完成云岩区侨务普查统计和华侨华人高层次人才调查，为有关部门制定侨务工作的政策、规定提供情况和建议；侨界人大代表参加区人大组织云岩团市代表就金关村村民饮水改造民生工程和云岩区环卫市场化运作进行专题视察并提出意见和建议。2015年，区侨界人士中，担任贵阳市第十三届人民代表大会代表1人，政协云岩区第九届委员会委员5人。

六、组织救助和社会公益活动

2008年5月12日，四川汶川特大地震，区侨联组织医疗队，于14日赶赴地震灾区救治伤病员，接诊600人次，救治400人次，发放药品价值8万余元；组织归侨侨眷捐款救灾。2012年1月，市、组织医生到头桥龙城社区开展义诊和送医送药活动，义诊100余人次，免费发放常用药品价值约1万元。2013年，四川芦山地震，组织医疗专家组赴灾区开展救助。2015年，市、区侨联组织医疗队伍到息烽县养龙司镇开展“送医、送药、送健康”大型义诊公益活动。

七、侨情调查

2010年云岩区有归侨10户，归侨侨眷、港澳同胞眷属和外籍华人眷属等各类侨务对象约4万人，行业分布主要集中在教育、医疗卫生、文化以及国有大中型企业。

2013年5月—7月，组织开展大走访、大调研侨务普查，深入到辖区每个居委会院落、村寨、企事业单位、大专院校等地，基本摸清云岩区侨情概况、工作现状等情况。2014年年初，完成侨务普查汇总。云岩区归侨侨眷登记2030户，海外新移民372人，辖区居住着30户孤、老、病、困归侨侨眷；云岩区海外华侨、华人、港澳同胞分布在世界30多个国家和地区，有归侨、侨眷4万余人，归侨来自10多个国家。

第七节　云岩区残疾人联合会

一、代表大会

云岩区残疾人联合会（区残联）第一至第三次代表大会分别于1990年、1995年、1998年召开。自2003年6月—2013年6月召开第四次、第五次、第六次代表大会。

2003年6月10日，区残联第四次代表大会召开，代表64人。会议审议区残联第三届执行理事会工作报告；选举残联主席、副主席、理事长。推选出盲人协会、肢残协会、听力（聋哑）协会、精神残疾亲友协会和智力亲友协会等5个专门协会负责人。

2007年10月31日，区残联第五次代表大会在召开，代表70人。会议审议区残联第四届执行理事会工作报告；选举残联主席、副主席、理事长。推选出五个专门协会负责人。

2013年4月16日，区残联第六次代表大会召开，代表127人。其中：妇女代表64人，党员代表55人，大专以上学历67人，分别占代表总数的50%、43%、53%；代表中，视力残疾代表20人，肢体残疾代表31人，听力残疾代表15人，精神残疾和智力残疾亲友代表各3人，共72人，占代表总数的57%。会议审议区残联第五届执行理事会工作报告；选举残联主席、副主席、执行理事会理事长，聘请两名名誉主席。推选产生5个专门协会负责人。

二、机构和组织建设

（一）机构

区残联是残疾人事业团体，由区人民政府领导联系。1997年12月，区残联机构单独设立。2000年7月，贵阳市云岩区编制委员会批复建立云岩区残疾人劳动就业服务所，为区残联下属股级事业单位。人员编制 2 名，经费由区财政全额核拨。2002 年 1 月，云岩区残疾人联合会机关机构改革方案明确区残联机关事业编制 5 名，列入参照试行国家公务员制度范围。2015 年事业编制不变。

2015 年，贯彻执行《中共云岩区委关于进一步加强和改进党的群团工作的实施意见》，各级各部门要依法足额缴纳残疾人就业保障金。

（二）组织建设

2003 年，全区 16 个街道办事处（镇）残联换届，128 个居委会（村）建立残协组织。2007 年，在 128 个居（村）委会选聘 141 名残疾人专职委员，建立健全 16 个街道办事处（镇）法律援助工作室和 14 个居委会（村）法律援助工作点。2008 年，在各街道办事处（镇）明确 1 名副主任分管残联工作，街政科 1 名干部任助理员。在居（村）委会建立残协组织，明确 1 名副主任负责。2010 年，在全区 19 个街道办事处（镇）的 144 个居（村）委会各选聘 1 名残疾人任专职残疾人工作委员，委员每人每月补贴 200 元，区残联从征拨残保金中支付。2014 年，各社区（镇）均有 1 名副主任分管、1 名助理员承办残疾人工作；各居委会（村）有 1 名残疾人专职委员。建立完善规章制度，落实工作职责和措施。2007 年—2015 年，组织培训残联工作助理员、残疾人专职委员等，共计 1056 人次。

2015 年，辖区办理第二代中华人民共和国残疾人证的总数为 12617 人。其中肢体残疾 6832 人、视力残疾 2178 人、听力残疾 1310 人、精神残疾 1086 人、智力残疾 857 人、言语残疾 157 人、多重残疾 197 人。全区 28 个社区（镇）残联组织健全，有专（兼）职委员。建立 153 人组成的居委会（村）残疾人专职委员队伍，全年发放补贴 36.72 万元。辖区有残疾人公办学校 1 所、民办康复机构 2 个、社区（镇）康复站（室）27 个，残疾人志愿服务队 5 支共 300 余人。

三、残疾人培训和就业

2001 年为 137 名残疾人组织专场招聘会，帮助残疾人登记失业人员实现就业 39 人，45 名残疾人纳入年度培训计划。针对市场需求进行残疾人职业技能培训，有 42 名盲人通过按摩培训实现创业和就业。2004 年，举办电脑、缝纫、摩托车和自行车修理、美发、果树栽培和病虫害防治等技能培训班，共培训 206 人，对贫困残疾人实行培训经费补助；按比例安排残疾人就业 65 人，集中就业 168 人。2008 年，辖区 80% 以上的盲人按摩机构经规范化建设检查达标，共解决盲人就业 122 人。组织各街道（镇）的 340 名残疾人参加云岩区 2009 年残疾人职业就业指导知识培训班。帮扶残疾人自主创办启航网络中心，解决 22 名残疾人就业。9 月 18 日，云岩区 2012 年残疾人专场招聘会，27 户企业共提供 300 个就业岗位，进场求职残疾人 321 人，达成意向协议 80 余人。与社区残联专职委员走访调查失业人员家庭 167 户，协同市残联康复教育就业中心，解决 29 名残疾人就业问题。自强朝明摩托车销售有限公司等 8 家残疾人创业实体，2013 年，挂牌为云岩区残疾人创业示范点，协调工商、税务部门，对残疾人在证照、税收等方面给予帮扶。

贵阳市 2014 年 4 月首次开展残疾人基础信息调查，对残疾人就业和职业培训状况进行实名制统计管理，云岩区系统录入率达 100%。全年残疾人就业、创业培训 187 人。其中基础信息培训 135 人、物业管理培训 17 人、创业培训 20 人、盲人按摩培训 15 人；新增残疾人就业 205 人。其中按比例就业 55 人、集中就业 30 人、创业户就业 20 人、创业就业示范点就业 5 人、其他形式就业 95 人。肢体残疾人李明刚等人自筹资金在乌当下坝创办红军大峡谷旅游服务公司，安置 11 名残疾人就业，区残联发放创业扶持资金 10 万元。2015 年，举办残疾人就业援助月专场招聘会，新增残疾人就业 227 人。残疾人就业培训 236 人。至年底，全区符合条件的残疾人累计有 1109 人实现就业创业，残疾人技能培训共 2543 人次。

云岩区惠智学校（原为1990年成立的云岩区启智学校，2014年改现名）除九年义务教育外，还开设残疾人康复训练和特奥训练课程，形成文化、康复、职业三位一体“医教”结合的教育模式。该校不少学生在世界、全国、省特殊奥运会上获得奖牌。2007年10月和2008年7月，吕林桧（第十二届世界特奥会游泳3块金牌得主）的母亲吕昕烛（盐务街宅吉小区居民）应国际特奥会邀请，作为贵州省唯一代表两次参加全球特奥家庭高峰论坛。2010年3月，吕昕烛创办贵阳林桧阳光家园残疾人托养机构，招收10岁~35岁的智力残疾人进行文艺和体育康复训练。

四、扶残助残

每逢春节、全国助残日、“六一”儿童节期间，云岩区组织开展扶残助残活动，到残疾人较为集中的社区居委会和残疾人家庭走访慰问。2001年进行6岁~12岁适龄残疾儿童义务教育调查，云岩区有适龄儿童123名，经过与区教育局和学校协商，65名能随班就读的儿童全部入学。“六一”儿童节、教师节，拨专款1万元慰问云岩区启智学校和贵阳市聋哑学校师生；为辖区10户困难家庭送去过冬棉被，为15户残疾人配发拐杖、盲棒，对7户特困家庭实行临时困难救助。2002年元旦、春节期间，走访慰问贫困残疾人家庭50余户，对特困重度残疾人、一户多残家庭给予救助。残疾儿童教育2005年纳入义务教育体系后，以随班就读为主体，特教学校为骨干，使辖区适龄残疾儿童入学率稳步提高。每年协调安排专项资金扶持特殊教育，并向残疾学生和贫困残疾人子女发放教育资助金。对参加成人高考、自学考试并取得大专以上学历的残疾人给予奖励。2007年，采取多形式、多渠道扶残助残。区各部门、街道办事处（镇）及青年志愿者共帮扶贫困残疾人1560人；农村残疾人保障10人；解决温饱的残疾人426人。辖区有1857户贫困残疾人享受最低生活保障金，全年发放低保金714.36万元；8月底以前，将4万元教育资助金发放到贫困残疾人子女、残疾学生手中。资助134名高中、初中和小学生。

2010年8月11日，贵阳市和云岩区残联在宅吉街道办事处开展首个“全国残疾人活动日”活动，为20名肢体残疾人分发辅助器材（轮椅2个、拐杖20副）价值万余元。2011年10月，为136名贫困残疾人子女和贫困残疾学生发放教育资助金共9.5万元。2013年元旦、春节期间走访慰问辖区400户贫困残疾人家庭，发放慰问金共12万元，并送去食用油、米等生活物资。在第23个全国助残日期间，走访慰问15户特困残疾人家庭，送去临时困难救助金共2万元；为5户贫困残疾人家庭子女送去助学金共1.35万元。2014年为60名精神病患者补贴住院医疗费2.9万元，补贴86名精神病患者医疗救助5.9万元，精神病患者监护率、显好率、社会参与率分别达95.8%、66%、57%以上。自购辅助器具129件帮扶残障残疾人，为12名残疾儿童适配辅助器具20件，听力残疾人助听器验配1例，新收训聋儿3人，聋儿家长培训3人，脑瘫儿童训练救助2人，肢体残疾儿童社区家庭康复10人，成年肢体残疾社区家庭康复5人。适配大小腿假肢4例，智力残疾儿童机构康复救助2人。全年，为8726名残疾人办理免费公交卡；824名残疾人核发中国残疾人证；办理1092名一级重度残疾人护理补贴65.76万元，231名残疾人机动轮椅车主燃油补贴5.03万元，213名贫困残疾人子女就读资助金16.3万元，195名残疾人居家托养补贴9.75万元，586户贫困残疾人家庭走访慰问17.58万元，77名生活困难精神病人住院医疗补助19万元，23名突发疾病贫困残疾人家庭临时救助金3.97万元。残疾人帮扶资金累计为137.39万元。

五、维护残疾人的合法权利

2004年10月23日，云岩区残疾人法律援助站成立，由区残联、政法委、司法局等部门人员组成。

各街道（镇）有残疾人维权中心。通过司法救助、法律援助、法律服务，切实维护残疾人的合法权益。是年，维权10起。2013年接待信访12件，为其中1人提供法律援助服务，落实法律援助工作经费2000元。落实理事长接访制度，依法妥善处理突发事件4起。2015年4月22日，区人民法院第一人民巡回法庭上门到伤残当事人家开庭办案。全年，信访接待293人次，协调处理11件，维护辖区社会和谐稳定。

六、残疾人康复工程

贵阳市抽取云岩区为全国0岁~3岁残疾儿童抽样调查点。抽样调查自2001年6月11日开始，历时48天，从9145名0岁~3岁儿童中抽取5074名儿童样本进行现场调查，获得第一手资料，为进一步掌握残疾儿童发生率及致残原因，开展残疾儿童康复提供科学依据。开展“康复从发现开始——大力推广新生儿听力筛查”主题活动，与街道社区联动，组织19名听力健康咨询医生参加宣传。在黔东、普陀、宅吉、环北等街道办事处或居委会建立残疾人康复站（室），进行残疾人康复工作并建档管理。10月，省残联组织各地、州、市社区残疾人工作骨干到云岩区黔东和普陀参观残疾人康复工作并给予好评。是年，中国残联将贵阳市云岩区列为全国社区残疾人工作示范县。云岩区和平路、陕西路社区残疾人康复示范点2002年成为全省的示范点，省、市残联分别在黔东街道办事处、陕西路居委会残疾人康复室，召开残疾人康复工作现场会。举办社区康复技术指导人员和盲人行走技能培训班，有21名盲人参加定向行走技能培训；全年完成重点康复工程贫困白内障患者免费复明手术8例、“百万光明行”白内障复明工程手术20例。经过近半年的宣传、摸底调查和初步筛查，贵阳市“视觉第一中国行动”白内障复明手续于11月22日在云岩区眼病防治中心启动，近一个月共完成复明手术306例，手术效果好，患者术后视力均有不同程度的恢复。2004年，推动街道残疾人康复服务站、社区居（村）康复点建设。全市残疾人康复工作经验交流会组织参观云岩区威清路社区先进示范点，并获得1.5万元的康复器材。

民政部、卫生部、中国残联2007年授予云岩区为全国残疾人社区康复示范区。2008年，辖区已办证精神病人建档立卡和监护率均达到100%，精神病调查检查率6.02%，患者显好率72%。2009年10月16日，在环北街道办事处永乐社区电教室举办云岩区残疾人康复管理人员及康复专业技术人员培训会，38人参加培训。各社区（镇）有专人分管残疾人康复工作，居（村）委会有1名康复协调员，负责调查残疾人康复需求，建立康复需求与服务档案，向残疾人提供康复服务信息和转介服务，并协调有关机构、人员为残疾人提供康复服务。

2011年，辖区6000余残疾人康复需求统计录入电脑系统实行动态管理。为60名贫困白内障患者免费手术。2012年，按辖区总人口数每人0.3元的标准，为26个社区服务中心和黔灵镇匹配创建全国残疾人社区康复示范区经费21万元。9月26日，举办2012年云岩区残疾人康复管理人员、专业技术人员和康复协调员培训班，236人参加培训。其中康复管理人员69人，精防医生19人，康复协调员151人。2013年投入60万元用于社区残疾人康复工作。其中：各社区（镇）匹配创建经费21万元，社区康复工作补助费27万元，社区康复工作电脑采购专款12万元。东山社区康复室，挂牌建立贵阳市残疾人社区康复示范点，配备了康复训练器材，建立残疾人康复服务档案，培训社区康复协调员。2014年，用于社区康复示范点建设经费和残疾康复工作补助费共48万元。2015年，普陀社区为贵阳市红十字康复医院示范点，占地面积300平方米，有康复医师、理疗师、社区康复协调员5人，区残联匹配经费2万元；为残疾人社区康复站（室）提供各种康复辅助器械453件。

至2015年，培训残疾人康复协调员、管理服务人员、专业技术人员共680人次。辖区残疾人基本服务状况和需求专项调查底册、残疾人调查表、社区调查表、康复填表提示卡的填报，和云岩区持有第二代中华人民共和国残疾人证的12617名残疾人基本情况的录入工作均完成，建档立卡率达到100%。

七、残疾人文体活动

2002年10月16日—20日，贵阳市第八届残疾人运动会在六广门体育场举行。比赛设田径、射击、游泳、乒乓球等8个大项共80个小项，各区、市、县和高新区共11个代表团的536名运动员参赛，共决出金牌80枚、银牌57枚，云岩区代表团获金牌、奖牌总数第一名。2006年8月15日，在全国第四届残疾人特殊奥林匹克运动会上，贵州队（云岩区启智学校的8名学生）获得4枚金牌、6枚银俾、5枚铜牌。该校被中国残疾人联合会、国家体育总局授予2001年—2005年全国残疾人特殊奥林匹克运动会工作先进单位。2007年10月11日，在上海举行的第十二届世界夏季特殊奥林匹克运动会上，中国队17岁的吕林桧夺得女子游泳比赛3枚金牌。10月30日，全国第二届盲人歌手大赛在成都举行，云岩区歌手获二等奖。2010年10月11日，在中国第五届特殊奥林匹克运动会上，吕林绘获1枚金牌、1枚银牌，杨笑霞获1枚金牌、1枚银牌和2枚铜牌。云岩区代表团57名残疾人参加贵阳市第十届残疾人运动会的8个竞技项目比赛，获各单项个人金、银、铜牌37枚，团体总分222分，名列第二名。2015年，贵阳市第九届残疾人艺术会演，云岩区代表队4个参赛节目，获金奖1个、银奖3个和优秀组织奖。在“关键要素”杯全国残疾人羽毛球公开赛上，贵州省代表队欧伟收获1枚羽毛球男单金牌。

威清路街道办事处鲤鱼社区，普及特奥知识，推广特奥项目，动员智力残疾人及家属参加特奥活动；与启智学校共同组织残疾人开展体育活动、举办特奥知识座谈会等。社区对智力残疾人情况进行摸底调查登记，每年在社区组织1次~2次特奥运动会，有60%~80%的智力残疾人参加特奥活动，人数30人以上。社区定期培训家长、教练员、志愿者，建立家庭支持联络网，协调爱心人士参与特奥工作，促进社区特奥活动的开展。2008年8月4日，中国残疾人联合会授予云岩区威清路街道办事处鲤鱼社区为全国残疾人特殊奥林匹克运动会活动示范社区。

八、征收残疾人就业保证金

云岩区征收征收残疾人就业保障金金额，由2005年开征时的20万元、2006年执行《贵州省残疾人就业保障金征收管理暂行办法》收缴的33万余元、2010年的1354万元增至2015年的1912万元。残疾人就业保障金实行“收支两条线”管理，纳入财政预算管理和使用。促进了残疾人康复、教育、培训、劳动就业、扶贫解困和文化、体育、福利、社会服务等工作和残疾人事业健康发展。

云岩区及区残联获2001年全省残疾儿童抽样调查先进单位；2002年全国残疾人社区康复示范区；2006年贵州省全国第二次残疾人抽样调查先进县，全省残疾人监测先进县，全省残疾人工作先进县；2007年全国残疾人社区康复示范区；中国残疾人联合会2008年全国残疾人特殊奥林匹克运动会活动示范社区。

第八节　云岩区红十字会

一、机构和组织建设

（一）机构

区红十字会是从事人道主义工作的社会救助团体，会长一直由区人民政府分管副区长兼任。2001年12月，区红十字会设在区卫生局。2002年1月，机关机构改革方案明确区红十字会为副科级建制。机关事业编制5名，列入参照试行国家公务员制度范围。2015年事业编制不变。

（二）组织建设

2002年1月，区红十字会独立建会，有基层组织共80个，会员13899人。此后，红十字基层组织和会员每年都有发展。2011年，八鸽岩社区红十字工作站成立敬老爱老志愿服务队，开展志愿服务活动。加强红十字志愿者招聘和规范管理。2012年，云岩区红十字志愿服务工作委员会成立。2015年，省府社区红十字志愿服务站成立。年末统计，云岩区红十字会基层组织105个，会员共20045人。其中成年会员6328人，青少年会员13087人。全年，举办救护知识培训班40期，共培训2829人次。2010年—2015年，发展红十字志愿者704人并注册。

人事部、中国红十字总会2002年3月授予贵阳市云岩区红十字会为全国红十字会系统先进集体。2006年9月，贵州省红十字会、省民政厅授予云岩区为全省红十字服务示范区，2007年3月，云岩区成为全国社区红十字服务示范市（区）。

二、救灾救助

2002年年初夏，贵阳市遭暴雨袭击，区红十字会组织募捐，在卫生系统获捐款1.4万余元，衣物441件；区各基层红十字会组织扶贫救助捐款20.5458万元、捐物折价近1.2万元。同年7月，全市首家街道慈善捐助中心在延中街道办事处红十字会成立，在各社区居委会设置捐助工作站，公开接受捐赠。制定《捐赠物资管理制度》《捐助中心站办事程序》和《上门接收捐赠工作职责》制度。至年底，收到衣物1050件、棉被2床、电视机8台、洗衣机1台、水泥5吨、书本杂志上万册，捐款6700元。2003年，全区各基层红十字会志愿工作者组织扶贫救助捐款捐物价值7万余元。2004年夏，贵阳市清镇、开阳、修文遭受严重自然灾害，区各级红十字会开展“捐1元善款，为灾民解难”募捐活动，接受捐款1.3万余元，上交市红十字会用于灾区救助。年末，印度洋海啸，区红十字会于2005年1月5日—9日连续5天，在喷水池设立募捐点，接受市民捐款，将社会各界捐款8.2万余元上交市红十字会。

2008年年初，贵阳市发生百年不遇的凝冻自然灾害。区红十字会在辖区募捐4.8万余元，救助困难群众500余户。3月，接受北京路、贵乌社区红十字会捐款2305元，帮助黔灵镇村民恢复生产。5月12日汶川特大地震。区红十字会发出倡议组织捐款捐物，至9月22日，接受区机关党委和社会各界捐款55.73万元；接受捐赠药品、衣物54件（包），价值8.4万元。全部转交市红十字会送往灾区。2009年，台湾“莫拉克”台风自然灾害。区红十字会接受捐款近3万元，上交市红十字会转往灾区。2010年年初至6月，全省多个地区发生特大干旱自然灾害。区红十字会4月12日将募捐款2.2万元全部划拨黔灵镇，指定用于偏坡村抗旱救灾。4月20日，青海玉树地震。区红十字会组织募捐，至5月

7日，接受单位和个人捐款32万余元，上交市红十字会转往灾区。5月5日，又将捐款6290元划拨金惠街道办事处杨惠村，用于解决该村饮水难问题。5月，甘肃舟曲泥石流水害。区红十字会前后两次将募捐款32.2万元、7.22万元，上交市红十字会。

2011年6月，贵州望谟特大暴雨洪涝灾害。区红十字会从6月21日至7月5日共接受捐款1.7万余元，上交市红十字会转往灾区。2012年9月初，区红十字会将2011年10月—2012年8月辖区国贸商场、永辉超市、星力超市红十字募捐箱接受的捐款3921元，用于救助辖区2名贫困大学生。9月，贵州赫章、威宁地震，6.3万人受灾。9月13日—26日，区红十字会接受30笔捐款共10万余元，上交市红十字会转往灾区。2013年4月，四川芦山地震。区红十字会4月23日至5月16日共接受捐款44万元，上交市红十字会转往灾区。12月底，区红十字会将商场募捐箱接受的捐款4674元上交市红十字会。

开展以“日行一善，筑梦家园”为主题的“博爱一日捐”募捐活动。2014年5月16日至7月1日，在区直机关、社区服务中心和企事业单位干部职工中，共募集捐款6.8万元，全部上缴市红十字会“筑梦”基金，用于救急救难、备灾救灾、助医助学助困等项目。

2015年5月6日，开展“博爱一日捐”助医活动。5月20日，云岩区头桥山体滑坡地质灾害发生后，区红十字会赶印倡议书2万份，通过在社区张贴倡议书、QQ工作群、政府内网、个人微信、手机短信发出倡议等形式，联合区直机关党委、教育系统红十字工作委员会、卫生和计划生育局、科技局、市场监管局等部门，广泛开展募捐活动。至6月底，接受社会各界捐款600笔共190万元用于救灾和重建。

三、服务社会

2001年5月8日，世界红十字纪念日，区红十字会、区红十字医院、市西和中北街道办事处红十字会在喷水池民族大厦等处开展宣传服务活动，义诊180人次；165个“送温暖”小组为109位老人上门服务；进行“四项技术”（止血、包扎、骨折固定、搬运）培训86人。5月22日，到息烽县小寨坝开展义诊活动，义诊400余人，送药6000多元。在贵州省2001年“视觉第一，中国行动”活动中，区红十字会医院为全市贫困白内障患者施行复明手术303例，植入人工晶体281例，术后脱盲率达99.61%。云岩区受到省人民政府表彰。

2002年，区红十字会343个“送温暖”小组为需照顾的542位烈军属、861名残疾人、173名孤老提供服务共6118人次。2003年，279个“送温暖”小组为需照顾的783位烈军属、1647名残疾人、329名孤老提供服务共6961人次。至2007年，全区基层红十字会开展“送温暖”服务活动的小组累计有1549个次，共24629人次，为需照顾的孤老残疾和烈军属提供服务。其中烈军属2062人次、残疾人4589人次、孤老1286人次。通过活动，老人们感受到社会的温暖，青少年会员培养了敬老助残，助人为乐的传统美德。

2003年元旦春节期间，云岩区开展红十字“博爱送万家”活动，慰问孤老、残疾人、特困户、麻风病人等困难群众227户。2009年1月5日，在区行政中心广场开展的红十字“博爱送万家”活动，慰问特困户、计生困难户等困难家庭共100户，发放大米200袋共3000公斤、棉被100床、食用油100桶。2010年2月9日，在“送温暖、送欢乐、促和谐、惠民生暨红十字会博爱送万家”活动现场，向35户困难户发放大米、食用油、棉被、棉衣等生活用品。活动惠及100户困难群众和39户麻风病人，每户领到棉衣、棉被、大米和食用油价值200元。

2011年春节前夕，在普陀、金关、金鸭、金惠和黔灵镇部分社区和村开展红十字“博爱送万家”活动。从2012年开始，红十字“博爱送万家”活动在每个社区和黔灵镇开展。3月，区红十字会和工商联，为普陀社区居民血癌患者韩某筹集善款14.5万元存入医院账户用于治疗。2013年1月，与香港慈善基金会、以岭制药，为宅吉社区送去70台轮椅、6箱药品并资助20名特困生，计10万元。到黔灵镇改茶村看望15户特困户并送去慰问品。组织社区慰问孤老、孤儿、残疾人、特困户、麻风病人等289户，送去价值5.56万元的大米、食用油等慰问品。在中秋节、老年节和传统节日慰问辖区孤儿、独居、低保、空巢、贫困老人、残疾人、困难户71户。2014年12月16日，红十字“博爱送万家”活动共慰问困难家庭280户，送去价值6.2万元的慰问品。在纪念日和传统节日，慰问残疾人、贫困户等共160户次，送去慰问品、慰问金共2.22万元。2015年，“博爱送万家”活动联合省、市红十字会，慰问特困残疾人、孤老、特困家庭、环卫工人等共480户，发放大米、食用油、棉被和慰问金等款物约11.6万元。在纪念日和传统节日，慰问残疾人、贫困户等共96户，送去慰问品、慰问金共2万元。

2003年—2015年，云岩区红十字“博爱送万家”活动受助的孤老、残疾人、贫困户、特殊病人等共2247户次；送去慰问品慰问金合计39.8万元。

四、青少年培训活动

2001年8月29日，对全区教育系统各中小学、幼儿园红十字会卫生保健老师65人进行“四项技术”和心肺复苏培训。2002年，在贵阳市第六中学为300多名青少年红十字会员进行“四项技术”和心肺复苏等急救知识培训，受到学生们的欢迎。9月统计，全区红十字青少年会员共9200人。2005年9月7日，第一个世界急救日期间，在贵州大学茶店校区、区教育系统、贵阳市第六中学、贵阳女子职业学校、贵阳市第二十三中学举办初级卫生急救培训班5期，培训教职工、青少年会员共计1015人。2008年，组织参加全国红十字青少年与奥运同行自救互助活动，贵阳市第二十三中学培训450人。

经区人民政府批准，2008年10月，区红十字会、区教育局、区卫生局、团区委联合成立云岩区学校红十字会工作委员会。全年发展青少年会员1093人；在贵州商业高等专科学校东校区建立一支17人组成的相对稳定的红十字志愿服务队，全年新增红十字志愿者109人；组织贵阳第二十四中、贵阳女子职业学校的青少年红十字会员2000人，参加“5·8”世界红十字纪念日活动。2009年，组织贵阳女职校、贵阳市第六中学、贵阳第二十三中学3000名学生开展纪念汶川特大地震一周年“富士杯全国红十字青少年防灾避险知识竞赛”活动；在教育系统举办学校红十字会工作培训班，共培训1317人。贵阳市第二十四中学、贵阳市第二实验小学成为全省红十字示范校。2010年5月17日，与省红十字会救护培训指导中心在贵阳市第二十三中举办红十字急救培训进校园培训班，初一、初二年级130余名红十字青少年参加学习培训。2009年—2012年，在学校发展红十字青少年会员共6597人，贵阳市第四十中学、东新、偏坡、金狮恒凯、筑西、筑东等中小学红十字组织相继成立。区红十字会为新成立的基层组织配备红十字专用文件柜，送去《红十字法》《红十字会员手册》、红十字标志等宣传资料并授牌。帮助指导学校红十字青少年参加社会服务，向社会开展献爱心活动。帮助指导建立红十字会网页，组织学习《红十字法》《红十字标志使用办法》，到学校为师生讲解红十字知识，开展普及卫生与健康知识教育。

2011年5月8日，开展以“携手人道促和谐　志愿服务为民生”的主题活动，区红十字会与贵州大学明德学院团委和校红十字会，共同举办首届大学生志愿者公益活动暨红十字知识进校园活动交流会。来自贵阳各高等院校的红十字组织和志愿者相互交流讨论，促进高校红十字事业志愿活动健康发展。2013 年 11 月 19 日，区红十字会联合疾控中心走进贵阳女职校，对在校大中专学生进行预防性病、艾滋病健康教育宣传。2015 年，组织贵阳女职校参加贵阳市首届红十字初级救护知识及技能竞赛，获第三名。

至 2015 年 12 月，区属学校红十字组织有 55 个，青少年会员共 13087 人，占全区红十字会员总数的 65.28%。

五、生命工程

（一）无偿献血

在 2001 年 5 月 8 日世界红十字纪念日宣传服务活动期间，组织各单位、街道办事处（镇）435 人参加无偿献血，提前完成市里安排的任务。2004 年，区红十字会组织区直各部门、街道办事处（镇）共 60 个单位的 576 名干部职工参加无偿献血。2009 年，云岩区红十字会被授予 2005 年—2008 年度贵阳地区无偿献血先进单位。应贵阳市血液中心紧急通知，2011 年 1 月 12 日—14 日，迅速组织区属机关、街道干部和教师等 400 余人，无偿献血 10.24 万毫升应急。2001 年—2015 年，云岩区参加无偿献血人数达 12807 人次。其中：2012 年、2013 年、2014 年和 2015 年，无偿献血人数分别为 1513 人、1587 人、1907 人和 1996 人；献血量分别为 37.7 万毫升、38.02 万毫升、45.62 万毫升和 47.66 万毫升；一次献血量达 400 毫升的分别为 372 人、325 人、374 人和 387 人。

（二）遗体角膜捐献

2002 年 7 月 1 日《贵阳市捐献遗体和角膜办法》实施。区红十字会承担本行政区域内捐献遗体和角膜的宣传、咨询、登记等工作。至年底有 29 名市民到区红十字会登记，其中捐献遗体 26 人，捐献角膜 3 人；其中年龄最大的 83 岁，最小的 27 岁；有离退休干部和在职工作人员。2005 年 4 月，组织 20 余名志愿者到红岩村宝福山陵园参加贵阳市捐献遗体纪念性标志落成典礼。至 2015 年年末，云岩区捐献遗体登记 294 人，实现遗体捐献 12 例；捐献角膜登记 16 人，实现角膜捐献 3 例。上门为捐献者登记 9 人，器官捐献登记 9 人。

（三）造血干细胞捐献

区红十字会在《红十字法》《献血法》“5·8”世界红十字纪念日、“6·14”世界献血者日、“9·10”全国科普日等宣传活动中开展造血干细胞捐献知识宣传。2008 年，云岩区有 36 人作造血干细胞捐献采集。2009 年，区红十字会与六广门社区红十字工作站联合举办捐献造血干细胞知识讲座，有 50 余名社区工作者和居民参加；在贵阳市女子职业学校、贵阳学院共采集造血干细胞 192 例。当年 4 月 29 日，云岩区科学技术局职工张超，在广州军区总医院顺利完成造血干细胞捐献采集，为白血病患者带来希望。《贵州都市报》《贵阳晚报》对此事作报道，张超接受贵阳电视台专访。2014 年“5·8”世界红十字纪念日，开展“我与红十字会的故事”为主题的宣传活动，造血干细胞宣传采样 100 人。2015 年 5 月 20 日，区红十字会、团区委与贵州理工学院团委联合开展捐献造血干细胞志愿者招募、血样采集暨宣传活动和禁毒宣传志愿服务活动，采集血样 100 份。

第七篇

审判 检察 公安 司法行政

第一章 审 判

云岩区人民法院是区级司法审判机关（区人民法院），从2001年—2015年，区法院对各类执行难的案件，采取多种有效办法实现执行，在维护人的合法权益的同时，维护法律的尊严。在审判工作中开展法制宣传，教育公民自觉遵守宪法和法律。

第一节 审判机构

2001年，云岩区人民法院内设办公室、政工科、监察室、研究室、刑事审判庭、民事审判庭、经济审判庭、行政审判庭、执行庭、立案庭、告申庭、审判监督庭、一法庭、二法庭、三法庭、四法庭、六法庭和书记员室、法警队。2002年，区法院内设部门改为办公室、政工科、监察室、刑事审判庭、民事审判第一庭、民事审判第二庭、行政审判庭、审判监督庭、执行工作局、研究室、书记员室、立案庭、法警大队、第一人民法庭、第二人民法庭。2003年，增设民事审判第三庭。2007年增设少年审判庭。分别执行不同对象的审判职能。至2015年，内设机构没有变化。

第二节 刑事案件审理

2001年，区人民法院受理各类刑事案件1349件，其中马某等3名被告销售伪劣大米，分别被判处有期徒刑2年和1年，并处罚金26万元。案例被收入《最高人民法院公报》。全年审结1335件，结案率98.9%。2002年，受理各类刑事案件1444件，审结1404件，结案率97.23%。2003年，受理各类刑事案件1313件，审结1309件，结案率99.7%；对98名被告人进行公开宣判。2004年，受理各类刑事案件1545件，审结1544件，结案率99.94%。召开公判大会两次，对7名毒品犯罪分子进行公开宣判。2005年，受理各类刑事案件1594件，审结1594件，结案率100%。

2006年，受理各类刑事案件1578件，审结1575件，结案率99.81%。对21名毒品犯罪分子进行公开宣判。2007年，受理各类刑事案件1509件，审结1503件，结案率99.6%。对39名犯罪分子进行公开宣判。2008年受理各类刑事案件1487件，审结1471件，结案率98.92%。2009年，受理各类刑事案件2061件，审结2054件，结案率99.66%。2010年，受理各类刑事案件2091件，审结2091件，结案率100%。

2011年，受理各类刑事案件1654件，全部审结。组织召开“两抢一盗”（抢劫、抢夺和盗窃）公判大会；对7名被告人进行公开宣判。2012年，受理各类刑事案件1865件，审结1865件，结案率

100%。组织召开“两抢一盗”等专项公判大会10次，对51名被告人进行宣判。2013年，受理各类刑事案件2102件，全部审结。2014年，受理各类刑事案件2384件，审结2264件，结案率94.97%；召开“两抢一盗”和禁毒专项公判大会，对108名犯罪分子和毒品犯罪分子进行公开宣判。2015年，受理各类刑事案件2817件，审结2727件，结案率为96.1%；召开专项公判大会4次，对16个重案的涉案被告人进行公开宣判。

第三节　未成年人案件审理

2001年，区人民法院受理的刑事案件中有未成年刑事犯罪案106件，审结105件，结案率99.1%。2004年，审结未成年人犯罪案240件，并对具有帮教条件的未成年人建立个人档案，定期进行回访帮教。2005年，在审理未成年人犯罪案件中，对部分未成年嫌疑人判处缓刑、拘役或免于刑事处罚。2006年，区人民法院审理未成年人犯罪案338件，对77名未成年犯罪人判处缓刑、拘役或免予刑事处罚；建立个人档案，全部进行回访，帮教。

为充分保护未成年人合法权利，2007年，区人民法院成立少年审判庭。当年审理未成年人犯罪案398件，对部分未成年犯罪人判处缓刑或免予刑事处罚。2008年，受理未成年人犯罪案412件，全部审结，对部分未成年犯罪人判处缓刑或免予刑事处罚，并建立个人档案，全部进行回访和帮教。2008年，区人民法院少年审判庭获得贵阳市年度优秀青少年维权岗称号。2009年，受理未成年人犯罪案478件，全部审结。同年在全省率先建立未成年人犯罪缓刑预告制度，对犯罪情节较轻，有悔过表现的未成年人依法判处缓刑和免刑，并建立个人档案，全部进行回访帮教。

2010年—2015年，每年受理未成年人犯罪案全部审结。区人民法院坚持未成年人犯缓刑预告制度，对有悔过表现、犯罪情节较轻的未成年犯罪人依法判处缓刑或免刑，建立个人档案，全部进行回访帮教。对部分判处管制或者宣告缓刑的未成年被告人，根据其犯罪的具体情况以及禁止事项与所犯罪行的关联程度，推行禁止令。如因上网诱发犯罪的，在一定期限内禁止其进入网吧等特定场所。2013年，区人民法院成立救赎志愿者小队，举办一系列的救赎、宣传、教育活动。对部分未成年被告人轻罪记录进行案件封存。2014年，区人民法院与贵阳市技术职业学院共创“云岩区青少年帮扶基地”，帮扶失足青少年，推荐失足少年就业18人；组织失足少年开展知识培训、心理调适等活动；依法封存轻罪记录档案158件。区人民法院少年审判庭获贵阳市青年文明号称号。2015年，按照规定对符合条件的未成年人犯罪档案进行封存。

第四节　民（商）事审判

2001年，区人民法院受理民事案件3891件，审结3723件，结案率95.7%；受理经济纠纷案件523件，审结470件，结案率为90%。2002年，受理民事案件3983件，审结3756件，结案率94.3%。2003年，受理各类民商事案件4142件，审结3626件，结案率97.18%。当年，贵州轮胎股份有限公司及贵州神奇制药有限公司诉省外公司法人的几起货款纠纷案，因诉讼标的大，案件跨省份，区人民法院派出3名法官分两路赴辽宁、吉林、黑龙江及陕西四省，找到被告当事人后，组织双方当事人进行庭前调解成功。

2004年，受理民事案件2951件，审结2810件，结案率95.22%；受理经济案件680件，审结647件，结案率95.14%。2005年，受理民商事案件3.089件，审结2950件，结案率95.5%。

2006年，受理民事案件3290件，审结3130件，结案率95.14%。当年，区人民法院在审理何某等5名农民工诉贵阳建设建筑工程公司第四工程处索要劳动报酬系列案中，为农民工追回拖欠4年的劳动报酬60余万元。

2007年，受理民事类案件3313件，审结3181件，结案率96.1%。2008年，受理各类民事案件3942件，审结3747件，结案率95.05%。2009年，受理各类民事案件4627件，审结4518件，结案率97.64%。2010年，受理各类民事案件3911件，审结3786件，结案率98.07%。

2011年，受理各类民事案件4280件，审结4108件，结案率95.98%。2012年，受理各类民事案件4453件，审结4288件，结案率96.29%。2013年，受理各类民事案件5049件，审结4865件，结案率96.36%。当年，云岩区渔安新城农民工因包工头拖欠劳务工资，讨要未果，聚集在东线建设指挥部要求解决问题。云岩区东线建设巡回法庭赶往现场，组织贵州省建工集团九公司负责人、安平劳务公司负责人、农民工三方代表进行调解，最终达成协议，发包方承诺于5日内支付工程款给承建方，承建方先行向农民工支付工资，矛盾纠纷得以化解。2014年，受理各类民事案件5712件，审结5068件，结案率为88.73%。2015年，受理各类民事案件7787件，审结6714件，结案率为86.22%。经济案件明显减少。

第五节　行政审判

2001年，区人民法院受理行政案件64件，审结53件，结案率82.8%。2002年，受理行政案件93件，审结85件，结案率91.4%。其中，对中天花园义务教育纠纷案判决后，法院向有关部门提出司法建议，由中天集团负责人向业主作出确保所属小区中小学按时开学。得到群众谅解和好评。2003年，受理行政案件112件，审结111件，结案率99.11%。2004年，受理各类行政案件69件，审结67件，结案率97.1%；受理非诉执行案件42件，准予执行41件。2005年，受理行政案件110件，审结107件，结案率97.27%；受理非诉执行案件32件，结案32件，裁定准予执行23件，驳回7件，其他2件。

2006年，受理行政案件140件，审结133件，结案率95%；受理非诉执行案件34件，审结34件。2007年，受理行政案件93件，审结92件，结案率98.92%；受理非诉执行案件42件，审结42件，其中包括京瓷振华通信设备有限公司诉贵阳市国税局的全国首例反避税案。2008年，受理行政案件86件，审结84件，结案率97.7%；受理非诉执行审查案件88件，全部审结。2009年，受理行政案件55件，审结53件，结案率96.36%；受理非诉执行审查案件50件，全部审结。2010年，受理行政案件59件，审结59件，结案率100%；受理非诉执行审查案件60件，全部审结。

2011年—2015年，区人民法院受理的行政案件，结案率均在92.86%~100%之间。

第六节　审判执行

2001年，区人民法院受理执行案件1.058件，执结914件，执结率86.4%，执行标的5707.64万元。

2002年，执结案件865件，执结标的1.34亿元。2003年，受理执行案件1265件，执结1031件，执结率92.81%，执结标的1亿元。当年，区人民法院受理贵阳新世纪建设综合开发有限公司诉张某等7户房屋拆迁纠纷案，该案实际背后涉及76户拆迁户。社会影响大、涉及面广，执行难度大。区人民法院成立专案组，多次召开协调会，最终拆迁户陆续签订拆迁补充协议，使此项重点工程得以正常推进。

2004年，受理执行案件1040件，执结9895件，执结率94.71%，执结标的1.47亿元。2005年，受理执行案件1132件，执结1042件，执结率92.05%，执结标的3.6亿元。

2006年，受理执行案件1154件，执结1052件，执结率91.16%，执结标的2.9亿元。2007年，受理执行案件1139件，执结1055件，执结率92.63%，执结标的39694万元。2008年，受理执行案件1185件，执结1070件，执结率90.3%，执结标的5545.2万元。2009年，受理执行案件1163件，执结1113件，执结率95.7%，执结标的4262.1647万元。当年，马某诉吕某房屋买卖纠纷一案调解结案后，被执行人吕某拒不履行调解书内容，被处以15日司法拘留。拘留期满后，吕某仍然拒不执行还款义务。区人民法院经调查了解到吕某因房屋拆迁得到70万元补偿款，有实际履行的能力，而故意逃避执行。区人民法院将该案移送区公安分局立案侦查。最终，吕某因拒不执行判决、裁定罪被判处有期徒刑一年，并陆续执行判决执行的款项。这是区法院首次对恶意拖欠的“老赖”执行判决。

2010年，受理执行案件1294件，执结1220件，执结率95.16%，执结标的1.92亿元。

当年，受理黔灵镇渔安村村委会诉被告周某、贵阳市建设投资控股有限公司租赁合同纠纷案。区法院组成专案组，3日内将案件调解完毕。在确保护被告的合法权益的前提下，保证北京东路顺利开工建设。

2011年，受理执行案件1267件，执结1191件，执结率94.02%，执结标的1.87亿元。2012年，受理执行案件1407件，执结1335件，执结率94.88%，执结标的6.20亿元。2013年，受理执行案件2155件，执结2053件，执结率95.27%，执结标的7.31亿元。2014年，受理执行案件1945件，执结1823件，执结率93.73%，执结标的18.63亿元。2015年，受理执行案件2923件，执结2728件，执结率为93.33%，执结标的11.54亿元。

第七节 审判监督

2001年，区人民法院审结再审案件14件，其中11件改判。2004年，受理审批监督案件13件，审结13件。2005年，受理申诉和申请再审案件36件，审结30件，结案率83.33%。

2006年，受理再审案件9件，审结8件；受理申诉案件25件，审结24件，结案率96%。2007年，受理再审案件10件，审结8件，结案率80%；受理申诉案件22件，审结22件，结案率100%。2009年，受理再审案件18件，审结15件；审查当事人申诉、申请再审案件12件。2010年，受理27件再审案件，审结20件。

2011年，受理再审案件37件，审结28件。2012年，受理再审案件19件，审结9件。2013年，受理再审案件14件，审结12件；受理申诉复查案件16件，全部审结。2013年，受理再审案件37件，审结11件；受理申诉复查案件39件，审结38件。2014年，受理再审案件37件，审结11件；受理申诉复查案件39件，审结38件。2015年，受理再审案件45件，审结20件；受理申诉复查案件85件，审结85件。

云岩区各类案件收结案情况汇总表

（2001 年—2015 年） 单位：人

年份	刑事案件		民事案件		行政案件		执行案件	
	受理	审结	受理	审结	受理	结案	受理	结案
2000 年	1240	1202	3904	3774	60	60	1018	918
2001 年	1349	1335	3891	3723	64	53	1058	514
2002 年	1444	1404	3983	3756	93	85	965	965
2003 年	1313	1309	4142	3626	112	111	1265	1031
2004 年	1545	1544	2951	2810	69	67	949	911
2005 年	1594	1594	3089	2950	110	107	1132	1042
2006 年	1578	1575	3151	3130	140	133	1064	1052
2007 年	1509	1503	3313	3181	94	92	1139	1055
2008 年	1487	1471	3942	3747	86	84	1185	1070
2009 年	2061	2054	4627	4518	55	53	1163	1113
2010 年	2091	2091	3911	3786	59	59	1294	1220
2011 年	1654	1654	4280	4108	102	100	1267	1191
2012 年	1865	1865	4453	4288	113	108	1407	1335
2013 年	2102	2102	5049	4865	60	55	2155	2053
2014 年	2384	2264	5712	5068	64	55	1945	1823
2015 年	2817	2727	7787	6714	255	233	2923	2728

第二章　检　察

云岩区人民检察院（区人民检察院），2001 年—2015 年，推动刑事检查工作专业化、规范化、社会化建设。组织骨干员额检察官成立专案组，及时介入大案要案，引导公安机关侦查取证、收集和固定证据。从源头上遏制腐败的产生，保护人民生命财产安全；建立未成年人案件检察机制，做好未成年人保护工作；加强生态环境保护力度。

第一节　检察机构

2001 年，云岩区人民检察院内设政工科（法警队）、办公室、侦查监督科、公诉科、反贪污贿赂局（下设侦查科、职务犯罪预防科）、渎职侵权检察科、监所检察科、民事行政检察科、控告申诉检察科（举报中心、刑事赔偿工作办公室）、检察技术科 10 个科室；同年建立机关后勤服务中心，为院属事业单位，由区财政全额预算管理。2005 年，区人民检察院成立案件监督室，将渎职侵权检察科更名为云岩区检察院反渎职侵权局（下设综合科和侦查科），机构规格不变，局长为正科级。2010 年，区人民检察院增设未成年人刑事检察科。2013 年增设案件管理办公室。2014 年，民事行政检察科加挂"云岩区人民检察院生态保护检察局"牌子，人员编制由院内部调剂。2015 年，内设政工科（法警队）、办公室、侦查监督科、公诉科、刑事执行检察科（原监所检察科）、民事行政检察科（生态保护检察局）、控告申诉检察科（举报中心、刑事赔偿工作办公室）、检察技术科、案件管理办公室、案件监督室、未成年人刑事检察科等 11 个科室；下设反贪污贿赂局（内设侦查科、职务犯罪预防科）、反渎职侵权局（内设侦查科、综合科）。

第二节　侦察督察和公诉

一、侦察督察

2001 年—2005 年，区人民检察院受理提请批捕案件 6514 件，审查批准逮捕 6158 件；2006 年—2010 年，受理提请批捕案件 7633 件，审查批准逮捕 7300 件；2011 年—2015 年，受理提请批捕案件 10371 件，审查批准逮捕 9627 件。

2004 年，区人民检察院引进案件管理系统，开始实行受理案件均通过电脑录入方式，对案件信息进行记录。当年，侦查监督科先后被共青团贵州省委、省检察院授予优秀青少年维权岗称号。2007 年，区人民检察院与市工商行政管理局、云岩公安分局协作，查获一起特大生产假冒茅台酒案，从快批捕涉案犯罪嫌疑人。当年获贵州省人民政府颁发的贵州省打击制售假冒侵权茅台酒专项行动先进单位称号。

2009 年，区人民检察院侦查监督科干警人均办案 277 件，被贵阳市人民检察院授予集体三等功，被贵阳市政法委授予居有所安先进集体称号。

2011 年以后，区人民检察院针对重大刑事案件提前介入侦查，引导侦查部门调查取证，先后提前介入"2・27"贵阳特大公交车纵火案、鹿冲关金店被抢案、贵州师范大学保安被刺伤致死案等重特大刑事案件，对相关案件实行第一时间参与案件讨论，引导区公安分局及时全面收集固定证据。

区人民检察院侦察监督科在贵州省人民检察院组织开展的"优秀不捕说理法律文书及优秀审查逮捕意见书"评选活动中，参评的《不捕法律文书》及《审查逮捕意见书》获评优秀。

二、公诉案件

区人民检察院 2001 年—2005 年，受理移送审查起诉案件 8624 件 12382 人，依法提起公诉 6991 件；2006 年—2010 年，受理移送审查起诉案件 9562 件，依法提起公诉 8528 件；2011 年—2015 年，受理移送审查起诉案件 11315 件，依法提起公诉 10575 件。

2004 年，区人民检察院公诉科被贵阳市人民检察院授予"集体三等功"。2009 年，公诉科干警人均办案 213 件。2011 年以后，区人民检察院突出打击重点，及时批捕和起诉一批涉及面广、涉案金额较大、社会影响较大的案件。如起诉鲁某、鄢某生产销售假药案、云岩区首例销售有毒有害食品案，以及首例破坏公用电信设施案。区人民检察院、公安部证券犯罪侦查局联合办理邹某、鄢某职务侵占案。

第三节　查处贪污贿赂案件

2001年—2005年，区人民检察院先后立案查处贵州兴黔汽车厂会计陈某、曹某伙同出纳陈某贪污案，贵州省发展和改革委员会出纳高某挪用公款案，贵州省国土资源厅执法局冯某受贿案，以及黔西县唐某受贿案等。2001年，区人民检察院反贪污贿赂案立案14件，其中大案要案8件，为国家挽回直接经济损失210.52万元。2002年立案15件，其中大案要案8件，为国家挽回直接经济损失265.23万元。2003年立案15件，其中大案要案13件，为国家挽回直接经济损失375.54万元。2004年立案14件，其中大案要案12件，为国家挽回直接经济损失380.1万元。2005年立案12件，其中大案要案12件，为国家挽回直接经济损失439.22万元。

2006年—2010年间，区人民检察院着重针对不同领域开展各类专项治理。2006年立案13件，其中大案要案11件，为国家挽回直接经济损失130.5万元。2007年，立案侦查建设领域贿赂犯罪案件9件，较重大的案件为贵州山地农机所吴某、戴某等5人集体受贿案。全年立案16件，其中大案要案13件，为国家挽回直接经济损失220.46万元。

2008年，区检察院重点查办农民工培训等领域的贪污贿赂犯罪案件。全年立案侦查民生领域贪污贿赂案件10件11人。在查处贵州省劳动和社会保障厅就业局江某受贿案及贵阳市就业与技能开发中心张某受贿案过程中，发现此类案件存在涉及面广、领导级别高，以及一些培训学校利用复制的身份证套取国家培训资金等特点，因此特别向贵州省人民检察院和贵阳市人民检察院进行汇报。由此，省人民检察院启动全省范围打击农民工培训领域职务犯罪专项活动。当年立案大案要案16件，为国家挽回直接经济损失424.4万元。

2009年，区人民检察院从人民群众反映强烈，与群众利益密切相关的行业入手，配合中共贵州纪律检查委员会开展电力系统专项治理活动，查处贵州金元发电投资有限公司张某受贿案、贵州省电建二公司吴某受贿案等案件。当年立案17件，其中大案要案16件，为国家挽回直接经济损失1005.75万元。2010年，按照最高人民检察院开展“工程建设领域和教育领域职务犯罪专项治理活动”要求，立案查处该领域职务犯罪案件7件；另立大案要案14件，为国家挽回直接经济损失776.53万元。

2011年—2015年，区人民检察院重点推进查办商业贿赂犯罪及工程建设领域、生态领域、民生领域职务犯罪案件。2011年，立案大案要案16件，较典型的是，查处贵州省人民医院郑某和许某，贵阳市第一人民医院杨某、贵阳市第二人民医院杨某、贵阳中医二附院朴某及遵义医学院附属医院王某等人合谋的医疗系统的重大经济犯罪案件，为国家挽回直接经济损失749.84万元。

2012年，区人民检察院立案9件，其中大案要案8件，包括贵州高速公路开发总公司唐某受贿案；为国家挽回直接经济损失441.8万元。

2013年，立案13件，其中大案要案9件。区人民检察院以黔灵山公园管理处毕某受贿案为突破口，挖出关于生态建设领域职务犯罪案件，该案排在贵阳市10起打击低职务人员的重大经济犯罪案的第一位。为国家挽回直接经济损失655万元。2014年，立案查处市西社区服务中心职务犯罪案件6件；参加对贵州省水利厅黎某案的查处，挖出水利系统集体受贿案4件；当年立案17件，其中大案案要案15件，为国家挽回直接经济损失1042.2万元。2015年，立案28件，其中大案要案12件，包括立案查处贵阳市观山湖区周某受贿案，为国家挽回直接经济损失294万元。

第四节 查处渎职侵权案件

2001 年—2005 年，区人民检察院开展反渎职侵权立案查处工作，维护人民群众的人身权利和民主权利。

2006 年—2010 年，立案查处渎职侵权类案 16 件，其中 2006 年立案 1 件，2007 年立案 4 件，2008 年立案 3 件，2009 年立案 6 件，2010 年立案 2 件。期间，陆续查办贵州蒙特资源勘查有限公司苏某玩忽职守案、区戒毒所监控室监控人员刘某和汪某玩忽职守案、区公安分局民警陈某和巡防人员王某徇私枉法案，以及乌当区人民法院陈某滥用职权案。其中乌当区人民法院陈某滥用职权，利用职务之便，在执行案的查封过程中滥用职权，违规查封超出被执行公司执行标的额数倍的机械设计及房产，并在拍卖及分配拍卖款过程中多次收受他人贿赂。这是 2009 年贵阳市检察机关反渎职犯罪案件的“优质案件”之一。

2012 年，区人民检察院参加贵州省人民检察院牵头成立的“11·1”福泉爆炸案专案组，立案侦查涉嫌重大受贿犯罪 1 件。2015 年，区人民检察院查办云岩公安分局北京路派出所杨某徇私枉法案、黔灵派出所宋某和罗某刑讯逼供案，以及开阳县人民检察院张某徇私枉法案等重大案件。当年，区人民检察院严查小微企业骗取国家补贴案件，立案查处在办理小微企业补贴过程中渎职犯罪嫌疑人 2 人，挽回直接经济损失 50 余万元；通过与中共云岩区纪律检查委员会配合办案，挽回经济损失 1500 余万元。

第五节 职务犯罪预防

2001 年—2003 年，区人民检察院实施“打防并举、标本兼治、突出重点、狠抓落实、注重实效”策略，边办案边预防，通过办案，发现其中职务犯罪的预防点，达到从源头上遏制腐败产生的目的。

2004 年—2006 年，区人民检察院从辖区 22 家单位聘请预防职务犯罪监督员 22 人，由职务犯罪预防科干警和监督员一起，分别到贵州省供销社、贵州省司法警察医院等单位，为干部职工上法治培训课，累计 33 场次约 4000 人次；印发宣传资料 2200 多份，发放《贵州省预防职务犯罪条例》手册 200 余份。至 2010 年，区人民检察院成立预防职务犯罪工作室，以开展职务犯罪专项预防为主，介入贵阳水东路及南明河截污沟建设工程云岩段、北京西路道路建设征地拆迁工程和贵阳甲秀中路道路建设工程等重点工程。做到工程开展到哪里，预防延伸就到哪里，减少和降低职务犯罪发生率。

2007 年—2010 年，区人民检察院分别到贵州省久联集团公司、云岩区党校、云岩区建设局、贵州省供销社等单位，为 1800 多名干部职工开展预防职务犯罪专题讲座。期间，开展 306 次行贿档案查询。2007 年，建立区人民检察院“行贿档案查询库”，并将行贿犯罪资料上报上级检察院。当年，向贵州省国土资源厅发出区人民检察院第 9 号检察建议书，被贵州省检察院和贵阳市检察院分别评为“优秀检察建议书”一等奖。2008 年，第 9 号检察建议书被最高人民检察院评为“全国优秀检察建议书”。向贵州省农机局发出的第 2 号检察建议书被省检察院和市检察院分别评为一等奖。

2009 年，区人民检察院对北京西路建设征地拆迁工程进行审查，发现农户周某提供虚假农房建设施工许可证，涉嫌骗取拆迁补偿安置费 660 万余元。区人民检察院将材料转送云岩公安分局，及时抓获为周某提供假证的沈某，为国家挽回拆迁补偿款 481 万余元。2012 年，区人民检察院围绕“二环四路”城市带小关生态功能板块、贵阳市轨道交通 1 号线云岩段土地和房屋征收项目等重点工程，开展职务犯罪专项预防。专门拍摄廉政宣传电视短片《利与情》在辖区放映。《利与情》在全国检察机关首届廉政短片、公益广告评选活动中获三等奖；在省检察机关廉政短片、公益广告评选活动中被评为“十佳廉政宣传短片”。

2013 年，区人民检察院创作三幅廉政公益海报《一念之差，一墙之隔》《反腐正廉》《拒绝桎梏，拒绝贿赂》，其中《一念之差，一墙之隔》《拒绝桎梏，拒绝贿赂》，分别获贵州省检察机关首届“廉政公益海报大赛”二等奖和三等奖；同时，《一念之差，一墙之隔》获贵阳市检察机关首届“廉政公益海报大赛”一等奖。2014 年，拍摄制作的廉政微电影《信》在最高人民检察院专题微电影评比活动中获优秀奖，也是贵阳市基层检察机关获得此奖的唯一基层院。2015 年，区人民检察院召开服务企业发展“两长”（检察长、董事长）座谈会，邀请辖区内 32 家企业董事长或负责人参加会议，听取企业家意见和建议。

第六节　刑事执行检察

2001 年，区人民检察院派驻驻云岩区看守所检察室，被省人民检察院评定为“达标检察室”。2003 年，开展“加强监管执法，加强法律监督，保障刑事诉讼活动的顺利进行，保障在押人员的合法权益”的“双加强双保障”活动。2004 年，开展清理超时限办案、超期羁押在押人员和在押人员久羁不放、案件久查不结的难题，实现超期羁押零的突破。次年，依法对区看守所处理的人进行监督，未发生违法收押和违法处理出所情况；监督配合区人民法院、区公安分局和区司法局开展全省社区矫正试点，监外服刑罪犯纳入社会管理范畴，对监外服刑管制、假释、缓刑、暂予监外执行、单处剥夺政治权利五种犯罪进行管理。

2006 年，区人民检察院驻云岩区看守所检察室被省人民检察院评定为三级规范化检察室，次年被最高人民检察院评定为“二级规范化检察室”。2009 年，区人民检察院开展看守所安全大检查和监管执法专项检察活动，对“牢头狱霸”监管不到位等问题进行彻底整治，遏制在押人员以暴力形式侵犯其他在押人员人身权利的违法行为。至 2010 年，区人民检察院对依法收押人员处置情况进行监督检查，未发现违法收押和违法处理出所问题。

2011 年，展开保外就医专项检察活动，通过检察监督，杜绝滥用保外就医执法手段现象。同年，开展看守所械具和禁闭使用专项检察活动，督促取消不符合规定的械具；对械具使用审批程序、时间、地点和对象进行规范，杜绝使用自制械具和滥用械具情况发生。2013 年，按照修改后《刑事诉讼法》和《人民检察院刑事诉讼规则（试行）》，区人民检察院开展刑罚变更执行同步监督、羁押必要性审查、指定居所监视居住执行监督、死刑执行监督、社区矫正执行监督等项工作，保障监管场所安全稳定，维护在押人员合法权益。次年，对不需要羁押的犯罪嫌疑人建议变更强制措施。对社区矫正人员建立专项检察活动档案，促进社区服刑人员教育转化，保障刑罚依法正确执行。

2015 年，根据中央、贵州省和贵阳市关于依法做好特赦部分服刑罪犯法律监督的有关文件精神，区人民检察院制定《关于依法做好特赦部分服刑罪犯法律监督工作实施方案》，监督区司法局对符合第四类特赦条件的社区服刑罪犯进行特赦。最终除 1 人在贵阳市中级人民法院审查裁定期间解除矫正外，其他罪犯均经裁定，宣告特赦。

第七节 控告申诉检察

2001年，区人民检察院受理人民群众来信来访147件（重复来信来访17件），直接答复48件，刑事申诉办理6件，举报中心初查4件，其他部门处理58件；移送其他检察院处理3件，转其他机关处理11件。

2002年，受理人民群众来信来访152件（重复来信来访29件），直接答复39件，刑事申诉办理3件，举报中心初查6件，交其他部门处理62件；移送其他检察院处理3件，转其他机关处理10件，

2003年，受理人民群众来信来访163件，直接答复28件，检察长接访42人，批办案件37件，刑事申诉办理2件，举报中心初查8件；交其他部门处理103件，移送其他检察院处理2件，转其他机关处理19件。

2004年，接待群众来信来访100余次，受理民事行政案件62件，立案审查33件，建议提请抗诉14件，审查息诉17件；向区法院发再审检察建议3件，转其他人民检察院2件。

2005年，受理各类民事、行政案件51件渎职侵权案件6件；立案38件，其中有3件为2004年中止案件；提请或建议提请抗诉18件，向法院发再审检察建议1件，息诉11件；立案后终止审查11件；帮助贵阳市人民检察院办理“提请省检察院抗诉”案件28件；受理人民群众来信来访193件（重复来信来访8件），直接答复35件，刑事申诉办理2件，举报中心初查21件，交其他部门处理85件，检察长接访21件（次）26人，批办案件19件；转其他机关处理42件。

2006年，受理人民群众来信来访158件，其中：贪贿、渎职举报线索66件，控告申诉45件，检察长接访1件1人（次），检察长批阅群众来信46件；45件控告申诉案件中，自行初查4件，直接答复18件，刑事申诉办理2件，交其他部门办理17件；转其他机关处理3件。

2007年，受理人民群众来信来访93件，其中来信50件，来访43件89人；受理刑事控告申诉案件39件，刑事申诉办理5件，直接答复20件，转其他单位和院属其他部门办理12件。同年，受理举报线索45件，举报初查4件，交其他部门30件；转其他机关11件。

2011年，受理举报、控告、刑事申诉案件共39件，其中来信11件，来访24件，集体上访4件；受理刑事控告案件18件，交其他部门办理10件，直接答复1件，办理刑事申诉案件3件，办理刑事赔偿案件3件，息诉罢访中央政法委的台账和挂账信访积案两起；转公安机关6件，转其他单位办理1件。

2014年，受理举报、控告、申诉案件共88件，其中举报线索47件（含3件重复举报），控告案件19件（含2件重复控告），申诉案件22件。47件举报线索全部处理完，无一差错和遗失。年内，接待来信来访群众200余人次：化解被贵阳市政法委纳入全市涉法涉诉信访积案“大行动”中的郭某信访案。2015年受理举报、控告、申诉案件共79件；妥善处理群众来信来访400余人次，化解涉检信访率100%。开展司法救助，先后救助两起故意伤害案中的被害人10万元。

第八节 民事行政检察

2001年，区人民检察院接待群众来信、来访180余次。受理各类民事、经济行政申诉案件47件，

立案审查 16 件，审结 51 件，其中提请抗属 6 件，建议提请抗属 6 件，终止审查 3 件，暂时中止审查 14 件，息诉 2 件，向法院发出检察建议 1 件。2002 年，接待群众来信、来访 90 人（次）；受理各类民事、经济、行政案件 39 件，其中民事案件 34 件，经济案件 2 件，行政案件 3 件。立案 17 件，审结 49 件，提请和建议提请抗诉 14 件，立案后终止审查 5 件，息诉 34 件，暂时中止审查 4 件，向人民法院发出检察建议 1 件。2003 年，接待来信、来访 147 人（次）；受理各类民事、行政、经济申诉案 44 件，其中民事申诉案 35 件，经济申诉案 5 件，行政申诉案 1 件，其他案件 3 件；立案审查 13 件，其中终止审查 5 件、提请抗诉 1 件，建议提请抗诉 4 件，向人民法院发出检察建议 3 件；审结息诉 26 件，其中终止审查 10 件，转其他部门处理 2 件，转其他检察院 1 件。

2006 年，区人民检察院受理不服人民法院判决、裁定的民事申诉案件 45 件，其中一审生效案件 10 件，二审生效案件 35 件；立案 24 件，其中一审生效案件 7 件，二审生效案件 17 件，决定向贵阳市人民检察院提请抗诉 14 件，向区人民法院发再审检察建议 2 件，息诉和终止审查 28 件，区人民法院再审改判 10 件。2007 年，受理各类民事、行政案件 25 件，其中一审生效 10 件，二审生效 15 件；立案 12 件，其中一审生效案件 5 件，二审生效案件 7 件，建议提请抗诉 4 件，提请抗诉 3 件，终止审查 5 件，建议提请抗属案件法院审理后改判 2 件，息诉 13 件；办理支持起诉 3 件、督促起诉 38 件、刑事附带民事诉讼案件 1 件；受理职务犯罪线索 6 件，初查 6 件。2008 年，受理各类民事、行政案件 26 件，其中一审生效案件 11 件，二审生效案件 15 件，立案 13 件；建议提请抗诉 6 件，提请抗诉 3 件；终止审查 6 件，建议提请抗诉案件经区人民法院审理后改判 2 件，息诉 13 件；办理支持起诉 4 件、督促起诉 179 件、刑事附带民事诉讼案件 1 件，检察建议 1 件；发现职务犯罪，移送有关部门线索 1 件；受理职务犯罪线索 6 件，初查 6 件；受理举报线索 24 件，举报初查 8 件，转院属反贪部门处理 10 件，转院属反渎部门处理 4 件，移送公安机关 2 件。同年，处理涉及区人民检察院职责的上访案件 2 起，为最高人民检察院、人大督办案件；涉及“两访一户”案件 8 件。

2009 年，受理各类民事、行政申诉案件 75 件，其中一审生效案件 18 件，二审生效案件 57 件，立案 24 件；决定建议贵阳市人民检察院提请抗诉 5 件、提请抗诉 2 件；不建议提请抗诉 6 件、不提请抗诉 1 件；终止审查 8 件，审查后作不立案息诉 51 件；贵阳市人民检察院采纳建议提请抗诉案 3 件，提请抗诉案 2 件（其中 1 件为 2008 年办理的提请市检察院抗诉案）。抗诉后法院再审改判 3 件、帮助贵阳市人民检察院审查案件 2 件；办理刑事附带民事诉讼案件 4 件、支持起诉 31 件、督促起诉 27 件。同年受理职务犯罪线索 15 件，执行监督案件 12 件，举报、刑事控告、申诉案件 51 件；办理上级人民检察院和同级党委、人大、政法委交办案件共 10 件。

2010 年，受理各类民事、行政申诉案件 97 件，其中一审生效案件 17 件，二审生效案件 80 件；立案 38 件，决定建议提请抗诉 19 件、提请抗诉 11 件，不提请抗诉 2 件，不建议提请抗诉 2 件，终止审查 2 件，发再审检察建议 4 件，办理督促起诉案件 85 件，纠正违法处理案件 35 件；受理举报、控告、刑事申诉 43 件，其中来信 14 件，来访 29 件。2011 年受理各类民事、行政申诉案件 68 件，其中一审生效案件 4 件，二审生效案件 64 件；立案 28 件，不立案 40 件；决定建议提请抗诉 9 件、提请抗诉 1 件，不提请抗诉 1 件，不建议提请抗诉 6 件；办理息诉案件 9 件，和解 28 件，发出执行检察建议 1 件，再审检察建议 3 件；法院再审后改判 3 件。

2012 年，受理各类民事、行政申诉案件 51 件，其中一审生效案件 30 件，二审生效案件 21 件；立案审查 28 件，决定建议提请抗诉 7 件，不建议提请抗诉 13 件，提请抗诉 4 件，不提请抗诉 3 件，息诉 16 件，终止审查 3 件，向区人民法院提出再审检察建议 2 件；贵阳市人民检察院采纳建抗案 3 件，提请抗诉案1件，抗诉后法院再审改判2件；办理督促起诉案件27件、纠正违法处理案件3件，发现、移送犯罪线索3件。同年受理举报、控告、申诉39件。次年受理各类民事、行政申诉案件28件，其中一审生效案件14件，二审生效案件14件；办结2012年度遗留案件7件，决定建议提请抗诉4件、不建议提请抗诉1件，提请抗诉2件，不提请抗诉2件，息诉14件，立案后终止审查2件；向区人民法院提出再审检察建议2件；贵阳市人民检察院采纳建议抗诉案件4件，贵州省人民检察院采纳建议抗诉案件6件；抗诉后法院再审改判1件；办理纠正违法处理案件6件，督促起诉案件29件，执行监督案件8件，发现、移送犯罪线索2件。当年办理的尹华莎与贵阳大众房地产开发有限责公司商品房买卖合同纠纷再审检察建议案，获全国检察机关首届民事行政检察优秀案件表彰。同年受理举报、控告、申诉共95件（含重复来信来访）；受理举报线索27件，申诉44件。

2014年，受理不服人民法院生效判决、裁定的民事、行政申请监督案件共34件，其中不服一审生效判决19件，不服二审生效判决15件；决定建议提请抗诉案件8件，提请抗诉2件，再审检察建议10件，不支持监督申请9件，提出纠正违法处理检察建议11件，提出其他工作检察建议2件，提出执行监督检察建议3件，发现、移送案件线索3件；建议提请抗诉案件和提请抗诉案件被市人民检察院采纳9件。

2015年，受理不服人民法院生效判决、裁定的民事行政申请监督案件20件，民事行政审判活动违法监督案件5件，民事行政执行监督案件9件；决定建议提请抗诉案件4件，不支持监督申请15件，终止审查1件，提出纠违检察建议3件，提出再审检察建议5件，提出执行监督检察建议5件。当年，区人民检察院追回在贵阳市轻轨1号线工程中，9家房开公司占用轻轨建设的专项资金。

第九节　生态保护检察

从2014年起，区人民检察院民事行政检察科加挂云岩区人民检察院生态保护检察局牌子，行使生态保护检察职能。当年，生态保护检察局发出督促令21件，检察建议25件；参与多项执法专项行动，对辖区大凹村12家砂石厂无相关审批手续、非法占用耕地、林地生产，严重污染环境等问题，向区国土资源分局、贵阳市金阳供电局等单位发出督促令检察建议。

2015年，区人民检察院开展生态环境保护专项行动，向相关行政执法部门发出检察督促令、检察建议共236件，被采纳225件；督促相关行政执法部门拆除金钟河水源地保护范围内违章建筑2000余平方米，促进金钟河6.4千米河道治理工程实施；提出“补植复绿”检察建议、检察督促令79件，落实73件，补植复绿面积1.3公顷。

区人民检察院在破坏生态环境违法行为社会调查中，向中共云岩区委、区人民政府建言献策，提交《云岩区建筑垃圾倒土场调查报告》《云岩区金惠社区大凹村非法砂厂调查报告》，中共云岩区委、区人民政府据此召开专题会议研究解决。

第三章 公 安

贵阳市公安局云岩区公安分局（区公安分局），面对社会各方利益纠葛和治安隐患，承担积极预防、妥善化解各类社会矛盾，推进扫黑除恶专项斗争，履行社会治安综合治理的职责使命，为全区社会经济发展保驾护航。

第一节 公安机构

2001 年起，贵阳市公安局云岩区公安分局内设指挥室、政工科、政治保卫科、经济保卫科、预审科、法制科、治安大队（下设综合科、治安科、户政科、行业管理科、基础科、侦察科、交通科）、刑事侦查大队（下设一中队、二中队、三中队、五中队、六中队）、缉毒队、督察队 10 个科室（队）；设云岩公安分局看守所、云岩公安分局行政拘留所、云岩公安分局戒毒所，以及武警现役单位消防科。

派出机构设置有中华中路、中华北路、中山东路、中山西路、马王庙、三桥、头桥、市西路、威清、北京路、延安中路、环城北路、黔灵东路、普陀路、贵乌路、大营坡、宅吉路、黔灵镇户籍派出所 18 个，其中部分人口较密集的街道户籍派出所下设有刑侦中队；在八角岩、延安西路、新街等地段和黔灵山公园设置治安派出所 4 个。

2003 年 8 月，云岩分局内置机构政治保卫科改为国经文保大队（下设 601 办公室、一中队、二中队）；看守所、行拘所合并为监管大队；预审科改为监管大队综合科。增设财务装备科、出入境管理科；单独设立交通科；原二科改为经济犯罪侦察与经济文化保卫大队，（下设综合科、一中队、二中队）；缉毒队改为禁毒工作大队（下设一中队、二中队、综合科、戒毒所）；新设巡逻警察大队（下设综合科）；延安中路、中华北路、宅吉 3 个派出所增设刑侦中队。同年，1997 年成立的“110”指挥室改称指挥中心，加挂办公室牌子。2006 年—2014 年，内设机构和派出机构多有变动。

2014 年，区公安分局执法警务机构设置刑事侦查、巡逻（特警）、国内安全与经济文化保卫、治安管理、禁毒、经济犯罪侦查 6 个大队和出入境管理科；综合管理机构设置纪委、政工室、法制室、纪检监察室（督察大队）、警务保障室、指挥中心；选设机构设置公共信息网络安全监察大队；监管机构设置看守所、行政拘留所、戒毒所，公安派出所 32 个。

2015 年 12 月，区公安分局业务技术综合大楼启用，大楼内设置“110”指挥中心、互联网监控中心、办案中心、情报中心、办证大厅等功能性办公室及纪委、督察大队、指挥中心、政工室、法制室、警务保障室、刑侦大队、经侦大队、禁毒大队、网监大队、巡逻大队、治安大队、国保大队、出入境管理科等综合类、业务类办公室。

第二节 安保维稳

一、“110”报警服务

2001 年，区公安分局“110”指挥室接报警和求助电话 10935 起。2003 年，“110”指挥室改称“110”指挥中心。2004 年，在辖区内小关出城口安装监控系统和指挥中心道路监控系统，加大信息收集和终点场所监控。2006 年，接报警和求助电话 69969 起。2011 年，接报警和求助电话 96876，2012 年，接报警和求助电话 79948 起。2014 年，云岩分局“二级派单系统”接警 255480 起；“v3 系统”接警 50210 起，治安类警情 2756 起，纠纷 5643 起，救助 1236 起。

2015 年，“110”指挥中心接报警和求助电话 294210 起。案件内容涉及刑事警情、重大命案、上访、非正常死亡及火灾等事件。救助群众 6335 人次，直接出警 690007 起，立刑事案件 132430 起，受理治安案件 182366 起。

二、重大活动安全保卫

区公安分局在辖区内承担重大活动安全保卫任务。2001 年—2007 年，先后对中国贵阳国际围棋文化节、贵州省第九次党代会、中央首长来黔警卫、全国女足联赛贵阳赛区、贵州省迎春焰火晚会、国美电器有限公司喷水池店开业庆典等近 150 项重大活动实施安全保卫。

2008 年年初，贵阳发生特大凝冻自然灾害，正值贵州省人大和政协会议召开，区公安分局投入警力到“抗凝冻、保民生”救灾第一线，对春节客车站滞留旅客进行维稳与安置，紧急处理农民工住宿；组织青年民警突击队，上街清除冰雪，救助困难群众。同年 5 月—7 月间，执行贵州省四川汶川抗震救灾活动的安保任务。2009 年，制定安全保卫工作方案、警卫工作方案、维稳反恐预案、应急管理方案等。是年，参加省、市、区安全保卫 108 次，警卫工作 21 次。

2010 年起，推行“警务进工地”“法制提前介入”等工作模式，发挥公安机关在重点工程建设中的保驾护航作用。在重大活动安全保卫方面，2012 年取得涉会代表零发案和警务服务零投诉成果。2013 年—2015 年，区公安分局先后参与中国（贵州）国际酒类博览会、生态文明贵阳国际论坛年会等重大安保警卫活动 679 次。

三、治安巡防

在保障校园安全专项工作方面，2002 年 5 月 12 日，云岩区第二中学学生熊某等 4 人，在中华中路华联大厦门口被两名不良青少年抢劫，熊被杀伤致死。区公安分局成立专案组，查获两名疑凶。2005 年，区公安分局与省桥梁公司、省公路公司和区教育部门共同组织培训全区小学保卫人员一批，加强学校周边安全检查。至 2010 年，进一步加大对校园周边巡逻防控，将民警编组，分别在各执勤点执行保卫工作，覆盖中小学及幼儿园 19 所。同年，区公安分局推行“警务进校园”模式，采取上学、放学时段安排警力值守校园，民警进入校园开展安全防范知识宣传等措施，强化校园及周边安全保卫。在辖区校园、幼儿园周边设立治安卡点共 51 个，建立高校派出所 1 个，高校警务室 12 个。为中小学、幼儿园配备保安 305 人。2011 年，区云岩分局下发《云岩公安分局加强校园、幼儿园及周边治安秩序整治工作方案》《云岩公安分局关于认真做好校园安全隐患排查工作切实维护校园、幼儿园各项安全防范措施的通知》并组织实施。2012 年侦破涉校犯罪团伙 8 个，破获涉校刑事案件 40 起。

在治安巡防方面，2007 年—2010 年巡警（特警）大队执行巡逻防控机制，开展大盘查、电动摩托车巡逻、机关巡逻，把警力摆在街面上，提高街面见警率。每天安排三分之一警力 24 小时在岗巡逻。2008 年，采取机动巡逻为主，辅以便衣、徒步、定点等巡逻勤务模式，打击街面违法犯罪活动。2009 年，与派出所、“战训合一，轮值轮训”班、治安巡防队整合，每天出动数百名警力，构筑严密的巡逻防控网络，防止“两抢一盗”及恶性案件发生。

2011 年，区公安分局在辖区复杂地段、治安乱点等区域巡逻防控。针对“古惑仔”“失足女”等重点人员进行清理、盘查。全年，检查卡点 13314 次。至 2012 年，辖区配多台动态巡逻车，派出所数十组机动巡逻组和步巡组；设置上百个治安卡点，以及必要的武装卡点。全年大队发布三色预警 6950 次，检查单位警区车、机巡组和巡逻组 5438 次，检查治安卡点 6522 次。2013 年，按区域大小、治安复杂程度，将派出所分为一、二、三类，分类配置人员，保障资金，组建社区巡逻队。全年开展盘查 40 余万次，抓获一批犯罪嫌疑人。2015 年，坚持开展校园周边环境治理工作。

2014 年，全区形成“指挥、巡逻、入户、社区”一体的巡逻防控模式。9 月组织数百名警校学生和保安，支援派出所巡逻防控。分配给各派出所数 10 台动态巡逻车，提升动态巡逻车集结速度，达到“加大警力投入、确保队伍形象、强化巡逻重点、深化进攻盘查、严格工作步骤、明确工作禁令”六项工作的落实，提升街面“见警率”。

2015 年，为提高巡逻抓现率和社会面巡逻防控打击力，挤压违法犯罪空间，实现犯罪群体少作案、延时作案、不敢作案、不敢在云岩作案的目的。区公安分局制定《全面提升进攻性盘查工作方案》《考核实施细则》，全年进攻性盘查 519169 人。派出所针对治安复杂区域，组织大批警力开展武装式进攻性盘查行动，查获一批涉及违法行为的有前科人员。巡逻大队全年组织开展武装式叠加进攻性盘查 80 余次。

第三节　刑事侦查

2001 年，以“打黑除恶”为核心任务，先后开展缉枪治爆、追逃打流、捕捉现行、清查暂住人口等专项治理。侦破“3·29”市西路入室抢劫杀人案、“5·25”雇凶杀夫案、“9·10”中华北路杀人案等。同时侦破诈骗案件 15 起，抓获犯罪嫌疑人若干人；侦破长城职业学校学生刘某、朱某等冒充警察的抢劫涉恶犯罪团伙；侦破暴力抢劫案 29 起。2002 年，全区刑事案件发案较稳定，可防性案件发案下降，破案数上升。

2003 年 7 月 3 日，市公安局一名民警在家门口，被 4 名男青年持刀抢劫，抢走钱物及警官证等证件。区公安分局接警后，于 17 日抓获犯罪嫌疑人殷某，并挖出其同伙人在百花山路、贵乌路、宅吉小区、红边门等地实施的抢劫案 13 起。2004 年起，区公安分局将过去尖端性打击思路调整为以打促防，打防结合的“严打”经常性工作机制，进一步使发案下降，破案上升。当年持续开展专职打拐活动，远到福建、浙江、山东及省内黔西等地解救妇女儿童多人。截至 2005 年，辖区刑事发案显著下降。

2006 年，区公安分局成立警犬队，在“两抢一盗”和“猎狐打击外流贩毒行动”专项斗争中，形成持续的严打态势，不断进行案件侦破。全年“两抢一盗”案件发生 5904 起，占刑事案发案的 92.67%；破案 3161 起，破案率 53.54%。同年，投入大量警力，对校园周边重点复杂区域进行公开巡逻和蹲点守候；在校园周边建立治安岗亭18个，在各校园内设立治安办公室。全年查处校园治安案件17件，刑事案件35件。

2007年—2010年，区公安分局开展“严打两抢一盗，保卫百姓平安”“秋风行动”等专项行动，破获影响恶劣的案件30余起，立刑事案件53444起，破刑案24636起。2007年，解救一批被拐卖妇女儿童。2010年，破获“6·28”特大拐卖儿童案件，解救被拐儿童7人。

2008年，辖区在经济转轨、金融危机等影响及“三马”片区划入地域增大等情况影响下，刑事案件出现高发态势。全年立刑事案件10871起。2009年，破获“1·29”凶杀案，“7·31”故意伤害致死案等重大案件42起。刑侦大队抽调民警和保安，组建“便衣打击”队伍，实行一名民警带2名保安的“1+2”模式，在繁华街道打击“两抢”犯罪，按照“打早打小”的方针，有效侦破恶势力团伙。2011年，立刑事案件15655起，破获刑事案件6190起，刑事拘留一批犯罪嫌疑人。受理命案29起，破获24起。全年抓获上网在逃人员200余人。

从2012年起，区公安分局实行“打击目标分区域捆绑作战”模式，各派出所按照地理位置划分为3个“战区”，刑侦大队3个“责任区”刑侦队通过重组，整合资源，工作实行“同考核、同奖惩”制度，使打击效能大幅提升。2013年，全区继续保持对各类违法犯罪活动“零容忍”。2012年—2014年，破获刑事案件17901起，打掉团伙271个，抓获一批在逃嫌疑人，打击扒窃1559起，处置一批犯罪分子人；解救妇女儿童41人。

2014年，全区打掉“三人三案”以上犯罪团伙42个，破获涉枪案件7起，全区刑事案件发案率下降20%。实现打好“合成战、科技战、信息战、证据战”，提高侦查水平和办案水平的预期。

2015年，立刑事案件9539件，破获刑事案件6053件，破获现行刑事案件5372件，刑事拘留一批犯罪嫌疑人。区公安分局成立“重特大案件打击专班”、“两抢”打击专班、“一盗”打击专班、“诈骗打击专班”，刑事打击实现命案全破；破案绝对数、现行案件数、盗窃案件同比、打击处理人员同比、五类刑拘人员上升；“两严一降”刑事案、命案、“两抢”案、“一盗”案和其他案件发案率下降。

第四节 经济案件侦办

2001年，区公安分局破获内保系统各类案件24起，先后破获国济大药房被盗支票案和诈骗人力车配件案。2002年，开展两次校园周边专项整治行动，破获和追回市北小学被盗电脑10台案。2004年，破获省交通学校系列抢劫案、省建材学校伤害案。治标与治本相结合，组织辖区内中小学召开治安座谈会，治理校园周边环境。2002年—2004年，区公安分局破获经济文化保卫各类案件51起。

2005年，破获贵州森仁贸易有限公司案，涉案金额100余万元，受其诈骗群众100余人；破获贵阳信诚科泰贸易有限公司案，涉案金额200余万元，受其诈骗群众200余人等特大集资诈骗案等经济案件。2006年，侦破贵州寰宇通投资策划有限公司、贵州迪克模特经济公司等经济文化案件。2006年9月—2007年7月，区公安分局组织开展代号“国酒行动”的“打击制售假冒侵权茅台酒专项行动”，查获价值300万元的假茅台酒，抓获犯罪嫌疑人9人。2007年5月—12月，组织开展代号为“春雷行动”的“打击制贩假发票和以散发名片、发送手机短信等方式散布信息实施倒卖假发票犯罪行为的专项行动。”同年8月—12月，组织开展“打击传销违法犯罪专项行动”。

2007年—2010年，区公安分局侦破“4·3特大制假茅台酒案”“王某涉嫌合同诈骗案”“贵州融昌顺担保投资有限公司特大合同诈骗案”等案件；参与调查、取证，处置各类校园、医患、经济发票等纠纷和案件。

2011 年，全年收缴假冒茅台酒 13509 瓶，其他侵权酒 42724 瓶进行销毁；3 月，在海马冲旧家电市场、浣纱桥 2 家家电市场收缴非法卫星电视地面接收设施 50 余套；9 月，对黔灵镇改茶村 41 家宾馆、旅社、招待所非法安装广播电视设施进行专项行动整治。在经济案件侦查中，2011 年联合银行共同打击信用卡诈骗犯罪；联合茅台集团打假办，开展打击假冒伪劣茅台酒犯罪；联合省厅经济侦查总队侦破“5・12”特大制售假发票、假牌照犯罪；联合各大日用品经销商，打击制售假冒伪劣日用品犯罪。

2013 年—2014 年，围绕“打假、打传销、打击发票犯罪”等工作重心，开展“经侦雷霆严打”行动。云岩分局经侦大队先后参与各省组织开展全国性集群战役 46 次，破获公安部督办的“4・19”特大销售假冒注册商标商品案 6 件，“4・25”特大销售假发票、假车牌案。先后开展“严厉打击侵犯知识产权和制售伪劣商品犯罪活动”“打传销、反欺诈、促和谐”“对涉及食品安全犯罪集中整治”等专项行动 8 次。开展 2014 年度经济犯罪侦查严打犯罪“雷霆行动”第一战役，扣押假包包、假皮带等物品 3000 余件，假酒 300 余件。2015 年，先后开展“打击非法集资”“打击侵犯知识产权”“打击假发票类犯罪”等专项行动。全年破获各类经济案件 291 件，诈骗案件 54 件，打击侵犯知识产权类犯罪 121 件，打击其他类经济案件 82 件。当年，将经侦情报信息向基层派出所下移，对可能涉嫌非法集资、传销的公司进行摸排核实和打击。全年破获非法集资案，查明受害群众 4000 余人。

第五节　禁毒缉毒

一、制定禁毒方案和规划

2004 年，云岩区禁毒委员会（区禁毒委）制定《云岩区禁毒工作重点整治实施方案》。2006 年，制定《云岩区禁毒工作领导责任追究暂行规定实施细则》《云岩区禁毒工作表彰奖励暂行办法实施细则》《云岩区禁毒委员会成员单位开展禁毒人民战争工作任务的分工》《云岩区禁毒工作分类考评办法》。2008 年，制定《关于进一步加强毒情较重地区重点整治工作的意见》。2009 年，制定《云岩区 2009 年—2013 年禁毒工作五年规划》《云岩区禁毒工作领导责任追究暂行办法实施细则》《云岩区禁毒工作奖励办法实施细则》《云岩区禁毒委员会成员单位工作职责》《云岩区 2009 年查找失控失管人员工作方案》《云岩区关于开展吸毒人员集中排查和管控行动方案》。

2010 年，制定《2010 年禁毒工作分阶段实施方案》。2011 年，区禁毒委印发《云岩区阳光就业生产基地示范点工作方案》。2012 年，中共云岩区委办公室、区人民政府办公室印发《关于实施“阳光工程”的工作意见》《云岩区开展社区戒毒、社区康复“阳光工程”建设实施方案》。2014 年，制定《云岩区禁毒重点整治方案》。2015 年，中共云岩区委办公室印发《关于全面开展禁毒人民战争的实施意见》《云岩区“154”（2015 年第 4 季度开展的社会治理攻坚行动）行动计划禁毒工作方案》。

二、禁毒宣传

2001 年，中共云岩区委宣传部、区禁毒委联合举办“6・26”国际禁毒宣传活动，利用宣传栏、黑板报、电视等宣传工具对禁毒斗争的重要意义和毒品的危害进行广泛宣传。组织干部、群众，特别是学校青少年开展禁毒宣传教育，组织他们到全国禁毒教育（贵阳）基地进行参观。在辖区设置以“珍爱生命 远离毒品”为主题的黑板报；在全区设立宣传点、悬挂布标、张贴宣传画进行宣传。2002年，全区设禁毒宣传点、发放各类宣传资料、制作展板、悬挂标语条幅、禁毒出题黑板报、播放禁毒专题电影、录像进行宣传。从是年起，此项宣传为常态化工作，每年都不间断进行。2015年，开展以禁毒为中心的宣传，以社会宣传、网络宣传、新闻宣传为载体，以禁毒宣传进学校、进单位、进家庭、进场所、进社区、进农村、进影院为主题，全面完成“2015禁毒宣传年”各项禁毒预防教育宣传。

三、禁毒管理

2004年，云岩区各街道办事处（镇）开展各辖区毒情排查，经排查，全区有吸毒人员7443人，各街镇对排查出的吸毒人员逐一登记建档，签订帮戒责任书，分级分类进行管理。2005年，开展破案攻坚战，把打击零包贩毒任务落实到派出所，挤压毒品消费市场，对娱乐场所的贩毒彻底整治，加强易制毒化学品和精神类药品管理，全区吸毒人员100%填写吸毒人员登记表。

2006年，云岩区在贵阳市率先举行“云岩区巾帼禁毒志愿者”启动仪式，集中800位“巾帼禁毒志愿者”参加对吸毒人员的帮教和宣传。云岩区筹办“手拉手—全民共铸禁毒长城”中国禁毒志愿者汽车万里行活动。是年，破获毒品案634起。

2008年，云岩区决定在全区被省、市列为重点整治街（镇）的地区实施为期三年的重点整治。全力开展禁毒人民战争，摘掉毒情重点区帽子。2009年，加大失控失管人员查找，失控失管从上年的54%下降到22.98%。2010年，全区有序推进“无毒社区”创建，全区创建“无毒社区”35个，“无毒村寨”6个，“无毒单位”722个，“无毒学校”61个，“无毒家庭”2902个，“无毒社区先进单位”85个。

2011年，中共云岩区委具体领导帮助社区吸毒人员戒毒，解决康复后提供就业岗位安置难的问题，创建“阳光就业基地”，从特殊就业环境上搭建回归社会平台。2014年，明确12个400人以上的社区（镇）为重点进行整治，开展无毒社区、无毒村、无毒学校、无毒企业、无毒单位创建活动。明确圣泉、中天、蔡关、普天、金鸭、金关6个社区为无毒社区争创单位，扩大无毒居（村）覆盖面。是年，云岩区打响禁毒人民战争，“雷霆行动”排名贵阳市第一。2015年，把禁毒纳入打造平安云岩升级版的重要内容，全力建设平安云岩。新增禁毒专项经费1700万元，建成禁毒特殊病区，在延中、省府两个社区新建两个社会化康复站。2011年—2015年，云岩区打击毒品犯罪嫌疑人6345人，“阳光工程”戒毒等社会管理创新做法取得良好社会反响。

四、禁毒案件侦破

2001年，区公安分局破获涉毒案件420起，缴获海洛因1287.5克，抓获一批涉毒人员；是年3月8日，区公安分局缉毒队在审办于某、胡某贩毒海洛因案中，得知昆明一个叫“小五”的贩卖毒品人是其上线。3月15日，侦查员在昆明警方配合下，于当天下午，将正在宾馆进行海洛因样品交易的“小五”及其他毒贩一网抓获，缴获海洛因195克。

2002年，对全区经营易制毒品化学品的单位19个，使用单位28个进行详细登记，适时检查。2002年—2005年，区公安分局破获毒品案件1700余起。侦查员先后破获深圳“4·3”特大贩卖摇头丸案，缴获摇头丸5772粒，计1958克，广州本田轿车1辆，毒资1万余元；破获大理市下关饭店309房毒贩案，缴获毒品海洛因4475克；破获何艳（化名）长期从事毒品运输案，缴获毒品海洛因

1004.5 克等重特大案件。2003 年，新街派出所在贵州建材总厂附近，将毒品交易犯罪嫌疑人严某、邱某抓获；次日又将其上线王某抓获，收缴毒资 2.02 万元；在鸭江寨将犯罪嫌疑人李某、张某和肖某抓获。

2004 年，区公安分局开展“飓风扫毒行动”“遏制毒源专项行动”“打击零包贩毒专项行动”和“全区扫毒行动”等专项行动。在侦破一般贩毒案件的同时，区公安分局与市公安局技术行动支队破获张某为首的家族式贩毒团伙，抓获犯罪嫌疑人 5 人，缴获毒品海洛因 602 克，毒资 20 余万元。不久，抓获该案主要犯罪嫌疑人陈某某，在其租住屋缴获海洛因 180.5 克。2005 年，开展对公共复杂场所、娱乐场所吸食、贩卖毒品违法犯罪活动专项治理。在“冬季缉毒会战”中，新街派出所连破 3 案，抓获毒贩 9 人，缴获海洛因 150.9 克。

2006 年 9 月，围绕遏制毒品来源，遏制毒品危害和遏制新吸毒人员滋生等三大关键，打击各类毒品犯罪活动，破获“9·12”特大运输贩卖毒品案，缴获海洛因 2911 克，擒获缅甸籍毒贩 6 人，贵州省内籍毒贩嫌疑人 3 人。全年破获毒品案件 634 起，缴获各类毒品 6921.8 克，强制戒毒 2467 人。全年新街、市西、宅吉等派出所均破获一批涉毒案件。

2007 年，破获“7·27”系列特大运输贩卖新型毒品案件 12 起，缴获海洛因、K 粉、麻古、冰毒、摇头丸各类毒品共 18083.8 克，捣毁吸、贩吸窝点 37 个，摧毁一批贩毒网络，强制戒毒 1606 人；全年办理第二类、第三类易制毒化学品购买备案证明 723 份，第三类易制毒化学品运输备案证明 113 份，第一、第二类易制毒化学品运输许可证 11 份。年内，在全区建立健全易制毒化学品的单位，以及小型化工企业监管制度，实施规范管理。2008 年是《中华人民共和国禁毒法》颁布的第一年，区公安分局组织开展为期 3 个月的“集中整治娱乐场所涉毒问题专项行动”，查获处罚涉毒娱乐场所 2 家。对辖区较大型几家场所进行禁毒知识培训。全年破获新型毒品案件 27 起。2009 年，中北派出所、新街派出所、禁毒大队、巡逻大队都破获特大毒品案件。

2011 年，打击处理毒品犯罪嫌疑人 774 人，缴获各类毒品 18457.5 克，查处一批吸毒人员。同年 3 月，区公安分局在安顺破获一起特大贩毒案件，收缴海洛因 1554.9 克；5 月 6 日，在广西缴获各类新型毒品 2859 克，摧毁一个新型毒品贩卖网络。2012 年，侦破毒案 1000 起。

2013 年 1 月，破获两起特大毒品案，除缴获毒品毒资外，还收缴仿六四式枪支 1 支、子弹 4 发，查扣涉毒车辆 1 台，抓捕长期毒犯人员 1 人。在云南省昆明市官南大道的英伦酒店 1319 房，抓获大毒贩四川乐山人苟某，收缴毒资 70 万元，查扣涉案车辆一台。全年打击毒品犯罪嫌疑人 1295 人，缴获各类毒品 35342.5 克，查处吸毒人员 2628 人，强制隔离戒毒 1246 人。

2014 年，抓捕毒品犯罪嫌疑人 1586 人，缴获各类毒品 42343.5 克，查处吸毒人员 2999 人。2015 年破获毒品案件 1428 件，缴获各类毒品 63739.7 克，查获吸毒人员 4287 人，强制隔离戒毒 2496 人，打击低端吸毒窝点 123 个。同年 4 月，黔灵派出所在雅关村八组鹿冲关公园附近抓获涉嫌种植毒品原植物罂粟的李某，铲除罂粟 3000 株。6 月摧毁一起横跨粤、黔、桂三省的庞大贩毒网络，抓获涉毒违法犯罪嫌疑人 30 人，收缴毒品 54 公斤，毒资 95 万余元。

第六节　治安管理

2001 年，区公安分局组织实施和开展对客车站周边治安秩序治理，对各派出所 34 个重点治理地段进行治理督促指导。治安大队先后组织17次集中统一行动，开展治爆缉枪，娱乐场所整治。会同相关部门不间断地对云岩区531家文化娱乐场所和1297家特种行业单位进行清理整顿。2002年—2003年，先后将二桥黔春路粮油批发市场、各学校周边娱乐服务场所、治爆缉枪等列为重点治理项目，打击嫖娼、赌博、吸毒等社会现象。对重点治理地段存在的黑恶势力，流氓团伙，帮派头目犯罪团伙，盗窃和“认老乡”抢劫，敲诈勒索以及卖淫、嫖娼、赌博、吸毒等群众反映强烈的治安问题，分别采取加大巡逻定点守候和值班相结合的方式增强防控能力。

2004年，对重点治理项目和地段集中优势警力，与“严打”“严防”“严管”相结合，有针对性地开展防范清理和联片打击。次年，重点开展禁赌斗争。针对电玩、娱乐场所飞标、酒店宾馆内聚众等赌博现象，开展集中统一行动4次，捣毁赌博窝点13个，查处各类赌博50起，抓获一批赌博违法人员，收缴赌资53.76万元，治安罚款20.88万元，停业整顿电子游戏机场所6家，取缔地下牌马机窝点5个，收缴各类博彩电子游戏机375台。是年查处赌博案件99起，没收赌资89万余元，罚款24.99万元。2006年开展为期4个月的“枪支和管制器具”专项整治行动，对辖区57家娱乐场所，督促依法备案和安装监控系统，在42家100张床位以上的宾馆、旅店、招待所全部安装使用“旅店住宿登记人员治安信息系统”；对民间爆炸物品使用单位和公务枪支使用人员实行登记监管。

2007年—2009年，区公安分局受理治安案件分别为6164起、4718起、587起；查处案件2485起、1956起、298起。期间，将治安混乱地区、治安突出问题的整治与“严打、严防、严管”相结合，组织开展整治自行车被盗、缉枪治爆、校园及周边治安专项整治等专项行动；对侵害中小学生人身安全，抢夺学生财物案件，以及酒店门前散发拉客招嫖、“站街女”卖淫、电玩场所赌博等名片广告等突出问题进行查处；组织打击“开锁王”，违法散布虚假信息、假名片；清理暂住人口等专项行动。在2008年北京奥运会和残奥会召开期间，加强全区的安全保卫。

2010年，受理治安案件22530起，查处19645起，处理4487人。在全区推行治安防控机制，设置一级卡点104个，增设三级卡点300余个。建立治安卡点运行新机制，每天对各卡点进行巡查。

2011年—2013年，以相临近的2个~3个社区，组成一个联片警务区开展巡逻防范，成立卡点警务室，实现白天见警力，晚上见巡逻。将全区治安卡点巡逻防范范围辐射到周围100米内的社区、街面、场所，落实卡点可视范围内发案倒查问责等系列制度；建设完备的街面治安卡点和社区警务卡点。结合“三创一办”工作，开展净化社会环境专项行动，对“黄、赌、毒”案件进行查处。

2012年，创新“社区同守底线”“场所延伸街面防范”“社区民警扎根社区”的举措，将警情研判延伸到社区，为各派出所、各社区设定旬常量、月常量、年常量。通过指挥中心下发的各派出所盗窃刑事常量，按照2011年各社区服务中心的发案比例情况，设定当年各社区服务中心旬、月、季、年常量。形成政府、职能部门、社区（镇）、派出所同守底线，同防范、同考核的格局。是年，辖区行业场所安装191个群防群治社会资源探头，发动行业场所462名保安佩戴“红袖标”，参与社会治安巡逻防范。针对街道办事处改制为社区服务中心，采取警务改革、警力下沉、警民互动、警心工程、警评工作、警民联调“六进社区”的新型社区服务中心警务工作模式，规范社区民警职责。全年建立警务工作站22个，警民联调室18个，派驻一批社区民警脱离110值班，进驻社区。

2015年，受理治安案件30334件，查处25034件。通过落实“一棵树、五张图”（“一棵树”：采集辖区内道、路、街、巷的信息并绘制，标注辖区内房屋的毛细血管图；“五张图”：在毛细血管图基础上绘制房屋性质用途图、出租房屋登记管理图、技防设施分布图、重点人群分布图和关爱服务图）的“一村多警务助理”模式，摸清城中村道路、房屋、出租屋、流动人口、行业场所等底数，建立辖区"毛细血管图""房屋平面图"、房东信息、流动人口信息、行业场所分布、监控探头安装等基础资料。研发云岩公安分局智慧门牌管理平台，拓展警民互动和信息化采集渠道。辖区155个居村委会均绘制辖区"毛细血管图"。

第七节　人口管理

2001年，区公安分局统一在全区更换常住人口登记表、更换居民户口簿，编制公民身份号码的"户籍两换一编制"，办理纠错3816户52048人。派出所按照省公安厅的相关规定，落实帮教、监控措施。采取服务、管理、打击有机结合方式，清查"三无人员"（无合法证件、无正常居所、无正当生活来源），建立各类管理人员档案，列为管理率达100%；清理流动暂住人口45953人，房屋租赁户6832户。当年全区登记总户数139381户，总人口472963人。

2002年，办理入户的农转非596户1020人，农转农277户458人，非转非797户1506人。2003年，办理催迁人户分离户17213户49715人，有租赁户8755户流动人口89797人。2004年，清理调查暂住人口108042人，租赁户9977户；登记流动人口179091人，办证33952人。2005年7月1日起，全区进行第二代身份证换证。

2006年，区公安分局实行治安巡逻，民警驻社区、驻村寨"一巡两驻"，以及创建"特色派出所"等为中心的制度，推进派出所工作正规化、等级化建设。全区123个社区和13个村寨建立独立警务室，4个社区合用警务室。全部配置社区、驻村民警。

2007年，18个户籍派出所全部实现一站式网上户口迁移。从当年12月起，开展打击制贩假证专项行动。2008年，对派出所民警进行"治安户政部门"考试。7月31日，云岩区流动人口管理服务中心及南垭社区、百花社区、贵阳北站、汪家湾4个流动人口管理站成立，城郊结合部的流动人口管理服务圈在贵州省率先形成。

2009年年初，开展2个月的户口整顿和为期6个月的出租屋流动暂住人口清理整治专项行动。2010年，制定《云岩公安分局社区调整方案》，针对三桥办事处与新成立的金鸭、金关、金惠3个办事处存在插花管辖现象，将水电八局、水电九局、鸭江、汽制、黎苏、金马、普天、北极星、三砂和贵轮等10个社区，重新进行调整、明确，以便管理。至2010年，全区暂住人口登记175833人。

2011年，区公安分局办理购房入户非转非902户1552人，农转非248户573人，投靠入户非转非1533户1738人，农转非698户711人。全年新增录入出租房25366户，新增录入流动人口216975人，办理居住证924个；通过"全国重型精神病人信息系统"录入861人。拟定《云岩公安分局开展刑释解教人员信息系统，加强安置帮教和管理工作实施方案》及《细则》，核实人员信息6199条，签收人员信息1386条。录入的重点人员共14355人，属于公安机关必须落实的（流动和实有人口）"双实名"管控重点人员，全部落实"双实名"管控。2012年，办理入户的非婚、超生生育438人；退伍、转业197人；干部调动240人；毕业分配1538人；购房非转非853户1421人，农转非302户668人；投靠非转非1151户1312人，农转非509户594人。年内开始完善和规范户籍"一站式"服务，简化办理手续、程序，实施出租屋流动人口以房管人，以证管人，以业管人的"三管"工作模式。

2013年，办理入户的非婚生、超生589人；退伍、转业191人；干部调动352人；毕业分配1701人；购房非转非1187户2010人，农转非277户550人；投靠非转非1351户1527人，农转非407户

497 人。

2013 年—2015 年，区公安分局推进户籍管理制度改革，解决户口和身份证信息“错、重、假”问题。制定《云岩公安分局户口登记管理专项清理整顿工作方案》，在辖区开展户口登记管理专项清理整顿。建立完善租赁房屋治安管理。分别对流动人口、出租屋聚集、治安状况复杂的区域人口开展“大清查”整治专项行动。2014 年，办理非婚、超生生育 606 人；退伍、转业 172 人；干部调动 468 人；毕业分配 1276 人；外地非农业户口购房转贵阳市户口（简称“非转非”）1440 户 1620 人，农转非 396 户 436 人。

2015 年，审批和办理各类户口 3315 户 4680 人。清理重复登记办理户口 22 个，累计清理应销未销户口 585 个，累计清理纠正户口登记项目差错 675 个。全年全区有 198447 户 629469 人。

第八节　出入境管理

2001 年，区公安分局受理辖区因私出国（境）3219 人。因私出国 956 人。其中：探亲 255 人，定居 12 人，留学 23 人，旅游 324 人，就业 3 人，商务 334 人。因私出境 2815 人，其中：赴港游 2012 人，赴台 42 人，赴澳 8 人。旅行社组团出国出（境）游 201 人。散居辖区境外人员 552 人，涉及 26 个国家和地区。全年查处涉外案件 17 起，其中：涉台 12 起，涉外 5 起，均为逾期未办理住宿登记。

2002 年，区公安分局受理因私出国（境）1598 人。因私出国 1326 人。因私出境 272 人，其中：赴港 183 人，赴台 47 人，赴澳 42 人。散居境外人员 360 人，涉及 27 个国家和地区；2003 年受理因私出国（境）994 人。因私出国 719 人。因私出境 225 人，其中赴港、澳 189 人，赴台 36 人。散居境外人员 352 人，涉及 26 个国家及地区。2004 年，受理赴港定居申请 53 人。散居境外人员 212 人，其中：香港人 6 人（次）、台湾人 30 人（次）、外国人 176 人（次）。自是年起，贵阳市实行按需申领护照，辖区居民办理出境证件直接到市公安局出入境管理分局办理，云岩分局不再受理。

2005 年，区公安分局受理辖区公民赴香港定居材料 32 人，香港商务 17 人，香港探亲 6 人。辖区常住境外人员 198 人。全年协查 176 人，其中为外地出入境管理部门政审由贵州省迁往外地不足五年的申请人 105 人，协查由外省迁入云岩区申请人户籍迁入 71 人。

2006 年，受理赴香港、澳门定居材料 53 人，审查上报 47 人。常住境外人员 370 人。办理临时住宿登记 432 人。全年协查 344 人，其中：为外地出入境管理部门政审由贵州省迁入外地不足五年的申请人 142 人，协查由外省迁入云岩区申请人户籍迁入 202 人。

2007 年，填写《外国人基本情况和各类涉外治安案（事）件统计表》224 份，其中涉及港澳台 128 人，外国人 96 人；填写辖区内《在华居住外国人基本情况统计表》407 人。全年受理辖区公民赴香港定居材料 35 人，辖区常住境外人员 402 人，办理临时住宿登记 306 人，协查 782 人。上报涉外案件 12 起，其中：涉外人员被扒窃案件 3 起，被抢劫案件 2 起，纠纷 2 起，盗窃 2 起，诈骗 1 起，因病死亡 1 起，涉外人员吸毒案件 1 起。

2008 年，受理赴香港定居材料 45 人，常住境外人员 165 人，录入临时住宿登记 313 人，其中：台湾人 88 人，香港人 2 人，外国人 223 人。全年协查 945 人，其中为外地出入境管理部门政审由贵州省迁外地不足五年的申请人 347 人，协查由外省迁入辖区申请人户籍迁入 598 人。上报涉外事件 11 起，其中涉外人员被盗窃案件 6 起、被抢劫案件 1 起、被抢夺案件 2 起、涉外人员贩毒案件 1 起、涉外人员吸毒案件1起。

2009年，区公安分局录入临时住宿境外人员152人，新增常住境外人员279人。发生涉外案（事）件23起。其中：涉外案件17起，涉外事件6起。全年协查复函460人。2010年，新增常住境外人员498次。录入临时住宿登记432人，其中台湾人87人、外国人345人。全年协查758份。发生涉外案、事件18起。2011年，辖区有常住境外人员331人，其中台湾108人、外国人223人。发生涉外案、事件11起，其他3起。全年办理临时住宿登记407人，其中台湾人130人，外国人277人，办理协查函903份。2012年，有常住境外人员337人。其中台湾人122人、外国人215人。发生涉外被盗窃案件1起。办理临时住宿登记331人，其中台湾人118人，外国人213人。办理协查函636份。

2013年4月，区公安分局出入境管理职能从区分局治安大队分出，重新建立出入境管理科，办理入境刑事、行政案件及涉外纠纷处置。6月，出入境管理科在省国际会议中心广场开展和群众面对面的新《中华人民共和国出入境法》宣传活动。接受群众咨询60余人（次），发放出入境宣传资料1000余份。是年，对辖区32家酒店、宾馆进行外国人临时住宿登记培训，对6名赴国外定居者注销户籍。2014年，出入境管理科办理14件行政案件，2件其他刑事案件，1件涉外非正常死亡事件；处理各类涉外纠纷30余件。7月—10月，区公安分局开展非法入境、非法就业、非法居留“三非”外国人清理整治专项行动。清查酒店宾馆125家，娱乐场所36家；检查语言类培训学校22家，出租房屋1000余户。专项行动期间获得各类线索30余条，摸排、查获非法就业案件3件，非法入境案件1件，酒店未按规定进行住宿登记2起，外国人违反住宿登记案件3件，处理违反规定的外国人7人。

2015年，组织警力500余人（次），检查涉外单位、中小旅店100余家，发放、张贴《境外人员临时住宿登记须知》200余份，对中小旅店前台接待人员进行专业培训2次。全年办理12件行政案件，处理涉外纠纷30件。全年有197家单位到区公安分局下载“国家工作人员信息采集客服端”，157家单位报批备案。出入境管理科向109家单位反馈相关信息和因私出国（境）记录。

第九节　羁押人员管理

2001年以后，区公安分局看守所（区看守所）按照“依法管理、严格管理、科学管理、文明管理”四个原则，实施看守所等级化管理分解目标。民警实行分工责任制，做到“层层分解，步步到位，任务明确”。2002年，区看守所由江西村搬迁至百花巷29号，调剂一批干警充实看守所。2003年，印发《预防“非典”基本知识》给全所干警和在押人员，消除“非典”恐惧障碍。从2004年起，着手根治“牢头狱霸”“所头室霸”（指在押犯中聚众欺压其他服刑人员，哄监闹狱、抗拒改造的首要分子）现象，制定《云岩区公安监管场所管理工作大整顿方案》，建立完善过渡监室管理和新入所人员跟踪观察制度、被监管人员现金、物品管理制度、耳目建设、谈话教育制度和监室动态分析会制度等6个制度。建立以民警直接管理被监管人员为主要内容的勤务模式。从9月起，看守所对在押人员按《全国违法犯罪人员信息资源库数据质量指标》和《贵州省违法犯罪人员数据采集标准》采集数据，入所出所情况按期上报。

2006年，区看守所监控系统中主机房、主控设备、探头安装及空调、广播（电教）系统、门禁系统、不间断电源UPS系统。2008年，区看守所开展为期3个月的监管场所安全大检查，从“民警队伍管理上的问题”“看守所在基础建设、附属设施等方面存在的安全隐患”“有关工作制度的落实情况”

等5个方面进行检查，改进监管场所安全管理。2009年6月，区看守所为刑侦大队提供信息，破获“5·22”易发商场“古惑仔”群殴致一死一伤等案件3起。区看守所每年都向刑侦部门提供不同数量、不同性质的破案线索。

2010年，投入537万元对看守所软件和硬件设施进行改造。2011年—2012年，监区安装巡风道刷卡式电子门、指纹安全门和巡风道指纹打卡记录仪等技防设施；采购安装监区手机屏蔽设备、电子安检门，并为民警配备对讲机。

2012年起，随着公安机关打击犯罪力度不断加强，区看守所每年收押犯人量有一定增加。看守所制定方案，成立领导小组，签订责任书，确保管教民警执勤时在岗；集中整治“牢头狱霸”；严格按《看守所条例》规定决定是否收押嫌疑人；建立医疗救治“绿色通道”，及时为有病在押人员治疗；实施管教民警与值班民警联动的“相互补位”制度。2013年，看守所推动管理模式创新。制定“每日工作情况表”，进行工作记录和交接；对在押人员生理、心理、犯罪性质等进行记载，分类管理；推行“医务跟随”制度和强化“视频值守”；继续落实“相互补位”制度，完善“绩效考核”机制。

2014年—2015年，区看守所推进监管场所基本实现勤务模式科学化、执法行为规范化、管理方式精细化、监管手段信息化、设施保障标准化等“五化建设”，确保犯罪嫌疑人“收得下、管得住、送得走”。

第十节　行政拘留人员管教

云岩区公安分局行政拘留所（区行拘所），依据贵州省公安厅《治安拘留所达标实施细则》的规定，从2001年起，在窗口按“严管、宽管、普管”管理模式，开展对治安拘留人员分类、分层次管理。发放有关法律书籍，供治安拘留人员学习；利用每天放风时间对行政拘留人员进行法制教育。采取个别谈话等方式，识别思想动态，发现和掌握不安全因素。区行拘所对拘留人员情况坚持每日一小查，每周一大查；每周对工作区、行拘室进行两次消毒；对行拘人员伙食卫生进行监督检查。

根据公安部抓基层、打基础、苦练基本功“三基”工程建设要求，区行拘所以《治安拘留所管理办法》《拘留所等级评定实施办法（试行）》为目标，创建“特色所”。2006年，区公安分局拨出专款对行拘所硬件设施进行改造，设置“过渡号”“严管号”和“普管号”，执行分级管理办法。对表现较好的拘留人员试行普管，对明确要转逮捕、刑事拘留、劳动教养、少年和妇女管教，以及强制戒毒的人员，采取个别谈话和集体教育相结合，告知他们享有的权利和义务，劝导其积极改正错误，回归社会。从2007年起，以《治安拘留所管理办法》《治安拘留所被拘留人员行为规范》和规章制度为准则，进行安全管理。被拘留人员生活费用由区财政局拨付。

2008年—2010年期间，研究犯罪机制和犯罪手段，抓住被拘留人员心理状态和违法性质，开展法制教育和政策攻心工作，发挥监管场所打击违法犯罪第二战场的作用。

自2010年起，区行拘所运用监所管理系统对入所拘留人员实行网上录入，基本实现无纸化办公；补录2004年来的全部拘留人员信息，制定《打击“所头室霸”方案》《集中整治执法过程中涉案人员非正常死亡问题工作实施方案》，严格规范执法，严格落实管理民警直接管理被拘留人员制度。年内，拘留所安装设备，配备电脑、打印机、照相机；在医务人员和用电应急方面，与看守所、戒毒所实行资源共享。

2011年—2015年，依靠和运用社会资源，提高教育过程的社会化质量，把人大代表、政协委员、律师等请进拘留所，进行社会化管理，开展“送法进拘室”活动。律师现场解答拘留人员的法律咨询、答疑解惑，宣传对醉驾的依法量刑等法律常识，由政协委员进行国学教育，重塑拘留人员价值取向。

2013 年，云岩分局制定《云岩区拘留所社会矛盾化解工作实施方案》，深化教育，化解社会矛盾，区行拘所化解社会矛盾典型案例，被选入《全国拘留所社会矛盾化解工作典型案例选编》资料集。是年 11 月 7 日，李氏兄弟因其亲属在延安西路摆摊与城管发生冲突，聚众煽动不明真相群众堵塞延安西路进城方向道路，导致三桥进城方向数千辆车辆被堵，时间长达数小时，严重扰乱社会秩序。区公安分局依法予以行政拘留 10 日的处罚。区行拘所民警有针对性地与其谈话，宣讲法律知识、法律条文，组织观看警示教育片、阅读法律书籍。指出其行为虽然事出有因，但采取的方式是错误的，违反国家法律。通过学习与民警的教育，二人认识到自己的行为触犯《治安管理处罚法》，表示今后会通过合法渠道维护自己的权益，用法律手段保护自己，不会再干类似事情。二人虽表示悔过认错，但问题并没有得到彻底解决。区行拘所领导联系云岩区维稳办，由维稳办、威清社区和威清路派出所工作人员将城管人员和双方当事人召集在一起进行调解。维稳办对商贩占道经营及聚众闹事的错误行为、对城管人员比较粗暴的工作方式都进行批评教育，双方达成和解协议，由城管部门给对方不同程度经济补偿，李氏兄弟及其亲属息访息诉。当年区行拘所被公安部评为“全国拘留所社会矛盾化解工作先进单位”。

2015 年，区行拘所制定脑勤、腿勤、眼勤、口勤、手勤、耳勤“六勤”工作法，实行分级管理制度，对认错悔错态度较好、表现突出、思想稳定的被拘留人实行相对宽松的管理措施。

第十一节　案件办理

2003 年，全年办理劳教案件 561 起，少年管教 15 起。改变过去只报吸毒复吸劳教单一的情况，凡抢劫、抢夺不够刑事处罚的、多次偷盗以及带技术性偷窃的嫌疑犯一律报劳教。全年审核刑事案件 989 起，治安案件 2143 起，行政复议 19 起；处置一批强制戒毒人员。

2004 年，全年行政复议 19 起。2005 年制定整改方案，开展案件办理整改活动，期间发简报 13 期。全年审核刑事案件 1802 件，复议案件 30 起，其中：维持 25 起，变更 2 起，发回重处 3 起；诉讼 19 起，胜诉 18 起，败诉 1 起。2006 年，刑事案件复议 12 件，诉讼 4 件，无撤销和败诉案件。

2007 年，审理各类案件 4234 件，其中：刑事案件 1614 起；行政案件 2620 起。2008 年，网上办理审批事项 22900 案（次）；2009 年，刑事案件立案 17000 件，破案 4883 件；起诉 2071 件，检察院退侦案件 117 件，检察院不批捕案件 97 人；行政案件受理 18033 件，查处 10534 件，办结率 58.42%；无行政复议和诉讼案件。

2010 年，破获各类刑事案件 7032 件，检察院退侦 92 案，不批捕案件 68 案；受理治安案件 22530 件，查处 19645 起。2011 年，立刑事案件 15655 起，破获各类刑事案件 6190 起；刑事拘留 2048 案，刑事拘留转捕率 92.86%；共受理行政案件 22182 起，查处 20100 起；行政复议立案 3 起，撤销 1 起，维持 2 起；行政诉讼案件立案 1 起，维持 1 起；执法过错被追究政纪 1 人、追究刑责 1 人。

2012 年，立刑事案件 18343 起，破案 6669 起，取保候审案件 86 起，监视居住 2 起；不予立案 23 起，检察院不捕 125 起，退侦 97 起；受理行政案件 16648 起，查处 13660 起。2013 年，办理劳教案件 561 起，少年管教 15 起；审核刑事案件 989 起；治安案件 2143 起，强制戒毒 1444 起，行政复议 19

起。2015 年全年处理行政复议立案 1 件，自撤 1 件；行政诉讼案件立案 3 件，其中胜诉 2 件，未结 1 件，国家赔偿案件 1 件。

第十二节　网络安全监管

2006 年 6 月，区公安分局启动贵阳城市预警与监控系统“天眼系统”工作，安装探头 604 个。2007 年 5 月，利用网络监控技术手段，一天内破获一起利用网络散布“政府车辆撞上盲人，公安机关处理不公殴打受害人”不实谣言案件。

从 2009 年起，开展经常性网上信息巡查和进行网络监控。6 月—11 月，收集上报网上信息 40 余条。开展互联网网评员工作，发表正面引导信息 160 余条，正面引导主题帖 12 条。配合侦查案件 18 件；对网吧进行经常性检查，全年检查网吧 120 余家，查处黑网吧 2 家。

2010 年，区公安分局网络监控系统为“严打专项行动”提供“全天候，全过程，全方位”技术支持和信息服务。网上舆情监控和情报信息收集、上报条目信息 180 余条；对敏感信息连续跟踪。开始网吧“二代证”刷卡上网系统建设，辖区网吧 165 家，162 家安装“二代证”上网刷卡系统，3 家未经营。巡查网吧 186 家（次），160 余家建立档案。对未按照规定核对、登记上网消费者有效身份证件的 25 家网吧予以行政处罚。在刑事案件配合侦查和网上追逃定位两个方面，区公安分局受理单位刑事配侦案件 32 起，协助业务单位定位抓捕犯罪嫌疑人 14 人，协助定位管控人员 35 人，抓获盗窃在逃人员 2 人，故意伤害在逃人员 1 人，诈骗在逃人员 1 人，携款潜逃人员 1 人。破获利用 QQ 聊天软件实施诈骗案件 1 起，赶赴广西抓获犯罪嫌疑人 1 人。按照上海“世博会”“广州亚运会”总体安保方案，审核背景人员 263 人。2010 年—2011 年，区公安分局为“严打专项行动”提供“全天候，全过程，全方位”技术支持和信息服务。网上舆情监控和情报信息收集、上报条目信息 180 余条；对敏感信息连续跟踪。

2011 年，检查网吧 125 家次，对未按规定核对、登记上网消费者有效身份证件的 16 家网吧进行处罚，在校园周边检查黑网吧 2 家，同时开展现场执法记录仪普使用和专题培训。2012 年，区公安分局为办案单位布控案件 16 起，研判网上数据 10 万余条，网上筛选犯罪嫌疑人一批次，配合刑侦部门抓获犯罪嫌疑人 13 人。同年，对国家公安部下发的特大网络传播淫秽信息案件线索进行侦查；抽查辖区网吧 265 家次，处罚 15 家；配合工商等部门捣毁“黑网吧窝点”7 处，扣押电脑 65 台；向上级单位收集上报条目信息 50 余条、舆情专报 10 期。

2013 年，组建网吧行业群防群治巡逻队，对 6 个片区网吧进行责任落实，实行一对一督导，帮扶派出所加强网吧管理。全年检查网吧 583 家次，对未按规定核对、登记上网消费者有效身份证件的网吧处罚 22 家，抓获网逃人员 12 人；与区文化和工商等部门联合行动 12 次，查获收留未成年人上网的网吧 4 家，取缔“黑网吧”11 家，收缴电脑 191 台；完成 300 家应该安装安全保护措施的酒店的摸底工作，签协议 219 家，安装启用 146 家，签订不安装承诺 61 家。7 月，对巡逻队员进行上岗培训。全年新增网评员 70 人，网评队伍由 30 人增至 100 人。编写舆情专报 179 期。向市公安局报送条目信息 230 条，上报境内外网站有害信息 2500 余条，专项有害信息共 300 条；协助各警种办案部门侦查案件 47 起；自行侦办“曾某网上被盗案件”“张某非法购买枪支”等涉网案件。研判网上数据 10 余万条，筛选犯罪嫌疑人 1 万余人（次），配合刑侦部门抓获犯罪嫌疑人 15 人，网上在逃人员 47 人。

2014 年，辖区开通监控探头 1803 个，基本覆盖辖区中心城区重点单位、广场、地段及要害部门。全年外网装机 207 台，内网装机 262 台，外网维护 452 台，内网维护 242 台，打印机维护 73 次，监控调取 65 次，外出进行各种维护 95 次，外出装机 65 台，网络布线 65 次，会议视频调试 135 次，语音视频点名 52 次，督察系统巡查 305 次，询问中心设备巡查 309 次。直接破案 25 件，挖破案件 32 件。为办案单位提供案件线索 262 条，布控案件 25 件，研判网上数据 10 余万条，网上筛选一批犯罪嫌疑人，配合刑侦抓获犯罪嫌疑人 13 人；开展电子取证 30 余次，利用定位设备配合抓捕嫌疑人 20 人。向市公安局报送条目信息 559 条，其中市公安局采用 159 条，省公安厅采用 163 条，国家公安部采用 38 条。报送境内、境外网站有害信息 2000 余条，报送专项有害信息 271 条，落地查证 46 人次。

2015 年，对涉网案件侦查，直接破案 85 件，抓获一批违法犯罪嫌疑人；配合侦案件 189 件、抓获犯罪嫌疑人 62 人。研判网上海量数据 2 万余条，网上筛选一批犯罪嫌疑人，开展电子取证 48 次，利用定位设备，配合抓捕嫌疑人 15 人；上报情报导侦 156 条、“黑卡”信息 266 条、社会资源信息 122 万条。全区全年报送互联网舆情信息 2218 条，落地查证 200 余人次，提供有效情报 700 余条，参与“重大案件专班”5 次。删除负面有害信息 40 余篇，编报舆情专报 277 期。全年抽查网吧 121 家（次），处罚违规网吧 20 家（次），配合工商等部门捣毁辖区“黑网吧”窝点 3 处，扣押电脑 232 台。对未按规定落实网络安全技术措施的场所，下达整改告诫 55 家（次）；落实旅店网络安全技术措施 234 家；设置监控平台运行监控点 3014 个，其中：高清探头 2235 个，正常运行 2020 个；标清探头 779 个，正常运行 623 个。在头桥、东山、蔡家关等七地安装监控探头 150 个；在 17 个网吧门口安装监控探头 40 个。维护数字证书 124 次，排除移动警务终端故障 32 次，处理计算机网络故障 682 次，处理监控故障 56 次，并对区公安分局新公安业务技术用房网络及设备进行调试。

第四章　司法行政

云岩区司法局（区司法局）指导、管理、监督辖区律师事务所、公证处、基层法律服务所和社会法律咨询机构的法律服务工作。负责管理和开展法律法律援助、“148”（法律服务专线电话号码）的服务工作；指导、检查镇街、社区有关部门法律援助工作站、公证处以及社会法律援助志愿者开展法律援助和“148”法律服务工作；指导辖区、镇、街道社会纠纷调解工作；承担社区矫正和刑满释放、解除劳动教养人员的安置帮教工作；负责司法行政系统内的执法检查、监督和行政复议、应诉；开展检察机关干部教育培训及调研等工作。

第一节　司法行政机构

2001 年，贵阳市云岩区司法局（区司法局），下设政工科、法律援助工作管理科、计财装备科及北京路、黔东、中东、贵乌路、头桥、黔灵镇、三桥 7 个司法所。2012 年，新型社区成立后，按照社区区域分别设置北京路片区、贵乌片区、威清片区等 11 个片区司法所。2014 年，云岩区依法治区工作领导小组办公室被评为全国“六五”普法中期先进普法办，是贵阳市唯一获此称号的单位。2015 年 7 月 10 日，云岩区司法局内设机构有办公室、律师事务所、公证处、法制宣传教育科、基层基础工作科、法律援助中心、“148”法律服务专线电话以及管辖北京路、环北、中北、延中 4 个街道办事处的第一司法所，管辖黔东、中东、中华、中西 4 个街道办事处的第二司法所，管辖贵乌、普陀、宅吉 3 个街道办事处的第三司法所，管辖市西、威清、头桥 3 个街道办事处的第四司法所，管辖三桥街道办事处的第五司法所，管辖黔灵镇的第六司法所。

第二节　法治宣传和培训

2001 年，区司法局制定“四五”普法计划，举办法治宣传骨干培训班 5 期，举办县级领导参加的《金融安全与法制建设》法治讲座 1 期，围绕“严打”整治斗争开展法治宣传 5 次，发放宣传资料 2.6 万余份（册），解答群众法律咨询 1000 余人（次）。2002 年，牵头组织及配合有关部门上街设点开展《贵州法律援助条例》、“三八”妇女维权周、“6·26”国际禁毒日等宣传活动，发放宣传资料 4.4 万份（册），解答法律咨询 2000 余人（次）；牵头组织相关部门在全区开展整顿校园周边秩序法治宣传活动 1 次；举办《人口与计划生育法》《贵州省法律援助条例》“依法治区工作骨干”培训班各 1 期；组织全区 40 余个部门、街道（镇）干部、职工 1500 人参加“贵州省首届法治宣传日法律知识竞赛”活动；组织全区干部职工 4872 人参加全省干部学法用法统一考试。

2003 年，区司法局举办“依法治区工作骨干培训班”“云岩区残疾人法律骨干培训班”各 1 期；组织和配合相关部门开展“三八”妇女维权周、“社会治安宣传月”“6·26”国际禁毒日等法治宣传活动；组织 4842 名公务员参加 2003 年全省公务员学法考试。2004 年，成立云岩区青少年法治教育工作领导小组，组织召开进一步加强全区青少年法治教育工作会议；举办区领导法治讲座、中层干部法治培训班及“四五”普法骨干培训班各 1 期；开展“三八”妇女维权周、“6·26”国际禁毒日、《中华人民共和国行政许可法》等法治宣传活动。2005 年，召开全区义务法治宣传员进社区工作会议；参与中共云岩区委宣传部、区文明办组织的下乡活动，发放各种宣传资料 305 份（册），提供法律咨询 65 人次；组织“12·4”、“冬季净化校园周边治安秩序”、禁毒等法治宣传活动，有 23 家单位、420 余人次参加，发放宣传资料 3700 余份。

在 2006 月—2010 年，“五五”普法期间，区司法局采用广场文艺演出、公处公捕大会及在繁华街区、窗口单位、村寨集市设点宣传等多种形式，宣传有关经济、政治、文化、社会以及与人民群众生产生活密切相关的法律法规知识。全区主要行政执法部门和司法机关组织开展各类法治宣传活动 100 余次，围绕“严打‘两抢一盗’，保卫百姓平安”“打黑除恶”“重点道路建设项目拆迁改造”“三创一办”道路交通安全及中小学生自我防护等重要工作内容，印制涉法宣传手册、图片、卡片等资料分发到全区居（村）民，特别是青少年、流动人群手中。将“五五”普法期间有关农村普法的“硬任务”分解落实并组织实施。在黔灵镇各村建立村民法律夜校，开辟固定法治宣传栏；向全镇近万农户分赠村民常用法律知识《读本》，开展田间地头宣传、法律夜校辅导、进村入户讲解等形式，使大多数农户家中，有一个以上的“法律明白人”。2006 年—2010 年，司法局“送法下乡”活动 20 余次，赠送法律书籍 1 万余册，发放法治宣传资料数 10 万份，现场解答村民法律咨询 3000 余人次。协调发挥区综治、公安、司法、计生、教育和妇联等职能部门作用，指导街道（镇）开展法治宣传和法律咨询活动。通过举办法律知识讲座、开展远程教育培训和法治文艺演出等形式，帮助农民工学习了解与生活密切相关的法律法规，学会用法律保护自己合法权益。在外来农民工相对聚居的客车站、大营坡、东山垭口等周边区域，司法局组织专项法治宣传活动 10 余次，宣传内容包括计生法规政策、完善房屋租赁手续、暂住人员须知、就业方向引导、子女入学（托）等事关农民工生活、居住及就业事宜。按照《中小学法制教育指导纲要》要求，区司法局从全区政法系统干警和社会法律工作者中，为辖区公、民办中小学校聘请法制副校长和法制辅导员，基本实现专项法制教育师资全覆盖。五年中，区司法局在各中小学继续采用多种方式对学生进行必要的法治教育和禁毒预防知识教育，制定周密的教学计划，配备高素质的授课教师，编排通俗易懂的课时内容，征订统一要求的授课教材。各中小学校开展“争做守法小公民、小交警”“小手牵大手”等形式多样的学法用法活动。

2012 年，区司法局制定《云岩区 2012 年法制宣传教育工作安排意见》《云岩区 2012 年“法律六进”工作安排意见》《“关爱明天、普法先行”—青少年普法教育活动方案》《“创新社会管理、建设法治云岩”全民法治宣传教育主题活动方案》《关于在全区开展法制宣传月活动的通知》文件及资料，明确法治宣传的内容和工作要求。元月，区文明办牵头，区司法局、区教育局等 10 余家单位 50 余人在金关小学开展“三下乡”活动，散发资料 500 余份（册），解答咨询 30 余人次。1 月—10 月，区司法局与区教育局先后在全区中小学校上法制课、办《法制校园》半年刊、开展征文比赛等活动，宣传“交通安全知识”“预防未成年人违法犯罪”“消防安全知识”，以“禁毒”为主题开展法治教育。9 月—10 月，区政法委组织区司法、区城管、国土等单位 50 余人对北线重点工程建设涉及的村有针对性地进行法治宣传教育活动。10 月中旬，联合区禁毒办、教育局在野鸭中学、野鸭小学开展“送法进校园”宣传活动；区司法局头桥司法所联合头桥社区服务中心、头桥派出所在贵阳市第三十七中学开展以“法律服务进校园，全面推进社会治安综合治理工作”为主题的送法进校园宣传活动。10 月下旬，区司法局在圣泉服务中心开展以“法治文化进社区、知法守法创和谐”为主题的法治文化启动仪式活动。区司法局适时启动“创新社会管理，建设法治云岩”全民法治宣传教育主题活动，在办好“148”法律服务热线的同时，律师事务所、公证处、法律援助中心、司法所和社会团体开通法律服务热线。

2013 年，司法局将云岩广场开辟为“法治文化”广场。围绕生态文明城市建设、社会治安综合治理、禁毒等重点工作，面向青少年学生等重点群体，开展大型法治宣传活动 150 余次，解答群众法律咨询 490 余人次，发放各类宣传资料 33500 余份（册）。2014 年 12 月 2 日，区司法局开辟的“云岩普网法”上线，成为全省首家区（县）级普法网站。网站包括普法中心、司法行政、法律服务、服务中心、工作动态、信息公司、以案说法和法律咨询等栏目。网站与云岩区 64 家具有行政执法权的部门建立联系，定期的收集各单位工作动态和涉法问题，同时开辟“律师接待站”栏目，供群众在线提出法律问题，经网站梳理后请专业律师在 3 个工作日内解答并网络反馈。全年围绕贵阳市轻轨一号线云岩段征收拆迁、棚户区改造、市西路批发业态转移等中心工作，针对重点群体开展各类法治宣传活动，解答群众法律咨询 500 余人次，发放各类宣传资料 6 万余份（册）。

2015 年，利用普法讲堂、云岩普法微信公众号进一步拓展法治宣传教育渠道。同时，围绕云岩区“疏老城、建新城”、义务教育均衡发展、“禁毒宣传年”“两严一降”“154”行动等重点工作以及全区百姓的法治诉求，开展各类法治宣传活动，解答群众法律咨询 600 余人次，发放各类宣传资料 7 万余份（册）。

第三节 人民调解

2001年，云岩区人民政府批准组建区司法调解中心，区司法局指导各街道（镇）组建相应工作机构，并完善相关制度；对各街（镇）人民调解员进行登记造册；组织新老人民调解员进行政治素质和业务素质培训。当年，全区有人民调解员792人，调解各类矛盾纠纷898起，调解成功876起，调解成功率97.66%。2002年，按照《人民调解组织条例》规定，建立完善人民调解规章制度；在16个街道（镇）建立司法调解中心。2003年，共调解纠纷437起，成功调解437起，调解成功率100%。2005年，围绕“平安云岩”建设，加强人民调解规范化建设；创新组织形式、工作机制和工作领域，从源头上预防、减少和化解矛盾纠纷。全年，共调解民间纠纷358起，成功调解358起，调解成功率100%。

2006年，调解各类纠纷511件，成功491件，调解成功率96.09%，防止民转刑7件。2007年，轮训2000余名人民调解员，增建警司联调室2个，与乌当区人民调解组织在毗连区域开展联调试点工作；共调解各类民间纠纷749件，调解成功730件，成功率96.1%，防止纠纷由民事转刑事案件247件。2008年，全区有各类调委会305个；开展培训86次，培训人员2000人次；调处各类民间纠纷780件，调解成功779件，成功率达99%。2009年，共开展培训86次，培训人民调解员2000人次；调解2107件，调解成功2101件，成功率达99%以上。2010年，开展调解业务培训34次培训人民调解员达1765人次；调处各类矛盾纠纷728起，调解成功728起，成功率为100%。

2006年—2010年，区司法局每年定期举办人民调解员业务培训班或培训会，提高人民调解员的政治素质和业务素质；建立健全矛盾纠纷排查调处制度、矛盾纠纷登记制度、共同调解制度、调解回访制度、调解统计制度、调解档案管理制度、人民调解员工作职责等规章制度，规范人民调解工作；参与建立人民调解、司法调解、行政调解“三调联动”机制，开展矛盾纠纷集中排查调处；建立区、街（镇）、社区、院落（楼栋）四级人民调解组织，织密人民调解网络。

2011年，全区有人民调解组织290个，人民调解员1966人；开展业务培训23次，培训人民调解员1795人次；共调处各类矛盾纠纷1280起，成功1270起，成功率达99%以上。2012年，区司法局开展人民调解业务培训19次，培训人民调解员1789人次；调处各类矛盾纠纷2259起，调解成功2254起，成功率为99.99%。2013年，有人民调解委员会220个，人民调解员1379人；培训人民调解员200余人；调处各类矛盾纠纷3620起，调解成功3620起，成功率达99%以上。2014年，新成立云岩区道路交通事故调解处理中心；全区有各类人民调解委员会220个，人民调解员1379人。调解矛盾纠纷5701起，调解成功率99%。2015年，调解矛盾纠纷3140件，涉及金额4217.16万元，调解成功3125件，成功率达99%以上。

第四节 法律援助

从2000年起，法律援助服务成为区人民政府的“民心工程”和“惠民工程”内容。2002年，法律援助服务中心在中华街道办事处、普陀街道办事处开展法律援助服务。5月，在弱势群体相对集中的中华街道办事处贵山、圆通、富水、正新4个居委会和普陀办事处虎门居委会挂牌设立居委会法律援助工作站。同时设立云岩区法律援助妇女儿童工作站和云岩区法律援助残疾人工作站。2003 年《法律援助条例》出台后，中共云岩区委、区人民政府提出要“应援尽援、应援优援”。2006 年，区司法局成立贵阳市首家农民工法律援助工作站，在社区配备法律援助联络员，组建近百人法律援助志愿者队伍，形成政府主导、社会参与，覆盖全区的法律援助三级网络。2007 年，云岩区成立贵阳市首家法院法律援助工作站；2008 年，设立法律援助云岩区法律援助中心，调解群体性纠纷；实行“一个微笑、一声问好、一个座位、一杯热水、一个答复”礼貌接待服务。2009 年，各街道以依托司法所以成立 16 个街道（镇）法律援助工作站为契机，在总工会、老龄委等部门设立法律援助工作站。

截至 2010 年 11 月，为弱势群体办理刑事辩护、民事代理法律援助案件 2624 件，接待群众来电咨询 500 人（次）、来访 5000 人（次），协调解决纠纷 200 余件，组织社会律师、法律援助志愿者开展法律援助进社区活动 20 余场（次），为受援人避免和挽回经济损失上百万元。不断建立健全法律援助网络体系，在全区司法所全部设立法律援助工作站，将法律援助工作向社区和农村延伸，确保法律援助在每个街道、村都有接待点。在社区、村聘请法律援助联络员，对联络员进行相关业务的培训；在区妇女联合会、区工会、共青团区委、区残疾人联合会、区老龄委和区人民武装部等部门设立法律援助工作接待站，实行横向联动。针对不同社会群体做好法律援助。在机关团体、贵州大学、贵州民族学院等招募法律专业人员及在读学生成为法律援助志愿者。

2011 年，区法律援助中心审查、批准办理法律援助案件 616 件，其中刑事案件 264 起，民事案件 113 件，两结合案件 200 件，法律援助公证事项 39 件。2012 年 10 月 19 日，区法律援助中心举办一期法律援助业务培训。2013 年，进一步建立健全法律援助质量监督机制，规范法律援助案件受理、审查、指派工，依法为当事人提供法律援助；建立经费管理制度，确保专款专用。1 月—10 月，受理法律援助案件 283 件，其中刑事案件 189 件，民事案件 93 件，非诉讼案件 1 件，免费代写法律文书 25 份。至 2014 年，全区建立社区（镇）法律援助工作站 15 个；投入 15 万元，在居委会、村委会设立法律援助联络员、配备联络员；拨出 30 万元专款，为辖区困难群众无偿提供法律援助。全年共办理法律援助案件 591 件，其中刑事案件 203 件，民事案件 388 件，案件回访 100 件。

2015 年，区看守所法律援助工作站和区武装部军人军属法律援助工作站成立，拓展法律援助范围。至 10 月，解答法律咨询 448 余人次；代写法律文书 20 件；受理法律援助案件 423 件，其中民事案件 238 件，刑事案件 185 件。

第五节　律师事务

2001 年—2008 年，区司法局法律服务所办理刑事案 88 件，民事案 506 件；被 64 家企业单位应聘担任常年法律顾问。至 2012 年，各法律服务所共接受当事人来人来电咨询 6000 余次，解答法律询问 5342 人（次），代写法律文书 1544 份，协助办理法律援助案件 69 件。

2012 年，区司法局法律服务所被 46 家企业单位应聘担任常年法律顾问；代理诉讼 1000 余件，代理非诉讼 700 余件，为当事人挽回经济损失上千万元；担任政府部门、企业单位法律顾问 6 家；办理各类案件 47 件，其中：刑事诉讼辩护及代理 5 件，民事案件诉讼代理 12 件，法律援助 30 余件，解答法律咨询 420 人次，创收 30 万余元。在做好法律服务的同时，区司法局法律服务所配合所在地司法所开展法律咨询和矛盾纠纷调处。头桥法律服务所参与当地警司联调工作中，调处涉及维稳群体性矛盾纠纷多起；黔东法律服务所、宅吉法律服务所参与对辖区各类人群的法制宣传教育活动，配合基层司法行政工作开展。

2014 年，新增法律服务从业人员 14 人。当年全区法律服务所共解答法律询问 2875 余人次；代写法律文书 765 份；协助办理法律援助案件 88 件；担任 16 企业单位家法律顾问；代理诉讼 177 件，代理非诉讼 326 件；为当事人挽回经济损失 1000 余万元。

2015 年，法律服务所工作纳入司法局年度目标考核；依托中东法律服务所成立云岩区阳光社会工作站，针对民间矛盾纠纷对当事人开展心理矫治与疏导。全区法律服务所全年共解答法律咨询 3352 人次；代写法律文书 64 份；协助办理法律援助案件 153 件；担任 20 家企业单位法律顾问；代理诉讼 241 件，代理非诉讼 57 件；为当事人挽回经济损失 1700 余万元。

第六节 公证事务

2000 年—2005 年，区公证机关办理各类公证 4176 件，其中民事类公证案 3104 件，经济类公证 1072 件，接待群众咨询 24260 人次，为 106 户经济困难户办理免费公证 107 件；为云岩区工商银行抵押贷款办理公证 182 件；为贵州广宇职业学校、贵阳铁路技工学校、贵州电子科技学校招生合同办理公证 461 件；为房改中“调剂使用存量补贴”办理公证；结合全国第五次人口普查，办理弃婴收养、抚养公证等工作。

2006 年—2008 年，区公证机关聘用公证辅助员 4 人，按照《公证程序规则》《贵州省公证质量管理规定》，在公证处队伍中营造“严格程序、规范行为、优质高效、不出纰漏”的执业精神；开展自查自纠，拒办不真实、不合法公证事项 151 件，解答各类法律咨询 1. 58 万人（次）。

2012 年，受理公证事项 8902 件，办结 8841 件，未结 61 件，其中：民事公证 8520 件，经济公证 321 件，法律援助公证 32 件，接待当事人来电咨询及来访万余人次；为病、弱、残及劳教服刑人员等需提供上门公证服务 320 余人次。

2014 年，区司法局所属立诚公证处围绕征收拆迁项目、市西路业态转移、普陀桥和沙河街占道摊点集中整治提供公证服务。开展网络查询遗嘱公证、电话咨询办证业务，方便当事人网上查询公证业务。全年受理各类公证共计 11892 件，办结 11613 件，未结 279 件；解答当事人来电咨询及当面咨询（包括产权处咨询台）共 15060 人次；为病、弱、残及服刑人员等提供上门公证服务 203 人次。

2015 年，立诚公证处为轻轨 1 号 2 号线云岩段和中环路等重点项目涉及的征地拆迁问题、宏福景园小区“5 · 20”山体滑坡地质灾害抢险救灾等重要工作开展公证；不断完善诚信体系，面向社会公开办证事项、收费项目、收费标准等基本信息。全年受理公证事项 9457 件，办结 9251 件，解答来电咨询及来访 10106 人次；为病、弱、残人员，以及服刑、戒毒人员上门需提供公证服务 146 人次。

第七节 帮教安置

区司法局于 2000 年 7 月启动刑释解教人员信息系统，制定《云岩区司法局参与刑释解教人员信息系统运行工作方案》，对司法所职责、与各职能部门之间的衔接、帮教工作内容等作出明确。同时，组织各司法所到省公安厅参加网络签收操作培训，逐渐完善和落实刑释解教人员签收手续和相关项目。至2009年，通过信息系统接收刑释解教人员335人，其中出监所567人，在场在所1303人，不属本辖区退回的16人。

2010年，区司法局被省司法厅确定为“贵州省刑释解教人员信息系统”试运行区后，在全区完善刑释解教信息系统建设，为16个司法所配备信息系统运行设备及器材，开通司法行政专网，将金盾网中刑释解教人员签收、核实迁入司法行政专网。逐步健全区、街和黔灵镇及居（村）的三级帮教网络，将安置帮教经费纳入区财政预算依托“阳光就业基地”做好刑释解教人员安置；对难点或重点必接刑释解教人员接回问题上，及时联系社区领导，将处理方案情况上报，防止出现推诿现象。全年接收刑释解教人员589人。在帮教安置中“帮教社会化、就业市场化、管理信息化、工作职责规范化”，健全安置帮教机制，与刑释解教人员无缝对接，帮助其顺利回归社会；将刑释解教人员安置帮教与维稳相结合，对全区刑释解教人员做到情况清、底数明，把工作细分为五项措施，做到及时造册建档、及时家访、及时签订帮教责任书、及时进行法制教育、及时制定和落实帮教措施“五个及时”。截至2012年，刑满释放人员264名，解除劳教人员325人，落实帮教225人。2015年，在帮刑释人员1970人，通过各种方式安置732人，无一人重新犯罪。

第八节　社区矫正

2005年，贵州省司法厅明确云岩区作为社区矫正先行试点区（县）。2011年全区有矫正对象76人。至2012年，先后接收社区矫正人员292人。2012年，接收社区矫正人员62人，至2015年，有在册社区矫正人员152人。社区矫正人员中，有重新犯罪1人。2013年全区在册社区服刑人员196人，无一人脱管、漏管。2014年区司法局就社区矫正与公安部门做好衔接配合，并拟定《云岩区社区服刑人员交接工作方案》，落实社区矫正执法检查工作要求。同时细化对拟适用或者提请适用社区矫正的被告人、犯罪嫌疑人或者罪犯委托调查工作。全年有在矫社区服刑人员281人，无一人脱管漏管。

2015年，区司法局建立完善社区服刑人员分类管理台账，对历史遗留解矫人员档案统一进行整理归档，实现对所有在册社区服刑人员一人一档管理。制定、下发《云岩区司法局涉毒管理对象“大排查、大收戒、大管控”专项行动工作方案》，加大社区矫正人员和刑满释放人员（简称“两类人员”）排查管控力度，做好特赦筛查、报请、宣告工作；并与区公安分局、区检察院和区人民法院共同解决各相关政法部门在社区矫正工作中存在的问题。全年解除矫正143人，宣告特赦4人，在册社区服刑人员无一人脱管、漏管。

第八篇

军事

第一章　人民武装

云岩区武装部每年组织各基层武装部做好兵役登记，摸清辖区适龄青年底数，对适龄青年进行爱国主义、革命英雄主义和依法服兵役是每个公民的神圣使命等的宣传教育，使应征青年树立“一人当兵，全家光荣”的观念。执行《中华人民共和国兵役法修正案》，对预备役军官的范围、条件、服役期限、预备役军官军衔、登记、管理、教育、训练、战时转服役等作出明确规定，预备役军官服役制度走上法制化轨道。组织民兵开展军事活动，依据并围绕党和国家各个时期中心任务科学开展民兵政治教育活动，推进民兵政治教育发展；组织民兵维护社会稳定及抢险救灾，参加社会主义建设。对武装干部开展军事训练和专业知识的学习，提升其体能素质和业务能力；在辖区开展扶贫帮困，与社区、学校、机关等共同开展拥军爱民活动，共建和谐云岩。

第一节　人民武装机构

一、云岩区人民武装部

云岩区人民武装部（区武装部）为正团级军事机构。武装部干部2001年后，主要从野战部队中交流、军事院校毕业生和地方高等院校毕业生中选拔，也从基层办事处、镇党政干部中提任或兼职。2000年—2004年10月，编配部长、政治委员、副部长各1人。设军事、政工、后勤三个科，科为正营级单位，军事科科长由副部长兼任。其他年份均有不同变化。2015年区武装部机构与2000年相同。

（一）基层武装部

2001年，云岩区有基层武装部64个，其中：中外合资企业武装部3个，国有企业武装部35个，股份制企业武装部8个，民营企业武装部2个，街道办事处、镇武装部16个。2011年，贵阳市城市基层管理体制中，街道办事处改为社区服务中心，基层武装机构随之调整。2012年3月，中共贵阳市委办公厅、市人民政府办公厅和贵阳警备区政治部联合下发《关于加强社区武装工作的意见》，是年8月，区武装部对辖区社区武装部长和专职武装干事进行调整任命。将全区基层武装部调整为42个，其中：国有企业武装部5个，民营企业武装部2个，高等院校武装部8个，社区、镇武装部27个。2012年12月—2015年，全区有基层武装部28个。

（二）民兵组织

2001年，云岩区经过调整后的民兵单位64个。2002年—2005年，区武装部根据上级军事部门关于民兵编组实现向经济效益好的企事业单位行业系统转移，向适龄青年多、经济效益好的乡镇企业、新兴企业转移，向科技含量高的单位转移，向交通干线和重点目标转移，向经济条件好的村镇转移“五个转移”的指示，对全区基干民兵组织进行调整。

按照《中华人民共和国国防动员法》“平时服务、急时应急、战时应战”的要求，2011 年，区武装部对重点民兵应急营的三个连在区城管执法大队、各街道（镇）办事处和长城职业学校进行调整组建，召开重点民兵应急营整组大会。同时，探索在私营企业、服务行业、国家事业单位、高等院校建立民兵组织的路子，先后在贵州省第二人民医院和云岩区第一人民医院组建医疗救护分队，在贵州轮胎厂挑选 25 名业务技术骨干，编组民兵装备维修分队。

2012 年，区武装部贯彻中央军委制定的“国防和军队建设主题主线重大战略思想”，按照中共中央、国务院、中央军委关于民兵建设“三个适应”（适应加快转变战斗力生成模式新要求、适应非传统安全威胁不断上升的新挑战、适应国家深化改革开放的新形势）和“三个转变”（由数量规模型转变到质量效能型上来、由参战支前为主转变到支援保障作战为主上来、由以应战为主转变到应急应战一体上来）的思路，加强应急队伍建设，增强支援保障力量，压减直接参战分队，以经济社会发展为依托，建设平时服务、急时应急、战时应战相统一的现代民兵建设体系。

二、云岩区地方党委人民武装委员会

云岩区地方党委人民武装委员会成立于 1959 年 10 月，至今历经了两次撤（改）建，6 次调整定编，其职责：根据上级人民武装委员会对人民武装工作总体建设的指示和任务，研究和贯彻执行中共中央、国务院、中央军委有关民兵工作的方针和政策；审查同级军事机关和各有关部门就民兵工作建设拟制的计划；协调区直有关部门共同进行民兵工作；研究制定辖区征兵、安置、优抚、民兵教育、训练等方面的有关补充政策；研究改进民兵工作方法；负责审查年度征兵、复退安置和战时兵员动员方案、教育强化辖区公民国防意识。

三、云岩区国防动员委员会

云岩区国防动员委员会，2015 年下设人民武装动员办公室，设在区武装部军事科，主任由区武装部军事科长兼任；经济动员办公室，设在区发展和改革局，主任由区发改局局长兼任；人民防空办公室，设在区人防办公室，主任由区人防办主任兼任；交通战备办公室，设在区人防办，主任由区人防办 1 名副主任兼任。

第二节 兵 役

一、征兵

云岩区武装部区征兵办和各社区（镇）以及公安派出所坚持执行国务院、中共中央军委关于廉洁征兵相关规定，做到领导机关、接兵部队、应征青年及家长、人民群众“四满意”。2001 年—2015 年，云岩区共征兵连续 15 年无责任退兵。

在兵员征集中，区武装严格落实体检责任制，做到“谁体检，谁签字，谁负责”，杜绝各类人情兵、关系兵发生；抓好以兵员质量为核心的政审，加强与辖区教育、公安、纪检、监察等部门联系，加大综合政审；做到坚持在体检、政审双合格前提条件下，按照“八优先”（上年合格的优先定，年龄偏大者优先定，见义勇为者优先定，军队干部子女优先定，归国侨眷子女优先定，少数民族优先定，困难户子女优先定，市级以上先进工作者子女优先定）规定和“四不定”（体检政审不合格者不定，

群众举报、问题一时查不清者不定，家长或本人态度不明确者不定，基层不推荐者不定）规定，把好“体检、政审、定兵”三大关。同时坚持居委会初定、社区（镇）推荐、区武装部征兵办终定的“三级定兵”制度，向部队输送高素质兵员。

二、预备役登记

（一）军官预备役

2001年—2015年，区武装部在每年的7月—11月办理预备役军官登记。每年12月，将登记信息录入预备役军官管理系统上报贵阳警备区政治部。其间，2004年，在全军预备役军官登记大检查中，云岩区预登工作受到中国人民解放军成都军区联合工作组及总政联合工作组肯定，2006年，区武装部被中国人民解放军贵州省军区评为先进单位。

（二）士兵预备役

士兵预备役年龄为18岁~35岁，分为第一类预备役和第二类预备役。29岁前的退伍士兵、基干民兵为一类预备役，29岁转入二类预备役，至35岁退出预备役。二类预备役内含18岁~35岁未经过军事训练的普通民兵。

2001年起，每年6月—9月，由区、社区（镇）和驻区厂矿武装部办理具体登记统计核对，将是年的退伍兵登记服预备役，对服满一类预备役者登记转服二类预备役，服满二类者办理退役手续。迁走、犯罪、病残、死亡者注销，按一、二类普通兵与技术兵专业号码分别登记、填卡、造册，统计上报军分区并存档，逐步完善兵员动员体制。

第三节　民　兵

一、民兵训练

2001年起，中共云岩区武装部党委按照《民兵军事训练大纲》开展军事训练，提高民兵战斗力。采取实行区分层次、突出重点、注重质量、以基地集中训练为主，分片设点训练为辅的办法，抓民兵应急分队和专业技术分队训练。2001年7月—8月，区武装部组织民兵高炮分队、民兵应急分队、民兵防化分队进行相关科目专业训练。2002年8月—9月，组织民兵高炮分队进行一个多月的城市防空综合训练。2003年7月—8月，组织民兵高炮分队为中国人民解放军贵阳军分区“9·25”首长机关带部分队拉动演练强化训练。2004年3月，选派民兵骨干参加中国人民解放军贵州省警备区“民兵高炮骨干集训”，民兵高炮分队被评为“先进单位”，参加的部分官兵受到表彰。全区全年训练民兵合格率98%；对应急、高炮、通信、工兵等分队及专业技术分队进行时间不等的训练。

2005年—2009年，区武装部以民兵军事训练为中心，明确战备训练的重要性，把军事训练放到中心位置，保证战备训练有序开展。2010年，区武装部组织6期民兵训练。2011年，组织作战队伍、勤务保障队伍、民兵应急分队开展训练。2012年，组织包括防空作战分队、信息作战分队、军兵种勤务保障分队、情报侦察分队、通信分队、工兵分队、防化分队、交通运输分队、卫生勤务分队和装备维修分队的民兵训练。

2013年—2015年，区武装部开展军事斗争准备各项工作。结合任务，修订完善《区武装部本级和民兵应急营（连）战备方案》，补充战备物资，规范装备物资库室。按照“思想发动、调查摸底、调整布局、优化结构”思路，开展民兵整组，在电信、供水保障、医疗卫生、交通运输等单位，建立8支应急救援分队，同时对全区民兵进行多次集结重点训练，包括森林灭火分队专项训练，以提升完成多样化军事任务能力。

二、军事检阅和演习

云岩区武装部不定期地组织民兵进行接近实战的军事演习。2002年9月，组织民兵高炮分队、导弹骨干、消防民兵、贵阳烟厂女子民兵射击班参加贵阳军事工作处在磊庄机场组织的反空袭多兵种综合演练。2003年9月，组织民兵高炮分队参加贵阳军事工作处在龙里县谷脚镇地区组织的“9·25”首长机关带部分队战术拉动演练。2004年9月，组织民兵高炮分队参加中国人民解放军贵州省军区在磊庄组织的全省高炮分队实弹射击表演。

2009年9月，区民兵应急分队参加协助地方维护社会稳定拉动演练。2010年9月，组织中共云岩区委宣传部、区武装部、区教育局、区卫生局、贵阳市交警一大队、区公安分局、区消防大队、区城管大队、区人防办、区国教办、贵阳市第二十三中学、部队机关全体专武干部参加的军警民联合防空疏散演练。

三、维护社会稳定和抢险救灾

2001年，云岩区民兵多次参与森林防火、救火等抢险救灾。2002年—2005年8月，区武装部选派民兵协助地方企业做好军转干部等方面工作，为上级组织提供信息，协助地方企业劝阻进京上访和未申报的串联聚集活动；协调和帮助企业军转干部解决实际困难和问题；节假日走访慰问50余名企业军转干部。云岩区武装部两次被中国人民解放军贵州省军区评为“应急维稳”工作先进单位。

2006年—2007年11月，云岩区民兵扑灭山火16次；先后9次参加地方应急维稳；慰问、走访部分企业军转干部、抗美援朝老战士52人（次）；劝阻省到京上访群众，就地解决问题。2008年，云岩区民兵投入奥运火炬传递安保，配合公安开展奥运期间治安巡逻。在抗冻救灾中，组织和发动干部职工、民兵应急分队和供水、供电、供气，民兵抢修分队参加保水、保电、保气和铲冰除雪，路面撒盐，帮助受灾受困群众送水运煤、捐款捐物。2009年—2012年，组织发动民兵参与森林防火、“一抗三保”（抗旱，保春管、保春播、保增收）、抗旱救灾、中共十八大期间的安保、观山湖灯会巡逻、打击“两抢一盗”（抢劫、抢夺、盗窃）、取缔“黑摩的”等活动。

2013年，组织民兵扑灭森林火灾36起。2013年—2015年，区武装部围绕云岩经济社会发展战略，组织应急民兵参建参治，在完成急难险重任务中用兵、练兵、强兵，全面锤炼部队和民兵遂行多样化军事任务能力。开展双拥共建活动，协助配合贵阳市双拥办开展“争创全省全国双拥模范城”活动。

四、参与社会公益活动

2003年，区武装部组织民兵参加贵阳市二环林带“八一林”义务植树造林活动。2004年3月，组织基干民兵学雷锋活动小组到黔灵镇安井村特困户徐天爱家，为其子女捐助学费，并捐送书包、文具等学习用品；赠送渔安村贫困户周登龙家大米、食油等生活用品。

2008年凝冻期间，区武装部组织民兵参与“绿丝带”志愿服务活动，帮扶救助受灾受困群众520余人。2009年，组建贵阳市生态文明建设民兵第二团，参加贵阳市生态文明城市建设民兵师成立大会并开展义务植树造林活动。

2010 年—2012 年 12 月，区武装部先后组织民兵参与“三创一办”、农田水利建设、生态文明城市建设、植树造林、“绿丝带”志愿服务等活动，帮扶救助贫困户、军烈属和失学儿童 64 人。2013 年—2015 年，为社会主义新农村建设捐款共 60 余万元；与区内大坪小学、新建小学开展军民共建活动，捐赠新建小学 55 套办公座椅，结对帮扶困难学生 10 人，开展教师节走访慰问活动；参与森林城市建设，协助地方完成植树造林 1.5 万亩。

第四节　军事技能训练和专业知识学习

一、军事技能训练

云岩区武装部干部军事技能训练，依照《中国人民解放军训练大纲》进行。通过军事训练，提高干部的组织训练、兵员动员、战时作战等方面的军事素质。2001 年—2003 年，开展手枪一、二练习实弹射击、战术标图等训练。同期，区武装部分别被中国人民解放军贵州省军区、中国人民解放军贵阳军分区表彰为先进单位。2001 年—2015 年期间，区武装部每年抽出骨干人员参加中国人民解放军贵州省军区、中国人民解放军贵阳市军分区组织的集训，对人武干部和专武干部每年分别集中训练 30 天。

2004 年—2015 年，区武装部每年进行规定的体能训练和手枪射击等方面的军事训练，参训率 100%。2005 年—2008 年，区武装部每年参加中国人民解放军贵阳警备区的年终军事考核，考核成绩均达到大纲要求标准。2012 年 9 月，组织国防动员委员会成员单位参加贵阳市军地一体城市防空作战研究性演习。

2013 年—2015 年，区武装部按照课题简介、背景立意、支撑条件、主要创新点、行动要领、实践论证、作战效能的“七个要求”开展战法创新活动。按照全市国防动员潜力调查核实任务部署要求，展开全区国防动员潜力调查核实，摸清国防潜力和动员能力底数，推动大规模作战国防动员准备。自 2013 年开始，每年 10 月 8 日—12 日，组织全体干部参加中国人民解放军贵阳警备区首长机关战术作业；10 月 22 日—25 日，参加作战指挥所演习，重点演练战备等级转换、指挥所开设、战场管制和重点目标防卫等课目，提高武装部机关指挥防卫作战的能力。

二、专业知识学习

2001 年，区武装部参谋参加中国人民解放军贵州省军区组织的参谋业务竞赛，获团体第一名。2001 年—2003 年，开展军事理论、军事法规等方面的学习；主要内容为《陆军军事训练大纲》师（旅）团分册中的军事理论、高科技知识、军（兵）种知识、作战对象研究、识图用图、战术标图，其中重点进行新大纲、高科技军事理论学习。2004 年，组织官兵在贵州财经学院进行全国计算机等级（二级）考试培训，全部通过全国计算机等级（二级）考试。2004 年—2015 年，主要学习《陆军军事训练大纲》规定的理论、技术知识及中国人民解放军贵州省军区下发的《军分区、武装部首长、机关军事训练暂行规定》中的战争动员、民兵工作、征兵工作、兵役工作及民兵战备执勤等理论知识。

第五节　拥政爱民

一、扶贫帮困

2001年，区武装部把距离贵阳市区较远，山高坡陡，土地贫瘠，农业生产条件较差的黔灵乡安井村作为部队定点扶贫对象。2001年—2004年，区武装部投资9.2万元，改造安井村茅草房工程。2008年，多次邀请贵州省科学技术委员会领导、省农业科学院专家及区、乡两级人民政府相关人员到安井村考察，采取“结对子，送知识；帮班子，出点子；找路子，求发展”的办法，引导村民发挥区位和市场优势，坚持种植、养殖并举。为扶贫点引进资金60余万元，兴办种猪和蝎子饲养场，栽种花椒苗和科技杨梅100余亩。

2004年—2007年，区武装部官兵与单位捐款共6万余元，帮扶失学儿童就学及救助贫困户与军烈属。2008年，组织官兵向贵阳凝冻灾区和四川汶川特大地震灾区捐款，救助受灾受困群众520余人。2009年—2012年，先后协调资金50余万元，帮助辖区内农田水利建设；组织干部、职工向云南楚雄、甘肃舟曲、贵州望谟等灾区捐款；为贫困户、军烈属和失学儿童64人发放慰问金、慰问品等共5.8万余元。

2013年—2015年，区武装部组织民兵800多人（次）参加抢险救灾、维护社会稳定，发挥民兵预备役人员在急、难、险、重任务中的骨干作用，在科学致富、文明守法、计划生育、社会治安综合治理等工作中作出模范带头作用。

二、军民共建活动

2001年—2007年，区武装部每年参加云岩区的“雷锋日”活动，先后开展大型宣传教育活动47次；参与“八一林”植树造林活动；开展走访慰问60余次，发放慰问金9万余元。2008年年初，贵阳凝冻期间，组织民兵到共建的街道、社区、院落等撒盐除冰；2008年“5·12”汶川特大地震发生后，区武装部组织一支由30名心理学专家组成的心理危机干预分队，到贵阳医学院、贵州省人民医院和中国人民解放军第44医院对伤病员开展心理援助。

2009年—2012年，组织民兵参加“共建文明岗”执勤、“三创一办”环境整治等志愿服务活动。

2013年—2015年，与当地群众开展“军民共建林”活动；参加共创“文明旅游城”和申报“历史文化遗产”活动；出动人力物力和机械车辆清运垃圾、整理环境、绿化美化旅游景点；完成绿化1.5万亩，美化旅游景点等各种公益事业216项。

自2001年—2015年，区武装部还先后与辖区60多个单位“结对子”，创建10条军民共建文明街道、15个军民共建文明社区、23个军民共建文明院落和16个军民共建文明执勤岗亭、卡点。义务军训大学、中专、高中、初中学生2.4万人次；与基层武装部在喷水池、紫林庵、北京路等地开展普法及国防知识宣传教育140多次；参与“创文”“创模”“绿丝带”等活动80余次；慰问孤寡老人、伤残人、贫困户、军烈属190余户。

第二章　防空战备

云岩区每年组织人员参与贵阳市军地一体化城市防空作战研究，组织人员开展防空防灾演练，每年组织开展《中华人民共和国人民防空法》颁布纪念宣传活动和全国“全民国防教育日”宣传等活动。

第一节　防空战备机构

2000年—2010年期间，云岩区人民防空办公室、云岩区交通战备办公室设在云岩区人民政府办公室，为副科级建制，单列行政编制7人，实行财政全额预算管理。对外独立开展业务，党务和行政后勤由政府办统一管理。2011年，明确区人防办主要职责、内设机构和人员编制。机构仍然设在区政府办，为正科级部门，单列行政编制5人，至2015年没有变化。

第二节　防空防灾演练

2001年—2005年，区人防办每年组织人员参与贵阳市军地一体化城市防空作战研究性“06防空联合演习”。2006年演习中，区人防办成立区防空演习领导小组，设立人民防空指挥所，制定演习方案。区人民政府机关职能部门、办事处、群众、中学生参加演习。2009年9月，区人防办在云岩区石欣社区、贵州雅园餐饮娱乐有限责任公司（小海螺酒店）范围组织代号为“09—10社区人民防空紧急疏散的演习”。这是一次带实战背景演习，石欣社区居民、保安、物管、小海螺酒店、区医院救护队、市煤气专业队、区消防队、贵阳市交警一大队、黔灵派出所等参与演习，贵阳市区（市、县）相关部门观摩演习。

2010年9月，区人防办在贵阳市第二十三中学开展“2010军警民联合防空疏散演练”。2011年5月，联合贵阳市人防办、区科技局、区应急办在贵阳市第五中学举办“防空、防灾、应急”疏散演练。是年12月，拟制《云岩区2011年校园“防空、防震、应急”防护技能综合演练方案》，在贵阳实验二中开展演训。2012年，云岩区由区住建局、区城管局、区人防办、区卫生食品药品监督管理局、区环保局、区公安分局、区公安消防专业队大队、区城市综合执法大队、区市政所、区环卫站共590人组成人防抢险抢修专业队、人防医疗救护专业队、人防防化防疫专业队、人防治安专业队、人防消防专业队。按照贵州省、贵阳市人民防空办公室安排，结合《中华人民共和国人民防空法》颁布17周年宣传活动，2013年9月18日，云岩区在北京路与宝山北路交叉口范围进行防空警报试鸣及社区居民疏散演练。经区人民政府批准，区人防办与区相关单位共同成立“9·18”人民防空社区疏散演练领导小组。领导小组下设指挥组、警报组、宣传报道组、后勤保障组。参演人员为普陀社区相宝山一带辖区居民、区武装部民兵、社区医务人员等120余人。在参加全市组织的防空警报器试鸣演练中，辖区全部防空警报器准时鸣响，鸣响率100%，完成省、市两级人防音响警报器鸣响演练任务。同时，区人防办还在该路段设点开展人民防空法律法规宣传活动。向市民发放《贵阳市防空防灾知识宣传手册》及宣传资料共2000余份。2014年，区人防办通过《中华人民共和国人民防空法》颁布18周年宣传活动、全国第十二个“全民国防教育日”宣传活动及人防宣传进社区等途径，配合贵阳市人防办宣传人民防空法律法规知识。9月12日，云岩区人防办组织全区警报器设置点管理人员参加贵阳市人防办举办的全市人防音响警报试鸣演练培训；9月18日，参加由贵阳市人防办统一发放警报信号的试鸣演练及人民防空法律法规知识宣传教育活动。

2015年9月18日，参加全市人民防空音响警报试鸣演练。同步在北京路与宝山北路交叉路口范围组织居民、武装民兵、医疗救护人员进行社区群众性疏散演练。全区所有警报器及多媒体多功能音响警报器同时鸣响，鸣响率100%。设置宣传点，宣传展板，发放宣传资料等。11月初，云岩区直通车学校组织1000余名在校师生开展防空防灾疏散演练。市人防办指挥通信处和区人防办到现场作演练指导。为提升区人防治安专业队社会面管控和处置突发事件能力，按照中共云岩区委、区人民政府安排12月末，区人防办、区公安分局共同组织以反恐防暴为背景的云岩区治安专业队训（演）练。训练地点在渔安新城，参演人员为云岩区公安局巡（特）大队110名警察及卫生、消防部门和社区群众。

第三节 人民防空教育

区人防办每年组织开展《中华人民共和国人民防空法》颁布纪念宣传活动、全国“全民国防教育日”等宣传活动，向市民宣传对核武器、化学武器、生物武器防护的“三防”教育知识，发放宣传资料等。每年开展中学生人民防空知识教育宣传及防空、防灾应对突发事件知识宣传进学校、进社区、进机关、进企业、进网络活动，2001年—2015年，共发放5万余册“三防”知识教材读本到区属中学。

第三章 全民国防教育

云岩区全民国防教育基地主要有中国共产党贵州省工作委员会活动旧址——高家花园，八路军驻贵阳交通站旧址、《新华日报》贵阳分销处旧址、贵州人民抗日纪念碑、林青烈士就义处、卢焘遇难处、解放贵州革命先烈纪念碑、云岩区人武部荣誉室、省府路小学少年军校。

第一节 全民国防教育机构

2001年，云岩区全民国防教育委员会办公室设置在区武装部，在贵阳市全民国防教育委员会办公室和区武装部的领导下开展工作。2002 年后，机构逐步完善。2015 年，区全民国防教育委员会主任由区长担任，副主任由区武装部政委、中共云岩区委宣传部部长、区武装部部长、区人大常委会副主任、副区长担任，成员由中共云岩区委办公室副主任、区委宣传部副部长，人民政府办公室常务副主任及区直机关党委、区财政局、区教育局等 20 多个部门主要负责人担任。

第二节　国防教育

云岩区全民国防教育的内容主要由国防教育理论、国防历史、国防常识、国防精神、国防法制、国防体制、现代化武器知识、国防体育八个部分组成。这些内容没有统一的教材，重点从《解放军报》《中国国防报》《中国民兵》等军事读物归纳提取。在 2001 年—2015 年中，区武装部先后会同有关部门组织编印数万字的国防教育教材，作为全区全民国防教育教材。

第三节　教育对象和主要活动

2001 年，国家把每年 9 月的第二个星期日作为“全民国防教育日”，集中组织宣传全民国防教育知识。区国防教育委员会根据不同对象的特点，分层次开展国防教育活动。在组织好国防教育活动的同时，不择时间的对教育对象开展经常性的全民国防教育。

军事人员国防教育主要是对区、社区武装干部、预备役人员和民兵进行国防教育。区武装部坚持经常性对机关工作人员进行国防形势教育，提高军事人员的国防意识。利用军事日组织民兵、预备役人员、区国防动员委员会成员开展军事训练，接受国防教育。一段时间，针对民兵中有“民兵过时”“民兵无用”、当民兵是“额外负担”等思想错误认识，对民兵进行国防教育。采取广播、电视、网络、报刊、宣传栏宣传外，还面对面的给民兵上政治课，增强民兵自豪感。

在开展中小学生国防教育方面，对初级中学以上学生，在政治、历史、地理课程中穿插安排国防教育理论、国防历史、国防常识、国防精神和国防法制内容，按教学设置进行教育；对小学生主要进行爱国主义、革命英雄主义和国防体育教育。每年对区高中和部分初中入学新生进行半个月的军事训练，组织学生到国防教育基地参观与学习。

2011 年—2015 年，区全民国防教育组织利用互联网络在网上对人民群众进行国防教育。每年征兵前后，广泛宣传《中华人民共和国宪法》《中华人民共和国兵役法》以及征兵宣传提纲，对群众进行国防法制教育和爱国主义教育。

2011 年—2015 年重大节日期间，区武装部、区国教办、区委宣传部和各社区都会组织开展不同形式的国防教育宣传活动。

第四章　驻区军事单位

云岩区在2001年—2015年期间，有中国人民解放军部队成都铁路局贵阳军事代表办事处、中国人民武装警察部队贵州省总队等5个军事单位设在区境内。其中有的是军事领导机关，有的担负区境内主要目标的保卫任务和执行军事勤务。

第一节　中国人民解放军驻区军事单位

2001年，云岩区驻有中国人民解放军驻贵阳铁路分局军事代表办事处，是驻成都铁路局贵阳军事代表办事处的前身，隶属驻成都铁路局军事代表办事处领导，行使正团级单位权限，主要担负贵州省内的铁路军事运输任务。2004年6月执行新编制，隶属关系、行使权限不变。下设一个营级军队代表处，即驻遵义地区军事代表办事处，其余驻贵阳站、贵阳南站、六盘水铁路地区、凯里铁路地区、都匀铁路地区5个驻站（地区）军事代表办事处撤销。2005年，贵阳铁路分局撤销，成立贵阳铁路办事处，铁路运输调度指挥由铁路局直接掌管。驻贵阳铁路分局军事代表办事处军事运输组织指挥也随之变化，由计划执行、运行掌管、现场组织等转变为以现场组织和计划执行为主。

2007年3月，驻贵阳铁路分局军事代表办事处番号改称为驻成都铁路局贵阳军事代表办事处。

第二节　中国人民武装警察驻区军事单位

一、中国人民武装警察部队贵州省总队

中国人民武装警察部队贵州省总队驻云岩区，下辖9个市州地支队和3个直属队，以及1个学校1个医院的保卫队。2009年10月，由云岩区迁至金阳新区（今观山湖区）。

二、中国人民武装警察部队贵州省总队后勤基地

2005年之前，中国人民武装警察部队贵州省总队后勤基地隶属贵州总队后勤部，驻地为云岩区东山扶风路。2005年编制调整，主要担负总队遂行多样化任务应急综合保障，后勤战备物资储备、日常物资供给、运输油料保障、装备器材维修保养和总队汽车驾驶员、修理工、炊事员、司务长等专业技术兵培训。2006年，搬迁至云岩区普天社区茶园村。

三、中国人民武装警察部队贵州省总队云岩区中队

2001年—2015年，武警云岩区中队隶属于贵州省总队贵阳市支队。

第三节　公安消防驻区军事单位

2001 年—2005 年，云岩区消防工作由云岩区公安分局消防科负责。2005 年，撤销云岩区公安分局消防科，组建贵阳市云岩区公安消防大队，下辖贵阳市公安消防支队二中队和九中队。2012 年，贵阳市云岩区公安消防大队更名为贵阳市公安消防支队云岩区大队；二中队更名为贵开路消防中队，九中队更名为三桥南路消防中队，为副营级单位。至 2015 年编制不变。

第九篇

商贸 服务业

第一章　产业结构和商圈建设

云岩区自1992年把第三产业作为经济发展的支柱产业之后，利用中心城区的资源要素汇集和区位优势，实施市场带动战略，发展旅游经济、商圈经济和楼宇经济。第三产业在国民经济中所占比重从2000年起平稳提升，产业结构由“九五”期末的“二三一”，调整为“十五”期末的“三二一”，使第三产业为立区之本的地位得到确立。

第一节　产业结构调整升级

从2001年起，云岩区以城区建大型零售业、餐饮业，城郊建大型市场为主线，发展新型商业业态，改善消费环境，扩大市场销售。当年整体搬迁花香村批发市场，建成三桥农副产品中心批发市场，完成三桥水果批发市场二期工程建设，实施市西商业步行街改造，新建市西小商品城、贵阳云岩怡信科技数码港等专业市场。当年全区有各类市场有104个，第三产业为财政收入的贡献率达71.87%。

2002年，引进潮港海鲜城、星力百货（中华店）、国贸大厦、海阔天空、北京华联等大型零售、餐饮企业。对市西大市场和三桥大市场提高完善，建成市西步行街、女人大世界和男人大世界等大型市场。引进从事网络工程、设计制作、信息技术开发等高科技产业的世华数码信息有限公司，扩充新兴第三产业门类，提高第三产业行业品质。

2003年—2004年，住房、旅游、教育、汽车、假日经济等新的消费热点发展较快，成为第三产业新亮点。至2005年，喷水池、大西门两大商圈初具规模，日益繁荣；市西路、三桥等市场辐射力增强；楼宇经济快速发展，现代服务业兴起；北京华联、必胜客餐饮、国美电器等11个国际国内知名企业落户云岩区，贵州雅园小海螺、君临餐饮、国贸广场二期、国晨百货、龙祥百货、翔福服装百货等一批本省餐饮、百货企业在区境开业，同时引进大型娱乐企业天摩凯娱乐城。期间，云岩区制定一系列政策和措施，促进服务业商贸业发展，同时，旅游业、金融业、房地产业、信息科技、社区服务等现代服务业发展力度也不断加大；连锁超市、购物中心等新型业快速发展，限额以上商贸企业在全区消费品市场中继续发挥龙头作用。2006年，苏宁电器喷水池店、国美电器、搜秀新城、智诚百货大楼（大十字店）、香港服装名店街等相继入驻或开业，其中，“英发天玺华庭绿色市场”硬件设施达到行业管理的AAAA级标准，中天花园生鲜农贸市场获得贵阳市首家“绿色农贸市场”称号。2007年又引进艾维时尚、如家酒店、林城大酒店、花香酒店、市西路花香文体市场等一批服务型企业，培育出贵阳智诚百货大楼等一批集散功能较强的商业企业；星力百货在辖区的第五分店“星天地”开业，国贸广场第三分店南国花锦开业。辖区中华路、延安路和瑞金路等商务街区，依托楼宇资源引进大公司及各类企业总部。入驻楼宇企业达上百家，新增楼宇税收年均近亿元。

2007年内，有24家旅行社门店开业，新增旅游定点单位4家，带动区内旅游饭店、旅行社等旅游定点服务企业规模数量增加，服务规模扩大。2009年，贵阳国贸广场百货集团组建，恒峰步行街、家天下美居广场、俏江南连锁餐饮等一批上规模上档次的商贸服务企业在区境建立经营实体，同时加快拓宽服务业投融资渠道和中小企业信用担保机构建设，扶持市西商会及其担保公司发展，鼓励和支持云岩区汇君、中兴银联小额贷款股份有限公司创立；引进齐鲁证券有限公司贵阳瑞金北路证券营业部（齐鲁证券）入驻富中才智服务大厦，齐鲁证券、上海浦东发展银行（浦发银行）开业，推动中介、物流、金融、信息等现代服务业进一步发展。至2010年，产业结构实现产业结构、税源结构优化、企业结构优化：产业结构由2005年的54∶45.8∶0.2调整到59.28∶40.53∶0.19，服务业增加值181.47亿元，"十一五"规划期间年均增长16.99%；税源结构由于现代服务业、楼宇经济等固定税源不断提升，新增税收中服务业贡献率在60%以上；全区2010年度"百强纳税企业"中，服务业有75户。

2011年以后，云岩区持续促进以生产性服务业为核心的产业结构升级，到2015年，第三产业占全区生产总值的比重上升到80.78%；服务业增加值达525.07亿元，"十二五"规划期间年均增长16.25%，产业结构逐步向高增值、强辐射和广就业的现代服务业体系转变。

云岩区第三产业经济情况一览表

（2001年—2015年）

年份	第三产业总产出（亿元）	第三产业增加值（亿元）	增加值增长百分比(%)	社会消费品零售总额(亿元)	社会消费品零售总额占总产出比率%
2001年	40.77	15.72	38.56	28.19	29.43
2002年	50.16	19.61	39.09	37.84	34.23
2003年	62.74	24.01	38.27	44.96	18.82
2004年	74.02	28.75	38.84	73.39	63.23
2005年	89.17	34.27	38.43	82.99	13.08
2006年	104.83	41.36	39.45	94.64	14.04
2007年	126.48	77.95	39.63	110.72	17.04
2008年	131.99	144.01	17.35	131.99	—
2009年	—	164.14	12.4	158.4	—
2010年	—	181.48	14.6	181.9	—
2011年	—	224.86	17.4	218.8	—
2012年	—	283.00	15.7	255.25	—
2013年	—	331.76	16.6	293.34	—
2014年	—	429.09	13.8	327.08	—
2015年	—	525.07	12.8	306.45	—

第二节　四大商圈及大营坡商圈建设

一、商圈形成和发展

2001年，市西路商业步行街建成。国贸广场、星力百货中山店、北京华联等大型商店开业。2003年，贵州天怡豪生大酒店、丽都食府、中意电子大世界、红华旗舰店等上规模、上档次的酒店和商场相继建成开业。以国贸、百盛、星力、北京华联等大型商业网点为支撑的中心商业街区初步形成。国贸广场国晨百货开业。至2005年，喷水池、大西门两大商圈初具规模。全年社会消费品零售总额达82.99亿元，比2001年28.19亿元增长近3倍，占全市社会消费品零售总额的41.12%。

2006年，苏宁电器喷水池店、国美电器、搜秀新城、智诚百货大十字店、北京华联贵山店、市西花香村文体用品市场、香港服装名店等相继开业和入驻。同年启动紫林庵商圈和“重塑大十字繁华”商圈建设，以中华路和延安路为重点，规划建设“总部经济”区。随着市西花香村文体用品市场、香港服装名店街等开业或入驻，促进原喷水池、大西门两大商圈规模逐步扩大。

2007年，云岩区培育扶持贵阳智诚百货大楼等5家特色突出、集散功能强的大型商业企业，帮助国贸广场等大型企业进行扩大规模、功能改造升级，完善核心商圈城市服务功能。当年，星力百货集团星天地宝山店开业，国贸广场中华中路南国花锦购物中心开业；喷水池商圈内的“贵阳东方苏宁电器”销售额达3亿元，名列全国苏宁店第四位。随着艾维时尚、如家酒店、林城大酒店、花香酒店、花香文体市场等商业服务型企业陆续引入，以及推进核心商圈的城市服务功能的进一步完善，喷水池、大十字和大西门商圈成为拉动全区经济发展的主力。

2008年，云岩区继续支持各大型商贸企业发展，推动喷水池周边形成中心商业区和商务区；为恒峰商业步行街开业、凯都大厦建设、百灵时尚天地、百灵尚品1号、百灵阳光等商务楼宇建设、华联酒店升级改造等项目提供服务；改扩建“百盛金凤凰”商场，促进中华中路南国花锦购物中心在年内开业。当年“贵州丽豪大饭店”获评全省首家“金叶级”绿色酒店。2009年，贵阳国贸广场百货集团成立，同年5月1日，恒峰商业步行街建筑群开业，内含商业零售、商务办公、酒店餐饮、公寓住宅、综合娱乐等商圈业态，同时继续推动喷水池、紫林庵、大西门、大十字中心商圈连片发展。

2010年，社会消费品零售总额达到181.90亿元，是2005年的1.2倍。其中：批发业零售额33.50亿元、零售业零售额120.28亿元、住宿业5.16亿元、餐饮业22.96亿元，比2009年分别增长12.8%、21.3%、7.5%、11.7%，实现产业结构、企业品质、经济质量、百强进位“四大提升”。在全省2007年—2010年市县经济发展增比进位综合测评及排位中，云岩区均名列第一。

2009年—2010年，云岩区以提高现代服务业比重和引进新型商贸业态为重点，推动核心商圈优化结构、产业升级，使四大商圈品位不断提升，集聚效应明显增强。至2011年，基本实现实体经济向总部经济、传统产业向现代产业、主城发展向“三圈”发展、商圈打造向商区建设等“四大转变”。2012年，中华北路、延安路、北京路、中山路等一批金融、咨询、会计、法律服务等特色街区升级发展。

2013年，云岩区通过引导企业向大十字周边的商务楼宇集聚，形成以大十字、喷水池和紫林庵等成熟商贸集聚地；引进企业，建设未来方舟、三马片区等高端商贸综合体总部集群。随着核心商圈增量扩容，辐射带动作用大幅度提高。同年，云岩区以人民剧场地块改造、轨道交通1号线和新公园路

（今人民大道）建设为契机，布局商务与生活性配套、商业及娱乐设施、高档写字楼和公共绿地等功能组团。这一时期，位于北京路的银海元隆、龙润广场等城市商业综合体相继开业，其他还有阿玛尼、哈根达斯、红星美凯龙等国际知名品牌旗舰店入驻云岩区主要街道；麦当劳、星巴克建设选址完成，万达影院、世贸国际影城等一流院线正式营运，天宇服饰、康迈电器、迈克科技等74家企业上规入统。精品百货、专卖店、购物中心等多功能、多元化商业业态快速聚集，城区现代商贸中心地位凸显。全年社会消费品零售总额达到293.34亿元，约占全省的八分之一。全区中心城区批发业态转移和新市西商圈建设继续进行。喷水池、大十字和紫林庵三大商圈全年三产增加值达331.74亿元，占全区生产总值615.91亿元的53.86%。大营坡商圈也加快建设步伐。至2014年，市西路批发业态转移完成，并加速建设市西滨河商业步行街。2015年，全区社会消费品零售总额累计完成306.45亿元，是2001年28.17亿元的10.88倍。

二、商圈定位

（一）喷水池商圈

商圈以喷水池为中心，从2001年开始建设，至2005年初具规模。带动延安路、中华北路、北京路沿线，形成银行、保险、证券、会计、中介等产业的金融服务功能圈。喷水池商圈作为第三产业提质升级的核心区域，以街为纽带、高档商务楼字为平台，发展楼宇经济和总部经济，实现商圈扩容升级。圈内以国贸广场、国美电器、苏宁电器、百盛百货、智诚名店、铭都酒店、柏顿酒店等为代表，形成集聚效应。其中，2005年在喷水池商圈开业的苏宁电器贵阳喷水池店，2007年销售业绩在全国苏宁电器连锁店中位居第四；2002年9月开始营业的国贸广场，2007年的纳税排名从91升至第14位。

（二）大西门商圈

大西方门商圈的基础，是改革开放初期建立的成市百货商场。2014年，市西路商户迁往西南商贸城后开始建设。商圈包括中山西路、市西路和瑞金中路交会地带，邻大十字及紫林庵商圈。市西路小商品市场迁移以前，其商品流通规模、品种、客流和销售量均为全省第一。商圈含西南电脑城、怡信数码港，恒丰商业步行街、百灵时尚天地等专业市场，形成家电、数码、服装、图书、餐饮、文化、金融等行业。服务性行业有工商银行贵州省分行、贵州银行总行、中国联通公司贵州分公司、星力百货瑞金店，永辉超市、国贸集团国晨百货等总部和企业，餐饮街、电影院和贩量式KTV歌厅等娱乐场所。2015年，市西路批发业态转移至西南国际商贸城，原址改建市西滨河商业街。项目以大西门辐射带动市西路沿线，逐渐形成大型商业、餐饮酒店等产业的“新市西”商业休闲功能圈。

（三）大十字商圈

大十字商圈为中山路与中华路交叉地带，具有交通方便、行业多商品全、店铺规模大、老店名牌多等特点。2002年，在传统商业“黄金地段”大十字，集中了国际餐饮连锁肯德基、智诚百货、鲜花百盛商场、华侨友谊集团时代广场、北京华联贵山店等大型商场，以及百货、服装、餐饮、金融、娱乐、文化、珠宝等商铺。2014年6月24日，贵阳百货大楼环形商场主体建筑开始拆除，并在原址规划建设大型城市商业综合体“贵阳壹号”，建设目标以大十字辐射带动中华路、中山路、小十字周边区域，逐渐形成现代商贸、新闻传媒、文化创意等产业的文化服务功能圈，使商圈品位整体提升。

（四）紫林庵商圈

紫林庵商圈于2007年完成规划，因受城市轻轨建设影响，2015年仍在建设中。商圈位于延安中路、延安西路与瑞金中路、瑞金北路交汇区域，北面延伸至北京路，与喷水池、大西门商圈相邻。商圈内有家电、百货、图书、服装、门店与商场，农副产品市场，以及信息、金融、会计、酒店、律师、医疗等服务行业。包括延安西路汇金广场和北京路银海元隆广场等大型城市商贸综合体，其中，瑞金北路黔粹行是贵州省规模最大的旅游产品经销商店。商圈内品牌专业商场有怡信数码港、国鼎家电、红华家电等；餐饮住宿业除连锁店外，还有百灵大厦、林城大厦、富中才智服务大楼等商务楼宇。以紫林庵辐射带动瑞金路沿线，形成金融、会计、律师、信息咨询等产业的现代商务服务功能圈。

三、大营坡商圈建设

2008 年，云岩区提出构建全省核心商区的发展部署，其中，“北京路—大营坡—新添大道”是两条经济带之一。2009 年，北京东路开工建设，使大营坡区域成为又一新商圈。2010 年 9 月，大营坡紫金阳光电影城开业，之后，永辉超市分店在贵开路开业，新的商圈逐渐形成，带动区域商业网整体升级。到 2011 年，大型城市休闲生活中心“中大国际广场”建成，其总建筑面积 36 万平方米，是购物、娱乐、休闲为一体的商住综合体的北城商业第一中心，其中，高档住宅 2000 多户，商业体约 7 万平方米，市民休闲广场 1 万平方米。同年，大营坡棚户区改造，成为省和中央企业投资重点项目的开始启动。

截至 2015 年，中大国际广场、沃尔玛、永辉超市、苏宁电器、屈臣氏等大型商业集团公司，及一批餐饮企业、影视娱乐场共同形成大型商贸、时尚购物等产业和企业总部楼宇集中的新都市产业功能圈。

附：商业综合体选介

（一）银海元隆

银海元隆广场项目为云岩区境内超大型城市商业综合体。项目以居住为核心，以商业为基础，融合星级酒店、写字楼、电影院、餐饮、超市、娱乐、购物等多元化模式为一体。位于北京路北侧，西起黔灵公园，东邻贵州省会展中心，南接喷水池商圈和紫林庵商圈，北止北京西路口。项目沿北京路长约 600 米，总用地面积约 5. 5 万平方米，总建筑面积约 50 万平方米。2012 年，银海元隆广场正式签约星力百货，7 万平方米大型购物中心开业。

（二）中大国际

中大国际广场地处辖区北部的大营坡商圈内，于 2009 年开工建设。总建筑面积 37 万平方米，其中住宅物业 20 万平方米，商业物业 7 万平方米，配套建设 1 万平方米的市民休闲广场。为集大型商场、特色百货、餐饮、影院、连锁歌城、街区商业等多种业态于一体的城市商业综合体。综合体地上 1 层~3 层为综合购物和休闲娱乐的购物中心，地下 1 层为沃尔玛购物广场北城旗舰店，地下 2 层至 4 层为人防工程及地下停车场。2011 年以来，云岩区人民政府为中大国际广场制定优惠政策和措施，对入驻企业实行 3 个月~6 个月不等的扶持期，以减免税收、政策帮扶等形式，减轻入驻企业的经营和经济压力。

（三）汇金广场

世纪汇金国际广场位于紫林庵商圈和市西商业街之间的延安西路北侧，建筑面积 6. 5 万平方米，楼高 202 米。2011 年动工，2015 年竣工，也是与银海元隆相似的多功能城市商业综合体。建筑单层面积近 2000 平方米，内含办公公寓 3 万余平方米，以及住宅区 4 万余平方米，配套高速电梯 14 部，停车位 1600 个。餐饮、甜品、个人用品、超市、家居时尚馆体验消费场所、大中小餐饮店和娱乐场所颁布于 9 层。

第二章　商业贸易

云岩区商业贸易发展，主要体现在商圈经济体系建设上，以繁华喷水池商圈、提升大西门商圈、打造紫林庵商圈、重塑大十字商圈等“四大商圈”；从2008年起，又着手构建大营坡商圈为“商圈发展战略”，拓展和完善核心商圈的购物、餐饮、娱乐、金融、旅游服务等城市服务功能，全区各类业态在“商圈”中呈并存状态。

第一节　第三产业经济运行

2001年，云岩区第三产业总产出完成40.77亿元；实现第三产业增加值15.72亿元，比2000年同期增长38.56%；社会消费品零售总额28.19亿元，占第三产业总产出的29.43%。第三产业增加值完成40.96亿元，比2000年增长38.56%，在国内生产总值中占比45.3%。2002年，全区第三产业总产出完成50.16亿元，比2001年增长23.05%；增加值完成19.61亿元，比上年增长24.73%；营业盈余完成10.38亿元，比2001年增长17.10%。消费品市场销售稳定增长，全年完成社会消费品零售总额37.84亿元，比2001年增长134.70%。其中，食品零售额10.15亿元，增长169.16%；服装鞋帽零售额26.26亿元，增长124.63%；日用商品零售额1.43亿元，增长128.83%。第三产业增加值完成45.97亿元，比2001年增长12.4%，在国内生产总值中占比46.02%。2003年，全区社会消费品零售总额完成65.73亿元，比2002年增长11.2%，占全市社会消费品零售总额（153.67亿元）的42.77%，占全市城市零售额（140.7亿元）的46.72%，所占比重分别比2002年下降0.50和0.58个百分点。全年实现社会消费品零售额56.20亿元，增长12.96%。其中限额以上零售额15.5亿元，增长16.36%；限额以下40.69亿元增长1.72%，均高于全市增长速度。餐饮服务业受“非典”疫情影响，增速减缓，占全市比重下降，全区餐饮业零售额全年仅实现9.53亿元，比2002年增长1.83%。全年实现第三产业总产出62.74亿元，比上年同期增长25.07%；实现增加值24.02亿元，比上年同期增长22.49%；实现营业盈余12.45亿元，比2002年同期增长19.93%。第三产业在国内生产总值中占比达到48.1%。2004年，全区实现社会消费品零售总额73.39亿元，比2003年同期的65.73亿元，增长11.66%。其中：限额以上零售贸易业实现零售额16.91亿元；限额以下批发零售贸易业实现零售额42.03亿元；餐饮业实现零售额12.08亿元；其他行业实现零售额2.37亿元。云岩区实现的社会消费品零售额占全贵阳市实现社会消费品零售总175.5亿元的41.82%，占全贵阳市城市零售额160.78亿元的45.65%。其中：限额以上批发零售业实现零售额占全市的45.21%；限额以下批发零售业实现零售额占全市的43.42%；餐饮业实现零售额占全市的32.74%；其他行业实现零售额占全市零售额的54.55%。全年实现第三产业总产出74.03亿元，比2003年同期增长17.99%；实现增加值28.75亿元，比2003年同期增长17.71%；实现营业盈余14.96亿元，比2003年同期增长20.17%。第三产业增加值占全区国内生产总值的45.44%。

2005年，全区社会消费品零售额实现82.99亿元，同比增长13.08%，占全贵阳市社会消费品零售总额的41.12%。第三产业总产出完成89.17亿元，与2004年同期完成的74.03亿元相比增长20.46%；增加值累计完成34.28亿元，与2004年同期完成的28.75亿元相比增长19.22%；营业盈余累计完成17.84亿元，与2004年同期完成的14.96亿元相比增长19.26%。第三产业增加值在国内生产总值中占54%。2006年，全区实现社会消费品零售总额94.64亿元，比2005年增长14.03%。第三产业完成总产出104.84亿元，比2005年增加14.27亿元，同比增长17.57%；增加值完成41.37亿元，比2005年增加7.09亿元，同比增长20.69%；营业盈余完成19.81亿元，比2005年增加1.96亿元，同比增长11.01%。第三产业从业人员达到137993人；第三产业增加值占全区国内生产总值的56.45%。2007年，全区社会消费品零售总额累计完成110.72亿元，比2006年同期的94.64亿元，增加16.08亿元，同比增长17.00%。批发业累计完成社会消费品零售额20.64亿元，同比增长12.64%；零售业累计完成社会消费品零售额65.69亿元，同比增长18.28%；住宿和餐饮累计完成社会消费品零售额21.88亿元，同比增长19.32%；其他行业累计完成社会消费品零售额2.52亿元，同比增长3.12%。第三产业完成总产出126.49亿元，同比增长20.65%；完成增加值50.12亿元，同比增长21.17%；实现营业盈余23.73亿元，同比增长19.81%。第三产业增加值在国内生产总值中占59.15%。

2008年，全区社会消费品零售总额131.99亿元，比2007年增长17.35%。其中：批发企业零售额26.50亿元，增长21.78%；零售企业零售额7654亿元，增长16.40%；住宿和餐饮业零售额26.35亿元，增长17.44%；其他行业零售额2.59亿元，增长2.95%。区属第三产业总产出148.79亿元，与2007年相比增加22.3亿元，增长17.63%；第三产业增加值58.21亿元，同比增长16.12%，在全区国内生产总值中占60.44%。2009年，全区社会消费品零售总额完成158.40亿元，同比增长20.01%。批发业零售额实现32.48亿元，同比增长22.57%；零售业零售额91.07亿元，同比增长18.98%；住宿和餐饮业零售额32.18亿元，同比增长22.10%；其他行业零售额2.67亿元，同比增长3.08%。第三产业总产出175.68亿元（不含辖区内金融、保险等行业），同比增长18.08%；增加值69.54亿元，同比增长19.47%，其中劳动者报酬到达27.51亿元。第三产业增加值占国内生产总值的61.21%。自2009年起，市、区（县）两级商务部门开始开展外贸进出口工作，其中区（县）负责配合市级商务部门协调开展外贸进出口服务贸易，外贸进出口数据统一由贵阳市海关反馈给市商务局后再返各区（县）商务部门。是年云岩区外贸进出口总额完成10.36亿美元。

2010年，全区社会消费品零售总额完成181.90亿元，同比增长18.0%。其中：批发业零售额33.50亿元，同比增长12.8%；零售业零售额120.28亿元，同比增长21.3%；住宿业实现5.16亿元，同比增长7.5%；餐饮业实现22.96亿元，同比增长11.7%。第三产业总产出279.0亿元（不含辖区内金融、保险等行业），同比增长58.82%；增加值95.6亿元，同比增长37.5%，其中劳动者报酬到达38.2亿元。第三产业增加值占国内生产总值的59.28%。全区全年外贸进出口完成16.1亿美元，同比增长63%。2011年，全区社会消费品零售总额累计完成218.80亿元，比2010年增长20.07%。第三产业总产出完成306.06亿元（不含辖区内金融、保险等行业），比2010年同期增长9.69%；增加值完成115.25亿元，比2010年同期增长20.57%，其中劳动者报酬达到45.70亿元。第三产业增加值在国内生产总值中占58.71%。当年云岩区外贸进出口总额完成18.09亿美元，同比增长17%。2012年，全区社会消费品零售总额完成255.25亿元，同比增长16.66%。限额以上企业完成零售额127.6亿元，同比增长16.82%，其中：限上批发业零售额12.24亿元，同比增长44.21%；限上零售业零售额105.41亿元，同比增长14.48%；限上住宿业2.81亿元，比上年增长271%；限上餐饮业7.14亿元，比2011年增长20.38%。限额以下企业及个体完成零售额127.65亿元，同比增长16.5%。第三产业总产出370.75亿元（不含辖区内金融、保险等行业），同比增长15.51%；增加值133.26亿元，同比增长22.93%，其中劳动者报酬完成49.27亿元。第三产业增加值在国内生产总值中占64.13%。外贸进出口完成9.26亿美元，同比下降5.2%。下降的主要原因为贵州瓮福国际贸易股份有限公司、贵州贵航国际贸易有限公司、贵阳桐利来商贸有限公司、贵州醇酒厂进出口公司已转出云岩区管辖，尤以贵州瓮福国际贸易股份有限公司所占云岩区进出口贸易总额比例较大，故影响最大。2013年，全区社会消费品零售总额完成293.34亿元，约占全省社会消费品零售总额的八分之一，比2012年同期增长14.93%。限额以上企业完成零售额144.94亿元，同比增长11.04%，其中：限上批发业零售额5.09亿元，同比增长33.10%；限上零售业零售额134.08亿元，同比增长11.95%；限上住宿业2.55亿元，同比下降6.10%；限上餐饮业实现3.22亿元，同比下降23.84%。限额以下企业及个体完成零售额148.4亿元，同比增长19.00%。第三产业增加值331.76亿元，同比增长16.6%，占国内生产总值的64.35%。外贸进出口总额完成24.48亿美元，同比增长117.7%。其中，出口完成22.17亿美元，同比增长162.9%；进口完成2.31亿美元，同比下降18%。2014年，全区社会消费品零售总额完成327.08亿元，比2013年增长11.5%。限额以上企业完成零售额168.17亿元，同比增长3.3%，其中：限上批发业零售额实现4.07亿元，比2013年下降3.9%；限上零售业零售额实现155.05亿元，比2013年增长4.5%；限上住宿业实现2.55亿元，比2013年下降59%；限上餐饮业实现6.5亿元，比2013年下降121%。限额以下企业及个体完成零售额158.91亿元，同比增长21.0%。第三产业增加值429.09亿元，同比增长14.5%，在国内生产总值中占69.67%。外贸进出口完成总额30.51亿美元，同比增长24.65%，其中，出口完成28.37亿美元，同比增长27.93%；进口完成2.14亿美元，同比下降7.07%。

2015年，全区社会消费品零售总额累计完成306.45亿元，比2014年增长11.1%。限额以上企业完成零售额174.05亿元，同比增长0.9%其中：限上批发业零售额5.49亿元，同比增长19.1%；限上零售业零售额实现160.28亿元，同比增长0.9%；限上住宿业实现2.50亿元，同比下降3.9%；限上餐饮业实现5.78亿元，同比下降9.3%。限额以下企业及个体完成零售额132.41亿元，同比增长24.4%。第三产业增加值525.07亿元，同比增长12.8%，在国内生产总值中占80.78%。外贸进出口总额完成25.14亿美元，同比增长20.04%。其中，出口完成23.57亿美元，同比增长26.7%；进口完成1.57亿美元，同比下降27.9%。

附：商贸企业选介

贵阳国贸广场百货集团（国贸广场） 成立于2001年12月，地址在延安中路1号振华科技大厦（即国贸大厦），前身为贵阳国贸广场商贸有限公司，是中国振华电子集团公司进入零售业的重要项目。主营日用百货、化妆品、皮革制品、钟表、服装、文体用品、玩具、通讯产品，电子器件及IT产品。2002年，在贵阳国贸广场商贸有限公司基础上成立。2007年4月，与厦门“中国春天”百货集团有限公司签订合作协议，成为厦门“中国春天”百货集团有限公司的合作伙伴。国贸广场位于喷水池商圈的核心，是商圈中档次最高的购物商场，引进多种国际名牌奢侈品，吸引高端消费群体。开业后1年，即成为云岩区“纳税百强企业”。旗下的国晨百货2004年开业，地址位于大西门商圈，商场有6个楼层；旗下南国花锦购物中心（南国花锦）2008年1月开业，店址位于中华中路130号，营业面积2.4万平方米，共8个楼层，是集聚购物、餐饮、娱乐等业态等为一体的购物中心。

贵阳星力百货集团有限公司（星力集团） 最早的门店是1995年成立的星力百货商场瑞金店，营业地址在瑞金中路。2004年，贵阳星力百货集团有限公司（星力百货）成立。集团有员工1.3万余人，营业面积55万平方米。旗下品牌包括星力百货、星力购物中心、星力超市等。另有VITO精品超市、"FOODART"花间食艺、星奇儿童俱乐部、"SORPRESA意外""LAVANT HOME利嘉"生活馆、电动游乐城、乐巢公社、集文里等，打破了传统百货特有经营模式。截至2015年，星力集团旗下百货体系，有6家大中型百货分店，其中瑞金店、中山店、星天地占据大西门商圈；星力超市体系从1999年瑞金店超市算起，发展成有中华店超市、云岩广场店超市等中型超市4家、社区超市的独立体系数十家，是中心城区主要生鲜生活用品购物场所。2008年年底，星力集团启动"百家社区超市拓展计划"，在贵阳市及周边地区拓展社区超市达百家之多。纳入云岩区限上统计范畴的中山店、瑞金店2012年完成销售额12.44亿元，同比增长7.04%。2013年4月开业的星力元隆广场大型城市商业综合体，以及2015年年末开业的汇金广场大型城市商业综合体，是包含购物、休闲、餐饮、娱乐、文化、影院、超市等多元化的时尚消费大型商场。2015年，星力集团在云岩区境内纳入限上统计的店面完成销售额13.84亿元，同比下跌3.5%。

北京华联综合超市 北京华联综合超市股份有限公司（北京华联）贵阳分公司的北京华联综合超市，位于贵阳市盐务街35号贵州商专南楼，2002年开业，注册资金为500万元，有从业人员240人。2006年，北京华联贵阳第三分公司（即北京华联贵山店）成立，位于富水北路6号，经营面积约20860平方米，经营品种数达3.2万余种，主营百货精品、名品服饰、名品钟表、数码精品、工艺礼品等，另有中西式休闲餐饮，以及美容美甲、干洗等多种服务项目，是贵阳地区功能、品种、设施最为齐全的大型综合性卖场之一。2011年，北京华联贵阳第六分公司（即北京华联黔春路店）成立，位于黔春路和二桥路交叉入口处。经营项目有：乳制品、日用百货、针纺织品、文化办公用品、体育用品、五金交电化工、金属材料、化工轻工材料、土特产品、装饰材料、劳保用品、塑料制品、陶瓷制品、仪器仪表、饮食炊事机械、花卉，健身器材设施，以及机械电器设备工艺美术品，珠宝首饰、各类食品和农副产品等。截至2015年年底，云岩区内有北京华联生活超市卖场3家；当年北京华联3家贵阳分公司实际完成销售额4.8亿元。

永辉超市股份有限公司（永辉超市） 创办于2001年，是以经营生鲜农产品为主，日用百货、服装鞋帽为辅的商业零售企业。2013年11月15日，证监会核准永辉超市股份有限公司发行股票1.1亿股，在上海证券交易所上市。云岩区境内的永辉超市恒峰店于2011年5月开业，贵乌店于2011年12月开业，枫丹白鹭店于2013年1月开业。超市以生鲜农产品作为自身的特色，带动服装、日用品等其他产品的销售。超市各门店的生鲜经营面积都达到40%以上，生鲜农副产品的销售额占总销售额50%以上。

沃尔玛百货有限公司（沃尔玛） 是美国一家世界性连锁企业，以营业额计算为全球最大的公司。沃尔玛于1996年进入中国，沃尔玛全球采购办公室于2002年设立于深圳。沃尔玛自2004年进入贵阳市场。2014年11月6日，沃尔玛贵乌北路店（中大国际）开业，地址在新添大道南段与鹿冲关路交会处的大营坡中大国际广场负一楼，营业面积7386平方米。主营生鲜食品、服装、家电等品类。设有停车位1500余个。2015年，完成1.5亿元销售额。

贵州智诚企业集团投资有限公司（智诚集团） 1996年5月成立，地址云岩区延安东路3号。第一家商场智诚名店1996年开业，位于贵阳市喷水池商圈的核心，营业面积6000余平方米，是全省首家专营国内外名牌高档服饰的商场。销售商品包括精品男装、女装、化妆品、高档家居及皮具，主要经营高档名牌服饰，如宝姿、华斯度、梵思诺、卡尔丹顿、HAILIVES、雅格狮丹等国际品牌。消费群体主要为中、高层次人群。2001年，智诚集团兼并贵阳禽蛋食品加工厂，组建贵阳海恒农副产品批发市场有限公司。同年，辖区内花香村副食品批发市场搬迁至农贸批发市场内。市场规划用地20万平方米，总投资2亿元，主要经营农副产品、副食品、海产品、塑料制品、五金机电、日用百货等。2004年，智诚集团兼并原国有企业贵阳商业汽车场，组建贵阳智诚圣泉实业有限公司，主要兴建大型超市、批发市场及与之配套的餐饮、宾馆、停车场等综合项目。2005年12月，智诚集团以1.305亿元拍下贵阳百货大楼，2006年成立贵阳智诚百货大楼有限责任公司，公司地址在中山东路。自2001年起，智诚集团多次被评为省、市消费者协会年度"诚信单位"、贵阳市物价局、市质量技术监督局颁发的"价格计量信得过"单位。2007年，被中共贵阳市委、市人民政府授予贵阳市非公有制经济安置就业再就业"十佳"先进企业称号；2009年，获国家商务部评定"达标百货店"称号。

贵州红华便利购物连锁有限公司（简称"红华便利"） 成立于2002年6月，地址在区境蛮坡世纪园，以"便利店"为主营业务。红华便利是贵州省内首家专业从事便利店连锁经营的企业、贵州省经贸委"现代流通体制改革"试点企业，采用国内主流信息系统为平台，通过自建物流配送中心，形成公司总部—配送中心—连锁门店之间的信息交流，实行统一采购、统一店面形象、统一管理、统一服务、统一促销、统一价格的连锁管理机制。

贵阳东方苏宁电器有限公司（苏宁电器） 位于贵阳市延安中路虹祥大厦内，成立于2006年4月，注册资金3477万元，所属经济行业为家电零售业，主营有家电、工艺品、家具、玩具珠宝。

贵州国美电器有限公司（国美电器） 国美电器集团下属的子公司。2004年7月8日成立，地址在中华北路1号，注册资金500万元，所属经济行业为家电零售业，主营家电、工艺品和家具。

贵州神奇百盛商业发展有限公司 其龙港百盛百货商场（百盛百货）成立于2003年，地址在中华中路，注册资金1700万元。属于中外合资经营企业，主营百货零售，主要有服装，皮鞋，皮包，日用品等商品。百盛百货20世纪90年代进驻中国零售业市场，是最早在中国经营时尚百货的外资连锁企业之一。贵阳百盛鲜花店第一家进驻贵阳的外资百货企业。此后，百盛龙港店、金凤凰店也相继开业。在中华路上不到500米的距离就分布3家百盛百货。截至2015年，受市场类型同质化影响，以及电商发展的冲击，百盛鲜花店和百盛金凤凰店歇业，百盛龙港店继续维持经营。

第二节 便利商店和中西药店

一、便利店（小型超市）

2001年—2015年，云岩区连锁便利店逐步覆盖辖区的社区和居民小区。其中，贵阳星力集团、贵州红华、智诚连锁超市等公司，采取集中采购、统一配货的经营模式，促进连锁便利店发展，为给社区居民提供购物方便。

2009年，云岩区根据《商务部办公厅关于开展2008年度社区商业示范工作的通知》要求，培育和建设社区商业示范区作为发展社区商业的突破口，加快社区商业网点建设、完善社区商业服务功、方便和满足居民消费需求。2009年4月，北京路街道办事处八鸽岩社区作为第四批全国社区商业示范社区挂牌；红华便利超市新建社区连锁超市3家，加上原有超市，辖区共有贵州红华社区连锁超市40家；星力社区超市建立社区连锁超市3家。2010年，全区新建便民连锁超市10个，其中北京路街道办事处辖区5个，环城北路街道办事处辖区1个，贵乌路街道办事处辖区2个，金惠街道办事处辖区2个。

除较大商业企业发展的连锁便利店外，云岩区个体经营者经营的便利小商店遍布大街小巷，成为大型购物中心和超级市场业态的重要补充。截至2015年，区境有便民连锁超市56家，其中，法人单位14家，产业活动单位42家。

表1　云岩区连锁超市、便利店选录

（2015年）

序号	名　　称	地　　址	成立时间	经营项目
1	向日葵超市	文昌北路129	1978年12月	食品、日用品
2	智诚超市	永乐路116号	1998年2月	食品、日用品
3	吴柳百货批发	环城东路454号	1998年7月	百货批发零售
4	贵阳富万家生活超市金狮店	巫峰路147号	2001年	食品、日用品
5	莲都超市	茶店村冒沙井783号	2001年12月	食品、日用品
6	智诚超市	贵乌北路181号	2002年	百货超市
7	红华超市	白云大道203号2栋	2002年6月	日用百货食品等
8	红华便利第43分店	后冲街1栋2号门面	2003年	食品、日用品
9	家家缘连锁超市	中天花园茶花园A座底层	2006年6月	日用品、小食品零售
10	红华便利店	北京路104号	2006年12月	日用品、食品零售
11	红华便利店	东新路1号	2008年7月	食品、日用品
12	宾隆超市	黄金路79号	2009年2月	经营生活用品、食品。
13	麒麟超市	新添大道南段74号	2009年2月	食品百货
14	智诚超市	松山路101号	2010年	食品、日用品
15	红华便利第46分店	后冲街8号3栋1号门面	2010年	食品、日用品
16	莲都超市	改茶新村路口	2010年	食品、日用品
17	国琴超市	改茶新村路口	2010年	食品、日用品
18	百汇超市	东新路28号	2010年5月	食品、日用品
19	天成购物超市	茶店村黄山冲新村2号	2010年9月	食品、日用品
20	红华便利店	中天花园A区叠翠谷A20栋一层	2011年4月	日用品、生活用品、食品等零售等
21	老邻居超市	半边街22号	2011年5月	日用百货食品等
22	智诚超市	保利云山1号楼负2层	2011年9月27号	食品、百货、日用品
23	星力超市	中天花园北京四中操场负一层	2011年11月	百货、日用品、生鲜食品等
24	林城超市	仙鹤路355号	2011年11月	食品、百货、日用品
25	莲都超市	茶店村罗家坡24号	2011年11月	食品、日用品
26	莲都超市	博德汽配城旁	2012年	食品、日用品
27	好又多超市	香狮路236号	2012年	食品、日用品零售
28	乐万家超市	化工路1号	2012年1月	日用品食品等
29	麒麟超市	银通花园E栋楼下	2012年11月	食品、日用品

续上表

序号	名　称	地　址	成立时间	经营项目
30	枫林麒麟便利店	枫林小区9号门面	2013年	食品、日用品
31	智诚连锁购物枫林店	枫林小区5号楼4号门面	2013年	食品、百货、日用品
32	莲都超市	下五里新村	2013年	食品、日用品
33	全城一家超市	下五里新村	2013年	食品、日用品
34	乐购超市	野鸭街	2013年1月	食品、日用品
35	黔城壹家超市	市西巷2号	2013年3月	食品、日用品零售
36	林城购物	西瓜村毛安组仙人洞路90号	2013年6月	食品、百货、日用品
37	绿谷超市	茶店村清凉巷6号	2013年7月	食品、日用品
38	乐家超市	普天社区五网格四组	2013年7月	食品、日用品
39	双润发超市	茶店村廖高坡5号	2013年8月	食品、日用品
40	人人乐超市	野鸭街42号	2013年10月	食品、日用品
41	福万家生鲜超市	茶园村保障房商业配套房B区4栋1	2013年12月	食品、日用品
42	绿谷超市	雅关村大寨	2014年	食品、日用品
43	信佳福超市	野鸭街	2014年5月	食品、日用品
44	贵阳枫源佰林商贸有限公司第一分店	贵阳市云岩区延安东路4号	2014年7月	百货
45	莲都绿谷超市	野鸭街五组	2014年8月	食品、日用品
46	易购超市	茶店村黄山冲路48号	2014年8月	食品、日用品
47	世纪华联超市	茶园街六网格190栋	2014年9月	食品、日用品
48	光华黔城超市	茶店村黄山冲二组85号	2014年11月	食品、日用品
49	绿谷超市	茶店村冒沙井7号	2014年12月	食品、日用品
50	莲都超市	大洼组大洼路	2015年	食品、日用品
51	居家乐超市	中天花园御翠岭21栋1楼1号门面	2015年	食品、日用品零售
52	绿谷超市	茶店村罗家坡13号	2015年2月	食品、日用品
53	绿谷超市	东山路	2015年4月	食品、日用品
54	百汇超市分店	花溪大道北段44号	2015年7月	食品、日用品零售
55	绿谷超市	茶园四组30号	2015年8月	食品、日用品
56	物美超市	白云大道192号	2015年8月	食品,日用百货、家用电器等
57	吴柳百货分店	文昌北路16号	2015年9月	百货零售批发
58	黔城壹家	君子巷85号	2015年9月	食品、日用品
59	智诚连锁超市	中天花园阳光玉兰负二层1号	2015年10月	食品、日用品、烟酒等零售
60	勇惠超市	中山南路A北区1栋	2015年12月	日用百货食品等
61	黔城购物超市	茶店村黄山冲新村120号	2015年12月	食品、日用品

社区生鲜平价直销店是由贵阳市商务局统筹建设的生鲜连锁超市，由云岩区商务局具体实施规划布局、项目选址、组织建设和管理。从2011年起，在辖区具备条件的社区居委会管辖区域内，都有社区生鲜平价直销店营业，由区商务局指导智诚连锁超市设立云山、北新、龙城、世纪园、枫丹白鹭等5个生鲜直销连锁店，同时引进永辉生鲜农产品直供超市。为解决群众买菜难、买菜贵问题，让群众吃上放心菜、平价菜，2012年，由区人民政府承担50个社区生鲜直销点的建设任务。区商务局会同各部门，与贵阳市商务局确定承建企业，分别以门面、活动板房和流通车等经营形式，确定50个社区生鲜直销点经营地址。其中，门面15个、活动板房15个、流通车20个。

第一批生鲜直销点9个，建设在贝地卢加诺小区、广信四季家园A3栋旁、碧云山居停车场旁、百花山路58号、黎苏路28号、中天渔安新城中心花园上方19栋前、中天世纪新城半山居、荷塘社区服务中心斜对面、小石城路口左侧，当年开工建设。2013年，完成生鲜直销店（点）和15个猪肉平价直销店（点）30个，全部投入使用。2014年，东山仙鹤路百信生鲜直销超市、北京路龙润广场生鲜直销超市、贵乌路冠竹园13栋地利绿万家生鲜直销超市、陕西路地利绿万家生鲜直销超市、中大国际沃尔玛生鲜直销超市建成开业；和尚坡二级农产品批发市场于12月1日投入运营。2015年，在金仓路11号建成公益性生鲜超市1个，营业面积3000余平方米，由星力百货集团有限公司运营管理。

二、中西药店

2000年，云岩区药店不足20家，至2015年年末，以一树药业、一品药业等连锁经营药店为行业龙头的中西药店达140余家。药店分布较多的社区为北京路社区、金龙社区、普陀社区、中东社区、头桥社区以及黔灵镇等。

分布在北京路社区的药店有：1999年4月成立的贵州一树连锁药业有限公司北京路分店，2005年3月成立的贵州福安康医药连锁有限公司安云路分店，2013年7月成立的北京同仁堂贵阳药店北京路分店等6家。

分布在贵乌社区有药店有：1999年成立的仁心药店，2001年5月成立的贵州一树连锁药业分店，2001年成立的云岩民意大药房，2013年2月成立的芝林大药房，2013年11月成立的一品药业半边街分店等9家。

分布在金龙社区的药店有：2004年成立的福安康药店，2005年成立的贵阳云岩保济堂药店，2012年3月成立的贵州一树连锁药业药店分店，2015年成立的一品药业50分店等13家。

分布在普陀社区有：2006年10月成立的贵州正和祥药业有限公司24分店，2008年1月成立的一树药业第100分店，2011年11月成立的一品药业45分店，2014年10月成立的贵州辰春药业分店等8家。

分布在黔灵镇辖区的药店有：2006年成立的和平药店，2011年11月成立的一品药业85分店，2013年8月成立的同心堂大药房等15家。

分布在头桥社区药店有：2002年12月成立的良济药店，2009年2月成立的知福堂药业，2011年4月成立的福寿康大药房，2012年3月成立的星光药业分店等15家。

分布在威清社区的药店有：2000年成立的贵阳同济堂药房分店，2008年1月成立的康顺大药房，2008年5月成立的一树药业分店，2010年成立的一品药业分店等13家。

分布在延中社区的药店有：1972年1月成立的贵州同济堂药房连锁有限公司中草药分行，1996年10月成立的福安康大药房，1999年3月成立的一树药店，2008年3月成立的和平药店，2014年3月成立的一品药业27分店等12家。

分布在中东社区的药店有：2000 年成立的同德大药房，2009 年 2 月成立的知福堂药房，2013 年 7 月成立的一品药业分店，2013 年 8 月成立的贵州辰春药业分店等 12 家。其余社区均有药店零星分布。

第三节　农贸市场

一、市场建设与改造

2001 年，云岩区有农贸市场 26 家，销售商品以蔬菜、肉类、蛋禽、水产、南北干货、粮油副食等各类农副产品为主。2002 年—2003 年，云岩区结合马路市场清退措施，引导原分散在 17 条城区次干道上的商贩，进入附近小区和街道的室内摊位经营。从 2003 年起，开始推进繁华西进战略，依托观山湖区的建设，改善“三马”片区商业发展条件。2005 年，双峰路和西瓜村农贸市场投入使用。2006 年，清退松山路、半边街马路市场 2 个，商户搬进中天花园绿色农贸市场经营。2007 年，又对盐务街室内农贸市场、东山室内农贸市场、黄金路大棚农贸市场、民生路室内农贸市场、旭东路室内农贸市场实施改造升级建设。当年 10 月 28 日，完成 AAAA 级验收和绿色农民市场前期基础工作。2008 年 1 月，在蛮坡附近开辟的临时过渡农民早菜批投入使用，并相继对红边门室内农贸市场、龙城室内农贸市场、三民东路室内农贸市场、三桥农贸市场进行改造升级。

2009 年，区商务局对三民东路农贸市场、北京路农贸市场、云阳佳苑农贸市场进行改造建设。其中，红边门农贸市场作为市、区两级人民政府“为民办实事”项目，按照贵阳市农贸市场管理规范 AAAA 级标准建设（下同）。项目于当年 9 月 18 日开工，12 月 10 日竣工，12 月 15 日通过云岩区初级验收、12 月 17 日通过市级验收；三桥农贸市场也按照 AAAA 标准建设，与红边门农贸市场同步通过区、市两级验收；其他 2 个农贸市场升级改造跨年度实施。2010 年 6 月底，投入市场改造资金 2559 万元，对大营坡、黄山冲、开磷、贵乌、盈佳、贵医街、锦星、金鑫、延安西路、鲤鱼路、金顶山、公山坡、市西园、三民东路、黔春路、美盈、旭东路等 17 个农贸市场的进行升级改造，完成大型农贸市场创卫达标。2010 年，在马王庙、三桥片区原有农贸市场的基础上，建成新农贸市场。

2014 年，在实施“菜篮子、肉案子、果盘子”保供计划过程中，新增东山仙鹤路百信、北京路龙润超市、中大国际沃尔玛 3 个规模较大的生鲜直销超市。

二、市场管理

2001 年以来，云岩区商务局和工商联局，持续对农贸市场进行常态化管理，投入大量资金，定期对计量器具进行检查和校验。并对市场的环境卫生、商品来源、质量、安全和价格进行检查。

2010 年，在贵阳市城区农贸市场开展的“文明卫生流动红旗”评比活动中，云岩区获第一名；辖区“必检市场”公山坡农贸市场和“抽检市场”延安西路农贸市场分别获得贵阳市农贸市场“文明卫生流动红旗”及市级资金奖励。2011 年以后，为了有效控制菜价，实施农贸市场生鲜蔬菜统一配送体系建设，当年选择红边门、金鑫、延安西路、盐务街 4 个农贸市场开展试点。试点农贸市场对统一配送的蔬菜零售价格实行统一的“建议零售价”管理，统一悬挂“生鲜蔬菜统一配送销售点”标识牌，规定蔬菜经营户必须按照建议零售价进行销售，有效的抑制哄抬物价的现象，并定时在《贵阳晚报》上公布云岩区主要农贸市场主要大宗蔬菜价格，使蔬菜价格控制在相对合理区间。

云岩区对农贸市场实施平时检查与每逢重大节日督查相结合、重点地检查与重大活动提前检查相结合的管理方式，保持农贸市场购物环境和服务水平良好。王家桥农贸市场、公山坡农贸市场、鲤鱼街农贸市场、东山农贸市场、延安西路农贸市场以良好、整洁的购物环境，多次接待贵州省、贵阳市及邻区（县）参观、考察学习。2013 年，在第二季度、第三季度全市农贸市场开展流动红旗评比中，云岩区连续名列贵阳市第一。

2014 年，云岩区 27 个农贸市场，在贵阳市农贸市场“流动红旗”评比中，均名列前茅；完成 19 个肉类蔬菜追溯体系建设试点。2015 年年底，26 个农贸市场线路和电子台秤安装发放到位。

附：农贸市场选介

红边门农贸市场 位于普陀路中段，始建于1996 年，初期有640 余个摊位，市场改造面积5300 余平方米（含市场室外改造面积），市场产权面积5200 余平方米，是贵阳市个体从业人员最多，日交易量最大的室内农副产品集贸市场。服务范围覆盖普陀、黔东、中北、贵乌 4 个街道办事处约 20 余万名居民。

金鑫农贸市场 1996 年，云岩区在取缔城基路马路市场时，成立金鑫农贸市场，安置商贩营业。成立初期，市场位于靠城基巷。1999 年 12 月，市场搬迁到更大的室内商场经营。总面积 5000 余平方米，其中，市场室内上下共两层 4047. 2 平方米，门面 46 个，摊位 420 个；室外停车、购物空地、通道及消防通道约 1100 平方米。至 2015 年，市场摊位实有经营户 370 户。

盈佳农贸市场 位于大营坡中心转盘旁，1999 年 9 月开业，占地面积 6000 多平方米，各类摊位 300 多个，门面 99 间，解决就业人数 1200 余人；服务范围覆盖万东、新联、银佳、万江、沙河等社区 20 多个，人流量日均 4 万余人次，受益居民 20 余万人。

表 2 云岩区农贸市场选录

（2015 年）

社区	名称	地址	成立时间	经营项目
中东社区	民生路集贸市场	民生路 10 号	1993 年 3 月	蔬菜、肉类、禽蛋、粮油、熟食、水产品、干货、调味品、水果等
金关社区	马王庙农贸市场	金马街 13 号	1993 年 4 月	产权及管理归属乌当区商务局
头桥社区	黄金路农贸场	黄金路	1994 年 1 月	蔬菜、肉类、禽蛋、粮油、熟食、水产品、干货、调味品、水果等
	大营坡农贸市场	新添大道南段 143 号	1995 年 7 月	蔬菜、肉类、禽蛋、粮油、熟食、水产品、干货、调味品、水果等
省府社区	盐务街农贸场	盐务街 77 号	1995 年 10 月	蔬菜、肉类、禽蛋、粮油、熟食、水产品、干货、调味品、水果等。
栖霞社区	旭东路农贸场	旭东路 261 号	1995 年 3 月	蔬菜、肉类、禽蛋、粮油、熟食、水产品、干货、调味品、水果等
普陀社区	红边门农贸市场	普陀路 97 号	1996 年 12 月	蔬菜、肉类、禽蛋、粮油、熟食、水产品、干货、调味品、水果等
蔡关社区	蔡家关农贸市场	蔡关村下寨路	1997 年 11 月	蔬菜、肉类、禽蛋、粮油、熟食、水产品、干货、调味品、水果等
中环社区	城基路金鑫农贸市场	城基路 132 号	1999 年 5 月	蔬菜、肉类、禽蛋、粮油、熟食、水产品、干货、调味品、水果等
	沙坡农贸市场	茶店村沙坡组	1999 年 7 月	

续上表

社 区	名 称	地 址	成立时间	经营项目
中环社区	金关农贸市场	—	1999 年 9 月	蔬菜、肉类、禽蛋、粮油、熟食、水产品、干货、调味品、水果等
	盈佳副食品综合市场	贵乌北路 181 号	1999 年 9 月	副食品蔬菜批发零售
贵乌社区	贵医农贸市场	兴贵路 11 号	2000 年 5 月	蔬菜、肉类、禽蛋、粮油、熟食、水产品、干货、调味品、水果等
延中社区	市西集贸园	交通街 28 号	2000 年 10 月	蔬菜、肉类、禽蛋、粮油、熟食、水产品、干货、调味品、水果等
金狮社区	贵乌农贸市场	百花山路 10 号	2000 年 10 月	蔬菜、肉类、禽蛋、粮油、熟食、水产品、干货、调味品、水果等
	红运农贸市场	白云大道 201 号	2001 年 2 月	蔬菜、肉类、禽蛋、粮油、熟食、水产品、干货、调味品、水果等
金龙社区	金顶山农贸市场	金鼎路 125 号	2001 年 9 月	蔬菜、肉类、禽蛋、粮油、熟食、水产品、干货、调味品等
金关社区	西山农贸市场	西山巷	2002 年 6 月	蔬菜、肉类、禽蛋、粮油、熟食、水产品、干货、调味品等
威清社区	延西农贸市场	延安南巷 5 号	2002 年 12 月	蔬菜、肉类、禽蛋、粮油、熟食、水产品、干货、调味品、水果等
	鲤鱼农贸市场	鲤鱼街 46 号	2003 年 8 月	蔬菜、肉类、禽蛋、粮油、熟食、水产品、干货、调味品、水果等
	公山坡农贸市场	市西路 250 号	2003 年 11 月	蔬菜、肉类、禽蛋、粮油、熟食、水产品、干货、调味品、水果等
宅吉社区	开磷农贸市场	宅吉路 335 号	2007 年 8 月	蔬菜、肉类、禽蛋、粮油、熟食、水产品、干货、调味品、水果等
	龙城万商农贸市场	松山路 15 号	2008 年 6 月	蔬菜、肉类、禽蛋、粮油、熟食、水产品、干货、调味品、水果等
三桥社区	三桥农贸市场	贵阳市云岩区三桥北路	2008 年 12 月	蔬菜、肉类、禽蛋、粮油、熟食、水产品、干货、调味品、水果等
北京路社区	北京路农贸市场	北京路 205 号	2009 年 6 月	蔬菜、肉类、禽蛋、粮油、熟食、水产品、干货、调味品、水果等
黔灵镇	黄山冲农贸场	茶店村黄山冲路 48 号	2009 年 11 月	蔬菜、肉类、禽蛋、粮油、熟食、水产品、干货、调味品、水果等
黔东社区	三民东路室内农贸市场	三民东路	2010 年 6 月	蔬菜、肉类、禽蛋、粮油、熟食、水产品、干货、调味品、水果等
	锦星农贸市场	北京路 205 号	2010 年 8 月	蔬菜、肉类、禽蛋、粮油、熟食、水产品、干货、调味品、水果等
	百花坪农贸市场	—	2010 年 9 月	蔬菜、肉类、禽蛋、粮油、熟食、水产品、干货、调味品、水果等
荷塘社区	水电八局早批市场	白云大道 247 号—1 号	2013 年 1 月	农产品和食品
	普天农贸市场	—	2013 年 5 月	农产品和食品、过渡性。

续上表

社　区	名　称	地　址	成立时间	经营项目
普天社区	茶园农贸市场	野鸭街小桥边	2015 年 8 月	蔬菜、肉类、禽蛋、粮油、熟食、水产品、干货、调味品、水果等
市西社区	香狮路农贸市场	市西路平桥巷 5 号	2015 年	蔬菜、肉类、禽蛋、粮油、熟食、水产品、干货、调味品、水果等

第四节　批发零售市场

一、市场培育发展

从 2000 年起，云岩区年成交额上亿元的市场有比兰德装饰材料市场、黑马装饰材料市场、三桥蔬菜批发市场和化纤布料批发市场等。2004 年，辖区内建成三桥种子农资市场、阳关驾驶员城、贵阳美博（化妆品）城等大中型专营批发市场。同时，开始筹备贵阳银通大型建材家具市场、阳关物流中心一期、北京路嘉信新城、新添大道利海商贸城等大型专业市场的建设。2005 年，市西路批发市场、三桥批发市场等市场通过升级改造，带动作用和辐射力逐步增强。2006 年，市西花香村文体用品市场建成运营。至 2012 年，云岩区有各类商贸批发市场 16 个：三桥综合批发市场、后坝粮油批发市场、宝山新业酒店用品批发市场、延安西路化纤布料市场、湘企西南五金批发市场、比兰德装饰材料市场、三桥农资交易中心、市西大市场、浣纱路源桥批发市场、浣纱路毛线批发市场、爽都化妆品批发市场、罗汉营五金产品批发市场、鼎益玻璃铝型材不锈钢批发市场、浣纱路佰汇通纺织品市场、浣纱路化妆品专营市场、贵阳金关钢材市场。其中爽都化妆品批发市场于年内关停。

2013 年 7 月 26 日，启动市西路批发市场业态转移，同时，对市西路市场周边物流企业经营户进行整治清退。2014 年，整治市西路及周边物流行业和违法仓储，累计关停或转移物流企业 500 余家，动员引导 6732 户批发业态经营户转移至区外商贸市场。2015 年，市西路批发业态转移完成后，开始建设市西滨河商业步行街，云岩区地均产值达到每平方千米 6.95 亿元，仍在全省继续领先。

表 3　云岩区专业批发市场选录

（2015 年）

序号	市场名称	市场所在地	经营品种
1	三桥综合批发市场	云岩区白云大道 53 号	食品饮料糖酒日用百货等
2	后坝粮油批发市场	云岩区改茶大道 65 号	粮食、食用油
3	宝山新业酒店用品批发市场	云岩区宝山北路 401 号	酒店用品
4	延西化纤布料市场	云岩区延安西路 32 号	化纤布料等
5	湘企西南五金批发市场	云岩区金阳南路 1 号	五金产品
6	比兰德装饰材料市场	云岩区威清路 270 号	建材、装饰材料
7	三桥农资交易市场	云岩区中坝路 16 号	农资等
8	市西大市场	云岩区市西路 76 号	日用百货、服装等

续上表

序号	市场名称	市场所在地	经营品种
9	浣纱路源桥批发市场	云岩区相思巷 11 号	铝塑日用品等批发零售
10	毛线批发市场	云岩区延安西路 279 号	毛线等
11	爽都化妆批发市场	云岩区黔春路 1 号	化妆品等
12	罗汉营五金产品市场	云岩区浣纱路 36 号	五金等
13	鼎益玻璃铝型材不锈钢专业市场	云岩区百花大道 42 号	玻璃铝型材不锈钢等
14	浣纱路百汇通纺织品市场	云岩区浣纱路 22 号	纺织品等
15	贵阳浣纱路化妆品专营市场	云岩区浣纱路 159 号	化妆品等
16	金关钢材市场	云岩区金坡路 2 号	钢材
17	三桥木材市场	云岩区百花大道 12 号	旧木料
18	黑马建材市场	云岩区新添大道南段 123 号	建材、装饰材料
19	罗汉营土产市场	云岩区浣纱路 36 号	土产等
20	星云家电城	云岩区中坝路 94 号	家用电器
21	威清窗帘市场	云岩区威清路 156 号	窗帘布料及成品
22	汽车三场布料市场	云岩区威清路 297 号	布料等
23	贵阳西南电脑城	云岩区公园西路 1 号	IT、电脑、通信产品及配件、耗材批零
24	怡信数码港	云岩区瑞金中路(贵阳第八中学旁)	IT、电脑、通信产品及配件、耗材批零

二、批零企业规模变化

2004 年，云岩区限额以上批发零售企业实现销售额 79.34 亿元。2010 年以后，因贵阳客车站搬迁和市西路批发业态转移，加上网络购物等新型消费方式发展，辖区重点企业的经营模式出现下行，新的商业模式尚未形成。

2013 年，云岩区批发和零售业年营业额 2000 万元限额以上的批发和零售企业有 174 家。其中，限额以上批发企业 85 家（贵阳天宇服饰有限公司、贵州迈克科技有限公司、贵阳康迈电器有限公司为 2013 年新上限入统企业）。全年，89 家批发企业累计完成销售额 238.86 亿元，比上年增长 7.09%；85 家零售企业累计完成零售额 134.07 亿元，比上年增长 11.95%。2015 年，限额以上批发零售企业有 240 家。其中，限额以上批发企业有 125 家，限额以上零售企业 115 家（贵州习酒电子商务有限公司、贵州盛远医药有限公司、贵州博大医药有限公司、贵州华储石化有限公司等 55 家批发零售企业 2015 年新上规入统）。截至 12 月，125 家批发企业累计完成销售额 247.50 亿元，比上年下降 10.12%；115 家零售企业 1 月—12 月累计完成销售额 177.77 亿元，比上年增长 4.86%。其中，纳入国家统计局限额以上社会消费品零售总额企业平台的云岩区 3 家电子商务企业，2015 年 1 月—7 月零售额达到 3.7 亿元。

贵阳星力百货集团有限公司、贵阳国贸广场集团有限公司发展成为行业中的龙头企业。云岩区社会消费品零售总额由 2001 年 28.19 亿元、2005 年 82.99 亿元、2010 年 181.90 亿元上升到 2015 年的 306.45 亿元。

附：批发市场选介

市西路百货批发市场 1982年建成，有百货、服装、五金及饮食经营户200余户，百货批发零售辐射全省及整个西南地区。2000年，市场有批发摊位1945个，日成交额在100万元以上。以市西路商业街为核心，东起紫林庵、西至二桥、南抵大西门、北达北京路区域内，形成的专业市场群，称为市西大市场，包含贵阳市第一条商业购物步行街。沿瑞金路、紫林庵形成的电脑城、文体商品中心；延安西路形成的信息咨询和物流中心；原贵阳客车总站内的大型化纤布料批发市场、客车站鞋城，以及客车总站立交桥地下商场、市西化妆品专营市场、市西毛线专营市场、市西塑料制品厨具专营市场、市西土产五金专营市场；沿威清路形成的五金、装饰材料市场，以及位于二桥的原大西南物资交易市场等。2014年，市西路批发业态转移升级，动员引导6732户批发业态经营户转移至区外规划建设的商贸市场。2015年，市西路老街道得以拓宽，建成贵阳市第一条商业步行街，全长800余米，宽15米~22米。步行街两侧建有大型商厦商场32栋，其中经营面积1万平方米以上的有裕华商场、女人大世界商城隆福商场；经营面积5000平方米以上的有友谊商场、鸿运商场、市西商场；经营面积3000平方米以上的有瀑布商场、市西商厦华联公司、瑞福商场、市西海文小商品市场、南华商场华龙商场、澳马品牌、服饰中心；经营面积1000平方米以上的有省汽贸物业公司、市西商厦汽贸总公司、市西商厦顺兴公司、百佳商贸城、福贵商场、谊都商场、银通商场、永鑫商场、顺通商场、恒丰商场、亚泰商场、市西登高商场、宝安商场、祥云商场、启新商场、众成商场、添汇商场、市西运动鞋城等。

贵阳三桥综合批发市场 由贵州智诚集团投资控股（占公司总股本的98.96%）的贵阳海恒农副产品批发市场有限公司营运管理及提供配套延伸服务。贵阳海恒农副产品批发市场有限公司拥有贵阳三桥综合批发市场全部土地、房屋产权。规划用地20万平方米，独立经营铺面4000间，配套仓库1.5万平方米；停车位400余个。市场实际占地面积13万平方米（其中公司自有土地面积9万余平方米），门面、库房2100余间，营业面积6万余平方米，停车位800余个，配套周转仓库1.5万平方米。市场设有客户产品展销厅、写字楼、餐饮、住宿、娱乐等经营及生活配套设施；建有电子商务网站和办公局域网、电子监控系统、移动通讯服务网点、餐饮服务区和两家商业银行驻场设点服务。至2015年，市场内经营户共1100余户，专业从事货物批送经营户150余户。农副土特产品，以及日用小百货、文体用品、五交化产品等有30多个大类、数万个品种。客户辐射涵盖全省及西南地区各省，年平均销售额约80余亿元。

贵阳三桥水果批发市场 2000年12月28日，贵阳三桥水果批发市场开业。市场是由东山水果批发市场整体搬迁形成。原东山水果市场成立于1986年，占地面积约8千平方米，营业间100间，车位50个，由于创建时受地形限制，规模过小，造成经常爆市，过多摊点挤占道路、阻塞交通。故整体搬迁搬迁到三桥南路，地处贵阳市西出口是贵阳唯一的专业水果批发市场。由于市场三面临路，方便铁路和公路运输。整个市场占地面积5万平方米，集商务、交易、信息、运输、餐饮、住宿为一体，采用现代的硬件设施和现代的经营管理机制（股份制公司经营管理）。

第五节 专项购物活动

一、家电下乡

2009年，云岩区开展家电下乡工作，参与家电下乡的73家中标企业通过备案登记。当年对家电下乡销售补贴类家电产品8662台（件），销售金额1414.31万元。补贴242户农村家庭，累计补贴金额64164.8元。

2010年，申请备案登记中标家电销售企业134家，81家经审查通过备案登记。销售补贴类家电产品17707台件，销售金额3304.16万元。其中，电冰箱2586台，销售额558.63万元；彩色电视机1010台，销售额337.12万元；手机1916台，销售额96.95万元；洗衣机3409台，销售额340.28万元；热水器690台，销售额160.58万元；电脑（计算机）4746台，销售额1654.08万元；空调43台，销售额13.5万元；电磁炉3211台，销售额137.07万元；微波炉96台，销售额6万元。累计补贴金额106.01万元。

二、购物节活动

2009年9月30日至10月8日，云岩区人民政府配合全市"迎盛世国庆，享缤纷金秋"活动，举办云岩欢乐购物周活动，有11家企业的20个大型商场、超市、家电卖场及餐饮企业参与活动。购物节活动以"购物、消费抽奖"和"超市下乡、送货到村"活动为主。其中，"超市下乡、送货到村"活动4个点2天共销售货物金额10余万元。"购物、消费抽奖"活动以时尚的商业文化、区域性的商业品牌吸引消费者。活动期间参加购物、抽奖活动的10家企业销售额达1.88亿元。

2010年4月28日至5月3日，辖区内星力百货等10家大型商业企业举办"2010'5·1'满意购物周"活动，活动主题为"快乐毓秀，满意云岩"，区商务局专门为活动制作1万个环保购物袋。参加活动的10家企业销售额达2.69亿元，比2009年同期增长46.81%，其中苏宁电器销售额达1.25亿元，比2009年同期增长105%。2012年，"中国·贵阳避暑季云岩（城市）文化旅游节欢乐云岩购物节"活动中，全区26家商贸餐饮企业在活动期间，向6个社区的困难低保户发放面值100元的购物券；10家大型商场超市和餐饮企业，共销售23616.23万元，比2011年同期增长14%。2013年，云岩区欢乐购物节期间，10家企业所属20个门店通过打折、让利、返券等促销方式，吸引顾客消费，活动期间实现销售额67241.63万元。

第六节 电子商务

2007年起，电子商务在云岩区开始迅速发展，截至2015年，由区人民政府扶持引导的云岩区电子商务经营活动全面展开。根据贵阳市人民政府有关决定和方案，云岩区确定未来方舟电子商务产业园以电商总部、社区电商和跨境电商线下体验为主，金关电子商务产业园以电商物流和电商服务为主，建设快递物流二级分拨中心，配套一定区域的电子商务展示体验店，打造贵阳电子商务服务外包基地，并建成"贵州电子商务第一村"。规划拟用3年时间，基本建成"2个电子商务产业园区——多个区级电子商务运营服务中心——28个城市社区（镇）电商便民服务中心——150个小区（村级）电商便民服务点”的电子商务发展空间布局和建设布局体系。

自2007年—2015年，区商务局将电子商务产业发展作为“推动区域经济转型发展”的重要工作。交易规模逐渐扩大，成为各类商品的重要销售渠道之一。截至2015年年底，全区有电子商务网点19家，全年交易额约完成173.34亿元，约占贵阳市2015年电子商务交易额的45%。

第三章　楼宇经济和总部战略

从1992年起，中华中路云岩区段、中华北路、北京路、延安路、瑞金路等主次干道旁，建成大批现代楼宇，为辖区发展楼宇经济提供了条件。2001年以后，云岩区依托喷水池、大西门、紫林庵和大十字中心商贸区建设“四大商圈”，以及中华路、延安路、中山路、公园路、富水路“五大商街”为商贸经济发展平台，实施总部战略，发展楼宇经济。其中包括在楼宇内经营的商贸和金融服务业总部如2009年起陆续引进的保利云山国际总部、金融保险总部、贸易总部和科技研发总部等。

第一节　楼宇经济培育

2004年7月28日—29日，云岩区举办2004楼宇资源推介暨招商洽谈会。成立“贵阳（云岩）2004楼宇资源推介暨招商引资洽谈会组委会”，由分管副区长任组长，区商务局等有关单位及街道（镇）党工委主要负责人为成员单位，组织商家参与展会和招商活动。当年向外推介建成和在建楼宇资源71栋面积81万平方米，发放宣传资料5万余份；签约项目6个，引进资金3亿元。首先以邻近中华中路、中华北路、延安东路、瑞金北路等主干道沿线的闲置楼宇为载体，引进金元电力公司、广东富力集团、贵州天天房屋开发公司等省内外数十家大公司、大企业集团总部、研发中心落户云岩，进入楼宇发展。全年新增楼宇税收5200多万元，其中各街道（镇）新增楼宇税收3600余万元。

2005年，以楼宇资源为载体招商引资，引进国美电器、枣庄矿业集团、深圳劲嘉集团、必胜客餐饮等国内外品牌企业入驻。对辖区楼宇和新增楼宇进行调查核对统计。至年底，有宅吉、中北、北京路、黔东、头桥、中华、中西、威清、市西、中东、环北、普陀等12个街道办事处报送相关资料，审查认定符合新增楼宇企业条件的61户。2006年，培育延出安中路新闻出版大楼为新增税收上300万元楼宇；同时，引进苏宁电器、国美电器、搜秀新城、智诚百货、香港服装名店、北京华联等企业83家，全年新增楼宇税收近亿元。加上延安中路贵州世贸广场、中华北路众厦大厦竣工，全区基本实现以楼宇引总部入驻，以总部促经济发展的良性循环。2007年，为盘活更多楼宇资源，对新增的117户楼宇企建档立卡，上门服务。同年4月，瑞金北路富中财智中心大楼建成，承接一批服务企业入驻。2009年，引进保利云山国际等企业公司总部、多家金融保险总部、贸易总部和科技研发总部入驻楼宇。

2010年，在楼宇经济发展中，盘活了中山路、延安路、中华路、瑞金路“两横两纵”沿线一批闲置楼宇资源；培育扶持峰会国际大厦、物资大厦、世贸广场、中大国际广场、金马大厦、百灵时尚大厦、南方电网大厦等楼宇；其中富中才智服务业大楼、凯都总部大厦等平台主要培育金融、中介和信息等现代服务业。2011 年，云岩区将银海元隆广场建设列入楼宇经济重点项目。2012 年，百灵时尚天地大厦建成。2013 年，引导企业入驻峰会国际、中山大厦、百灵时尚、富中财智等核心区商务楼宇，初步形成以大十字、喷水池、紫林庵等成熟商贸集聚地和未来方舟、“三马”片区等新兴大型高端商贸综合体为依托的区域性总部集群。同年，中大国际、国贸置业、汇金国际等一批总部商务楼宇在建设中。已建成的 60 栋楼宇，正式运行的 49 栋，商务楼总面积约 125.71 万平方米，闲置面积 1.87 万平方米，总利用率 98.51%。入驻企业 1489 户，其中贵银大厦入驻企业 106 户、京瑞大厦和太平洋大厦楼宇分别入驻企业 8 户和 3 户。

第二节　楼宇资源管理

一、楼宇资源整合

针对中心区域闲置楼宇资源，云岩区加强闲置楼宇资源整合，实行动态管理。主要引进适合城区发展的环保，科技含量高的现代产业项目与企业和引导新兴产业入驻闲置楼宇，以楼宇吸引“总部”入驻，以“总部”促经济发展，基本实现经济发展良性循环。

为克服地域空间狭小等不利因素的影响，云岩区作出《三圈发展计划》，将全区划分为三圈，即核心圈、周边圈、外围圈。核心圈位于城区中心地带，商业聚集，交通便捷，人、财、物信息流汇集，充分发挥自身优势，辐射带动周边区域发展，做大商圈、繁荣贸易。推动商圈逐步向中央商务区发展。核心圈以外的区内区域为周边圈，周边圈受核心圈的辐射影响较大，注重新型工业的发展，促进传统优势产业向高新技术产业转变升级。全区以外的空间均属于外围圈，外围圈在与周边区县的交流合作中，推行“总部 + 基地”模式，拓展总部经济发展。

二、服务管理机制

云岩区将分散零星的引进与针对性的集中引进相结合，有意识地引导商务楼宇凸显自身特色，形成城区板块。同时，主动与楼宇开发商或其他相关人士取得联系，了解新开发楼宇的定位与规划思路等，并搜集有意进驻或投资该楼宇的企业基本情况；实行联合招商，参加大型招商活动，为进驻企业提供“一站受理、限期办结”的一站式服务。区商务、工商、税务、行政服务中心等部门进驻商务楼宇，全程代办各项手续，听取协调解决企业的困难和问题；加强管理部门与楼宇业主进行沟通，建立信息数据库和服务平台。

针对传统商务楼宇管理模式存在的缺陷，云岩区提出构建以商务楼宇社会管理综合服务体系为核心的新型“楼宇经济”模式。以“打造亮点、突出重点、整体推进”为主线，全面做好商务楼宇的社会管理工作，推动商务楼宇党务、政务、商务工作有机结合，构建“党务主导、政务延伸、商务衔接”的多元化现代商务楼宇管理模式。建立集党建工作站、社会工作站、工会工作站、团建工作站和妇联工作站的“五站合一”商务楼宇社会管理综合服务站；建立“社情民意”反馈机制、群众利益协调机制和规范化建设标准、考核评价体系机制；利用工作站信息网络系统，连接“党建、政务和商务网络服务平台”，为楼宇提供网络便捷服务、信息共享和网络宣传服务。

三、税收分配

2004年12月，云岩区人民政府制定《云岩区2003年至2007年分税制街道（镇）财政体制补充方案》，规定2004年—2005年，各街道（镇）2004年起新增的楼宇企业和盘活闲置楼宇的企业所产生的，进入地方财政30万元以上的楼宇税收，在区、街（镇）体制4:6，3′7，2′8分成比例的基础上，提高街道（镇）一个档次财力分配比例，即3:7，2:8，1:9。30万元以下的提高街道（镇）半个档次财力分配比例，即3.5:6.5，2.5:7.5，1.5:8.5。

2006年—2007年，区财政和税务部门对各街道及黔灵镇当年楼宇税收部分，按3个档次计算：

（一）进入地方财政100万元以上的楼宇税收，在区、街道（镇）体制4:6，3:7分成比例的基础上，提高街道（镇）1个半档次财力分配比例，即2.5:7.5，1.5:8.5，实行2 ： 8分成比例的街道（镇）提高一个档次财力分配比例，即1:9。

（二）进入地方财政50万~100万元的楼宇税收，在区、街道（镇）体制4:6，3:7，2:8分成比例的基础上，提高街道（镇）一个档次财力分配比例，即3:7，2:8，1:9。

（三）进入地方财政50万元以下的楼宇税收，在区、街道（镇）体制4:6，3:7，2:8分成比例的基础上，提高街道（镇）半个档次财力分配比例，即3.5:6.5，2.5:7.5，1.5:8.5。对重点培育的楼宇，每年年底由区、街财政按楼宇内辖区企业缴纳税收构成的地方收入总额的5%提取资金，用于新引进企业在租用培育楼宇时的资助。

第三节 “总部战略”实施

2010年，云岩区依托四大商圈商业布局，继续发展楼宇经济，实施“总部战略”，提升传统商贸业发展水平。促进中介、物流、金融、信息等现代服务业发展；拓宽服务业投融资渠道，加快中小企业信用担保机构建设，引进国内知名金融机构；紧扣生态文明城市建设战略，通过清退低端低效服务业腾空间、升级优化传统服务业树品牌，以提高现代服务业比重和引进新型商贸业态为重点。2013年，云岩区依托凯都大厦、驰宇大厦、智诚大厦、邮政大厦等楼宇资源，建设喷水池区域总部集群；利用峰会国际、中山大厦、金凤凰大厦等楼宇资源，建设大十字区域总部集群；对恒峰步行街、中汽外贸大厦、瑞金商务大厦等楼宇资源和市西路进行业态改造，建设大西门、紫林庵区域区域“总部集群”，形成“四足连片”发展格局，为各类总部入驻提供充分条件。年内，成为亿元总部楼的有：凯都大厦、驰宇大厦、富中财富大楼等7栋楼宇；成为千万元总部楼有：智诚大厦、邮政大厦、建设大厦等30余栋楼宇。入驻上述楼宇企业，共完成销售额211.76亿元，其中销售额达10亿元以上的楼宇4栋，1亿~10亿元之间的楼宇13栋；49栋楼宇企业共纳税3.33亿元；完成国税2.23亿元，地税1.10亿元；纳税总额上千万元的楼宇有10栋。2014年，贵阳市商务局及区发改局查明全区年销售亿元以上的楼宇有17栋，上缴税收总额过千万元的楼宇有10栋。

2015年年底，辖区内重点商务楼宇有45栋，投入使用41栋。45栋楼宇建筑面积共152.65万平方米，入驻企业1436户。用户构成主要有商贸服务、金融、文化创意、旅游及电子商务等业态。全区楼宇度年税收上亿元的商务楼宇21栋；227家企业年均产生税收46.48亿元；45栋重点商务楼宇全年主营业务收入达到284.1亿元。其中主营业务收入超过亿元的楼宇有21栋，超过5000万元的楼宇4

栋，超过1000万元的楼宇10栋，在1000万元以内楼宇7栋；全年纳税总额20.34亿元的重点商务楼宇45栋，其中纳税总额超亿元有6栋，超5000万元有5栋，超1000万元5栋，纳税1000万元以下的楼宇26栋。

第四章 服务业

2001年以后，云岩区加快传统服务业转型。传统批发零售、住宿餐饮、仓储、邮政等传统服务业向现代化模式提升。同时重点发展旅游业、金融业、现代物流、信息科技、房地产业和居民社区服务业等现代服务业。2003年以后，旅游业的发展，促进住宿和餐饮业等服务行业的现代化升级，营业额持续增长。在原有金融机构基础上，2013年引进一批银行及保险、证券等非分行金融机构，增强金融对市场的服务力度。

第一节 服务业培育

2001年，云岩区开始通过举办“2001中国（贵阳·云岩）国际卡丁车锦标赛暨全国卡丁车锦标赛”“2002首届贵阳（云岩）电脑节”“中国（贵阳·云岩）美食节及服装艺术节”等活动，扩大辖区知名度，培育服务业市场。2003年4月，贵州天怡豪生大酒店开业，国际品牌酒店开始进入云岩区。

2004年，云岩区实施“三圈”发展战略，对与服务业关系密切的电力大楼、科技大厦、广告信息大楼等商务楼宇加大培育力度，促进大西门和紫林庵电子电器商务板块、中华北路金融证券板块、普陀路饮食娱乐板块建设和提升。2006年—2008年，全区已建成既有依托楼宇经济，实施总部战略的核心圈（城区中心），也有小关、三桥、东线“三线”和周边圈（核心圈外辖区）的发展环境，并继续对各商圈金融、商务、文化、休闲、旅游等业态丰富的中心商业区和中央商务区建设加大促进力度。

2010年，云岩区以建设头桥至三桥至金阳、北京路至大营坡至新添大道两条服务业繁华经济带，发展物流配送、连锁经营、仓储会员店，以及大型超市、电子商务等新兴业态为重点，使“连锁经营”模式从传统零售业、餐饮业向其他服务、生产资料等领域渗透。同时启动中华中路时尚购物街、文昌北路旅游休闲街、市西路商业步行街、陕西路和平路风味小吃街、上合群路风情酒吧街等特色街区规划建设，传统服务业得到升级优化，服务业提质增效得以实现。同年，区人民政府组织推荐侗家食府、粥香扑面、奇纳凤、老凯里酸汤鱼、仟纳餐饮、黔之源酒楼等6家餐饮企业参加“黔味音响、魅力贵阳”为主体的2010中国·贵阳避暑欢乐美食节活动。当年引进“味千”拉面、“全聚德烤鸭”等国内知名餐饮企业2家入驻辖区。

2013年，云岩区引进贵州银行、融通金融超市、华融金融中心、国信证券、贵州华侨实业等金融、信息企业。依托中国人民银行贵州省分行、工商银行贵州省分行、建设银行贵州省分行、太平洋保险、人寿保险、华创证券等金融服务机构聚集优势，按规划建成省府路、中华北路、瑞金北路金融服务中心；将中华路、延安路、北京路、中山路金融、咨询、会计、法律服务等特色街区改造升级。随着银海元隆、龙润广场等城市商业综合体相继开业，阿玛尼、哈根达斯、红星美凯龙等国际国内知名品牌旗舰店入驻辖区，其中麦当劳、星巴克完成选址，万达影院、世贸国际影城等服务业均于年内正式营运。全区三产服务业增加值由2001年的40.77亿元、2005年84.52亿元、2010年181.46亿元增长到2015年的525.07亿元，对全区生产总值的贡献率达到80.78%。金融业增加值由2010年30.30万元增至2015年106.10亿元，成为服务业各行业增速最快的行业。2015年起，辖区以大数据为引领加快，以金融业为龙头，现代服务业为主体的新产业体系。

旅游服务领域效益最为显著：2015年区接待国内外游客981.48万人次，完成旅游总收入266.34亿元，旅游总收入全省县市区第一，荣膺“最美中国·生态旅游·文化旅游目的地”。同年，“未来方舟”城市综合体列入贵州省“100个旅游景区”名单。

第二节　餐饮业

云岩区餐饮业有个体户经营的中小型餐馆，也有规模较大的宾馆酒店。2001年以后，私营有限责任公司及私营独资企业逐步增多。至2015年年末，在云岩区市场监督管理局登记注册的餐饮经营户有1178家（不含在省和市的市场监管部门登记注册的，以及星级酒店附设餐厅），其中私营有限责任公司16家，私营个人独资企业11家，个体户1130家。较大的餐饮企业如贵州饭店餐饮部、金筑饭店餐饮部、雅园餐饮有限公司（旗下有雅园酒家、雅园渔村、雅园红海湾等多家酒楼）、老凯里酸汤鱼、食不厌精酒楼、大满园酒楼，以及各大酒店宾馆餐饮部。

2001年以后，餐饮经营户通过老店升级改造、不断扩大规模提高服务档次，“连锁经营”得到普遍推行。2009年，区商务局重点扶持拾禾餐饮有限公司、仟纳饮食文化有限公司特色餐饮企业，引进国内知名餐饮品牌俏江南入驻云岩区。2012年，云岩区限上餐饮企业（含个体）餐饮企业67家，实现营业额6.67亿元。2013年，限额以上餐饮企业21家，全年完成营业额3.22亿元。2014年，限额以上餐饮企业70家，其中，贵州金峰酒店管理有限公司、贵阳云岩云之南滇味民俗酒楼、贵阳云岩忠富酸汤火锅等为当年新上规入统企业。当年70家餐饮企业完成营业额6.51亿元。

截至2015年，在全区1200家餐饮企业中，个体经营户1130家，占餐饮企业总数的94%以上；限额以上餐饮企业（指年营业总收入200万元以上，年末从业人员40人以上的企业）66家，其中贵阳警苑食府、贵阳云岩爽又爽鱼庄、贵阳云岩鹿鸣餐饮有限公司、贵阳冰城雪缘冷饮厅、贵州泉丽和酒店投资管理有限公司及贵州黔朝会餐饮管理有限公司为当年新增上规入统餐饮企业。限额以上餐饮企业中，年营业额500万元以上的餐饮企业有30家，全年完成零售额4.78亿元。“贵阳警苑”食府、“贵阳云岩爽又爽”鱼庄、贵阳云岩鹿鸣餐饮有限公司、贵阳冰城雪缘冷饮厅、贵州泉丽和酒店投资管理有限公司及贵州黔朝会餐饮管理有限公司6家餐饮企业为当年新上规入统企业。当年年营业额500万元以上的30家餐饮企业全年累计完成营业额4.78亿元。比较著名的餐饮企业有“雅园”集团旗下各类酒店、姜氏餐饮有限公司、本味道黔菜餐厅、御铺烤鸭、老凯俚酸汤鱼、皇室假期酒楼，“贵州拾禾”餐饮文化管理有限公司旗下的“云之南”滇味民俗酒楼，以及“贵阳黔蘑菇”四季餐厅、鸿福记、“食不厌精”酒楼、鼎立黔餐饮、仟纳饮食文化有限公司、大贵溪酒楼、贵阳云岩鹿鸣餐饮有限公司、贵阳四合院饮食有限公司、贵州小小黔味餐饮有限公司等中型餐饮企业，各星级酒店宾馆也有餐饮部；必胜客、肯德基、德克士等等国外快餐连锁店都有在辖区经营的门店。

附：餐饮企业选介

贵州雅园饮食娱乐有限责任公司（雅园）　成立于1999年6月，其前身为1987年11月创办于贵阳市中华北路上的雅园酒家。历经近20年的发展，公司旗下创建17家分公司，在云岩区境内有大雅园酒楼、北京路酒家、雅园渔村分店、红海湾酒楼、新天地饭店、凯悦啤酒城、新大新分店、雅园稻香酒家、小海螺海鲜广场等。“雅园”为贵州省餐饮业龙头企业，曾被贵阳市金融系统评为“AAA信得过单位”，贵阳市人民政府授予“贵阳市百强企业”称号。2015年，雅园在云岩区内餐饮企业实现营业额8596.5万元。

贵州拾禾餐饮文化管理有限公司（拾禾）　成立于2008年2月，注册地址在云岩区威清路。旗下在区境内的饭店有：2001年3月成立，位于威清路8号的云之南滇味民俗酒店（威清店），2007年10月成立，位于中天花园的贵阳黔蘑菇四季餐厅中天花园店等。“拾禾”餐饮以天然野山菌系列及滇、黔菜品为特色，位于威清路云之南滇味民俗酒楼和永乐路的茶马野菌养生食坊，是专门以天然野山菌为主要菜式的连锁企业。黔蘑菇四季餐厅中天花园店以贵州省野生菌为主打品牌，兼营省内特色保健餐饮菜式。2015年，黔蘑菇四季餐厅实现营业额1508.4万元。

贵州林城印象餐饮有限公司　成立于2009年10月，地址在市中心省府路，注册资金1000万元，兼营粤、湘、黔菜等系，经营面积4000多平方米，总投资近2000多万元。2015年，实现营业额1369.2万元。

贵阳姜氏餐饮有限公司　成立于2010年，地址在友谊路，注册资金450万元。旗下加盟店“百灵·阿一”鲍鱼酒楼营业面积8000余平方米，宴会厅可容纳60桌宴席，多功能厅可容纳30桌宴席，另有贵宾房40余间；内设大型停车场。主营经典粤菜，以海鲜为主要食材。2015年，实现营业额1682.1万元。

贵阳仟纳饮食文化有限公司　2000年7月12日创立，主营新派特色黔菜。旗下仟纳时尚酒店位于贵阳市盐务街号；纳米香火锅店位于盐务街宅吉碧苑，仟纳美食汇位于延安中路。

第三节　宾馆酒店业

一、酒店宾馆

云岩区域内星级旅游酒店较为集中。除20世纪50年代建成的贵阳饭店、贵州省交际处等当时的高档宾馆外，改革开放后建成的现代化大型酒店有延安东路东口的金筑酒店、北京路南端的贵州饭店等。20世纪90年代以后建成的腾龙酒店、华成大酒店和柏顿酒店等现代酒店遍布辖区各主次干道。截至2015年，区境有AAA星级以上酒店30余家，其中AAAAA星级酒店有贵州天怡豪生大酒店、贵州铭都锦江大酒店；AAAA星级酒店有贵州饭店、贵州华美达神奇大酒店、贵州丽豪大饭店和贵州柏顿酒店等；AAA星级酒店有贵州华联大酒店、贵阳浣溪假日大酒店、贵州新联酒店、贵州林都酒店等。连锁快捷经济酒店有7天连锁、如家、锦江之星、汉庭等数十家分店。一些机关企事业单位设立的招待所，面向社会对外营业，多改名为宾馆或饭店，如贵州省政协宾馆、贵州仁达饭店和省政府迎宾馆等。2010 年，贵州饭店与贵州省国际会议中心合并重组，成立新的贵州饭店有限责任公司，是贵州省接待大型商务会议的重要旅游饭店之一。

表 1　云岩区三星级以上宾馆酒店一览表

（2015 年）

序号	酒店名称	地　址	成立时间	星级
五星级				
1	贵州天怡豪生大酒店	枣山路 29 号	2002 年 6 月	5
四星级				
2	贵州饭店	北京路 66 号	1989 年 9 月	4
3	贵阳华美达神奇大酒店	北京路 1 号	1998 年 08 月	4
4	贵州栢顿酒店	延安东路 18 号	1999 年 03 月	4
5	贵州温州大酒店	中华北路 26 号	2004 年 03 月	4
6	贵州丽豪大饭店	瑞金北路 115 号	2004 年 05 月	4
7	贵州嘉华酒店	延安西路 111 号	2006 年 09 月	4
8	铭都锦江大酒店	中华北路 21 号	2006 年 11 月	4
9	贵阳林城大酒店	八鸽岩路 15 号	2007 年 04 月	4
10	贵山大酒店	省府路 39 号	2009 年 11 月	4
11	贵阳西湖花园大酒店	宝山北路 133 号	2011 年 02 月	4
12	贵州山水大酒店	北京路 203 号	2012 年 03 月	4
三星级				
13	黔灵大酒店	北京路 255 号	1991 年 1 月	3
14	贵州紫林宾馆	延安中路 110 号	1995 年 10 月	3
15	贵州新联酒店	宝山北路 213 号	1997 年 10 月	3
16	贵阳神奇星岛酒店	贵开路 78 号	1999 年 10 月	3
17	贵州华城大酒店	中华北路 67 号	1999 年 9 月	3
18	贵州华联大酒店	中华中路 137 号	2001 年 3 月	3
19	贵阳南翔酒店	延安西路 14 号	2003 年 9 月	3
20	贵州林都酒店	延安西路 2 号	2006 年 10 月	3
21	贵州京瑞宾馆	北京路 194 号	2007 年 7 月	3
22	贵阳浣溪假日大酒店	浣纱路 104 号	2008 年 11 月	3
23	贵阳浣溪荣和大酒店	浣纱路 76 号	2012 年 5 月	3

二、旅店客栈

云岩区内旅店，截至 2015 年统计，有 120 余家。主要有 2007 年 5 月成立的航轩旅社等旅店宾馆 39 家，2010 年以后成立的旅店客栈有 41 家；还有部分旅店客栈分布在各大市场、社区服务中心内。规模和星级呈动态变化。

附：驻区大型酒店选介

贵州饭店 地址在北京路西段，是贵州省国资委管辖的贵州旅游投资控股集团旗下贵州省国际会议中心有限责任公司的全资子公司，注册资本6026万元。

贵州饭店1989年建成，是贵阳第一家涉外饭店，酒店大厦当时成为贵阳市的标志性建筑。2010年，贵州饭店与贵州省国际会议中心合并重组，成立新的贵州饭店有限责任公司。合并后的贵州饭店总占地面积约10万平方米，总建筑面积约23万平方米，按五星级标准设置客房367间（套），含总统套间以及中、西餐厅，高档宴会厅和现代会议厅等，东楼大礼堂有座位1500个。

贵阳丽豪大饭店 2004年开业，地址在瑞金北路，为四星级酒店，是贵州机场集团有限公司全资子公司，注册资本3167万元。酒店有199间客房、套房及行政楼层。饭店内设豪园中餐厅、丽苑西餐厅。可提供现代化会议设施和专业的宴会服务。2005年1月31日，通过ISO 9001—2000质量管理体系标准和ISO 1400—2004环境管理体系标准认证。

贵州天怡豪生大酒店 于2003年开业，地址在枣山路。酒店是中铁五局集团全资子公司，注册资本2000万元，按五星级标准提供服务。酒店有各种商务房及套房310间，设有特色房间和配套设施；有可同时容纳200人的中餐厅及16间中餐厅贵宾房，主营川、黔、淮杨、湘、粤菜等多种菜式，提供家庭聚餐、商务宴会套餐等服务。

贵阳华美达神奇大酒店 1998年7月成立，位于区境北京路1号。由贵州神奇制药厂与麦吉斯（纽约）国际有限公司合资组建，注册资本2000万元。有日式套房、为女宾特设的女士房、商务行政楼层、无烟楼层以及省内独有的复式套房。行政楼层设有专属的行政酒廊。酒店设有连通房，为家庭旅客营造相对独立的私人空间，提供各种国内外风味美食。大堂酒廊可以进行商务洽谈、休闲会友服务。

第四节 生活服务业

一、理发业

2001年—2015年，云岩区理发服务设施不断改善，服务水平有所提高，除传统的个体经营小理发店以外，有多家规模大、环境好、配套设施完善的美发连锁机构。截至2015年年末，区境内有理发服务网点130多家，其中规模较大的美发服务机构有红发廊、椰岛造型、首力美发、新标榜发廊等，其余大多数理发服务机构均为个体工商户。

中小型理发服务机构遍布区境各居民社区、商业街道。贵乌社区有九月发型设计中心、独之艺发廊、星发廊、首剪空间等15家，栖霞社区有审美美发、纯美之约、富都发型超市等12家，黔灵镇有云岩萱彩美发店、三千丝理发店、艺剪坊等15家，头桥社区有晓勇专业发型设计、卡娜轩美发、绯闻造型等6家，威清社区有贵阳锦城新标榜发廊、贵阳红发廊瑞金店、零度美发等8家，中东社区有M造型室、秀沙龙、首力空间专业造型文昌店等18家，中环社区有贵阳云岩渲之彩美容美发馆、贵阳宝姿美发中心、贵阳云岩三八理发店等6家，头桥社区有晓勇专业发型设计、卡娜轩美发、斯丝丝发型设计等6家，中天社区有立体造型养发馆、引力发艺、花想容美发店、世纪佳人美发店等13家，金鸭社区有鑫榜美发、燕子美容美发等6家。

二、美容业

云岩区美容服务业始于20世纪90年代初期，至2015年，全区正常营业的美容院、女子会所等美容服务机构有50余家，分布于城区各社区。北京路社区有贵阳汗青美容美体养生馆，贵乌社区有都市佳人美容养生馆、柔婷美容院、36度美容院，省府社区有贵阳云岩南国佳人美容院、贵州首力美发美容有限公司，水东社区有贵州兰熏美人美容有限公司，宅吉社区有天姿美容馆、中东社区有亮丽美容院、精英美容中心，中环社区有贵阳云岩妈妈拾贰愿保健中心、贵阳云岩珂爱迩美容养生馆，中天社区有戴秀禾雅美体美容，金关社区有云岩秀丽美容化妆室，金鸭社区有魅力女人美容院等。

美容机构提供的服务主要有：皮肤护理、纯天然专业护肤、纯天然祛皱抗衰、按摩、卵巢保养、香薰耳烛等。按照护理的目的，可分为美容类项目和养生类项目，美容院还附带销售专业化妆品。

三、沐浴业

从2001年—2015年，传统的大众浴池（室）逐步向郊区及城乡接合部发展，成为解决农村和城乡接合部“洗澡难”问题的服务项目。金泉浴室、建萍浴室、新星浴室等10余家大众浴室均在黔灵镇辖区。现代洗浴中心沐浴，主要向市民提供“休闲”享受，成为城市商务休闲消费的主流方式。洗浴服务场所的规模从几百平方米到数千平方米不等，风格不断向高档次、多元化发展。截至2015年年末，云岩区各类沐浴服务机构有30多个，其中大型休闲洗浴服务机构有海泉湾浴业、东土大唐浴业、碧海云天浴业、欣港湾休闲酒店、北海道浴业、海兰云天浴业、裕德池等。

四、家政服务业

2000年，劳动和社会保障部正式认定“家庭服务员”职业，家政服务从此走上“职业化”发展。“保姆”一词逐渐被“家庭服务员”代替。家政服务涉及20多个门类，200多个服务项目。清洁工、钟点工、月嫂、陪护、保健等服务是家政服务主要内容，内含清洁服务、操持家务、护理老人、护理孕妇、产后新生儿、保育婴幼儿、护理病人等项目。

2001年—2015年，先后在区市场监管部门登记注册且存续的家政服务企业有170家（不含在省和市的市场监管部门登记注册和2001年以前在云岩区工商局登记注册且存续的企业），其中私营有限责任公司（含个人独、普通合伙）142家，个体经营户28家。全区注册资本50万元及以上的家政服务企业有15家，100万元及以上的有贵州贵宝万家政服务有限公司、贵州奥美林家政服务有限公司、贵州美清源家政服务有限公司等6家。从经营内容来看，服务范围扩大，分工更为精细，主要业务有保洁服务、老弱病人及婴幼儿看护、房屋开荒（新装修房屋打扫卫生）、地毯清洗、大理石翻新、木地板打蜡、外墙清洗、管道疏通；有的还可开展防虫灭鼠服务、水电安装维修、防水防漏工程、生活水箱的清洗、消毒、建筑物清洗等服务。另外，一些临时性家政零活，由零散劳务人员和商场维修人员上门服务，如搬运重物大件、清运垃圾、维修水电等。

五、搬家服务业

20世纪90年代初期，由于辖区城市建设范围不断扩展，居民和企事业单位搬迁的情况日益增多，搬家服务业应运而生。2001年以后，进入快速发展阶段。至2015年，在云岩区登记注册的搬家公司约30家（不含在省和市的市场监管部门登记注册和2001年以前在云岩区工商局登记注册且存续的企业），注册资本从 1 万元到 150 万元不等，其中注册资本 150 万元的搬家企业有 1 家，注册资本 100 万元的有 6 家，注册资本 50 万元以上 100 万元以下的有 6 家。

30 家搬家企业中，私营个人独资贵阳福禧搬家服务部成立较早，成立于 2007 年 3 月。成立于 2015 年 9 月的贵州通运鸿搬家服务有限公司注册资本最多，为 150 万元。贵州鸿兴发搬家服务有限公司、贵州永吉搬家服务有限公司等 20 家为私营有限责任公司（含个人独资）；另有 10 家搬家公司为个体经营户。

六、婚纱摄影业

2000 年以后，云岩区婚纱摄影行业服务项目越来越多，企业规模越来越大，档次不断提高。区境的影楼品牌有雷蕾纯色之恋、罗曼印象、帝维妮、子慕印象、世纪新娘等。贵州新苑摄影艺术有限公司、贵阳李小平摄影艺术有限公司、贵阳罗曼印象婚纱摄影有限责任公司等 11 家为私营有限责任公司（含自然人独资、普通合伙、外商独资），贵阳云岩莱色婚纱摄影服务部、贵阳云岩艾斯维尔婚纱摄影馆、贵阳云岩世纪新娘婚纱摄像馆等 8 家为个体经营户。成立时间较早的有贵州新苑摄影艺术有限公司、贵阳李小平摄影艺术有限公司，分别成立于 1991 年 6 月和 1998 年 9 月。有 10 余家影楼位于区境富水北路、富水中路及周边街道，行业聚集效应明显。2001 年—2015 年，先后在云岩区市场监管局登记注册婚纱摄影企业有 22 家（不含在省和市的市场监管部门登记注册或 2001 年以前登记注册且存续的企业）。

第五节　会计 税务 企业管理服务业

一、财会服务业

2001 年—2015 年，先后在区市场监督管理局登记注册并存续的财务会计服务企业有 23 家（未含在省和贵阳市登记注册，以及 2001 年以前在区登记注册且存续的企业），会计服务企业均为私营，其中有限责任公司 18 个，普通合伙企业 5 个。

二、税务代理服务业

在云岩区的税务代理中介服务机构出现于 2001 年以后，较早登记注册的有 2005 年 5 月成立的贵州通和税务师事务所有限公司，公司有从业人员 13 人。2006 年 5 月，上海骁天税务师事务所贵阳分公司成立，办公地址在中华北路神奇世纪商务城，公司具有 3A 税务师事务所执业资质，有执业注册税务师 5 人，非执业注册税务师 4 人，分公司有员工 30 余人。至 2015 年年末，云岩区登记从事税务中介服务机构有 15 家，其中贵州新黔瑞税务师事务有限公司已注销，贵州通和税务师事务有限公司为组织临时登记。

三、企业管理服务业

2001 年—2015 年，先后在云岩区登记注册、经营范围涉及企业管理、工程咨询、酒店餐饮管理、市场营销、形象策划、项目管理等内容的企业，共有 807 家（未含在省和贵阳市登记注册、2001 年以前在区登记注册，且存续的企业），除有 2 家个体经营户以外，其余均为私营有限责任公司（含自然人独资及法人投资的内资企业）。注册资本 1000 万元及以上的企业有贵州联商伟业投资管理有限公司、贵州骏通资产管理有限公司、贵州中信捷资产管理有限公司、贵州美富森投资有限公司、贵州宝恒丰金融咨询服务有限公司、贵州皇钻老年产业开发有限公司等75家，其中注册资本2000万元及以上的有18家。

表2　云岩区注册资本2000万元及以上存续工程管理服务企业一览表

（2001年—2015年）

序号	企业名称	企业属性企业类型	经营地址	经营范围	注册资本
1	贵州宝恒丰金融咨询服务有限公司	私营有限责任公司	延安中路世贸广场A幢	金融外包服务,金融产品设计,金融技术服务,融资手续代办服务,资产管理,投资咨询服务,企业管理和金融信息咨询	3000万元
2	贵州骏通资产管理有限公司	私营有限责任公司	创世纪新城A幢	非金融性资产管理及咨询服务;房地产中介服务;固定资产管理;非金融性项目投资及咨询服务,企业管理及咨询服务,一般企业事务代理等	5000万元
3	贵州联商伟业投资管理有限公司	私营有限责任公司	瑞金北路富中才智中心1幢	非金融性项目投资管理及咨询,融资理财信息咨询,财务信息咨询,固定资产管理,贷款信息咨询,房地产信息咨询,企业管理策划	5000万元
4	贵州伊斯顿教育投资有限公司	内资有限责任公司	中华北路众厦大厦会	教育投资咨询;计算机软件开发及应用;企业管理咨询;商务信息咨询;企业形象策划;销售:文具、办公用品	2000万元
5	贵州义和鑫科技发展有限公司	私营有限责任公司	宅东小区45幢	计算机软硬件开发、技术服务;节能技术推广;商务信息咨询;企业管理	3000万元
6	贵州鸿森泰环保科技有限公司	私营有限责任公司	延安西路瀑布商厦	环保科技技术开发、技术转让、技术服务、技术咨询;企业形象策划;商务信息咨询;企业管理咨询	2000万元
7	贵州凯智杰装饰工程有限公司	私营有限责任公司	中华北路国艺大厦	室内外装饰工程、建筑工程、安防工程、防水工程、园林工程、钢结构工程、门窗工程的设计、施工;市政工程、地基与基础工程施工;水电暖通安装工程;等	2500万元
8	贵州路克快屏文化传媒有限公司	内资有限责任公司	蔡家街39号	企业管理咨询;市场营销策划	2550万元
9	贵州海百合投资管理有限公司	私营有限责任公司	延安西路2号金宇紫林广场B幢	非金融性项目投资及信息咨询;广告代理,商务策划,房地产经纪,企业营销策划,企业管理咨询服务	2000万元
10	贵州皇钻老年产业开发有限公司	私营有限责任公司	瑞金中路瑞金商务大厦	老年产业项目投资、项目研究及开发及咨询;旅游和农业项目投资;餐饮和娱乐行业投资策划,会议会展、礼仪庆典服务策划,房地产项目开发,物业管理、企业营销策划,固定资产管理	3000万元

续上表

序号	企业名称	企业属性 企业类型	经营地址	经营范围	注册 资本
11	贵州中信捷资产管理有限公司	私营有限责任公司	中华北路贵银大厦1幢	固定资产管理;非金融性项目投资及咨询;营销策划;企业管理咨询	5000万元
12	贵州融九州金融咨询服务有限公司	私营有限责任公司	贵乌路中大国际广场B区	金融信息咨询;非金融性项目投资管理;企业管理咨询;企业营销策划;商务信息咨询服务、会展服务	2000万元
13	贵州众缘恺投资管理有限公司	私营有限责任公司	延安中路振华科技大厦A幢	非金融性项目投资、固定资产管理、市场营销策划、企业形象策划、商务信息和企业管理咨询;计算机软硬件经营	2000万元
14	贵州红星利尔商业发展有限公司	私营有限责任公司	马王庙黎苏路48幢	企业管理;资产管理;非金融性项目投资;物业管理及租赁	5000万元
15	贵州深华银投资管理有限公司	私营有限责任公司	中华北路银海大厦南幢	非金融性项目投资咨询;企业管理;进出口贸易;广告设计、发布	5000万元
16	贵州世纪汇金商业管理有限公司	私营有限责任公司	蔡家街39号	企业项目策划及管理服务;市场调研;物业管理;房地产投资咨询、经营管理咨询、地产项目策划、等	2000万元
17	贵州美富森投资有限公司	私营有限责任公司	国艺大厦	非金融性项目投资;固定资产投资管理;非金融性项目投资信息咨询;企业管理咨询;财税信息咨询	5000万元
18	贵州太古丰泽资本管理有限公司	私营有限责任公司	贵安新区行政中心政务服务大厅	资本管理咨询服务,非金融性项目投资,资产管理,投资理财咨询,股权投资,证券及债券投资咨询服务,企业管理,企业策划等	2000万元

第六节 人力资源和房地产中介服务业

一、人力资源服务业

人力资源服务企业除在省和贵阳市登记注册，或2001年以前在云岩区登记注册的机构外，2001年—2015年期间，在区登记注册的机构有53家，其中注册资本100万元及以上的有贵州山峰顶上劳务有限公司、贵州上善人力资源管理有限公司、贵州天林翔人力资源管理有限公司和贵州华森南特建筑劳务有限公司等16家。

二、房地产中介服务业

云岩区住建局房屋租赁物业管理服务中心 2014 年成立，对房地产中介机构进行指导及管理。云岩区房地产中介机构一般分为一手房代理、二手房代理、产权代理、房屋租赁代理 4 类经营模式。一手房代理销售及产权代理的中介服务机构在云岩区备案状况良好。在区住建部门登记的主要房地产中介机构，有 2002 年 4 月成立的贵阳采纳创意置业咨询有限公司，注册资本 78 万元，地址在国艺大厦内。2015 年营业收入 2383 万元。

2001 年—2015 年期间，先后在云岩区登记注册并存续、经营范围涉及房地产中介服务的企业有 64 家（不含在省和贵阳登记注册，以及 2001 年以前在区登记注册且存续的企业），均为私营有限责任公司（含自然人独资）。贵州佳意房产经纪有限公司、贵阳百川房地产经纪有限公司、贵州天地行房地产顾问有限公司等 16 家房地产中介服务企业注册资本在 100 万元或以上，其中贵州纳百川房地产开发有限公司、贵州佳意房产经纪有限公司、贵阳百川房地产经纪有限公司 3 家房地产中介服务企业注册资本为 1000 万元。

第七节　广告 婚庆业

一、广告服务业

2001 年—2015 年间，陆续在云岩区登记注册并存续（不含在省和贵阳市登记注册，以及 2001 年以前在辖区登记注册，并存续企业），主营或兼营广告业务企业有 590 余家，私营有限责任公司或个人独资企业为主，另有个体经营户 20 家。注册资本 500 万元以上的广告企业有 35 家，其中贵州三足缘鼎文化传媒有限公司注册资本 2000 万元，贵州耀荣科技发展有限公司注册资本 1950 万元。注册资本 1000 万元的有贵州中天文化传媒有限责任公司、贵州宏运尚品商贸有限公司、贵州盛道源文化传媒有限公司、贵州华耐立家科技有限公司、贵州特派文化传播有限公司、贵州红煜枫文化传媒有限公司、贵州素年锦时文化传媒有限公司、贵州动力原点文化传媒有限公司、贵州易锋美文化传媒有限公司和贵州镜善景美文化传播有限公司等 10 家。

二、婚庆服务业

2001 年—2015 年期间，在云岩区登记注册并存续、经营范围涉及婚庆中介服务的企业有 42 家（不含在省和贵阳市登记注册，或 2001 年以前在云岩区登记注册并存续的企业），其中贵州特派圣火文化传播有限公司、贵州禧天缘婚庆策划有限公司、贵阳喜宫坊婚礼策划有限公司等 36 家为有限责任公司；贵阳云岩致雅风尚婚庆策划工作室、贵阳云岩金墨香旗家政服务中心等 6 家为个体经营户。注册资本 100 万元及以上的有贵州特派圣火文化传播有限公司、贵州鑫睿达文化传媒有限公司、贵州禧天缘婚庆策划有限公司、贵州艺美思文化传媒有限公司等 11 家。

第八节 教育 文化娱乐 体育服务业

一、教育服务业

2001 年—2015 年期间，在云岩区登记注册的教育中介服务机构有 35 家（不含在省和贵阳市登记注册，以及 2001 年以前在云岩区登记注册的机构），其中个体经营户有 2 家。贵州利家教育信息咨询有限公司、贵州普罗维纳教育信息咨询有限公司、贵州博学通教育咨询有限公司等 11 家教育中介服务公司注册资本在 100 万元及以上。

二、文化娱乐服务业

文化中介服务机构一般为文化经纪、文化传播、演出公司、礼仪公司等，服务内容主要有广播电视节目的制作和节目版权的交易、代理交易等活动，文化艺术活动策划与推广，文化艺术交流活动组织、咨询、演出、文化产业投资与开发，影视作品制作及发行、剧本创作、舞蹈创作，以及舞台美术及美术作品创作的设计，民族手工艺品、苗绣手工制作、民族文化推广，会务会展的展览、展示服务，影视厅服务、棋牌服务、游艺室、音乐吧和 KTV 包房经营等项目。

文化服务机构除在省和贵阳市登记注册，或 2001 年以前已在云岩区登记注册的机构外，2001 年—2015 年期间，在云岩区登记注册的文化中介服务机构有 85 家，其中注册资本 100 万元及以上的有贵州源之素旅游产业开发有限公司、贵州戈登投资有限公司、贵州欣文阁旅游开发有限公司、贵州子墨动漫文化发展有限公司、贵州喜盈盈影视传媒有限公司、贵州沃麦特文化传媒有限公司等 22 家。85 家文化中介服务机构中，有 41 家为个体经营户，主要经营棋牌、茶室、台球室、歌舞厅、KTV 包房和娱乐性电子游戏等，其中 2013 年 2 月成立的贵阳云岩马可娱乐会所注册资本 1000 万元，主营 KTV 包房。

三、体育服务业

云岩区境的体育中介服务机构经营的业务主要有体育赛事经纪，体育赛事及活动的组织与策划、咨询；体育信息咨询服务，组织体育交流活动；户外拓展活动组织与策划，搏击、健身咨询服务；潜水技术咨询，潜水旅游信息咨询，海洋运动文化推广，潜水活动策划；体育器材的销售及维护，销售体育用品、体育服装，运动健身器材；体育场馆设计建造施工，体育场馆招商及管理等。

除在省和贵阳市登记注册，或 2001 年以前已在云岩区登记注册的机构外，2001 年—2015 年期间，在区登记注册的有 30 家，其中注册资本 100 万元及以上的有贵州劳伦斯体育发展有限公司、贵州贵潜海洋文化传播有限公司、贵州摩曼特慕体育发展有限公司、贵州博克斯体育发展有限公司等 7 家；贵阳云岩勇之道跆拳道训练中心、贵阳云岩正禾健身指导服务中心、贵阳云岩力山跆拳道馆、贵阳云岩力力台球室 4 家为个体经营户。

第九节 快递 物流业

2003 年以来，各物流企业在区境设置的快递营业网点有 100 余家，服务范围覆盖全区及农村。截至2015年年末，大多数快递网点迁出中心城区，部分散货物流集散点分布在三马片区、新添大道等地段。

一、快递业

云岩区各社区及黔灵镇居民点，均有快递服务网点。至2015年年末，全区快递网点100多个。其中黔灵镇有网点23个，贵乌社区网点7个，头桥社区4个，延中社区4个。除在省和贵阳市登记注册，或2001年以前在云岩区登记注册，并存续的快递企业外，2001年—2015年期间，在区登记注册的物流快递企业有贵阳顺泰快递有限公司、贵州鑫诺美快递有限公司、贵州路路易达快递有限公司等15家，其中贵州联运快递有限公司飞山街营业部、北京九九星快递服务有限公司贵州分公司、贵州汇捷通快递服务有限公司北京路营业部、贵阳申通新快递有限公司中华北路营业部、贵阳天天快快递有限公司城北营业部、贵州全峰鑫快递有限责任公司东山路营业部、贵州红楼国通快递有限公司云岩分公司等12家，均为分支机构。

二、物流业

2001年—2015年期间，在云岩区登记注册且存续（或经营正常）的物流企业有172家，其中贵阳安易发物流有限公司、贵阳鑫隆物流有限公司、贵州天地顺物流有限公司等132家为私营有限责任公司；贵阳云岩远成物流服务部、贵阳云岩风华物流服务部、贵阳云岩青华物流服务部等40家为个体经营户。

注册资本500万元及以上的有11家，其中注册资本1000万元的有贵阳安易发物流有限公司、贵州黔盛物流有限公司、贵州昊峰物流（集团）有限责任公司、贵州恒黔通物流有限公司、贵阳蜀黔物流园有限公司5家；外地物流企业在云岩区设立分公司的有云南渝轩物流有限公司贵阳分公司、四川中铁集装箱物流有限公司贵州分公司、江西三志物流有限公司贵阳分公司、成都通驰物流有限公司贵阳分公司、四川金桥物流有限公司贵阳分公司、重庆心连心物流有限公司贵州分公司等10余家。

第十节　汽车销售维修服务业

一、汽车销售业

云岩区有多家汽车销售企业，其中限上汽车销售企业主要有贵州华通汽车销售集团、贵州通源汽车销售集团、贵州汽车修理有限公司、贵州亨特惠通汽车销售有限公司、贵州麦肯惠通汽车销售有限公司、贵州天鼎汽车服务有限责任公司、贵州瑞麟汽车销售服务有限公司、贵州致星汽车销售有限公司等。

随着贵阳市“疏老城建新城”的政策实施，贵州亨特惠通汽车销售有限公司、贵州麦肯惠通汽车销售有限公司将公司搬迁至花溪区孟关汽车城；贵州通源汽车销售集团的贵州通源投资汽车销售有限公司分离至遵义。截至2015年，限上统计企业仅剩贵州华通汽车销售集团、贵州通源汽车销售集团、贵州天鼎汽车服务有限责任公司、贵州汽车修理有限公司等，13家限上汽车销售企业全年共完成销售收入34.84亿元，同比增长1.3%。

二、汽车维修保养业

自20世纪80年代末以后，随着民营运输业的迅速发展，以及私有汽车的增多，汽车维修业在辖区内也相应得到快速发展。云岩区除4S店有售后服务维修业务外，还有众汽车维修保养服务企业，多为个体私营企业。主要分布在黔灵镇、三桥社区、头桥社区、中天社区、“三马”片区等城郊结合部，老城区非主干道街巷、社区服务中心内，亦分布快修保养网点。截至2015年，在云岩区登记注册的汽车服务企业、个体户有118家（不含在省和贵阳市登记注册，以及2001年以前在区登记注册，且存续的企业），其中个体户8家，其余均为私营有限责任公司。注册资本100万元及以上的企业有31家，其中，500万元及以上的6家。

附：驻区汽车服务企业选介

贵州汽车修理公司 成立于1958年10月，是一汽大众销售有限公司以及北京吉普汽车有限公司等，在贵州省的特约维修服务站和特许经销单位，是贵州省人民政府采购供应商。总部在北京路，注册资本2010万元。2004年6月，通过国家GB/T19001－200－ISO 9001：2000版国际质量管理体系认证。2014年7月，注册地址为花溪区孟关汽车城。

贵阳通源丰田汽车销售服务有限公司 成立于1992年，注册资本1100万元。经营地址位于新添大道南段。公司占地面积1.5公顷，建筑面积1.2万平方米。在市内有6家汽车连锁店，省内8家2级营销网络店。公司业务有进口车辆的维修、翻新，世界品牌汽车代理。1995年正式成为丰田汽车中国有限公司在贵州的首家特约维修中心。2001年、2002年和2003年，先后获得四川丰田、天津丰田、丰田中国的认证，是贵州省第一丰田汽车4S店，经营丰田全系产品。2008年—2010年，连续3年获得一汽丰田年度综合评比金牌经销店。2015年在云岩区实现营业额69078.7万元，同比增长6.06%。

第五章 管 理

云岩区的商业贸易（服务）业管理机构，在改革开放后有过多次改革和调整。从1989年起，经历了商业委员会、经济贸易局、商务局等阶段。2011年起，根据市场发展需要，一些商业实体分别划归相应部门管理。云岩区商务局主要负责监测分析市场运行和重要商品的供求状况并组织调控；履行商业重要流通设施固定资产投资项目初审、组织评估提出立项建议、指导和管理商业企业网点建设和技改工作；配合有关部门做好管理监督商品质量、标准，打击生产、销售假冒伪劣商品行为、保护消费者合法权益等职能；负责规范成品油市场经营秩序、成品油流通企业、煤油网点的审批、登记、年审和变更，依法查处取缔不具备经营资格的经营者。

第一节　管理机构

2001年，云岩区商业委员会（含区第三产业办公室）更名为云岩区经济贸易局。2004年10月，云岩区经济贸易局改组为云岩区商务局，内设办公室、市场建设科、市场管理科、综合科。人员编制由财政全额预算管理。

2011年4月，区商务局非公有制经济办公室的职责划入区工业信息化和科学技术局；对饭店等服务业指导的职责划入区旅游局；增加成品油流通、拍卖、典当、酒类流通管理和“12312”商务举报投诉服务、进出口企业经营资格备案职责。调整后的区商务局，内设办公室、商贸流通管理科、市场管理科、综合科等一室三科，人员编制由财政全额预算管理；同年增加培育和发展城乡商品市场体系，推进流通产业结构调整和连锁经营、物流配送、电子商务等现代流通方式等职能，具体承担整顿和规范全区市场经济秩序工作，规范市场运行，推动商务领域信用建设；负责监测分析全区商务运行态势，进行预测预警和信息引导，建立健全生活必需品市场应急管理机制，组织实施应急条件下的市场调控、供应、保障工作；负责云岩区商贸服务的行业管理工作；对成品油、酒类、拍卖、典当等特殊流通业进行监督管理。2014年12月30日，生猪屠宰监管工作移交区农业水务局；2015年3月9日，酒类流通管理工作移交区市场监督管理局。

第二节　业务管理

一、年审和销售许可证办理

2013年，办理《贵州省酒类销售许可证》179家，对存在问题的商户下达《责令整改（停止违法行为）通知书》；当年完成整改企业4家。完成成品油经营企业资料初审，完成率为100%；完成农贸市场的卫生和安全检查。清理了非法经营的和尚坡农贸市场。

2014年，完成生鲜直销店（点）和一个二级农产品批发市场的建设。同时，对27个农贸市场进行统筹管理，巩固农贸市场的升级改造成果。2015年，完成当年的成品油经营企业年审（初审），出动150余人次，对农贸市场的卫生和违法违章经营情况进行集中整治。完成26个农贸市场体系建设线路和电子台秤安装、活禽宰杀户摸底调查，为全市取缔活禽宰杀做好基础工作。

二、市场监测

2013年6月，对195家商业企业进行监测，组织参加经营法规培训，各贵阳市商务局上报市场综合分析资料170余篇。2014年，通过商务部生活必需品网站、重点流通企业监测网站和重要生产资料企业网站，对辖区232家上限批发零售和餐饮业经济运行进行监测，组织上述企业参加相关培训。向贵阳市商务局和商务预报系统发送和发布市场分析等材料180余篇、原创信息123篇。2015年，利用商务部的网站，对辖区306家上限商业企业进行监测和组织培训，向贵阳市商务局上报市场综合分析等资料167篇（含原创信息量15篇）。

第十篇

工业和信息化

第一章　工 业

20 世纪 70 年代至 80 年代，在贵阳市西出口的三桥马王庙，聚集以汽车配件、磨料磨具和橡胶为主体的多家骨干企业，规模效益明显。自 1994 年实施“退二进三”（工业企业退出城区，让出用地发展第三产业）调整战略以来，云岩区属工业企业由 1993 年的 937 户减为 2008 年 433 户。云岩区实施建设经济强区，优化产业结构后，工业占全区生产总值的比重由 2001 年 54%、2005 年 45. 8%、2010 年 40. 53% 调整为 2015 年 19. 14%；同期工业增加值分别为 48. 82 亿元、60. 03 亿元、110. 57 亿元、124. 37 亿元；高新技术企业产值占工业总产值比重的 36. 63%。

第一节　管理机构

2001 年 11 月，区计划经济局撤销，成立区发展计划局。2004 年 10 月，区发展计划局招商引资协调办公室及工作职能划出，成立区招商引资局。区乡镇企业局并入区发展计划局，更名为区发展和改革局，加挂区乡镇企业局牌子。2011 年 9 月，区发改局工业经济、信息化建设管理、中小企业和非公有制经济工作职能划出，整合到区科学技术局（知识产权局），新组建区科学技术和工业信息化局（知识产权局）。2014 年 12 月，区工业和信息化局成立，为区人民政府工作部门。内设办公室、工业经济运行科（区电网建设管理办公室）、技术改造与中小企业科、信息产业发展科；人员编制 11 名。

第二节　工业布局和支柱产业

一、工业布局

“三马”片区调整由云岩区行政管辖后，云岩区明确“一核两带三片区”（以喷水池为中心的核心区，三桥至金阳和北京路至新添大道两条经济带，东线、西线、北线三片区）的发展战略。在西片区三桥马王庙构建“一区三园”（都市产业园区和制药工业园、信息产业园、高新技术产业园）的产业布局，园区总用地面积 293. 8 公顷。其中益佰生物医药工业园 51. 9 公顷，普天信息产业园 21. 9 公顷，三马高新产业园 220 公顷。2011 年 1 月，益佰生物制药工业园开工建设。2012 年，贵阳市新增益佰生物医药工业园。

2013 年，中关村贵阳科技园将全市产业发展和园区建设纳入其框架，调整为 13 个园区，下辖 28 个子园。其中云岩园区辖益佰生物制药工业园、普天通信信息产业园、三马都市产业园。产业向园区集中，永吉印务、科辉制药等扩能项目入驻云岩园区发展。园区完成工业总产值 2013 年 30 亿元，

2014 年 31.5 亿元，2015 年 35 亿元。云岩园区被纳入全省“100 个产业园区成长工程”。

二、支柱产业

云岩区按照“抓大促小，建新活老，提高效益，培育财源”的思路，2002 年推出工业百强企业，其经济总量占全区工业总量的 85% 以上，构建起以生物制药、印刷包装、日用品为支柱，辅以机械制造、环保、汽车配件、建材等产业和门类的都市型工业格局。产业结构由传统产业为主逐步转向新兴产业和高新技术产业。依托贵州益佰制药股份有限公司（益佰制药）的国家级科技创新平台。2008 年建成省内制药企业有规模、设备完善的益佰制药新药研发中试基地，初步形成本草堂，拜特等生物制药和中药现代化产业集群。

2008 年，全区 61 户规模以上工业企业中，生物制药企业有 14 户 123 个品牌。益佰制药 2009 年进入中国制药工业百强榜，被科技部授予国家级创新型企业称号。以贵州永吉印务有限公司（永吉印务）为代表的印刷包装产业，以贵阳华旭科技为代表的光机电产业，以博士伦化工和神迪化工为代表的新材料产业先后在云岩区形成。永吉印务 2010 年产值 40008 万元，是 2000 年 6952 万元的 5.75 倍。2014 年 10 月，科技部批准益佰制药与贵阳医学院、贵阳中医学院联合组建国家苗药工程技术研究中心，益佰制药进入全国行业 500 强企业。2015 年，益佰制药年产值达 25.2 亿元，成为贵阳市制药行业的龙头企业，进入中国纳税前 50 名制药企业。至“十二五”规划期末，全区规模以上工业企业有 30 户（2000 万元口径），形成供水电热、装备制造、现代制药、印刷包装、特色食品五大支柱产业。2015 年，云岩区完成工业增加值 51.5 亿元，五大支柱产业所占比重为 96%。

云岩区五大支柱产业按 2015 年工业产值排序依次为：

供水电热产业　主要有贵阳市供电局、贵阳北控水务有限责任公司、贵州燃气（集团）有限责任公司、贵州天然气有限公司，这 4 户规模以上企业年产值 121.45 亿元，占全区工业总产值的 50% 以上。

装备制造产业　主要有贵州轮胎股份有限公司（贵州轮胎）、贵州前进橡胶内胎公司（前进橡胶）、贵州精忠橡塑实业有限公司（精忠橡塑）、贵阳普天物流技术股份有限公司（普天物流）、贵州永安电机有限公司（永安电机）、中铁五局集团机电有限责任公司（中铁机电），这 6 户规模以上企业年产值 62.17 亿元（贵州轮胎年产值云岩区占 40%，为 39.52 亿元），占全区工业总产值的 25.56%。

生物制药产业　主要有益佰制药、贵州科辉制药有限责任公司（科辉制药）、贵州三力制药有限责任公司（三力制药）、贵州黄果树立爽药业有限公司（立爽药业）、贵州益康制药有限公司（益康制药），这 5 户规模以上企业年产值 30.58 亿元，占全区工业总产值的 12.90%。企业总部在云岩区的有贵州宏奇制药有限公司（宏奇制药）、贵州科福利康制药有限公司（福利康制药）、贵州圣泉药业有限公司（圣泉药业）、贵州科顿制药有限责任公司（科顿制药）。

印刷包装产业　主要有永吉印务、贵州西牛王印务有限公司（西牛王印务）、贵州新华印刷厂、贵阳金康包装有限公司（金康包装）、贵阳黄果树纸业有限公司（黄果树纸业）、贵阳宝莲印务有限公司（宝莲印务）、贵州汇林降解塑料有限责任公司（汇林降解塑料）、贵阳新筑彩印公司（新筑彩印）、贵州西众塑胶股份有限公司（西众塑胶），这 9 户规模以上企业年产值 10.45 亿元，占全区工业总产值的 4.29%。2006 年，永吉、云商、圣泉、雄润、一佳等 5 户印刷包装企业整合为全省第一家印务集团——永吉印务。

现代食品产业　主要有华润雪花啤酒（贵州）有限责任公司（华润雪花啤酒）、贵州华昌食品有限公司（华昌食品），这 2 户规模以上企业年工业产值 4.14 亿元，占全区工业总产值的 1.70%。

贵阳卷烟厂、贵州轮胎股份有限公司（贵州轮胎）、贵阳市供水公司、贵州燃气（集团）有限责任公司（贵州燃气）、贵州天燃气有限责任公司（贵州天燃气），贵阳市供电局等国有大中型骨干企业，分别于2000年、2008年、2011年划入辖区考核，增强了云岩区的工业实力。从2011年开始，中国南方电网贵阳市供电局按产值的25%分四年划给云岩区。2014年，云岩区将贵州天然气税收组织入库；供水、热力和电力纳入辖区企业考核。食品（卷烟）、供水电热、装备制造（橡胶）均为支柱产业，工业总产值约占全区的三分之二，贵阳卷烟厂2010年占全区工业总产值的三分之一。

贵阳卷烟厂于2010年迁往贵阳国家经济技术开发区新厂区。在贵州轮胎2015年异地改造，贵州神奇制药有限公司（神奇制药）、贵州拜特制药有限公司（拜特制药）、贵州大众橡胶有限公司（大众橡胶）等企业迁建迁出的同时，康德乐、一树药业、海汇天创、中国普天、中食集团等国内外500强和重点企业相继落户云岩区。

第三节　工业经济

2001年后，由于指标体系的变化和统计范围的扩大，辖区工业经济不再仅仅是“九五”时期区属的概念。一方面，卷烟、轮胎等大型国有企业纳入区域统计范畴，带动了云岩区规模以上工业“十五”计划期间持续增长。2005年，全区规模以上工业总产值152.53亿元，增加值65.03亿元，占二产增加值的90.63%，占GDP的41.54%。其中贵阳卷烟厂、贵州轮胎等产值超亿元的5家国企，占全区规模工业总产值的75%，年均增速超20%。另一方面，发展空间局限企业外迁，云岩区实施工业强区战略，加快新型工业化步伐，五年间共协助企业实施了50多项技改项目，开发新产品20余个，对优势企业贴息共5000余万元。淘汰污染大、效益低的企业，提高了经济运行质量和效益。区属46户规模以上工业企业总产值由2000年的13.79亿元增至2005年28.41亿元，年均增长15.55%；实现利润总额由4370万元增至1.93亿元，年均增长34.61%。益佰制药股票在上海证券所上市，2004年，实现销售产值9亿元，税收过亿元。云岩区生物制药产业跃居全市同行业之首。

云岩区出台振兴工业经济的若干意见、扶持办法等政策措施。2006年—2008年，云岩区共审批减免455户中小企业的增值税8288万元。以西部大开发政策和高新技术政策等税收政策优惠为导向，敦促中小企业将已减免的税款用于再生产或扩大经营规模，如永吉印务用减兑税款购置价值逾3000万元的生产设备扩大生产规模。该企业2008年实现税收比2005年增加2401万元；争取中小企业发展专项资金、技术创新资金、信息化资金等政府资金扶持。自《中小企业促进法》正式实施至2009年上半年，云岩区获得省级中小企业发展专项资金支持的16个项目总投资1.11亿元。发挥科技的支撑引领作用，大力发展生物制药、印刷包装、食品加工、橡胶轮胎等特色工业，促进益佰制药、永吉印务、雪花啤酒、乡下妹等骨干企业做大做强，提升市场竞争力。扶助益佰制药“国家企业技术创新能力建设”项目实施，促成永吉印务基地全面落成并正式投产。益佰制药被国家发改委授予西南民族药新型制剂工程研究中心。2010年，全区规模以上工业总产值完成237.79亿元，比2005年增长52.69%，年均增长8.83%。

2011年，云岩区制定工业经济目标任务攻坚方案、提升服务企业质量挂帮企业工作方案、工业企业流动资金贷款贴息工作方案和促进工业经济止滑回升的十条措施，帮助企业纾困解难。2012年云岩区工业经济目标任务攻坚工作领导小组建立19个规模以上重点工业企业和重大项目服务队，实施全区流动资金贷款贴息政策；与益佰制药等11家区属骨干工业企业建立目标责任机制，安排170万元专项资金，争取贵阳市匹配资金50万元，用于缓解企业流动资金困难。益佰制药产业园2013年进入全省“五个100工程”。2014年，云岩区获国家级中小资金支持项目11个2730万元，省级资金支持项目11个825万元，市级资金支持项目7个480万元。2015年，云岩区工业“百千万”工程联席会议领导小组制定实施方案、经济转型攻坚行动计划和“项目服务、市场拓展、创新驱动、要素保障、政策落实、产业培育”六项配套行动计划，建立由区长为召集人，24个职能部门参加的工程联席会议制度，对规模以上企业实行“一企一策”专项解决。全年高新技术企业产值占工业总产值的比重达36.63%。

2015年与2010年对比，全区规模以上工业企业产值25万元以上的由2户增至3户，3万元以上的由5户增至6户，1万元以上的由8户减为5户。规模以上企业由28户增至30户，贵州大隆药业有限公司（大隆药业）、贵阳华旭科技开发有限公司（华旭科技）、贵阳讯发实业有限责任公司（讯发实业）纳入规模以上企业统计。2015年，全市20户重点监测企业运行情况反映，工业增加值累计中：益佰制药6.2亿元，比2014年增长4.3%，占全市比重0.9%；贵阳市供电局20.3亿元，比2014年下降11.5%，占全市比重2.9%；贵州轮胎11.7亿元，比2014年下降6.8%，占全市比重1.7%。全市30户重点监测企业运行情况反映，工业增加值累计中：华润雪花啤酒3.6亿元，比2014年增长65.3%，占全市比重0.5%。

表1　云岩区规模以上产值上亿元工业企业一览表

（2010年）

企业名称	主要产品	产值（万元）	销售收入（万元）
贵阳卷烟厂	卷烟	1035653	1035653
贵州轮胎股份有限公司	全钢子午胎等	707634	614100
贵州益佰制药股份有限公司	艾迪注射液，杏丁等	203056	112652
华润雪花啤酒（贵州）有限公司	啤酒	37882	36515
贵阳市供水公司	自来水供应	34491	25160
贵州燃气（集团）有限责任公司	燃气供应	28050	28050
贵州永吉印务有限公司	烟标印刷	40008	42074
贵州益康制药有限公司	全天麻胶囊，金莲花胶囊	33375	31303
贵州西牛王印务有限公司	烟标印刷	20222	20517
贵州拜特制药有限公司	中成药，化学药品	18316	18316
贵州科辉制药有限公司	咽康含片	10060	9184
贵阳普天物流技术股份有限公司	物流传输设备	16795	16961
贵州大众橡胶有限公司	皮圈、皮膜	11030	9386
贵州神奇制药有限公司	片剂，糖浆剂，颗粒剂	23015	10312
贵阳金康包装有限公司	瓦楞纸箱	10778	10770
贵州前进橡胶内胎公司	内胎、垫带	10416	10048

表 2　云岩区规模以上产值上亿元工业企业一览表

（2015 年）

企业名称	主要产品	产值（万元）	增加值（万元）	销售收入（万元）
贵阳市供电局	电力供应	1160637	203075	1160637
贵州轮胎股份有限公司	全钢子午胎	981997	117794	396629
贵州益佰制药股份有限公司	艾迪注射液、克咳胶囊	251919	62000	203141
华润雪花啤酒（贵州）有限公司	啤酒	39170	36289	38606
贵阳北控水务有限责任公司	水供应	53273	24628	40871
贵州三力制药有限责任公司	天麻杜仲胶囊、开喉剑喷雾剂	46831	12612	41947
贵州永吉印务有限公司	烟标印刷	32624	13643	33071
贵州西牛王印务有限公司	烟标印刷	22292	9323	22292
贵州燃气（集团）有限责任公司	燃气供应	64100	2269	64100
贵州天然气有限公司	天然气供应	44196	1565	44196
贵阳普天物流技术股份有限公司	物流传输设备	19571	7778	18262
贵州科辉制药有限责任公司	咽康含片	10870	2927	10327
贵阳金康包装有限公司	瓦楞纸箱	11749	4913	11749
贵州新华印刷厂	单色、多色印刷品	12320	5152	12424

第二章　企业结构和重点企业

工业企业主要由公有制经济、非公有制经济及混合所有制经济（中外合资）3 种形式组成。区属规模以上工业企业 2015 年有 30 家。

第一节　企业结构

自 2000 年后，贵阳卷烟厂、贵州轮胎、贵阳市供水总公司、贵州燃气、贵州天然气、贵阳市供电局等大中型国有及股份制企业下划给云岩区管辖。贵阳市供水总公司 2011 年改制为贵阳北控水务有限责任公司，实现了产权由单一国有投资主体向多元投资主体转变。

2008 年，全区私营企业 7277 户，其中工业企业 433 户（规模以上 61 户）。到 2013 年，全区私营企业有18793户，其中工业企业61户（规模以上44户）。益佰制药、永吉印务等民营企业发展成为区属重点企业和支柱产业。区境规模以上中外合资企业有西众塑胶、西牛王印务、黄果树纸业、华润雪花啤酒4户，其中2户产值在2亿元以上。

至2015年，云岩区49户工业企业中，规模以上工业企业有30户。其中公有制经济11户、非公有制经济15户、混合所有制经济4户；分别占规模以上30户企业的36.67%、50.0%、13.33%，占全区工业增加值51.51万元的67.66%、20.93%、11.41%。

第二节　重点企业

一、规模以上工业企业

全区规模以上工业企业2005年有92户，其中区属46户。2008年，工业企业433户中，规模以上企业61户。2014年，规模以上工业企业56户，其中新上规入统企业2户。

2015年，规模以上工业考核从500万元口径变更为2000万元口径后，全区规模以上工业企业有30户。其中民营企业15户，中外合资企业4户，集体所有制企业2户，国有、股份制企业9户。全市20户重点监测企业有益佰制药、贵阳市供电局、贵州轮胎3户；全市30户重点监测企业有华润雪花啤酒1户。

二、重点企业

（一）国有企业和股份制企业

贵阳市供电局　国有企业。中国南方电网有限公司下属全资子公司贵州电网公司的直属企业，地址贵阳市中华北路186号。2007年2月1日，由原贵阳市南供电局和贵阳市北供电局合并组建，承担贵阳市辖6区3县1市，以及黔南州属龙里、惠水、长顺、罗甸4县，共15个区（市、县）市供电任务，供电面积16961平方千米。至2013年，供电范围内共有35千伏及以上变电站173座，主变306台，总容量2037.31万千伏安。35千伏及以上输电线路451条共5978.818千米；完成供电量245.7357亿千瓦时，售电量233.4731亿千瓦时，最大供电负荷420.5万千瓦，最大日供电量8419万千瓦时。拥有各类客户202.1167万户。局总部2010年从南明区瑞金南路迁至云岩区中华北路，根据市统计指标划转要求，贵阳市供电局产值按每年25%的比例分四年从南明区划转云岩区，电力成为云岩区工业经济的重要组成部分和支柱产业。

贵州轮胎股份有限公司　股份制企业。前身为1958年4月成立的贵州橡胶厂，厂址贵阳市百花大道41号。1995年9月1日改制为贵州轮胎股份有限公司，并于1996年3月在深交所上市。为全国520户重点企业和十大轮胎公司之一，中国石油和化学工业百强企业，中国工程机械轮胎生产、出口基地。产品除销售国内市场外，还出口到美国、英国、意大利、南非等70多个国家和地区，年出口量占总产量的25%以上。2006年，在国内轮胎行业中排名第7位；在世界轮胎厂商75强中排名第33位，2015年上升至第31位。公司申请并实施的专利有42项。产品多次评为贵州名牌产品，其中载重子午线轮胎2004年、2007年，两次评为中国名牌产品。2000年，该公司划入云岩区统计范畴。2015年，完成工业产值98.2亿元，增加值12.6亿元。同年迁入修文经济开发区，产值、税收由修文县和云岩区按比例分配2015年为4∶6，2016年7∶3。2017年，全部划转修文县。

贵阳北控水务有限责任公司　股份制企业。是贵阳市供水总公司和北控水务集团的合资公司。

2011 年 1 月成立。地址贵阳市延安中路 58 号。主要经营自来水制水、供水、售水业务，供水设施及专用设备投资、建设、营运水业项目。提供水务技术咨询及水务工程服务。有水厂 8 座，主力加压站 17 座。供水区域主要为贵阳市辖六个区行政区域。主要通过一户一表及大表总管的方式进行供水和管理。客户类型及水价主要有四种：居民生活类用户每吨 2.7 元，工业类用户每吨 3.3 元，经营服务类用户每吨 4.1 元，特殊行业类用户每吨 10.8 元。贵阳市供水管网总长 2693 千米，日供水能力 105 万立方米，供水面积 329 平方千米，服务人口 204 万，供水普及率达到 97%。除正在建设中的金华水厂外，其余 8 座水厂出厂水水质全部在全省达到国家《生活饮用水卫生标准》106 项指标。

贵州燃气（集团）有限责任公司 股份制企业。地址贵阳市新添大道南段 298 号。前身是 1993 年在贵阳市煤气输配工程建设指挥部的基础上成立的贵阳市煤气公司，2003 年，改制为合作方控股、政府参股、职工持股的多元结构股份制贵阳燃气有限责任公司。2005 年，改现名。以其为母公司，联合各控股公司组建为贵州燃气集团，有贵州天燃气有限责任公司、贵州黔通投资有限公司、贵州鸿顺燃气设备销售有限公司、贵阳鸿源燃气建设发展有限责任公司、贵阳安保燃气防爆安全设备有限公司、遵义播州燃气有限公司等成员企业。业务包括燃气输配、销售、燃气气具生产、销售，燃气工程设计、施工，煤化工，基础设施，房地产，矿产，金融，环境保护以及服务、咨询等。资产总值近 8 亿元。有管道燃气用户近 35 万户，年销售燃气 2.25 亿立方米。通过 1SO 900：2000 质量管理体系认证的大型市政公用企业。

贵州天然气有限责任公司 股份制企业。贵州燃气（集团）有限责任公司全资子公司。2004 年成立。地址贵阳市中华中路 166 号。2007 年由省人民政府授权，省建设厅明确统一经营、管理省内天燃气，并全面负责省内管道天燃气的经营管理工作。集城市燃气输配、设计、施工、营销、维修于一体。资产规模 7 亿元，建有储备站 2 座、气柜 4 座，总容量 30 万立方米；中低压管网 1800 余千米。服务居民用户 28 万多户，公建工业用户 1000 余户，供气范围覆盖贵阳市各区。

（二）民营企业

贵州益佰制药股份有限公司 位于贵阳市白云大道 220 号。前身为贵州妙灵制药有限公司，创建于 1995 年 6 月 12 日。注册资本 56 万元。次年更名贵州益佰制药有限公司。2000 年 11 月 28 日，完成股份制改造，改现名。注册资本 4700 万元，并于 2004 年 3 月 8 日在上海证券交易所上市，成为全省首家取得上市资格的非公有制企业。2006 年，获批为国家认定企业技术中心、博士后工作站。2007 年，获批为贵州省新型释药系统药物工程技术研究中心。2009 年，科技部授予国家级创新型企业，评为国家地方联合工程研究中心，被授予西南民族药新型制剂工程研究中心。2012 年，获中国医药最具竞争力 20 强，贵州省百强企业称号。2014 年，科技部批准由贵州益佰制药股份有限公司与贵阳医学院、贵阳中医学院联合组建国家苗药工程技术研究中心，进入全国行业 500 强企业。益佰制药新药研发中试基地所产“克刻”商标被世界品牌实验室及其独立的评测委员会评测为 2008 年中国 500 最具价值品牌，“KEKE 克刻”2011 年获中国 500 最具价值品牌。至 2015 年，益佰生物医药产业园建有符合国家药品生产质量管理规范（GMP）的生产厂房 6.32 万平方米。有生产基地省内 3 个、省外 3 个。生产小针剂、冻干粉针、大输等 49 个品种规格产品，有 10 条注射液生产线。主要产品有克咳胶囊、艾迪注射液、银杏达莫注射液、清开灵（冻干）粉针、注射用洛铂等 10 余个品种，其中艾迪注射液为国家中药抗肿瘤首选用药。公司年产值 25.2 亿元，有员工 5400 余人。获全国“五一劳动奖状”。

贵州永吉印务股份有限公司 1997 年成立。地址贵阳市观山东路 198 号。2002 年为贵州省非公有制十大明星企业。2006 年 9 月，以贵州永吉印务有限公司为主体，联合贵州雄润印务有限公司、贵州圣泉实业发展有限公司、贵州云商印务有限公司和贵州一佳印务有限公司5家企业共同出资1.27亿元，组建贵州永吉印务集团有限公司。2007年，变更为现名。2008年，完成股份制改造后，投资2.2亿元在贵阳城北猫冲地段建成建筑面积达4万平方米的新厂房，新增现代化印刷设备1.3亿元，形成对印前保障、印后加工、配套完善的服务体系。获ISO 9001：2008质量管理体系、GB/T28001：2011《职业健康安全管理体系》、ISO 14001：2004环境管理体系认证。省人民政府及烟草行业授予贵州省重合同守信用企业、贵州省非公用制明星企业、贵州省民营经济百强企业等称号。2015年，完成产值3.26亿元，是2000年的3.25倍。

贵州三力制药股份有限公司 国家GMP认证企业。成立于1995年，地址贵阳市贵工路104号。是一家集研究、开发、生产、营销于一体的现代中药制药国家高新技术企业，全国民族特需商品定点生产企业。自2000年起，每年都投入专项资金用于开发具有独立知识产权的国家级新药。保持强力天麻杜仲胶囊、脑立清胶囊、开喉剑喷雾剂稳定增长，并将中药软胶囊剂品种纳入核心战略，以板蓝根软胶囊、汉桃叶软胶囊、五仁醇软胶囊、乌鸡白凤软胶囊等为主要产品，形成中药软胶囊特色企业。以贵州药材资源为基础，发展民族医药产业，主要生产硬胶囊剂、软胶囊剂、喷雾剂等多种剂型数十个品种。在开发民间苗药、创新传统中药等领域获得多项国家专利授权。2015年完成产值4.68亿元，增加值1.26亿元，同比增长均为53.86%，产值是2011年的5.1倍。

贵州益康制药有限公司 创建于1993年10月。地址贵阳市花溪大道南段964号。国家高新技术企业，是省内最早通过制药行业产品生产质量管理规范GMP认证的药企之一。下辖贵州益康医药研发中心、贵州益康制药厂、贵州益康医药销售有限公司、贵州益康投资控股公司以及投资参股的贵州科辉制药有限公司和贵阳黔峰生物制品有限责任公司。主要产品涉及中药、西药及生物制剂，生产剂型包括片剂、软胶囊剂、颗粒剂、针剂、口服液等。推出国家二类新药Levotuss、全化学合成抗高血压国家一类新药“博帝”等产品。享有自营进出口经营权。在全国31个省（市、自治区）100多个地级以上城市设有销售网络。

贵州黄果树立爽药业有限公司 成立于1996年1月。地址贵阳市市北路155号。国家GMP认证企业。2008年11月，经省科技厅认证为国家高新技术企业，为全省最大的滴丸制剂生产厂家。有国家知识产权局授权的专利13项、申请获批准的专用商标10个。2008年，获贵州省专利试点先进企业和贵阳市专利试点先进企业。主要产品有咽立爽口含滴丸、镇咳宁滴丸、良附滴丸、联苯双脂滴丸、益心酮滴丸等滴丸剂。主导产品咽立爽口含滴丸为国家标准民族药。立爽药业依托贵州本土药材，重点发展中药苗药为特色的多种药物制剂，改变苗药简单粗糙的传统生产工艺，将中药材提取浓缩，在90℃~95℃中温下与辅料混合后，进入低温凝固成型，以微量提取物进入制剂，使滴丸每次口服量仅为毫克级。2005年，生产的咽立爽从国家级咽类用药排名由第七位上升至第四位。镇痛宁滴丸、心痛宁滴丸生产有专利权，新药良附滴丸项目被省市区三级科技部门列为中药现代化资助项目。

贵州精忠橡塑实业有限公司 成立于1987年。地址贵阳市百花大道金关巷。是长春中国第一汽车制造厂定点生产配套厂。企业通过ISO 9002：1994质量体系认证，2005年3月通过ISO/TS16949：2002质量管理体系认证。专业生产汽车橡胶配件，产品主要有各型国产及进口汽车制动缸橡胶皮碗、“O”形圈、防尘罩、胶套、缓冲块、发动机胶垫、汽车制动气室橡胶隔膜（皮膜）、真空助力器橡胶隔膜（膜片）、油封、汽车V带、汽车软管等。皮碗、皮膜、汽车制动气室橡胶隔膜配方获贵州省名牌产品称号。产品远销美国、日本及东南亚等国际市场。有自主知识产权13项，其中发明专利3项、实用新型8项、外观设计2项。使用汽车制动气室橡胶隔膜配方产品，国内企业按HG2950—1999标准生产，使用寿命为25万次。利用纳米材料调整传统工艺配方设计、结构设计及硫化体系，其相关产品使用寿命达到115万次以上，超出美国SAEJ1450—2000标准。

（三）中外合资企业

华润雪花啤酒（贵州）有限公司 央企华润集团旗下华润雪华啤酒（中国）投资有限公司全资子公司。2004年7月成立。总部在贵阳市中华中路。辖雪花啤酒贵州公司、黔南公司、黔东南公司，遵义工厂4家啤酒工厂和1个贵州区域营销中心。2007年投资5800万元，年产22万吨的啤酒改扩建工程完成，成为贵州省最大的啤酒生产基地。主要生产高、中、低三个档次的纯生、勇闯天涯、清醇、精制、自然之美等知名品牌的啤酒，产品销售面基本覆盖贵州全省及广西大部。2015年完成产值4.14亿元，工业产值、销售收入分别是2008年的2.26倍、2.30倍。

贵州西牛王印务有限公司 建立于1994年5月。地址云岩区改茶村后坝路53号。由贵州省黄果树企业有限公司、广东省汕头市东风印刷厂有限公司、贵州永吉印务有限公司、香港东捷实业公司共同组建，注册资本6100万元。有意大利ROTOMEC—2000型七色凹印模切生产线、意大利POLYMASTERⅡ820/250七色凹印模切生产线、瑞士LEMANIC821型七色凹印模切生产线各一条，全新德国海德堡7+1、6+1色胶印生产线各1条，Bobst全息自动烫金模切机1台及德国海德堡CTP制版系统全套设备和国内先进的烫金、模切机及相关辅助设备多台，固定资产超过1亿元。2003年11月，通过ISO 9001系列标准认证，2007年9月通过GB/T28001—2001版职业健康安全管理体系认证。主要产品有包装、装潢及烟标印刷品，年产能烟包装100万大箱。2015年工业产值达2.22亿元。

第三章 技术改造创新和新产品开发

云岩区的技术改造创新和新产品开发，是通过培育、支持创新型企业、高新技术示范企业建设，支持重点技术创新项目，组织企业参加国家、省和市创新型企业、名牌产品、优秀新产品和技改项目评选活动，鼓励企业开发新产品，推广应用科技成果，促进了生物制药、印刷包装、现代食品等骨干企业产品结构调整和产业技术升级。

第一节 技术改造

云岩区支持企业技术创新和GMP（生产质量管理规范）改造。2000至2003年，为96户企业的117个技术进步项目财政贴息4218万元。2004年，修改2000年制定的《云岩区建设经济强区技术进步金融贷款财政贴息管理办法（试行）》，择优扶强，不断支持科技含量高、经济效益好、纳税大户企业技术进步。

2004年，完成西牛王印务引进的德国“海德堡”印刷生产线改造、为益佰制药等28户企业共32个项目贴息1917万元。2005年，支持企业完成技改项目40个，完成技术改造投资11.5亿元，对益佰制药等31家骨干企业共贴息1713万元。2006年，工业企业技改投入完成12.82亿元，为年计划的100.95%。投入企业挖潜改造资金和科技三项经费1100万元。2007，年技改备案项目25个。2008年，完成2007年获市技改资金扶持6个技改项目的验收。完成技改投资12.09亿元。精忠橡塑、永吉印务、贵州云商印务（云商印务）、益康制药、圣泉药业和本草堂药业等6户企业获市、区技改贴息资金。2009年，对36家企业银行贷款财政贴息2541万元；扶助益佰制药的国家企业技术创新能力建设项目实施，立爽药业二期生产线建设和永吉印务生产基地投产。永吉印务2009年投资3.5亿元，在贵阳城北猫冲地段完成异地技改搬迁工程；2010年投入7300万元完成印前制版、后加工（烫金、模切）、质量检测（VOCs）等设备的整体更新换代；2011年—2012年，投入9600万元实施高宝八色防伪高速胶印生产线、赛鲁迪11色连线凹印生产设备的建设。至2012年的9年间，云岩区安排专项资金为291户企业的333个技术进步项目财政贴息23105万元，技改项目吸引银行贷款约39亿元，支持益佰制药、永吉印务、精忠橡塑、华旭科技等企业创新发展。

三力制药的开喉剑喷雾剂生产线改扩建项目获2013年贵阳市优秀技术改造项目一等奖。三力制药“开喉剑”生产线技术改造、华昌食品年产200吨贵州名酒纯天然可可脂夹心巧克力（茅台酒心型）旅游产品技改项目完成。永吉印务的八色防伪单张纸胶印生产线改造和金康包装的彩印生产线技改项目投产。2014年3月，益佰制药中药民族药提取分离生产线技改项目开工建设，银杏达莫注射液生产线建成投产。2015年，益佰制药实施的3个技改项目是：中药抗肿瘤生产线，总投资3.08亿元；民族药生产线，总投资1.7亿元；女子大药厂有限责任公司制剂厂房异地改造，总投资1.06亿元。

第二节　技术创新和新产品开发

一、技术创新项目

2002年，云岩区科技经费投入1000万元，开发出一批名、特、优新产品，银杏达莫注射液（杏丁注射液）、复方斑蝥胶囊（康赛迪胶囊）、克咳胶囊、咽康含片等16个新产品上市。

2003年—2004年，完成贵州康纳圣方药业的六味地黄胶囊、贵阳新奇开关厂的可控调节开关等5个新产品项目开发，2006年组织申报仓储垃圾再生利用，双燃料电控喷射系统等科研科技项目共54项。

2007年，组织申报益佰制药“克咳改剂系列的研发及产业化”等省市科研科技项目25项，组织实施益康制药“旋光性药物生产工艺优化”等本级科技项目17项。完成新产品开发4个，19家企业参加贵州省和贵阳市（推荐）名牌产品评选，获奖3项；申报云岩区技术创新项目20个，计划总投资4500万元；组织申报贵阳市优秀新产品、优秀技改项目有11个获得奖励。“绞股蓝保健饮品产业化开发”“中药九类新药良附滴丸研究开发”“错流过滤膜技术在全汁刺梨干酒生产中的应用”等12个项目通过鉴定验收。同年9月27日，在第十七届全国发明展览会上，贵阳红华科技开发有限公司自主研发的柴油—天然气双燃料电控喷射系统项目获国家发明银奖，该项目和银杏叶口服崩解片等科技成果转化项目实施。建立纳米级防水材料在纺织用品及成衣上的运用和超耐候常温固化型氟碳涂料研发及应用新技术示范点2个。2009年列入云岩区目标管理的技术创新项目有4个。

贵州通龙有限公司的“蓄电式照明设备开发”和精忠橡塑的“汽车橡胶皮膜件开发”创新项目2013年通过验收。贵州荣清工具有限公司“多节点陶瓷金刚石（CBN）复合砂轮”等3个项目，获贵阳市2013年科技型中小企业技术创新基金立项支持。至2015年，云岩区共开发新产品50多项。

二、新产品开发

华旭科技研发的基于LIN总线（LIN（Local Interconnect Network）是一种低成本的串行通讯网络，用于实现汽车中的分布式电子系统控制的汽车电动窗控制器，主要内容是顺应汽车电子总线化发展趋势，在电动窗系统局部采用LIN总线控制，由单片微处理器（MCU）处理和执行各个电动窗动作。较传统的电动窗控制器减少线束、提高可靠性及所有寿命。

骄子护脑退热贴由贵州太和制药有限公司研发的生物黏附凝胶贴剂——骄子护脑退热贴，属于生物技术高技术产业工程中具有重大技术突破和重要市场价值的医药制剂新辅料。产品具有物理降温、安全可靠、使用方便的特点。

开喉剑喷雾剂三力制药产品，是结合现代工艺研制出来的纯中草药制剂，属地道的民族苗药，全国独家生产。2009年进入国家医保产品目录。有产品核心自主知识产权（专利名称：治疗口腔、咽喉疾病的重要制剂及其制备方法，专利号：ZL 200510003030.9）。广泛适用于成人、儿童咽痛、咽部充血、扁桃体肿大、牙龈肿痛、口腔溃疡等疾病治疗。

益佰制药研制的补血产品“补血当归胶囊”运用新技术、新方法对“补血当归精”进行技术改造和质量提升，在保持原有功效及特点的基础上，具有服用方便、药物稳定性高、外观光洁美观等优点。主要用于治疗头晕、身体衰弱、妇女月经不调、产后血虚体弱、贫血等症，具有滋补气血之功效。产品已获两项专利：滋补气血的中药制剂及其制备方法（专利号ZL200510003035.1）和补血当归制剂的质量控制方法（专利号ZL200510003311.4）。

965镀锌防腐涂料贵阳神迪化工有限公司自行研发的965镀锌防腐涂料，通过自制的丙烯酸接枝共聚环氧树脂作为粘结剂，配以普通活性锌粉，漆膜中的金属锌含量高，干膜中锌的含量达到96.5%以上，漆膜具有导电性（体积电阻≤5.0×105Ω.cm），从而提升镀锌底漆的防腐性能。同时漆膜亦具有优异的机械性能，达到防腐性能和机械性能的完美结合。该产品与传统的富锌涂料相比较，增加了防腐性。产品已获国家专利（专利号为ZL 2008 10069075.X）。

精忠橡塑对高性能汽车制动气室橡胶隔膜的研发，主要针对刹车皮膜在高压、强力的作用下对皮膜耐磨性能和密封性能的技术要求，通过改变产品结构设计，加大制动有效面积，从而提高隔膜的密封性、柔韧性和使用寿命。产品主体材料选择以天然橡胶和热塑性弹性体为主体的并用体系，为国内首创。该项技术已申请国家实用新型专利并获得授权。

贵州乡下妹食品有限公司独创水族酸汤制备方法，2009年申请国家专利（受理专利申请号200910102653.X）。此项专利技术是在挖掘贵州水族酸汤特有食品工艺基础上进行集成创新，形成工业化生产的技术成果，结合黔南少数民族独有的酸汤文化，开发出独具民族特色饮食文化的调料品。

第四章 信息化

20世纪90年代，在贵阳市瑞金中路、中华北路、合群路等地段集中贵州康特电子、贵州联想、贵州西讯、贵州黎阳四方等一批高技术企业，专门从事软件和计算机网络工程集成项目的开发、供应，计算机及配件、电子产品开发研制，计算机技术应用和软件开发等信息服务业。2013年后，云岩区大力发展大数据产业。

第一节 信息服务业

一、电子信息制造业

云岩区电子信息制造业主要有从事物流系统规划和物流技术产品研发、设计、制造、安装以及总集成服务的普天物流和汽车电子产品研发、生产、销售的华旭科技。至2013年，电子信息企业有479家，光机电一体化企业48家。2015年，云岩区电子信息产业规模总量达95.03亿元，其中电子信息制造业实现工业总产值7.87亿元。

2003年后，华旭科技主要应用于汽车电子控制，包括电动车窗防夹控制模块、汽车电动窗控制系统等系列产品100余种，有9个产品专利证书。2013年，年产值2923万元。2015年，上规入统。

普天物流技术发展为贵州省集光、机、电、气信息系统为一体的创新型高新技术企业。至2013年，有48项专利，其中信息集成服务年业务收入约8000万元。主要产品普天物流传输设备年产值由2010年的16795万元增长到2015年的21540万元。

二、软件及系统集成产业

云岩区1T企业中大部分是从事计算机硬件组装、计算机系统服务、公共软件服务及电子信息产品销售的民营中小企业。2011年，由贵州四方鼎立咨询服务有限公司完成并启用的“基于RF－S1M的电子折扣券综合信息服务平台关键技术开发及应用”项目，通过手机短彩、电子优惠券、打印终端、RF1D、验证终端等技术组合创新，为用户提供优惠折扣和消费信息，给商家拓宽宣传渠道和客流。至2015年，全区有固定会员40余万户，加盟商家3000余家，每年约百万人次利用“移折通”消费打折，惠及省内各行业商家数十万户，优质消费群体千万人次。

2013年，云岩区软件企业产品和系统集成分别占26.2%和38.1%，电子产品占16.7%，信息技术咨询服务占9.5%，数据处理和运营服务、1T设计之和占9.5%。2015年，电子信息产业投资完成额9.91亿元，电子商务业务收入4.61亿元，信息类产品销售收入58.07亿元，软件和信息服务业实现业务收入10.55亿元，通信和广电网络业务收入4.02亿元。

三、数字内容产业

云岩区数字内容产业主要是数字认证、基于三网融合的的数字视频点播等，数字技术开发及设备、产品的研制、生产等方面还较为薄弱。贵州电子证书有限公司有年签发证书100万张能力，可满足各级电子政务、电子商务及个人对数字证书应用的需求。2013年，由贵阳数字证书认证有限公司完成的“贵阳市公共资源阳光交易中心数字证书安全认证”项目，实现对网上参加招投标的单位进行合法身份认证，并保证网上投标安全。

第二节　大数据产业

云岩区以贵阳市在国家区域发展中的定位，结合地处城市核心区的实际，构建以大数据为引领、以金融业为龙头、以现代服务业为主体的新型产业体系，大数据从无到有，加快产业聚集。

一、大数据应用

2012年，云岩区新型社区体制建立后，2013年，建立区级网格管理中心和社区指挥中心，26个社区人口基础信息全部采集和录入，以此为基础，整合云岩区“12319”公共服务指挥中心、社区网格化管理平台和书记区长与百姓交流台（三台合一）。2014年，与区地税、公安、消防实现数据共享与比对，与区消防大队集合集成大数据系统，拓展物联网、G1S等信息技术在消防安全管理、火灾应急救援等方面的应用；实行分色预警，实现对重点区域和对象的主动防控。建立起“三台合一”的大数据社会管理平台，形成以大数据为引领的云岩特色社会治理创新模式。

2013年11月成立的贵州中黔金融资产交易中心有限公司（黔金所），采用“中央登记、中央交易、中央清算”制度，运作规范，创新灵活。2014年，黔金所完成前期基础性工作，完成1.76亿元的线下交易规模。2015年后，形成每月亿元的交易规模。

推动大数据应用，2015年云岩区开始以世界500强思爱普公司创新应用技术为工商企业提供服务。如：为贵州航天电器股份有限公司、贵阳永青仪电科技有限公司、贵阳国贸广场商贸有限公司达成确定大数据分析实施方案的协议；为科辉制药、大隆制药、立爽药业、益康制药等15户制药企业搭建沟通平台；由区级财政向签约的每户企业提供30万元资金予以支持，帮助企业转型升级、提升管理效率。

二、呼叫中心和数据中心建设

云岩区“一头”建设呼叫中心，“一头”建设数据中心；通过“两头”带动“中间”层面高端产业提升，利用区位和楼宇经济发展的优势，促进电子商务等大数据等核心产业的发展。

中国通信服务股份有限公司（CCS）2007年6月下设的博科呼叫中心成立，成为一家全业务运营呼叫中心，有呼入客户、外呼营销、市场调查和渠道代理、增值业务、吁叫平台外包、开发运营等全业务运营和服务支撑能力。2014年，云岩区在水东社区渔安新城电信大楼，建占地面积3400平方米，近1000个坐席的云岩区服务外包呼叫中心和云岩区大数据呼叫中心，主要从事呼叫中心运营及服务外包业务。2015年10月22日投入运营。至年末，全区呼叫中心坐席总数有8439个。

2015年5月，贵阳全域公共免费WiFi城市项目（701项目）一期工程上线运行，主要用于数据的收集。该项目一期工程AP热点区域分布在区境的有中华路、北京路、延安路、云岩广场等城区，基本实现主城区主要公共区域的全覆盖。

三、大数据产业发展

云岩区设立大数据产业发展基金、现代服务业发展基金5000万元，技术改造及其他资金9510万元，用于支持大数据项目发展。

通过大数据产业招商推介洽谈会、数博会等平台，2014年引进北京海汇天创、中国普天、腾讯集团、贵州省政务云统一沟通平台、台湾明基友达等大数据项目和技术落户云岩区。建立以黔金所为代表的“互联网金融”平台，支持益佰建立肿瘤大数据中心探索“大数据+医疗”，引进东华软件大数据教育平台实施“大数据+教育”，引进安徽四创吸毒人员大数据管控平台实施“大数据+禁毒”。京玖大厦、华融大厦、黔灵大厦等大数据总部示范大楼落地建设。在建设、交通管理等行政审批和服务窗口部门实施“数据铁笼”行动计划，用大数据平台规范行政管理和企业诚信行为。年内签约项目38个，完成项目20个。

2015年5月，云岩区“创想+联合工坊”在宝山北路99号建成，面积约3300平方米，配套完善办公设备、无线网络等配套设施，内设孵化区、项目路演区、创业交流区和生活娱乐区，可满足300人的创业团队需求。众创平台定位为大大数据信息创业平台，重点吸纳并服务于大数据产业发展和推动传统产业实现“互联网+”转型升级的80、90后创业团队，为该类小微创新企业成长和个人创业提供工作空间、网络空间、社交空间和资源共享空间。黔果果创意设计工作室、维度数据分析、微众闪创等36个团队已入驻。承办2015年第四届中国创新创业大赛（贵州赛区）第一期“科技创新，成就大业，携手众创联盟”项目推介活动。中共贵州省委办公厅《信息摘要》第169期刊发《云岩区推动“创想+联合工坊”新型创业服务平台建设的主要做法》是创新思路谋划新型创业服务平台；多措并举着力建设创客聚集高地；规范运作推动平台内引外联。该工坊已被纳入省级众创空间。至年底，辖区聚集大数据企业165家，信息产业规模总量由2014年的70.02亿元增至98亿元，同比增长35.7%。

第五章　产业园区规划建设

云岩区落实中共贵阳市委、市人民政府加快全市工业园区建设的意见和中关村贵阳科技园规划，云岩区在“三马”片区构建“一区三园”的产业布局，成立工业园区建设办公室，推进产业园区规划建设。

第一节　产业园区规划

2013年11月2日，贵阳市人民政府批复同意《中关村贵阳科技园空间布局规划》，云岩产业园是中关村贵阳科园13个园区之一，下辖益佰生物制药工业园、普天通信信息产业园和三马都市产业园3个子园；是北部高新技术产业实体经济带的组成部分。产业定位是：重点发展新医药、总部经济和金融、高端商务、中介服务、高新技术服务以及电子商务、科研研发和高新技术产业等。

益佰生物制药工业园产业规划和园区总体规划2014年编制完成。编制普天通信信息产业园规划设计方案和三马高新技术产业园概念性规划及控制性详规。2015年，组织编制云岩区大数据产业园规划。

第二节　产业园区建设

一、益佰生物制药工业园建设

工业园位于贵阳市观山湖区与云岩区交界处益佰制药原址。占地面积45公顷，总建筑面积42.36万平方米，总投资19.40亿元，分四期建设。为“十二五”规划期间贵州省重点工程。2011年开工建设。一期工程于2014年1月建成投产，主要用于生产艾迪注射液和银杏达摩注射液。二期工程至2015年12月通过GMP验收。新建标准厂房2万平方米，园区次干道基本贯通，建成服务综合大厅，艾迪广场面积4000平方米，绿化面积8000平方米。

二、普天通信信息产业园建设

2013年12月26日，中国普天贵阳创业园暨云中环线道路工程动工。2014年，园区共完成投资4.2亿元。普天通信信息产业园展示大厅主体工程完工，云中环线（普天段）街面立面整体改造完成。2015年，园区完成投资2.4亿元，2号地块1号~8号楼在建，保霖大道施工便道建成，启动二期小学地块征地。

三、“三马”高新技术产业园建设

2013年，西片区金西大道延伸段、金工路等道路建成通车，进一步改善了片区交通路网。12月18日，北京海汇天创全智能化生态示范项目动工，园区一期50公顷建设用地2014年完成报批，云潭南路建成通车。中食集团、一树药业等项目签订投资合作协议。2015年，初步建成园区次干道二道路和服务展示综合大厅。中食云岩现代物流商贸食品产业基地项目完成（一期）3.07公顷征地。

中关村贵阳科技园云岩产业园2013年完成工业总产值30亿元，税收4.11亿元。2014年，累计完成固定资产投资10.2亿元，工业总产值31.5亿元，税收4.27亿元，新建标准厂房2万平方米，新增就业人数1100人。2015年，累计完成固定资产投资10.35亿元，工业总产值35.08亿元，税收4.77亿元，新增就业人数1000人。

第十一篇

农业 水利

第一章 农业基础建设

2001年以后，云岩区乡村基础设施建设项目，一般由贵阳市和云岩区两级人民政府投资实施。在城镇化建设影响下，农村原有的水库堰塘等水利工程，多数已被废弃。区农水局在每年冬、春两季申请市级补助资金，匹配区级投入，对提灌站、输水管网等农用水利设施进行维修和升级改造，确保生产用水和人畜饮水安全。截至2015年，农村用水难问题已基本解决。其他基础设施建设，主要集中在可通汽车的硬化道路建设等方面。

第一节 供水设施建设

一、农村生活用水管网建设

2001年，区人民政府和黔灵镇共同出资维修茶店登高坡饮水管道1000米；区投资5万元、镇投资3万元，为打渔寨电灌站机房安装机组，修建高位水池和供水管网，解决村民用水难问题；区投资5万元、镇投资3万元，改造东山村大吉洞供水管网；区投资6万元、镇投资1万元，维修黔灵小关提水站管道；区投资3万元、黔灵镇投资2万元，改造偏坡村猫坝饮水工程；区投资2万元，建设安井白岩脚饮水工程。贵阳市人民政府投资8.1万元，建设三桥圣泉提灌站，解决土地用水面积约5.4公顷；新建电灌站18.5千瓦，检修或更新电灌站设备132千瓦。

2002年，完成的饮水引灌工程完有：新建改建饮水灌溉工程3处，安装提水泵772千瓦；改善农田水利灌溉面积225公顷，区农水局投资48万元，改造打渔寨电灌站工程，更新机组3台，总装机容量750千瓦；又将原2台280千伏安变压器更新为400千伏安变压器1台、新装启动补偿柜3台、新装200毫米直径钢管500米和200毫米铸管直径870米。

西瓜村和渔安村有66.7公顷菜地，农民1万余户，约3.5万人。为解决两村用水困难，区人民政府于2002年投资12.8万元，建设渔安高岭坡灌溉工程，修建贮水池430立方米、安装直径20至50毫米饮水管道1500米。解决了渔安村大洼高岭坡220户900多人的饮水及坡耕地灌溉13.3公顷用水问题。同年，区农水局投资22万元改造雅关村饮水管网，修建100立方米的贮水池2个、安装直径20至100毫米饮水管7.68千米、水表380组，雅关村实现每户一表，解决380户1710人饮用水困难；又投资21万元，建设安井村饮水工程。向贵阳市供水公司申请立户；修建水泵机房15平方米，安装高差106米的水泵机组22千瓦；修建54立方米水池1个，配电房安装低压线路450米。安装直径100毫米铸铁压力管737米、直径40毫米镀锌管1.45千米和直径25毫米~50毫米的饮水管道1.7千米的管网系统；安装入户水表13组，解决全村13户60余人的生产生活用水。

2003年，区农水局完成打渔寨小Ⅱ型电灌站进行改造，更换200D43×5功力250千瓦机组3台，收入35万元。2005年以后，区农水局完成黔灵村改水工程建设、新建雅关园田化菜地排灌沟200米、河堤挡土墙13米；恢复灌溉面积6.7公顷，新建提灌站和电机检修200千瓦；启动投资125万元的渔安村标准农田建设项目等饮水和引灌工程。

2006年，区农水局投资15万元，修建渔安猫冲改水工程，安装直径63毫米管道1.37千米、直径25毫米管道4.6千米、表组95组、龙头95个；投入514万元，用于全区农村饮水工程建设。

2007年，区农水局检修提水站6个250千瓦。动工建设雅关后头坝、老园坝引水工程。投资38万元，用于安井村大墓、沙锅冲、土地观、大梁口改水工程；投资15万元，扩建泵房10平方米，增加水泵1台，修建50立方米的高位蓄水池，安装各种供水管道18千米，表组120组。次年，修复压力管道1.76千米，恢复供水管道2.88千米，更换水表1274块，更换闸阀龙头922个，修复提水泵站515千瓦3站，恢复灌溉面积约33.4公顷。解决三马片区农村饮水困难。2010年，区农水局投资2万元，检修打渔寨电灌站机组管网设备、建成杨惠村人畜饮水工程。2011年投资5万元，补助黔灵镇和金关、金惠、金鸭3个办事处及打渔寨电灌站；用于检修和维护抗旱应急水源工程。2012年，投资60万元，建成打渔寨电灌站680立方米启动的高位蓄水池，投资123万元，完成打渔寨电灌站“一体化”水处理成套设备安装，日处理水量6000多立方米；投资45万元，检修茶园提水站；投资6.8万元，检修杨惠村提水站供水管网；2013年，继续投资78.8万元，对打渔寨电灌站供水管道进行检修、改造；投资67.58万元，启动茶店村黄二组改水工程。

2012年—2013年，区农水局实施冬春农田水利建设项目，获得贵阳市人民政府资金35万元、区先行投入资金30万元，又追加打渔寨电灌站百花山路段供水主管改造资金17.62万元、自筹资金29.717万元，以及区财政核拨的改造资金17.62万元，用于打渔寨电灌站供水管道更换、检修、改造；茶店村黄二组改水工程建成低位水池1个、配套机1台及高位水池1座。同期，区落实资金32.8万元，于2013年4月开工建设“山洪灾害防治县级非工程措施”项目。

2014年，因三马片区万科城项目征用杨惠村小路井提水站，造成全村停水。区农水局投资151万元，建设新的供水系统。同年，贵阳市向区下达6500人的饮水任务，总投资水利资金304.14万元，其中区投资94.14万元，建成金关村标准管网改水、打渔寨电灌站水厂改造、相宝山调节水池维修和茶园村高位水池封闭改造等工程。2015年，投入50万元（不含征地费用预算资金1617.21万元），建设蔡家关村草坝村民组改水工程，全村实现1户1表；同年9月启动金钟河河道治理工程和打渔寨电灌站饮水工程整体改造两个项目。

二、山塘建设与排水工程

2004年，区人民政府投资20.2万元，新建雅关村白杨林蓄水山塘4500立方米，2005年，区农水局投资7万元，建成茶店村冒沙井丰收路排水工程。2011年，投资10.4万元，对柏杨林山塘进行维修。

第二节 农村道路建设

2001年区人民政府完成西瓜村木瓜田（地名）至渔安村谢家岩（地名）1.8千米硬化道路建设；区投资3万元、镇投资1万元，完成渔安小车（地名）150米道路硬化；区投11万元，镇投5万元，改造偏坡村羊坝（地名）道路1200米；区投资9万元、镇投资3万元，完成西瓜村公墓道路改造300米；区投资3万元、镇投资1万元，改造偏坡村瓦窖（地名）道路150米，解决80余户村民对外交通问题。

2002年区投资53.6万元，完成从渔安小学至高岭坡道路，全长2300米，路面宽3米~4米，设会车道6处，排水涵管4处。解决渔安村高岭坡村民144户，520多人对外交通问题。2004年，区农水局投资92.52万元，对茶店村海天园至登高坡段2千米、渔安村贵阳化工厂至小车河桥头段1千米、安井村大墓至沙锅冲段1.1千米道路进行硬化改造。2005年，投资19万元，对安井白岩脚路段进行改造，道路全长0.9千米，宽3米道路改造，设会车道3处；投资32万元，对安井村八寸（地名）至小车河桥头段道路1.5千米宽3米，设会车道2处；投资30万元，建设雅关农业生态村道路1千米，宽4.5米；同时，修建雅关村及农业生态村截污沟10.39千米；完成长1000米、宽4.5米的串寨路及其他基础设施建设。同年，投资25万元，完成西瓜村木瓜田到谢家岩长2000米、宽5米的硬化道路建设。

2006年，区农水局继续投资27万元，完成偏坡村羊坝（地名）1240米、宽3米道路改造；投资36万元，完成茶店登高坡1600米、宽3米道路改造；投资9万元，完成雅关大寨长450米、宽2米道路改造。另外投资的514万元中，部分用于6条村寨道路的硬化。年内，全区农村农户的供水、供电及道路改造、文化娱乐等基础设施建设，共支出1944万元。2007年，区农水局投入40万元，修建云岩村七冲村长1300米、宽3米的公路，并设会车道4处，挡墙180米。2008年，继续投入资金，修建道路堡坎1800多立方米，平整路面4200平方米。截至2015年，上述道路和供水工程均在正常使用中。

第二章　种植业和养殖业

2001年以后，云岩区农业产业化经营一度有较大发展；通过建设农业科技示范园，开辟特色菜、无土栽培菜等示范区，促进精细蔬菜、反季节蔬菜和无公害蔬菜生产的发展，为城市蔬菜供应发挥补充作用。此后由于土地不断被征拨，包括较偏远的雅关、渔安等地在内，农业经济均逐年减弱；2012年—2015年，各村寨已无批量商品水果生产；供应商场的蔬菜、蛋禽和猪肉等产品呈逐年下降趋势。

第一节　种植业

一、蔬菜种植

2001年，云岩区农业产业化经营有较大发展；农业科技示范园初步建成个，开辟特色菜、无土栽培菜等示范区，精细蔬菜菜、反季节蔬菜和无公害蔬菜生产有一定发展；由于退耕还林生态建设的实施，促进观光农业的发展。全区53.33公顷无公害蔬菜基地2003年根据主攻淡季蔬菜策略，全区种植春淡蔬菜42公顷，秋淡蔬菜100公顷，特色菜和山野菜种植有45.33公顷。

2003 年，种植淡季蔬菜 12 公顷，其中有春淡蔬菜 6. 31 公顷、秋淡蔬菜 6 公顷。种植商品蔬菜 1266. 67 公顷；试验示范、推广无公害农业投入品 200. 01 公顷。2004 年，种植淡季蔬菜 126. 67 公顷，其中，春淡蔬菜 60. 03 公顷，秋淡蔬菜 66. 67 公顷；全年累计种植商品蔬菜 1266. 63 公顷。2005 年，400 公顷（次）特色速生菜基地的建成，全区蔬菜总产量 2. 45 万吨，2006 年，种植特色速生蔬菜 406. 67 公顷（次），总产量 2. 54 万吨，产值 3420 万元。

2007 年，全年种植蔬菜 1133. 39 公顷每次，其中种植速生蔬菜 430 余公顷每次，总产量 2. 3 万吨。为贵阳市场提供速生蔬菜 0. 9 万吨。次年，特色速生蔬菜基地种植蔬菜 440 余公顷每次；抢种速生蔬菜 120 公顷，建立无公害蔬菜基地 2 个；建立蔬菜基地 440 公顷，其中新增三马片区基地 200. 01 公顷；移栽种植蔬菜 2214. 66 公顷，建立蔬菜基地 406 余公顷，累计移栽种植蔬菜 1853. 33 公顷。2009 年辖区蔬菜总产量为 4. 3 万吨，产值 8700 万元。2010 年，蔬菜总产量为 4. 07 万吨。

2011 年，全区新建蔬菜基地 400 公顷，播种 900 公顷。因旱情严重，投入救灾资金 12. 45 万元，支持蔬菜生产。全年完成无公害认证蔬菜产品 1. 5 万吨；上市 4078 万吨，产值 8971. 6 万元。2012 年，为保障全市“菜篮子”供应，全区种植蔬菜 1266. 66 公顷每次，新增种植 66. 66 公顷。同时，对蔬菜种植结构进行调整，蔬菜基地从 200 公顷增加为 266. 68 公顷，累计种植蔬菜 1473. 33 公顷每次。全年上市 2. 73 万吨，产值 8134. 2 万元。2013 年，耕地面积 484 公顷、蔬菜基地面积 200 公顷，全年种植蔬菜 1160 公顷每次，上市 2. 4 万吨。2014 年，播种蔬菜 170 公顷每次，上市 2. 2 万吨。

2015 年，完成蔬菜播种 133. 3 公顷，全年上市蔬菜 1. 48 万吨。受土地征拨和气候变化等因素影响，全区蔬菜生产每年有一定幅度的波动。

二、农产品销售

2001 年云岩区全年上市蔬菜 2. 81 万吨、水果 0. 034 万吨，为市场提供无公害蔬菜 0. 56 万吨。2002 年，无公害蔬菜基地为贵阳市提供蔬菜 3. 1 万吨，鲜果 0. 0378 万吨。2003 年，普通蔬菜上市 3. 012 万吨。上市 2. 8 万吨，其中专业菜地上市 2. 8 万吨。2004 年，淡季蔬菜上市 2. 895 万吨，商品蔬菜上市 2. 9 万吨。2005 年，全区蔬菜总产量 2. 45 万吨。2006 年，总产量 2. 54 万吨，产值 3420 万元。2007 年，蔬菜总产量 2. 3 万吨；为市场提供速生蔬菜 0. 9 万吨，产值 1363 万元。2008 年，蔬菜总产量 4. 32 万吨，蔬菜上市量 4. 32 万吨，产值 7525 万元；水果产量 0. 051 万吨。2009 年，蔬菜总产量 4. 3 万吨，产值 0. 87 亿元。2010 年，蔬菜总产量 4. 078 万吨。

2011 年，因旱情严重，区农水局投入救灾资金 12. 45 万元，用于购买种子、化肥支持蔬菜生产。全年完成无公害蔬菜认证产品 1. 5 万吨，蔬菜上市 4. 078 万吨，产值 8971. 6 万元。2012 年，全区蔬菜累计上市 2. 73 万吨，产值 8134. 2 万元。2013 年，蔬菜上市量 2. 4 万吨，产值 7680 千万元。2014 年，上市蔬菜 2. 2 万吨。2015 年，上市蔬菜 1. 48 万吨。

三、病虫害防治

2003 年，区农水局完成农作物病虫害、鼠害综合防治每次面积 2593. 33 公顷。2004 年，病虫害发生面积 668. 33 公顷，防治面积每次 980. 67 公顷，挽回农作物损失 146. 10 万公斤。杂草发生面积 13. 33 公顷，防治面积每次 13. 33 公顷次，挽回农作物损失 0. 25 万公斤。2005 年，病虫害、鼠害发生面积 1673. 33 公顷，发生程度 1 级~3 级，防治面积每次 2064. 67 公顷，挽回农作物损失 120. 86 万公斤，防治率 123%。

2006 年—2007 年，病虫害、鼠害发生面积均为每次 1880 公顷，程度 1 级~2 级。每次防治 2226.67 公顷，挽回农作物损失 180.39 万公斤，防治率 118.18%。2008 年，区农水局对种植蔬菜病虫害进行大面积联防，联防面积 806.67 公顷。次年病虫害、鼠害发生面积 0.14 万公顷，程度 1 级~3 级，每次防治 0.16 万公顷。2010 年，病虫害、鼠害发生面积 0.13 万公顷，程度 1 级~3 级，每次防治 0.17 万公顷。2011 年，病虫害、鼠害发生面积 0.13 万公顷，程度 1 级~3 级，每次防治 0.1 万公顷；2012 年，病虫害、鼠害发生面积 0.7 万公顷，程度 1 级~2 级，每次防治 0.14 万公顷。2013 年，病虫害、鼠害发生面积 0.07 万公顷，程度 1 级~2 级，每次防治 0.17 万公顷。

2014 年，区农水局成立疫情防控领导小组，建立菜豆象疫情监测点 5 个，组织召开动员会及专题培训 5 期 70 人次；筛查储藏仓库 1 个、农户 160 户及相关市场 31 个，检查豆种 2.78 万公斤，销毁染疫豆子 50 公斤。同年，进行豆种调运检疫、市场检疫 58 户，检查种子 44.65 万公斤，主要品种为杂交玉米和杂交水稻，有害生物及病虫害传播得到控制。

2015 年，区农水局设稻水象甲疫情防控监测点 5 个，开展水稻象甲越冬虫蛹普查 666.67 公顷，按时上报上级业务部门；提前向农户发放春播水稻拌种药剂，每次施药防控面积 0.05 万公顷，成虫防控效果高于 83%、幼虫防治效果高于 75%。筛查储藏仓库 2 个，检查农户 282 户、市场 31 个，共检查豆种 0.63 万公斤，销毁染豆象疫情豆种 50 公斤，染疫处置率 100%，调运检疫和市场检疫 31 户，种子 39.16 万公斤，使菜豆象平均危害率低于 5%。

第二节 养殖业

一、家禽养殖

2001 年，农村除村民零星养殖家禽外，还有一些较大规模的圈养或“林下鸡”专业养殖户。家禽主要为肉鸡，2001 年存栏为 2.5 万万羽，出栏 8.4 万羽。2002 年，为 2.57 万羽，出栏 8.23 万羽。2003 年，家禽存栏 2.52 万羽，出栏 8.31 万羽。2004 年，引进良种“良凤花”“青脚麻”等鸡苗 5.12 万羽。2005 年，家禽存栏 2.5 万羽，出栏 8.14 万羽，有部分养殖户引进“良凤花”和“青脚麻”等鸡苗 4.92 万羽。2006 年，家禽存栏 2.52 万羽，出栏 8.16 万羽。2007 年，存栏 2.54 万羽，出栏 8.23 万羽。2008 年，存栏 9.34 万羽，出栏 3.16 万羽。2009 年，存栏 2.85 万羽，出栏 8.06 万羽。2010 年，存栏 2.75 万羽，出栏 8.11 万羽；2011 年家禽出栏 10 万羽。

云岩区农村生产的禽蛋，以鸡蛋为主（下同），2001 年产量 3.6 万公斤，2003 年禽蛋产量为 4.3 万公斤，2004 年为 4.6 万公斤，2005 年为 4.56 万公斤，2006 年为 4.4 万公斤，2007 年为 4.3 万公斤，2008 年为 4.7 万公斤，2009 年为 9.5 万公斤；2012 年为 6.2 万公斤。

2012 年，禽肉（肉鸡）产量 6.21 万公斤。由于农业用地进一步缩小，家禽以农户散养为主，存栏量减少到 2.53 万羽，出栏 5.34 万羽。2014 年，存栏 4.14 万羽，出栏 5.97 万羽。2015 年，出栏 4.36 万羽。

二、生猪养殖

2001 年，区农水局推广杂交猪 1.58 万头，其中三元杂交猪 15637 头。生猪存栏 1.41 万头、出栏 1.6 万头。2002 年—2005 年，年生猪存栏均为 1.42 万头，2002 年出栏 1.67 万头，2003 年出栏 1.66

万头，2004 年出栏 1.64 万头，2005 年出栏 1.62 万头。2006 年，生猪存栏 1.41 万头，出栏 1.62 万头；2007 年存栏 1.41 万头，出栏 1.66 万头；2008 年 1.70 万头，出栏 1.68 万头；2009 年 2.31 万头，出栏 1.94 头；2010 年 2.19 万头，出栏 2.53 万头；2011 年出栏 2.53 万头；2013 年存栏 1.1 万头，出栏 1.92 万头；2014 年，出栏 2.06 万头，2015 出栏 2.9 万头。

三、奶牛养殖

2002 年，云岩区以“公司 + 基地 + 农户”的模式，在偏坡村猫坝投资 100 余万元，建立牧草基地 300 公顷，养殖奶牛和肉牛。2003 年，全区牛奶年产量为 5.4 万公斤。2004 年，为 6.6 万公斤。2005 年，为 6.4 万公斤。养殖基地的 20 头奶牛，全年产奶 6.4 万公斤，每日为贵阳市民提供鲜牛奶 150 余公斤。2005 年，偏坡村奶牛示范场带动 3 户农户饲养奶牛 9 头。次年基地奶牛为 22 头，年产奶 5.2 万公斤。和 2008 年，2007 年产奶分别为 5.05 万公斤，2008 年产奶 4.1 万公斤。2009 年—2015 年期间，年均产奶约 5 万公斤。

四、畜禽疫病防控

2001 年，区农水局（下同）检疫牲畜（胴体）18.4 万头，检疫密度 100%，猪瘟免疫 2.6 万头。2002 年，检疫牲畜胴体 13.58 万头（匹、只）。2003 年，检疫胴体 13.81 万头（匹、只），其中肉猪 13.35 万头，牛 2370 头，马 2080 匹。检禽类 4.95 万羽，皮张 4.22 万张。检出病肉 610 头、死猪 603 头和高温猪 609 头，未检出五号病猪。2004 年，检疫胴体 10.21 头（匹、只），其中猪肉 9.77 万头、牛 2288 头、马 2133 头、禽类 9.74 万羽、狗 468 只、羊 205 只、皮张 5.58 万张、检出病肉 428 头，其中死猪 273 头、黄膘 3 头和高温猪 273 头，无“五号病”猪。

2005 年，区农水局对畜禽进行防疫注射 12.78 万针次，其中注射猪瘟疫苗 2.70 万头，密度 86%；注射猪、牛口蹄疫苗 2.66 万头，密度 85% 等。同年春秋两季，发放防疫消毒药品 7200 包（瓶），消毒面积 412 万平方米，其中鱼塘消毒 5.3 万平方米。2006 年，进行禽流感防疫注射 11.05 万针（次）；包括注射猪、牛口蹄疫苗 3.01 万头，密度 100%；注射猪瘟疫苗 2.86 万头，密度 95%。

2008 年，区农水局对猪蓝耳病进行防疫注射和常年补针工作，注射 28.31 针次。发放消毒药品 382 件，消毒 42 万平方米，其中，鱼塘消毒 4 万平方米；对 45 个农贸市场和超市进行动物产品监督检验，检验牛 1738 头，家禽 22.05 羽。

2009 年，全区实施防疫注射 22.06 万针次，发放消毒药品 457 件，消毒 42 万平方米，其中禽流感防疫 6.52 万针次，注射密度 100%；猪蓝耳病防疫注射 2.29 万针次，密度 100%；注射猪、牛口蹄疫疫苗 2.30 万头，密度 100%；注射猪瘟疫苗 2.20 万头，密度 96%。年内取缔小关水库禁养范围内养殖户 62 户，处置处理猪 234 头、禽 395 只、牛 5 头，拆除圈舍 2095.19 平方米，发放补偿款 79.45 万元。

2010 年，云岩区卫生检查所培训 18 个街道办事处和黔灵镇属村寨防疫员 114 人次，组织防疫注射 29.69 万针次；发放消毒药品 550 件，消毒面积 13.78 万平方米；监督检查 35 个农贸市场和超市的动物产品。检查猪胴体 14.88 万头、家禽 135.84 万只。采集鸡血 200 份、鸡双棉试纸 150 份、猪血清 100 份；监督指导市场消毒 13.4 万平方米。2011 年“春防”期间，防疫注射 5.81 针次，消毒 15.75 万平方米；“秋防”防疫注射 13.12 针次，消毒 6.93 万平方米；采集鸡血 260 份、鸡双棉试纸 300 份、猪血清 130 份。2010 年—2011 年，对高致病性禽流感、口蹄疫、新城疫、蓝耳病进行血清学、病原学监测。集中监测结果为：样品抗体符合要求。

2012年，区农水局办理出境动物检疫和运载工具消毒79起，出具动物检疫合格证明79张，产地检疫行政村开展面100%，产地检疫猪1056头，接受养殖户60次报检，现场检疫60次，产地检疫出证率100%。次年区卫生检查所对23个农贸市场和19个村进行消毒，展开畜禽动物排查，采样监测256个；完成紧急防疫注射7749羽；在金关村设卡检查活禽运输，发放消毒药705件，医用药棉15包，针头164盒，酒精205瓶以及各类疫苗，进行防疫注射14.18万针次，免疫密度100%，消毒40.07万平方米。2014年采样监测2480个，完成猪蓝耳病免疫抗体检查达90%、猪瘟免疫抗体检查达98%、猪O型口蹄疫免疫抗体检查达100%。2013年，全年共采集2480个样，其中鸡血448份、鸡双棉拭子1352份，猪血清680份，对高致病性禽流感、口蹄疫、新城疫、蓝耳病进行血清学、病原学监测。2014年，采样监测鸡血448份、鸡双棉拭子1352份；对禽流感、口蹄疫、新城疫、蓝耳病进行血清学、病原学监测，100%完成H5亚型禽流感免疫抗体检测，完成新城疫免疫抗体检测达75%。

2015年，区卫生检查所定期对活禽经营市场的卫生防疫消毒、无害化处理等工作进行监督检查，严格执行休市制度和消毒制度，全年全区没有发生重大动物疫病和动物及动物产品安全事件。区农水局与卫生检疫部门对黔灵镇和金鸭、金关、金惠等社区养猪户开展盐酸克伦特罗和莱克多巴胺快速检测，盐酸克伦特罗检测160个样（头份），阴性160个样（头份）；莱克多巴胺检测160个样（头份），阴性160个样（头份），对活禽交易市场进行病原学、血清学抽样监测。定期开展活禽经营市场卫生防疫消毒、无害化处理等监督检查，严格执行休市制度和消毒制度。推行“人畜分离”模式，将农村人居房屋与畜禽栏相连的传统建筑，改为人居房屋与畜禽饲养圈（厩）、栏分开、生产区与生活区分离、畜禽实行圈养，规范处理畜禽养殖污染物，禁止随意堆放和排放畜禽粪便。同年，在杨惠村建立“畜禽粪污处理池”建设示范点，对畜禽粪便进行无害化处理后，作为农田肥料。

第三章　水利

云岩区境内大型水库和河道虽然不多，但局部地区偶然有水灾发生。根据水政管理的规定，农水局每年开展常态化水土保持执法检查，利用“3·22”世界水日和中国水周为契机开展《水法》《水保法》等宣传活动；制定汛前预案，严格汛期检查，减少水旱灾害对农业生产的影响。

第一节　水土保持监测和宣传

2001年，云岩区农水局完成灌溉面积3375公顷，灌溉蓄水量19万立方米。2005年，开展水土保持执法检查162次。组织人员开展“3·22”世界水日、中国水周宣传《水法》《水保法》等活动，发放宣传小册子2000余本，资料2000余份。2006年，开展水土保持预防监督检查60次，督促开发建设单位申请项目水土保持方案7家。2007年，开展水土保持预防监督检查50次，督促开发建设单位申请项目水土保持方案3家。检查项目32个，填发申报项目水土保持方案通知书18份，审批水土保持方案3家。

2008年—2009年，农水局进行水土保持执法检查80余次。2010年，参加省、市级开发建设项目水土保持方案技术评审9次，完成用水建设项目省级审批3家、市级审批6家；完成备用水源地建设5家，日供水量8300立方米；2011年，对开发建设单位水土保持监督检查20次，审批开发建设项目"水土保持方案"（报告表）2家。

2013年，区农水局以"3·22"世界水日、"中国水周"为载体，向有关厂矿、企业、建设工地进行《中华人民共和国水土保持法》宣传，提高全社会水土保持意识。同时开展对部级、省级审批开发建设项目的水土保持专项检查；向4家省级审批建设项目发放检查登记表，对水土保持措施落实情况进行现场核实、整改、验收。同年完成第二批《水土保持监督执法能力建设试点工作方案》的制定，审批建设项目水土保持方案4家。2014年，在"3·22"世界水日、"中国水周"宣传中，开展对部级、省级审批开发建设项目水土保持专项检查，依法征收水土保持补偿费；审批建设项目水土保持方案6家。在2015年"3·22世界水日、中国水周"期间，向厂矿、企业、建设工地宣传《水土保持法》，并行政审批单位12家。

第二节　防汛抗旱

自1997年夏季水灾发生后，云岩区加强了防汛抗旱预案制定，常态化对防灾设施进行检查，排除隐患。发生水旱灾害时，能够及时处理，避免重大灾害发生时，造成经济损失。

2008年，辖区发生严重凝冻灾害，区抢险应急分队到各村寨查看灾情，抢修提灌输水设施，并设置临时供水点21处，解决村民用水困难。2011年，区人民政府拨付5万元，补助黔灵镇、金关办事处、金惠办事处、金鸭办事处、云岩区打渔寨电灌站检修、维护抗旱应急水源工程和抗旱送水。

2013年雨季前，区农水局组织辖区防汛抗旱成员单位，对险情进行检查、排查和抗灾部署，对有隐患问题进行整改，下发整改通知书；下达《2013年防汛抗旱工作安排意见》《2013年防汛抗旱指挥部成员名单》等文件，组织并成员单位储备防汛物资。在强降雨期间，抗旱指挥部成员单位分头对小关水库及小关湖水库和黔灵湖严密检查，检修水库设备；按规定向黔灵山公园管理处汛期黔灵湖大坝下发安全检查通知书。防洪期间，各单位坚持24小时值班制和领导带班制，协调水文、气象等部门，掌握雨情、水情、灾情和防汛抗旱动态，汛情、旱情信息畅通。2014年，组织对水库、学校、建筑工地、垃圾填埋场等汛前防汛安全检查，进行山洪灾害防治县级非工程措施方案演练；要求小关水库、小关湖水库、黔灵湖水库的负责单位填写水库检查卡。2015年汛期前，区防汛抗旱指挥部要求全区成员单位对防汛进行全面检查，对存在问题的单位下发整改通知书；安排成员单位储备防汛物资。针对海马冲宏福景苑内第21栋房屋垮塌事件，区防汛抗旱指挥部下发《关于再次做好防汛安全隐患排查工作的紧急通知》坚持24小时值班制度和领导带班制度，掌握雨情、水情、灾情和防汛抗旱动态，确保信息畅通。

第四章　管　理

云岩区农业水利局是区人民政府直属工作部门。主管农业机械、农业区划、扶贫开发、农业综合开发、防汛抗旱、水利监察等工作，以及农产品产需调控，农业产业结构调整，农产品有效供给和总量平衡，生态农业、循环农业、农业生物产业的指导服务和监督管理；履行农业执法检查职责，对假冒伪劣化肥、农药产品及作物种子进行检查打击，保障食品和饲料的产销安全。

第一节　管理机构

2002年，云岩区农水局更名为贵阳市云岩区农业水利局，挂扶贫开发办公室、农业综合开发办公室牌子。内设局办公室、财务科、政策法规科、农村经济和企业及扶贫管理科（含区农业产业化办公室、扶贫办）4个科室和农机站、动物卫生监督所、动物疫病预防控制中心、农业技术推广站和水利站5个局属事业站（所、中心）。2010年，区农水局保留区人民政府工作部门的性质，将区农业综合开发办公室职能交区财政局承担。

第二节　农业执法检查

一、农药使用管理

2001年，区农水局先后开展5次联合集中“打假”活动，集中检查3次，发放宣传资料48份，悬挂标语2幅；详查农药173个品种3.44万公斤；检查农药经营单位20个。发现办理农药经营许可证的经营户17个，未办理的3个，换证12个，待换证5个；取缔不符合经营许可证单位3个。2002年，对水果、种子、菌原体检查5711批次，共3812.96万公斤。2004年，区农水局对农药经营市场检查8次，开展宣传活动5次。检查农药总量2.77万公斤310个品种。合格农药2.62万公斤280个品种，不合格农药1550公斤30个品种，其中：标签不合格农药1300公斤12个品种，过期农药250公斤18个品种。2005年，检查农药188个品种3036公斤，其中：合格农药179个品种2980公斤，不合格农药9个品种56公斤，报本局法制科立案处理4起。同年4月，受理黔灵镇西瓜村举报流动销售35克禁用剧毒鼠药（闻倒死）违法案件1起。

2006年和2007年，每年检查农药品种600余个，对违规销售农药立案查处7件，结案7件，其中，一般程序5件，2件简易程序处理。2008年，检查农药经营户185户次、涉及200余个品种，检查种子经营户207户。

2010 年，检查农药经营单位 8 次。对 406 个农药经营单位的 32.4 万公斤农药品种进行高毒农药及复配品种清查，抽取送检产品样 50 个，抽样检查农药标签 86 个，检查合格率为 76.74%。2010 年，区农水局对全区种子市场进行农资打假、监管等方面的检查 12 次，检查种子经营户 84 户次；全区在区农水局备案登记经营户 13 户，备案登记率 100%。

2012 年，区农水局对农药质量抽样检测 20 个品种，农药标签抽样送检 50 个，清理和整治不合格农药产品。2013 年，检查种子、肥料和农药市场 14 次；备案登记 8 户种子代销户，检查种子经营户 26 次；组织高毒农药、假劣农药、农药标签、农资清源专项整治行动 4 次；农药质量抽检 30 个，农药标签抽检 52 个。清理和整治一批不合格农药产品进行。对 8 户农药经营户经营的 272 种农药进货种予以登记备案。

2014 年，检查清理市场 106 个次，检查经营户 962 户次；并开展元旦、春节期间农产品质量安全、中秋、国庆农产品质量安全、农资打假秋季行动等专项检查 15 次。全年抽样检测农药质量 31 个，并完成农药标签抽样送检 60 个、兽药抽样 5 个、饲料抽样 13 个；查处违法违规行为 7 件，一般程序案件 7 件，办结 7 件，直接查处的案件查处率 100%、准确率 100%，没有当事人申请行政复议或提起行政诉讼。

2015 年，区农水局检查经营户 274 户次，查处违法违规行为 8 件，按照一般程序案件 6 件，办结 6 件，简易程序 2 件，没收不合格产品 118 公斤；直接查处的案件，案件查处率 100%，准确率 100%，没有当事人申请行政复议或提起行政诉讼。

二、专项执法行动

区农水局的专项执法行动，重点也是在农药“打假”方面，不过力度更大，行动更为集中，主要执法目标是农药化肥市场。同时向农民展开农药常识宣传，提高农民对假冒伪劣商品的识别能力。

2001 年，区农水局开展联合其他部门的集中“打假”活动 5 次，集中检查 3 次，发放各类科普资料 48 份，农药详查品种 173 个，计 3.4 公斤。

2002 年，检查农药品种 182 个，约 460 公斤。检查过程中，未发现经营单位销售高毒、剧毒、高残留农药和禁限用农药、无农药登记证及超过质量保证期而未标注“过期农药”字样的农药；发现有销售在标签为低毒产品中加入高毒农药成分的农药（假农药）及有效成分含量不足的农药（劣质农药）。对标签不合格的 8 个品种 35 公斤农药清退出市场。2003 年，开展检查 10 次，完成农药质量抽样送检 4 次 34 个品种，农药标签抽检 60 个，发放农药产品质量抽样检测不合格名单等资料 50 份；对贵阳市农委检测出的不合格产品，也进行清理和整治。

2004 年，检查农药经营市场 8 次，开展普法宣传 5 次，发放资料 200 份。全年检查农药 2.77 公斤 310 个品种，其中合格农药 2.62 公斤 280 个品种，不合格农药 1550 公斤 30 个品种，包括标签不合格农药 1300 公斤 12 个品种、过期农药 250 公斤 18 个品种。2005 年，检查农药 188 个品种农药 3036 公斤，其中合格农药 179 个品种 2980 公斤，不合格农药 9 个品种 56 公斤，主要是过保质期、标签不合格等问题。报农水局法制科立案处理 4 起。同年 4 月，查处黔灵镇西瓜村流动商贩销售禁用剧毒鼠药“闻倒死”违法案件 1 起。

2008 年，开展整顿市场执法 85 次，立案查处 11 件，结案 11 件，其中：种子 1 件，农药 7 件，兽药 2 件，饲料 1 件；受理投诉举报案件 1 件，查获违法农资 5.15 公斤。2006 年—2007 年，检查经营单位1668个次，整顿市场10次，印发宣传资料6000余份；检查600余个农药品种，农药立案查处7件，结案7件。

2008年—2010年，展开市场整顿行动230次，印发宣传资料3500余份。其中2008年检查经营单位799个次，检查农药185户次，共200余个品种。2009年，抽取农药样品78个、兽药样品26个、检查农资经营单位、生产企业14360家次；接受群众举报4件，查处农资违法案件12起，没收假劣农资产品1050公斤。

2010年，针对常用农药品种，共抽取50个农药产品样送检，同时抽样检查农药标签86个，合格率76.74%；全年共检查农资经营单位3298家次，接受群众举报4件，立案11件，结案11件，简易程序处理5件，没收不合格农资产品232公斤，取缔非法经营点4处。

2011年，完成贵阳市国家级饲料质量安全检测计划5个样本，“瘦肉精”专项整治4个样本；省级饲料质量安全监测计划13个样本，饲料监管工作任务30个样本。2011年检查经营户2132户次，立案6起，结案6起，简易案件2起，没收产品32公斤；开展春季农资打假专项行动、违法经营和使用甲胺磷等五种禁用农药的行为等专项整治行动8次。

2012年，完成农药质量抽样检测20个品种，农药标签抽样送检50个，对市农委检测出的不合格农药产品开展清理和整治；开展查处涉嫌非法兽药、禁用兽药和兽药经营台账专项整治行动10次，其中专项整治行动4次；检查经营户252户，对33户经营户的兽药抽取24个样品进行检测。

2014年，检查清理市场106个次，检查经营户962户次。开展专项检查15次。2015年，出动执法检查人员254人次，检查经营户274户次。查处违法违规行为8件，按照一般程序办理案件6件，办结6件，简易程序2件；没收产品118公斤。

三、经营单位检查与许可

2001年，区农水局检查农药经营单位20个，办理农药经营许可证17个，未办3个，换证12个，待换证5个；取缔不符合经营许可证单位3个。2004年，检查兽药经营市场14次，抽样药品100余种，查处无兽药经营许可证经营户3家，发现并处理违规经营生物药品经营户5家。2008年，检查种子经营户207户，兽药经营户278户，下达限期整改通知书50余份；立案5件、结案5件、受理投诉举报2件；查缴不合格农资饲料产品160公斤；同年对三桥农资市场饲料经营户检查10次，累计抽样52个。

2009年，取缔无证经营1户。2010年，检查农药经营单位8次，清查农药经营单位的406个。2013年，对农资市场进行专项检查，清理整顿不合格市场主体及不合格农资产品；对北京华联宅吉店、贵山店、星力百货中华店、中山店永辉超市大西门店、贵开店和农贸市场进行水产品抽样检测，累计抽样检查21次，抽取272个样，检测合格率达到99%。

四、蔬菜肉类农残检测

2011年，区农水局对雅关、安井、大凹、金鸭和农水局5个农残检测点基地上市蔬菜农残检测，抽检样品2250个；对金关、金鸭、金惠三个办事处和黔灵镇各村基地上市蔬菜进行农药残留含量速测，检测27个品种2300个样，合格率100%。

2013年，对雅关、安井、大凹、金鸭和农水局5个农残检测点基地上市蔬菜农残检测，检测3800

个产品；对基地上市蔬菜进行农药残留含量速测，合格率100%。对黔灵镇和金关、蔡关、金鸭、普天4社区“三年期通过无公害农产品产地”认定和产品认证的11个基地、23个产品进行无公害蔬菜基地复查换证，换证率100%；完成“瘦肉精”检测，合格率为100%；在“百日攻坚食品安全检查”活动中，对红边门、宅吉路、民生路、黄金路4个农贸市场及北京华联超市宅吉店、星力百货中山店2个超市进行食品安全检查，检查以蔬菜、水果、畜、禽等产品为重点。

2014年，完成农残检测样本3000个，合格率100%；检测蔬菜基地蔬菜1133.33公顷次；提供蔬菜上市2200万公斤，产值7820万元。2015年，检测20个品种2400个样，合格率为100%。蔬菜基地种植蔬菜760.00公顷次，蔬菜上市1480万公斤，产值5157万元。

五、清除有害交通设施农作物

2013年，区农水局制定《云岩区规范清理“三环”以内杂乱低效高杆作物种植方案》和《规范清理“三环”以内玉米种植督促检查工作方案》对贵阳市3条环形绕城高速公路以内，涉及黔灵镇和4个社区73.33公顷玉米种植地进行产业调整，按每公顷4500元标准，共下拨资金33万元，给涉农社区和黔灵镇，用于被清除违规作物的补贴。

第三节 水政管理

2004年，区农水局年审查取水许可证24家。2005年，年审查取水许可证57家。2011年，全区有取水许可证15家，年取水量74万立方米。2012年，进行水政巡查80余次；2013年，审批15家单位取水许可证；在取水许可证审批中，发现个别单位存在计量设施损坏、拖延缴纳或拖欠水资源费等问题，区农水局下达限期整改通知书，并监督其完成整改。2014年，继续加强对存在低效率和浪费水资源问题的单位进行整改，未颁发新增取水许可证，2015年，严格统计计算考核指标规定的用水总量、万元工业增加值用水量，以及分项内容，对有异议数据与相关部门实际情况进行对接分析，排除相对矛盾的数据后，上报市级审查。

第四节 农业机具与技能培训

2003年，云岩区实现农机总动力1.75万千瓦，比2002年同期增长0.6%。2004年和2005年，各年实现农机总动力1.75万千瓦。2006年，实现农机总动力2.4万千瓦，农机具推广32台套。次年农户购农机具26台套，区财政对其中2台适用机具进行购机补贴，发放购机补贴6000元。2008年，实现农机总动力4万千瓦，农机具推广30台套。2009年，实现4.2万千瓦，农机具推广30台套。2010年，实现4.1万千瓦，农机具推广25台套。2009年，推动农户购买农业机械30台套，为4名农户办理农机购置补贴1.4万元。2012年，农机总动力达到4.6万千瓦。

2003年，区农水局举办农机等非农技能培训11期，培训722人次。2004年，检农用车53台，年检率87%；年审农用车驾驶员56人，年审率89%；协助有关部门对黔灵镇乡村道路进行交通安全路检路查5次，检查农用车120辆次，查扣违章载人农用车5辆，无证黑车10辆。截至2015年，检查农用车工作每年按例展开。

2014 年，区农水局联合区安监局、贵阳市交警一大队，共同开展 9 次针对辖区农村道路路检、巡查，检查农用车、拖拉机 300 辆（次），处罚违法行为；开展安全宣传培训 4 次，先后培训村民 200 人。2015 年，举办农机维修及操作技术培训班 2 期，培训 80 人；派人入户向村民宣传指导农机安全操作 90 人次。

第十二篇

经济管理

第一章　市场监督管理

云岩区市场监管局2015年才完成组建，机构整体工作内容尚未成型，故本章只记述云岩区工商行政管理局（区工商局）各项工作。区工商行局依法对辖区内工商户进行登记注册，监督管理市场和网络商品交易活动及有关服务行为；对经营者销售产品在标识、标签、商标及流通领域的单位进行监督管理；依法查处市场方面的违法法规行为，保护经营者和消费者合法权益。

第一节　市场监督管理机构

2001年9月，云岩区工商行政管理局更名为贵阳市工商行政管理局云岩分局。2011年3月，贵阳市云岩区工商行玫管理分局更名为云岩区工商行政管理局（简称“区工商局”），设区工商局经济检查大队，为局直属副科级行政机构；各工商所升格为副科级。内设办公室、财务股、法规股、消费者权益保护股、市场合同监督管理股、注册监督管理股、食品流通监督管理股、人事股等8个机构，并设机关党委、离退休干部股、纪检监察室；撤销原区分局机关后勤服务中心，成立区工商局信息中心和经济检查大队。下设市西路、三桥、中山东路、威清路、普陀路、中环、黔灵、头桥路、中华中路、中山西路、延安中路、黔灵东路、贵乌、北京路、宅吉路、金关、金鸭和金惠18个片区分局。2014年11月，区工商行政管理局的职责整合到区市场监督管理局，挂区工商行政管理局牌子。

1999年—2015年，云岩区工商行政管理（市场监督管理）机构经历数次改革。1999年6月，工商行政体制经过改革，由原来的地方分级管理变为省以下垂直管理，云岩区工商行政管理局更名为贵阳市工商行政管理局云岩分局（区工商分局）。自2001年起，区工商分局派出机构有：市西工商行政管理所、中东工商行政管理所、中中工商行政管理所、中西工商行政管理所、威清工商行政管理所、中环工商行政管理所、普陀工商行政管理所、黔灵工商行政管理所、头桥工商行政管理所、三桥工商行政管理所、延中工商行政管理所、黔东工商行政管理所、贵乌工商行政管理所、北京工商行政管理所和宅吉工商行政管理所等共15个基层工商行政管理所。

2011年3月更名为云岩区工商行政管理局（区工商局），同时新设立云岩区工商行政管理局经济检查大队，为云岩区工商行政管理局直属副科级行政机构。原工商所升格为副科级规格。内设办公室、财务股、法规股、消费者权益保护股、市场合同监督管理股、注册监督管理股、食品流通监督管理股、人事股等内设机构8个，并设置机关党委、离退休干部股、纪检监察室；撤销原区工商分局机关后勤服务中心，成立区工商局信息中心和经济检查大队。有行政编制224人，机关工勤8人，事业编制17人，参公编制4人。派出机构有市西路、三桥、中山东路、威清路、普陀路、中环、黔灵、头桥路、中华中路、中山西路、延安中路、黔灵东路、贵乌、北京路、宅吉路、金关、金鸭和金惠18个片区分局。

2014 年 11 月，经多部门及职能整合后，区工商局更名为云岩区市场监督管理局（简称“区市场监管局”），为区人民政府工作部门。同时挂工商行政管理局、质量技术监督局、食品药品监督管理局 3 个牌子，合署办公，内部分工、各司其职。

2015 年 2 月，区市场监管局（工商行政管理局、质量技术监督局、食品药品监督管理局）正式挂牌成立。内设办公室，财务科，人事科，法规科，消费者权益保护科，市场合同监督管理科，食品安全监管综合协调科（承担云岩区食品安全委员会办公室职责），餐饮服务食品监管科，药品、化妆品、医疗器械监管科，质量综合管理科，特种设备安全监察科，微型企业发展监督管理科，政务服务科 13 个科室以及纪检监察室。原区工商局经济检查大队更名为区市场监管公平交易局，为区市场监管局直属副科级行政机构。至 12 月，在编人员 238 名，其中行政编制 210 名，参公编制 4 名，事业编制 24 名。派出机构有市西路、三桥、中山东路、威清路、普陀路、中环、黔灵、头桥路、中华中路、中山西路、延安中路、黔灵东路、贵乌、北京路、宅吉路、金关 16 个片区市场监管分局（副科级）。

第二节 市场主体登记

2001 年以来，区工商局将个体工商户的巡查监管、企业的监管和回访、商标合同的监管以及违章违法行为的查处等内容纳入综合执法体系，对市场主体降低准入门槛，实行先照后证登记制、年度报告公示制、简化住所及经营场所登记手续和放宽经营范围登记制度等方面改革，将注册资本实缴登记制改为认缴登记制，简化审批程序；细化工商管理、行政审批和市场监管职责；企业设立登记时限压缩至 5 个工作日内，除公司设立登记、企业改制等事项实行“一审一核”外，其余事项均按照“审核合一”制度办结，并实行预约服务、延时服务等方式提升窗口效能，为市场主体提供高效优质服务。以印制新政策宣传册、制作各种示范文本供企业查询和电子屏幕布滚动播放宣传资料等方式，实现政令畅通，信息透明，达到便民目的。针对企业申请量的大幅增长，推出首问首办责任制以及延时服务、预约服务等制度。

区工商局以提前介入、及时注册、重点指导、全程服务的方式，服务地方政府招商引资等相关工作。2014 年，为华润雪花啤酒（中国）有限公司贵阳分公司、贵州阳光股权投资基金管理有限公司等 4 户企业开通“绿色通道”，由专人负责办理沟通协调，以及法律法规咨询等延伸服务。同年办理新申请知名商标 6 件，有全国驰名商标 6 件，贵州省著名商标 32 件。

2015 年，全区推动工商营业执照、组织机构代码证和税务登记证“三证合一”改革，新核准各类市场主体名称 8727 个，新发展企业 4270 户，涉及资金 142.91 亿元；变更 3413 户，注销 340 户，新发展个体户 4254 户，资金 3.78 亿元；办理“先照后证”企业 149 户；办结“三证合一”登记业务企业 1660 户，换照 692 户。

表1　云岩区企业发展状况一览表

（2001年—2015年）

年份	新增户数	注册资本(亿元)	累计户数	注册资本(亿元)
2001年	801	7.35	3787	28.86
2002年	774	3.83	4100	29.41
2003年	984	3.92	3343	30.51
2004年	860	3.72	4101	34.16
2005年	901	33.71	4323	65.63
2006年	1345	12.38	4965	76.41
2007年	1404	10.77	5341	85.23
2008年	1671	27.20	6066	110.69
2009年	1631	36.18	6810	144.41
2010年	1816	41.50	7453	181.62
2011年	1837	37.71	8990	217.64
2012年	2877	61.89	11513	276.74
2013年	3096	72.64	14222	347.58
2014年	3605	132.12	17529	477.76
2015年	3798	141.56	20999	616.99

表2　云岩区个体工商户发展一览表

（2001年—2015年）

年份	新增户数	注册资本(亿元)	累计户数	注册资本(亿元)
2001年	331	0.11	1903	0.51
2002年	516	0.19	2419	0.70
2003年	543	0.22	2962	0.93
2004年	1255	0.22	4217	1.15
2005年	1022	0.25	5239	1.41
2006年	1084	0.24	6323	1.65
2007年	1138	0.26	7461	1.91
2008年	1671	0.56	9132	2.48
2009年	1782	0.63	10914	3.11
2010年	3924	1.25	14838	4.37
2011年	3286	1.49	18124	5.87
2012年	2724	1.25	20848	7.12
2013年	2486	1.36	23334	8.49
2014年	3899	2.22	27233	10.72
2015年	3963	3.53	31196	14.25

第三节 专业市场管理

一、粮食市场管理

区工商局每年不定期检查粮食市场，防止侵害消费者合法权益的违法经营情况发生。2005 年，为预防陈化粮流入辖区，区工商局下发《关于打击非法倒卖陈化粮的通知》，对区内 8 户粮食加工企业、22 户粮食经营户、8 户米粉加工厂（店）进行清查，未发现有倒卖陈化粮行为。此后，每年新粮上市及元旦节、春节等重大节日期间，都对粮油经营户进行检查，严防陈化粮进入辖区。

2006 年，区工商分局对贵州恒瑞兴后坝粮油批发市场开展食用油专项整治，查处无 QS 认证食用油案件 1 件，依法罚款 8000 元。2010 年 2 月，对粮食批发市场和大米筛选厂进行突击检查，在恒瑞鑫粮食批发市场检查原料供应商营业执照、食品生产许可证，以及检验报告等证照；又在各大米筛选厂检查大米质量和计量器具，主要检查不符合国家新标准的加工产品、违规使用添加剂和短斤少两等问题，对存在问题的 3 家经营户下达整改通知书。

为防止不合格大米进入市场，2015 年年底，区市场监管局对大米生产企业开展集中专项检查。重点检查大米加工企业原粮的购进、储存和陈米储存，以及处理、成品包装及标签标示等情况。未发现使用陈化粮以及违规使用添加剂等问题；对部分标签标示不符合国家食品安全标准、原粮购进台账及销售台账建立不完善等问题的企业，下达整改通知书，责令立即整改。

二、农资市场管理

在农资市场管理上，区工商分局主要审查经营主体资格，严把准入关；对流通环节进行检查管理，规范农资经营和市场竞争行为，维护公平竞争秩序；其乐通过堵源头、端窝点、查大案等措施，打击制假售假行为。按照案情不清的不放过、假冒伪劣商品的源头和流向不明的不放过、违法责任人未依法处理的不放过、该移送司法机关但没有移送的不放过和涉案国家机关工作人员没有受到追究的不放过的“五不放过”原则查处案件，加强市场监管。

2001 年—2004 年，区工商局着重抓种子、化肥、农药“三大类”农资商品监管；重点查处无照经营、超经营范围，规范粮油等产品经营行为。2005 年，全区有农资经营户 51 户，其中化肥 1 户、种子 26 户、农药 18 户、种子农药 6 户。全部按规定签订诚信经营责任书。2006 年，查处无照经营兽药案件 1 件，罚没款 3950 元；无照经营农机案件 1 件，罚没款 5000 元；在贵阳种子批发市场查扣“冈优 527”水稻种子 3000 公斤，查处冒用公司名义从事玉米种子销售的案件 1 起，罚款 2 万元；查处贵州大成农业科技公司销售假种子案 1 起，没收假种子 57 包，罚款 5000 元。

2007 年，强化对农村市场的监管，指导种子经营户建立健全进货、销货台账，进货、销货发票，农资商品质量信誉卡和商品质量责任书的“两账两票、一卡一书”制度，通过检查确定经营户是否存在违法行为；落实惠民政策，对农村流动商贩免予工商登记，对农民进入集贸市场销售自产农副产品免予收费。次年年印制《云岩工商分局重要商品进货台账及票据档案》和《云岩工商分局重要商品销售台账及票据档案》1 万份；查处涉农案件 1 件，罚没款 5000 元。2009 年，区工商联局实施“红盾护农七大机制”（强化农资市场监管机制，严厉打击坑农害农违法行为；建立和完善经纪活农机制，发展和规范农村经纪人，推进农业生产和市场需求相衔接；建立和完善合同帮农机制，稳步推进订单农业，开展涉农合同帮扶活动；建立和完善商标富农机制，引导农民利用产品商标和地理标志，提高农产品市场竞争能力；建立和完善权益护农机制，保护农民消费者的合法权益；建立和完善政策爱农机制，培育农村市场主体，引导农村个体私营经济发展，推进农业结构调整和产业化经营；建立和完善市场助农机制，培育、繁荣和规范农村市场，搞活农村流通）专项整治行动，以整顿农资市场为重点，查处制售假冒伪劣种子、农药、化肥等农资商品不法行为。全年检查农资经营户 883 户。2011 年，检查农资经营户 470 户，其中种子经营户 150 户次、化肥经营户 150 户次、农药经营户 150 户次、农用地膜经营户 20 户次。

2012 年以后，农资类市场的检查主要由区农业水利局负责。2015 年 3 月，区工商局协同区农业水利局，以标签不合格农药为重点，抽查农资市场农药标签，规范门店经营农药产品质量，要求商户建立进销档案，确保标签合格。当年抽检合格率达 100%。同年，开展为期 3 个月的春季农药打假护农专项整治行动，以禁限用高毒农药、标签、质量抽检不合格农药为监管重点，重点排查是否有无标签、标签标注内容不全、标注内容与产品不符、擅自修改标签、扩大使用范围等行为。5 月，检查农药经营户 24 家次，未发现违法违规现象。2015 年的“红盾护农”行动中，农用物资监管检查内容与 2014 年相同。

第四节　市场综合管理

2001 年，区工商局将各基层工商所落实市场巡查制工作列入年终考核目标，全面建立动态管理模式，扩大监管面和案源，加强对各类市场交易的日常监督管理，查处违法违章行为。全区办理各类案件 4895 件，罚款 52.3 万元。从 2003 年起，市场巡查制度按照“全面监督、均衡管理”的原则，采取巡查和督察相结合的方法展开巡查工作。将各工商所干部和市场监管员编成巡查组，把各工商所管辖的市场和地域范围划成若干片区，巡查组履行工商所的监管职能，每组（不少于 2 人）负责一个片区，营业时间内，进行不间断市场巡查；依法处理各种违法违章行为。巡查中发现问题，适用简易程序的，在当地处理；需按普通程序处理的，按规定程序办理；巡查记录作为考核监管人员工作业绩的依据。全年全区建立市场巡查数据库档案 56324 户。

2004 年，全区市场巡查工作实施分类监管，从商品准入检查入手，推进商品质量监管关口前移，从源头上治理制售假冒伪劣商品等违法行为。到 2005 年，全区实施市场巡查责任制的工商所超过 95%。对餐饮、旅游、修理、美容美发、销售移动电话等行业共 3758 户经营户进行检查，取缔无照经营户 359 户。2006 年，区工商局参与对劳动用工情况的检查，加强对中介机构实行长效监管。4 月 6 日，查处拖欠员工工资的地下加工厂 1 家。2007 年，开展“扫黄打非”专项治理行动，检查经营户 658 户，配合有关部门收缴盗版 DVD 光盘 5000 余张。2008 年，配合有关部门，对夜总会、歌舞厅、酒吧、洗浴城、网吧和电玩室等文化娱乐场所进行突击检查，检查各类文化娱乐场所 121 家，查处无照经营 29 家。2010 年，检查农资经营户 103 户。按照贵阳市“红盾护农行动”的部署，2013 年，巡查农贸市场 552 次，组织执法人员 1886 人次，检查农贸市场 30 家，活禽销售经营户 101 户，对其中 77 个活禽及禽类产品经营户发出经营警示；驻场监管 24 个重点市场；展开大型商场、超市、市场、KTV、餐馆、酒店、网吧和酒吧等人口密集场所安全大检查，共检查各类经营主体 163 户，对无照经营户（KTV3 户，酒吧 2 户，网吧 1 户）下达责令改正通知书。以学校周边小商店、小摊点、小食品店、小加工作坊等“四小”经营场所为整治重点，加强中小学周边环境的整治；对违法户进行批评教育和诫勉谈话。全年检查各类经营户 469 户次，收缴“小彩票”4 万多张。同年，会同区物价局等相关部门，联合检查农贸市场 4 个，组织执法人员 29 人次，检查经营户 292 户，发放宣传资料 452 份；专项整治白酒市场，组织执法人员 125 人次，检查各类经营户 452 户次。在网络淫秽色情信息和反动出版物专项治理行动中，检查经营户 261 户，对其中 4 个经营户下达要求停业整改通知书。2014 年，全区查处无照经营案件 8 件，罚款金额 5.4 万元，案值 5.7 万元。2015 年，推进农资市场监管信息化建设；开展“文明在行动满意在贵州”行动，检查各类市场主体 474 户次，重点对涉及群众利益且消费量大的烟酒、茶叶等商品的清查，保护名优产品；对学校周边“三无”小商品进行清查。

第五节　电子商务监管服务

1996 年年初，区境开始有电子商务经营户登记注册。2006 年，区工商局确定中环工商所、黔东工商所、贵乌工商所、威清工商所、市西工商所等工商所为实施电子商务网上监管工作试点单位，查处打击网上违法经营行为。全年检查经营性网站（网页）57 个，对互联网经营场所使用盗版软件、超越经营范围、利用网络进行虚假宣传等违法行为立案查处 11 件，结案 8 件，罚没款 3.8 万元。

2012 年 3 月 16 日，区人民政府和重庆金算盘集团正式签约，共同出资建设“贵商网”。“贵商网”为第三方电子商务服务台，主要面向网民搜集省内商品信息、娱乐消费企业信息等。“贵商网”具备向商家提供展示、交易、结算等解决方案，构建虚拟电子商铺等功能，方便本省企业商品向外销售，同时引导全国各地的商家在“贵商网”展开经营活动。至 2012 年，加入“贵商网”的企业有贵州黔贵酒业有限公司、贵州五福坊食品有限公司等百余家企业。

为促进贵阳市网监平台建设，完善本地经济户口数据，2013 年，区工商局开展网络监管平台信息关联工作，引导企业在经营性网站管理平台上备案，对数据进行筛选并将有效数据归类；促进全区经营性网站及时备案。同年 11 月，“贵商网”经营活动进入常态化。区工商分局完成网络经营户数据关联工作 602 条，甄别有效网站 208 个。年内，随着网上监管平台进一步完善，查处通过网络销售仿冒知名商品、假冒他人注册商标的商品、冒用他人企业名称的商品以及具有虚假表示的商品，遏制各种制假售假违法行为。

2015 年 9 月起，区市场监督局加强贵商网站点管理员的电商知识培训，设立远教服务电商培训基地，提升远程教育服务实效；贯彻落实贵州省和贵阳市电商大会精神，投入 20 万元建立云岩远教服务电商示范基地，依托金关村电子商务产业园和云岩区农村电商人才数据库，加强培训，推动电商创业；针对网络电商从业者实施分类培训。开设电商预备班，为电商创业者开设实践班，为电子商务从业者开设强化班，以提高辖区网店竞争力和发展潜力，拓宽增收致富渠道，推动农村电商健康发展。至年底，共组织电商专题培训 10 余场 200 余人。

第六节　经济合同管理

一、合同签证备案

2001 年，区工商局在经济合同签证工作中，依法审核合同当事人提供的合同文本及有关证明材料的真实性和合法性。2002 年 11 月 1 日，国务院取消合同鉴证审批权限，区工商局不再办理合同鉴证。2011 年起，按照《贵州省合同监督条例》规定，开展合同备案工作，当年办理格式条款合同备案 29 件，其中《商品房买卖合同》备案 29 份。2012 年，全区格式条款合同备案共 20 件。

二、违法合同查处

2001 年，区工商局共查处合同违法案件 32 件，违法金额 45.8 万元，罚款 3.01 万元。其中欺诈 2 件，其他 29 件，移司法机关 1 件。2005 年，在对合同欺诈及各类合同案件的查处中，全区共查处合同违法案件 11 件，罚款 1 万元。2006 年，检查买卖、加工承揽、旅游、经纪人、旧车、重要生产资料等合同 573 份，涉及合同金额 312 万元，查处合同案件 1 件，罚款 0.5 万元，督促履行合同 31 份，协助当事人解决合同纠纷 3 件，合同标的 83.5 万元。2007 年，检查合同 861 份，查处合同欺诈案件 2 件，案值 6 万元，罚款 1.5 万元，调解合同纠纷 2 件，金额 4.3 万元。2008 年，检查合同 423 份，涉及合同金额 4325.5 万元；查办合同案件 1 件，罚款 10000 元；调解合同纠纷 12 件。2009 年，调解合同纠纷 1 件，争议金额 3.96 万元，为农民挽回经济损失 0.5 万元。2010 年，办理合同案件 2 件，罚款 5000 元；2013 年，办理 14 件，罚款 9.21 万元，案值金额 8.52 万元；2014 年，办理 1 件，罚款 1 千元；2015 年，办理 1 件，罚款 3 万元。

三、合同示范文本推广

云岩区 2001 年推行各种合同示范文本 295 本，查处非法印制、销售合同示范文本的违法行为 5 件，罚款 5000 元。2002 年—2004 年，区工商局把推广合同示范文本作为保护消费者合法权益的重要手段，倡导契约诚信、促进和谐经营，以柔性管理的方式推动建立和谐有序的市场经济秩序。

2005 年，全区推进订单农业发展，年度制定、修订订单农业格式合同 136 份。全年推广合同示范文本 1100 多套，参与指导和规范格式合同 2569 份，为企业挽回经济损失 2 件，金额 56.98 万元。查处 6 户企业擅自制作、复制合同示范文本的违法行为，罚款 3200 元。在 2006 年订单农业合同帮扶工作中，推行示范文本 5 类订单农业，指导农户和涉农经营主体签订农业订单 3.1 万份，签约农户 3.1 万户，订单金额 4620 万元。2007 年，指导签订农业订单合同 12365 份，合同金额 3215 万元。次年规范大牲畜、种植辣椒、奶牛养殖等涉农合同文本 12 类，引导签订农业订单 2.7 万份。2009 年推广农村土地经营权流转合同示范文本，制定农村土地承包经营转让、转包、互换、租赁和作价出资入股等 5 种流转形式合同示范文本，在全区推广使用茶叶订单、种植订购、果场茶园承包等合同范本 12 个；规定使用统一规范的土地流转合同示范文本，废除口头合同，防止企业与农民在土地租赁上出现纠纷，减少合同欺诈违法行为，防止无照或无履约能力企业从事农业经营活动。2009 年，指导检查涉农企业和农民签约 1650 人次，为涉农合同提供咨询服务 2310 人次。2010 年，区工商局签订土地承包经营权流转合同 3210 份，其中转包（出租）和转让田土签约农民 2105 户；指导“185”工程基地使用土地流转合同示范文本 64 份，以期从源头上避免土地纠纷发生。

2015 年，云岩区旅游市场专项整治工作领导小组成立，配合区市场监督局开展旅游市场专项整治及单用途商业预付卡合同格式条款专项整治、合同格式条款备案和合同违法行为查处等工作；对商品房买卖合同格式条款及旅游合同实施备案，遏制消费领域“霸王条款”现象；对物业管理、中介服务、健身机构及大型商场、超市等合同格式条款等重点行业开展专项整治；对旅游市场、单用途商业预付卡合同格式条款专项整治。

四、动产抵押登记

2005 年，区工商分局开始办理抵押登记，办理 1 份，抵押物为设备，价值 259 万元，主债金额 13 万元。2008 年，办理抵押登记 44 件，主债权总额 2. 21 亿元，抵押物价值 4. 31 亿元；办理注销登记 4 件，主债权 1890 万元。2009 年，办理抵押登记 36 件，主债权总额 2. 14 亿元，抵押物价值 4. 47 亿元。2010 年，办理抵押登记 38 件，主债权总额 2. 63 亿元，抵押物价值 4. 05 亿元。2011 年，办理动产抵押登记 67 件，主债权总额 4. 72 亿元。2013 年，办理动产抵押登记 74 件，主债权金额共计 7. 01 亿元。2014 年，办理动产抵押登记 60 件，主债权金额共 8. 2 亿元。2015 年，办理动产抵押登记 54 件，主债权金额共 8. 64 亿元。

五、守合同重信用活动

2001 年，区工商分局在全区范围继续开展守合同重信用活动，将符合守合同重信用单位条件的企业列入市场诚信建设体系。2005 年，复核 2004 年度全区市级守合同重信用企业 49 户、审核申报新办“守合同重信用”企业 13 户。2006 年，申报市级“守合同重信用”企业 51 户、复核 46 户。2008 年，办理申报市级“守合同重信用”单位 49 个；复核市级“守合同重信用”单位 79 个。2009 年，办理申报市级“守合同重信用”单位 49 个；复核市级“守合同重信用”单位 79 个。回访新申办市级“守合同重信用”单位 26 个。2010 年，复核市级“守合同重信用”单位 145 个，其中新申报 25 个。2011 年，全区有“守合同重信用”单位 142 个，其中新申报 41 个，复核 105 个。2013 年，有市级“守合同重信用”单位 192 户，其中新增 75 户。2014 年，有市级“守合同重信用”单位 156 户，其中新增 40 户。至 2015 年，全区有市级“守合同重信用”单位 122 户，其中新增 27 户。

第七节　商标管理

一、注册商标管理

2001 年，区工商分局取缔制假、售假窝点 74 个，收缴假冒伪劣商品总价值 689 万元。2004 年，除收缴盗版音像制品外，还对有问题的 51 户印刷厂下发限期整改通知书，遏制非法印刷商标和其他印刷品。同时，加强对文化经营从业人员的法律法规培训，组织印刷企业从业人员参加法律法规培训，提高他们的法律法规意识。专项整治违法违规行为，重点整治未取得印制商标单位证书，擅自从事商标印制业务、未经批准擅自印制烟草制品商标、药品商标和印制侵权假冒商标标识的行为，以及非法印制、买卖商标标识行为。

2004 年 9 月 1 日起，区工商行政管理局根据修订后的《中华人民共和国商标法》实施商标管理。

2005年，查处商标侵权案件19件，罚没款21.63万元，案件总值18.3万元。其中查处涉外商标（“柯达”胶卷、“阿迪达斯”服装及鞋类）案件2件，驰名商标（“茅台”酒和“联想”系列电子产品）案件2件。7月，组成联合维权打假小组，在新密市刘寨镇顺宝玻璃制品厂生产线上查获“老板牌”注册商标墨水瓶生产模具4套，现场查扣假冒老板牌注册商标墨水瓶5万余个。同时，协助“英雄牌”墨水企业在同一生产线上查获“英雄牌”墨水瓶生产模具4套，查扣假冒“英雄牌”注册商标墨水瓶12万余个。2006年，办理商标违法案件41件，罚没金额34万余元。2008年，办理商标侵权案件101件，罚款109.52万元，案值222.5万元，没收销毁、侵权商品及商标标识281件，没收、销毁制造侵权商品、伪造注册商标标识工具334件；同期查处违法使用奥林匹克标志案件3起，罚款1万元；查处侵犯“奥林匹克”标志专用权8起；没收侵权“浩宇靓仔”牌童装60套、唇油223盒、鞋4双、裤子2条、篮球6个，罚没金额共0.35万元。

2009年，组织检查人员2682人次，检查经营户11564户、市场333个，共查处商标案件90件，没收销毁、侵权商品及商标标识2690件。2010年，检查市场169个、经营户达4868余户，查处商标侵权案件39件。查处商标侵权案件2011年11件、2012年82件。2013年，查处酒类商标侵权案4件，查收违法经营的酒84瓶，罚没金额7.5万元；检查日化用品经营户76户，查处销售涉嫌侵犯“飘柔”“潘婷”等注册商标专用权商品经营户4户，查处涉嫌销售侵犯“心相印”注册商标专用权经营户4户，依法查扣各类洗发水700瓶，纸巾1824包，案值2.5万元；在打击“傍名牌”专项执法行动中，查处商标侵权案件82件，罚没金额59.93万元，案值金额62.38万元；依法查处假冒茅台酒、习酒等品牌白酒628瓶，假冒伪劣灭火器296瓶。查处商标侵权案件75件。2014年查处的商标侵权30件案件中，有20件案值金额39.02万元，罚没金额33.6万元。

2015年，办理户外广告登记14件，查处违法广告3起，共计罚款人民币11万元。区市场监督局重点对消费量较大的烟酒类、茶叶等商品进行清查，特别加大对茅台酒、都匀毛尖、湄潭翠芽、老干妈辣椒制品、玉蝶线缆和贵州中烟等贵州名优产品的保护力度。截至年末，共查处商标侵权案件21件，罚没金额34.3万元，案值金额35.47万元。

二、知名商标培育

2001年起，区工商局通过走访入户等方式，进行区属企业商标培育工作。宣传动员经济实力较强的商家，引导帮助企业做好商标申请注册。2006年，对市场主体注册的2268个商标进行回访，引导贵州博士企业改造“博士牌”墨水商标，防止出现对境外同名商标构成侵权；并指导其申请注册贵州省著名商标；对云岩家喻装饰工程有限公司申请贵州省著名商标进行初审，指导公司依法使用著名商标标志；指导3家具备条件的商家进行商标注册申请。2008年，联系企业35家，引导其提高申请注册州省著名商标，宣传商标（品牌）的意识；利用媒体，帮助企业扩大产品商标（品牌）的知名度和影响力。全年通过贵州省著名商标申请的企业有9家。2009年，帮助10家企业申请省著名商标。

云岩区2010年申请贵州省著名商标的企业有9家。2011年，也有9家。2013年，全区新增注册商标1555件、贵阳市知名商标18件、贵州省著名商标15件。2014年，新申请贵阳市知名商标6件、贵州省著名商标6件。2015年，新申请贵阳市知名商标6件，其中5家获得贵阳市知名商标称号。截至2015年年末，全区有中国驰名商标6件，贵州省著名商标32件，贵阳市知名商标30件。

第八节　打击传销活动

一、传销活动查处

2001 年以前，云岩区就建立有中共云岩区委、区人民政府领导下的打击传销机制，形成区工商分局、区公安分局等部门齐抓共管的综合整治格局，把打击传销作为公平交易执法的重点之一，坚持随时随地查处传销和变相传销群体，使传销活动在 2001 年—2004 年间得到阶段性控制。2005 年，随着传销活动的死灰复燃，区工商局对“广西玛雅”等传销活动实施检查监控，组织专项打击行动 6 次，遏制传销行为回潮；查处贵州康信源生物技术开发有限公司利用其生产的产品涉嫌开展传销活动案件 1 起，罚款 5 万元，查封涉案金额 60 多万元。2006 年，区工商局会同区公安分局、街道办事处等单位，加大对城郊结合部、民房出租屋的巡查力度，对暂住人口进行排查。全年接到传销举报 8 个，现场参与人员驱散 2 起、传销人员已逃逸 4 起，移交区公安分局立案调查 2 起。2008 年，处理传销案件 2 件，劝解和驱散传销人员约百人；调查组织传销人员 11 人，收缴一批学习笔记本、传销图和电话联系本等证据材料。2009 年，查处传销案件 10 件。2010 年，辖区内未发现传销活动。

2012 年 3 月 14 日，城基路 49 号瑞源新城“御淑丹”门面有人以“拉人头复式计酬”方式经营“御淑丹”，区工商分局立即到现场责令当事人停止经营活动，并依法做出处罚。2014 年，区工商分局与金鸭工商分局、金鸭派出所在省水电八局宿舍查处传销活动的窝点一处。同年，区工商分局经济检查大队检查涉嫌进行传销或非法直销的企业 13 家。

2015 年，区市场监管局成立后，将打击传销和规范直销和日常执法相结合，对苏州绿叶日用品有限公司、青岛康尔生物工程有限公司、山东中信生物科技有限公司、山东海洋股份有限公司、沃德（天津）营养保健品有限公司、山西晨宇科技开发连锁经营有限公司、山东益宝生物制品有限公司、芜湖华信生物药业股份有限公司、陕西三八妇乐科技股份有限公司等单位进行全面核查，防止企业参与或从事传销或违规“直销”活动。

二、反传销活动宣传

2005 年 8 月，区人民政府针对传销死灰复燃的状况，组织黔灵镇、街道办事处、区公安分局、区工商分局及司法部门召开专题会议，将 5000 余幅宣传画张贴到所有村镇、社区，形成打击传销的宣传攻势和群防群治的局面。同年 9 月 19 日，与贵州省师范大学联合开展“远离传销，珍爱生命”主题大型宣传教育活动。贵州师大 2000 多名师生积极参与宣传活动。共发放《云岩区打击传销规范直销宣传手册》3000 份和印有打传标语的环保型塑料袋 5000 个。参加活动的领导和广大师生一同在“拒绝传销，从我做起”的横幅上签名，表达自觉拒绝传销、主动抵制传销的决心，提高学生对传销的防范意识和抵制能力，建立起阻止传销活动向校园蔓延的“防火墙”。

2008 年 4 月 17 日，区工商分局设区打击传销规范直销工作领导小组办公室，建立打击传销黑名单及辖区社区分布统计表；与各街道、黔灵镇、“三马”片区筹备组分别签订打击传销活动责任书；与各工商所签定打击传销活动责任书；发放《致广大人民群众共同打击传销的公开信》3000 余封、反传销警示牌 7200 块。2009 年，全区“政府牵头、部门联动、各司其职、相互配合、责权一致”的打击传销工作领导机制进一步完善。区工商分局通过开展创建无传销社区（村）活动，全年创建无传销社区（村）143 个。7 月—8 月，区工商分局查获利用 EEQ（网站的名称）进行网络传销活动的“王登朝网络传销案”，当事人被处以没收违法所得 345 元和罚款 5 万元的行政处罚。2010 年，云岩区创建无传销社区（村）143 个。

2014 年，全区开展打击传销、规范直销活动宣传 2 次。2015 年，开展宣传 3 次；同时联合各部门开展防止传销进校园、远离传销、防止非法集资等宣传等活动。

第九节　消费者权益保护

一、专项活动

2001 年，云岩区与全市同步开展“百日打假”行动，对各类生产经营户进行检查；在“红盾打假护农”活动中，受理群众投诉，取缔一批制假窝点和无照经营户；查获一批假种子、假化肥和假农药；以“3·15”为主题，开展保护消费者权益专项活动，查缴各种假劣、仿冒及“三无”食品、化妆品、小百货商品、汽车配件等。2004 年的打击重点是制售假冒伪劣商品，集中力量开展食品安全集中整治，配合贵阳市工商行政管理局，对儿童食品市场、奶制品市场、集贸市场、节日市场集中检查。2005 年，全区查处服务领域侵害消费者权益案件 30 件，罚没款 15.25 万元，案值 19.62 万元，为消费者挽回经济损失 16.21 万元。同时，参与打击非法拆解、拼（组）装汽车等违法行为。

2011 年 3 月 4 日，云岩区设立消费者权益保护股（“12315”申诉举报中心），承担消费者申诉、举报的受理、分类、分派、移送并督促办理和消费者咨询申诉、举报数据的汇总、分析、管理和使用工作；开展有关工商行政管理法律、法规和政策咨询。2013 年，全区投诉电话“12315”中心和“一会两站”（消费者协会分会和消费者投诉站和“12315”联络站）体系基本完善。为了快捷高效受理处理消费纠纷和查处侵权案件，将“12315”服务延伸到社区、农村、市场、企业、商场、餐饮娱乐场所、景区、学校等网络体系，方便消费者投诉和解决问题；不断和完善商品质量监测体系，加强食品和重要商品的定向、跟踪和快速监测。

2015 年，全区执行“一会两站”和“绿色通道”建设工作，“12315 消费争议快速解决绿色通道”和消费维权网络覆盖面扩大，投诉受理渠道拓宽，区工商局将符合条件的企业发展为“12315”绿色通道成员单位，向 11 户“绿色通道”企业授牌；“12315”各类数据、信息汇总分析由区工商分局上报省、市工商行政管理局。

二、案件查处

2007 年 2 月 1 日实施的《贵州省消费者权益保护条例》规定，从事餐饮、娱乐业的经营者不得拒绝消费者自带酒水、饮料，不得收取“开瓶费”等不合理费用，违者将处以 1 万元以下罚款；情节严重的，责令停业整顿。据此，区工商分局将餐饮企业向消费者收取“开瓶费”视为违法行为。区工商局对接“12315”平台，在 2012 年内分流消费者投诉举报 362 件，并全部办结；推进“12315”消费争议快速解决“绿色通道”（绿色通道）建设工作，扩大消费维权网络覆盖面，全年新发展“绿色通道”20 户，创建“一会两站”精品分会站点 4 户。

2013 年，区工商分局围绕消费者投诉较为集中的电信、家电、餐饮、旅游、美容、装饰装修、互联网销售、房地产、教育、医患等热点问题，重点开展维权专项执法检查和食品快速检测 859 批次，其中快检箱777批次，快检车82批次。对接“12315”和“12319”两个平台，全年接到消费者咨询610人次，其中“12315”平台分流投诉901件全部办结；新增“12319”公共信息平台，分流投诉143件，全部办结。同期处理信函投诉和举报案件3件，为消费者挽回经济损失23.7万余元；区工商联3下属分局将符合条件的企业发展为“绿色通道”成员单位，利用“绿色通道”将纠纷化解在源头。全年吸收“绿色通道”100户上报“12315”数据、信息汇总分析和典型维权案件信息，均上报市工商行政管理局。

区工商分局2014年受理群众投诉、咨询1953件次，其中消费者咨询923人次，均给予满意答复；“绿色通道”分流办结投诉356件，“12319”公共信息平台分流办结投诉261件；分局自办投诉案件410件，全部办结。同期处理信函投诉、举报案件3件，为消费者挽回经济损失195万余元。依法对侵犯消费者权益的行为处罚的案件17起，罚没金额12.7万元，其中假冒伪劣案件8件，虚假宣传1件，商标注册未经许可7件，无证照经营1件。

2015年，区市场监管局通过对接“12315”“12319”和食品药品监督管理等3个平台，受理群众投诉、咨询案件2046件，其中消费者咨询1135件，“绿色通道”分流办结投诉397件；“12319”公共信息平台分流办结投诉401件。同期分流食药监转办的投诉、举报案件85件；处理“百姓——书记交流平台”投诉和举报案件23件；处理信访投诉、举报案件5件，全年调解疑难案件33件，为消费者挽回经济损失170万元；办理消费侵权案4件，罚没金额11.5万元。

第十节　法规宣传培训

一、法律法规培训

2001年—2004年，区工商分局开展《中华人民共和国商标法》《中华人民共和国广告法》等法律法规培训，在全区推行各种合同示范文本；发放《中华人民共和国商标法》《中华人民共和国广告法》和各种合同示范文本180份（种）。2005年，举办《中华人民共和国合同法》《中华人民共和国担保法》《中华人民共和国拍卖法》等法律法规培训25期，参加培训单位186个，参加培训人员752人。同时组织召开农资经营户座谈会3次，免费发放《中华人民共和国种子法》《中华人民共和国消费者权益保护法》和《农药管理条例》等法律、法规宣传资料200余份，印刷14种规范的表格（账、票、卡、书、责任状、制度），发给经营户并由工商人员监督指导规范填写。

区工商分局2006年举办合同法培训班6期，组织分管局长、执法股长、工商所长和部分企业代表67人参加《中华人民共和国合同法》及订单农业培训班，由省工商局领导负责授课。2007年，组织47家企业、50余人参加省工商局组织的《中华人民共和国合同法》培训。2008年，举办企业合同法规培训班6期，组织“守合同重信用”单位参加省工商局组织的《中华人民共和国合同法》和《中华人民共和国担保法》等法规学习1期。培训人员200人次。2009年，组织30家企业参加《中华人民共和国合同法》《中华人民共和国担保法》和《贵州省合同监督条例》等法律法规培训。2010年，举办《贵州省合同监督条例》专题培训会，80多户企业参加培训。全年举办此项专题培训20期，培训企业人员15623人次。2013年，制定《云岩区工商局推进商标战略实施方案》，举办商标管理工作培训会，组织18个分局长、商标专管人员等50人参加培训。

二、法律法规宣传

区工商分局2006年协同农业部门向经营户宣传《中华人民共和国种子法》《中华人民共和国劳动法》《中华人民共和国反不正当竞争法》等法律法规；各级工商管理机构全年发放各类资料4.5万份，张贴标语100多条。2008年，举办农村食品市场整顿年宣传周活动，宣传《种子法》《农药管理条例》等法律法规，发放宣传资料1.6万份；指导42户种子经营户建立健全"两账两票、一卡一书"制度；向全区守合同重信用单位发放通信录、"贵州省合同信用促进会期刊"，增强《合同法》宣传效果。2009年，在推广合同示范文本过程中，农户、涉农企业、农村经纪人、农民专业合作社发放宣传资料1.3万份，提高农业合同的签约率，为农产品顺畅销售提供保障。2010年，向企业发放《贵州省合同监督条例》宣传册2万余本。在推进和落实红盾护农"七大机制"，促进农业增效、农民增收、农村繁荣工作中，发放宣传资料210份。

2011年，着重宣传《第九届全国少数民族传统体育运动会特殊标志保护及使用管理规定》，发布第九届民族运动会会徽、吉祥物、宣传画等特殊标志。2013年，开展"3·15"国际消费者权益保护日宣传活动，发放商标宣传手册1200余份。2015年6月，在中大国际广场举办"尚德守法，全面提升食品安全法制化水平"宣传周活动。张贴"禁烟标志"和"遵德守礼"宣传画各3000份，"整脏治乱"公益广告6000份。同年2月12日、2月24日和10月27日，通过接受贵阳电视台"执行力"节目、贵州电视台"天天来帮忙"节目以及"百姓关注"节目记者的采访方式，解答消费者有关合法权益的咨询，完成"3·15"晚会热线值守。

第二章　物价管理

云岩区物价局负责辖区内商品的进价、售价及定价进行管理，通过对同行价格分析对比，确定商品价格是否合理合法；对商户和企业的价格违法行为进行查处，保证国家价格计划的执行和调整，维护经营者和消费者的合法权益；对行政区事业单位收费行为进行调查和规范化管理。2015年，物价局在体制改革中并入其他部门，职能未变。

第一节　物价管理机构

云岩区物价局，2002年行政编制15人。至2014年，内设办公室、收费管理科、价格管理科（价格认证中心）和价格监督检查科（物价检查所）。11月，区物价局职能整合划入区发展和改革局（区发改局），内设价格管理监督检查科。

第二节　价格监测和认证

2001年，区物价局按市物价局下达的监测项目，报送监测数据53次，报送分析报告2期；办理涉案物品价格评估285件，涉案金额138.4万元。每年采集《生活必需品价格》48期、《重要商品价格》12期及《粮油价格》260期。此外，每年定时向市物价局上报《物价监审报表》《监测分析报告》和《专项调查报告》，主要内容有《居民生活必需品价格报表》《重要商品和服务项目价格报表》及《粮食价格旬报及油粮副食品价格报表》等。2014年，按时准确上报市场价格监审报表，报送《居民生活必需品价格》42期，《重要商品及服务价格》11期，《粮食价格旬报及油粮副食品价格报表》260期。

2015年，区物价局的价格监测力度进一步加强，每周对大型农贸市场猪肉、鸡蛋、家禽、蔬菜等10多项涉及重要民生的商品品种进价、销价做市场成本调查，分析价格涨落情况。全年上报贵阳市成本调查资料52期；办理涉案物品价格认证1041件，罚没金额876万元。

云岩区价格认证一览表

（2001年—2015年）

年度	涉案物品(件)	认证金额(万元)	年度	涉案物品(件)	认证金额(万元)
2001年	844	154.00	2009	1102	843.00
2002年	806	234.00	2010	1207	655.00
2003年	811	198.00	2011	968	257.00
2004年	766	277.00	2012	988	489.00
2005年	782	184.00	2013	802	455.00
2006年	926	332.00	2014	610	739.00
2007年	988	267.00	2015	1014	876.00
2008年	804	425.00			

第三节　收费管理

一、收费许可认证

区物价局价格认证和估价鉴定工作，以《中华人民共和国价格法》，国家计委、最高人民法院、最高人民检察院、公安部下发的《扣押、追缴、没收物品估价管理办法》，以及贵州省物价局制定的《贵州省涉案财物价格鉴定管理办法》《贵州省涉案财物价格鉴定操作规程（试行）》为法律依据。

2002年，区物价局对云岩惠洁、恒佳等餐具消毒公司的标准进行核定，并为其办理收费许可证。2003年对贵州海马房地产开发公司宏福景苑物业收费许可证的调查认证，包括停车场及室内水、电、线、管维修成本等项目的调查。

2005年，贵阳市米粉生产行业商会成立，由贵阳市工商局管理，因商会地址在区境海马冲，故价格审核由云岩区负责。由于原材料和运输成本上涨造成米粉成品价格同步上涨，区物价局未认定涨价违法，仅对会费用于商会前期工作费用情况进行核实。2006 年，对各收费单位的收费项目、标准和范围都进行核对，要求各单位填报收费许可证审验报告书和亮证收费。全年办理收费许可证 119 个，换发收费许可证正副本 58 个，通知民办学校到区物价局办理经营性收费许可证，年审率为 100%。2009 年—2010 年，区物价局参加北京西路 A 标段的拆迁财物评估工作。2015 年 7 月 1 日起，全区统一暂停收费许可证核发工作，继续加强行政事业性收费管理。

二、物价专项查检

（一）公用电话检查

2001 年以后，贵阳客车站存在公用电话违反明码标价规定情况和查处后又重犯违规错误的现象。2005 年，客车站一带公用电话出现违反明码标价规定，无通话服务公示，以及计时过快问题。区物价局对涉事两户公用电话经营户分别罚款 5000 元。2005 年以后，由于移动电话的普及，公用电话逐步退出服务，不再是价格检查重点。

（二）停车收费检查

2005 年，区物价局根据群众对停车场举报较多的情况，突击检查 9 家停车场，对情节严重的 3 家停车场分别给予罚款 2000 元的处罚。2006 年年初，分别对节假日期间违法情节较重的贵州饭店停车场、华城大酒店停车场、黄果树大酒店停车给予 1500 元以上的罚款。2010 年 3 月，贵阳电视台报道贯城河上停车场收费存在无发票的问题。区物价局将停车场权属在贵阳市河道管理处，而收费管理应由区物价管理的不合理体制情况向上级汇报。对“雄风”保安服务公司经营的沿街停车位收费进行调查，对未设收费公示牌的问题进行教育和责令整改。2014 年 1 月，对全区 21 家停车行业收费情况进行检查，明确其中 18 家行业登记。

（三）节假日价格检查

2001 年，区物价局组织人力对辖区主要街道商场、宾馆、集贸市场、停车场、车站和旅游景区景点等地区的明码标价和收费情况进行检查。在节假日和“黄金周”小长假期间展开旅游市场大检查，主要单位包括宾馆酒店、商业网点以及旅行社、旅游景区景点，检查内容以明码标价执行情况为主，对欺客、宰客行为进行处罚。2005 年中秋节期间，对商场、公园、宾馆饭店、超市及茅台酒专卖店进行收费公示和明码标价检查，发现少数违规企业和门店，依法给予处罚。节日期间责令整改单位 97 家，罚款 1200 元。12 月中旬，区物价局组织检查辖区内所有与民生有关的停车场、车站和商场等行业，此项检查持续到 2016 年春节，共检查各类经营户 50 余家，对少数不法商户作出行政处罚，并查出其他违法金额约 30 万元。

2010 年 9 月 9 日—14 日，区物价局重点检查红边门、贵乌路、北京路等地的 8 家农贸市场，以及北京华联（宅吉店、贵山店）、星力（云岩店）等大型超市。中秋节、国庆节期间，对各农贸市场和超市中的粮油、蔬菜、肉类、蛋禽以及奶制品价格动态进行重点监控，发现哄抬物价和摊位费等违法行为，立即处理并通过新闻媒体进行曝光。2011 年 1 月—2 月，对民生路、红边门等集贸市场的 8 家违规经营户进行处罚和责令整改。当年其他节日期间，全区物价稳定，区物价局获 2010 年全省县级物价工作先进单位称号。

2015 年黄金周和小长假期间，区物价局在农贸市场、大型超市、宾馆酒店和重点景区景点进行物价检查，同时要求各行业做好节日降价活动的时限、原因和范围等记录，并在活动结束后，及时更换标价签；要求宾馆酒店和景区景点对服务价格明码标价。同年9月—10月，为确保酒类博览会和节日价格稳定，加强市场价格检查和日常价格巡查工作。

三、日常物价管理

2003年以后，区物价局按照《云岩区价格异常波动应急预案》的要求，加强凝冻天气下群众生活必需品价格的监管力度，确保市场物价平稳、经营规范。根据多年特殊时期物价管理积累的经验，2011年成立云岩区价格监管工作领导小组，划分责任片区，对农贸市场和大中型食杂超市实行监管包保责任制。实行“驻场监管”，派专人进驻农贸市场和食杂超市，对商户经营活动进行全程监管，打击垄断货源、哄抬物价、囤积居奇、欺行霸市、欺诈消费者、散布虚假信息等违法经营行为；依托省、市、区三级联合物价监督队，建立市场每日巡查制度和价格监测数据每日上报制度。逐日深入商场进行价格采集，与星力百货、北京华联超市等大型卖场建立沟通机制，变价格监控为价格服务，促进明码标价的规定的落实。

2013年，在社区价格服务网络建立健全的上，更有效地落实社区内经营者和收费单位明码标价、明码实价、收费公示制度；社区内价格方面的矛盾纠纷得到妥善解决。区物价局为社区群众提供价格政策、监督管理和价格成本信息咨询等各类服务，发动群众参加价格管理。安排专人值守举报电话，社现场调查取证，做到及时查处物价违法案件。全年接听举报电话62件，协调处理62件，查处违法商户3家。2014年，共接到12358举报78件，回复78件。2015年，实行每周对大型农贸市场涉及重要民生问题的商品的进价和销售价进行成本调查制度，对重要商品价格涨落情况进行分析，全年办理涉案鉴定1014件，案值876万元。

四、教育事业收费监管

2001年，区物价局对全区38所公办中小学试行学校收费公示的制度，使多年居高不下的教育收费投诉举报案件有所减少。检查辖区内24所公办和民办幼儿园的收费执行情况，责令违规幼儿园清退5月以后收取的建园费3300元。2002年对辖区内64所中小学（其中涉农学校6所）收费情况进行调查，清退某民办学校违规收取的试卷费823元。没有收到其他违规收费的举报。按《贵阳市民办教育收费管理暂行办法》，2005年核定学校和幼儿园收费标准。2006年经核定，规定中天北京小学学费为每人每学期2920元，住宿费950元；其他较简陋或地处偏僻的学校，按各年级招生实际情况，将学费控制在300至500元之间；对公办小花艺术学校，核定每学期每人收学费900元，住宿费每学期每人450元，并规定每年按时到物价局上报收费材料。

区物价局联合区教育局、财政局，转发省市两级人民政府要求九年义务制学校推行“一费制”收费办法。规定从2006年开始，全区实施农村义务教育经费保障机制改革，从2008年秋季学期起，城区学校免除义务教育阶段学生学杂费。免除学杂费范围及标准：在城市义务教育阶段公办学校就读的学生（含城市特殊教育的学生、进城务工人员随迁子女在城市学校就读学生），小学免学杂费每生每学年170元，初中免学杂费每生每学年220元。在承担义务教育任务的民办学校学生，按照公办学校免除学杂费标准享受补助，小学每生每学年170元、初中每生每学年220元；规定民办学校收取学费，应扣除国家免除的学杂费部分。

区物价局为落实《云岩区物价局云岩区教育局价格服务进校园工作实施方案》，2007年10月31日，检查贵阳市第五幼儿园、新东门小学、环西小学和贵阳市第七中学开展价格服务进校园情况，主要检查《收费许可证》、收费票据和收费内容。通过检查，确保学校收费标准、项目和依据与公示内容一致。民办教育机构一般由贵阳市物价局下达收费许可，区物价局协助监督检查。2010 年 6 月，区物价局对 8 所公办幼儿园伙食费进行调整，将原来的每人每月 110 元提高到 150 元，以适应食品市场价的浮动；对万江小学学费调整为一年级每人每学期 300 元；二年级 320 元；三、四年级 340 元；五、六年级 360 元；对其他民办小学也作出相应调整，根据学校所处地段物价和招生情况，参考教师工资、校舍租赁及水电等成本费核定金额，标准一般在 10% 左右范围浮动。如对云岩区中华中学，核准七年级每名学生每学期收学费 500 元，八年级 550 元，九年级 600 元。

五、事业性收费检查

2001 年 6 月，区物价局参加对区属 12 家行政事业单位落实“收支两条线”规定的专项检查，对违规单位作出处罚决定。2002 年，对民政、计生等单位进行检查，对区计生局向居民收取已取消收费项目计生培训费 2. 16 万元，予以收缴；对云岩区村镇建设管理站未经批准向建房农民收取的建房工本费 4776 元，以及对施工单位收取取消的施工管理费项目 104 余万元也进去收缴。2006 年 4 月—5 月，对 2005 年辖区行政事业性收费项目及标准进行检查，审验收费许可证。

六、企业及服务机构检查

2001 年 1 月—2 月，云岩区开展“价格、计量信得过”活动，区物价局安排各类商场参加全市开展的“双信”活动，同时进行明码标价检查。通过“百城万店无假货示范街”专项检查，检查沿街商家 1441 户，对存在违反明码标价规定行为的经营户进行教育并责令整改，最终通过省和市两级物价局验收。2002 年，完成对黔灵镇打渔寨水站自来水运行成本进行的核算，上报市物价局审核。2005 年，检查商户 109 户，处罚未明码标价的商户 87 户。2006 年，位于城郊结合部的部分食杂商店擅自提高食盐零售价，有的涨幅达 30% 以上；一些农村合作医疗点的药品价格也存在违规涨价问题。针对以上问题区物价局检查有关单位百余家，对 20 余家违规经营单位实施行政处罚，并予以罚款。检查会计事务年等中介机构，责令未明码标价和收费公示的中介机构整改。

2010 年，云岩区第十五届人大五次会议建议由物价局负责调节和管理早餐价格。因早餐价格浮动不在政府指导价管理范围内，只能采取加强监测方法，减少不正当竞争现象发生。同年查处公厕管理人员私收费用情况，规定特殊单位对外服务的厕所收费标准为 0. 5 元/次；规定小区物业和服务范围和收费标准，按住房面积交纳物管费物业管理内容有房屋建筑公有部分的维修、养护和管理，消防设施等公共设施管理和绿化养护、小区安全就环境卫生等，要求物管单位定期向业主公示收支情况。小区住宅楼的标准不同，服务费收费档次也不同。区物价局规定：电梯住宅房按建筑面积收 2 元/平方米（含公用水电费）；1992 年以前建设的老旧步梯房和 2003 年以来建设的经济适用房物业费限制在每平方米 0. 8 元；一般经营用房按建筑面积收 5 元/每平方米；商用写字楼按建筑面积 3. 9 元/平方米（含公用水电费）收费。规定农贸市场物业管理费主要根据市场所在地段、门面（摊位）租金水平，以及其他影响市场经营成本和收益等因素核算。每个门面每月收管理费 75 元（含公用水电费）至 120 元不等。物业承担市场维修、养护管理、收生保洁、垃圾清运和安全消防等职责。5 月，核定打渔寨提灌站水价，以每立方米 2 元标准收费。

2015 年，定期或不定对市场进行动态管理。根据群众反映，对经营者进行物价监督。如喷水池某眼镜店出售眼镜，存在折扣后价格比原价还贵的问题。经区物价局调解，眼镜店向消费者道歉并做出相应赔偿，并要求业主明码标价；对违规店员工进行价格法律教育。

第四节　法制宣传

2001 年，区物价局采取执法与宣传相结合的方式，增强商户守法经营的意识和自觉性，在全市“百城万店无假货示范街”活动中，在人流量大的地点设置图片展板、商品实物进行宣传，内容主要有指导商家和消费群识别商品的真假、质量的优劣，以及举报违法行为的途径、保护自身合法权益的重要性等。展板内容不定期更新；引导经营店签署价格诚信承诺书，鼓励诚信经营；反复向经营店宣传明码标价政策，确保明码标价普及率达到 90% 以上；督促经营店认真处理消费者投诉。定期组织商家学习《中华人民共和国价格法》（价格法）等价格法律法规。

区物价局为提高居民对收费项目和标准的了解，要求有关部门增强收费透明度。2004 年，在全区推行收费公示制度。要求各社区收费单位按区物价局要求设立公示栏、公示牌、价目表（册）或电子显示屏、电子触摸屏等向居民公示，并及时更新有关内容。2007 年 6 月 3 日，区物价局以纪念《价格法》实施 10 周年为契机，与贵阳市物价局同步开展以“价格服务进万家、构建和谐贵阳”为主题的大型宣传活动。开展价格政策法规咨询服务，现场受理群众价格投诉；组织知识抢答等活动，发放价格法知识宣传资料，为群众解答价格问题。

2011 年年初，贵阳市发生凝冻灾害，区物价局组织商家，按区人民政府限价要求，稳定辖区范围内物价。之后继续价格管控，逐日深入农贸市场和各大超市展开采价调查，促进市场自觉做好明码标价。当年对区内西南五金机电专业批发市场内的价格进行规范，使商户的标价率达到 80%。2012 年 3 月 15 日，与区消费者协会联系各诚信商家，在富水北路开展 3 月 15 日“消费与安全”大型宣传活动，向市民宣传消费与安全知识，现场设立投诉台，接受现场投诉并备案。各商家现场设立展台，向消费者普及安全知识。组织商家将不同厂家、不同品牌产品进行比较，向群众曝光假冒伪劣产品特点，帮助群众学会辨别产品质量，学习选购方法。2014 年，在农贸市场对经营户展开法制宣传，要求业主遵守《价格法》等法规，同时责令违规违法商户限期整改。

2015 年，云岩区落实迎接国家卫生城市复审考核的检查工作，制定对农贸市场专项整治方案，对 24 家农贸市场进行价格法律法规宣传。制作“军车免费停放”标志牌，发放到辖区各停车场和停车点。同时在各粮油销售网点宣传贵阳市城乡低保户粮油供应工作、贵阳市清理整顿市场经济秩序专项整治行动以及贵阳市清理整顿市场经济秩序行动。

第三章　统计管理

区统计局树立“以数字说话，为发展服务”的理念，逐年完成全区经济社会发展情况调查监测；参与全国性人口与劳动力、产业发展的抽样调查。通过现代网络系统和纸质书面报告报表等形式，为党政部门和全社会提供特定的信息服务。

第一节　统计管理机构

云岩区统计局，2001 年—2004 年内设办公室、工业科、三产商贸科、固定资产投资科、社会劳动和执法科，干部职工 15 人。2009 年以后，内设机构调整为办公室、工业科、三产商贸科、固定资产投资科、社会劳动科以及统计执法分队和社会经济调查中心 7 个职能部门。2015 年，人员编制 11 名，其中机关行政编制 8 名，工勤编制 1 名，事业编制 2 名；聘用制 6 人。

第二节　统计调查与调研

一、常规项目调查监测

2003 年以后，区统计局每年完成投入产出调查、中国妇女发展纲要、中国儿童发展纲要（“两纲”）调查、人口与劳动力调查、三产调查、医药工业企业调查等抽样调查。从 2004 年 9 月开始，采取以清查名录为基础，普查小区范围，“地毯式”清查的方式展开经济普查。区委办督察室、区政府办督察科和目标办协同区统计局，检查办事处和黔灵镇统计机构组成情况、专职人员数量，以及通讯统计数据库建立等情况，防止弄虚作假现象发生。各街道办事处和黔灵镇经济普查办公室，重点组织单位和个体户的清查，收集规模以下工业、资质以下建筑企业、家庭装饰装修、房屋租赁、社会办学、各种补习班、补课费用、各种诊所、物业管理、限额以下贸易企业及服务业等系统的资料数据。普查工作到当年 12 月中旬结束。之后完成 2005 年 1% 全国人口抽样调查、第二次农业普查、规模以下工业企业调查、流动人口和出租屋普查等多项普查、调查相继启动。区统计局深入街道进行业务指导和督促检查。

区统计局 2006 年完成两次全区基本单位名录库的建立和更新、完成两次规模以下工业的抽样调查、“两纲”（《中国妇女发展纲要》和《中国儿童发展纲要》）监测统计表及中期评估报告、全国 2006 上半年劳动力抽样调查、人口变动和劳动力抽样调查、群众安全感抽样调查；协助区残联完成全国第二次残疾人抽样调查、第三产业补充调查工作；协助中共云岩区委宣传部进行文化产业调查前期工作、国防潜力调查、综合能源调查、洗浴业调查，固定资产在建项目清查（3 次），以及省非公有制经济调查等 19 项调查。同年完成贵州省生态畜牧业监测和农村住户抽样调查及小康进程监测（辖区）；协助其他部门办理城区住户抽样调查。

2007 年，区统计局实施统计调查项目清理、固定资产清理和评估报告工作；协助上级统计部门进行重点餐饮企业、洗浴业调查；协助开展工业名录库核实和区科技局数据采集、进行全区污染源普查和“整脏治乱”调查。年内增加全国旅游卫星账户专项调查、全国综合能源调查、全国境外来中国大陆工作专家统计调查、全国科技创新调查，以及全国劳动力抽样调查等项目；承担贵州省文化产业统计调查、贵州省非普查年份第三产业调查、贵州省旅游业统计调查、贵州省低收入家庭住房普查、贵州省城镇住户基本情况抽样调查、贵州省人口变动调查及群众安全感调查、贵州省规模以下工业抽样调查、贵州省工业成本费用调查、贵州省基本单位名录库更新工作，以及“贵阳市统计行政执法卷宗评价”10 方面的调查任务。2008 年，完成全省工业企业成本费用调查和规模以下工业企业抽样调查、限额以下批发零售、住宿餐饮样本抽样调查、2008 年贵州省城镇私营单位抽样调查，以及贵阳市生态文明建设城市市民满意度调查和每月贵阳市房地产重点监控调查工作。2009 年，完成年度能源、农业、农村住户调查、第三产业、批发零售贸易餐饮业、工业、房开、建筑业、固定资产投资、劳动工资以及国民经济核算等专业的统计年报；完成全国劳动力抽样调查、年度贵阳市人口变动和劳动力扩大样本抽样调查、群众安全感调查（国家层面）和下半年规模以下工业企业抽样调查、限额以下批发零售、住宿餐饮样本抽样调查。完成基层统计报表审核和汇总，对主要指标数据认真进行分析和评估，并完成各专业的月、季度定期报表编制及第二次经济普查入户登记、数据处理。2010 年，对搜集的基层统计报表进行审核汇总，对主要指标数据进行分析和评估，并完成 2009 年度能源、农业、农村住户调查、第三产业、批发零售贸易餐饮业、成品油、零售企业能源购进、销售与库存、工业、建筑业、固定资产投资、劳动工资以及国民经济核算等专业的统计年报及各专业的月、季度报表工作；完成 2010 年度“两纲”监测统计和评估、全国劳动力抽样调查、《2009 年云岩区数据库》资料收集整理全部工作。2011 年，对全区各项经济指标加强分析研究。对全区“十二五”规划时期到 2015 年的主要预期目标，逐项进行分析，确定统计工作的重点，以增强对全区经济、社会发展的预见性、科学性和针对性；组建经济指标完成情况包片小组，监测各项经济指标。

2015 年，区统计局完成云岩区大中城市月度劳动力调查及人口变动抽样调查；每季度涉及房地产、固定资产在建项目、城乡一体化等各专项调查工作；协助有关部门完成《妇女儿童十年规划 2014 年评估监测》和区文化产业调查等 10 余项经济调查工作。

二、信息提供及调研

2006 年 1 月—11 月，提供统计信息 74 条、统计分析 47 期。开展经济社会热点、焦点、难点问题的调研，对经济社会发展情况运行分析及预测，加强监测预警工作，密切关注国民经济走势，及时发现经济社会运行过程中出现的苗头性、倾向性问题及可能产生的影响，加强对经济指标间的数量关系分析，完成城乡划分属性代码工作。树立以“用数字说话，为发展服务”的服务理念，为党政部门和社会提供统计信息服务。

2010 年，发布《2009 年妇女儿童发展评估报告》；每月定时发布《云岩区经济要情》和辖区主要经济指标，向职工云岩区委、区人民政府上报与贵阳市 8 个区（县、市）进行统计资料和经济指标对比情况。2011 年，继续加强对新型工业化、新农村建设、固定资产投入、文化产业建设、项目引进、非公有制经济发展指标等专题调研。2012 年，确定加强对宏观经济形势和重大经济问题的分析研究，搜集准确的统计数据和分析资料，增强对全区经济、社会发展的预见性、科学性和针对性。组建成经济指标完成情况包片小组，为各片区经济发展中心和企业提供信息服务和业务技术指导；继续加强对新型工业化、新农村建设、固定资产投入、文化产业建设、项目引进，非公有制经济发展指标等问题的专题调研。

第三节　统计报表与抽样调查

一、统计报表编制上报

2001 年以后，针对一套表上报企业，各部门按照行业主管，对“三上企业”（规模以上工业企业、限额以上批发零售住宿餐饮企业、资质以内的建筑业企业和房地产开发企业）全部房地产开发经营企业实行包片分管责任制，负责对企业进行业务指导；经济发展促进中心对所辖的“三上企业”和全部房地产开发经营企业实行包片分管责任制，并负责对其企业进行业务指导。完成年报及各项调查及统计数据，差错率均控制在10%以内。2003年完成年报、各项调查及统计数据的报送任务，仍然保持差错率控制在10%以内的质量水准。完成《统计分析专题报告》25篇，按时发布《2002年云岩区统计公报》。

2005年，完成2004年年报和2005年各项定期报表制作上报；完成统计核算、管理公布区域内国民经济和社会发展基本统计资料。2006年，完成各项定期报表、调查及统计数据报送及2005年年报任务。2008年，完成贵阳市统计局下发的区、县（市）综合数据库、常规性年报和主要经济指标月卡；上报云岩区统计公报。至2015年，各年按时完成关于综合数据库、常规性年报和主要经济指标月卡。

2010年，区统计局实施四级（具体人员、科室负责人、分管领导和局长）质量审核签字制度和报表上报情况通报制度。强化考核、年报名录库进行动态更新维护力度；完成2009年年报和2010年上半年各项经常性统计调查和报表，使部门之间、专业之间衔接到位。

2014年，建立云岩区企业一套表改革工作协调机制，成立由区人民政府分管副区长任组长，区统计局局长为副组长，区发改局、财政局、统计局等18个部门分管领导为成员的云岩区企业一套表统计改革工作协调领导小组及办公室，负责对全区企业“一套表”制度改革工作的组织、领导和协调。

2015年，各专业加大统计报表审核力度，准确及时上报2014年《统计年报》，完成2015年《统计月报》和《统计季报》等定期报表。

二、人口普查和其他调查

2003年，区统计局完成第二次全国基本单位普查资料开发和第五次人口普查的图片收集及资料出版及城区住户和农村住户抽样调查、“小康进程”等监测，完成2003年建设经济强区（第二轮）的分解指标任务。2004年，对农村住户进行抽样调查40户，协助区人民政府进行城区住户抽样调查150户；开展“小康进程”监测及城区住户抽样调查。

2005年1%全国人口抽样调查、第二次农业普查、规模以下工业企业调查、流动人口和出租屋普查等多项普查和调查相继启动。区统计局到街道进行业务指导和督促检查。至2006年，完成贵州省生态畜牧业监测和农村住户抽样调查及小康进程监测，并参与办理城区住户抽样调查。同时开展经济社会热点、焦点、难点问题的调研，对经济社会发展情况运行分析及预测，加强监测预警工作。

2008年，区统计局完成2007年上半年国家及贵州省监测点的生态畜牧业监测工作。2009年，完成全区基本单位名录库更新及固定资产投资在建项目的清理、房地产投资在建项目的清理，以及中央扩大投资项目重点建设项目跟踪统计；拟定专项《工作方案》、牵头联合有关部门开展城乡划分清查；完成工作布置、调查的摸底、绘制小区图、人员培训、城乡现场清查、基本情况指标搜集、城乡划分质量抽查；完成乡级、村级区域及类似单位的人口、从业人员、地域面积、单位数等基本情况核实清查等规定任务。

区统计局2011年加强对街道、镇、部门和企业统计机构及机构相配套的人员督查力度，注重对街道、镇科室专职统计人员工作监督，使数据达到“来之有据，据之可查，查之可信”的要求。2012年，完成城乡一体化住户调查、农村住户调查、非公有制企业（单位）人才资源状况调查、妇儿“两纲”监测、服务业快速调查，以及全区人民群众幸福感指数、生态文明检测指标等统计调查、监测。各单位创新服务方式，为全区经济社会发展做好服务。2013年，完成城乡一体化住户调查、农村住户调查、非公有制企业（单位）人才资源状况调查、“两纲”监测、服务业快速调查、全区人民群众幸福感指数及生态文明检测指标等统计调查、监测工作。同时向上级统计部门反映改革中的新情况。

2014年，区统计局按时完成大中城市月度劳动力调查及人口变动情况抽样调查、城镇私营单位劳动工资抽样调查、每季规模以下工业抽样调查、房地产和固定资产在建项目的清查；完成云岩区经常企业开发成本构成（投入产出）的调查、城乡一体化抽样调查、非普查年份第三产业统计调查，以及境外来黔工作者专家统计调查。完成全面建设小康社会各项指标、人均GDP和人均固定资产投资、工业和服务业增加值占GDP比重、民营经济增加值占GDP比重、城乡居民收入比、城镇居民人均可支配收入、农村居民人均可支配收入、农民工返乡创业人数占农民工外出务工人数比重，以及恩格尔系数等统计指标的监测，同时完成耕地农业产出率、居民文教娱乐服务支出占家庭消费支出比重、住房指数的监测；完成全区增比进位情况的跟踪与统计；协助相关部门完成《妇女儿童10年规划》，以及2013年评估监测及文化产业调查工作。同年完成的监测工作还有：1%人口抽样调查、企业创新调查和企业（单位）科技活动调查、工业能耗调查、非工能源调查、企业生态环境指数调查、群众满意度调查工作、小微企业的跟踪调查、成品油进销存调查、限额以下抽样调查、非公人才调查和建筑业小微企业等。还完成贵州省畜牧业抽样调查和贵州省民营经济发展环境指数调查。

区统计局2015年完成大中城市月度劳动力调查、1%人口变动情况抽样调查、城镇私营单位劳动工资抽样调查、房地产和固定资产在建项目的清查、云岩区经常企业开发成本构成（投入产出）的调查以及城乡一体化抽样调查；同时，完成全面建设小康社会各项指标的监测工作。监测对象主要有：辖区人均GDP、人均固定资产投资、城乡居民收入比、城镇居民人均可支配收入、农村居民人均可支配收入、农民工返乡创业人数占农民工外出务工人数比重，以及恩格尔系数等统计指标的监测；完成耕地农业产出率、居民文教娱乐服务支出占家庭消费支出比重、工业和服务业增加值占GDP比重、民营经济增加值占GDP比重等监测项目。

第四节　统计信息化建设

2001年，云岩区基层统计网络和统计信息自动化建设逐步完善，统计信息在经济工作的渠道作用有较大提高。2003年，区统计局向中共云岩区委、区人民政府提供统计信息52篇、政务信息37篇、综合信息卡片12篇。确保每月向区人民政府办信息调研科报送信息、简报不少于3篇；实现对贵阳市长专线电话的回复率100%；向中共云岩区委、区人民政府上报各项统计工作情况、提出有关经济指标完成工作的建议，为建设经济强区提供统计数据和分析资料；负责统计核算、管理公布区域内国民经济和社会发展基本统计资料。长期保持与《当代贵州》和《今日贵阳》等媒体的协作关系，从而提高统计信息知晓面；按照《贵州省县（乡）传真通信管理规定》，不断加强计算机通信和机关办公自动化水平，强化对密码电报的使用管理；区统计局对区人大代表和区政协委员提出的意见和建议，做到事事有答复、件件有回音。2004年，完成统计分析或专题报告34篇，发表2003年云岩区统计公报，编印《云岩区领导手册》300册，向中共云岩区委、区人民政府提供《统计信息》71篇、《政务信息》35篇、《综合信息卡片》12篇、《云岩快报》11册；向区人民政府办信息调研科报送信息或简报155篇，办理市长专线电话回复率100%。2005年，完成统计分析或专题报告24篇；发布《2004年云岩区统计公报》，编印《云岩区领导手册》300册，向中共云岩区委、区人民政府提供统计信息67篇、综合信息卡片12篇、统计快报12份。

每月向区人民政府办信息调研科报送信息或简报不少于3篇。向中共云岩区委、区人民政府提供各项经济指标完成情况和建议，针对建设经济强区工作，提供统计数据和统计分析。向中共云岩区委、区人民政府报送各类分析、信息或简报120余篇；编印《云岩区领导手册》300册。

2006年，区统计局向中共云岩区委、区人民政府提供统计信息74篇、综合信息卡片11篇及《云岩经济要情》11份；完成统计分析或专题报告47篇，发布《2006年云岩区国民经济和社会发展统计公报》，并编印《云岩经济社会统计要情》400册。2007年，以《统计信息》和《统计分析》报告形式，向中共云岩区委、区人民政府提供经济和社会发展过程中各种新情况、新问题，全年发布《云岩区经济要情》1000册、编印《云岩快报》11册、完成《统计信息》91余篇、《统计分析》49篇，以及《政务信息》41期的编印。

2008年，区统计局制定《统计信息目标考核办法》，作为对干部职工进行考核的依据；编印《云岩区领导手册》1000册、《云岩区统计快报》12册，完成统计信息77篇，统计分析43篇，政务信息42篇及当年临时性数据查询，以及统计核实、管理公布国民经济和社会发展基本统计资料等工作；向中共云岩区委、区人民政府提供各项经济指标完成情况和《统计数据》《统计分析》材料。2009年，完成《云岩区2008年国民经济和社会发展统计公报》发布；为中共云岩区委、区人民政府编制《2009年经济社会工作目标》提供基础数据。全年，向中共云岩区委办公室、区人民政府办公室报送《统计分析》39篇、《统计信息》87篇、《云岩经济要情》12期、《云岩快报》12期、《情况通报》29期、《政务信息》34期、《党务信息》8期和《纪检信息》15期；编印《2008年云岩区社会经济要情》1000册；为云岩区经济强区建设办公室提供有关指标数据；为中共云岩区委、区人民政府各类重大会议和重要文件收集、整理、提供、审核统计数据。并不间断向全区党政部门、企事业单位和群众提供统计数据。

2010年，区统计局加大面向企业、面向社会公众的统计信息咨询服务的力度，除按期发布《统计公报》外，受理各部门、社会各界各类咨询近100人次；国民经济运行的监测和预警工作进一步强化，提高统计服务的时效性和针对性。全年，撰写针对性《统计分析》7篇、《统计信息》26篇、《政务信息》21期、《党务信息》4期、《纪检信息》3期。次年，配合政务目标考核工作，跟踪中共云岩区委、区人民政府目标考核指标，按月进行监测、评估、分析和反馈信息、编发《云岩经济要情》；整理2010年全区经济和社会发展统计数据，及时发布《云岩区2010年国民经济和社会发展统计公报》和更新统计信息网上的月度统计数据、动态信息以及统计简报。全年，共完成各类信息103篇、分析11篇、《云岩经济要情》共407册。

2012年，编发《云岩经济要情》12期；按时发布《云岩区2011年国民经济和社会发展统计公报》，完成各类信息82篇、分析18篇、《云岩经济要情》407册。2013年，按月编发《云岩经济要情》，按时发布《云岩区2012年国民经济和社会发展统计公报》，开展“统计服务提高年”活动。2014年，对辖区国内生产总值、农业、工业、固定资产投资、商贸、财政、税收、劳动工资等国民经济主要指标进行搜集整理，按月向社会提供《云岩经济要情》11册，编印《2013年统计要情》350册；上报《统计信息》和《统计分析》95篇，按时公布全区月度、季度和年度经济运行分析情况，按时发布《2013年云岩区国民经济和社会发展统计公报》。

2015年，区统计局对国内生产总值、农业、工业、固定资产投资、商贸、财政、税收、劳动工资等国民经济主要指标，全年编印《云岩经济要情》11册，按月向有关部门提供经济信息；上报《统计信息》《统计分析》文章共104篇，按时公布当年月度、季度和年度全区经济运行分析情况，按时发布《2014年云岩区国民经济和社会发展统计公报》，编印《2015年领导干部手册》发放到各单位。

第五节　统计培训

一、业务培训

2003年，区统计局将统计人员教育培训列入全年工作日程，派出专业人员参加省、市专业业务培训，派10余人出省考察学习，学习先进地区统计新方法、新经验；为基层统计人员举办专业的业务培训，主要培训内容为旅馆业调查培训、规模以下工业抽样调查培训、人口劳动力抽样调查培训、房地产专业培训、医药工业企业专业调查培训等专业培训会。培训课程主要有《统计调查技能》《统计分析方法》《统计调查方法制度》《统计信息业务知识》和《统计核算方法》等专业，全年参训人员共2300人次。

2004年4月6日—8日，举办为期3天的统计业务知识培训班，对各办事处（镇）分管领导、统计站站长及副站长等50人次进行统计业务知识的培训，培训内容为统计实务知识、经济普查专题知识、统计法律法规知识、统计信息、分析的写作方法等，并对培训人员进行计算机知识培训及考核对合格人员颁发证书。6月4日，举办中华辖区统计工作短训班，采取以会带训的形式对到会的有辖区内工业及第三产业企业的35名从事统计工作的人员及办事处从事统计工作的人员就统计执法、专业基础知识进行培训，重点进行统计分析技能培训；全年举办统计计算应用培训55人次。2005年，举办10个专业年报培训、旅馆业调查培训、规模以下工业抽样培训、人口劳动力抽样调查培训、房地产专业培训、工业企业统计调查培训等培训会议，培训内容为《统计调查技能》《统计分析方法》《统计调查方法制度》《统计信息业务知识》《统计核算方法》等专业知识，培训2000人次。同年6月，组织各办事处（镇）举办经济普查数据质量培训会，培训人次500人。9月，区1%人口抽样调查办公室对全区抽样调查指导员、调查员进行培训。培训课程有《2005年全国1%人口抽样调查方案》以及调查摸底、地图绘制、登记复查、事后质量抽查、调查各阶段质量控制的工作细则、户记录和人记录的填报方法与各项指标解释。能训的100人全部通过培训综合考试，取得区人民政府颁发的培训合格证。同年还培训基层统计网络统计人员2200人次；第二年又对全区专业统计人员及局机关全体干部举办培训统计分析写作、计算机基础知识、统计法律法规、统计信息编写和专业统计业务等科目培训，参训干部职工近5000人次；另外，举办统计上岗和继续教育人员培训近百人次。2008年举办各种调查培训班20余期，培训人次近5000余人。2012年把基层统计基础工作规范化建设作为工作重点，对片区经济发展中心、社区服务中心和镇科室设置的专职统计人员情况进行监督，至2013年，两年各完成部门和企业统计法规培训5000多人次。

2014年，区统计局对基础薄弱单位的工作人员进行统计从业资格培训，举办继续教育和“一套表联网上报”、工业、商贸、农业、投资、住户等专项培训多期；组织统计人员参加省、市和区级培训600余人次。2015年，继续举办统计从业资格培训与考试和继续教育、“一套表联网上报”、工业、商贸、投资、住户统计为内容的培训；组织统计人员参加省、市及区各级培训800余人次。

二、法规培训

2003年，区统计局举办“四五”普法培训班5期，参训干部职工1000人次，组织办事处（镇）、综合部门、部分重点企业的干部职工，分期进行岗位业务和法律知识学习培训，共培训6000余人次。

培训教材主要有《统计法导读》《省统计普法教材》和《依法行政基本理论》等。2004年，配合《中华人民共和国统计法》宣传学习，以统计站统计执法人员的培训为重点，以加强基层统计网络建设为目标，培训统计人员500人次。2004年5月19日，举办为期3天的云岩区2004年度第一期统计法规培训班，各统计站统计法规分管领导及从事法规工作人员42人参加培训。培训教材主要有《统计法》和统计执法检查相关基础知识，以及《贵阳市统计监督管理规定》、案例分析等课程。2005年，组织各部门有关人员，学习《贵州省统计普法教材》，9月14日组织统计人员107人参加“四五”普法培训集中考试。2006年，培训统计人员4028人次。

2011年以后，区统计局对有关人员开展统计基础工作规范化教育，加大对新《统计法》和《统计违法违纪行为处分规定》学习宣传力度。在各专业统计年报业务培训会上宣讲统计法律法规知识。全年完成部门及企业统计法规培训3000多人次。2012年利用为企业办理、审核统计管理登记证的机会，对企业负责人进行宣传教育，在各专业统计年报业务培训会上，宣讲统计法律法规知识。全年对辖区内各部门、企业进行统计法规培训3000多人次。截至2015年，区统计局每年培训干部职工均保持3000余人次的规模。

第六节　统计执法

一、执法检查内容

自2005年11月起，区统计局与区人大、区政协、区法制办等单位，共同对16个统计站及下属的30余家企业进行为期1个月的统计执法检查。检查的内容涉及各统计站建设情况、统计人员上岗证书，各年度的统计原始资料等。

2006年，区统计局以“五五普法”工作为契机，加强统计法制队伍建设。充实统计执法人员，加强业务培训。依法建立统计信用体系，做到诚信统计。2007年，成立区统计“五五普法”领导小组，制定《云岩区统计法制宣传教育第五个五年规划》，开展统计法制“五五普法”宣传。2013年8月，区统计局与区人大、区政协、区法制办等单位共同对16个统计站及下属的80余家企业进行为期1个月的统计执法检查。检查的内容主要涉及各统计站建设情况、统计人员持证上岗情况及2001年以后的原始统计资料。2014年，对依法保密、执行保密规定等工作进行执法检查，共检查67个有关单位，同时责令迟报统计资料的单位进行整改。

二、违法行为查处

2003年，区统计局处罚有违法行为的企业20家。通过执法检查，在全区各部门、各行业中形成自觉遵守统计法、执行统计法、维护统计法的社会环境，确保统计数据质量。2006年，加大对统计违法案件的查处力度，至11月底，查处统计违法案件34起，罚款金额2.98万元，其中罚款额达3000元的企业共3家。按照“有法必依、执法必严、违法必究”的原则，规范统计秩序。2007年，重点查处存在迟报、瞒报、拒报、虚报等违法行为的法人单位进行执法检查。全年共查处违法案件31起，建立卷宗31卷。2011年—2013年，在全区重点检查规模以上工业产值、固定资产投资完成额、社会消费品零售额及批发零售销售额和住宿餐饮营业收入等指标数据；纠正各街道和黔灵镇等行政单位和企业统计基础工作方面存在的薄弱环节，杜绝各类统计制度执行中的虚报、瞒报等统计违法行为。

2014 年开展“三上”企业（指规模以上工业企业、限额以上批发零售和住宿餐饮企业，以及资质以内的建筑业企业和房地产开发企业）“一套表”的主要统计数据质量自查；推进基层企业的统计基础建设；配合贵阳市统计局在云岩区的执法检查。全区未发生“一套表”上报中虚报、漏报、瞒报情况。对少数统计基础较差，统计数据报送质量差的现象，区统计局做出警告，限期整改决定。

三、统计年审

2003 年，依法完成统计注册单位年审 14380 个。2004 年，办理和更换新的企业统计证 808 家。2005 年，对 1000 余个统计注册单位进行年审和换证。2007 年，共办理统计登记证 506 家、审核统计登记证 288 家；完成全区统计人员 200 余名的报名考试，以及年度统计从业资格证报名工作。2009 年，累计办理统计登记证 315 家，年审 302 家。2010 年，办理统计登记证 81 家，年审 57 家。2014 年，结合工资统计年报检查等工作，完成企业进行年审。

第七节　统计法宣传

区统计局每年结合“12・4”执法宣传日，开展贯彻《中华人民共和国统计法》宣传工作。2003 年，组织街道办事处上街设点，发放宣传资料 5000 余份、《统计法律法规汇编》2000 本；开展“送法入户”活动，发送统计法规汇编及台账 4500 余套。2004 年，根据经济普查工作进程，突出重点开展多种形式的宣传。2005 年的“送法入户”活动中，发送统计法规汇编及台账 3000 余套。2006 年，发放宣传手册 500 册，宣传资料 1000 多份。同年 11 月 8 日，云岩区农业普查领导小组成立，召开云岩区第二次农业普查动员大会；通过新闻媒体滚动式宣传农业普查工作的目的意义、调查内容、调查方式和重点工作等内容。此后，区统计局每年利用节假日等时间节点，进行《统计法》的宣传活动。2014 年，区统计局以“六五普法”活动为契机，加大依法统计、依法查处的力度。2015 年，围绕全面小康知晓率、认同感和参与度等指标，配合有关部门组织志愿者、社区工作人员开展实现全面小康宣传。

第八节　经济普查和人口普查

一、经济普查

2004 年，区统计局以经济普查为重点，首先在省、市试点的中华中路街道办事处展开经济普查工作，要求干部职工在普查中强化数据质量意识，按组织领导、经费、人员和办公地点“四落实”的规定展开工作，为全区经济普查积累经验。检查工作在普查方案设计及抽查验收等各个环节，实行严格的质量责任制和质量控制措施，组织试点和专题调研，按时完善普查方案，2005 年初工作结束。

2006 年完成 1998 年—2004 年全区的 GDP 和非公有制经济增加值经济普查历史修订数据；同时完成全国第二次农业普查的前期准备、试点和宣传工作。同年 11 月，区农业普查领导小组与普查领导小组成员单位共同建立普查办公室，参与省级农业普查综合试点工作。

2007 年，云岩区实施第二次全国农业普查，对执行《统计法》《全国农业普查条例》情况进行普查登记、质量控制，事后进行质量抽查和检查验收，并对资料进行开发利用。2009年年底，区统计局完成调查工作的布置和调查员培训，与区发改局、商务局等部门及银行、区域骨干企业加强联系，对统计对象展开调研分析，提出应对金融危机的建议和预防措施。围绕生态文明城区建设和“幸福云岩”主题下的文化惠民生工程、理论促实践工程、文明促和谐工程、产业助发展工程和宣传展风采工程，建立基础设施建设、服务业发展、环境治理、民生改善等统计指标体系；加强对节能降耗监测，改进统计调查方法，完善统计管理体制；同时进行《妇女儿童发展纲要》进程监测工作，研究和提出解决有关问题的对策措施；向中共云岩区委、区人民政府提供小康建设进程监测报告和相关建议；完成二、三产业法人单位、产业活动单位和个体经营户普查及数据处理。全年完成二、三产业法人单位普查6334个，占全区清查法人单位数的97.76%；从业人员普查300287人，占全区从业人员总数的75.07%。完成产业活动单位普查2045个。其中在辖区内开展生产经营活动的单位1378个，占全区清查单位数的95.03%；普查从业人员99738人，占全区普查单位从业人员总数的24.93%；普查个体经营户40751个，从业人员84739人，占全区从业人员总数的17.48%。

2013年，在全国第三次经济普查的筹备期间，区经济普查领导小组办公室开展经济普查单位和个体经营户比对核查工作，培训普查员和普查指导员，确保经济普查工作“四到位”（思想认识到位、机构设置到位、经费落实到位和人员选配到位）。2014年，第三次全国经济普查完成，查明全区法人和产业活动单位共11231个，比第二次经济普查的8233个增长36.41%；全区个体经营户有38798户（不含个体运输户），其中有证个体户20016户。

二、人口普查

（一）第五次人口普查

区统计局第五次人口普查登记的前期工作，是从各单位抽调普查员和普查指导员进行培训。在普查过程中，普查指导员负责对普查员进行指导、检查；对调查小区的人口状况进行摸底工作，明确职责范围，绘制调查小区地图及编制调查小区户主姓名底册。人口普查表分为《普查表短表》和《普查表长表》两种，《普查表长表》根据国家规定，抽出10%的户填报；普查表短表由其余的户填报。有关资料提交街道办事处和黔灵镇的人口普查办公室汇总。

2000年11月1日零时，第五次全国人口普查登记正式启动。每个街道办事处和黔灵镇为普查区，每个普查区划分成数量不等的调查小区，每个普查区配备普查指导员1人，每个调查小区配备普查员1人。普查员采用入户查点询问、当场填报的方式进行，按照普查表列出的项目逐户逐人填写。每调查完一户，都将填写内容向申报人当面核对，做到不重复、不漏填、内容准确无误。当年11月10日，全区第五次人口普查和复查工作结束。

（二）第六次人口普查

2009年10月—12月，区统计局开展辖区内贵州省第六次人口普查的外来人口试点调查、贵州省城乡划分清查第二次全市“R&D资源”（研究与试验发展活动经费支出及占GDP的比重）清查等专项工作。由区统计局牵头，联合区科技局、区发展和改革局、区教育局、区财政局、区农水局、区林业绿化局开展第二次全区R&D资源清查；成立区人口普查领导小组和领导小组办公室，下设宣传报道、综合协调、物资后勤、入户调查、业务技术、督促检查（含编码、绘图及数据处理）6个工作组，对试点的选定、调查员的选调，到小区图的划分、勘界、各项工作职责进行细化分工。

2010年5月28日，区人民政府召开第六次人口普查动员大会，在会上与区统计局签订目标责任书，按要求展开人口普查工作的前期安排，区统计局对所负责的街镇包干到底；对业务培训、小区划分、宣传发动、普查登记、数据质量等各阶段工作实行全程质量管理。把人口普查工作作为年度重要工作，选调普查指导员和普查员，强化人力保障。11 月，云岩区完成第六次人口普查。

第四章　审　计

云岩区审计工作重点是对云岩区同级财政预算执行及决算审计，部门预算审计，财政财务收支审计，专项资金调查审计，外资审计，稳增长促改革调结构惠民生防风险政策执行情况审计，涉农政策落实情况审计，领导干部经济责任审计，群众关心的热点、难点民生资金审计，固定资产投资建设项目审计。通过审计，查明服务政府部门、企事业单位和建设项目资金运行情况，纠正资金使用中的不规范或违法行为，防止国有资产的流失，为廉政建设服务。

第一节　审计管理机构

云岩区审计局，1997 年 4 月，内设办公室、财政金融审计科、行政事业审计科、企业基建审计科。2002 年 8 月，增设经济责任审计科。2012 年 9 月，增设计算机审计科。至 2015 年，内设科室为一室五科。

2007 年 4 月 18 日，云岩区内部审计协会成立，挂靠区审计局。6 月 14 日，云岩区固定资产投资审计服务中心成立，为正股级事业单位。

第二节　固定资产投资审计

2001 年—2011 年，区审计局对 386 个基本建设项目进行审计，送审总金额 41657. 98 万元。审计中发现有虚报工程量、材料、人工费用等问题，审减金额共 6326. 48 万元，平均审减率为 15. 19%。2012 年，对 175 个基建项目进行审计，送审金额 19226. 22 万元，审定金额 17205. 30 万元，审减金额 2020. 92 万元，审减率 10. 51%。主要项目：区教育局所属学校 45 个维修改造项目，送审金额 1478. 50 万元，审定金额 1318. 64 万元，审减金额 159. 86 万元；区市政工程管理所 40 个道路排水改造、化粪池清淘等项目，送审金额 3340. 29 万元，审定金额 2853. 04 万元，审减金额 487. 25 万元；区环境卫生管理站 39 个公厕、垃圾站升级改造项目，送审金额 2304. 92 万元，审定金额 1784. 46 万元，审减金额 520. 45 万元；云岩新纪元基本建设投资开发管理有限公司“三马”片区雅河及蔡家关截污工程（河道截污管）、金工路（云岩段）道路工程改造等 10 个项目，送审金额 4415. 39 万元，审定金额 3854. 85 万元，审减金额 300. 54 万元；区住房和城乡建设局迎接第九届全国少数民族运动会市容市貌综合整治工程2个，送审金额2977.21万元，审定金额2929.65万元，审减金额47.56万元；区行政大楼建设指挥部、区农业水务局、区林业绿化局等20家单位的39个项目，送审金额4969.92万元，审定金额4464.65万元，审减金额505.27万元。

2013年，对176个基建项目进行审计，送审金额25711.21万元，审定金额19455.33万元，审减金额6255.89万元，审减率24.33%。主要项目：区教育局所属学校74个维修改造项目，送审金额2425.29万元，审定金额2162.53万元，审减金额262.76万元；区市政所道路排水改造项目18个，送审金额1424.47万元，审定金额1158.61万元，审减金额265.86万元；区行政大楼建设指挥部项目5个，送审金额4975.97万元，审定金额4461.88万元，审减金额514.09万元；云岩新纪元公司“三马”片区雅河及蔡家关截污隧道工程、北京西路110KV凤金线（64#~68#）线路迁改工程改造等项目3个，送审金额4752.07万元，审定金额4022.84万元，审减金额729.22万元；社区及经济中心23个改造项目，送审金额1635.24万元，审定金额1292.69万元，审减金额342.54万元；“新型社区·温馨家园”17个整治项目，送审金额2369.22万元，审定金额2179.62万元，审减金额189.60万元；区住建局文昌北路垃圾转运站及公厕工程（含财务审计）项目、黔灵山路两侧建筑立面整治项目2个，送审金额5881.80万元，审定金额2417.51万元，审减金额3464.29万元；区国土资源局、农水局、环卫站等11家单位34个工程项目，送审金额2247.15万元，审定金额1759.64万元，审减金额487.51万元。

2014年，完成基建项目审计133个，送审金额50861.70万元，审定金额48565.50万元，审减金额2296.20万元，审减率4.52%。主要项目：区教育局所属学校44个维修改造项目，送审金额2071.26万元，审定金额1790.29万元，审减金额280.97万元；区行政大楼建设指挥部项目3个，送审金额2752.00万元，审定金额2493.38万元，审减金额258.61万元；云岩新纪元公司项目4个，送审金额31189.73万元，审定金额31096.88万元，审减金额92.85万元；区群众工作中心“新型社区·温馨家园”整治项目64个，送审金额13026.28万元，审定金额11739.73万元，审减金额1286.55万元；区国土局、区林业绿化局、区城管局等11家单位工程项目18个，送审金额1822.44万元，审定金额1445.22万元，审减金额377.22万元。

2015年，完成政府投资审计125项，送审金额57019.30万元，审定金额53249.94万元，审减金额3769.36万元，审减率6.61%。主要项目：区教育局所属学校56个维修改造项目，送审金额3973.69万元，审定金额3350.09万元，审减金额623.6万元；区群众工作中心“新型社区·温馨家园”改造项目27个，送审金额4956.47万元，审定金额4467.43万元，审减金额489.04万元；区国土局、区林业绿化局、区城管局、区住建局等家单位工程项目28个，送审金额47356万元，审定金额44864.3万元，审减金额2491.7万元；区行政中心大楼建设指挥部项目1个，送审金额150.2万元，审定金额113.1万元，审减金额37.1万元。

2001年—2015年，区审计局以扩大内需建设项目为重点，强化政府投资审计；固定资产投资审计服务中心审计固定资产投资及区级委托基本建设竣工结算和维修项目995项，送审金额194476.41万元，审减金额20668.85万元，审减率10.63%。

云岩区基建项目审计情况表

（2001年—2015年）

年份	项目数（个）	送审金额（万元）	审减金额（万元）	审减率（%）
2001年	14	4201.50	602.26	14.33
2002年	18	4012.04	587.49	14.64
2003年	15	5775.00	765.00	13.25
2004年	8	1630.00	415.43	25.49
2005年	5	2432.95	328.17	13.49
2006年	16	903.6.	167.50	18.54
2007年	48	1538.64	352.59	22.92
2008年	27	1750.38	226.65	12.95
2009年	64	5486.87	1037.39	18.91
2010年	47	5461.00	875.00	16.02
2011年	124	8466.00	969.00	11.45
2012年	175	19226.22	2020.92	10.51
2013年	176	25711.21	6255.89	24.33
2014年	133	50861.70	2296.20	4.52
2015年	125	57019.30	3769.36	6.61

第三节　涉农及民生资金审计

一、涉农项目审计

2001年气候异常，多次发生雹灾，7月中旬至8月出现严重伏旱8月中旬至9月中旬多为低温、阴雨天气，影响作物生长。区审局加强“人、法、技”建设，突出对救灾资金等重点资金的审计监督，完成各项审计工作任务。2002年，完成对1999年—2001年度农业综合开发资金及2002年退耕还林（草）项目资金审计，查出一些违规及应纠正金额。2003年—2005年，云岩区一些重要的审计是由贵阳市审计局完成的，所以农村救灾救济资金使用审计资料不详。

2006年，查明度农村救灾救济资金暂存款明细账中，救灾专户暂存65810元，仅为往年的救灾结余暂存款，不符合相关规定，区审计局向主管单位建议，应将暂存款列入救灾专户结余科目中。2010年3月，区审计局对2008年—2009年农村危房改造工程专项资金拨付、使用、管理进行审计调查，并延伸调查区财政局、黔灵镇、金惠街道办事处、金鸭街道办事处等单位。经对39户危房改造对象逐级审核，并由各居委会将危改户名单和补助金额进行公示，没有出现擅自更改危改对象、危改等级、暗箱操作及优亲厚友等违法行为。因39家危改户均为自行改建方式建房，故无施工单位资质及资质等级等资料，无法审定施工单位资质情况。审计期间，由区建设局、黔灵镇及街道办事处共同验收。当年入住29户，因装修暂未入住10户；区财政局、区建设局及黔灵镇等部门提供的39户农村危房改造资金相关的会计资料，真实反映出2009年农村危房改造资金收支情况。资金的筹集、管理、使用和发放程序符合国家相关法律、法规的规定，没有滞留、截留、挤占和挪用资金或其他违法违规问题。

2011年8月—10月，对云岩区2011年抗旱救灾资金物资进行跟踪审计中，没有发现区财政局及各涉农单位在抗旱救灾资金的财务收支情况违法违规。区审计局对2012年和2013年两年的冬春农田水利建设工程专项资金进行审计，同时完成19个村级财政的审计。审计重点放在工程变更、隐蔽工程、现场签证的真实性、合理性上。对送审结算金额中虚增工程量、提高材料价格、计算错误等的问题进行处理，其中2013年冬春季农田建设工程专项资金核减46.37万元。

二、民生资金审计

区审计局2013年完成“新型社区·温馨家园”公益事业项目建设一至三期工程项目预算评审128项、工程结算37项；完成26个社区公益事业项目的收集汇总工作，归纳为6大类90个子项，送审资金4076.46万元。2014年，完成“温馨家园·新型社区”公益事业项目建设资金工程结算66大项。送审金额5155.46万元，审定金额4089.49万元，减审1070.79万元。2015年完成“温馨家园·新型社区”公益事业项目建设资金结算，审计项目52个，送审资金4250.94万元，审定金额3625.46万元，审减金额615.48万元。

第四节　社会保障资金审计

一、城市居民最低生活保障资金审计

1997年，《贵阳市实行城市居民最低生活保障制度暂行办法》公布。1998年，区人民政府确定的最低生活保障线标准确定为月人均120元。对居民最低生活保障资金的审计逐步纳入区审计局工作范围。

2008年7月1日至8月30日，区审计局对云岩区2007年度城市居民最低生活保障资金进行审计。在抽查头桥、三桥、普陀、贵乌、宅吉街道办事处及黔灵镇的城市低保资金下发和管理情况时，发现部分街道办事处和社区存在低保户资格审核不严谨，后期跟踪入户调查工作资料不全，对低保对象动态管理差，存在非低保户享受低保待遇的违规现象；有的办事处内部控制制度不健全。审计要求区民政局加强对街道办事处和黔灵镇城市低保的监督检查，严格申报程序，严格审核申报资料，并帮助办事处建立健全城市低保管理制度。

二、农村居民最低生活保障资金审计

2014年2月20日至4月8日，对区民政局2013年农村居民最低生活保障资金管理、使用情况进行专项审计调查。审计重点调查区民政、财政等部门，并延伸调查2个乡镇、社区服务中心和3个村委会、15户家庭。审计结果表明，云岩区农村低保资金做到专项用于农村低保对象的生活补助，未发现挤占挪用、虚报冒领，或改变低保资金用途等损害农村居民利益的现象，也未发现在农村低保资金中开支工作经费、管理和经办机构收取费用情况；区财政局在农村低保资金管理方面实行专户管理、专账核算、专款专用，并将资金及时足额拨付区民政局，以“一卡通”的支付方式将资金打入农民个人账户，实现及时调拨、专款专用、社会发放；区农村居民最低生活保障制度基本健全，困难群众基

本生活得到改善，农村贫困居民基本生活权益得到保障。审计建议区财政局多渠道筹资，按规定比例足额配套农村低保资金，建立农村低保工作长效机制；建议区民政局加强农村低保工作力量，提高低保工作人员待遇，加强业务指导和培训；制定农村低保操作规程，做好分类管理和动态管理，核清申请人家庭收入，规范审批程序，完善农村低保档案管理，建立健全低保家庭信息共享机制；对低保家庭经济状况进行一次核查，对不符合条件违规享受城乡最低生活保障待遇的家庭进行清查处理。

三、新农保基金及新农合专项资金审计

新型农村合作医疗专项资金由区财政局负责专户管理、分账核算。区人民政府制定《云岩区新型农村合作医疗实施方案》《云岩区新型农村合作医疗管理制度》；会计核算执行《新型农村合作医疗基金财务制度》，电算化使用规定的软件版本；按照规定在贵阳市商业银行分别开设财政专户、收入户和支出户。区审计局 2009 年审计新型农村养老保险基金，发现有 728 万元基金未能做到增值保值，定期存款所占比例较低和个人账户利息偏低。对此，审计建议加大对新型农村养老保险的宣传力度，提高新型农村养老保险的参保率。

2010 年 3 月 1 日—25 日，区审计局对 2009 年新型农村合作医疗专项资金管理使用情况进行审计调查，审计调查对象有黔灵镇人民政府、金鸭街道办事处以及沙河村、茶店村、宅吉村、西瓜村、茶园村卫生室，随机走访村民 13 户。区各有关单位的会计资料，能够真实反映 2009 年度的收支情况；收支基本符合相关法规，无截留、挪用、平衡财政预算现象。审计建议进一步规范村卫生室的进药渠道和用药管理，及时纠正和杜绝违反法规行为。

四、残疾人就业保障资金审计

区地税局 2014 年度征收残保资金 871.51 万元，同期区财政局拨付区残疾人联合会（区残联）残保金 1803.77 万元。拨付到区残联的残保金主要支出项目：残疾人慰问费 17 万元，云岩区消防大楼残疾人康复中心建设 1441.92 万元，地税残保金征收手续费 83.63 万元，残疾人基础信息调查费 80 万元，第十届残疾人运动会 17 万元，西南地区特奥联谊运动会 5.49 万元，残疾人专职委员补贴 36.48 万元，残疾人免费乘车卡上交市级 12.5 万元，省级残疾补助 79.06 万元，区级贫困残疾人助学金 8.2 万元，残疾人康复示范区 22.5 万元。

2015 年，区审计局对 2014 年残疾人就业保障资金（简称“残保金”）专项审计调查。根据《贵州省残疾人就业保障金征收管理暂行办法》要求，在全区范围内对未安排残疾人就业或安排残疾人就业未达到在职工总数 1.5% 比例的企事业单位和其他经济组织依法征收残保金，并缴入财政同级国库，纳入基金预算，实行收支两条线管理。征收工作涉及全区 26 个社区服务中心和黔灵镇，聘用专职委员 152 人。在对 2014 年度云岩区残保金的审计调查中，采取对会计资料审计与实地调查相结合的方法，并对黔灵镇宅吉村、保利云山社区服务中心、栖霞社区服务中心进行入户调查审计。

第五节　行政事业审计

2001 年，区审计局对某街道办事处财务进行审计，发现出纳罗某在任出纳期间经手的 4 个账户存在进账单不交会计做账、开支票提取现金有小头大尾等违规行为，涉嫌贪污公款。审计局针对罗某的

作案方法，从银行账户入手，将会计资料与银行对账单进行核对，查实罗某任出纳期间私自用现金支票提取现金 137.26 万元，涉嫌犯罪。之后罗某被移送司法机关追究刑事责任。

2002 年 9 月 6 日至 11 月 20 日，区审计局对区环境保护局 2001 年度财务收支进行审计。查明区环保局征收（代收）排污费及时足额解缴入库、财务收支基本符合财经法规的规定。2003 年 2 月—3 月，针对环境保护局资金来源未纳入统一核算的问题，区审计局提出按规定纳入统一核算，以及区级环保补助费由单位提出用款计划，经区财政部门审定后再使用的审计建议。对区人民法院 2002 年度财务收支进行审计中，确认其提供的会计资料基本真实地反映 2002 年度财政财务收支情况，财政财务收支基本符合财经法规的规定，内部控制制度基本健全，诉讼费已实行收缴分离。据此，区审计局建议固定资产中 10 台传呼机应按规定折价过户给个人；经费支出要严格执行行政领导审批制度。

2004 年 6 月—8 月，对贵乌路街道办事处 2003 年度财务收支进行审计。确认办事处会计资料基本真实反映单位 2003 年度的财政收支情况；内部控制制度基本健全；同时提出对暂付款长期挂账和暂存款余额过大问题，应按法律法规及时清理催收，避免国有资金流失的建议。2005 年 4 月—6 月，对北京路街道办事处 2004 年度财务收支进行审计，发现 2004 年 6 月和 10 月办事处组违反规定团外出学习考察，为此，按考察费 10% 的比例，处罚款 1996 元。

2006 年 1 月—3 月，对区林业绿化局 2005 年度财务收支进行审计。发现区林业绿化局 2005 年 12 月 31 日固定资产明细账上有职工已购买的住房金额和已拆除的临时办公用房金额，以及报废的文件柜等物品，仍挂在固定资产账上。区统计局建议该局办理相应的资产处置报批手续，对账务进行处理。2007 年 9 月—10 月，对区发展和改革局 2006 年度财务收支进行审计，提出对长期挂账进行清理、对无法收回的款项报有关部门批准后进行调账处理，以及在公务接待就餐中，应实行“工作餐通知单”制度等审计建议。

2008 年 4 月—6 月，对区环境卫生管理站 2006 年—2007 年度财务收支进行审计。发现往来款项存在长期挂账问题，提出及时清理催收款项，避免国有资产流失的建议。2009 年 5 月—6 月，对区城市管理局 2008 年度财务收支进行审计，提出加强对财会人员的业务培训、在支付各项工程款时应把双方签订合同附在凭证之后等建议。2010 年 3 月，对威清路街道办事处 2009 年度财务收支进行审计，建议办事处严格控制业务招待费开支，避免发生铺张浪费等违规问题。

2011 年 4 月—5 月，对区司法局 2010 年度财务收支进行审计。提出加强财务管理，对固定资产进行清理；对转交到其他部门的固定资产，应按规定程序办理产权转移核销手续；对其他部门长期借用的固定资产，应予以追回，以及清理核实办案费补助等业务经费，不该发放经费应予以追回，严格进行会计资格等凭证审核等建议。

2012 年 5 月—6 月，对区民宗局 2010 年度财务收支进行审计，建议区民宗局应对长期挂账的暂付款进行清理收回，避免国家资金受到损失、建议加强会计基础工作，规范会计核算程序。2013 年 1 月，对区统计局 2011 年度财政收支情况进行审计，提出加强财会人员对财经法规的教育、加强财务管理核算、确保年度收支平衡，以及支付业务招待费、餐费不得超过规定的标准等建议。同年 1 月—2 月，审计区安监局 2011 年度财政收支情况，建议会计人员要加强学习，规范会计核算，必须使用规范的票据。2014 年 2 月—4 月，对区发改局 2013 年度财政收支情况进行审计，提出严格按照规定收支等建议。

2015 年 1 月—2 月，对区人防办 2014 年度财政收支情况进行审计。发现资产管理和经费支出管理不够规范，提出严格规范津补贴的发放、对长期挂账的款项进行清理等建议。同期，对区房屋征收管理局2014年财政收支进行审计，建议区征房屋收管理局领导及财会人员严格执行有关财经法规。

第六节　经济责任审计

一、审计制度建设

2002年，云岩区开始实施对领导干部经济责任审计。经济责任审计严格按照公正、公开原则，进行审前、审后公示，从经济责任的角度做出客观、准确和全面的评价；加强区各职能部门的协调配合，建立由区纪委、区委组织部、区审计局、区人力资源和社会保障局、区财政局、区监察局等6部门组成的经济责任审计工作联席会议制度，在区审计局设立联席会议办公室和经济责任审计科。由6部门联合印发《云岩区领导干部任期经济责任审计工作联席会议制度》和《云岩区经济责任审计工作联席会议部门职责》，2014年区联席会议建立并实行审前共商、审中互动、审后运用的工作机制，被审计单位书面报告整改情况落实率达到100%。审计局及时梳理审计成果，将前期经济责任审计中发现的重大问题、普遍性和趋势性问题进行整理、汇总和分析，为领导干部监督管理工作提供审计支持。

二、经济责任审计

2006年，区审计局在对区属某单位领导经济责任审计时，发现该单位下属公司房屋已拆迁，但未冲销固定资产16万元，致使固定资产账实不符。房屋拆迁补偿费96.2万元，用于支付引税奖及公司办公费、加班奖金、就餐等，未按照专款专用有关规定处理账务。该公司存在收不抵支、亏损严重，超支59.4万元，审计按照相关法规处罚11万元。2010年，区审计局开展“小金库”专项检查、民政社团资金检查及村级主要领导经济责任审计。2011年，在对区属某单位领导干部经济责任审计中，发现该单位上级部门拨入的专项资金171.1万元未及时拨付到相应的部门，使专项资金的作用不能得到及时发挥，造成专项资金的闲置。通过审计建议，当年专项资金已全部拨付相关单位并投入使用。

2012年5月—10月，对区属某医院院长任期经济责任进行审计，完成资金总额4400余万元、业务数据大小为5G的数据库的审计，确定会计资料基本真实地反映其任职期间的财政、财务收支情况，财政、财务收支基本符合财经法规的规定，内控制度基本健全，固定资产与固定资产卡片清册基本相符；银行存款日记账未发现异常，账面余额与银行对账单核对经调节后相符；库存现金与账面余额核对相符。区审计局2015年在某片区经济发展中心经济责任审计中，发现单位负责人李某以工作经费名义违规发放津补贴，以虚开发票报销、伪造“引税引企奖励”，发放单据等方式套取现金，涉案金额91.6万元后，报中共云岩区委、区人民政府对相关责任人作出处理。

截至2015年，区审计局对区属部分单位领导干部经济责任审计90项，查处管理不规范资金9458.01万元，调账处理786.31万元，违规资金1162.12万元，违纪金额45.74万元，并采取全员范围内发放《领导干部任期经济责任调查表》的方式，对被审计领导干部个人廉政方面进行取证和评价；本人遵守法纪情况及单位遵守财经法纪、固定资产管理、重大项目和投资决策等事项，则采取无记名填写方式进行民意调查。

第七节　企业审计

2000年9月—2001年3月，区审计局对三桥街道办事处三桥工业公司1999年度财务收支进行审计，同时延伸审计三桥服务公司。查明三桥服务公司在为贵州纪阳烟草实业有限责任公司支付劳务费时，用未经审核的原始凭证编制记账凭证，致使记账凭证的支付金额与原始凭证的支付金额严重不符。审计后，差额168845.98元由贵州纪阳烟草实业有限责任公司下发给工人。此外，三桥服务公司还存在自制原始凭证，为贵州瀑布啤酒二厂等几家单位代付劳务费530720.62元的违规行为。依法对三桥服务公司处以3000元罚款，对直接责任人处以2000元罚款，同时提出审计处理意见。

2000年11月—2001年1月，对普陀工业公司1999年度财务收支进行审计。普陀工业公司财会人员不配合审计人员的检查。根据国家有关法律规定，对普陀工业公司处以3000元罚款，对直接责任人杨某按3个月基本工资计算，处以1080元的罚款。同时，对公司提出加强法律法规学习，提高执行法律法规的自觉性，建立健全内部管理和控制制度的建议。2002年3月—5月，对区工业总公司2000年—2001年度财务收支进行审计，发现财务收支存在违规行为，即向公司提出整理改建议。

区审计局2008年对宅吉街道办事处工业服务公司2007年度资产、负债及损益情况进行审计。发现公司存在专项资金17.5万元未专款专用，利用转账凭证套取现金42470.30元等问题，要求宅吉街道办事处工业服务公司如实反映和核算财务收支；要按相关制度执行招商引资奖励制度，立即停止搞“引税”奖励等，今后必须杜绝违规现象再次发生。2009年，在审计中发现区物资总公司库存商品8万元去向不明；发现乡镇企业工业公司未按规定撤销银行结算账户，固定资产账实不符，长期投资751.77万元无明细账，以及长期应付款1530万元无明细账等问题；发现正阳公司固定资产账实不符、价值18万元的库存物资去向不明、往来款长期挂账等问题。对此，区审计局要求企业加强内部控制制度的执行，严格执行《中华人民共和国会计法》，及时记账，真实地反映资产、负债情况，严禁以上违规现象再次发生。

2011年7月—9月，区审计局对贵中公司2010年6月—2011年8月的资产、负债及损益情况进行审计；同年2011年8月，查明贵中公司银行存款账面余额与贵中公司提供的银行对账单余额相符，库存现金盘点实存数与账面余额相符，未发现违规违法情况。2012年5月，对贵州正阳开发有限公司2010年度资产、负债及损益进行审计。发现公司2010年度会计资料存在未登记会计账簿、现金收入未及时送存开户银行及坐支现金和货币资金账实不符等问题。要求公司加强内部控制制度执行，并书面作出整改措施。

2013年6月，对云岩区贵中土地开发基本建设投资管理有限公司2012年度资产、负债和损益进行审计。发现公司购劳保用品、体育用品发票上无数量、品名、单价及明细清单以及利息收入挂往来款等问题，要求公司严格按照财经法规相关规定执行，健全内部控制制度，落实“三公经费”压缩措施，规范车辆管理和杜绝白条入账。

第八节 其他审计

一、财政预算审计

2001年—2015年各个财政年度，区财政局和同级财政预算审计延伸的相关审计单位所提供的年度财政预算执行和其他财政收支的会计核算资料，基本真实反映本级财政预算执行情况和其他财政收支的使用情况，财政收支基本符合有关法规法定，内部控制制度基本有效，但在往来款长期挂账及账目处理、固定资产等方面存在一定的问题，各年度审计报告均对上述问题提出处理意见，并监督整改到位。15年间，重点审计各年度本级财政预算执行情况和其他财政收支审计共53项。

二、外资审计

2001年—2015年期间，针对辖区内世界银行贷款卫VII CHA—2794疾病预防项目，开展过涉外资金审计1次。2001年3月—2003年4月，采取数据分析、调查、了解等方法，对世界银行贷款卫VII CHA—2794疾病预防项目进行审计；区防疫站为承担世界银行贷款项目单位，3年内应完成世行贷款额10291.36万元，实际完成卫VII项目世行贷款额7110.32万元，仅达到项目计划的69.16%，存在违反贷款协定问题。主要原因是项目进度较慢，回补资金远远低于申报金额，从项目申报至回补资金到达项目单位需要历时1年以上。为此，要求相关单位加快提款报账进度，严格执行贷款协定计划。

三、教育经费审计

2001年，对农村教育费附加进行审计调查，此项经费能够做到专款专用。2004年2月2日至3月25日，对区教育局2003年义务教育经费安排及使用进行审计。查明区教育局财政收支基本符合财经法规规定，货币资金账实相符，内控制度设置基本健全。2005年，对2001年—2004年义务教育经费进行审计调查。查明义务教育资金收支基本符合财经法规规定，专款设立专户管理、专账核算。同时建议区教育局规范学校财务管理内部控制制度、及票据的使用和管理；建立健全账目，执行固定资产管理制度。

区审计局2010年对云岩区实验第二中学、贵阳市第十七中学、贵阳市第十九中学2008年—2010年中学教育收费和使用情况进行审计调查。查明：区实验二中及致和中学财政财务收支情况基本符合财经法规规定。但致和中学存在减免及退费内控制度不够完善，对学生学费减免随意性较大，没有校长办公会议纪要；部分班级班主任提供的学生名单与教务处名单人数不符、财会室做账是由各班班主任提供的名册及清单，而不是收据记账联做账等问题；区实验二中存在收到扶持资金未执行收支两条线、从公用经费及杂费中支付工会经费、慰问费、购劳保费用，以及代收取的服务性收费未及时清退等问题。审计局向他们提出要严格按照收支两条线的规定执行，严禁将公用经费用于教职工其他福利性支出，对以前结余的服务性收费余额进行清退，无法清退的余额上缴区本级财政等要求。同期，查明贵阳市第十七中学及行健中学（十七中分校）在票据管理上，未保留原始登记的票据管理登记账簿，审计无法核实其核销票据的真实性，存在扶持资金未执行收支两条线管理、从公用经费中支付教师慰问及福利等问题。要求学校严格按照收支两条线的规定执行，严禁将公用经费用于教职工其他福利性支出；对以前结余的服务性收费余额进行清退，无法清退的余额上缴区本级财政。发现贵阳市第十九中学及华文中学均未建立有效的审核制度，致使记账金额与收费票据金额不符，扶持资金未执行收支两条线管理等问题。要求其严格按照收支两条线的规定执行，完善财务票据管理。

四、科技研发经费审计

2009年8月10日至9月30日，对区科学技术局2008年应用技术研究与开发资金管理使用情况进行专项审计调查。查明区科技局和延伸调查区国家税务局、区公安分局、区卫生局、云岩区财源建设办公室等11家单位提供的财务会计资料真实反映2008年应用技术研究与开发资金管理使用情况，专项资金审核拨付程序到位；对专项资金进行分账核算，但未进行分户管理。故提出区科技局严格按照《中华人民共和国会计法》及有关会计制度的规定执行，对结余过大、跨年度的专项资金加强管理，完善应用技术研究与开发资金使用制度。

五、卫生与计划生育资金审计

2010年，对区人民医院2009年收费及使用情况、医疗机构服务项目和医用消耗材料及药品等收费情况、延安中路街道办事处卫生服务中心2009年度医疗机构服务项目、医用消耗材料及药品等收费情况的专项资金进行审计调查。对审计中发现的应付款账目核算不规范等问题，提出按照会计制度要求设置正确的会计账户进行管理核算的要求。

2011年，对区人口和计划生育局2010年度专项资金筹集、管理和使用情况进行审计。查明会计资料基本真实地反映2010年度人口和计划生育专项资金筹集、管理和使用情况，财政收支基本符合有关财经法规的规定，对审计中发现的结余未按规定设置明细账的问题，要求计生局严格按照《行政单位会计制度》的规定进行会计核算的审计意见。

六、救灾经费审计

2008年3月19日至4月20日，对截至当年3月底的抗凝救灾资金及捐赠款物进行专项审计调查。查明涉及到区财政局、区民政局、区农水局、区教育局、黔灵镇。按照救助物资发放数的30%~50%，并进入受灾户家庭，抽查核实救灾物资实际发放情况，抽取贵乌街道办事处10户、中北街道办事处10户、黔灵镇渔安村和安井村22户填制入户调查表，并对涉及单位逐一调查取证，查实救灾资金及款物拨入、捐赠、管理使用等情况。查明各部门提供的抗凝救灾资金、物资会计资料，能够真实反映救灾资金和社会捐赠款物收支情况。救灾资金和捐赠款物管理、拨付、使用基本符合国家相关法律、法规的规定。未发现挤占挪用、损失浪费、违规发放救灾资金、捐赠款物及捐赠物资管理不善、高价采购等问题。相关单位内部管理制度基本建立健全。对于个别单位抗凝救灾资金未在银行设立专户、未进行专账进行核算和指定专人进行管理问题，要求加强会计基础业务培训，严格执行专款专项管理的制度。

2011年8月—11月，对2011年抗旱救灾资金物资进行跟踪审计，主要内容是有中央、省、市、区和相关部门下拨的抗旱救灾资金，以及社会各界捐赠的抗旱救灾资金物资的筹集、管理和使用及工程项目实施情况。审计未发现截留、挤占、挪用情况。各资金使用单位和街道（镇）抗旱资金支出主要用于灾民生活救助、灾民生产补助、抗旱机具购置、改水等，符合抗旱救灾资金的使用要求，但由于上级下达的部分指标文件，在10月底才收到，以及水利设施建设项目处于立项筹备期等级原因，抗旱救灾资金余额结存达70.5万元。其中金关街道办事处61.25万元，金鸭街道办事处9.25万元。对此，建议相关街道办事处将结余资金及时进行安排和拨付使用，实行专款专用；对于尚未开工的项目，要抓紧开工；已经开工的项目加快建设进度；对正在实施的工程项目要加强监督，已完工的工程要及时验收，并按有关程序拨付资金。

七、就业、再就业资金审计

2009 年 2 月 24 日至 3 月 30 日，对区就业局 2008 年就业再就业资金管理使用情况进行专项审计调查。查明区就业局“就业再就业资金”会计核算，是按照事业单位进行管理核算，电算化使用用友财务通标准版 2005 软件。先到区就业局、区社会劳动保险事业管理局、三桥街道办事处、黔灵镇和中山东路劳动保障所 5 个就业再就业资金管理、使用单位和 1 个就业培训单位（贵州怡信职业培训学校）进行实地检查；后又到威清路、延安中路、中山东路、普陀路、三桥、中华中路 6 个街道办事处和黔灵镇，以及贵州客隆公司、贵州益佰制药有限公司、天豪花园酒店等 3 个用工单位，调查落实社保补贴、公益性岗位补贴、农民工返乡等资金是否及时足额发放、职业介绍的真实性；又到相宝社区、正新社区、延安路社区、城基路社区 4 个社区的劳动保障服务站实地查看平台建设情况；查明各劳动保障所提供的会计资料能够真实反映 2008 年就业再就业资金管理使用情况；区“就业再就业资金”实行财政专户管理、分账核算，各部门成立监督检查小组，制定《联席会议制度》，使专项资金审核拨付程序到位。

八、土地使用权出让金审计

2011 年 4 月 21 日至 5 月 20 日，区审计局对区财政局 2010 年—2011 年 3 月国有土地使用权出让收支情况进行专项审计调查，并延伸调查贵阳市国土资源云岩分局专款资金使用情况。要求区财政局进一步严格按照会计制度规定执行，对结余过大，跨年度的专款资金及时按规定清理核算，同时建议上级相关部门建立相应的制度，规范对挂牌宗地的上下核对管理工作。

九、社区公益事业资金审计

2013 年，对“温馨家园·新型社区”公益事业项目第一至第三期工程 128 个项目的预算进行评审，对 37 个项目工程结算进行审计，送审金额 346.13 万元元，针对虚报工程量、材料及人工费用等问题，审减 34.88 万元，审减率 10.07%，为民生资金的合理使用提供有力保障。由区残疾人联合会牵头，区财政局、区审计局、贵阳市交通管理局云岩分局参与配合区人民政府开展残疾人专用车补助工作。截至 2013 年 2 月 28 日，完成清理补助残疾人专用车 160 余辆，发放补助金额近 400 万元，保障残疾人权益。2013 年，由各村委托会计师事务所对 19 个村级财务进行审计，以规范村级财务管理。区审计局全程监督云岩区直播卫星户户通工程建设项目“户户通”，确保工程资金落实到位、专款专用。2014 年 9 月—10 月，对“户户通”工程建设实施情况进行审计。云岩区将 107 户（每户承担 100 元）的 1.07 万元、区级财政补助的 0.535 万元，合计 1.605 万元上划到省“户户通”建设资金财政专户。查明区文体广播局提供的工程建设实施的会计资料能够真实地反映项目财政收支情况，做到“户户通”资金专款专用。全区 3 个行政村 107 户广播电视直播卫星“户户通”设备，通过贵阳市国家“十二五”直播卫星“户户通”工程验收小组验收，安装合格率 100%，群众满意率 100%。

十、惠民生专项资金审计

2010 年，对中央扩内需保增长对云岩区新增投资项目资金使用、建设管理情况进行审计调查，涉及贵州三桥市场开发经营有限公司、贵州益佰制药股份有限公司、贵州天骄高技术责任有限公司、贵州华昌食品有限公司、北京路街道办事处等单位，投资项目按照批复的初步设计及概算内容实施，项目资金超概算的部分由项目单位筹资解决。同年，对白云区人民政府债务进行审计调查。

2014 年 9 月 9 日—19 日，派出 9 个审计组，对云岩区稳增长促改革调结构惠民生政策措施落实情况进行跟踪审计，并对 2013 年各类城镇保障性安居工程（包括廉租住房、公共租赁住房、经济适用住房、限价商品住房、各类棚户区改造）的投资、建设、分配、运营情况进行审计，重点审计棚户区改造安置、保障性住房分配和管理。通过对 2013 年城镇保障性安居工程保障情况、城镇保障性安居工程目标任务完成情况、城镇保障性安居工程资金筹集使用情况进行审计。对审计中发现的保障性住房分配和使用管理问题，要求保障性安居工程建设工程领导小组办公室责成有关单位对不符合保障条件的对象进行清退，并协调有关部门及时掌握保障性安居工程情况，加强保障性安居工程的管理。

2015 年 3 月 9 日—19 日，对截至 2015 年 3 月全区“稳增长、促改革、调结构、惠民生”的政策措施落实情况进行跟踪审计。重点审计区人民政府及其相关部门贯彻落实稳增长促改革调结构惠民生政策措施落实情况。查明云岩区能够按期制定和修订建设规划，并按规划和上级分解的计划完成各类项目建设进度；企业减负、“营改增”等相关改革措施能够落地；财政资金能够及时到位并按要求使用，无资金长期大量沉淀。

十一、“三公”经费监督

2013 年，区审计局参加由中共云岩区纪律检查委员会、区监察局牵头组成的检查组，对云岩区“三公经费”、节假日公车管理及“两严一降”专项工作经费等进行专项检查。重点检查各单位对中共中央八项规定（《中共中央政治局关于改进工作作风密切联系群众的八项规定》）、中共贵州省委十项规定（《中共贵州省委关于改进工作作风密切联系群众的十项规定》）的执行情况以及专项经费是否确保专款专用。

第五章　国土资源管理

云岩区可利用土地资源极为有限，因此区人民政府非常重视辖区土地的保护和管理。随着城市人口密度不断增大，合理地发挥国土功能成为经济管理的重中之重。区国土分局负责控制土地供需和总量平衡，落实土地管理制度；配合省、市国土资源部门实施土地资源调查、动态监测、变更调查和统计；承担土地权属确认、城乡地籍、土地定级、土地登记发证与土地证书查验等工作。

第一节　国土资源管理机构

贵阳市国土资源局云岩区分局，2002 年 1 月 31 日，云岩区国土局更名为云岩区国土资源局。2004 年 12 月 22 日，调整为贵阳市国土资源局派出机构，改称贵阳市国土资源局云岩区分局。至 2015 年，内设办公室、建设用地科、地籍管理科、法规监察科、规划测绘科、矿权环境科。局直属机构有云岩区分局土地开发服务中心（2015 年整体划入贵阳市不动产登记中心）、土地储备中心、黔灵镇国土资源所、三马片区国土资源所。

第二节　土地利用总体规划

2001 年，黔灵镇土地利用总体规划编制基本完成。2010 年，在贵阳市第二次全国土地调查工作领导小组办公室统筹下，完成农村部分调查的内业资料收集、外业权属调查、出图及数据库建设，同时完成基本农田上图工作，其成果逐级上报至省并通过评审，二调工作取得阶段性成果；完成《云岩区土地利用总体规划（1997—2020）》《黔灵镇土地利用总体规划（1997—2020）》和《三马片区土地利用总体规划（1997—2020）》编制，完成数据转换工作并上报市修编办。2015 年，云岩区土地利用总体规划调整完善领导小组成立并制定工作方案。在二调和变更调查成果的基础上，对规划目标和控制指标进行合理修正与调整。

第三节　耕地保护

2001 年，区国土分局按照耕地保护目标的要求开展土地开发整理复垦。推行“异地造地”，全年耗资 100 万元，委托清镇市国土局在清镇王庄化腊村进行 200 亩耕地开发，并通过贵州省和贵阳市验收。在辖区内填埋整理黔灵镇黔灵村马鞍组低洼地约 1.3 公顷；对北郊水厂输水管道填埋工程占用耕地的区域，督促用地单位进行土地复垦，恢复种植层，确保土地资源的可持续利用。全区涉及非农建设项目均按规定足额缴纳占补平衡费。2002 年，通过加强基本农田动态巡查、签订基本农田保护目标责任书、设立基本农田保护牌等措施，落实耕地保护。全区耕地保有量为 1115.7 公顷，基本农田 128.7 公顷，保护率 10%。全年未突破贵阳市下达的 18 公顷非农建设占用耕地指标，在拆除建筑中，保护各类土地面积 15432.61 平方米。云岩区属贵阳市主城区，区域内不能实现耕地总量平衡，故坚持耕地先补后占政策，推行“异地造地”，年内通过省土地整理中心异地造地 94.5 公顷。全年完成用地报批 3 个批次，包括安井地热开发等 31 个建设项目；组织完成市重点工程改茶排洪大沟的征地任务。

2003 年，区国土分局利用“4·22”地球日和“6·25”土地日等活动日，展开保护耕地资源的宣传教育；在基本农田保护区竖立永久性保护标志；与有关乡镇、村寨签订目标责任书，明确奖惩制度，落实保护措施。实施用途管制和耕地占补平衡等措施，优先利用劣质土地。全年在独山、玉屏等地造地 54.004 公顷，在为辖区建设项目提供用地的基础上，实现耕地动态平衡。至 2003 年年底，全区耕地保有量为 1096.72 公顷。2004 年，公示基本农田保护“五不准”规定（不准除法律规定的国家重点建设项目以外的非农建设占用基本农田；不准以退耕还林为名，将平原（平坝）地区耕作条件良好的基本农田纳入退耕范围，以及违反土地利用总体规划随意减少基本农田面积；不准占用基本农田进行植树造林、发展林果业；不准以农业结构调整为名，在基本农田内挖塘养鱼和进行畜禽养殖，以及其他严重破坏耕作层的生产经营活动；不准占用基本农田进行绿色通道和绿化隔离带建设），新设立永久性保护标志 3 块，埋设界桩 68 个，投入资金 10 万元对基本农田进行整治，改善土壤种植环境和条件，提高土地产出率；继续落实占补平衡义务，在长顺、玉屏两县全年异地造地190.5公顷；控制用地增量，盘活土地存量，至年末，耕地保有量为1094公顷。

2005年，区国土分局完成5个批次27个建设项目用地报批，计申报面积102.09公顷，农用地转用59.52公顷，通过省土地整理中心异地流转新增耕地指标158.1公顷，履行占补平衡法定义务的同时，保障建设用地需求。2006年，全区耕地保有量1030.2公顷，基本农田128.8公顷；完成4个批次8个建设项目的用地申报，申报用地总面积60.1845公顷，农用地转用48.0363公顷。通过异地流转新增耕地指标90.751公顷，在建设项目占用面积60.611公顷后仍结余30.14公顷。2007年年末，基本农田保有量为128.8公顷；全年申报16个建设项目用地共148.86公顷，并按照年度计划建立占补平衡台账，执行先补后占、占一补一政策。2008年，将上一年度土地出让纯收益和新增建设用地有偿使用费投入基本农田建设，提高基本农田品质；坚决制止土地未批先用、少批多用等违法用地行为，全区耕地保有量976.2公顷；共申报4个批次34个建设项目用地，申报用地总面积245.125公顷，其中耕地169.57公顷，均按要求完成占补平衡。2009年末，耕地保有量839.3公顷。全年申报批次用地计划199.5456公顷。其中，农用地146.167公顷（含耕地137.177公顷），未利用地5.4366公顷，建设用地47.942公顷，新增建设用地151.6036公顷；将往年剩余批次用地指标调整到北二环、东二环、北京东路、甲秀北路（二环两路）、二路云岩段及拆迁安置点用地申报，用地面积117.3252公顷。其中，农用地83.6247公顷（含耕地43.1443公顷）、未利用地5.2369公顷、建设用地28.4636公顷；以单独选址方式申报长岭南路道路工程，用地面积6.938公顷，新增建设用地5.3334公顷，同时申报下一年度用地计划417.386公顷；完成贵广线、二环两路、株六复线等国家和省、市重点建设项目土地征收工作，征地总面积33.26公顷；全区筹措资金6400万元，在贵阳市平台置换新增耕地指标，保障辖区建设用地报批。

2011年，区国土分局推进"双保工程"，实行耕地保护制度和节约集约用地制度，严格执行土地利用总体规划，对乱占耕地的违法建筑及时查处。至年末，耕地保有量为505公顷，之后复查耕地面积实有513.83公顷，比耕地保有量多8.83公顷。2012年2月，申报2012年度保障性安居工程建设用地0.8812公顷，其中建设用地面积0.1059公顷，新增建设用地面积0.7753公顷（农用地0.7753公顷，无耕地）；3月申报2012年度国务院批准建设用地城市农用地转用和土地征收，申请用地总面积311.5247公顷，其中新增建设用地219.3041公顷（农用地213.6805公顷，含耕地130.7787公顷）；实施2011年度第二批次用地19.9541公顷，其中农用地15.2787公顷，建设用地面积4.5644公顷，未利用地0.1110公顷；组织资料上报2011年度第三批次用地133.0625公顷，其中农用地114.9284公顷，建设用地16.8787公顷，未利用地1.2554公顷；申报实施2012年度第一批次用地65.5091公顷，其中农用地32.1634公顷，建设用地18.7110公顷，未利用地14.6347公顷。申报实施贵州理工学院水淹地0.2800公顷，其中农用地0.2464公顷（耕地0.2464公顷），建设用地0.0336公顷。由于云岩区重点项目和基础设施建设对建设用地需求量不断加大。区国土局筹措资金，从台江县争取到133.3公顷新增耕地指标。2012年，度批次用地申报已使用12.02公顷，剩余指标216.9公顷。全年完成征地149.3公顷。其中，长昆线9.79公顷、贵广线0.32公顷、大凹安置点3.78公顷、2011－Y－11地块3.18公顷、北京西路加油站0.4公顷、贵州省交通技术职业学校1.53公顷、贵阳市女子职业学校6.53公顷、扶风片区40.7公顷、金阳大道延伸段9.05公顷、北京东路安置点2.46公顷、普天物流8.89公顷、马王大道8.2公顷、中航城43.76公顷。

2013年，云岩区无基本农田指标，但年末仍确保耕地保有量不低于800公顷，实际耕地保有量为

933.3 公顷，完成贵阳市国土局下达目标。当年区国土分局申报第二期“低丘缓坡未利用地开发利用试点”项目，全部资料准备完毕。2014 年，查明全区耕地面积由年初 887.33 公顷减少至 859.67 公顷，园地面积由 263.37 公顷减少至 246.76 公顷，林地面积由 3067.30 公顷减少至 3056.51 公顷，草地面积由 46.55 公顷减少至 45.98 公顷，城镇村及工矿用地由 4167.99 公顷增加至 4222.57 公顷，交通运输用地 495.39 增加至 499.79 公顷，水域及水利设施用地 121.42 公顷减少至 121.27 公顷，其他土地由 116.01 公顷减少至 112.81 公顷。全年批准建设项目 6 个，总面积 67.74 公顷，其中耕地 26.04 公顷；临时用地 3.24 公顷，占耕 1.69 公顷；合法图斑及增补图斑面积共 56.11 公顷，其中耕地 26.31 公顷；违法用地总面积 5.06 公顷，其中耕地 1.25 公顷。违法占耕比 4.9%，违法占耕比例低于上级要求的 15%。

2015 年，区国土分局开展非农建设占用耕地耕作层剥离再利用工作，将耕作层剥离再利用作为用地申报的前置条件，耕作层剥离利用方案作为用地报批的必备材料一并上报，项目用地获批后，在建设过程中严格按照耕作层剥离利用方案实施；严格执行耕地占补平衡制度；建设用地申报采取辖区外委托补充耕地方式履行占补平衡义务，确保占用耕地的建设项目做到先补后占、占一补一、占优补优；抓好永久基本农田划定工作。全年用地申报补充耕地 14.67 公顷。基本农田划定工作与土地利用总体规划调整、城市开发边界及生态保护红线划定、“多规融合”试点统筹衔接，优先把城镇周边、交通沿线、集中连片的优质耕地划为永久基本农田保护区，继续加强区、镇（社区）两级的动态巡查和监督管理，及时查处乱占耕地的违法建筑。至年末，全区耕地保有量约 859.67 公顷，超额完成上级下达的 566.66 公顷目标。

第四节　土地执法检查

区国土分局 2001 年查处违法占地建房 486 户，制止违法行为 384 户、违法占地面积 6842.3 平方米、违法建筑面积 9766.2 平方米；拆除违法建筑 63 户，面积 5732.46 平方米。2002 年实施国土资源动态巡查制度，对土地、矿产及测绘实行全覆盖管理，全年查处土地违法案件 12 起、矿产资源违法案件 2 起，制止土地违法行为 153 件、矿产资源违法行为 2 件，责令自行拆除违法建筑 76 件面积 9371.26 平方米。在巩固云岩区无违法批地、管地、用地基础上，2003 年开展治理和整顿土地市场秩序工作，将查处与宣传相结合，对典型违法案件通过媒体曝光 17 次；查出非法占地 8 起面积 4.1 公顷，均立案处理，并完成整改。2004 年，对新上项目用地审批情况、占补平衡落实情况、新增建设用地有偿使用费收缴情况、征地补偿费管理使用情况、经营性用地招拍挂出让落实情况和产业园区和开发区整顿情况等 6 方面，进行逐项自查；重点对 1999 年《中华人民共和国土地法》修订后已批准的 27 个建设项目，进行全面清查和整顿。

2005 年，云岩区实行分片包村，责任到人，工作与考评奖惩挂钩政策，确保土地巡查率达 100%，坚持制止违法占地建房行为。全年制止违法占地建房户 258 户，强拆 42 户面积 15280.15 平方米，保护各类土地 5.4 公顷。2006 年，制止违法占地建房行为 240 起面积 34516 平方米。其中强制拆除 52 户面积 12031 平方米。2007 年，对测绘单位开展质量监督，未发现超越资质许可从事测绘活动和测绘产品质量不合格等违法测绘情况；全年制止违法占地建房行为 159 起，强拆 35 户建筑面积 6643 平方米；有效打击无证开采、越界开采矿产等行为。2008 年，制止违法占地建房行为 138 起，其中现场制止 102 起，强制拆除 36 户面积 12504 平方米。2009 年 1 月—2011 年 12 月期间，在对取得建设用地土地使用权的项目进行全面清理中，发现新开工项目用地5宗，总面积89.04公顷，其中新增建设用地总面积55.03公顷，均为合法用地。

2010年，区国土分局实施国土资源动态巡查90次，制止国土资源违法行为26起，面积约3600平方米；配合区城管拆除违法占地建房727户面积149968.3平方米。同时，监测图斑地块共418宗，监测面积215.6公顷。查明合法用地333宗，面积206公顷；违法用地85宗，面积5.13公顷；违法占用耕地面积占新增建设用地占耕地总面积比例为4.3%。土地矿产卫片执法涉及地块18个，图斑27个，监测面积14.8公顷。其中合法地块6个，面积12.5公顷；违法地块7个，面积1.53公顷；伪变化地块5个，面积0.82公顷；清查出用地单位37家40宗，收回土地使用权5宗，限期动工29宗，收取闲置费6宗；清查用地项目71宗，其中未按约定时间动工22宗，未按约定时间竣工6宗，经督促动工18宗，限期动工4宗；有偿收回1宗国有土地使用权（用地单位为源森房开公司，地块坐落于百花大道南段，项目名称教育培训中心综合楼）。2010年度土地和矿产卫片执法检查工作通过武汉督察局、省国土厅和市国土局的验收。

2011年，全区未发现无证开采行为。2012年，区国土分局完成《云岩区提高2009年—2011年度城市分批次用地供地率攻坚工作方案》专项清理工作。查明2011年度土地矿产卫片执法图斑共259块（黔灵镇226块，三马片区33块），监测总面积256.9公顷，其中耕地143.3公顷；PJ图斑81块，面积约275公顷，其中耕地234.2公顷；全区新增建设用地合法的为44宗，监测面积244.1公顷，其中耕地134.1公顷；违法的为19宗，监测面积12.8公顷，其中耕地9.63公顷，违法用地面积占新增建设用地总面积的比例为2.41%，违法占用耕地面积占新增建设用地占用耕地总面积的比例为2.55%。

2013年，区国土分局对不符合土地利用总体规划（土地总规）和没有用地指标的项目，一律不予办理手续。全年未发生不严格执行土地总规和年度计划进行用地预审和报批的行为。土地总规中期评估成果通过市级验收。国土资源部卫片下发数据中，2012年土地卫片执法疑似图斑49宗（黔灵镇31宗，三马片区14宗，城区4宗），监测总面积32.15公顷，其中耕地11.62公顷；PJ图斑9宗，面积9.15公顷。经核查，全区卫片执法图斑数21宗，图斑监测面积共56.15公顷，其中耕地约11.5公顷；新增建设用地合法的为14宗，监测面积23.29公顷，其中占耕9.78公顷；新增建设用地违法的为7宗，面积8.53公顷，占耕1.79公顷；其中34号图斑为军事用地不占耕；全区违法用地面积占新增建设用地总面积的比例为9.17%；违法占用耕地面积占新增建设用地占用耕地总面积的比例为3.98%（2011年度违法占耕面积为9.77公顷，2012年度违法占耕面积为1.71公顷），同比下降82.22%。2014年，区国土分局加强乱占耕地的违法建筑查处，确保耕地保有量为860公顷，超额完成市人民政府下达的666.7公顷的目标；在建设项目用地预审和报批严格执行土地总规和年度计划，凡不符合土地总规和用地指标的，一律不予办理相关手续。全年未发生不严格执行土地总规和年度计划进行用地预审和报批的行为；开展动态巡查78次，制止土地违法行为13起面积1600平方米，下达责令停止土地违法行为通知书15份；查处土地违法案件1宗，涉及土地面积16534平方米；配合城管部门依法拆除违法建筑4起面积3066.82平方米；对违法用地案件进行整改查处，对需要拆除整改的图斑逐一到点上移交城管部门进行拆除。2011年—2014年，累计移交拆除整改图斑53个，面积约13.64公顷，拆除图斑4个，面积约0.31公顷，违法占耕比为5.7%。区国土局对2008年1月—2014年8月底未按期动工项目逐一核实，清理出未按期动工项目14个，面积56.0331公顷，全部整改落实。

2015年，区国土分局对发现的违法用地进行整改、查处并对需要拆除整改的图斑上的违法建筑逐一拆除。全区有2014年土地卫片执法疑似图斑90宗，监测总面积36.74公顷，其中耕地18.4公顷。

土地矿产卫片执法监督检查中，查处土地违法案件6宗，面积共1.74公顷，全部结案并通过验收。全区耕地面积由年初887.33公顷减少至859.67公顷，园地面积由263.37公顷减少至246.76公顷，林地面积由3067.30公顷减少至3056.51公顷，草地面积由46.55公顷减少至45.98公顷，城镇村及工矿用地由4167.99公顷增加至4222.57公顷，交通用地由495.39增加至499.79公顷，水域及水利设施用地121.42公顷减少至121.27公顷，其他土地由116.01公顷减少至112.81公顷。

第五节　地籍管理

2002年，区国土分局核发《土地使用证》77宗（含年检换证）；调解处理贵宝集团与黔灵镇渔安村土地权属纠纷，以及大华塑料水管厂、硒土磁化科技制品厂、福大（贵州）房地产发展有限公司的土地权属纠纷2起。2003年，完成土地证书年审换证工作；办理国有和集体土地使用证447宗，总面积约166863.33平方米。2004年，完成地籍管理规范化建设和行政村集体土地所有权登记发证工作，颁证面积1643.79公顷，其中农用地1166.02公顷、建设用地276.79公顷、未利用地200.98公顷。全年办理《土地使用证》193宗，面积33016.24平方米。其中，《国有土地使用证》59宗，面积2605.67平方米；《集体土地使用证》134宗，面积30410.57平方米。通过变更调查，查明全区土地总面积为67.4平方千米，农用地4000公顷，其中耕地10069公顷，园地47.3公顷，林地1323.9公顷，其他农用地202.9公顷；城镇居民点及工矿用地2261.08公顷，交通用地121.25公顷，水利设施用地33.21公顷，未利用地262.47公顷，其他土地46.1公顷。2005年，发放《集体土地使用证》1203宗，登记面积120500.5平方米，发放《城镇国有土地使用证》79宗，登记面积1185.7平方米；完成地籍管理进度汇总和土地权属纠纷调处；通过开展年度变更调查，建设项目用地农转用变更面积9.3公顷，涉及图斑15个。

2006年，区国土分局实施调查结果确认和“批后公告”制度，公布实施《云岩区多途径安置被征地农民工作方案》，以货币安置为主，新增“留地安置”方式，研究被征地农民纳入社会养老保险方法；完成农用地分等定级，并通过国土资源部验收；全年颁发《集体土地使用证》117宗，面积5416.2平方米。查明2006年建设用地增加，农用地和未利用地减少，变更面积101公顷。2007年，颁发《集体土地使用证》51宗，颁证面积8847.18平方米。

乌当区5个村和南明区1个村划归云岩区管辖后，区国土分局2008年制定《云岩区第二次土地调查实施方案》，先期拨付50万元经费，开展第二次土地调查，掌握全区总变更面积为55.4公顷；并启动三马片区行政勘界工作。2009年，区国土分局完成二环两路土地征收总面积100.6公顷，其中北京东路32.46公顷，北二环15.4公顷，东二环30.9公顷，甲秀中路21.9公顷。2010年，清理2000至2009年间的批而未供土地，共清理出批而未供地块60个，未供面积233.9039公顷（其中划拨用地项目26个涉及40个地块，未供面积166.0791公顷；招拍挂用地项目20个，未供面积67.8248公顷）。区国土分局分别采取调整用地、限期办理供地手续和限期完成征地补偿等方式进行督促整改。

2011年，区国土分局加快农村集体土地确权登记发证进度，完成城镇地籍调查；编制《云岩区农村集体土地确权登记发证工作实施方案》，于5月13日开始清理和整理2000至2009年的集体土地使用权登记档案资料，清查土地登记档案3661宗，其中云岩区1658宗、2008年6月10日移交的“三马”片区1383宗和2007年12月南明区移交的620宗；补充完善资料填写不规范，或没有归户卡的档案。2008年9月底，云岩区第二次土地调查成果通过贵州省和贵阳市检查验收。年内修订完善工作制度49项。云岩区国土分局被国土资源部授予“两整治一改革”先进集体称号。

2012年，制定《云岩区农村集体土地确权登记发证工作实施方案》和《云岩区宗地统一代码编制试点工作建设方案》，完成换发《集体土地使用证》130宗，完成19个村集体土地所有权登记发证，完成率为100%；完成省、市重点建设项目、棚户区、城中村改造确权登记155宗；完成宅基地使用权确权登记发证3495宗，集体建设用地使用权确权登记发证150宗。

2013年，区国土分局对2008年10月1日至2011年12月31日批而未征、征而未供和已供土地使用情况进行专项清理。处理批而未征9宗，征而未供7宗，交地延迟1宗，开、竣工违约22宗，全部整改到位；实施长昆铁路、渝黔铁路、花溪二道补征，普天、红星美凯龙、国安厅、杨惠安置点等项目的土地征收工作，征收面积879.881亩。2012年，批准用地102.1075公顷。2013年，供地64.7086公顷，供地率63.37%。全年申请农村集体土地登记发证16宗，办结16宗，办结率100%，土地登记总面积1329.41平方米；配合参与农房确权124宗。对符合“一户一宅”要求的宅基地用地，计划指标专用；完成改茶村与金关村边界纠纷调解。2014年，区集体土地登记档案3698宗，集体土地所有权登记档案20宗，宅基地使用权登记档案3528宗，完成农房确权232宗，集体建设用地使用权登记档案150宗。确权登记档案429宗，全部扫描入库，完成村界纠纷土地权属调解1宗；申请农村集体土地登记发证59宗，办结59宗，办结率100%，土地登记总面积4817.5平方米。

2015年，区国土分局针对批而未供建设项目加大供地力度，推动建设项目及时落地；推进工矿废弃地再利用和城镇低效用地再开发，通过棚户区、城中村改造等方式提高土地利用效率。全年完成长昆铁路、“1·5”城市交通环线、金阳污水处理厂二期等重点项目征地63.56公顷，发放征地补偿款12186.9727万元。当年，云岩区通过指标审查、集中评审和实地考核，获国家级国土资源节约集约模范县（市）称号。

第六节　矿权管理

2002年，贵阳市规定云岩区属矿产禁采区，据此，区内未办理采矿许可证。区国土分局完成矿产资源管理秩序的治理整顿，并通过专项治理验收；全年完成矿产资源补偿费征收上缴任务2万元；全年制止无证开采矿山行为3起，查处采矿证到期未年检砖厂2户；配合市级部门对贵阳智诚公司探矿权勘查项目进行监督检查1宗。2004年，理顺矿产资源补偿费征收机制，完成矿产资源补偿费征收8.77万元。2005年，完成矿产资源储量统计工作，矿产资源补偿费征收7万元；关停贵州恒建公司、贵阳商品砼公司、贵阳仙鹤石灰厂、黔灵砖厂和市新产品实验厂砂场等企业。2006年，完成采矿权年审，砂石、页岩回采率达95%，地热水回采率达100%；完成矿产资源储量统计和矿山占用资源储量登记工作，征收入库矿产资源补偿费2.12万元；开展矿山地质环境受损面积调查，共查处废渣体4000立方米，治理面积约1000平方米，责成企业投入资金治理。2009年，开展整顿和规范矿产资源开发秩序“回头看”行动，全面清查和整治辖区内无证或持过期失效许可证进行勘查开采、持勘查许可证采矿、开采矿种与许可证不符、停业整顿期间擅自采矿、已关闭矿山复采和地质勘查单位参与勘查、开采以及提供虚假地质资料等违法违规行为，经整顿，全区仅余地热水1家、砖厂1个、砂场5个；所有涉矿企业均做到持证生产；全年收缴矿产资源补偿费3.95万元。2011年，督促矿山企业足额缴纳矿山恢复治理保证金41.0625万元。此后4年中，全区矿产企业陆续关停。

第七节 地质灾害防治

2002年，区国土分局编发防灾预案和应急预案，对辖区内地质灾害及隐患点加大巡、排查力度。全年发生地质灾害3起，分别是东山小区山体开裂、师大“师贤山”山体滑坡、五柳街山体滑坡，均编制防治方案通过评估后，筹措资金完成治理工程。2003年，区国土局落实地质灾害防治工作24小时现场监察和险情报告制度，针对44个隐患点进行评估，组织安井八组、海马冲等发生地质灾害的居民区人员进行应急演练，投入10万元进行钻探勘察治理。全年，无地质灾害引起的人员伤亡事故。

2004年，云岩区地质灾害防治领导小组成立，区人民政府主要领导为组长，分管领导为副组长。制定《2004年度地质灾害防治方案》和《突发性地质灾害应急预案》，实施安井村、黔春路开发段地质灾害治理工程，做到“有组织、有领导、有方案、有措施、有经费”；建立区、镇、村三级监测预警网络系统，地质灾害调查与区划工作完成并通过省国土资源厅验收。2007年，编制《云岩区地质灾害防治规划》，向各单位发放防灾预案和应急预案；针对受地质灾害隐患威胁的居民点进行重点宣传培训，受训人员1100人次。2008年，建立区级地质灾害防治专项基金；对存在地灾隐患点的17个行政村村民和中小学生开展地质灾害防治知识宣传。12月2日，对水东线K0－K150段地质灾害隐患点22户70余人实施紧急避险搬迁。2009年，《云岩区地质灾害防治规划》编制完成并批准实施。全年实施地质灾害隐患避险搬迁40户；投入17万元，定点清除西瓜村沙地组危岩；督促企业缴存矿山环境恢复治理保证金30万元。2010年，组织黔灵镇和街道办事处进行地质灾害防治知识专题培训；对各类地质灾害隐患点、重要铁路公路交通沿线、河流两岸、重要工程建设施工区域和医院、学校、社区等人员密集地，特别是村民房前屋后和冲沟沟口进行拉网式排查，排查出隐患74处。全年未发生地质灾害引起的人员伤亡和重大财产损失。

2011年，制定《云岩区2011年地质灾害防灾预案》和《云岩区2011年地质灾害应急方案》，将地质灾害隐患点防治纳入各街镇目标，层层签订责任书，明确防灾责任人、监测责任人。全区投入地质灾害防治经费176万元。年内，未因地质灾害造成人员伤亡。落实《云岩区2012年地质灾害防治预案》和《云岩区突发性地质灾害应急预案》。2012年，投入地质灾害工程治理资金500余万元，对松云山庄后山崩塌、二桥路302号边坡滑坡、二桥加油站后山滑坡等9个重大地质灾害隐患点进行工程治理。完善地质灾害群测群防网络，实行24小时值班制度，做好预警预报。年内全区安全度汛，未发生人员伤亡和财产损失事故。

《云岩区2013年地质灾害防灾预案》和《云岩区2013年地质灾害应急方案》发布后，将地质灾害隐患点防治纳入各街镇目标，层层签订责任书。投入362万元，对各隐患点进行地质灾害治理；在“地球日”“土地日”“防灾减灾日”广泛宣传地质灾害防治知识，按时进行地质灾害防治知识培训。全年投入117万元，治理地质灾害隐患点，落实《云岩区2014年地质灾害防灾预案》和《云岩区2014年地质灾害应急方案》；针对旭东路区政府宿舍和黔灵镇偏坡村猫坝七组2个隐患点，由区人民政府牵头组织开展地质灾害应急演练2次；实施地质灾害防治高标准“十有县”（有制度、有机构、有经费、有监测、有预警、有评估、有避让、有宣传、有演练、有效果）建设。

2015年年初，区国土分局印发《云岩区2015年地质灾害防灾预案》和《云岩区2015年突发性地质灾害应急预案》。在全区地质灾害防治工作会议上与各社区服务中心和黔灵镇签订《地质灾害防治工作目标责任书》，将责任层层分解落实到人。对各地质灾害隐患点和群测群防网络体系上报的隐患点展开拉网式核查，查明13个在册地质灾害隐患点无异常，新增地质灾害隐患点3个。全年区级财政专项列支3500万元，完成对宏福景苑小区滑坡、北新区路142号危岩体和相宝巷20号危岩体的治理；水东社区谢家岩滑坡隐患点纳入全省地质灾害治理三年行动计划，省、市、区三级人民政府按5∶3∶2的比例落实治理经费800万元，项目治理方案进入招投标环节。云岩区组织地质灾害防治领导小组成员单位开展突发性地质灾害应急演练1次，部门相互协作加强，防灾意识和避险抢险能力提高。2014年—2015年，全区未发生因地质灾害造成的人员伤亡和重大财产损失。

第六章　质量技术监督

云岩区的质量技术监督工作，主要是质量监督管理和行政执法，对全区质量、标准化、计量、锅容管特（锅炉、压力容器、压力管道和特种设备）等进行检查；对各类市场的质量技术实施监督管理，引导企业和商户树立守法经营、公平竞争和诚信意识，维护消费者合法权益。

第一节　质量技术监督机构

云岩区质量技术监督局，2006年2月21日成立贵阳市质量技术监督局云岩分局，2011年12月更名为贵阳市云岩区质量技术监督局，内设业务股、安全监察股、办公室。2012年12月，局直属机构稽查队成立。2014年11月，区质监局职能整合到区市场监督管理局，挂区质量技术监督局牌子，内设质量综合管理科、特种设备安全监察科。

第二节　工业产品生产许可企业监管

一、有证企业年审

2008年，云岩区获工业产品生产许可证的区属企业有37家。区质监分局核实企业自查材料和实地抽查相结合，对7家到年审期的企业进行年审。对获证企业的产品进行监督抽查，全年共对20家获证企业的产品进行监督抽查，合格19批次，不合格1批次，合格率95%。2009年辖区63家企业的38个产品获得工业产品生产许可证。对食品、纤维制品、建材、眼镜、卷烟、日化用品、纸制品等7类产品开展省级定期监督抽样检验工作，共抽取样品198批次，合格率91%。2010年，有40家企业获得工业产品生产许可证，建立包括配装眼镜、建筑外窗、塑料包装、橡胶制品等产品的质量管理档案。对建材、计算机、眼镜、冶金产品、低压电器产品、洗涤用品等82个产品进行巡查。发现部分企业未严格执行相关制度，区质监局分责令限期整改，全年未发现其他质量违法案例。

2011 年，有 33 家企业的 36 个产品获得全国工业产品生产许可证。区质监分局对获证企业实施后续监管，为企业建立质量管理档案，并开展年度审查；同时开展无证查处工作，严厉打击无证生产企业的违法行为，确保工业产品质量安全。抽检企业生产的食品、建材、橡胶制品、眼镜、塑料购物袋、纸巾纸等类产品共 242 批次，其中，定期抽查检验 77 批次，监督抽查检验 165 批次；合格 229 批次，合格率 95%。2012 年，全区有 35 家企业获得全国工业产品生产许可证。对企业生产的橡胶制品、砖、家具、装饰材料、化工品等九类产品共抽检 53 批次产品，合格 52 批次，合格率 98%。此后，因工业企业逐步退出中心城区，云岩区对工业企业的颁证工作逐步减少。

二、认证产品生产企业建档

云岩区从 2013 年起，区质监督局建立辖区强制性认证产品生产企业档案。完成 8 家强制性认证产品生产企业基本信息的建档。6 月 3 日，在对位于贵阳市泰联大厦 B 栋 10 楼的贵阳云岩三九数码配件经营部进行检查时，发现经营部销售的部分手机及平板电脑未经 3C 认证，执法人员对经营部立案调查并办理完结。7 月，组织辖区内正常开展业务的 58 家获得资质认定的实验室开展自查和监督检查；9 月，组织检查人员 10 人次，对贵州五谷坊有机农业综合开发有限公司、星力百货超市云岩广场店、中天花园店、瑞金店和北京华联超市盐务街店等五家加工、销售企业进行有机监督检查。10 月 17 日起，对贵州轮胎股份有限公司、贵阳普天物流技术股份有限公司、贵阳纪元电气有限公司、贵阳电气控制设备有限公司、贵阳佳成电器有限公司、贵州长佳电器设备有限公司、贵州兴乐电器成套有限公司等 10 家取得强制性产品认证、认证证书在有效期内的企业开展监督检查和建立管理档案。11 月 27 日—28 日，对 3 家家具生产企业和 3 个家具经销市场开展环保产品认证情况检查，重点检查家具生产和销售企业的环保产品认证和环保认证标志，检查未经认证乱贴环保标志、过期证书、伪造或者冒用认证标志等问题。检查在售家具的环保认证 60 多个品牌，约 2000 多件。

2014 年 9 月，对国美电器、苏宁电器商场内 8 个企业销售的计算机、电磁炉、手机等 6 类家电产品 3C 认证情况进行检查，同时开展管理体系认证网格化检查，未发现销售无 3C 认证产品。有 3 家企业通过质量管理体系认证；另有 3 家销售公司获得有机产品认证证书 25 个，执法人员现场未发现伪造、冒用有机产品认证标志和证书，超过证书限定的产品类别、范围和数量使用认证标志，以及在证书暂停、注销、撤销后继续使用认证证书和认证标志等违法行为。定期对 10 家取得强制性产品认证的企业进行监督检查，未发现违反法规行为；同时联系实验室 82 家、检查实验室 20 家、搜集资质自查表 66 家。年内，定期对 10 家取得强制性产品认证的企业开展监督检查，未发现无违反认证法规的行为。在当年元旦、春节期间，对 5 个集贸市场、7 家超市以及 6 家餐饮企业共计 664 台电子计价秤进行专项监督检查。未发现利用电子计价秤进行计量作弊等行为；对 20 个集贸市场共计 2100 台计量器具开展专项检查，在用计量器具均为合格。

2015 年，全区获强制性认证产品的生产企业有 12 家，证书 61 个，主要涉及低压电器、机动车辆及安全附件及机动车辆轮胎。经监督检查，未发现违法行为；获得有机产品认证企业 2 家，证书 16 个，其中有机产品认证证书 8 个，为有机产品转换证书，主要涉及食品农产品。检查未发现违法行为。年内对 82 家实验室中的 15 家进行监督检查，针对个别实验室计量器具未经检定、未按规定对原始记录和报告进行管理保存等问题，下达责令整改通知书限期整改；收集资质自查表及自查报告 66 家。全区获质量管理体系认证（ISO 流器 9000）的企业及相关单位共 342 家，在有效期内的共 191 家。组织执法人员20余人次，对10家获质量管理体系认证（ISO 9000）的企业，按《质量管理体系认证规则》和《质量管理体系认证活动违规行为与违规性质对照表》进行监督检查，未发现违规行为。

三、业务受理与行政许可

2013年8月起，贵阳市质监局明确区质监分局特种设备行政许可受理范围，区质监分局开始办理特种设备的安装、改造、维修施工告知和使用登记、注册登记等事项。辖区内获全国工业产品生产许可证企业有17家。区质监分局对工业产品共抽样133批次，其中定期监督检验78批次，监抽55批次，其中合格73批次，不合格5批次，合格率93.6%；监抽已出结果45批次，不合格10批次，合格率81.8%。依法对不合格的15批次产品作出处理。2014年，辖区获全国工业产品生产许可证企业有16家。区质监分局共抽样135批次，合格131批次，不合格4批次，合格率97.0%，依法对不合格产品作出处理。

2015年，辖区获得全国工业产品生产许可证企业有16家。对企业生产的8类产品共抽样88批次，合格85批次，合格率96.6%。依法处理5家企业的6个批次不合格产品，并对贵州格森妮服饰有限公司、贵阳江龙消防设备厂、贵阳云教彩印厂3家企业立案查处，进行行政处罚并全部结案。

表1　云岩区特种设备行政许可业务受理情况表

（2013年—2015年）

年份	注册登记(台次)	施工告知(台次)	信息变更(台次)
2013年	327	431	596
2014年	828	1153	928
2015年	713	1205	1214

第三节　生产领域食品监管

云岩区质监分局每年要对食品生产加工企业进行经营许可证检查。2007年，全区食品生产加工企业共91户，其中获证企业17户，小作坊74户。2008年，全区食品生产加工企业82户，其中获证企业37户，小作坊45户。2009年，全区食品生产加工企业114户，其中获证企业69户，小作坊45户。2010年，全区食品生产加工企业106家，其中获证企业74户，小作坊32户。2011年，全区食品生产加工企业91家，其中获证企业71户，小作坊20户。区质监分局每年对食品生产加工单位进行食品安全监管培训会，定期巡查，确保食品生产加工单位生产环境和生产条件。同时对食品生产许可证开展年度自查，以组织宣传贯彻食品安全法培训、加大监督检查等方式，引导、督促和帮扶企业申办食品生产许可证。2010年8月，贵州食品安全动态监管系统在云岩区质监分局开始运行。

2011年4月底，全区食品生产企业全部通过贵阳市“创卫”迎“国检”。当年，为91家食品生产单位建立食品监管档案，完成企业营业执照、生产许可证、机构代码证、健康证、检验报告、巡查记录等基本资料收集，并将息录入食品生产安全动态监管系统。全年检查企业71家、小作坊20家，对存在问题的企业责令整改；指导检查对象完善创卫工作资料，在以小麦为原料和火锅底料生产企业检查中，对辖区13家以小麦为原料的生产企业进行检查，检查结果均为合格；对辖区5家使用乳品原料的企业生产的产品抽取了共50批次样品，均未检测出三聚氰胺。辖区7家以油料为原料的食品企业，生产车间环境卫生基本符合要求。同年，在食品调味料生产企业专项检查中，辖区7家企业生产的产品，能按照《中华人民共和国食品安全法》要求对商标、生产日期和保质期、厂址，以及产品成分等标注；对1家未标注添加剂含量的产品，指导企业按要求进行标注。辖区内4家聚碳酸酯饮用水罐生产企业中，1家是聚碳酸酯（PC）饮用水罐生产企业，另外3家是聚碳酸酯（PC）饮用水罐使用企业。均于当年通过食品生产许可证换证审核，未发现违法违规行为；辖区28家以肉类、油脂和蔬菜为原料的食品企业和小作坊，均有原辅料进货台账、进货单位资质和联系方式及肉制品检验检疫合格报告；辖区桶装水生产企业2家，现场未发现存在违法行为。辖区内没有非法加工桶装饮用水小作坊。在第九届全国少数民族运动会期间，对华润雪花啤酒（贵州）有限公司、贵阳高新惠诚食品有限公司的资质、采购进货查验、生产过程控制、食品出厂检验、食品标识标注、食品销售台账等14类76项要求，逐项开展梳理式检查，未发生食品安全问题。

2014年1月6日，区质监分局对后坝粮油批发市场进行计量专项监督检查。120多家经营户中有16家销售菜籽油和杂粮的经营户使用台秤、电子秤等计量器具，其中12家经营户的台秤或电子秤在检定有效期内。责令4家违反规定的经营户停止使用未经检验的计量器具。同时，集中打击农副产品市场“菜霸”“肉霸”行为，整顿市场竞争秩序。对2家计量器具制造企业开展现场监督检查，未发现超范围生产等违法行为，同时对这2家企业建档管理。

云岩区食品质量类行政执法案件2007年1件，罚没金额6500元；2008年6件，罚没金额总计22759元；2009年8件，罚没金额总计68215元；2010年9件，罚没金额61020元；2011年12件，罚没金额59456元。监督类行政案件2010年1件，罚没金额5000元。行政复议类2011年1件。上述案件均已结案。

第四节　计量监督管理

区质量监督机构按惯例，对各市场和计量口齿生产单位的例行检查，在各农贸市场均设置“公秤处”，供消费者复核所购商品重量。

2008年，在“关注民生、计量惠民”专项行动中，区质监分局重点解决集贸市场计量器具检定难点问题，将集贸市场计量器具免费检定列为云岩区政府2009年的“十件实事”之一，在全省率先实现集贸市场计量器具免费检定，获2008年贵州省“关注民生　计量惠民”专项行动优秀奖。在每年的“5·20”世界计量日，组织开展“关注民生　计量惠民”主题宣传活动，以“计量进学校、社区、企业”方式，向市民宣传计量知识，提高全民计量意识。至2012年年底，区质监分局累计免费检定集贸市场121个次、在用计量器具12285台次。每年定期对辖区内集贸市场、大型餐饮业、大型超市、加油站、眼镜店、医院等单位开展计量监督检查，使各单位逐步建立并完善计量管理制度，配备与经营活动相适应的符合计量法制要求的且在检定有效期内计量器具。2008年，查处计量类行政执法案件2件，罚没金额5000元；2011年查处1件，罚没金额1万元；2012年查处1件，罚没金额1万元。辖区各类经营户的经营行为和市场计量秩序逐步规范。

2013年，区质监分局对茶店加油站等8家加油站的32台加油机、96把加油枪开展监督检查。经查，8家加油站的加油机和加油枪均在检验有效期内，加油站内均张贴“诚信计量承诺书”。对辖区北京路农贸市场、民生路农贸市场、盐务街农贸市场及星力折扣超市（中华店）进行抽查发现，3家集贸市场在用的共计216台计量器具以及星力折扣超市的13台在用计量器具均在有效检验期内，并张贴有效期内检定合格印证。对北京老铺烤鸭等7家餐饮企业开展计量监督检查。经查，各餐饮企业在用计量器具28台，均在有效检定期内。各企业均配备计量管理人员，制定计量管理制度；菜单能按要求标注食材净含量。同年配合贵州省质监局和贵阳市质监局对辖区内金银加工、销售单位开展“金银制品加工和销售领域的专项计量检查”活动，检查金银制品加工单位2家，经营单位7家，检查在用计量器具9台件。在检查中发现，超期使用计量器具1家，计量器具未经检定合格使用3家。对存在问题的经营户，区质监测局均依法作出处罚。

第五节　标准化管理

区质监分局2007年为36个产品办理产品标准备案和执行标准登记。2008年，全区有160家企业的317个执行标准，其中国家标准44个、行业标准32个、地方标准9个、企业标准232个。为76个产品办理产品标准备案和执行标准登记。2009年，为40个产品办理产品标准备案和执行标准登记。2010年，对34个执行标准进行登记、4个企业标准进行备案。2011年，全区有141个企业标准备案，219个产品办理产品标准备案。2011年，在橡胶制品行业内选取对汽车轮胎（内胎和外胎）、汽车V带、汽车液压制动橡胶皮碗等产品的生产工艺、技术条件、产品质量各类参数以及产品安全系数等标准开展实施情况调查，并鼓励有条件的企业研究和制定特色产品标准。

2012年，区质监分局联合中共云岩区委宣传部、区科技局、区发改局等部门，对贵州省乡下妹食品有限公司的标准化工作开展调研。贵州乡下妹食品有限公司、贵州老干爹食品有限公司、贵阳味莼园食品股份有限公司、贵州金沙冠香坊食品有限公司等生产企业于2010年5月联合成立“贵州酸汤调味料”地方标准起草小组，“贵州酸汤调味料”地方标准于当年5月28日发布，6月28日正式实施。

2013年，全区办理企业执行标准登记（备案）16个，其中国家标准登记6个、行业标准登记1个，企业标准备案9个。6个国家标准分别为建材类、纸制品类、塑胶制品类；1个行业标准为轻工、文化与生活用品类；9个企业标准来自于辖区两家企业，涉及消毒卫生用品、粘合剂和胶粘产品两种类别；对标准信息服务平台数据库内的标准备案数据进行清理，废止41条超期未复审的标准登记数据。配合区旅游局开展旅游标准化试点创建全国旅游标准化示范城市工作，设立试点社区两家、试点企业26家。2014年，办理企业执行标准登记（备案）12个，其中国家标准登记两个、行业标准登记1个，企业标准备案9个。两个国家标准分别为测量仪器仪表类、密封件类；1个行业标准为制冷技术类；9个企业标准来自于辖区两家企业，涉及消毒卫生用品、旋转－往复式机构及其部件两种类别。联合区老龄委等部门开展社区养老服务、社区公共服务标准的申报及制定工作。5月，社区养老服务、社区公共服务立项为贵州省地方标准项目。

2015年，办理企业执行标准登记（备案）9个，其中国家标准登记两个、企业标准备案7个。两个国家标准为家具类；7个企业标准来自于辖区1家企业，属于消毒和灭菌综合类。

第六节　地方品牌培育

根据区人民政府《云岩区十二五规划名牌产品培育发展实施计划》，以及区质监分局制定的《云岩区2011年名牌产品培育发展实施计划》，区质监分局通过组织开展辖区企业争创名牌产品和服务业名牌宣贯培训、现场指导等方式，激励和引导企业实施名牌发展战略，抓好质量基础工作，提高企业的产品质量和经济效益，扩大品牌的知名度和影响力，为企业利用品牌开拓市场创造有利条件。截至2012年年底，全区获名牌的产品有33个，其中贵州省名牌产品12个，贵阳市（推荐）名牌产品10个，贵阳市服务业（餐饮业）有11个。

表2　云岩区境名牌产品企业一览表

（2002年—2015年）

获得荣誉	企业名称	商标/行业	认定时间
贵阳市获驰名商标名单	贵州神奇制药有限公司	神奇	2002年
	贵州益佰制药股份有限公司	益佰	2006年
	贵州中烟工业公司	黄果树及图	2008年
	贵州益佰制药股份有限公司(贵阳市)	KEKE克刻	2009年
	贵州轮胎股份有限公司	前进QJ及图	2010年
	贵州中烟工业公司	贵烟及图	2010年
贵阳市获贵州省“黄果树杯”优质施工工程名单	贵州建工集团第四建筑工程有限责任公司	施工企业	2011年
	贵州建工集团第三建筑工程有限责任公司	施工企业	2013年
中国建设工程鲁班奖	贵州建工集团第四建筑工程有限责任公司	施工企业	2014年
贵阳市获贵州省著名商标名单	贵阳云岩久库莎垄宝山北路咖啡吧	久库	2014年
	贵州甘美知酒业有限责任公司	甘美知	2014年
	贵州民鑫珠宝首饰有限公司	明鑫珠宝及图	2014年
	贵阳白志祥骨科医院	白志祥	2014年
	邓中/贵阳云岩天意大酒楼	天意	2014年
	贵州东方牛仔服饰有限公司	东方牛仔	2014年
贵阳市获贵州省著名商标名单	贵州智城企业集团投资有限公司	智城	2014年
	贵州天恩机械工程有限公司	GT	2014年
	贵阳冰城雪缘啤酒冷饮厅	冰城雪缘及图	2014年
	贵阳云岩南粥北面餐馆	南粥北面及图	2014年
	贵州一道酒业有限公司	一道泓	2014年
	贵州益佰制药股份有限公司	杏丁	2014年
	贵州名之知识产权服务有限公司	名之及图	2014年

续上表

获得荣誉	企业名称	商标/行业	认定时间
贵阳市获贵州省著名商标名单	贵州多彩民族民间文化艺术发展有限公司	黔艺宝及图	2015 年
	贵州吉源实业发展有限公司	吉源及图	2015 年
	贵州莱利斯机械设计制造有限责任公司	LINES 及图	2015 年
	贵州益佰制药股份有限公司	益佰艾迪	2015 年
	贵州信宜信佳商贸有限责任公司	佳宜家生活超市	2015 年
	贵州慧鸿佳世贸易有限公司	慧鸿佳世	2015 年
	贵州赫商贸有限公司	千君醉	2015 年
	贵州名之知识产权服务有限公司	名之	2015 年

第七节 特种设备安全监察

一、起重机械监管

2008 年 8 月，区质监分局针对大型企业和无资料起重机械开展专项整治工作对 9 家单位使用的 21 台起重机械进行检查。对 3 台擅自安装非法使用的起重机械责令自行拆除，对超期未检使用的 2 个使用单位责令限期整改，消除事故隐患。2013 年，区质监分局对辖区内铁路、高速公路、电力和水利等建设工程项目和国家重点工程项目、省级重点投资开发项目等使用的各类起重机械进行排查。对 1 台起重机械无作业人员、安全管理人员和现场指挥人员未持证等问题，立即进行整改。

2014 年 6 月，对金关钢材市场开展专项检查，12 家存在的设备超期未检、人员未持证、设备安全技术档案不全等问题的单位，责令立即停止使用存在安全隐患的起重机械。6 月 18 日，在金关钢材市场内举办《特种设备安全法》宣传贯彻会，现场发放《特种设备安全法》等资料 30 余份。

二、电梯监管

区质监分局 2010 年开展电梯安全专项检查，对辖区内商场、酒店、商住楼等人员密集场所和电梯维护保养单位进行检查，共检查电梯使用管理单位和维护保养单位 18 家，查处违法使用电梯案件 1 起。2015 年，制定《云岩区电梯安全监管大会战工作实施方案》，开展电梯安全集中监管，共排查电梯设备 4150 台，排查出隐患设备 73 台，与 271 家电梯使用单位签订电梯安全管理责任书。对 19 家电梯维保单位进行现场检查，对 29 家开展维保业务的电梯维保公司进行备案专档管理。

三、客运索道、游乐设施监管

为确保节日期间黔灵公园的游乐设施安全，2007 年 5 月，区质监分局对黔灵公园的 6 台 A 类、18 台 B 类游乐设施进行检查，针对存在的问题进行整改。2013 年，对黔灵山公园内所有拆除的游乐设施进行现场核查。2014 年，联系省特检院，为“贵阳环球嘉年华”活动使用的 8 台大型游乐设施办理检验手续并单独开办培训班，组织有关员工 30 人参加培训，以取得游乐设施操作证；在活动期间，执法人员实行24小时值守，对在用的游乐设施进行巡查，及时消除事故隐患。

四、锅炉、压力容器、压力管道、厂（场）内机动车监管

2007年，区质监分局对13家洗浴中心的锅炉进行现场检查。对2家擅自加装阀门，使锅炉带压运行的行为，现场责令拆除。2009年，制定《云岩区场（厂）内机动车辆专项整治行动实施方案》，对辖区场（厂）内机动车辆建立管理台账，排查出注册登记的场（厂）内机动车辆数量24台。2010年，对贵阳市公共交通总公司三桥LNG加气站和贵阳申建气体公司进行检查，确保特种设备的安全运行。2014年，对辖区气瓶充装单位及车用气瓶安装单位开展专项检查，共检查气瓶充装单位3个，车用气瓶安装单位3个，督促充装单位对67个车用气瓶的进行监督检验，对130个气瓶办理使用登记。区内的公用管道全部为燃气管道，总长度约680千米，在特种设备监管平台中的压力管道信息有24条，其中1条压力管道已登记注册，19条压力管道还在安装告知中，另4条安装完毕的压力管道，燃气管道平均压力约为0.08兆帕。

五、现场监督与安全大检查

从2006年起，区质监分局每年开展安全大检查工作，对存在严重隐患的特种设备实行停用和报废处理，对违法使用特种设备的单位进行行政处罚。

表3　云岩区现场监督检查和特种设备安全大检查情况表

（2007年—2015年）

年份	检查单位（家次）	出动人数（人次）	检查设备数（台）	发现隐患（处）	监察指令书（份）	立案（起）	罚款金额（元）
2007年	76	126	312	23	23	—	—
2008年	79	160	358	19	19	1	4000
2009年	105	215	456	77	77	1	5000
2010年	112	224	631	23	23	2	10000
2011年	147	368	712	79	24	1	10000
2012年	173	278	896	58	26	1	5000
2013年	212	400	926	125	49	4	10000
2014年	145	300	1128	220	65	8	40000
2015年	162	320	1613	122	19	6	30000

2007年，以人员密集场所、危险化学品生产企业等为重点，共抽查15家单位的相关特种设备，共计检查电梯53台、游乐设施6台。对检查中发现的电梯无专职安全人员和操作人员等安全隐患责令整改，同时要求被检查的单位定期确保安全生产。2008年，组织执法人员198人次，对89家单位使用的300余台特种设备进行检查。对检查中发现的违法行为进行立案查处。2011年，制定重点监控特种设备明细台账，与38家特种设备使用单位签订云岩区重点监控特种设备使用单位安全管理责任书和特种设备安全承诺书。

2014年，开展安全生产大检查暨百日攻坚专项行动，持续开展各大商场扶梯现场检查、住宅小区超期未检电梯、重点工程特种设备使用单位安全检查等一系列安全大检查工作。全年检查特种设备使

用单位 120 多家，排查安全隐患 200 多项，立案 8 起。2015 年，组织执法人员 300 多人次，检查特种设备 1600 余台，开展特种设备安全大排查大整治专项工作，强化安全生产监管执法，彻查安全隐患，强化源头治理，防范和遏制重特大安全事故发生。全年发出监察指令书 19，处理特种设备案件 6 件，处罚金额 3 万元。

第八节　特种设备安全保障

从 2006 年起，云岩区每年“两会”、春节、国庆、及观音会等均固定开展特种设备安全保障工作。对人员密集场所、重点场所、重点领域开展特种设备现场监督检查，同时安排工作人员在节假日期间值守，确保特种设备使用安全。截至 2015 年，未发生过特种设备安全事故。

2008 年奥运会期间，组织执法人员 20 人次，对辖区内 7 家单位使用的 82 台电梯、4 台锅炉进行了检查。还要求各单位制定奥运期间特种设备应急救援预案，并成立专门的事故救援领导小组，实行 24 小时值班制。2011 年 4 月，全国少数民族传统体育运动会期间，特种设备安保工作主要是掌握比赛场馆、酒店、医院、新闻中心等 46 家运动会相关场地的特种设备使用情况，对排查出安全隐患的单位，督促使用单位立即整改，在整个安保工作期间，累计下达特种设备安全监察指令书 13 份，排除特种设备安全隐患 39 项，整改率 100%。同时，制定《云岩区第九届全国少数民族传统体育运动会特种设备应急救援预案》，组织 24 小时巡查，全国少数民族传统体育运动会期间，未发生特种设备安全事故或故障。

自 2012 年 9 月起，中国（贵州）国际酒类博览会每年在贵阳举办，区质监局在酒博会开始前开始部署安全排查工作，对三星级以上（含三星级）酒店、商场、公园等人员密集场所开展特种设备安全隐患排查工作，并安排工作人员 24 小时值守。2013 年 3 月—4 月，分别为第一届贵州人才博览会、贵州省第八届旅游交易大会提供特种设备安全保障服务；5 月，为第十五届中国科协年会提供安全保障服务；7 月，为生态文明贵阳国际论坛 2013 年年会提供安全保障；9 月为第九届泛珠三角区域合作与发展论坛暨经贸洽谈会和第三届中国（贵州）国际酒类博览会提供优特种设备安全保障服务；11 月为中共十八届三中全会提供特种设备安全保障服务。2014 年，为全国城市商业银行年会、2014 贵阳环球嘉年华活动、生态文明贵阳国际论坛 2014 年会等会议和第 24 届全国图书交易博览会提供特种设备安全保障工作。2015 年，为贵阳国际大数据博览会、中国城市规划年会和世界众筹大会等提供特种设备安全保障服务。

第七章　食品药品监督管理

食品药品监督管理内容包括综合监督管理药品、医疗器械、化妆品、保健食品和餐饮环节食品安全。相关工作由区药品医疗器械化妆品监督管理机构负责。2001 后至 2014 年，云岩区的食品药品管理由区食品药品监督管理局（区食药管理局）管理，区工商局参与食品和医药涉及地方工商法规的管理。2015 年 2 月，原区工商行政管理局、区质监和区食品药品监管局 3 家机构纳入区市场监督管理局（区市监局），食品药品监督管理局的职责不变。

第一节　食品药品监督管理机构

云岩区食品药品监督管理局，2006 年成立，2012 年 1 月内设的区爱国卫生运动委员会办公室撤销，区食品药品监管局接管餐饮服务食品、保健食品、化妆品安全监管职能。2014 年 11 月，区卫生和食品药品监督管理局的食品药品监督管理职责整合到区市场监督管理局，挂区食品药品监督管理局牌子。

第二节　食品安全监管

云岩区食品安全协调委员会 2004 年成立，区卫生局、区教育局、区经贸局、区工商分局、区农水局等 17 个部门和 16 个街道办事处（镇）为成员单位，区食品安全协调委员会制定《食品安全专项整治工作方案》及《食品安全事故处理办法》《食品安全行政责任追究制度》《食品安全重大事故应急救援预案》等法规和制度，当年依据上述方案和制度查处食品安全事件近百次；联合执法 17 次，对危害食品安全的不法行为实施打击。区经贸局牵头检查食品加工点及企业 198 家，向存在严重问题的 10 家企业下达整改通知书，规定经区卫生监督所复检达到安全要求后，方准营业；牵头检查北京华联、三桥海恒、红边门等 25 个商场、批发市场及农贸市场和红华、福满多等 43 个食品超市，共检查经营户 1750 余户，查获陈化粮 21000 公斤，不合格菜油 350 公斤；暂扣不合格奶粉 3250 公斤（并由司法机关立案处理）；查获“雪碧”等 15 个品种的“三无”食品 19 箱共 400 多公斤，罚没款 4.5 万元，案值 15 万元。

2005 年，云岩区建立“信息沟通和重大事项报告”制度，实施“食品药品放心工程”，组织开展黄金周期间食品市场的大检查，加强对餐饮业、农贸市场、食品超市和食品综合批发市场的监督检查，重点抽查小麦粉、婴儿配方奶粉、腐竹等品种。2006 年，整治食品源头污染和食品生产加工环节、食品流通环节、食品消费环节。区农水局组织执法人员 400 人次，整顿市场经营单位 1074 个，立案查处

39件，结案35件。联合区工商局、区食品药监等部门，在雅关和偏坡村等城郊结合部，现场取缔无营业执照、无卫生许可证的豆腐加工作坊21家、豆芽加工作坊两家、米粉米皮加工作坊2家；同时对食品添加剂使用实行监管，查处无证无照生产经营、经销不合格和有毒有害食品、食品中使用非食品添加剂等违法案件347件。

2013年，辖区有食品经营户5349家，其中持个体户食品流通证3796家，持企业食品流通证1553家；由区工商局办理食品流通证1241户，其中个体户803户，企业418户，注销1645户，变更342户，转档5户；委托现场检查487家、规范流通档案2173户。区质监分局对仪器玫小作坊进行抽样检查230批次，其中不合格的有15批次，对不合格企业贪污进行处理。同年开展对肉制品、糖果和米粉等9类商品进行安全检查；由省工商局定向监测21批次，零星送检21批次；市工商局定向监测197批次，零星送检21批次。在禽流感发生期间，检查禽类产品企业5家，处理对无合格证明的40袋鸭产品进行无害化处理。

区个体劳动者协会和私营企业协会对食品从业人员进行不少于40小时的专业培训，部分培训通过协会网站实施，进行网上考试。全年全区参加学习培训的企业804家员工1600人，考试合格1150人。2014年，对农村儿童食品、食用明胶和以明胶加工的食品等7项专项仪器进行检查；全年检查食品生产单位198家/次，全区未发生食品安全事故；完成4家企业4个产品许可证年审工作。

2015年6月17日，区安监管理部门在中大国际广场举行主题为“尚德守法　全面提升食品安全法制化水平”食品安全宣传周活动。当年新增食品流通许可证814户，其中企业327户，个体487户；延续变更食品流通许可证480户，其中企业218户，个体262户；注销91户，其中企业30户，个体61户。对45家获得食品生产许可证的企业和17家已备案的小作坊全部建档管理；同年开展肉制品、农村儿童食品、桶装饮用水、月饼、生产领域及超市、食杂店等流通领域食品专项检查，全年巡查食品生产企业269家次；组织16个市场监管分局食品监管人员进行食品安全电子追溯信息平台培训；配合省、市检查食品生产经营单位12236户次；接到食品投诉举报70起，查办食品安全违法案件6起，罚没收入9.3万元，取缔2家非法生产加工食品黑窝点。

第三节　餐饮服务食品监管

2004年，云岩区制定食品安全信用体系建设试点工作方案，在雅园渔村和北京华联等8家餐饮和食品经营企业试点。试点工作到2006年结束，取得一定实效，促进企业加强对进货渠道、食材和药品质量的监控。2007年，区食药品监局获国家总局表彰。通过加强食品药品监督检查、持续开展专项整治行动，辖区内饮食用药安全得到保障。至2015年，辖区有餐饮服务企业3425户，开展食品卫生监督量化分级管理3345户占97.66%，其中新办餐饮服务经营企业301户。全区餐饮服务企业中，A级单位15户，B级单位60户，C级单位3270户，实行量化分级管理率98%。农村群体性聚餐实行申请报备制度，由19个村的村医具体负责，餐饮服务食品监管科现场指导，对全区的群体性聚餐进行监管，全年指导群体性聚餐44次，备案指导率100%。对重大活动全程开展餐饮服务食品安全保障，全年承担6次，均未发生食品安全事件。经过开展罂粟壳等火锅底料专项整治，有效打击以罂粟壳作为添加剂的违法犯罪行为。全年查处餐饮食品违法案件10起，罚没金额5.1万元。

第四节 药品医疗器械监管

一、药品监管

2005年，云岩区实施食品药品放心工程，巩固和完善创建放心药房工作，处方药的销售管理逐步规范，假冒伪劣药品的流通得到控制。依托区市场监管分局，2015年，实现GSP跟踪检查覆盖全区药品经营企业。完成7家药品生产企业的GMP跟踪检查、日常检查、特殊药品专项检查，提出一般缺陷项39条，下达责令改正通知书6份。完成零售药店GSP认证申请150家。完成零售药店GSP检查78家，发现一般缺陷问题49个，对药师不在岗销售处方药的违法行为下达责令改正通知书两份。查处销售过期药品案1件、违法销售二类精神药品案1起。对17家医疗机构执行药品管理法情况进行检查，针对医院药房问题下达责令改正通知书1份。对48家疫苗接种单位在疫苗使用、存储情况进行检查。对高风险药品（毒麻药品）、基本药物、特殊药品及含特殊药品的复方制剂，每周进行专项检查，对销售含特殊药品复方制剂的药品零售企业监督检查覆盖率达到100%。完成药品不良反应监测760例。

二、医疗器械监管

2015年，区安监分局开展一次性注射器、输液器实名制销售工作，印制销售台账750份。开展体外诊断试剂生产、经营环节质量评估和综活治理工作，对体外诊断试剂的使用进行专项检查。立案查处医院使用过期体外诊断试剂案3起，查处医疗器械违法违规行为9起，其中无医疗器械经营许可证经营第三类医疗器械1起。处理消费者医疗器械投诉6起。医疗器械不良反应事件监测98例。开展打击非法经营装饰性彩色平光隐形眼镜专项工作，对美瞳、平光隐形眼镜进行专项检查12户次。对3家义齿生产、加工企业进行专项监管，发现问题9项，下达责令改正通知书1份。加强避孕套质量安全管理，督促4户二类医疗器械经营企业备案。

第八章 安全生产监督管理

2004年以前，云岩区安全生产工作由区安全生产委员会办公室（简称“区安委办”）负责监督和协调等综合管理。2004年10月，云岩区安全生产监督管理局（简称“区安监局”）成立，全区安全生产监督管理工作由区安监局负责。区安监局依法对本行政区域内安全生产工作实施综合监督管理，指导协调和监督检查全区有关部门依法履行安全生产监督管理职责；指导各行业开展重大危险源及安全生产隐患排查治理工作；履行一般事故的调查处理及结案、督促事故查处和责任追究等职能。

第一节 安全生产监督管理机构

云岩区安全生产监督管理局，2004 年 10 月 20 日成立，内设办公室、政策法规培训科、监督管理科。2010 年 12 月 13 日，区安监局由区人民政府直属事业单位调整为政府工作部门。2011 年 8 月 12 日，内设机构调整为办公室（政策法规科）、安全生产监督管理科、职业安全健康教育监督管理科。

云岩区 2005 年 3 月在各街道办事处（镇）成立安全生产监督管理检查站（安监站）。2006 年 1 月 13 日，市人民政府法制办和市安监局批准云岩区在威清和市西街道办事处安监站试行安全生产执法权限委托管理模式。2007 年 5 月 16 日，区人民政府批准区安监局在各街道办事处（镇）实施安全生产行政执法权限委托。6 月 22 日，云岩区安全生产监督执法大队（安全生产培训中心）成立。2015 年 2 月 9 日，区安监执法大队（安全生产培训中心）由正股级升格为区安监局所属副科级事业单位，内设综合科、监督执法一中队、监督执法二中队。

第二节 安全生产教育培训

2006 年 3 月 1 日，云岩区安全生产教育培训基地设立，为贵阳市第一家四级安全生产教育培训基地。全年举办安全生产教育培训班 65 期，培训 6040 人次，其中：加油站、危险化学品企业、非煤矿山等企业主要负责人和安全管理人员 40 人，商场、网吧、娱乐场所等行业从业人员 6000 人。举办《贵州省安全生产条例》学习培训班，培训各街道办事处（镇）分管领导、安监站工作人员共 80 余人。

2007 年，举办安全生产教育培训班 47 期，共培训 6466 人，其中管理人员 299 人，从业人员 6167 人。培训爆破企业人员 145 人，危险化学品、公共聚集场所从业人员 6022 人。2008 年，举办 15 期培训 2382 人，其中管理人员 171 人，从业人员 2211 人。培训烟花爆竹业从业人员 311 人，危险化学品企业、聚集场所等从业人员 1900 人。2009 年，举办 12 期培训 830 人，其中培训烟花爆竹从业人员 333 人，公共聚集场所从业人员 221 人，危险化学品生产经营单位从业人员 276 人。为各街道办事处和黔灵镇举办培训班 20 期，分管安全生产的街道办事处（镇）负责人和基层安监工作人员共 1043 人参加培训。2010 年，举办安全生产教育培训班，35 期培训 3991 人，其中管理人员 678 人，从业人员 3313 人。培训烟花爆竹经营点从业人员 346 人，人员聚集场所及大型企业从业人员 2867 人，职业健康卫生 100 人。2011 年，举办 23 期培训 2637 人，其中管理人员 372 人，从业人员 2265 人。培训烟花爆竹经营点从业人员 183 人，危险化学品 364 人，工贸企业 1618 人，特种作业人员 100 人。2012 年，举办 10 期培训 2064 人，其中：管理人员 254 人，从业人员 1810 人。培训烟花爆竹从业人员 212 人，危险化学品 366 人，旅游行业 486 人，学校师生 746 人。2013 年，举 44 期培训 5250 人，其中管理人员 624 人，从业人员 4626 人。培训烟花爆竹从业人员 204 人，危化从业人员 172 人，其他生产经营单位从业人员 4250。2014 年，举办 6 期培训 1123 人，其中管理人员 264 人，从业人员 859 人。培训烟花爆竹从业人员 212 人，危险化学品 287 人，职业危害场所 360 人。

2015 年，举办 10 期培训 1223 人，其中安全管理人员 404 人，从业人员 819 人。培训烟花爆竹从业人员 89 人，危险化学品 225 人，职业危害管理人员 505 人。

第三节 应急救援机制

一、安全生产预案

区人民政府 2004 年制定云岩区地质灾害防灾预案、食品安全重大事故应急救援预案、重大突发性自然灾害救助应急救援预案、特大火灾应急救援预案和重（特）大生产安全事故应急救援预案。2005 年，制定云岩区森林火灾应急预案、突发公共事件总体应急预案（试行）和危险化学品重大事故应急救援预案。2006 年，制定云岩区 2006 年突发地质灾害应急预案和 2006 年山洪灾害防御预案。2 月 21 日，率先在贵阳市建立安全生产监管、事故预防及应急救援系统，并在威清街道办事处和中北街道办事处进行试点。此系统便于安监部门掌握事故基本情况，为安全生产监管提供可靠和可操作的信息化手段、平台及处置方法。2008 年，制定和完善云岩区重（特）大生产安全事故应急救援预案、危险化学品重大事故应急救援预案、处置非煤矿山事故应急预案和重（特）大烟花爆竹事故应急预案预。2009 年，区安监局修订和完善云岩区处置非煤矿山事故应急预案。至 2015 年，每年对云岩区重（特）大生产安全事故应急救援预案、危险化学品重大事故应急救援预案和重（特）大烟花爆竹事故应急预案进行修订和完善。

二、创建应急管理信息平台

区人民政府 2006 年投入资金 45.2 万元，搭建全省首个安全生产监管、事故预防与应急救援系统信息平台，将区、街道（镇）、社区（村）纳入信息平台管理。该信息平台运用地理信息系统和全球卫生自动定位系统的先进数据库系统，对辖区内主要事故源实施动态监管，为上级安全监管、事故应急救援提供基础信息和技术支撑。该信息平台运行，基本实现区、街道、社区三级联通的应急工作管理网络，最大限度地减少事故损失。

三、建立应急救援机制

2012 年，区安监局开展突发职业中毒事故演练工作，以提高应急队伍的快速反应能力。2013 年，区安监局与区相关部门和单位，在市西商业街及加油站、中小学校园开展消防应急救援演练、建筑工地高空坠物事故抢险应急救援演习；加强应急救援队伍建设，坚持安全事故日报告和零报告制度，有关部门加强安全事故监控，发现事故及时、快速反馈信息，完成相关救援处置工作；实行 24 小时值班和安全责任事故第一时间报告制度，确保信息畅通。2015 年，区相关单位和部门组织危险化学品、建筑工地、中小学校园等应急救援演练共 10 次。为快速、高效、有序地应对生产安全事故的发生，高效实施应急管理，最大限度地降低安全生产事故起到有效的保护作用，减轻事故造成的人员伤亡和财产损失，维护社会稳定。

第四节　安全生产专项整治

一、非煤矿山专项整治

2001年—2004年9月，云岩区非煤矿山的安全生产工作由区安全生产委会办公室负责监督、指导、督促。2004年10月，区安监局成立后，对合法生产、具备基本安全生产条件的矿山有针对性地进行整改，帮助企业制定和完善科学的矿山开采设计方案，要求按规程作业，实行整规开采。对渔安碎石厂、康发制砖厂、茶园砂厂、杨惠百花采石厂、黔灵石料厂、水电九局砂石厂、仙鹤石灰厂进行安全评估，全部达到贵阳市的相关要求。2005年，在对7家不合格非煤矿山企业进行专项整改中，对未能进行整改的企业，责令停工停产两家，通过安全评估及安全现状评价两家。至年底，全区只有渔安碎石厂、康发制砖厂、贵阳天邑温泉（2005年12月申请成立的液体非煤矿山）等非煤矿山企业3家。

2006年，云岩区非煤矿山安全治理整顿领导小组成立，区安监局制定《云岩区2006年度非煤矿山的安全生产专项工作实施方案》，依法关闭3家非煤矿山；对合法生产，具备基本安全生产条件的企业，要求整改提高，制订完善科学的矿山开采、设计方案，加强管理，按规程作业，实行整规开采、按规定经营。全年共开展安全生产检查12次，下达整改通知书12份，全部进行复查，均达到整改要求。根据省、市安监局要求，云岩区开展安全生产许可证的申办工作，组织各非煤矿山申报办理安全生产许可证。至6月，3家非煤矿山的安全生产许可证申办完毕，申报、办证率均达到100%。2007年，制定年度非煤矿山的安全生产专项工作实施方案。由区安全治理整顿领导小组对渔安碎石厂、康发制砖厂、天邑温泉度假村3家非煤矿山定期或不定期进行安全生产检查，对存在安全隐患的单位或工区下达整改指令书4份。区安监局联合相关部门检查4次，下达整改通知书两份，并完成复查工作。

2008年，区安监局与区国土分局、黔灵镇人民政府、“三马”片区工作组组成联合工作组，对7家非煤矿山进行督查检查，共查出安全隐患48条，现场整改44条，限期整改4条。非煤矿山安全标准化试点工作是2009年的工作重点。区安监局将大凹村付家坡砂厂作为开展安全标准化试点企业，对企业管理人员进行安全标准化培训，同时开展露天采石厂台阶开采专项整治，对非煤矿山及相关行业10家企业进行专项检查71家次，下达各类文书40余份。2010年，审查开采方案的设计，明确要求有条件实施中深孔爆破的工程，必须采用中深孔爆破；督促大凹村付家坡砂厂重新选择有资质的单位进行设计。同时要求企业严格执行开采方案设计规范，留出工作平台和安全平台，发现不规范开采现象，责令限期整改；强化对建材等相关行业的安全监管及安全教育培训，全年有92名参加培训的人员取得安全管理人员证书；牵头对不具备安全生产条件的茶园砂厂、杨惠百花采石厂进行关闭处理，年内关停非煤矿山企业2家。2011年，根据省安监局制定严格的非煤矿山企业准入制度规定，云岩区非煤矿山全部关闭。

二、危险化学品专项整治

2004年，区安监局与23家使用危险化学品的重点单位签订安全生产责任书，要求危险化学品的存储管理必须做到专柜、专库、分类储存、双人双锁、防盗、防火、防泄漏。2005年，与23家使用危险化学品的重点单位续签安全生产责任书，并对3家涉及危险化学品运输的物流企业、7家制药企业、5家化工站以及易制精神麻醉药品的企业进行专项检查，责令1户存在安全隐患的企业进行整改，经复查合格。2006年，联合区公安、消防、工商等部门展开综合执法，下达整改指令书9份；联合区质监、公安、交警、建设等部门对危险化学品的充装、槽罐运输车辆、运输单位、液化气企业进行安全检查。建立健全重大危险源档案19家，建档率达100%。

区安监局先于2007年组织危险化学品生产企业开展隐患自查和专家复查，又于2008年与区公安分局、区工商局等有关部门组成联合工作组，对52家危险化学品生产经营单位、1家危险化学品储存企业进行督查检查，要求企业实施安全管理制度建设、建立应急救援预案和教育培训相关人员。同时对20家加油站重大危险源电子软件进行登记，发现各类安全隐患111条，检查组对有隐患单位提出书面或口头整改要求，年内全部整改完毕。

2009年，按照GB18218—2009的标准（危险化学品重大危险源辨识），初步排查12家重大危险源，进行鉴别确认。对危险化学品的生产、经营和储存企业加大监管。当年全区6家危险化学品生产企业均取得安全生产许可证；对31家易制毒经营单位、116家危险化学品经营单位进行备案登记；为加油站登记建档30家（其中1家为加气站）。与区公安、工商、环保、文体等部门联合执法，共组织223人次参加行业安全生产大检查4次，其中2月开展对危险化学品生产企业专项检查，5月配合市安监局对制药行业的检查，6月联合公安对易制毒经营单位进行的专项检查，8月对辖区内27家农药经营单位进行的安全生产治理检查。累计检查254次，填写现场检查记录89份，下达整改指令书16份，复查意见13份，强制措施两份，查出安全隐患175处，提出整改意见175条，其中自行整改169条，限期整改6条。2010年，对“三马”片区的7家橡胶生产企业进行专项检查，检查危险化学品生产企业4家，储存企业1家，加油站28家，危险化学品（易制毒）经营单位97家，制药企业12家；对汪家湾煤气储配站、西郊水厂等19个重大危险源开展检查30余次，下达责令改正指令书两份。联合相关部门对危险化学品进行专项检查5次，安监局执法大队累计检查296次，下达整改指令书21份，复查意见17份，共查出安全隐患185处，提出整改意见185条，自行整改181条，限期整改4条。

2011年，区安监局对成品油、农药、化工材料等危险化学品生产、经营、储存、运输单位全面排查。全年检查相关企业66家，排查一般隐患35条，现场整改15条，限期整改20条，当年全部整改完毕。完成危险化学品行业应急救援预案评审，推进实施危险化学品三级标准化达标工作。在“黄金周”期间，对危险化学品进行专项检查3次，全年累计检查156次，下达整改指令书7份，复查意见7份，共查出安全隐患186处，提出整改意见186条，已自行整改185条，限期整改1条。2012年，在全区集中开展严厉打击非法违法生产经营建设行为，对成品油、农药、化工材料等危险化学品生产、经营、储存、运输单位进行全面排查，检查企业123家，排查隐患121项，整改121项，整改率100%。联合有关部门分别在当年1月、5月、9月和11月对危险化学品行业开展4次专项整治行动，累计检查137次，下达整改指令书1份，复查意见1份，现场处理措施决定书1份，查出安全隐患191处，提出整改意见191条。

2012年，全区有3家危险化学品生产企业均取得安全生产许可证，备案登记易制毒经营单位23家，59家危险化学品经营单位和28家加油站全部取得经营许可。全年受理危险化学品项目许可申请22件，均按照国家规定进行危险化学品项目许可审核；完成获得危化生产或经营许可证的企业的“二重点一重大”（重点监管的危险化工工艺、重点监管的危险化学品和重大危险源的监管）应急救援预案登记备案，完成率达100%。此后，按照2012年12月1日实施的《贵阳市危险化学品集中交易市场安全管理规定》，云岩区不再受理新的危险化学品经营许可项目，已有的危化经营单位逐步引导到位于白云区麦架镇的贵阳西部化工市场经营。

从2013年6月8日至9月30日，贵阳市分三个阶段，集中开展工贸行业安全生产大检查暨百日攻坚行动专项行动，至12月，云岩区境内所有涉及危险化学品生产经营的企业按要求在规定的限期内完成危险化学品行业三级标准化达标工作。2014年，对危险化学品行业开展两次专项整治行动，全年累计检查29次，下达责令改正指令书1份，共查出安全隐患68处，提出整改意见68条。指导区域内11家重大危险源建立高危企业基础数据库台账，督促安装阻隔防爆装置并完成安全评价加油站28家，辖区内公交公司加气站使用万向充装管道等安全科技产品。

2015年，区安监局开展常规检查214次，排查检查危险化学品生产、经营、仓库231家，组织检查人员672人次，排查一般隐患213条，完成整改213条，整改率100%；打击非法违法行为3起，其中对危险化学品经营许可证过期，未及时办理延期换证手续的贵州红阳气体有限公司，责令停止一切经营活动；对贵阳云岩三胜丝网印刷经营部非法销售的570公斤783稀释剂和190公斤环乙酮全部扣押；将泸州力川运业有限公司无危险化学品运输通行证运载危化品的运输车辆，移交执法部门依法处理。

三、烟花爆竹专项整治

2001年—2007年，云岩区属于禁止燃放和销售烟花爆竹区域。根据2008年1月1日实施的《贵阳市烟花爆竹安全管理办法》规定，云岩区仍为限制燃放烟花爆竹区域，对春节期间在云岩区内采取限制措施控制销售和燃放烟花爆竹。1月，云岩区烟花爆竹安全管理工作领导小组成立，制定《云岩区人民政府关于贯彻落实〈贵阳市烟花爆竹安全管理办法〉的实施办法》和《云岩区2008年烟花爆竹限放安全管理工作方案》，同时印制3万份宣传资料，下发到各街镇、社区、学校、村民组，帮助市民增强依法燃放烟花爆竹的安全意识。区安监局依法审批烟花爆竹零售经营点的布局和实地勘验，坚持公平、公正和公开的原则，完成烟花爆竹零售点申报、颁证和监督管理工作。加大对非法储存、销售烟花爆竹的查处力度，区烟花爆竹领导小组组成3个检查组，对集贸市场、摊点和城郊结合部的租赁户等重点地区和重点场所开展全面检查。对全区311名烟花爆竹从业人员进行安全培训，提高参训人员的安全知识和安全意识，增强其自我防范能力。

2009年，修订《云岩区2009年烟花爆竹限放安全管理工作方案》等相关制度，印制3万份宣传资料；完成烟花爆竹零售点申报、颁证和监督管理工作。区人民政府仍然由打击非法生产经营烟花爆竹专项行动工作领导小组组织有关职能部门联合执法，打掉非法经营烟花爆竹的经营户9家，收缴各类鞭炮177盘、划炮1件、盆花3个，并按规定处理10余名相关责任人。

2010年，区烟花爆竹安全管理工作领导小组组织公安、交警等部门，对烟花爆竹运输车辆和车站加强安全检查，要求烟花爆竹存储仓库、零售经营点存储的烟花爆竹建立台账，严格履行出入手续，做到账卡物相符，并符合相关规定。全年印刷宣传资料5万份，分发至各社区、村民组和企业。区安监局颁发烟花爆竹经营（零售）许可证170个，并登报公示。取缔非法占道的流动烟花爆竹86起，接市民举报非法销售烟花爆竹67起。

2011年，印刷安全燃放烟花爆竹宣传资料进行安全燃放知识的宣传；对符合申请办证条件烟花爆竹经营点的进行严格审查，颁发烟花爆竹经营（零售）许可证95个；组织人员进行安全检查492人次，检查批发企业2次，零售网点345个次；加大检查非法生产、销售、储存烟花爆竹的检查，检查零售网点345个次，发现有异地经营情况15个点，取缔非法占道的流动烟花爆竹58起，接市民举报电话46起，共收缴非法烟花爆竹700多箱（件），价值约10万元。2012年，颁发烟花爆竹经营（零售）许可证 99 个。对集贸市场、摊点和城郊结合部的租赁户等重点地区和重点场所进行全面检查，检查零售网点 286 次，发现异地经营点 3 个，取缔非法占道流动烟花爆竹点 86 个，检查批发企业 2 家；引导市民通过举报电话协助政府和有关部门依法管理，全年，共接举报电话 25 个，全部予以查处回复。2013 年，颁发烟花爆竹经营（零售）许可证 103 个。当年春节前后检查零售网点 260 次，发现异地经营点 8 个，并督促整改；取缔非法占道流动烟花爆竹点 76 个，检查批发企业 3 次。牵头组织区公安、交警等部门加强对烟花爆竹运输车辆、车站的安全检查，并对非法运输、非法携带烟花爆竹的行为进行严厉打击。2014 年，区人民政府修订《云岩区 2014 年烟花爆竹限放安全管理工作方案》。于春节前夕召开全区安全生产工作会，专题研究部署烟花爆竹经营安全治理工作。通过调整区烟花爆竹安全管理工作领导小组，落实相关人员的责任，建立“政府统一领导、部门依法监管、群众积极参与、社会公开监督”的烟花爆竹安全管理工作机制。开展以治理违法、违规、违章和打击非法生产经营为主要内容的整治活动，打击和查处非法从事烟花爆竹生产经营活动，使全区安全生产保持良好态势。按照“数量从少、条件从严、依法许可”要求，对符合申请办证条件的烟花爆竹经营点严格审查，颁发烟花爆竹经营（零售）许可证 72 个。春节前后，全区共组织人员进行安全检查 1089 人次，检查零售网点 490 个次，发现有异地经营情况 6 个点，当即要求整改并搬回原经营点；检查批发企业 2 次；取缔非法占道的流动烟花爆竹 113 起；接举报非法储存、销售烟花爆竹电话 21 起，经核查情况属实，安监执法人员联合相关执法部门当即收缴非法烟花爆竹 50 余箱（件），价值 5000 元左右。

2015 年，按照“保障安全、方便群众、统一规划、合理布局、总量控制”的原则，由区安监局编制设置规划，报区烟花爆竹安全管理工作领导小组批准实施。申请办证的 115 户经资料审查、实地查勘，对符合申办条件的 30 户给予许可并进行公示。许可数量与 2014 年同期相比下降 72%。对不符合条件的有 85 户按程序告知申请人。共印刷宣传资料 6 万份，分发到各社区服务中心（镇）、辖区重点企业。组织 1089 人次开展烟花爆竹安全检查；检查零售网点 490 个次，发现有异地经营情况 6 处，当即要求整改并搬回原经营点；检查批发企业 2 次，均按要求进行批发经营；取缔非法占道的流动烟花爆竹 113 起；接举报非法储存、销售烟花爆竹电话 21 起，当即收缴非法烟花爆竹 15 箱（件），价值 2000 元左右。

四、职业卫生专项整治

2001 年—2006 年，云岩区职业病防治由区卫生局职业病防治所组织实施。2006 年年底，职业病安全监管职责由卫生系统划入安全生产监督管理系统。

云岩区 2007 年开展重大危险源和职业危害的申报登记工作，区安监局对申报登记进行督促，对职业危害单位进行调查摸底；举办职业危害申报登记辅导培训班，聘请专家授课，辅导有关企业申报登记填表，督促和帮助企业在年内完成职业危害的申报登记。

2008 年，区人民政府多次组织区卫监所、区安监局等有关部门对区域内存在职业病危害因素的单位进行检查，向企业全体人员宣传职业病的危害因素和程度，提高企业对职业病的防治力度。对 53 家有职业病危害因素的生产企业进行网上申报，并实施监控。全区从 2009 年起对从事有毒有害作业的用人单位的劳动环境开展监督检查，有害作业点监测率 100%，有害作业点监测合格率 100%。督促相关企业力争做到在劳动者上岗前体检率达到 90% 以上，在岗期间体检率达到 100%，离岗劳动者健康体检率达到 90%。2010 年，重点对产生粉尘和生产、使用高毒物品的生产企业进行细致排查，排查出有职业病危害因素的单位 63 家，全部进行职业病危害申报。涉及粉尘和高毒物品的有 10 家，其中产生粉尘的 5 家，使用高毒物品的 5 家，1 家两项均涉及。全年，共检查企业 200 余家，下达检查文书 8

份。要求企业完善职业病防治计划和实施方案，对接触职业危害的职工进行岗前、在岗、离岗职业健康检查，并建立一人一档健康监护档案。

2011年8月，区安监局设立职业安全科，配备专职人员，在市安监局的指导下开展职业危害及职业病防治工作。加大对区域内的工矿商贸企业的检查力度，对存在职业危害因素企业的状况开展调查，收到调查表60余家，录入12家。继续推进职业病危害申报工作，当年新增申报39家，共申报105家。帮助木质家具制造企业贵州合众家具有限公司修改和完善企业职业健康安全管理制度，至年底已基本达到木质家具制造企业职业危害整改要求。2012年，从木质家具制造企业职业卫生安全监管试点入手，逐步推进全区职业卫生安全监管工作，督促126家企业完成职业病危害因素申报，当年新增申报20家，完成率达100%。在贵州建工混凝土公司、贵州铭材商品砼公司开展职业危害因素检测试点工作。按照市安监局要求，贵州铭材商品砼公司选派2人作为公司职业健康监督员。区安监局组织职业卫生安全监管人员到社区（镇）、企业开展宣讲职业卫生相关法律法规和操作规程等培训活动，发放宣传资料600余份，组织从业人员300余人进行职业卫生培训，并于2013年开展突发职业中毒事故应急工作，从危险化学品专项整治工作入手，在源头上防止突发职业中毒事故的发生；督促企业加强职业病防治的学习与培训，提高企业负责人的法律意识和劳动者的自我保护意识；提升防治手段的科技含量，杜绝职业病危害等隐患。

2014年年初，全区108家企业负责人参加职业卫生安全管理工作宣传贯彻大会，向与会人员宣传《职业病防治法》及职业卫生基础建设活动的目标、任务和要求，同时对在检查中发现的一些违法违规行为进行曝光。全年，职业卫生专项检查共组织人员108人次，检查企业51家，查出隐患213处，完成整改186处；共下达整改指令书16份，对其中一家木质家具厂给予罚款1万元的行政处罚；完成职业病危害申报企业134家。执行职业卫生“三同时”制度（建设项目的职业病防护设施所需要费用应当纳入建设项目工程预算，并与主体工程同时设计、同时施工、同时投入生产和使用）。2015年，对建筑、冶金、建材、危险化学品、木质家具生产、水泥生产、矿山与非煤矿山等7类重点行业按要求完成检测，现状评价率达87.5%；其他职业病危害行业检测，现状评价率47%。8月对危险化学品生产企业开展职业病危害专项治理；督促82%的7类重点行业完成基础建设工作，督促41%的其他职业病危害行业完成基础建设工作。完成61个职业病危害用人单位的执法检查工作；培训用人单位主要负责人、安全管理人员78人，从业人员300余人。10月，组织57家重点建筑施工单位在亨特·萃山国际项目现场召开全区职业健康工作现场会，邀请省安监局、省住房和城乡建设厅、市安监局、市住房和城乡建设局等部门相关领导参加会议。完成2015年全区用人单位职业卫生基本情况摸底调查工作。

五、“打非治违”专项行动

2010年，全区开展严厉打击非法违法生产经营建设行为（打非治违）专项行动，整顿治理、关闭取缔非法违法和不符合安全生产条件的生产经营建设单位。区人民政府成立专项行动工作领导小组，制定《云岩区集中开展严厉打击非法违法生产经营建设行为专项行动实施方案》，明确各部门、各单位的工作任务和要求。区安监、公安、工商、文体、卫生、住建、国土、教育、消防等部门联合开展专项整治行动30次，组织51190人次，检查企业2076家次，查处交通违法行为241063起，查出隐患782条，整改534条，下达执法文书226份，处罚1354起，消防罚款40余万元，关闭危化企业6家，取缔非煤矿山2家，行政拘留27人，查扣“两的”（非法营运汽车和违法载客摩托车）2363辆。由区安全生产委员会办公室（区安委办）牵头，检查在建项目36个、游乐设施、电梯、锅炉、索道等设备219台。区公安消防大队检查消防安全单位240家；区教育局对公办、民办中小学和幼儿园排查安全隐患180余所；区公安分局牵头检查民爆仓库两个、民爆使用单位3家、控制爆破点15个、剧毒品经营使用单位9家。贵阳市交警一大队，在交通安全隐患大排查中，排查出区境内违法载人、非法拉客售票等非法营运行为（事故黑点）22处；查处饮酒后驾驶30起、醉酒驾驶31起；查处违法鸣号13924起；处罚违法违章行人1771起。全年交通安全专项宣传进社区181家次，进企业53家次，进学校90家次；由区安监办和安监局检查“三马”片区橡胶生产企业7家、危险化学品生产企业4家、危险化学品储存企业1家、加油站28家、危险化学品（易制毒）经营单位97家、制药企业12家。由区环保局对阿哈水库饮用水源一、二级保护区内企业下达环境监察执法通知书171家。

2011年，区安委办在烟花爆竹、危险化学品、交通运输3个方面集中开展打击非法违法生产经营建设行为专项行动，对成品油、农药、化工材料等危险化学品生产、经营、储存、运输单位进行全面排查。全年检查企业66家，排查一般隐患35条，完成现场整改15条、限期整改20条。贵阳交警一大队全年执行行政拘留无照驾驶人员457人，查处饮酒后驾驶227起，其中醉酒后驾驶80起；处理交通违法89832起，抄告违法停车233438起，处罚行人违法6000余起；配合运管部门查处非法营运6次，共查扣“两的”7000余辆，移交相关部门处理“黑的士”6辆；排查事故黑点20处。

2012年，贵阳市、区安委办和区安监局等有关部门联合对危险化学品（含危险化学品重大危险源）、交通运输、建筑施工、人员密集场所、特种设备等方面继续开展打非治违专项行动。全面排查成品油、农药、化工材料等危险化学品生产、经营、储存、运输企业123家，排查并整改隐患121项，整改率100%；查处交通违规248462起，其中：警告340起、拘留236人；查扣非法营运“两的”1849台，行政处罚780.7万元。建筑施工安全专项检查督促建设、施工、监理单位先自查自纠，后由监管部门检查施工企业180个，警告35次，下达整改指令书34起。启动特定场所安全治理专项行动，对人员密集场所、公共娱乐场所、易爆易燃场所逐一进行摸底登记，建立健全隐患台账和档案；区消防部门检查消防单位3356个，下达警告处分33次、责令改正指令1210份，拘留17人。区质监分局对特种设备进行现场监督检查，督促企业消除各类安全隐患，检查企业10家，下达责令改正指令书2份。2013年，由区安监局组织检查人员86人次，检查成品油、农药、化工材料等危险化学品生产、经营、储存、运输企业78家，对两家危险化学品重大危险源单位下达口头警告4起、责令改正指令书1份。由区安监局、区农林水利局、云岩交警大队、黔灵镇组成联合检查组，排查辖区的事故黑点，共处理交通违法8861起，警告123起，行政拘留10人。区安监局与市、区住建局配合，全面清查在建项目，检查施工企业281个，下达警告处分40起，下达责令改正书8起。区消防部门对801个消防重点单位进行检查，发出警告12次，下达责令改正指令156份，拘留2人。区质监分局对特种设备进行现场监督检查，共检查企业36家，下达责令改正指令书3份。

2014年，云岩区打非治违专项行动领导小组成立，分管副区长任组长，区安监局、区住建局、区公安分局、区消防大队等部门主要负责人为成员。区安委会印发云岩区《集中开展除大隐患防大事故安全生产大检查方案和集中开展打非治违专项行动方案》。开展“六打六治”（打击人员密集场所无证经营等违法生产经营行为、打击破坏损害油气管道行为、打击危化品非法运输行为，整治无证经营、运输，驾驶员、押运员无证、非法改装、认证，违法挂靠、外包，违规装载等问题、打击无资质施工行为，整治层层转包、违法分包问题、打击客货车辆非法营运行为，整治无证经营、超范围经营、挂靠经营及超速、超员、疲劳驾驶和长途客车夜间违规行驶等问题和打击酒后驾驶、无证驾驶、违规行驶等交通违法违规）行为。全年，组织3660人次，检查企事业单位和重要场所1801家次，开展联合执法61次，排查一般隐患519条，整改519条，整改率100%；治理纠正违规违章行为33726起；责令民办校园停止办学3所，责令关闭民办校园3所；下达执法文书34610份，行政拘留1人（不含道路交通），行政处罚112人。

2015年，全区安全生产工作会议召开，中共云岩区委、区人民政府全体领导、区属各部门、社区（镇）主要负责人参加会议。会议决定以区人民政府牵头，健全安全生产“打非治违”联动机制，以全覆盖大检查为抓手深化“六打六治”打非治违专项行动。印发《云岩区2015年全面开展安全生产大检查深化“六打六治”打非治违专项行动方案》，建立专项行动办公室和行业检查组7个、属地检查组28个、综合督查组1个进行联合行动。全年，检查7602次，开展联合检查387次，组织检查人员15427人次，邀请参检专家272人次，排查检查各类企业场所10253家次，治理纠正违规违章行为225761起，停产整顿生产经营单位68家，处罚金额128.07万元，行政处罚18人。

第五节　安全事故防控

一、安全生产指标及控制

每年年初，中共云岩区委、区人民政府将中共贵阳市委、市人民政府下达给云岩区的安全生产控制指标进行分解并逐级下达。2004年，区安监局根据每年分解下达的安全生产控制指标，进行年终考核。2004年，发生一般事故44起死亡44人，其中生产安全事故3起，死亡3人；道路交通40起，死亡40人；消防火灾事故24起，死亡1人。2005年，发生各类事故44起（其中重大交通事故1起，死亡3人）死亡46人，与2004年同期相比，事故起数持平，重大事故上升100%，死亡人数上升4.55%，占控制数47人的97.87%。2006年，共发生各类事故40起（其中重大事故1起，死亡3人）死亡42人，与2005年同期相比，事故起数下降18.36%，死亡人数下降12.5%。

2007年9月，“三马”片区整体划入云岩区管辖后，仅两个月就发生事故6起死亡6人。其中工矿商贸事故4起死亡4人，道路交通事故2起死亡2两人。区安监局召开3次安全生产工作会，对“三马”片区的3个工作组、6个村和各企业的负责人、分管安全的负责人及工作人员300余人，以会代训加强安全事故的源头管理，有效遏制事故发生。2007年，发生各类事故64起死亡56人（其中较大交通事故1起，死亡3人），与2006年同期相比，起数上升56.09%，死亡人数上升30.23%。增加指标数主要是道路交通事故和消防火灾事故。2008年，全区无重大、较大事故发生，一般事故发生43起死亡46人，与2007年同期相比，起数下降29.5%，死亡下降17.86%。全区无较大事故发生。

2009年，发生各类事故39起死亡42人，与2008年同期相比，起数下降13.33%，死亡下降12.5%。

2010年，发生各类事故38起死亡40人，与2009年同期相比，事故起数下降5%，死亡人数下降4.76%；全区各类事故死亡40人，控制在指标43人之内。2011年，发生各类事故29起死亡30人，与2010年同期发生38起死亡40人相比，起数减少9起下降21.05%，死亡人数减少10人下降22.5%。工矿商贸生产安全事故发生4起死亡5人，道路交通事故发生25起死亡25人。火灾无生产安全事故发生；铁路交通无生产安全事故发生。2012年，发生各类事故47起死亡26人，与上年同期相比，起数下降16.07%，死亡人数下降16.13%。工矿商贸生产安全事故发生3起死亡4人，道路交通事故发生 43 起死亡 21 人，火灾发生事故 1 起死亡 1 人。铁路交通无生产安全事故发生。2013 年，发生各类事故 43 起死亡 23 人，与 2012 年同期相比，起数下降 8.5%，死亡人数下降 14.8%。工矿商贸生产安全事故发生 1 起死亡 1 人，道路交通事故发生 42 起死亡 17 人，火灾事故死亡 5 人；铁路交通无生产安全事故发生。

2014 年，发生各类事故 35 起死亡 14 人，与 2013 年同期相比，起数下降 20.5%，死亡人数下降 22.2%。工矿商贸生产安全事故发生 1 起死亡 1 人，道路交通事故发生 34 起死亡 13 人，铁路交通未发生生产安全事故。2015 年，发生各类事故 31 起死亡 24 人，与 2014 年同期相比，事故起数下降 11.4%，死亡人数上升 71.4%。工矿商贸生产安全事故发生 4 起死亡 4 人；道路交通事故发生 27 起死亡 20 人；铁路交通无生产安全事故发生。发生较大事故 1 起死亡 3 人。各类生产安全事故死亡总人数控制在目标以内，占全年控制数的 77.4%。

二、安全事故查处

云岩区安全事故查处严格执行事故处理及上报制度，接到事故报告后及时汇报上级主管部门，并组织有关部门迅速赶赴事故现场抢险处置，同时按照国务院《生产安全事故报告及调查处理条例》《贵州省安全生产条例》等法规规定成立事故调查组。各类生产安全事故均按相关规定和事故原因未查清不放过；责任人员未受到处理不放过；事故责任人和周围群众没有受到教育不放过；事故制定的切实可行的整改措施未落实不放过的“四不放过”原则立案处理，事故处理的情况及时向市安监局汇报，重大事故的行政处罚报市安监局、区人民政府法制办备案。

2001 年—2004 年，云岩区生产安全事故由市安委办调查处理。2004 年—2007 年 6 月，区生产安全事故由市安监局调查处理。根据国务院《生产安全事故报告和调查处理条例》规定，自 2007 年 6 月 1 日起，一般生产安全事故由云岩区安监局调查处理。

表 1　云岩区安全生产事故一览表

（2007 年—2015 年）

年份	立案数	结案数	结案率(%)	年份	立案数	结案数	结案率(%)
2007 年	10	10	100	2012	3	3	100
2008 年	4	4	100	2013	1	1	100
2009 年	6	6	100	2014	1	1	100
2010 年	6	6	100	2015	3	3	100
2011 年	4	4	100				

第六节　安全生产责任制度

2003 年起，云岩区安监部门将《安全生产责任制》安全生产工作纳入干部政绩考核内容，落实政府行政首长负责制，安全生产工作由区人民政府区长主持，分管副区长抓具体工作。每年年初，中共云岩区委、区人民政府将中共贵阳市委、市人民政府下达的安全生产控制指标进行分解，逐级下达。从区长、副区长到各办事处（镇）、各有关工作部门，直至各社区居委会（村委会）、各企业，层层落实，明确责任，签订安全生产责任书，做到横向到边有人管，纵向到底有人抓；建立健全“党政同责、一岗双责、齐抓共管”的安全生产责任体系。

2015年1月21日，中共云岩区委、区人民政府印发《云岩区安全生产“党政同责、一岗双责、齐抓共管”暂行规定》，做到安全责任到位，安全投入到位，安全培训到位，安全管理到位和应急救援到位。

云岩区人民政府2007年获公安部、国家发改委、建设部、交通部、农业部、国家安监局颁发“平安畅通县市”称号。云岩区安全生产监督管理局2011年获省安监局授予贵州省安全生产监管系统先进集体称号。

表2　云岩区各级安全生产责任书签订一览表

（2004年—2015年）

年份	区政府与部门、街道乡镇签订包保责任书(份)	区政府与部门、街道乡镇签订责任书(份)	备注
2004年	28	28	—
2005年	28	28	—
2006年	28	28	—
2007年	28	28	—
2008年	31	31	含道路交通安全责任书19份
2009年	—	33	含道路交通安全责任书19份
2010年	—	33	—
2011年	—	33	—
2012年	—	34	区政府与26个社区重新签订
2013年	—	43	新社区增加
2014年	—	45	新社区增加
2015年	—	42	区长与各副区长签订责任书5份

说明：包保责任制度，同级政府领导班子成员对其所分管的行业领域的安全生产进行包保的责任制度，即最早的“一岗双责”制度

第十三篇

财政 税务 金融

GUI YANG SHI YUN YAN QU ZHI 2001–2015

第一章 财 政

自2001年以来，云岩区财政管理体制和管理政策的变化，主要体现在区与贵阳市收入分成方面。2000年，云岩区人民政府下文，要求区财政局从预算外收费、行政收费、罚没收入界定、专户管理、票据管理和报表管理制度等方面实施全方位管理。2003年—2007年，对区属街道办事处（镇）的财政，实施改“超收分成”为“总额分成”。2012年，云岩区基层财政体制开始改革，参照《云岩区2008年至2011年分税制街道（镇）财政体制方案》，保障财力核算及经费；街道办事处改制为社区服务中心初期，经费纳入部门预算范围，由区财政全额保障。2015年，区财政局明确各社区服务中心服务财政收入指标任务目标。

第一节 财政管理机构

一、财政管理机构

（一）区级财政机构

2001年，云岩区财政局设有办公室、预算科、综合计划科、财政监察科、企业财务科、行政事业财务科、社会保障资金管理科、农税征收管理科、农业财务管理科、会计事务管理科、财源建设办公室、基本建设财务管理科、国有资产管理办公室13个科室和云岩区职工财会学校等部门。2005年，区财政局成立国库科、税政法条科、政府采购办公室、国库集中支付中心等职能科室。2006年将农业财务管理科并入行政事业财务科；2008年，农税征收管理科加挂基层财政管理科牌子。2011年，区农税征收管理科撤销，原区财政局承担的耕地占用税和契税征收管理等职责，移交区地方税务局管理；将区国有资产管理办公室职责，划入区发展和改革局；原区农业综合开发办公室的职责，划入区财政局。2013年，财政局内设金融办公室后，又于2014年新增信息科和文教科两个科室。2015年，内设区金融办划归区人民政府管理，区财政局变更为17个科室，下设国库集中支付中心和云岩区职工财会学校。

（二）街道、乡（镇）财政机构

2000年，云区有街道财政所16个。2009年，“三马”片区金关、金鸭、金惠3个财政办事处成立。2010年，辖区有街道（镇）财政所19个。2012年，原18个街道办事处整合为27个社区服务中心，街道财政所同时撤销。为保障社区财政经费和财务人员的调配，区人民政府、区财政局按新管理办法，将原各财政所人员安排到社区财务岗位，财政所以所在社区名称命名。

第二节　财政体制和财政改革

一、财政体制

（一）财政体制与分成政策

2001 年，贵阳市人民政府调整市和区（县、市）两级财政体制，提高区（县、市）超收分成比例，以解决区（县、市）经济发展的资金瓶颈制约问题。据此，云岩区从 2001 年起，以 2000 年实现财政收入和上解数为基数，采用环比计算方法计算超收分成比例。超收部分由原来执行的（市）4∶（区）6 分成调整为（市）3∶（区）7 分成。将资源税、城镇土地使用税、土地增值税、国有土地有偿出让收入除上划省 50% 以外，余下部分按（市）1∶（区）4 分成。2002 年，区财政体制改革后，实行所得税共享政策，以 2001 年所得税收入为基数，增量部分中央和地方各 50%。2003 年以后，所得税增量部分上划中央 60%，地方留 40%。此政策执行至 2011 年 6 月止。

2001 年—2012 年间，云岩区财政仍执行 1994 年的“分税制”体制。区级固定收入包括区级征收的营业税（不包括铁道、银行、保险、信用社、交通银行以及非银行金融企业交纳的营业税）、区级企业所得税（不含银行和非银行金融企业等所得税）和上缴利润、个人所得税、固定资产投资方向调节税、房产税、车船税、印花税、屠宰税、农牧业税、农林牧产税、耕地占用税、遗产税、教育附加等。

从 2011 年 7 月 1 日起，区财政局停止执行原注册资金 500 万元以上企业税收由市级征收的政策，对区境内新进行税务登记的企业，实行属地征收，市和区按 3∶7 比例入库。从 2012 年起，作为增收激励机制，新注册企业税收区级分成部分，按财政收入增幅的高低，实行不同的分成比例。

2012 年，贵阳市财政局规定：“各区（市、县）地方财政收入比上年增长 19% 以下的，市、区按 4∶6分成；增长 19%（含）至 25% 的，市、区按 3.5∶6.5 分成；增长 25%（含 25%）至 30% 的，市、区按 3∶7 分成；增长 30%（含 30%）的，市、区按 2∶8 分成。新注册企业建设期内产生的耕地占用税、契税、印花税作为区级固定收入，市级不参与分享；市与各区县间原有财力性转移支付和上解政策，以 2011 年年末计算数为基数，作为以后年度固定的定额结算补助和上解数，原有的超财力上解体制不再执行。”区财政局按照此规定执行。税收返还额在基数上递增，贵阳市按贵州省返还的递增率返还云岩区，若达不到基数，则相应扣减。

2013 年，区财政局根据省、市、县三级主体税种分享体制规定的分享比例分级解缴入库，实行“税收属地征管”的新财政体制。增值税、企业所得税、个人所得税地方分成部分、资源税及城镇土地使用税，按省、市、区 2∶4∶4 比例分成；营业税（除金融保险业外）按省、市、区 2∶2∶6 比例分成，城市维护建设税按市、区 4∶6 比例分成、土地增值使用税按市、区 7∶3 比例分成，土地交易契税全留区级。这一时期，贵州省和贵阳市建立“公共财政收入增量集中”体制。省级以 2011 年公共财政收入为基数，增量部分 2013 年集中 10%，2014 年集中 15%，2015 年以后集中 20%；市级以 2012 年地方收入为基数，按新的税收划分计算区级财力，超出 2012 年实得财力部分，由区定额上解市财政。

自 2014 年起，区级地方公共财政收入比 2013 年增长 15% 以内部分，市财政集中 10%，增长 15% 以上的部分，市级不再集中。截至 2015 年，云岩区财政体制未发生新的变化。

（二）乡镇、街道办事处财政管理

1. 财政分税体制

1999年—2002年，区财政局为增强区级财政宏观调控能力，按照利益共享的原则，促进区和街经济发展，不再承担街道财政超收上解的部分。街道财政超收按市对区的办法，即4∶6实行分成后超收全留；结合“创建全省经济强县”工作，设立“超收奖”，并实施“一定4年不变”激励机制；对街道财政收入范围、收入基数、支出数进行新的确定。

2003年—2007年，实施新体制，原“超收分成”改为“总额分成”。本着“实事求是，区别对待，不搞一刀切”的原则，扣除所得税和上划市财政40%后所留财力，区财政与街道（镇）按3个档次分成：1000万元以上，区、街道（镇）按4∶6比例分成；1000万元以下至500万元以上，区、街道（镇）按3∶7比例分成；500万元以下至300万元以上，区、街道（镇）按2∶8比例分成。2003年为试行年，一定5年。2008年以后另有调整。

2. 财政收入目标制定

各街道和黔灵镇（以下简称“镇”）财政收入的确定：以2002年街道和镇实现的地方财政收入实际完成数为基数，以区2003年增长目标收入任务确定；地方财政收入数，以当年实际完成的地方收入数，按区增长目标确定。其中：2003年所得税收入，以2002年实际完成收入数为基数，按区增长比例的18%下达；次年所得税收入任务数，按区增长比例下达。从2003年起，按照“谁投资、谁引进、谁受益”的原则，各街道和镇引进的企业所产生的税收，按新体制“五项原则”进行分成：

（1）税收全属街道和镇的企业，按区街分成比例负担贴息；

（2）通过区财政扶持而属街道和镇的企业，所增加的财政收入，40%部分上缴贵阳市财政，60%部分由区、街道和镇实行5∶5比例分成，贴息对半负担；

（3）辖区内街道和镇之间，跨地域新办的企业，街道和镇所得收入部份，引企街道和镇，或主管街道和镇与企业所在的街道和镇，按8∶2至5∶5比例分成，具体分成比例由区发展计划局牵头，会同有关各方共同商定；

（4）各街道和镇所属涉外企业税收，40%部分上缴市财政，60%部分区、街道和镇按7∶3比例分成，贴息按所得分成比例负担。各街道和镇超收分成资金，按3个档次提取奖励：分成额在700万元以上，按7%提取奖金；700万元以下至400万元以上，按6%提取奖金；400万元以下，按5%提取奖金。

（5）各街道和镇在完成区下达财政收入任务后，超过收入任务部分，200万元以内按所得分成额增加1个百分点给予奖励；200万元以上（含200万元）500万元以内增加2个百分点给予奖励；500万元以上（含500万元）增加3个百分点给予奖励。

3. 分税制补充方案

2004年12月21日，中共云岩区委、区人民政府根据分税制财政体制运行1年中反映出的问题，制定《云岩区2003年至2007年分税制街道（镇）财政体制补充方案》，明确规定：从2004年—2005年，各街道和镇新增楼宇企业，以及盘活闲置楼宇企业所产生的、进入地方财政30万元以上的楼宇税收，在区、街道和镇3方按4∶6、3∶7和2∶8分成比例的基础上，提高街道和镇1个档次财力分配比例（3∶7、2∶8、1∶9）；30万元以下的，提高街道和镇半个档次财力分配比例（3.5∶6.5、2.5∶7.5、1.5∶8.5）。

随着楼宇税收在财政收入中所占比重的增大，2006年—2007年，区财政局对各街道及黔灵镇当年楼宇税收部分按以下三档计算：

（1）进入地方财政 100 万元以上的楼宇税收，在区、街道和镇体制按 4∶6、3∶7 分成比例的基础上，提高街道和镇 1 个半档次财力分配比例（2.5∶7.5、1.5∶8.5），实行 2∶8 分成比例的街道和镇提高一个档次财力分配比例（1∶9）；

（2）进入地方财政 50 至 100 万元的楼宇税收，在区、街道和镇体制按 4∶6、3∶7、2∶8 分成比例的基础上，提高街道（镇）一个档次财力分配比例（3∶7、2∶8、1∶9）；

（3）进入地方财政 50 万元以下的楼宇税收，在区、街道和镇按 4∶6、3∶7 和 2∶8 分成比例的基础上，提高街道和镇半个档次的财力分配比例（3.5∶6.5、2.5∶7.5 和 1.5∶8.5）；对重点培育的楼宇，每年年底，由区、街道（镇）两级财政按楼宇内辖区企业缴纳税收构成的、地方收入总额的 5% 提取资金，用于资助新引进企业租用、楼宇、培育楼宇经济。

4. 总额分成体制

2008 年—2011 年，云岩区实行“总额分成”体制。地方财政收入（40% 口径）上划市级 40% 后所留财力中，2000 万元以内部分，由区、街道（镇）按 4∶6 比例分成；超出 2000 万~3000 万元以内部分，由区、街道（镇）按 5∶5 比例分成；超出 3000 万元以上部分，由区、街道（镇）按 6∶4 比例分成。

街道和镇财政总收入数，以区人民政府下达的“2006 年和 2007 年年度年初任务”平均数为 2008 年基数；地方财政收入，按 40% 所得税口径计算，以 2005 年—2007 年，区人民政府下达的各年度年初任务的平均数为 2008 年基数。

从 2008 年起，根据《云岩区投资引进利益分配机制》规定的原则，对区、街道（镇）利益分配做出调整：

（1）税收全属街道和镇的企业，按区、街道和镇分成比例负担贴息；

（2）通过区人民政府扶持，属街道和镇所属的企业，所增加财政收入的 40% 部分上缴市财政后，区、街道和镇按 5∶5 比例分成，贴息对半负担。

（3）街道和镇之间，跨地域新办的企业，街道（镇）所得收入部分，引进企业的街道和镇，或主管街道（镇）与企业所在办事处进行协商，按《云岩区引进企业认定及税收分成办法（试行）的通知》执行；实行“划分档次，定额提取，下要保底，上设封顶”的奖励原则和奖励办法。

5. 基层财政体制改革

云岩区基层财政体制改革始于 2012 年。黔灵镇继续参照《云岩区 2008 年至 2011 年分税制街道（镇）财政体制方案》，保障财力核算及经费；街道办事处改制为社区服务中心初期，各社区不具备经济职能，社区服务中心的经费纳入部门预算范围，由区财政全额保障。2015 年，区财政局明确：各社区服务中心服务财政收入，指标任务目标按 14% 标准增长，考核方式按《云岩区 2015 年促进经济发展管理暂行办法》执行。新成立的中华、黔灵和三马等片区经济发展中心（三个片区中心），原各街道办事处所属企业及收入基数，全部归口并入片区，以片区为单位进行财政收入考核。2012 年度各片区的收入任务，按 2011 年度办事处合并后的财政收入增长 20% 下达；各片区完成区人民政府下达的全年地方财政收入“力争”（指力争完成超收任务）任务后，按区机关干部年终目标任务奖为基数，给予片区奖励；其地方财政收入同比增长超过 20%，则对增长部分“分段”累进，按 10%~20% 的比例计算所得财力；地方财政收入实际完成数完成“确保”（指“确保完成贵阳市下达的任务”）任务，未完成“力争”任务，则按所欠任务进度，进行基础奖励扣减；地方财政收入实际完成数未达到“确保”任务数的，不予奖励。

6. “片区”经济体制

2013年—2014年，云岩区执行以“片区经济发展中心为主”的经济体制，同时探索、调整“三个片区中心”发展的考核方式。2013年，“三个片区中心”和黔灵镇财政总收入按20%增长，公共财政预算收入按23%增长下达。次年，“三个片区中心”和黔灵镇财政总收入、公共财政预算收入均按18%增长下达。从2014年起，各社区服务中心陆续参与企业与经济服务工作，并结合社区服务经济工作情况由区人民政府给予相关工作经费与奖励。

（三）营业税改征增值税

2013年7月起，云岩区分批、分行业启动“营业税改征增值税”（简称“营改增”）。7月1日，辖区内交通运输业和现代服务业率先改制，2014年1月1日，铁路运输业和邮政服务业为第二批改制，6月1日电信业为第三批改制。2014年6月底，共有1636户企业完成“营改增”，其中企业1633户，个体工商户3户。在1636户企业中，从事交通运输业、现代服务业1595户；铁路运输业、邮政业、辅助物流企业26户；电信业15户，涉及税收8.1亿元。原定2015年全面实施“营改增”政策，因准备工作不充分，实施计划后延至2016年。

（四）新预算法实施

2015年1月1日起，区财政局按照新预算法的立法精神和规定规范，实施财政管理，把新预算法各项规定作为预算管理的行为准则，实施全面公开预算，通过政府网站，向社会公开部门经费信息，部门预算公开到功能分类的项级和经济分类的款级科目；强化预算执行管理，从严控制一般性支出，执行国库集中支付，加快支出进度，盘活存量资金，减少结余结转，规范财务综合管理。

二、财政改革

（一）部门预算改革

从2005年起，云岩区启动现代财政预算工作改革试点，先期选定区公安分局、区农水局、区纪委和区残联为试点单位。2007年，扩大试点范围，将区政协、区人大、区招商局和区编办纳入部门预算范围。

改革后，部门预算编制实行“二上二下”的业务流程：“一上”即各预算单位填报本单位预算并汇总上报区财政；“二上”为单位在区财政下达的预算控制数范围内调整预算上报区财政。“一下”即区财政审核后，根据可支配财力下发单位控制数；“二下”即经人大审议通过，区财政将预算批复给各部门。具体程序为：先由区财政局预算科牵头，组织单位会计及各业务科室相关人员参加软件操作培训，然后区财政局与单位互相配合，克服部门预算内容广泛、项目很多；操作程序复杂的困难，完成2007年部门预算试点工作，并于2008年在全区铺开预算改革。

现代财政预算工作改革工作，每年下半年由区财政局部署，各部门按量入为出、收支平衡的原则编制下年度预算，经“二上二下”的编制程序，最终报人大审议通过后，由区财政将预算指标下达到各部门。截至2014年年底，全区全部实施部门预算，建立健全涵盖所有财政资金的一般预算、政府性基金预算、社会保障性基金预算收支体系。

（二）国库集中支付改革

2008年，区财政局牵头拟订《云岩区区级财政国库管理制度改革试点会计核算暂行办法》和《云岩区区级财政国库管理制度改革试点资金支付暂行办法》等法规文件，进行财政国库集中支付改革，并于2010年在贵阳商业银行宏达支行开设“财政零余额”账户和“单位零余额账户”；组织代理银行、业务科室、试点单位对部门进行改革试点培训。2008年11月，选择资金性质单一、财务人员业务能力强、微机操作熟练的9家行政事业单位（审计局、区纪委、区财政局、区残联、区科技局、区环保局、区统计局、区爱卫办、区文体局）作为国库集中支付改革试点，在全市率先实行国库集中支付。

2011年，组织行政事业单位进行国库集中支付理论和实际操作培训，并于2012年把教育局作为国库集中支付改革试点单位，年内全区国库集中支付完成试点单位10户；从已实行国库集中支付的单位中选择23家，由贵阳银行宏达支行实行上门服务，协助公务员办理公务卡324张。至2013年，全区实行国库集中支付单位共25家。

2014年1月，全区82家单位全部实行国库集中支付，并建立区级国库单一账户体系，加强对单位预算执行过程的监督控制，增加预算执行透明度，从而改变分散、多重设置银行账户，层层拨付、占压资金等状况。改革完成之后，所有未支付到最终收款人或用款单位的资金余额，全部由财政部门掌握在国库单一账户中，大幅度提高财政的资金调度能力，降低财政筹资成本。为规范区级预算单位财政授权支付业务，区财政局拟定《云岩区区级预算单位公务卡改革实施方案》，减少现金支付结算，提高公务支出透明度，堵塞单位财务管理漏洞，确保财政资金安全。

（三）非税收入改革

2009年前，非税收入按照预算内和预算外资金分类管理。从2009年1月1日起，根据国家和贵阳市的规定，云岩区将政府各项非税收入逐步纳入公共财政管理范围，由区财政局在代理银行开设“云岩区财政局非税收入汇缴结算专户”，各执收单位收取的政府非税收入一律按规定全额缴入“云岩区财政局非税收入汇缴结算专户”。建立政府非税收入收缴管理网络系统，保证财政部门内部和财政部门与执收单位、代理银行外部之间的信息共享，实现从征收单位开票、银行代收到财政与征收单位网上对账、票据核销、自动转账的全过程计算机网络智能化管理；区财政局制定《云岩区政府非税收入管理改革工作方案》，成立云岩区非税收入收缴管理领导小组，将区公证处、区委党校、区财校、区物价局4家单位为云岩区非税收入收缴管理工作第一批试点单位，启动全区非税收入收缴业务。

全区实施非税收入收缴改革分6批展开，133个点非税收入收缴管理改革上线实施。截至2015年年底，全区有89家单位（按一级预算单位核算）纳入非税收入收缴管理系统，共43项收费项目，取消过渡账户46户。按照贵阳市财政局通知精神，将区疾病控制中心、贵阳市“立诚”公证处、贵阳市实验第一幼儿园、区市政管理所、区物价局、区教育局招办、区工商局、区质监局作为省非税软件试点单位上线实施。

由于2009年1月1日起，贵阳市建设项目的征地补偿资金，由项目所在地的县（区、市）进行属地管理，收支全额纳入县级地方政府基金预算管理，加上原纳入预算外资金管理的行政事业性收费，逐步纳入预算管理，故从2013年起，云岩区非税收入占财政收入的比重逐年下降。2009年，纳入预算管理非税收入占主导地位，占财政总收入的91.27%。2010年，占94.96%，2011年占99.25%，2012年占99.13%。2013年，入非税收入全额纳入预算管理，占财政总收入11.08%。2014年，非税收入占财政总收入6.59%。2015年，非税收入占财政总收入4.49%。其中，政府性基金收入比重较大。

从2011年1月1日起，除教育部门收取的考试考务费和普通高中学费纳入财政专户外，全区其余资金全部纳入预算管理；在原有预算外资金收入范围的基础上，将国有资产有偿使用收入和国有资本经营收益纳入非税收入财政管理。

2013 年，云岩区清理上缴国有资产有偿使用收入比 2012 年同期增加 3. 4255 亿元。2014 年，贵阳市轻轨一号线建设涉及云岩区国有房屋拆迁，拆迁款作为国有资产处置收入纳入非税管理系统实行预算管理，从管理体制、管理方法、管理手段上杜绝隐瞒收入、转移资金、私设“小金库”和乱支滥用等违法违纪行为的发生，使非税收入大幅增长。

2015 年，云岩区根据《国务院印发 2015 年推进简政放权、放管结合转变政府职能工作方案的通知》，开展清理涉企收费，部分单位的收费由行政事业性收费转为经营性收费；按照贵阳市发改委、贵阳市财政局要求，加强取消收费许可证制度后的财务监督管理。

表 1　云岩区非税收入一览表

（2009 年—2015 年）　　单位：万元

年度	非税收入									备注
	纳入国库							纳入专户	合计	
	政府性基金	专项收入	行政事业性收费	罚没收入	国有资源（资产）有偿使用收入	其他收入	合计			
2009 年	15226	3502	2263	1192	1179	6	23368	2234	25602	按部门决算口径
2010 年	49781	4088	3103	1203	128	—	58303	3095	61398	按部门决算口径
2011 年	36839	5373	8698	851	7624	1769	61154	461	61615	按金库报表
2012 年	32436	7122	8891	779	17533	1782	68543	602	69145	按金库报表
2013 年	42521	6959	9170	1265	51817	705	112437	513	112950	按金库报表
2014 年	11482	7597	8359	1376	48374	—	77188	349	77537	按金库报表
2015 年	1767	15573	12161	2531	24743	3867	60642	1020	61662	按金库报表
合计	190052	50214	52645	9197	151398	8129	461635	8274	469909	—

第三节　财政收入

一、财政收入分配

1994 年实行分税制以后，云岩区财政收入从当年起划分为财政总收入（包括上划中央、省、市级收入和地方财政收入）和地方财政收入，增值税为中央 75%、省 10%、区级 15% 共享收入。2002 年起，增加所得税（企业所得税和个人所得税）为中央的地方共享税种，当年的共享比例为 5∶5 分成。2003 年—2012 年，中央和区级共享比例为 6∶4 分成。

二、区级财政收入

2001 后至 2005 年间，随着“楼宇经济”和高新技术产业及现代服务业的迅速发展，云岩区收入增幅创“分税制”财政体制改革以来的最高记录，财政总收入年平均增幅达到了 25. 99%。2005 年，区财政总收入突破 10 亿元大关，达到 10. 3 亿元。2010 年，财政总收入实现 27 亿元，达到 27. 9866 亿元，连续两轮获全省经济强县建设评比第一名。至 2012 年，区财政总收入年平均增幅达到 23.98%，每年财政总收入的增加值，以 1 亿元以上的绝对值递增。2013 年—2014 年，全区财政总收入越过“百亿”关口。2013 年，财政总收入完成 101.9315 亿元。2014 年，完成 117.6543 亿元。2015 年，完成 136.984 亿元。

表 2 云岩区年财政总收入完成情况表表

（2001 年—2015 年）

单位：万元

年份	财政总收入	上划中央级收入	上划省、市级收入	地方财政收入
2001 年	40855	14452	2073	24330
2002 年	51276	21350	2501	27425
2003 年	67460	28045	3185	36230
2004 年	84772	36635	3326	44811
2005 年	103002	45629	3902	53471
2006 年	123778	53487	4639	65652
2007 年	154127	66253	7227	80647
2008 年	204450	88448	10337	105665
2009 年	239234	102510	11672	125052
2010 年	279866	117799	12880	149187
2011 年	360169	139839	15323	205007
2012 年	434648	153921	20914	259813
2013 年	1019315	319282	398794	301239
2014 年	1176543	350132	500040	326371
2015 年	1369840	465070	545972	358798

三、地方财政收入

2001 年，根据体制转轨要求，区人民政府提出“发展大经济，建设大市场，搞活大流通，收到大效益”的工作思路，稳定全区收入增势，实现年收支平衡，略有节余。当年完成地方财政收入 2.433 亿元，税收收入 3494 万元，非税收入 1557 万元。从 2002 年起，所得税列为“共享收入”，从 2002 年—2012 年，区地方财政收入分别完成 2.7425 亿元、3.6230 亿元、4.4811 亿元、5.3471 亿元、6.5652 亿元、8.0647 亿元、10.5665 亿元、12.5052 亿元、14.9187 亿元、20.5007 亿元和 25.9813 亿元。

从 2003 年起，区财政每年分别比 2002 年增长 32.11%、23.68%、19.33%、22.78%、22.84%、31.02%、18.35%、19.30%、37.42% 和 26.73%，年平均增幅达到 25.21%。全区税收收入占地方财政收入的比重一直保持在 90% 以上。

2013 年，区财政和税务执行新的省和贵阳市财税体系，接收一批省和贵阳市下划企业。由于绝大多数税收收入被上划至中央、省和市级财政，致使区的主体税种的分成比例大幅降低，公共财政预算收入未与财政总收入实现同步增长。当年公共财政预算收入为 30.1239 亿元，同比增长 15.94%，保持常年水平，税收占比下降至 76.79%。2014 年，受财税体制、经济下行和“营改增”等政策性因素影响，区财政收入出现困难，区财税部门通过扩大税源，完成公共财政预算收入32.6371亿元，同比增长8.34%，税收占比79.87%，比2013年有所上升，完成贵阳市下达的目标。2015年，完成公共财政预算收入35.8798亿元，同比增长9.94%，税收占比83.59%，比2014年略有上升。

表3 云岩区地方财政收入完成情况表

（2002年—2015年）

单位：万元

年度	地方财政收入	税收收入	非税收入
2002年	27425	25726	1699
2003年	36230	31865	4365
2004年	44811	41432	3379
2005年	53471	49158	4313
2006年	65652	59730	5922
2007年	80647	74754	5863
2008年	105665	98825	6840
2009年	125052	116911	8142
2010年	149187	140666	8521
2011年	205007	180692	24315
2012年	259813	223706	36107
2013年	301239	231325	69914
2014年	326371	260666	65705
2015年	358798	299923	58875

四、基金预算收入

云岩区基金预算收入从1997年开始产生，当年将专项收入中的“教育费附加”和“排污费”收入列入。为统一计算口径，1997年这两项收入列入地方财政收入中。从1998年起，两项收入调回一般预算收入中的专项收入。2001年，辖区基金预算收入主要是文教和其他部门的基金收入，以及地方财政税费附加收入。全区基金预算收入为42万元，主要为黔灵镇农民上缴的“农村教育附加”和地方财政税费附加收入。从2002年起，停止向农民征收以上两税。2003年以前，地方教育费附加收入由市级财政部门统一管理，由区级地税部门征收入库，再全额上缴市财政。从2003年起，此项收入由市级列入区级预算盘子征收。

2004年，残疾人就业保障金收入开始列入区级预算，当年由区残联负责收缴，从2005年起由区地税部门代征，故2005年—2010年的基金收入逐年增加。

2003年—2010年8年间，全区基金预算收入分别为456万元、571万元、983万元、1214万元、1397万元、1853万元、1.5226亿元和4.9781亿元。主要由地方教育费附加、划拨土地收入、残疾人就业保障金收入组成。2011年—2014年，4年的基金收入分别为3.6839亿元、3.2436亿元、4.2521亿元和1.1482亿元，主要是由地方教育费附加、残疾人就业保障金收入、划拨土地收入、育林基金收入组成。2015年，基金收入1767万元，为划拨土地收入。因地方教育费附加、残疾人就业保障金收入调整为专项收入，基金收入大幅度减少。

表4　云岩区基金预算收入完成情况表

（2011年—2015年）　　单位：万元

年份	收入总计	地方教育附加收入	残疾人就业保障金收入	划拨土地收入	育林基金收入
2011年	36839	3202	995	32640	2
2012年	32436	4607	1359	26470	—
2013年	42521	4750	1131	36640	—
2014年	11482	5023	872	5587	—
2015年	1767	—	—	1767	—

2014年云岩区基金结余转入一般公共预算共计4262万元。其中地方教育费附加509万元、残疾人就业保障金3736万元、地方水利建设基金17万元；《财政部关于完善政府预算体系有关问题的通知》中，涉及云岩区的有3项。据此，2015年1月1日起，将政府性基金预算中用于提供基本公共服务、主要用于人员和机构运转等方面的项目，收支转列一般公共预算。2015年，因土地出让收入减少，涉及云岩区的地方教育费附加等3项基金预算转列一般公共财政预算，全区基金预算收入完成1767万元，为2014年同期的15.39%。

第四节　财政支出

一、公共财政预算支出

国家实行分税制以后，区财政支出也相应增大，区财政本着“一要吃饭，二要建设”和“保重点、保改革”的原则，不断调整优化支出结构，增收节支。

2001年—2005年期间，是云岩区财政支出增长历史最快的时期，全区财政支出21.2992亿元，年均4.25984亿元，年平均增幅为21.78%，其中经济建设类支出2.6088亿元，科教文卫支出5.5909亿元，行政管理类支出5.7424亿元，抚恤社保类支出1.8691亿元，其他支出5.4880亿元。

2007年，全区财政支出10.5012亿元，比2006年增长40.45%。2008年，财政支出13.9365亿元，比2006年增长32.71%。2009年，财政支出15.5710亿元，比2006年增长11.73%。此后3年，情况大体相似。至2010年，云岩区加大对科学教育事业、社会保障、政府公共服务、城乡社区事务等政府重点公共支出的投入，其中，政府公共服务类支出12.0813亿元，国防和公共安全类支出6.2011亿元，科教文卫类支出19.7715亿元，社会保障和就业类支出6.4888亿元，城乡社区事务类支出5.1042亿元，环境保护类支出1716万元，农林水事务类支出1.2515亿元，以及其他支出6.3720亿元。全区财政支出17.4333亿元，比2008年增长11.96%。

表 5　云岩区财政一般预算支出一览表

（2001 年—2006 年）　　单位：万元

项目＼年份	支出合计	经济建设	文教科卫	行政管理	抚恤和社保	其他
2001 年	226626	44288	77627	55958	11334	77419
2002 年	334077	55384	88238	66665	22742	111048
2003 年	440169	55638	99944	110225	44374	99988
2004 年	553491	55730	112211	117314	44222	114014
2005 年	558629	55048	117889	117262	66019	112411
2006 年	774769	33695	226139	220534	66828	117573

表 6　云岩区财政一般预算支出一览表

（2007 年—2010 年）　　单位：万元

预算支出科目	2007 年	2008 年	2009 年	2010 年	合计
一般公共服务支出	23469	35268	32635	29441	120813
国防及公共安全	11756	13105	17339	19811	62011
教科文卫	36649	45679	52986	62401	197715
社会保障和就业	10199	14641	18212	21836	64888
城乡社区事务	8766	13517	11046	17713	51042
环境保护	256	454	367	639	11716
农林水事务	2485	3190	3170	3670	12515
其他支出	11432	13511	19955	18822	63720

云岩区 2011 年一般预算支出 22. 3941 亿元，比 2010 年同期增长 25. 71%。2012 年，一般预算支出 36. 1421 亿元，比 2011 年同期增长 61. 39%。2013 年，公共财政预算支出 35. 3345 亿元，剔除不可比因数，比 2012 年同期增长 10. 02%。2014 年，公共财政预算支出 37. 8036 亿元，比 2013 年同期增长 6. 99%，其中：一般公共服务支出 24. 0774 亿元，国防和公共安全支出 12. 4068 亿元，科教文卫支出 40. 3338 亿元，社会保障和就业支出 13. 6742 亿元，城乡社区事务支出 14. 998 亿元，节能环保支出 1. 6469 亿元，农林水事务支出 2. 4263 亿元，住房保障支出 8. 4381 亿元，其他支出 9. 4397 亿元。

2013 年，财税新体制实施后，财力向省级财政集中，区财政提供公共服务的财力保障，以及对公共服务调控能力削弱，但通过坚持“按预算、按进度、按程序”拨付财政资金，优化支出结构，仍然达到保障教育、科技、文化、卫生、公共安全、社会保障和就业、环境保护、城乡社区事务等方面的资金需要的目的。2014 年按照“保工资、保运转、保民生、保稳定”的原则，优先保障教育、公共安全、社会保障和就业、医疗卫生与计划生育、城乡社区、住房保障等重点事项的投入力度，并厉行节约，在行政事业单位经费保障状况上找出薄弱环节和存在问题，压缩一般性公用经费，严控“三公”经费支出。

表7 云岩区财政一般预算支出一览表

（2011年—2014年）

单位：万元

预算支出科目	2011年	2012年	2013年	2014年	合计
一般公共服务	41343	41851	76639	80941	240774
国防	334	519	582	451	1886
公共安全	21718	32735	30717	37012	122182
教育	63913	80950	82042	91558	318463
科学技术	4386	6124	6501	7000	24011
文化体育与传媒	625	838	3552	3783	8798
社会保障和就业	26621	33042	35979	41100	136742
医疗卫生	9158	11234	12259	19415	52066
节能环保	1417	5550	4501	5001	16469
城乡社区事务	21686	38931	42533	46830	149980
农林水事务	3983	7115	6404	6761	24263
资源勘探电力信息	1627	1646	5221	7783	16277
商业服务业	2760	1151	1555	373	5839
国土资源气象	382	712	258	207	1559
住房保障	9255	49411	10801	14914	84381
粮油物资储备事务	—	—	326	360	686
其他支出	14733	31642	33475	14547	94397

表8 云岩区2015年公共财政预算支出表

单位：万元

预算科目	支出
一般公共服务支出	74941
国防支出	467
公共安全支出	50240
教育支出	113939
科学技术支出	8128
文化体育与传媒支出	4289
社会保障和就业支出	48034
医疗卫生与计划生育支出	22714
节能环保支出	5920
城乡社区支出	55364
农林水支出	7119
交通运输支出	36

续上表

预算科目	支出
资源勘探信息等支出	6397
商业服务业等支出	449
国土海洋气象等支出	1023
住房保障支出	10460
粮油物资储备支出	287
其他支出	18975
债务付息支出	2853
债务发行费用支出	3

2015年，受整体经济下行影响，全区财政收入增速下降，云岩区通过将预下达的上级转移支付足额编入本级预算，确保基本支出预算盘子充实；加强年初预算到位率和经费拨付有保障，严控经费支出等一般性支出；将政府性基金预算中地方教育费附加收入、残疾人就业保障金收入和地方水利建设基金收支列入一般公共预算；将项目经费按20%、公务经费按10%预留压缩，确保民生资金及时到位。通过盘活财政存量资金，清理结转结余资金，控制新增结转结余，清理出资金，统筹用于经济社会发展领域。

二、基金预算支出

2001年—2003年，区级基金支出主要是农村教育费附加支出和黔灵镇农村教育事业投入。从2004年开始，基金支出主要是地方教育费附加支出和土地有偿使用支出，较往年大幅度增加，原因是2003年原市级财政统一管理的地方教育费附加收入，改由区级预算统一安排，补助区级教育经费不足，拆迁改造资金缺口较大。通过与各职能部门配合，土地有偿使用支出，以从市级财政争取的“国有土地使用权”有偿使用收入用于返还。

2011年—2014年，基金预算支出分别为10.0007亿元、12.6324亿元、17.6699亿元和10.1338亿元，分别比上一年同期增长14.66%、26.32%、39.88%；2014年为2013年同期的57.35%。主要用于地方教育费附加、国有土地有偿使用、残疾人就业保障金、文化事业建设费及森林植被恢复费和彩票事务支出、薄弱学校环境建设、普教设备购置及教师培训经费、城市文明程度测评经费、被征地农民补偿费、城市基础设施建设、银行贷款还本付息、扶持残疾人就业及指导培训、植被修复培育及老年福利等方面支出。

2015年，全区基金预算支出3.9230亿元，为2014年同期的38.71%。下降原因是划拨土地收入减少；当年按财政部《关于完善政府预算体系有关问题的通知》要求，部分政府性基金支出科目调到公共财政预算支出科目列支。基金预算支出用于国有土地使用权出让收入安排的征地拆迁补偿费支出、城市建设支出、棚户区改造支出、城市公用事业附加安排的支出，以及社会福利的彩票公益金支出、城乡医疗救助的彩票公益金支出和债务发行费用支出等。

第五节　街道财政

一、财政收入

云岩区街道（镇）财政体制的发展，经过包干体制和分税制前后的7次改革。实行分税制财政体制后，街道（镇）财政组织的地方收入由1994年的2625万元增长到2011年的11.3069亿元，年平均增长24.78%，占区级财政收入的比重达一半以上，街道（镇）财政累计实现总收入87.6942亿元。2012年，区属街道办事处均改制为社区服务中心，改制初期，社区服务中心不承担经济职能。

二、财政分成与财力使用

分税制主要按税收划分各级政府的预算收入，各级预算相对独立，负有明确的平衡责任。贵阳市和区、街道（镇）财政收入分成的使用范围、使用比例均有明确规定。2001年，超收分成达31万元以上的，按5∶2∶3的比例使用；超收分成在20万~30万元的，按4∶3∶3的比例使用；超收分成在11万~20万元的，按3∶3∶4的比例使用；超收分成在10万元以下（含10万元）的，按2∶2∶6的比例使用。2003年—2007年，在贵阳市《分税制街道（镇）财政体制补充方案》中，对各街道（镇）分成财力的使用作出新规定：各街道在支出预算安排中，按当年所得分成财力的75%~80%，用于确保工资发放及各项工作的正常运转支出；按当年所得财力，1000万元以上按15%，1000万元以下（含1000万元）至500万元以上按12%，500万元以下（含500万元）按10%的比例用于经济发展支出；按当年所得财力的10%用于按体制提取奖励性支出。黔灵镇按照镇人大批准的预算报告执行。

2008年—2011年间，实行总额分成体制。地方财政收入（40%口径）上划市级40%后，所留财力2000万元以内部分，区、街道（镇）按4∶6比例分成；超出2000万~3000万元以内部分，区、街道（镇）按5∶5比例分成；超出3000万元以上部分，区、街道（镇）按6∶4比例分成。2012年起，改制后的社区服务中心不再实行分成，黔灵镇全部按6∶4比例分成。

三、街道财源建设

2001年以后，云岩区财源主体逐步由国有经济转为以街道非国有经济和街道集体企业的税收。街道（镇）办事处不断扶植骨干企业，壮大财源；健全协税护税网络，抓好零星税的征收。通过与居委会签订委征合同书，由居委会帮助代征房产税、土地使用税等零星税；把发展非国有经济，以及集体、私营和个体工商业，作为培植街道（镇）财源的主攻方向，将发展投资少、见效快，不受资源约束的第三产业作为财源建设的重点。持续改造、新建上规模、多门类的专业市场。物流配送、信息咨询、社区服务、旅游等新型产业快速发展，至2006年，街道财政收入4.9058亿元，是20世纪80年代中期财政收入的83倍。2012年，街道办事处改制为社区服务中心，不再具备财税管理职能。

第六节　财源建设

2004年—2012年的8年间，云岩区为291户企业的333个技术进步项目进行财政贴息，贴息总额达2.3105亿元。对纳税大户企业实行挂牌保护等措施，为企业发展创造宽松环境，区人民政府出台《云岩区招商引资奖励办法》和《云岩区招商引资资金认定办法》，完善招商引资项目库及外资信息管理系统，创新管理机制和服务机制，确保在项目选择、项目审批、企业设立、项目实施、企业经营、政策咨询、投资投诉等方面，创造软环境，为投资者提供多方面支持；对引进纳税大户和企业，实行“一站式”服务，办证、收费一条龙服务。

2001年—2004年，云岩区执行1999年与省财政厅签订的《建设经济强县促进财政收入上台阶协议》，财政收入每年以两位数增长，实现财源建设与经济发展同步发展。2004年，全区规模以上工业企业增加值完成54.72亿元，增长18.9%。期间，云岩区实施“科教兴区”“市场带动”“开放带动”和“可持续发展”四大战略，财政工作向生财、聚财、理财并重方向转变。2010年，实现生产总值超200亿元、财政总收入超20亿元、地方财政收入超过10亿元。财政总收入和地方财政收入比“十五”计划时期翻两番。工业经济对财政收入的贡献率达19.82%。2011年—2015年，云岩区按“十二五”规划调整经济发展目标，重点建设“一核两带三片区”，实施“优化二产，大力引进三产”的发展战略，加大后续财源的培植力度。2013年，区财政总收入突破100亿元大关，公共财政预算收入突破30亿元大关，财政总收入名列全市各区（县、市）第一。截至2015年，云岩区建立以区级财政投入为主导，金融贷款为支撑，企业自筹为基础，社会扶植为辅导的多元科技投入体制格局。

第七节　金财工程

一、业务软件应用

2006年，区财政局成立“金财工程”建设领导小组，设有专门人员负责“金财工程”的具体建设工作（金财工程简称“GFMIS”，是财政系统信息化建设目标和规划的统称），建立《计算机和网络使用规定》和《中心机房管理制度》等相关制度，筹集投入大量资金，建设专用信息平台，为财政办公自动化、预算管理、非税管理、国库集中支付管理等各类财政业务软件应用打下扎实的网络及硬件基础。同年，区财政局委托软件公司研究开发云岩区OA财政办公信息系统软件。2009年，引进部门预算编制、指标管理系统、建设非税管理系统，为全区“收支两条线”改革服务；同时作为“金财工程”建设的组成部分，资产管理使用财政部开发的资产信息系统建设软件，全区系统软件实现动态资产管理。2010年，“贵阳市财政网络办公软件”投入使用；以财政国库集中支付系统进行区财政国库集中收付制度试点工作。当年应用“工资统一发放系统”软件，统发人数1万余人。

2011年，将原有国库集中支付系统2.0版本升级到3.0版本，解决原版本软件与指标系统接口交换不能稳定交换数据的问题，完成国库集中支付系统升级；同年自主研发“街镇分税业务”软件，实现区和街道（镇）两级应用部署，可及时掌握街道税收和任务完成情况。2014年，开发“云岩区三公经费管理系统”投入使用，实现各预算单位“三公”经费支出数据的网上实时报送、单位数据及时采集、财政实时审核监督、往年数据动态比较，以及业务报表自动统计管理模式。全区完成资产信息系统网络版升级158家单位，实现资产网络化管理；教育系统15所学校实现资产条形码管理。2015年，全省财政视频远程培训及会议系统“云岩区财政局分会场”建设全部完成。

二、“金财工程”网络

2007年，云岩区使用光纤实现和省厅、市财政的网络连接。2009年，云岩区规划建设财政广域网络，通过电信 VPN 专线与全区 5 个试点单位实现广域网络连接。到 2010 年，全区共有 81 个信息结点陆续通过电信 VPN 专线和专用光纤形式接入财政广域网系统。2013 年，通过贵阳电信公司 ADSL 线路资源，新增财政专网接入单位 3 家。2014 年，全区财政专网接入单位共有 165 家，其中电信接入 143 家。2015 年，新增 1 家，使财政专网接入单位达 166 家。

2010 年，"金财工程"网络进行重新规划和性能进一步改进，新增财政业务应用得到扩展。至 2011 年，云岩区被省财政厅列为"财政业务一体化"平台试点区（县）。2012 年 1 月，"财政业务一体化"平台上线运行，指标管理、财政拨款、国库集中支付业务、统发工资、财政统一门户等全部投入使用，全区 152 家行政事业单位全部实行统发工资国库集中支付。2014 年，新增连接市财政局的 10 兆线路 1 条。

三、财政广域网和局域网

财政一体化平台采取 CA 安全认证技术，对区财政大平台各操作人员及所有预算单位的 CA—KEY 进行制作发放，并编写多个系统应用操作指导说明书，方便业务科室与各预算单位的日常操作使用。同年，在财政专网基础上，区财政局通过贵阳电信公司 ADSL 线路资源，新增财政专网接入单位 24 家。2013 年，向 176 家预算单位发放 350 个 CA—KEY，有效保证 CA 身份认证和授权管理系统。通过区财政业务一体化平台，完成全区 2012 年—2015 年度数据结转与新年度基础数据初始化，对指标调剂业务流程，统发工资代扣业务流程进行调整。2013 年，区财政一体化大平台项目通过省和贵阳市财政局验收。

2010 年，区财政局增加机房 IC 卡门禁系统、铺设防静电地板、空气净化与防尘装置，对机房 UPS 不间断电源系统重新设计改造，对机房计算机网络设备及信号线路重新规划整理，使整个机房区域达到现代化标准机房水平。截至 2015 年，区财政局有中心机房 1 个，后备电池机房 1 个，机柜 4 个，专用服务器 11 台，核心三层交换机 1 台，两层交换机 4 台，路由器 2 台，硬件防火墙 1 台，磁盘阵列柜大规模存储 1 套，以及 UPS 不间断电源 1 套等设备，连接客户端 130 余个。

第八节　政府采购

一、规范政府采购

云岩区于 1999 年 4 月 28 日成立政府采购领导小组。区长任组长，领导小组成员由中共云岩区委办公室、区人民政府办公室、区财政局、区审计局、区监察局的主要领导组成，下设办公室负责具体工作。

从 2003 年 1 月 1 日起，区财政局实施《政府采购法》，规范政府采购行为。开设"绿色通道"，依法实施"阳光"（即按公开、公平和公正原则）采购。2008 年，出台《云岩区人民政府采购暂行管理办法》和《云岩区人民政府采购集中采购目录及限额标准》，下发区属各行政、事业单位、团体组织贯彻执行。

2014 年，区人民政府采购工作扩面增量，采购规模大幅增加，采购范围不断扩大，集中采购次数增多，区财政局加大公开招标采购份额，做到应采尽采。例如：将区教育局的学校安全设施加固、维修、校舍改造工程等项目，按规定全部纳入公开招标范畴。全区全年实际采购总量突破 2 亿元，达 2.184 亿元。2015 年，区人民政府采购金额 1.849 亿元、比采购预计资金节约 2520 万元。

表 9　云岩区人民政府采购统计表

（2001 年—2015 年）　　单位：万元

年份	安排资金	户数	次数	采购金额	节约资金	节约率(%)
2001 年	617.15	36	28	594.81	22.34	3.6
2002 年	625.53	38	40	596.69	28.84	4.65
2003 年	1256.15	38	62	1132.94	123.21	9.81
2004 年	2533.1	40	28	2157.7	375.4	14.82
2005 年	2757.5	36	28	2256.85	500.65	18.16
2006 年	2159.06	38	30	1783.25	375.81	17.41
2007 年	2691	38	30	2197	494	18
2008 年	3502	38	40	2950	552	16
2009 年	6808	23	40	5754	1054	15.5
2010 年	14094	40	236	12036	2058	14.6
2011 年	14986	40	211	12788	2198	14.66
2012 年	11305	51	186	9656	1649	14.59
2013 年	17281	74	120	14607	2674	15.47
2014 年	26424	80	144	21844	2974	11.26
2015 年	21006	38	200	18486	2520	12
合计	128045.49	648	1423	110446.24	17599.25	—

二、政府监管机制

2001 年起，云岩区按国家规定，建立健全政府采购管理体制，实施政府采购的计划管理和财政资金直接拨付，加强政府采购行为规范管理。2006 年，云岩区治理商业贿赂领导小组成立，由区委常委、常务副区长任领导小组组长，下设办公室，协调指导全区治理工作。各相关单位成立治理政府采购领域商业贿赂领导小组。分为调研摸底、自查自纠、整改查处和总结汇报 4 个阶段。对采购人和代理机构展开思想政治教育和法制教育，增强机关干部抵制商业贿赂、廉洁从政从业意识。区财政局建立健全多项管理制度，形成预防政府采购领域商业贿赂的长效机制。

三、专项检查

为贯彻落实 2008 年 7 月召开的财政部、监察部、审计署、国家预防腐败局、全国政府采购执行情况专项检查电视电话会议精神和《贵阳市关于开展政府采购执行情况专项检查的通知》精神，区财政局从健全机构、拟定实施方案、宣传动员、提高认识和开展自查自纠、重点检查几方面开展工作。

经检查，大多数单位设立有政府采购管理机构，配备专职人员，按照“贵阳市政府采购集中采购目录”的范围和规定的采购方式集中采购，全程接受监督部门的监督，落实《政府采购法》及相关法规。检查中发现的问题主要：有些单位因工作急需等原因，存在先行采购，未按规定于年初编制采购预算，未上报审批等现象。2006 年—2007 年度，各单位自行采购金额达 51 万元。另外，发现由于区人民政府采购项目规模小、资金少、难以形成采购规模及“工程招标法”与《政府采购法》的法律条款未衔接到位，部分区属工程采购项目尚未纳入区政府采购管理的范围等问题。据此，区财政局采取以下措施：

（一）要求各单位加强组织领导，落实政府采购管理监督；有二级单位的主管部门，要求成立政府采购领导小组及办公室，设专人管理；

（二）加强政府采购预算管理；

（三）区属各单位50万元以下工程项目，纳入区政府采购工作管理，逐步解决《政府采购法》与《招投标法》不衔接的矛盾；

（四）加强对分散采购项目的管理；

（五）制定完善相关制度，完善区政府采购管理体制改革规定。

四、社会集团购买力管理

云岩区于20世纪60年代成立云岩区控制社会集团购买力办公室，对全区行政、企事业单位申请购置专控商品进行审批。此后，随着经济和社会发展需要，不同时期审批的项目和控制金额有不同要求。从2008年起，专控商品范围，仅限为车辆，其他商品不再办理专控商品审批手续。对违纪控购专控商品的单位一经查出，严格按照有关规定进行处罚，从而强化了全区行政、企事业单位对专控商品购置的法治意识，达到对专控商品的法规管理的目的和要求。

表10　专控商品审批监督管理情况表

（2001年—2015年）　　单位：万元

年份	总计	其中		
		汽车/摩托车		其他商品（金额）
		辆数	金额	
2001年	760.3	95	742.2	18.1
2002年	763.6	90	751.7	11.9
2003年	1066	99	1046	20
2004年	1022.8	99	986.7	36.1
2005年	993	79	953	40
2006年	641.3	69	584	57.3
2007年	708	54	644	64
2008年	404.1	45	—	—
2009年	330.2	21	—	—
2010年	518.98	40	—	—
2011年	91.08	6	—	—
2012年	206.32	12	—	—
2013年	110	9	—	—
2014年	838	74	—	—
2015年	41.35	2	—	—

第九节　资金管理

一、预算外资金管理

2000年，云岩区人民政府下发《云岩区预算外资金管理规定（试行）》和《进一步规范财政性资金管理》等文件，从预算外收费、行政收费、罚没收入界定、专户管理、票据管理和报表管理制度等方面实施全方位管理。

云岩区从2003年12月起，区公安分局、司法局、农水局、法院、计生局、民政局、卫生局、疾病预防控制中心、卫生监督所、拆迁代办所、市政所、物价局部分或全部行政事业性收费，纳入区财政预算管理；街道办事处清洁队居民卫生费不再交入财政专户，专户数从96户减少到36户。

2005年，原贵阳市属中学12所下划云岩区，因而2006年财政专户余额净增2400万元。2007年，原纳入预算外资金专户管理的贵阳市第二实验中学、贵阳市第十九中学、贵阳市第十七中学和贵阳市第七中学的4所分校财务实行单独核算，收取的借读费不再缴存财政专户，预算外收入比2006年减少2053万元。

2009年5月4日，实施区非税收入收缴管理改革后，实现财政、银行、执收单位网络连接，预算外资金收入纳入非税收入收缴管理系统。从2011年1月1日起，除教育部门收取的考试考务费和普通高中学费纳入财政专户外，其余预算外资金全部纳入预算管理。

表11　云岩区预算外收支及集中区级事业发展基金一览表

（2001年—2012年）

年份	交存专户(户)	预算外收入	预算外支出
2000年	96	6788	5557
2001年	96	6995	7209
2002年	96	7777	7565
2003年	96	7432	6669
2004年	36	3768	3175
2005年	36	3080	3781
2006年	36	6094	6115
2007年	36	4120	4113
2008年	36	4342	3976
2009年	36	2234	3113
2010年	36	3095	2628
2011年	1	461	383
2012年	1	486	410

二、财政周转金及贴息资金管理

2000年，中共云岩区委、区人民政府支持企业技术创新和GMP改造，帮助企业发展生产。区财政对重点企业、重点项目采取贴息的方式实施支持。区计划经济局、经济强区办公室、财政局3家成立联合小组，对企业项目实施完成、银行资金到位、企业经营效益等情况展开调查，并对项目实施完成以后产生的经济效益作出分析论证。同年9月，按照择优扶强的原则，制定《云岩区建设经济强区技术进步金融贷款财政贴息管理办法（试行）》。明确财政贴息资金来源、范围、条件、标准及办理财政贴息程序，建立金融贷款财政贴息管理小组对财政贴息的项目进行跟踪、考评和监督。

在1999年—2003年的5年中，云岩区得到省和贵阳市财政贴息资金2238万元（其中省财政厅750万元，市财政局1488万元），区自筹贴息资金1980万元，与省市财政贴息资金捆绑，用于企业贴息，为96户企业的117个"技术进步项目"贴息4218万元。在财政贴息支持下，云岩区获得全省20个县（市、区）第一轮"建设经济强县"第一名。

2004年，区人民政府和区财政局对《云岩区创建经济强县技术进步金融贷款财政贴息管理办法（试行）》（以下简称"《办法》"）进行修订，于当年6月出台第二个《云岩区创建经济强县技术进步金融贷款财政贴息管理办法（试行）》，财政局按照择优促强原则，对科技含量高、经济效益好、纳税大户企业给予财政贴息；将项目、管理、技术成熟的企业推向金融市场寻找资金，形成投资合力。2004年—2012年，区财政共为291户企业、333个"技术进步"项目贴息23105万元（其中向省、市财政争取贴息资金7314万元，区财政安排贴息资金15791万元）、吸引银行贷款约39亿元。

三、社保资金管理

（一）社会保障资金专户管理

2000年，云岩区成立财政社会保障资金专户，将企业职工养老保险金、失业保险金、就业资金和城市居民最低生活保障金等各项社会保险资金纳入财政专户管理。2001年，成立财政社会保障补助资金专户，各项社保资金在专户中封闭运行，单独核算，使用管理和监督。区财政局执行收支两条线管理，制约与管理相结合，确保社保资金相对封闭安全运行。年内，规范经办业务工作，完善基金财务管理，优化操作流程，坚持对账制度。截至2015年，各年每月一次与社保、经办机构、国库、商业银行的对账制度，发现问题及时研究处理，防止基金被挪用或流失；按照财政部《社会保险基金财务制度》的规定，社保基金结余除国家规定预留的支付费用外，全部用于购买国家发行的特种定向债券和其他国家债券，保证社保基金的安全性，并确保基金保值增值。

（二）城市居民最低生活保障

2001年，城市最低生活保障制度全面铺开，并进行大范围的扩保。2002年，基本实现应保尽保，并建立低保补助标准自然增长机制，参保居民逐年有增加。截至2015年，辖区城市居民最低生活保障制度机制基本完善，呈成熟运行状态，"应保尽保"和"动态管理"全面实现，当年补助标准达每人每月530元。

表 12　云岩区城市居民最低生活保障收支一览表

（2001 年—2015 年）　　单位：万元

年份	财政总投入	区财政投入	发放金额	保障人次
2001 年	544	150	507	24421
2002 年	1652	248	1691	326457
2003 年	2336	237	1933	346044
2004 年	2567	300	2289	317434
2005 年	3097	300	3054	328771
2006 年	3579	410	3333	332250
2007 年	5002	530	5066	354077
2008 年	7452	590	6287	386319
2009 年	8080	1500	8041	385699
2010 年	9300	1600	7641	361772
2011 年	11421	1800	10577	346676
2012 年	10639	2689	10782	339442
2013 年	11421	571	12598	335484
2014 年	12718	1351	12969	332025
2015 年	17705	2000	13769	312913

（三）农村居民最低生活保障

2005 年 6 月 1 日起，云岩区开始实施《云岩区农村居民最低生活保障实施细则》，主要针对因病、因残丧失主要劳动能力的农村特困人员的定期救助和因灾或其他原因造成生活困难的农村特困人员的临时救助，使农村贫困群众的基本生活得到保障。当年 6 月—12 月累计有 728 户次，1763 人次享受农村低保，共发放农村低保金 87168 元。

2008 年，辖区在全省率先实行“城乡低保一体化”，农村低保提高标准到每月 215 元，全年投入 130 万元；有 910 人纳入救助范围。2010 年，区财政投入 180 万元，各级财政共投入 267 万元，发放 162 万元，年末享受待遇 765 人，全年累计补助 9552 人次，实现“应保尽保”。2011 年，保障标准提高到每人每月 340 元，各级财政共投入 337 万元，按时足额发放 248 万元。2012 年，保障标准每人每月 380 元，各级财政共投入 451 万元，发放保障金 265 万元，年末享受待遇 742 人，全年累计补助 9160 人次。2013 年，保障标准提高到每人每月 425 元，各级财政共投入 314 万元，发放保障金 315 万元，年末享受待遇 721 人。2014 年，保障标准提高到每人每月 475 元，各级财政共投入 465 万元，发放保障金 365 万元，年末享受待遇 803 人。2015 年，保障标准提高到每人每月 530 元，财政投入 17 万元，发放保障金 415 万元，年末享受待遇 772 人。

（四）城镇居民基本医疗保险

2003 年—2007 年，各区属企业均有部分退休或下岗职工办理社会保险和医疗保险。2007 年，云岩区被列为“城镇居民基本医疗保险”试点单位，筹建以家庭缴费为主，政府给予适当补助的城镇居民医疗保险制度。当年10月1日，城镇居民基本医疗保险工作启动，参加保险114069人，财政补助资金73.93万元。2008年，参加城镇居民医疗保险的有156261人，全年财政补助资金276万元。2009年，将8所普通高等学校（包括民办学校、独立学院）及科研院所的全日制本科生和研究生，全部纳入城镇居民医疗保险，全年参加城镇居民医疗保险人数达222565人，财政补助资金355万元。

2010年年底，全区参加城镇居民医疗保险有226264人，全年财政补助资金335万元。2011年，参加城镇居民医疗保险，226264人，区财政补助资金524万元。2012年，参保人数为203297人，区财政补助资金达604万元。2013年，参保人数为229367人，区财政补助资金650万元。2014年，参保人数228024人，区财政补助资金694万元。2015年，参保人数230224人，区财政补助资金770万元。

（五）新型农村和城镇居民养老保险

2008年6月30日，云岩区新型农村养老保险工作启动，当年有3832人参加养老保险，财政补助专项资金12万元，解决农民养老问题。2009年，有7185人参保，年财政补助资金72万元。2010年，区财政补助249万元，有13411人参加新型农村养老保险，参保人员成倍增长。

2011年10月，全区城镇居民养老保险工作启动。2012年7月1日，国家对新型农村养老、城镇居民养老两项制度实施全覆盖，云岩区被列入中央新增试点县，当年有14854人参保，各级财政补助新型农村养老保险金480万元；城镇居民有8119人参加保险，财政补助养老保险金969万元。2013年，参加城乡居民养老保险的有14804人，财政补助1094万元。2014年，参加城乡居民养老保险有26400人，财政补助1686万元。2015年，参加城乡居民养老保险有26412人，财政补助2064万元。

（六）城乡医疗救助

2006年，区财政局与民政等部门制定《云岩区城市医疗救助制度实施细则》，建立云岩区城市医疗救助制度。当年到位经费230.02万元（省级15万元、市级100万元、区级配套经费115.02万元），按规定纳入社会保障基金财政专户实行收支两条线管理。全年享受农村医疗救助人数316人，经费支出3160元，用于资助黔灵镇贫困村民参加合作医疗的个人缴费。此后，根据实际需求，医疗救助财政支出每年有一定的增长。

2010年，区财政投入城市医疗救助金240万元，全年救助24361人次，其中资助参加城镇居民基本医疗保险23886人，实际救助475人；全年财政投入农村医疗救助金73100元，用于资助贫困村民参加合作医疗的个人缴费722人和实际享受医疗救助农民10人，共732人。2011年—2012年，全区实施基本医疗费用减免和常用药优惠供给，从根本上解决患大病的城乡贫困家庭医疗费困难问题。2012年，救助城市困难对象22778人次，支出救助资金278万元，其中资助困难群众22095人参加城镇居民医疗保险；支出农村医疗救助资金4万元，其中帮助困难人员参加合作医疗599人，受助人员603人次。2013年，财政投入128.31万元，救助城乡困难对象23090人次。2014年，财政投入549.11万元，救助城乡困难对象22990人次。2015年，财政投入894万元，救助城乡困难对象23133人次。

（七）就业资金预算

2003年云岩区开始将再就业资金纳入财政预算，将再就业资金纳入财政专户管理。当年投入50万元，用于再就业工作。区人民政府成立小额贷款担保中心，财政部门到位小额贷款担保基金预算150万元，保证全面启动小额贷款的咨询、申请、受理。共发放小额贷款12人，放贷24万元。2010年，全区安排就业资金预算200万元，比2009年增加90万元，全年市区两级共投入2524万元，实际支出达3584万元；在商业中心地段设立“云岩区小额贷款、创业扶持‘一站式’服务”窗口，为服务对象同步办理小额贷款、创业服务、创业培训、职业技能鉴定等服务项目。全年发放小额担保贷款164人，放贷金额1285万元。同年全区财政投入快速增长，主要用于下岗失业人员支付社会保险补贴、免费提供再就业培训、公益性岗位补贴、各项创业奖励等开支。2012年，全年享受就业扶持政策达50715人。2013年，区财政匹配300万元，充实区级就业创业专项资金，将小额担保贷款与创业培训相结合，实现“资金扶持＋创业培训”全方位服务，全年为534名创业人员及4家企业发放小额担保贷款7239万元，带动就业1500余人。

2014年，区财政局和区人社局出台《云岩区创业培训后续跟踪服务实施方案》，形成职业培训、技能鉴定、小额担保贷款、创业扶持等业务性政策体系和失业人员、高校毕业生、农民工等群体性政策体系，完善就业创业政策扶持体系。2015年，全区新增城镇就业人员55162人；区财政投入经费15万元，建立“阳光助业驿站”作为戒毒康复人员就业创业帮扶平台，对戒毒康复人员的就业创业帮扶信息进行掌控和调整。

表13　云岩区就业资金收支一览表

（2008年—2015年）　　单位：万元

年度	上级财政	区级财政	提取失业金	直落单位由上级列支	支出
2008年	1013	100	85	—	859
2009年	1965	110	—	—	1532
2010年	2324	200	—	—	3584
2011年	2274	200	171	1900	4913
2012年	3595	300	1019	1233	6149
2013年	2279	300	1656	1576	5816
2014年	2400	300	1313	635	4653
2015年	2250	300	690	1354	4594
合计	18100	1810	4934	6698	32100

（八）社区公共卫生服务经费保障

从2000年起，云岩区在各街道办事处建立街道（社区）卫生服务中心，展开对居民的卫生服务工作。2010年，区财政局参与制定《云岩区促进基本公共卫生服务均等化实施方案》，指导发展公共卫生服务事业。2011年起至2012年，区卫生部门免费为常住、流动居民提供城乡居民健康档案管理、健康教育、0岁~6岁儿童健康管理、孕产妇健康管理、老年人健康管理、预防接种、传染病及突发公共卫生事件报告和处理、慢性病（高血压、2型糖尿病）健康管理服务、重性精神疾病患者健康管理、卫生监督协管、中医药健康管理服务等11项基本公共卫生服务。由区财政局为上述工作提供资金保障。

表 14 云岩区社区卫生经费历年投入情况表

（2001 年—2015 年） 单位：万元

年度	人均配套标准(元)	区级	上级	合计
2001 年	—	92	205	297
2002 年	—	155	45	200
2003 年	—	100	55	155
2004 年	—	63	68	131
2005 年	—	99	109	208
2006 年	—	93	93	186
2007 年	—	135	530	665
2008 年	—	139	199	338
2009 年	20	235	1531	1766
2010 年	18	238	1188	1426
2011 年	27.3	238	1931	2169
2012 年	27.3	287	1980	2267
2013 年	31.95	295	2848	3143
2014 年	35.27	137	3341	3478
2015 年	40	282	3680	3962
合计	199.82	2588	17803	20391

（九）新型农村合作医疗

云岩区根据《中共中央国务院关于进一步加强农村卫生工作的决定》精神，建立农村医疗保障制度，纳入社会保障体系统筹规划。2003 年 6 月 1 日，在黔灵镇的渔安、安井、雅关、偏坡等边远村民组开展区域性大病统筹新型农村合作医疗。区财政投入 7.2 万元，建立新型农村合作医疗制度，改革完善农村卫生服务体系。2005 年 7 月 1 日起，区财政局会同区卫生部门制定《云岩区新型农村合作医疗制度实施意见》，建立由政府组织、引导和支持，农民自愿参加，个人、集体和政府多方筹资，以大病统筹为主的新型农村合作医疗制度。至此，新型农村合作医疗全面铺开。

2007 年，云岩区被省卫生厅列为“贵州省新型农村合作医疗新增县”，全区扩大农民参加合作医疗动员。2013 年，以区人民政府主导与市场机制相结合方式，按当年筹资总额的 5% 用新农合基金为“参合”农民购买“大病商业保险”，建立都新型农村合作医疗风险基金。2008 年—2013 年，全区累计提取风险金 1438313.60 元（2008 年 94719 元，2009 年 116475 元，2010 年 165022 元，2011 年 287488 元，2012 年 356，048.50 元、2013 年 418561.10 元）上缴省级财政专户。

表 15　云岩区新型农村合作医疗投入一览表

（2003 年—2015 年）　　单位：万元

年度	参合人数	筹资标准(元)			基金筹资总额	其中		支出		补偿人次
		合计	个人	财政		区级财政	上级财政	补偿费用	大病保险	
2003 年	—	—	—	—	7	7	—	—	—	—
2004 年	—	—	—	—	8	6	2	—	—	—
2005 年	15829	32	10	22	63	6	27	10	—	—
2006 年	24580	45	10	35	118	62	24	25	—	579
2007 年	24580	45	10	35	106	7	78	79	—	2619
2008 年	38087	90	10	80	317	15	238	323	—	17511
2009 年	38825	100	20	80	458	12	368	388	—	17628
2010 年	39291	140	20	120	552	20	451	505	—	16770
2011 年	41665	230	30	200	965	29	805	732	—	20118
2012 年	40925	290	50	240	1236	29	975	1216	—	18065
2013 年	42279	330	50	280	1394	33	1129	1730	69	21886
2014 年	43237	390	70	320	1701	39	1345	1596	84	23186
2015 年	44013	450	70	380	2009	74	1598	1610	99	16578
合计	393311	2141	350	1792	8934	339	7040	8214	252	154940

（十）基本药物制度

实施基本药物制度是国家医改的“五项重点改革”之一。2010 年，区财政局与卫生局联合制定下发《云岩区基本药物制度实施方案》，对延中社区卫生服务中心、黔灵镇乡镇卫生院（含 19 家村卫生室）共 21 家单位全面实施基本药物制度（基本药物制度是国家对基本药物目录制定、生产供应、采购配送、合理使用、价格管理、支付报销、质量监管、监测评价等多个环节实施有效管理的制度），对纳入贵州省基本药物目录的 307 种药物实行零差价，农村卫生机构实施乡村一体化管理，按文件要求省、市、区投入基本药物制度补助资金 69 万元。2014 年，23 家基层医疗卫生机构实施基本药物制度。

表 16　云岩区基本药物制度投入一览表

（2010 年—2015 年）　　单位：万元

年度	区级	市级	合计
2010 年	21	48	69
2011 年	26	216	242
2012 年	27	428	455
2013 年	—	241	241
2014 年	54	324	378
2015 年	26	324	350
合计	154	1581	1735

（十一）被征地农民社会保障

2013年10月1日，云岩区启动被征地农民社会保障工作。按照《云岩区贯彻市政府〈关于做好被征地农民就业和社会保障工作的意见〉的实施方案的通知》的要求，对符合补助条件的被征地农民，由区被征地农民社会保障资金给予相应补助。区财政局从云岩区被征地农民社会保障资金中投入480.6万元，补助被征地农民养老保险资金，受益农民约600人，确保其正常生活。2014年，投入保障资金601万元，获益农民1800余人。

四、基本建设资金管理

2001年，区财政局对国债专项资金的使用和管理进行经常性的监督、检查，掌握有关项目前期准备情况、专项资金下达情况和项目完成情况。2002年，区财政局开始履行对本级政府基本建设支出预算执行的职能。同年9月，把加强资金管理与加强工程质量管理相结合，加强对资金使用情况的监督检查，确保建设资金真正用在工程建设上。具体办法是，把加强资金管理与严格执行基本建设财务管理的各项制度、法规相结合，控制建设成本，确保资金使用效益，使加强基本建设财务与资金管理步入制度化、法制化的轨道。此后，每年由区财政局会同有关部门，编制基本建设项目年度投资计划，并参与建设项目的工程招标、投标等工作；对建设项目的预算、决（结）算进行审查，负责对项目工程预算、决（结）算的审批。严格执行各项基本建设财务管理制度，对基本建设资金做到专款专用。

2001年—2014年，累计审核基本建设预、决（结）算254个，审减资金5010320.52元。2015年，云岩区审计局成立云岩区固定资产投资审计服务中心后云岩区财政局不再对工程预、结、决算进行评审。

2002年—2015年，区财政向银行贷款共346955万元，为全区广场绿化、行政综合大楼建设、小关污水处理厂建设、市西路综合环境整治、金阳大道延伸段建设、拆迁工程、道路改造等项目，缓解资金困难。

2015年，为落实城市公立医院改革相关工作，区财政局对区属医院2013年—2015年的收支、债务、综合指标等进行摸底调查；配合相关部门制定《云岩区人民政府关于印发云岩区城市公立医院综合改革试点实施方案的通知》。当年12月31日零时起，云岩区人民医院、云岩区第二人民医院、云岩区妇幼计生保健院药品实行“零差率”销售（中药饮片除外）；区财政投入专项经费100万元，支持医院综合改革的运行。2001年—2015年，区财政局累计拨付基本建设资金485115万元（含上级资金）。

表17　云岩区市政工程贷款使用一览表

（2002年—2015年）　　单位：万元

贷款年度	项目名称	贷款银行	合　计
2002年3月	云岩绿化广场建设工程	工行云岩支行	2000
	云岩区行政综合大楼建设工程		
	贵开路至云锦庄拆迁工程		
2002年4月	云岩绿化广场工程	交通银行	2000
2002年6月	云岩绿化广场建设工程	贵阳市商业银行	2000
	云岩区行政综合大楼建设工程		

续上表

贷款年度	项目名称	贷款银行	合 计
2003 年 1 月	三桥中坝路改造工程 云岩绿化广场建设工程 贵开路至云锦庄拆迁工程 筑新路改造工程	贵阳市商业银行	4000
2003 年 6 月	三桥中坝路改造工程 筑新路改造工程 黔春路改造工程	国家开发银行	10000
2003 年 7 月	云岩区行政综合大楼建设工程 三桥中坝路改造工程 贵开路至云锦庄拆迁工程 市西路改造工程	建行城北支行	10000
2003 年 7 月	云岩绿化广场建设工程 百花山路改造工程 黔春路改造工程 顺海新公园路建设工程 三桥至高坡哨道路改造工程 申一橡胶厂至大众橡胶厂道路改造工程 康厦房开公司	建行城北支行	10000
2004 年 3 月	云岩区行政综合大楼建设工程 三桥中坝路改造工程 贵开路至云锦庄拆迁工程 云岩绿化广场建设工程 黔春路改造工程 雅关大沟改造工程 飞山街改造工程 黔灵东西路改造工程 行政综合大楼指挥部借款 黔灵镇政府借款	贵阳市商业银行	8000
2004 年 6 月	黔灵东西路改造工程	国家开发银行	1200
2005 年 1 月	三桥中坝路改造工程 黔春路改造工程 雅关大沟改造工程 飞山街头改造工程 海明公司借款	贵阳市商业银行	5000

续上表

贷款年度	项目名称	贷款银行	合　计
2005年6月	三桥中坝路改造工程	国家开发银行	900
2005年8月	云岩区行政综合大楼建设工程	贵阳市商业银行	2000
	三桥中坝路改造工程		
	贵开路至云锦庄拆迁工程		
	市西路改造工程		
	云岩绿化广场建设工程		
	百花山路改造工程		
	筑新路改造工程		
	黔春路改造工程		
	顺海新公园路建设工程		
	三枯至高坡哨道路改造工程		
	雅关大沟改造工程		
	飞山街改造工程		
	三桥北路改造工程		
2006年6月	宅吉路改造工程	贵阳市商业银行	4000
			54100
2007年	区行政综合大楼	商行宏达支行	5500
	云岩区武装部办公楼		
	桂花池地块费用		
	三医中坝路工程		
	三桥北路工程		
	三桥大沟工程		
2009年	金西路道路改造工程	商行宏达支行15000万元、工行中南支行20000万元	35000
	金工路道路工程		
	蔡家关载污沟工程		
	区文体活动中心工程		
	茶店村拆迁费		
	花香村安职工置费		
	黄花街道路改造工程		
	三马片区用地拆迁费		
	土地一级开发		
	新增耕地指标流转置换费		

续上表

贷款年度	项目名称	贷款银行	合　计
2010 年	金西路道路改造工程	商行宏达支行	10000
	蔡家关载污沟工程		
	区检察院两房建设工程		
	土地一级开发		
2012 年	检察院两房建设工程	农村商业银行 5000 万元、贵阳银行贵山支行 20000 万元	25000
	金西路道路建设工程		
	雅河、蔡家关截污沟建设工程		
	黄花街道路建设工程		
	金工路道路建设工程		
2013 年	蔡家关片区排水治污工程	农商行云岩支行营业部	15000
	土地一级开发 2007－1－Y－16 地块预存征地费		
	金西大道工程		
	小关污水处理厂建设	贵阳银行营业部	15000
	小关污水处理厂建设	交通银行毓秀支行	20000
2014 年	金阳大道延伸段建设	贵州银行	10000
	金阳环线	贵阳银行营业部	110000
	花香中路、北阳中路、金关北路	贵阳银行金城支行	20000
	市西路环境综合整治	民生银行	5855
	市西路业态转移	交通银行	15000
2015 年	市西路改造项目、雅关偏坡安置房	贵阳银行	9500
合　计		—	346955

第十节　财务管理和财政奖补

一、企业财务管理

（一）工商企业财务管理

2001 年，区财政局按原有规定编制汇总企业年度会计决算报表，对主要财务指标进行审查、整理、对比分析。找出企业财务核算和管理中存在的问题，加强企业财务管理，扶持企业发展提供依据。作为常态化工作，编制汇总企业年度会计决算报表，每年都正常进行。

表 18　云岩区工商企业各项财务指标情况对照表

（2001 年—2014 年）　　单位：万元

年份	开展生产及经营户数	收入	税金	利润
2001 年	94	17233	847	-145
2002 年	84	17707	857	108
2003 年	64	10014	645	-647
2004 年	60	7858	492	-285
2005 年	69	144595	954	9461
2006 年	63	155888	14274	8755
2007 年	63	326608	22981	19732
2008 年	64	1014697	147292	36714
2009 年	64	515752	55381	35161
2010 年	69	977986	66806	76395
2011 年	60	1341662	192798	76061
2012 年	53	571337	58286	69162
2013 年	50	571021	58750	76474
2014 年	24	8301	547	902

注：此项工作于 2014 年全部完成。

（二）涉外企业财务管理

2001 年起，区财政局国家按规定，每年继续为外资企业办理财政登记手续，对开展生产经营活动的企业会计决算报表进行编制汇总；对外资企业办理联合年检；常年组织外资企业中不具备从业资格的财会人员进行培训和统一考试；组织外资企业会计人员参加会计电算化学习；召开年度外资企业会计决算布置暨总结表彰会议，表彰优秀外资企业。

表 19　云岩区涉外企业各项财务指标情况对照表

（2001 年—2013 年）　　单：万元

年份	办理财政登记户数	年检户数	开展生产及经营户数	收　入	税　金	利　润	实际投资总额	缴纳中方职工各项保险金
2001 年	60	40	40	72436	3934	5262	61999	450
2002 年	68	44	43	88034	5419	2348	71449	500
2003 年	49	44	44	104797	6276	-21435	79505	595
2004 年	49	38	38	92196	5106	-7876	59269	486
2005 年	50	38	36	92196	5106	-19791	59269	486
2006 年	50	36	36	125841	6239	-3887	57982	605
2007 年	51	34	34	140219	7709	9097	78665	762

续上表

年份	办理财政登记户数	年检户数	开展生产及经营户数	收入	税金	利润	实际投资总额	缴纳中方职工各项保险金
2008 年	52	36	36	138305	10857	5796	112873	853
2009 年	52	34	34	143846	13212	8464	103040	760
2010 年	56	36	36	258676	19858	17452	106483	1102
2011 年	79	35	33	381466	22114	49099	96986	1185
2012 年	79	35	30	327963	20434	21866	98021	1534
2013 年	79	29	29	330586	21090	26748	96454	1676

注：此项工作于 2013 年完成。

（三）微型企业扶持资金管理

2012 年，中共云岩区委制定《云岩区关于落实大力扶持微型企业发展工作的意见》和《云岩区 2012 年扶持微型企展工作方案》，并以两个文件为依据，成立云岩区扶持微型企业发展工作领导小组，组长、副组长由区委书记和区长担任，成员从中共云岩区委宣传部、组织部，区工商局、区发改局、区税务局、区社保局、区财政局等 11 家单位抽调相关人员组成。领导小组下设评审委员会和办公室（均设在区工商局），负责执行领导小组有关决定和办理日常事务工作。区微企办会同工商、财政、人力资源社会保障、金融等部门对资金使用、企业生产经营、劳动用工等情况进行指导和监管，同时加强对微型企业发展申请、审批、资金发放等环节的全过程监督检查，建立健全监督管理制度，查处微型企业套取、抽逃、转移资金和资产等行为。区财政局按照“以创业促就业”方针，落实“城乡居民收入倍增计划”和“民营经济三年倍增计划”，扶持微型企业发展，按照每户 10 万元（省级财政补助 3.5 万元、市级财政补助 2 万元、区级财政补助 4.5 万元）的政策进行补助。

表 20　云岩区微型企业省、市、区财政补助资金情况对照表

（2012 年—2015 年）　　单位：万元

年份	扶持户数	省级财政补助	市级财政补助	区级财政补助	扶持总额	每户获资金	备注
2012 年	1100	3850	2200	3850	9900	9	文件规定每户企业留存 1 万元，作风险保证金在区财政专户
2013 年	1100	3850	2200	4950	11000	10	文件规定本年度不留存风险保证金，每户 10 万元足额拨付企业
2014 年	500	1575	1000	2250	4825	9.65	文件规定本年度每户企业留存 0.35 万元，作风险保证金在省财政专户
2015 年	510	1530	1020	2295	4845	9.5	—

二、农村“一事一议”财政奖补

云岩区取消乡统筹和村提留改革后，原由乡（镇）统筹和村提留中开支的土地治理项目、兴办集体生产生活等公益事业项目所需资金，采取“一事一议”的办法筹集。从2009年起，云岩区作为“一事一议”制度第一批试点县，在金关村率先开展农村村级公益事业“一事一议”财政奖补工作，实施“农民的事农民议、农民的事农民定、农民的项目农民建”模式。村公益事业“一事一议”财政奖补工作，围绕和跟进城市建设规划进行。当年金关办事处完成项目9个，涉及道路、河道堡坎、公厕等工程，申请财政奖补146.8万元，建成公厕1座、堡坎156米、道路1401米。2010年，全区申报项目94个，奖补资金930万元，其中：中央省奖补资金501万元，市级匹配资金100万元，区级匹配资金300万元（2009年结余29万元）；全年完成“一事一议”建设项目94个，财政奖补资金602.27万元，其中通组道路建设项目21个，总长9.25千米，财政奖补材料费435.85万元；水利项目1个，长1.25千米，财政奖补材料费11.71万元；排污沟完成2个，长1.14千米，财政奖补材料费8.89万元；新建、改建垃圾池和安装果皮箱、绿化等，财政奖补材料费14.66万元；公益宣传栏36个，财政奖补材料费10.8万元；由区综改办组织实施的太阳能路灯444盏，投入资金156.07万元。项目全部项目通过省、市综改办验收。2011年，全区申报实施项目9个，申请财政奖补资金470.74万面元，其中交通类6个，长2316米，申请财政奖补资金194.35万元；其他类3个，申请财政奖补资金276.39万元。实际完成9个项目，财政奖补资金支出441.39万元，其中交通类6个，长2208米，财政奖补资金支出196.91万元；其他类3个，财政奖补资金支出244.49万元。

2012年，贵州省人民政府批复云岩区“一事一议”实施财政奖补项目18个，申请财政奖补资金290万元，其中省级财政奖补资金160万元；市、区级财政预算匹配130万元。实际完成项目16个，财政奖补290万元，其中交通道路类通组路项目6个，全长3.6千米，财政奖补165.64万元；排污沟4条，全长5204米，财政奖补52.04万元；路灯113盏，投资概算72.32万元。

2013年，村级公益事业“一事一议”财政奖补年度项目24个，财政奖补投入715万元，建成通寨路5.8千米、村民活动场地15000平方米、安装太阳能路灯600盏；上报2013年“四在农家·美丽乡村”小康寨1个，投资概算210万元，获省综改办批复，当年下发水库移民补贴3902人次，17.7万元；农资综合直补3925户、185.2万元；种粮补贴3925户、5.5万元；实施2014年村级公益事业“一事一议”财政奖补年度项目28个，财政奖补投入692万元；建成通寨路4.39千米、购置垃圾转动车3辆、垃圾斗45个、安装太阳能路灯810盏。2014年，下发水库移民补贴3902人次，90.31万元；农资综合直补3926户、185.21万元；种粮补贴3926户、5.48万元。2015年，全区“一事一议”财政奖补项目32个，奖补资金716.43万元。其中：省财政奖补500万元，市、区预算安排216.43万元。2015年，通过“一折通”发放的农资综合补贴和种粮农民直接补贴共190.69万元；发放水库移民后期扶持补助资金90.32万元。

第十一节　财政普查和财政监督

一、基层财政资产普查

2011年，由区财政中监察科牵头，对金关村、蔡关村进行村级财务管理调研。对区属4个街道、黔灵镇及19个行政村的分管领导、财务人员进行培训，培训内容包括“强农惠农政策”“村级财务管理的任务”“新增业务的处理及日常业务的强化”等内容。

2012年2月，区财政局针对街道办事处改制为“社区服务中心”后，涉及原办事处税收情况分析、办事处2011年财务资产普查以及财政支出保障等检查工作，组建3个调查组对原18家办事处2011年财务资产进行摸底调查，对调查数据进行汇总和统计。8月—9月，对金狮、圣泉等13个社区的建账及财务处理等基本情况进行摸底，为基层管理体制改革工作提供原始数据资料；撤销18个办事处财政所（保留黔灵镇财政所）。2012年10月，对微型企业补助资金安排使用情况进行自查。2012年，是云岩区微企创业的第一年，当年10月，微型企业发展到1131户，解决就业5500余人。区微企办支付给378户微型企业扶持补助资金共3402万元，省、市和区级到位资金全部拨付，未发现违纪违规现象。

二、财政监督

（一）财政监督管控制度

2002年8月开始，区财政局每月初由监察科配合各科室到银行拿取加盖银行印鉴的银行对账单并签字，原件科室留存，复印件监察科留存。2003年，建立每季度财政与国税、地税、人民银行对账制度，防止财政资金流失取得实效。贵阳市人民政府将此制度在全市推广。2004年6月，区财政局将所有拨款全部实行微机操作，改支票拨付为“预算拨款凭证”拨付，并按规定进行编号，每月月末，对作废的编号进行登记，在凭证封面上进行说明。财政局各科室制定内部牵制制度和内部稽核岗位落实到人的会计、出纳对账制度。

从2005年起，区财政局对下属16个财政所银行账户进行统一开户，统一管理，并统一刻制“云岩区财政局财务专用章（1—16号）”，供财政所拨款使用；财政所财务印鉴章由各办事处办公室主任保管，个人印鉴章由财政所人员保管，以加强对财政所银行账户的监督管理。区财政局对16个办事处、乡镇财政所聘用人员岗位进行轮换，轮岗面达100%。2006年，区财政局在商业银行开设银行保险箱存取业务，指定监察科、国库科专人办理保险箱存取业务，并对存取的资金内容、金额、时间进行详细登记。至2014年，区财政局共制定《云岩区财政局内部监督检查制度》和《内部牵制制度》等各种规章制度115项。

（二）财政内部监督检查

2001年以后，区财政局每年制定出年度“财政内审工作计划”和“财政监督检查计划”，加强内部监督检查制度，对有账户的科室每年内审面100%。

从2006年开始，区财政局对下属16个财政所年审面50%，采取每次审两年的滚动检查方式，确保不漏审财政所每年的收支情况；适时组织开展专项检查，对内审发现的问题，限期整改；发现违法违纪的情况，及时追究行政责任或刑事责任。区财政局制定报送制度，规定银行账户的科室及财政所每月10日前，向监察科报送“银行存款余额核对情况表”；每年报送“银行账户管理情况表”一次。组织各办事处、财政所财会人员定期或不定期参加业务培训班。通过学习和培训提高内部监督及财政、财会监督工作质量；坚持每月组织财政所人员集中学习、相互交流，开展业务指导，使财政所人员及时掌握最新的政策法规。

2012年以后，实施基层管理体制改革，撤销街道财政所，财政所人员划归社区服务中心管理，每月定期业务学习改为不定期业务指导。

第十二节　财政专户清理整顿和专项检查

一、财政专户清理整顿

2011年3月，区财政局成立检查组，制定《云岩区2011年财政资金安全管理监督检查及财政专户清理整顿工作方案》，要求清理撤销局财政资金专户7个，归并后保留29个。2014年，撤销2个已完工项目专户，专户资金余额全部转存金库。2015年，清理撤并国开行贷款和2个土地储备偿债资金等专户进行撤并，将有资金收支业务的财政性资金专户全部归口国库管理。年内，全区有财政专户25个。

二、专项检查

（一）救灾资金使用检查

救灾资金使用检查是历年经常性工作，2001年，区财政局按往年方式展开检查。2008年对2007年—2008年2月底前的抗灾救灾专项资金安排、管理、使用情况进行自查。全区收到企业及个人捐赠款、物共14.89万元，其中5.5万元捐赠款转捐给修文、开阳、息烽三重灾县，6.87万元捐款、物均按照捐赠人指定的相关用途用于购买复合肥或发放到受灾单位或群众手中，至2月底捐款尚余2.52万元。救灾专项资金均按照专款专用的原则拨付发放，各单位帮扶、捐赠给贫困区县或个人的支出手续完备，支出合规。

2015年5月20日，区财政局筹集救灾资金2825万元（其中“和谐贵阳促进会”专项资金2000万元、省级救灾100万元、市级救灾救助资金200万元、区级救灾救助资金238万元、“和谐云岩促进会”捐款97万元、区红十字会捐款190万元），为海马冲山体滑坡抢险救灾提供开辟财政资金应急绿色通道，按照急事急办、特事特办原则，及时拨付538万元，用于抢险救灾和受灾群众疏散安置转移；协调市委统战部、市慈善总会、商业银行确保“和谐贵阳促进会”救灾专项资金及时到位；监督资金的使用，并参与制定《云岩区“5·20”山体滑坡自然灾害受灾群众救助指导意见》。

（二）“小金库”专项治理

2009年—2011年，区财政局对党政机关和事业单位及社会团体、国有及国有控股企业开展“小金库”专项治理工作。在自查的基础上，对24家党政机关和事业单位进行重点检查。检查发现有“小金库”1个单位。社会团体和国有及国有控股企业未发现私设“小金库”现象。云岩区将“小金库”治理工作纳入日常监督管理，建立惩防结合的“小金库”制度、管理和监督“三位一体”的长效防治机制。

第十三节　国有资产管理

一、事业单位法人登记

从2000年起，根据贵州省人民政府《关于事业单位法人登记办理国有资产产权登记事宜的通知》精神及区人民政府《区机构编制委员会办公室关于在全区开展事业单位登记管理工作的意见》要求，区财政局要求行政区域内由国家或其他组织利用国有资产申办的事业单位办理事业单位法人登记；对区属第一批申办单位报送的资料认真核实审定，并在区机构编制部门办理法人登记，取得独立法人资格。以后，每年区人民政府都会根据省、市下发的通知，督促检查各单位这项工作的进展和实施情况。

二、国有资产清查

2005年，区财政局对决定移交云岩区的机构进行初步调查摸底。同年，区属乡（镇）国土资源管理所的机构、编制、人员、资产上收到贵阳市人民政府管理。对区国土资源管理局的资产实施清收工作。以实物盘点与核对账务相结合、清理资产与核查负责相结合的办法，按照以物对账、以账查物，查清资产来源、去向和管理情况，以及见物就点、是账就清、不重不漏的原则，完成全区国土资源局资产清查和划转工作。

2005年，部分市属中学移交云岩区管理后，区财政局参加区教育局等部门组成工作组，为贵阳市划入的11所中学校清查核实各中学房屋、设备等固定资产，协助完成移交手续。2006年8月，在全区行政事业单位国有资产清查中，区国有资产监督管理办公室与区新纪元公司对区属8家单位房屋资产产权情况进行调查，完成《调查情况》报告，并上报区人民政府。12月31日，区财政局对全区144家行政事业单位的资产进行清查、清理，经会计师事务所审定后，出具评估报告，盘盈资产8451万元，盘亏资产22934万元；完成2007年财政部开展全国第一次行政事业单位国有资产清查。

2012年，区人民政府下发《关于组织开展经营性资产自查工作的通知》，全区纳入部门决算单位82家。区财政局对事业单位产权进行登记和上报，要求各单位自行清理上报经营性资产情况。截至2014年9月26日共上报63家，其中45家上报无经营性资产。

第十四节 会计事务

一、会计从业资格考试

从2001年—2010年，区财政局按照省、市财政局文件要求，每年组织会计人员参加资格考试。2003年开始至2005年，共组织报名95人。2006年—2009年，考试工作由市财政局办理。2010年，全区有会计人员5156人，考试合格人数为440人，合格率0.85%。

从2011年开始，全国会计从业资格证考试实行网上报名，区财政局只负责在辖区内设立“注册会计师全国统一考试”报名点，为报名考生提供咨询服务，组织考试用书的征订工作，以及对考试合格者审核及发放证书。

二、会计从业资格认证

2006年，根据贵阳市财政局《关于会计从业资格证检查工作的通知》要求，区财政局对持证和无证上岗情况进行检查。检查结果为全区实际在岗会计人员为659人。年内成立财务管理机构138户，有专兼职财务人员330人（其中行政财务专职人员具备资格证人数63人、未具备资格证人数6人；行政财务兼职人员具备资格证人数7名、未具备资格证人数10人；事业财务专职人员具备资格证人数109人、未具备资格证人数6人；事业财务兼职人员具备资格证人数94人、未具备资格数35人）；具备学历330人（其中：大学本科、具备资格证人数135人，未具备资格证人数28人；大专以下具备资格证140人，未具备资格证人数27人）；全区具备会计职称人数119人（其中中级人员24人、初级人员95人）。2001年—2015年，区财政局累计办理会计从业资格证2951人，年检会计从业资格证2105人，建立会计人员信息档案2696人。

三、计算机核算技术培训

2001年，云岩区职工财会学校举办“会计电算化”培训班5期，培训财会人员333人。之后，会计电算化知识培训统一由市财政局组织，区职工财会学校仅负责区属行政、事业单位会计人员、企业、公司（含外资企业）会计人员的后续教育培训，2001年—2010年的11年间，全区共举办培训班155期，培训学员7939名，合格率为100%。

2001年—2014年，全区计算机替代手工会计核算单位共52户，其中2001年有云岩区劳动就业管理办公室、云岩区社会保障事业局。2003年，有贵州泰利物业有限公司——锦星酒店、云岩区环北街道办事处。2004年，增加云岩区卫生监督所、云岩区疾病预防控制中心和云岩区贵乌街道办事处等单位。2005年，增加云岩区文体广播电视局、云岩区民政局、云岩区北京路街道办事处、云岩区黔灵镇人民政府、云岩区普陀街道办事处等单位。2006年，增加云岩区中西街道办事处、云岩区市西街道办事处、云岩区中华北路街道办事处、云岩区黔灵东路街道办事处等单位。2007年，增加云岩区威清办事处、云岩区发展和改革局。2008年，增加贵阳市国土资源局云岩分局、云岩区黔灵医院。2009年，增加云岩区检察院。2010年—2011年，云岩区建设局、云岩区林业绿化局、云岩区农水局、云岩区发展和改革局、云岩区卫生局、云岩区爱卫办、云岩区新型农村合作医疗管理中心、区机关后勤服务中心、云岩区头桥办事处、云岩区人民医院、云岩区民政局、云岩区审计局、云岩区第二人民医院和云岩区城管大队、云岩区环管站和云岩区云岩区三桥街道办事处、云岩区中华街道办事处、云岩区普陀办事处、贵乌街道办事处和云岩区宅吉街道办事处会计和出纳都掌握了计算机替代手工会计核算技能。

2012年，云岩区水利水电工程移民局和普天社区、蔡关社区、荷塘社区和东山社区，以及服务中心及黔灵片区经济发展中心的会计和出纳也实行计算机替代手工会计核算。区财政局对全区19个行政村、5个涉农社区服务中心及黔灵镇共76名财会人员进行计算机替代手工会计核算培训。2013年，参加培训的有省府、圣泉、栖霞等社区及区妇幼保健院的会计和出纳。2014年，有云岩区文化馆的会计和出纳。

四、会计人员继续教育

2011年，为改变会计人员继续教育培训方式，贵阳财经学校与贵阳中财会计学校合作，采取“面授教育”和“网络教育”的形式对云岩持证财会人员进行“2012年度继续教育”培训学习；对2011年已收费的后续教育人员，分行政班、企业班培训学习3期。2011年，完成继续教育培训学习296人。2012年，完成1003人。2013年，完成1038人。2014年，完成1282人。2015年，完成1213人。

2011年以后，按照市财政局要求，区财政局对全区所有行政事业单位、社区经济服务中心、经济片区发展中心和教育系统300多名财会人员举办“国库集中支付”培训。全区中小学和幼儿园的会计、出纳，以及固定资产管理员约200人参加《中小学财务制度》培训；全区事业单位财会人员及财政局干部职工参加新的《事业单位会计准则》和《事业单位会计制度》培训；各行政单位、社区服务中心和片区经济发展中心的会计、出纳参加新修订的《行政单位会计制度》培训；用“以会代训”方式，对财政局干部职工进行新预算法培训学习。

第二章 税 务

1994 年 9 月，云岩区完成分税制改革，成立云岩区地方税务局（区地税局），1999 年 11 月，云岩区国家税务局（区国税局）成立。税务局把组织税收收入工作作为基本任务，不断提高征管质量，为国家和本地发展提供重要财务保障。

第一节 税务管理机构

一、国家税务

云岩区国家税务局（区国税局）成立于 1999 年 11 月 9 日，办公地址在中华北路 30 号，办税服务厅设在黔灵西路 54 号三鑫大厦内。区国税局机构先后经过四次调整。

2001 年 4 月，区国税局按照贵阳市国家税务局对区、县级国税局机构改革工作的安排，进行区级机构改革，机关内设职能科室 5 个：办公室、综合业务科、财务科、人事教育科、监察室、信息管理中心（事业单位）1 个。另在辖区各街道办事处、商业区和工业园区设直属分局机构 10 个。2003 年 6 月，进行业务重组和机构调整，调整后设职能科室不变，增设管理科 6 个。2005 年，在原有机构基础上，增设征收管理科，管理科减少至 4 个；增加副科级派出机构 3 个，即改茶工业园区税务分局、黔灵税务分局和东山税务分局，以及信息管理中心 1 个不变。2009 年，区国税局内设 11 个机构，包括办公室、政策法规科、收入核算科、征收管理科、人事教育科、监察室、办税服务厅、党办，和管理一至三科，以及“改茶”工业园区税务分局、黔灵税务分局、东山税务分局、金关税务分局等副科级派出机构 4 个，信息中心 1 个不变。此后至 2015 年，区国税局机构未发生新的变化。

二、地方税务

1994 年 9 月 27 日，云岩区地方税务局（区地税局）成立，原办公地址在贵阳市永乐路永秀巷 15 号。2003 年，搬迁至大营坡云岩区行政中心。

2001 年，区地税局内设机构有：办公室、监察室和政策法规科、征收管理科、计划财务科、人事教育科二室四科。直属机构有区地税征收分局和稽查局；派出机构有设在各街道办事处地税所 16 个。2010 年，内设机构调不变，直属仍为征收分局、稽查局；派出机构在原街道地税所基础上，新增三马地税工作组。2012 年，内设机构调整为办公室、人事股、监察室、税政法规科、计划财务科、征收管理科、机关党委、机关团委、办税服务中心；税务所改为 12 个局，增设事业单位电子税务中心。2013 年，增设工会妇委会、贵阳市局稽查二局驻云岩局检查组和督查督办组，分局设置不变。2014 年，地税局下设的分局调整为“号码分局”，即一分局（纳税服务分局）、二分局（风险控制分局）、三分局和四分局（重点税源管理局），五至十二分局为一般税源（含个体经济）分局，另设电子税务中心

（事业机构）。截至2015年，区地税局体制没有新的变化。

第二节 国家税务

2001年—2006年间，云岩区有国税纳税户1.5万余户。2015年，区国税局征管纳税人共59040户，其中企业户39161户，个体工商户19238户；一般纳税人6343户，小规模纳税人23791户。

2001年—2005年，全区税收总收入19亿余元，年均增长23.19%。截至2005年6月30日，全区累计入库市、区两级税收27941.18万元，比2004年同期增收1711.2万元，增长6.52个百分点。

2011年1月中旬，区国税局累计入库市、区两级税收4469万元，其中：区级税收入库3271万元，市级税收入库1198万元。2012年，云岩区级国税总收入累计完成181141万元，增收26621万元，同比增长17.23%；实现地方财政收入41439万元，增收7001万元，同比增长20.33%。截至2015年11月，完成税收总收入431599万元，同比增长26.56%，增收90571万元，其中：完成区本级收入54658万元，同比增长9.90%，增收4924万元。基本实现税收收入的持续平稳较快发展。

表1 云岩区国税局历年税收一览表

（2001年—2015年）

年度	税收收入(万元)	增幅(%)	年度	税收收入(万元)	增幅(%)
2001年	19485	8.89	2009年	133640	17.62
2002年	23604	21.14	2010年	158957	18.94
2003年	52399	121.99	2011年	178536	12.32
2004年	49378	-5.77	2012年	206579	15.71
2005年	56594	14.61	2013年	331908	21.4
2006年	63567	12.32	2014年	393235	18.48
2007年	76572	20.46	2015年	485931	23.57
2008年	113617	48.38			

一、依法治税

（一）税收法制建设

2001年起，区国税局按季召开税收分析预测会，为组织收入工作提供科学的决策参考。实施定点联系企业制度，由领导班子成员带队，采取多种方式展开重点税源税收服务和管理，制定《税务管理过错责任追究办法》《税收征管质量考核办法》和《税收征管责任制》。2006年，正式运行《税收执法管理信息系统》，初步实现计算机执法监控和自动考核。2007年，制定《云岩区国家税务局行政管理过错责任追究办法》，实现计算机考核与人工考核相结合，减少执法随意性、提高税收征管质量和效率。

（二）征管体系和措施

从2000年起，区国税局建设新的局域网信息系统。每月初分户下达重点税源户税收计划，交分局进行跟踪管理，掌握相关行业的生产经营状况和销售情况，帮助企业解决涉税问题；加强现有税源、重点行业和重点税源监控管理。2002年4月，区国税局联合地税、城管、办事处、银行等部门，对贵阳市市西综合批发市场进行综合治理，建立起以银行为基础的局域网信息管理系统和广域网信息处理系统，用户终端深入各商场，实现各行政执法部门的信息互通、资料共享。区国税局通过采取分层次监控税源、分行业比对指标、分时期比对数据、分类别实施评估和分流程明确职责等措施，开展纳税评估，运用风险提醒、完善内控机制，对纳税人进行纳税约谈和实地核查后，作出评估分析。从2004年起，区国税局与区地税局联合成立“云岩区纳税信用等级评定委员会”，按照统一内容、标准、方法和程序，对纳税人的信用情况进行等级评定。

2001年10月，区国税局实施《工作人员积分制考核办法》，以年度为单位对职工实行积分跟踪考核。开展“三爱一树立”（爱祖国、爱税收、爱岗位和树立税务新形象）活动和“流动红旗”岗位竞赛，组织干部职工开展争当服务标兵、征管能手和“忠于职守、公平公正”的执法形象，“勤政廉洁、高效文明”等活动，引导职工树立文明服务的思想，为纳税人提供便捷、高效、文明的优质服务。2007年，区国税局制定《税收管理员操作流程》《管理员手册》，并采取税收按区域包片管户的办法，细化岗位职责和管理流程、税源管理对象和服务职能，提高科学化和精细化程度；按月组织税收征管质量讲评，纠正征管中出现的问题；利用执法管理信息系统预警功能，建立风险长效防范机制，对存在的问题做到早提示、早知道、早防范，以提高税收征管六率（税务登记率、准期申报率、当月入库率、累计入库率、查补税款入库率和滞纳金加收率）。

2010年，区国税局制定《云岩区国税局增值税小规模纳税人零申报暂行管理措施》，以提高纳税人税法遵从度和自主申报率为抓手，强化各税种管理；执行“增值税一般纳税人资格认定、专票管理”制度，对异常增值税抵扣凭证和滞留票加大核查力度；落实各年度企业所得税汇算清缴辅导工作；落实政策业务培训工作。次年，区国税局制定出台《税收征管质量指标管理考核办法》，对征管数据考核时间、考核标准进行细化。2013年，制定“营改增”试点工作实施方案，成立“营改增”工作领导小组，下设综合业务组、征收管理组、技术保障组、宣传报道与后勤保障组，进行试点工作。8月1日，为贵州国顺达物流有限公司开出全省第一张“营改增”货物运输业增值税专用发票；9月1日，完成首笔纳税申报，全局“营改增”新旧税制转换试点改革进入实施阶段。

2014年，区国税局制订《商贸行业税收管理办法》和《医药制造行业税收管理办法》等实操性工作制度，规范行业税收管理；研发并使用“个体税收管理系统”“普通发票代开管理信息系统”和“征管业务审批监控平台”三大软件，加速税收征管；推出《零散税收社会综合管理办法》，为纳税人提供方便，税收收入逐年增长。同年，开展邮政业和电信业“营改增”试点，加强对已纳入“营改增”试点范围的行业纳税人的管理。当年区国税局共有“营改增”试点纳税人8938户。

2015年，推行“金税三期”优化版系统，实现税收征管系统由CTAIS到“金税三期”系统的无缝隙切换成功，推行“三证合一”（将企业依次申请的工商营业执照、组织机构代码证和税务登记证三证合为一证）制度改革；落实“国、地税合作规范”，统一执法尺度，规范执法行为，依法治税。同年成立“电信业税收检查专项小组”，对电信业营改增企业进行检查；加强对大型优质税源分类管理，进行重点检查；加强对纳税信用B类、C类企业的监管，展开税收风险审计，克服税收的不利因素影响，并针对“两权”（税收执法权和行政管理权）运行的风险防控，对所管部分税户的税务注销事项进行立项监察。形成横向到边、纵向到底，组织与个人绩效全面运行、动态管理的工作格局。

(三) 个体税收管理

2001 年，区国税局加强个体工商登记信息的比对落实，为新开业的个体工商户办理税务登记。2002 年，编写下发《临商征收手册》，将符合征税条件的纳税人及时纳入正常管理。2003 年，开始利用“定期定额税收征管信息系统”。2004 年，制定《云岩区国家税务局个体工商户未达起征点管理办法》，对相关个体户的税收定额及经营状况进行动态和规范管理。

从 2007 年起，以区国税局自行开发的“个体征管软件及电脑评税系统”加强个体税收管理监控。2010 年，清理出未达起征点的个体工商户纳税人 1260 余户，根据《个体工商户税收定期定额征收管理办法》要求，开展漏征漏管户清理。随着增值税起征点调高。2012 年，区国税局加强对这类商户的动态跟踪管理，年末，起征点纳税人比例有大幅增加。

二、纳税服务

(一) 服务制度

自 2001 年起，区国税局制定纳税人例会制度，拓展纳税服务交流日内容，满足纳税人涉税需求。2002 年，建立“延时服务”“限时服务”“提醒服务”和“上门服务”机制。以为纳税人服务为切入点，推进办税服务规范化建设。先后与 100 余户重点骨干企业、17 个大型专业市场商户、协会建立定点联系，将干部职工下企业调研的次数、解决问题个数等指标予以量化、确保纳税服务质量和实效。2009 年 11 月，建立办税服务厅，受理服务纳税人需办理的各种涉税事项。2006 年—2010 年期间，组织国税收入 54.87 亿元，平均增长速度达 25.75%。

2012 年 3 月，区国税局实行征收期局领导驻厅值班制度，值班领导主要负责处理办税服务厅的协调服务、应急处置、涉税咨询等事项。同年 8 月，办税服务厅设置全程办税窗口，运用自行研发“全程办税支撑平台”系统，完善涉税业务的“前台受理、内部流转、窗口出件”，进一步提高办税服务质量和效率。

从 2014 年 1 月起，区国税局推行《云岩区国家税务局办税服务厅绩效考核办法（试行)》，形成相互监督，相互鼓励和相互促进的竞争机制，对大厅工作人员实行绩效考核，并推行规范化税务行政集中审批制度，专门成立综合服务科，优化“云岩区国家税务局征管业务审批监控平台”，集中办理涉税审批业务，减轻纳税人多头往返的负担。

2015 年，区国税局推行局领导、各管理部门主要负责人以及业务骨干“三级值班”制度，运行“全能一窗式”，实现一人多责和一窗多能，办税服务窗口业务处理能力得到进一步强化。从服务理念、服务方式、服务载体和服务机制等方面提升服务效果，探索纳税人例会、纳税人学校服务税收、服务纳税人的有效途径。

(二) 落实优惠政策

2001 年以后，区国税局树立“不落实税收优惠政策就是收过头税”的理念，优化各项措施。对内以强化税收管理员学习、培训工作为主，确保税务干部及时、准确地掌握国家最新出台的各项税收优惠政策，对外加强与纳税人的沟通、辅导，落实出口退税、西部大开发、小型微利企业、企业所得税减免、高新技术企业税收优惠、个体税收优惠等税收减免政策，帮助纳税人增强盈利能力和发展后劲，助推地方经济、文化和社会和谐发展。加强税收分析预测和各税种管理，促进税收增长。由部门负责人带队，税源管理员负责参与税源调查，重点放在掌握支柱税源企业的发展动向和发展潜力上；落实小微企业税收优惠政策，当年1月—9月，累计减免企业所得税额超500万元。截至2013年年底，全区小型微利企业共9610户，符合小微企业所得税优惠政策条件的有2794户，已享受小微优惠政策的企业有2794户，享受比例高达100%；全年共完成总收入331908万元（含市局下划和监管企业收入），同比增长21.4%，增收58560万元；区本级收入36970万元，同比上升10.0%，增收3370万元。2011年—2014年，为企业减免税款达1.67亿元，其中：2014年，为辖区109户企业减免增值税2.18亿元、企业所得税1858.43万元；并为2794户小微企业减免企业所得税552.9万元。

2015年1月1日起，区国税局对重点行业企业新购进的固定资产，实行由企业选择缩短折旧年限或采取加速折旧的方法，规定最低折旧年限不得低于企业所得税法实施条例规定折旧年限的60%，采取加速折旧方法的企业，可采取双倍余额递减法或者年数总和法计算税额；规定小型微利企业2015年1月1日后新购进的研发和生产经营共用的仪器、设备，单位价值不超过100万元的，允许一次性计入当期成本费用，在计算应纳税所得额时扣除，不再分年度计算折旧；单位价值超过100万元的，可由企业选择缩短折旧年限或采取加速折旧的方法。

（三）宣传培训

2001年—2015年，区国税局在每年4月开展全国“税收宣传月”活动，开展送税法进工厂、进商场、进社区，举行税法知识讲座，悬挂税法宣传标语、“万条短信传税情”等形式的税收宣传活动。同时，采取多种形式、多角度、多层面开展日常宣传。

区国税局在税收法制宣传教育活动中，将法律学习纳入年度干部职工教育培训的重要内容。从2002年起，除岗位自学外，每年分两次定期举行法律知识学习，增强税务干部工作能力。同时，按照国家普法要求，开展“四五”普法、“五五”普法和“六五”普法教育活动，增强纳税人依法诚信纳税意识，强化税务机关税务法治理念。2005年成立“纳税人学校”，聘请专家学者和纳税人代表为师资，深入企业、集贸市场为纳税人讲政策、送税法，帮助纳税人充分了解相关涉税事宜。区局开通手机短信涉税服务平台，利用手机短信向纳税人提供税法宣传、涉税审批事项反馈、催报催缴、节日慰问等信息，找准依法治税与文明服务结合点，向纳税人提供优质高效的现代化税收服务。

2006年，区国税局创办“纳税人学校”，每年为纳税人提供更为丰富的政策培训及纳税辅导。从2010年起，按月开展“纳税服务交流日”活动，在小范围内分行业、区域、规模与纳税人互动交流，增进税企之间协作。2013年，区国税局对照中共贵州省委意见，开展思想大讨论活动，重点开展针对试点纳税人的政策宣传和业务培训会15场，加强对“营改增”纳税户的跟踪管理，实地走访企业，了解企业执行政策、涉税建账建制、填写申报表等日常涉税事项中的薄弱环节，查缺补漏开展纳税辅导，并投入20余万元，增配办公设备，重新规划办税服务厅窗口设置及改造，加强为试点纳税人提供高效、优质的办税服务的能力。2015年，区国税局创建“营改增业务交流群”，实现征纳双方零距离交流。

三、信息化建设

（一）征管信息化

2001年，区国税进入金税工程的二期运行，将税收征管全面纳入信息化支撑的新模式。2003年，“中国税收征管信息软件——CTAIS系统”正式运营，功能涵盖税务登记、纳税申报、缴款入库、发票管理等税收征管业务，为纳税评估、税源监控等提供了可靠的信息资源。同年，区国税局开发《市场管理语音提示系统》，利用CII技术以电话语音为媒介，将语音查询系统与市西市场税务信息系统数据库相对接（该系统被评为全省税务系统优秀创新项目二等奖）。2004年，开发出以专业市场信息化管理系统为基础的个体工商户“定期定额税收征管信息系统”，并完成“工商税务登记信息核对软件”编程。同年，“市西市场信息化管理系统”开始运行，全区个体“双定”（定期，定额）户纳入信息化管理系统。2006年，利用信息技术，使税收管理更加科学化和精细化，如运用“专业市场信息化管理系统”“市场管理语音提示系统”和“电脑评税系统”等管理体系，构建“分片管理服务，统一核定定额，多元申报纳税，人机结合监控”的个体征管格局，使集贸市场税收管理中“征管底数不清、税责不明、漏征漏管”问题得到解决，截至2015年，相关系统成为全区整顿集贸市场、规范经济秩序的“示范项目”，并在全市国税系统推广运用。

（二）纳税服务信息化

2005年，区国税局将创新项目“手机短信涉税服务平台”投入全面运行。2009年以后，各税源管理部门先后建立QQ群、微信群、税企邮箱，通过在线答疑、网上留言、问卷调查等方式，实现征纳双方互动交流。2012年，自行开发、优化升级“云岩区国家税务局征管业务审批监控平台”，纳税人办理涉税业务只需到前台提交申请，办税人员通过该平台交付后台完成内部流转，从而为纳税人提供一体化的全方位、便捷、个性化服务，为纳税人提供使税企双方减负增效。

（三）普通发票代开服务

2006年4月，区国税局开发的“代开普通发票管理信息系统”网络版软件，正式在全各发票代开点运行。自区国税局2007年自主开发“代开普通发票管理信息系统”网络版软件，为纳税人集中代开普通发票后，发票监控得到强化。从当年4月—8月，系统共代开发票26177份，入库税款1311万元。2008年8月，区国税局开发“企业所得税负担率和贡献率”电子信息采集分析程序，税收管理员从CTAIS（China Taxation Administration Information System 的缩写）中提取纳税人企业所得税年度申报信息，保存为DBF文件，用VFP编制程序进行自动统计，制作“所得税负担率和贡献率”EXCEL表格，统计纳税人所得税负担率和贡献率，从而结束CTAIS系统不能直接查询所得税负担率和贡献率，只能人工计算的历史。程序自上而下可以进行数据发布，方便管理员更加全面、准确地掌握税源的变化情况，有针对性地开展分析或纳税评估，提高税源监控和管理的水平。2009年，又研发“增值税普通发票网络管理系统”，第一期“单机版”于2009年11月10日在北京华联超市外围商户成功运行。

第三节　地方税务

一、地税收入

云岩区经济成分以工商产业为主体，区地方财政收入由财政、国税、地税三部分构成，其中地税约占总收入80%以上，是地方财政收入支柱。

2001年，云岩区地税（区地税）收入总额20509万元，首次突破2亿元，为年度计划的106.82%，占贵阳市地税收入的9.74%。其中税收收入累计入库19829万元，为年度计划的106.89%，同比增长25.16%，增收3986万元。其中营业税、个人所得税和企业所得税的同比增幅最大，合计为16407万元，占收入总额的80%；城市维护建设税、房产税、印花税、资源税、土地增值税等保持正常增长。受政策性停征影响，投资方向调节税、屠宰税收入分别比2000年同期减少81.2%和71.43%，共减收200万元；土地使用税也为负增长。

2002年，区地税收入总额26911万元，为年度计划的114.42%，占贵阳市地税收入总额的

10.83%。其中：税收收入累计入库25994万元，为年度计划的114.31%，比2001年增长31.09%，增收6165万元。其中营业税、个人所得税和企业所得税等主体税种同比增幅最大，收入合计为21405万元，占收入总额的79.54%，其余各税均有不同程度增长。教育费附加较2001年增长34.85%。在房地产业带动下，相关产业税收相应增长。投资方向调节税、土地增值税仍为负增长，同比减少134.09%和83.57%，共减收176万元。

2003年，区地税收入总额34405万元，为年度计划的112.4%，比2002年增长27.85%，增收7494万元。其中税收收入累计入库33224万元，为年度计划的112.78%，比2002年增长27.81%，增收7230万元，占贵阳市地税收入总额的11.9%。

2004年，云岩区国有企业、联营企业比2003年同期减收500余万元，而集体企业、股份合作企业、私营企业则比2003年有较大幅度增收。第三产业快速发展，租赁和商务服务业、住宿餐饮业以及文化、体育、娱乐业等都有增长；固定投资和房地产业、建筑业拉动税收增长。收入总额45626万元，为年度计划的115.83%，比2003年增长32.61%，增收11221万元。其中税收收入累计入库44256万元，为年度计划的116.37%，比2003年增长33.21%，增收11032万元，占贵阳市地税收入总额的12.98%。

2005年，云岩区国有企业、私营企业、联营企业地税比2004年增长增收；集体企业、股份合作企业比上年减收，年度营业税收增幅不大，企业所得税、个人所得税、城市维护建设税、房产税均有较大增幅，重点纳税行业是房地产及制药业。当年收入总额55813万元，为年度计划的106.92%，比2004年增长22.33%，增收10187万元。其中，税收收入累计入库54154万元，为年度计划的106.92%，比2004年同期增长22.36%，增收9898万元，占贵阳市地税收入总额的13.21%。

2006年，除联营企业比2005年同期减收外，其余企业均有一定增长增收。增幅较大的税种是营业税，房地产和餐饮业也有较大增幅。纳税大户主要有房地产开发、饮食娱乐行业和大型宾馆饭店。由于部分企业经济效益与2005年基本持平，有的房地产公司税额在2005年汇算入库，所以企业所得税增幅比2005年略有回落。当年，云岩区地税收入总额65653万元，为年度计划的103.96%，比2005年同期增长17.63%，增收9840万元。其中税收收入累计入库63800万元，为年度计划的104.16%，比2005年同期增长17.81%，增收9646万元，占贵阳市地税收入总额的13.20%。

2007年1月1日起，贵阳市调高城镇土地使用税的土地等级和税额标准，每平方米税额在原税额上提高2倍，并进一步扩大征税范围和车船税税额幅度。第三产业年税收64721万元，占税收总额的82.5%，同比增长17%，增收9384万元，其中房地产业税收27053万元，占三产税收总额的41.8%。当年，区地税收入总额为80552万元，是年度计划的108.85%，同比增长22.69%，增收14899万元，占贵阳市地税收入总额的13.06%。其中税收收入78425万元，为年度计划的109.08%，同比增长22.92%，增收14625万元；教育费附加收入2127万元，为年度计划的101.29%，同比增长14.79%，增收274万元。税收收入中，股份公司累计入库54111万元，占年税收总额的69%，同比增长31.2%，增收12868万元。联营、个体经营税收同比也增幅较大，国有、集体企业同比减收。五大主体税种（营业税、个人所得税、企业所得税、契税、城市维护建设税）平均增幅22.8%。其他各税同比增幅较大的有土地增值税、土地使用税和车船税，增幅分别为110%、25.2%和47.96%。主要纳税企业累计入库税收30087万元，占税收总额的比重为38.36%，同比增长32.96%，增收7459万元。

在区地税当年税收收入中，中央级收入17799万元，同比增长27.6%，增收3849万元；省级收入1065万元，同比增长2.65倍，增收773万元；市级收入301万元，同比增长85.8%，增收139万元；

区级收入 61387 万元，占地税收入总额的 76.21%，同比增长 19.8%，增收 10138 万元。省级营业税中的金融保险业入库 861 万元，同比增长 5.91 倍，增收 716 万元，收入增长幅度较大。

2008 年，区地税收入总额 100036 万元，为年度计划的 101.54%，同比增长 24.19%，增收 19484 万元，占贵阳市地税收入总额的 12.62%。其中税收收入 97008 万元，为年度计划的 100.98%，同比增长 23.70%，增收 18583 万元；教育费附加收入 3028 万元，为年度计划的 125.63%，同比增长 42.34%，增收 901 万元。五大主体税种同比平均增幅 21.18%，其中各税增幅“三升两降”。营业税、城建税、房产税增幅分别上升 6.33%、27.16% 和 8.36%；企业所得税、个人所得税增幅回落 9.53% 和 40.41%；其他各税同比增幅较大的有土地使用税和印花税，增幅分别为 432.42% 和 22.64%。第三产业年税收 85174 万元，占税收总额的 87.8%，同比增长 31.6%，增收 20453 万元，房地产税收入库 37588 万元，占三产税收总额的 44.13%，居各种税收的首位；其次是租赁和商务服务业，入库税收 13557 万元，占 15.92%；再次是批发和零售业，入库税收 10574 万元，占 12.42%。在区地税当年税收收入中，中央级收入 18813 万元，同比增长 5.70%，增收 1014 万元；省级收入 2090 万元，同比增长 96.24%，增收 1025 万元；市级收入 777 万元，同比增长 158.14%，增收 476 万元；区级收入 78356 万元，占地税收入总额的 78.33%，同比增长 27.64%，增收 16969 万元。

2009 年 1 月 1 日起，契税、耕地占用税由于财政划转地方税务局征管，区地税局接管“两税”工作后，当年契税累计入库 4654 万元，为年度计划的 166.21%；耕地占用税累计入库 173 万元，为年度计划的 43.25%。股份公司累计入库 79246 万元，占年度税收总额的 72%，同比增长 15.9%，增收 10862 万元。受国际金融危机及“阳光工资”政策的实施等影响，年终完成收入任务的 98.77%。为此，区地税局加强楼宇经济税收征管，全年地税收入总额 118201 万元，为年度计划的 98.87%，同比增长 18.16%，增收 18165 万元，占贵阳市地税收入总额的 11.81%。其中税收收入 114866 万元，为年度计划的 98.77%，同比增长 18.41%，增收 17858 万元；教育费附加收入 3335 万元，为年度计划的 102.63%，同比增长 10.17%，增收 307 万元。五大主体税种同比平均增幅 10.53%，除个人所得税上升 2.84 个百分点外，各税增幅均不同程度回落。营业税、企业所得税、城建税、房产税增幅分别回落 3.47%、2.23%、29.21%、21.19%；受增值税转型影响，城建税回落率最大。同比增幅较大的各税还有资源税和印花税，增幅分别为 273.3% 和 69.04%。资源税增长因素是企业扩大规模，如贵州大远混凝土有限公司全年累计入库 28 万元，占该税收入总额的 95.24%。国有企业累计入库 952 万元，同比增长最大，为 95%，增收 464 万元；除股份合作企业同比减收 200 万元、外商投资企业基本持平外，其余企业同比均有较大增长；个体经营税收 17712 万元，同比增收 722 万元。在区地税当年税收收入中，中央级收入 19891 万元，同比增长 5.73%，增收 1078 万元；省级收入 2435 万元，同比增长 16.51%，增收 345 万元；市级收入 805 万元，同比增长 3.6%，增收 28 万元；区级收入 95070 万元，占地税收入总额的 80.43%，同比增长 21.33%，增收 16714 万元。

2009 年，股份公司仍是税收收入主体，累计入库 92557 万元，占年税收总额的 68.37%，同比增长 16.8%，增收 13311 万元；联营企业累计入库 1014 万元，同比增长最大为 3.19 倍，增收 772 万元；港澳台投资企业累计入库 2402 万元，同比增长 1.9 倍，增收 1575 万元；其他企业累计入库 2254 万元，同比增长 87.2%，增收 1050 万元；国有企业累计入库 1286 万元，同比增长 35.1%，增收 334 万元；股份合作企业累计入库 937 万元，同比略增；外商投资企业累计入库 873 万元，减少 60.2%，减收 1319 万元；集体企业累计入库 4370 万元，减少 9.7%，减收 469 万元；私营企业累计入库 1782 万元，减少 8.6%，减收 167 万元。个体经营税收累计入库 19057 万元，同比增长 7.6%，增收 1345

万元。

2010年，区地税收入总额139357万元，为年度计划的107.61%，同比增长17.90%，增收21156万元，占贵阳市地税收入总额的10.65%。其中税收收入135380万元，为年度计划的107.44%，同比增长17.86%，增收20514万元；教育费附加收入3977万元，为年度计划的113.64%，同比增长19.24%，增收642万元。在区地税当年税收收入中，除省级收入略有下降外，其余收入均为增长。中央级收入21471万元，同比增长7.94%，增收1580万元；省级收入2409万元，同比减少1.07%，减收26万元；市级收入948万元，同比增长17.76%，增收143万元；区级收入114529万元，占地税收入总额的82.18%，同比增长20.47%，增收19459万元。五大主税中，营业税保持20.37%的增幅，与2009年基本持平；个人所得税增幅上升22.05个百分点，城建税增幅上升5.62个百分点；企业所得税增幅回落11.08个百分点，房产税增幅回落10.05个百分点。五大主税占税收的比重为85.12%；其他各税中，耕地占用税为2018.53%，车船使用税为131.11%；其他增长税种有资源税47.84%、土地增值税33.33%、契税11.37%；同比减少的有印花税3.79%、土地使用税8.48%；第二产业入库税收20842万元，占比重15.4%。同比增幅提高2.5%，增长40.6%，增收6016万元。第三产业入库税收114538万元，占总税收收入比重84.6%。增幅同比下降2.5%，增长14.5%，增收14498万元，其中建筑业和采矿业税收同比增收额20514万元。建筑业增收率20.9%，累计入库11104万元，同比增长63%，增收4292万元；采矿业4%，累计入库887万元，同比增长13.54倍，增收826万元。第三产业税收以房地产业为主，增收率为60%，累计入库50056万元，同比增长32.58%，增收1.23亿元（以上数据中均含2009年以来新征的契税和耕地占用税）。税收收入中100万元以上的重税企业183户（含个体8户），收入86494万元，占年税收总额的比重为63.89%。

2011年，区地税三大主体税种同比增长，其中企业所得税增幅提高69.44个百分点，超税收平均增幅31.04%；营业税同比增幅21.98%，提高1.61%；个人所得税增幅回落8.05个百分点；营业税贡献率为30.33%；企业所得税从负增长转为正增长，贡献率达26.8%；个人所得税贡献率为6.22%。三大税种占税收收入比重为71.39%，同比下降2.78个百分点。当年耕地占用税无收入。全年区地税收入总额186689万元，同比增长33.96%，增加47332万元。地税收入累计入库182217万元，同比增长34.6%，增收46837万元；教育费附加累计入库4472万元，同比增长12.44%，增收495万元。土地使用税同比增长41.96%，城建税同比增长30.57%，印花税同比增长42.3%，土地增值税同比增长24.62%，房产税同比增长14.79%，契税同比增长124.38%，耕地占用税同比增长108.1%；车船使用税同比减少53.37%，资源税同比减少28.89%。

当年，第二产业入库税收30883万元，同比增长48.18%，增收10041万元；第三产业入库税收151334万元，同比增长32.13%，增收36796万元；第三产业税收所占比重为83.05%，同比下降1.55%，第二产业税收所占比重为16.95%，同比提高1.55%；建筑业税收累计入库17881万元，税收贡献率为14.71%，同比增长61.03%，增收6777万元；制造业税收累计入库12582万元，税收贡献率为7.97%，同比增长42.22%，增收3735万元；采矿业税收累计入库372万元，减收515万元。房地产业税收累计入库65003万元，税收贡献率为31.91%，同比增长29.86%，增收14947万元；营业税累计入库78831万元，同比增长21.98%，增收14207万元。其中，房地产业入库税收31711万元，同比增长25.01%，增收6344万元；居民服务和其他服务业入库税收7854万元，同比增长146.83%，增收4672万元；建筑业入库税收12174万元，同比增长51.17%，增收4121万元。另有租赁和商务服务业入库税收8128万元，同比增长26.31%，增收1693万元。

住宿、餐饮业累计入库税收7057万元，同比增长28.22%，增收1553万元；金融业入库税收2349万元，同比增长37.29%，增收638万元；信息传输、计算机和软件业入库税收1040万元，同比增长54.31%，增收366万元。

文化、体育和娱乐业入库税收472万元，同比增长11.32%，增收48万元；教育业入库税收217万元，同比增长26.16%，增收45万元；交通运输、仓储及邮政业入库税收2166万元，同比减少10.9%，减收265万元；其他行业入库税收5651万元，同比减少46.97%，减收5005万元。

企业所得税累计入库31669万元，同比增长65.64%，增收12550万元。所得税自行汇算清缴企业1508户，入库企业所得税10333万元。股份公司入库税收16073万元，占该税种税收比重为84.67%，比2010年提高0.6%，同比增长66.83%，增收10741万元，税收贡献率为85.59%。国有企业入库税收83万元，同比增收30万元；集体企业入库税收2447万元，同比增收687万元。

股份合作企业入库税收49万元，同比增收20万元；私营企业入库税收49万元，同比增收25万元；联营企业入库税收73万元，同比减收464万元；其他企业入库税收2166万元，同比增收1494万元，

个人所得税累计入库19580万元，同比增长17.48%，增收2913万元。财产转让所得是该税种增长的主要动力，累计入库2493万元，同比增长414.5倍，增收2487万元；城市维护建设税累计入库11671万元，同比增长30.57%，增收2733万元；土地使用税累计入库3887万元，同比增长30.57%，增收2733万元；土地增值税累计入库8350万元，同比增长24.62%，增收1650万元；印花税累计入库1987万元，为市地税奋斗目标的128.19%，同比增长42.3%，增收591万元。房产税累计入库6761万元，为市地税奋斗目标的100.46%，同比增长14.79%，增收871万元。在区地税2011年税收收入中，中央级收入累计入库30748万元，同比增长43.21%，增收9277万元，增幅提高35.27%；省级收入累计入库3168万元，同比增长31.51%，增收759万元；市级收入累计入库1227万元，同比增长29.43%，增收279万元；区级累计入库151546万元，同比增长32.32%，增收37017万元，增幅提高11.85%。

2012年，区地税三大主体税种中，营业税提高32.16个百分点，企业所得税增幅提高65.56个百分点，个人所得税增幅回落56.49个百分点。三大税种占税收收入比重为74.75%，同比上升3.36个百分点。另外，城建税同比增长29.34%，土地增值税同比增长75.39%。收入减少的税种：土地使用税同比减少19.98%，印花税同比减少2.54%，房产税同比减少0.26%，契税同比减少14.97%，耕地占用税同比减少43.06%，资源税同比减少12.96%。车船使用税无收入。

当年，第二产业税收增长28.33%，累计入库税收39633万元，同比增长28.33%，增收8750万元；第三产业入库税收税收181294万元，同比增长19.80%，增收29960万元。第三产业税收所占比重为82.06%，同比下降了0.98%，第二产业税收所占比重为17.93%，同比提高0.98%。

建筑业全年累计入库26626万元，税收贡献率为22.59%，同比增长48.91%，增收8745万元；制造业累计入库12966万元，税收贡献率为0.73%，同比增长3.04%，增收384万元；采矿业累计入库35万元，税收贡献率-87.06%，同比减少90.59%，减收337万元。第三产业中，房地产业全年累计入库税收97033万元，税收贡献率为82.74%，同比增长49.27%，增收32030万元。

营业税累计入库121507万元，同比增长54.14%，增收42676万元。其中房地产业入库税收59846万元，同比增长88.72%，增收28135万元；租赁和商务服务业累计入库18833万元，同比增长131.71%，增收10705万元。住宿、餐饮等行业累计入库7501万元，同比增长6.29%，增收444万

元；金融业累计入库3534万元，同比增长50.45%，增收1185万元；教育业累计入库287万元，同比增长32.26%，增收70万元。建筑业累计入库17450万元，同比减少2.41%，减收431万元；居民服务和其他服务业累计入库6165万元，同比减少21.50%，减收1689万元；信息传输、计算机和软件业累计入库739万元，同比减少28.94%，减收301万元；文化、体育和娱乐业累计入库391万元，同比减少17.16%，减收81万元；交通运输、仓储及邮政业累计入库1439万元，同比减少33.56%，减收727万元。

企业所得税累计入库31694万元，同比增长0.08%，增收25万元。自行汇算清缴企业1586户，入库企业所得税8193万元；股份公司累计入库27628万元，占所得税比重为87.17%，同比减少2.5%；国有企业累计入库253万元，同比增收170万元；集体企业累计入库3337万元，同比增收890万元；股份合作企业累计入库25万元，同比减收11万元；私营企业累计入库49万元，同比增收25万元；联营企业累计入库66万元，同比减收7万元；其他企业累计入库376万元，同比减收1790万元；个人所得税累计入库11942万元，同比减少39.01%，减收7637万元。偶然所得累计入库8万元，同比增长14.29%，增收1万元；劳务报酬所得累计入库30万元，同比增长42.86%，增收9万元。

城市维护建设税累计入库15095万元，同比增长29.33%，增收3424万元。土地使用税累计入库3111万元，同比减少19.98%，减收777万元。土地增值税累计入库6743万元，同比减少19.24%，减收1607万元；印花税累计入库1936万元，同比减少2.54%，减收50万元；房产税累计入库6743万元，同比减少0.26%，减收18万元；契税累计入库9888万元，同比减少14.97%，减收1741万元；耕地占用税累计入库4342万元，同比减少43.06%，减收3284万元；资源税累计入库27万元，同比减少12.96%，减收4万元。

在区地税2012年税收收入中，中央级收入有所减少，收入累计入库26182万元，同比减少14.85%，减收4566万元。省级收入累计入库4435万元，同比增长39.99%，增收1267万元；市级收入累计入库4584万元，同比增长273.59%，增收3357万元；区级累计入库189393万元，同比增长24.97%，增收37847万元。全年收入总额为224594万元，同比增长120.30%，增收37905万元。其中：税收收入累计入库220927万元，同比增长21.24%，增收38710万元；教育费附加累计入库3667万元，同比减少17.99%，减收805万元。

2013年，区地税收入总额631009万元，同比增长8.67%，增收50343万元。其中税收收入完成621976万元，比上年增长同期增长8.6%，增收49274万元，教育费附加入库9033万元，同比增长13.44%，增收1070万元，呈现稳步增长趋势。营业税、企业所得税、个人所得税入库税收411362万元，占区地税局两项收入的比重为65.19%，同比增长0.61个百分点，累计增收36340万元，地税收入全面增长。

营业税累计入库281380万元，同比增长5.17%，增收13822万元，占两项税收收入的比重为44.59%；个人所得税累计入库71627万元，同比增长26.88%，增收15175万元，入库收入占两项收入比重的11.35%；企业所得税累计入库58355万元，同比增长14.39%，增收7342万元；非主体税种收入增长的有6个：资源税同比增长48.15%，印花税同比增长32.39%、房产税同比增长20.53%，城建税同比增长16.82%，土地使用税同比增长5.91%，车船税同比增长2.49%。资源税、印花税、房产税增幅位列诸税种前3名。出现减收的税种有：耕地使用税同比下降79.25%，契税同比下降19.90%，土地增值税同比下降9.95%。

在区地税2013年税收收入中，中央级收入累计完成77990万元，同比增长20.95%；省级收入累计完成72369万元，同比增长15.46%；市级收入累计完成283952万元，同比增长11.94%。区级收入累计完成206588万元，同比增长5.37%，比2012年同期增幅减少19.6%。

营业税累计入库281380万元，比2012年同期增长5.17%，增收13822万元。企业所得税累计入库58355万元，同比增长14.39%，增收7342万元。个人所得税累计入库71627万元，比2012年同期增长26.88%，增收15175万元；城市维护建设税累计入库109524万元，同比增16.82%，增收15772万元。土地使用税本月入库332万元，同比减少14.21%，减收55万元；累计入库7782万元，比2012年同期增长5.89%，增收433万元。土地增值税累计入库14691万元，比2012年同期减少9.95%，减收1624万元。

印花税累计入库12778万元，比2012年同期增长32.39%，增收3126万元；房产税累计入库23609万元，同比增长20.53%，增收4022万元；车船使用税累计入库17931万元，同比增长2.49%，增收436万元；契税累计入库23358万元，同比减少19.90%，减收5802万元；耕地占用税累计入库901万元，同比减少79.25%，减收3442万元；资源税累计入库40万元，同比增长48.15%，增收13万元。

由于贵州轮胎股份公司及贵州前进轮胎销售公司改由国税负责征管，每年税收约1亿元。彭家湾延伸开发项目未在云岩区办理手续，涉及税款约2.15亿元；中天未来方舟项目是政府工程，未在区地税局申报，收入流失约20亿元。

2014年，区地税收入总额为贵阳市地税年度计划的104.2%，超额完成市局年度计划4.2个百分点。两项收入累计735997万元，同比增长16.64%，增收104988万元，税收收入724477万元，同比增长16.48%，增收102501万元。教育费附加收入11520万元，同比增长27.53%，增收2487万元。

当年，在区地税2014年税收收入中，中央级累计收入93184万元，占两项收入比重12.66%，同比增长19.48%，增收15194万元；省级累计收入87775万元，占两项收入比重21.29%，同比增长26.91%，增收15406万元。市级累计收入340757万元，占两项收入比重46.30%，同比增长21.99%，增收61445元；区级累计收入214282万元，占两项收入比重6.43%，同比增长6.23%，增收12944元；三大主体税种累计入库509449万元，占两项收入总额的69.22%，同比增长23.84%，增收98087万元。非主体税种累计入库215029万元，占两项收入总额的29.22%，同比增长2.10%，增收4415万元。增收较多的税种：耕地占用税同比增长207.10%，增收1866万元；车船税同比增长13.62%，增收2442万元。减收较多的税种有：土地使用税同比减少40.16%，减收3125万元。

第二产业累计实现税收194064万元，占税收收入比重26.79%。拉动二产税收的行业依然是制造业累计实现税收108516万元，占税收收入比重14.97%。建筑业累计实现税收76036万元，占税收收入比重10.49%。

第三产业累计实现税收530412万元，占税收比重73.21%。其中金融业实现税收239221万元，占税收比重33.01%，房地产业实现税收92301万元，占税收比重12.74%。租赁和商务服务业实现税收76044万元，占税收比重10.50%。批发和零售业税收收入33483万元，占税收收入总额的4.62%；信息传输、软件和信息技术服务业税收收入13704万元，占税收收入总额的1.89%；居民服务、修理和其他服务业税收收入15681万元，占税收收入总额的2.16%；住宿和餐饮业税收收入12744万元，占税收收入总额的1.76%；交通运输、仓储和邮政业税收收入7407万元，占税收收入总额的1.02%；科学研究和技术服务业收入6867万元，占税收收入总额的0.95%；电力、电热、燃气及水的生产和供应业税收收入9471万元，占税收收入总额的1.31%，采矿业税收收入41万元，占税收收入总额的0.006%。

营业税累计收入354142万元，占两项收入总额的48.12%，同比增长25.86%，增收72762万元，原因是金融业与房地产的营业税收入较好。企业所得税累计收入70629万元，占两项收入总额的9.60%，同比增长21.03%，增收12274万元，个人所得税累计收入84678万元，占两项收入总额的11.51%，同比增长18.22%，增收13051万元。

资源税累计收入89万元，同比增长122.5%，增收49万元。契税累计收入23048万元，同比减少1.33%，减收310万元；城建税累计收入111921万元，同比增长2.19%，增收2397万元；房产税累计收入24943万元，同比增长5.65%，增收1334万元。印花税累计收入13987万元，同比增长9.46%，增收1209万元；土地增值税累计收入13244万元，同比减少9.85%，减收1447万元；土地使用税累计4657万元，同比减少40.16%，减收3125万元；车船税累计收入20373万元，同比增长13.62%，增长766万元；耕地占用税收入2767万元，同比增长207.10%，增收1866万元。

金融业税收收入239221万元，占税收收入比重为33.02%；制造业税收收入108516万元，占税收收入比重为14.98%；房地产业税收收入92301万元，占税收收入比重为12.74%。建筑业税收收入76036万元，占税收收入比重为10.50%；批发和零售业税收收入33483万元，占税收收入比重为4.62%；住宿和餐饮业税收收入12744万元，占税收收入比重为1.76%；租赁和商务服务业税收收入76044万元，占税收收入比重10.50%。

所得税征收省级累计收入97820万元，占两项收入比重为11.46%，同比增长11.44%，增收10045万元。市级累计收入373133万元，占两项收入比重为43.70%，同比增长9.50%，增收32376元。其中，区地税局重点企业中烟公司的城建税，金融业的营业税征收较好。区级累计收入252031万元，占两项收入比重为29.52%，同比增长17.62%，增收37749元。

三大主体税种累计入库599178万元，占两项收入总额的70.18%，同比增长17.61%，增收89729万元。增收原因是营业税、企业所得税、个人所得税均为同比增收；非主体税种累计入库242068万元，占两项收入总额的28.35%，同比增长12.57%，增收27039万元。主要是土地使用税、城建税、土地增值税、房产税、印花税、契税同比增长产生的影响。增收较多的税种：土地增值税累计收入20114万元，同比增长51.87%，增收6870万元，印花税累计收入21167万元，同比增长51.33%，增收7180万元，土地使用税累计6178万元，同比增长32.66%，增收1521万元。减收较多的税种有：耕地占用税收入261万元，同比减少90.56%，减收2506万元。

2015年，第二产业累计实现税收257840万元，占税收收入比重30.65%，同比增长32.86%，增收63776万元。拉动二产税收的行业依然是制造业累计实现税收135309万元，占税收收入比重16.08%，同比增长24.69%。建筑业累计实现税收115107万元，占税收收入比重13.68%，同比增长51.38%。

当年，第三产业累计实现税收583341万元，占税收比重69.34%，同比增长9.98%，增收52929万元。拉动三产税收的行业主要是金融业实现税收266286万元，占税收比重31.65%，同比增长9.64%。房地产业实现税收114111万元，占税收比重13.56%，同比增长23.63%。租赁和商务服务业实现税收94382万元，占税收比重11.22%，同比增长24.11%。批发和零售业税收收入33468万元，占税收收入总额的3.98%；信息传输、软件和信息技术服务业税收收入7661万元，占税收收入总额的0.91%；居民服务、修理和其他服务业税收收入13906万元，占税收收入总额的1.65%；住宿和餐饮业税收收入11380万元，占税收收入总额的1.35%；交通运输、仓储和邮政业税收收入7847万元，占税收收入总额的0.93%；科学研究和技术服务业收入7130万元，占税收收入总额的0.85%；电力、电热、燃气及水的生产和供应业税收收入7199万元，占税收收入总额的0.86%，采矿业税收收入255万元，占税收收入总额的0.003%。

营业税累计收入381159万元，占两项收入总额的44.64%，同比增长7.63%，增收27017万元，主要是金融业与房地产的营业税收入较好；企业所得税累计收入109874万元，占两项收入总额的12.87%，同比增长55.56%，增收39245万元，主要为区内重点企业贡献。个人所得税累计收入108145万元，占两项收入总额的12.67%，同比增长27.71%，增收23467万元，利益于金融业增收。资源税累计收入58万元，同比减收34.83%，减收31万元，契税累计收入27174万元，同比增长17.90%，增收4126万元。城建税累计收入118510万元，同比增长5.89%，增收6589万元。房产税累计收入28525万元，同比增长14.36%，增收3582万元。印花税累计收入21167万元，同比增长51.33%，增收7180万元。土地增值税累计收入20114万元，同比增长51.87%，增收6870万元。土地使用税累计6178万元，同比增长32.66%，增收1521万元，车船税累计收入20081万元，同比减少1.43%，减收293万元；耕地占用税收入261万元，同比减少90.56%，减收2506万元。

金融业税收收入266286万元，占税收收入比重31.65%，同比增长11.31%，增收27065万元。制造业税收收入135309万元，占税收收入比重16.08%，同比增长24.69%，增收26793万元。房地产业税收收入114111万元，占税收收入比重13.56%，同比23.63%，增收21810万元。建筑业税收收入115107万元，占税收收入比重13.68%，同比51.38%，增收39071万元。批发和零售业税收收入33468万元，占税收收入比重3.98%同比减少0.04%，减收15万元. 住宿和餐饮业税收收入11380万元，占税收收入比重1.35%，同比减少10.70%，减少1364万元。租赁和商务服务业税收收入94382万元，占税收收入比重11.22%，同比增长24.11%，增收18338万元。

2015年，由于区地税局发展空间严重不足，税源发展受到制约，各项税收收入为贵阳市地税局年度计划821200万元的103.97%，超额完成市局年度计划3.97个百分点。

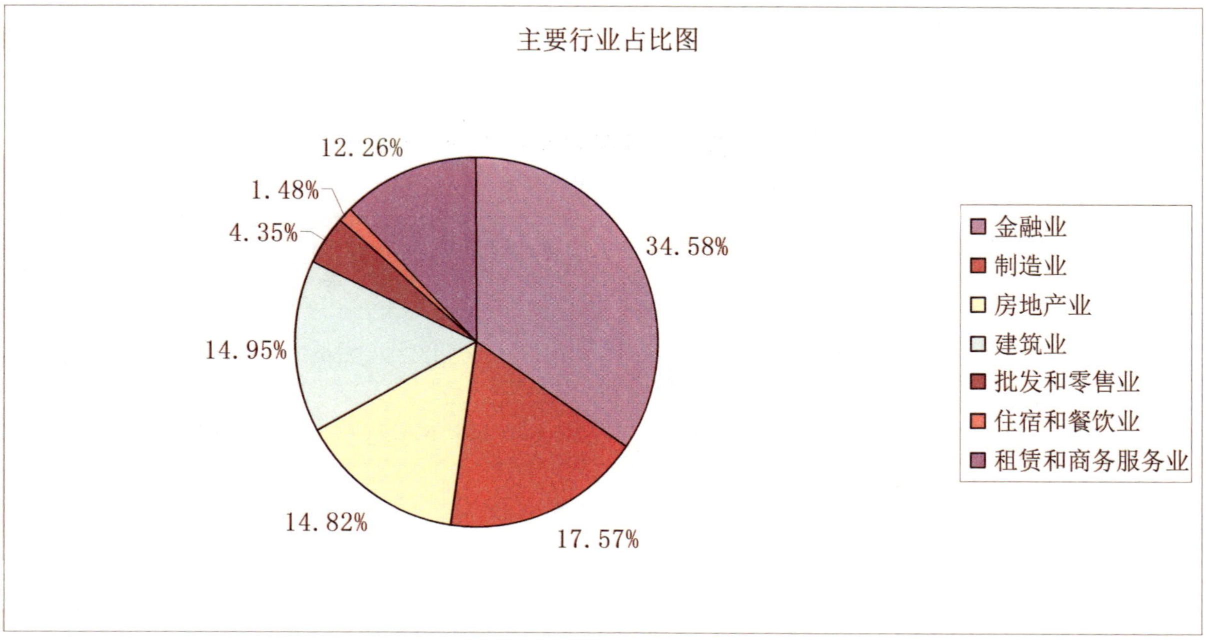

图例：2015年部分行业、重点企业累计税收情况

表2　云岩区地税两项收入统计表

（2001 年—2015 年）　　单位：万元

年度	两项收入								
	合　计			税收收入			教育费附加		
	收入额	比上年增长额	比上年增长(%)	税额	比上年增长额	比上年增长(%)	收入额	比上年增长额	比上年增长(%)
2001 年	20509	4107	25	19829	3986	25.16	680	121	21.65
2002 年	26911	6402	31	25994	6165	31.09	917	237	34.85
2003 年	34405	7494	27.85	33224	7230	27.81	1181	264	29
2004 年	45626	11221	32.61	44256	11032	33.21	1370	189	16%
2005 年	55813	10187	22.33	54154	9898	22.36	1659	289	21
2006 年	65653	9840	17.63	63800	9646	17.81	1853	194	12
2007 年	80552	14899	22.69	78425	14625	22.92	2127	274	14.79
2008 年	100036	19484	24.19	97008	18583	23.70	3028	901	42.34
2009 年	118201	18165	18.16	114866	17858	18.41	3335	307	10.17
2010 年	139357	21156	17.90	135380	20514	17.86	3977	642	19.24
2011 年	186689	47332	33.96	182217	46837	34.6	4472	495	12.44
2012 年	224594	37905	120.30	220927	38710	21.24	3667	-805	减少 17.99
2013 年	631009	50343	8.67	621976	49274	8.6	9033	1070	13.44
2014 年	735997	104988	16.64	724477	102501	16.48	11520	2487	27.53
2015 年	853795	117798	16.01	841246	116769	16.12	12549	1029	8.90

表3　云岩区地税收入分税种情况表

（2001 年—2015 年）

税种	2001 年	2002 年	2003 年	2004 年	2005 年	2006 年	2007 年	2008 年	2009 年	2010 年	2011 年	2012 年	2013 年	2014 年	2015 年
税收收入总额	19829	25994	33224	44256	54154	63800	78425	97008	114866	135380	186689	220927	621976	724477	841246
营业税	10273	14033	17027	21183	23170	30662	36024	44606	53689	64624	78831	121507	281380	354142	381159
企业所得税	3493	3876	5633	9146	13070	14211	16916	18526	19874	19119	31669	31694	58355	70629	109874
个人所得税	2641	3496	4761	7246	8993	9039	12749	12830	13277	16667	19580	11942	71627	84678	108145
资源税	7	69	53	41	20	—	—	8	30	44	31	27	40	89	58

续上表

税种	2001年	2002年	2003年	2004年	2005年	2006年	2007年	2008年	2009年	2010年	2011年	2012年	2013年	2014年	2015年
契税	—	—	—	—	—	—	—	—	4654	5183	11629	9888	23358	23047	27174
城市维护建设税	1584	2090	2617	3063	3778	4197	4792	6772	7592	8938	11671	15095	109525	111921	118510
房产税	1432	1984	2373	2592	3046	3392	4147	5418	5928	5890	6761	6743	23609	24943	28525
印花税	103	255	146	293	421	581	643	859	1451	1396	1987	1936	12778	13987	21167
城镇土地使用税	108	182	231	265	425	473	592	3303	2992	2738	3887	3111	7782	4657	6178
土地增值税	140	23	316	377	1133	1147	2415	4457	5026	6700	8350	6743	14690	13244	20114
车船使用税	—	—	50	50	98	98	145	230	180	416	194	—	17931	20373	20081
耕地占用税	—	—	—	—	—	—	—	—	173	3665	7627	4342	901	2767	261
其他收入	680	917	881	1020	1719	2018	2394	3185	3656	4716	6027	6144	14259	15777	18212

二、纳税企业组成与变化

（一）纳税企业构成

2001 年，全区有地税纳税登记户 16425 户，年纳税额 50 万元以上的重点税源户 13 户，百万元以上有 1 户。2002 年，有 16113 户纳税户，其中：国有经济占 2%，民营经济为 98%（企业 44%、个体 54%）；第二产业约占地税收入 23%，第三产业约占 77%。第二产业收入中，工业和建筑业占 98% 以上，其中工业 33%，建筑业 65%。第三产业收入以商业、餐饮、房地产、社会服务、其他等“五大行业”为主，占三产税收的 95% 以上；其中房地产比重最大，年纳税额 10 万元以上的重点纳税户约 200 户，税收占当年收入总额的 50%~55%。年纳税额 50 万元以上的纳税大户有 9 户，是当年税收总额的 23%，以房地产和制药业为主。

2003 年，全区纳税额在 50 万元以上的纳税户增至 103 户，其中百万元以上的 42 户。2005 年，有纳税户 24749 户，百万元以上纳税户 54 户。2006 年，有纳税户 13957 户，其中国有企业 56 户，集体企业 1369 户，股份合作及联营企业 58 户，股份公司 3242 户，私营企业 568 户；年纳税额 50 万元以上的重点税源户 122 户，百万元以上的有 58 户。2007 年，有纳税户 16312 户，其中国有企业 76 户，集体企业 1466 户，股份合作企业 48 户，联营企业 32 户，股份公司 3899 户，私营企业 798 户，个体经营户 9876 户，其他经营者 117 户；300 万元以上的重税企业 42 户。截至 2008 年，全区地税纳税户增长到 27581 户，其中国有企业 70 户，集体企业 720 户，股份合作企业 42 户，联营企业 11 户，股份公司

9200户，私营企业931户，个体经营户16257户，其他经营者350户；股份公司是收入主体，累计入库68384万元，占年税收总额的70.5%，同比增长26.4%，增收14273万元。联营、国有、外资企业税收同比也增幅较大，其余企业及个体经营税收则相对较为稳定。

2009年，全区纳税户27117户，其中国有企业42户，集体企业561户，股份合作企业42户，联营企业9户，股份公司10068户，私营企业1237户，其他企业301户；港澳台投资企业19户，外商投资企业13户，个体经营户14825户。区辖100万元以上的重税企业145户（含个体户2户），收入64250万元，占地税收入总额的比重为54.36%。车船使用税增收来源于私车消费，资源税是来源于企业扩大生产规模的贡献。土地使用税纳税百万元以上的大户5户，纳税额878万元，比2008年减少1户，减收323万元；50万元以上的6户，纳税额488万元，同比减少一户，减收122万元。

2010年，有纳税户26254户，其中国有企业47户，集体企业562户，股份合作企业38户，联营企业8户，股份公司11262户，私营企业1092户，港澳台投资企业26户，外商投资企业19户，个体经营户13102户，其他经营者98户。

2011年，全区纳税100万元以上的重点税源户有205户，同比增加22户，其中纳税1000万元以上的有26户，同比增加8户；26户重点企业中有15户为房地产开发业，3户为投资与资产管理业，零售业2户，批发业1户，制造业1户，印刷业1户，商务服务业1户，饮食业1户，建筑安装业1户。

2012年，纳税1000万元以上的企业有28户，同比增加2户，累计入库122179万元，占税收收入比重为55.3%。28户重点企业中有15户为房地产开发业，1户为投资与资产管理业，零售业2户，批发业1户，制造业1户，印刷业1户，商务服务业2户，饮食业1户，建筑安装2户，其他经营方式2户。

2014年，全区纳税户有41633户，其中国有企业539户，集体企业524户，股份合作企业49户，联营企业28户，股份公司18765户，私营企业3490户，港澳台投资企业147户，外商投资企业148户，个体经营户16673户，其他经营者218户。

2015年，有46877户，其中国有企业553户、集体企业528户、股份合作企业49户、联营企业30户、股份公司21901户、私营企业3886户、其他经营者219户；港澳台投资企业158户，外商投资企业159户，个体经营户18235户。

三、税收执法

（一）税务检查

2001年6月1日，区地税局成立工作领导小组，拟定《区地税局整顿和规范税收秩序工作计划》，按计划开展整顿和规范税收秩序工作。2002年，拟定《区地税局税政执法责任制实施方案》，推行执法责任制。推行对执法单位和个人的执法行为的评议考核及对执法过错人员进行责任追究的办法，分阶段、有步骤、有重点，积极稳妥地推行执法责任制。同时，引导纳税人依法维护自身的合法权益，规范税务行政复议、应诉及处罚听证工作程序。建立执法情况通报制度和追究监督制度，对执法检查中发现的问题，并限期整改。

2003年，区地税局组成11个检查组、3个复查组，实行组长负责制和主协查制，从机制上保证检查工作质量；检查中，按MIS税务稽查子系统出稽查文书，严格审批程序，及时组织税款入库。2004年成立专项检查领导小组，对运输、医药生产及销售、房地产开发等行业制定检查方案，展开专项检查。规定重点检查第一阶段时限为到9月10日截至。加强查前培训辅导，除对检查人员进行政策和查账技能培训150人次外，还对纳税人进行560人次的税收政策宣传辅导，帮助其做好自查工作。

2005年，区地税局被贵阳市地税局列为一级稽查试点单位。据此，区地税局成立试点工作领导小组，结合“双基”（地税基层和基础建设）工作和税收征管改革、税收信息化建设，使稽查选案、实施、审理、执行4个环节达到科学管理，理顺和明确划分征收、管理、稽查之间的职能关系；进一步完善稽查工作制度，规范稽查工作的内容和考核指标。按照国家税务总局关于执法责任“两个办法”和“两个范本”［国家税务总局2005年制定的《税收执法责任制评议考核办法（试行）》《全国国税系统税收执法责任制岗位职责和工作规程范本（试行）》《全国地税系统税收执法责任制岗位职责和工作规程范本（试行）》和修订的《税收执法过错责任追究办法》的简称］要求，区地税局2007年参与制定《税收执法责任制实施方案》《税收执法责任制考核评议办法（试行）》《税收执法过错追究办法》，每月对各执法部门开展一次税收执法责任考核，按季度与目标考核相结合进行再考核，严格执行奖惩制度。执行《重大税务案件审理办法（试行）》要求审理案件，并对税务行政执法案卷进行评查。同时，对房地产业、建筑业税收精细化管理办法展开研究探索，制定《区地税局不动产、建筑业项目管理及发票使用管理实施办法》，初步实现区局、税务所（直属征收分局）、税收管理员三级管理；按照“核实税基，完善汇缴、强化评估、分类管理”的要求，强化企业所得税征收管理。推行稽查业务公开，建立稽查与征管部门互动机制，发挥稽查促征、促管的作用。对检查中发现的纳税人基础资料信息、征管漏洞、政策缺陷等情况，按规定及时通报征管部门，并提出改进建议；发现涉嫌违法案件，也及时移送稽查部门立案查处，稽查局将查处情况及时通报征管部门。

2006年，对当年区内企业2388户进行企业所得税汇算清缴，自行汇算清缴达100%；对230户企业进行重点审核，查补税款233万余元。加强对高收入者个人所得税实施动态跟踪管理。当年4月初，受理年所得12万元以上纳税人自行申报纳税209人，补缴个人所得税119万元，开具个人所得税完税证明193份。在检查办理注销税务登记、税收规范性文件制定、土地增值税政策执行以及企业减免税、退税、抵税、延期纳税、汇总纳税情况中，未发现违法违规案例。2007年对2006年下半年至2007年上半年的税务行政执法案卷进行评查。检查内容主要有办理注销税务登记、规范性文件制定和土地增值税政策执行，以及批准企业减免税、退税、抵税、延期纳税、汇总纳税等方面有无违规情况；各执法部门自查税务行政执法案卷345件，行政许可案件612件。

2008年，加大对高收入者的管理力度，做好年所得12万元以上纳税人自行纳税申报工作。当年3月，受理年所得12万元以上纳税人申报360人，扣缴税款2809.99万元，补缴税款17.25万元。同年，与各分局层层签订执法责任书，落实执法责任。将税收执法过错责任追究与评议考核、执法检查和其他监督形式相衔接，每月对各执法部门开展一次税收执法责任考核，做到有错必究。主要对减免税纳税人享受减免税恢复征税的情况及税务机关代开普通发票情况进行检查，并通报检查情况，进行追踪监督，执行《重大税务案件审理办法（试行）》，做好重大税务案件审理工作的统计、分析和报送工作。区地税稽查局按政策规定制定检查行业、检查年度和追溯年度，稽查、税政法规、征收、计会、监察、督查各部门密切配合，通过税收专项检查，促进税收的法治化建设。检查中要求主查人员对“程序法”“实体法”的实施负责，把好证据关、法律关。发现重大偷逃骗抗税行为的情况立案查处；构成犯罪的依法移送司法机关。对有线索的违法涉税行为进行重点稽查。

2009年，制定《税收执法责任制实施方案》《税收执法责任制考核评议办法（试行）》《税收执法过错追究办法》，开展执法检查和税务行政执法案卷评查，以及重大税务案件审理工作的统计、分析、报送工作。税收执法检查重点是企业所得税、个人所得税核定征收工作是否符合相关规定，是否执行正确的所得税率。同年9月，区地税局组织人员开展执法检查自查工作，检查是否存在违规扩大核定征收企业所得税、个人所得税范围，以及企业所得税核定征收是否按公平、公正、公开原则核定征收等工作人员，推进纳税人建账建制工作，引导纳税人向查账征收方式过渡。区地税局每月开展一次税收执法责任考核，按照相关法律、行政法规的要求实施的税务行政处罚。当年，各级地税机构全年未发生执法过程中有违反程序和权限的现象。2011年6月—12月，分两批进行税收执法检查和督察工作，包括：企业注销清算；减免税政策执行；普通发票管理是否规范；税务稽查案件办理情况；企业所得税管理；重点行业税收管理是否到位六方面督察内容。

2013年，区地税局将税收规范性文件会签纳入目标管理量化考核，制订《区地税局税收风险管理防范和控制机制试点工作实施方案》，开展税收风险管理防范和控制机制试点，按时反馈税收政策执行情况，不单独或与其他部门联合制定具有普遍约束力的解释、规定、办法的文件，所制定的文件未违反国家统一税法。

2014年，全面实施《纳税服务规范》，推动业务流程制度化、规范化。坚持严格公正执法，依法打击税收违法犯罪活动，建立和执行决定法制审核制度，落实重大税务案件审理办法。推进内控机制建设，依托疑点信息库，规范日常涉税管理，并接受社会的监督。

（二）税务登记

2001年6月1日至11月10日，区地税局各税务所对所辖区内的街道、市场进行多次清理，共办理税务登记证3469户，其中临时税证1019户，清理检查漏征漏管户587户，查补税款15.05万余元。对逾期申报的纳税户发出限期改正通知书218份，督促其办理纳税申报。对497户逾期申报的纳税户依法进行处罚，罚款9.1万余元，加收滞纳金1.6万余元。2002年的企业所得税、营业税和个人所得税的专项检查，共检查各类企业1020户，个体工商业户4010户，补交各税税款426.67万元，加收罚款和滞纳金7.5万元。同年5月—6月，对区属16个地税所管企业抽查中，检查企业79户，其中房地产开发17户，建筑安装17户，工业10户，商业19户，其他行业16户。2003年，对各专业市场的经营户进行逐户检查登记，检查涉及13个税务所的29个专业市场。查明29个专业市场共有经营户6215户，已办理税务登记证的有3656户，未办理税务登记证的有2559户，办证率为58.53%；查出漏征漏管户10户，全部专业市场月均应纳税总额为1178085元，同时检查出专业市场办证率仅占58.53%；查出漏征漏管户10户。针对专业市场经营户变更频繁、办证率较低的情况，区地税局采用计算机管理办法管理未办证经营户，建立管理征收台账，每月按时征收税款，并与区国税局联合启动国税、地税、银行三位一体的银税一体化系统，使绝大多数纳税人纳入系统内，指导纳税人在银行预存税款，直接在银行卡上划转税款，以确保税款的及时入库；将国、地税定额统一，降低征管难度。

（三）违法案件查处

2001年，区地税局在清理和整顿“建账”违法行为工作中，明确由区地税稽查局负责与征管单位建立信息共享机制，对典型案件进行公告，提醒纳税人遵守税法。检查工作以“建账”违法案件的查处为突破口，对“建账”违法行为典型案例一查到底。在查某中心账目时，发现企业法采用“两本账”、代开发票、开大头小尾等手段大量偷税，均确定为建假账的违法行为，对违法纳税人实行资金监控和账户冻结，追缴欠税和滞纳金。同年，区稽查局针对企业专项检查中发现的工程久拖不决、占用企业所得税现象、建筑安装（建安）企业承包人未按工程总造价规定的百分比代缴个人所得税，以及收受不合法凭证、不决算占用企业所得税等问题，对企业进行税法宣传辅导。根据《征管法》对所漏税款进行追缴滞纳金、罚款。查出应补各税 130 万元，企业自行申报入库 60 万元。区稽查局全年向区局重大税务案件审理委员会移送 8 件重大案件，审理 7 件，退回稽查局补充调查 1 件。补税 211. 8 万元，罚款 40. 77 万元，加收滞纳金 10. 03 万元。2002 年，全年审理税务案件 20 件。

2003 年，对医疗卫生服务、娱乐、房地产、金融等行业的税收展开专项检查，查补税款 1. 69 万余元，娱乐业查补税款 2. 51 万余元，医疗卫生业查补税款 0. 26 万余元，房地产业查补税款 146. 48 万余元。对企业所得税、重点行业个人所得税、发票检查为重点的税收交叉检查和案件复查工作。共检查 63 户，查出应补各税及滞纳金、罚款合计 210. 7 万余元，其中营业税 84. 4 万余元，企业所得税 77 万余元。全年收到举报案件 41 件，稽查选案 35 件，入库各税、滞纳金、罚款共 70. 5 万余元，无一差错，无一行政复议和行政诉讼。在追缴某实业公司欠税一案中，区稽查局得到市中级法院配合，行使"代位权"追缴欠税，将该公司在移动公司到期未付的债务中将应纳税款、滞纳金合计 140 多万元划入稽查专户；收到各类违章使用发票举报 72 件次（含市局转办），通过各科、所分类查处，共结案 70 件次，处罚金额 2. 4 万元，奖励举报人 33 人次，奖励金额 4600 元。

2004 年 1 月—10 月，区地税局收到举报案件 34 件次，结案 18 件次，无一差错，无一行政复议和行政诉讼。其中，检查人员由云岩区公安分局协助，查处方力建筑、方力运输、康利运输三公司开具"大头小尾"发票重大偷逃税案时，查明三公司偷税金额 250 万元。当年 4 月，三公司案移送公安机关。全年专项检查共检查 62 户企业，查补入库税收 586. 7 万余元。当年确定房地产业（包括房地产咨询、策划、中介服务等）、物业管理业、建筑业为专项检查行业。选择房开企业 130 户、建筑安装企业 52 户、物业管理企业 52 户、房地产咨询策划企业 26 户共 260 户企业为专项检查对象。全年专项检查共查出各种税费 4398. 89 万元；查补贵阳官房房地产开发有限公司和云南官房建筑集团股份有限公司欠税，入库税款 1992. 33 万元。2006 年，对房地产、建筑安装、服务和其他行业进行专项检查，共检查 121 户，其中房地产业 32 户，建筑安装业 20 户，服务业 35 户，其他行业 34 户，查补各种税款合计 1151. 09 万元。

2005 年 11 月底，收到举报案件 32 件，稽查结案 36 件（含上年转入），查出税款 84. 46 万元，处以滞纳金 7. 98 万元，罚款 46. 83 万元，合计 139. 27 万元，全部入库。有两件涉税案件应向举报人计发奖金，支付奖金 0. 27 万元。同年，接办贵阳市地税局稽查局转交辖区管房开企业 4 户追欠案，涉及税款共 1800. 3 万元，至年底，共追欠 1035. 8 万元入库。2006 年，受理举报案件 12 件（含市局转办 7 件），查处 11 件，查补金额 2. 7 万元，其中税款 1. 59 万元，滞纳金 0. 1 万元，罚款 1 万元。受理发票举报案件（含市局转办）34 件，查处 34 户，处以罚款 1. 14 万元，奖励举报人 18 人次，奖励金额 2600 元。

2007 年，区地税局主要对房地产开发行业、企业所得税、高收入行业、高收入个人的个人所得税进行专项检查，共检查结案 96 户，查补各税 2966 万余元。截至 11 月 30 日，共查处举报案件 20 起，查补金额 233 万余元，其中有 2 户偷税数额达到移送条件的案件移送公安机关。同年，检查房地产开发企业、企业所得税、高收入行业的个人所得税，并对 2005 年和 2006 年两个年度的税款缴纳情况进行检查，对涉及税收违法的案件追溯到 2005 年以前各年度。全年共检查结案 96 户，其中房地产行业 50 户、建筑安装行业 5 户、服务行业 7 户、其他行业 34 户；查补各税合计 2966. 37 万元，其中营业税 1098. 51 万元、企业所得税 1113. 34 万元、个人所得税 13. 5 万元、其他各税 741. 02 万元。当年，共受理涉税举报案件 22 件，结案 27 件（含上年度结转），查补金额 245. 57 万元，其中税款 146. 73 万元、滞纳金 34. 84 万元、罚款 64. 01 万元，全部入库。有两户企业触犯《中华人民共和国刑法》，根据《税收征收管理法》和国务院《行政执法机关移送涉嫌犯罪案件的规定》，将这两户企业违法案件移送公安机关立案侦查，对某汽车修配厂查处金额7.21万余元、某清洁技术有限公司查处金额194.44万余元已全部入库。

2008年3月—10月，区地税局开展税收专项检查，检查重点为房地产开发企业、建筑安装业、金融保险业，主要检查企业所得税；区域税收专项整治以打击制售假发票、非法代开发票、虚开或取得虚开发票等税收违法行为为重点。先后有74人次参加行动，检查经营户136户，查补税收共2429.39万元，全额入库。5月17日至6月30日，开展2008年上半年税收执法检查。主要检查减免税人享受减免税恢复征税情况和税务机关代开普通发票情况。当年稽查局受理发票举报51件，查处37户，处以罚款2.06万元；奖励举报人22人，奖励0.35万元。受理举报案件33件，查结25件，查补税款、滞纳金、罚款共21.44万元全部入库。

2009年3月，区地税局稽查局与公安机关联手，抓获出售假发票的犯罪嫌疑人1人，缴获假“贵州省服务业定额发票”498本共49800份、假机打发票2张和用于非法交易的手机2部。6月的税收专项清理检查中，查补税款4000.97万元。同年，配合市地税局和公安机关到河南、湖北等地追查“三八”特大假发票案，捕获一嫌疑上线人员，抓获非法散发代开发售发票名片2人。截至10月31日，查处举报案件2件，查补金额19.49万元；查取发票举报案件36件，处罚金额1.29万元，奖励举报人17人次。当年，开展对房地产开发企业、建筑安装业、大型连锁超市、医疗业等行业的税收专项检查，查补入库税款360.99万元。2010年，接到举报案件65户，其中违法案件20户，稽查假发票案件8户。至11月，共结案举报案件50户，入库金额74.43万元，其中杳结违法案件8户，实际稽查入库62.15万元，税款37.6万元，滞纳金6.16万元，罚款18.39万元。查结假发票案件8户，入库税款0.64万元，罚款8.31万元。同年，区地税局检查严厉打击所检查行业和地区存在的税收违法犯罪，专项检查查补税金4872.2万元。2011年，查结21件举报案件，查补入库税收及滞纳金、罚款1093.14万元；专项检查工作查结11户，查补入库税收27.53万元；受理发票举报案件50件，查结44件，处罚金额共13.1万元，奖励举报人22人次，奖励举报人金额为0.56万元；“刮刮乐”兑奖190217个，兑奖金额110.41万元。2012年，开展对股权转让等涉税事项的检查，地税局原稽查局查处1起承债式股权转让案件，查出应缴个人所得税1704万元，催缴入库1550万元，协助追缴欠税2200万元。

（四）落实优惠政策

2003年，区地税局贯彻落实财政部、国家税务总局关于下岗失业人员再就业和“非典”期间税收优惠政策，制定《再就业税收减免税工作规程》，编写《再就业税收减免税须知》，指定专人受理申请，按月登记减免税台账，及时调查和审批。全年办理下岗失业人员再就业减免税107户，减免税款约16万元，吸纳下岗失业人员就业享受减免税的企业1户，减免税款9.85万余元；办理“非典”影响生产经营的企业减免税51户，减免税款170.7万余元；办理减免营业税和地方各税的企业6户，减免税款46万余元。次年，制定《再就业税收减免税工作规程》，编辑宣传材料《再就业税收减免税须知》，通过办税服务厅电子屏幕、黑板报、在市场张贴等形式，广泛宣传再就业减免税政策。全年全局累计受理下岗失业人员再就业减免税申请447户，对436户符合条件的再就业户办理减免税手续，共减免税收134.11万余元，其中营业税57.52万元，城建税7.31万余元，教育费附加3.03万余元，个人所得税66.23万余元；免收工本费496户，计24180元。为规范地方税减免退税工作，区地税局严格审查报送资料，实行双人上岗调查，写出调查报告，由区地税局减免税合议委员会对报告进行合议，根据减免税审批权限进行报批或减免，出具书面材料上报市局。全年，共办理申请地方税减免19户，共减免税款128.07万余元，其中营业税78.77万余元，城建税2601余元，教育费附加1115元，房产税48.93万余元。

2005年，制定《2003年至2005年下岗失业人员税收优惠政策落实情况清理表》，对已办理税务登记证的下岗失业人员减免税落实情况进行一次清理。2004年，下岗失业人员就业减免税户中，准予继续享受减免税优惠370户，注销23户，失踪26户；雇用人员超员的3户不予办理减免税。截至年底，对743户（个体737户，集体6户）符合条件的下岗失业人员再就业减免税申请人办理减免税，共减免税款263.96万余元，其中营业税109.98万余元，城建税17.87万余元，教育费附加7.54万余元，个人所得税128.56万余元；免收税务登记证工本费361户，计14440元。全年办理地方各税及营业税减免的企业19户，减免税款92.57万余元。受理西部大开发减免税7户，申请减免企业所得税374.99万余元。受理经营高校学生公寓减免税申请1户，报请市局审批减免企业所得税21.98万余元。办理退役士兵自谋职业减免税申请2户，减免城建税、教育费附加、个人所得税1800余元；办理残疾人减免税申请2户，减免个人所得税1800元；办理受“非典”影响继续享受减免税申请4户，减免营业税16390元；办理营利性医疗机构减免税申请13户，减免营业税84.09万余元；受理财产损失税前扣除申请4户，报损金额54.88万余元。

2006年，执行新出台的《财政部国家税务总局关于下岗失业人员再就业有关税收政策问题的通知》，年内共办理下岗失业人员减免税578户（其中安置下岗失业人员企业6户），累计减免营业税、城建税、教育费附加、个人所得税127.03万余元，减免79户工本费3160元；受理西部大开发减免税7户，受理减免高校学生公寓企业所得税减免申请1户报省局审批；办理营利性医疗机构减免税申请3户；受理财产报损税前扣除申请5户。办理下岗失业人员税务登记证147个，免收工本费5880元；减免税605户，免征税款275万元；营利性医疗机构减免税4户，减免税款32万元；高校后勤社会化改革减免4户，减免税款333万元；9户企业享受西部大开发减按15%优惠政策减征企业所得税共1505万元。2007年，办理下岗失业人员再就业减免税574户，免征税款406.77万元；办理下岗失业人员税务登记证256个，免收工本费0.51万元；受理享受西部大开发减免税政策的企业8户并上报，审批减免税款1404万元；办理营利性医疗机构减免税和经营高校学生公寓减免税共5户，减免税款59.38万元。

2008年，对2007年度已享受下岗失业人员减免税的纳税户进行年检，年检合格271户。开辟“再就业减免税审批工作绿色通道”，确保优惠政策落实到位。全年办理下岗失业人员减免税481户，免征税款194万元；办理下岗失业人员税务登记证215个，免收工本费0.43万元；受理享受西部大开发减免税企业7户，按减免税程序上报，审批减免税款2356万元；办理经营高校学生公寓2户，减免营业税45.7万元；办理营利性医疗机构1户，减免营业税3.6万元。2008年4月28日，对2007年度已享受下岗失业人员减免税的569户纳税户进行年检，准予年检合格的271户（个体269户，集体2户）继续享受减免税优惠；年检不合格303户（个体300户，集体3户），恢复征税176户，注销62户，失踪65户。

2009年，区地税局办理下岗失业人员减免税422户，累计减免税收和教育费附加158万元；办理西部大开发减免税7户，减免企业所得税1328万元；高新技术开发区减免税1户，减免企业所得税1650万元；残疾人减免1户，减免营业税0.8万元。截至4月15日，对2008年度已享受下岗失业人员减免税的480户（个体475户，集体5户）纳税户进行年检。经过逐户调查核实，年检合格308户（个体305户，集体3户）准予继续享受减免税优惠；不予继续享受减免税172户（个体170户，集体

2 户），其中减免期限已到恢复征税 94 户（个体 92 户，集体 2 户）、注销 27 户、失踪 51 户。2010 年，办理下岗失业人员再就业减免税 306 户（其中安置下岗失业人员企业 4 户），累计减免营业税、城建税、教育费附加、个人所得税 111.25 万元，减免 39 户工本费 0.078 万元。全年受理西部大开发减免税 6 户，上报并通过市局审批，共减免企业所得 1648 万元；受理高新企业所得税年度汇算申报 2 户，共减免企业所得税 1324 万元。2010 年 3 月，对 2009 年度已享受下岗失业人员减免税的 428 户（个体工商户 424 户，企业 4 户）纳税户进行资格年审，审核合格 302 户（其中个工商户 300 户，企业 2 户）。2010 年度，准予继续享受再就业税收优惠政策；不予继续享受再就业税收优惠政策 126 户（个体工商户 124 户，集体 2 户），其中恢复征税 70 户（个体工商户 68 户，集体 2 户），已办理注销税务登记 24 户，失踪户 32 户。2009 年度，享受下岗失业再就业人员有 302 户审核合格，继续享受再就业税收优惠政策。2010 年，享受下岗失业人员再就业税收优惠 318 户，减免税（包括教育费附加）130 万元，高新技术企业减免税备案 2 户，减免企业所得税 1324.4 万元。上报贵阳市地税局申请审批西部大开发减免税 6 户，申请减免企业所得税 1648 万元；2011 年对 2010 年度再就业税收优惠政策的 318 户纳税人进行资格年审，有 180 户继续享受再就业税收优惠政策。当年为享受下岗失业人员再就业税收优惠的 182 户减免税收及教育费附加 54.07 万元；享受高新技术企业优惠政策 2 户，减免 2010 年度企业所得税 2083 万元；享受西部大开发企业所得税优惠政策 4 户，减免 2010 年度企业所得税 1958 万元。次年，为 56 户享受下岗失业人员再就业税收优惠减免税收及教育费附加 15.36 万元；为 2 户享受高新技术企业优惠政策企业减免 2011 年度企业所得税 3528 万元；为 4 户享受西部大开发企业所得税优惠政策企业减免 2011 年度企业所得税 1935 万元。办理享受小型微利企业税收优惠 47 户，减免 2011 年度企业所得税 7.8 万元。安置残疾人员支付工资的加计扣除 1 户，减免 2011 年度企业所得税 13.5 万元。至当年 10 月，享受《国家税务总局关于支持和促进就业有关税收政策的通知》的纳税户 12 人户，减免税额 2.83 万元。

2015 年对下岗失业人员再就业和残疾人就业等税收优惠政策贯彻落实及执行情况的统计，对减免税到期的纳税人下发恢复征税通知，对享受税收优惠政策的纳税人进行跟踪管理。

四、信息化建设

2002 年 11 月 1 日至 12 月 31 日，区地税局试运行《贵州省地方税务局税收业务管理系统和行政事务管理系统》，成立信息化建设领导小组，由局长任组长，确定黔灵所为试点，并制定一系列行之有效的实施方案；完成登记资料的采集、整理和审核。

2006 年 3 月起，区地税局分期分批在所辖企业中推广使用二维条码技术进行纳税申报，提高了税务机关的工作效率和征管质量，办税服务得到大幅度优化。满足了企业所得税汇算等各项税收工作的需要，实现了信息资源共享。新版税收综合征管软件于 11 月 15 日在云岩局顺利上线。2007 年，在“管理质量年”活动中，把深入学习税收业务知识与推广使用 MIS 系统相结合，建立税收业务知识题库，干部职工在进入 MIS 系统前，必须解答一道题后才能进入 MIS 系统处理税收业务，有针对性地对学习培训进行改进。

2009 年 6 月，对税收管理员进行 7 天 MIS 系统和税收管理员平台培训。详细介绍平台中日常检查、巡查寻访、发票登记表录入和应用等方面的流程操作；管理三级税源的管理员，主要学习平台中的巡查寻访流程操作；对升级后的 MIS 系统，主要介绍如何查询片区管户数据、发票分户数据、片区收入进度数据及完善纳税户基础资料、避免错误信息出现等操作规程。通过培训，管理员提高了操作流程的熟练程度，为新版MIS上线使用做好准备。为使2009年版MIS系统顺利上线，区地税局提前搭建新MIS系统的数据模拟环境，分期对18个征收单位的所有税收管理员进行“热身”培训，使税收管理员熟悉新版MIS系统的操作界面及各项业务流程操作。2010年2月1日，2009年版新MIS系统在区地税局上线。职工在该版系统中进行数据补录、核对、清理工作，同时向纳税人做好宣传解释；在压力测试中进一步完善数据信息，上线前一周，参与测试的计算机共190台，修改错误信息7000余条，修改率达100%。

2010年4月，“贵州省地方税务局电子申报系统”在区地税局上线，纳税人通过该系统录入申报表及财务报表后，以电子介质报送到税务机关，就可直接导入电子数据完成纳税申报及报表的录入。大大提高办税厅窗口的工作效率。区地税局在办税服务厅开辟电子申报窗口，在4月的征收期陆续发现该申报系统的一些问题。针对存在的问题，请来申报系统开发人员对软件使用方法进行培训示范，分批次安排业务管干和纳税人进行点对点的具体操作、安装培训。区地税局在300多户纳税户中推广使用电子申报，成功率达到80%。2011年，区地税局组织网上申报培训，使税务人员熟悉具体操作程序。印制3000多份网上申报所需的纳税申报表和宣传手册、操作手册，免费向纳税人发放，通过对纳税人进行培训辅导、税收管理员到企业上门宣传辅导、办税服务大厅电子显示屏滚动宣传、纳税服务平台QQ群覆盖宣传并解疑答难等多种形式，使纳税人对电子申报涉及新申报表的填列内容、操作方法等内容都应知应会。至4月，有2000余户纳税人加入了纳税服务平台QQ群；协助市地税局做好网络测试平台搭建和各征收单位的网络覆盖工作；协调，搞好税务、金库、银行联网三方的协作配合工作，并配备相应的硬件、软件和技术力量。在实现网上申报及横向联网后，越来越多的企业接受网上申报。当年累计网上申报税款22979万元。同时区地税局还从涉税信息查询、涉税事务受理、涉税事务操作等方面，推进网上办税平台的开发。

2012年6月起，网上申报及财税库银税收收入电子缴税横向联网工作平稳运行，为向纳税人提供安全、便利、快捷、先进的税款缴纳方式，保障税款及时、足额、准确入库。截至2013年年底，成功与7810户纳税人签订三方协议，签订三方协议户数占征管户数（15905户）的49.10%，网上申报成功累计75147户次，申报金额累计75015.75万元，扣税成功累计65731.61万元，扣税成功率达87.62%。

2013年7月30日，协助纳税人开出贵阳市第一份建筑业网络发票获得成功。年底为纳税人开办8期操作培训，1500余户纳税人中，签约使用网络发票的纳税人约2000户，成功开出网络发票的纳税人1621户。次年研发出《区地税局税收网格化管理系统》；完成税收网格化管理系统的搭建工作。

2015年，“金税三期”工程（一种新税制，核心内容之一是建立以增值税为主体税种的税制体系，并实施以专用发票为主要扣税凭证的增值税征管制度。）工程优化版应用系统于7月16日在区地税局成功进行双轨运行期，9月8日进入单轨运。区地税局为保障数据真实、准确、可用，对数据采集严格控制，并实行三级审核机制，即管理分局谁采集谁初审为第一级审核；二分局对分局已审核通过的数据进行复核，为第二级审核；复核通过的，报“金税三期”工程办公室作录入前最后审核，即第三级审核。同时进行任务分解，确保层层落实、责任到人。截至2015年8月30日，共答疑400余次。

五、制度建设和培训

（一）制度建设

2002年，区地税局稽查局职能从“任务型”向“执法型”转变，推出“稽查预警制”（主管税务机关通过一定方式拟定预警企业计划，报主管领导审批后，在决定对纳税人实施检查前，先对其进行税收政策辅导，讲解税收政策、稽查程序、纳税人的权利和义务以及应承担的法律责任，对纳税人进行“预先警示”，由纳税人先行自查，保障纳税人依法接受税务机关的纳税辅导和宣传，自觉申报纳税和补交未纳税款，此后再由稽查局进行稽查，如发现仍存在问题，及时下达税务稽查预警通知书和税务自查申报表，按程序进行查处），当年 11 月底，全区实行稽查预警入库各税 680 万元，查补入库各税 120 万元。年内共对 210 户企业进行“预警”，企业自查清理补交税款 791 万元。

2010 年，根据省地税局《关于做好 2010 年度行政执法案卷评查和五年阶段性总结的通知》，建立统一、规范的税务行政处罚案卷，6 月—7 月上旬，区地税局税务行政执法案件评查工作组按照省局的评查标准，对 2009 年下半年至 2010 年 5 月末的行政处罚案卷 506 件、行政征收案卷 500 件进行评查，评出税务行政处罚案卷合格 118 件、良好 327 件、优秀 61 件；税务行政征收案卷合格 114 件、良好 202 件、优秀 186 件。没有不合格案卷。

2013 年，将执法责任制工作纳入目标管理进行考核，对税收执法各环节明确了执法责任，将责任层层分解，落实到人。坚持公平、公正、有错必究、过罚相当、教育与惩戒相结合的原则，开展税收执法过错的追究，严格执行《税收执法责任制考核评议办法（试行）》和《税收执法过错责任追究办法》。在 2012 年税务行政执法案卷评查工作基础上，依法规范税务行政执法案卷。2014 年，区地税局向社会全面公开税收工作职能、法律依据、实施主体、职责权限、管理流程、监督方式等事项，接受纳税人监督。同时实行税收执法人员持证上岗和资格管理制度，未经执法资格考试合格人员，不得授予执法资格、不得从事执法活动。

2015 年，贯彻国务院《全面推进依法行政实施纲要》，落实组织收入原则，坚决不收过头税，防止越权减免税行为；制定《云岩区地方税务局税收风险管理防范和控制机制试点工作实施方案》。继续将税收规范性文件会签纳入目标管理量化考核。开展税收风险管理防范和控制机制试点工作。

（二）培训

2001 年，区地税局举办学习新《税收征管法》培训班 5 期，各科、室、所利用学习时间，依照新《税收征管法》治税，区地税局与执法人员签订执法责任书，严格进行考评，落实执法责任制。同时举办纳税人培训班 2 期，培训纳税人 400 人。2002 年，对稽查人员和各所的检查人员进行查账技能的业务培训两次；由征管科负责牵头，对各征管单位和稽查局进行检查和考核，并对检查考核中发现的典型案例进行解剖，摸索出检查建账违法行为措施，对检查人员进行再培训，进一步提高检查假账的能力。培训中，学习《税务稽查工作规程》《税收征管法》等相关法律法规；由培训干部重点向参训人员讲解税务稽查工作的原则、方法和技巧，增强辨别账簿真假，清理和整顿“建账”违法行为等能力，使纳税申报审核管理工作实现了分地区、分行业、分税种的信息分析利用。

2003 年 6 月，对稽查人才库人员进行 3 天的稽查子系统业务培训，培训内容：对 MIS 系统稽查模块、处罚救济模块，通过投影，进行系统应用讲解；对查账技能和案件查处，结合案例分析进行讲解；进行计算机操作，从选案、检查、审理、执行到处罚救济能正确应用。通过培训，进一步提高检查人员的执法水平和业务技能。同年，区地税局发出《关于建立稽查人才库的通知》，着力建立一支具有良好政治素质、较高专业知识和技能、维护和建立良好税收秩序的稽查队伍。明确稽查人才库由各征管单位业务骨干 50 人组成，其中，大专以上 48 人，有技术职称的 21 人。在各单位的领导下开展税收日常检查、案件检查、专项检查，达到以查促管、以查促收目的。

2004 年 2 月，召集辖区内营利性医疗机构法人和财务人员 150 余人进行税收政策培训。为配合对房地产开发企业、医药生产企业和购销行业、运输行业的专项检查，开展为期2天的查前税法宣传培训，参加的法人、会计710人，对三种行业涉及的地方税种和相关的税收法律、法规和纳税人关心的税收热点、难点问题逐一进行认真讲解。通过培训，把辖区内营利性医疗机构纳入正常税收管理，控管好税源。举办地方税培训3期。

2005年，举办税收业务知识培训3期：举办企业所得税汇算2期培训，培训人员500余人。举办有房地产企业、建筑安装企业的法人、财务人员参加的营业税、企业所得税、个人所得税、土地增值税税收政策培训1期，150人参加培训，为专项检查自查阶段作好充分准备。2006年年初，为贯彻执行国家税务总局出台的《营业税纳税人纳税申报办法》，区地税局召集交通运输业、娱乐业、服务业、建筑业4个行业实行查账征收营业税的纳税人进行培训，各企业财务主管和本局参加培训税收管理员200余人。

按照《贵阳市地方税务局税收风险管理防范和控制机制试点工作实施方案》要求，2008年7月19日，对区地税局税收管理员进行执法风险防范管理培训。培训内容有风险管理、税收风险管理的相关知识、税收风险管理模式中的五个机制纳税遵从度风险制度和办法、税收执法风险制度和办法、税收管理员操作平台等知识。同年9月，区地税局全局执法人员参加学法考试，参考人员168名，参考率100%，合格率100%。通过考试，税务执法人员学习法律知识的自觉性增强，依法治税能力得到提高。当年，组织136人获行政执法考试“贵州省行政执法证”，取得执法资格。此后，执法人员在执行公务时，实行“双人上岗”，持证、亮证执法。

2010年，组织16名执法人员参加贵州省人民政府法制办举行的执法资格考试，取得《贵州省行政执法资格证》。

第三章　金　融

云岩区在贵阳市金融开放和改革和“引银入筑”工程实施中，加强金融服务平台建设，推动区域经济发展和城市建设事业发展。云岩区虽然无自办的金融企业，对辖区内金融业也无管辖权限，但作为贵阳市金融中心集中地，是重要区位优势之一。云岩区按照中共贵阳市委在云岩区“打造西部科技金融创新城”的目标，发展以金融业为龙头的现代服务业。截至2015年，入驻云岩区的金融业法人单位共有74家，占全市法人单位总数的49.33%。

第一节　金融服务平台

一、引进金融机构

2011年以来，云岩区引进浦发银行、民生银行、光大银行、招商银行、贵州银行、国信证券、贵州融通金融超市、华融金融中心、阳光基金、黔金所等一批金融企业。至2015年，辖区金融业法人单位有74家，从业人员9529人，分别占全市的49.33%、78.97%。

二、金融集聚区建设

云岩区是传统商业街区、人口密集、金融网点相对集中。改革开放以来，中华路、延安路、瑞金路等街区，陆续入驻中国工商银行贵州省分行、建设银行贵州省分行、交通银行贵州省分行、贵阳银行、贵阳农村商业银行等金融企业。从1993年起，华创证券、中国证监会贵州省监督管理局、国银联贵州分公司、太平洋人寿保险贵州分公司、光大银行贵阳分行、浦发银行贵阳分行、贵州银行、民生银行贵阳分行等多家金融机构。

贵阳银行股份有限公司总部办公大楼位于中华北路。在2013年、2014年"中国商业银行竞争力评价报告"中，综合竞争力排名分别位居全国同等规模城市商业银行第一位或第二位；在"2015亚洲银行500强"榜单中，实力排名居第32位，位居中国入选银行第8位。

非银行金融业中的华创证券经纪有限责任公司，通过发展互联网金融、资产管理、投资银行及场外私募投融资业务，为地方政府和实体经济提供多元化金融服务。2013年—2014年11月，累计帮助企业融资280余亿元。获省人民政府颁发的2013年度贵州省金融贡献奖。同期，华融金融中心、贵州融通金融超市等中关村贵阳科技园签约项目在辖区落地实施。2014年1月10日，贵州中黔金融资产交易中心（黔金所）与贵阳农村商业银行签订客户交易结算资金存管合作协议，首家驻点银行入驻贵州融通金融超市。国信证券、阳光基金等金融企业落地，市西担保、汇君等小额贷款公司生根发芽。加快贵州融通金融超市二期、华融金融中心等项目建设。夯实传统金融基础，培育新兴金融企业，发展金融中介务机构，推动中华路、延安路沿线建立金融集聚区。云岩区金融业增加值由2010年30.3亿元上升为2015年的106亿元，增速居服务业各行业第一。

第二节　优化金融环境

一、金融服务

2002年以来，云岩区配合有关部门查处和打击非法金融活动，维护金融秩序，营造权利平等、机会平等、规则平等的投资环境。重点引进银行、保险、证券等金融机构设立总部或分支机构，支持以民营资本为主的金融企业的发展。搭建以政府为依托，以金融机构为资金支持，以担保机构为贷款担保主体，以企业和创业者为融资服务对象"四位一体"的融资平台，为企业和金融部门搞好对接工作。2013年8月，区科技和工业信息化局举办科技型中小企业参加的金融培训，邀请交通银行、创业投资引导基金、华信担保等金融机构专家，专题介绍金融产品、电子银行、担保业务及流程等知识。区工商联和市仲裁委、民尚律师事务所、贵阳银行、贵阳农村商业银行等走访辖区非公有制企业，提供法律、金融服务。2015年8月28日，区工商联请专家对会员进行"新三版"讲座培训。

2013年—2015年，云岩区金融工作办公室对15家小额贷款公司常规运营情况进行检查，对52家融资性担保公司、18家小额贷款公司进行风险排查；作出融资性担保公司和小额贷款公司的变更、设立申请批复86个。

二、资本市场建设

2011 年 8 月 5 日，云岩区出台应用技术研究与开发资金管理暂行规定。2012 年，就落实大力扶持微型企业发展出台工作意见，从财政、税收、融资与担保等方面加强对小微型企业创业和发展的扶持。支持商业银行设立服务产业园区的专营机构；加快完善多层资本市场；建立科技信贷、担保服务和科技创业投资风险政策体系。2013 年 10 月 31 日，云岩区与贵阳银行科技支行签约科技金融合作；加快知识产权与技术交易市场建设；启动云岩区科技风险投资基金，服务高新技术产业及科技型小微企业；贵州融通金融超市、华融金融中心等项目落地实施，打造了以黔金所为代表的“互联网金融”平台；大力扶持黔商市西担保公司等一批优秀的小额贷款公司，多渠道缓解企业融资困难。2014 年，出台云岩区企业进入全国中小企业股份转让系统扶持奖励办法。依托黔金所，建设集贵州省中小微企业、贵州民间借贷登记中心、贵州金融资产交易中心、贵州企业和个人信用管理中心和计算机网络服务中心五位一体的现代金融大型综合交易市场，引入中国人民银行信用监测系统，引进银行、保险、融资担保或再担保、证券、信托投资等公司，其他投融资及基金公司和千余名金融业中高级人才入驻办公。至 2015 年 12 月，黔金所服务项目共 47 个，交易规模总额 10.55 亿元。

自 2004 年 3 月 23 日，贵州益佰制药股份有限公司成为全省首家取得股票上市资格的民营企业后，10 年中，先后有贵阳四方鼎力咨询服务有限公司、贵州三力制药股份有限公司、成为上市公司。贵阳银行 IPO 项目 2015 年 12 月 23 日获得发审会无条件过会，登陆 A 股。

三、重点领域投融资机制创新

云岩区 2004 年建立以本级财政投入为主导，金融贷款为支撑，企业自筹为基础，社会扶持为辅助的科技投入机制。2011 年，建立辖区融资工作例会制度，每年召开政企银协调会，小额贷款担保会，引导、推动金融为科技进步、高新技术产业、棚户区改造、基础设施等重大项目和重点工程建设开展服务，协助拓宽企业融资渠道。

贵阳银行、工商银行、交通银行等金融机构。2004 年—2012 年，为区属民营企业技术进步项目贷款达 39 亿元，支持了益佰制药、三力制药、永吉印务、华旭科技等企业技术改造，创新发展。贵阳农村商业银行 2014 年各项贷款余额（含贴现）229.74 万元，比上年增加 54.41 亿元，增幅 31.03%。其中，小微企业贷款余额为 136.03 亿元，户数 3373 户，增速 33.02%。贵阳银行 2015 年各项贷款余额达 840.90 亿元，支持了非公有制经济、民生领域、高新技术产业、现代服务业、生态产业和生态环境保护等重点领域的发展。国家开发银行 2013 年以来给予云岩区棚户区改造的开发性金融支持超过 200 亿元。

四、助力企业融资

2008 年年初，区工商联与区委统战部、区各民主党派、贵阳市商业银行三合支行通过调研和座谈形成共识，以商会为载体，探索中小企业融资新途径，为中小企业和个体商户无资产抵押贷款拓宽渠道。12 月 27 日成立的贵州省黔商市西企业投资信用担保股份有限公司（省黔商市西担保公司），由云岩区市西商会的 38 名会员入股筹建。截至 2009 年 1 月底，省黔商市西担保公司共向市西商会会员 34 户发放无抵押贷款近 7000 万元；中国银行贵州省分行、中国交通银行贵州省分行等金融机构相继与省黔商市西担保公司签署合作协议。“联环保”和市西担保公司为企业与银行挂钩、搭桥、保障的作用，使中小企业与个体商户的民间信誉大于资产信誉；银行资金安全；商户自己管理自己；灵活多样，满足各种需求，为政府缓解非公企业融资难提供新的模式，有效破解中小企业融资难题。至2014年8月，省黔商市西担保公司累计担保资金超过100亿元。被中共贵州省委、省人民政府授予贵州省十佳民营经济服务机构称号。至2014年10月底，省黔商市西担保公司共提供贷款8847笔，贷款金额累计15.819亿元。

五、建立投融资平台

发挥地域优势，主动争取与云岩区流动人口管理、经济社会发展相适应的转移支付、土地成本返还、债务限额等金额支持，制定相关激励政策；完善项目库建设，加强项目的策划、包装。将投融资工作纳入相关部门的年度目标考核；引导和加强银企联系，拓宽投融资渠道。2015年，进一步加强政府性融资和债务管理。区属投融资平台贵阳云岩贵中土地开发基本建设投资管理集团有限公司（贵中公司）和贵阳云尚城市资产运营有限公司（云尚公司）通过产权式注入、股份制改造、企业债券等方式，扩大资产规模和现金流；在重大项目、土地一二级联动开发、市场化运作等方面增值发展。贵中公司2015年融资到位资金28.818亿元。其中银行项目贷款发放资金23.818亿元，市、区级调剂借款资金5亿元。

第三节　银行业

2001年，驻辖区银行机构有中国人民银行贵阳中心支行、中国工商银行贵州省分行、中国建设银行贵州省分行、中国农业银行贵阳市支行、贵阳银行总部、中国邮政储蓄银行等。2012年，贵州银行成立后，首先在云岩区开办营业网点；2005年—2012年间，省内外股份制银行如上海浦发银行、招商银行、中信银行、光大银行、六盘水银行、重庆银行等先后在云岩区开办分支机构；各银行分支机构、营业网点遍布各主次干道、社区服务中心，以及综合性商场内。

截至2015年，区境各社区分布银行分支机构180余家，其中，工商银行有云岩支行等分支机构25家；建设银行有贵阳城北支行等分支机构24家；农业银行有云岩支行、花香村分理处等分支机构24家；贵阳银行有贵阳银行直属支行、等分支机构32家。除在贵州省和贵阳市监管部门登记注册，以及2001年以前已在云岩区登记注册、且存续的银行分支机构外，2001年—2015年间，在云岩区登记注册的银行分支机构有43家，其中贵阳农村商业银行18家，贵阳银行9家，中信银行4家，中国工商银行3家，交通银行、民生银行各2家，中国建设银行、中国银行、中国邮政储蓄银行、兴业银行、上海浦发银行各1家。

表1　在云岩区登记注册的银行机构一览表

（2001年—2015年）

序号	企业名称	企业属性 企业类型	经营地址(住所)	经营范围
1	中国工商银行股份有限公司贵阳省府路支行	内资 股份有限公司分公司 (上市、国有控股)	富水中路恒生大厦	人民币存款、贷款、结算业务、代理发行、兑付、承销政府债券等

续上表

序号	企业名称	企业属性 企业类型	经营地址(住所)	经营范围
2	中国工商银行股份有限公司贵阳毓秀路支行	内资 股份有限公司分公司(上市、国有控股)	毓秀路贵阳市住房公积金管理中心服务大厅	办理人民币公众存、贷款,代理发行国债、债券
3	贵阳银行股份有限公司东山支行	内资股份有限公司分公司(上市)	宝山北路贵州师范大学体育活动中心	以中国银行业监督管理委员会依法批准文件所列范围为准
4	贵阳银行股份有限公司飞山街支行	内资股份有限公司分公司(上市)	飞山街61号	同上
5	贵阳银行股份有限公司贵开路支行	内资股份有限公司分公司(上市)	大营坡路110号	同上
6	贵阳农村商业银行股份有限公司水东路支行	私营股份有限公司分公司(非上市、自然人投资或控股)	东山路中天世纪新城	公众存款、短期和中期和长期贷款;办理国内结算、代理收付款项以及代理保险业务等
7	贵阳农村商业银行股份有限公司花香村支行	私营股份有限公司分公司(非上市、自然人投资或控股)	浣纱路233号	公众存款、短期和中期和长期贷款;办理国内结算、代理收付款项以及代理保险业务等
8	贵阳农村商业银行股份有限公司正新支行	私营股份有限公司分公司(非上市、自然人投资或控股)	正新街富水花园二期裙楼	公众存款、短期和中期和长期贷款;办理国内结算、代理收付款项以及代理保险业务等
9	贵阳农村商业银行股份有限公司永安支行	私营股份有限公司分公司(非上市、自然人投资或控股)	宝山北路体育活动中心	公众存款、短期和中期和长期贷款;办理国内结算、代理收付款项以及代理保险业务等
10	贵阳农村商业银行股份有限公司红岩支行	私营股份有限公司分公司(非上市、自然人投资或控股)	万江路7号	公众存款、短期和中期和长期贷款;办理国内结算、代理收付款项以及代理保险业务等
11	贵阳农村商业银行股份有限公司三桥支行	私营股份有限公司分公司(非上市、自然人投资或控股)	三桥中路34号5栋	公众存款、短期和中期和长期贷款;办理国内结算、代理收付款项以及代理保险业务等
12	贵阳农村商业银行股份有限公司紫林支行	私营股份有限公司分公司(非上市、自然人投资或控股)	延安中路214号	公众存款、短期和中期和长期贷款;办理国内结算、代理收付款项以及代理保险业务等
13	贵阳农村商业银行股份有限公司沙河支行	私营股份有限公司分公司(非上市、自然人投资或控股)	沙河街15号	公众存款、短期和中期和长期贷款;办理国内结算、代理收付款项以及代理保险业务等
14	贵阳农村商业银行股份有限公司贵开支行	私营股份有限公司分公司(非上市、自然人投资或控股)	新添大道南段73号	公众存款、短期和中期和长期贷款;办理国内结算、代理收付款项以及代理保险业务等

续上表

序号	企业名称	企业属性 企业类型	经营地址(住所)	经营范围
15	贵阳农村商业银行股份有限公司改茶支行	私营股份有限公司分公司(非上市、自然人投资或控股)	白云大道53号、三桥综合批发市场	公众存款、短期和中期和长期贷款;办理国内结算、代理收付款项以及代理保险业务等
16	贵阳农村商业银行股份有限公司黔灵支行	私营股份有限公司分公司(非上市、自然人投资或控股)	飞山街祥源大厦C、D栋	公众存款、短期和中期和长期贷款;办理国内结算、代理收付款项以及代理保险业务等
17	贵阳农村商业银行股份有限公司相宝山支行	私营股份有限公司分公司(非上市、自然人投资或控股)	外环城东路235号	公众存款、短期和中期和长期贷款;办理国内结算、代理收付款项以及代理保险业务等
18	贵阳农村商业银行股份有限公司市西支行	私营股份有限公司分公司(非上市、自然人投资或控股)	市西路银通商厦	公众存款、短期和中期和长期贷款;办理国内结算、代理收付款项以及代理保险业务等
19	贵阳农村商业银行股份有限公司黄金路支行	私营股份有限公司分公司(非上市、自然人投资或控股)	黄金路黄金路小区A栋	公众存款、短期和中期和长期贷款;办理国内结算、代理收付款项以及代理保险业务等
20	贵阳农村商业银行股份有限公司中天社区支行	私营股份有限公司分公司(非上市、自然人投资或控股)	新添大道南段中天花园架空停车场	公众存款、短期和中期和长期贷款;办理国内结算、代理收付款项以及代理保险业务等
21	贵阳农村商业银行股份有限公司宅吉支行	私营股份有限公司分公司(非上市、自然人投资或控股)	宅吉路37号	公众存款、短期和中期和长期贷款;办理国内结算、代理收付款项以及代理保险业务等
22	贵阳农村商业银行股份有限公司煤矿村支行	私营股份有限公司分公司(非上市、自然人投资或控股)	旭东路249号	公众存款、短期和中期和长期贷款;办理国内结算、代理收付款项以及代理保险业务等
23	贵阳农村商业银行股份有限公司晒田坝支行	私营股份有限公司分公司(非上市、自然人投资或控股)	文昌北路柳园宏泰文景阁	公众存款、短期和中期和长期贷款;办理国内结算、代理收付款项以及代理保险业务等
24	中国邮政储蓄银行股份有限公司贵阳市瑞金中路支行	内资有限责任公司分公司(国有控股)	瑞金中路31号	公众存款、汇兑业务;银行卡业务、代理收付款项、发行、兑付及承销政府债券;办理网上银行、小额贷款、基金代销及国内结算等业务
25	贵阳银行股份有限公司普陀路支行	内资股份有限公司分公司(上市)	普陀路62号	公众存款、汇兑业务;银行卡业务、代理收付款项、办理网上银行、小额贷款、基金代销及国内结算等业务

续上表

序号	企业名称	企业属性 企业类型	经营地址(住所)	经营范围
26	中国民生银行股份有限公司贵阳北京路支行	内资股份有限公司分公司(上市)	北京路9号	公众存款、汇兑业务;银行卡业务、代理收付款项、办理网上银行、小额贷款、基金代销及国内结算等业务
27	中信银行股份有限公司贵阳市西小微支行	内资股份有限公司分公司(上市、国有控股)	浣纱路百佳大厦	办理自助机具查询、存款、取款、转(汇)款及业务指导;银行卡受理;网上银行、手机银行业务及指导;代收公共事业费;小微企业开户及贷款受理;理财产品销售等
28	中国银行股份有限公司贵阳市水东路支行	内资股份有限公司分公司(上市、国有控股)	未来方舟G5组团	在上级公司范围内凭许可证许可小范围经营。
29	贵阳银行股份有限公司贵阳博德汽配城小微支行	内资股份有限公司分公司(上市)	三桥改茶村贵州博德汽配城161号	公众存款、汇兑业务;银行卡业务、代理收付款项、办理网上银行、小额贷款、基金代销及国内结算等业务
30	兴业银行股份有限公司贵阳富水支行	内资股份有限公司分公司(上市)	富水中路恒生大厦	公众存款、汇兑业务;银行卡业务、代理收付款项、办理网上银行、小额贷款、基金代销及国内结算等业务
31	贵阳银行股份有限公司贵阳金狮社区支行	内资股份有限公司分公司(上市)	百花山路金狮小区巫峰苑1号	公众存款、汇兑业务;银行卡业务、代理收付款项、办理网上银行、小额贷款、基金代销及国内结算等业务
32	上海浦东发展银行股份有限公司贵阳金鼎支行	内资股份有限公司分公司(上市)	浣纱路泰和尔酒店1层	公众存款、汇兑业务;银行卡业务、代理收付款项、办理网上银行、小额贷款、基金代销及国内结算等业务
33	中信银行股份有限公司贵阳公园路支行	内资股份有限公司分公司(上市、国有控股)	公园路都市名园	在中信银行股份有限公司贵阳分行的业务转授权范围内经营
34	中国建设银行股份有限公司贵阳金筑支行	内资股份有限公司分公司(上市、国有控股)	宝山北路神奇金筑大酒店	公众存款、短期、中期、长期贷款;办理国内外结算、票据承兑与贴现;代理发行、代理兑付、承销政府债券;金融债券;同业拆借;买卖、代理买卖外汇;银行卡业务等

续上表

序号	企业名称	企业属性 企业类型	经营地址(住所)	经营范围
35	贵阳银行股份有限公司贵阳中天社区支行	内资其他股份有限公司分公司(上市)	中天花园叠翠谷1栋~4栋	公众存款、汇兑业务;银行卡业务、代理收付款项、办理网上银行、小额贷款、结算等业务等
36	交通银行股份有限公司贵阳中天花园支行	内资股份有限公司分公司(上市、国有控股)	新添大道南段中天花园三期A区	许可经营中国银行业监督管理委员会批准的业务、保险代理等
37	中国工商银行股份有限公司贵阳黄金路支行	内资股份有限公司分公司(上市、国有控股)	枣山路9号	许可经营中国银行业监督管理委员会批准的业务、保险代理等
38	贵阳银行股份有限公司贵阳东山社区支行	内资股份有限公司分公司(上市)	东山仙人洞路191号A幢	许可经营中国银行业监督管理委员会批准的业务、保险代理等
39	中国民生银行股份有限公司贵阳公园路支行	内资股份有限公司分公司(上市)	公园路8号~26号	许可经营中国银行业监督管理委员会批准的业务、保险代理等
40	交通银行股份有限公司太平洋信用卡中心贵阳分中心	内资股份有限公司分公司(上市)	新添大道南段“永利星座”大厦	信用卡业务;开展经中国银行监督管理委员会批准并由总行卡中心授权的其他业务
41	中信银行股份有限公司贵阳瑞金支行	内资股份有限公司分公司(上市)	瑞金北路久泰大厦	在中信银行股份有限公司贵阳分行的业务转授权范围内经营
42	中信银行股份有限公司贵阳黔灵支行	内资股份有限公司分公司(上市)	枣山路雄骏国际广场	在中信银行股份有限公司贵阳分行的业务转授权范围内经营
43	贵阳银行股份有限公司贵阳头桥社区支行	内资股份有限公司分公司(上市)	黔春路商住楼	许可经营中国银行业监督管理委员会批准的业务、保险代理等

第四节　保险业

1991年—1993年间，各类保险公司开始在省府路、富水路一带设置营业总部和网点，2003年以后，各类保险企业陆续入驻辖区，服务项目不断增加或更新。至2015年年末，区境驻有中国平安财产保险股份有限公司、贵州分公司贵阳中心支公司、中国人民财产保险股份有限公司贵阳分公司、中国人寿保险股份有限公司贵阳分公司、安邦财产保险股份有限公司贵州分公司、中国大地财产保险股份有限公司贵州分公司、太平财产保险有限公司贵州分公司、阳光财产保险股份有限公司贵州省分公司、安诚财产保险股份有限公司贵州分公司、中国人民财产保险股份有限公司贵阳市直属支公司、新华人寿保险公司贵州分公司、中国太平洋保险股份有限公司贵州分公司、富德生命人寿保险股份有限公司贵州分公司等保险公司分支机构28家。中国太平洋财产保险股份有限公司贵州分公司成立于2002年1月28日，公司地址在中山西路太平洋大厦内；中国平安财产保险股份有限公司贵州省分公司成立于2003年1月，公司地址在瑞金北路中国华融大厦（原金元大厦）内。2005年1月24日，中国人民财产保险股份有限公司贵阳分公司成立，地址在省府路东段。

2001年—2015年间，除在省、市两级市场监管部门登记注册，以及2001年以前已在区工商局登记注册且存续的保险公司分支机构外，中国人寿保险股份有限公司贵阳市云岩支公司中山东路营销服务部、中国人寿财产保险股份有限公司贵阳市城北支公司、中国平安财产保险股份有限公司贵州分公司世贸大厦营销服务部、中国人寿财产保险股份有限公司云岩区支公司、中国大地财产保险股份有限公司云岩支公司、中国平安人寿保险股份有限公司贵州分公司第一营销服务部、太平财产保险有限公司云岩支公司等10家保险公司分支机构都在区市场监管局登记注册。

表2 在云岩区登记注册保险公司分支机构一览表

（2001年—2015年）

序号	企业名称	企业属性	企业类型	经营地址(住所)	经营范围
1	中国人寿保险股份有限公司贵阳市云岩支公司中山东路营销服务部	内资	其他股份有限公司分公司	中山东路123号	对营销员开展培训及日常管理;收取营销员代收的保险费、投保单等单证;分发保险公司签发的保险单、保险收据等相关单证;接受客户的咨询、投诉
2	中国人寿财产保险股份有限公司贵阳市城北支公司	内资	其他股份有限公司分公司	北京路208号	财产损失保险:责任保险;信用保险和保证保险;短期健康保险和意外伤害保险等
3	中国平安财产保险股份有限公司贵州分公司世贸大厦营销服务部	内资	股份有限公司分公司	延安中路世贸大厦A幢	个人消费信贷保证保险为主
4	中国人寿财产保险股份有限公司云岩区支公司	内资	其他有限责任公司分公司	威清路雄峻国际	财产损失保险;责任保险;信用保险和保证保险;短期健康保险和意外伤害保险;经中国保监会批准的其他业务
5	中国大地财产保险股份有限公司云岩支公司	内资	其他股份有限公司分公司	下威清路雄峻国际	财产损失保险;责任保险;信用保险和保证保险;短期健康保险和意外伤害保险等
6	中国平安人寿保险股份有限公司贵州分公司第一营销服务部	内资	有限责任公司分公司	正新街富水花园D栋	对营销员开展培训及日常管理、收取投保单等单证;分发保险公司签发的保险单;接受客户的咨询、投诉;证券投资基金销售业务

续上表

序号	企业名称	企业属性	企业类型	经营地址(住所)	经营范围
7	锦泰财产保险股份有限公司贵州分公司	内资	其他股份有限公司分公司	延安西路建设大厦	财产损失保险,责任保险,信用保险和保证保险,短期健康保险和意外伤害保险,经保监会批准的其他业务
8	太平财产保险有限公司云岩支公司	内资	有限责任公司分公司	新添大道南段永利星座	财产损失保险、责任保险、信用保险和保证保险等人民币或外币保险业务;短期健康保险和意外伤害保险;上述业务的再保险业务等
9	泰合保险销售有限公司贵州分公司	私营	有限责任公司分公司	富水中路恒生大厦	在贵州省行政辖区内代理销售保险产品;代理收取保险费;代理相关保险业务的损失勘查和理赔;中国保监会批准的其他业务
10	和谐保险销售有限公司贵州分公司	内资	其他有限责任公司分公司	北京路鑫都财富大厦	在贵州省行政辖区内代理销售保险产品;代理收取保险费;代理相关保险业务的损失勘查和理赔;中国保监会批准的其他业务

第五节　证券业

从1993年—1995年，国内主要的证券公司，如海通证券、申银万国、国泰君安、湘财证券、广发证券、中泰证券、安信证券等，陆续在云岩区设有证券营业部；贵阳本土证券公司华创证券有限责任公司总部设在中华北路。

1998年5月，华创证券贵阳中华北路证券营业部成立，1999年3月，海通证券股份有限公司贵阳富水北路证券营业部开业，地址在富水北路“天恒”城市花园。2002年1月7日，华创证券经纪有限公司成立，地址在中华北路。2003年6月，华创证券贵阳飞山街证券营业部成立。2007年10月，广发证券股份有限公司贵阳延安中路证券营业部在延安中路世贸广场开业。2008年1月，华创证券贵阳北京路证券营业部成立，多数证券公司营业网点是以所在街道名称命名的。2010年2月23日，经中国证监会核准，公司名称由“华创证券经纪有限责任公司”变更为“华创证券有限责任公司”。

截至2015年，区境有海通证券股份有限公司贵阳富水北路证券营业部、广发证券股份有限公司贵阳延安中路证券营业部、方正证券股份有限公司中华中路证券营业部、华创证券有限责任公司贵阳飞山街证券营业部、银河证券股份有限公司贵阳新添大道证券营业部等证券营业部或分支机构12家。其中在云岩区登记注册的证券公司营业部有银河证券贵阳新添大道证券营业部、方正证券贵阳中华中路证券营业部、安信证券贵阳富水北路证券营业部3家，以及安信证券股份有限公司贵州分公司。

表 3 在云岩区注册的证券机构一览表

（2001 年—2015 年）

序号	企业名称	企业属性 企业类型	经营地址(住所)	经营范围
1	中国银河证券股份有限公司贵阳新添大道证券营业部	内资 股份有限公司分公司(上市、国有控股)	新添大道南段中天花园三期 B 区	证券经纪;证券投资咨询;证券投资基金代销;与证券交易、证券投资活动有关的财务顾问业务;代销金融产品;融资融券
2	安信证券股份有限公司贵州分公司	内资 其他股份有限公司分公司(非上市)	富水北路物资综合楼	与证券交易、证券投资活动有关的财务顾问,证券承销与保荐,证券资产管理
3	方正证券股份有限公司贵阳中华中路证券营业部	内资 股份有限公司分公司(上市、国有控股)	中华中路贵阳饭店	证券经营:证券投资咨询;证券投资基金代销;代销金融产品;融资融券;为期货公司提供中介介绍服务等
4	安信证券股份有限公司贵阳富水北路证券营业部	内资 其他股份有限公司分公司(非上市)	富水北路物资综合楼	证券经纪;证券投资咨询;融资融券;证券投资基金代销;为期货公司提供中间介绍业务;代销金融产品

第六节 管理机构和民间投融资机构

一、管理机构

2013 年 6 月，云岩区金融工作办公室立，为区财政局下属副科级事业单位，行使小额贷款公司和融资性担保机构的设立、变更初审和日常监管职能。2015 年 10 月，区金融工作办公室为区人民政府管理的正科级事业单位。

二、民间投融资机构

2008 年以后，区境出现贵州鸿安担保有限公司、贵阳市云岩区润通小额贷款有限公司、贵州圣立融资担保有限公司、贵州金煌投资有限公司、贵州福汇银投资有限公司、宏当寄卖有限公司、贵阳恒生典当有限责任公司、富兴典当行、和生典当行等规模不等的民间融资投资机构。

2012 年 8 月成立的贵州圣立融资担保有限公司，地址在宅吉路。2011 年 7 月，贵州鸿安担保有限公司成立，经营地址在吉祥路，注册资金 1 亿元。2012 年 8 月，贵阳市云岩区润通小额贷款有限公司成立，经营地址在吉祥路。注册资金 3000 万元。1998 年 6 月，贵阳恒生典当有限责任公司成立，经营地址在旭东路；主营质押典当、房地产抵押典当、限额内绝当物品的变卖、鉴定评估及咨询服务，以及国家经贸委依法批准的其他业务。2013 年 5 月，贵州融通小微企业金融超市管理有限公司成立，地址在北京路鑫都财富大厦内，注册资本 1 亿元；融通金融超市是全省唯一的资产交易所，汇集会员单位 40 余家，保持每月 1 亿元的挂牌融资量。

2013 年 11 月 13 日，贵州中黔金融资产交易中心有限公司成立，地址在中华北路，注册资本 5215 万元。

2001 年—2015 年间，在云岩区市场监管局登记注册的各类投融资类的公司有 50 家，其中注册资本 1000 万元及以上的有贵州阳光投资基金有限公司、贵州金禾丰源投资有限公司、贵州皇钻老年产业开发有限公司等 11 家；贵阳云岩聚鑫阁寄卖行、贵阳云岩运通寄卖行等 4 家为个体经营户。

第十四篇

城市建设与管理

第一章　城市建设

云岩区为强化城市发展的战略引领和控制作用，不断加强城市规划建设和管理，实施疏老城建新城工程，进行大规模改造的棚户区、城中村改造和新老片区开发建设。经过15年的建设，城区面貌和人居环境明显改善。

第一节　城市建设管理机构

一、管理机构

云岩区城市建设环境保护委员会1997年10月更名为云岩区建设局，辖10个事业单位。2008年5月，贵阳市下划房管所到区，成立云岩区住房保障和房产管理局，为区人民政府直属事业单位。2010年12月，撤销区建设局、区住房保障和房产管理局，组建区住房和城乡建设局，为区人民政府工作部门。内设党政办公室、建设技术科、计划财务科。机关行政编制8名。工勤人员编制1名，由财政全额预算管理。至2015年，局内设机构未变。辖区建筑工程质量监督站、建筑工程管理站、建筑工程安全监督站、村镇建设管理站、建筑工程招标投标管理办公室、农村公路养护管理所、廉租住房管理中心、房屋租赁和物业管理中心、燃气管理科9个事业单位。在编人员34人。其中，局机关9人，事业单位25人。

二、直属机构

（一）云岩区国有土地上房屋征收管理局

2011年8月，区拆迁安置代办所更名为区国有土地上房屋征收管理局，为区住房和城乡建设局所属正科级事业单位。内设综合科、财务科、法规宣传科、征收管理科、档案信息科，核定事业编制30名，由财政全额预算管理。至2015年，内设机构未变，在编人员19人。

（二）云岩区棚户区城中村改造办公室

2012年1月，成立云岩区棚户区城中村改造办公室，为区住房和城乡建设局所属正科级事业单位。核定事业编制5名，由财政全额预算管理。至2015年，内设综合科、项目计划科、规划用地科、房屋征收与建设管理科。

第二节　城市规划

云岩区根据贵阳市城市总体规划及中心城区控制性详规的意图，2008 年配合完成《三桥马王庙片区控制性详细规划》《贵阳云岩渔安安井片区控制性详细规划》。2013 年，制定实施《云岩区疏老城建新城规划》。2015 年，组织编制《云岩区城市控制性详细规划》：规划将城区建设为“一核两带三片”的空间发展结构。一核指云岩老城核心区；两带：东西发展带（北京西路至北京路至北京东路发展带，串联观山湖区、三桥和马王庙、渔安安井、双龙临空经济区等区域），南北发展带（盐沙大道至中华路发展带，连接贵阳综合保税区、小关和南明区部分区域）；三片指东片（渔安片区）、西片（三马片区）、北片（小关雅关片区）。建设规划为 4 大功能分区：云岩区城区（中央商务功能板块）：中央商务区（CBD）建设以喷水池、大西门、紫林庵、大十字、大营坡为核心的五大商圈，集中金融、商贸、休闲、居住等要素商贸中心；三马片区（创新服务功能板块）建设以都市产业、电子信息、物流配送、资源集散等功能融合发展的现代化新城区；小关片区（国际养身休闲度假板块）建设以健康养生、文化创意、旅游度假集聚的国际功能板块；渔安片区（临空服务功能板块）建设集总部基地、时尚商业、旅游休闲、生态居住为一体的国家绿色生态示范城区。

第三节　基础设施建设

一、市级基础设施建设

2001 年 10 月 1 日，贵开路（贵阳至开阳）、大营坡至云锦庄路段全线半幅贯通。2002 年，东山路、鹿冲关路延伸段、花溪大道北段、北京路西段道路改造完成。云岩区配合贵阳市金阳新区建设，2003 年完成贵阳客车站、罗汉营路至三桥立交桥的西出口线改造工程和安云路、青云路、营盘路等中心环北线改造工程。2004 年，城区改造友谊路、贵乌南路、市北路、扶风路、东新路、八鸽岩路和南垭路。2005 年，实施延安路、瑞金路“白改黑”工程和环城北路、北新区路、永乐路改造工程。2006 年，在北京路与枣山路交叉口、延安路上紫林安交叉口、中华中路上太平路口、喷水池、中华北路上永乐路交叉口、六广门交叉口、交际处口、六中门口等 8 处修建地下人行过街设施。

2007 年，中共贵阳市委、市人民政府制定“中心城区畅通工程”实施方案中，提出到 2012 年建成“三条环路、十六条射线”（三环十六射）骨干网络的决定。2007 年，“三条环路、十六条射线”在区境开工建设的有花溪二道（甲秀南路）、北京西路、盐沙线（盐沙大道）、贵金线（黔灵山路）。2008 年，完成新华印刷厂支路和六广门体育路改扩建工程。2009 年 9 月 27 日，贵阳环城高速公路（三环线）建成通车。同年 12 月，老城区连接花溪区的甲秀南路完工通车。2010 年 1 月，云岩区连接金阳新区（今观山湖区）的黔灵山路全线贯通。建成北京西路等主干道及公园路至合群路至环城北路等市区单循环线。2011 年，二环线建成通车，花溪大道改造完成，北京东路 2012 年全线贯通。2013 年 2 月 5 日，北线片区盐沙大道建成通车，云岩向北发展的门户打通。至此，“三环十六射”道路网全部建成，快速畅通的城区路网基本形成。同年开工建设的贵阳城市轨道交通 1 号线从公园路、合群路和环城北路地下穿过，2 号线与 1 号线换乘站设在中山西路与公园路的交叉口。2014 年，贵阳“1・5

环”云岩段的南垭路、黔春大道启动建设。2015 年，城市轨道交通 2 号线、公园路改造工程、渔安安井片区市政路网工程、南明河综合治理工程等相继动工。

2001 年—2015 年，云岩区配合贵阳市完成贵阳西郊水厂、大十字广场、东山广场、顺海森林公园、鹿冲关森林公园等基础设施建设；同期完成贵广高速铁路、贵阳 1.5 环线、城市轨道交通 1 号线和 2 号线云岩段等建设用地房屋征收任务，保障省市重点工程和重大项目建设。2015 年，在“三马”片区进行贵阳市海绵城市建设的研究。

二、区级基础设施建设

（一）道路基础设施建设

2001 年，云岩区松山路拓宽改造工程基本完工。2002 年，建成云岩星力广场向市民开放；新建和启用龙港大厦室内停车场和云岩星力广场地下停车场。2003 年，完成中坝路、筑新路、百花山路、海马冲路 4 条城市道路建设和八角岩路、交通街等 5 条道路硬化工程及黔灵镇七冲铁路道口“平改交”工程。2004 年 9 月 29 日，黔灵东路、黔灵西路拓宽改造工程建成通车。至 2005 年，黔春路等 11 条城市干道拓宽改造工程完工，道路全长 11.3 千米；完成半边街、化工路、万江路、大营路修缮工程，建成社会公共停车泊位 1000 余个。2006 年飞山街改造工程完工。2008 年，“三马”片区黄花街道路改造工程一期完成。2009 年 11 月 23 日，水东路建成通车，道路全长 16.11 千米，路宽 30 至 20 米。其中水东路（云岩段）全长 6.75 千米，支线 1.9 千米；完成公园西路拓宽改造工程和拆迁。2010 年 12 月 29 日，水东线支线建成通车，道路连接水东路和东山路，贯穿王家桥、渔安村、安井村等地，全长 1.32 千米；草黄路建成通车。“十一五”规划期间，云岩区完成公园西路等 11 条道路建设，综合改造黄山冲路等街巷 82 条，建设总里程达 35.65 千米。

2012 年，三马片区金西大道延伸段、金工路建成通车，2014 年，云潭南路建成通车，改善片区交通路网。2015 年，完成文昌路、盐务街等 21 条道路维修工程。随着老城区棚户区城中村改造、道路改扩建和城市“组团式”发展，区境新建松山路等 10 多条城市二级干道。打通一批“断头”路，改造疏通一批小街小巷道路；推动中天花园、渔安新城等住宅小区内部道路公共化，提高道路通达性。大十字广场、云岩星力广场、黔灵山公园、鹿冲关森林公园、居住小区和组团、商务楼宇和宾馆酒店、医院、超市筹大型公共建筑，配套建设停车设施，城区路网性交通拥堵和停车难问题有所缓解。

（二）排水截污工程建设

2003 年，云岩区引进香港澳龙投资有限公司承建黔春大沟工程，全长 1.758 千米、宽 10 米。至 2004 年，三桥大沟、大洼大沟改造工程完成；杨柳冲大沟等 16 个重点建设项目竣工。2006 年，雅关截污沟工程完工。2008 年，南明河水东路段截污沟建成。2009 年，完成蔡家关片区排水截污一期工程、二期工程 2.36 千米隧洞、三马片区蔡家关排水截污二期工程 2.36 千米隧道。2013 年，建设三马片区打石沟污水收集分流管网，完成 560 米管网及抽水泵站。2014 年，小关污水处理厂征地和房屋完成搬迁。2015 年，三马片区污水管网结合云中环线、贵中大道、产业园区干道等项目开始实施。

（三）城市公园及绿化建设

2001 年，云岩区新增绿化面积 15.67 万平方米，其中群楼屋顶绿化面积 4.15 万平方米；完成绿化点 238 个，其中精品点 28 个。2002 年，全区新增绿地 10 万平方米，住宅小区绿化率达 30%。至 2005 年，云岩区新增绿化面积 36.37 万平方米，其中市西河沿岸绿化及贯城河加盖绿化面积 4 万平方米。建成小区绿化点 194 个。

2006年，完成新增城市绿化面积5.2万平方米。2007年，新建绿化点52个，新增城市绿化面积8.1万平方米。2008年，相宝山改造路径，增设步道，建成山体公园。2009年，建成双龙峰山体公园，新增绿地4万平方米。2010年，建成仙鹤山山体公园和金仓路、盐务街等24个绿化点，新增绿地5.16万平方米。“十一五”规划期间，云岩区新建山体公园3个，新增城市绿化面积26万平方米。

2011年，在松山路新建云贵山体公园，面积6万平方米。海马冲山体公园2012年建成，面积4.36万平方米。2015年，建成文峰苑山体公园、渔安新城文化广场和飞山横街、大营坡、东山巷、宏安巷等广场，新增城市绿地和开敞空间4万平方米。在文峰苑山体公园修建步道2.3千米，实施绿化美化约6万平方米，修建凉亭、走廊等景观。“十二五”规划期间，云岩区建成公园广场37个，新增城市绿地25万平方米，新建体育健身路径15条，公园绿地就近服务居民日常活动的功能增强。

第四节 公共服务设施建设

一、农贸市场建设

云岩区2001年新建市西园农贸市场。2002年，新建锦星等室内农贸市场。至2005年，共新建和改建农贸市场12个。2006年，有34个农贸市场内的设施得到完善，2007年2月，省级农贸市场升级改造示范点盐务街农贸市场完成改扩建；同年，民生路、黄金路、东山农贸市场完成改造。2008年，完成红边门标准绿色农贸市场和龙诚农贸市场的升级改造。2009年，建成蛮坡批发市场，完成北京路和云阳佳苑农贸市场的升级改造。2010年，完成18家农贸市场升级改造。东线片区王家桥综合农贸市场2012年8月1日建成开业。2014年，新增东山仙鹤路百信、北京路龙润、大营坡中大国际沃尔玛3个生鲜直销超市。2015年，新建宅吉社区公益性菜场。

二、文体卫生和养老设施建设

至2002年，云岩区完成16个街道办事处（镇）114个居委会（村）文化站建设。2006年，云岩区文体活动中心建成。2008年，区属贵阳市第二实验中学、实验小学等11所学校成为全省首批学校体育场馆向公众开放的试点学校。2012年，全区有38个社区卫生服务中心（站）。截至2015年，完成区中心敬老院一期建设和二期主体建设，全区有养老床位3023张。云岩区全民健身中心开工建设，建成渔安新城文化广场和水东社区文化活动中心，建立10个“阅享云岩”图书馆小站，新建15条体育健身路径。

第五节 疏老城建新城

2007年以来，云岩区实施“一核两带三片区”（老城核心区，东西发展带和南北发展带，东线渔安安井、西线三桥马王庙和北线小关雅关片区）发展战略，打造都市功能核心区。制定实施《云岩区疏老城建新城规划》以及专项规划，以建新城带动疏老城。搬迁花香村农副产品批发市场、东山水果批发市场等专业市场，以及贵阳客车站、贵阳卷烟厂等大中型企业，转移市西路等市场批发业态，有序疏解非中心区功能；推动商务楼宇、公园广场和城市综合体项目落地，2008年与2015年对比，全区城市建成区面积由39.29平方千米增至64.88平方千米；户籍人口由64.90万人减为62.89万人，人居环境和城乡面貌明显改善。

一、棚户区和城中村改造

（一）城中村改造

城中村改造始于2001年的三桥农民新村规划建设。至2005年，建成改茶鸡冠山、沙河红土田等5个农民新村。启动宅吉、黔灵农民新村建设；宅吉村等地块招拍挂。

2005年8月，市人民政府批复《贵阳市中心城区“城中村”改造总体布局规划》。云岩区入城市建成区，但户籍、土地权属、行政管理等方面仍然保留农村体制的“城中村”有9个，用地面积25.84平方千米。2007年，云岩区制订《大营坡周边规划及城中村改造方案》。2008年，重点推进三片区城中村改造；2009年完成东线片区城中村改造及渔安安井回迁安置区A组团征地、拆迁。2012年年底，A组团建成。

2006年后，对城中村进行分类改造，在煤矿村、宅吉麻冲、云岩村云盘坡、沙河村长冲和红土田、茶店村罗家坡和黄山冲、黔灵村小关马安、三桥村对门坡和曾家岩、改茶村鸡冠山和牵马山、渔安村、安井村、蔡家关、茶园村、雅关等地建设居住小区、组团和农民新村。2013年，东线片区渔安新城实行城中村改造和农民安置的新模式。

（二）棚户区改造

2010年6月，云岩区“住有所居行动计划”和棚户区改造工作领导小组成立，编制《大营坡片区棚户区改造项目修建性详细规划》，推动白果巷地块、八角岩路A、B地块棚户区改造。12月24日，市国土资源局挂牌公示大营坡棚户区改造项目用地。2011年1月，贵州中建四局地产开发有限公司与贵阳市国土局签订国有建设用地使用权出让合同，摘牌价12.9亿元（其中土地出让金4.5亿元，拆迁安置补偿款8.4亿元）。项目用地分为A、B、D、E、F等5个地块，总用地面积10.513万平方米，规划容积率6.69，计容面积70.3万平方米，总建筑面积约96万平方米。其中回迁安置房1480套共13万平方米。大营坡棚户区改造项目建设于2011年3月26日启动。同年10月15日，开始房屋征收工作，被征收原房2496户，总建筑面积约24.4万平方米。2012年，大营坡棚户区改造纳入全省重大项目管理。2015年7月8日，房屋征收工作全部完成，共支付房屋征收补偿款21亿元，是土地出让合同的2.5倍。截至年底项目建成57.8万平方米。

云岩区2012年完成20多个棚户区改造地块规划编制、房屋摸底和招商签约等工作，启动大营坡片区、渔安安井片区、转湾塘片区、九华大院片区、宝山北路塑料厂片区、沙河村百花山片区、茶店杨柳湾片区、东山西瓜村片区等8个棚户区改造地块土地出让及房屋征收；北京东路东安新苑、贵开路安置房建设项目棚改面积430万平方米。大营坡片区、贵阳中航城等棚户区改造纳入全省重大项目管理。2013年有20个地块挂牌出让，摘牌12个包括老百货大楼、人民剧场及周边棚户区等5个老城区地块。6月，贵阳中航城城市综合体棚户区改造项目启动。全年，棚改面积195.6万平方米，完成改造面积76.8万平方米。贵阳城市轨道交通1号线沿线棚户区改造2014年征收2207户面积18万平方米，完成签约2177户，签约率98.64%；移交拆除2177户，拆迁率100%；棚户区城中村改造完成20万平方米，完成拆迁1178户。其中大营坡片区的建华府项目各标段开工建设，渔安安井片区项目高层安置房封顶，宝山北路东山巷周边、瑞金北路青禾街和狮子桥宏安巷地块等10个非集中成片棚改项目完成征收922户，为总征收量的83.41%；完成阳明祠至文昌阁、贯城河沿线、市西河周边等15个项目改造基础工作。2015年，完成棚户区改造面积55.2万平方米，搬迁7153户共2.3万人。大营坡、老百货大楼、中医一附院等项目用地完成征收。

“十二五”规划期间，全区改造棚户区31个，面积累计445万平方米，启动非集中成片项目9个改造面积约12万平方米，惠及群众8.9万人。

二、老旧小区改造

云岩区2005年对普陀相宝小区、三桥大发小区等老旧小区进行环境综合治理。大发小区完成排水管网工程、公共照明路灯和环境绿化，相宝小区完成道路、排水管网改造和街景绿化、安装休闲座椅。同年省交通厅出资近30万元，对市西交通小区进行园林绿化，新增绿地3000余平方米，修复周边墙体，增设健身器材，加强小区院落治安和环境卫生管理，人居环境得到改善。2006年，区住建局对1157个老旧小区楼群院落进行综合整治，北京路地矿社区、陕西路社区、栖霞社区、宅吉省政府办公厅宿舍区等一批社区院落达标。2007年，白果巷危旧房小区改造启动。

2013年，云岩区查明老旧小区建筑面积约880万平方米，启动26个社区的“新型社区·温馨家园”社区公益事业项目建设，获批建设项目235个，总投资4826.35万元。促进老旧小区、楼群院落综合整治和危房的改造。当年完成圆通居委会辖区楼群院落设施改造10余个，受益居民7000余人。改造排水管道5800米、道路4.10万平方米，改造及清掏化粪池862座，添置垃圾桶3922个，安装防盗门2100余扇、门禁系统731套、摄像头48个、路灯1315盏，修建值班室36个、围墙724平方米，绿化美化2150平方米；安装健身器材586件、休闲桌椅95张，修缮及新增宣传栏74块、花池护栏410米。其中省府社区有6个老旧楼群院落实施项目33个；在老旧小区改造中拆除院落内围墙6座、车库2个、活动室1个、值班室4个、煤棚18个面积共817平方米，使院落绿化面积增加3倍，停车位从原来的20多个增加到50个。院落楼房间距由原来的7米拓宽至20多米。并新建绿地、花池、休闲凉亭和停车场地。已有40多年历史的白腊井院落，拓宽院落道路，平整地面和升级下水管网。白腊井、银碧淮小公园、庆丰1号和2号院落形成连片社区小公园。

2014年，全区投入资金约8000万元，实施“新型社区·温馨家园”项目235个，完成25个老旧小区的整体提升，局部改造老旧院落100余个。其中中环、延中、威清、栖霞、黔东、中东、东山、贵乌、金龙等9个“新型社区·温馨家园”通过贵阳市验收。通过对宅吉小区内40多栋楼房立面整治，重新安装防护栏、雨阳篷，统一规划更换沿街门面门头，修缮保护白腊井，新增景观景点，增加花草树木，安装健身器材，形成文化休闲、健身活动和停车等6个功能区域。同年，中共贵阳市委、市人民政府授予宅吉社区“新型社区·温馨家园”称号。

根据贵阳市人民政府“三年千院”建设规划的要求，2015年，云岩区完成头桥社区、普陀社区、北京路社区等13个社区，以及黄金路125号、樱花巷8号和14号、宝山北路第1号~6号及7栋楼盘等82个老旧小区院落改造；启动老旧危房点排查治理35个，集中解决3.34万人的“用水难”问题。中华社区圆通居委会拆除违章搭建物，扩宽道路，划出停车线，设置交通标志，改造老年活动室；省府北街1号院更换新型复合材质的排水管道，排除旧管道污水渗漏污染源；堰塘街46号院新增垃圾箱、瓷砖花台、健身设施和木制凉亭。

截至2015年，全区共实施“新型社区·温馨家园”项目353个，完成区管市政道路的提升改造50条；改造老旧小区院落230个；创建宅吉、中天、中华、省府、普陀等贵阳市和区级“新型社区·温馨家园”。

三、新老片区开发建设

（一）东线片区开发建设

2006年6月7日，中共贵阳市委七届第300次常委会议审议《关于贵阳市水东线工程项目实施方案的请示》，同意按照“谁投资、谁受益”原则，由云岩区自行投（融）资建设水东路，今后道路沿线土地开发权和所产生的收益归区级所有。贵阳市人民政府明确，按照统一规划、统一设计、统一建设、统一标准的原则组织整体开发，土地出让金等规费及税费全额返还云岩区；云岩区自行引进的企业，税收在云岩区缴纳。11月17日，区人民政府与世纪中天投资股份有限公司（2008年1月变更为中天城投集团股份有限公司，简称“中天城投”）签订《贵阳市云岩区渔安安井片区综合开发合作协议》，由中天城投负责水东路、南明河截污沟建设和片区开发。当年开发30公顷、水东路11.6公顷用地申报工作完成。

东线片区规划建设的面积约11平方千米，涉及渔安、安井两村村民和王家桥居民3251户、9732人；拆迁、安置房屋面积136余万平方米，包括水东路、南明河截污沟、渔安新城、中天未来方舟、白岩脚保障房、中天世纪新城、万科玲珑湾、学校幼儿园、市政配套设施等项目，总建筑面积约1761万平方米，含商业建筑面积约260万平方米。

2007年5月，水东路征地开始，水东路及南明河截污沟建设工程动工。2009年12月，南明河截污沟工程竣工。2011年3月26日，渔安新城公共租赁住房项目开工。2012年，东线片区新开工面积637.5万平方米，建成南明河下游景观改造等工程。同年8月，贵州东城明珠综合休闲管理有限责任公司与区人民政府签约。2013年5月，投资超过3亿元，在中天世纪新城环岛建东城明珠综合休闲体，项目占地面积2.7万平方米，有大型自助餐饮广场、健身广场、休闲度假酒店、文化娱乐广场及水疗区等五大功能区。2015年3月29日，项目建成营业。

2013年8月1日，王家桥综合农贸市场建成开业。2014年，欣巷湾、凤凰娱乐等31个项目在王家桥片区落地。2015年4月23日，欣港湾休闲水世界试营业，王家桥商圈逐渐形成。

渔安新城建设　2007年9月14日，贵阳市人民政府同意贵阳市规划设计院编制的《贵阳云岩渔安、安井回迁安置居住小区修建性详细规划》。2008年，明确回迁区用地60公顷，其中一期为步梯房渔安新城A、F、G组团，二期为电梯房B、C、D组团及E组团保障性住房。总建筑面积约140万平方米，住房1.2万余套，入住业主约4万人。

2012年，完成渔安新城一期步梯房40余万平方米回迁区建设。11月28日，小区首批村民回迁，1300多户迁入新居。2013年，渔安新城二期76万平方米开工建设。至2014年，用于居民回迁的B组团2864套交房；一期A、F、G商业楼盘3万平方米以及地下停车位7万平方米交付使用；占地面积9000平方米的贵州华联综合超市开业。2015年，渔安新城文化广场建成；D组团交房1500余套；北京日坛中学贵阳分校、贵阳市第五幼儿园开学，超市、水东社区卫生服务中心、社区文体活动中心投入使用；年内，入住6189户18269人，提供片区就业岗位近3000个。606路、76路等线路在渔安新城设置公交站。贵阳市云岩区东线（渔安安井）片区改造中，以民生优先作为城市建设的根本。通过将拆迁农户的诉求与拆迁政策相联系，制定出“先安置、后拆迁”和人均75平方米房屋补偿、引导就业等有利于拆迁户未来发展的政策；邀请世界著名规划设计和建筑公司为片区发展出谋划策，根据规划确定功能分区，按照功能不同配建不同的基础设施，为东线片区的发展打下基础。

中天未来方舟建设　2010年，贵阳市人民政府批复《贵阳云岩渔安安井片区控制性详细规划》，规划未来方舟整体用地面积953公顷，总建筑面积约1340万平方米；规划居住人口17万人。当年，完成第一批次用地83.13公顷的招拍挂。2013年1月，中天未来方舟被列为首批国家绿色生态示范城区。3月，中共贵州省委、省人民政府确定南明河城市流域休闲度假带未来方舟城市综合体为全省100个旅游景区首批试点项目。项目包括红岩桥至叶家庄段近8000米河道综合治理、两岸景观步道、小火车轨道、站场、码头、河坝、跨河景观桥梁及文化旅游产业。2014年，房屋竣工面积288万平方米。9月，未来方舟G组团第一批交房；完成任务商业部分主体修建、“七公里滨河商业长廊”基础建设和燕隼公园建设。截至2015年，建成480万平方米，完成销售315万平方米；完成中小学、幼儿园、博物馆、能源站等配套设施面积8.96万平方米，有17个住宅组团和两个商业组团交付使用，有12个组团完工待交付。建成商业楼宇170万平方米（“七公里滨河商业长廊”36万平方米，大型商业28万平方米，普通裙楼底层商业106万平方米）；引进大、中型企业30余家，招商引资逾30亿元。贵阳世贸中心、北京798艺术中心、希尔顿酒店、腾邦集团海捣网O2O跨境商品购物中心、北京华联超市等项目动工，欣港湾休闲酒店、凤凰时尚酒店等陆续开业；交房1.564万套，入住3万多人。

白岩脚保障房建设　白岩脚保障房是贵州省、贵阳市保障性住房建设的重点项目，包括廉租住房、公共租赁住房、棚户区改造等保障性安居工程和配套设施建设。总用地面积39.3万平方米，总建筑面积139.8万平方米，共11个组团，住房15075套。2011年，项目开工建设，分三期实施。2015年，136万平方米公租房主体及室内外配套完成。

（二）西线片区开发建设

“三马”片区是《贵阳市城市总体规划（1996年—2010年）》中的城区9个片区之一。2007年8月30日，省人民政府正式批复同意将“三马”片区调整由云岩区行政管辖。9月，省人民政府要求贵阳市要把“一片两路”（“三马”片区，北京西路和花溪二道）的规划建设作为首要任务来抓。2008年7月，市人民政府批复《三桥马王庙片区控制性详细规划（调整）》，为规划用地34.67平方千米，城市建设用地20.63平方千米，人口规模22.5万人。2009年4月3日，中共贵阳市委、市人民政府印发《关于加快推进三桥马王庙片区开发建设的意见》。2001年，三桥片区中坝路北段改造工程启动。2003年，实施连接贵阳老城区和金阳新区（今观山湖区）的新三桥开发建设，有香港宏龙、云南官房等20多家公司参与黔春路片区、三桥圣泉流云花园小区等建设，开发面积约200万平方米。至2006年，三桥片区规划定点用地面积170万平方米，进入开发的企业有30余家，总建筑面积280万平方米，开工面积90万平方米，完工45万平方米。同年启动檀香苑和三桥中坝路、三桥步行街周边地块开发项目。云岩区2007年与保利南方集团、广东华标创业集团等公司签订西线片区部分区域综合开发合作框架协议。2008年，三马片区市政环卫设施配置及修缮、金马街道路改造完成。2009年，对阿哈湖饮用水源地保护线进行调整，完成蔡家关片区排水截污建设项目一期工程。2010年，蔡家关片区排水截污二期工程完工，贵州益佰医药工业园2011年动工。

2012年，西线片区金工路、金西大道延伸段建成通车，新马王路、金钟河流域截污工程、中航城、万科城等项目动工，三马片区污水收集系统建设项目获省发改委批复立项。2013年，城市合体红星美凯龙项目动工。12月26日，贵阳普天信息产业园和云中环线道路工程开工。云潭南路2014年建成通车。2015年，中航城市建设工程主体完工，万科城一期入住，林城国际、萃山国际等项目落地。

（三）北线片区开发建设

云岩区在2007年与广州南方香江集团签订贵阳市云岩区小关湖沿线综合开发框架协议。2011年12月，云岩区北线建设指挥部成立，启动北线片区开发建设。北线片区规划范围11.8平方千米，涉及黔灵镇雅关、偏坡两个行政村。小关湖片区环境综合整治项目列入贵阳市重大项目管理。2014 年，北线片区路网建设获立项批复。至 2015 年，小关污水处理厂建设项目征地、房屋拆迁、场地平基完成。全年完成项目土地征收 57.2 公顷。其中，盐沙路 47.8 公顷、轨道交通 1 号线雅关站和蛮坡站 7.1 公顷、小关污水处理厂 2.4 公顷。雅关、偏坡安置房项目（一期）用地征收工作完成，动工建设。

第六节　城市综合体建设

一、恒峰步行街综合体

2004 年，贵阳恒峰房地产开发有限公司在中山西路建设恒峰步行街，2009 年 5 月 1 日，恒峰步行街正式开业。恒峰步行街建筑群用地面积 1.43 万方米，总建筑面积 11.268 万平方米。其中商业面积 6.74 万平方米，办公面积 1.3 万平方米，住宅面积 4.924 万平方米。有高 29 层的商业建筑 3 栋。其中裙楼 4 层，地下 2 层，停车泊位 800 个。地下层为超市、商场、餐饮、文化娱乐场所。

二、元隆国际城市综合体

位于北京路中段。2009 年，由贵州银海溢洋房地产有限公司开发建设。2012 年，竣工使用。用地面积 4.43 万平方米，总建筑面积 43 万平方米。由 10 栋各 40 层的超高层建筑组成，有星级酒店、5A 甲级写字楼、5 星级电影院、超市、餐饮、娱乐、购物等场所和公寓住宅。绿地率 30.01%，建有社区、物业管理、卫生保健、地下停车场等配套设施面积共 7.96 万平方米。2013 年 4 月，星力元隆广场开业。

三、未来方舟城市综合体（参阅本章第四节第三目）。

四、红星美凯龙城市综合体

又名红星美凯龙全球家具生活广场。是贵州省 100 个城市综合体示范项目之一。位于云岩区北京西路 66 号。由贵州红星利尔置业、贵州红星利尔商业发展有限公司开发建设。规划用地面积 9.15 公顷，总建筑面积 56.71 万平方米；容积率 5.99，建筑密度 49.97%，绿地率 20.6%。项目分为 A、B、C、D 四个组团。2013 年项目动工，至 2015 年，C、D 组团 27 万平方米主体建筑已封顶和主体装修，包括红星美凯龙旗舰店和复式时尚公馆；A、B 组团基础施工正在进行。

第七节　住房建设

一、保障性住房建设

由贵阳筑东房地产开发公司 2000 年 3 月开发建设的旭东路扶风小区，2005 年建成，总建筑面积 6.4 万平方米。2001 年 12 月，由贵阳市经济适用住房建设有限公司组织建设的全市第一个经济适用住房小区世纪园小区在蛮坡建成，总建筑面积 42.3 万平方米，由 6 个组团共 49 栋 6 层~8 层的步梯房组成，共1845套。贵州省经济适用住房中心2002年开发建设云阳佳苑小区，一期和二期于2005年建成，总建筑面积6.5万平方米，入住750户。2003年，开发建设金狮小区，小区由百花组团、狮子组团、巫峰组团组成。其中百花组团2006年建成，总建筑面积13万平方米，2008年入住1096户。狮子组团2007年建成5万平方米，入住526户，在建面积10万平方米。巫峰组团一期2005年动工，2007年建成6万平方米，入住660户，在建面积18万平方米；巫峰组团二期占地面积3.8万平方米。

银通花园由贵阳银通房地产开发有限公司开发，2006年动工，2011年交付使用。用地面积2.8公顷，总建筑面积13.76万平方米。由7栋28层~17层的高层建筑组成，户型为70平方米左右。沿街住宅楼地面2层为商业用房。由贵阳市人民政府投资，贵阳建设投资控股有限公司承建的蛮坡廉租房组团，2007年12月动工，2008年年底竣工，共安排612户“双困户”入住。工程概算7566万元，8栋住宅总建筑面积2.925万平方米，单套面积平均44平方米。

中天渔安安井小区是引入社会资本参与的贵阳市首个公共租赁性住房建设项目，作为贵阳市“共有产权”“新微公租房”试点，2011年纳入全省保障性住房建设。由中天城投投资建设，3月26日动工，2014年年底建成。小区用地面积9.4公顷，由15栋35层的超高层建筑组成，总建筑面积30.028万平方米。其中公共租赁住房4432套共26.117万平方米，单套住宅建筑面积在60平方米以下。

2013年，云岩区争取到中央专项补助资金2361万元，奖励资金110万元，7个保障性住房建设项目全部开工，有住房3050套；完成市级开工项目7个，总建筑面积1232.1万平方米。2014年，区住建局交付使用的保障性住房有“义信麒麟”和“兰磬苑”二期。2015年，新建竣工保障性住房面积为340.98万平方米。

截至2015年，全区建成世纪园小区、扶风小区、云阳佳苑、五柳小区、安怀小区、银通花园、长冲小区、沙河花园三期、世纪园、金狮小区、西瓜村小区、中天渔安安井小区、久联化工、茶园、杨惠、义信麒麟、兰磬苑等17个保障房小区和组团，人均住房面积不足15平方米的城市低收入家庭全部纳入住房保障范围。廉租住房保障面由2000年的城市最低生活保障家庭，扩大到2011年城市中等偏低收入家庭。2011年—2015年，云岩区住房保障支出94841万元，占区公共财政支出的5.42%，城市低收入和中等偏低收入家庭住房保障实现“应保尽保”。2015年，全区6555户城镇低收入和中等偏低收入家庭中，完成安置4171户，享受廉租补贴2384户。

二、商品住房建设

位于茶店村境内的中天花园是贵阳市第一个大型商品住房小区，由贵阳中天集团股份有限公司开发建设，项目分三期实施。1994年1月项目动工，1998年首批业主入住，2000年获“全国优秀住宅社区环境特别金奖”。小区规划用地面积30.76公顷。其中住宅、公共服务设施、道路、公共绿地分别占总用地的59.4%、17.42%、7.8%、9.72%。规划居住4500余户共1.58万人，总建筑面积约110万平方米。住宅建筑密度31%，以多层为主。2006年，建成住宅组团10个，配套中小学、托幼、商场、公共绿地、道路、停车场、游泳馆、社区、会所、公交站等基础设施和公共服务设施。总建筑面积46.82万平方米。截至2009年，中天花园一、二期建成，入住2900余户。2001年6月，贵阳中天花园获国家建设部“城市住宅小区建设试点优秀小区”奖。

欣馨苑小区位于鹿冲关路蛮坡，由云南官房集团贵阳官房房地产开发有限公司开发。2002年1月动工，11月竣工。用地面积10公顷，总建筑面积13万平方米，50栋小高层和6层单元式多层住宅，园林式绿化面积5万平方米，是全省第一个现房初装修销售的商品住房小区。至2005年，辖区内建成小石城、欣歆园、智慧龙城、天利花园、碧玉园、贵龙园、贝地卢加诺等居住小区、组团10多个，初步形成以普通商品住房为主，经济适用住房和廉租住房为辅的住房供应体系。同年9月26日，贵阳房地产交易会开展上，中天花园、贝地卢加诺、智慧龙城等楼盘入选贵阳“十大经典楼盘”。

2001年以后，区境相继建成千禧苑、贵山苑、馨苑、黄果树广场、鸿基文昌苑、万科5号等高层和超高层商住楼多处；建成和广信世纪花园、海马小区、天然居花园、圣泉流云花园、保利云山国际、枫丹白露城市花园、茶园幸福小区、小康新苑、万科新城、黔灵半山、万科玲珑湾、中天世纪新城6组~10组团等数十个住宅小区和组团。2015年，中天未来方舟有17个住宅组团共15640套商品住房交付使用。全年商品住房销售面积253万平方米，实现销售额159.80亿元，比2010年的161.24万平方米和72.15亿元分别增长56.90%和214.83%。全区人均住房面积达到37.78平方米。

第八节　商务楼宇建设

20世纪90年代中期起至2004年，云岩区境内沿城区主干道建成一批18层以上的商住楼，商业楼宇建设按照贵阳市中心区城市功能定位，在《云岩区城市控制性详细规划》中明确商务楼宇空间布局，为“楼宇经济”打下硬件基础，引导和推动第三产业和楼宇（总部）经济发展。规划商业用地占城市建设用地的14.56%，老城棚户区改造项目商业与住宅建设比例为7∶3。2008年—2014年，建成利用地下空间建筑面积176.3万平方米；新建楼盘小区新增商业楼宇总建筑面积660万平方米。

国贸大厦又称振华科技大厦，位于延安中路1号。由贵州振华房地产开发有限公司开发建设，1994年12月动工，2004年8月竣工。总建筑面积3.83万平方米，楼高103.8米，共31层（含地下1层），裙楼为国贸商场，两座塔楼为办公楼和酒店。

龙港大厦又称龙港国际中心，位于中华中路北段西侧，由贵州华伟物业发展有限公司开发建设。1997年7月动工，2001年12月竣工。工程造价9421万元。总建筑面积8.15万平方米，地面30层，地下1层。大厦裙楼为龙港百盛购物中心。

百灵时尚天地商务公寓楼，位于紫林庵西南侧。由贵州嘉黔房地产开发有限公司开发，2005年动工，2012年竣工。用地面积0.379公顷，总建筑面积6.78万平方米，绿化率16%，楼高166.7米，地面40层，地下3层。内设电梯16部，停车泊位600个。

贵州世贸广场，位于延安中路。由贵州黔贵房地产开发有限公司开发建设，2003年8月开工，2006年1月竣工。工程造价5000万元。楼高100米，共27层（地面25层），建筑面积9万余平方米。其中1层~5层裙楼为商业配套层，6层为园林式商务会所及会议中心，7层~15层是商务写字楼。建筑采用双塔结构形式，为5A级商业楼。该工程获中国房地产学会、建设部住宅产业化促进中心“广厦奖”。

贵银大厦，位于中华北路78号。由贵阳宏图房地产开发有限公司开发建设，2003年10月动工，2005年10月竣工。工程造价2700万元。楼高95米，地面22层，地下1层，建筑面积2.93万平方米。

富中才智中心商办楼，位于瑞金北路7号。由贵州富中房地产开发公司开发建设，2004年1月动工，2007年4月竣工。共20层，建筑面积1.09万平方米。

贵阳饭店商务大厦，位于喷水池东南侧。由贵阳康磊房地产开发有限公司投资，在贵阳饭店原址修建，工程造价1.24亿元。2003年9月动工，2005年11月竣工。总建筑面积3.81万平方米，楼高109.6米，共28层。

国贸置业大厦，位于公园路与河西路交汇处。由贵阳国贸春天房地产开发有限公司开发建设，2012 年动工，2015 年竣工。用地面积 0.5 公顷，总建筑面积 5.35 万平方米，绿地率 37%。为 3 栋连体建筑，地面 31 层，其中 1 层~4 层为商业用房共 1 万平方米，5 层~31 层为办公用房共 3.6 万平方米；地下 2 层为他储式智能机械停车库，泊位 400 个。

2004 年，云岩区科技局、云岩区市场管理委员会、北京路街道办 3 家单位与贵州怡和房开公司合作，建设云岩科技大厦。2008 年，中国振华（集团）电子有限公司、贵州振华房开公司和贵阳国贸广场商贸公司 3 家企业共同建云岩凯都总部大厦。2013 年，辖区商务楼宇已建 57 栋，形成振华大厦、京玖大厦、世贸大厦、太平洋大厦等特色楼宇。2015 年，年税收上亿元的楼宇有 21 栋。

第九节　房屋征收管理

一、国有土地上房屋征收

2005 年—2007 年，区国土分局完成贵广高速铁路（云岩段）建设用地征收任务。2008 年—2010 年，对长（沙）昆（明）、渝（重庆）黔（贵州）高速铁路建设用地实施征收。配合贵阳城区“三环十六射线”道路网建设，完成北京西路、黔灵山路、北二环、东二环、花溪二道、北京东路等重大建设工程征地拆迁面积 52.5 万平方米。

2013 年，区城管局完成云岩老城棚户区改造房屋征收面积 26.395 万平方米，签约 1833 户。次年完成新建汽车零配件厂及周边棚户区改造项目房屋征收；区住建局和贵中公司完成狮子桥宏安巷地块、中华中路慈善巷地块等 8 个非集中成片棚改项目房屋征收。全年 30 个建设项目征收面积 150 余万平方米，涉及 1.5 万余户；完成房屋征收面积 52 万平方米，涉及 5028 户，签约 4950 户。2015 年，中东社区完成东山巷棚户区 285 户、大十字环形天桥 10 户房屋征收拆迁，黔灵镇完成 1.5 环道路建设用地征收。同时，重点完成贵阳城市轨道交通 1 号线、1.5 环线（中环线）建设用地征收，完成净地入库 23 宗约 32.5 公顷。全年共完成房屋征收面积 99.77 万平方米，占“十二五”时期的 36%，保障轻轨 1 号线、1.5 环等重点工程建设，锻炼一批会征收、懂征收的干部队伍。

二、房屋征收模式

（一）社区（镇）参与征收模式

云岩区住建及城管部门配合贵阳市房屋征收中心，在相关片区组建 18 支社区房屋征收中队开展签约工作，房屋征收服务机构和征收工作人员，由市房屋征收中心统一组织培训。制定云岩区《房屋征收工作实务手册》《坟墓迁移指导意见》《附属设施及装修补偿标准》《房屋征收实施单位管理规定（试行）》《房屋征收服务机构管理规定（试行）》等规范性文件。建立房屋征收监管机制，征收过程层层签订廉政承诺书，在项目现场宣传栏公示监督举报电话；建立由区人民政府主要领导主持的例会制度和工作机制；统筹全区房屋征收与补偿信息化工作，2014 年，收录房屋征收服务机构 24 家并进行年终考核测评。2015 年，群众信访 120 件、专线接转 116 件，办复率 100%。

（二）自愿改造房屋征收模式

云岩区 2014 年在新添大道 18 号非集中成片棚户区（28 户）地块进行自愿改造房屋征收试点，第一轮征询后，签约率达 90%。改变政府被动征收模式，节约人力、财力和物力，加快项目实施。

第二章　城市管理

云岩区城市管理范围，主要包括市容市貌整治、道路交通综合整治、排水防洪系统整治等市政设施建设；承担治安环境整治、占道经营整治、违法建筑整治等工作。2001 年以来，云岩区通过城市管理机制创新性探索和实践。由区城管委制定一系列规章制度，及时调查、协调和处理有关城市管理事项。建立“一线接听，多方服务”的服务平台和及时发现、快速反应、有效处置的城管应急机制，加强市政设施和环卫设施的维护和管理，提升综合执法和服务水平。

第一节　城市管理机构

一、云岩区城市管理局

云岩区城市管理委员会 1988 年 1 月成立，辖云岩区城市管理中队。2002 年 1 月，区城市管理委员会更名为云岩区城市管理局，设云岩区城市综合行政执法局（与区城管局两块牌子一套人马）和城市综合行政执法大队。2010 年 12 月，局内设办公室（党委办公室）、综合科、城市管理科（创建工作办公室）、执法监督科。行政编制 10 名，工勤人员编制 1 名，由财政全额预算管理。至 2015 年内设机构未变。

二、直属机构

（一）云岩区城市综合执法大队

2003 年 9 月，区城市综合执法大队内设行政受理指挥中心、办公室、政工科、财务科、纪检监察室、市容市貌管理办公室 6 个科（室），6 个直属中队，16 个派驻街道办事处中队。人员编制 250 名，由财政全额预算管理。2015 年，大队内设 7 个科室、1 个直属中队、28 个社区（镇）执法中队。在编人员 217 人，协勤队员 470 人。

（二）云岩区市政工程管理所

贵阳市政工程管理处第一管理所 1990 年 8 月划归云岩区，更名为云岩区市政工程管理所。至 2015 年，所内设党政办公室、财务科、劳资科、生产科、物资科、设施科、监察队、小修维护办公室、三产办公室、三马片区办公室；编制人数 132 人，为全额拨款事业单位。实体有贵阳盛达市政建设有限公司、永兴市政物业有限公司、兴盛市政设施生产有限公司和两个预制厂。

（三）云岩区环境卫生管理站

云岩区环境卫生管理站为区城市建设环境保护委员会直属机构，1986 年 8 月，区人民政府明确为科（局）级单位。至 2015 年，站内设党政办公室、业务科、总务科、财务科、技安科、收费中心、渣土管理所、环卫执法中队、基建科、工会。按环卫作业分类下设清运一队、清运二队、清扫大队、特种车队、三马片区工作站。全站职工1420人。其中，在职职工299人，临时用工1121人。

第二节 城市综合管理

一、市容市貌整治

云岩区2001年开展绿化、亮化、净化、美化工作。清退城基路木材市场、交通街等8个马路市场，清退所有占道推销冷饮冰机。2002年，完成公园北路街景整治。2003年，以“争做文明市民、创建优美环境”为主题，开展市容市貌综合整治行动，整治城郊结合部环境“脏、乱、差”现象；开展排查危房专项工作；促进降油烟、降噪音，畅道路、畅下水道、畅化粪池，增绿化、增路灯、增公厕、增垃圾池等工程建设。2005年，打造环保示范街4条。2006年，展开市容市貌集中整治，取缔占道经营摊点6872个次，清退门面占道经营2.41万处次，清理271条主次干道、小街小巷的野广告、标牌（语）残留物30余万条；粉刷墙面1.46万平方米，整治夜间非法占道洗车点45次，使主次干道市容秩序有阶段性好转。

2007年，区城管局开展“整脏治乱”集中专项行动159次。取缔占道经营摊点11.43万个次，清退门面占道经营2.34万处次；完成油烟、噪声污染治理150家；组织1.29万人次，参与清理271条主次干道、背街小巷的野广告。2008年，完成下合群路饮食夜市的规范整治，清退城区4条街道临时占道百货夜市摊点。

从2009年1月1日起，区城管局对市容市貌及环境卫生、主次干道和小街小巷环境卫生和市政设施管理建立统一标准。通过广泛宣传，城市主干道“门前三包”知晓率、签订率达到99%以上，大多数经营户能履行“门前三包”（包门前市容整洁、包门前环境卫生、包门前设施和绿地整洁）责任。国庆节前，采取市场化运作方式，雇用专业保洁公司为城市主次干道市政公用设施进行日常保洁，定期清除乱贴乱画和“野广告”等附着物。采取定人与机动、集中整治与重点值守相结合的方法，加强对公共场所的占道经营、侵占损毁市政设施、违法违规占道营销摊点、破旧广告牌、损毁广场街头绿地，以及在建工地不文明施工等行为的综合整治，确保城区市容市貌整洁；完成一环线、中华路、中山路环境综合整治。全年开展专项整治行动200余次，清退占道摊点8779个，清理“野广告”、残留标语12万余条，拆除各类违章广告牌1034块。

2011年的第九届全国少数民族传统体育运动会期间，实施中华路、西二环沿线（云岩段）环境综合治理。2012年，进行黔灵山路、北京路、瑞金北路、省人民政府周边房屋立面整治。2013年，在各主次干道开展市容市貌专项整治，取缔、劝退各类占道经营摊点2.42万起，清理门面延伸占道6872起；拆除广告牌匾98块面积3346平方米；查处夜间工地施工噪音469次；收缴非法广告宣传单、宣传册12.3万多张（份）。

2014年，在正新街、沙河街、仙人洞路开展集中整治行动。全年规范商家及其他单位“门前三包”，督促其落实责任制1000余处；取缔违章占道经营摊点3.1万个次，清理门面延伸占道1.08万起；收扣占道小推车、板车500余辆，百货包923个、燃气瓶61个、明火炉灶159起；拆除、收扣违章广告牌334块共2967平方米，治理“野广告”、清理残标共1569张；查处违法占道停车404起；整治夜间非法占道洗车点159个；查处夜间施工噪音487起，娱乐、商业噪音2944起；查处河道违法行为15起、环保违法行为789起、绿化违法行为11起、燃气违法行为505起。

2015年，区城管委开展专项整治600余次，发督查通报106期。全年取缔违章占道经营摊点3.78万个次，清理门面占道延伸1.21万起；收扣占道小推车辆、板车千余辆、百货包1346个、燃气瓶48个、明火炉灶56个（起）；清除“野广告”3891条，收扣广告卡片1.21万张，清退落地广告533起，清理橱窗广告478起，收扣、销毁盯人散发小广告1.47万张，批评教育散发人员860名；拆除横标729起，清理残标2318条；拆除户外广告牌2012块、灯杆广告156块、LED显示屏5块共4.96万平方米；查处违法占道停车611起；整治夜间非法占道洗车点164个；查处夜间施工噪音785起，娱乐、商业噪音2103起，渣土撒漏14次；查处河道违法行为6起、环保违法行为816起、绿化违法行为9起、燃气违法行为519起。

二、环境综合整治

（一）道路交通综合整治

2001年，云岩区清退城基路木材市场等马路市场和占道冰机经营户8个。2002年，在贵开路、三桥、黔春路、头桥、大营坡、蛮坡、东山等城郊结合部取缔一批占道摊点、流动摊点、占道洗车店面。2004年，清退民生路饮食夜市等马路市场。至2005年，累计取缔占道经营11万余次，清退马路市场37条，规范车辆和行人秩序，为全市开展的“畅通工程”作出贡献。

2006年，在创建“平安畅通县区”活动中，区城管局设执法监督岗9个、宣传岗27个，联合有关部门开展整治交通秩序、行人秩序行动28次，取缔、规范严重影响交通秩序的占道经营摊点、摊区286个；设置斑马线8225平方米；查处车辆违法行为11.38万起次、行人违法行为1324起次，车辆、行人秩序整治使辖区市民养成遵守交通法规的习惯。2007年，取缔威清路占道早菜批发市场及麻冲路、民生路两个占道马路市场；开展交通整治联合行动12次，清退百货夜市摊点1940个。2006年—2007年，共投入创建工作专项经费2499万元。2007年12月，云岩区创建“平安畅通县区”受交通部等六部委表彰。

（二）排水防洪设施整治

云岩区2003年实施黔春排洪大沟建设工程、南明河沿线整治工程；完成2吨以下锅炉的清理工作；检查区境64家涉及南明河沿岸污染源达标排放“零点行动”工业企业；拆除市西河、贯城河沿岸保护范围和10条防洪大沟沿线的违法建筑，建立起长效管理机制。辖区内南明河“三年变清”环境整治工程基本完成。2004年，完成黔春排沟大沟建设，加强市西河上游大沟的长效管理。2006年，对三桥杨柳冲、茶店、中坝大沟、黔灵镇下坝、海马、松山大沟、五柳街大沟加强巡查，随时清理大沟周边垃圾、建筑废料和其他杂物。2013年，对市西河采取“干河施工法”，分段分期排放河水，清淤4万余立方米。至2014年，南明河及市西河清淤工程全部完成。

（三）高校及周边环境综合治理

2005年，云岩辖区高校及周边重点整治协调领导小组成立，重点治理“脏乱差”和乱搭乱建乱摆摊点，落实高校周边定人定岗管理和店铺“门前三包”责任制和垃圾袋装化管理制度。全年，共清退占道摊点135个次，清运垃圾、建筑废料109吨；拆除贵州财经学院附近农民违法搭建的猪圈700平方米；投入资金36万元，整治财院后门外饮食门面房污染环境，修建道路排水沟。对贵州师范大学院内8户共130平方米违法建筑实施强拆；投入资金24万元，新建、改建师大后围墙下水道；取缔旭东路马路市场、占道经营摊点和门面延伸占道，清理车辆乱停乱放规范停车；整治贵阳医学院门口占道摊点，实行长效管理；查处无证经营棋牌室、音像出租点、网吧、电子游戏机室，收缴盗版软件、光碟和色情淫秽光碟2500余张，现场销毁小水果机20台，收缴盗版图书“口袋本”570册；检查饮食摊点医疗机构336户，下达执法文书192份，依法立案65户，取缔无证经营11户，收缴物品用具5车，发放宣传资料、整治通知书535份。2014年11月，对贵州理工学院（原贵州工业大学技术学院）周边环境卫生进行整治。

（四）三马片区环境综合整治

2007年，云岩区以清理垃圾、维修道路、改造公厕为突破口，改造金马街道路，新建公厕5座、垃圾转运站4座，升级改造公厕10座、垃圾转运站2座。10月25日，区城管局组成三马片区城市管理执法工作组，对占道经营户限时撤出非法占用地段；禁止随地倾倒垃圾；沿街各单位、经营户和居民逾期不缴纳者，由司法部门强制执行；严禁施工车辆污染城市道路，违反规定的单位及当事人，由城管部门依法处罚，直至依法追究责任；对背街小巷全天保洁。此后，区城管局对相关管理措施常年进行检查落实，每年坚持清理垃圾、疏通排水沟的工作从未停止。

（五）环境秩序综合治理

云岩区采取日常管理与专项整治、城市管理与道路交通整治、城市管理与城市园林绿化建设、城市管理环境保护与打造城市品牌四结合措施。2004年，取缔占道经营摊点2.17万起。2005年，启动“两台一线”（区委书记区长短信平台与市民热线电话）服务，根据群众提出的意见，为群众办理实事1660余件；投入资金2873万元，排查危房、降低油烟、噪音；实施道路畅通工程、清理下水道、化粪池，以及增加绿化带路灯、公厕、垃圾池等，受益群众近8万人。2011年—2015年，打造8条环保示范街，完成66条次干道、小街小巷路面及排水整治，升级改造公厕133座，拆除违法建筑187万平方米。

三、占道经营整治

2001年9月20日，区人民政府组织区城管大队、中西街道办事处、公安分局、中西工商所和派出所等单位共200余人，对交通街马路市场进行集中整治。当天清退占道经营300余户，拆除违章摊位、雨阳棚面积2200平方米。整治工作与农贸市场建设相结合，就地建成面积约1200平方米的市西园农贸市场，安置占道经营户208个。至2005年，清退大营坡、长青路、鲤鱼街等37个马路市场，新建和改建农贸市场12个。采取“疏导清退为主，强制清退为辅，分段实施，逐户清退，区别对待，个案处理”的方法，2007年清退延安路和瑞金中路1940户临时占道百货夜市摊点；将早餐车转入次干道，严格定时、定点经营，禁止超面积、超范围经营，并同步纳入长效管理。2008年3月28日，合群路饮食夜市改造工程第一阶段完成，170户饮食夜市摊位做到经营户摊棚、餐车、桌椅、垃圾容器及泔水容器、油烟净化设、不锈钢环保操作台、水电设施、从业人员工作衣帽“八个统一”。合群路饮食夜市以不影响市容环境、消防安全、道路交通和市民生活为原则，5月1日全部规范经营，至2010年3月，全区设置临时占道饮食夜市摊区5处共375户，百货夜市摊区4处共453户，早中餐摊点47处共195户，蔬菜、水果摊点41处；修理、小百货等便民摊点32处986户，引导流动摊贩规范经营或划区管理。中东街道办事处城管2006年针对东山路占道经营对治安和交通安全的严重危害，组织人员成立东山综合管理队伍，对东山路实行长效管理，取缔占道经营摊点219个次，拆除沿街建（构）筑物、破旧雨阳棚47处，清理卫生死角43处，清运积存垃圾150余吨，东山片区交通治安得到改善。当年松山路、半边街马路市场也被清退。

2013年对中华路等6条主次干道及大营坡、三桥及黔灵山公园南门主入口等重点区域占道经营摊点进行清理，由区城管大队领导带班，每天督查整治情况，发现问题立即整改，提高城管执行力和见岗率。

全年，取缔违章占道经营摊点2.43万余起。2014年，取缔违章占道经营摊点3.39万起。2015年，清退市西路800余户占道经营摊点。全年共取缔违章占道经营摊点3.78万起；彻底取缔违章占道洗车点30多个。北京路社区服务中心取缔黔灵山公园主入口南大门右侧北新区路马路市场，并实行长效管理。

四、违法建筑拆除

区城市综合执法部门加大贵开路等重点地段违法建筑的整治，2001年，拆除违法建筑3万平方米。2002年，拆除虎门巷、沙河村等处违法建筑9.22万平方米。2004年，拆除违法建筑7.53万平方米。查处违章农房176户，拆除面积1.52万平方米。至2005年，5年拆除违法建筑面积共35万余平方米。2006年，云岩区农村违法建筑管理控制领导小组成立。6月初，依法对海马冲12户面积1014平方米、七里冲8户面积1062平方米违法建筑，以及云贵山国有林区21户共1070平方米违法建筑进行拆除，完成植被恢复4000余平方米。同年12月10日组织执法人员，对贵阳北站78户共2.6万平方米违章建筑进行拆除，全年拆除违法建筑5.1万平方米，实现专项整治目标。2007年，区农房管控中队成立，全年依法拆除违法建筑51.2万平方米，制止违法建房376户，遏制违法建房风蔓延。2008年—2010年，云岩区拆除违法建筑面积共36.35万平方米。

2011年，区城管联合规划、住建、社区（镇）等部门，对无证房屋进行调查摸底，分类提出处理意见：对正在修建的，立即组织拆除；对已建好还未入住的，先公告后拆除；对已建入住的，通过法律程序，限期腾空拆除；对已建入住的危房，组织人员腾空拆除。全年组织拆违300余次，拆除违法建筑727户面积14.99万平方米。2012年，拆除违法建筑14万余平方米。2013年，区城管开展制止和处理违法建筑专题宣传活动，会同社区（镇）、居委会（村）设置宣传点34个，组建300人的违法建筑管控队伍，全年拆除违法建筑1228户面积43.237万平方米。2014年，制止新增违法建筑1145户面积26.7万平方米；拆除违法建筑2412户面积57.7万平方米；查处违反“种房”“三禁止”规定的案件18件21人。

2015年，区城管局开展专项行动，拆除市西路商业步行街、三马片区、贵州理工学院蔡家关校区、黔灵镇、黔春路、南垭路、1.5环路等区域的违法建筑1201户面积57.28万平方米；控制新增违法建筑1483户，责令停工面积52.85万平方米；依法处罚三桥村委会综合楼违法建设项目。金鸭社区发现违法建筑苗头，立即向房主发出告知书自行拆除建议，并将违法建筑情况通报区城管大队社区中队，全年，拆除违法建筑32户面积5642平方米。

2007年8月，区城管大队对重点片区开展拆违，进驻东线片区，以加强规划建设区域的巡查管控。2009年6月，在沙锅冲现场办公时，执法人员遭到当地村民的围攻，云岩区根据贵阳市主要领导作出的批示，依法处理抗管人员；组成60余人的区工作组，到各村民组挨家挨户进行拆违宣传。6月27日，云岩区在媒体公布《关制止渔安村、安井村片区修建违法建筑的通告》。10月28日，区城市综合执法大队与区公安、城管、法院、检察院等21个部门和单位，依法拆除安井村沙锅冲42户村民突击修建的违法建筑2.6万平方米。此后，云岩区持续开展拆违行动。2010年9月，拆除渔安片区高岭坡4.2万平方米违章房；11月，拆除小车组违章房180平方米；12月拆除王家桥违章房500平方米。2012年，拆除高寨等地违法建筑3万余平方米。至2015年，东线片区累计拆除违法建筑面积10万余平方米。

2013年3月，云岩区组建北线片区城管综合执法中队，查处违法建筑463户，制止加建、复建违法建筑383户，以及恶意装修523户，控违面积5.92万平方米；组织拆违行动50次，拆除违法建筑2.33万平方米。2014年，查处违法建筑436户，制止加建、复建违法建筑338户，恶意装修517户，控违面积5.29万平方米；组织拆违行动51次，拆除违法建筑48户面积1.61万平方米。2015年，拆除违法建筑119户面积4.46万平方米。2001年—2015年，云岩区制止违法建房5530余户次，控违面积90.76万平方米，遏制新增违法建设；依法拆除违法建筑面积314.8万平方米，保障城市规划建设有序进行。

五、建筑渣土整治

为减轻工程建设灰土扬尘对城区环境污染，2007年，区城管部门与辖区135个建筑工地签订施工工地卫生责任书，加强夜间巡查，设立路卡检查，教育处罚运输渣土洒漏污染路面、无渣土准运证、不盖蓬运输车辆800余辆次，清除各类路面污染6000余平方米。督促工地文明施工，2009年工地围墙率、围墙粉刷率、出口路硬化率均达到100%。对存在问题的工地责令整改落实；加强渣土运输车辆市场准入和重点建设项目、大型建筑工地管理。制定渣土运输未落实保洁措施和保洁人员的车辆、装载过满和未密封不盖篷的车辆、未设置车辆冲洗平台，车体车轮带泥上路的车辆、未取得渣土准运证的车辆“四不出场”规范标准，加强渣土运输管理。2012年年底，区城管局在重点工地安装建筑渣土监控设备，通过贵阳市监控平台，及时发现和处置道路渣土污染事件。2013年，查处违章运输车6438辆。其中未办理渣土准运手续的687辆、车容车貌不整洁的2104辆、商混装车1566辆、未按规定挂桶的680辆、运砂车1401辆。在小关湖、三马片区查处违章作业车辆712起。其中罚款处理350起，教育处理362起，查扣违章作业工具10件。在小关湖路口、东山垭口、三桥、茶店4处设渣土运输检查点，从源头防止建筑垃圾灰土污染环境。

2014年，对渣土运输实行网格化管理，责任落实到人；建立社区城管科、渣土管理所、住建局分管人员参加例会和长效管理机制，检查渣土运输车辆3541台次，处理违规渣土运输车189台次，处罚金额3320元，收取渣土运输车辆冲洗、代扫费用37.37万元。2015年，查处渣土撒漏事件14起。

六、城市管理体制机制

（一）城市管理体制机制改革

2001年3月，区城管委制定《云岩区“城管110”转告投诉处置规程实施细则》《云岩区“城管110”转告投诉受理查处规定》，实行24小时值班制，及时调查，协调处理群众举报投诉。至年底，“城管110”共接热线电话2846个。其中调查处理违章建筑958起，占道经营、堵塞通道857件，下水道堵塞、卫生死角、市政设施180处，噪声污染800余起，占道洗车51起。初步建立“一线接听，多方服务”的服务平台和及时发现、快速反应、有效处置的城管应急机制。2003年1月，实行跨部门综合执法。2008年5月，实行区、街道（镇）、社区居委会（村）三级联动的城市管理综合执法模式。2009年以来，推进城市管理网格化和数字城管建设，建立横到边、纵到底的管理体系，城市管理基本实现由突击型向常态化、粗放型向精细化的转变。

2013年5月，区城管局“12319”服务热线升级为云岩区“12319”公共服多热线，区城管指挥中心人员划归中共云岩区委群众工作委员会统一管理。通过整合“百姓与书记区长交流台”“12319”公共服务平台和社区网格化服务监管中心等服务平台，实现广泛参与、优化配置、重心下沉的改革目标，解决人民群众关心的关系民生、民意的公共服务问题。2014年6月，云岩区实行城市管理综合执法“偏平化”管理模式，试行社区（镇）主要负责人为该片区城市管理工作第一责任人；下移执法中队配合社区（镇）开展城市管理综合执法工作，推动建立执法重心下移和执法事项属地化管理改革。

（二）建立城市管理机制

2002年，云岩区与有关部门、街道（镇）签订城市管理“包保”责任书，建立和落实城市环境长效管理机制。2008年5月，组建城市管理为民快速服务队，有效处置城市综合管理和“整脏治乱”工作中涉及民生的热点、难点问题，城郊结合部环境面貌明显改善。2009年5月，云岩区开始城市网格化管理工作。城市管理基本形成日常管理与集中整治、专项整治与长效管理、政府治理与社区居民参与的工作机制；建立巩固、完善城市环境卫生长效管理、道路分类定级管理、综合执法联动、应急处置工作机制和违法建筑管控长效机制。2014年，制定城市管理集中整治工作方案。2015年，建立区城管大队、社区中队、纪检督查室三级督查机制，提高执行力和见岗率。区综合执法大队和社区中队、市政所、环卫站配合社区（镇），整治城郊结合部。清理蔡关社区卫生死角380处，清运垃圾1.1万吨；处理贵乌社区占道经营问题；落实三桥社区“门前三包”责任制；发现金鸭社区违建情况及时报告执法中队；参与拆除违法建筑32户面积共5642平方米。

第三节　市政工程管理

一、市政设施维护

2001年—2002年，云岩区市政所完成市政设施维护，对城市干道、人行道破损设施进行修复，干道下水井盖齐全，基本杜绝人行道眨眼板和污水外流。辖区市政设施综合完好率达86%。保持管辖区路平沟通、无污水外流、无窨井盖损坏隐患、无道路坑槽、无人行道眨眼板；重大节日和庆典活动期间，加强重点市政设施维护。2008年，区市政所承担60条二级城市干道、248条小街小巷、11条排洪大沟等市政设施维护。其中砼道路路面长9.691万米，面积约55.57万平方米；砼道沿长约6.08万米，各类管径的排水管道长约13.19万米；入孔井（检查井）3110座，进水井1.37万座，防洪井25座；11条排洪大沟总长40.8千米，涵洞40余个。

2010年3月初，区城管局将登高路等25条小街小巷治理纳入“三创一办”工作。建设中的旭东路上段、半边街、沙坡巷道路破损严重，排水设施年久失修，污水横流，成为环境“脏乱差”的主要问题。区城管局成立“三创一办”市政突击队，采取“白+黑”“5+2”（工人分昼夜两班，短期内周末不休息）的方式加快施工进度。至4月底，道路排水抢修完成。全年完成市政设施维护工作量2000万元。2001年—2015年，区财政用于市政设施维护管理经费1.12亿元，整修道沿2.27万米；翻铺人行道板12.54万平方米；硬化裸土2.25万平方米；整修踏步5579米；整修截污沟3090米；修补路面坑槽2.18万平方米；清疏排水管19.08万米；清疏进水井5.39万座；修、建排水管7.41万米；新建井圈、井盖6363套；清掏大沟淤泥、垃圾6.68万立方米。

表 1　云岩区维护管理的市政设施

（2000 年—2009 年）

二级干道(60 条)								
环城北路	安云路	八鸽岩路	永乐路	毓秀路	合群路	北新区路	威清路	友谊路
贵乌北路	文昌北路	新建路	河西路	大营坡	省府路	省府西路	文笔街	公园北路
黔灵东路	市北街	盐沙线	盐务街	宅吉路	贵医街	陕西路	新添大道南段	飞山街
公园西路	富水北路	富水中路	山林路	黄金路	文明路	蔡家街	民生路	正新街
太平路	龙井路	黔灵西路	云岩街	罗汉营路	交通街	成都路	普陀路	城基路
河东路	东山路	东新路	旭东路	三民东路	沙河街	贵乌南路	民权路	乌金路
黔春路	市西路	团结巷	永乐一路	双峰路	鹿冲关路			
小街小巷(248 条)								
芙蓉巷	金融巷	贵山巷	扶风路	文昌街	瑞金西巷	芦花巷	双峰南巷	双峰北巷
毛藤巷	青竹巷	槐树巷	双龙路	何家巷	锌木巷	海马冲街	枣山巷	山楂巷
樱花巷	凤蝶巷	体育巷	香狮巷	测绘巷	云岩街	铜佛巷	永乐巷	安源巷
相宝巷	豆腐巷	坪子巷	翠屏巷	三民巷	宅吉巷	百花山路	杏花巷	龙泉巷
团结巷	交通街	贡院巷	鸿雁巷	九华路	传书巷	电台街	湾弓街	毛家巷
电视塔路	浣沙巷	石莲巷	市西巷	平桥巷	平安巷	雄狮巷	香狮路	吉庆巷
下河坎街	飞山横街	岳英街	大同街	清平巷	公园路76#巷	金梭巷	通衢街	省府西巷
区少年宫四通支巷	金沙巷	琼花巷	桂月巷	桂香巷	如意巷	兴怀巷	文山巷	山林巷
延安南巷	延安北巷	延安巷	上河坎街	拾级巷	省府北街	忠烈路	省府东街	堰塘街
圆通街	引线巷	慈善巷	省府路支巷	铁局巷	黑羊巷	大乘巷	正山街	大钟巷
河南街	鲤鱼西巷	鲤鱼街	鲤鱼东巷	西宅巷	百峰巷	登高巷	红豆巷	交易路
文庙巷	德家巷	下城基巷	木市巷	交易西巷	交易北巷	交易东巷	嘉禾路	夏状元街
朱家巷	小太阳艺术团旁巷	黔灵西路228 号巷	第十三居委会巷	青禾路	木市路	华天稻香村巷	盘江矿务局旁巷	塑料八厂巷
东山巷	慈庵巷	东林巷	莲花巷	市东巷	栖霞路	仙人洞路	君子巷	民生路69 号
洙四巷	荷叶巷	民生路94 号巷	民生路54 号巷	文昌巷	西河巷	罗汉营路支巷	柳湾巷	黔春路 64号支巷
河滩巷	龙潭巷	湾子巷	黄金巷	金星巷	金钟巷	小山巷	银屏巷	二桥巷
北站巷	五柳街	乌金路2 号巷	金山巷	松山路	英烈路	青松巷	珍珠巷	黔春路5 号巷
海马巷	桦林巷	乐群巷	江西巷	筑东巷	永秀巷	百果巷	红石巷	华宫巷

续上表

小街小巷(248 条)								
环城北路42号巷	园丁巷	和平巷	环城北路79号巷	吉安巷	紫燕巷	合群巷	普陀巷	北横巷
虎门巷	巫峰路	兴国巷	余家巷	敦临巷	上城基巷	钟声巷	建国巷	桑园巷
沙河巷	马车巷	马家巷	环山巷	合群影剧院旁	永新巷	沙河街16号巷	永乐路地税局巷	照壁巷
乐园巷	友谊路70号巷	四川巷	北新巷	菜园巷	乐育路	环北巷	花红巷	狮子巷
古田巷	黔灵西路支巷	合群路支巷	白鹦巷	市北巷	麻冲路	扁井西巷	扁井东巷	盐务街100号支巷
永安寺巷	半边街	百草巷	兴贵路	永安寺街	春雷路	扁井巷	太乙巷	501台支巷
思源巷	筑新巷	百花巷	云鹤巷	兴黔巷	云鹰巷	贵新巷	鹿冲关路	石洞坡巷
铝镁巷	碧云巷	地质巷	云霞巷	北京路支巷	金筑巷	云深巷	安八巷	双井巷
市北街六中支巷	通工巷	黔灵巷	水井巷	鸭井巷	青石巷	竹市巷	贵医巷	紫山巷
大吉巷	旭东路	常青路	松柏路	汪家湾路				
大沟(15 条)								
市东大沟	松山大沟	云岩大沟	贵乌大沟	宅西大沟	沙河大沟	黔灵坝下大沟	三桥大沟	盐务大沟
师院大沟	鲤鱼大沟	合群路大沟	酱菜厂大沟	春雷水库坝下大沟	黔灵大沟	—		

表 2　云岩区维护管理的市政设施

(2010 年—2012 年)

二级干道(63 条)								
城基路	环城北路	山林路	新添大道南段	民生路	鹿冲关路	松山路	公园西路	乌金路
万江路	永乐路	毓秀路	公园北路	大营路	安云路	上合群路	黄金路	贵乌南路
扶风路	盐务街	中坝路	文昌北路	南垭路	富水中路	公园路	金顶路	威清路
市北路	双峰路	下合群路	太平路	友谊路	旭东路	沙河街	省府路	沙河街(贵医段)
东山路	宅吉路	新建路	普陀路	东新路	新印路	黔灵西路	飞山街	省府西路
黔灵东路	蔡家街	陕西路	正新街	勇烈路	富水北路	贵乌中路	黔春路	北新区路
海马冲路	金仓路	八角岩路	沙河街(六广门段)	三桥北路	民权路	文明路	吉祥路	河东路
罗汉营路								

续上表

小街小巷(176 条)								
江西巷	青石巷	岳英街	鲤鱼街	浣沙巷	青禾街	金钟巷	狮子路	翠屏巷
扁井巷	筑新巷	慈善巷	鸿雁巷	白鹦巷	古田巷	山楂巷	省府西巷	延安巷
红豆巷	交易东巷	双峰南巷	照壁巷	四川巷	太乙巷	百花山路	铁局巷	九华路
紫燕巷	吉安巷	金筑巷	金梭巷	延安南巷	平桥巷	交易北巷	毛藤巷	相宝巷
三民巷	百草巷	登高巷	省府北街	君子巷	成都路	北新巷	建工巷	通衢街
山林巷	市西巷	嘉禾巷	金星巷	豆腐巷	华宫巷	半边街	松柏巷	圆通街
传书巷	下城基巷	乐群巷	象山巷	飞山横街	吉庆巷	平安巷	文庙巷	湾子巷
沙河巷	巫峰路	永安寺街	常青路	上河坎街	电台街	乐育巷	永乐巷	云深巷
交通街	文山巷	瑞金西巷	龙泉巷	黄金巷	虎门巷	筑东巷	扁井东巷	云鹤巷
忠烈街	慈庵巷	云霞巷	菜园巷	樱花巷	金沙巷	鲤鱼东巷	芦花巷	团结巷
五柳街	余家巷	环山巷	扁井西巷	杏花巷	堰塘街	东林巷	云岩街	合群巷
凤蝶巷	龙井路	延安北巷	桂香巷	交易市场巷	柳湾巷	和平巷	红石街	永安寺巷
兴贵路	河南街	荷叶巷	碧云巷	环北巷	水井巷	贯城河路	鲤鱼西巷	琼花巷
交易西巷	英烈路	坪子巷	三民东路	麻冲路	501 台支巷	引线巷	莲花巷	栖霞路
永新巷	鸭井巷	马家巷	毛家巷	石莲巷	城基巷	沙滩巷	敦临巷	大吉巷
西宅巷	思源巷	正山街	芙蓉巷	仙人洞路	永秀路	铝镁巷	北横巷	市北巷
香狮路	夏状元巷	金山巷	钟声巷	朱家巷	何家巷	兴黔巷	省府东街	金融巷
汪家湾路	上城基巷	双井巷	百果巷	东山巷	市西路匝道	德家巷	百灵巷	桑园巷
福田巷	双龙路	大营巷	黑羊巷	贵山街	黄山冲路	市东巷	建国巷	贵乌北路
文笔街	石洞坡巷	下河坎街	洙四巷	化工路				
大沟(11 条)								
三桥大沟	沙河大沟	茶店大沟	云岩大沟	鲤鱼大沟	黔春大沟	师院大沟	盐务大沟	市东大沟
合群大沟	雅关截污沟							

表 3　云岩区维护管理的市政设施

(2013 年—2015 年)

二级干道(63 条)								
城基路	环城北路	山林路	新添大道南段	民生路	鹿冲关路	双峰路	下合群路	太平路
友谊路	旭东路	沙河街	黔春路	北新区路	安云路	上合群路	黄金路	贵乌南路
扶风路	盐务街	黔灵西路	飞山街	省府西路	黔灵东路	蔡家街	陕西路	新建路

续上表

二级干道（63条）								
普陀路	八角岩路	沙河街（六广门段）	三桥北路	民权路	文明路	吉祥路	东新路	新印路
永乐路	毓秀路	公园北路	大营路	文昌北路	南垭路	公园路	金顶路	威清路
市北路	贵乌中路	富水北路	河东路	罗汉营路	海马冲路	金仓路	东山路	宅吉路
松山路	公园西路	乌金路	万江路	省府路	沙河街（贵医段）	中坝路	富水中路	正新街
勇烈路								
小街小巷（176条）								
江西巷	青石巷	岳英街	鲤鱼街	浣沙巷	青禾街	金钟巷	狮子路	翠屏巷
扁井巷	筑新巷	慈善巷	鸿雁巷	白鹦巷	古田巷	山楂巷	省府西巷	延安巷
红豆巷	交易东巷	双峰南巷	照壁巷	四川巷	太乙巷	百花山路	铁局巷	九华路
紫燕巷	吉安巷	金筑巷	金梭巷	延安南巷	平桥巷	交易北巷	毛藤巷	相宝巷
三民巷	百草巷	登高巷	省府北街	君子巷	成都路	北新巷	建工巷	通衢街
山林巷	市西巷	嘉禾巷	金星巷	豆腐巷	华宫巷	半边街	松柏巷	圆通街
传书巷	下城基巷	乐群巷	象山巷	飞山横街	吉庆巷	平安巷	文庙巷	湾子巷
沙河巷	巫峰路	永安寺街	常青路	上河坎街	电台街	乐育巷	永乐巷	云深巷
交通街	文山巷	瑞金西巷	龙泉巷	黄金巷	虎门巷	筑东巷	扁井东巷	云鹤巷
忠烈街	慈庵巷	云霞巷	菜园巷	樱花巷	金沙巷	鲤鱼东巷	芦花巷	团结巷
五柳街	余家巷	环山巷	扁井西巷	杏花巷	堰塘街	东林巷	云岩街	合群巷
凤蝶巷	龙井路	延安北巷	桂香巷	交易市场巷	柳湾巷	和平巷	红石街	永安寺巷
兴贵路	河南街	荷叶巷	碧云巷	环北巷	水井巷	贯城河路	鲤鱼西巷	琼花巷
交易西巷	英烈路	坪子巷	三民东路	麻冲路	501台支巷	引线巷	莲花巷	栖霞路
永新巷	鸭井巷	马家巷	毛家巷	石莲巷	城基巷	沙滩巷	敦临巷	大吉巷
西宅巷	思源巷	正山街	芙蓉巷	仙人洞路	永秀路	铝镁巷	北横巷	市北巷
香狮路	夏状元巷	金山巷	钟声巷	朱家巷	何家巷	兴黔巷	省府东街	金融巷
汪家湾路	上城基巷	双井巷	百果巷	东山巷	市西路匝道	德家巷	百灵巷	桑园巷
福田巷	双龙路	大营巷	黑羊巷	贵山街	黄山冲路	市东巷	建国巷	贵乌北路
文笔街	石洞坡巷	下河坎街	洙四巷	化工路				
大沟（11条）								
三桥大沟	沙河大沟	茶店大沟	云岩大沟	鲤鱼大沟	黔春大沟	师院大沟	盐务大沟	市东大沟
合群大沟	雅关截污沟							

表 4　云岩区市政设施大中修工程统计表

（2001 年—2015 年）

序号	工程时间	道路名称	工程量	工程经费（万元）
1	2001 年—2002 年	松山路拓宽改造工程	道路面积 2.8 万平方米、排水管道:8000 米	2500
2	2002 年	云岩街道路排水改造工程	道路面积 2000 平方米、排水管道 400 米	60
3	2002 年	交通街道路排水改造工程	道路面积 1500 平方米、排水管道 300 米	40
4	2003 年	吉祥路、金昌路道路排水改造工程	道路面积 8000 平方米、排水管道 3000 米	350
5	2004 年	云岩区政府综合大楼道路排水改造工程	道路面积 8500 平方米、排水管道 1500 米	690
6	2007 年	草黄路道路排水改造工程	道路面积 3000 平方米、排水管道 1000 米	80
7	2008 年	延安巷道路排水改造工程	道路面积 4000 平方米、排水管道 1500 米	100
8	2008 年	百灵巷道路排水改造工程	道路面积 2000 平方米、排水管道 400 米	50
9	2009 年	贵州工业大学蔡家关片区排水治污工程	道路面积 3000 平方米、排水管道 1000 米	350
10	2010 年	百花巷道路排水大修工程	道路面积 8 万平方米、排水管道 2 万米	2000
11		常青路道路排水大修工程		
12		汪家湾道路排水大修工程		
13		登高路道路排水大修工程		
14		沙坡路道路排水大修工程		
15		虎门巷道路排水大修工程		
16		金仓路道路排水大修工程		
17		黄山冲道路排水大修工程		
18		上城基路道路排水大修工程		
19		半边街道路排水大修工程		
20		筑东巷道路排水大修工程		
21		新街、马王街道路排水大修工程		
22		金关巷道路排水大修工程		
23		三桥北路道路排水大修工程		
24		仙人洞路道路排水大修工程		
25		石洞坡道路排水大修工程		

续上表

序号	工程时间	道路名称	工程量	工程经费（万元）
26	2010年	英烈路道路排水大修工程	道路面积8万平方米、排水管道2万米	2000
27		扶风巷道路排水大修工程		
28		旭东路上段道路排水大修工程		
29		通衢巷道路排水大修工程		
30		成都路道路排水大修工程		
31		巫峰路道路排水大修工程		
32		双龙路道路排水大修工程		
33		江西巷道路排水大修工程		
34		西宅路、扁井东巷道路排水大修工程		
35	2011年	狮子路道路排水大修工程	道路面积6万平方米、排水管道5000米	1800
36		旭东路道路排水大修工程		
37		盐务街道路排水大修工程		
38		市北路道路排水大修工程		
39		山林路道路排水大修工程		
40		城基路道路排水大修工程		
41		省府路道路排水大修工程		
42		毛藤巷道路排水大修工程		
43		建工巷道路排水大修工程		
44		正新街道路排水大修工程		
45		环城北路道路排水大修工程		
46		上合群路道路排水大修工程		
47		陕西路道路排水大修工程		
48		黔灵东路道路排水大修工程		
49		民生路道路排水大修工程		
50		太平路道路排水大修工程		
51		三桥北路道路排水大修工程		
52		蔡家街道路排水大修工程		
53		黄金路道路排水大修工程		

续上表

序号	工程时间	道路名称	工程量	工程经费（万元）
54	2011年	威清路道路排水大修工程	道路面积6万平方米、排水管道5000米	1800
55		坪子巷道路排水大修工程		
56		新建路道路排水大修工程		
57		321国道道路排水大修工程		
58		东山仙鹤路道路排水大修工程		
59	2012年	海马冲路道路排水大修工程	道路面积3万平方米、排水管道2000米	960
60		沙河街道路排水大修工程		
61		黔灵西路道路排水大修工程		
62		永乐路道路排水大修工程		
63		飞山街道路排水大修工程		
64		慈善巷道路排水大修工程		
65		英烈路道路排水大修工程		
66		沙河巷道路排水大修工程		
67		百灵巷道路排水大修工程		
68		化工路道路排水大修工程		
69	2013年	草黄路道路排水维修工程	道路面积2000平方米、排水管道350米	160
70	2014年	盐务街道理排水维修工程	道路面积1.435231万平方米、排水管道647.3米	4501573.44
71		陕西路、普陀路、黔灵东路道路排水维修工程		
72		贵乌北路道路排水维修工程		
73		威清路道路排水维修工程		
74		三桥北路道路排水维修工程		
75		黔灵西路道路排水维修工程		
76		中山东路道路排水维修工程		
77		龙泉巷道路排水维修工程		
78		新村巷道路排水维修工程		
79	2015年	民生路道路维修工程	完成整治面积8.8464平方米	2638.02
80		蔡家街（含文明路）道路维修工程		

续上表

序号	工程时间	道路名称	工程量	工程经费（万元）
81	2015年	吉祥路道路维修工程	完成整治面积8.8464平方米	2638.02
82		金仓路道路维修工程		
83		文昌路道路维修工程		
84		友谊路道路维修工程		
85		盐务街道路维修工程		
86		东山路道路维修工程		
87		仙人洞路道路维修工程		
88		汪家湾路道路维修工程		
89		交通街道路维修工程		
90		毓秀路道路维修工程		
91		黔春路维修工程		
92		长青路维修工程		
93	2015年	五柳街、黄金路维修工程	—	—
94		新添大道南段维修工程		
95		勇烈路维修工程		
96		永安寺街维修工程		
97		公园西路维修工程		
98		大吉巷维修工程		
99		三马片区次干道二		

二、市政设施管理

2001年，区城管委“110”指挥中心接到热线电话2846个。其中市政设施方面的有87个，对电话反映情况市政所全部予以解决。2013年，市政所发现各类违章690起，处理400起，简易处理290起，对60起轻微违章作说服教育处理。发现市政设施病害1400起，报小修处理700起，通过社区服务中心处理700起；发现窨井盖损坏和被盗400起，报小修维护150起，报各管线单位处理250起；调查二级干道窨井盖1458起、小街小巷窨井盖1520起。接信访案件14件，处理率100%；接“12319”公共服务平台城管案件处理表125件，处理率100%。办理市政设施占（掘）道手续68件。其中：燃气设施3件面积2350平方米；燃气抢修5件面积200平方米；自来水设施10件面积100平方米；自来水抢修50件面积430平方米。

2014年，发现各类违章752起，处理335起，简易处理363起，说服教育处理54起；发现市政设施病害512起，报小修维护189起，通过社区服务中心处理323起；发现窨井盖被盗、损坏355起，报小修维护154起，报各管线单位处理201起；调查二级干道窨井盖1849起、小街小巷窨井盖1901起、沥青路面破损1619平方米；协调交警部门办理小修施工手续5起；协调供电部门迁改靠近百花山人行天桥的强电线缆；协调管线单位处理窨井盖被盗、损坏25起。其中自来水井盖3起、弱电井盖16起、供电局井盖6起。办理市政设施占（掘）道手续17起。其中燃气4起（个人办理）面积679平方米；自来水4起面积32平方米；供电6起面积1470平方米；占道2起面积20平方米；破路1起面积50平方米。办理应急抢修破路手续25起。其中：自来水14起，面积162平方米；供电4起，面积8平方米；燃气7起，面积260平方米。

2001年—2015年，累计发现各类违反市政法规的行为10.97万起。其中处理6.78万起，简易处理4.6万起，对责任人进行说服教育700起；违章发现率100%，处理率98%；管理巡查中发现市政设施病害2.51万起，处理2.49万起；发现窨井盖被盗、损坏7587起，处理7480起；查处二级干道及小街小巷井盖损坏被盗1.54万起。

三、应急防汛抢险

2001年后，区市政所每年汛期前安排完成与防汛密切相关的排水设施整修、清掏和疏通，做好预防工作；加强对富水中路、旭东路、盐务街、黑马大沟、海马冲路、团结巷、大营坡转盘、陕西路、永乐路、常青路口、合群路、五柳街口等12个监控点的集中长期监控。2003年，区市政所成立防汛工作组织机构和防汛应急队伍，制定防汛预案，对重点防汛地段进行责任划分，责任明确到人。同时，做好防汛物资储备工作，落实防汛车辆和设备，实行防汛期24小时值班制，此项工作程序和制度常年不变。

2011年1月1日—25日，贵阳市遭遇雪凝灾害，城区多条道路持续多日被冰雪覆盖，区市政所应急工作领导小组落实“五个确保”（确保突击队员24小时待命、24小时值班制度、应急车辆完好、应急物资齐备、通讯畅通），采取点面结合，机动巡逻的方式，保障北京路、枣山路、南垭路、市北路、小关隧道等道路节点畅通。期间，区市政所共出动救援车辆304台次，救援队员1668人次，用盐82吨，对区境30千米共28.9万平方米道路进行撒盐除冰防滑保畅。

2012年7月雨季前夕，云岩区在26个社区服务中心、黔灵镇分别成立应急处置队伍。同时对城区排水管网进行清掏疏通；排查出10余个水淹区和地势低洼点。针对易受洪水侵袭雨水浸泡的道路、桥梁和其他市政设施，派出专人24小时密切监控。2013年6月，对辖区内河道、暗渠、雨水井、排水泵站和排水管网进行全面检查，恢复和提高防洪、排水能力；对防汛物资进行清点、检查，登记造册并进行补充；对山体、边坡、公园等重点部位进行巡查，预防山体滑坡等地质灾害事故；加强对危旧房屋、建筑工地的监控管理，做好易积水区域和危房、棚户区防护、避险和抢险预案。同年7月23日—25日，持续强降雨灾害期间，区市政所对黑马大沟、鲤鱼大沟及市西路、黔春路等水淹点、低洼路段展开抢险行动。

2014年4月，区市政所提前安排整修、清掏、疏通工作，30天内清掏疏通入孔井30座次、进水井50座次；更换各类井盖、井圈10个；疏通下水道5750米；清掏清运大沟垃圾杂物7.5立方米。5月9日晚，城区普降大到暴雨，市政所派出防汛人员225人次，监控重点防汛点，处理好水淹区的排水等工作。

第四节　环境卫生管理

一、环卫设施建设

2002年，全区环卫车辆完好率95%以上，果皮箱完好率80%以上。2004年，改造化粪池143个，清掏疏通化粪池1430个。2005年，新建公厕7座、全封闭新型垃圾转运站6座。2006年，在三桥、友谊路、民主路、雅关、宅吉新村、宝山北路新建公厕6座，并改造文昌北路、北京路、合群路3座公厕。将原来0个独立厕所修建方案改为2个“集中式”三格式无害化厕所，12月，在雅关村小寨坝选点修建的三格式无害化厕所竣工。新建三桥、水电八局基地、偏坡、宅吉新村4座垃圾转运站。升级改造金顶山、黔灵西路2座垃圾转运站。新建环卫工人休息室16个。

2007年，三马片区调整由云岩区行政管辖后，新建市西路、松山路、雅关3座垃圾转运站和金马街、宅吉药厂、金马社区刺梨巷、盐务街4座公厕；升级改造省政府和长青路2座垃圾转运站。2008年，完成10座公厕升级改造，新建公厕5座；整治化粪池276个；新建文昌北路垃圾转运站，金关南路和广信家园垃圾转运站主体完工；完成交通街、石板坡、三桥新街和新建路垃圾转运站升级改造。2009年，新建茶园村、草黄路、金关村公厕3座，升级改造浣沙桥、洙泗巷、新建路、四川巷、贵乌南路、太平路、石洞坡、石板坡、威清路、三队（荷叶巷）公厕10座；清掏整治化粪池253个。新建金鸭村新街、金关村、茶园村垃圾转运站3座，升级改造扁井、宅吉药厂、老改茶路、仙人洞路、煤矿村垃圾转运站5座。

2010年，新建蔡关村、大凹村、疾控中心旁、金关村移民组、麻冲立交桥等5处垃圾站台，新建贵工、新街、大同街、新建路等垃圾转运站10座，新建垃圾间26座。新建清洁间217个，改扩建清洁间33个；新建公厕10座，改造公厕22座；清掏整治化粪池376个。2011年，新建北横巷、东山路、公园北路、冒沙井、文笔街公厕5座，升级改造公厕103座；整治维护化粪池410个；在市西路、金顶山、草黄路、大凹、友谊路、罗汉营、金钟桥、冒沙井新建垃圾中转站8座。2012年，新增和改造毛家公馆、乐园巷、北新区路、山林路上段和中段公厕5座；疏通整治老旧小区化粪池352个。2014年，完成常青路、水电八局、北京路和黔春路垃圾转运站改造。2015年，对友谊路等街巷的30座公厕进行升级改造，面积2400平方米；清掏社区老旧院落化粪池829个。辖区公厕均改建为水冲式独立式便器，无障碍公厕比例达93%。

截至2015年年末，区环卫站有垃圾清运车91辆、钩臂车49辆、机扫车10辆、高压洒水车12辆、吸污车2辆、吸粪车1辆、洗地车17辆，共182辆（含中心调拨车9辆）；垃圾转运站38座，其中压缩式垃圾转运站36座；城市主干道果皮箱650个。

二、道路清扫保洁

2001年，在贵阳市实施城市形象建设工程中，区环卫站按照《环境卫生工作规范》《城市环境卫生质量标准》要求，加强道路清扫保洁力度，确保辖区环境卫生整洁，垃圾日产日清。特种车队负责道路冲洗、降尘、机扫。2003年，在背街小巷、居民院落、人行天桥、地下通道、集贸市场和城乡结合部，设专职保洁管理员，建立环境卫生长效管理机制。2007年，改用高压清洗车洗扫、机扫车清扫、洒水车冲洗、垃圾车清运等机械设备进行道路保洁，道路机扫率约20%。区环卫站主要负责中华路、北京路、延安路、中山路等主干道的保洁，保洁面积 90 多万平方米，其余 120 多万平方米由各街道和黔灵镇清洁队清扫保洁。2010 年，提高夜间道路冲洗质量，保证白天降尘效果，确保城市主干道“亮沟亮坎”；推广应用区环卫站清扫大队环卫工劳动模范赵坤武的“重点路段勤打扫，人多之处见空扫，垃圾多时突击扫，饮食摊旁轻轻扫，灰尘多时压着扫”工作经验，在重点地区、人流集中地区，相邻道路清扫保洁任务区相互延伸作业 50 米；节假日、双休日路面清洁达标率 95%。至 2014 年，区环卫站负责中华路等 13 条主干道、4 座高架桥、14 座人行天桥地下通道的清扫保洁和道路冲洗作业，日清扫面积（含“三马”工作站）200 余万平方米。同年 7 月，云岩区实施环卫作业市场化，有 8 家保洁管理公司通过公开招标、竞争性谈判，取得辖区 13 条主干道以外道路区域的环卫作业任务，清扫保洁面积共 280 多万平方米。清扫保洁作业要求做到大街保洁时间不低于 12 小时，二级以下路面清扫保洁时间不低于 8 小时，大街机扫率不低于 20%，实行定人定岗，责任到人。确保任务区内无积水、无暴露垃圾、无烟头、无塑料袋。

2015 年，城市主干道环卫机械化清扫率达到 100%，降低环卫工人作业风险和劳动强度。二级路面、小街小巷的清扫保洁仍然由贵州大地清洁有限公司等 8 家保洁管理公司承担，基本上能按督查要求完成任务。

三、垃圾清运

云岩区的生活垃圾 2000 年已实行集装箱密封清运，区环卫站用垃圾清运车外运至垃圾填埋场。2003 年 4 月—6 月，全区清理卫生死角 300 余处，清运生活垃圾 4030 吨。从当年起，环卫作业实行弹性工作制，适当延长道路清扫保洁、垃圾清运、垃圾转运站作业时间，确保生活垃圾日产日清。2006 年，在整脏治乱专项执法行动中，清理城郊结合部、321 国道等区域卫生死角共 91 处，清运积存垃圾 306 吨。此后，整脏治乱工作常年开展。2013 年，全区清运生活垃圾 40 吨，协助各社区服务中心清运生活垃圾 2900 余吨。2015 年，开展以“清垃圾、建设施、保长效”为重点的棚户区城中村和城郊结合部环境卫生综合整治。截至 11 月，累计清理无主垃圾 100 余吨，清理城郊结合部积存垃圾 200 余吨，清理卫生死角 70 余处。整治小关湖环境卫生，清理积存垃圾 4 万多吨，安放垃圾斗 5 个，全年清运生活垃圾 38 万吨。

四、公厕维护

2008 年 11 月 1 日，贵阳市城管部门管理的公厕实行免费使用后，区环卫站逐步实现公厕管理市场化运作，公厕管理权与监督权分离。2013 年，区环卫站对免费公厕在原有升级改造的基础上完善设施，制作防滑、防跌警示牌 200 多块，更换标牌 800 多块。2014 年，公厕交广东东莞市美盛清洁有限公司承包管理，区环卫站按月检查考核，按百分制量化打分，兑现公厕承包经费。区环卫站培训公厕管理员 400 余人次，与公厕管理人员签订责任书，区环卫站业务科定期巡查；建立公厕举报电话，受理公厕投诉 50 多起；更换、维修损坏、陈旧设施上万件。

2015 年，区环卫站培训守厕员 400 多人次，受理群众投诉 70 多起。全年升级改造公厕 30 座，小型维修公厕 50 多座，更换更新公厕上下水、照明灯具等设施 8500 多件（套）。截至年底，由区环卫站管理的免费公厕共 215 座。其中一类公厕 2 座，二类公厕 211 座，移动公厕 2 座；主城区每隔 500 米左右，设公厕 1 座。公厕做到标识标牌清楚，便器干净整洁、用水、灯具等各类设备完好；保持厕所无臭、无蝇、无垃圾、无乱刻乱画；蓄粪池盖板完整，粪便不满溢。

五、环卫作业

为了消除环境卫生管理与作业不分的弊端，提高环境卫生清扫保洁质量，1994年黔灵公园保洁业务实行对外招标，引进贵阳卫生公司对园内卫生实行包干，推行袋装垃圾和全天保洁，改变了脏、乱的现象，全年各类检查均达标。2009年10月，云岩区开始选择专业保洁管理公司承担城市主干道市政公用设施的日常保洁工作。2014年4月，区人民政府就云岩区城市环卫工作市场化印发实施方案。5月18日，公开招标、定标相关工作完成。云岩区环卫市场化划分为8个区域，其中中华社区、黔东社区、中东社区和东山社区服务中心区域次干道12.76万平方米、背街小巷13.06万平方米、楼群院落9.85万平方米，清扫保洁面积共35.67万平方米；普陀社区、栖霞社区、金狮社区和中天社区服务中心区域次干道15.71万平方米、背街小巷7.34万平方米、楼群院落3.01万平方米，清扫保洁面积共26.07万平方米；宅吉社区和贵乌社区服务中心区域次干道13.11万平方米、背街小巷10.14万平方米、楼群院落6.65万平方米，清扫保洁面积共29.9万平方米；北京路社区和省府社区服务中心区域次干道13.26万平方米、背街小巷13.24万平方米、楼群院落7.5万平方米，清扫保洁面积共34.01万平方米；头桥社区、威清社区和中环社区服务中心区域次干道16.28万平方米、背街小巷10.8万平方米、楼群院落12万平方米，清扫保洁面积共39.08万平方米；金龙社区、市西社区和延中社区卫生服务中心区域次干道14.84万平方米、背街小巷17.92万平方米、楼群院落3.78万平方米，清扫保洁面积共36.55万平方米；三桥社区、金鸭社区、荷塘社区和圣泉社区服务中心区域次干道21.36万平方米、背街小巷12.71万平方米、楼群院落12万平方米，清扫保洁面积共46.07万平方米；金关社区、蔡关社区、普天社区和金惠服务中心区域次干道11.6万平方米、背街小巷21.65万平方米、楼群院落2.04万平方米，清扫保洁面积共35.31万平方米。8个区域清扫保洁面积合计282.6万平方米。

2014年，清扫保洁面积339万平方米。其中区环卫站负责清扫中华路、中山路、瑞金中路、延安路、枣山路、宝山北路、北京路、贵开高架桥、改茶路、白云大道、三桥立交桥、百花大道等城市主干道，清扫保洁面积139万平方米；三马片区清扫保洁面积和代管的瑞金北路、浣沙路、文昌北路、贵开路、头桥路、二桥路、三桥路、云潭南路、富水中路、富水北路、中山南路等大街，清扫保洁面积200万平方米。各社区服务中心辖区次干道、背街小巷、楼群院落的清扫保洁工作，由中标的贵州大地保洁有限公司、贵州美盛环卫清洁有限公司、贵州美信利保洁公司、贵阳佰瑞嘉保洁有限公司、贵阳云岩洁利开发有限公司、贵阳金阳济英创业服务公司、贵州黔力环卫服务有限公司、贵阳黔灵美洁环卫服务有限公司等8个公司承包环卫作业。

2015年，区环卫局对8家公司清扫保洁街道进行任务划分，做到无缝对接。购置更新清扫保洁工具；落实环卫工人工资福利和教育培训责任；引导公司环卫作业适应省会城市举办大型活动、会议要求。同年7月1日起，调整环卫市场化运作考核机制，把环境卫生考核和监督权下放到金龙社区、市西社区、延中社区3个社区试点，使社区“看得见、管得着、担责任”。从2015年9月1日起，将环境卫生考核、监督权全面下放到各社区。区环卫站按照《云岩区城市环境卫生作业规范》《云岩区城市环境卫生质量考核评分标准》加强监督检查。全年巡查街巷2833次，使道路、街巷常年保持干净整洁，无积水、无暴露垃圾，同时完成环卫市场化摸底调查工作，为下一轮环卫作业市场化招投标做好准备。

第五节　城市综合执法

一、执法管理模式

区城管局和区综合执法局合署办公后，2003 年 1 月开始城市管理相对集中行政处罚权的试点工作，实行跨部门综合执法。区城管大队向 16 个街道办事处派驻执法中队。针对基层管理体制改革后出现的城市管理问题，2008 年 5 月，实行区、街道（镇）、社区居委会（村）三级联动的城市综合执法管理模式。2009 年以来，推进城市管理网格化和数字化城管建设，建立横到边、纵到底的监督管理体系。

2014 年 5 月，区人民政府办公室就云岩区城市管理综合执法“扁平化”管理模式工作方案的实施发出通知，主要内容是云岩区试行各社区（镇）主要负责人为该片区城市管理工作第一责任人；各执法中队配合社区（镇）开展城市管理综合执法工作管理模式。下沉执法中队主要负责各片区特级、一级和二级管理的道路和区域内市容秩序管理工作，全部道路和区域的违法建筑管控并行使《贵阳市城市管理行政执法办法》规定的其他相对集中处罚权；配合社区（镇）加强对三级及以下道路和区域的城市综合执法工作。道路管理划分为中华路、中山路、延安路、云岩广场、大十字广场等路段区域为特级管理，文昌北路、合群路、陕西路、文昌阁等路段区域为一级管理，省府路、正新街、普陀路、友谊路、中大国际广场等路段区域为二级管理，街巷、社区、院落、城郊结合部等路段区域为三级管理。区城管大队设党政办、装备管理科、法规科、财务人事科、纪检督察室、后勤服务中心、受理处置指挥中心等 7 个科室；大队设机动特勤中队为直属中队；东片区、西片区、黔灵片区管理执法办公室各设 6 个执法中队，三马片区管理执法办公室下设 5 个执法中队；每个中队配备 10 名~50 名队员。当年区城管大队与企业、商家、经营户建立起日常联系制度，在城管部门与执法对象之间搭建沟通的桥梁，营造和谐城市管理氛围。配合社区开展综合执法工作，辖区市容秩序环境卫生整治加强。2015 年，区城管大队组建 28 个社区（镇）执法中队，下沉社区城管执法队员 102 名，协勤队员 470 名，占总人数的 73.1%，推动执法重心下移和执法事项属地化管理。

二、执法队伍建设

2002 年，区城管队员行政执法培训考核完成。从 2003 年 1 月 1 日起，《贵阳市城市管理行政执法办法（试行）》开始施行。按照市相关考核办法，区城管大队成立纠察中队，专司执法人员风纪仪表、文明执法、勤政廉政、学习培训、制度落实、内务卫生督查职责，促进城市综合执法法制化、规范化。2004 年 2 月，岩区城市综合执法大队获建设部 2003 年度“全国城建城管先进单位”和“2004 年全国城建监察先进单位”称号。2009 年 2 月，中华全国妇女联合会授予区城管大队女子中队“巾帼文明岗”称号。

2010 年 5 月，区城市综合执法队伍开始实行准军事化管理，对加强执法队伍工作职责、队容风纪、日常礼节、言行举止、纪律要求等作出严格规定和规范要求。11 月起，组织开展集中轮训。云岩广场综合执法岗被授予“贵阳市文明示范岗”称号。2012 年，城市综合执法队伍把巩固“创文”“创卫”成果、维护良好的市容环境秩序、打击违法建设行为作为工作重心，继续推进执法文明化。区城市管理（综合执法）局定期检查考核执法队伍，不定期开展内部自查工自纠，奖惩分明。规定干部职工在执法行动中，不准以权谋私、吃拿卡要，办人情案、关系案；与相关责任人签订党风廉政建设责任书；设立投诉电话，纪检督察室加强廉政监督。2013 年，区城管大队通报表扬和奖励 73 名优秀队员，处理 34 名违纪队员。2014 年，通报表扬奖励 4 支中队和 87 名优秀队员，处理 1 支中队和 38 名违纪队员。2015 年，通报表扬 3 支中队和 56 名优秀队员，处理 11 名违纪队员。全区城市管理综合执法队伍形象得到提高。

第十五篇

邮政通信 交通运输

第一章 邮政通信

云岩区没有区办的邮政和电信机构和经营实体，但区境内有贵州省和贵阳市邮政电信管理机关和众多营业网点，对云岩区的经济和各项事业的发展具有重要作用。

2006 年以前，贵州省邮政局机关在辖区三民东路。2006 年 9 月 11 日，贵州省邮政管理局正式成立，受国家邮政局垂直领导，负责全省邮政行业管理，地址在云岩区文昌北路。2007 年 2 月 8 日，贵州省邮政公司成立，原贵州省邮政局同时撤销。云岩区各街道办事处（社区）大多设有邮政和电信代办支局及网点。电信业务由贵州省和贵阳市两级电信行政机构管理，企业以市场经济为导向展开经营活动。

第一节 邮 政

一、管理体制

1998 年，贵阳市邮政局和电信局完成原属贵阳市电信局管辖的清镇市、修文县、息烽县、开阳县邮电局体制改革，接收“一市三县”邮政局，实行统一管理和运行。同时，完成贵阳市邮政、电信分开营业；“184”寻呼台与“988”寻呼台实行合并。为建设现代化邮政通信网，2000 年 6 月 16 日，贵阳邮区中心局成立，邮政通信网路管理进入专业化、规范化发展阶段。

2002 年，贵阳市邮政局针对城区特点，将片区整合为 4 个分局，综合调配使用两种营业岗位的人员，减少用工总量，降低人工成本，由专业管理向综合管理转变，其中包括贵阳市云岩区邮政局。区邮政局办公室位于中华北路 2 号，主要提供信函、包裹、汇兑、邮发报刊订阅和发送服务。在区邮政局以下还有街道或小区支局。其间，国家邮政局和省邮政局共同投资，启动新邮政枢纽建设工程，进一步完善邮件处理功能，提高邮件处理效率和科技化、机械化程度。

2005 年 4 月 16 日，贵阳市邮区中心局正式搬迁至花溪区红河路 15 号新址投入试运行，与贵阳市邮政局采取“两块牌子、一套人马”的方式合署办公。2007 年，贵阳邮政局将原有的 13 个职能管理部门整合精简到 7 个，原贵阳邮区中心局整合为汽运分局、转运分局、处理中心 3 个部门，撤销城区营业局和社区服务中心，成立包括云岩分局在内的 11 个分局，加上专业局，全局经营部门由 16 个增加至 25 个。在此期间，贵阳市邮政局（贵阳邮区中心局）在全市共设置营业网点 171 个，其中城镇网点 100 个，农村网点 71 个，代办机构 100 余个。云岩区境内的支局和代办所主要业务有邮政储蓄、全球邮政特快专递（EMS）、集邮、物流配送、报刊发行、信函、包裹、汇兑、代收电话费、保险销售等。另外，各大商场、农贸市场、医院和主要公交车站附近一般都设有邮政报刊亭和城市邮递段道（为邮递员划定的投递范围）。

二、邮政营业网点

1987 年，云岩区境内的喷水池、瑞金路、三桥支局为贵阳市邮政局的科级局，由市邮政局直接管辖；中山东路和中华北路支局为班组级局，分别由所在邮政服务片区的科级支局、区支局管辖。1995 年，区境内新增设黔灵西路、金顶山、大营坡等邮政网点。

1996 年，贵阳市邮政局在云岩区境内新增东山、头桥、老东门等邮政所；完成瑞金路邮政支局航空邮件转运站主体工程。1997 年，全市邮政重点工程之一的喷水池邮政生产通信楼完成开工前期准备；瑞金路邮政局办公楼竣工。

2003 年，贵阳市以新建居民小区、校园密集区和原有邮政网点不能覆盖的区域为主要服务对象，各网点均统一装修、统一标识、统一对外服务形象和统一服务标准，建成包括云岩区各社区在内网点 62 个。2015 年，区境内有中国邮政延安东路邮政支局、中国邮政头桥邮政支局、中国邮政喷水池营业部等 18 所邮政支局。

表 1　云岩区境内邮政支局一览表

（2015 年）

名　称	地　址
中国邮政延安东路邮政支局	云岩区延安东路 256 号
中国邮政头桥邮政支局	云岩区头桥路 21 号
中国邮政喷水池营业部	云岩区中华北路 6 号
中国邮政东山邮政支局	云岩区东山路口
中国邮政次南门邮政支局	云岩区能辉大厦 1 层
中国邮政瑞金路邮政支局	云岩区瑞金中路 31 号
中国邮政三桥邮政支局	云岩区三桥南路 286 号
中国邮政瑞金北路邮政支局	市云岩区瑞金北路 50 号
中国邮政黔灵西路邮政支局	云岩区黔灵西路 18 号~20 号
中国邮政马王庙邮政支局	云岩区马王街 47 号旁
中国邮政三桥步行街邮政支局	云岩区三桥南路 135 号
中国邮政三桥邮政支局	云岩区三桥南路 286 号
中国邮政老东门邮政支局	云岩区文昌北路 25 号
中国邮政三桥营业部	市云岩区三桥南路 131 号
中国邮政八鸽岩分局	云岩区中华北路 361 号
中国邮政黔灵西路邮政支局	云岩区黔灵西路 18 号~20 号
中国邮政喷水池营业部	云岩区中华北路 6 号
中国邮政喷水池投递部	云岩区邮政综合大厦

注：此表不含邮政所和邮政代办所及社区网点

三、邮政运行系统

1995年以前，为加强内部生产调度，贵阳市邮政局与电信实行合营。开通“184综合寻呼台”，建立“报刊零售批销收款”和“支局订阅报刊收订进度”等新程序，提高报刊发行业务处理质量和效率。

1996年，贵阳市邮政局投入85.7万元，新建6个电子化支局（所）、6个计算机邮政储蓄点；引进启用进出口电汇微机处理系统，更换特快专递查询设备平台，启动国际特快专递查询业务。1999年3月，市邮政局完成包裹分拣设备、推挂设备改造；完成相关系统的安装调试及相关线路的调试；完成电子化支局系统、报刊发行、速递、邮票管理、函件分拣机等计算机系统的测试和改造。

2001年，市邮政局在全局范围内全面推行办公自动化管理系统和汽车邮运信息动态管理系统，在全局系统各二级单位全面推行微机自动处理系统、制单系统。同时自行研制开发的平刷半自动分拣设备也投产运行，结束手工分拣信件的历史。2002年12月1日，贵阳邮政局开通“驿网2002”，所有联网用户均可使用“http：//www. gypost · com”域名进行访问。2004年，贵阳邮区中心局实现各条邮路邮件“无纸化”交接。

2005年，单程里程在800千米以上的一级干线汽车邮路撤减，一级干线汽车邮路在途运行时间控制在12小时之内。2007年，贵阳邮政投入大量资金用于网点改造、更新车辆设备、改善生产条件。云岩区境内的贵阳邮政直属营销中心和瑞金路及延安东路营业部投入使用。2008年，贵阳市邮政局投入资金530余万元，用于营投网点、生产场地建设，还投入资金922万元，共购买生产经营车辆113辆、大客户服务车10辆以及普邮摩托车65辆。2010年，开通贵阳至盘县二级干线汽车邮路，贵阳至关岭、普安、盘县进出口各类邮件比以前提前48个小时到达。

四、投递管理

2000年6月1日，贵阳邮政投递局正式挂牌。贵阳实行城市（含云岩区）投递段日投4班，双休日投2班，乡邮段日投2班，双休日投1班；特快邮件日投3班，实现100%“门对门、桌对桌”服务。6月20日，起缩短邮件传递时限，在包括云岩区在内的市区试行包裹投递到户，市区包裹妥投率达99.6%。从2000年9月1日起，贵阳邮区中心局使邮件提速正式启动。针对城市高层写字楼和住宅小区用户迅速增长的现状，贵阳市邮政局2001年特地在各社区内设立邮政服务网点，以社区内每户用户为基本单元，连接组成以邮政营投为基本服务的邮政网络，云岩区实现邮政服务全覆盖。

五、邮政储蓄

1997年，贵阳市邮政局从法国布尔公司引进一套邮政储蓄卡系统，该系统称为“绿卡工程”，于当年8月8日开通并与全国联网。到年底，全国31个省（区、市）的50个城市中心主机系统联网运行，连接5000多个邮政储蓄营业窗口；贵阳市内联网点27处，设置市内ATM自动取款机15台。邮政储蓄卡具有存取自由，通存通取，即存即取，免收手续费等特点。省市邮政部门在云岩区境内设有众多邮政储蓄营业网点（支局）：

表 2　云岩区境内邮政储蓄网点一览表

（2015 年）

名　称	地　址
邮政储蓄银行金顶山邮政储蓄所	云岩区金顶路 211 号
邮政储蓄银行中大国际广场支行	云岩区新添大道南段 147 号
邮政储蓄银行马王庙邮政储蓄所	云岩区马王街 65 号
邮政储蓄银行贵阳东山营业所	云岩区安居小区 8 号楼
邮政储蓄银行黔灵西路支行	云岩区黔灵西路 18 号~20 号
邮政储蓄银行枣山路支行	云岩区枣山路 44 号
邮政储蓄银行八鸽岩邮政储蓄所	云岩区中华北路 371 号
邮政储蓄银行贵阳市延安东路营业所	云岩区延安东路 256
邮政储蓄银行瑞金中路支行	云岩区瑞金中路 31 号
邮政储蓄银行贵阳市分行营业部	云岩区文昌北路 231 号 1 层~9 层
邮政储蓄银行瑞金北路支行	云岩区瑞金北路 50 号
邮政储蓄银行中华北路支行	云岩区中华北路 2 号邮政大厦
邮政储蓄银行贵阳市三桥步行街支行	云岩区三桥北路步行街旺角金座 5 号楼 1 号
邮政储蓄银行老东门邮政储蓄所	云岩区文昌北路 25 号
邮政储蓄银行头桥路支行	云岩区头桥路 21 号
邮政储蓄银行中天邮政储蓄所	云岩区新添大道南段 609 号
邮政储蓄银行三桥南路支行	三桥南路 135 号
邮政储蓄银行野鸭乡营业所	云岩区野鸭街 67 号
邮政储蓄银行客车站支行	云岩区延安西路 179 号
邮政储蓄银行瑞金北路支行	云岩区瑞金北路 128 号
邮政储蓄银行大营坡邮政储蓄所	云岩区新添大道南段 145~9 号
邮政储蓄银行黑马营业所	云岩区贵乌中路 190 号
邮政储蓄银行万东花园支行	云岩区新添大道南段 18 号
邮政储蓄银行中山东路支行	云岩区中山东路 33 号

第二节　电　信

1999 年 8 月 1 日，贵阳市开始对通信产业实行专业化经营与管理，贵阳市电信局的固定电话和移动分开营业。2000 年 12 月 26 日，贵州省电信公司与贵阳市电信分公司合并。2001 年 5 月 17 日，贵阳市贵开路电信营业厅开业，营业厅位于云岩区半边街 17 号贵阳电信大厦裙楼内，占地面积 2835 平方米。

2004 年 3 月 12 日，贵州省电信有限公司成立，是中国电信股份有限公司在贵州省内全资子公司，经营省内的国内固定电信网络与设施（含本地无线环路）业务，地址在云岩区文昌北路 225 号。

一、电信业务

（一）固定电话

贵阳市于1990年5月17日开办“174长途电话微机查号”业务。这套微机查号系统贮存全国长途电话区号和市内电话号码50多万个，并与市内电话联网。1992年9月21日，贵阳首次举行二期程控电话预放号业务预订会，以方便群众公平获得电话号码。1993年2月1日，市电信局与湄潭酒厂合作，在贵阳市中心“大十字”建成第一座有人值守的公用电话亭。到1993年年底，贵阳市电信局通过自办、代办、联办及私话公用等多种方式，多渠道发展公用电话165户，累计达375户，固定电话在云岩区实现全覆盖。

贵阳电信局开发的话费（含移动电话费）微机查询系统于1995年4月21日正式投入使用，用户每月初在双音频话机上拨打“170”，即可查询到本人或本单位上月的电话费。由市电信局新技术开发部开发的营业收费系统，于10月5日率先在中华南路营业大厅投入使用，到11月5日，云岩区中华北路收费点也采用系统收费。从此，辖区居民交电话费不再需要排长队。

1999年，贵阳市电信局加大IC卡公用电话发展力度，在云岩区主要街道每隔50米~100米设置IC卡公用电话1座；黔灵公园内也按此标准安装IC卡公用电话。2000年以后，由于智能手机迅速普及，IC卡电话的优势逐步弱化，截至2010年，云岩区境内的IC卡电话全部停止运营。

2001年5月，贵州省电信公司推出贵州本地智能网200电话卡，该业务建立在智能网平台上，可储值、可转移余额，不须插卡，只需记住账号和密码，便可在全省任何一部双音频电话（包括IC卡公用电话）上拨打本地和长途电话。2002年，推出“17901全能打”业务，是中国电信利用全国骨干网为所有移动用户提供的、在全国范围内开放的主叫直拨IP电话业务。此后，随着城市不断改扩建，以及人口增长，电信服务项目每年都有新的变化。云岩区是中心城区，电信服务发展走在全市前列。

（二）传呼业务

贵阳市从1988年8月起，使用无线数字寻呼通信以后，云岩区用户逐日大幅度增长。1992年年底，无线寻呼中文台开通，1994年，全市社会办寻呼台增长至18家，为应对市场的竞争激烈，贵阳市电信局从6月起推行“全员揽销BP机”活动。在社会办的无线寻呼台中，原由省经委等几家单位联合主办的“贵通台”，于1995年5月18日被市电信局正式接收进入局无线寻呼台系统。

2000年9月，贵州国信通信有限公司整体并入“联通”贵州分公司。贵州国信通信有限公司是从原邮电系统中将无线寻呼专业剥离出来组建的国有通信企业，主营无线寻呼通信业务。当年，无线寻呼通信业务进入高峰期，但由于移动电话（手机）的快速发展，到2004年即落入低谷。2005年3月，全市各国营、民营信息产业企业先后退出寻呼业，驻云岩区境内的相关企业同时退出寻呼业。

（三）移动电话

1993年1月，贵阳市900兆蜂窝移动电话正式开通。1995年，全市对移动通信信道进行三期扩容，设置在云岩区延安西路的市农机局、延安东路的省邮电管理局基站，分别开通信道90个，全市信道累计710个。到1993年年底，全市共发展移动电话用户5943户，累计达10663户，当时主要集中在云岩区和南明区。此后，随着贵州移动农村信息化扶贫计划的实施，采用LTE技术解决行政村通宽带的任务，农村信息化基础进一步提升。截至2014年，云岩区境内农村的移动通讯实现全覆盖。

二、宽带业务

2002年，贵阳电信分公司从云岩、南明两区开始发展用户，全年发展用户1.5万户，其中云岩区占50%以上。宽带既是区人民政府、学校和企事业部门必备办公设备，又是居民家庭必不可少的生活通讯、娱乐和工作工具，因而成为电信运营商的经营大项。此后，由于云岩区境内棚户区改造及新的商住楼、商品房不断增加，辖区内宽带覆盖面也不断扩大，截至2015年，宽带跟踪覆盖过程仍在全区持续。

三、光纤数字传输业务

1995年6月4日，贵阳电信局开通DDN网。此网利用光纤数字传输通道和数字交叉复用节点组成并实现信息传递，为用户提供各种速率的高质量数字专用电路，如传真、传送数据及组建可视电话会议系统等多媒体服务。此后至2009年，全市开始使用最新版数字程控调度交换机，以新一代热备份主机和电源系统、超大容量Flash话单存储系统、全分散控制、模块化结构、在线升级、中继与用户卡板混插；调度系统内置语音导航、在线录音系统、背景音乐及集团彩铃各个性化彩铃、语音留言信箱、IP－PABX多媒体调度系统（电话网图像三合一）等数字程控调度交换机，为用户提供丰富的程控交换功能。新系统不仅具有数字程控调度机的丰富功能，还具有十分强大的数字程控交换机的管理与办公功能；实现调度用户与行政交换机用户两网合一，既能适应数字通信环境，又能适应任何模拟通信环境，在云岩区各行各业得到广泛应用。

四、电信网络业务

贵阳市电信局1999年11月开通“一线通”业务，与拨号上网相比，通信质量高，费用低廉。1999年，市电信局从设备、网络、服务等方面全方位为推进政府上网工程，同时以政府上网工程为契机，加快数据通信的发展。

“网络快车”是中国电信ADSL宽带业务的品牌名称。2003年，贵阳电信推出一系列可供用户自由选择的ADSL套餐业务。

2001年9月28日，贵阳电信“电话通”业务正式推向市场，发展到2015年，“电话通”广泛在银行卡消费、转账结算、汇款和其商业领域使用。如“工行电话通”按业务应用功能，可分为单功能电话通和组合功能电话通，按产品应用领域可分为交易市场电话通、商户电话通、网点电话通、企业财务转账电话通、个人客户电话通等。

2003年5月，贵阳电信P网小灵通正式开通。“小灵通”是贵阳电信分公司按当时大众消费水平推出的新型市话业务，在云岩区得到广泛使用。2005年，全市小灵通网及宽带网络共实施优化工程项目765项，并组建专业化宽带维护队伍，提供24小时专业维护，使掉话率大幅下降，通话质量获得显著提升，但由于2008年国家开始推行3G移动通信，中国移动利用更先进的技术拓展市场，使小灵通用户迅速流失。2011年1月1日起，小灵通开始退市，2014年12月31日正式宣告停止服务。

第三节　通信企业

云岩区境内的主要通信企业有中国联通贵州分公司、中国移动通信集团贵州有限公司贵阳分公司、中国铁通集团有限公司贵州分公司等。2001年以后在云岩区境内成立的电信企业见下。

中国铁通集团有限公司贵州分公司

2001年3月20日成立，地址在云岩区北京路天华大厦。有电话局用交换机容量34万门，开通固定电话、互联网、网元出租、IP 电话、公用电话、校园智能电话、95105 呼叫中心、空中会议室、视频会议等电信业务，总资产 12 亿元人民币。铁通贵州分公司建成开通覆盖省内各大中城市光、电通信网，拥有管内铁路重要站点和沿线的通信网络资源，传真、电报通信网覆盖管内铁路沿线，与中国电信、中国联通、中国移动等企业实现网间的互联互通。

2006 年，长途通信光缆发展到 3600 余皮长千米，有长话与市话合一的程控交换机和程控电话交换局 293 个。同年推出 95105 呼叫中心、空中会议室、视频会议等多项新业务，不断促进企业信息化发展，以满足个人和集团用户个性化、多元化的通信需求。

中国网络通信集团公司贵州省分公司

2001 年 7 月 23 日成立，地址位于云岩区境内双峰路贵阳通信段大楼内。主要经营国内、国际长途 IP 电话及 IP 传真，以及计算机信息网络建设维护等业务。网通贵州省分公司（贵州网通）是由原中国网通集团西南通信股份有限公司贵州分公司和原中国网络通信有限公司贵州分公司、吉通网络通信股份有限公司贵州分公司组建成立，下辖全省 8 个地市级分公司。2005 年 8 月 31 日，贵阳移动通信分公司完成“村村通电话”工程所涉及的 290 个基站、1400 千米光缆、40 个光传输环，移动信号覆盖贵阳市 1170 个行政村，覆盖率 100%。

贵阳市移动通信运营中心

2002 年 1 月成立，地址在云岩区境内陕西路。从 2005 年起，逐步建立以品牌服务为主线的差异化服务体系，以多样化的营销计划应对市场竞争。到 2008 年，网络覆盖云岩、南明两城区，以及全市 1170 个行政村。2009 年，推出彩铃、彩信、12580、手机证券、飞信、手机邮箱、手机报、农信通、家校通、银信通、财信通、警务通、移动办公等各类丰富的业务应用。2012 年，通过“无线政务、无线产业、无线生活”三大应用基础，建成以贵阳等黔中经济区重点城市为中心，覆盖全省各地（州、市）中心城市的无线城市群，推动“智慧贵阳”建设。

中国联通贵阳分公司

前身是联通贵州分公司贵阳运营中心，2003 年 3 月 18 日成立分公司，地址在云岩区通衢路。2004 年 9 月，先后成立小河、花溪、白云、乌当、清镇、修文、开阳、息烽 8 个县级分公司和贵阳城区经营部（含云岩区）。主营长途电话 193、IP 电话、专线接入、拨号接入、租线业务和会议电视等数据业务。贵阳城域网承载 IP 语音、视频、宽带互联网业务。有光缆近 4000 千米覆盖贵阳地区，具备综合业务的接入能力，提供 CDMA、GSM 和数据业务的传输网络支持。

中国电信股份有限公司贵阳分公司

前身是 2004 年 7 月 1 日成立的贵州省电信有限公司贵阳市分公司（原贵阳市电信局），地址在云岩区新添大道南段半边街。2005 年，随着国家电信体制的改革和中国电信集团的上市，贵州省电信有限公司贵阳市分公司于 2008 年 3 月更名为中国电信股份有限公司贵阳分公司，成为中国电信股份有限公司在贵阳市的分支机构。贵阳市分公司下辖单位包括云岩区分公司等区县分公司。主要经营贵州省内的国内固定电信网络与设施（含本地无线环路）业务；基于固定电信网络的话音、数据、图像及多媒体通信与信息服务；建立在各种媒体形式和技术手段上的黄页号薄以及其他黄页信息业务；与通信及信息业务相关的系统集成、技术开发、技术服务、信息咨询、设备生产（凭专项审批从事生产经营活动）、销售和设计与施工，设计、制作、代理、发布广告、互联网广告经营（持许可证经营）等业务。

贵州省电信有限公司贵阳市分公司

2004 年 5 月 23 日成立，地址位于云岩区境内新添大道南段半边街。截至 2015 年，主要经营基于固定电信网络的话音，数据，图像及多媒体通信与信息服务，以用省内电信网络与设施建设的维护。

截至2015年，云岩区境内共有电信营业厅（网点）25家，中国移动营业厅（网点）17家。此外，还有众多独立及合作经营的销售、维修网点等。

表3　云岩区境内中国电信营业厅一览表

（2015年）

名　称	地　址
贵阳电信大厦	云岩区半边街17号
中国电信股份有限公司贵阳云岩区分公司	云岩区中华北路171号
贵阳市中国电信三桥营业厅	云岩区三桥北路286号
中国电信贵阳云岩区分公司	云岩区中华北路171号
中国电信中华北路营业厅	云岩区中华北路377号
中国电信苏宁喷水池店	云岩区中华中路161号
中国电信黄金路营业厅	市云岩区黄金路1号
中国电信东山路营业厅	云岩区东山巷2号
中国电信省10000号运营中心	云岩区新添大道南段415号
中国电信天翼领航营业厅	云岩区市西商业街南道与瑞金中路交叉路口
中国电信百花山路营业厅	云岩区百花山路183号
中国电信轮胎厂营业厅	三桥百花大道金关巷1号
中国电信贵乌北路营业厅	云岩区新添大道南段235号
中国电信普陀路合作营业厅	云岩区普陀路97－15号
中国电信文明路合作营业厅	云岩区文明路15号
中国电信友谊路营业厅	云岩区友谊路、新印厂路交叉口南
中国电信城基路营业厅	云岩区城基路186号
中国电信马王街营业厅	云岩区马王街118号
中国电信煤矿村营业厅	云岩区旭东路158号
中国电信雅关合作营业厅	云岩区盐沙大道
中国电信城基路营业厅	云岩区城基路186号
中国电信西南电脑城营业厅	云岩区公园西路30
中国电信双峰路营业厅	云岩区双峰南巷与双峰路交叉口
贵阳电信局68分局	云岩区宝山北路401号
中国电信股份有限公司贵阳金阳新区分公司	云岩区三桥北路102号

注：此表不含销售（专卖）、维修、自助服务、合作营业点，以及培训等单位

表4　云岩区境内移动公司、铁通公司部分营业厅一览表

（2015年）

名　称	地　址
中国移动枣山路营业厅	云岩区枣山路盛世明珠大厦
中国移动市西路营业厅	云岩区香狮路102号
中国移动北京路营业厅	云岩区北京路19号
中国移动中华中路营业厅	云岩区中华中路117号
中国移动马王庙营业厅	云岩区马王街31号
中国移动毅力鑫营业厅	云岩区文明路28号
中国移动合群路营业厅	云岩区合群路10景·天城
中国移动黔灵东路营业厅	云岩区合群路景天城二楼
中国移动空中营业厅	云岩区中环路北段
中国移动贵阳二桥移动营业厅	云岩区二桥黔春路
中国移动服务中心	云岩区双峰路
贵州移动通信有限责任公司云岩分公司	云岩区延安东路9号
中国移动宽带电视服务中心－1	云岩区文昌北路
中国移动宽带电视服务中心－2	云岩区林木巷
中国移动黔灵东路营业厅	云岩区黔灵东路39号
中国移动服务中心	云岩区北京路169号
中国移动4G＋宽带服务中心	云岩区北京路169号
中移铁通贵阳分公司	云岩区贵开路贵州报业大厦12楼

注：此表不含销售（专卖）、维修、自助服务、合作营业点，以及培训等单位

第二章　交通运输

云岩区的交通运输管理工作，由贵阳市交通运输局（市交通局）统一管理。2001年，贵阳市人民政府办公厅有关文件明确，市交通局是主管全市公路和水路交通行业的政府工作部门，地点在云岩区延安西路124号。其直属单位有贵阳市交通运输管理处。区内的交通安全管理，由贵阳市公安交通管理局云岩区分局一大队具体负责。云岩区人民政府是负责辖区道路交通安全工作的领导机构，区交通安全委员会和区公安交通管理机关具体负责实施区境内交通安全规章制度。

第一节　交通安全管理

2001 年，贵阳市交通局在全市开展“安康杯”“安全周”和“反三违月”等活动，按照“谁主管，谁负责”的原则，有重点地加强交通安全防范工作。对春运、“五一”和“十一”3 个旅游黄金周安全工作提前做好预案，精心组织，落实措施，避免安全事故发生。交通安全生产实行以“包保”责任制为核心，以科学的管理制度为保证，以监督检查为重点的监管责任制确保全交通安全生产。

2005 年，贵阳市交通建设质量监督站对云岩区的部分工程技术人员进行培训，并聘用为监督站驻区的质量监督员，行使质量监督职权，其检测评定结果作为工程验收的重要依据。通过培训和现场指导，完善工程质量监理监督体系。

云岩区为贯彻公安部、国家发改委、建设部、交通部、农业部、安全生产监督管理总局《关于印发平安畅通县区评价指标体系的通知》精神，确保区境道路交通安全，于2006 年制定《云岩区道路交通安全责任制》，规定：“云岩区人民政府是负责云岩区道路交通安全工作的领导机构。云岩区交通安全委员会和区公安交通管理机关具体负责组织实施。”并要求区域内的各单位均须建立交通安全责任制，单位“一把手”为道路交通安全第一责任人。企业法人（业主）是该企业负责道路交通安全的第一责任人。将道路交通安全工作列入政府工作考核内容；各街道（镇）建立交通安全管理工作站，制定相关职责，工作机制向社区（村）延伸，社区（村）要配置专职交通安全员；50 人以上单位要设立专（兼）职交通安全宣传教育人员；逐级落实与本单位工作、经营、生产和劳动安全同计划、同布置、同落实、同检查、同总结、同评比。

根据区安委会和区公安交通管理机关的要求，各单位制订并履行本单位交通安全制度和具体措施，制定交通违法、违章行为控制指标，确保实现安全目标；建立机动车检查制度，严禁不符合检验标准的机动车上路行驶；规定各单位要接受区安委会和公安交通管理机关的检查监督，对不安全隐患限期改正；开展群众性的交通安全竞赛活动，定期进行交通安全检查和总结评比，并实行交通事故责任追究制度。对发生重大伤亡的交通事故进行责任倒查，对相关责任人依法严肃处理。此后至2015 年，全市交通管理，由贵阳市交管局设在云岩区的机构负责。云岩区的道路管理主要是结合城市综合执法，重点放在清理占道经营的摊点、控制渣土倾倒以及“亮丽工程”（区境内路面和建筑墙体、护栏等修缮维护、工程范围涉及各类建筑物、名胜古迹的庭院灯、投光灯、洗墙灯安装，采用投光方式美化景区夜景）等工作展开。

第二节　主干道公共交通

云岩区境内的中华路中段和北段，作为区内主干道，有多条线公交线路通过。截至2015 年，途经或停靠的辖区的公交车线路有 1 路、19 路、2 路、27 路、251 路、39 路、301 路、48 路、55 路、56 路、63 路、7 路、8 路等。

1 路，火车站环形线路：从南明区境内的火车站经邮电大楼、大十字进入云岩区境的喷水池→云岩广场→六广门→博物馆→黔灵山公园→枣山路→客车站→紫林庵，到大西门出区境，返回火车站。

2路，火车站环形线路：与1路反向行驶。从南明区境内火车站出发，到新路口，经河滨公园进入云岩区境的紫林庵→客车站→枣山路→黔灵山公园→北京路→六广门→云岩广场→喷水池，至大十字出区境，返回火车站。

19路，南郊公园站至大营坡站：从南明区境内南郊公园出发，经水泥厂宿舍区、太慈桥至花果园，在花香村入云岩区境→经干院→浣沙桥→客车站→喷水池→云岩广场→六广门→盐务街口→贵医→大营路→大营坡。

27路，宅吉小区站至水电九局宿舍区站：起点为云岩区境内宅吉小区→宅吉后花园→省老干中心→市北路→六中→盐务街→六广门→云岩广场→黔灵西路口→黔灵西路→威清路口→四中→客车站→头桥→海马冲→转弯塘→二桥→公交驾驶员城→三桥→蛋禽站→水电安装处→九局中心医院→和尚坡，终点在水电九局宿舍区。

251路，零八三厂站至河滨公园站：起点在乌当区境内的零八三厂，经乌当广场、新添寨进入云岩区境的顺海公园（今鹿冲关森林公园）→市公安局→冒沙井→贵工分校→中天花园路口→茶店→省二医→大营坡→贵开路→贵州省医科大学→盐务街口→云岩广场，至大西门出区境到河滨公园。

39路，五眼桥站至鹿冲关路站：起点是南明区境内五眼桥，经解放桥、市交警支队，到云岩区境内的花香村→大西门→公园路→喷水池→云岩广场→六广门→盐务街口→贵医→贵开路→大营坡→鹿冲关路。

301路，百峰巷站至松山村路口站（区内线路），起点为云岩区金狮社区的百峰巷→百花小区→百花山路→贵医→盐务街口→六广门→云岩广场→黔灵西路口→黔灵西路→贵阳第四中学→（老）客车站→头桥→松山村路口。

48路，碧海商业广场站至油榨街站：起点在观山湖区碧海商业广场，经观山东路至杨家庄→大关→长坡岭森林公园→进入云岩区境南馨苑→黔灵村→小关花卉市场→扁井→省政府后门→市北路→六广门→云岩广场→喷水池→大十字，出区境至南明区油榨街。

其他经过云岩区中华北路和中华中华中路的公交车还有55路、56路、63路、7路、8路。2011年9月，为缓解中华路交通拥堵，中华路摆渡公交车开始运营。中华路摆渡公交车从南馨苑出发，行经黔灵村、扁井、市北路、六广门、云岩广场、喷水池、大十字等停靠站，终点站为钻石广场。发车间隔时间为10分~15分钟，执行每人1元的票价，可刷公交乘车IC卡。

此外，连接云岩区和观山湖区的公交车还有：

58路，起点在云岩区友谊路站，终点白云区的麦架村站；

208路，起点在云岩区大营坡站，终点金阳客车站；

218路，起点观山湖区新世界花园，经云岩区瑞金北路、紫林庵，南明区境的贵阳市第一人民医院，终点是邮电大楼；

209路，起点在白云区米兰春天小区，至云岩区境的枣山路、延安西路。

311路，起点友谊路，终点观山湖区世纪城。

此外，花溪区、乌当区、南明区和白云区均有多条公交车线路经过和到达云岩区。

第十六篇

生态环境保护

第一章　生态文明城区建设

云岩区建设生态文明示范城市，巩固全国文明城市、国家卫生城市和国家环境保护模范城市创建成果。

第一节　宣传教育

2001 年—2015 年，云岩区共投入生态环境宣传教育经费 45.2 万元，组织 760 余人次持续开展生态环保宣传教育，提高公众环境意识和生态文明素养，营造生态文明示范城区建设良好社会氛围。利用宣传栏、黑板报、展板、发放宣传资料、文艺演出、提供法律咨询等多种形式宣传生态环境保护，利用各种节日纪念日专题活动周等特定时段，组织开展生态文明建设各项专题宣传活动。如 3 月 12 日植树节活动、4 月 5 日“绿色清明，文明祭祀”活动、5 月 11 日—17 日节水宣传周活动、6 月 5 日世界环境日宣传活动、6 月 8 日—14 日全国节能宣传周和全国低碳日宣传系列活动、“明礼知耻，崇德向善”系列活动、全国节能宣传周和全国低碳日宣传系列活动“讲文明、树新风、迎盛会”志愿服务活动、开展生态文明进机关、乡村、社区、学校、企业、家庭活动、道德讲堂活动、绿丝带生态文明志愿者培训等，共发放宣传资料 8.85 万份。

2004 年，利用“六五”世界环境日，组织专版在《贵阳日报》介绍云岩区实施环境立区战略所取得的成就。区环保部门与辖区办事处配合，在大十字设立宣传咨询点，通过发放宣传资料、图片展板、宣传挂图、现场接受环境投诉等形式，进行环保法律法规的宣传。2007 年，以保护南明河为重点，开展有关环保法律法规宣传活动，提高市民关心、热爱和保护“母亲河”的意识，增强保护水环境的紧迫感和责任感。2008 年，贵阳市地方教材《贵阳市生态文明城市建设读本》（小学版、初中版、高中版），在全区小学四年级、五年级及初中、高中所有年级开课讲授。开展形式多样的环保宣传活动，向当地村民发放《循环经济宣传手册》和《两湖一库倡议书》等资料 5000 余份，接受各类环境咨询 100 余人次。委托贵阳市建筑设计院有限责任公司编制完成“三马”地区及贵大蔡家关片区排水治污工程可行性研究报告，并上报贵阳市人民政府。

通过常年生态环境宣传和绿色生态活动的开展，提高广大市民的生态环保意识，树立生态文明观念，自觉践行绿色发展、低碳生活，形成人与自然和谐相处的生产和生活方式。

第二节　生态文明示范城区建设

云岩区 2009 年提出生态文明城区建设目标。2010 年，制定实施建设生态文明城区提升城市综合管理水平的实施意见、建设生态文明城区实施细则等制度措施，纵深推进生态文明示范城区建设。“十一五”规划期间，云岩区新增绿化面积 26 万平方米，创建国家、省、市级绿色社区 21 个，绿色学校 28 所，城区环境面貌有了明显改善。

2012 年，贵阳市获批建设全国生态文明示范城市。2013 年 1 月 11 日召开的中共云岩区委八届四次会议，作出率先建设生态文明示范城区的决定，提出“一年起好步、三年见成效、八年建成”的总目标，明确了具体要求、目标和路径。成立由中共云岩区委书记、区人大常务委员会主任、区人民政府区长、区政协主席担任组长，区委常委、副区长任副组长，区直各部门和单位、各社区服务中心、黔灵镇主要领导为成员的云岩区创建工作领导小组。制定《云岩区创建生态文明示范城区实施方案》和 9 大类 53 小项《目标任务责任分解表》印发全区执行。创建工作经费财政保障；各相关责任单位和部门结合工作职能，制定相应的具体落实规划。把生态文明示范城区建设融入到经济建设、政治建设、文化建设、社会建设的各方面与全过程：加强生态文明宣传教育，开展绿色社区创建活动。年内，金钟河沿线污水收集治理项目及打石沟截污工程建设全面竣工，创建全国环境保护模范城市排名全市第一。

2014 年，云岩区分批次投入 4362. 2 万元，在威清、头桥、延中、北京路、圣泉、黔东、中东、东山、栖霞、中环、金龙、贵乌等 12 个社区开展绿色社区创建工作并通过市级考核验收。累计投入 2 亿元完成阿哈水库一级水源保护区生态移民搬迁，二环四路景观建设基本完成，实施“蓝天、碧水、绿地”三大保护计划，推进全域生态保护。

2015 年，云岩区环境空气质量优良率 93%，集中式饮用水源地水质达标率 100%，建成区绿地率 45. 34%，区域森林覆盖率 33. 5%；单位 GDP 综合能耗降低率达 18% 以上，工业固体废物综合利用率达 95% 以上，主要污染物排放总量控制均完成贵阳市下达任务。生态文明示范城区建设与创建国家环境保护模范城市相结合，“创模”工作通过考核验收，巩固生态环境优势。

第二章　绿化造林和森林资源保护

云岩区通过退耕还林、植树造林和城市绿化工作，巩固生态环境优势。截至 2015 年，全区森林覆盖率达 33. 5%，城市绿地率达 45. 34%。

第一节　城市绿化

2001 年，云岩区投入 3735. 66 万元用于城市绿化建设，新增绿化面积 15. 68 万平方米，其中群楼屋顶绿化面积 4. 14 万平方米。在辖区驻地单位的支持下，各街道办事处（镇）建成绿化点 238 个、精品绿化点（含地面、屋顶、裙楼）28 个。2002 年，开展社区、街头、庭院、屋顶、道路绿化建设，完成九华大院、市西老街等 30 余个精品绿化小区，小区绿化率达 30%，并建成星力云岩绿化广场。全年新增绿地面积 10 万平方米。2003 年，新建绿化点 30 个，新增绿地面积 5. 8 万平方米。云岩区城市建设管理与城市园林绿化相结合，于2004年启动省级园林城市创建工作。全年新增绿化面积4.61万平方米，绿化植物种类有桂花、海桐、香樟、杜鹃、小叶女贞、金叶女贞、雪松、银杏、樱花、毛叶丁香、草坪等。2005年，全区新建绿化点23个，新增绿化面积4.6万平方米。次年，贵开路沿线新增人行道树900株，新增绿化面积4000平方米，全区完成新增城市绿化面积5.2万平方米。2007年，新建绿化点52个，新增城市绿化面积8.1万平方米，沙河花园、广信四季家园、歆欣园、栖霞社区、八鸽岩社区等5个社区获贵阳市林业绿化局授予的市级“绿色社区”称号。2008年，对6个社区绿化点和2条道路景观进行绿化，新增绿地面积5万平方米。大营坡中大国际广场1万平方米的市民绿化广场2009年年初启动，当年主体工程完成，由区林业绿化部门协助实施广场绿化。同年，双龙峰山体公园建成，全区新增绿地41285平方米。

贵阳市宝山南路区境段仙鹤山建设的山体公园。于2010年竣工，山体实施花木培植，景观改造环境全面美化。当年新增金仓路、盐务街、贵山城市花园、花香上海城、大营坡转盘等24个绿化点，完成景观改造3000平方米。建成贵阳市国家级体育健身步道黔灵公园至鹿冲关森林公园段约2千米。全年累计完成新增绿地面积5.16万平方米。年末，区境城区绿化覆盖率达41.57%。

位于头桥街道办事处松山路的云贵山体公园于2011年建成，项目总投资350余万元，面积约6万平方米。全年全区新增绿地6.775万平方米，其中天誉城小区新增1万平方米，头桥贝地卢加诺小区三期新增0.8万平方米，中天花园新增0.5万平方米，市民健身中心及黔灵半山小区一期新增0.7万平方米，化工路口、黔灵公园南大门索道等处新增绿地0.4万平方米。

2012年，全区新增绿化面积5.7万平方米，比较集中成片的绿地主要有：金西大道新增绿地2.5万平方米，保利云山国际小区（一期）新增绿地1.1万平方米，中天花园新增绿地0.5万平方米，北京东路沿线新增0.5万平方米。城市绿化种植乔木3218棵，在金鸭社区、延中社区和黔灵镇新建社区绿化点20个。云岩区人民政府制定年度环城绿化及城市绿化等实施方案，加快生态文明城市建设。

2013年—2014年的两年间，云岩区在“二环八路”（东二环、西二环、南二环、北二环，花溪大道、北京东路、北京西路、云潭路（云岩区段）、观山路（云岩区段）、机场路（云岩区段）、黔灵山路（云岩区段）、甲秀南路（云岩区段）城市交通干道进行景观提升。投入经费320万元，在北京西路、海马冲隧道山头及贵黄公路云潭大桥等处进行50亩景观林建设，种植香樟、桂花、红叶李、女贞等常绿植物。新增绿地6.5万平方米，其中“二环八路”新增绿地4万平方米，中天未来方舟新增绿地2万平方米，保利云山国际小区新增绿地0.5万平方米。

2014年，云岩区参与配合建设贵阳市鹿冲关森林公园，完成营造林53.4公顷，新增及提升改造绿地38万平方米。中天未来方舟燕隼公园等13个公园开工建设。

2015年，新建文峰苑山体公园、知行广场、万江小区社区公园、省政府小公园、开磷宅吉花园社区公园、小石城一期社区公园、欣歆园社区公园、春雷路带状公园、花香上海城社区公园、云岩区行政中心广场、飞山横街广场、万东花园社区广场、银通山庄社区公园、银通花园社区公园、白腊井温馨家园社区公园、大营坡银佳花园社区公园、枫林小区社区公园。重点对辖区内绿化带、台、点的环境进行整治，保持植物、花池干净整洁，确保花池无污物、绿化带无垃圾杂物，对缺株断株进行补植补种，加强长效管理，持续巩固城市绿化景观成果。按照由近及远、先易后难的原则，在广场、庭院、空地两侧等实施环境美化工作。对新添大道（南段）进行景观提升改造，种植小叶女贞、洒金珊瑚、八角金盘等绿化景观苗木；对东山路、宅吉社区、星力广场、新添大道（南段）行道树进行更换及补植补种，并安装铁艺防护栏；对泥土露天及已破坏的绿地进行补植补种、清理垃圾；对宅吉社区金仓路、省人民政府大门、六广门、贵阳市第六中学门口、黔灵西路、贵阳市人民剧场门口、云岩广场、新添大道、东山进行绿化景观提升。全年新增绿地16万平方米，其中公园绿地4.97万平方米，附属绿地11.03万平方米。附表：

表1 云岩区专类和社会公园绿地统计表

（2015年） 单位：公顷

序号	名 称	地 址	类型	面积
1	中天花园社区公园	新添大道南段中天花园小区	G12社区公园	1.32
2	中天花园紫微园社区公园	新添大道南段中天花园小区	G12社区公园	2.52
3	中天未来方舟社区公园	水东路中天未来方舟一期	G12社区公园	1.84
4	宅吉社区公园	金仓路宅吉小区	G12社区公园	1.3
5	北湖社区公园	春雷路北湖小区	G13社区公园	0.99
6	山体公园51常青路民政小区	大营坡常青路民政小区	G13专类公园	0.69
7	山体公园52常青路民政小区	大营坡常青路民政小区	G13专类公园	1.4
8	山体公园53常青路民政小区	大营坡常青路民政小区	G13专类公园	3.58
9	山体公园6新添大道南段	新添大道南段中天花园小区	G13专类公园	1.53
10	新添大道南段社区公园	新添大道南段乌江怡苑小区	G12社区公园	0.89
11	文昌阁景区	文昌北路与中山东路交叉口	G13专类公园	0.59
12	尹道真祠	东山路尹道真祠	G13专类公园	1.16
13	蒙特卡尼社区公园	百花大道蒙特卡尼小区	G12社区公园	0.73
14	蒙特卡尼小区社区公园	百花大道蒙特卡尼小区	G12社区公园	1.38
15	保利云山国际社区公园	市北路保利云山国际小区	G12社区公园	2.95
16	广信四季家园社区公园	百花大道广信四季家园小区	G12社区公园	0.42
17	和尚坡桂花园社区公园	和尚坡桂花园小区	G12社区公园	0.87
18	和尚坡荷塘社区社区公园	和尚坡荷塘社区（市44中对面）	G12社区公园	0.91
19	林青烈士陵园	环城北路林青烈士陵园	G13专类公园	0.25
20	龙城公园	松山路龙城公园	G13专类公园	2.96
21	山体公园1（栖霞社区）	旭东路栖霞社区螺丝山	G13专类公园	2.61
22	山体公园4（狮子山）中山南路	中山南路花香上海城后山	G13专类公园	2.3
23	双龙峰山体公园	三桥檀溪谷小区	G13专类公园	15.22
24	仙鹤山公园	东山扶风路贵阳电视塔管理处	G13专类公园	3.54
25	中天世纪新城社区公园	水东路中天世纪新城小区	G12社区公园	1.73
26	改茶大道檀溪谷社区公园	改茶大道檀溪谷小区	G12社区公园	0.35
27	圣泉公园	三桥圣泉流云花园附近	G13专类公园	15.19
28	云贵山山体公园	头桥松山路云贵山	G13专类公园	9.97
29	鹿冲关森林公园	观山东路小关鹿冲关森林公园	G13专类公园	381.8
30	文峰苑山体公园	市北路黔灵文峰苑小区后山	G13专类公园	15

续上表

序号	名　　称	地　　址	类型	面积
31	万江小区社区公园	万江小区内	G12 社区公园	0.25
32	开磷宅吉花园社区公园	宅吉路开磷宅吉花园小区	G12 社区公园	0.12
33	小石城一期社区公园	春雷路小石城小区	G12 社区公园	0.08
34	欣歆园社区公园	春雷路欣歆园小区	G12 社区公园	1.2
35	花香上海城社区公园	中山南路花香上海城小区	G12 社区公园	0.16
36	万东花园社区广场	大营路万东花园小区	G12 社区公园	0.16
37	银通山庄社区公园	宅吉路银通山庄小区	G12 社区公园	0.2
38	银通花园社区公园	万江路银通花园小区	G12 社区公园	0.12
39	白腊井温馨家园社区公园	盐务街白腊井巷小区	G12 社区公园	0.14
40	大营坡银佳花园社区公园	贵乌北路银佳花园小区	G12 社区公园	0.12
41	枫林小区社区公园	万江路枫林小区	G12 社区公园	0.18

第二节　植树造林

一、义务植树

每年的 3 月 12 日植树节期间，云岩区都要组织全区干部职工、“绿丝带”志愿者和辖区群众开展义务植树。2001 年—2015 年，全区共有 323.8 万人次参加义务植树，植树 930 万株。各年所植树苗由绿化专业施工单位管理维护一年后，移交区生态文明建设局（区林业绿化局），植树成活率均在 95% 以上。附表：

表 2　云岩区义务植树统计表

（2001 年—2015 年）

年份	株数(万株)	参加人数(万)	年份	株数(万株)	参加人数(万)
2001 年	50	15	2009 年	50	16.7
2002 年	50	15	2010 年	50	16.7
2003 年	50	15	2011 年	30	30.41
2004 年	50	16.7	2012 年	100	30
2005 年	50	16.7	2013 年	100	33.5
2006 年	50	16.7	2014 年	100	33
2007 年	50	16.7	2015 年	100	35
2008 年	50	16.7	合计	930	323.81

二、植被恢复

2004 年起，云岩区参与贵阳市第二环城村带建设。2008 年，根据《省林业厅关于抓紧编制 2007

年度森林植被恢复费建设项目实施方案的通知》要求，组织实施县级森林植被恢复建设，在第一环城林带基础上扩大绿化面积，其范围包括黔灵公园、顺海林场、顺海工区、六冲关工区和大桥工区，以及贵州省植物园和长坡岭等地带。

根据《贵州省贵阳市云岩区林地保护利用规划（2010 年—2020 年）》，云岩区林地保护范围主要行政区域内的黔灵镇、18 个社区服务中心以及市属顺海林场云岩区部分、长坡岭林场云岩区部分和黔灵山公园等，规划对全区内未利用地逐步采取林业工程措施，对石漠化流域内的农用地实施综合治理，对废弃土地进行造林绿化，对道路两旁的农用地进行景观绿化，规划新增绿地面积 509. 20 公顷，最终确保 2020 年，全区林地面积不低于 3204. 56 公顷，森林覆盖率达 34. 98% 以上，乔木林平均蓄积每公顷达到 180. 49 立方米。云岩区从 2011 年开始实施此项规划。

2013 年，云岩区县级森林植被恢复建设项目，规模 36. 6 公顷，其中：社区绿化 7. 07 公顷，项目地点分布在黔灵镇、省府社区、金关社区等；通道绿化 20. 79 公顷，项目地点分布在贵遵路、贵黄路；金钟河生态绿化 20. 11 公顷。设计树种（规格）分别为：胸径（从地表向树干高度 1. 3 米处的树干直径）5 ~6 厘米的樱花、香樟、垂柳，胸径 3 ~4 厘米的栾树、银杏、红叶李，冠幅 120 厘米红叶石楠球等。

2014 年—2015 年，云岩区实施县级植被恢复费建设项目 115. 1 公顷，其中林相改造 12. 46 公顷，共 4 个小班（小班：卫星地图拍摄显示为基石裸露地块，并按区域划定编号），建设地点分布在偏坡村、蔡家关村及雅关村；通道绿化 5. 7 公顷，共 5 个小班，建设地点分布在黔灵村、沙河村及贵阳市顺海林场；村寨绿化 51. 4 公顷，建设地点分布在偏坡村 21. 3 公顷、蔡家关村 14 公顷及雅关村 16 公顷；景观林 47. 7 公顷（其中 4. 7 公顷是以株折算面积）共 10 个小班，建设地点分布在偏坡村、蔡家关村、雅关村及杨惠村。项目建设于 2015 年 11 月底完成，进入补植补种和加强管护阶段。

三、环城绿化建设

2014 年，云岩区环城绿化建设规模 54. 6 公顷，其中景观林 47. 6 公顷，林相改造 6 公顷。项目建设地点分布在金惠社区杨惠村、金鸭社区金鸭村、蔡家关社区蔡家关村、黔灵镇三桥村。设计树种（规格）为米径（从地表向树干高度 1 米处的树干直径）5 厘米~6 厘米的含笑，米径 6 厘米的碧桃，米径 6 厘米~7 厘米的香樟。

环城绿化项目贵广铁路贵阳段沿线山体生态恢复工程 2014 年 12 月完成。项目建设规模 3 公顷，其中景观林 2. 4 公顷，隧道口景观改造 0. 4 公顷，景观带 0. 1 公顷。栽种规格、树种分别为米径 5 厘米的桂花、红叶石楠、樱花，米径 6 厘米的香樟、银杏等。

2015 年 4 月，完成环城绿化林相改造项目，建设规模 14. 1 公顷，建设地点位于盐沙线（黔灵镇偏坡村、雅关村）。栽种米径 3 厘米~4 厘米的含笑 3398 株、香樟 3398 株、栾树 2124 株，共 8920 株。

第三节　森林资源保护

一、森林资源

云岩区通过退耕还林、封山育林、植树造林等生态建设工程和实施生态功能区规划等保护措施，辖区森林覆盖率由 2000 年的 19. 8% 增至 2011 年的 31. 05%。至 2015 年，天然林保护工程区森林面积增加0.17万公顷，木材蓄积量增加1300立方米，乔木林蓄积量平均每亩增加5.3立方米，森林覆盖率为33.5%，实现森林面积、蓄积、单位面积蓄积和森林覆盖率的同步增长。

截至2015年12月31日，全区国土总面积为9165公顷。国土总面积中：林地面积3247.24公顷，占全区国土总面积的35.43%；非林地面积6107.76公顷，占全区国土总面积的65.29%。3247.24公顷的林地面积中，属云岩区管理的有2276.58公顷，属贵阳市顺海林场管理的有677.33公顷，属黔灵山公园管理的有271.58公顷，属贵阳市长坡岭林场管理的有17.06公顷，属贵州省植物园管理的有4.69公顷。全区森林面积3234.80公顷，其中林地面积2118.63公顷；国家特别规定灌木林面积608.16公顷；非林地上森林面积273.75公顷；非林地中村旁、宅旁、路旁、水旁树木占地面积234.26公顷。森林覆盖率为34.58%。

林地资源分别按地类、森林类别、权属、林种、保护等级等分类如下。

（一）地类

在林地总面积3247.24公顷中：有林地面积2118.63公顷，占林地总面积的65.25%；灌木林地面积914.55公顷，占林地总面积的28.16%；未成林造林地面积182.11公顷，占林地总面积的5.61%；苗圃地面积6.63公顷，占林地总面积的0.20%；无立木林地面积25.32公顷，占林地总面积的0.78%。`

表3　云岩区各地类面积统计表

（2015年）　　单位：公顷

项目	合计	有林地	灌木林地	未成林地	苗圃地	无立木林地
面积	3247.24	2118.63	914.55	182.11	6.63	25.32
%	100	65.25	28.16	5.61	0.20	0.78

注：云岩区行政区内的林地主要由云岩区林业管理部门、贵阳市长坡岭林场、贵阳市顺海林场、贵州省植物园、黔灵山公园等分别管理。

表4　云岩区主要林地管理单位林地面积统计表

（2015年）　　单位：公顷

管理单位	林地面积	占总林地面积
云岩区生态委	2276.58	70.11%
贵阳顺海林场	677.33	20.86%
黔灵山公园	271.58	8.36%
贵阳长坡岭林场	17.06	0.51%
贵州省植物园	4.69	0.16%
云岩区林地总面积	3247.24	100%

2015年，云岩区管理的各类林地面积有2276.58公顷，其中林地面积1277.91公顷，占林地面积的56.13%；灌木林地面积799.55公顷，占林地面积的35.12%；未成林造林地面积182.11公顷，占林地面积的8.00%；无立木林地面积17.01公顷，占林地面积的0.75%。贵阳市顺海林场管理的各类林地面积有677.33公顷，其中林地面积624.81公顷，占林地面积的92.24%；灌木林地面积43.94公

顷，占林地面积的6.49%，无立木林地面积1.95公顷，占林地面积的0.29%；苗圃地6.63公顷，占林地面积0.98%。

黔灵山公园管理的各类林地面积有271.58公顷，其中林地面积196.82公顷，占林地面积的72.47%；灌木林地面积69.34公顷，占林地面积的25.53%；无立木林地面积5.42公顷，占林地面积的2.00%。

贵阳市长坡岭林场管理的各类林地面积有17.06公顷，其中林地面积16.16公顷，占林地面积的94.73%；灌木林地面积0.27公顷，占林地面积的1.58%；无立木林地面积0.63公顷，占林地面积的3.69%。

贵州省植物园管理的各类林地面积有4.69公顷，其中林地面积2.93公顷，占林地面积的62.47%；灌木林地面积1.45公顷，占林地面积的30.92%；无立木林地面积0.31公顷，占林地面积的6.61%。

（二）森林类别

在3247.24公顷的林地总面积中，公益林地（均为地方公益林）2436.33公顷（其中重点公益林392.09公顷，一般公益林2044.24公顷），占林地总面积的75.03%；商品林地（均为一般商品林）面积810.91公顷，占林地面积的24.97%。

表5　云岩区森林类别情况统计表

（2015年）　　单位：公顷

项目	总林地	公益林	商品林面积
面积(公顷)	3247.24	2436.33	810.91
占比	100%	75.03%	24.97%

（三）权属

2015年年末，云岩区林地权属为集体所有的面积为1669.70公顷，占全区林地总面积的51.42%；林地权属为国有的面积为1577.54公顷，占全区林地总面积的48.58%，其中贵阳市顺海林场管理的面积677.33公顷，黔灵山公园管理的面积270.13公顷，贵阳市长坡岭林场管理的面积17.06公顷，贵州省植物园管理的面积有4.69公顷，其余608.33公顷属云岩区管理。

表6　云岩区林地权属情况统计表

（2015年）　　单位：公顷

项　目	合　计	国有	集体
合　计	3247.24	1577.54	1669.70
%	100	48.58	51.42

（四）林种

截至2015年年底，云岩区防护林面积220.40公顷，占云岩区林地总面积3247.24公顷的6.79%；特种用途林面积2084.38公顷，占全区林地总面积的64.19%；用材林面积554.52公顷，占全区林地总面积的17.08%；薪炭林面积159.90公顷，占全区林地总面积的4.92%；经济林面积39.30公顷，占全区林地总面积的1.21%；不计林种面积188.74公顷，占全区林地总面积的5.81%。

表 7　云岩区林种情况统计表

（2015 年 ）　　单位：公顷

项目	合计	防护林	特种用途林	用材林	薪炭林	经济林	不计林种
合计	3247. 24	220. 40	2084. 38	554. 52	159. 90	39. 30	188. 74
%	100	6. 79	64. 19	17. 08	4. 92	1. 21	5. 81

（五）林地保护等级

截至 2015 年年底，云岩区林地保护等级为Ⅰ级的林地面积为 115. 90 公顷，占云岩区林地总面积 3247. 24 公顷的 3. 57%；林地保护等级为Ⅱ级的林地面积为 420. 94 公顷，占全区林地总面积的 12. 96%；林地保护等级为Ⅲ级的林地面积 2191. 44 公顷，占林地总面积的 67. 49%；林地保护等级为Ⅳ级的林地面积 518. 96 公顷，占林地总面积的 15. 98%。

表 8　云岩区林地保护等级情况统计表

（2015 年）　　单位：公顷

项目	合计	Ⅰ级	Ⅱ级	Ⅲ级	Ⅳ级
合计	3247. 24	115. 90	420. 94	2191. 44	518. 96
%	100	3. 57	12. 96	67. 49	15. 98

（六）古树名木保护

截至 2015 年年底，云岩区地域内古树名木有皂角、挂花、红枣树、榉木、女贞、朴树、沙杨树、香柏木、银杏、枣树、紫荆等科属，共计 118 棵（不含黔灵山公园和鹿冲关森林公园古树名木）。其中树龄 100 年的古树 31 棵，100 年以上的 86 棵（其中 120 年及以上的 5 棵，150 年及以上的 18 棵，200 年及以上的 13 棵，250 年及以上的 2 棵，300 年及以上的 4 棵，其余为 100 年~120 年之间）。云岩区对古树名木进行造册登记形成名录，全部挂牌保护，既增加科普知识，又有效保护古树。

表 9　云岩区古树名木统计表

（2015 年）

序号	名称	数量(棵)	序号	名称	数量(棵)
1	皂　角	87	7	沙杨树	1
2	挂　花	10	8	香柏木	2
3	红枣树	1	9	银　杏	7
4	榉　木	1	10	紫　荆	1
5	女　贞	2	11	朴　树	1
6	朴　树	5			

二、森林资源保护

云岩区自 2000 年实施天然林保护工程，云岩区森林植被面积逐渐增加，水土流失得到初步遏制，生物多样性得到有效保护，生态环境改善。2004 年，森林覆盖率达 29. 3%，云岩区获贵州省天保林保护工作第二名。

2007 年，区人民政府投入行动经费 64 万元，用于打击违法占用林地行为。拆除违法占用林地所建房屋共 4191 平方米，收回占用林地 3 万余平方米，恢复植被 4000 余平方米。打击违法占用林地专项行动第一阶段投入行动经费 34 万元，于 6 月初开始，组织相关部门执法人员及民工 600 人，依法对海马冲面积约 1014 平方米、七冲面积约 1062 平方米，对云贵大山国有林区 1070 平方米违法建筑予以强制拆除，进行植被恢复和护林站点建设，并派出护林人员进驻，实行不间断监控，确保强拆和植被恢复成果。之后完成植被恢复 4000 余平方米，种植黄花槐 1.2 万余株、大径香樟 1800 余株。第二阶段于同年 12 月 10 日开始，投入 30 万元，组织相关部门执法人员，在贵阳火车北站的强制拆除违章建筑 2.6 万平方米。2008 年重点打击违法占用林地建房和修建坟墓行为。至 2009 年，市级退耕还林管护和抚育面积 184.83 公顷。

2011 年，启动天然林保护二期工程，采取停止天然林商品性采伐、调减木材产量、开展公益林建设、落实森林资源管护等措施，减少森林资源消耗，保护和培育森林资源。重点对鹿冲关森林公园、黔灵公园和阳明祠进行环境保护专项执法检查，检查是否存在乱垦乱伐、乱采滥挖等破坏生态环境行为；检查上述范围内建设项目执行环境影响评价制度情况，包括范围外地带建设项目是否损害范围内环境质量和生态功能，以及垃圾是否集中收集处置，宾馆、饭店等有无污水外溢等。此项工作每年都要开展。

2014 年 9 月 24 日，省人民政府印发《贵州省森林保护“六个严禁”执法专项行动方案》。根据方案部署，开展执法专项行动，严格执行“六个严禁”（严禁盗伐滥伐林木，严禁掘根剥皮等毁林活动，严禁非法采集野生植物，严禁烧荒野炊等容易引发林区火灾行为，严禁擅自破坏植被从事采石采砂取土等活动，严禁擅自改变林地用途造成生态系统逆向演替）。针对违法占用林地行为明确且达到行政立案标准未达到刑事立案标准的，由林业主管部门对其进行林业行政处罚，并责令其恢复原状；针对林地、土地性质有争议的，进行全面调查，酬情查处针对有实体建筑的，按规定函告区城管局进行核实，确属违法建筑的一律按规定拆除；针对占用林地行为较为严重的，涉嫌达到刑事立案标准的疑似图斑行为，按要求移交公安机关进行查处。全年查处违法涉林行政案件 71 起，查结 71 起；刑事案件 9 起，查结 8 起。有效保护云岩区森林资源安全。

第三章　保护和改善生态环境

云岩区以生态文明示范城区建设为目标，以生态优先完善区域功能定位，坚持在发展中保护和改善生态环境，打造天蓝、地绿、水清的宜居城区。

第一节　生态环境综合治理

云岩区环境保护和污染治理主要任务是实现污染物总量控制，工业污染源达到国家或地方规定的污染物排放标准，空气和地面水按功能区达到国家规定的环境质量标准（一控双达标）。根据环境保护目标和治理任务，云岩区采取有效措施，落实《市长环境保护责任书》《主要污染物总量减排目标责任书》和《贵阳市南明河保护管理办法》。2004 年，云岩区开展烟尘控制区和噪声达标区的建设工作。全区烟尘控制区面积 19.365 平方千米，覆盖率 88.09%；噪声达标区面积 15.6157 平方千米，覆盖率 71.02%；排污总量控制在标准范围内，空气质量逐年好转。加强对市西河、贯城河沿岸污染源单位的管理和督促检查，辖区内的 64 家省、市、区企业全部实现达标排放。

2007 年，启动国家环境保护模范城市创建工作（创模），制定云岩区创建国家环境保护模范城市攻坚方案，严格执行国家产业结构调整政策。2010 年，依法淘汰关停 16 家不符合国家产业政策的 SO2 和 COD 污染严重的企业及落后的生产能力、工艺、设备与产品。继续对阿哈水库、小关湖周边进行综合治理，26 项创模指标完成 16 项，基本完成 6 项，正在实施 4 项。

实施蓝天、碧水、绿地三大保护计划。至 2014 年累计投入 2 亿元，完成阿哈水库一级水源保护区的搬迁，金钟河草坝、龙潭、汇源桥、蔡家关段污水收集治理项目全面竣工，南明河、市西河清淤任务完成；开展提高环境空气质量专项行动，重点整治施工扬尘、饮食油烟、垃圾焚烧，空气质量优良率达 86%，较上年提高 5 个百分点；配合市建成鹿冲关森林公园，完成营造林 800 亩，新增及提升改造绿地 38 万平方米，二环四路生态景观建设基本完成。云岩区通过国家环保部西南督查中心综合考核，各项指标达到要求，"创模"工作名列全市前茅。

2015 年，通过国家环境保护模范城市考核验收。空气质量明显改善，云岩区环境空气质量状况优良天数达标率达 93%。阿哈水库、小关水库等水系资源保护效果明显，集中饮用水水源地水质达标率保持在 100%。继续实施景观改造和城区增绿，建成区绿地率达 45.34%，全区森林覆盖率达 33.5%。单位 GDP 综合能耗降低率达 18% 以上，工业固体废物综合利用率达 95% 以上，主要排污物排放总量控制均在标准范围以内。

第二节　水环境污染物治理

一、河道污染治理

2002 年，按照贵阳市"南明河三年变清"的总体要求，对全区范围内汇入南明河支流的市西河、贯城河沿岸 76 家工业污染源进行调查，与辖区内有废水排放的 29 家企业签订"南明河三年变请"目标责任书，对 6 家企业下达整改通知书。2003 年，加大对市西河、贯城河沿岸工业污染源单位的督促检查和管理。

2004 年，区环保局实施"南明河三年变清"长效管理，持续不断对市西河、贯城河沿岸污染源企业进行督促检查和管理，定人定位定时间定责任，针对重点企业、地段和排污口，采取抽查、夜查、暗查等方式，适时监控其废水排放和污水处理设施运行情况，做到对一般污染源每周一查，重点污染源每日一查，严厉查处偷排、漏排、超标反弹等环境违法行为，巩固治理成果。是年，完成黔春排洪大沟建设工程，通过加强河道设施保护和水质监测，严格控制污水和固体垃圾对河道的污染。

2005 年，全区河流沿岸的 64 家省、市、区三级企业排放全部达标。对市西河、贯城河沿岸污染源单位和小关湖片区的实施动态监控和管理。对市西河上游大沟实行长效管理，组织专门队伍对三桥杨柳冲、茶店、中坝大沟、黔灵镇坝下、海马、松山大沟、五柳街大沟进行巡查，发现大沟周边垃圾、建筑废料和大沟内杂物及时清除。2006 年，区环保部门对辖区内市西河、贯城河流域的排污水质进行监测、管理，检查各个排污单位的排污量是否进行登记，污水处理设施是否正常运行。同年 5 月，成立专门检查小组，对市西河沿岸可能造成污染的单位进行彻底的排查。经检查发现，贵州轮胎股份有限公司有少量的废水浸出，但浸出的废水符合国家排放标准，并有监测报告；贵航申一橡胶厂使用的循环冷却水池储水量过小，雨季时有少量废水溢出。执法人员对该企业提出整改要求；对清真屠宰场等 3 家无环保审批手续的单位，当即责令停业，限期到区环保部门接受处理。

2007 年，成立由区环保局局长任组长，副局长、监察大队长为副组长的工作领导小组。云岩区环保局建立《南明河三年变清长效管理制度》和《云岩区环保局小关湖片区环境监察长效管理制度》，公布举报电话，明确责任人。对排污单位的动态适时监控，针对重点企业、重点地段、重点排污口，坚持每周 1 次~2 次的执法巡查，并会同市环境监测中心站对市西河、贯城河沿岸污染源单位所排废水和小关湖水质进行定期或不定期监测，查处偷排、漏排、超标反弹等环境违法行为。对市西河、贯城河流域及排水大沟沿岸，采取定人定位定责任定时间进行检查，加强对沿岸生活污水排放管理，杜绝直接向水体排放污水现象。每月组织两组环境监察人员，对市西河、贯城河沿岸 19 家医院和工业污染源进行专项检查，检查废水处理设施是否正常运行，运行台账是否齐全，督促指导企业污水处理设施正常运行，排水设施有效使用。区环保部门于 2008 年对“三马”片区进行污染源普查。查处违法排放威胁饮水源安全的企业 3 家，关闭金关村五蚱冲垃圾倾倒点，并在周围设立警示牌，修建围墙，对垃圾点进行封场处理、覆土绿化；加强饮用水源保护区周边的建设项目环保审批，从源头上杜绝污染源。当年全区工业用水重复利用率达到 81% 。

2009 年—2010 年，每月组织环境监察人员 2 组，对辖区市西河及贯城河沿岸、贵阳医学院附属医院、益佰制药、林泉电机厂等 19 家工业污染源进行专项检查。对辖区内企业排放污染物实行申报登记制度，对排污口进行规范化整治，为环境管理提供准确的基础数据。全区集中式饮水水源水质达标率 100% 。

2012 年，区环保局参加全市组织的严厉打击南明河沿线违法排污专项行动，对市西河、贯城河沿线 254 家企业进行检查，对少数经营单位污水未进入市政大沟给予从重处罚。逐步扩大排污许可证发放范围，严格进行排污许可证的申报、发放、登记和管理工作，全年共发放排污许可证 448 家，实现“一企一证一号一档案”的规范化管理。全年每季度对沿河 15 家企业单位至少进行一次检查，主要检查企业的污染治理设施运行情况。南明河沿岸 500 米范围内污染源单位多为小型餐饮、洗浴等行业，大部分设在居民区楼下，其废水流入城市生活污水收集管网，排入市政大沟，对污水未进入市政大沟的单位给予从重处罚。对 8 家由市环保局下达整改的企业进行督查，直至全部整改达标。

2013 年，金钟河生态修复工作列入中共云岩区委、区人民政府为民办好的“十件实事”之一，区财政投入修复经费 600 万元，对金钟河沿河大约 20 公顷土地实施植被净化，种植水源涵养林木水草，实现水资源持续利用、生态环境可持续维护和确保饮用水安全的目的。当年关停拆除水源一、二级保护区内的 10 家污染源单位。对贵州大学蔡家关校区至金钟河和汇源桥河段沿岸 4 家洗车场和草坝路仙客山庄违法存放废机油的违法行为，下达行政处罚通知书予以取缔。

2014 年 10 月 31 日，区生态文明局组织全体干部职工 50 余人，分为现场抢险、应急监测、警戒疏散、联络通讯、医疗救护和后勤保障 6 个小组，在金钟河开展突发水污染事故应急演练，演练针对“污染”情况，为确保水环境安全积累应急处理经验。12 月，对市西河沿岸所有排口（雨、污）进行标识、挂牌，加强日常巡查。当年金钟河草坝、龙潭、汇源桥、蔡家关段污水收集治理项目全面竣工，南明河、市西河清淤任务完成。

2015 年，以饮用水源一、二级保护区为重点，建立巡查制度，形成多部门联动的长效机制。对新增污染源做到发现一处查处一处，不断巩固及提高治理成效。与有资质的贵阳金玉科技发展有限公司签订长期合同，委托其对金钟河水源地河道及两岸 10 米范围进行卫生保洁、垃圾清运、植物管护、标语宣传，保护饮用水安全和提升水质。同时与金关村委会签订 28.06 公顷土地的 10 年租赁合同进行生态修复。污水截留收集系统建成使用，对龙潭、草坝、汇源桥、金钟桥、汇源桥至金阳污水处理厂、金钟河沿线 8 千米、沙河至金钟桥、沙河左岸、沙河右岸、菜场口至鱼塘、白腊河打石沟等 10 个片区的生活污水进行收集，并启动金钟河流域水环境综合整治。编制《金钟河云岩区段水环境综合治理实施方案》，内容包括截污工程、控制合流制溢流污染、面源污染治理工程、水产养殖污染治理工程、生态恢复及水质净化工程、河道整治及景观绿化工程、农村生活垃圾和生活污水治理工程、房屋拆迁工程、全流域综合治理等 9 个方面。

二、湖泊水库污染治理

2004 年，云岩区开展小关水库片区环境管理和污染治理。在污水排放集中地段修建 3 个沉淀池，由雅关村落实责任，划片包干，加强日常维护和管理，确保雅关截污沟工程修建完工前，减轻当地村民生活养殖废水对小关水库的污染。

2005 年，小关湖片区在雅关截污沟工程修建完工前，修建村民生活、养殖废水沉淀池，尽量减少污水排放量。2006 年，启动实施小关湖片区环境综合治理工程，完成雅关截污沟后续工程，小关湖的污染状况得到解决。落实小关湖治理“五个一”工程（一个领导、一个科室、每日一次检查、每日登记一次、每周作一次小结）。对小关湖片区养殖户的污水排放情况和排污支管、排污主管道进行检查，确保污水排进排污主管道内和排污管道的正常运行。在污水排放集中地段修建 3 个沉淀池，由雅关村落实责任，划片包干。同时还对黔灵公园风景区进行定期检查，向公园内餐饮店宣传环保知识，督促经营户采取环保措施。

2007 年，对小关湖水质实行每日一查，小关水库水质监测 23 项指标中，仅 2 项超标，水质持续改善。会同区城管、区属新纪元公司等单位，确保截污沟正常运行。杜绝建设项目产生新污染源，依法取缔区内违规经营项目。雅关截污沟完工后，对黔灵湖、小关湖片区周边环境污染防治采取“五个一”的巡查制度（一名环保局领导专抓小关湖片区治污工作；一个环保局科室专门负责巡查；坚持每天巡查一次；每天作一次巡查记录；每周作一次巡查小结），发现问题向区人民政府汇报。2008 年，区级财政核拨“两湖一库”保护和治理专项基金 100 万元，用于实施“两湖一库”区境内污染源治理。对“三马”片区进行污染源普查，并派出工作小组常驻金关村，负责该片区的日常环境监察工作。对贵州大学蔡家关校区污水处理站的运行情况进行不定期检查，确保环保设施正常运转。查处私自安装使用燃煤供热装置的浴室 3 家、废旧塑料加工厂 2 家，其他威胁饮水源安全的环境违法企业 3 家；关闭金关村五蚱冲垃圾倾倒点，在周围设立警示牌，修建围墙，严格按照相关技术要求对该垃圾点进行封场处理，覆土绿化，从源头上杜绝污染源。2009 年，对小关湖片区企业逐一建立档案，制定小关湖片区非工程性治理的方案，区环保部门会同区城管局、区农水局、区新纪元公司、黔灵镇、市自来水公司，3 月起至 8 月底，对小关湖片区进行非工程性治理。对贵州大学蔡家关校区污水处理站的运行情况进行每周两次以上不定期检查，确保设施正常运行；对接管的金阳污水处理厂进行日常监管，每月检查 1 次~2 次，确保污水处理设施正常运行；对水源保护区涉及的 6 个自然村所有企业入户调查；对影响水源保护、存在污染隐患的6家企业进行查处。在调查的207家企业中，一级保护区企业13家，二级保护区137家，准保护区21家，不在保护区企业36家。

2010年，重点突出金钟河、阿哈水库、小关湖环境用水、空气质量、噪声污染等治理。针对一、二级水源保护区内存企业经营、居民生活的实际情况，对阿哈水库、小关湖周边地区进行深入整治，同时实施蔡家关排污工程建设和小关湖的整治。对三马片区6个村范围内饮用水源保护区污染源情况进行排查。共调查工业企业208家、第三产业企业22家，掌握各污染源单位名称、详细地址、联系方式、生产规模、证照办理、所属保护区级别、主要产品、原辅材料、生产设备、工艺流程、主要污染物、污水排放去向等基本情况，并建立污染源档案，在地图上进行标注。依法对该片区企业下达自行拆除通知书；对，贵州大学蔡家关校区污水处理站运行情况进行不定期检查。4月18日，区人民政府专题研究阿哈水库171家一、二级饮用水源保护区内污染源的取缔办法，并对所有企业下发相应的关停通知。云岩区提出的调整水源保护区的意见，于2010年4月经市创模指挥部同意，12月底完成越域隧洞工程后按新调整的保护区范围执行；新调整的一、二级保护区有53家企业。当年各项指标达到“创模”指标要求。

2011年，关闭16家对水源造成污染的企业。区工商分局对“两湖一库”周边环境开展专项检查，检查企业61户，下达责令整改通知书27份，取缔无照经营户21户，投资30万元修建1座动物尸体无害化处理设施。建立阿哈水库集中式饮用水水源地应急处理体系。在阿哈水库一、二级饮用水水源保护区的边界（本辖区内）设立地理界标359个，并设立明显的警示标志及一级饮用水水源保护区（本辖区内）围栏；对一、二级保护区内60家企业（其中当年搬迁16家）进行每月一次的监督检查；对蔡家关泵房提升站、小关湖进行每周不少于2次的巡查，巡查出来的问题上报区人民政府督办督查局。

2012年，启动打石沟截污工程建设，将“三马”片区污水收集系统建设项目报贵州省发展改革委员会；推进小关湖湿地公园、污水处理厂和片区农民安置房等项目前期工作。区人民政府联合贵阳市“两湖一库”管理局，组织区环保局、区质监局、区工商局、区公安分局、蔡关社区等部门执法人员，对一、二级水源保护区内涉水小养殖户及非法加工点进行全面取缔和关闭，关停、搬迁，拆除阿哈水库饮用水水源一、二级保护区内企业及作坊16家。当时，一级保护区内还有企业4家，二级保护区内还有企业40家。5月4日，区人民政府联合贵阳市“两湖一库”管理局，组织区环保局、区质监局、区工商局、区公安分局、蔡关社区等部门执法人员，取缔阿哈水库饮用水源一、二级保护区内14家污染较严重的非法作坊，其中有肉皮加工作坊、腊肉制品加工作坊、豆腐加工作坊以及燃煤、涂料、塑料废品回收、酿酒作坊、面食店等。现场收缴用工业盐腌制腊肉1500公斤、猪皮约200公斤，拆除燃煤锅炉4台。在全区加强饮用水源保护区污染源预警、水质安全应急处置保障体系建设，三马片区污水收集系统建设项目获得贵州省发展改革委员会立项。北线片区完成小关污水处理厂征地和房屋搬迁，进行小关湖湿地公园、片区路网规划设计等前期工作。

2014年，在全区实施“蓝天”“碧水”“绿地”三大保护计划，投入两亿元，完成阿哈水库一级水源保护地一级保护区内的搬迁。搬迁涉及农田、村寨和78户村民，主要道路2条，征收土地近13公顷。对阿哈水库二级保护区内耕种农田禁止使用农药、化肥，督促水源保护区内蓝光铸造厂、法兰盘厂等工业企业强制淘汰落后工艺、设备与产品。截至2015年，完成一级水源保护区的搬迁，从源头杜绝污染物的产生。

云岩区环境监测站2010年成立，2012年通过计量认证，2013年开始对黔灵湖区域的小关湖、小关水库、小关水库入湖口、黔灵湖开展4个断面的水质监测。

表1　云岩区地表水水质监测年均值

（2013年—2015年）

监测点位	小关水库入湖口		小关水库		小关湖		黔灵湖	
年份	2013年	2015年	2013年	2015年	2013年	2015年	2013年	2015年
水温℃	16.4	16.6	16.9	16.7	16.9	16.7	18.5	16.6
pH	7.5	7.28	7.79	7.28	7.88	7.29	7.79	7.36
溶解氧	1.85	3.11	5.05	5.79	6.79	6.19	7.87	7.21
高锰酸盐指数	13.1	9.6	7.2	3.6	7.28	3.6	6.88	3.4
化学需氧量	128	147	35	35	33	32	35	30
生化需氧量	51	53	7	12	10	11	6	9.1
氨氮	10.76	10.50	4.20	3.65	1.234	2.57	0.976	1.64
总磷	1.96	1.22	0.76	0.36	0.17	0.22	0.17	0.11
总氮	16.61	12.41	7.52	4.87	4.09	4.10	2.40	3.16
铜	—	0.02	—	0.02	—	0.02	—	0.025
锌	—	0.01	—	1.022	—	0.02	—	0.02
氟化物	0.64	0.482	0.48	0.403	0.39	0.39	0.33	0.36
硒	—	0.0002	—	0.0002	—	0.0002	—	0.0002
砷	—	0.00049	—	0.00032	—	0.00015	—	0.0003
汞	—	0.00002	—	0.00001	—	0.00002	—	0.00001
镉	—	0.00005	—	0.0001	—	0.0001	—	0.0004
六价铬	0.002	0.002	0.002	0.002	0.003	0.002	0.002	0.002
铅	—	0.0005	—	0.00075	—	0.0005	—	0.0005
氰化物	0.0005	0.0005	0.0005	0.0005	0.0005	0.0005	0.0005	0.0005
挥发酚	0.0099	0.0158	0.0025	0.0013	0.0018	0.0011	0.0005	0.0007
石油类	1.61	0.122	0.60	0.09	0.11	0.03	0.11	0.02
阴离子表面活性剂	0.26	0.15	0.08	0.04	0.03	0.03	0.09	0.03
硫化物	0.060	0.072	0.008	0.006	0.003	0.003	0.003	0.0025
粪大肠菌群数	24000	24000	11925	13608	9891	13767	863	4828

第三节　大气环境治理

云岩区2001年按预定计划将二氧化硫、氮氧化物、化学需氧量、氨氮等主要污染物总计划分解到各区长环境目标责任单位执行，控制在排放总量的范围之内。结合总量控制，强化“双达标”管理，防止超标反弹，对全区110家重点污染源进行监测，根据监测结果，采取不同治理和管理措施，巩固“一控双达标”（污染源总量控制；工业污染源达到国家或地方规定的污染物排放标准，空气和地面水按功能区达到国家规定的环境质量标准）治理成果。

2002年，开展烟尘控制区和噪声达标区建设，全区烟尘控制区面积为19.365平方千米，覆盖率达到88.09%。当年通过整改和管理，全区空气质量有明显改善，与目标值相比，二氧化硫排放量降低21.44%，化学需氧量（COD）排放量降低2.72%，工业固废物综合利用率增加1.31%。组织环保执法人员对辖区2蒸吨以下燃煤锅炉进行调查，制定方案，区内各级单位2蒸吨以下燃煤147家155台，于年内全部拆除和改造。

2003年，全区烟尘控制区面积为19.365平方千米，覆盖率达到88.09%。64家省、市、区三级企业全部达标排放。取缔1蒸吨以上2蒸吨以下燃煤供热装置，60家71台燃煤供热装置自行改造全部完成。加强全区二氧化硫、烟尘、粉尘、化学需氧量、工业固体废物等主要污染物排放定位定量制，空气质量明显改善。2004年，区环保部门严厉查处偷排、漏排、超标反弹等环境违法行为。全区烟尘控制区面积保持19.365平方千米，覆盖率达到88.09%。

2005年，开展4蒸吨~6.5蒸吨燃煤锅炉的取缔工作。26家单位的4蒸吨~6.5蒸吨燃煤锅炉39台全部改造拆除。同时开展污染源普查。12月，云岩区被贵阳市人民政府评为清洁能源建设工程先进集体。2006年，治理油烟、噪声污染源130处。同年，区环保执法人员对辖区内的96家浴室进行能源使用情况检查，依法对违法使用燃煤锅炉的业主进行处罚；对辖区内的旅游景点，黔灵公园、阳明寺、文昌阁进行摸底调查，责令未安装油烟净化设施和无环保手续的餐饮业9家、茶室4家限期整改。2007年，开展城市环境综合整治定量考核，全面启动创建国家环境保护模范城市工作。全年完成油烟、噪声污染源治理150家；完成每万元地区生产总值0.09吨标煤的节能降耗目标。

2008年，区人民政府与区直相关部门、各街道办事处、黔灵镇签订目标责任书，列入年终目标考核内容。年内，二氧化硫全年排放量控制在6818吨，化学需氧量全年排放量控制在18076吨。创建餐饮业油烟治理示范区，完成100家油烟治理项目。2009年，辖区未发现使用燃煤供热锅炉的单位。当年云岩区空气环境质量优良天数345天，优良率94.52%；环境质量按功能区分别达到国家标准；区域内工业二氧化硫年排放量84.16吨，工业化学需氧量年排放量5.85吨，工业烟尘年排放量26.12吨。

2010年，淘汰关停不符合产业政策、二氧化硫和化学需氧量污染严重的企业及落后生产能力、工艺、设备与产品。对贵阳普天物流煤窑炉工艺进行拆除，二氧化硫削减0.16吨；贵州黄果树纸业有限公司6.5吨/每小时燃煤锅炉更换为燃气锅炉，二氧化硫排放量削减120.83吨。全年关停取缔严重污染源16家。2011年，检查105家餐饮娱乐业生产经营户，对6家没安装油烟净化器、5家没安装防噪声设备企业依法处理。

2012年，环卫一线工人从上午10点至下午15时以及凌晨多个时段，对城区主次干道进行清扫保洁。全年检查洗浴业13家，对违法使用燃煤供热装置3家豆腐作坊进行拆除处理；对全区358家餐饮业进行日常监察；向3个汽车尾气检测站派驻执法人员10人次，3个尾气检测站全年共计检测汽车尾气53269万台次；发放黄、绿标73785张，有效防控汽车尾气对大气的污染。云岩区以持续改善环境空气质量为目标，开展工地、道路扬尘整治，工业废气治理，饮食油烟治理，油气回收治理，环境绿化提升等一系列大气环境综合治理。对全区132家产生油烟污染的餐饮企业进行摸底调查，对29家未安装油烟净化处理设施的企业，下达限期整改通知书，责令立即安装油烟净化处理装置。配合贵阳市生态文明委员会开展机动车尾气污染治理。区大气污染防治办公室、区督办督查局、区环境监察大队每周对云岩区大气污染防治工作进行督查，督查专报报中共云岩区委、区人民政府。针对督查过程中存在的问题，及时反馈至相关部门，并督促整改。建立巡查、包保制度，组建综合巡查组，分区域、分时段对垃圾、秸秆焚烧以及包保责任人工作情况进行检查。同时，推进秸秆综合利用工作，从根本上控制秸秆焚烧现象。

2013 年，对空气实施监测 364 天，其中优良天数达 295 天，空气质量优良率达 81%。2014 年，云岩区建立区级层面空气应急预案，全年优良天数增至 313 天，空气质量优良率达 86%。2015 年，空气质量共计监测 365 天，其中优良天数增至 341 天，达标率为 93.4%。年内，将华润雪花啤酒（贵州有限公司）2 台 10 蒸吨燃煤锅炉改造为 4 台煤气锅炉。年底拆除贵州前进橡胶有限公司 2 台 10 蒸吨燃煤锅炉。

通过综合整治，2012 年—2015 年，全区化学需氧量、氨氮、二氧化硫、氮氧化物四项主要指标，均控制在市人民政府规定的指标范围内。2013 年—2015 年，全区大气主要污染物细颗粒物（$PM_{2.5}$）、可吸入颗粒物（PM_{10}）、二氧化硫（SO_2）、二氧化氮（NO_2）、一氧化碳（CO）和臭氧（O_3）年均值总体持续下降，全区环境空气质量状况优良天数达标率由 81% 升至 93%。

表 2　云岩区环境空气 6 项常规指标年度平均值一览表

（2013 年—2015 年）

年份	SO_2（微克/立方米）	NO_2（微克/立方米）	PM10（微克/立方米）	CO（微克/立方米）	PM2.5（微克/立方米）	O_3（微克/立方米）
2013 年	0.025	0.033	0.072	0.850	0.050	0.065
2014 年	0.022	0.031	0.067	0.700	0.047	0.071
2015 年	0.016	0.029	0.057	0.700	0.038	0.067

表 3　云岩区主要污染物总量减排指标

（2012 年—2015 年）

年份	化学需氧量	氨氮	二氧化硫	氮氧化物
2012 年	8013 吨	1187 吨	15321 吨	916 吨
2013 年	7979 吨	1201 吨	12653 吨	887 吨
2014 年	8989 吨	1435 吨	11563 吨	823 吨
2015 年	8184 吨	1199 吨	14654 吨	1190 吨

第四节　噪声与油烟治理

2001 年，云岩区通过执行环境影响评价制度，对建设项目环境保护设施竣工按标准严格验收，对各类建设项目进行审批后督察，严防建设单位擅自改变建设规模、生产工艺的行为。对于准备入驻云岩区的无噪声污染企业，在环保项目审批上开辟环评绿色通道，快速审批。2001 年—2015 年间，在建设噪声达标区的同时，从环保手续办理、环评执行情况监管、环保投诉处理等多个环节着手，实行疏堵结合的方式，进行噪声防治。

自2002年开始，云岩区连年开展噪声达标区建设工作，噪声达标区面积一直保持在15.6157平方千米，覆盖率达71.02%。2004年，对辖区油烟、噪声污染扰民现象进行整治，处理相关污染企业47家，要求安装油烟净化设施或消声器，区域环境噪声平均值≤55分贝，辖区内烟尘、油烟、噪声污染扰民现象得到遏制。2005年，投入资金2873万元，开展包含噪声治理的“一排、二降、三畅、四增”(排危房，降油烟、降噪音，畅道路、畅下水道、畅化粪池，增绿化、增路灯、增公厕、增垃圾池)工程。同时集中清理整治反映在学校、居民区、办公场所周围产生油烟、噪声的企业，消除污染源；对污染处理设施运行情况的督促检查，督促企业定期维护清洗，并会同市环境监测站进行定期监测，确保油烟噪声达标排放；对少数拒不进行整改或整改不达标的企业作出行政处罚。

2006年，治理噪声污染源130处；6月2日，区环保执法人员对违章的建筑工地下达违章通知书。2007年，完成噪声污染源治理150家。2008年创建餐饮业油烟治理示范区，治理100家油烟污染店。2009年，区域环境噪声平均值53.9db（A)。

云岩区2011年对加工业、娱乐业噪声扰民等问题进行综合治理，全年检查105家生产经营户，对5家没有安装防噪声设备的娱乐企业依法进行处理。公布举报电话，专人24小时值班，接受群众举报，加强夜间巡查，确保无一例噪声污染投诉。在全国第九届少数民族运动会期间，对酒吧、夜市经营一条街进行集中检查，共对55家酒吧进行噪音污染问题集中整治。

云岩区将市民反映强烈的油烟、噪声扰民等热点难点问题作为2013年环境治理重点之一，着重对污染处理设施使用的监督检查，督促餐饮企业按时对设施进行维护清洗。产生污染的企业，要求另行选址，减少新污染源的产生。全年对132家产生油烟噪声污染的餐饮企业摸底调查，对29家未安装油烟净化处理设施的企业，下达限期整改通知书，至年底，油烟净化处理设施全部安装到位。

自2001年10月全市开通“12369”环保热线后，区环保部门安排工作人员24小时留守接听，确保辖区居民的环保投诉能够及时回应。对于夜间的噪音投诉，及时调动云岩区环境监察和环境监测人员赶赴现场，对噪声污染源进行清理。2012年，“12369”热线处理环保投诉电话127件，2013年处理382件，2014年处理356件，2015年处理76件。

第五节 固体废物和放射性污染治理

2002年，云岩区工业固体废物综合利用率比2001年增加1.31%。在2003年的“非典”疫情期间，制定《关于对云岩辖区医疗单位污水处理设施和医疗垃圾加强监督管理的督查方案》，先后4次对辖区内380余家医疗单位进行突击检查，查处医疗垃圾处置不规范问题，并对工业固体废物等主要污染物排放实行定位定量制。2006年，发现3家产生固体废物的企业，并对这些企业每年的固体废物产生量和处理去向均进行登记备案。2008年，全区工业固体废物利用量完成9万吨，全区工业固体废物综合处置利用率达65%。

2009年—2010年，对辖区内医疗机构医疗废物进行监督管理，对医疗卫生机构收集、运送、贮存、处置各个环节，进行定期监督检查和不定期抽查，防止二次污染；建立辖区危险化学品、放射源管理档案。2009年，组织对辖区内危险化学品、放射源生产和使用单位的现场执法检查，检查辖区医院放射源单位57家，危险废物处置率达到100%。2011年，对有放射性器材的40家医疗机构进行检查，对中国电信和中国移动两家公司61家基站电磁辐射情况进行摸底调查。

2012年，对涉及危险化学品和放射源的企业单位全部办理安全许可证，相关岗位人员全部办理上岗证；制定云岩区危险废物专项检查方案，对产生危废、废铅酸、感光材料、废矿物油、医疗废物的46家重点单位进行专项检查，要求各企业及经营户对上述污染物的产生和处置利用情况建立台账，严格实行申报制度，调查情况纳入微机管理。对全区568家医院、诊所、药店医疗垃圾排放进行监管，并征收排污费49.81万元。产生的132.56吨医疗垃圾，均由特种垃圾处理厂合理处置，要求辖区内53家涉及核辐射源和射线装置使用单位建立规范档案，与各家涉及核辐射源和射线装置使用单位签订辐射安全责任承诺书；对辖区内中国电信、中国移动2家运营商61家基站发射架进行摸底排查。涉及核辐射源和射线装置使用单位办理辐射安全许可证的办证率为100%；每月对辖区涉及核辐射源和射线装置使用单位进行一次放射源工作检查，及时纠正从业人员在工作中的不规范行为。

2013年，对54家医疗卫生机构收集、运送、贮存、处置活动中的环境污染防治，开展定期和不定期检查，防止二次污染发生。对全区568家医院、诊所、药店进行规范化管理，全年产生的132.56吨医疗垃圾全部由特种垃圾厂合理处置。强化危险化学品和放射源监管，涉及企业全部办理安全许可证，办证率100%，放射人员全部办理上岗证。

2013年—2015年，对全区产生固体危废、废矿机油、医疗废物的71家单位进行专项检查，要求对产生和处置利用情况建立台账，严格执行申报制度；加强对辖区医疗废物的监督管理，尤其对54家医疗卫生机构收集、运送、贮存、处置活动中的环境污染防治进行定期和不定期检查。强化对辖区内危险化学品和放射源的监督管理，截至2015年年底，辖区涉及固体废物污染的单位全部办理安全许可证，所有放射员全部办理上岗证。对云岩区人民医院、白志祥骨科医院等570家单位进行规范化管理，产生的医疗垃圾均由特种垃圾厂合理处置。工业固体废物综合利用率达95%以上。

第六节　城乡环境综合治理

一、农村环境治理

农村环境主要加强生活垃圾、生活废水、养殖废水等污染物的治理，使农村环境得到改善。

2005年、2006年，区人民政府在黔灵镇雅关、偏坡修建截污管，减轻小关水库、黔灵湖的水质污染，农村环境随之得到改善。

2013年，区人民政府制定《云岩区农村环境综合整治项目实施方案》，明确生态建设目标、内容与规模、完成时限及生态效益。区环保和生态部门对地处饮用水源保护区的蔡关村、金关村、金鸭村、普天社区茶园村和面积大、居住分散、流动人口多的黔灵镇茶店村、雅关村、沙河村等村（居）开展农村环境综合整治。为19个村配置垃圾斗58个；在茶园村8个村民组设置环保宣传警示牌55块，环保垃圾桶110个；为茶店村配置车厢可卸式垃圾车1辆；在茶园村安装LED宣传栏1块。农村垃圾转运车和垃圾斗增设后，做到日产日清，提高清理垃圾的效率，减少垃圾滞留堆积产生腐败对环境的污染，有效地改善农村生活环境。设置的各类宣传警示牌，警示约束不文明和污染环境的行为。

2015年，投入50余万元，对茶园村八组的部分临街农房进行立面升级改造，对临街门面统一规范门头牌匾，美化村落街景。年底获省级、市级农村环境综合整治项目资金64万余元，农村环境综合整治资金得到保障。

二、社区环境建设

2001 年—2004 年，云岩区开展社区、街头、庭院、屋顶、道路绿化工作，小区绿化率达 30%，先后打造出九华大院、市西老街等 30 余个精品绿化小区。2005 年，对相宝小区、金坡社区、大发小区的环境进行综合整治。2008 年，创建“绿色学校”9 所、“绿色社区”6 个。

2012 年，云岩区通过市级复查验收评估 5 个绿色社区：金龙社区、智慧龙城、市西社区香狮苑、中东社区警苑、中华社区天恒花园和头桥白云社区。区人民政府 2013 年先后投入 350 万元创建绿色社区。区生态文明建设局制定《云岩区绿色社区创建工作方案》。创建中天社区、省府社区、普陀社区、宅吉社区、中华社区 5 个绿色社区。2014 年，按批次投入 4362.2 万元，在威清、头桥、北京路、圣泉、延中、黔东、中东、东山、栖霞、中环、金龙、贵乌 12 个社区开展绿色社区创建工作。

云岩区创建绿色社区工作领导小组召开绿色社区 2015 年创建工作动员会、培训会，开展生态文明大讲堂。5 月，建立绿色社区志愿者队伍，5687 名生态文明志愿者参与创建绿色社区活动。组织或设立居民义务监督员、劝导队、宣传队、管理员、清洁员队伍。利用社区宣传橱窗、板报、信息栏等强化宣传工作，制作宣传栏 32 期，及时把生态文明知识、信息传达到每个居民，使社区群众真正了解创绿的重要性，人人投入到绿色社区的创建工作中。在绿色社区创建系列活动中，各社区对小区内的枯死树进行清理和对绿化带的补植补种 340 处，保障社区绿地无缺株断行、无黄土露天。根据各社区实际情况，实施绿化美化工程，见缝插绿，扩大绿地空间。到 2015 年年底，全区绿色社区创建工作全部完成，较好地恢复生态环保功能，社区环境现状改善，人居环境质量提高。

第四章　管　理

云岩区生态文明建设行政部门加强法规制度执行、环保执法和环境监测力度，巩固全国环境保护规范城市创建成果，促进区域经济发展和生态改善。

第一节　管理机构

云岩区环境保护工作处、云岩区绿化办公室 2000 年为区人民政府直属机构。2002 年 3 月，撤销区环保工作处，成立云岩区环境保护局。2012 年 12 月，组建云岩区生态文明建设局（加挂云岩区环境保护局、云岩区林业绿化局牌子），为区人民政府工作部门。内设综合服务办公室、生态环保业务科、环保执法监督科、营林绿化管理科、资源林政科。原区环境保护局所属事业单位区环境监测站、区环境监察大队，原区林业绿化局所属区森林公安派出所和所属事业单位区森林植物检疫防治站整体划入区生态文明建设局管理。2014 年 11 月，云岩区政府职能转变和机构改革，云岩区生态文明建设局为区人民政府工作部门。至 2015 年年底，内设机构未变，干部职工共 53 人。

第二节 管理机制

一、管理制度

（一）建设项目环境影响评价制度

2001 年 8 月，云岩区开始实施建设项目环境影响评价（环评）制度，承担建设项目环境影响评价登记表、环境影响评价报告表、环境影响评价报告书的审批及建设项目的环境影响评价验收工作，执行环境影响评价制度，依法依规进行建设项目环境影响评价文件审批。对使用非清洁能源的洗涤厂、小关片区的豆制品加工厂、在二级水源保护区的饮料制品厂等不符合环保要求的项目，一律不予审批。至 2005 年，共参与环评审批 3015 项。

2006 年，参与环评审批 256 项。2007 年，审批、过录（省、市环保部门审批项目征求区级环保部门意见）建设项目 191 项，环评执行率和“三同时”执行率均达到 100%。2008 年，参与环评审批 186 项。2009 年，参与环评审批 203 项。2010 年，审批、过录建设项目 500 个，环评执行率、“三同时”执行率均为 100%。

2011 年建设项目环评审批 166 项，省、市级过录 35 个。督促项目单位落实环境保护设施和措施，对省、市、区建设项目进行环保“三同时”检查近 200 家次，环保验收项目 158 个。2012 年，环评审批过录省、市各类建设项目 360 个，其中过录市级建设项目 19 个，无一例出现环境污染事故。2013 年，环评审批过录省、市各类建设项目 631 个。2013 年—2015 年，经环评通过贵阳市黔灵山公园动物园提升改造一期工程、春怡山体公园建设项目、贵阳市黔灵山公园动物园提升改造二三期工程等绿色企业及项目。

（二）建设项目环境保护管理制度

云岩区依据建设项目分类管理名录，建设项目环境影报告书、报告表、登记表，执行“环保一票否决制”，完善建设项目环保审批验收工作制度，加强后续管理，确保同时设计、同时施工、同时投产“三同时”制度得到落实，“三同时”执行率达到 100%。2001 年—2005 年，办理省、市建设项目和区级审批建设项目 3015 项。2006 年环保审批项目 256 个，2007 年审批项目 191 个，2008 年审批项目 186 个，2009 年审批项目 203 个，2010 年审批项目 405 个，2011 年审批项目 166 个，2012 年审批项目 386 个。

建设项目环保管理严格把住三关：选址关，新建项目选址必须符合相关法律法规和规划要求，位于居住区等敏感区域的建设项目要征求公众意见；审查关，建设项目内容和环境影响评价文件一致并符合国家相关产业政策，符合城市总体规划布局、生态功能区划和环境质量要求；验收关，建设项目防治污染设施，必须与主体工程同时设计、同时施工、同时投产使用“三同时”。建设项目环保审批手续 2013 年办理 482 个、2014 年办理 524 个、2015 年办理 287 个，无一例环境污染事故发生。

（三）生态环保案件会商督办制度

区生态文明建设局与区人民法院、检察院、公安、法制、市场监管、城市综合执法等部门建立生态环保案件会商督办制度，以及案件移送机制、联合调查机制和信息共享机制，形成行政执法与刑事司法工作合力，依法打击生态环境违法行为。2014 年，共组织执法人员 900 余人次，检查企业 200 多家，查处环保违法企业 4 家，行政处罚、约谈企业各 1 家。联合区检察院查处辖区内 9 家违法砂场。

2015年，共组织执法人员830人次，检查企业532家次，查处生态环境违法案件8起，罚款金额45.78万元。

二、执法

云岩区生态环境保护工作重点是阿哈水库饮用水源的保护；小关湖片区环境综合治理；关注民生，依法治理油烟噪声扬尘热点难点问题；打击非法侵占林地，破坏生态环境违法行为；处罚违法使用燃煤供热装置，无环保审批手续，生产加工产生噪声的企业，并对市民进行生态建设和环境保护宣传教育，提高全民生态和环保意识，培养爱护生态环境、保护生态环境的自觉性。2013年，区生态文明建设局环境保护执法工作由被动查处向主动出击转变，推动全区生态建设和环境保护工作走向法制轨道，打击环保违法行为。

（一）目标管理

按照与贵阳市人民政府签订的《主要污染物总量减排目标责任书》要求，2001年以来，云岩区生环境保护工作的重点是：落实目标责任制，分别与辖区重点企业、各社区服务中心、黔灵镇签订节能减排目标责任书，强化节能减排的落实机制和激励机制；落实重点企业常规监督性监测，监督污染治理设施正常运行，严查超标排放、违法排污行为；配合贵阳市有关部门加强机动车尾气监测和合格与否的“黄绿标”发放工作，杜绝尾气超标机动车入城；污染源取缔，确保饮用水安全，加大对饮用水源一、二级保护区企业、村寨搬迁畜禽养殖的取缔工作，减少对饮用水源污染和化学需氧量、氨氮的排放，确保饮用水安全；巩固治理成果，定期或不定期组织专项行动，取缔明火炉灶，巩固清洁能源工程治理成果，防止新污染源产生。

2004年，云岩区完成《市长环境保护目标责任书》确定的各项目标，落实《贵阳市南明河保护管理办法》，加强对市西河、贯城河沿岸污染源单位的管理和督促检查，辖区内的64家省、市、区三级企业全部实现达标排放，并建立起长效管理机制。2007年，贯彻执行城市环境综合整治定量考核工作，确保辖区环境质量的提高，启动创建国家环境保护模范城市工作。2008年，区人民政府与区直相关部门、各办事处、镇签订环境保护目标责任书，列入年终目标考核内容。

2010年—2011年，对金钟河阿哈水库、小关湖环境用水、空气质量、噪声污染等实施重点治理，要求各项指标达到“创模”指标。2010年，关闭16家产生严重污染的企业。严格执行国家产业结构调整政策，淘汰关停不符合产业政策、二氧化硫和化学需氧量污染严重的企业及落后产能、工艺、设备与产品。对主要污染物治理设施运行和排放浓度及排放量加大监管力度，同时开展主要污染物环境监测，建立主要污染物总量减排数据库。按照《云岩区2011年“整脏治乱”城市目标管理实施工作方案》和目标责任书要求，开展餐饮业油烟、工业噪声整治。重点整治境内南明河流域工业污染源的废气、废水、固废等造成的污染，以及国道、省道、高等级公路沿线的环境污染。

2013年—2015年，采取监察与监测紧密结合的执法机制，加大工业大气污染防治，分别与辖区内的18家重点污染源单位签订《云岩区重点污染源单位创建国家环保模范城市目标责任书》，完成“一源一档”的建档工作；将二氧化硫和化学需氧量污染减排指标分解到目标责任单位，并将削减任务落实到排污单位。

（二）排污许可

2004年，云岩区开展辖区内排放污染物申报登记，启动排污许可证发放工作，当年共发放排污许可证832家，其中工业企业40家、第三产业企业792家。2006年，对达到环保要求的单位发放排污许可证605家。2007年，执行以环境容量总量控制为基础的排污许可证制度，逐步扩大排污许可证发放范围，严格进行排污许可证的申报、发放、登记和监督管理，全年发放排污许可证484家。

2009年，强化排污申报核算程序，排污申报430家，申报面达到90%以上。换发排污许可证240家，其中换证219家，新发证21家。换证的219家中，工业企业63家，第三产业企业156家；发新证的21家中，工业企业4家、第三产业企业17家。为有效地掌握换发放排污许可证的数据，实行“一企一号一证一档案”的规范化管理。提高服务质量，对新办或换证的企业发放“2009年排污许可证年审需提供材料”的提示单，让企业办证人员少跑路，缩短办证时间。在对辖区内企业排放污染物进行申报登记发证的同时，对排污口进行规范化整治，为环境管理提供准确的基础数据。2010年，申报排污491户，换发排污许可证520家。

2011年，申报排污企业495家，发放排污许可证301家；按污染物浓度控制和污染物总量控制相结合的要求，开展排污申报年审（变更）及排污许可证发放，做到持证排污，规范排污行为。9月，发放临时排污许可证6246家。全年换发放排污许可证291家。2012年，排污许可证发放范围逐步扩大，申报排污234家，全年换发排污许可证448家，实现“一企一证一号一档案”的规范化管理。2013年，排污申报219家，全年办理排污许可证659家。2014年，申报210家，新办、变更、年审排污许可证547家。2015年，申报排污74家，新办、变更、年审排污许可证452家。

（三）排污费征收

云岩区环境监察大队2003年成立，设排污费征收科。向各企业宣传环保法律、法规和《排污费征收使用管理条例》，使排污者了解排污费征收的合法性和必要性，提高排污者对缴纳排污费的自觉性。同时按时下达缴纳通知书，确保排污费按时征收。对不听劝解、不按规定缴纳排污费的企业，依法从重处罚。2004年，征收排污费233万元。

2005年，受贵阳市环保局委托，对辖区内除市属工业企业、医疗机构和建筑施工噪声以外的企事业单位、个体工商户进行排污费征收，按照《排污费征收使用管理条例》规定，进行排污费申报登记、审核和核定，规范征收程序，分片量化征收工作，扩大第三产业的排污费征收面。全年对630家单位、个体工商户开征排污费，征收排污费229.9万元。2006年，排污费征收246万元，其中污水排污费223.86万元，废水排污费12.19万元，超标噪声排污费9.95万元。针对云岩区餐饮服务业比较发达但变动性较大的特点，对餐饮业排污费开征面进行登记管理。2008年，征收排污费327.4万元，其中污水排污费296万元，废气排污费1.6万元，超标噪声排污费29.8万元。全年有征收排污企业户数406家，其中水污染企业334家，超标噪声污染企业71家，废气污染企业1家。

云岩区排污费征收对象主要是第三产业，污水排污费占总排污费90%以上。为此，2009年起区环保部门与贵阳自来水公司协调，准确掌握各排污单位的用水量，做到收费依据充分、足额征收。使用排污费征收管理系统软件，微机开单90%以上。建立健全排污费征收台账及排污征收票据管理，规范排污费的征收管理程序，实行“阳光收费”，公开排污费征收程序和收费标准。2010年，区环保部门扩大开征面，杜绝随意简化征收程序，降低征收标准，擅自减、免、缓收费和协商收费、收人情费的现象的发生。采取上门开展申报登记方式，对漏报、瞒报排污单位进行查处和催缴，做到足额征收。

2011年，排污费征收采取抓大不放小的原则，拓展污染源征收面。通过管理促进收费，通过收费达到改善环境质量的目的，注重以征收排污费为手段促进企业加强治理，减少污染物的排放，体现以管促收、以收促治的原则。当年对227户排污企业征收排污费116.3万元，其中污水排污费63.5万元，超标建筑噪声排污费37.4万元，超标工业噪声15.4万元；227家排污企业中，水污染排放179

家，噪声污染48家。2012年，征收排污费52.53万元，其中噪声排污费24.47万元，补交污水排污费28.06万元；排污申报209家。使用排污费征收管理系统微机开单90%以上。建立排污费征收台账，加强征收票据管理，规范排污费征收管理程序。

2015年，征收排污费28.57万元，其中废气排污费27.94万元，超标工业噪声0.64万元；征收排污企业6家，其中超标工业噪声2家，废气排污4家。

云岩区排污费征收统计表

（2008年—2015年）

种类 / 年度	污水排污费（万元）	废气排污费（万元）	超标噪声排污费（万元）		合计（万元）	征收户数				申报户数
			建筑噪声	工业噪声		水	声	气	合计	
2008年	296	1.6	—	29.8	327.4	334	71	1	406	—
2009年	322.1	0.7	—	28.6	351.4	361	68	1	430	—
2010年	236.2	—	8.4	15.9	260.5	179	41	—	220	491
2011年	63.5	—	37.4	15.4	116.3	179	48	—	227	495
2012年	28.06	—	—	24.47	52.53	5	55	—	60	234
2013年	5.4805	—	—	61.521	67.0015	6	95	—	101	219
2014年	1.701	0.7794	—	—	10.1804	1	33	—	34	210
2015年	—	27.935	—	0.638	28.5726	—	2	4	6	74

（四）生态环保专项行动

云岩区在实施生态环境保护常规性监察管理的同时，按照国家和省市的部署，组织开展不同内容的生态环保专项行动。

2006年，市环保局转发省环保局《关于加强集约化禽类养殖与屠宰场环境监管的紧急通知》，区环保部门成立专项工作小组，对黔灵镇的13个村进行摸底调查。虽未发现集约化禽类养殖场存栏量在3万羽以上的禽类养殖和屠宰场，但掌握全镇有禽养殖户2631户家，全部进行强制免疫。同时，要求养鸽户全部实行圈养。针对乌当区黄家坝发生高致病性禽流感疫情后，分别对疫区3千米范围内的茶店植物园、偏坡村羊坝和猪坝三地展开家禽捕杀行动；对渔安等地疑似家禽也进行捕杀和无害化处理。同年，区环保部门对全区2003年9月1日后批复的化工类企业及其他存在又有害物质的建设单位，以及区内自《环境影响评价法》实施以后审批的化工石化类建设项目及其他存在有毒有害物质的建设项目进行全面环境风险排查，未发现上述范围内上报的企业。

2011年，根据《中华人民共和国水污染防治法（2008年版）》第五十九条规定：禁止在饮用水水源二级保护区内新建、改建、扩建排放污染物的建设项目；已建成的排放污染物的建设项目，由县级以上人民政府责令拆除或者关闭。云岩区位于二级水源保护区的蔡关村的贵州大学蔡家关校区鱼塘、贵阳佳和外加剂有限公司、云岩区怡寿老年之家、云岩区山水幸福老年护理院、龙明德皮鞋加工厂、贵阳云岩兴新茗粉厂、陈正祥养殖场、黄长生鸡加工店，位于金关村的贵阳金轮橡胶辅料厂、贵阳林城橡塑制品厂、贵阳高新天宇暖通制冷设备有限公司、田仁强塑料颗粒加工厂、正邦塑业有限公司、鼎丰工艺工程部和添翼石膏板厂等污染企业全部关闭。云岩区工商分局还对红枫湖、百合花、阿哈水库（两湖一库）周边环境开展专项检查，组织执法人员92次，检查企业61户，下达责令整改通知书

27 份，取缔无照经营户 21 户，投资 30 万元修建 1 座动物尸体无害化处理设施。

2012 年，对一、二级保护区内 16 家涉水小养殖户、非法加工点进行全面取缔关闭。全年开展“冬季打击环境违法行为专项行动”“危险废物规范化管理工作”“湖库型集中式饮用水源地专项执法检查”“乌江和清水江流域开展污染源集中排查”“打非治违专项行动”“整治违法企业保障群众健康环保专项行动”“汛前防汛环境安全检查”“汛期防汛环境安全检查”“汽修行业集中整治”“严厉打击南明河沿线违法排污专项行动”等系列专项行动，对危险废物、医疗机构等重点行业存在的问题进行集中整治。通过各项专项行动，查处 20 起环境违法行为，处罚金额 11.45 万元，有效解决影响创建国家环保模范城市、建设生态文明城区的突出问题。

2013 年，对 50 家重点污染源单位进行检查，其中组织执法人员 108 人次，对 10 家打砂、建材厂进行执法检查。在贵阳国泰酒店等 168 家酒店以及贵阳铭都酒店等 25 家油烟废水排放单位，全部安装油烟净化设施，做到油烟达标排放有油烟监测报告，废水经隔油池过滤沉淀外排有污水监测报告，环保相关手续齐全。检查中，查出贵阳医学院附属医院食堂无环保审批手续、贵阳云岩北京个体饺子馆一店扩大规模增加经营项目无环评手续、贵阳东方电镀厂废水超标、贵州省第三人民医院污水超标、中国水利水电第九工程局有限公司中心医院生活废水超标，对这 5 家环境违法企业给予不同程度的经济处罚，其中最高处罚 1 万元。在水源一、二级保护区内关停拆除仙客钓鱼山庄污染源企业 10 家。对贵州大学蔡家关校区至金钟河和汇源桥河段沿岸违法存放废机油企业下达行政处罚通知书予以取缔。全年，依法查处林业行政违法案件 15 起、环保违法案件 5 起，结案率 100%。对白岩脚、金顶山 2 起毁林事件和“熊掌案”依法移交司法部门处理。

2011 年—2015 年期间，云岩区还分别开展大气污染和废水污染整治、“两危”（危险化学品、危险废物）及涉重金属回头看整治、医药行业环保执法检查、重点流域环保执法检查整治等专项行动。在“两危”及涉重金属回头看专项整治中，对涉及危险废物排放的 1 家电镀企业、15 家二级以上医疗机构、8 家工业企业、48 家汽修行业、14 家印刷企业开展执法检查，督促涉危企业分别建立分台账和总台账；在医药行业环保执法检查中，对贵州益佰制药股份有限公司、贵州三力制药有限公司等 6 家医药企业污染防治设施运行情况、废水、废气污染物达标排放情况以及排污申报情况等进行检查，污染物处理设施均运行正常，台账记录规范、完整，未发现超标排放污染物行为。在重点流域环保执法专项检查中，对饮用水源一、二级保护区出现的 43 家污染源单位进行拆除，对湖库型集中式饮用水源设立标识、护栏、警示牌，检查区域内无排污口、无大规模旅游开发、库内无网箱养鱼、保护区内无规模化畜禽养殖、无新建项目和工业企业，保护区上游无较大环境风险企业。各专项行动中，对违法超标排污、无环保审批手续、无排污许可证的 22 家环境违法企业做出行政处罚，罚款金额共计 13.5 万元。

（五）“六个一律”行动

2014 年 6 月，云岩区制定“六个一律”（建设项目未经环评审批以及未按环评要求落实污染防治设施的，一律停建、停产；环保设施不正常运行、污染物超标排放、私设暗管等环境违法行为，一律依法从重处罚；直接向环境排放污染物的单位，一律依法足额征收排污费；排污单位严重违法导致较大以上突发环境事件和造成严重后果且社会影响恶劣，负有监管职责的国家公职人员存在失职、渎职行为的，一律追究行政责任，涉及国有企业的，同时追究国有企业相关人员的责任；污染饮用水水源，非法排放、倾倒、处置危险废物、非法排放含重金属、持久性有机污染物等严重危害环境、损害人体健康，私设暗管排放、倾倒、处置有放射性的废物、含传染病病原体的废物、有毒物质等严重污染环境违法行为，构成犯罪的，一律移交司法机关追究刑事责任；排污企业环境违法行为，一律向社会公开，接受社会监督，并进入企业环保信用黑名单，记入贵州省企业诚信信息网信用信息数据库，对其进行失信惩戒）环保“利剑”执法专项行动方案，加大对重点流域、重要区域、重点行业的环境监管执法力度，从建设项目环评和环保“三同时”制度执行、环保设施运行、排污口规范化设置、污染物排放、排污费申报缴纳、环境违法行为和环境污染犯罪案件查处等方面开展全方位环境执法检查。

在对位于茶园村柏秧林的贵州众佳和力建材有限公司、贵州群立混凝土有限公司、贵州建工混凝土有限公司和贵州大远混凝土有限公司进行检查时发现，4家商品混凝土公司都有贵阳市环保局审批的环评，其中有3家没有进行环评验收。执法人员对冲洗罐车和地坪废水直排以及3家无环评验收手续的商砼公司下达执法通知书。贵州大远混凝土有限公司地坪上有大量泥浆水，部分泥浆水顺着地坪边沿流向附近洼地形成约1200平方米的围堰；无堆放场所，拌和楼旁边堆积大量废料，地坪坎下堆放大量生活垃圾，并且燃烧冒烟；对周边环境造成严重影响，给围堰坎下仓库埋下安全隐患。检查组将上述情况分别发函至市环保局和区安监部门处理。

在对工业园区建设的环保检查中，贵州益佰工业园未按照要求建设污水处理站和事故水池，区生态文明局对该企业下达限期治理通知后，贵州益佰工业园按照整改通知要求进行整改，于9月中旬开始进场施工；2015年3月底，完成二期污水处理系统主体工程及设备安装。对杨惠村贵阳煦然建材有限公司、贵阳高新永鑫页岩机制砖厂、贵阳高新锦星页岩砖厂3家无环保手续的实心页岩砖厂下达停产通知书，由区人民政府下达关停取缔通知于2014年底关停。

在“六个一律”环保“利剑”专项行动检查中，区环境监察大队组织执法人员477人次，检查辖区企业214家，处罚14家。对废水超标的贵阳红润化工有限公司等7家单位进行处罚并限期整改；对无环保手续的万江浴室、人民医院下达执法通知书，限期整改处罚；对违反固体废物管理规定的贵州博士化工有限公司，下达执法通知书并进行处罚；对无环保手续的金关村富强门花厂，责令其自行拆除。对产生危废、废矿物油、医疗废物的45家单位进行专项检查，对28家涉源及射线装置使用单位严格监管，对湖库型集中式饮用水水源地开展专项执法检查。

三、环境监察

云岩区环境监察大队是区境环境监测的执行机构，其前身是云岩区环境保护局环境监督管理站。2003年7月，更名为云岩区环境监察大队；9月，区环境监察大队由正股级升格为副科级事业单位。内设监察科、法规信访科、排污费征收科。2010年，增设辐射科。参照国家公务员制度管理，财政全额预算列支；人员编制23名，其中管理人员21名，工勤人员2名。

（一）标准化建设

2005年，区环境监察机构按照《全国环境监察标准化建设标准》进行标准化建设。12月，区环境监察大队标准化建设通过验收评估，达到县级监察大队标准化建设国家一级标准。2009年，按照《环境监察标准化建设达标验收暂行办法的补充规定》，达到环境监察标准化建设三项标准要求。

2013年，按照市“创模”要求，根据《全国环境监察标准化建设标准》《环境监察标准化建设达标验收暂行办法》和省环保厅《关于开展贵州省环境监察标准化建设达标验收工作的通知》，开展环境监测标准化建设。云岩区拨付专项资金230万元为区环境监察大队配置国家标准环境执法业务用房及执法装备，拨付专项资金300万元首付款购置市北路6号文峰苑一楼大厅731平方米房屋，作为监察大队的业务办公用房。至2015年末，区环境监察大队已配置监察用车6辆，车载GPS卫星定位仪6

台，办公电话6台，传真机5台，摄像机6部，照相机6台，录音设备6台，影像设备（电视机DVD机等）2套，手持GPS定位仪1部，测距仪1部，流量计1部，酸度计2台，声级计3台，标准采样设备3套，勤务随录机3台，台式计算机每人1台，打印机5台，便携式打印机2台，笔记本电脑5台，复印机1台，排污收费管理系统1套，满足现场执法需要。通过标准化建设，理顺管理职能和体制，提高人员素质，完善装备配置，规范现场执法行为，提高快速反应能力，实现机构名称、执法范围、操作程序、执法文书、行为规范、廉政要求的统一。

（二）监察执法

云岩区环境监察执行《环境监察工作制度》《环境监察工作程序》和《环境监察报告制度》等程序制度。按照环保部“环境监察五公开”的要求，公开办事机构和人员身份，公开工作制度和工作程序，公开排污收费标准，公开行政处罚情况，公开举报电话的投诉部门。主要采用公布栏的方式公开，自觉接受社会监督。自2003年区环境监察大队成立以后，围绕各年环境监察工作目标，强化环境现场监督管理。2004年，对辖区内贵阳康发砖厂、贵阳黔灵砖厂、贵州铸管厂、贵阳云岩茶店玻璃厂、景宏玻璃厂、三桥玻璃器皿厂等6家重点污染源企业的监督检查，督促其污染治理设施正常运行，废水循环使用不外排。通过检查，上述企业无闲置污染治理设施、偷排漏排等现象。坚持每周2次~3次巡查，解决辖区内油烟、噪声污染扰民的热点难点问题。及时办理市长专线电话23件，“12369”投诉60件，群众信访143件，省市区各级人大、政协提案、议案13件，回复办结率100%。对“三同时”项目的环境监管、检查省市过录建设项目6家，区级审批建设项目539家，洗烫行业18家。同时对黔灵公园风景区、高等级公路沿线污染源现场执法检查。配合市监察支队对辖区中考、高考生考点周围噪声污染源进行检查和处置。同年，按照国家环保总局和省市环保局安排部署，对辖区范围内有源单位的放射源进行环境监察；根据省环保厅《关于开展清理整顿不法排污企业保障群众健康环保行动的通知》要求，依法对“三八”铁厂、东山仙鹤建材厂作出关闭处置。

区环保监察大队在2005年实行监察人员分片区、责任包干的包保制度，片区监察人员具体对本片区投诉信访件负责处理，并严格按照时限要求，杜绝拖拉、延办案件的行为发生。监察人员自接到投诉后，按要求及时赶到现场调查处理。案件处理时限为：市长专线在3个工作日内处理完毕并回复来件单位和投诉人；“12369”环保热线及来信、来访、来电投诉在7个工作日内处理完毕并回复。2005年，共处理人民群众来信来访134件，市长专线投诉27件，“12369”投诉168件，书记区长平台45件，群众电话投诉120件。处理率100%、回复率100%。当年办理涉及环保问题的人大、政协提案、议案14件，回复处理率100%。在开展“争创文明城市共建美好家园”和“为民办实事，满意到万家”活动中，办理新闻媒体报道的污染扰民问题和市创建办转办件125件。加强对重点污染源企业的监控和检查，对辖区内贵阳康发砖厂、贵州铸管厂、景宏玻璃厂等5家“一控双达标”单位的进行监控，确保稳定达标排放。开展建设项目环境保护“三同时”执行情况专项清查活动，对213个新建项目执行“三同时”情况进行检查。对贵遵、贵黄高等级公路、文明大道沿线污染源单位进行检查，确保沿线污染源单位达标排放。

2006年，区环境监察大队对辖区内的化工企业切实做好几项安全环保重点工作进行摸底排查。检查中发现原贵阳化工厂老厂房内一家化工厂主要产品是炸药原料，没有环保手续，当即下达停业整改通知书，要求15日内整改完毕并补办相关手续。10月，发现贵阳振兴钢套厂使用淘汰生产设备，当即进行处理并上报市环保监察支队。对使用废放射源的单位进行调查，摸排，发现有放射源的单位8家，其中使用单位7家、销售单位1家，均无闲置废放源。全年共办理环保信访、投诉425件，其中办理市长专线投诉12件，“12369”热线投诉59件，群众来信来访投诉及群众电话投诉217件，人大、政协提案、议案6件，“创建文明城市、共建美好家园”96件，书记区长短信投诉5件，行政处罚案件7件，上级督办案件23件；回复办结率100%。

2007年，对污染源单位进行监督管理，重点污染源每月一查，一般污染源每季一查，查处无污染治理设施、闲置污染治理设施、治理设施运行不正常、存在污染隐患、偷排漏排等环境违法行为。同时配合省、市环保部门督促辖区内重点污染企业安装污染物排放在线监测系统。对黔灵公园和鹿冲关森林公园开展环境保护执法和监督管理检查，会同市环保局依法查处鹿冲关森林公园内两家餐饮经营户。对存的问题及时向上级主管部门反馈，并提出解决措施和建议。参与对市环保局挂牌督办的贵阳磨料磨具厂检查，要求该企业对落后的生产工艺进行技术改造，于当年12月30日前整改完毕。根据属地管理原则，对区境23家重点污染源单位，每月进行一次现场环境监察，针对不同类型的企业，对生产工艺、排放污染物的主要种类、排口等进行调查摸底，对污染治理设施运行情况、运行记录、规章制度进行检查，督促企业加强管理，确保污染物稳定达标排放；重点污染源单位全部实现稳定达标排放。

2009年，办理环境违法企业行政案件21件，罚款金额16.8万元。无一起行政复议或行政诉讼。按照《贵阳市禁止生产销售使用含磷洗涤剂规定》的要求，对辖区内所有涉及含磷洗涤用品生产、使用的企业进行摸底调查。对辖区内113家废油产生和废油回收加工企业进行摸底调查；上报全省持久性有机污染物更新调查。办理12369环保举报热线34件，整脏治乱和各报刊投诉53件，省、市、区人大、政协提案议案2件、市长专线9件、督办案件2件、群众来信来访25件、电话投诉74件，回复办结率达100%。年内还对列入省、市、区级重点监管计划的20家重点污染源单位进行现场环境监察；对全区56家辐射源单位进行现场监察；对饮用水源周边200余家企业进行调查，做到每季一查，有效防止水源污染。为准确掌握全区环境保护工作的新动态，防止辖区内的重点行业可能存在的环境安全隐患和环境污染事故的发生，把饮用水源地、危险化学品、放射源涉源单位、运输危险化学物品等易出现环境污染问题的对象作为监管重点，逐一进行排查监督。

2010年，加强污染源在线监测监控系统建设及运行管理，督促重点污染源单位限期安装污染源在线监测监控系统，要求安装单位与全市污染源在线监控及应急指挥中心联网，并实现数据正常传输。每月不少于一次对在线监测监控设施运行和数据实时传送进行现场监察，建立相应的监察记录和档案资料。对当年审批的298家建设项目进行环境监察，对贵州乡下妹食品有限公司等2家企业作出行政处罚，共罚款1.55万元。年内组织2次针对阿哈水库饮用水源保护区、南明河沿岸排污企业、辖区危废工业企业安全生产大检查，全区未发生一起环保安全生产事故。

2011年，对全区重点污染源工业企业污染防治设施和一般污染源企业的污染防治设施运行情况按规定进行常规检查，针对检查发现的情况提出可行的整改建议。对辖区纳入管理的污染源单位下发《关于加强“五一”假日和汛期环境管理杜绝污染事故发生的通知》，并对落实情况进行现场检查，检查辖区污染源单位121余家次，重点检查污染处理设施的运行情况和运行记录，责令存在环境污染隐患的企业采取相应的整改措施，特别要求企业对有害物品、危险化学物品仓库、固体废物、危险废物堆放地采取有效防护措施，加强监督管理，防止因跑、冒、滴、漏造成污染事故的发生。对6家污染源企业建立“一源一档”，规范排污口建设，收集危险废物资料658家。全年办理各类环保信访、投诉以及交办案件363件，其中“12369”环保举报热线90件，整脏治乱和各报刊投诉15件，省、市、区人大、政协提案、议案4件，市长专线2件，交流台33件，群众来信来访109件，电话投诉110件。

对每件群众来信来访，及时调查处理，回复办结率达100%。

2012年，区环保监察大队办理各类环保投诉举报378件，回复办结率100%，其中办理12369环保举报热线121件，整脏治乱和各报刊投诉5件，省、市、区人大、政协提案、议案6件，市长专线3件，交流台17件，群众来信来访73件，电话投诉153件。年内开展环境保护大检查，对涉及大气、水、重金属、危险废物、工业园区、交通干道、环评与环保“三同时”、自动监控设施等开展重点检查。

2013年，建立9家企业、8家医院、48家汽修行业的“一源一档”。全年办理群众来信来访47件，12369投诉368件，省市长信箱19件，书记交流台16件，整治办7件，“12319”转办约253件，电话投诉65件，回复办结率100%。

2014年，区环保局、区公安分局、区市场监管局等部门联合行动，对煦然建材有限公司、贵阳高新永鑫页岩机制砖厂、贵阳高新锦星页岩砖厂3家企业违反环保法律规定，烟尘污染环境下达关停取缔通知。云岩区环境监测站达到西部地区三级站监测能力建设要求。

2015年，成立大气污染防治检查、水污染防治检查、危险废物防治检查、核与辐射安全检查、建设项目环评与环保“三同时”检查、工业园区污染防治检查、国控重点污染源自动监测情况和交通干线沿线污染防治检查等8个检查组，对涉及大气、水、重金属、危险废物、工业园区、交通干道、环评与环保“三同时”、自动监控设施等开展重点检查；立案处罚企业（个人）7家，建议处罚金额61.7856万元。办理环境违法、投诉案件930件。

第十七篇

教 育

第一章　教育改革

云岩区教育系统，按照贵州省教育厅、贵阳市教育局的指示，以提高质量、促进公平为重点，以教育资源整合为契机，进行教育管理体制、办学体制、学区化和课程改革，推进教育强区建设。

第一节　管理体制改革

在区属中小学校实行中共党委（支部）领导下的校长负责制，在人事制度、教师聘任制、轮岗支教、轮岗培训和教育教学目标管理等方面，进行学校内部管理体制改革。逐年向贵阳市人民政府、贵阳市教育委员会汇报各学校人事制度改革工作、教育事业科研成果，以教学质量管理方面的情况。

2005 年，贵阳市将部分市属中学整体移交给云岩区，由区教育局直接管理本辖区的义务教育，相应的经费、财产也随之划拨。当年 8 月 21 日，贵阳市第二实验中学、贵阳市第四中学、贵阳市第七中学、贵阳市第十中学、贵阳市第十三中学、贵阳市第十七中学、贵阳市第十九中学、贵阳市第二十三中学、贵阳市第二十八中学、贵阳市第三十一中学和贵阳市第三十五中学，以及贵阳市行知学校等 12 所中学移交云岩区管理。11 月，贵阳市教育局将 16 所九年制民办学校的管理权限下放到云岩区教育局，由区教育局依照法律法规和教育教学管理的有关要求进行指导管理。同年完成贵阳市世纪园小学、双语实验小学等的移交接收工作。“三马”片区整体划入云岩区行政管辖后，贵阳市第四十中学、野鸭中学和雅关学校等中小学于 2008 年划转云岩区管理。

第二节　办学体制改革

20 世纪 80 年代末，民办学校开始在云岩区快速发展。1997 年，区教育局批准设置贵阳市云岩区佳艺文化艺术学校。2002 年，引进贵阳中天北京第四中学校。至 2003 年，全区有证民办中小学共 46 所，在校生 14301 名。出现一批规模较大、质量较高、社会信誉较好的民办学校和非学历教育培训机构。贵阳中天北京小学被评为全国优秀民办教育学校。2005 年，区教育局引资改扩建香狮、岳英、市西、北郊等小学。同年贵阳市实验小学等 9 所小学、贵阳市第二实验中学、贵阳中天北京第四中学通过贵阳市标准化学校的检查验收。以政府办学为主，以社会参与、公办教育与民办教育共同发展的格局在云岩区形成。

2002 年，《中华人民共和国民办教育促进法》出台后，云岩区制定印发民办教育促进法实施意见，将民办学校的教育教学活动纳入统一管理，在职称评定、评先评优等方面与公办学校一视同仁，为社会力量办学创造宽松环境。2004 年，实行对进城务工人员子女与城市义务教育阶段学生享受同等的政策。由区人民政府每年拨专款用于扶持民办教育。整合教育资源，促进民办教育发展；将重新修建的原香狮路小学划给贵阳市第十九中学，原第十九中学分校由公办改制为“公参民”贵阳市华文实验中学，实行校园、法人、师资、招生和财务管理“五独立”。因师资独立问题存在困难，2011 年“公参民”学校均改制为完全独立的民办学校。同年，对新建住宅小区均要求配套建设学校和幼儿园。由于民办教育在教学质量等方面的快速发展，居民开始认可“要择校，到民校”，学生跨片区挤公办示范性学校的情况得到缓解。2015 年，区属中小学共 125 所，其中民办 76 所；幼儿园 71 所，其中民办 52 所。

云岩区对义务教育阶段的民办学校，特别是高质量的民办学校，在政策上、经费上加大扶持力度，使民办教育成为辖区教育事业的重要组成部分；将贵州大学附属中学和附属小学更名为贵阳市第四十二中学，改为公办九年制义务教育学校。形成公办、社会力量及民办公助、合作办学等办学模式，扩大优质教育资源覆盖面，满足社会对多样化教育和优质教育的需求。

2011 年 8 月，改制为民办的贵阳市华文实验中学，首届毕业生中考平均 517. 8 分，位居全区第二。2015 年，第二届学生毕业，中考适应性考试进入全市前三名，升学考试平均 546 分，名列贵阳市非示范性学校前茅。2001 年，兴办的贵阳市云岩区田田外语学校。2013 年，更名为贵阳市云岩区田田教育培训学校。至 2015 年，办有田田英语、田田语文、田田数学等 33 个独立教学点和田田幼儿园、彩星屋早教中心。在校学生 2 万余人；教职工 600 余人。

第三节　学区化改革

云岩区 1996 年开始探索学区化办学模式。6 月，贵阳市省府路小学收并位于圆通街的育英小学为第一分校。1999 年 8 月，将文昌阁旁的贵阳市师范学校附属小校并为第二分校。

2009 年秋季，在贵阳市实验小学与江西村小学、省府路小学与贵师附小进行学区化管理改革试点工作。学区化改革坚持“五统一”（统一校名、统一法人、统一管理、统一教学、统一招生）原则；坚持以县为主管理原则；坚持“扩优促均”（扩大优质教育资源，促进义务教育均衡化发展）原则；坚持可操作性原则；坚持实事求是的原则。以理想课堂建设为切入点，建立统一校名、校长、管理、评价和财务“五统一”模式的学区教育共同体，即由一所优质学校开办一所或几所分校；建立校区间学校管理、队伍配置，教学管理、设施设备、考核评价和财务管理等一体化机制。

2010 年，通过促进均衡教育发展的“五统一”学区化模式、学区委员会模式、名校一加二教育托管模式和联片调研模式和学区共同体模式，扩大优质教育资源的辐射范围。2012 年，依托“三名工作室”（名校长、名班主任、名教师）和“教师专业实训基地”（贵阳市第十九中学、贵阳市实验小学），在各中小学建立“1 + X”模式（1 所学区中心优质学校 + 片区内公办学校 +2 所民办学校）为载体的五大学区（城中心学区、大营学区、东山学区、头桥学区、三马学区）教育共同体，相继成立了 12 个“学区名校长工作室”，带动和指导其他学校工作。创建以“理想课堂”建设为切入点，构建学区教育共同体，促进义务教育优质均衡发展。

2014 年秋季学期，在贵阳市环西小学、海文小学和岳英路小学的基础上成立环西小学学区，在贵阳市第二实验小学、宅吉小学和天誉城小区配套学校的基础上成立实验二小学区。2015 年 12 月，在贵阳市三桥小学举办学区教育共同体建设交流会。推进学区共同体文化建设，初步形成头桥学区以孔子的“明恕教育”、东山学区以王阳明的“良知教育”、大营学区以陶行知的“生活教育”、中心城区学区以叶澜的“生命教育”，三马学区以朱永新的“新教育实验”为核心的文化格局。

第四节　课程改革

2001 年 4 月，云岩区参加国家基础教育课程改革实验工作方案。在第一阶段组织对新大纲、新教材、学科系列的学习，宣传和分级培训后进入实施阶段。区教师进修学校成立云岩区课程改革中心教研组，坚持每月一次的教育教学研讨活动。全区 94 所公办、企事业办、社会力量办小学参与实验；30 所学校从三年级起参与英语教学实验；综合实践活动在不同层次的学校中选点实验；5 所办学水平、教改实验基础不同的学校作为样本校，并选取 80 个样本班，承担调查、测试、统计分析等研究工作。各校围绕方案从自家实际出发，拟定学校教改实验课题。全区建立实验课题 44 项。其中联合国 3 项，国家（部）级 4 项，省级 1 项，市级 24 项，区级 12 项。2003 年，完成实验。2004 年，按计划进入义务教育课程推广阶段。2005 年，中小学阶段各起始年级都启用新课程。

2004 年 9 月，举办的“贵阳市 2001 年—2004 年科研课改成果”评选中，云岩区获奖数名列全市 10 个区市县第一。云岩区 2005 年参加中央教科所《整体构建德育体系》《小学生考核评价体系改革实验》课题在内的 13 个国家级课题，3 个省级课题，4 个市级课题，7 个区级课题，6 个校级课题，均已按期结题。通过课程改革，逐步建立符合课改要求的人才观、质量观、教育价值观，实现了师生关系更加突出学生的主体地位；教学模式更加关注学生的成长过程；教学过程从夯实基础知识、基础技能到“双基”与情感、态度、价值观并重；评价方式由单一的考试分数转为多元评价、等级评价、过程性评价、激励性评价、成长记录等广泛运用的评价过程的“四个转变”；参加课改的首届初中生 2004 年毕业。2005 年，全市语文、数学质量监控，云岩区均名列全市第一，基础教育阶段毕业年级学生的全科合格率、毕业率有所提升。2006 年—2008 年，毕业年级学生全科合格率，小学分别为 90.19%、91.27%、92%，初中分别为 81.67%、84.54%、91.51%；毕业年级学生毕业率，小学为 100%，初中分别为 99.92%、99.92%、99.99%。

第二章　教育结构

云岩区学前教育、义务教育、普通高中教育、中等职业教育、高等教育、成人教育、继续教育和特殊教育相互衔接，教育结构持续优化。至 2006 年，云岩区基本完成普及九年义务教育和基本消除青壮年文盲的任务。

第一节　学前教育

一、幼儿园教育

2000年以来，云岩区加大鼓励和支持多渠道多形式创办幼儿教育机构力度，至2001年，幼儿园三年入园（班）率为89%，一年入园（班）率达96%，基本将原幼儿学前一年教育过渡到学前三年教育。2002年11月，区教育局组织15所（含企事业办幼儿园）一类幼儿园开展“幼儿主动学习”活动评选及幼儿园卫生保健工作培训。区人民政府把幼儿教育纳入本地教育事业整体发展规划，研究制订相应政策和措施，理顺幼儿教育的管理体制，归口教育行政部门统一管理，建立和完善幼儿教育的规章制度和督导评估办法，把幼儿教育纳入教育督导内容，促进幼儿教育健康发展。2003年，区教育部门办园8所，企事业办园8所，民办园22所。落实《3岁~6岁儿童学习与发展指南》要求。2004年12月20至24日，对省级一类幼儿园进行复查，全区幼儿入园率达87%。此后，每年进行检查和复查。2005年，学前三年幼儿（含流动人口）入园率为64%。至2011年的六年间，各公办幼儿园基本满员，50%左右幼儿就近在民办园接受学前教育。根据新制定的《云岩区幼儿园分类评估标准（试行）》，配合省市教育行政部门，对省级、市级示范幼儿园进行复评，并组织公民办幼儿园参加省市区各级各类学前教育理论和技能培训活动。

2012年，云岩区采取“公办园与民办园、名园与民园、名园与弱园”相结合的方式开展学前教育集团化的试点工作。区教育局以“经纬相连、差异发展”“以公带民、以强扶弱”的共建方式组建12个教研指导责任区，帮助各类幼儿园提高管理水平、提升教师队伍素质；不断扩充优质学前教育资源，解决辖区市民子女“能入园、入放心园”等问题，促进学前教育均衡发展。全区2013年有幼儿园69所。其中公办9所，企事业办8所，民办52所；班级数为466个；在园幼儿人数15864人。其中公办园幼儿3884人、企事业办园幼儿2726人、民办园幼儿9254人，分别占全区入园率的24%、18%、58%；全区有证幼儿园学前三年毛入学率62%，招生人数5363人。以省级一类幼儿园作为帮带示范园，对全区未评级幼儿园在办园方向、办园质量方面进行对口帮扶。2014年，重新调整、建立帮扶片区17个，以示范园带民办园，促进公办园和民办园保教质量同步提升。第一批7所“小小幼儿园”在黔灵镇、中东社区、头桥社区、金关社区、蔡关社区建成挂牌。2015年，挂牌8所“小小幼儿园”。当年全区各级各类幼儿园有71所。其中公办园11所，企事业办8所，民办园52所；在园幼儿数为20703人，三年毛入园率达95.6%；有省级示范幼儿园10所，市级示范幼儿园6所。

二、示范幼儿园

贵阳市第五幼儿园，原名“敬一幼稚园”，始建于1941年，为贵阳中华基督教会开办。1952年12月，被贵阳市文教局接管，改名贵阳市第五幼儿园。贵阳市第五幼儿园位于黔灵西路。1988年，新园舍落成，占地面积2557平方米，建筑面积2800平方米。为贵州省二类示范幼儿园。至2015年，有小班3个，中班4个，大班4个，幼儿420人；教职工55人，全部具备本科或大专学历，其中高级教师7名；新建“五幼未来方舟分园”在小区H2组团，是教育部“十五”重点课题《幼儿园教育指导纲要（试行）行动计划》全国试点园之一，教育部分享阅读与儿童自主阅读能力培养课题实验基地和省、市、区教育课程改革实验研究示范点。

贵阳市第九幼儿园，1951年由黔灵小学与和平路小学幼儿班合并组建贵阳市云岩区教师托儿所。1953年，改名贵阳市第九幼儿园，地址在陕西路北段。1987年，重新修建，占地面积1500平方米，建筑面积2500平方米。主要设施有“快乐儿童堡”游乐场、多种大型玩具，以及科学宫、儿童电脑室、电子琴房、陶艺屋、幼儿阅览室、多媒体教室及多功能舞蹈室等。为贵州省二类示范幼儿园。至2015年，有11个班，幼儿480人；教职工58人，其中高级教师11人；承办九幼渔安分园，园址在渔安新城小区B组团。该幼儿园被国家教委定为幼儿科学活动优秀实验基地。

贵阳市第二实验幼儿园，是中天城投集团贵阳房地产开发有限公司1989年为宅吉小区配套建设的幼儿园。地址在吉祥路。占地面积2500平方米，建筑面积2650平方米。建有幼儿科学宫、阅览室、舞蹈教室和多功能综合教室，配有适宜幼儿活动的器材和游戏设施。为贵州省二类示范幼儿园、中央教科所课题研究先进集体、贵州师范大学和贵阳幼儿高等师范专科学校“国培计划”实践基地。2015年，有9个班，幼儿300人；教职工42人，其中高级教师9名；贵阳市第二实验幼儿园承办的“实验二幼小石城分园”和“中建华府分园”，园址分别在蛮坡小石城二期和大营坡中建华府小区内。

贵阳市第一幼儿园，原为成立于1937年10月的贵州省立贵阳幼稚园。是贵州省第一所独立建置的公办全日制幼儿园。1949年11月，被贵阳市军事管制委员会文教接管部接管。1950年，更名为贵阳市幼儿园。1951年，改名贵阳市第一幼儿园。位于太平路。占地面积3645平方米，建筑面积2384平方米。是全国“十五”规划德育课题全国先进德育实验校园，贵州省三类示范幼儿园，省语言文字示范学校。截至2015年，有12个班，幼儿439人；教职工58人；增设的一分园在三桥新街，二分园在花果园半山小镇小区。

贵阳市第八幼儿园，始建于1953年3月，由龙井小学、东山小学和育英小学的幼儿班合并组成。位于三民东路。1982年，在原址重建园舍，占地面积1633平方米，建筑面积1043平方米，是全国德育课题研究先进实验园，贵州省三类示范幼儿园。截至2015年，设7个班，幼儿270人；教职工41人，其中高级教师6名；贵阳市第八幼儿园承办的“八幼未来方舟分园”在小区G3组团。由教师组织的活动数学《图形排序》、健康活动《洗手》、泥塑活动《小猪》等项目。曾获贵阳市优质课评比一等奖。

贵阳市实验幼儿园，前身是创建于1942年的贵州省立女子师范学校附属小学幼稚班。1952年，改名为贵阳市实验小学附属幼儿园。1996年，改名贵阳市实验幼儿园，位于云岩区中华北路。占地面积4600平方米，建筑面积3300平方米，是贵州省三类示范幼儿园，贵阳市教师专业实训基地。内设有大型幼儿娱乐设施、综合体能活动器械和幼儿沙地、戏水池、幼儿电教室、音乐舞蹈室等活动场地。至2015年，设9个班，幼儿350人；教职工23人，其中高级教师9人；“实验一幼分园”在中天未来方舟小区F9组团。

贵阳市第三实验幼儿园，位于云岩区北京路。1958年3月，由贵阳铁路分局创办。2004年，贵阳铁分局幼儿园交云岩区教育局主管，改称贵阳市第三实验幼儿园，是贵州省三类示范幼儿园。占地面积3362平方米，建筑面积6250平方米。建有多功能活动室、音乐活动室、多媒体教室、保健房、幼儿阅览室、家长阅览室、宝贝厨房等设施。截至2015年，有15个班，幼儿720人；教职工59人，其中高级教师10人。2013年，与E智星福儿、蔡家关博顿、阳光宝贝等8所民办园创立云岩区第一幼儿教育集团。

第二节 义务教育

一、中小学教育

2001年，云岩区有小学114所，初级中学58所。小学适龄儿童入学率达99.98%，小学在校学生年辍学率为0.02%；残疾儿童入学率达99%以上。2002年—2004年，受城市建设空间布局变化、居民迁居等因素影响，成都路小学、河东路小学、香狮路小学、市北小学和市西小学相继撤并。2003年，新建世纪园小学，村办宅吉小学并入世纪园小学；和平路小学与新东门小学合并为贵阳市新东门小学，城基小学与城西小学合并为贵阳市城西小学。育英小学和老东门小学（今志道小学）整合为省府路小学的分校。2004年，贵阳铁路分局第一小学移交云岩区管理，更名为贵阳市双语实验小学。之后陆续更名的企事业子弟学校还有：水电九局子弟学校更名为贵阳市第四十中学，3651厂子弟学校更名为贵阳市林泉小学，中建四局一公司子弟学校更名为贵阳市行知学校等。从贵阳高新技术产业开发区划入的学校有贵阳市大坪小学、金鸭小学、金关小学、杨惠小学和野鸭小学。至年末全区有小学42所，在校学生30840人；初级中学19所，在校学生21966人。2009年、2011年，贵阳市实验小学先后兼并江西村小学和贵乌路小学。之后，贵阳市第三十五中学并入贵阳市第三十中学，贵阳市第四中学并入贵阳市第七中学。贵州大学附属中学和附属小学更名为贵阳市第四十二中学，改企事业办学为公办九年制义务教育学校。偏坡小学与雅关学校合并为贵阳市雅关学校，渔安小学和安井学校合并为贵阳市安井学校。2013年，北郊小学更名为贵阳市云岩区第一小学。2014年，新建义务教育学校贵阳市渔安中学。

2015年，全区新增的中小学有贵阳市实验小学保利云山分校、省府路小学万科分校、贵阳市实验二小天誉城分校、枫丹小学、黔灵半山校区、北京芳草地国际学校贵阳分校、北京市日坛中学贵阳分校、贵阳市第十九中学万科城分校，以及翔宇小学、鹏程学校和筑城学校等。12月26日，云岩区义务教育基本均衡发展以97.5分的全省最高分通过国家认定。至年底，区属义务教育阶段学校有125所。其中：小学77所，初中48所；中小学在校学生共95154人。其中小学生62365人，中学生32789人。

二、义务教育均衡发展

云岩区，2000年通过贵州省义务教育均衡发展复查和普及中小学实验教学验收。2005年，开展“义教均衡”迎国检工作，扩大贵阳市实验小学、实验二小、实验四小、环西小学、省府路小学等热点学校招生的服务片区；制定《云岩区2006年—2010年中小学布局调整规划》，采取撤并、改建、新建，加强薄弱、边远学校基础设施建设和扶持力度、学区化改革等措施，促进义务教育基本均衡发展；解决进城务工人员子女入学难问题。教育经费从2005年的7401万元到2010年的5.2亿元，增长7倍多。

2014年，区人民政府从基础设施标准化建设和教育资源均衡配置入手，促进教育公平和教育均衡，优化义务教育阶段中小学布局。通过学区化、集团化办学、构建学区共同体等改革，提高各校教育教学质量，培育出一批特色学校。新建义务教育学校渔安中学、杨惠小学、万科城小学，北京日坛中学贵阳分校。2015年9月，芳草地国际学校贵阳分校开学。学校办学条件标准化建设比例由40%到全部达标；完成云岩教育“三统一平台”建设。

云岩区城中心、东山、大营、头桥、三马“五大学区教育共同体”于2014年成立。以优质学校带动薄弱学校，均衡发展。不再办重点校和重点班；消除66人以上超大班额，基本解决“大班额”现象，缓解“择校热”问题；完善教育科研培训一体化的评估体系，严格规范办学行为，健全“控辍保学”长效机制。2015年，辍学率小学0.0079%、初中0.0868%，入学率小学216.82%、初中194.81%，9年义务教育巩固率105.778%。进城务工人员随迁子女义务教育经费列入教育经费预算，与城镇学生一视同仁，统一管理、编班、教学和安排活动。区属公办学校接受进城务工人员子女的比例，由2013年的36.6%增至2015年的60%。建立特殊帮扶制度和管理档案库。2015年，云岩区义务教育基本均衡发展以97.5分的全省最分通过国家认定。

三、中小学校选介

贵阳市省府路小学，前身是建于1906年的官立第一初等小学堂。1912年，改名为贵州省公立中学分校。1923年，改为志道学校。1952年，由贵阳市人民政府接管后改名贵阳市省府路小学。校址位于省府路。占地面积3664平方米，建筑面积5700平方米。建有图书室、音乐教室、书法教室、语音室、自然实验室、自然陈列室、电化教学总控室、多媒体微机教室、多功能演播厅和双向闭路电视教学系统等设施，是全国写字教学实验学校、全国科技体育活动示范基地、少先队全国红旗大队、全国青少年科普创新示范学校、全国少年军校示范学校。2006年，将云岩区育英小学并为第二校区。2009年，将贵阳市师范学校附属小学并为第三校区。截至2015年总校有24个班，学生1400余人；教职工170余人，其中高级教师38名。

贵阳市实验小学，建于1925年，时名贵州省立女子师范附属小学。1950年，省人民政府接管后更名为贵州省立第一小学。1952年，迁址中华北路北端，改称贵阳市实验小学。是联合国教科文组织21世纪学校优质教育研究项目学校、国际生态学校，全国文明单位、全国家庭教育实验研究基地、全国特级教师教学研究中心实验基地学校、全国环境教育先进单位、全国绿色学校和贵阳市教师专业实训基地。2009年和2011年，兼并江西村小学和贵乌路小学。2012年，新建保利云山分校，形成一校四区格局。总校占地面积2.36万平方米，建筑面积1.10万平方米。建有专用教室、国学室、生态室、科技展室、音乐厅、美术室、厨艺室、陶艺室、计算机教室、心理咨询室、多功能厅教室及风雨操场、文化长廊等设施。截至2015年，校本部有63个班，学生3400余人；教职工102人，其中高级教师42人。

贵阳市环西小学，前身为建于1949年的西南公路局子弟学校。1957年，改名贵阳市环西小学，校址位于瑞金中路，占地面积4000平方米，建筑面积4277平方米。设有语音室、微机室、多媒体教学及书法、美术、音乐教室等教学设备及图书馆。截至2015年，全校有40个班，学生2000余名；教职工107人，其中高级教师30人。学校是联合国教科文组织21世纪学校优质教育研究项目学校，全国传统体育项目先进学校、全国红领巾示范学校、全国写字教学实验学校。

贵阳市第二实验中学，建于1992年。校址在宅吉小区。2011年，在新添大道南段建新校区，两校区占地面积1985平方米，建筑面积7656平方米。教学楼、办公楼和实验楼连成一体，有两层多功能体育馆、标准250米塑胶跑道田径运动场和人工草坪足球场。截至2015年，全校有62个班，学生3394人；教职工198人，其中特级教师2人，高级教师54人。该校是全国青少年科普创新示范学校、全国现代教育技术实验学校，贵州省实施素质教育先进学校、贵州省学校德育工作先进学校。

贵阳市第七中学，建于1955年。校址位于中华北路云岩广场南侧。是联合国教科文组织中国教育学会交流中心21世纪优质教育项目学校、中国教育学会中小学整体改革专业委员会实验基地学校和贵州省艺术特色学校。2002年、2004年先后将贵阳市花溪农业技术学校和贵阳市第四中学并入，形成中北和瑞北两个校区，占地面积1.68万平方米，建筑面积1.63万平方米。截至2015年，全校有46个班，学生2271人；教职工212人，其中特级教师1，高级教师56人。

贵阳市第十七中学，建于1961年。校址在八鸽岩路。占地面积8604平方米，建筑面积1.20万平方米。建有教学楼、实验楼、办公楼及田径运动场、塑胶篮球场等设施。截至2015年，学校有39个班，学生2300余人；教职工150人，其中高级教师56人，有多名学科带头人和省市中青年骨干教师。

贵阳市第十九中学，建于1962年。校本部地址在堰塘街，占地面积1.06万平方米，建筑面积8966平方米，绿地面积1396平方米。建有教学楼、综合楼、办公楼及塑胶跑道运动场和篮球场等设施。截至2015年，有44个班，学生2900人；教职工176人，其中特级教师1人，高级教师69人，是贵阳市教师专业实训基地。

第三节　普通高中教育

2001年，云岩区有普通高中学校6所，“三马”片区整体划入云岩区后，贵阳市第三十七中学、贵阳市第四十中学（原水电九局子弟学校）也划归区教育局管理。2009年，贵阳中天中学停止高中部招生。2011年，高中部撤销。截至2015年，全区有贵阳市第十、第三十七、第四十中学3所非示范性普通中学。高中毛入学率为90%。在校生2540余人；高中教师277人。区教育局曾获贵阳市2007年普通高中教学质量管理奖。

第四节　中等职业教育

2002年，根据贵州省教厅关于在中等职业学校中举办五年制“3+2”形式的高等职业专业的有关精神，区教育局在贵阳第三职业学校（贵阳市第七中学）设汽修、会计、服务等招生专业；贵阳市第十七中学设计算机、幼师、汽修等招生专业。2008年，全区41所中学约800名学生被省内外中等职业学校录取，共发放中等职业教育券300张。2013年，实施巩固提高九年义务教育和试行三年免费中等职业教育的“9+3”工程，免除中等职业教育在校学生学费，完成中职招生任务由2014年2689人增至2015年3780人。2015年，全区有51所初中学校对中等职业学校开放。

第五节　高等教育

一、普通高等教育

云岩区驻区的普通高等院校，主要有贵州大学、贵州医科大学、贵州财经大学、贵州师范大学、贵阳中医学院、贵州理工学院、贵州商学院；市属高等职业院校有贵阳护理职业学院、贵阳幼儿师范高等专科学校；成人高等教育机构有贵州广播电视大学、贵州大学成人教育学院、贵州省老年大学。

2009 年以后，部分高校迁出云岩区。贵州大学建有罗汉营校区、香狮校区、蔡关校区，贵州财经大学建有鹿冲关路校区。2007 年，成立的贵阳护理职业学院。2009 年，迁至观山湖区石林西路，保留贵阳卫生学校校区。

二、普通高校选介

贵州师范大学，位于云岩区宝山北路。前身为1941 年的国立贵阳师范学院。1950 年，改名贵阳师范学院。1985 年，改名贵州师范大学。为省属重点大学。现有宝山、白云和贵安 3 个校区，占地面积约 200 公顷。截至 2015 年，在校全日制学生 3. 75 万人，其中研究生 2600 余人；教职工 2324 人，其中教授 290 人、副教授 619 人，博士学位教师 284 人、硕士学位教师 937 人；国家级中青年有突出贡献专家 1 人、“百千万人才工程” 国家级人选 1 人、教育部新世纪优秀人才支持计划入选 4 人、全国高校“教育名师” 1 人、教育部专业指导委员会委员 5 人、享受国务院特殊津贴专家 26 人。2008 年以来，获省部级以上科研奖 110 项、省部级教学成果奖 18 项，获批专利 57 项，出版学术著作 265 部。

贵州医科大学，位于北京路东段。1938 年 3 月，设国立贵阳医学院。1951 年，改名贵阳医学院。2015 年 5 月，改称贵州医科大学。为省属重点高等院校。2012 年，在清镇市设立分校。两个校区占地面积约 120 公顷，教学科研仪器设备总值逾 2 亿元。截至 2015 年，在校全日制学生 1. 4 万余人，研究生 1600 余人；教职工 1400 余人，其中博士 250 余人，高级技术职称 800 人。有国家杰出专业技术人才 2 人、“百千万人才工程” 国家级一二层次专家 3 人、国家卫计委有突出贡献中青年专家 4 人、教育部新世纪优秀人才支持计划入选 4 人、教育部专业教学指导委员会委员 3 人、享受国务院特殊津贴专家 47 人。学校是地方病研究、中药民族药研发、组织工程干细胞生物医药研究、病原生物学研究中心。

第六节　特殊教育

云岩区惠智学校是一所对残疾儿童进行义务教育和康复训练的特殊教育学校。建于 1985 年 10 月，原址在环西小学和育英小学内。1999 年 10 月，迁入鲤鱼街新校址。占地面积 1318 平方米，主体教学楼 1077 平方米，教学辅助楼 750 平方米，体育活动场地 373 平方米，有普通教室 8 间，功能教室 9 间。至 2015 年，有 7 个班，学生 166 人；教师 23 人，其中高级教师 8 名。学校设有九年制义务教育课程、康复训练和特奥训练课程，以及艺术等专科课程。学生在各级特奥运动会上获金牌 24 枚，银牌 15 枚，铜牌 12 枚。学校获“2001 年—2005 年全国特奥工作先进集体”“贵州省‘十一五’期间特殊教育先进集体”和“贵阳市残疾人工作先进集体”等称号。

贵阳市云岩区工读学校是一所兼具义务教育和预防未成年人犯罪双重任务的特殊教育学校。建于 1989 年 3 月。2009 年 3 月，由从照壁巷整体搬迁城基巷，占地面积 300 余平方米，建筑面积 600 余平方米。截至 2015 年，有学生 14 人；教职工 13 人。学校面向社会招收辍学流失、有行为问题的“两难”（普通学校教育难、家庭教育难）未成年中、小学生，尤其是 12 岁~ 17 岁的问题少年，对他们进行早期干预，实行集中食宿、集中管理；学生在校学习期间可保留原校学籍，学校也可视学生表现及家长要求，将学生转回原校继续就读。学生初中毕业，参加全市统一考试，合格者由市场教委发给贵阳市初中毕业证书。学校是曾获“全国青少年犯罪研究先进集体” 称号，2009 年获 “全国工读学校法制教育特色奖” 和 “贵阳市中小学德育督导评估先进学校”“贵阳市未成年人保护先进集体” 等称号。

第七节 成人教育

云岩区的成人教育机构主要有云岩区教师进修学校和云岩岩区成人教育中心。

云岩区教师进修学校始建于1975年，前身是进行区属教师学历补偿教育的成人中专学校。1988年8月，与教研室合并，承办区属幼儿园、中小学教育教学和科研管理、教师培训。当年11月，教师学历补偿教育基本完成。2000年后，区教师进修学校校长由区教育局局长兼任，日常工作由专职常务副校长主持。2007年8月，组建中学教研室，承担区属中学教师培训、教学研究、教育科研、基础教育课程改革实验等。学校内设办公室、研修部（含学前研修室、小学研修室、中学研修室）、培训部、教育发展研究部、综合室。2015年，从合群路76号搬迁至虎门巷11号办公，教职工38人。2013年，学校被教育部认定为国家级示范性县级教师培训机构；评为“贵州省先进教研室”“贵阳市先进教研室”“县级教师培训机构市级示范单位”“县级教师培训机构省级示范单位”。2015年，评为“贵阳市教学科研先进单位”。

云岩区成人教育中心成立于1987年，设厨师技能和焊工技能再就业培训等学科。在三桥新街143号设立培训部及师生宿舍。2004年，云岩区中小学计算机培训中心撤销，教师和公务员计算机技能培训工作并入区成人教育中心。截至2015年，中心内设综合科和培训办公室，事业编制11名。有职工10人，其中5人借调区教育局。云岩区教育局配合省市招生部门展开成人高考报名工作，全区成人高考报名人数2013年3188人，2015年3088人。

第八节 继续教育

一、学历提升

2000年开始，云岩区每年办班2个~3个，一年一届，至200年，毕业学生1000余人。同期，区教师进修学校与省教育学院合办汉语言文学专业本科班，通过成人高考招生83人，学制3年，以业余学习形式开班。区教育局建立学费补贴机制，为参加学历提升并达到规定要求的教师按比例报销学费。

2001年，在各学校推动全区第二阶段“小学教师继续教育班”工作，提高教师业务素质和学历层次。全区教师学历合格率达96%，小学教师大专学历44%。全区通过成人高考招生，以函授、面授、业余学习等形式为教师提升学历。2004年—2005年、2008年—2009年共举办成人“小学教师继续教育班”两届。区教师进修学校与贵州广播电视大学合办教育管理专业两年制大专，通过省电大考试录取，两个班学员100余人。2006年—2008年，与省电大合办教育管理专业本科，通过成人高考招生60余人。2010年春季招生两届，与省电大合办小学教育、中学教育管理大专班，通过成人高考招生，因部分学生是先入学再补考，故毕业时间不同。截至2010年最后一届，共毕业1369人。2008年，全区有2%的中学专任教师参加华东师范大学的在职研究生学历的学习，有12%的中小学专任教师参加“专升本”自学考试或本科函授学习。至2012年，已为366名教师报销学费共计30余万元。中小学教师具有硕士学位或研究生学历的有30余人。

2013年，区人民政府下发《关于2011年—2015年云岩区属校园在职教师学历提升的实施意见》。

至2015年，已为112名教师报销学费共23.8万余元。全区专任教师全部达到省教育厅合格学历要求。

二、师德教育

区教育局2004年在全区教育系统开展“师德师风大学习、大讨论”和争当“名校名师”活动，通过学习先进，促进教师的师德修养。2008年，区教育系统发起“树高尚师德师风，做人民满意教师”倡议；要求广大教职员工发扬“牢记使命，恪尽职守；严谨治学，勇于创新；为人师表，立德树人；淡泊明志，乐于奉献”的精神，做好本职工作。区教育局与各中小学校校长、幼儿园园长代表签订《2008年云岩区教育系统师德专项教育年目标责任书》。在全区开展“树典型、塑形象”活动；“争做人民满意教师”大讨论活动；组织教师学习继续教育教材，参加全省的统考，评选表彰一批云岩区师德师风标兵。2010年7月9日，“红色服务月系列活动”在112所中小学校园开展。各校园设立“党员道德风采榜”，推荐评选一批师德师风先进党员教师为学习榜样，组织开展“千师进万家，携手助成长”家访活动。

2013年，区教育局将师德建设纳入学校评估和校长考核体系，继续抓好“做人民满意教师承诺书”和学生、家长对任课教师的民主测评，提高全体教师师德师风水平。2015年，继续加大对区属公办中小学贯彻落实《贵阳市教育局关于禁止公办中小学在职教师从事有偿家教的通知》的督查力度。

第三章　教师队伍

云岩区教育重视加强师德修养和专业培训，在学校人事制度改革、中小学教师“继续教育工程”中，培养教师树立正确的育人观、人才观，引入竞争激励机制，改革学校用人和分配制度，建立起学校自主聘任、公平竞争、职务能上能下的用人机制，通过继续教育，提高教师学历层次，促进教师队伍结构优化。

第一节　教师结构

在学校人事制度改革和中小学教师“继续教育工程”中，2001年以来引入竞争激励机制，改革学校用人和分配制度，建立起学校自主聘任、公平竞争、职务能上能下、人才脱颖而出的用人机制，提高学历层次，促进云岩区教师队伍结构逐步优化。至2012年年底，全区教育系统有专任教师3824人。专任教师结构，中学1584人、小学1974人、幼儿园266人；学历结构，硕士研究生46人、大学本科生2649人、专科及以下1129人，2015年专任教师全部达到省教育厅合格学历要求；职称结构，高级职称348人、中级职称1244人，初级职称2054人。其中：全国名校长2人、全国骨干教师5人，省级名校长1人、省级特级教师3人、省级教育名师3人、省级骨干教师60人，市级教育名师2人、市级骨干教师119人，区级骨干教师206人、区级学术技术带头人18人、区级中青年科技骨干26人。

教育部《幼儿园教职工配备标准（暂行）》2013年1月发布后，区教育局要求辖区新设的全日制幼儿园，在3年内达到教职工与幼儿的比例为1∶5至1∶7；已设的全日制幼儿园逐步缩小师生比例。通过公开招聘中小学教师、接收免费师范毕业生、引进人才、选调教师等途径充实教师队伍。截至2015年，全区义务教育学校学科教师配备、教职工配置基本达到省定编制标准，师生比例基本达到省的规定；非义务教育平稳发展。

第二节　教师待遇

一、政治待遇

云岩区教师在每届为省、市、区党代会代表、人大代表和政协会议上。都有代表、委员参加会议，在教育工作方面向区人大、区政协建言献策；部分学校书记、校长和教师进入中共云岩区委、区人大、区人民政府和区政协领导班子。

每年教师节期间，中共云岩区委、区人民政府在教师节等重要节日时，召开会议，表彰先进教师和教育工作者，慰问看望劳动模范和住院教师，解决教师生活和工作中的实际困难。2003年，教师节，云岩区对社会力量办学的10名优秀教师、优秀教育工作者予以表彰，贵阳中天北京小学评为全国优秀民办教育学校。2007年，教师节，贵阳市第十九中学党支部书记、校长被评为全国教育系统先进工作者，33名教师被评为贵阳市优秀教师和优秀教育工作者，156名教师被评为云岩区优秀教师和先进教育工作者。

2006年，云岩区出台区级骨干教师管理办法和教育名师管理办法，建立区级教育名师及骨干教师专项津贴。全区认定区级骨干教师243人。2012年，建立区“四大班子”领导联系优秀人才制度。2014年9月9日，在北京举行的庆祝第30个教师节暨全国教育系统先进集体和先进个人表彰大会上，贵阳市茶店小学一名高级教师被授予“全国模范教师”称号。

2001年—2015年间，贵阳市第二十八中学一名高级讲师获2005年贵州省先进工作者称号；贵阳市省府路小学一名高级教师获2011年贵州省“五一”劳动奖章；贵阳市云岩区田田外语学校校长获2010年贵阳市劳动模范称号；云岩区教育局党委书记、局长获2010年贵阳市先进工作者称号；贵阳市实验小学党支部书记、校长获2005年贵阳市先进工作者、2014年贵州省“五一”劳动奖章、2015年贵州省先进工作者称号。

二、工资福利

教职工工资全部纳入云岩区财政专户，每月按时足额发放。教师的医疗、工伤、失业保险及住房公积金等在内的所有福利待遇全部落实到位。具有30年以上教龄并有贵州省人民政府颁发的30教龄荣誉征书的中、小学，幼儿园教师退休待遇均按原工资的100%享受。从2009年1月1日起，全区义务教育学校实施绩效工资，确保义务教育教师平均工资水平不低于当地公务员平均工资水平。2010年1月，非义务教育学校也实施绩效工资。所需经费，均纳入政府财政预算。2011年7月，云岩区义务教育与非义务教育单位同时实施过渡性津补贴，标准同贵阳市执行标准一致。截至2015年，云岩区全面实施义务教育绩效工资制度，健全教育系统奖励性绩效工资分配办法，实行云岩区事业单位奖励性绩效工资审批表、分配计算表，各学校校长、负责人花名册和各学校教师奖励性绩效工资总量及分配表等管理机制，确保按时足额发放。

第三节　年度考核

区属中小学校实行校长负责制和年度目标管理，2001 年建立相应的教职工年度考核制度。2005 年，将规范教育收费行为纳入学校和教职工晋升晋级评先评优考核范围。

2009 年 1 月，全区义务教育学校绩效工资总量的 70% 作为基础性绩效工资，30% 作为奖励性绩效工资，在兑现基础性绩效工资的同时，将奖励性绩效工资经费落实到学校。由区教育局按教师人头数划拨总量到学校，由学校根据公示及经教师认可后的奖励性绩效分配方案，规范地进行自主分配；奖励性绩效分配主要体现学校教职工工作量和实际贡献等因素，确定奖励性绩效工资分配等次；实行绩效工资倾斜政策，从奖励性绩效中专门划拨对边远薄弱学校的补助。对学校工作的考核，区教育局每半年进行一次，主要由局各科室针对学校完成中心工作的情况，进行考核量化评分，取各科室平均分为学校最终得分，经局党委会研究定出评奖等次。校长以学校的等次为其奖励性绩效工资的发放基础，考勤、课时量、学生人数、人才情况等为考核依据，综合评定计奖。2015 年，区中小学目标考核办法和年度考核结果公示制度基本完善并有所加强。

第四节　资格认定

2003 年，云岩区管中小学和幼儿园教师资格认定工作完成，认定中学教师 344 人、小学教师 634 人、幼儿园教师 98 人；评审小学高级教师 46 名，小学初级教师 92 名，初聘小学一、二级教师 125 名。此后教师资格每年认定一次。

2008 年，在职教师有 69 人申请，经审查通过中小学教师资格认定的有 73 人；社会人员教师有 159 人申请，144 人通过了中小学、幼儿园教师资格认定。同时为辖区内大中专院校师范类毕业生办理教师资格证 2209 人。教师资格证全国联网开始网报办理，全年办理在职、社会教师资格认定 2425 人。截至 2015 年年底，面向社会认定教师资格 11900 人。其中初级中学教师资格 4524 人，小学教师资格 2547 人，幼儿园教师资格 4802 人。

第五节　教师培训

全区教师培训 2001 年 670 人，2003 年 1045 人，推荐参加国家级骨干教师培训 3 人，列入省级骨干教师培训 16 人。2005 年，加强幼儿园园长岗位培训，参加贵阳市举办的第一期幼儿园园长培训班，学习幼儿教育的法规与政策，幼儿管理与教育的理论与实践经验。

2006 年，云岩区启动以师德教育、新课程、新教材、教师基本职业技能和计算机为主要内容的全员培训，以及新任教师专业提升、骨干教师能力强化等专项培训。2007 年，组织中小学骨干教师 32 人，赴北京师范大学进行培训。陆续选送教师 2000 多人参加国家和省市组织的培训、学科培训、远程培训等国培和省培计划的学习培训。选送 164 人参加校长提高班培训；组织近 800 人参加公办民办教师岗位培训等培训。2008 年，制定《云岩区中小学教师现代教育技术培训方案》，举办教育技术能力培训班两期，培训中小学教师 2116 人次。中学校长、小学校长培训合格率及持证上岗率均达到 100%。2010 年 6 月，举办小学各学科骨干教师培训班 3 期，参训教师 248 人，推荐参加市级骨干教师培训 54 人；参加省级骨干教师培训 39 人，参加国家级骨干教师培训 3 人。2008 年—2010 年，区属中小学参加培训教师有 1100 人，由区教师进修学校检查指导，全部通过区级验收。云岩区投入 304.96 万元，人均 916 元，作为中小学教师继续教育培训专款；各中小学共投入 625.09 万元，元用于教师培训，占生均公用经费的 9.6%。

2011 年年底至 2013 年，区教育局对幼儿教师进行新教师岗位、骨干教师培训、公办幼儿园园长、普惠性（民办）园长及幼教专业的分期分批培训；专门对民办园长进行《幼儿园教育指导纲要》的解读培训，引导各级、各类幼儿园的管理者把握正确的办园方向。2012 年，区教育局完成区教育系干部能力提升培训 80 人，新课标管理能力提升培训 1560 人。按照先培训后上岗，未培训不上岗的原则，新招聘教师均参加由区教师进修学校组织的岗前培训。

2013 年，全区幼儿园开展的“国培计划”系列培训，各幼儿园有 700 人次参加各级培训。小学有 200 人参加骨干教师培训，中学有 300 人参加骨干教师培训。利用暑期对各民办学校教导主任 100 余人进行一周的业务能力提升培训；对区属各公办学校的校长、幼儿园园长 100 余人进行领导核心能力提升培训；对 64 名中小学校校长进行 15 天的岗位集中培训；10 月，组织部分基地项目学校校长赴长春考察培训；选送 20 名教师到新加坡培训 9 天；培训新教师 500 余名；组织公办和民办中小学近 800 余名班主任进行心理健康辅导培训；区教师进修学校组织部分中小学教师参加为期半年的远程培训。

从 2014 年起，区教育局按《3 岁~6 岁儿童学习与发展指南》对教师进行培训，使幼儿园在幼儿期培养目标从科学、合理、全面、实效上不断提升。利用暑期，对各民办学校教导主任 100 余人进行为期一周的业务能力提升培训；对区属各公办学校校长、幼儿园园长 100 余人进行“领导核心能力提升培训”；对 64 名中小学校长进行为期 15 天的岗位集中培训。2015 年，区教育局启动云岩区“未来教育家培养工程”，举办国内知名教育专家主讲的讲座；共同体邀请全国知名专家讲学；依托教育部有关机构选派校长、园长培训；联合省教师教育学校举办教导主任培训班。选派校（园）长参加国培计划、省培计划培训，参训率达到 100%。“未来教育家”培养工程（中小学校长、幼儿园园长、名师、骨干教师）共培训 2400 人次。

第六节　轮岗交流

2001 年，全区有 41 所学校共 115 名教师、21 名校级干部到薄弱和边远学校轮岗交流。2003 年，有 11 名校级干部和 84 名教师到薄弱和边远学校进行轮岗；安排 35 名优秀大中专毕业生到薄弱和边远学校任教。2013 年，校长、教师交流率 3.7%。2014 年，校长交流 31 人，教师交流 110 人，以城区中心学校与边远学校“结对子”、城镇学校“送教下乡”等交流形式，安排教师和校长交流 256 人次，全年交流率达 11%。2015 年，区教育局共派出交流支教人员 155 人，其中区内教师交流 121 人，乌当区等地与云岩区学校教师交流 10 人。结合五大学区教育共同体建设，推进教师学区内交流新模式的实线，拓展教师交流的数量和范围，同时开展集团化学校教师交流。义务教育学校校长、教师交流率在 10% 以上。

第四章　教学活动

云岩区各中小学和幼儿园坚持德、智、体、美、劳五育并举的原则，发挥课堂德育主渠道作用，通过各种教育教学活动拓宽学生动手动脑的能力，树立为共产主义理想奋斗的意识。

第一节　素质教育

一、德育

云岩区坚持“德育为首，五育并举”原则，既发挥课堂德育主渠道作用，又通过各种教育教学活动拓宽学生动手动脑的能力。2001 年以纪念中国共产党成立 80 周年为契机，组织学校开展了科技创造教育活动和以爱国主义、集体主义、社会主义教育为主题的系列活动。全区学校参加贵阳市纪念中国共产党成立 80 周年系列活动，分别获一等奖 4 个、二等奖 8 个、三等奖 7 个。

从 2004 年起，毒品预防教育课正式列为小学五、六年级教育教学计划之中，并采取有效措施，确保毒品预防教育教学计划、课时、教师、教材“四落实”。按照学科教学渗透法制教育方案要求，在小学《语文》《品德与生活・品德与社会》等教学中均渗透毒品预防法制教育。各个学校创新毒品预防教育形式，如金马街小学用“童谣”曲调编排的“毒品预防广播操”，被省禁毒办在全省推广；枫丹白露小学与专业音乐人合作的毒品预防公益歌曲《珍爱生命》，省府路小学聘请京剧作家编排出京剧曲目《少年毒品预防京韵颂》在校园活动中传播开来。全区达到“学生不吸毒、校园无毒品”的目标。2005 年，云岩区获德育类国家级奖 10 个，省级奖 6 个，市级奖 9 个。

2008 年，《贵阳市生态文明城市建设读本》（小学版、初中版、高中版）进入相应年级课堂教学。全区中小学开展“2008 云岩区建设生态文明城区暨班班有歌声”合唱活动。9 月 25 和 26 日，区教育局举办合唱决赛，全区 40 余所学校参加，选派 11 支队伍参加贵阳市比赛，其中有 10 个队获一等奖，1 个队获 2 等奖；区教育局获优秀组织奖。贵阳市第十七中学编写的《中华传统美德读本》，2008 年 9 月由贵州省人民出版社出版发行，成为传承中华传统美德的范本。

2011 年 7 月 1 日，在云岩区“庆祝中国共产党成立九十周年暨 2011 中国・贵阳避暑季云岩区少儿艺术节”上，各中小学、幼儿园全员参加的“祖国好・家乡美”少儿中华经典诵读、优秀童谣传唱活动、手抄报比赛，并组队或选送优秀作品参加全市决赛。

至 2012 年，全区创建绿色学校 27 所。其中全国绿色学校 1 所，贵州省绿色学校 7 所，贵阳市绿色学校 19 所。至 2013 年，有市、区级学科渗透法制教育示范县、示范校建设各 8 所，市、区级“三生、四爱、五心、五好”示范学校各 4 所。2015 年，将“社会主义核心价值观”融入学校教育，实现全科、全程和全员育人；加强学生心理健康教育，完善心理辅导课程设计和实施评比标准，增强德育工作的针对性和实效性。

二、体育卫生艺术

云岩区贯彻学校体育、卫生工作的两个条例以及《义务教育艺术课程标准》，在学校加强体、卫、艺教育，在学生中树立“健康第一”的思想，督促学生养成良好的卫生习惯。2001 年，对城区各中学初中毕业生进行体育合格证的检审。小学体育锻炼达标施行面为 100%，达标率为 95%；将贵阳中天北京小学的“大课间操体育活动”作为省级优秀科研项目成果，在全省展示并推广。2003 年，开展“三棋”（象棋、围棋、跳棋）进校园活动，减轻学生过重课业负担与开展丰富多彩的体育、艺术活动相结合，提高学生生活、学习质量；在中小学生中推行“2 +1”（体育、艺术 +1 项目）活动，初步形成学生课外活动新体系。同年，云岩区被教育部授予“全国中小学生课外文体活动示范区”称号；2005 年，云岩区获国家级奖 39 个、省级奖 44 个、市级奖 49 个；艺术类国家级奖 10 个、省级奖 18 个、市级奖 14 个；体育类省级奖 11 个、市级奖 15 个。另外，贵阳市第二实验小学足球队获全国冠军两个、亚军两个、第三名 4 个。

2007 年，区教育局先在 20 所学校进行“体育、艺术 +1 项目”实验，然后向所有学校推广。2008 年，贵阳市第二实验中学等 11 所中小学校成为贵州省首批“学校体育场馆向公众开放”试点学校。2010 年，教育部授予云岩区“全国阳光教育先进区”称号。2013 年，推行大课间体育活动，确保学生“每天锻炼 1 小时”。各校以学校体育、艺术、科技课程为载体，编排特色大课间操，成立艺术社团、科普社团等，加强和改进学校体育、艺术、科技教育。2014 年，在学校开展“2 +1 +1”（让学生熟悉或喜爱 1 项体育、掌握 1 项艺术技能、参与 1 项科技活动）活动。4 月—5 月，全区 9219 名考生完成初中毕业生体育考试。10 月，区教育局举办云岩区青少年运动会所有学校都组队参加；在“中国强、少年强”健身舞大赛中，贵阳市第十九中学、贵阳市省府路小学获得全国比赛一等奖；在全省体质健康标准测试赛中，贵阳市第十三中学获中学组团体总分第一名。

从 2013 年 10 月起，各学校教师、校长参与国家课程校本化实践研究，对原有课程进行重组、精选、整合、延伸。促进学生个性化发展和学习能力提升。各学校结合实际开展社团和兴趣小组活动，落实学生“每天锻炼一小时”，开展体育项目创建活动；培养和激发学生的兴趣和特长，促进学生全面发展。

第二节 校外教育

区属校外教育机构主要有位于延安中路的云岩区少年宫，占地面积 5217 平方米，建筑面积 5320 平方米。内设培训部、文艺部、美工部、科技工作室；设施有多媒体室、科技活动室、展厅、排练厅、各专业科目培训教室，可容纳 800 多人的小花剧场和 2 万余册科普读物的图书室等。

2005 年 9 月，区少年宫获得中央宣传部、中国科协等 11 个部门联合授予“中国青少年社会教育银杏奖”。2009 年 6 月，获中国青少年科技辅导员协会授予“全国青少年校外教育先进集体”称号。2011 年 12 月，获中共贵州省委、省人民政府授予“全省文明单位”称号；曾连续 6 年被评为贵州省和贵阳市“青少年科技活动先进集体”。

一、艺术门类的公益性普及培训

云岩区少年宫常年开设春季、秋季、暑假培训班。有舞蹈、声乐、美术、书法、摄影、少儿京剧、器乐、卡通动漫、表演艺术、小主持人等培训科目。2013 年举办 3 期，每期 20 多个培训科目共 40 多个培训班，每期培训学生 1000 余人。2014 年举办 3 期，有 16 个培训科目共 20 多个班次。2015 年，举办 2 期，有 30 余个培训科目共 51 个班次，

2014 年，云岩区少年宫开创“四点钟”校外活动，利用学生下午空余时间，区少年宫合唱团、舞蹈、管乐及科技等专业教师下到各学校，对有艺术和科技爱好的学生进行免费辅导和培训；各校组织具有一定科技、文艺专长的学生组成多种社团，开展科技和文体活动。

二、科技教育

区少年宫科技展厅分为 5 个展区，有组织地进行科普教育和宣传展览。利用图片、模型和实物展品激发儿童和青少年的想象力和动手动脑的能力，培养科学兴趣；科技制作室作为组织青少年科技竞赛活动的场地，帮助学生学科学、用科学，锻炼实际操作能力；标本陈列室陈列各种动物标本，多次举办恐龙化石、植物等标本展览，每次展览接待参观者上万人次。利用小花剧场举办科普教育、知识竞赛、放映科普电影等活动。

2011 年，区少年宫建立青少年科技工作室，联合区教育局、科技局、科协等上级部门，设计符合青少年需求的科技科普活动。2012 年 5 月，举办云岩区第一届青少年机器人竞赛。2013 年 5 月 18 日—19 日，举办云岩区科技教育竞赛，有 1700 多名师生参加 20 多个项目的比赛；10 月 28 日，区少年宫与省教育厅共同举办 2014 第二届贵州省青少年机器人大赛。2015 年，区少年宫以中国区贵州省青少年 DI 创新思维组委会身份，组队赴美国参加 DI 全球创新思维总决赛。当年被授予国际教育设备实验园。区少年宫将科技活动引进校园科技课程教学；组织学生到少年宫科技工作室开展综合实践活动、参加研究性学习；每年组织全区性的学生科技教育竞赛。2014 年起，逐渐将单项的科技活动组成综合性“实验包”，将科技活动资源作为学校综合实践课程的备选课程，向学校和社会推广。2015 年，区少年宫将机器人、溜溜球、平衡车、化学“实验包”等项目分别引入 26 所校园作为学校综合实践课程的特色项目。

第三节　教学研究

一、区教师进修学校教研活动

2001 年 9 月，云岩区参加的“国家基础教育课程改革实验”，申报立项为市级课题组织课题。2003 年，《云岩区小学综合实践活动课程实施途径与方法的研究》课题作为市级课题《贵阳市小学综合实践活动的方法和途径研究》课题的子课题，获准立项，全区 7 所小学参加课题实验，80% 以上教师参加课题研究。2006 年，获准结题。次年课题获“贵阳市第六届优秀教育科研成果评选”一等奖。至 2004 年 5 月，全区基于课程改革的 11 个区级课题、5 项创新教育和学科类市级课题全部结题。在整个课题推进过程中，区教师进修学校 2004 年申请的市级课题《关于农村教师队伍建设的研究》研究成果 2007 年获“贵阳市教育科研成果”一等奖；2006 年参与并完成《贵阳市小学综合实践活动的方法和途径研究》课题研究任务。2007 年 7 月，区教师进修学校组织 40 所中小学参加全国教育科学“十一五”规划教育部重点课题《有效推进区域教师专业发展》贵阳市总课题《以有效研修为切入点，有效推进区域教师专业发展》的课题研究，区级子课题《云岩区以有效教学研究为切入点，区域推进教师专业发展》。2010 年，在“蹲点教研”活动中，区教师进修学校以特色工作为课题抓手，使教研工

作更具实效。课题于2013年12月结题。

2010年，区进修学校在全国获奖论文18篇，在贵州省和贵阳市获奖63篇；在全国（总课题组）获奖科研成果两个，在省市获奖科研成果6个。组织云岩区教师的学科交流、专题交流和教学科研工作交流活动共12次。2015年，申报的《提高学术水平促进教研员专业发展实践研究》《云岩区建设群文阅读校园阅读工程实践研究》课题均为省级立项课题。

二、中小学校教研活动

2002年以来，中小学专任教师的专题论文，获省级以上获奖16项，在省级以上刊物公开发表论文或著作30篇，人均论文1篇（项），其中较重要的有2002年第8期《贵州教育》刊载的《小荷才露尖尖角——贵阳市云岩区课程改革实验纪实》《人民日报（海外版）》刊载的《课改给孩子们带来些什么?》和《贵阳日报》刊载的《拿什么评价你，我的老师?》等文章；参与编写、修订教材7套，编写教案202万字，编写各类作业16种。《云岩区以有效教学研究为切入点，区域推进教师专业发展》课题2009年通过市结题，获总课题组评选一等奖，《结题报告》2010年11月通过市课题组检测，获贵阳市科研成果一等奖。2010年，确立以"蹲点教研"为切入点的课题《新课程背景下教研工作职能转变与方式创新的研究》，在贵阳市教科所立项为市级课题。2006年—2010年，多所小学参与中央教科所"十一五"重点课题《综合实践活动教师指导有效性和课程资源开发》的课题实验研究，2011年5月，中央教科所总课题组批准结题，并2013年7月获"第一届贵州省中小学教学成果"二等奖。

2013年，各学校开展《云岩区理想课堂的实践研究》，进修学校教研员、全区14个课题实验学校师生及云岩区第一批"榜样教师"参与课题研究。同年12月，市级课题《新课程背景下教研工作职能转变与方式创新的研究》结题，并出版课题论文集《同行人》。2014年，区教育系统以"理想课堂建设为切入点，构建五大学区共同体，促进义务教育优质均衡发展"成为贵阳市义务教育阶段实验区项目。全区12所实验校参与教育部教育装备中心项目《基于技术环境的英语教学整合课题》研究；独立参加市级课题的头桥小学通过结题检测，获准结题。同年9月，在"贵阳市第八届中小学优秀教育科研成果评比"中，贵阳市实验小学课题《奏响思维的乐章》获一等奖。

2004年—2005年，全区参与《新课程师资培训模式的研究》课题的9个学校的阶段性成果，参加中央教科所组织的成果评选，分别获一等奖2个、二等奖5个、三等奖2个。2006年—2010年，全区有30名教师在国家、省、市的优质课评比中获奖，在全国获奖论文129篇，在省、市获奖论文1452篇；科研成果在全国（总课题组）获奖98个，在省市获奖24个。2008年—2015年，全区教师参加论文评比活动在省级教育教学论文评比获奖4000余篇。

三、区教育局主导的教研活动

2001年云岩区教育局《"四位一体"教师继续教育培训机制》的课题通过市课题组的结题鉴定。2004年和2005年，组织教师参加中央教科所《整体构建德育体系》《小学生考核评价体系改革实验》课题在内的13个国家级课题、3个省级课题、4个市级课题、7个区级课题、6个校级课题均按期结题。《毕业班学生素质评价方法的实践与探索》《小学自然教学中影响学生发挥主体作用的因素及对策》《幼小衔接，平稳过渡》《大课间体育活动》等课题及基础课程改革的11个区级课题、5项创新教育、学科类市级课题均通过各级部门组织的专家鉴定；参加课题科研相关论文在国家级刊物上发表百余篇；获省级课改优秀课10余节。2006年—2010年间，各小学获各类科研奖多项；全区获全国级奖论文129篇，获省、市级奖论文1452篇，获全国（总课题组）奖科研成果98个，科研成果在省、市级获奖24个。

2010年9月—2012年6月，区教育局在试点学校以“蹲点教研”为切入点，探索“蹲点”教研工作的途径和方法，对学校基础教育课程进行深化改革；通过“观课议课”进行教研工作服务指导，提高课堂教学的有效性。2012年8月—12月，筛选案例，总结经验与成果，并举办蹲点教研工作成果汇报交流会，提高教研员业务素养。同年12月，在贵阳市第四十中学举行《新课程背景下教研工作与职能转变与方式创新的研究》交流会。教师逐步从“经验型”向“研究型”转变。

2013年7月，云岩区“理想课堂”建设课题研究《让学生快乐幸福生活》培训专题会议召开，在全区各校开展蹲点联片教研专项调查于次年4月结题。2014年，创建以理想课堂建设为切入点，构建学区教育共同体，促进义务教育优质均衡发展试验区工作，建立“1+x”模式（1所中心优质学校+片区公办学校+2所民办学校的教育共同体），对教学内容合理性和教学方法有效性进行研究，推进国家课程校本化和校本课程的研究开发。

截至2015年，“理想课堂建设研究”培养出“榜样教师”42人。教师能进行新课改理念下的中小学校本课程（以学校为本位、由学校自己确定的课程）建设和研发；按照“一校一案”策略，推进各校教研工作。

四、幼儿教育科研

2001年，区教育局下发《云岩区小学、幼儿园教育科研工作实施意见》。全区建立实验课题44项，其中联合国3项、国家（部）级4项、省级1项、市级24项、区级12项。4月，贵阳市第九幼儿园参与国家级创新教育课题并结题；7月，贵阳市第八幼儿园承担的市级课题《构建幼儿主动学习途径与学习方法的实践研究》通过评审鉴定，获结题证书。2002年，贵阳市第五幼儿园被批准为《全国教育科学“十五”规划整体构建学校德育体系深化研究与推广实验》国家重点课题实验学校。

2003年，组织全区一类和非一类幼儿园“幼儿园主动学习活动”教学方法的研究和教学评比活动，出版《云岩区实施〈幼儿园教育指导纲要（试行）经验论文集〉》作为教师学习交流资料。2004年，在云岩区小花幼儿园、中心幼儿园开展“0岁~3岁早期教育试点”工作。6月和11月，在贵阳市第五幼儿园、第二实验幼儿园举行园本教研现场研讨会，进行园本教研经验交流及论文评选。10月，贵阳市第五幼儿园获《幼儿园教育指导纲要（试行）行动计划》总课题组批准，成为教育部“十五”重点项目《幼儿园教育指导纲要（试行）行动计划》全国试点园。通过两年的科研活动，辖区幼儿园的教研水平有提高。

2005年6月，贵阳市第八幼儿园获“全国德育科研先进实验学校”称号；8月，在全国“十五”规划重点课题研讨会上，贵阳市第一、第八和第九幼儿园同时获“全国德育科研先进实验学校（幼儿园）”称号，贵阳市第二实验幼儿园、第九幼儿园被定为省级示范性幼儿园；贵阳市第五、第九幼儿园和第二实验幼儿园参加中央教科所组织的贯彻《幼儿园指导纲要》展示活动。

2006年6月，贵阳市第九幼儿园承担的国家级《德育课题》结题。2008年6月，贵阳市第一和第九幼儿园获“贵州省幼儿园早期阅读案例研究优秀园”称号。7月，贵阳市第八幼儿园承担的“十一五”课题《流动人口家庭学前教育指导问题的实践研究》课题结题。

2011年12月，贵阳市第一、第五、第九幼儿园、贵阳市第二、第三实验幼儿园承担的全国教育科学《“十一五”心理健康》课题结题。2013年10月，贵阳市第九幼儿园、贵阳市第二、第三实验幼儿园获贵州省幼儿课程建设优秀实验园称号。全面落实《3岁~6岁儿童学习与发展指南》和《幼儿园一日生活指南》。2015 年，云岩区深化区域性幼儿良好习惯养成教育实践研究，完善课程体系建设。

第四节 学科竞赛

2002 年—2004 年，云岩区师生在教学评比和学科竞赛中，获国家级奖 537 个、省级奖 416 个、市级奖 552 个；学生获奖：国家级奖 3689 个、省级奖 779 个、市级奖 1275 个。2005 年，区教育局组队参加全国“华罗庚小学数学金杯赛”获贵阳市第一名，获学科竞赛国家级奖 5 个、省级奖 3 个、市级奖 1 个；其他国家级奖 5 个、省级奖 5 个、市级奖 8 个，成为全市唯一参加全国“希望杯数学竞赛”获奖先进单位。

2015 年 11 月 8 日—9 日，承办全国初中信息技术与学科融合优质课大赛和全国信息技术优质课比赛暨高峰论坛。云岩区有 35 人获奖。

第五节 减轻课业负担

区教育局按照《国家基础教育课程改革贵阳实验区义务教育全日制小学、初级中学课程方案》，2001 年加强课程管理，减轻学生过重课业负担，但实践中，受应试教育模式制约，有一定阻力。多年来来，减轻学生过重的学业负担和心理负担的工作一直在实施中。2013 年，区教育局继续以课题为抓手，开展减轻学生课业负担，提升教学质量工作。建立一批教师实训基地学校，开展试点活动；与各学校签订《切实减轻学生过重课业负担，全面提高教育质量工作责任书》，将减轻学生过重课业负担落到实处。4 月，区属 9 所中小学接受中国教育科学研究院教育督导评估研究中心学生课业负担状况调查。贵阳市第二实验中学、环西小学和黄花街小学，被评为贵阳市减负增效提质示范学校。

云岩区规范“办学行为 20 条（试行）”，对中小学有偿补课对问题进行治理，减轻学生过重课业负担。2015 年，区教育局与各学校签订《切实减轻学生过重课业负担，全面提高教育质量工作责任书》，按规定严格控制学生在校学习时间，按规定控制考试科目与次数，不利用假期、公休日、课余时间组织学生集体补课和有偿补课，中小学生过重课业负担有所减轻，全区有市、区级减负增效提质示范学校各 3 所。

第六节 推广普通话

2001 年，云岩区中小学教师普通话测试按计划推进。至 2003 年，中小学教师普通话达标率为 95% 以上，“三笔字（粉笔字、毛笔字、钢笔字）”合格率达 99%。普通话及“三笔字”培训已辐射到全区各类幼儿园，通过培训，近 200 名幼儿教师取得了合格证。

2015 年 9 月，在第 18 届“全国推广普通话宣传活动周”期间，各校在星期一的升旗仪式上，展开“说普通话、写规范字”活动；结合语文教学和综合实践课程开展经典诵读活动，结合爱国主义教育系列活动举行“小学生讲故事比赛”“中学生诗文朗诵比赛”等活动，推广普通话。

第五章 教育设施

云岩区在城市建设中，优先考虑学校校舍和教学基础设施建设，以校园基础设施标准化和教育资源均衡配置政策为依据，建立消除学校危房的长效机制，消除学校危房；新建一批现代化校舍；陆续为所有学校添置、完善电化教学、音乐美术活动和体育运动设施等教学设备；建立藏书种类丰富的图书馆，改善办学条件。

第一节 校舍建设

2001 年区人民政府和黔灵镇人民政府共同出资，修建安井小学初中部，解决当地学生上初中难的问题。2002 年，贵阳市第十九中学分校项目竣工。2003 年，建成贵阳市实验小学科技综合楼；维修圣泉等 4 所小学校舍；金马街小学危旧房改建设为混凝土结构校舍。2005 年，新建三桥小学教学楼，改扩建黄花街、贵乌路小学校舍，新建百花坪小学、雅关学校食堂和厕所。2001 年—2005 年，共改扩建校园 15 所，新增和改扩建面积 2.13 万平方米，其中引资改扩建香狮、岳英、市西、北郊等小学，维修校舍 1.1 万平方米。

2006 年，完成市东小学、林木小学及黔灵小学校舍改建工程。2008 年，建成砖混结构雅关学校新教学楼；完成东山小学、林泉小学、实验三小和金鸭小学 4 所薄弱学校校舍改造工程；完成贵阳市第二十四中学、雅关小学等 13 所学校教学楼的新建和改造。次年启动贵阳市第二十八中学及头桥小学、百花坪小学、大坪小学校舍改建项目。2010 年，启动黄山冲学校建设和江西村小学改造项目；对贵阳市第四十中学、环西小学、贵师附小等学校进行校舍防震加固改造。“十一五”规划期间，云岩区新建改建校舍面积共 14.2 万平方米。

2011 年，完成贵阳市第九幼儿园校舍和运动场设施更新改造；2012 年完成雅安幼儿园、渔安安井学校搬迁重建，以及市北幼儿园改扩建工程。2014 年，渔安中学建成，面积 1.46 万平方米，可容纳 36 个班级；同年配建中天未来方舟幼儿园和黔灵半山幼儿园。至此，全区教育“4+2”工程（学前教育突破工程、高中阶段突破工程、高等教育突破工程、农村寄宿制建设工程，加上优美教室工程和围墙安全工程）全部完成。

2015 年，完成贵阳市第四十中学改扩建和万科中小学配建工程，启动贵阳市第二十八中学扩建工程。北京日坛中学贵阳分校、北京芳草地国际学校贵阳分校、贵阳市第十九中学万科城分校、省府路小学万科城分校和枫丹小学等学校改建。“十二五”规划期间，全区建成中小学 7 所，幼儿园 10 所；新增校舍面积约 6.5 万平方米，维修校舍面积约 32 万平方米。截至 2015 年年底，小学校舍面积共 212 万平方米，生均 3.2 平方米；初中校舍面积 16.274 万平方米，生均 5.2 平方米。

第二节 校园改造建设

2005年，解决贵阳市环西小学、贵乌路小学校门前的交通安全隐患。为实验二小铺人造草坪足球场4300平方米，新东门小学铺塑胶场地2700平方米，为各校园更换铝合金窗、改造照明电路。2007年，完成贵阳市第十三、第四十中学，野鸭小学、贵师附小、云岩小学等14所中小学校园环境改造，和贵阳市第三十七、第二十三、第二十八中学等23所学校的校园改造建设。2009年，对贵阳市海文小学、杨惠小学、金关小学、毓秀路小学等22所学校进行校园改造建设，实现办学条件的相对均衡。2013年暑期，完成了贵阳市三桥小学、第三十中学，第二实验中学、第三实验幼儿园等30所学校的校园改造。至年底，区属各校园建设全部完成。“十二五”规划期间，全区中小学、幼儿园所有场地全部完成塑胶场地改造。

第三节 配置仪器和图书

云岩区1998年被确定为“贵州省普及中小学实验教学县”后，区教育局按逐年分批为公办小学配置教学实验仪器、图书及体、音、美、器材。2001年，对海文、林木、城西等小学投入83.4万元的教学设备。2002年，为4所村镇学校添置教育教学设备50万元。11月，区教育局通过省督导组和条件装备设备处对全区普及实验教学的复查验收工作。2003年，为改茶小学购置教学仪器、图书等投入30万元。至2005年，区属学校增加图书1.7万册。2007年投入资金364.89万元，为新建、毓秀路小学和三桥、渔安、百花坪、行知学校添置实验仪器和图书。

区教育局2008年举办实验室建设工作培训，进一步加强、规范中小学实验室的建设和管理工作。全年投入资金近1000万元，为各中小学配置图书12万余册等。至2015年，小学教学仪器配备率为80%。其中：公办小学100%，民办小学65.57%，事业办小学100%；生均图书13.3册。其中：公办小学19.67册，民办小学4.52册，事业办小学9.35册；初中教学仪器配备率为80.85%。其中：公办初中100%，民办初中66.66%，事业办初中100%；生均图书19.4册。其中：公办初中31.72册，民办初中9.28册，事业办初中1.47册。

第四节 配置电教设备

全区2001年有16所学校设置多媒体电教室，7所学校配置语音室，28所中小学校建立计算机室。至2005年7月，区属中小学共有计算机2500多台，计算机网络教室43个，电子备课室、阅览室20个，多媒体教室43个，校园网16个，中小学校计算机网络教室和多功能教室的建设基本完成。2009年，配备校园网22个，多媒体网络教室20个，移动多媒体40个，使薄弱学校的电教设备大为改观。2013年，将中小学信息化建设及运用工作归口于区成教中心负责，为20所中小学配置硬件设备。2014年，完成其余33所中小学及8所幼儿园的信息化硬件建设。新增教师机2728台、学生机3658座、

"班班通" 1140 套（LED 大屏）、辅助教室多媒体 114 个（电子白板）、校园中心机房 53 个、精品录播教室 11 间和移动录播站 19 套。全区中小学接入光纤网络，实现信息的互联互通，推进"智慧课堂"在中小学中的应用。

截至 2015 年，在中小学教室和教师用微机中，安装备课软件和涵盖全区中小学教材所有版本的精品备课资源，改善教师的课堂教学通过信息化条件，中小学校园网建成率达到 100%，计算机师机比 1∶1、生机比小学 15∶1、中学 6∶1、多媒体班套比 1∶1，完成"三通两平台"（宽带网络校校通、优质资源班班通、网络学习空间人人通，教育资源公共服务平台、教育管理公共服务平台）建设，实现义务教育基本均衡发展目标。

第六章　教育管理

云岩区教育局由云岩区人民政府主管，同时接受贵州省教育厅、贵阳市教育局的督导检查，依法律履行所辖中小学、职业学校和幼儿教育机构的行政管理职能。

第一节　管理机构

云岩区教育局是区人民政府主管全区教育工作的职能部门。至 2001 年，局内设办公室、业务科、人事科、计划财务科、保卫科、基建办公室、团委、工会、退休协会办公室。政府职能转变和机构改革，2015 年，局内设党政办公室、计划财务科、基础教育科、综合科、人事科、教育督导室、基建办公室、学前教育中心、学生资助中心、招生考试中心、法规保卫科、职业和成人教育科。干部职工共 81 人。直属单位有区教师进学校、区成人教育中心、区少年宫。直接管理公办教育教学单位 66 个，指导管理民办教育教学单位 131 个。

第二节　教育督导

2001 年 5 月、9 月，云岩区分别接受国家、省和市对校园安全工作、体卫艺工作的督导检查；4 月、11 月，区教育局分别对 21 个社会力量办小学进行办学水平评估。12 月，对区属公办学校进行年度目标督导考核。2002 年，开展学前班督导检查，推进一类幼儿园互查工作。11 月，开展对全区普及实验教学的复查验收工作。12 月，对区属公办学校进行办学水平评估督导检查。

2003 年，对辖区一类幼儿园开展教育教学和卫生保健专项督导检查。加强民办幼儿园审批注册及年检工作，对未登记注册的幼儿园（班）进行清理整顿和规范管理；对持证幼儿园逐一年检审核；对达不到标准的园所，分别给予限期整改、依法予以取缔的处理。对办园规范、保教质量较高的持证幼儿园，给予达标升类和表彰，在经费等方面扶持。同年6月，开展小学毕业水平测评，抽测非毕业班，加强教学质量监控。完成对区属学校课程改革专项督导检查和企事业单位办学第二轮办学水平评估。

2004年，完成社会力量办学学前班、小学的办学水平评估检查40余所；年底完成对区属42所公办学校德育督导评估；与市教育局签订《2005年贵阳市教育目标管理责任书》，开展一类幼儿园评估检查验收等工作，加强对幼儿教育和基础教育工作的指导和管理，推进督导工作。开展区属小学第三轮办学水平评估检查，有9所小学和2所中学接受贵阳市标准化学校评估验收。此项工作以后每年正常开展。通过标准化学校评估验收，教师的质量意识增强，学生成绩提高。

2008年，区教育局按照市人民政府教育督导室评估部署，对各中小学、街道办事处、黔灵镇“两基”迎“国检”阶段性目标过程进行督导检查并提出整改意见。全年，编发云岩区教育《督导公报》5期，及时公告区教育系统各项工作的开展情况。2012年，开展中小学、幼儿园安全工作和开学工作、公办幼儿园保教工作、中小学素质教育评估等专项督导7次，接受上级督导4次。全年下发检查督导整改通知书200余份，编发《督导公报》4期。云岩区被评为全国国家基础教育质量监测工作先进县区。2013年，落实督学责任区制度和《云岩区中小学、幼儿园责任督学桂牌督导实施方案》，任命专职督学3人，聘请兼职督学89人。将全区划分为16个督学责任区，在中小学、幼儿园实行挂牌督办制度。安排督导经费开展学校、幼儿园规范管理、教学常规、办学行为、食品卫生、学校安全、校园周边环境等督促指导和督导评估。把严禁“小学化”（幼儿园教授小学教学内容）倾向放在检查督导的首位，遏制幼儿教育“小学化”倾向。针对民办幼儿园无证经营的现象。2014年，明确区四大班子成员每人负责联系1个社区（镇）幼儿园和1个“小小幼儿园”，帮助幼儿园改造提升，按照“扶持一批、整改一批、取缔一批”的原则清理整顿无证办园，取缔无证民办幼儿园43所、颁证39所、整改提升31所。2015年，云岩区配齐专兼职督学，其中专职督学2名（副科级），兼职督学80名，实现中小学责任督学挂牌督导全覆盖。完成春季及秋季学期开学工作的督导检查。

第三节 经费管理

一、教育经费

2002年，云岩区贯彻贵阳市《关于基础教育改革与发展的决定》，义务教育经费做到教育财政拨款的增长高于财政经常性收入的增长；按在校生人数平均的教育费用逐步增长和保证教师工资和学生人均公用经费逐步增长“三增长”。在财政预算中，将义务教育经费单列。区人民政府和税务部门，对足额征收的教育费附加、地方教育附加，农村税改资金的50%、城维税的5%、土地出让净收益的10%，均如数拨付教育系统。

2005年后，全区财政教育支出较上年增长率均高于财政经常性收入较上年增长率；义务教育阶段学校的小学、初中生均教育事业费均逐年增长；学生平均公用经费逐年增长，上级下达的公用经费与免费补助资金全部及时到位。2007年，实施《云岩区农村义务教育经费保障机制改革工作方案》，区财政预算拨款100万元，将教育惠民工程落到实处。每年提取公用经费的5%，按教师工资总额的1.5%用于教师培训支出；按照“县级以上人民政府应当将教育督导经费列入财政预算”的要求，区财政每年安排“督导教育”专款。将进城务工人员随迁子女义教育所需经费列入教育经费预算。2015年，投入教育经费11.14亿元。义务教育经费继续保持“三个增长”，农村税费改革转移支付资金用于义务教育的比例达到省规定要求。

表 1 云岩区义务教育总经费投入表

（2000 年—2005 年）

年度	财政预算内教育经费(万元)		教育经费总支出（万元）	中学学生数	小学学生数
	数额(万元)	比上年增长%			
2000 年	3329	11.29	4401.03	965	30688
2001 年	4410.8	32.46	5523.99	932	29762
2002 年	4660	5.56	7008.41	875	29755
2003 年	5020	7.73	9446	933	28932
2004 年	6172	22.95	10423	1012	30840
2005 年	8160	32.26	13479	1210	31923

表 2 云岩区义务教育生均经费投入表

年度	生均教育事业费				生均公用经费			
	小学		初中		小学		初中	
	数额（元）	比上年增长%	数额（元）	比上年增长%	数额（元）	比上年增长%	数额（元）	比上年增长%
2000 年	953.51	14.58	1441.2	11.51	122.01	3.04	125.50	1.71
2001 年	1295.35	35.85	1863	29.26	123.71	1.39	165	31.4
2002 年	1346	3.9	2124	14	129	4.27	172	4.24
2003 年	1494.1	11	2216.73	4.38	171.4	32.51	217.25	26.31
2004 年	1894.1	26.83	2289	3.26	173.14	1	218.44	0.55
2005 年	2209.9	16.67	2617.5	14.35	188.1	8.67	233	6.67

二、经费管理

云岩区建立和完善各项财务管理制度，确保教育经费使用安全、合规、高效。每年区教育，区财政、工商、物价等部门对区属中小学、幼儿园教育收费进行专项检查，对存在的问题及时整改，规范各级各类学校的教育收费。2007 年年初，对中小学和幼儿园进行专项检查，内容包括财务管理、经费使用、收费管理、改善办学条件，以及设施使用维护、安全管理等工作。通过专项检查提高资金投入方向的准确性和资金使用效益；通过“以奖代拨”的形式，加大薄弱学校基础设施的投入和改造，使有限资金得到合理使用。

2008 年，云岩区规建立并实施义务教育经费和项目经费的监督、检查、审计和定期公告制度，对系统内的 9 所学校（园）进行年度财务审计，对 3 所学校进行校长离任审计。通过不断加大预算外经费的调控力度，实施“阳光采购”制度；制止和治理学校乱收费行为。逐年向学校发送《学校收费工作通知》，要求各学校严格执行“一费制”收费标准，实行“收支两条线”管理，从源头上规范收费行为。每年3月和9月开学期间，会同区财政、审计、物价、纪委和纠风办等部门进行收费检查和自检自查自纠。2013年，查处个人违规收费项目10个，违规收费18.971万元，均已清退。2015年，全区66个独立核算部门2014年财务决算、财政供养数据填报和国有资产审计清查工作以及区域内207个教育机构2014年全国教育经费统计报表工作全部完成。

第四节　人事管理

一、教职工编制管理

区教育局按照《云岩区中小学校人事制度改革实施方案》规定，从2007年起，全区中小学教职工全部实行聘用制。2011年，落实省人民政府办公厅转发省编委办《关于加强和完善中小学幼儿园教职工编制管理意见的通知》要求，开展中小学、幼儿园教职工编制核定。参照标准以最高限额即小学1∶19，初中1∶13，高中1∶12；幼儿园为1∶8核定教职工编制。全区教职工应有编制数为4576名，其中管理人员79人，专业技术人员4291人，工勤人员206人。实际人数为3935人。其中：管理人员20人，专业技术人员3772人，工勤人员143人；缺编549人。

区属中小学校岗位设置，分别为管理岗位、工勤技能岗位和专业技术岗位三类。岗位竞聘原则是“有岗才能竞聘”。管理岗位设10个级别，核定岗位（编制）94个，在岗19个；工勤技能岗设六个级别。核定岗位276个，在岗48个；专业技术岗位等级共设副高、中级、初级三个等级。核定岗位4202个，2012年在岗3868个，含在教师岗位上的工勤人员。2011年以后，区教育局建立教职工编制年报制度，实行定期调整，动态管理，区属校园在编在岗人员全部纳入实名制管理系统。

二、教师职称评审

2013年，全区评审通过小学高级教师53人，中学高级教师35人，中学一级教师40人，中小学初级职称537人。2014年，区教育局出台《教育系统岗位竞聘工作实施意见》和《职称评定违反师德师风“一票否决制度”》，完善教师职称评审考核机制，做好教师职务评审委员会及学科组织的换届推荐报批工作；执行贵阳市人民政府和市教育局规定的职称评定政策，完成357名中小学、幼儿园的高、中、初级教师职称资格的初审，经在云岩区教育网上公示后，完成中小学和幼儿园教师职称任命660人、明确岗位竞聘313人。

2015年，全区教师中有高级职称386人，中级职称1562人，初级职称1742人。有各类人才537人。其中全国名校长2人、全国骨干教师5人，省级名校长1人、省级特级教师6人、省级名教师3人、省级骨干教师60人，市管专家2人、市级名校长13人、市级名班主任3人、市级名教师18人、市级骨干教师141人、市级教坛新秀166人，区级名校长25人、区级名班主任22人、区级名教师114人、区级骨干教师206人、区级学术技术带头人18人、区级中青年科技骨干26人。有27名优秀教师被市教育局确定为贵阳市高层次创新青年培养对象。鼓励支持薄弱学校教师扎根基层，云岩区首次进行基层教师中级职称（一级教师）的认定工作，有22所学校41人通过初审，37人通过终审。

三、“三名”工程

2005年以后，区教育局实施《云岩区区级“教育名师”评审认定办法》和《管理办法》，开展名校长、名班主任、名教师“三名”培养工程，评定一批优秀教师。2007年，第二批“教育名师”评审工作启动。2008年，由中共云岩区委、区人民政府命名中小学和幼儿园“教育名师”56人。年末区教育系统各类人才有304人。其中省级教育名师进入教育部名师库1人，省级名校长2人、省级名校长培养对象2人、省骨干教师38人，市创新人才奖1人、市级教育名师2人、市学术技术带头人3人、市中青年科技骨干22人，区级教育名师56人、区级骨干教师142人、区学术技术带头人12人、区中青年科技骨干16人，高层次人才5人。

2013年，云岩区成立“名校长”工作室13个、“名班主任”工作室3个、“名教师”工作室18个；招募各区市县工作室学员278人。贵阳市第十九中学、贵阳市实验小学被市教育局授予“贵阳市教师专业实训基地”资格，依托“三名”工作室和教师专业实训基地开展教师培训工作。2014年9月，全区教师、校长积极参与教师“三名”评选活动，有25名校长获云岩区“名校长”称号，22名班主任获云岩区“名班主任”称号、76名教师获云岩区“名教师”称号；同年重新认定区级骨干教师55人。2015年，云岩区“三名”工作室实现全部挂牌和常态管理，考评监督机制建立。

四、教师公开招聘

区教育局每年接收统一分配的大中专毕业生，安排在各公办中小学和幼儿园任职，2001年接收安排79人，2002年83人，2003年66人，2004年54人，2005年59人。

从2006年起，云岩区每年向社会公开招聘公办中小学、幼儿园教师。2006年招聘59人，2007年91人，2008年95人，2009年80人，2010年115人。以上各年中小学和幼儿园招聘指标未分开统计。

2011年，招聘99人，其中幼儿园14人。2012年，云岩区的代课教师有92人转为正式教师；招聘336人，其中幼儿教师57人；接收免费师生（考生报考教育部六所直属师范大学后有条件地接受免费师范教育的学生）22人。2013年，招聘69人、其中幼儿教师13人；接收免费师生7人。2014年，招聘58人，其中幼儿教师4人；接收免费师生24人。2015年，招聘45人，其中幼儿教师30人；免费师生17人；引进6名高层次人才进入教师队伍。

第五节　教学管理

一、教学常规管理

2008年，云岩区头桥、市东、茶店等5所二、三类学校参加贵阳市教科所对全市四年级数学、英语学科进行的教学质量监控调研工作抽查。5所学校教学及格率和平均分数虽超过贵阳市平均值，但英语学科与某些区县比较还有差距。遂在原《云岩区中小学教学工作管理意见》的基础上制定《关于加强教学质量管理的通知》，实施“下校视导，加强监控，强校与弱校捆绑”等发展措施，促进薄弱学校的教学质量提高。2015年，继续开展“教育常规”专项督导，加强和规范教学常规管理。

二、课堂教学管理

2002年以来，区教育局通过开展“名师课堂”“新秀奖”“园丁奖”“课改优质课评比”等教学活动，检验各学校课堂教学实况。促进教师钻研教材和《新课程标准》，备好详细教案、教学目标、教学环节，保证教法、学法和板书设计质量。要求教师每堂课尽可能做到“五个关注”“六个意识”优化课堂。正确处理知识与技能、过程与方法、情感态度价值观三者之间的关系。教师通过选择适于学生年龄特点、认识规律和发展程度的教学方法进行教学，以满足不同发展水平学生的需要。使学生乐学、会学、善学；通过开展“教学问题—教学设计—教学行动—教学反思”的活动，提升教师的教学效能，把同一课例上成精品课。

区教育局领导除加强对教师教学的平时检查，随堂听课外，通过每学期末的质量评价，提出提高教学质量的措施和意见；开展“实验杯”青年教师课堂教学展示和特级教师示范课活动，让教师们体会到改革教学和提升学校的教育教学质量的重要性。

2013 年 6 月，贵阳市实验小学和北郊小学承办“中国教育学会小学教育专业委员会学校管理研究中心第四届年会”，在年会进行课堂教学展示。2015 年，区教育以夯实小学、巩固初中、提升高中，提升底线标准为全面提高教学质量的焦点，促进学生有效学习。

三、民办校（园）管理

2001 年，加快发展贵阳市民办教育的意见（试行）实施后，云岩区先后出台加强民办学校的管理措施、进城务工人员子女义务教育入学的有关规定、做好解决进城务工农民子女接受教育的意见，改扩建贵阳市三桥小学、海文小学、金关小学、杨惠小学等学校为挂牌接收外来务工人员子女就读的学校。

2008 年，加强对民办学校安全工作的督查，分流中兴、白天鹅和永恒学校近 500 名学生；为规范“公参民”办学行为，上述学校 2011 年改为完全独立的民办学校。2013 年 4 月，区教育局对民办学校办学条件、招生、学籍管理、教学等方面进行规范；按片区对民办中小学、幼儿园举办者、校址、办学内容、招生对象，以及办学许可证文号、编号、证号和办学许可证有效期限等信息录入，建档管理；加强民办学校校长、教导主任、教师的培训工作，启动公办与民办学校结对子、“手拉手”等教学活动，签订帮扶协议，提高民办学校的办学质量和教学水平。

2014 年，区教育局对超资质办学（小学资质的学校违规招收初中学生）及超规模办学（生均使用面积严重不足）校园进行清理整顿。截至 2015 年，共清理整顿无证民办中小学和幼儿园 126 所。通过教师培训、结对帮扶、资金投入等形式，促进民办校园健康发展。

第六节　学籍管理

2002 年，云岩区将 7 所普通高中学籍管理权限交还学校。制定《云岩区中小学学籍管理办法》，对适龄儿童、少年入学、在校生的转学、休学与复学、毕业与结业等提出具体要求，清理整顿、规范中小学的学籍管理。2007 年，实行教育教学评价和学籍管理单列管理制度。简化农民工子女就读手续，按照暂住地址相对就近安排入学；减免家庭经济困难学生的费用，享受与云岩区少年儿童同等待遇。2008 年，全区 98% 的学校实行电子学籍档案管理，建立学生信息库，学籍管理水平和工作效率提高。区教师进修学校成人教育学生的学籍都在主办单位；教育教学计划、授课教师及授课内容、教材、出题、阅卷等，由主办单位选定；学校参与招生、管理、组织授课、课堂安排、考试、监考、实习等工作。

第七节 招 生

2001年后，云岩区初中招生，执行不准考试，不准收报名费，不准办重点班的“三不准”规定；坚持初中“就近入学”原则，要求各校实行微机分班，平均分配师资和学生。从2004年9月1日起，区属中小学对进城务工人员子女在收费上与当地学生一视同仁。进城务工人员随迁子女，按其居住地，就近安排在公办学校，公办学校招生名额招满后，再由民办学校接收。参加中考和高考的学生，由招生单位根据规定的分数线，参考学生志愿，录取符合要求的学生。有残疾的学生安排在特殊教育学校入学。幼儿园升小学、小学升初中的招生，为每年5月—6月期间，由街道将九年义务教育范围内的适龄儿童和初中毕业生情况上报教育局统一划定片区，按就近入学的原则将学生分配到学校。

2007年开始，云岩区普通高中招生的报名、更改报名、招生信息发布、查询、录取、确认等工作均在网上进行，使招生信息更加公开透明，招生工作更为公平公正、学生选择权利更为充分、中考信息查询更为便捷、监督更加有力。区教育局每年配合贵阳市教育局审核、清退“高考移民”；配合公安机关查处考试违法犯罪人员，保障高考招生秩序。

2008年，区属公办中小学有48所面向进城务工人员子女招生。其中，贵阳市贵乌路小学、黄花街小学、北郊小学、三桥小学、金马街小学、茶店小学、市东小学、林木小学、贵阳市第二十三中学9所学校定为挂牌招收外来务工人员子女就读学校。秋季开学，中小学接收外来务工人员子女：公办11518人，民办26923人。

严格执行《云岩区义务教育阶段流动人口子女入学招生规定及实施办法》，在入学过程中，坚持以“流入地政府为主、以全日制公办学校为主”的原则，进城务工人员随迁子女与城市学生一视同一。2010年，公办61所中小学接收进城务工人员子女17472人，民办68所接收36422人。公办学校接收进城务工人员子女的比例由2008年的29.96%、2010年32.42%、2013年36.6%增至2015年的60%。云岩区常住人口多，优质学校也比较集中，故历年中考人数多居全市之首，高考则名列全省各县前列。

表3 云岩区历年中考、高考报名人数一览表

（2001年—2015年）

年份	中考人数(人)	高考人数(人)	年份	中考人数(人)	高考人数(人)
2001年	6303	2611	2009年	9613	5725
2002年	7554	2679	2010年	10090	5164
2003年	8027	2690	2011年	10406	5424
2004年	7588	3192	2012年	10180	5368
2005年	8129	4288	2013年	9246	5089
2006年	7885	5251	2014年	10109	4860
2007年	8063	5390	2015年	10611	5002
2008年	9014	5890			

第十八篇

科学技术

第一章　科技规划和成果

云岩根据区国民经济和社会发展的要求，结合省和贵阳市科技部门编制的科技发展专项规划，编制和实施云岩区科技发展的总体规划，以科技强区的理念，展开科技工作。云岩区科技局加强信息化建设，开展科学技术领域的基础研究、应用研究、试验发展三类活动；采取多种措施，促进科研成果的转化。完成各项规划任务、增强自主创新能力，在科技创新服务等领域均有较突出的成果。

第一节　科技发展规划

2001 年 1 月，区科技局编制的《云岩区科学技术“十五”计划》。2006 年 6 月，编制的《云岩区“十一五”科技发展重点专项规划》，2011 年 12 月，编制的《云岩区“十二五”科学技术发展专项规划》，经区人大、区人民政府审定后，作为指导规定时段内科学技术发展的行动纲领。期间先后编制《云岩区“十五”信息化专项规划》《云岩区“十一五”信息化专项规划》《云岩区知识产权战略规划》《云岩区建设科技大区发展规划（2004—2010）》等配套的建设性和控制性规划。截至 2015 年，各项规划的相关任务、预期指标在规定时限内完成。全区财政科技投入、自主创新能力、区域科技创新服务体系、高新技术产业发展等领域均取得阶段性成果。

第二节　规划实施成果

2001 年—2005 年间，云岩区先后建立从分管科技的副区长、区科技局分管的副主任、村级分管科技的副村长三级科技干部网络，以及科技创新生产力促进中心、咨询中心、服务中心等服务机构；成立区非公有制经济咨询委员会、云岩区科普志愿者组织、云岩区工业企业互助会机构和团体，推进科技创新。区“科技三项费”（国家为支持科技事业发展而设立的新产品试制费、中间试验费和重大科研项目补助费。从 2006 年起更名为“应用技术研究与开发资金”）累计投入 4677 万元，达到同级财政累计支出的 2. 20%。2009 年，云岩区科技经济专家组成立。

2005 年，全区高技术产业增加值已达 6. 9 亿元，将近占全部工业增加值的 75%。先后投入 2000 多万元，加强信息资源网和数据库建设，组织实施 75 个信息化建设项目。2006 年—2010 年，全区投入应用技术研究与开发资金 10528 万元，占财政决算支出的比重为 2. 0%，实施科技计划项目 188 项，拉动企业投入科技经费 7. 79 亿元；全社会 R&D（research and development，在科学技术领域的基础研究、应用研究、试验发展三类活动）投入占生产总值的比重为 1. 28%。区科技局组织辖区企事业单位申报并实施国家级科技计划项目33项，省、市科技计划项目立项1027项，推动31个重大科技成果成功实现转化；建成企业技术中心35个，其中国家级3个，省级20个，市级11个。期间全区共申请专利4954件，占全市申请量的52.8%；授权3193项，占全市授权量的63.34%。区属14家制药企业所生产的123个品牌中，5年形成民族药22个、专利药18个、列入国家中药保护品种9个，国家二类新药4个。

2011年，区科技局帮扶辖区企业申报市级科技计划项目41项，其中涉及工业振兴计划15项，中小企业创新基金计划7项，现代药业计划7项，低碳科技计划4项，科技创新平台计划2项。区人民政府和科技局组织和引导辖区企业申报市级科技计划项目，不断增强企业的自主创新能力，帮助企业挖掘有潜力项目；组织贵州省科技情报所、贵州新润科技咨询公司、贵阳业勤科技咨询中心和云岩区生产力促进中心等机构，为科技型企业提供项目咨询及申报服务；按照中共贵阳市委、市人民政府《大力发展高科技、高附加值项目的总体规划》，申报符合贵阳市工业发展趋势的新项目。新申报的项目主要集中在生物制药、电子信息、精细化工和资源环境等多个领域。

2011年—2015年，全区投入应用技术研究与开发资金29467万元，组织实施区级科技项目231项，实现新增产值5.86亿元，新增利税6400万元。区科技项目获国家级立项288项，省市级立项2829项；协助贵州益佰制药股份有限公司“国家苗药工程技术研究中心”落户贵州，建成省级重点实验室2个，省级院士工作站1个，省级工程技术研究中心1个；成立“贵阳市印刷技术工程技术研究中心”等市级工程技术中心9家；培育贵州轮胎股份有限公司等省级创新型企业7家，贵州佰仕佳信息工程有限公司等市级创新型企业12家。同时借助“云岩区专利技术成果推介会”平台，累计转化专利技术成果10项；累计完成或协助企业专利申请6695件；资助非职务发明专利1845项，投入金额130.22万元；培育国家知识产权示范企业1家，省级知识产权优势企业2家，省级知识产权试点企业2家，贵阳市知识产权优势企业2家，贵阳市知识产权试点企业3家，贵阳市生态工业知识产权工作示范企业4家，贵阳市知识产权示范学校1所、试点学校4所；组建云岩区（中药）生物制药、信息技术两个“产业联盟”和“云岩区科技创新联盟专家咨询团”“科技特派员”队伍；新建政产学研合作基地12家，孵化新产品12个，云岩区新技术示范点企业10个。

2014年，区科技局组织区属10家企事业单位举行“云岩区2014年第一批科技计划项目”签约仪式。根据《云岩区应用技术研究与开发资金管理办法》，经科室筛选、专家评审、会议研究等程序，最终确定签约项目10个，包括基于SaaS模式的企业运营管理云平台（SP－EOMP）建设、数据中心云计算管理平台开发及应用、水质实时在线监测系统等，涉及大数据、信息化软件产业和社会事业等领域，共涉及云岩区应用技术研究与开发资金215万元，拉动企业投入资金1756万元。这些签约项目的主要目标，是提高企业自主创新能力，促进区域产业升级，为全区发展提供科技支撑；达产目标是每年新增产值2073万元，新增利润299.98万元，新增税收165.64万元。当年全区高新技术企业产值占工业总产值比重已达45%，高新技术产业增加值占GDP比重已达25%。以高新技术产业支撑全区产业结构优化。

2015年10月30日，区科技局组织有关专家开展“基于移动互联网的新闻传播平台研究及应用”和“政府投融资项目管理系统开发及应用项目评审会”两个项目立项的工作。两个项目执行期内累计实现销售收入448万元，实现利润102万元，实现税收79.2万元。

截至2015年，云岩区实施区级科技项目153个，区属制药行业主要企业通过GMP认证，有5家企业建有科技开发中心；制药业、印刷业新增产值9.6亿元，新增利税1.5亿元；化工、电器、酒类等生产企业实现科技成果转化，新增产值1728万元，新增利税508万元。累计培育高新技术企业23

家（2015 年有 17 家），其中产值超亿元高新技术企业 5 家。

第三节 科技产品推介

2003 年 10 月 12 日—17 日，区科技局引导久龙生物医药有限公司参加在深圳举行的第五届中国国际高新技术成果交易会，实现签约额 1600 万元。同年 11 月 14 日—16 日，组织企业参加第五届重庆高新技术交易会，并与重庆市渝中区科委、西信生产力促进中心进行洽谈，与之就业务工作、信息资源等方面的合作达成协议。2004 年 11 月 19 日，贵州红华科技开发有限公司、贵州天力柴油机有限公司与成都盛威力机电有限公司共同在成都市举办“贵州天力红华柴油·天然气发电机组投放市场新闻发布会”。贵阳市人民政府分管领导率市经贸委、市发改委、市国资委、市工业控股公司、区人民政府、区科技局等单位负责人参加新闻发布会。贵州红华科技开发有限公司与成都盛威力机电有限公司、成都盛威烨发电设备有限公司贵在发布会上签订《2006 年度 636 台柴油·天然气发电机组订货协议》。

2006 年，在“2006 年中国地区重点招商项目合资合作洽谈会”上，区科技创新生产力促进中心与美国威尔逊国际投资集团签订《技术经济战略合作协议书》，建立战略伙伴关系；贵州红华公司与美国威尔逊国际投资集团签订 2000 万美元（折合人民币 1.6 亿元）的投资意向书；美国威尔逊国际投资集团和美国德尔泰经贸集团公司分别与贵州博士化工、贵州伯瀚科技等云岩区辖企业签订投资意向书，涉及金额达到 1700 万美元（折合人民币 1.36 亿元）。2007 年 11 月 16 日，组织益佰制药和本草堂制药等企业，以及 23 个专利发明人，参加首届“中国专利技术展示交易活动周·贵阳市专利技术展示交易活动”。

2008 年 8 月 7 日，区科技局举办“云岩区抓创新，促创建”知识产权经验交流暨专利推介会。区域内专利发明人、相关专家、区内大专院校、科研院所，以及科技型企业负责人近百人参加推介活动；涉及化工、机械、药品、环保、光学和建筑等 6 个生态环保领域的专利发明人，现场进行专利产品演示；推介展示“蓄力式延时照明器”“自动节水装置”和“汽车刹车磨损报警装置”等生态产业专利 15 个。10 月 16 日，区科技局、区知识产权信息服务中心组织贵州通龙科技发展有限公司、贵阳金阳星源龙银菊花茶厂、贵阳铝镁设计院 3 家企业参加在苏州市举办的第六届中国国际发明展览会，云岩区参展产品有“蓄力式延时照明器”“菊麦龙、氧化铝输送工程气流隔断及杂质清除装置”等。其中蓄力式延时照明器受到广泛好评。11 月 18 日—22 日，“2008 第二届中国专利展示交易周活动”在全国多地同时举行。区科技局组织区域内的企业和个人专利发明人参加在贵州省举办的展示交易周活动，参展专利技术共 23 项。

2010 年 6 月 29 日，区科技局、知识产权信息服务中心、科技创新生产力促进中心联合举办“云岩区 2010 年知识产权研讨暨专利技术成果推介活动”，推介会书面推介专利技术或成果 43 项；现场推介展示涉及 IT、医药、机械、环保、生活等领域的“无电应急照明设备”“降血压、血脂、血糖的民间中草药”等专利技术或成果 11 项。

2011 年 11 月 4 日，区科技局举办 2011 年专利技术成果展示和推介活动。贵阳市知识产权局领导和贵州大学等有关高校教授、专家出席；区直属 10 余家相关部门负责人、40 家区属科技型企业、非职务发明专利权人代表、专利事务代办机构和有关金融机构的负责人近 160 人参加推介会。现场以实物展示贵州益佰制药有限公司等 11 家企业 20 余项科技成果及产品，推介职务发明专利技术成果 5 项，转化其中2项；书面推介非职务发明专利技术成果25项。11月16日—21日，区科技局、贵州新纳电器有限公司赴深圳参加第十三届中国国际高新技术成果交易会，贵州新纳电器有限公司与深圳合力士五金电器有限公司在会上签订战略合作协议，以液压电磁式断路器系列产品为主推产品，获取经销商资格，为贵州新纳电器有限公司产品打开深圳市场销售渠道；与香港顶佳亚太有限公司深圳办事处签订合作意向，为液压电磁式断路器产品直接销往国外（境外）设备厂家打下基础。

2012年9月21日，由贵阳市科技局主办、云岩区科技和工信局等单位协办的“2012贵阳创新要素对接会（信息技术领域）”在贵阳举行。会议就加快科技创新、加速科技成果转化进行交流和洽谈。同年11月16日—21日，由国家发展改革委主办的第十四届中国国际高新技术成果交易会在深圳举行，交易会以“提升产业创新能力　推进发展方式转变”为主题。云岩区科技局组织贵州益佰制药股份有限公司、贵州博讯网络信息有限责任公司企业2家参加会议。

2013年8月23日—25日，由西安市人民政府、贵阳市人民政府联合主办的“第八届中国西安国际科学技术产业博览会”在西安市曲江国际会展中心召开。区科技和工信局组织贵州荣清工具有限公司、贵州泰尔肯能源科技有限公司参展。9月5日—8日，组织4家信息技术服务企业（贵州四方鼎立咨询服务有限公司、贵州青鹏天目有限公司、贵州惠智科技有限公司、贵州江月兴科技有限公司）参加第九届中国（南京）国际软件产品和信息服务博览会，参展产品占贵阳市参展产品总数的66%。11月21日，区科技和工信局召开“2013年云岩区专利技术成果推介会”。省科学技术情报研究所、贵阳中新专利商标事务所及中小型科技企业代表、专利权人等近80人参加。会议现场推介贵州百捷鸿晟科技有限公司和贵州严小妮木人有限公司的项目2个，签订专利项目转化意向性合作协议。2014年4月15日至4月20日，组织贵州西牛王印务有限公司、贵州乡下妹食品有限公司、贵州三力制药有限责公司、贵州佰仕佳信息工程有限公司等科技型企业，在“2014年中国国际技术转移大会贵阳峰会暨创新驱动区域合作年会”上推介企业产品。同年11月16日—21日，组织4家企业（贵州益佰制药股份有限公司、贵阳安保燃气设备有限公司、贵州华迪技术有限公司、贵州荣清工具有限公司）在“第十六届中国国际高新技术成果交易会”上推介企业相关产品。

从2008年开始，区科技局每年举办一次“云岩区专利技术成果推介会”。截至2015年，推介展示非职务发明200余项，促进企业转化专利技术成果18个；收录专家约200人，组建含生物制药、计算机和电子商务、化工橡胶、特色食品、机械电子五个专家咨询团等机构。

第二章　科技立项和科技专利

云岩区科技局把项目确立作为对科技项目管理的重要工作。组织各类科技活动，协助和指导企业及个人有科研价值的科研项目，向上级部门申报并展开研究工作；根据《专利法》和《专利法实施细则》及国家有关规定，加强辖区企业专利管理，依法保护单位和个人在专利方面的合法权益；通过促进企业专利技术成果转化，推动全区技术进步和经济发展。

第一节 科技立项

2003年—2015年，全区企事业单位共获国家级立项322项、省市级立项4048项。其中2003年，获国家级立项1项、省市级立项82项。2004年获省、市级立项55项，2005年获省、市级立项55项，2006年获国家级立项5项、省市级立项49项；2007年获国家级立项2项，省市级立项67项；2008年获国家级立项4项、省市级立项154项；2009年获国家级立项9项、省市级立项354项；2010年获国家级立项13项、省市级立项403项；2011年获国家级立项64项、省市级立项820项；2012年获国家级立项73项、省市级立项654项；2013年获国家级立项62项、省市级立项385项；2014年获国家级立项87项、省市级立项520项；2015年获国家级立项2项、省市级立项450项。

第二节 科技专利

一、专利申请

2008年起，区科技局获得区人民政府100余万元知识产权专项资金扶持，开始举办每年一届的“专利技术成果推介会”，先后推介涉及IT、医药、机械、环保、生活等领域的高新技术专利100余项，成功推介医药、电器等多项专利转化项目。2013年，云岩区以提升自主创新能力、打造知识产权强区为目标，通过开展知识产权宣传、专利申请、兑现专利资助、转化专利成果等常规工作促使知识产权工作发展。全年共举办或参加省、市、区各级各类培训5次，培训100人次，内容涉及专利申请、专利执法、专利知识普及和专利信息检索等；创建贵州省知识产权试点企业1家。当年9月，“2013年度专利技术成果推介会”活动结束。全区专利申请885件，兑现非职务发明专利155项，专利补助资金10.26万元。2014年，益佰制药等8家制药企业获得科技项目52项；国内全年专利申请受理数323项，国外申请受理数2项；区科技局专利申请量2414件。同年8月，区科技局被国家知识产权局确定为全省唯一的“2014年国家知识产权强县工程试点区”，并被评为“贵州省第二批县域经济知识产权试点单位”（试点期为2011年10月—2013年9月）和“国家知识产权强县工程试点区”（试点期为2014年8月—2016年7月）。2001年—2015年，云岩区共完成科技专利申请13720件，专利授权9054件。

表1 云岩区专利申请、授权数表

（2001年—2015年）

年度	专利申请量(件)	专利授权量(件)	年度	专利申请量(件)	专利授权量(件)
2001年	183	125	2006年	850	464
2002年	202	220	2007年	878	587
2003年	373	212	2008年	884	602
2004年	529	229	2009年	1070	738
2005年	784	300	2010年	1272	802

续上表

年度	专利申请量(件)	专利授权量(件)	年度	专利申请量(件)	专利授权量(件)
2011 年	814	762	2014 年	2414	892
2012 年	1179	743	2015 年	927	1634
2013 年	1361	744	合计	13720	9054

二、专利成果转化

自 2008 年开始，区科技局举办每年一届的云岩区专利技术成果推介会，搭建专利成果转化平台，以科技项目为载体，促进企业专利技术成果转化。举办的“2014 年云岩区专利技术成果推介会”转化成功“凹印机油墨自动控制系统”和“一体化养殖废水处理系统”专利成果项目 2 个。2008 年—2015 年，共转化专利技术成果 18 个。

表 2　云岩区专利技术成果转化项目和效益一览表

（2008 年—2015 年）

<table>
<tr><th rowspan="2">年度</th><th colspan="2">企业名称</th><th rowspan="2">专利技术成果名称</th></tr>
<tr><th>新增产值(万元)</th><th>新增税收(万元)</th></tr>
<tr><td rowspan="4">2008 年</td><td colspan="2">贵州通龙科技发展有限公司</td><td rowspan="2">蓄力式延时照明器专利成果转化及小试</td></tr>
<tr><td>1000.00</td><td>464.00</td></tr>
<tr><td colspan="2">贵阳保康生物科技有限公司</td><td rowspan="2">餐厨垃圾循环处理产业化试点项目</td></tr>
<tr><td>400.00</td><td>136.80</td></tr>
<tr><td rowspan="8">2009 年</td><td colspan="2">贵州太和制药有限公司</td><td rowspan="2">前列倍喜胶囊的深度开发与应用</td></tr>
<tr><td>6000.00</td><td>1233.17</td></tr>
<tr><td colspan="2">贵州润丰制药有限公司</td><td rowspan="2">丹蓝仙硼疗氟胶囊临床前技术开发和完善</td></tr>
<tr><td>2000.00</td><td>456.00</td></tr>
<tr><td colspan="2">贵州精忠橡塑实业有限公司</td><td rowspan="2">高性能汽车制动气室橡胶隔膜中试</td></tr>
<tr><td>3600.00</td><td>372.00</td></tr>
<tr><td colspan="2">贵州黄果树立爽药业有限公司</td><td rowspan="2">中药八类新药“良附滴丸”工艺优化及成果推广应用</td></tr>
<tr><td>780.00</td><td>180.60</td></tr>
<tr><td rowspan="4">2010 年</td><td colspan="2">贵州三力制药有限公司</td><td rowspan="2">开喉剑口服剂质量标准提升研究</td></tr>
<tr><td>500.00</td><td>105.00</td></tr>
<tr><td colspan="2">贵州青鹏天目科技有限公司</td><td rowspan="2">电子签章平台关键技术研究及推广应用</td></tr>
<tr><td>150.00</td><td>49.99</td></tr>
<tr><td rowspan="4">2011 年</td><td colspan="2">贵州益佰制药股份有限公司</td><td rowspan="2">补血当归胶囊产业化研究</td></tr>
<tr><td>500.00</td><td>270.00</td></tr>
<tr><td colspan="2">贵州煜立电子科技有限公司</td><td rowspan="2">半导体电流调整管恒流范围拓展</td></tr>
<tr><td>450.00</td><td>75.81</td></tr>
</table>

续上表

年度	企业名称		专利技术成果名称
	新增产值(万元)	新增税收(万元)	
2012 年	贵州博仕达机电设备有限公司		全自动卷筒卫生纸薄膜包装机中试
	450.00	94.27	
	贵州汇立电子有限公司		HB - SAT - 1105 型音频智能变送器中试
	90.00	43.02	
2013 年	贵州百捷鸿晟科技有限公司		粉煤灰和锯末在排烟气道中的应用
	360.00	66.60	
	贵州严小妮木人有限公司		严小妮贵州民族面具娃娃开发
	78.00	26.62	
2014 年	贵州西牛王印务有限公司		凹印机油墨自动控制系统
	1538.00	416.64	
	贵州澳源环保科技有限公司		一体化养殖废水处理系统
	300.00	62.00	
2015 年	贵州坤盾天成科技有限公司		矿产品税费信息化监控系统开发及应用
	1150.00	309.00	
	贵阳铸钢有限责任公司		合金钢边角料在耐磨衬板中的资源化利用
	650.00	157.12	

三、非职务发明专利资助

区科技局针对云岩区专利申请量、授权量多、申请人亟待扶持的实际，专门划拨占区应用技术研究与开发资金3%专利资金，对专利权人的非职务发明进行专项资助。2008 年，资助非职务专利 51 项，其中发明专利 11 项，实用新型专利 39 项，外观发明专利 1 项，资助金额共计 4.38 万元。2009 年，资助非职务专利 52 项，其中发明专利 10 项，实用新型专利 36 项，外观设计专利 6 项，共计金额 4.20 万元。2010 年，资助非职务专利 113 项，资助金额 8.34 万元。2011 年，资助非职务专利 76 项，其中发明专利 10 项，实用新型专利 30 项，外观设计专利 36 项，共资助 5.40 万元。2012 年，资助专利 304 项，其中职务发明 11 项，非职务发明专利 293 项，共计金额 22.68 万元。2013 年，资助非职务发明专利 158 项，其中：发明专利 7 项，实用新型 19 项，外观专利 132 项，金额 10.32 万元。2014 年，资助非职务专利 1108 项，金额 70.64 万元。2015 年，资助非职务专利 199 项，金额 21.18 万元。

四、专利执法

2007 年，对有违规行为的企业开展知识产权行政执法活动，加强知识产权保护力度，遏制知识产权侵权行为。2008 年 5 月、9 月和 12 月，贵阳市知识产权局与区科技局在云岩区开展 3 次联合执法检查行动，以宣传、教育为主，处罚为辅。分别对云岩一些药业实体店、超市和专业卖场进行抽查。检查行动中发放知识产权宣传资料 200 余册，抽检药品 25 件，抽检月饼、日用品 23 件，电器 15 件，对专利标识不规范的药品2件、日用品2件和电器1件进行抽样取证。2009年3月13日，由市知识产权局牵头，联合区科技局市、区农业局4部门，开展“雷雨”和“天网”知识产权执法专项行动，对头桥农机市场进行知识产权专项联合执法，抽检碾米机、喷雾机、耕整机、推土机等农机50台，其中对专利标识不规范的4台农机产品分别进行登记，对商家进行口头教育。9月28日，区科技局邀请市知识产权局、云岩区工商分局（中西工商所、中中工商所）对云岩辖区中秋、国庆食品市场开展联合执法检查行动，以宣传教育为主，处罚为辅，分别对部门超市和贵重商品店进行抽查，抽检食品46件，月饼15件，未发现违反专利法的食品标识。

2010年“3·15”期间，在三桥农资市场和贵阳种子农资市场进行执法，检查经营户25家，抽查农资产品30余种500多件。4月22日，贵阳市和云岩区两级知识产权局进行知识产权专项联合执法。重点检查贵阳种子农资市场的种子、农药、兽药等农资产品。检查经营户20家、抽查农资产品60余种。“4·26”世界知识产权日期间，分别对部门超市、药店和贵重商品店进行检查，共抽查专利商品300多件。国庆、中秋节日期间，区科技局参与市知识产权局组织的区县交叉联合执法检查行动，抽检专利日用品、食品20余件、药品50余件，其中对专利标识不规范的5种专利商品责令立即整改的处理。

2011年3月11日—12日，市知识产权局组织市属三县一市六区知识产权局、工商分局、质监分局开展联合执法交流检查6次，突击检查大型批发市场1个，检查专利商品53件，责令整改专利标记标注不规范的商品12件；工商执法人员检查商品商标130件，暂扣涉嫌假冒商标的羽毛球拍10支。2012年3月16日，参加贵阳市“雷雨”“天网”知识产权执法专项行动小组，在清镇市某超市进行知识产权专项联合执法行动，对食品及生活用品等上百件物品进行专项抽查。9月21日，市知识产权局会同云岩、南明和白云3区知识产权局及当地工商、质监执法人员，开展国庆、中秋知识产权“护航”专项联合执法行动，检查大型超市3家、大型药店2家，抽查涉及知识产权商品75件，登记专利号12个，未发现假冒专利商品和其他知识产权违法商品。

2014年，全年开展专利执法行动1次，区科技局配合市知识产权局在乌当区某超市进行执法检查，抽检8件商品，发现不合格商品1件。

2015年3月13日，在清镇市参与市科技局（知识产权局）组织的“3·15”专利联合执法行动暨现场观摩与业务交流活动，查出并登记专利商品18件（专利标识22个），对其中涉嫌假冒专利的11件专利商品进行抽样取证。4月24日，市科技局牵头组织白云、云岩、南明、乌当区及清镇市知识产权局，对一批百货公司和连锁店进行专利商品检查，登记13件专利产品，涉及19个专利标识，对专利权宣告无效和专利标识标注不当的专利产品进行抽样取证。

五、宣传活动

自2007年开始，区科技局利用“3·15”消费者权益保护日、“4·26”世界知识产权日、“5·18”全国科技活动周等时机开展知识产权宣传活动。在益佰药业等10余企业进行《中华人民共和国专利法》《专利法实施细则》和《省专利保护条例》等法律法规的宣传。2008年，组织“知识产权进社区”宣传培训两次、进学校宣传培训两次；发放知识产权宣传资料1000余册。宣传培训内容涉及国家专利政策法规、企业专利战略制定与实施等方面。

2009年，区科技局举办“专利推介会”，向区域内专利发明人、相关专家、贵州省科技风险投资有限公司代表人、科技型企业负责人，以及街镇科技副职人员发放宣传资料400余份。2010年，

“31.5”发放宣传资料100余册。“4·26”世界知识产权日期间发放宣传资料600余册；国庆期间对商家进行宣传教育，增强经营户知识产权意识，学习专利商品经销知识。“5·18”全国科技活动周期间，区科技局开展知识产权进机关、进学校、进企业、进社区、进农村“五进”工程，发放知识产权保护手册等宣传资料1000余份。2011年3月11日—12日，区科技局组成“知识产权流动宣传队”，向群众和商家进行口头宣传和发放资料，发放《知识产权保护宣传资料》《知识产权知识图解》等图书300余册。同年在执法过程中，组成知识产权流动宣传队，向群众和商家进行口头宣传和发放资料，发放《知识产权保护宣传资料》《知识产权知识图解》等图书300余册。

2012年4月26日，区科技局联合区质监局举行主题为“实施知识产权战略，激励自主创新，打击违法违规，助推云岩发展”的大型宣传活动，发放《知识产权知识普及图解》《知识产权知识100题问答》和《专利法》等宣传资料1000余份。2013年，在“4·26”及“5·18”科技活动周期间，发放《知识产权知识100问》《知识产权知识普及图解》及宣传扑克等资料500余份。2014年，在“4·26”和“5·18”活动周期间，发放知识产权相关宣传资料1000余份。2015年，组织干部职工将知识产权相关知识送进辖区企业，帮助企业增强知识产权保护意识。活动发放《贵阳市企事业单位知识产权工作指南》及《知识产权知识100题问答》宣传资料100册，发放科技科普书籍及画册500余册。同年12月4日，区科技局参加贵阳市“2012年全国法制宣传日——知识产权专项检查执法宣传活动”。

第三章　科技创新

自2001年以后，云岩区坚持升级科技企业孵化器，组建专家咨询团，推进群众性科技创业创新工作，以科技带动创业创。打造“创想+联合工坊”，促进区科技企业孵化器建设，为创意创业型项目和小微企业提供配套的科技培训、信息咨询、技术研发、融资、成果推广等服务。2014年以后，区科技局将“大数据”作将为信息化发展的创新驱动力，开始实施“大数据”建设，主导或参与一批国家和行业标准，推动新型释药系统药物工程技术研究中心向国家地方联合工程研究中心的升级。

第一节　新技术示范点

2006年，区科技局开始设立新技术示范点工作，在贵阳神迪化工有限公司、贵阳市家家乐商贸有限公司两家企业创建新技术示范点。2007年，在贵阳斌博林科技有限公司、贵阳华旭科技开发有限公司、贵州太和制药有限公司3家企业创建新技术示范点。2010年，在贵州三力制药有限责任公司、贵阳网恒科技服务有限公司两家企业创建新技术示范点。2014年，在贵州华迪技术有限公司、贵阳思普信息技术有限公司两家企业创建新技术示范点。至2015年，区科技局授牌成立区级新技术示范点23个。

第二节　政产学研合作

2010年开始，区科技局每年举办一次云岩区深化政产学研合作促进会，2010年—2015年，共举办政产学研合作促进会6次，新建云岩区政产学研合作基地并授牌19家。2011年12月底，云岩区成立由生物制药、化工橡胶、特色食品、机械电子、计算机和电子商务等领域专家组成的5个专家团，为企业提供信息咨询、技术攻关、管理诊断等服务，帮助企业解决新品研发、市场拓展、经营管理等方面的困难和问题，提升产业发展水平。以后每年都要召开此类会议。2012年，“深化政产学研合作促进会”上，云岩区生物药业技术联盟和云岩区信息产业技术联盟成立。2013年，成立由12位专家组成的云岩区科技创新联盟专家咨询团。2015年，区科技局组织协调贵州亨达集团公司、贵州卓讯软件股份有限公司等企业与贵州师范大学、贵州密码与数据研究所等辖区高校、科研院所联合建立“贵州电子政务软件与信息服务产业技术创新战略联盟”。

第三节　创新型企业培育

2009年—2015年，区科技局培育贵州益佰制药股份有限公司为国家级创新型企业。2011年，培育贵阳市普天物流技术股份有限公司为省级创新型企业。2012年，培育的省级创新型企业有贵州轮胎股份有限公司、贵州青鹏天目科技有限公司、贵州省交通规划勘察设计研究院股份有限公司。2013年，培育的省级创新型企业是贵阳思普信息技术有限公司。2014年，培育的省级创新型企业是贵州益佰制药股份有限公司（首批创新型领军企业）。2015年，是贵州三力制药有限责任公司。同期，区科技局培育市级创新型企业12家，其中2011年有贵州轮胎股份有限公司、贵州益佰制药股份有限公司（首批创新型企业）；2012年有贵州乡下妹食品有限公司和贵州博士化工有限公司；2013年有贵州精忠橡塑实业有限公司、贵州四方鼎立咨询服务有限公司和贵阳思普信息技术有限公司；2014年有贵州西牛王印务有限公司、贵州佰仕佳信息工程有限公司、贵州省邮电规划设计院有限公司；2015年有贵州坤盾天成科技有限公司和贵州黄果树立爽药业有限公司。此外，2006—2013年，还培育了工程技术研究中心20个。

第四节　科技区创建

一、全国科技进步先进区

1999年—2013年，区科技局牵头开展相关考核材料的收集、整理和上报工作，并依次通过市、省、国家的考核，经连续七轮（1999年—2000年度、2001年—2002年度、2003年—2004年度、2005年—2006年度、2007年—2008年度、2009年—2010年度和2011年—2012年度）通过全国县市科技进步考核，云岩区被中华人民共和国科学技术部（科技部）评为“全国科技进步先进区”。2015年，科技部、贵州省科技厅、贵阳市科技局未开展考核工作。

二、国家科技进步示范区申报

2009 年，科技部开展第三批国家科技进步示范县（市）创建工作。云岩区按国家和省的文件要求，牵头组织区直相关部门机关安排部署国家科技进步示范区申报工作，与省、市、区三个层面的对接，以及区属层面的相关基本信息收集、整理，有序地开展各项申报工作，由区科技局牵头编制《贵州省贵阳市云岩区国家科技进步示范区建设与发展规划（2009 年—2011 年）》，摄制音像综合申报材料，上报省科技厅参加省级遴选，通过省科技厅和专家评审后，云岩区代表贵州省参加国家科技进步示范区的申报，入选第三批“国家科技进步示范县”，于 2009 年 10 月获得科技部授牌，为国家级荣誉称号。

三、国家知识产权强县试点

2014 年 8 月，云岩区被国家知识产权局确定为“2014 年国家知识产权强县工程试点区”，试点期为 2014 年 8 月—2016 年 7 月。区科技局制定《云岩区知识产权强县工程工作实施方案》，采取强化宣传培训、培育优势企业、构建预警保护机制等措施，推进试点区建设。2015 年，全区完成专利申请数 927 件，专利授权 1634 件，全年全区培育国家知识产权示范企业 1 家，培育省级知识产权优势企业 2 家，省级知识产权试点企业 2 家，贵阳市知识产权试点企业 5 家，贵阳市生态工业知识产权工作示范企业 4 家，贵阳市知识产权示范学校 1 所、试点学校 4 所。

四、贵州省县域经济知识产权试点

2011 年 10 月，省科技厅（省知识产权局）确定云岩区等 10 个县为贵州省省第二批实施县域经济知识产权战略推进工程的区县，试点期为两年。试点工作围绕提高县域知识产权创造、运用、管理、保护能力和建立知识产权促进地方经济发展的长效机制展开。区科技局制定《云岩区知识产权战略规划》《云岩区区域知识产权试点工作期间专利实施意见》等配套措施，从指导企业建立知识产权机制，协助企业进行专利申请、资助职务发明等方面入手推进创建工作。截至 2013 年年底，转化专利技术达 24 项，提供资金扶持达 545 万元；专利申请达 2540 件。试点工作于 2014 年 3 月 13 日通过贵州省科技厅（省知识产权局）验收。

第四章　管　理

2001 年起，区科技局出台科技配套政策 20 余项，主要涉及项目和实施、知识产权管理和网络建设等内容，根据科技工作需要不断进行修订和完善，作为加强科技工作管理的依据。

第一节　管理机构

一、机构调整

2002 年 1 月，云岩区人民区政府制定《云岩区科学技术局“三定”方案》，明确云岩区科技局是区人民政府主管全区科技工作的主要职能部门，独立建制，定编（行政）10 人。内设办公室、科技项目管理科、科技成果管理科 3 个科室。

2005 年，区科技局先后增设云岩区知识产权信息服务中心，定编为全额财政事业单位；增设云岩区科技创新生产力促进中心，定编为自收自支事业单位。2007 年 5 月，云岩区知识产权局成立。2014 年，单设区科学技术局（知识产权局），根据新“三定”方案，区科技局为区人民政府工作部门，内设综合办公室、社会发展和科技成果管理科、科技计划及高新技术产业科、知识产权管理和保护科。

二、基层科技管理体系

中共云岩区委、区人民政府在各街道（镇）专设科技副主任一职，为全区 136 个社区配备科技工作专管人员，19 个村配备村级科管员，形成区、街道（镇）、村三级科技管理网络体系。2002 年，中共云岩区委、区人民政府成立云岩区科技进步考核工作领导小组，明确由区委副书记任组长，区人民政府分管副区长任副组长，中共云岩区委、区人大、区人民政府、区政协办公室主任和区直部门主要负责人为成员，负责云岩区参加全国县市科技进步考核工作。

2003 年 6 月，云岩区科技工作考核领导小组成立，负责对全区各相关部门、各街道（镇）的科技进步、科普工作进行考核。2011 年 3 月 6 日，云岩区知识产权管理领导小组成立，组长由区人民政府分管副区长担任，副组长由政府办公室常务副主任和区科技局局长担任，成员由区工商分局、区计经局、区财政局、区乡企局、区建设局、区文化局、区卫生局、区教育局、区商务局、区农水局等单位主要负责人组成，负责全区知识产权工作的管理，其后根据分管副区长及相关成员单位机构改革变动，小组成员有所调整。至 2012 年 5 月，云岩区各街道（镇）有科技副主任 19 人，社区（村）有科技管理员 155 人。同年，云岩区原街道办事处改为社区服务中心，对科技工作管理网络产生较大影响。据此，区科技局帮助各社区服务中心复建科技管理网络体系。

第二节　服务机构

一、区属科技企业

2001 年起，云岩区在资金、技术、人才方面出台扶持政策，加快发展科技型企业，全区科技型企业进入快速发展期。至 2015 年，全区县级以上区属科研机构 71 家，已备案科技型企业 109 家，培育出以益佰制药等为代表的一批国家高新技术企业，基本形成以生物医药、软件信息、印刷包装等主导产业。但总体上看，由于地理区位的限制，云岩区科技型企业和高新技术企业数量偏少，产业规模普遍不大，产品附加值不高，产业链条短，科技含量偏低。

表 1　在云岩区注册的高新技术企业一览表

（2015 年）

企业名称	成立时间	地　址	主营产品
贵州精忠橡塑实业有限公司	1987 年	百花大道金关巷	汽车橡胶用品
贵州益佰制药股份有限公司	1995 年 6 月	白云大道 220 号	各种剂型药品
贵州轮胎股份有限公司	1996 年 1 月	百花大道 41 号	汽车斜交轮胎、汽车子午线轮胎、工程机械轮胎等
贵州佳网科技发展有限公司	1998 年 3 月	中华中路驰宇大厦	软件和信息服务
贵州省邮电规划设计院有限公司	1998 年 7 月	枣山路鸿基景苑	工程勘察专业类工程测量（通信测量）等
贵阳普天物流技术有限公司	1998 年 9 月	百花大道 240 号	物流信息系统管理和物流成套设备生产及集成的高新技术术研发
贵州西牛王印务有限公司	2001 年 4 月	贵阳改茶工业园	印刷品等
贵阳思普信息技术有限公司	2002 年 12 月	延安中路 40 号	计算机软硬件、系统工程及技术开发
亨达科技集团股份有限公司	2003 年	北京路京玖大厦	通信工程建设、网络信息安全服务、计算机系统集成和大数据服务等
贵阳百佳信机电工程有限公司	2009 年 3 月	黔灵山路德福中心	销售机电产品、五金交电、环保设备等
贵州光能科技有限公司	2009 年 5 月	中山西路腾达广场	LED 照明系列产品的生产、销售及施
贵州江月兴科技有限公司	2010 年 1 月	友谊路 21 号	安防、保护装置、无功补偿装置及综合自动化设备
贵州省交通规划勘察设计研究院股份有限公司	2010 年 4 月	中山东路 127 号	公路、桥梁和隧道工程
贵州坤盾天成科技有限公司	2010 年 5 月	宅吉村天玺华庭	煤炭税费征收管理平台等智能管理平台
贵州佰仕佳信息工程有限公司	2010 年	北京路鑫都财富大厦	基于 JAVA 技术的软件产品研发。已研发出 CMS 网站集群管理软件等 5 款自主知识产权产品
贵州省交通科学研究院有限责任公司	2011 年 2 月	白云大道南段 301 号	交通勘察、设计、咨询、检测、监理等

注：此表不包括 2015 年之前（含 2015 年）搬出云岩区的企业。

二、驻区国家级、省级、市级科研机构

2000 年—2015 年底，驻云岩区的国家级科研机构有贵阳铝镁设计研究院有限公司等 4 家；驻区省级科研机构有贵州省卡斯特资源环境与发展研究中心等 16 家；驻区市级科研机构有贵阳市信息中心、贵阳市园林绿化科研所和贵阳市节能监测站等单位。

表2　驻云岩区国家、省和市级科研机构一览表

（2015年）

机构名称	地址	主要科研方向	成立时间	级别
国家级				
贵州省林业调查规划院	北京西路	环境监控，旅游及园林规划	1952年	国家级
贵州省科学技术情报研究所	安云路樱花巷10号	科技发展战略研究、科技咨询及评估、信息服务	1958年	国家级
贵阳铝镁设计研究院有限公司	安云路樱花巷20号	轻金属冶炼科研	1958年	国家级
国家苗药工程技术研究中心	北京路(东)9号，2015年迁贵安新区	民族药与中药开发应用	2014年10月	国家级
省级				
贵州省卡斯特资源环境与发展研究中心	延安东路	环境保护石漠化治理等	2001年	省级
贵州省医疗器械检测中心	百花山路70号	医疗器械质量技术数据和质量分析报告、医疗器械的质量评价等	2003年6月	省级
贵州山水旅游资源勘察开发设计院	北京路办事处地矿社区	旅游地质资源勘探、评价、规划	2003年9月	省级
贵州师范大学植物遗传育种研究所	宝山北路180号	荞麦、小麦遗传研究	2004年3月	省级
贵州师范大学教育心理与智能开发研究所	宝山北路贵州师范大学内	心理过程、规律、生理机制研究	2004年10月	省级
贵州师范大学天然药物质量控制研究中心	宝山北路贵州师范大学内	中药、天然药物及其制剂标准化研究，中药及其制剂的指纹图谱、谱效关系研究等	2006年3月	省级
贵州师范大学智能信息处理研究所	宝山北路贵州师范大学内	计算智能与数据挖掘技术、中文信息处理、智能软件与智能电子产品。	2006年	省级
贵州省特种设备检验检测院	海马冲街111号	特种设备法定检验及设备事故分析、技术鉴定	2006年	省级
贵州省标准化院收集	海马冲街111号	整理、研究加工、存储传递标准信息及文献资料，为标准化工作提供技术保障等	2006年	省级
贵州省地质环境监测院	中华北路五矿大厦内	地质环境质量与动态监测、地下水环境、矿山地质环境与地质灾害监测预报等	2007年6月	省级
贵州省园林科学研究所	鹿冲关路86号	植物学理论与植物保护研究，植物资源开发利用	2007年12月	省级
贵州省喀斯特山地生态环境重点实验室	宝山北路贵州师范大学内	山地环境石漠化综合防治提供理论基础、技术支撑等	2010年8月	省级

续上表

机构名称	地址	主要科研方向	成立时间	级别
贵州师范大学水土保持与国土整治中心	宝山北路贵州师范大学内	水土保持综合治理、国土整治、环境改善、资源利用等。	2012 年 6 月	省级
贵州师范大学风景园林景观规划研究中心	宝山北路贵州师范大学内	景观设计、城市公共绿地、公园类和生态景观设计类等。	2012 年 6 月	省级
市级				
贵阳市园林绿化科研所（院）	黔灵公园内	园林绿化植物、行道树培植研究	1979 年（2011 年升格为研究院）	市级
贵阳市信息中心	瑞金中路 50 号	经营住处技术、集成电子产品	1986 年 6 月	市级
贵阳市节能技术监测站	威清路 163 号	节能监测，节能诊断、能源审计、节能评估审查	1986 年	市级

三、科技中介服务机构

（一）生产力促进中心

截至 2015 年，云岩区有生产力促进中心 14 家，其中电子信息类生产力促进中心 3 家，其他综合性生产力促进中心 11 家。由于云岩区属于中心城区，主要以综合性服务内容为主，因此，生产力促进中心以综合性居多，专业性生产力促进中心较少；受制于整体经济和科技发展水平限制，多数生产力促进中心其经营状况均不完善。

云岩区科技创新生产力促进中心，筹建于 2004 年。2005 年 8 月，正式试运行。2006 年 4 月，通过省科技厅组织的专家评估、验收，成为当时通过省级验收的县级综合性科技创新生产力促进中心，其业务主管单位为云岩区科学技术局。“中心”面向社会，实行企业化管理和市场化运作，面向中小科技型企业提供科技咨询、技术培训、科技孵化、技术合作、技术交流、成果转化及推广应用等服务。内设办公室、项目部、培训部、知识产权部。有工作人员 4 人，弹性专家近百人；年均服务企业 20 余家，与贵州省科技情报所、贵阳市生产力促进中心等 10 多家单位建立长期科技合作交流关系。

（二）科技企业孵化器

2013 年，区科技局采取政企合作模式，在贵阳市旭东路建成云岩区科技企业孵化器（云岩区大学生创业园），搭建大学生创业项目及科技型中小微型企业发展孵化平台，为符合条件的创意创业型项目和小微企业提供小型办公场所、基本办公条件和后勤保障服务，配套科技培训、信息咨询、技术研发、融资、产业化推广等多方面的服务。2015 年，有孵科技型小微企业 10 家入驻。

（三）专利代办机构

贵阳中工知识产权代理事务所，成立于 2004 年 4 月，位于贵阳市北京路 21 号 7 楼，是国家知识产权局批准设立的专利代理机构，面向企业和个人提供专利咨询、专利文献检索、专利申请代理和各种专利法律事务服务。

贵阳中新专利商标事务所（原贵州省专利服务中心），成立于 1985 年，曾被国家知识产权局授予“全国专利工作先进代理机构”，具体从事专利、商标等代理业务。

贵州阳光产权交易所，成立于 2002 年 12 月，前身为贵阳市产权交易中心。2004 年，更名为贵州阳光产权交易所。属国有独资企业。经营范围包括企业产权转让、事业单位资产转让、股份公司及有限责任公司股权转让、技术及专利转让、无形资产转让、股权托管、代理政府集中采购、融资租赁、投资担保、资产处置等业务。

第三节　项目管理

1999年，区人民政府制定《贵阳市云岩区科技三项费使用管理暂行办法》，据此开展科技项目管理。2001年，《贵阳市云岩区科技三项费使用管理办法》重新修订，明确“科技三项费”包括新产品试制费、中间试验费和科学研究资助经费。2006年后更名为“区应用技术研究与开发资金”。自2001年起，区科技局不断建立健科技计划项目管理流程，按照“三审一评”的立项工作程序，组织实施高新技术、信息化、节能减排、社会事业等领域的科技计划项目572项（含局管项目和过户项目）。

表1　云岩区实施区级科技项目表（含区科技局管和过户项目）

（2001年—2015年）

年度	项目数(个)	年度	项目数(个)	年度	项目数(个)
2001年	45	2006年	36	2011年	46
2002年	23	2007年	35	2012年	58
2003年	28	2008年	46	2013年	49
2004年	29	2009年	31	2014年	43
2005年	28	2010年	40	2015年	35
合计	153	合计	188	合计	231

注：2001年—2005年项目实现新增产值10.79亿元元，新增利税3.12亿元；2006年—2010年项目实现新增产值17.93亿元，新增利税8.4亿元；2011年—2015年项目实现新增产值5.86亿元，新增利税6400万元。

表2　云岩区科技局管实施的科技项目

（2015年）

序号	项目名称	承担单位
1	矿产品税费信息化监控系统开发及应用	贵州坤盾天成科技有限公司
2	民生受理监察系统开发及应用	贵州佰仕佳信息工程有限公司
3	安全生产综合管理云平台	贵州博益科技发展有限公司
4	基于AR技术的黔洲云眼应用平台	贵州蕴辰拓元网络科技有限公司
5	Cctalk云办公沟通平台	贵州云腾志远科技发展有限公司
6	合金钢边角料在耐磨衬板中的资源化利用	贵州省贵阳铸钢有限责任公司
7	数字证书强身份认证安全应用系统研发	贵州省电子证书有限公司

续上表

序号	项目名称	承担单位
8	贵阳市中学生健康状况调查及对策研究	云岩区疾病预防控制中心
9	珍珠滴丸Ⅱ期临床试验	贵州益佰制药股份有限公司
10	基于移动互联网的新闻传播平台研究及应用	贵州省邮电规划设计院有限公司
11	药品流向溯源管理平台	贵州青鹏天目科技有限公司贵阳分公司
12	政府投融资项目管理系统开发及应用	贵阳思普信息技术有限公司
13	基于自主可控云的大数据管理平台	航天云宏技术有限公司
14	基于虚拟会员卡的便利服务功能研发	贵州博讯网络信息有限责任公司
15	基于二维码的生产及质量管理系统	贵阳华旭科技开发有限公司
16	保德小区管家系统开发及应用	贵阳保德城市环境管理服务有限公司
17	果勿缺D液体保健肥料的研发及应用	贵州三福生物科技有限公司
18	“云＋端”的金融资产交易系统研发与应用	贵州中黔金融资产交易中心有限公司
19	和谐1家综合信息服务平台	贵州江月兴科技有限公司

附：科技应用成果选介

液压电磁式断路器成果转化及推广应用：项目对已开发的液压电磁式断路器进行规模化生产研究和推广应用，有自主知识产权，其专利号为ZL200820302973.0。项目主要研究液压电磁式断路器的规模化生产工艺、技术参数和生产流程，建立产品规模化生产线。

电子折扣券综合信息服务平台技术开发及应用：项目是通过手机短彩、电子优惠券、打印终端、RFID、验证终端等技术组合创新为用户提供优惠折扣和消费信息，为商家开辟宣传渠道，增加客流，提升用户使用感知度及商家感知度，减少商家促销环节的人力财力投入，引导消费者合理消费，促进消费达成，增加消费者意愿。截至2015年，全区有固定会员40余万户，加盟商家3000余家，每年约百万人次利用“移折通”消费打折，惠及省内数十万户各行业商家及优质消费群体千万人以上。

中药民族药开发应用公共技术服务平台：项目以建在贵阳医学院民族药与中药开发应用教育部工程研究中心、贵州省中药民族药研究开发中心、贵州省药物制剂重点实验室、现代药物制剂GMP实验教学中心、贵州省药物非临床安全评价研究中心和贵阳市中药民族药开发应用技术服务平台6家省部级科研机构为技术依托，以“产学研”合作为核心，以市场和产业实际需求为导向，集成科技资源，加强完善基础设施和仪器设备、实验环境及技术队伍建设，拓展服务功能，优化公共配套服务能力。建成包括“四大技术服务平台”、涵盖“六大科技服务体系”的中药民族药开发应用公共技术服务平台，为辖区制药企业提供新药研发、技术创新、质量检测、信息咨询、人员培训、设备共享提供服务。

“珍稀濒危植物”专题科普场馆建设：项目通过建设科普室内宣传场馆、珍稀濒危植物实际展示区和专门的植物学、生态学知识普及教育和植物标本展览馆，整合、增添植物学、生态学科学知识内容，使群众了解珍稀濒危植物保护与利用现状和解保护植物特别是保护珍稀濒危植物种质资源的重要性，引导全民树立爱护生态环境的意识。

第四节 知识产权管理

一、管理制度和政策

2001 年起，区科技局编制《云岩区知识产权战略规划》，先后实施《云岩区知识产权专项资金使用管理办法》《云岩区区域知识产权试点工作期间专利实施意见》《云岩区贯彻落实〈贵阳市实施国家中小企业知识产权战略推进工程〉总体工作目标实施方案》《云岩区知识产权强县工程工作实施方案》等系列配套政策，采取加强组织机构建设，开展示范、试点企业学校培育，举办知识产权宣传培训，资助非职务专利发明，搭建专利技术成果转化平台、加大专利执法检查等措施，重点开展“国家中小企业知识产权战略推进工程”“专利试点城市建设”和“国家知识产权试点城市”等工作，促进区域自主创新能力提升。

二、知识产权教育和培训

（一）教育

2008 年，贵阳市知识产权局开始启动贵阳市中小学知识产权教育试点学校、贵阳市中小学知识产权教育试点工作；对云岩区境内的贵阳市第三实验中学、贵阳市第七中学授牌为试点单位。

2009 年，区科技局在辖区建立区级知识产权教育示范学校 4 所。启动云岩区中小学知识产权教育试点工作，当年为贵阳市第三实验小学、贵阳市第七中学、贵阳十三中学、云岩区岳英小学授牌。2010 年，云岩区建立知识产权教育试点学校 7 所，为贵阳市第十九中学、贵阳市第二实验中学、贵阳市第二实验小学、为贵阳市第十三中学、贵阳市岳英小学贵阳市省府路小学、贵阳市北郊小学授牌、

2011 年，市知识产权局授牌贵阳市第十九中学、贵阳市第二实验中学为试点单位。2013 年，辖区内建立市级知识产权示范学校两所：贵阳市第三实验中学、贵阳市第七中学，知识产权教育试点学校 5 所。2015 年，市知识产权局授牌贵阳市省府路小学为试点单位。

（二）培训

自 2004 年，云岩区围绕“国家知识产权强县工程试点”“贵州省县域经济知识产权试点”实施，举办或参加各类专利专题讲座。当年举办各级专利知识培训班 3 期，199 人（次）参加培训。2006 年 5 月 23 日，区科技局、区科协在中共云岩区委党校共同举办《公民道德建设及行为规范》《中华人民共和国专利法》知识培训班，对黔灵镇 13 个村的 100 余名村民代表进行培训。2007 年 9 月 10 日，举办“贵阳市创建全国知识产权示范城市业务知识培训班（云岩班）”的培训，80 人参加。12 月，选派 5 人参加全市专利执法人员培训班的培训。

2008 年 6 月，在区委党校第十七期云岩区青年干部培训期间，专门开办一期知识产权知识讲座，100 人培训了培训；10 月 28 日，选派 5 人参加贵阳市 2008 年专利行政执法培训班；11 月中旬，选派 5 人参加贵阳市知识产权局举办的“贵阳市专利信息业务知识培训”。2009 年，组织科技型企业、区属街道办事处等单位参加各级各类知识产权培训 4 期，200 人参训。2010 年 5 月 11 日，举办“专利转化实施的途径和有关政策”“专利实施、运用、许可实务”知识产权培训班，全区 19 个街道（镇）相关人员及知识产权试点企业、科技型企业相关负责人、辖区内的专利权人代表、区知识产权局、区知识产权信息服务中心、区科技局和生产力促进中心共 100 余人参训。2011 年 5 月 19 日，举办“中小企

业管理人员知识产权培训班”，50人参训。7月20日，组织贵州三力制药有限责任公司、贵州宏奇药业有限公司和贵阳润丰制药有限公司等10家中小型企业参加“全市专利申请文件撰写及申报国家科研项目培训班”学习。8月25日，在泰阳酒店举办100人参训的“云岩区2011年专利申请工作推进会暨培训会”。2012年4月12日，举办“贵州省知识产权普法行——‘送法进商场’活动”启动仪式暨云岩区商贸企业知识产权法规培训会，邀请专家对大型商贸企业和9家科技型企业进行“专利侵权救济、专利商品管理制度建设”专题培训，50人参加培训；12月12日，举办“知识产权纠纷案例知识培训班”，50人参加培训。

2013年“4·26”科技活动周期间，区科技局组织科技型中小企业先后参与“贵阳市专利文献利用培训班”“中小企业知识产权保护和管理专题培训班”等专题培训3期，培训100人次。2014年“4·26”科技活动周期间，举办各级各类培训5次，培训100人次，内容涉及专利申请、专利执法、专利知识普及和专利信息检索等。2015年“4·26”科技活动周期间，选派业务骨干参加“2015年度国家知识产权强县工程西部县域培训班”。

三、示范企业培育

2001年起，辖区内被评为市级知识产权试点的企业有：贵州康纳圣方药业有限公司（2005年）；贵州博士有限公司和贵州神奇有限公司（2006年）；贵州本草堂有限公司和贵州太和制药有限公司（2007年）；贵州北极熊实业有限公司、贵州三力制药有限责任公司和贵阳华旭科技开发有限公司（2008年）；贵州拜特制药有限公司和贵阳普天物流技术股份有限公司（2009年）；贵州益康制药有限公司（2011年）；贵州西牛王印务有限公司（2014年）；贵州澳源环保科技有限公司（2015年）。

2013年，贵州益佰制药股份有限公司、贵州西牛王印务有限公司被评为“省级知识产权优势企业”；贵州新纳电器有限公司被评为“贵州省知识产权试点企业”。2014年，贵阳方正新技术发展有限公司、贵州三力制药有限公司、贵州江月兴科技有限公司被评为“贵州省知识产权试点企业”；贵州益佰制药股份有限公司、贵州四方鼎立咨询服务有限公司、贵州三力制药有限公司、贵州新纳电器有限公司被评为贵阳市生态工业知识产权工作示范企业。

第十九篇

文化 体育

第一章　文化

云岩区是多民族杂居的城市中心区，文化形式多样，文学艺术人才和作品积累深厚，文化艺术活动丰富多彩。在文学、美术、音乐舞蹈、和民族工艺美术等方面和作品，都具有一定地域文化特色，体现地域精神文明的发展动态进程。

1983 年以后，电视以传播方式的优势，逐步取代广播电台大部分功能，同一时期，传统的舞台艺术和电影放映体系逐步退出文化娱乐市场，电影放映环境向高档次、小影院方向发展，自 20 世纪 90 年代中期起，环形银幕、3D 立体电影等新的电影放映业得到迅速发展，在先进文化宣传上的作用日益增强。

第一节　文化设施

一、文艺娱乐场所

云岩区 16 个街道办事处和黔灵镇，以及其下辖的 114 个居（村）委会都建有文化站（室），形成以区文化馆为龙头、街（镇）文体站为中心、居（村）文化室为基础的区、街、居（村）三级群众文化网络。区文广局以辖区内广场和社区文化室为平台，推行“全民健身”计划，举办全区文化艺术节等群众性文体活动。

2012 年，各街道办事处重组为社区服务中心后，为了进一步满足群众的精神文化的需求，在社区建设成健康文明的文化环境，将先进理念传播给社区居民，提高居民文化素质和审美情趣，根据市、区两级群众工作部“文化惠民”工作的总体安排和部署，区文广局与省、市各专业文艺团体、文化馆、孔学堂艺术团等多家单位联合，开辟多种形式的活动场地，不定期举办以“繁荣群众文化，建温馨家园”为主题的文艺演出活动，让群众享受文化活动的愉悦。

2001 年以前，云岩区对市民开放的广场，有大十字广场和文昌阁广场。2002 年 8 月，位于中华北路的云岩广场建成开放。2003 年，区行政中心搬迁至贵开路的大营坡以北，同时建成行政中心广场。此外，黔灵山公园和东山公园内，也陆续增设广场多处。2006 年，位于新添大道南路的云岩区文体活动中心竣工。2009 年，贵州省人民政府在辖区北京路建成的贵州省国际国际会议中心，附有面积 1.9 万平方米的广场。2011 年，贵州京剧院有限责任公司在区境中华北路国艺大厦建成 2500 平方米的广场。2014 年，中天渔安新城在小区内建成占地面积 2780 平方米的文化广场，配置有现代化功能齐全文化娱乐设施。这些广场免费开放，供市民开展太极拳、广场舞、京剧票友演出等不同形式的全民健身、休闲文娱活动。

20 世纪 90 年代初，云岩区的文艺演出培训场所主要分布在 16 个街道办事处的文化活动站点，大型培训和演出活动，需要借用学校和文艺团体的演出场所。1995 年以后，由于城市建设发展迅速，旧的文化活动场所多被拆除，培训和演出活动，大多借用学校教室、礼堂，如贵阳市第七中学、云岩区省府路小学和贵州师范大学的音乐厅、中华路人民剧场、贵州京剧院及原贵阳市评剧团的房屋、舞台和贵阳市体育场馆等场所。2010 年，建成贵阳演艺集团有限公司 1500 平方米文艺演出场馆。2011 年，区财政投入资金 1000 多万元，改造迁址到区行政中心后面的区文化馆，内设有艺术培训中心（声乐、舞蹈、美术等）、艺术活动中心、“非物质文化遗产”工作室、办公室 4 个部门，内设电子阅览室、排练厅、多功能厅、档案室、器乐室、道具室、服装室、展示厅，文化馆时有室内外活动场地面积为 2500 平方米，为国家二级馆标准。此外，还有贵阳市艺术中心剧场，银座、星光剧场等影视剧场多处。

随着社区功能的不断完善，至 2011 年，全区文化设施已能满足培训活动的需要；省、市各部门筹办的演出，多利用云岩区境内的演出场所，如北京路影剧院等。2014 年 4 月，区人民政府对区文化馆进行整体维修改造；8 月，改造工程竣工，免费供群众开展各种培训和排练活动。截至 2015 年，全区包括北京路影剧院、贵州京剧院、贵阳市评剧团、人民剧场、六广门体育场和分布在各社区服务中心的文艺、娱乐场所共有 28 所（处），总占地面积 59073 平方米，此外还有商业性培训场地 50 处。

二、文化站（室）

2012 年以前，各街道办事处均设有规模不等的文化站（室）。2012 年，街道办事处改为社区服务中心后，各社区文化站（室）规模逐步增大，服务项目从单纯的书刊报纸阅览，扩大到影视播放、音乐舞蹈活动等多种娱乐形式。2014 年，区人民政府协助各社区和黔灵镇对文化站进行升级改造。先后为普天、头桥、三桥和金惠等 9 家社区匹配综合性文化站标准设施设备。2015 年，区财政投资 300 余万元，在渔安新城 B 组团内建设占地面积 3700 余平方米的水东社区文体活动中心。中心分为民族文化展示区、数字科技体验区、体育健身锻炼区等主题功能区。民族文化展示区展示非遗手工、传统茶艺、书画艺术、器乐等民族民间传统文化和数字科技体验区和体育健身功能具备的多个功能区。截至 2015 年，社区文化站有 27 个，黔灵镇有镇级文化站 1 个；各社区文化站设有 100 平方米以上的文化活动室和 50 平方米以上的电子阅览室，免费为民众开放。

三、书店、图书馆

（一）书店和公立图书馆

2001 年以前，原有众多书店在云岩区各街道开业，后受阅读群众大幅度减少等因素影响，书籍实体店逐年萎缩。截至 2015 年，坚持经营的书店有延安东路西西弗书店、瑞金北路的新华书店（紫林庵书城）、市西路星力集团集文里书店、延安西路“建筑”书店和“天平”法律书店、威清路交通书店、云岩广场文轩书店以及延安东路口乐转书房等。此外，各超市和社区内多设有小型书店。驻区公共图书馆只有位于北京路的贵州省图书馆及其设在宅吉街道的分馆。

（二）农家书屋

2009 年起，在加强农村文化建设过程中，区文体广电局将农家书屋建设列入重要工作，成立农家书屋领导小组，要求每个农家书屋面积不少于 20 平方米，政府配备的图书和设备必须落实到农家书屋。加强对农家书屋的设立验收，全区 19 个农家书屋平均面积为 42 平方米，农家书屋全都设立在村委会附近，环境清洁明亮，方便村民借阅。区文广局对农家书屋负责人和图书管理员进行专业培训，对图书的编目，登记、上架进行现场指导。各农家书屋均有建立健全的图书借阅和管理制度。对图书目录建有登记和需求记录，所有图书信息录入电脑，由专门图书管理员进行管理。

自2011年起，在全市“书香农家”“书香之家”“书香少年”等评选活动的推动下，各街道（后改为社区）和黔灵镇均开始兴建农家书屋、图书馆小站等图书阅览站点。根据《贵州省农家书屋工程建设管理实施办法》规定，农家书屋的设备全部纳入村级财政固定资产规范管理。2012年8月，向贵阳市文化局申报4户农家书屋示范点。在贵阳市新闻出版局的指导下探索数字农家书屋试点建设，至2012年止建成数字农家书屋5个。截至2015年，初步建成“村村有书屋，村民有书读”的农村公共阅读网络和阅读体系。云岩区人民政府还拨专款10万余元为每个农家书屋配备电脑、打印机等设备。

（三）图书馆小站

2013年，按照贵阳市文化局对区级图书馆建设规格的要求，区文体局利用区人民政府的支持资金，在三马片区马王山生态体育文化园内建成面积约3000平方米的区级图书馆，在小关湿地公园建设“阳光图书馆”。次年，根据《贵阳市中心城区打造“图书馆小站”项目工作方案》要求，按照公共文化公益性、均等性、基本型、便利性原则，建成黄山冲、云山、阳明祠、田田教育、嘉华酒店、南国花锦等图书馆小站10个，每个图书馆小站至少有图书服务员或志愿者1人负责图书管理和服务工作。全区以图书馆小站为平台，开展“阅享云岩”公共文化季等系列活动，以配合图书馆小站工作。从2014年起，先后开展“同在蓝天下好书阅享”“心灵港湾好书分享”“爱心驿站”“相遇云岩”和“角度云岩”等阅读分享活动，并邀请相关文化专家参与群众活动与群众一起通过“阅享云岩”公共微信平台关注活动信息。2013年—2015年间，区文广局持续开展“农家书屋”建设，为村级图书室提供电脑、打印机等设备；除新建“渔安新城”农家书屋外，又建设3个示范书屋，为村民提供更多的阅读场所和服务。

2014年—2015年6月，区文化馆、渔安新城（A、B区）、明德网吧、区消防支队、区工信部、小苑（翠屏巷12号）、日坛中学、中天花园、水东社区和省府社区等图书馆小站14家相继建成。每个小站配备图书1750册，全区图书小站年增图书17500册，其中贵州省图书馆年均提供3000册。

2015年7月13日—15日，全区图书馆小站管理人员培训班在省图书馆开班，对各图书馆小站管理员进行图书管理系统培训；同时开展“阅享云岩”公共文化季活动，将“阅享云岩——阅读推广人行动”融入图书馆小站活动内容。以图书馆小站为平台，开展“山与海的对话”活动，特邀省内外名著文化工作者进行座谈；针对老年人开展“茶文化”活动，针对儿童举办“亲子读书”活动等。全年，全区举办各类读书活动12场次。

第二节　文艺培训和演出

一、文艺专业培训

云岩区每年都要参加省和贵阳市举办的文化艺术排练、演出和参赛活动，并有相应的自办编剧、排演、选拔等活动，故区文化馆常年对公众提供免费开馆服务，利用文化信息资源共享工程，开办网页、网站，根据不同年龄阶段群众的需求，开设美术、音乐、乐器、舞蹈等各种培训班。2001年，为参加贵阳市纪念建党80周年文艺调演，区文化馆组织专项培训。同时，为参加每年“花溪之夏”艺术节演出，区文化馆都要组织相应的培训和排练。2005年，区文化局组织社区文化骨干63人进行培训，提高他们的专业技术水平。其后6年，为加强街道（社区）文化艺术活动指导，丰富街道和社区居民的文化生活内容，常年都有相关培训。

2012年4月，区文化馆组织群众参加贵阳市群艺市馆组织的业务技能培训，并参加5月省文化厅举办的《贵州省非物质文化遗产保护条例》暨保护工作培训班。同年7月，先后派人到新疆、西藏参加全国公共文化服务体系建设培训班；10月21日，参加贵州省文化馆举办的全省合唱指挥培训班。同一时期，按照中共贵阳市委推广、普及百姓健康舞的要求，聘邀专业教练，开展由群众自主参与百姓健康舞进行推广和普及活动。2013年，免费开放培训辅导活动场地1950小时，参加各类文艺培训、辅导活动群众7.8万余人次。

2014年4月起，由区文化馆提供场地，聘请专业瑜伽教练，免费开办初级瑜伽和其他培训30余次，参加培训人员300多人次。同时，选派舞蹈教师4人，参加中共贵阳市委宣传部和市舞蹈家协会主办的“百姓健康舞——贵州篇”培训。经过培训的教师负责全区27个社区和黔灵镇“百姓健康舞——贵州篇”的系统辅导培训；培训成果展演中，特聘艺术顾问和辅导员30多人参加演出4次。2015年，全年举办经常性舞蹈、瑜伽、少儿拉丁、声乐、化妆、消防、社区文化专干等培训班6种，参训人数达1000余人次。15年来，全区共培训文艺骨干3800余人。

二、文化艺术节和文艺演出

（一）文化艺术节

云岩区举办云岩区“文化艺术节”始于1989年5月，截至1999年7月，共举办文化艺术四届。2002年7月26日至8月26日，第五届“云岩区文化艺术节”开幕。主会场设在黔灵公园纪念碑前。第五届文化艺术节分为14个分会场，共推出节目208个，由区人民政府和区文化局进行评奖。其中“相约云岩”中老年专场文艺演出评选出一等奖1个；“七彩云岩”青年专场文艺演出评选出一等奖1个；“托起明天的太阳”少儿专场文艺演出评出金奖2个；“富裕颂歌”非公有制企业专场演出评出一等奖1个。艺术节期间，“国策之光”计生专场文艺演出评出一等奖1个；“第二届少儿书法艺术现场比赛”评出一等奖10人。区文化艺术节组委会从中筛选出部分节目，参加贵阳市第十届“花溪之夏”艺术节《群星异彩》演出，有6个节目入围，其中，获一等奖2人；选送美术、书法、摄影作品展，获少儿书法一等奖1人；摄影作品（成人）一等奖1人，（少儿）一等奖1人。云岩区获第十届“花溪之夏”艺术节开幕式“游演方阵”优秀奖。

2006年7月—8月25日，第六届云岩区文化艺术节开幕，共设16个分会场，参加文化艺术节演职人员达4000余人，观众达10余万人。其中老年舞蹈队23支、青年舞蹈队23支、戏剧队17支、曲艺队8支；演出内容包括舞蹈、小品、诗朗诵、相声、京剧、折子戏等节目多种，并推出艺术节开幕式、举办舞蹈、戏剧、曲艺等专场比赛。其中中老年组专场舞蹈比赛评选一等奖1个；青年专场舞蹈比赛评选一等奖1个；少儿专场文艺演出获“戏剧、曲艺比赛”一等奖2个。区文化艺术节组委会从中筛选出70个节目集中展演，期间还举办云岩区“延安路——缤纷书街”“小故事大王比赛”和“闭幕式暨大型文艺节目汇报演出”。

此后至2015年，每年都按时举办文化艺术节，将艺术节与“多彩贵州”品牌活动相结合，开展经济、旅游推介等活动（参阅下文）。

（二）其他文艺演出

2001年—2015年，区文化馆“云飞”艺术团参与各类文艺演出100余场，参演人数1000余人次。

其中送文化下乡30多场，社区文化活动30多场，广场演出活动30多场，参加演出人数达800余人次。

2001年，区文体局选送“漫漫长路”“轻舞飞扬”等节目18个，参加贵阳市庆祝建党80周年群众文艺调演。2012年7月，“云飞”女子合唱团在中山市参加“第十一届中国合唱节”获银奖；11月，“云飞”红楼越剧团参加“喜迎党的十八大”“贵州省老艺术家委员会首届薪火相传”文艺演出，越剧折子戏“梅龙镇”获得“薪火金奖”。2013年6月，云岩区在大兴农民工子弟学校创办“农民工子女梦想合唱团”；黔灵镇同时结合外来务工人员子女“中国梦·家乡颂”演讲比赛，参与演出。截至2015年，云岩区共参加全国、省、市比赛100余次，获得国家级奖项10个，省级奖项34个，市级奖项22个。

（三）少儿文艺演出

2003年9月27日，区少年宫小花合唱团参加贵阳市“颂林城、赞家乡”合唱比赛，区少年宫获一等奖；同年10月5日，区少年宫参加在昆明举行的西部合唱艺术节“美丽彩云南·族群杯”合唱大赛，获艺术节组委会颁发的一等奖和组织奖。2007年6月—8月，中共云岩区委、区人民政府举办以“弘扬少儿艺术构建和谐云岩”为主题的“森林之城魅力贵阳—2007年首届中国（贵阳）避暑节暨云岩少儿艺术节”。7月29日，举行以“五环旗帜飘起来”为主题的云岩区生态文化篇暨少儿艺术节闭幕式，内容由序幕“五环旗帜上”、上篇“百年梦圆”、中篇“为奥运喝彩”、下篇“我心飞翔”，以及尾声“点燃圣火”等15个节目构成。

区文广局在2008年的区少儿艺术节上，邀请中央电视台主持人罗京和刘纯燕主持少儿艺术节闭幕式晚会“五环旗帜飘起来”。2009年9月21日，由中央电视台少儿频道、中共云岩区委、区人民政府主办的“庆祝中华人民共和国成立60周年暨云岩区少儿艺术节”闭幕式上，演出大型歌舞诗——我们的故事。共有3个篇章18个节目，近400人的演出。活动由中央电视台少儿频道主持人周洲、刘洋主持。其中精选经典少儿歌曲18首，主题是歌颂新中国成立60年。同年，区少年宫小花合唱团获文化部授予的“全国优秀少儿合唱团”称号。2012年1月，“小花”合唱团参加“贵阳市合唱音乐会”。2015年6月，“小花”合唱团参加贵阳市人民政府举办的“贵阳国际拳击季”开幕式和闭幕式演出，并为息烽县贫困山区学校进行义务演出。

（四）群众文艺调演和赛事

2001年，区文广局以各社区（农村）文化站（室）为依托，开展元旦“迎接新世纪”街头文艺演出、“三月三”民族艺术节及“迎国庆广场文艺演出”等演出，全年举办大型文艺演出26场（次），观众达5万人次。其间，区文广局与共青团云岩区委、区精神文明建设指导委员会办公室联合举办“青春风采”展示大赛和迎“国庆”广场文艺演出；与中共云岩区委宣传部共同举办全区群众文艺调演；同年6月20日与中共云岩区委组织部举办非公有制企业党组织歌咏比赛，参赛队伍共19支，其中“赤水情酒楼”“神奇假日酒店”两队并列一等奖。全年全区群众文艺调演共22场，参加演出人员2000余人，演出节目250个，观众达3万余人，其中39个节目获区级奖。区文广局获“贵阳市文艺调演优秀组织奖”“优秀创作奖”“优秀编导奖”和演出一、二、三等奖共25个。

2002年，区文广局与区委宣传部发动各街（镇）、机关、学校开展多种形式的文艺活动，选送歌伴舞“祝福祖国”参加中共贵州省委宣传部、省文联、中共贵阳市委宣传部、市文化局组织的“唱支山歌给党听”大型广场文艺演出。2003年，参加贵阳市举办的“迎春赛歌会”，其中区文广局选送的“越来越好”“红旗飘飘”等节目，分别获贵阳市赛歌会组委会颁发的二等奖和三等奖；云岩区人民政府获组织奖。同年7月16日，区文广局参加贵阳市文明办举办的贵阳市民族民间文艺调演，选送的男声独唱“西部放歌”获一等奖，舞蹈“刺梨花开”“苗岭风情”获二等奖。9月23日—25日，参加贵阳市计划生育局、市文广局等单位举办的“关爱女孩行动”专题文艺演出，分别获得二、三等奖各2人、优秀奖1人。同年，配合贵阳市举办“颂林城、唱贵阳”新歌演唱大赛和大型合唱比赛的选拔赛。赛评出10名十佳歌手和5名优秀歌手，参加全市“颂林城唱贵阳”大赛。次年，由中共贵阳市委、市人民政府主办，云岩区承办，中央少儿频道全国首场在贵阳落地仪式“风车行”大型少儿文艺演出。

2005年，云岩区参加“多彩贵州”歌唱大赛，同时参加中央少儿频道《大风车》栏目在金阳会展中心举办的“快乐风车、林城欢歌”专题晚会。同年8月，组织节目，邀请贵阳市的全国青年著名歌手曾勇，参加六盘水城市“凉都节”广场演出。同时在中山西路星力广场，协同区文明委、区委宣传部和中北、威清、中华、北京街道办事处等单位，联合举办“公民道德宣传日”和“科技宣传日”广场文艺演出。2006年，局承办由中共云岩区委、区人民政府主办的“云岩清风廉政歌曲比赛”，以及区直机关党委举办的“先锋之歌”庆祝建党85周年文艺演出。

2008年4月，区文化馆组织举办“云岩区避暑季活动”和文艺活动“四进”（进机关、进校园、进社区、进农村）和“爽爽的贵阳”宣传活动。在5个多月时间里，16个街道办事处和黔灵镇各分会场，分别推出“推广避暑季主题曲”“避暑季市民启动仪式”“避暑季兰花奖‘林城欢歌’歌曲推广大赛”“避暑季消夏纳凉晚会广场演出”“新农村少儿美育工程”少儿舞蹈大赛、美术、书法、摄影展、避暑季兰花奖舞蹈大赛等系列活动。同期黔灵镇推出“爽爽的贵阳·毓秀黔灵”消夏纳凉广场文艺演出，三桥办事处开展“繁荣生态文化，建设生态文明街道”为主题的文艺演出，市西办事处推出“爽爽的贵阳和和的市西”广场文艺演出。6月13日—19日，云岩区开展“2008中国贵阳避暑季林城欢歌‘兰花奖’”歌曲推广大赛，选出9名选手参加贵阳市决赛。在“贵阳市2008避暑季消夏纳凉”活动中，云岩区选出优秀美术、书法和摄影作品40余幅，参加贵阳市“2008中国·贵阳避暑季”美术、书法、摄影展；6月30日，各社区演出队参加在省人民大会堂广场举行的“云岩区生态文明城区建设·生态文化篇启动仪式暨北京路社区文化节开幕式”。7月1日，中东办事处举办“庆七一、迎奥运”消夏纳凉晚会；7月5日，普陀办事处举办“避暑季消夏纳凉广场文艺暨生态文化篇演出活动”为主题的广场文艺演出。

2009年，云岩区各办事处和黔灵镇围绕“中国·贵阳避暑季”“庆祝中华人民共和国六十华诞”主题举办消夏纳凉晚会。演出节目类型有舞蹈、杂技、器乐独奏、独唱、方言小品等；区文化馆组织参加10月26日“2009贵州省（贵阳地区）重阳中老年文艺演出”。次年配合贵阳市“三创一办”工作，组建“三创一办”文艺宣传队与各办事处（镇）联合文艺演出14场；将“三创一办”宣传教育工作融入避暑季消夏纳凉广场文艺演出中，共演出29场次，开展天邑森林温泉第四届泼水狂欢节、天邑森林温泉中秋音乐会、天邑森林温泉第二届“泡温泉·品美食”美食周等活动。同年10月22日，各演出团体在由中共云岩区委、云岩区人民政府主办的“2010中国·云岩区避暑季”闭幕式暨颁奖会上演出。

2013年元旦和春节期间，区文广局与社区联合组织参加全市“筑城广场迎新春展演活动”，举办“走基层，惠民生”和“迎新春，送关爱”为主题的文艺演出两场。区文广局全年共组织、参与各种大中小型文艺演出60场，其中包括“我们的节日”文艺演出、“三八”妇女节系列演出、世界非物质遗产文化日活动、残疾人文化活动周和文化馆办团队文艺演出；其中以“春天的歌舞”为主题的“三八”文艺演出主要宣传辖区先进妇女的事迹。9月—12月，开展常规的“幸福云岩”消夏纳凉广场文艺演出暨社区明星展演主题活动，由区文广局邀请省、市艺术界专家，选出“社区明星”25人。在当年的中国国内旅游交易会期间，配合“爽爽贵阳——百姓健康舞展演”主题活动，在云岩广场举行百姓健康舞展演活动，参演群众达上千人。全年全区共组队参加全国、全省以及全市的各项比赛8场，获得国家级奖项7个，省级奖项2个，市级奖项若干。开展各类文艺演出98场，其中送文化下乡、下基层演出16场，社区文化活动52场，广场演出活动30场。

2014年元旦春节期间，区文广局和文化馆组织各社区（镇）开展“迎新春·庆元宵”主题活动和“送文化下乡”活动，并向村民赠送书籍、挂历、春联等节日用品。全年全区共组织、参与各种大中小型文艺演出80场，其中文化下乡、下基层10场，社区文化活动23场，广场演出活动47场，参加演出人数2000余人次。同年3月起，举办以“幸福女人·美满生活”为主题的“三八”妇女节文艺演出和“我们的节日”端午节活动。国庆期间，区文广局组织各社区开展“国庆”系列活动，分别在贵乌社区服务中心在贵阳医学院开展“温馨家园大家乐——书画展”；栖霞社区服务中心举办以“温馨家园大家乐”为主题的国庆65周年文艺汇演；北京路社区在龙润广场举办“2014幸福云岩消夏纳凉广场文艺演出暨‘最美声音社区明星’——迎国庆·庆重阳·喜迎金秋”巡演；中北社区在云岩广场举办“感恩伟大祖国·建设和谐小区”庆祝中华人民共和国成立65周年和“可移动文物”宣传文艺演出；普陀社区在天主堂广场举办“温馨家园大家乐——美意灵韵·艺驻我心”和“2014普陀社区文化艺术展览”。

2015年，区文广局组织参加省、市各类文艺演出和比赛，同时承办贵阳市和北京市朝阳区联办的“我爱北京天安门老照片暨贵州省文化服务体系建设城市老照片展”和“拥军爱国·共筑和谐”为主题的庆祝中国人民解放军建军88周年文艺演出；参加“多彩贵州”纪念中国人民抗日战争暨世界反法西斯战争胜利70周年各民族大合唱比赛等相关赛事。全年，共组织或参与各类文艺演出105场，参加人数达万余人次，参加演出人数达2000余人次。参加全国、省、市比赛14次，组织人员1000多人参赛。

（五）社区（镇）群众文化活动

区文化馆以文化站、广场、街头和小区院落为平台，指导社区和黔灵镇居民开展丰富多彩的文化文艺活动，组织云岩区的广场文艺演出、消夏纳凉晚会和社区艺术节，以及居民院落、楼群小型联谊文艺表演，内容有歌咏比赛、演讲（朗诵）比赛、小品比赛等等。各级各类文体活动年均举办100场（次）以上，参与活动群众累计数十万人次。自2012年起，全区27个街道办事处（镇）文化站因地制宜，采取与辖区单位“联建”或“联办”等形式，开展各具特色的院落文化、企业文化、军营文化、校园文化，实现“天天有活动，月月有安排，季季有高潮，全年不间断”。2012年，全区社区服务中心共举办文化演出活动51场；1月—10月，举办“我的社区我的家”“我们的节目”为主题的文艺演出12场；“中国共产党建党91周年庆祝活动”期间，区文广局协助区组织部开展云岩区“先锋耀党旗、建党91周年”文艺演出颁奖典礼；与贵州电视台联合举办“喜迎十八大、欢乐社区进云岩”文艺演出。2013年，开展“社区小舞台”系列活动和“社区明星”招募活动。同时，对社区服务中心的青年文化专干进行文化活动的主持人培训。次年，以举办“第三届云岩区城市文化旅游年”系列活动为中心，通过“社区小舞台”活动巩固社区文化品牌；以“云岩区最美声音”为主题，以邻里和谐、提升文化文明素质为抓手，通过举办“幸福云岩·社区小舞台”明星招募活动，活动开展系列文化活动。让“社区明星”（普通居民）成为舞台的主角。全区共计100余人报名参赛，最后评出“最美声音”一等奖1人、二等奖2人、三等奖3人、优秀奖3人、“最佳人气奖”1人。“最美声音”获奖者参加云岩区“消夏纳凉广场”文艺展演5场，观众达万人。

2015年，为贯彻落实公共文化服务示范区创建工作，区文广局开展“第三届云岩区明星招募”系列活动，通过基层“小舞台”活动，巩固云岩区文化品牌，提升辖区群众的文化品位和文明素质。“幸福云岩·美丽新农村”明星招募活动以歌舞、乐器、朗诵等为主题，鼓励“禁毒”和“关爱流动人口”原创作品推荐参与，以打造邻里和谐，提升群众文化、文明素质为重点，使群众成为舞台的主角。全区报名节目共120余个，最后评出一等奖1人、二等奖2人、三等奖3人、优秀奖3人、最佳人气奖1名，其中禁毒小品、关爱流动人口小品获优秀“原创奖”。随后，区文广局组织获奖者节目巡演、开展“154”行动“禁毒”和“关爱流动人口”专题等宣传演出，在各社区举办巡演5场，观看人数达万人。

（六）获奖作品选介

2001年，区文化局选送舞蹈《五彩梦》参加贵州省民族文艺调演，获省人民政府和省民宗委颁发的“文艺会演优秀节目”二等奖、优秀编导奖。2002年2月，选送的舞蹈《开门红》《永恒的秧歌》参加由贵阳市精神文明办、市文化局举办的“贵阳市春节‘秧歌舞’比赛”，分别获市级中老年组和青年组演出一等奖，云岩区获市场人民政府颁发的“优秀组织奖”。2003年，贵阳市举办“颂林城 唱贵阳”新歌演唱比赛和大型合唱比赛，云岩区评选出“十佳歌手”10人、优秀歌手5人，参加全市大赛，其中有两名歌手获“贵阳市十佳歌手”称号。同年8月，云岩区评出6支合唱队伍，参加全市“颂林城 唱贵阳”大型合唱比赛，其中老年组和青年组分别获本组市级一等奖和二等奖；少儿组获一等奖。同年9月23日—25日，在市计划生育局、市文化局举办的“关爱女孩行动”文艺演出中，云岩区获本次演出二等奖2人，三等奖2人，优秀奖1人；在“读书月活动”的演讲比赛和知识竞赛中，云岩区获演讲比赛的第一名和第二名、并获知识竞赛获团体第二名及优秀组织奖。2004年，在贵阳市举办的迎春大型“花灯秧歌舞大赛”中，云岩区的《闹雪灯》和《年乐》分别获市级优秀奖和最佳优秀奖。

2005年3月—8月，云岩区成立分赛区组委会，参加贵州省人民政府和贵阳市人民政府组织的“多彩贵州”歌唱大赛。区文广局选出23人参加贵阳赛区比赛，获市级二等奖5个，三等奖7个，优秀奖3个，总成绩列全市第一。其中，6名选手参加全省级比赛，又获省人民政府特别奖一个，三等奖2个。同年，参加贵阳市“春的旋律”集体舞大赛，云岩区参赛节目《林城美》获一等奖，《欢乐腰鼓》和《欢乐中国年》获三等奖，《金鸡报晓闹新春》获优秀奖。

2006年，区文广局推选出集体舞3个，参加“贵阳市第四届群众文艺调演”比赛。同年，云岩区参加贵阳市第四届群众文艺调演，获贵阳市“集体舞大赛”一等奖1个，三等奖1个；“舞蹈专场”一等奖1个，二等奖2个，三等奖1个，优秀奖1个；“戏剧曲艺专场”优秀奖3个；“创作奖”2个；区文广局获组织奖。同年，在全省“三月三”民族民间文化艺术节期间，区文广局选出“贵州省旅游形象大使”30人参加贵阳市决赛，选手蒋靖获全省“多彩贵州”旅游形象大使选拔赛第二名。

2007年，“多彩贵州”舞蹈大赛云岩赛区活动中，全区选出30个节目参加复赛和决赛，并从中再精选12个节目参加贵阳市复赛，其中有10个通过贵阳市决赛，《山那边》《梦境》《快乐大使》和《孔雀与乌鸦》等4个节目进入贵州省“多彩贵州”舞蹈大赛复赛，参赛节目占贵阳市节目总数1/3；4个节目进入省决赛，并全部名列榜首。2009年，云岩区成立分赛区组委会，负责组织2009“多彩贵州”舞蹈大赛贵阳赛区云岩分赛区比赛，共有5个民族民间舞蹈作品进入贵阳市比赛，其中苗族舞蹈《袅》获优秀奖；电视舞蹈新人选拔赛中，有3人获省级比赛资格，区选手巩中辉获贵阳市“银瀑”奖（第二名）。

2010年，向省文化厅申报“苗族银饰手工艺品”和“严小妮手工贵州傩神娃娃”两个文化产品项目，“严小妮手工贵州傩神娃娃”被省文化厅评为全省特色文化产品，获得10万元扶持资金。2011年4月，区文化馆组织选手参加“贵州省第二届美术专业比赛”，其中1幅作品进入复赛。同时，组织剪纸31幅、刺绣3幅作品参加贵州省文化厅举办的剪纸、刺绣比赛活动。同年6月，在“多彩贵州”歌唱大赛贵阳赛区总决赛中，云岩区美声组选手陈音吉以99.07分高分获得美声组金奖，并代表贵阳参加贵州省“多彩贵州”歌唱大赛总决赛。参加“贵州省第九届少儿艺术节”比赛的选手，是云岩区实验小学一年级学生邓弘宇，在“童心向党·共享蓝天”比赛中，其参赛作品《加沃特舞曲》，获贵州省儿童少年文化艺术委员会、贵州省文化厅、贵州省广播电影电视局等8家单位颁发的“器乐类”项目二等奖。

2012年10月26日，由区文广局和区文化馆主办“喜迎十八大，推广百姓健康舞”大型展演比赛活动。参加展演的队伍共有33支、660人，大多数为中老年人。其中延中社区服务中心展演获最佳表演奖，中东社区服务中心展演队、中天社区服务中心鸿雁队获优秀表演奖，北新社区服务中心梦之灵舞蹈队等获表演奖和组织奖。同年，区文化馆组织作品参加《第十届全国法制宣传暨廉政建设书画摄影大赛》。选送儿童群舞《猴儿鼓》获贵州省“群星奖”决赛暨全国第十六届“群星奖”选拔赛三等奖；云飞红楼越剧团参加“喜迎党的十八大贵州省老艺术家委员会首届‘薪火相传’文艺演出”，越剧片段《梅龙镇》获“薪火金奖”；“云飞”女子合唱团参加在广东中山举办的“第十一届中国合唱节”上获银奖。

第三节　公益文化活动

2002年元旦、春节期间，区文广局开展送文化下乡活动，为区黔灵镇村民写春联800余幅，剪窗花500余对，同时对200余名村民进行了体质测试。同年9月—10月，开展送电影下乡活动，共为黔灵镇村民放映电影26场。2003年春节前夕，为黔灵镇雅关村村民写春联850余幅，剪窗花500余对，送图书600余册。元旦、春节期间为村民放映电影8场。全年为村民组和街道办事处共放映电影36场。

2005年9月，区文广局配合区委组织部开展“为民办实事、满意进万家”的实事活动，筹集图书1000余册、光碟1.5万余张，价值10余万元，送往黔灵村、雅关村和偏坡村。同时，将贵阳市文化局捐赠的万册书架，安置在生态村扶持对象雅关村文化站。2006年，向黔东栖霞社区和贵乌中天社区捐赠图书近千册，并捐赠大型书架2个。2007年元旦春节期间的“三下乡”活动中，为黔灵镇和各办事处村民送图书千余册、科技光碟千余盘，免费为村民们体检；送春联800余幅，放映电影20余场；2010年向村民送对联500副、窗花300对及关于种植、文化修养、法律等图书2000余册、环境保护法律法规、环保常识等书籍。次年，又帮助黔灵镇、金关、金鸭、金惠办事处（镇）村民安装电视1036户，并为办事处配备价值5万余元的电脑、打印机、复印机、电话、文件柜、维护维修工具。从2011年4月20日开始，在全区各街道办事处（镇）开展“建党90周年红色电影周”“2011年贵阳避暑季消夏纳凉电影周”“庆国庆爱国电影进校园电影周”等系列活动，共放映电影468场。2012年，区文广局向农民工子女赠送书籍500余册，办公电脑两台；用大米、食用油等慰问帮扶慰问黔灵镇东山村4户贫困村民。同年推出“幸福云岩五大工程”（“幸福云岩·文化惠民生工程”、理论促实践工程、文明促和谐工程、产业助发展工程和宣传展风采工程）。在贵阳“避暑季”云岩（城市）文化旅游年活动中，举办首届“城市棋盘·定子云岩”中国围甲联赛云岩分站赛和“品美食·赏大戏·汇民俗”夏季庙市和公益电影放映季等“文化惠民生”活动；设立公益电影专项资金，将“送电影下乡”活动创新为“五进”（进工地、进企业、进广场、进学校、进社区、进农村）电影公益活动。当年为全区农村公益电影放映228场的任务，并为各社区的农民工和校园放映公益电影200场。

2013年—2014年元旦春节期间，各社区开展“迎新春、庆元宵”“云岩区文化系统迎春文艺演出”等演出活动和“送文化下乡”活动。2014年8月29日，区文体局与贵州大学艺术学院音乐系合作开展主题为“幸福云岩·梦想在路上”古筝音乐会，赠送给大兴小学门票60张，为农民工子女提供艺术熏陶的机会。在“2015年度云岩区全民阅读活动”中，改动全社会外来务工农民子女赠送图书，由文化志愿者和农民工子女同台演出“好书好文朗读”节目。“六一”儿童节期间，向社区儿童赠送节日新衣、书包、文具和体育用品；春节期间为困难群众登门赠送大米、鸡蛋、食用油等年货；协助大兴学校成立贵阳市首支流动人口孩子组成的合唱队——云岩区农民工子女梦想合唱团——代聘专业教师对团员进行辅导，合唱团有外来务工农民子女80人。当年“七一”文艺会演活动期间，贵阳市群众艺馆和云岩区市西商会向“梦想合唱团”赠送钢琴、团服，为他们提供良好的学习和演出条件。

第四节 少数民族文化活动

一、布依族“三月三”歌会

“三月三”，是布依族在农历三月初三举办的传统节日，主要为了祭祀社神和扫墓，一般持续时间20余天。自20世纪90年代末起，区人民政府先在三桥村下五里村民组建设民族节日活动广场。2010年，又在杨惠村民组新建活动广场，代替被征收的下五里广场，供“三月三”和其他民族节庆活动使用。在每年“三月初三”期间，区文广局与区民宗局联合，组织以布依族歌会和苗族跳花场为主的联欢文艺演出。每次活动，市属各区（县、市）和外地少数民族同胞前来参加演出和旅游观光。常年活动人数在6万~10万人之间。

2011年以前，“三月三”民族文化节均以年份命名，如2001年农历“三月三”民族文化节。2011年以后，改为以“届”命名。2001年，“三月三”民族文化节由区文广局与区民宗局联合举办，聘请专业导演为村民编排节目，并与省歌舞团、民族歌舞团联合演出。2002年，农历“三月三”民族文化节，为把民族民间风俗和文化艺术表演融为一体，区文广局特邀省民族歌舞团参加演出，尝试在民族艺术活动内容和形式的提升。2003年，在节目编排上着力从节目质量、艺术品位、广泛参与等等方面下功夫，与贵州省歌舞团、贵州省民族歌舞团联办，突出民族传统节目与舞台艺术表演相结合。2005年4月，云岩区在全省“多彩贵州、唱响家乡”活动期间举办“三月三”演出活动，各民族人民近10万共同参与赛歌会和文艺演出活动。2006年，把“多彩贵州·旅游形象大使云岩民族姑娘选拔赛”活动与民族艺术节活动相结合，展示云岩区民族文化和风土人情。2007年，把“多彩贵州舞蹈大赛·云岩赛区首场复赛”安排在“三月三”文化艺术节节目中，近7万参加活动。2011年—2015年，“三月三”民族民间文化艺术节都在金惠社区（杨惠村）举行，每年区拨款5万元用于活动开展。2015年，区人民政府拨款6万元，用于“三月三”艺术节“高寨七年大场”。

二、苗族“四月八”活动

苗族传统节日“四月八”从1983年起改为贵阳市“民族团结周”活动，使“四月八”成为各民族共同的节日。1987年5月3日，国家民委正式认定“四月八”为苗族传统节日。2002年以后，受城市建设和交通条件影响，喷水池不宜继续举办大型游艺活动，“四月八”节庆转到市属郊县举行。

第五节 文艺团体

2001年年初，区文体广播电视局成立云岩区艺术团，聘请专业教师对舞蹈队进行辅导训练，并编排舞蹈节目。发展到2005年，云岩区已有89支业余文化艺术团体，文艺骨干93人，演员2297人。2005年8月9日，云岩区筑音诗社成立，成员多为云岩区退休教师。2013年1月22日，云岩区文学艺术界联合会成立（简称“区文联”），下设写作协会、诗词楹联协会、音乐协会、舞蹈协会、戏曲协会、产业协会、书画协会、摄影协会等8个协会。

2006年，区文化馆组建贵阳老年艺术团，其中时装队有20多人，舞蹈队20多人，军乐团60人和80人的合唱团。2013年，文化馆组建馆办艺术队伍有舞蹈队、管弦乐团、越剧团、少年拉丁、芭蕾等26支；组建舞蹈、声乐、时装、京剧、越剧、器乐等专业队伍6支；外聘文艺术顾问和辅导员30余人。此外，辖区成立在民政局登记的云岩艺术团、友情艺术团、青年艺术团、中老年艺术团、京剧越剧票友谊团队、老年舞蹈队、合唱团、龙狮队、秧歌队、腰鼓队等群众文艺演出队伍60余支。各街道办事处（镇）建有社区体协、老年体协31个，总参与人数达5000余人，形成多层次的社区文化、体育组织网络。

2014年，全区27个社区下属136个居委会，全部建成信息数字化的文化站，其中，宅吉小区被中央精神文明办命名为“全国创建文明小区示范点”，中天社区和栖霞社区达到省“一级精品社区文化活动室”标准。

第六节 文学艺术

一、文学作品创作和刊物

2001年以后，长期居住或工作在云岩区的作者创作了大量小说、散文、诗歌和戏剧作品，其中有不少获得省、市级奖励。侗族作家袁仁琮，2001年以后先后发表长篇小说《梦城》《王阳明》，学术论文集《鳞爪集》《解读王阳明》等多部作品被选入《中国新文艺大系》、台湾《当代中国大陆作家丛书》《当代少数民族作家作品选讲》和《贵州文学大系》；长篇小说《破荒》获第十一届全国少数民族文学创作“骏马奖”，为全国少数民族文学最高奖项。杨学伦的小说集《情泛微澜》《往事话苍凉》《淡淡诗词话情怀》分别在2011年12月由宁夏人民出版社出版，2012年1月由内蒙古人民出版社出版，2013年由现代出版社出版；周诗若的《诗若文集》2011年由中国文联出版社出版。

2006年8月25日，区文广局以打造文化大区，构建和谐云主题，举办云岩区第六届文化艺术节，由17支戏剧队，8支曲艺队参加文化艺术节演出。还举办戏剧、曲艺专场比赛，戏曲主要作品有云飞红楼越剧团的《梅龙镇》片段，吴秦业的剧本《阿朵的云》及李祥霓的苗族音乐歌舞剧本《嚷欧桑》等。

云岩区筑音诗社社员创作的诗词《沁园春·多彩贵州》《浪淘沙·黄果树》《福地贵阳》等作品，

入选《贵州诗词卷》《当代中华知名诗人著录》。

区文联主办综合性文艺刊物《黔灵毓秀》，设有小说、散文、诗歌、生态手记、特别推荐等栏目；区诗词楹联协会有内刊《黔灵山》。

表 1　云岩区文学作品部分获奖情况表

（2001 年—2013 年）

作品名称	作　者	获奖情况
散文集《月照江夏韵》	刘燕成	贵州省第十二届“新长征”职工文艺创作评比散文比赛一等奖
散文《“王傻子”站长》	许金玲	获贵阳市廉政美文征文优秀奖
散文《春天里》	刘燕成	贵州省第十一届“新长征”职工文学作品优秀散文奖
儿童文学《杜娜娜的开心事》	何伊经	首届贵州省专业文艺奖儿童文学类比赛三等奖
诗歌《回到诗歌》	海嫫	贵阳市廉政美文征文比赛二等奖
词歌《飞扬的陈述》	芦建伦	贵州省第四届警察文化艺术周征文二等奖
词条《人民警察》	芦建伦	全国公安现代诗歌网络大赛优秀
作品《当代诗观察》	赵卫峰	贵州省首届尹珍诗歌奖征文比赛诗歌理论奖
作品《读书的故事》	刘燕成	贵州省直机关职工书屋读书征文比赛一等奖
作品《月亮谣》	刘燕成	贵阳市征文比赛二等奖
中篇小说《李浩繁的家事》	胡巧玲	贵州省第十一届“新长征”职工文艺创作比二等奖赛

二、舞蹈创作

2001 年，云岩区的舞蹈作品主要有苗族舞蹈《我的小花鞋》《小精灵》《板凳舞》和舞蹈《快乐跳、跳、跳》。2002 年，创作苗族舞蹈《小苗妹》《欢歌》《追乐》和舞蹈《红红火火》《新年好》《花环》等。2003 年，创作瑶族舞蹈《春雨沙沙》，彝族舞蹈《山铃》，布依族舞蹈《捞鱼虾》，水族舞蹈《串串花》，土家族舞蹈《稻草人》，仡佬族舞蹈《山寨琴声》等。2004 年，创作侗族舞蹈《侗娃喜春》。2005 年，创作苗族舞蹈《木鼓敲起来》，布依族舞蹈《蒲公英》和舞蹈《喝彩》《网络情深》等。

2006 年—2015 年，云岩区舞蹈作品创作很多，其中有不少作品参加全省“多彩贵州”的演出，特别是儿童演出团体，在全国，乃至国际上都多次获奖。

第七节　资料性著述和其他书刊

一、资料性著述

《贵阳市云岩区志》　2001 年 8 月 24 日，云岩区地方志编纂委员会办公室（区志办）成立，办公室地址设在毓秀路云岩区档案馆内。10 月，云岩区地方志编纂工作正式启动。《贵阳市云岩区志》是云岩区的首轮社会主义新方志，由中共云岩区委领导，区人民政府主持，云岩区地方志编纂委员会办公室组织编纂，主编赵震洋。2005 年 12 月贵州人民出版社出版发行。全志分为上下两册，共 21 篇 87 章和附录，计 148 万字。记述时间上限宋代，下迄 2000 年，翔实记载云岩区政治、经济、文化、社会等方面的历史和现状。

《云岩年鉴》 是经中共云岩区委批准、在区人民政府领导下，由区地方志编纂委员会办公室主办，是地方性、综合性的社会经济建设发展和政务活动的资料工具书。2014 年 5 月，首部《云岩年鉴（2013 年）》由开明出版社出版发行，主编王恩红。2015 年 12 月，《云岩年鉴（2014 年）》由开明出版社出版发行，主编王恩红。《云岩年鉴》全面、系统地记载 2013 年、2014 年云岩区的社会经济、政治、文化各领域各行业发展和变化。资料收集范围包括中共云岩区委、云岩区人民政府历年社会经济建设的重大决策、重要会议形成的重要文件、经济社会发展中的重大成果、重大事件；记述黔灵镇和区属各系统、单位和社区服务中心的基本情况，有年度“大事记”“特辑”“区情概述”“领导人名录”“文件选编”等类目共 24 个。

《中华人民共和国政区大典·贵阳市云岩区分卷》 2011 年 9 月，《中华人民共和国政区大典》编纂工作正式启动，贵阳市同时启动本市的政区大典编纂。2012 年 2 月《中华人民共和国政区大典·贵阳市云岩区分卷》开始编纂，为《中华人民共和国政区大典·贵阳市卷》的组成部分，主编周诗若。2012 年 10 月内部出版。《中华人民共和国政区大典·贵阳市云岩区分卷》，是第一部系统介绍云岩区村级以上政区综合情况的大型工具书，以云岩区现行行政区划为记述范围，按照区级词条、乡（镇）词条、街道办事处词条、居委会和行政村、自然村词条，分别进行记述。上限为清道光二十年（1840 年），重要信息上溯至先秦、汉唐时期，下限为 2011 年 12 月。

《中国共产党贵阳市云岩区历史》 《中国共产党贵阳市云岩区历史》第一卷（1934 年—1976 年），由中共云岩区委政策研究室编写，记录发生在云岩区域内与云岩区关联的历史事件和历史人物等，2011 年由贵州人民出版社出版发行。

二、其他书刊

云岩区出版的刊物有中共云岩区委宣传部组织编写的《风雨兼程一路歌一云岩改革开放 30 年纪事》、云岩区政协编写的《云岩胜景》《云岩人物》等内部出版物。

表 2　云岩区部分内部出版书刊统计表

（2001 年—2015 年）

书刊名称	编写单位	出版时间	内容简介
《云岩信息》(专刊)	中共云岩区委办公室	2001 年	全区优秀信息汇编
社区报(报纸,每月一期)	区民政局	2002 年	区境民政工作摘要
《云岩胜景》	云岩区政协	2004 年 9 月	云岩境内自然风光、文物胜景
《云法学习》(特刊)	区法院研究室	2006 年	法律论丛
《云岩人物》	云岩区政协	2006 年 12 月	云岩境内历史人物,革命先烈
《云岩区建设生态文明城区八大主题图册》	中共云岩区委宣传部、区人民政府	2008 年	云岩区生态文明建设成就

续上表

书刊名称	编写单位	出版时间	内容简介
《贵中云岩》(双月刊)	中共云岩区委政策研究室	2008年	云岩经济社会发展工作进程,改革发展、云岩之星、云岩史话、它山之石等。
《风雨兼程一路歌—云岩改革开放30年纪事》(丛书)	中共云岩区委宣传部	2008年12月	云岩区改革开放30年"三个文明"建设成果和经验
《黔灵毓秀》(季刊)	云岩区文联	2012年	综合性文学刊物
《品味云岩》	云岩区地方志办公室	2012年12月	云岩区人文历史、自然风光,红色文化纵览
《云岩人文历史纵览》(特刊)	云岩区地方志办公室	2013年	云岩区境内人文历史
《城北旧事》	云岩区文联	2015年	云岩影像记忆
城北旧事一百年云岩:影像记忆	中共云岩区委宣传部、区人民政府	2015年	云岩境内百年历史老照片
《云岩》	中共云岩区委宣传部、区人民政府	—	云岩境内自然风光,社会经济建设成就

第八节　文物普查和非物质文化遗产申报

一、文物普查

云岩区的文物普查，从1981年第二次全国文物普查时开始。当时受资金等条件制约，进展比较缓慢，主要于实物文化遗产的调查保护。从1981年起，对弘福寺、觉园，以及和平路天主教堂、黔灵西基督教堂等重要建筑进行全面维修。1982年2月，辖区内黔灵山（包括弘福寺、麒麟洞）碑碣、石刻、《新华日报》贵阳分销处旧址、中共贵州省工委旧址、八路军贵阳办事处旧址、贵阳君子亭进入贵州省级文物保护单位名录。截至2001年以前，云岩区纳入贵阳市市级文物保护单位的文物有20处。

2006年5月25日，辖区内文昌阁进入全国重点文物保护单位名录、大觉精舍进入省级文物保护单位名录。2005年—2008年间，云岩区地方志（党史办）有关人员对鹿冲关的大修院、小关（雅关）、阳明祠、尹道真祠、老东门（文昌阁）等遗址也多次进行考察，写出一些研究性文章，在报刊杂志和专著上发表。

2009年，区文管局制定《云岩区2009"三普"工作安排日程》。云岩区第三次全国文物普查工作（三普）人员对三桥、中西、威清等11个办事处75个社区（村）的文物进行普查，复查列入保护的文物6处，新发现文物18处，尚未普查的50%，覆盖100%的辖区面积。区文广局将新成立的金鸭、金关和金惠3个办事处作为普查重点，新发现文物6处。2010年，区文管部门为"三普"工作落实每年4万元经费，组织区文化馆工作人员及各办事处（镇）普查员参与普查工作。完成19个办事处（镇）151个村（社区）的普查。复查文物24处，其中国家级文物保护单位2处、省级文物保护单位6处、市级文物保护单位16处；新发现文物35处。云岩区普查工作通过省第三次全国文物普查办公室验收。

2013年8月和9月，完成可移动文物普查第一阶段工作，对全区机关、事业单位、国有企业等进行普查。组织专家对鹿冲关天主堂修道院旧址、贵阳师范学院旧址、毛光翔公馆旧址、贵州汽车制造厂旧址、贵阳贵州银行大楼旧址5处文物点进行考察评估，将5处旧址申报为贵阳市第七批市级文物保护单位。申报藏品总数为104511件（套），其中珍贵藏品5583件（套）。当年，参加“全国第一次可移动文物普查”工作，云岩区参与单位802家，普查到可移动文物约4万件。截至2015年，完成已列入保护的文物复查25处，新发现文物58处，完成不可移动文物登记表88份，图片资料480张，简报40多份；经专家筛选登陆66处不可移动文物点，其中复查文物24处，国家级文物保护单位2处，省级文物保护单位6处，市级文物保护单位16处。

2015年，区文广局公布地母洞、黔灵山六角石亭、百花山水井、秦天真墓、吴剑平公馆旧址、省府路石板街、贵州人民抗日战争纪念碑、贵州革命英烈纪念碑、贵阳解放贵州革命先烈纪念碑、新生活第一纪念林摩崖、黔灵湖水库、警世、堂等区级文物保护单位共12处。同年10月，贵阳市人民政府公布鹿冲关天主堂修道院旧址、贵州银行旧址、毛光翔公馆旧址、地母洞等列为第七批市级文物保护单位。

表3　云岩区境内文物保护单位一览表

名　称	所建年代	地址(今名)	公布时间(年月)
国家级			
文昌阁	古代	文昌街	2006年5月
阳明祠	古代	东山路	2006年5月
省级			
弘福寺	古代	黔灵山公园内	1982年2月
贵阳君子亭	古代	君子巷	1982年2月
黔灵山摩崖	古代	黔灵山公园内	1982年2月
八路军贵阳办事处旧址	现代	民生路	1982年2月
中共贵州省工委旧址	现代	文笔街	1982年2月
《新华日报》贵阳分销处旧址	现代	慈善巷	1982年2月
麒麟洞张学良、杨虎臣囚禁处	现代	黔灵山公园内	1982年2月
大觉精舍(华家大院)	现代	电台街	2006年6月
贵州省银行旧址	现代	中山西路	2015年5月
虎峰别墅	现代	中山东路	2015年5月
鹿冲关天主堂修道院旧址	现代	鹿冲关森林公园内	2018年7月
毛公馆故宫文物南迁存放旧址	现代	中华北路	2018年7月
贵州省博物馆旧址	当代	北京路	2015年5月
贵州省政法大楼旧址	当代	延安西路	2015年5月
贵州工学院旧址	当代	蔡家关	2018年7月

续上表

名　称	所建年代	地址(今名)	公布时间(年月)
市　级			
东山寺(旧)遗址	古代	东山路	1981年5月
相宝山摩崖	古代	宝山路	1983年9月
雅关(原名鸦关)	古代	雅关路	1983年9月
圣泉	古代	三桥下五里	1983年9月
武胜门遗址	古代	文昌街	1997年11月
玉元井(又称三元井)	古代	三民东路	2011年11月
太乙井	古代	宅吉路	2011年11月
贵阳清真寺	古代	夏壮元街	1983年9月
贵阳北天主教堂	古代	和平路	2004年7月
扁井	古代	扁井巷	2011年11月
百腊井	古代	宅吉路	2011年11月
薛家井	古代	文庙巷	2011年11月
檀泉	古代	黔灵山公园内	2011年11月
白象泉	古代	黔灵山公园内	2011年11月
月亮井	古代	黔灵山公园内	2011年11月
大井	古代	吉祥路	2011年11月
金顶山水井	古代	金顶山	2011年11月
卢焘蒙难处	现代	头桥转湾塘	1987年5月
林青就义处	现代	环城北路	1987年5月
刘氏支祠	现代	忠烈街	1987年5月
简书墓	现代	黔灵湖东岸	1987年5月
杜蓉烈士墓	现代	茶园村	1997年9月
谢六逸墓	现代	黔灵山公园内	1997年11月
棠荫亭	现代	城基路贵阳五中内	1997年11月
尹道真祠	现代	东山路阳明祠内	1997年11月
蒋介石和张学良会面处	现代	黔灵山公园内	1997年11月
吴剑平红馆旧址	现代	圆通街	2015年8月
省府路石板街	现代	省府路东段	2015年8月
地母洞	现代	鹿冲关森林公园内	2015年9月
四方井	现代	市东村路	2011年11月

续上表

名　　称	所建年代	地址(今名)	公布时间(年月)
平刚墓	当代	大营坡	1987年5月
贵州人民抗日战争纪念碑	当代	茶店海天园内	2015年8月
贵州革命英烈纪念碑	当代	茶店海天园内	2015年8月
解放贵州革命先烈纪念碑	当代	黔灵湖东岸	2015年8月
贵阳师范学院近当代建筑群	当代	宝山路	2015年9月
毛泽东主席塑像(贵阳师范大学处)	当代	宝山路	2015年9月
区　级			
黔灵山六角石亭	古代	黔灵山公园内	2015年8月
百花山水井	古代	百花山	2015年8月
新生活第一纪念林摩崖	现代	黔灵山公园大门东侧	2015年8月
警世堂	现代	黔灵西路	2015年8月
黔灵湖水库	当代	黔灵山公园内	2015年8月
秦天真墓	当代	茶店海天园内	2015年8月

二、文物维护

2001年以来，区文物管理部门主要责任是定期对文物的保护情况进行复查，消除文物在消防等方面的安全隐患，对有损坏的文物，向上级报告和进行维修；区文化馆也对八路军贵阳办事处旧址、贵阳地下党省工委活动旧址、《新华日报》贵阳分销处旧址、林青就义处等红色文物保护点多次进行调研考察，会同区规划局、区棚改办等单位共同研究整体景观改造的建议方案。2005年—2008年间，和平路天主教堂由省、市人民政府拨款，进行改革开放后的第三次大规模修葺。2007年4月—2011年12月的第三次全国文物普查期间，为完成文物点圣泉的保护和开发，区文管所按国家统一要求，由区文化馆编写《云岩区的第三次全国文物普查工作报告》，该报告分为7个部分介绍文物普查的准备和进展情况。

2011年，区文化馆协同办事处文物专管员定期巡查云岩区辖区内21个市级以上文物保护单位，并对周边的环境卫生进行检查治理，同时完善云岩区辖区内21个市级以上文物保护单位日常维护管理档案，签订《云岩区文物保护单位维护维修管理责任书》和《云岩区文物保护单位安全管理责任书》。次年，开展“文化遗产日”宣传活动，定期巡查辖区内21个市级以上文物保护单位，并对文物保护单位周边的环境卫生进行检查治理，完善日常维护管理档案，与相关部门签订《云岩区文物保护单位维护维修管理责任书》《云岩区文物保护单位安全管理责任书》，确保文物保护工作有序进行，确保文物保存完好率≥95%。

2014年，区文广局与各社区、黔灵镇及各级文物保护单位使用单位签订《云岩区2014年文物安全管理工作责任书》，并分别为宅吉社区、中东社区、黔东社区、金龙社区、省府社区、头桥社区及黔灵镇划拨经费共计10.7万元，用于维护各级文物保护单位的环境卫生。同时，区文化馆与市文物安全检查组对文物点进行重点检查，并配备消防安全器材。由市财政安排预算经费70万元，省文物局补助经费25万元，用于《新华日报》贵阳分销处旧址整体维修工程。

2015年，对各文物进行安全检查，其中国家级文物保护单位48次，省级文物保护单位50次，市级文物保护单位45次，其他不可移动文物39次。同年对文昌阁、阳明祠、《新华日报》贵阳分销处旧址、八路军贵阳办事处旧址、毛光翔公馆旧址、弘福寺、麒麟洞等重点文物保护单位，着重检查消防安全；在文物点周边安装提示牌，提示住户和游客增强文物保护意识；检查文物保护单位的消防设备，指导群众使用灭火器。

三、非物质文化遗产申报

云岩区范围非物质文化遗产（非遗），主要有民间美术，民间杂技，少数民族节日、服饰、习俗，古迹、文物四种类型。2006年4月—2008年12月，区文广局对全区非物质文化遗产保护状况开展全面普查。喷水池苗俗“四月八”经贵阳市非物质文化遗产保护专家委员会评审，进入首批市级非物质文化遗产名录。为确保非物质文化遗产保护工作有效开展，2006年云岩区成立由副区长任主任的非物质文化遗产保护委员会，制定《云岩区非物质文化遗产普查工作方案》，并对各办事处及黔灵镇分管文化工作领导及工作人员进行非物质文化遗产保护知识培训。

2010年，区文广局制定具体的文物保护措施，非遗保护档案完善，初步建立非遗保护工作体系。组织辖区居民参加“全国‘6·12’遗产日”宣传。同年4月，举办非物质文化遗产培训会，对全区19个办事处文化站普查员进行培训；同时参与“5·18国际博物馆日”和“文化遗产日”宣传。10月，区文化馆着手挖掘辖区内“非遗”项目。2011年，区文化馆组织召开“2011年云岩区文化馆非物质文化遗产培训交流会”，全区19个办事处和黔灵镇文化站站长、非遗普查员参加会议并进行专业培训。2012年，苗族“四月八”被列入贵州省、贵阳市和云岩区非物质文化遗产名录；“大刀王——吉靖羽”列入贵阳市和云岩区非物质文化遗产名录；文昌阁列入云岩区非物质文化遗产名录。区文化馆特邀专家在社区举办2012年“非遗”培训交流会，同时挖掘出剪纸和苗绣等非物质文化遗产项目。2013年，挖掘出“丁氏苗族传统酸汤”和“雷家豆腐圆子”制作技艺，分别申请上报区级和市级“非物质文化遗产”项目。两个项目作为区、市级“非物质文化遗产代表性”项目得到有关专家认可。

2014年4月，贵州传统民间工艺、民族音乐、少数民族工艺品等非遗活态文化展示馆完成主体建设。同年7月，馆内“古黔遗风”非物质文化遗产板块对外开放；同时将“九嶷派”古琴艺术、白氏骨科正骨整复特色诊疗技术纳入申报为区级非物质文化遗产代表性项目计划；将丁文建、雷鸣、吴曦、白桂春4人申报为“云岩区第二批非物质文化遗产项目代表性传承人”。次年配合完成“2015年全省非物质文化遗产数字化建设”工作，将传统医药“万应祛痛膏”制作技艺、“墨丹活发町”制作技艺及传统美术项目“王少丰剪纸”作为“有价值、有影响”的“非遗”项目，申报为“云岩区第四批非物质文化遗产代表性项目”。另外申报的非物质文化遗产代表性名录“九嶷派”古琴、万应祛痛膏、白氏骨科正骨整复特色诊疗技术3个项目列为“第四批市级非物质文化遗产代表性项目”名录。同年“雷家豆腐圆子”制作技艺列入省级非物质文化遗产名录。2015年，区文广局配合贵阳市完成全省非物质文化遗产数字化建设，资料收集、视频拍摄等工作。

第九节 电影 电视

一、电影业

2000年以后，云岩区原来单一的影院模式被集购物、休闲、娱乐为一体的新型影城所取代，新兴的电影产业兴起，由于影院环境舒适，加上3D、巨型银幕、MIX等全新的技术，吸引年轻一代观众进入影院消费。各影剧院在大型商场和主要街道都有放映场。全区各影院每年票房总额就占贵阳市总票房收入的40%左右。

2012年，街道办事处改制为社区服务中心后，各社区在春夏秋三季，每逢周末，都在社区广场上放映电影，供居民和外来务工人员观赏。2014年以后，新建的小区在建设时就设计有电影院放映场馆。同年5月，中天城投集团与香港百老汇影业在深圳正式签约，共同投资1.5亿元，在“中天·未来方舟”楼盘内的“七公里河滩文化长廊”功能区，建设“贵阳市电影业航母”的中天·未来方舟·百老汇影剧院。同年6月，区人民政府与贵阳凯达丰房开公司、贵阳新华古艺电影有限责任公司签约，在三桥中路投资1000万元，打造惠民娱乐场“三桥平价电影院”。全区的新兴电影文化产业分为高、中、低不同档次的消费模式。

区文广局根据《中共中央办公厅、国务院办公厅关于加强公共文化服务体系建设的若干意见》《国务院办公厅转发广电总局等部门关于做好农村电影工作意见的通知》和《国务院办公厅关于促进电影产业繁荣发展的指导意见》等文件要求，围绕社会主义新农村建设目标，通过企业经营、市场运作、政府买服务等电影经营模式，为提高群众思想道德和科学文化素质，丰富群众精神文化生活提供服务。2000年，云岩区公益电影流动放映队成立，每年4月—10月，进入农村、社区、学校、工地、企业、部队和城乡广场，为广大群众免费放映公益电影；在人大、政协两会等国家重大活动和重要节假日期间，举办爱国电影进校园、庆“七一”公益电影周、“八一”公益电影周、党风廉政建设电影周等主题的电影公益系列活动。为基层组织宣传政策构建新的平台，把党的各项方针政策送到千家万户。2011年，区公益电影流动放映队在“全国庆祝建党90周年红色电影展演活动”中获国家广电总局、中影协会颁发“全国优秀流动电影放映队”荣誉称号。

从2012年起，区公益电影流动放映队为全区社区服务中心和黔灵镇群众免费放映公益电影近万场，观影群众数10万人。2013年的“红色电影周”“迎新公益电影周”“我们的节日”和“庆祝建党92周年”公益电影周等主题活动期间，在完成“2131工程”（1998年文化部、国家广播电影电视总局提出的农村电影放映“2131”目标，时间为21世纪初，农村实现“一村、一月放映一场电影”的目标），全年540场任务的基础上，超额播放电影300场，实现全年840场的电影放映总量。

中共云岩区委、区人民政府鼓励民间力量参与公益文化服务，优势互补，以“中国·贵阳避暑年”为背景，以“幸福云岩·文化惠民生”为主题，以繁荣公益事业、活跃群众文化生活、提高全民综合素质为宗旨的“云岩电影公益季”活动。2012年，区文广局举办“公益微电影大赛”系列活动。通过活动将辖区电影公益季和“公益微电影大赛”打造成传播公益理念，提升全区民众公益意识，完善区内公众道德品质的文化平台，使云岩电影公益季、公益微电影大赛成为云岩区特定文化品牌和文化名片，营造和谐、幸福的文化环境，促进区内各项工作全面协调发展。2014年，全区19个行政村、26个社区完成公益电影放映任务540场；全区农村、社区放映544场次；完成53所公办中小学每学期两场爱国主义影片，共206场的放映任务。

2015年，区文广制订局《云岩区2015年农村、社区公益电影放映暨安全生产工作方案》，推进农村、社区公益电影放映工作，以露天放映和室内放映相结合、免费放映和有偿放映相结合，放映农村、社区公益电影540场。区属流动电影放映队以学校为单位，按时为53所公办中小学学生放映爱国主义教育电影400余场次，观影学生达24万人次。

二、电视传输服务

2003年，中共贵阳市委、市人民政府推出“村村通”工程方案，以村为单位，每5户~8户共用一套卫星天线一台接收机，可接收全国29套数字电视节目。农村地区实施广播电视“村村通”和“户户通”工程以来，区人民政府将广播电视“村村通”“户户通”工程，作为“十件实事”之一和新农村文化建设的“一号工程”。至2005年，全区农户可接收到电视节目60多套、广播节目8套，覆盖率达100%。2007年，经过全市电视传输技术革新，区电视传输同步实施“模拟改数字”。截至2012年，全区常住人口64.84万，流动人口16万，有线数字电视用户255677户。

1983年以后，云岩区与贵阳市同步建立广电网络管理管理机制。根据不同时期，广播电视收听收视情况，展开相应的检查管理。2005年，中共云岩区委、区人民政府按国家规定的目标，成立云岩区广播电视安全指挥部（指挥部），指挥部办公室设在区文广局，办公室主任由区文广局局长兼任。区人民政府与指挥部成员单位签订云岩区广播电视安全责任书，明确各单位的职责及应承担的责任。指挥部每周定期召开广播电视安全播出工作专题会，会上听取各部门汇报工作情况，汇总各部门的工作成效、经验，解决存在问题，布置下周工作。指挥部办公室每周编辑一期《专题简报》，送中共云岩区委、区人民政府各部门领导审阅，由领导研究解决存在的困难的办法，确保广播电视安全。

第二章　体　育

2001年以后，云岩区以“建设群众身边的健身设施”为切入点，拓展思路，挖掘体育事业发展空间，加大全民健身活动的领导和促进力度，因地制宜建设各类型体育场地，增加现代健身器材等设施；发展精品特色体育项目，提升自身体育公共服务的能力和水平。

第一节　体育设施

一、全民健身场地

2001年以前，云岩区没有区属大型体育场馆。居民开展球类、田径等体育活动，需要借用市体育局六广门体育场。游泳也在门广门体育场所内的私营企业承包的“地中海游泳馆”、宝山北路的省体育所属的“水晶宫”室内游泳馆。2003年前后，黔灵镇雅关村的小关湖和各度假景区陆续增添游泳区域。

2004年起，贵阳市开始利用体育彩票收入，在居民区设置全民健身新式联合体育器械（又称“全民健身工程”）。云岩区境内公园、广场和各街道办事处的群众体育活动区域内，多安装有这类器材。为贯彻落实2012年贵州省全民健身路径“116工程”、贵阳市全民健身路径“100工程”建设工作，满足社区群众日益增长的体育场地需求，区文广局在省、市体育局支持下完成三桥村、安逸新村、金狮社区和茶园村等全民健身路径工程13条，村级农体工程建设1个。同年，贵阳市在打造100个“文明示范小区”，云岩区负责打造其中35个。为此，在8个小区投入5万余元，增配健身路径器材；又对中天社区、贵乌社区、黔灵镇等投入5万余元，增加体育设施，建设居民“身边的体育场地”。

2014年，通过“新型社区·温馨家园”及“体育五进”（领导进社区解难题、志愿者进社区解民忧、整合资源进社区办大事、公益服务进万家暖民心和党员干部进项目促发展）两个项目建设，向贵阳市体育局申请健身路径34条，价值102万元，完成全民健身工程20个。

从2001年—2015年，云岩区通过向省、市争取体育资金和器材、向相关企业和房开商协调体育配套设施，加上自筹资金，建成“全民健身路径”（指户外健身器材）180余条。2005年以后，区人民政府将健身点建设统一纳入城建规划、房地产开发、小区建设中，全区建立全民健身点100余个。截至2015年，全区健身路径完成160余条，27个社区和黔灵镇都有独立的健身路径。当年云岩区被评为“第六次全国体育场地普查工作先进集体”。

二、全民健身活动中心

2014年，根据全民健身计划纲要和“中央专项彩票公益金支持贵州社会公益事业建设项目”申报要求，区广电局向国家体育总局申请“全民健身活动中心”建设专项补助经费2000万元，用于建设位于新添大道南段302号大上海商贸城内，建筑面积为6000余平方米的贵阳云岩全民健身活动中心。项目于2014年11月正式动工，为羽毛球馆、篮球馆、游泳馆三大场馆，以及台球室、健身训练综合室、乒乓球馆、健身房、网球场、五人制足球场设施的综合性体育健身场馆，可同时容纳700余人使用，惠及东线片区20余万人。

云岩区水东社区文体活动中心建成于2015年12月，使用面积2000余平方米，内设乒乓球、羽毛球、乒乓球室、跆拳道室、健身房、瑜伽室、室外五人制足球场等设施。同年建成的渔安文体活动中心，占地面积3700平方米，设有乒乓球馆、跆拳道馆、健身房、棋牌室、台球室及五人制足球场，面向村民开放。贵阳市体育场和位于云岩区新添大道南路的云岩区文体活动中心等体育活动场馆，均免费向社区群众开放。

截至2015年，全区共有各类体育场地550处，其中有26个小型运动场、田径场，5个大型体育馆，26个游泳场馆，55个健身房（馆），222个室外体育场地，200条健身路径，52个其他类非标准体育场地，设有少年体育学校1所，人均体育场地面积1.08平方米。

第二节　体育运动

一、学校体育

2001年，云岩区各中小学校以《国家体育锻炼标准》为指导，逐年举办全区小学生田径暨达标运动会，使达标与体育课、课外体育活动、运动会结合，全区达标率为90%以上，施行面100%。区体育局负有督促、检查体育校、业余体校训练工作的责任；与教育局共同组织小学生进行体育竞赛，组队参加市级以上体育竞赛。

2002年，区文体局帮助学校贯彻《学校体育工作条例》，促进“两课、两操”活动在学校开展，保证学生每天活动时间在1小时以上；学校施行《国家体育锻炼标准》达标率在2001年的基础上有所提高，实施面保持100%。对专业体校和业余体校加强指导，各校做到工作有计划、有措施、有目标，实现规范化管理。

2003年，区文体局协助区教育局召开2003年学校体育工作会议，对2003年学校体育工作提出要求；配合省教育厅，组织《学生体质健康标准（试行方案）实施办法》培训班，对学校体育教师进行培训。同时，按照有关文件精神，配合教育部门，以环西小学为主体，依托各实验小学和中天北京小学共同创建“云岩区创建青少年体育俱乐部”的申报工作。

2004年以后，随着划入辖区学校和民办学校的增加，文体局工作量也不断加大。2004年，配合教育部门举办小学生田径运动会，全区42所小学生代表队参加比赛。区环西小学、云岩区实验小学和中天北京小学申报青少年体育俱乐部获得批准。2005年5月，配合教育部门举办2005年中小学生田径运动会。作为学校体育管理的常规工作，每年5月都要举行学校运动会，截至2015年，每年的运动会工作从未中断。2006年，区文体局与教育部门配合，对学校贯彻《学校体育工作条例》进行指导，制定有效措施，保证“两课”“大课间”活动正常开展；加强学校实施《学生体质健康标准》的指导工作，配合教育部门举办2006年小学生田径运动会，共有42所小学生代表队参加比赛。此后，中小学运动会为一年一度必办的体育活动。

二、全民健身运动

2001年，云岩区开展全民健身宣传周活动，拟定《2001年全民健身宣传周活动方案》。全区16个街道办事处（镇）制作宣传版画100余幅，黑板报500余期，向市民散发全民健身宣传资料3000多份，组织健身队、体操队、舞蹈队等进行文体表演、健身方法演示等，全区参加活动人数达20余万人，受教育人数达30万人。

2002年，举办“冬林杯”老年人健身大赛、女领导干部保龄球赛、第四届云岩区围棋邀请赛等赛事。2003年，组队参加贵阳市“迎新春”全民健身游泳比赛，获第三名；同年，在“2003年云岩区全民健身活动周健身项目的演示大会”上，演示项目有千人广播操、健身等项目。2004年，云岩区制定《全民健身活动周实施方案》，组织各部门900余人参加健身运动演示大会。

2005年，为庆祝《中华人民共和国体育法》和《全民健身计划纲要》颁布10周年，举行“6·19”全民健身走暨健身项目演示活动，区属各部门干部职工健身队和演示队各16支，近1500人参加。演示队伍表演了秧歌、武术、腰鼓、舞蹈等健身项目。2006年，相继举办“云岩区机关职工迎春全民健身跳绳比赛”“云岩区围棋邀请赛”和云岩区羽毛球、乒乓球邀请赛、对抗赛等活动，广大干部职工均积极报名参赛。同年，配合老体协举办区第二届老年人网球运动会，共20多支队伍参赛。

2007年春节期间，区文广局在黔灵公园举行“迎新春”登山健身活动。全区居民和现场观众300多人参加活动。其间，陆续开展区机关干部新春趣味运动会、黔灵镇农民趣味运动会、非公有制经济趣味运动会、政协委员与奥运同行趣味体育活动、干部羽毛球对抗赛，并协助举办区卫生系统首届职工运动会；与区羽协、乒协共同承办2007年云岩区“迎新春”乒乓球、羽毛球邀请赛，邀请省属、市属和辖区企事业职工、社区体育群众10多支代表队参赛。随后举办由各办事处和黔灵镇演示全民健身成果。8月8日，举办“迎奥运倒计时一周年·全民健身与奥运同行”和“老年人健步走向北京奥运会”活动，老年轻骑队在活动开幕式上展示自行车技术；获得国家级、省级“体育先进社区”的8个办事处演示太极拳运动、广场舞和跳绳等健身运动。同年，组队参加贵阳市“全民健身与奥运同行2007年贵阳市‘中天杯’网球团体锦标赛”，云岩区网球队获第一名。

2008年年初，协助区文明办组织“2008的全民健身大拜年系列活动”，项目有干部职工乒乓球、羽毛球比赛，趣味运动会和登山活动等；7月19日—20日，举办“2008年云岩区与奥运同行·建生态文明城区·干部职工羽毛球、网球比赛”，全区有20多个单位100多名干部参赛。同年，云岩区组织四大班子领导及干部职工500余人，参加贵阳市“2008年元旦全民健身跑活动”；区文广局拟定《2008年北京奥运火炬接力云岩区境内传递活动观众组织实施方案》，协调3名火炬手参加火炬接力。

2009年，举办云岩区羽毛球、乒乓球邀请赛、对抗赛等活动；协助区老体协组队参加贵阳市老年人运动会；举办有30多支队伍参赛的“2009年云岩区老年人网球赛”；全区党员干部参加云岩区“新年杯”网球赛、组织健身展演队参加贵阳市庆祝“中华人民共和国成立60周年暨全国首个全民健身日”活动，获优秀组织奖。

2010年元旦节期间，全区组建5个方队500多人参加“贵阳市2011年元旦全民健身跑”活动。年初，以“三创一办”全民健身大拜年文体活动进社区为主题，举行“全民健身大拜年”文体活动。全区20支代表队300余人分别表演腰鼓、太极拳、太极剑、健身舞蹈等健身项目。同年5月22日，贯彻执行《全民健身计划纲要》关于丰富广大农村的文体生活的规定，组织农民篮球队参加贵阳市场比赛。次年，以“构建和谐云岩，体育健身为全民”为目标，开展全民健身运动。区文体局协助全区社区，展开全民健身活动宣传，共出黑板报100余期、展板50余块；在“迎新春”干部职工体育大拜年活动中，有干部职工五人制足球赛、网球赛、羽毛球赛、乒乓球赛和农民篮球赛等全民健身运动，受益群众达10万余人次。之后，于2012年举办干部职工乒乓球、羽毛球、足球、篮球、网球等赛事，以及迎新趣味运动会、“三八”妇女节健身活动、青少年跆拳道锦标赛、青少年足球赛事和多项老年体育健身活动。2013年，开展主题为“让运动成为习惯，让生命更加精彩”的“体育主题赛季”活动，组织全区干部职工和其他群众开展乒乓球、羽毛球、足球、网球、棋类、广播体操、百姓健康舞、跳绳等体育活动10余项。同年，云岩区人民政府获国家体育总局授予的“全国2009年—2012年全民健身活动先进单位”称号。同时，参加贵州省妇联、省体育局举办的“幸福贵州·健美女性”三八妇女健身大赛，获“优秀组织奖”和“民族健身操二等奖”。

2014年，由区文广局承办全市性“体育进社区”系列活动，在中环社区、省府社区、宅吉社区、北京路社区举行不同形式的体育趣味活动，参与群众达有数千人。同年3月与黔灵镇、区妇联等单位共同举办迎“三八”第十届农村民俗妇女运动会；4月18日，会同区总工会举办“2014年云岩区体育主题赛季”启动仪式，开展太极拳系列展演、跳长绳比赛、拔河比赛、棋类竞赛等赛事4项。同年由云岩区文体广播电视局承办全市“体育进社区”系列活动，先后在中环社区、省府社区、宅吉社区、北京路社区举行不同形式的体育趣味活动。7月，与多个部门联合，参与承办“2014年全国轮滑球联赛（贵阳站）”，省内外的小学、幼儿的20多支球队参加了比赛；10月，区文体局与区教育局联合主办“青少年体育运动季”活动，参加开幕式学生达5000余人，同时在贵阳市第二十四中学、贵阳市第十三中学、贵阳市第三十中学等10余所学校举行乒乓球、羽毛球、网球、足球、篮球、田径、跆拳道、跳绳、踢毽等10余个项目的比赛。

2015 年，指导区足球协会完成换届，产生委员 66 人，其中有足球教练、社区工作人员、体育老师、私企老板、足球场所负责人、公安民警、专业退役足球队员等，选出了区足协主席、秘书长、成人部部长、少儿部部长等；同时，开展“2015 年体育主题赛事季”活动。组织黔灵镇、区妇联等单位举办迎“三八”第十一届农村民俗妇女运动会。与区工会联合举行 2015 年体育主题赛事季干部职工广播操比赛等健身活动和“2015 年云岩区体育主题赛季干部职工广播体操比赛”，共有 40 余支队伍参赛；8 月 29 日，在云岩区武装部网球场举行 2015 年云岩区体育主题赛季干部职工网球比赛，全区各单位和社区组成数十个参赛队参赛；9 月 19 日，云岩区“康福杯”足球邀请赛开幕，参赛队有云岩区、南明区、乌当区、息烽县、省能源局、市财政局、高炮团、鹿鸣地产等 16 支机关及企业的代表队，比赛持续到 11 月 7 日。

第三节　体育竞赛

2001 年，云岩区举办“新世纪”运动会；组队参加贵阳市职工运动会并获团体总分第一名；组队参加贵阳南明“甲秀杯”国际龙舟邀请赛获第二名；组队参加贵阳市跳绳比赛获第二名。2002 年，云岩区组建体育代表队参加贵阳市第九届运动会，各组别队伍 26 支共 555 人，获总分第一、金牌数第一、奖牌数第一。2006 年，组队参加贵阳市第十届运动会，共有 531 名运动员参加 17 个大项、36 个组别比赛，再次取得团体总分第一、金牌数第一、奖牌数第一的成绩。

2007 年，云岩区乒乓球代表队参加贵阳市乒乓球锦标赛，获得男子团体第二名、男子单打第一名和女子单打第三、第四名。

2008 年，云岩区参加“贵阳市百村农民篮球赛”获第六名；参加贵阳市羽毛球锦标赛获女子团体第一名，男子团体第三名，女子双打第一名和第三名。2010 年 10 月 20 日—29 日，区体育代表团 620 名运动员参加贵阳市第十一届运动会全部项目比赛，第五次蝉联团体总分、金牌数、奖牌数三个第一。

2011 年 5 月，云岩区承办“云岩杯”五省（市、区）领导干部乒乓球邀请赛，共有四川、重庆、广西、湖南、贵州、贵阳六支代表队赛，贵州代表队夺得冠军。2012 年，又承办 2012“全国围棋甲级联赛贵阳云岩分站赛”。3 月，组队代表贵阳市参加贵州省第二届农民运动会乒乓球项目比赛，获得三个第一名。10 月，参加贵阳市“第六届百村农民篮球赛”获二等奖。

2013 年，区文广局选派运动员 70 余人参加“贵阳市第九届少数民族传统体育运动会”，以 13 枚金牌的成绩获全市奖牌榜第一名，其中高脚竞速 6 枚金牌、珍珠球 2 枚金牌、陀螺 2 枚金牌、板鞋竞速 2 枚金牌、蹴球 1 枚金牌。2014 年，联合教育局、老年体育协会、残联及各体育协会，组成 500 余的人运动员代表队，参加参加贵阳市第十二届运动会，获金牌 62 块、银牌 63 块、铜牌 54 块，以团体总分 2207 的高分排名各区、县（市）积分榜首。

云岩区参加省、市体育单项竞赛获奖情况表

（2001 年—2014 年）

获奖项目	获奖日期	获奖(名次)	获奖级别
贵阳市跳绳比赛	2001 年	第二名	市级
“迎新春”全民健身游泳比赛	2003 年	第三名	市级

续上表

获奖项目	获奖日期	获奖(名次)	获奖级别
“中天杯”网球团体锦标赛	2007 年	第一名	市级
贵阳市乒乓球锦标赛	2007 年	男子团体第二名 男子单打第一名	市级
贵阳市乒乓球锦标赛	2007 年	女子单打三、四名	市级
贵阳市羽毛球锦标赛	2008 年	女子团体第一名 男子团体第三名 女子双打第一名和第三名	市级
贵阳市百村农民篮球赛	2008 年	第六名	市级
贵州省第二届农民运动会乒乓球赛	2012 年	三项第一名	省级
贵阳市第六届百村农民篮球赛	2012 年	二等奖	市级
贵阳市第九届少数民族传统体育运动会	2013 年	获 13 枚金牌	市级
贵阳市第十二届运动会	2014 年	获 62 块金牌、63 块银牌、54 块铜牌，团体总分 2207 分	市级

第三章　管　理

文化体育的管理，主要涉及文化企业的年审和颁证、印刷和新闻出版业的审核、电视传输等。云岩区的文化工作和体育工作均属云岩区文体广播电视局管理。

第一节　管理机构

1985 年 4 月，云岩区文化广播电视局与云岩区体育运动委员会合并，更名为云岩区文体广播电视局（区文广局），加挂新闻出版局（版权局）牌子。下属单位有区广播电视管理站（2007 年撤销）、区文化馆、区文化市场综合执法大队、区文物管理所和区文体活动中心。1998 年 5 月，区文广局设办公室、社会文化科、文化市场管理科（含新闻出版版权管理科）、文化稽查队和体育科。2006 年，增设广播电影电视管理科；2009 年 10 月 1 日，下辖单位区文体活动中心成立。2011 年 2 月 20 日，区文物管理所成立，归区文化馆管理；同年 4 月，区文化稽查队升格为文化市场综合执法大队。2015 年 12 月，区文物管理所划归云岩区文广局管理。

第二节　文化企业管理

一、文化企业年审和颁证

2001 年年末，云岩区辖区内印刷厂、打字复印业和音像制品销售店铺有 176 户，到 2012 年年末，减少到 125 户。2001 年印刷厂有 21 户，到 2012 年年末增加到 62 户；打字复印 2001 年有 94 户，到 2012 年增加到 189 户。

2002 年 2 月 1 日，区文广局根据《出版管理条例》规定，将音像制品零售单位划归“出版物”业，音像制品经营许可证变更为出版物经营许可证。同年，为改变音像店“过多、过小、过乱”的局面，按“压缩总量、调整结构、规范管理、规模发展”的指导思想，对音像制品经营单位重新审核发证。5 月 8 日起，区文广局对已设立的音像制品零售、出租经营单位进行重新审核换证工作。按照文化部的统一部署和省、市、文化厅局要求，在 6 月底前完成了对已设立的音像制品零售、出租经营单位进行重新审核换证工作。同时，召开音像制品零售经营业主会，传达省文化厅《关于贯彻实施〈音像制品管理条例〉有关问题的通知》和文化部市场司西南地区现场有关情况。

2005 年，区文广局依法对企业和经营户注册资金，经营场所面积、设备、消防安全等条件进行严格审查，对不合符法定要求的一律不予办理许可证，全年共办理和年审各类经营单位 1028 户，不予年审手续 12 户。2006 年，组织区属、市属所属范围的统计对象 227 户，对 2005 年文化产业进行调查填报，对文化经营情况的有关数据进行统计。2006 年，对全区文化、娱乐、新闻出版、网络文化市场等文化经营场所进行重新审核，符合条件的经营户予与年审和换发许可证；对歌舞娱乐场所经营单位进行接交和重新审核换证工作，依法纳入区文广局管理范围。

2009 年，全区文化市场和出版物市场共有 598 家，其中网吧 166 家，歌舞娱乐场所 45 家，电子娱乐场所 58 家，音像制品 44 家，书刊 84 家，印刷厂 68 家，打字复印 133 家。

2013 年，区文广局依法受理行政许可证件年审，办理行政许可证 22 户，其中歌舞娱乐 6 家，电子游艺 2 家，出版物 2 家，打字复印 12 家。2014 年，受理新闻出版类行政许可共 56 件，其中印刷企业注销 3 家；打字复印注销 11 家，变更 11 家，新办 7 家；图书零售注销 18 家，变更 1 家，新办 5 家；依法受理文化类行政许可文艺表演团体 1 家，营业性演出备案 11 家演出 21 场；网吧变更 31 家，歌舞娱乐场所新办 2 家，变更 2 家；电子娱乐场所变更 2 家。未发生违规演出活动；完成网吧 144 家，歌舞娱乐场 40 家，电子娱乐场所 63 家、114 家图书零售，印刷企业 56 家，打字复印 203 家企业的证照年审换证工作。

二、印刷和新闻出版业审核

2002 年，开展对印刷业的整顿和规范治理，共查出无证无照和证照不齐的印刷厂 21 户，查扣印刷设备 12 台，对符合资质条件的 71 户印刷厂进行重新审核和换证工作，规范全区印刷行业。2003 年，对不符合资格条件的 51 户印刷厂下发限期整改通知书，同时，加强对文化经营（网吧、电子游戏经营场所）从业人员法律法规培训，组织印刷企业从业人员参加市新闻出版局举办的法律法规培训，提高从业人员的法律法规意识。

2004 年年初，区文广局对 77 户印刷企业中不符合资格的 51 户印刷厂下发限期整改通知书，即完成注册资金的验资，经营面积、设备改造更新的整改。同时，为防止印刷非法出版物及宣传品加大检查力度；鼓励、引导、督促印刷业通过增资、合资、扩股等方式达到资格条件。2008 年，按照省新闻出版局《关于做好 2007 年新闻出版统计年报工作的通知》和贵阳市有关年审通知的精神，区文广局对区属新闻出版发行单位印刷企业进行年度审核，以及新闻出版统计调查。完成统计调查填报工作和年度审核任务，并掌握全区新闻出版单位的总量、结构、布局等有关情况。

第三节　文化市场管理

一、校园环境治理

区文广局在每年学校开学和高考、中考期间，都要彻查校园周边文化经营场所，确保校园周边良好的文化环境。同时，还对各片区稽查人员的日常巡查情况考核；加强协调配合，与教育、公安、工商及社区建立信息互通，及时通报文化经营场所的日常经营状况，形成立体监督。

2003 年，对校园周边文化市场实施经常性日常监督和长效管理。2004 年，加大对校园周边出版物经营点的清查，共收缴非法盗版图书 6000 余册，其中非法“口袋本”图书 2000 余册。在对客车站地下通道的检查中，收缴手机短信“口袋本”，盗版杂志，书刊 3000 余册，打击查禁、黄、赌现象和其他非法经营活动。对在校园周边销售、出租、放映、传播色情淫秽、封建迷信、暴力等不健康音像制品和书报刊、电子出版物及兜售境外政治类出版物等违法经营活动予以打击。销毁专门引诱学生参与的小型博彩机 136 台；整顿规范电子游戏经营场所过程中，销毁博彩机 483 台，收缴博彩机版 412 块，处理群众举报案件 27 起，取缔黑窝点 20 余个。2005 年，在高校周边文化经营场所共查处无证经营棋牌室、无证经营音像出租点、网吧、电子游戏机室 24 户，收缴盗版软件、盗版光碟、色情淫秽光碟 2500 余张，现场销毁小水果机 20 余台、收缴盗版图书及“口袋本”570 册。2006 年，区执法大队在校园周边出版物经营点收缴非法盗版图书 6000 余册（其中非法口袋本图书 2000 余册），收缴手机短信口袋本 1000 余册。2009 年，区“扫黄”办在校园周边经营点收缴非法盗版图书 1000 余册，非法“口袋本”图书 300 余册，盗版音像制品 5000 余张。关于 2010 年—2015 年学校周边文化市场的管理工作，在《公安》和《经济管理》等篇都有反应。

二、音像制品检查

2001 年，区文广局对音像制品集中经营场所实施减少和压缩措施。将市西音像城 40 多户经营户压减至 7 户，关闭经营混乱的友谊大厦底楼和客车站地下通道音像制品、图书经营场所。零售店是音像市场体系的重要环节，区文广局对零售音像市场择优扶强，先后扶持“音缘”“二十一世纪”“兴鑫音像”等一些上规模、上档次、正版铺设率较高的音像店和“影视园”“音画时代”“影视世界”等规模大、环境优雅、正版率高、极富文化品味的音像零售店，关闭家庭式、小作坊式和杂货铺式的小、乱、差经营网点。当年 3 月，市西音像集中经营场所业主会召开后，区文广局开展历时 6 个月的客车站周边音像制品经营场所专项整治，关闭以出租、招商方式经营的市西音像集中经营场所、客车站地下通道和友谊大厦底楼音像制品经营场所。延安西路客车站地下通道，有部分音像制品经营户长期无证经营，严重干扰音像市场秩序。为此，2003 年年初区执法大队与省厅稽查总队联合行动，将违法经营商铺全部关闭，收缴盗版音像制品2万余张，取缔无证经营户10余户。同年3月，区执法大队与协同区公安、工商等部门收缴盗版音像制品3万余张。4月收缴盗版音像制品2000余盘，淫秽光盘29张，取缔无证经营户2户，移交公安机关处理违法经营人员2人。5月，在治理延安路、中华路和富水北路等主要街道的音像零售店时，收缴盗版音像制品2000余盘。6月，再次对夜市进行清查，收缴盗版音像制品3000余张。

2004年1月起，区稽查队与省稽查总队、区工商、公安、整顿规范市场办公室及妇联等部门联合行动，在客车站地下通道清查中，收缴盗版音像制品10万余张，包括淫秽光碟1429张、不健康内容光碟1.2万余张。在针对怡信数码港、中山西路的电脑城，以及延安夜市等地段销售和盗版电子出版物实施打击时，取缔无证摊点20余户，收缴盗版电子出版物2万余张。

2005年，区文广局对378户网吧、音像、印刷业主进行培训，提高经营业主的法律意识和法制观念，要求经营业主树立守法经营、安全经营意识。7月—8月，按照贵阳市的统一部署，区文广局对辖区内音像制品市场进行专项治理，重点对全区地下通道及延安路、中华路、富水路等主要繁华街区和人口密度较大的热闹路段和各大电脑城、车站、校园周边等地段进行检查。2006年以后，区文广局组织文化商品经营户参加法律法规培训，分别在5月、8月、9月和12月对网吧、音像、出版物、娱乐场所从法律法规、“扫黄打非”、消防安全、禁毒工作等方面进行培训；全年组织参加培训的网吧、音像、印刷业主共300多家。同时，将音像零售点总数控制在60户以内，对不符合条件的商户一律不予审批。通过整治，音像零售点总量压缩到66户，音像制品出租压减至86家，使场地面积、注册资金达到《音像制品批发、零售、出租管理办法》的要求。

2007年，区文广局联合相关部门组织集中行动6次，参加省市统一行动4次，共收缴盗版音像制品10万余张，音像市场正版音像制品市场占有率大幅度提高。次年1月起，区文广局协调组织区工商、城管、公安、办事处等部门，定期召开工作联席会议，收集、汇总、通报有关情况，组织新闻媒体开展舆论宣传工作。2009年，对违规销售盗版音像制品、低俗音像制品及非法盗版书刊的经营场所进行检查，收缴盗版音像制品5000余张，低俗音像制品200余张，收缴非法盗版书刊1000余册；次年查处盗版光碟40余万张、淫秽光碟5万余张，收缴非法出版物5000余册，取缔无证摊点60余户。

2011年，收缴盗版光碟10万余张、淫秽光碟1500余张；取缔贩卖盗版光碟游商地摊20余户次；对教辅材、网吧、音像制品进行突击检查，共收缴非法报刊213份，盗版教辅教材、书刊2000余册（份）。在怡信数码城、西南电脑城、客车站地下通道等重点领域查处经营非法音像制品门店7个，收缴非法音像制品15万余张，违法案件移交率为100%。2013年，收缴盗版音像制品15万余张，淫秽音像制品5000余张，非法盗版书报刊3000余册，淫秽书刊200余册，取缔游商地摊20余个。

2014年9月19日，区文广局联合贵阳市文化市场综合执法支队、区公安局等部门，出动执法人员30余人，对位于浣纱路地下通道内违法经营盗版光碟的店铺进行专项整治。取缔8家无证经营户，现场收缴8家场所售卖的盗版光碟13万余张。2015年1月7日，联合公安机关在位于延安西路279号裕华公寓21楼，查获一批发非法淫秽盗版光碟的窝点，查获淫秽光碟167张，盗版光碟10万余张。2015年，收缴盗版光碟制品14万余张、淫秽光碟500余张。

三、网吧管理

2001年，区文广局对210户“网吧”进行重新审核。查出经营场地面积达不到要求的“网吧”30家，促使“网吧”市场走向规范。2002年，共检查网吧160多家，拆除擅自违法搭建“夹层网吧”7

家。其中吊销网络文化准营证1个，查处严重违规登陆黄色网站的网吧1家、证照不全5家及容留未成年人违规进入网吧23家。完成为期10天对辖区内公共聚集场所消防安全专项普查登记工作。通过整改，合格“网吧”当年为102户。6月—9月，在大学和中小学校周边的网吧进行专项治理，关闭网吧30户。12月9日，区文化稽查队又对“网吧”营业场所开展专项治理的“零点检查行动”。

2003年，检查网吧营业场所654户（次），查处违规“网吧”47户。按照《互联网上网服务营业场所管理条例》，实行上网实名登记。同年查处永安寺街、城基路和市西路上2家“黑网吧”，收扣用于非法经营的计算机28台。2004年2月起，区稽查队会同市公安局计算机监察处、区公安分局、区工商分局检查“网吧”营业场所654户（次），查处违规网吧47户，责令整改网吧7户，暂扣交换机48台。次年，为增加广大文化经营业主的法律意识和法制观念，云岩区共组织网吧、音像、印刷378户的业主参加法律、法规培训。全年共检查互联网上网服务营业场所1706户（次），暂扣网吧电脑及附属设备99件。2006年，查处网吧接纳未成年人案件20余起、吊销网络文化经营许可证1家、查处违规网吧28户；暂扣网络文化准营证26个，暂扣电脑主机、交换机23台，停业整顿4户。

2007年，在全区互联网上网服务营业场所安装“先锋A6网吧管理系统”的基础上，又安装经文化部批准的正版电影系统软件，全方位对网吧进行清查，查处违规网吧38户，暂扣网络文化准营证36个，暂扣电脑主机、交换机23台，停业整顿4户。对网吧接纳未成年人、超时营业和网络盗版问题，共查处违规网吧43户，暂扣电脑主机、交换机43台，停业整顿4户，取缔黑网吧3户。2009年4月27日和5月26日，区文广局两次联合工商、公安等相关部门，取缔金关小学和旭东小学周边3户无证经营的“黑网吧”，收缴经营中的电脑29台，暂扣网络文化经营许可证63个，暂扣电脑主机45台，停业整顿6户，处理群众举报23件，取缔黑网吧3户，收缴经营电脑29台；对5家等存在安全隐患的网吧下达限期整改通知书。

2011年，网吧在“绿牌”和“红牌”上公布全国文化市场统一举报电话、市文化市场及区文化市场举报电话，方便群众举报“网吧”违法行为。全区全年共检查“网吧”2100余户次，查处违规经营40余起。对两家违规接纳未成年人上网的“网吧”，处以1.5万元的罚款并停业整改，另外两家违规接纳未成年人上网的“网吧”的网络文化经营许可证予以吊销。2012年，区文广局检查“网吧”1200余户次，查处违规经营“网吧”26家，取缔无证经营网吧1家。开展对“黑网吧”的查处，加大对“黑网吧”的打击力度，收缴盗版音像制品2.5万余张，低俗音像制品500余张，收缴非法盗版书刊1000余册。

2013年，持续开展学校周边文化市场的集中整治行动，开展网吧规范经营情况公示，定期进行“网吧”定级评选，抓好网吧连锁企业认定和管理，对不符合设立标准的电子娱乐场所进行取缔。次年，组建123名“网吧”监督员队伍，协助文广局推动“网吧”的规范化管理。在辖区20余家网吧试点实施“门禁系统”。“门禁”将闲杂人员与上网人员实行有效分离，杜绝未成年人混入“网吧”“换人上网”行为；减少了“网吧”夜间抢夺、偷盗等案件的发生。2014年，检查娱乐场所300余户次。“网吧”1500余户次，查处违规经营户60户次，回复信访交办件24件。2015年，对网吧加强法律、法规和培训，组织业主到管理较好的网吧进行学习，培养一批遵纪守法意识强，日常经营秩序良好的网吧和具有一定规模的连锁化、品牌化网吧，加以扶持鼓励，使网吧经营主体更趋多元化。

四、文化市场综合执法

2003年，区文广局对各街道办事处和黔灵镇实行分片包干，具体落实到市场科、稽查队文化稽查执法人员身上。展开定期、定时日常巡查；加强宣传教育，对文化经营户、办事处文化站负责人、社区居委会人员进行培训，宣传文化法律、法规，提高守法经营意识；动员社会力量参与监督；扩大监督网络体系，向办事处及社区居委会发放文化市场监督卡，聘请文化市场监督员，扩大文化市场监控范围，形成监督网络。

2004 年，全区组织检查文化市场 146 次，开展集中整治行动 8 次。重点清理含有黄色暴力内容的 64 开“口袋本”图书；对盗版音像制品加大清缴力度，全年共收缴盗版音像制品 10 万余张；对经营秩序混乱、无证照经营较多的怡信数码港、西南电脑城和延安路夜市等经营户进行整治，全年收缴盗版电子出版物 2 万余张。2007 年 2 月，“反盗版百日行动”中，现场收缴销毁非法出版物 20 余万张。除上述常年进行的市场检查外，区文广局于 2010 年成立区“扫黄打非”领导小组，下设“扫黄打非”办公室，开始对文化、出版物市场管理建立长效机制，坚持日常监管，拟订方案，持续不断开展“扫黄打非”各种专项行动。2012 年，组建志愿者队伍，发动各单位、街道（镇）群团组织参与文化市场监管。2001 年—2015 年间，区文广局落实并处理市长专线电话 35 次，受理群众举报 269（人次），共组织集中统一行动 52 次，发放宣传资料 3000 余册。

第四节　电视传输管理

2012 年年初，云岩区广播电视安全指挥部办公室（“指挥部”）、区文体局、区工商局、云岩公安分局和区文体广电局联合对辖区星级宾馆、商务酒店等 50 户企业进行广播电视安全排查，对嘉华酒店等 10 余户存在安全隐患的经营场所下达违规整改通知书，责令限期整改。中共十八大召开前夕，指挥部组建广播电视安全工作督查组，27 各社区服务中心和黔灵镇、26 个派出所、18 各社区广电分局对各相关单位制定方案、应急预案，人员到位、工作落实、考核评定等工作落实情况进行督查。根据软件资料和定点检查进行评分，以 90 分为“及格”，凡不及格单位要限期整改，复查不及格的对主管领导追究问责。不定期举行广播电视安全播出应急演练，区维稳办等相关单位参加演练；成员单位出席现场观摩。通过演练，提高安全播出应急处置能力和协调、配合机制的快速反应能力。区文广电局在主要街道、重点部位张贴《云岩区关于严厉打击生产、销售、安装、使用广播电视非法设施通告》2000 余份，通告中阐明非法设施的危害性，应承担的法律后果，公布举报电话。

2001 年—2011 年间，区文广局和区指挥部主要查处经营户擅自出售、居民擅自安装电视接收设备的行为。随着电子广告屏的普及，商户随意安装广告屏的行为也纳入检查范围。2012 年 10 月，破获位于东山路一非法销售广播电视设施的窝点，收缴非法设备 2000 余件，抓获的犯罪嫌疑人被刑事拘留。同年，区指挥部督察组发现许多商家、店铺自行在室内、户外安装可更换文字内容的广告屏发布经营信息，区内此类广告屏有 480 块。经研究决定，在不影响商家生意的前提下，责成派出所一周内对户外 LED 大屏幕、户外电脑文字广告屏电脑操作人员展开审查，并要求业主对操作设备专人专管，有条件的要双人双锁，并到社区服务中心、派出所备案。区广电安全指挥部的成员单位，以及社区服务中心和黔灵镇，相应成立由主管领导担任指挥长，分管领导担任副指挥长，下属各部门负责人为成员的广播电视安全指挥部，联合有关单位对星级宾馆、商务酒店、招待所、小旅馆、小家电、小商品、旧家电市场等单位的户外 LED 大屏幕、户外电脑文字广告屏进行排查，向业主宣传广播电视安全的法律法规，与业主签订广播电视安全责任书。居委会在社区基层党组织的带领下深入居民区、厂矿、企业、学校大力宣传广播电视安全的重要性，发动巡防志愿者加大对居民区等场所的巡查力度。

黔灵镇改茶村后坝粮油批发市场、蔡关社区贵州工学院周边村民开设了小旅社66户，其中近2000间客房长期非法使用卫星地面接收器（小锅盖）接收广播电视节目。区广电局召开业主大会，在会上宣传法律法规，告知擅自使用卫星地面接收器的危害性和应承担的法律责任，张贴《云岩区关于严厉打击非法生产、销售、安装、使用卫星地面接收器行为的通告》；责令各旅社业主接受整改。之后，区广电局协调贵州广电网络贵阳分公司为他们免费配置电视机顶盒，减免开户费和收视费。截至2012年12月，区各单位、各部门、各社区服务中心、各经营场所成立广播电视安全指挥部71个，制定工作方案71个，应急预案27个；召开专题会议104次，签订云岩区广播电视安全责任书1420份，各部门检查各类经营场所3793户、215次，拆除、收缴非法设备3000余套，取缔102户。

2012年—2013年间，区文广局为黔灵镇改茶村43户小旅社投入资金85万元，免费配置机顶盒1359台，为蔡关社区贵州工学院周边25户小旅社投入资金22.81万元，免费配置机顶盒365台。同时，对全区364个光机、2418个放大器、15个小前端、2个播出机构、5个机站、校园广播电视站、24户星级宾馆，106户商务酒店、607户招待所（小旅社、小旅馆）和7个小商品市场（小家电、旧家电）的480块户外LED广告屏幕实行监控，防止出现重大责任和技术事故，确保全区广播电视安全播出实现“零插播”“零中断”的目标。

2013年，云岩区财政承担的“村村通”5万元资金和“户户通”1.5万元配套资金落实到位，为地处偏僻而未安装卫星设备的黔灵镇云岩村七冲组、茶店村顺海组，以及金惠社区大凹村107户村民进行安装卫星接收设备，并通过省、市、区三级验收，安装合格率和广播电视节目覆盖率均达100%。加强对全区广播电视行业的日常安全播出的监管工作，确保全区广播电视的正常安全播出。特别在全国“两会”等重点时段，将广播电视的安全播出作为政治任务来抓，建立安全应急机制，对364个光机、2418个放大器、15个小前端、两个播出机构实施严防。确保全区网络安全实现“零插播”、“零中断”。2014年，区文广局和区工商局、区公安局、区旅游局等相关部门共同组织开展地面卫星接收设施、境外卫星节目传输等重点专项整治。全年共执法检查14余次，出动人员500余人次，其中会同相关部门联合开展专项行动4次，实施联合执法检查26次；每季度均组织人员对境外卫星电视节目传输单位进行检查，全面完成13个接收卫星传送节目单位实地核查工作。发现隐患立即消除，防范敌对势力对广播电视播出的破坏行为，15年中，未出现重大责任和技术事故。

第二十篇

旅 游

第一章 旅游资源

云岩区旅游资源的主要特点，是自然资源与人文资源紧密结合。每个景区既有丰富的自然生态风光，又有浓厚的历史文化遗存，不可截然分开。区境内的气候资源参见本志第一篇《地理》。本章人文资源今已不存者不作记述。

第一节 旅游自然资源

一、山丘资源

贵阳的山川形胜，素有“南以水美，北以山胜”之说。贵阳附郭的正枝南行和副枝西行诸山，如东、西两扇绿色屏障，护卫贵阳。云岩境内有着丰富的山丘资源丰富。南行的贵山、扶风山、东山等10座山中，8座在云岩区境内；西行的鸦关山、黔灵山、白岩山等9座山，全在云岩区境内（详见本志第一篇第一章第四节）。

二、水体资源

（一）河段

流经云岩区境的河流主要有南明河、贯城河及市西河的部分河段。南明河东段7千米河段已开发为休闲旅游景点，市西河部分河段为商业旅游景点（参见本志第一篇第一章第五节）。

（二）井泉

在自来水未普及前，贵阳市民饮水，城南以南明河水为主，城西以市西河水为主；云岩区位于城北，以饮用井水为主。因此，在贵阳井泉中，水井多在云岩区境内，其中贵阳的三大名井龙井、玉元井、薛家井均在区境内，后因建设需要，有些井已消失。

圣泉，位于黔灵山公园黔灵湖西南约600米处的黔灵乡三桥村下五里组，为周期性涌水的间歇泉。泉水从山腰两山夹峙的山脚石罅中渗出，古称“漏汋”泉，又因一天内盈缩百余次而得名“百盈泉”。经过明代镇远侯顾成修葺后，称为“圣泉流云”，“圣泉”由此而来，是明代“贵阳八景”之一。2011年被列为市级文物保护单位。

檀泉，位于黔灵山公园麒麟洞东侧。始建于清代，以地处檀山东麓得名。山岩上有石刻“檀泉”，1.8米见方，为贵州书法家王萼华书。檀泉与麒麟洞相邻。井台坐西南向东北，正方形，边长1.2米。井、水池和摩崖占地面积约80平方米。井前为一水池，溢出井水流入水池。2011年被列为市级文物保护单位。

白象泉，又名白象井，位于黔灵山公园白象岭脚的荷花池畔。始建于清代。井泉台占地面积约

22.5 平方米，井坐西南向东北，长 2.3 米、宽 1.3 米，外层长 5 米，宽 4.5 米，高 3 米，井水较清澈。2003 年 5 月，井上修有凉亭；砌二层大理石围栏，长 0.85 米、宽 0.44 米、厚 0.14 米。护板和望柱上雕有白象。其中 1 通石刻为“白象泉”，题款为“王萼华乙亥春”字样。2011 年被列为市级文物保护单位。

玉元井，原名三元井，取意“三元及第”，位于云岩区三民东路。始建于清代。井水常年溢出井外，日汲万家不缩，与龙井、薛家井合称城内三大名泉。清代刘蕴良撰联：“科目蝉联翘厚泽；状头鳌点俯清流。”1992 年以后，因城市房屋和道路建设需要，井口被封闭，井水用钢管从井侧引出，供居民使用。出水口周围占地面积约 10 平方米。2011 年—2012 年，作为贵阳市为民办的“十件实事”之一，由市财政出资 30 余万元，对井口进行修缮维护。2011 年被列为市级文物保护单位。

薛家井，位于云岩区境内贵州省粮食局右侧文庙巷内，始建于清代。原井坐西北向东南，长 4 米，宽 6 米，曾与龙井、玉元井合称城内“三大名泉”。向义《贵阳市志（未成稿）》记载：“薛家井在府学宫侧，弘治《图经》作清冷泉。”清代刘蕴良撰联：“红浣花笺通蜀国；翠漂竹箭导天山。”1993 年以后，因周边高层建筑切断水源，井干涸。2011 年被列为市级文物保护单位。

月亮井，位于黔灵山公园弘福寺后门正下方。赤松于康熙三十年（1691 年）开凿，弘福寺立有碑记。石碑长 1.17 米、高 0.64 米、厚 0.15 米、碑座厚 0.3 米、高 0.24 米、长 1.33 米，碑文从右向左竖书。井台坐西南向东北，长 4.46 米、高 1.58 米、宽 3.65 米，为研究弘福寺历史提供重要实物资料。清代刘蕴良撰联：“蟾镜轻揩菱漾彩，鸡缸浅酌桂飘香。”2011 年被列为市级文物保护单位。

太乙井，位于云岩区宅吉小区宅吉路 335 号 7 栋旁（“犀牛望月”景点下的麻冲路口）。始建于明代，是贵阳古名井之一。井台坐西向东，井口长 1.15 米，宽 0.75 米。今井上是麻冲路 33 号。清代刘蕴良撰联：“金壶瀊合星官酒，宝镜磨宜月娣澮。”2011 年被列为市级文物保护单位。

百腊井，位于云岩区百腊井路。始建于清代。井台最宽处 3.8 米，最窄处 3.97 米，高度 1.34 米。用铁管引水，井东侧有梯形蓄水池。旧井台上砌有蘑菇状装饰物，修建新井台时拆除，以“贵阳市文物保护单位”碑石代替。2010 年由贵阳市财政局出资 20 余万元进行修缮保护。2011 年被列为市级文物保护单位。

吉祥大井，位于云岩区吉祥路。始建于清代。井台坐西向东，井口外沿长 0.88 米，宽 0.68 米，井沿高 0.15 米，前井院落 9 平方米。此井原有两口，1992 年后井关闭，只用前井。井水受城市建设产生的杂质污染，可作洗涤等生活用水，不能饮用。2003 年 1 月 10 日，贵阳市人民政府修复此井，树立保护标志。2011 年—2012 年，由贵阳市财政出资 30 余万元，完成维护修缮。2011 年被列为市级文物保护单位。

金顶山井，位于云岩区金顶路。始建于清代。井台坐东朝西，长 3 米，宽 1.5 米，建有 4 级长方形青石台阶。原井底泉眼水流量很大，常年溢出井口，现因周边大量建筑物阻隔和污染水源，水流减小，且不可饮用。2011 年—2012 年，由贵阳市财政出资 30 余万元，完成修缮维护。2011 年被列为市级文物保护单位。

四方井，位于云岩区中东社区市东村路，中东房管所职工宿舍 50 号前。始建于民国时期。井台坐西北向东南，原有一个边长 1.37 平方米的正方形井口，后为方便居民取水，在主井口两侧新辟井口两个。2003 年，市人民政府对此井进行修缮保护，在井口上方建一小凉亭，对古井进行保护。清代刘蕴良撰联：“盟到贤人心本正，濯将孺子步能端。”2011 年—2012 年，由贵阳市财政出资 30 余万元，完成修缮保护。2011 年被列为市级文物保护单位。

扁井，位于云岩区扁井东巷和扁井西巷交叉路口，扁井巷即因扁井而得名。始建于清代。井台坐南向北，井口为正方形，边长1.5米，沿口0.1米。主井北侧是两个并列的蓄水池，总长3米，宽2米，砌有排污水沟排水。近年因井南侧修建的加油站污染井水，已不能饮用。2010年由贵阳市财政局出资20余万元进行修缮保护。2011年被列为市级文物保护单位。

三、洞穴资源

地母洞，位于境内鹿冲关森林公园内，今文澜山麓。1937年“七七事变”后，为避免珍藏在杭州文澜阁的中华文化瑰宝《四库全书》抄本被日本侵略军掠夺，历经5个多月，于1938年秋辗转运至贵阳，藏在地母洞5年8个月。

麒麟洞，原名云崖洞，又名檀山洞、唐山洞，位于黔灵山公园内檀山山麓，为喀斯特溶洞。因洞内一座钟乳石酷似传说中的神兽“麒麟”得名。洞穴宽敞，有前后出洞口，洞长50余米，可容百人。

碧云洞，位于境内相宝山上，洞深约3米，洞口上方镌有“相宝留云”四字摩崖。

莲花洞，位于鹿冲关森林公园内观湖长廊山脚，小关湖畔。

第二节　人文资源

一、古道

黔灵山九曲径，位于黔灵山公园内，为赤松和尚主持开辟，通往弘福寺的登山步道，原为依山挖掘的坡路。咸丰年间曾两度重修，砌坡道为石阶路。中华人民共和国成立后，进行过两次较大规模拓宽改造。九曲径共有“文字拐”24道，有石级383级，沿径有古今摩崖石刻多处。

东山九曲径，位于东山上，是通往东山寺的石阶步道，明代建筑。

鸦关古驿道，位于贵阳城北山麓，石条砌成。残存道路从鸦关城门洞起至鸦关山脚止。

二、寺庙经堂亭台

历史上，建造在今云岩区境内的楼、台、亭、阁，虽然大都随着时代的变迁，不复存在，但保存至今的，却更显珍贵。如大觉精舍、君子亭被列为省级文物保护单位，文昌阁被国内古建筑界誉为“绝世奇楼”，为全国重点文物保护单位。

弘福寺，位于黔灵山杖钵峰、宝塔峰、象王岭组成的山间台地。为贵州省重点文物保护单位和国务院公布的全国重点开放寺庙。清康熙十一年（1672年）赤松和尚在此结芦修行，以多年募化积累及地方官和当地农民支持，建成贵州最大佛教丛林。弘福寺院殿堂结构典雅，曲栏长廊，廊庑广阔，布局精严，古雅清幽。寺外主要建筑有法华塔、九龙浴佛石壁、大山门、钟鼓楼；寺内按制依次设天王殿、观音殿、大雄宝殿、玉佛殿、藏经楼、法堂、客堂、双桂楼、方丈苑、碑廊、五观堂、五百罗汉堂、素香斋等大小建筑72座，占地面积11433平方米。寺藏古籍有清乾隆朝廷颁赐的《大藏经》和赤松撰《黔灵山志》12卷。

栖霞寺，曾名东山寺，位于云岩区东门外栖霞岭（又称老王山）。始建于明嘉靖年间，崇祯二年（1629年）重修。清康熙二十四年（1635年）梅溪和尚驻锡栖霞寺，增修关圣殿、藏经楼、客堂、僧寮等。康熙中期至乾隆初，高僧梅溪福度、绍南真解、霞章海伟、慧颖庆绪、法雨照润先后驻锡，嘉庆十六年（1811 年）又改建关圣殿，道光二年（1822 年）添建奎阁、小鲁亭、高会亭等。为保护名胜古迹，贵州省和贵阳市人民政府于 1952 年、1959 年、1961 年，分 3 次拨款维修栖霞寺全部殿堂。“文化大革命”期间寺庙被拆毁。2010 年，贵阳市人民政府拨款修复。2011 年 5 月，妙果大和尚主持重修，两年中先后建成山门、天王殿、大雄宝殿、僧寮等，于 2012 年 11 月 17 日对外开放。

阳明祠，位于贵阳城东扶风山麓。始建于清嘉庆十九年（1814 年）。为阳明祠、尹道真先生祠、扶风寺 3 组古建筑的总称。阳明祠是为纪念明代著名的哲学家、军事家和文学家，心学的创始人王守仁（字伯安，号阳明）而建立的祠堂。祠内殿廊相接，林木葱茏，清幽宜人，诗文碑刻甚多，文物荟萃。尹道真先生祠（尹道真，名珍，字道真，东汉时牂河郡毋敛县人，即今贵州独山县境，是贵州教育界先驱者之一），始建于 1916 年，为园林式古建筑群的文化旅游胜地。大门入口为月宫式门，上嵌石刻“尹道真先生祠”系清代康有为所书。祠堂由享堂、游廊、厢室、戏楼形成两级一整体的四合院。原享堂内设尹道真牌位，正中悬挂清乾隆五十八年（1793 年）贵州学政洪亮吉所题“德兼教养”的横匾。扶风寺位于阳明祠之左，尹道真祠之右，始建于清乾隆二十年（1755 年）。寺内游廊四通。1992 年以前，凭栏远眺，可见“三面之山，青接眉睫，城中烟树万家，历历可数”。今受周边高层建筑群阻隔，旧景消失。

文昌阁，又称文昌庙，位于贵阳城东“老东门”月城之上。始建于明朝万历三十七年（1609 年），为贵阳地标性古建筑，称为“九门四阁”的四阁之首。文昌阁二层楼，陈列有 1976 年被雷击落的原阁铜制宝鼎，宝鼎为清康熙二十七年（1687 年）造。葫芦形，高 1.5 米，底座直径 75 厘米，重 40 公斤，上镌“大清康熙口辰年夏月吉旦，京陵匾匠士杨起月、邓文月、张互造”字样。2001 年，贵阳市人民政府拨专款，对外部环境进行陪景建设，分城墙、月城、亭景台和南北广场。门洞正面南北两端的石级各 39 级，从南北两端拾级而上，可登上总长 110 米、宽 5 米的城墙。正面门洞有曲廊长约 17 米，城墙下为花树的草坪，供市民就近休闲娱乐。

大觉精舍，又称华家阁楼，位于云岩区境内的电台街。占地面积约 1 公顷。精舍中心建筑为五层佛阁，高 30 余米，八角翘檐，八面开窗．层层上涌，高凌霄汉。阁前为庭院，左右楼房对称相配，前为藏经楼，曲栏四周，檐牙高啄，有回廊与左右厢楼房上下相通，气势宏伟，屋宇华丽。原为贵阳华家私家寺庙，建于 1923 年。抗日战争时期，贵州建广播电台，租用藏经楼底层及右厢楼房。大觉精舍所在街道，因之得名电台街。1949 年 11 月 15 日后，大觉精舍由市人民政府管理，20 世纪 60 年代，将原青瓦换成金黄琉璃瓦，屋壁漆成赭红色。“文化大革命”期间，市教育局和市文化局文工团（今贵阳市歌舞剧院），曾在此院内办公。1981 年 5 月，被列为贵阳市文物保护单位。2006 年 6 月被列为贵州省文物保护单位。

贵阳北天主堂、觉园、贵阳清真寺、贵阳基督教堂见本志《民族宗教》篇《宗教活动场所》节。

君子亭，位于东门君子巷。为长方形，四周以八根石柱支撑。外形古雅大方。罗文彬《香草园日记》记载，清光绪元年（1875 年）农历四月，缅甸国进大象，经过贵阳赴京，象宿于君子亭，倾城人士往观。清嘉庆十九年（1814 年），巡抚许兆椿将亭修复并题一联：“傍郭临池，坐揽烟波迟素月；浮香送馥，人来殿阁扇熏风。”君子亭前原有莲花塘。因古人以莲为“君子之花”，又因王阳明在龙场曾撰“君子亭记”一文，故此亭以“君子”命名。清光绪十二年（1886 年），贵阳人赵以炯考中状元，为贵州第一个状元。此时恰逢君子亭重修竣工，贵州籍人李端棻在京城撰联寄回贵阳，命人刻在亭柱上，以纪念盛事。联语为：“游钓记芳踪，重看莲沼波清，君子高风同仰止；秀灵钟间气，为报杏林春满，状元及第正归来。”

三、关隘墓葬

（一）关隘

雅关，俗称小关，位于旧城区北部。距贵阳城中心2.5千米，明代“贵阳八景”中已有“鸦关使节”一景，是当时迎送中央官员的地点之一。北端曾设有城门，城楼较高大，门洞进深7.2米、高4.9米、宽3.75米。石料间凿有门轴及门栓孔洞。

鹿冲关，又名六冲关、鹿疃关、绿春关，位于云岩区，距城中心2.5千米。因群山脚下形成六道冲（贵州农村称两山之间有一定长度的坡地为“冲”）而得名，其他名称可能为读音相近误写。周边群山中最高五峰名“五虎朝阳”，其中第一峰唐家山海拔1441.2米，为贵阳海波最高处。

凤凰关，《贵阳府志》说：“凤凰关，在城北十里，旧名大鹏关，俗名大关，原为贵阳至四川驿道必经之处，位于今贵阳北二环南段”。

蔡家关，明嘉靖《贵州通志》说：“蔡家关，在治城西北五里。”在今云岩区金关街道办事处辖区。

（二）墓葬

简书墓，位于黔灵山公园内黔灵湖畔，为石砌墓，墓碑上刻有3行字，中间为“简公孟平之墓”，上款为“民国二十六年吉日”，下款为“男纯孝，元贵、元常敬立”。该座墓是贵州辛亥革命先行者，当时领导大定（今大方）人民武装起义推翻清朝统治建立大定军政府的重要领导人简孟平之墓。墓地占地面积约70平方米，墓身以弧形条石垒砌，高1.3米、直径2.9米。1987年5月被列为市级文物保护单位。

谢六逸墓，位于黔灵山公园白象山与关刀岩之向半山中华圣公会墓地，墓坐东向西，封上长约3米、宽约2.5米、高约1.5米，墓前有碑，刻于1945年。1999年被列为市级文物保护单位。谢六逸（1898—1945），号光桑，笔名有无堂、宏徒、鲁愚等。贵阳人，知名文学家、教授。

平刚墓，位于云岩区北部的大营坡，修建于1951年，是为纪念贵州辛亥革命元老平刚而建。贵阳市文物保护单位。平刚（1878—1951），字少璜，贵阳府贵筑县青岩人，同盟会员，清末、民国贵州政坛重要人物。

杜蓉烈士墓，位于云岩区普天社区茶园村的林场内，1997年11月被列为市级文物保护单位。杜蓉（1922—1949），贵阳人。1949年，加入共产党领导的外围组织“新民主主义青年联盟”。1949年11月11日，被当局杀害在沙河桥。

四、摩崖碑刻

云岩区境内已发现的摩崖石刻计34处，黔灵山公园内有20处，东山盘山道11处，相宝山3处。其中，东山盘山道上的“龙”字和黔灵山九曲径上的“虎”字，为贵阳摩崖石刻中的尚品，史称“东龙西虎”二胜。

（一）黔灵山公园摩崖石刻

“虎”刻于黔灵山九曲经一道拐道左崖壁上，为黔灵山九曲经上摩崖群中最大的摩崖，字高6.5米，宽3.92米，与东山盘山道上的“龙”字摩崖合称“东龙西虎”，古人以龙为阳，虎为阴，取意阴阳相对之意镌刻。落款为清代贵州总兵赵德昌书。

“黔灵胜境”刻于黔灵山九曲经古佛洞左方悬崖上，为清康熙十五年（1760年）贵州石阡府陈奕禧题书。

“第一山”刻于黔灵山九曲经上，为清代嘉庆庚午年黄宗源题书。

“赤松旧隐”刻于黔灵山九曲经五道拐亭子左侧崖壁上，为清同治九年（1870年）贵阳人袁思韠题书，后损重刻。

“多行好事广积阴功”刻于黔灵山九曲经一道拐道旁崖壁上，为清代光绪二十四年（1898年）贵州总兵赵德昌题书。

“万古不磨”刻于黔灵山九曲经道旁岩壁上，为纪念修路功德碑记，清康熙二十七年（1635年）书。

“佛即是心”刻于黔灵山九曲经道旁崖壁上。

“南无阿弥陀佛”刻于黔灵山九曲经道旁崖壁上，为1949年赵朴初题书。

“明心见性”刻于黔灵山九曲经四道旁拐道旁坎上六角亭处，“明心见性”是一个禅宗词汇，受石壁条件限制，分两处题刻。

佛，刻于黔灵山九曲经八道拐崖壁上，为清代嘉庆二十二年（1817年）临川徐佳亮书。

“题瞿脉”刻于黔灵山弘福寺内方丈院前，为赤松书。瞿脉为黔北僧人，清康熙四十三年（1704年）继赤松之后主持弘福寺。

黔灵山，刻于黔灵山弘福寺内五观堂前，清代刘藻书。

“新生活第一纪念林”刻于黔灵山公园白象山南端竖刻的“黔南第一山”摩崖下端（注：1934年，国民政府以“礼、义、廉、耻”作为国民教育核心，展提倡简朴、节约和文明生活，称为“新生活运动”）。

“黔南第一山”横刻于黔灵山九曲经八道拐崖壁上，1959年10月，时任中华人民共和国国家副主席董必武书。

“黔南第一山”竖刻于黔灵山公园白象山南端，公园正门左侧崖壁上，董必武书。

“题唐山洞”刻于黔灵山公园麒麟洞洞口左侧崖壁上，为明代嘉靖时镇守贵州杨金太监。原石刻在“文化大革命”时被损，后照原字体重刻。

黔灵山公园内还有当代人刻于黔灵山九曲经八道拐崖壁上的“正法眼藏”，刻于新辟的关刀岩景区内的“关刀岩”等

贵阳之名，源于“贵山之阳”，即“贵山之南”。历史上，贵阳有东北贵山和西北贵山之说。东北贵山指玉马山，在茶店境内，离市中心较远；西北贵山指关刀岩，在黔灵山公园内。作为黔灵山古八景之首，名“贵山永奠”的西北贵山，山形依然。为了旅游事业需要，便于向省外游人介绍贵阳名源——贵山在哪里？2011年，贵阳市文物局在关刀岩山脚建标识行牌坊一座、额书“贵山耸秀”。2013年，由贵阳市人民政府拨款，在关刀岩崖壁上刻“贵山耸秀”，并刻贵州清代举人吴旦作的《贵山耸秀》诗，以示贵阳名源之贵山，即关刀岩。《贵山耸秀》诗：山能特立方称贵，人必孤行始足传。纵使岱山高万丈，若无孔子亦徒然。

（二）东山摩崖石刻

“龙”刻于东山盘山道上，为草书，字大丈余。贵阳老城中摩崖中的代表性作品。所谓“东龙西虎”的东龙即指此字，落款署名赵德昌，实为清代著名文士孙清彦代笔。

“栖霞岭”刻于东山寺门外左侧石壁上，每字半米来许，气势雄健，苍劲浑圆。为清代贵州著名书法家彭思之于光绪七年（1881年）题写。

“天然奇妙”刻于东山盘山道左侧崖壁上，每字一米见方，为清人史培题书。

“云深处”刻于“天然奇妙”左侧，为清人刘天经书。

“一览众山小”刻于东山盘山道上，字不盈尺，行体圆秀，为清代贵阳人杨德芬摘录杜甫《望月》诗句题书。

“云坡”刻于东山盘山道旁一巨大石屏上，为清人史培题书。

“忍耐”横刻于东山盘山道崖壁上，长约3米许，阳刻，无落款。

“君山读书处”刻于东山山顶处。筑人钦佩贵阳读书人杨大宾（字君山，出仕后任浙江德清知县。因当地久旱故助民抗租，以减轻民苦，后为护民自刎），在他少年东山顶读书处刻此五字，以示纪念。

（三）相宝山摩崖石刻

“相宝留云”刻于相宝山碧云洞上方，清人庆均题书。

“黔阳半壁”刻于相宝山盘山道崖壁上，清咸丰时贵州提督赵德昌题书。

“玄武山”刻于相宝山盘山道岩壁上，无落款。

五、桥

贵阳市内的市西河，从西北向南绕区境而过；贯城河（又名玉带河），从北向南穿区境而出；南明河下游经区境而流。上述3条河上，共有桥47座，在云岩区内有29座。

彭家桥，位于云岩区贵乌路口的洪边门，为百年以上老桥，结构为单孔石桥。直到20世纪70年代，仍是贵阳洪边门去乌当的通道之一。

沙河桥，位于云岩区境内贵阳医学院附属医院西南侧，环城北路与盐务街交叉处。原为石砌平桥，1984年重建改为装配式钢筋混凝土结构。桥长15米、宽15米。

普陀桥，又名“镇北桥”或“福桥”，位于云岩区普陀路白鹦巷口和沙河巷口。乾隆《贵州通志》对普陀桥的记载说：“镇北桥，在布德门外，一名福桥。”道光《贵阳府志》载：“普陀桥，一名福桥，原名镇北桥。”1988年桥址北移50米重建，成为混凝土桥面的双孔石桥，桥长15米、宽10米。

化龙桥，位于云岩区黔灵东路西段，距中华北路约50米。明弘治《贵州图经新志·关梁》载：“化龙桥，在治城北仁寿街。弘治十年（1497年）建，郡人知县杨樊有记。”嘉靖《贵州通志》载：“化龙桥，在渔港铺。弘治间建。”可知始建时间距今已有600多年历史。20世纪50年代后经多次改扩建，今桥长24米、宽15米，为混凝土桥面三孔石桥。桥墩上有“化龙桥民国三十一年吴鼎昌题”字样。桥下三孔中，两孔过水；东侧一孔为旱洞，可通人行。

小石桥，位于云岩区黔灵东路，为单孔小石拱桥。清代建，俗称“小桥”，长8米、宽6米，位于今化龙桥南侧约10米处，东西向跨四川巷北端贯城河段。2010年，云岩区人民政府将其列为云岩区区级文物保护单位。

苏家桥，位于云岩区喷水池东侧的延安东路道上（旧称“水门”或“北门”）。系单孔石桥，始建于清雍正五年（1727年）前，之后由雍正年间任贵州巡抚的何世瑾主持，扩建为三孔石桥。乾隆《贵州通志》卷六载：“苏家桥，在水门外。旧止一洞。国朝雍正五年，巡抚何世瑾改为三洞，以杀水势。”道光《贵阳府志》卷三十六载有：“苏家桥，在北门外。旧止一洞。雍正五年，巡抚何世瑾改为三洞”。1964年拆除旧桥，并在其址上新建一孔跨度为19米、宽10.5米的钢筋混凝土拱桥代之。今桥为1982年修建延安东路时改建，桥长15.6米、宽3.7米，为混凝土平桥。

联云桥，位于云岩区成都路与和平巷之间。民国时期建，为三孔石桥长15米，宽4米。桥栏杆上有“联云桥，文仿溪书”字样。

北门桥，原名威远桥。位于云岩区喷水池南面，中华中路北端。明弘治《贵州图经新志·关梁》载：“威远桥，在柔远门内。”万历郭子章《黔记·山水志》称：“城内有北门桥。”1954年，修中华路时首次改建为长15米、宽20米的钢筋混凝土平桥。1996年再次改扩建，使桥长16米、宽增加到35米。

狮子桥，又名遵德桥。位于云岩区境内大十字广场南侧，中山西路经其上。建于明永乐年间，明弘治《贵州图经新志·关梁》记载：“遵德桥，在布政司西。”嘉靖《贵州通志》和郭子章《黔记》等文献有相同记述。康熙《贵州通志》记为：“遵德桥，在府城内布政司西。明永乐年建，皇清康熙十二年（1673年）改建。”乾隆《贵州通志》加了“又名狮子桥”等字；道光《贵阳府志》只加了“跨贯城河”4字。桥于1985年重建后，可容两辆汽车通行。1999年，改建为长17.8米、宽30米的单孔钢筋混凝土桥。

通济桥，今头桥、二桥、三桥的统称。位于贵阳西北面，滇黔公路出口主干线上。明弘治《贵州图经新志·关梁》有记载：“通济桥，在城西北二里。其桥有三：通济为第一桥。”乾隆年间，头桥畔建有接官亭，即“溪山一曲亭”，从头桥西行500米，为二桥；再行1000米为三桥，均耿明朝宣德元年（1426年）建。清康熙《贵州通志》也载：“通济桥，在府城西。一为头桥，一为二桥，一为三桥。”道光《贵阳府志》记载：“通济桥，在城西北三里，往滇达到。有头桥、二桥、三桥之名。”而向知方则记为：“通济桥，在城西北五里。明宣德元年建，有头桥、二桥、三桥，今为滇黔公路所经。”1955年，改建头桥，长30米、宽13米，结构为钢架平桥面；加固改建三桥，长7米，宽13.5米，为单孔石拱结构。1958年和1972年，先后两次加固改建二桥，长6.5米、宽12米，为单孔钢筋砼结构。1996年，对三桥进行改扩建，长22.5米、宽26米。

香炉桥，位于云岩区市西路与香狮路之间。原香炉桥已消失，遗迹仅有桥墩。1955年，市人民政府在老香炉桥下流百米处新建一桥，仍沿旧名。1965年，改造为桥长20米、宽3.6米的单孔钢筋混凝土拱桥。桥面中间通小型汽车，两侧人行道有阶梯。

金锁桥，位于云岩区瑞金西路金桥饭店北侧，与境内中山西路、瑞金路、市西路连接。郭子章《黔记·山水志》记述：“金锁桥，在西门外。”清康熙《贵州通志》载：“金锁桥，在府城西门外。定广来往之所。”原桥在1952年被洪水冲毁，1953年—1954年，重修为长27米、宽16钢筋混凝土桥。1985年，随大西门人行天桥的兴建再次扩建。1992年和2005年，瑞金路经过的两次改造，金锁桥桥面也随之拓展到全长40米、高16米，桥面宽24米、净跨18米，为装配式钢筋混凝土结构。

六、综合旅游景区

（一）黔灵山公园

位于云岩区枣山路187号。始建于1957年，时名黔灵公园。2009年5月4日，改称黔灵山公园，距贵阳城区中心1.5千米，面积426公顷，年接待游人总量超过1000万人次。黔灵山公园是大型综合性城市公园，保存有第四纪冰川期遗迹，地质构造复杂，内有动物园。园区植物种类繁多，森林覆盖率达88%；散居山林的猕猴群是公园一大特色景观。1998年，公园被国务院评为“中国名园”。2001年，被国家旅游局评定为“国家AAAA级旅游景区”。2009年，被国家林业局、教育部和共青团中央授予“国家生态文明教育基地”称号。2013年，整体提升一期工程项目启动，2015年1月通过验收。新增公园绿地面积约6万平方米，新建三岭湾、小梅湾、关刀岩等生态休闲广场面积约3万平方米，完成七星潭叠水景观改造和小梅湾隧道维修，完善照明、消防、排污、给水、休憩等一批服务配套设施建设，工程有效保护公园生态环境、拓展公共活动空间、提升游园景观效果、完善公共服务功能。黔灵湖大罗溪湿地景观，于2014年开工建设，2015年完工。景观占地面积约3.5万平方米，绿化面积约3.1万平方米，栽植乔木324株、灌木3110株，地面铺装约3500平方米，修建平桥1座、木拱桥1座、景墙廊架1座、观赏泉3座、木栈道84米，安装坐凳48套、垃圾桶39个。大罗溪湿地景观建成后的，整个园区公共活动空间拓展近3倍。园内有七星潭、野生猕猴观赏园、黔灵湖等人文景点。

七星潭又名七星湖，源于檀山泉，以泉水从麒麟洞涌出至公园正大门，形成摇光潭、玉衡潭、天权潭、天玑潭、天璇潭、天枢潭等7个潭得名。2003年，贵阳市人民政府投资，改造七星潭驳岸、水景、植被和林相，增辟道路、广场，设置休息设施，并明确命名为“七星潭景区”。

野生猕猴观赏园建在黔灵山公园动物园内，配建传统园林特色的长廊亭榭，为游人休憩餐饮场所。从1984年起，对养野生猕猴开始人工定点投食、驯养，建成兼为科研机构的“城市公园野生猕猴观赏园”。1991年，科研工作获得成功，野生猕猴发展到400余只。园区三岭湾、九曲径、麒麟洞、动物园、弘福寺、黔灵湖等主景区是猕猴主要活动场所。

黔灵湖由1954年筑坝拦大罗溪水形成，湖面积28公顷。1999年，贵阳市人民政府投资完成黔灵湖清淤工程，湖库容量加大，水质彻底改善。湖畔植被茂密，小径环于溪水林间，湖中二坝风雨桥将二坝东西两侧联通。坝东为新建的二层游船码头，坝上建廊坝，廊外建有茶室，造型典雅古朴幽静。湖区植被茂密，景色宜人；茶室旁的泉水，含多种矿物质，被誉为黔灵山“第二圣泉”。

（二）鹿冲关森林公园

位于贵阳城北黔灵山脉，距城区2.5千米，距观山湖区中心5千米。2001年，在原顺海林场基础上修建，是贵阳第一环林带组成部分。占地面积700余公顷，森林覆盖率86.6%，有植物190科844属2037种，其中珙桐、红花木莲、红豆杉等珍稀植物达56种。景区内栖息有猕猴、松鼠、野兔以及多种鸟类。园区内主要有“莲花览胜”、五虎朝阳、环翠阁等景点。园区内有一天然溶洞——地母洞，由主洞、支洞、洞口平台组成。洞口平台约为280平方米，由表石板铺漫，石栏围护。主洞坐东向西，洞口高约2.5米，长约7.8米，洞内约为240平方米，东壁下中供奉着泥塑地母像；穴顶部满是钟乳石，洞底为泥土地面。位于主洞南侧的支洞，中间有民国时期修建的石墙相隔，洞口坐东向西，高约2米，洞内面积约为150平方米，内有水池，池水清澈冰凉，其上石钟乳的水滴滴入池中，声音悦耳。主洞穴的左侧石壁上有一条3米左右的人工石凿梯，通往地母洞主洞右侧的一个平台。而在主洞洞口西部，距洞口约11米处为“晒书台”，长约8.5米，宽约6米。西、南、北三面用石块砌筑，平台地表用泥土铺平。1937年，“七七”事变爆发，文澜阁《四库全书》西迁，藏书于此洞6年时间。抗日战争胜利后，重归杭州西湖孤山藏书楼。

（三）东山公园

位于东山路、阳明祠南侧，地处扶风山与东山之间。占地面积8045平方米，广场设施总面积为12811平方米，其中园路及铺装面积为1614平方米，供游人游览和休闲面积为5238平方米，服务设施、配套设施面积为4959平方米（含地下层）。东山广场集广场、古亭、观景廊、步道为一体，设计以“阳明”文化为主线，综合多种文化元素；“栖霞胜境”仿古石牌坊位于景区入口处，广场内设有明代“象棋古谱”残局造型，在“楚河汉界”鸿沟处，建有“民乐喷泉”，棋子为休憩座椅。景观廊下堡坎墙上，嵌有王阳明《何陋轩记》文，以及篆字坪和叠水等景物。广场中植有松、梅、竹之及各色花草；周边镌集历代文人、名人题咏及记叙。

（四）小关湖湿地公园

小关湖位于贵阳市北部，由1958年前后修建的小关水库改建而成。从2015年起，规划建设小关湖湿地公园。

七、红色旅游景点

张学良杨虎城囚禁地，位于黔灵山公园内。1941年5月—1942年10月，1949年2—8月，爱国将领张学良、杨虎城先后被囚禁于麒麟洞前的白衣庵。20世纪80年代，在原白衣庵旧基上建纪念张学良、杨虎城的展室，建筑靠山临涧，小院植有桂花树。1982年2月，被列为省级文物保护单位。1997年4月，被列为贵阳市爱国主义教育基地。

中共贵州省工委旧址，位于云岩区文笔街9号。原建筑高家花园有200多年历史。高家花园原范围南临文笔街，北靠忠烈街，东邻邬家巷，西抵文明路，占地面积约3万平方米。怡怡楼是高家花园的组成部分。为两层楼，8间藏书房，是中华民国时期中共地下党开会和秘密文件印刷存放之所。1999年，中共贵阳市委、市人民政府与关部门配合，进行扩建，作为中共贵州省工委旧址纪念馆。纪念馆占地面积1250平方米，展厅面积970平方米，征集近400件革命文献和实物，建成以“魂系乌蒙——中共贵州省工委斗争纪略展”为主题的地方党史展厅，向市民和外地游客开放。1982年，高家花园怡怡楼部分被列为省级文物保护单位。1997年，被中共贵州省委、省人民政府列为贵州省爱国主义教育基地。2012年，被中共贵州省委党史研究室列为全省党史教育基地。

新华日报贵阳分销处旧址，位于云岩区富水西路12号。为木结构四合院平房，正房及对厅均为3楹瓦房，中间约30平方米的庭院。分销处租用的是坐东向西靠北正房屋，前后两间，一为工作室，一为职工卧室。新华日报贵阳分销处于1938年9月—10月成立，为中共贵州省工委领导下，负责《新华日报》发行的组织。《新华日报》在重庆出版，每天由长途客运汽车从重庆运至贵阳，分销发行工作由中共贵州省工委派地下党员吴同尘、郎德服、陶祖铭等负责。《新华日报》读者多为地下党员和党所领导的读书会群众。1940年，“皖南事变”前夕，新华日报贵阳分销处工作结束。1981年，被列为市级文物保护单位。1982年，被列为省级文物保护单位。

八路军驻贵阳办事处旧址，又称八路军贵阳交通站。位于云岩区民生路92号。是抗日战争时期中共中央南方局设立的贵阳工作站，为中国共产党在贵阳活动的据点之一。为两幢2层木结构民居院落，占地面积600平方米，建筑面积920平方米，院内住户23户，临街门面5户，1949年后该处一直作为民居使用。

林青就义处，位于云岩区环城北路江西坡（村）。1935年9月11日，年仅24岁的中共党员林青，被国民党警备司令部在押送途中杀害，遗体由中共地下党秘密安葬在江西坡（今江西村小学后门处）。1983年9月，被列为市级文物保护单位，并拨专款修建“林青就义处”纪念地，列为爱国主义教育基地。

解放贵州革命烈士纪念碑，位于黔灵山公园内黔灵湖畔。1954年秋动工修建，1956年竣工。纪念碑占地面积2000平方米，碑前广场宽64米，长34米，可容万余人集会。台阶6层58级，最上层耸立着“解放贵州革命先烈永垂不朽”花岗岩石碑，高约30米。石碑宝顶为歇山式两层，下刻石花和一枚鲜红的五星。碑座呈正方形，边长4.2米，高1.5米，四面中间雕刻有一花环，花环两旁系红绸，向下垂挂，两侧雕刻有齿轮、稻谷、麦穗组成的图案。3重石阶，分别以雕花石柱、石栏板围绕，碑座上端，四面雕刻有白云托起两只和平鸽图案。

贵州革命英烈纪念碑，位于云岩区黔灵镇茶店村海天园内。始建于2003年4月，高15米，宽7米，主体材质为大理石，基座为大理石长方形平台，平台上为褐红色，上尖下宽的纪念碑，上刻“贵州革命英烈纪念碑”九个楷书大字。碑前平台处塑有贵州籍王若飞、邓恩铭、周逸群三位英烈立像。平台前嵌有邓恩铭、旷继勋、王若飞、周达文、龙大道，周逸群六位英烈的生平简介。

八、纪念抗战景点

贵州人民抗日战争纪念碑，位于云岩区黔灵镇茶店村海天园内。1995年，抗日战争暨世界反法西斯战争胜利50周年，由贵州省史学会近现代史研究会、贵阳市政协文史资料委员会、中国近现代史史料学学会贵阳联络处为主要发起单位，共青团贵阳市委、中共贵阳市委党史研究室、贵阳市精神文明办、中国红十字会贵阳分会等联合倡议修建贵州人民抗日纪念碑。1995年9月3日揭幕。

贵州籍抗日阵亡将士录，位于海天园“贵州人民抗日战争纪念碑”背后的两侧墙上，刻有已查实的1392名抗日战争期间，为国捐躯的贵州籍将士名录。

第二章　旅游服务

2003年，云岩区旅游局开始组建云岩区旅游接待中心，为游客提供接待室、旅行社推荐、寄存处、票务酒店预定，以及邮政及租车等服务；同时，区旅游局参加省、市组织的各种旅游宣传活动，或自行组织专题旅游产品成本、商品和特色餐饮赛事，向省内外旅游企业和游客提供推介辖区内的旅游产品、旅游商品等服务。区内旅游服务企业，主要有旅行社、宾馆酒店和民营旅游工艺品产销业。三星级以上宾馆酒店多为贵阳市旅发委管理，区旅游局主要管理三星级以下（不含三星级）宾馆饭店和“农家乐”餐饮服务行业，以及区属旅游商品产销业和在区注册的旅行社。

第一节　旅游服务企业

一、旅行社

云岩区境内，从20世纪90年代初起，开始有旅行社机构成立营业。此后每隔一两年，都会有新增的旅行社，也有停业或转到其他区经营的旅行社。2003年以后，这类企业逐步保持稳定。截至2015年，云岩区境内有旅行社93家，旅行社网点（门市部）200余个，其中，属国际旅行社的下辖单位有5家。

附：旅行社选介

贵州海外旅游总公司，位于云岩区合群路7号达享大厦11楼。1992年5月成立。是一家大型的国内外旅游公司，隶属贵州省旅游局，是国际旅行社和首批中国旅行社协会成员。主要经营国际旅游、国内旅游、组织中国公民出国出境旅游业务。与全国旅行社以及30多个国家、地区的旅游机构建立并保持长期的业务合作关系，在香港特别行政区和新加坡、日本、美国设有办事处，有一批资深业精的旅游管理人员和高素质的专业销售人员，配有多语种的翻译、导游人员。

贵州中铁旅游发展有限公司，总部位于云岩区枣山路5号。是中铁五局（集团）有限公司的控股子公司。经营范围涵盖旅游业务、酒店管理、景区开发、旅游商品制售、航空客货运输销售、包机、承办各种大中型会议及礼仪庆典活动等业务。在省内外有多家窗口机构。多次获贵州省和贵阳市级“青年文明号”及“诚信企业”称号。

贵阳中国旅行社，本部位于云岩区金桥饭店内，在延安西路设有营业部。全国性大型旅行社企业，能为旅客客提供标准化服务，具有承接大型商务、政务会议的设备。是贵州第一个加入国际奖励旅游精英协会SITE成员单位。

贵阳仙乐旅游有限责任公司，位于云岩区延安中路48号世贸广场。1979年成立。是贵州第一家民营旅游企业，下辖具有独立法人资格的贵阳仙乐旅行社、贵阳仙乐航空服务有限公司、贵阳仙乐旅游产品开发公司和贵州欢乐假期旅游客运公司。曾获贵州省“全省旅游先进集体”“贵州省重合同守信誉单位”和“2003、2004、2005年度贵阳市消费者协会推荐诚信企业”等多项荣誉称号。

二、宾馆酒店

自2001年以后，云岩区境内宾馆酒店逐年增加，但经营者时有变动，宾馆酒店名称也变随之改变。2015年，云岩区境内有星级宾馆饭店19家，床位近5000个；市级“精品避暑酒店”4家，招待所和商务、经济型酒店600余家。床位超3.1万个。

附：宾馆饭店选介

贵州饭店，位于云岩区北京路66号，1989年建成。是贵州省人民政府定点的四星级涉外会议饭店，有客房400多间（套），饭店有各式餐厅、酒吧20多个，包括同声翻译设备的各种会议厅，可满足800人同时开会，内设保龄球中心、台球厅、卡拉OK厅、桑拿房等健身、娱乐设施齐备。

贵州天怡豪生大酒店，位于云岩区枣山路中段，2002年成立。五星级商务酒店，内设商务房及套房、普通楼层、豪华楼层和行政楼层等不同特色房间和配套的设施，493个床位，能满足商务活动和旅游的需求。有容纳200人的中餐厅及贵宾房16间，可烹调川黔、淮杨和湘粤菜等多种菜式。

贵阳京瑞宾馆，位于云岩区北京路与瑞金北路交汇处，2007年成立。为三星级宾馆及贵阳市的“十佳星级饭店”，同时也是2011年—2012年度商务、政务会议定点饭店。

云岩区境内三星级以上宾馆酒店一览表

（2015年统计）

宾馆名称	成立时间	地 址	等级
贵州饭店	1989年	北京路66号	五星
贵州黔灵大酒店	1991年	北京路255号	三星
贵阳华联大酒店	1993年	中华中路137号	四星
贵州新联酒店	1997年	外环东路213号	三星
贵州华美达神奇大酒店	1998年	贵开路1号	四星

续上表

宾馆名称	成立时间	地 址	等级
贵州柏顿酒店	1999 年	延安东路 18 号	四星
贵州天怡豪生大酒店	2002 年	枣山路 77 号	四星
贵州紫林宾馆	2003 年	延安中路 110 号	三星
贵阳南翔酒店	2003 年	延安西路 185 号	三星
贵州丽豪大饭店	2004 年	瑞金北路 115 号	四星
贵州林城大酒店	2007 年	八鸽岩路 7 号	三星
贵阳京瑞宾馆	2007 年	北京路 194 号	三星
贵阳浣溪假日大酒店	2008 年	浣纱路 104 号	三星
贵州贵山大酒店	2009 年	省府路 39 号	三星
贵州西湖花园酒店	2011 年	宝山北路 133 号	四星

注：此表根据贵阳市旅发委质规处提供材料编制。

三、旅游收入

2005 年以前，云岩区没有对辖区内旅游景区景点的旅游收入进行专门的统计。从 2006 年起，云岩区开始对辖区黄金周旅游收入进行单项统计。2006 年，旅游“黄金周”期间，云岩区景区（点）接待人数 368442 人，景区（点）旅游收入 50.53 万元；贵阳客车站旅游客运接待约 11.2 万人，实现客运收入 511.2 万元。2007 年，旅游“黄金周”期间，辖区景区（点）、乡村旅舍共接待旅游人数 211.4 余万人次，旅游收入实现 725.34 余万元。

2008 年，区旅游局开始对全年总收入进行统计。当年 1 月—10 月，全区景区景点及其他服务业共接待海内外旅游人数 324 万余人次，旅游收入 11.03 亿元。旅游总收入与 2007 年同期增长 53%。2009 年 1 月—10 月，全区接待游客 477.90 万人次，旅游收入 91.49 亿元，其中国内旅游者 472.54 万人次，旅游收入 89.65 亿元、国际旅游者 53690 人次，国际旅游外汇收入 2696.21 万美元。净值增收 26.5 亿元，与 2007 年同期增长 54.6%。其中首届“天邑温泉旅游推广暨酒会”节活动期间，接待 63041 人次，营业收入 65.76 万元。

2010 年，“避暑季”期间，全区接待国内外游客 245.6 万人次，旅游总收入 67.2 亿元，与 2009 年同比增长 54.9%。接待游客量约 600 万人次，旅游总收入约 149 亿元，比 2009 年同增长 47%。其间，“云岩区避暑季消夏纳凉晚会”演出 29 场次，观看群众约 1.2 万人次。

2011 年，全区接待国内外旅游者 751.05 万人次，同比增长 25.14%；旅游总收入 207.98 亿元，同比增长 40.11%；接待入境旅游者 45395 人次，同比增长 22.58%；入境旅旅游（外汇）收入 2448.81 万美元，同比增长 29.36%。酒店住房率达 80.14%。

2012 年中秋和国庆长假期间，全区接待国内外旅游者约 44.49 万人次，同比增长 85.65%；旅游总收入约 8.36 亿元，同比增长 151.81%；全年共接待国内外旅游者 973.77 万人次，同比增长 29.65%，旅游总收入 361.83 亿元，同比增长 73.97%。

2013 年，全区接待国内外游客 803.9 万人次，同比增长 30.26%；旅游总收入 219.46 亿元，同比增长 30.26%。2014 年 10 月，接待国内外游客 903.63 万人次，同比增长 20.38%；旅游总收入 248.33

亿元，同比增长20.3%，旅游总收入位列全省各县（区、市）第一。2015年，全区接待国内外游客总数1264.65万人次，比2014年增长17%，旅游总收入324.7亿元，比上年同期增长17%，旅游总收入在全省区（县、市）中名列第一。

第二节 旅游产品推介

2004年4月，区旅游局组织景区、景点人员，参加市旅游局组织的贵州旅游产品推介活动，在人群集中的地点散发宣传品。6月，组织旅游企业人员随同市旅游局，参加杭州“中国国际旅游交易会”在交易行期间，对旅游产品进行推介。2005年年初，由区旅游局牵头，与“贵阳日报社·阳光策划中心”共同出资，于8月17日登记成立“贵阳市红色旅游推广中心”，委托“贵州风情旅游有限公司”代营业务。主营旅游咨询、策划、宣传和推广服务，并承担挖掘和利用革命历史文化资源，发展“红色旅游”职能。2006年，为落实贵阳市“森林之城魅力贵阳——2006年城市形象推广大赛”和“贵阳八景”评选活动方案，区旅游局会同贵阳电视台对区境内文昌阁、阳明祠、黔灵公园和圣泉等风景名胜，以及历史文化遗址、遗迹进行专题片摄制。通过“贵阳八景”评选活动，展示区境内旅游产品，建设品牌产品，推动区旅游经济发展。10月1日—8日，区旅游局协助天邑森林温泉旅游有限公司在天邑森林温泉举行“浴温泉·赏明月”美食周活动，推出“百元一日游”产品。10月3日，区旅游局以“欢度中秋节”为主题，邀请四川音乐学院和中唐文化传媒有限公司演出“风雨桥上吹侗萧”“民族服装秀”等节目，推出辖区旅游产品。

区旅游局2007年3月，组织“金碧城”“天邑温泉度假中心”和“金鹏舵鸟园”等乡村旅舍制作展板、宣传册、电视视频进行推介和宣传；区旅游局配合市旅游局“和谐城乡游—贵阳市乡村旅游”启动仪式，收集辖区乡村旅游资料，作为市旅游局编辑《中国乡村旅游指南》的资料。同时协助中共云岩区委宣传部持续宣传旅游产品。2009年3月，指导天邑温泉举办首届“天邑温泉旅游推广暨酒会”。同期，组织辖区各景区、旅游商品企、农家乐和旅行社，以贵阳市的“百元悠游贵阳·城乡和谐共游”活动为契机，展开旅游宣传推介活动。4月24日至5月13日，协助贵阳市旅游局开展“中国避暑之都·爽爽贵阳游”系列活动，在天邑温泉等指定景区向游客发放旅游代金券共6万元。其间通过“全国旅游宣传周”活动，在人民广场等地点向群众发放“爽爽贵阳游”优惠卡1500张。

2010年4月25日，在中东社区开展“品质旅游·伴你远行”进社区活动。5月5日，组织黔粹行、黔艺宝和神奇华美达酒店等旅游企业参加“贵阳市旅游发展十年成果展”。2011年5月19日，在阳明祠景区举办“喜迎中国旅游日暨贵阳避暑季云岩吃茶节”活动；以配合贵州省以“读万卷书，行万里路”和“游奇山秀水，赏多彩贵州”为主题的“中国旅游日”活动。组织旅游企业推出景区门票打折、免票；发放代金券、优惠特价旅游线路、特价房和特价餐、对70岁以上老人开设免票旅游项目等系列公益惠民活动，以优惠促推介。活动持续30天。2012年“5·19”中国旅游日期间，以“黔灵毓秀美·幸福云岩行”为主题，举办“5·19中国旅游日”大型宣传推介活动。在宾馆酒店、景区景点、高速公路节点赠送《旅游规章手册》2000余册。区旅游局出资1.6万元在《贵州省第七届旅游产业发展大会会刊》上超载彩绘宣传册页；由区人民政府出资6万元，印发《云岩旅游文化攻略》手册2万册；发放培训资料和《云岩文化旅游攻略》等宣传资料2000余份。2013年7月，协助贵州广播电视台第5频道和“中天·未来方舟”开发商，承办为期16天的“圆梦贵阳迪士尼欢乐博览·贵阳站”

的推介活动。2014 年 6 月—8 月，在中天未来方舟小区举办“2014 贵阳环球嘉年华”活动，未来方舟——外滩七公里 2014·第三届贵阳国际啤酒节，以及“多彩贵州·爽爽贵阳旅游博览会”（两节一会）活动期间，共接待游客 40 万余人次，实现旅游收入 500 余万元。

2015 年，利用节假日和“3·15”消费者权益日、“5·19”旅游日等组织辖区旅游企业上街向游客和市民发放《中国公民旅游手册》《文明旅游理性消费》和企业宣传资料万余份（册）；接待旅游服务咨询 6000 余人次，宣传推介取得明显成效，辖区旅游产品知名度有所提升。

第三节　旅游商品推介

云岩区旅游局 2003 年，按“政府搭台，企业唱戏，市场化动作”的模式，举办首届“贵州云岩旅游精品小吃周”，汇聚贵州地方名优小吃，同时引入台湾珍珠奶茶、福建馅饼、上海蟹黄包、重庆和四川酸辣粉等省的名优小吃。2004 年“十一”黄金周期间，举办首届“贵州·云岩旅游精品小吃周”活动，着重宣传“贵阳小吃城”，展示合群路和陕西路的“夜市一条街”等小吃和娱乐环境。活动积累举办宣传活动的经验，并为商家创收 20 余万元。2005 年“十一”黄金周期间举办第二届“贵州·云岩旅游精品小吃周”活动，宣传区内金芦笙黔菜总汇等餐饮市场。

2006 年第三届“贵州·云岩旅游精品小吃周”活动期间，向游客展示各种贵州风味小吃，及其他旅游休闲食品。参与活动游客约 20 万人次。2008 年，区旅游局对“贵阳兄弟火柴制造有限公司”的设计包装存在的问题提出设计建议，并将“兄弟火柴”“黔粹行蜡染”等小件制作品作为特色小礼物，发放到各旅行社，拓宽商品销路。同时，区旅游局和省外大型宾馆酒店，娱乐场所取得联系，帮助贵州黔艺宝公司与贵州博物馆签订联营协议，将博物馆空置场地规划为旅游精品销售、民族歌舞表演用地。

2010 年，区旅游局向境外推介辖区旅游企业彩绘花瓶、蜡染围巾、酒心巧克力，以及严晓妮民族木偶等商品。“五一”小长假期间，区旅游局与中共云岩区委统战部接待台湾旺旺中时集团所属媒体，开展“贵阳魅力城市专案·宣传入岛”活动；并拍摄《云岩区美食·美景》宣传片，展示“恋爱”豆腐果、“雷家”豆腐圆子、“杨姨妈”丝娃娃，以及荷叶糍粑、肠旺面等贵阳著名小吃；介绍贵阳百盛购物中心等大型企业，以及宜北町奶茶店、心茶书馆和蘭毗尼红茶馆等外来特色门店及商品。

2012 年 7 月 29 日，区旅游局在贵州省国际会议中心广场举行“2012 中国·贵阳避暑季首届云岩（城市）文化旅游年开幕式”，免费为旅行社和特色旅游商品、名优美食企业提供促销宣传展位。同年中秋、国庆期间，举办“2012 中国贵阳避暑季首届云岩（城市）文化旅游年‘情满中秋·喜迎国庆’休闲美食节”和“天邑温泉节”活动，辖区旅游商品销售和接待规模得到提升。10 月 16 日，区旅游局在贵州省博物馆（艺宝园）召集辖区 28 家旅游商品企业，举行首届云岩区旅游商品企业恳谈会，作为企业搭建信息互通平台；组织辖区旅游商品企业参加第一届“贵御温泉”杯“物爽贵阳”旅游商品暨“游客最满意旅游商品”征集评选活动，并承诺对参评获奖企业，区旅游局给予与评选方相同的奖金。

“中国国内旅游交易会”2013 年 4 月 19 日—21 日在贵阳举办。辖区 20 家旅游企业的旅游商品参展，14 家旅行社与外省旅游企业签约 3700 余人次；5 家旅游商品产销企业现场销售收近 10 万元；在交易会上举办“2013 中国国内旅游交易会暨旅游百事通百人旅游首发仪式”等推介活动。5 月 24 日—

26 日，组织“贵州微笑 360”营销有限公司、贵州黔石文化雕刻有限公司、贵阳黔艺杨蜡染工艺品总店等企业参加在浙江义乌举办的“中国国际旅游商品博览会”。

2014 年 5 月，向省旅游局推荐 4 家旅游商品生产、销售企业的彩绘琉璃花瓶、布娃娃、蜡染围巾、紫袍玉带石雕等 9 件展品，参加“2014 年义乌旅游商品大赛”。同年，组织旅游商品企业 30 余家，参加“2014 首届贵州省自驾游目的地及户外装备用品博览会”“时光贵州旅游商品展”和“多彩贵州、爽爽贵阳旅博会”等“第九届贵州省旅游产业发展大会”系列活动，推介云岩区旅游资源、旅游商品等。

云岩区旅游局 2015 年组织辖区旅游企业赴广州、桂林参加市旅发委举办的“沿着高铁游贵阳”宣传推广活动；参加在浙江义乌市“2015 年中国国际旅游商品博览会”、厦门市举办的“第十一届海峡旅游博览会”和天津举办“2015 年中国旅游产业博览会”等展销推介活动。在展销活动期间，“贵州黔艺宝有限公司”和“贵州严小妮木人坊”等 10 余家企业与全国各地经销商签订意向性合作协议，现场销售旅游商品突破 10 万余元。

第四节 旅游主题宣传

一、主题赛事

全国性的烹饪技术创新大赛（伊尹杯），2003 年 9 月在贵阳举行，云岩区旅游局具体承担大赛开（闭）幕式和场地组建工作。区旅游局获大赛“优秀组织奖”。2006 年 3 月 4 日，联合中共云岩区委宣传部、区民宗局等部门，在三桥村下五里民族文化广场举办“2007 云岩圣泉‘三月三’民族文化艺术节暨‘多彩贵州’舞蹈大赛”云岩分赛区选拔赛。6 月区旅游局组织参加“国酒茅台”杯“2006 多彩贵州旅游形象大使”选拔赛，在获“民族姑娘”称号的 17 名选手中，云岩区 2 人进入“贵州省旅游形象大使选拔赛”总决赛。7 月，区旅游局与相关部门联合举办“‘和谐云岩’迎新文化艺术节家庭厨艺大比拼”和 2006 多彩贵州旅游商品设计大赛、旅游商品能工巧匠选拔大赛等活动。11 月 15 日，参加“全国导游之星选拔大赛贵阳分赛区”选拔活动。

区民宗局举办“2009 云岩圣泉‘三月三’民族文化艺术节”期间，区旅游局配合区商务局和区发改局举办第四届多彩贵州“两赛一会”云岩分赛区活动，组织中唐民族服饰传媒有限公司、贵州野白鹤鞋业有限公司、伍华德笛箫世界等 3 家旅游商品企业参赛，中唐民族服饰传媒有限公司获市级二等奖；贵州野白鹤鞋业有限公司、伍华德笛箫世界获市级优秀奖。

2010 年，区旅游局组织左迪文化艺术雕刻坊、郑元江竹编系左列、伍华德笛萧、中唐民族服饰 4 家企业参加多彩贵州旅游商品“两赛一会”比赛，4 家选手获二等奖 1 个、三等奖 1 个、入围奖 1 个。2011 年，区旅游局扶持指导天邑森林温泉参加“中国十大温泉”比赛，获得“中国 20 强温泉奖”和“最佳生态温泉单项奖”。2013 年 4 月—10 月，区旅游局承办“2013’中国·贵阳避暑季第二届云岩（城市）文化旅游年‘市西商会杯’贵州·云岩旅游商品原创设计大赛”。大赛历时 7 个月，设立特等奖、金奖、银奖、铜奖及最佳公众满意奖、最佳人气网络奖 6 个奖项，共收到全省 79 家 300 余件作品，获奖 30 余人，兑现奖金 5.4 万元。决赛期间，在“中天未来方舟”小区“同梦馆”举办决赛作品展示会，对 59 家共 150 余件旅游商品进行为期 30 天的展示，并向市民配发参观券 5000 张。当年，组织旅游企业参加由市旅发委局举办的第一届“贵御温泉”杯“物爽贵阳”旅游商品暨“游客最满意旅游商品”征集评选活动，云岩区选送的黔艺宝手工彩绘花瓶、严小妮盛装苗女、林雪飞民族元素礼服和金凯利手工苗绣民族三件套、黔粹行苗银旋转笔筒和镜框银饰，以及贵州野百鹤公司竹编拖鞋、吴通瑛工作室苗绣丝质披巾、乡下妹辣椒系列等10件作品，分别获“第一届‘物爽贵阳’旅游商品”和“游客最满意的旅游商品”荣誉称号。

二、旅游宣传

云岩区旅游局2003年与贵州电视台、贵阳电视台、贵阳日报社等新闻媒体联手开展对贵阳旅游及云岩旅游的系列活动。从2006年7月起，区旅游局参加“森林之城·魅力贵阳——2007年首届中国（贵阳）避暑节”系列活动。

2008年、2009年两年的3—4月，区旅游局配合贵阳市旅发委举办的“避暑季”系列活动，联合中共云岩区委宣传部、区民宗局举办“云岩圣泉‘三月三’民族文化艺术节”。2010年7月—10月间，配合贵阳市“避暑季”系列活动，联合中共云岩区委宣传部、区文体局、区教育局和区少年宫举办“2010中国·贵阳避暑季云岩区少儿艺术节暨消夏纳凉广场文艺演出活动”“弘扬传统美德，携手‘三创一办’”少儿摄影比赛，以及“三创一办”及“班班有歌声”合唱比赛等活动，吸引众多省内外游客观看演出。

2011年，中共云岩区委、区人民政府配合贵阳市“2011中国贵阳避暑季”活动，由区旅游局牵头编制《云岩区“庆祝中国共产党建党九十周年暨2011中国贵阳避暑季活动”实施方案》，举办“庆祝中国共产党建党九十周年”和“2011年中国’贵阳避暑季”系列活动。内容包括“红歌嘹亮”合唱比赛、“云岩区消夏纳凉晚会”系列活动、少儿艺术节系列活动。

此外，按照《2012中国贵阳避暑季首届云岩（城市）文化旅游年活动总体方案》部署，区旅游局参与承办“2012中国贵阳避暑季—首届云岩（城市）文化旅游年”开幕式。

第三章 旅游考察和旅游产（商）品开发

云岩区人民政府和区旅游管理机构，每年有计划、有目标地外出调研考察，学习其他地区的先进经验，以提高区旅游产业的速度和水平。同时与相关大专院校和科研单位协作，不断开发云岩区旅游产品和商品，以期加快旅游产业结构的升级创新。

第一节 旅游调研考察

2003年，区旅游会务接待中心派出人员，到赤水河景区、茅台古镇、修文阳明洞、息峰集中营、息峰温泉等“红色”旅游线路，以及遵义，海南五指山、万泉河、琼海红色娘子军纪念园等红色旅游景区进行考察调研，通过加强与相邻地区旅游局的联系与交流，拓展辖区旅游业的发展空间，同时通过推介云岩区的“红色旅游线路”，提高知名度。2004年，区旅游局到安顺市西秀区“贵州安顺第二届油菜花旅游节”和清镇市“兴隆仡佬吃新节”参观学习，并到湖南凤凰县考察“区域旅游”发展模式，沿途考察相关旅游线路，开拓旅游产业发展思路。根据全区旅游商产品生产企业实际情况，达成建设上规模旅游业商品市场的共识，并着手筹划引入资金，研究区管旅行社的规划。2005年4月，区旅游局配合区农林水局，开展“生态经济示范村”创建工作，对雅关村小寨组的村寨民风、民俗和产业结构进行调查研究，提出创建“生态经济示范村”的意见和建议。在此基础上，2006年完成“三桥村圣泉民族乐园”旅游开发项目的前期申报和“圣泉民族生态园”旅游工程开发项目建议方案。同年，组织区教育局、区城管大队、区委党校等多家单位100余人，分头到厦门、丽江，以及港澳地区学习考察。探索“红色旅游”产品研发推介和经营经验。2007年，区旅游局先后到贵州省植物园、贵阳市顺海公园、贵州黔粹行工贸有限公司、贵阳市天邑森林温泉等单位调研，并联系旅行社与各企业对产业发展战略进行研讨，在研究企业发展旅游要素方面的困难和优势上，取得部分成果。同年，完成辖区内旅游资源摸底调查，并将调查结果汇编成册，录入数据库。

经过对各中小旅游商品企业的摸底调查，2008年，区旅游局决定重点对贵州兄弟火柴（制造）有限公司、贵阳黔粹行工贸有限公司和贵州黔艺宝有限责任公司3家企业给予引导扶持；邀请贵州省“十一五”旅游商品规划组专家和企业负责人，在商品制作、包装设计、营销等方面，为企业发展提出可行性意见。2009年，区旅游局在对辖区内旅游资源进行摸底调查后，撰写出《云岩区旅游发展现状分析及对策》专题调研报告。同年9月29日，陪同贵阳市旅发委、国家旅游局监督管理司和“中国旅游景区”杂志社负责人到天邑森林温泉考察，指导温泉创建AAAA级景区工作。同年，还对黔灵镇“农家乐”和“乡村旅舍”进行多次考察调研，并给予茶店村“祥云村庄”资金和政策扶持，协助其向市旅游局申报为旅游示范户。其间，多次到旅游景区（点）、旅行社、宾馆饭店、旅游产品生产（销售）企业，就“旅游业受全球金融危机影响的情况下存在的困难和发展机遇”课题进行调研，将天邑温泉等经营有困难的企业报区商务局，争取“中小企业局发展专项资金”，以扶持其发展。

2010年3月，区旅游局会同有关专家，到黔石文化艺术雕刻坊、野百鹤工艺竹拖公司等企业展开调研，并对产品创作、销路提出建议和意见。当年，明确辖区内有中小型旅游商品企业32家（多为银饰、蜡染等手工艺品制作作坊）。2011年，全区中小型旅游商品企业规模、数量均未发生变化。3月初，区旅游局会同旅游商品专家到黔石文化艺术雕刻坊、野百鹤工艺竹拖公司等企业调研。4月，完成《2011年度云岩区旅游企业的文化产业调查》。2012年，完成辖区内旅游系统文化产业普查，并据此建立“云岩区旅游商品企业服务台账”。当年，区旅游局负责人多次陪同中共云岩区委、区人民政府分管领导在旅游企业进行调研，听取旅游企业汇报工作。根据调研结果，在区旅游局成立“云岩区首届（城市）文化旅游活动领导小组”，促使旅游工作与社区工作相衔接，以“避暑季”活动为载体，从人力、物力、财力上为旅游企业提供方便。2013年，重点对旅游商品企业和社会旅馆进行摸底调查根据摸底调查结果，制定出一系列旅游企业扶持计划，健全住宿业管理工作规章制度。截至2015年，相关工作每年仍持续展开。

第二节　旅游产品开发

云岩旅游有限公司2004年开辟旅游线路和联营景区、景点；扶持华群有限公司建设“贵阳小吃城”，使之成为区内旅游产品组成部分。同年，区旅游局扩大辖区内旅游饭店、旅行社、旅游定点单位等企业的数量，全年发展旅游饭店1家（铭都锦江大酒店），发展旅行社贵州海外旅游发展公司、中国旅行社等4家旅行社和18家旅行社门市部，发展旅游定点企业贵州黔艺宝有限公司和“金鹏”鸵鸟园等4家乡村旅舍。2006年，结合区内“三线”（东线、西线和北线）建设目标，协助区人民政府扶持“天邑森林温泉度假中心”旅游项目开发，并于当年对外营业；协助区人民政府及三线指挥部展开雅关、偏坡生态环境旅游开发和渔安、安井地区旅游项目开发。2007年，招商引入椰晖旅行社、黔岭山水旅行社等5家旅行社；引进贵州海外旅游总公司中山西路营业部等旅行社门市部22家，林都酒店、茶马野菌等旅游定点单位3家，永安阁乡村旅舍1家。

云岩区人民政府2009年7月编制《云岩区黔灵东路休闲街区建设既合群路特色夜市、陕西路特色夜市提升改造实施方案（初稿）》。2010年，又出台《云岩区招商引资优惠政策》《进一步加快发展服务业的实施意见》《关于建设生态文明城区提升城市综合管理水平的实施意见》《中共云岩区委 云岩区人民政府关于进一步加快旅游业发展的实施意见》等一系列政策，加大对旅游配套基础设施投入。同时根据贵阳市人民政府的《文昌北路地块控制性详细规划》，着手以文昌阁为中心，恢复武胜门城墙，设置步行街等项目为重点，将文昌北路规划为“历史文化特色街区”，完善规划范围内的基础设施、公共服务设施，对公共场所进行绿化美化，提升地段城市文化品位。

2012年5月，由贵州省推荐、云岩区签约“云岩区东线（渔安、安井）片区七公里滨河景观文化旅游商业街”项目。另一方面，区人民政府和区旅游局从辖区在建和拟建生态文化旅游项目中，向市旅发委申报重点项目3个、重点备选项目3个、一般项目2个（包括黔灵湖畔“印象贵阳”、文昌阁历史文化街区、国际会议中心酒店项目以及东山古玩城等），明确涉及项目单位要与区旅游局加强对口联系，及时报告项目推进情况。同年年初，中天城投集团投资3亿多元建造的“未来中心”（中天未来方舟）探梦馆、同梦馆、筑梦馆正式开馆。

2013年，区旅游局向市旅发委申报生态文化旅游项目15个，其中9个项目被列为区重点项目。“文昌阁历史保护与发展街区项目”为市重点旅游项目，“南明河城市流域休闲度假带——中天·未来方舟旅游综合体”和“贵州省国际会议中心二期酒店建设项目”为“贵州省100个重点旅游项目”。5月6日，贵州省省长陈敏尔带省旅游局、省财政厅等相关部门经实地调研，将“中天·未来方舟旅游综合体”项目作为“推进全省100个旅游景区建设工作会”的观摩现场，并将项目纳入“全省100个景区”建设。项目在“2013年省级重点示范旅游景区（综合体）绩效考评奖励资金公开竞争陈述会”上获“2013年省级重点示范旅游景区（综合体）绩效考评”第八名，并获建设奖励资金850万元。年内，区旅游局协助区相关部门招商引资，协调文昌阁历史保护与发展街区（一期）建设项目；跟踪“南明河城市流域休闲度假带——中天·未来方舟旅游综合体”建设进程。对国际会议中心二期酒店项目、黔灵山公园综合整治项目、贵阳市东山古玩城（原名万隆国际）等项目的建设进展，以及建项目投资计划、建设进度的落实进行督促。

云岩区旅游局2014年按照“一个项目、一套班子、一抓到底”的管理机制，对项目实行周报、月报、季报和年报制度，定期组织建筑企业参加项目建设工作调度会、现场办公会，协助市旅发委和企业解决项目建设中的问题。年内，黔灵山公园的公园大门、动物园、九曲径等整治项目陆续竣工；云岩区利用市级旅游基础设施建设专项资金30万元，加上市生态文明委员会匹配的公厕排污设施资金60万元，用于鹿冲关森林公园旅游公厕建设，当年6月公厕投入使用。2015年9月17日，东线片区七公里滨河旅游文化商业带的文化旅游设施建设项目的二号桥到六号桥观光小火车、贵州歌剧院（中天未来方舟H1组团）和IMAX影城（中天未来方舟H1组团）全面开工建设。截至11月，“中天未来方舟旅游综合体”建设计划累计完成投资8.98亿元；高端休闲度假酒店主体建设、沿河景观四期工程主体施工和IMAX影院主体钢结构施工均基本完成；旅游休闲商业街区沿河商业及沿河景观三期主体施工全部完成；年底，黔灵山公园旅游公厕主体工程投入使用；辖区范围内的南明河7.4千米截污沟、防洪堤、拦河坝，以及景观绿化项目完工；“红色自行车道”（沿南明河7千米）投入使用。南明河流域50万平方米沿河商业街区建设同时启动，项目投入建设资金7亿元。

第三节 旅游商品研发销售

2001年以前，云岩区旅游商品收入与外省的差距较大，旅游商品研发和生产品种少、产量低。2003年，区旅游部门联系地方特产生产加工企业，加快旅游商品的研发、生产和销售发展进程。2006年，区旅游局申请“中小企业局发展专项资金”，重点对云岩花花布艺有限公司和贵州黔艺宝有限公司等旅游商品企业进行扶持。对存在困难的贵州严晓妮木人有限公司、贵州野百鹤植物鞋有限公司、贵州野百鹤植物鞋有限公司加以扶持，并邀请“省旅游商品规划专家组”到企业进行调研考察，为企业的发展方向，产品的研、发、产、销提出新思路，指导企业突出产品特色，扩大产销规模。

至2015年，云岩区旅游商品企业已有41家。具有代表性的卖场有贵州黔艺宝民族文化发展有限公司、贵州黔粹行民族文化发展有限公司两家；上规模的研发基地有多彩创意民族有限公司，生产商有云岩花花布艺坊、小苗人创意有限公司以及贵州多彩雪飞文化旅游商品公司、金凯利民族工艺品、华昌食品厂、严晓妮木人有限公司等企业。

附：旅游商品企业选介

贵州黔粹行民族文化发展有限公司，位于云岩区瑞金北路143号，2001年2月26日成立，是集旅游产品研发、生产和销售为一体的现代型企业，有发明专利10多项。2010年，作为中国2010年上海世博会贵州馆展品主要提供商，参加在上海世界博览会，获“中国2010年上海世博会”组委会颁发的荣誉证书。2015年，自主设计开发的“马尾绣实用性包”，作为全国妇女联合会赠与联合国秘书长潘基文的礼物。下属“黔粹行”贵州旅游商品专营卖场，位于瑞金北路201号，商场面积3000平方米，主营贵州手工蜡染、民族刺绣、苗族银饰、民族服饰、时尚水晶饰品、紫袍玉带石、名人字画、贵州茶、贵州山珍、药材、特色食品等特色旅游商品。

贵州多彩创意旅游文化产业有限公司，位于云岩区延安东路20号工艺美术大楼5楼，2012年10月27日成立。是手工加工旅游商品设计创意企业，2014年将发展方向定位于文化创业类产品的研发，“仰阿莎民族芭比娃娃”是该企业的品牌旅游产品，企业建立有贵州民族大学手工加工基地。

贵阳云岩花花布艺加工厂，位于云岩区百花大道11号，2006年2月登记注册。集产品设计、开发、生产、销售为一体，有员工30余人。2011年12月完成“花花布落”商标注册。主要产品有布艺包系列——布艺钥匙包、零钱包、手机包、小背包、大包等；家居布艺系列——布艺花、布艺花瓶、布艺门帘、布艺坐垫等；布艺饰品系列——布艺头花、布艺发夹、围巾等；民族风系列——布艺车挂、布艺镜子等。产品远销云南、广东、广西、安徽、湖南和山西等旅游景点。2012年，“蝴蝶妈妈”手工布艺包获“多彩贵州”两赛一会市级二等奖。2013年，“花尾龙”手工布艺包获“多彩贵州”两赛一会市级一等奖；手工布艺包系列产品被评为贵阳市（推荐）名牌特色旅游产品。2014年，手工家居布艺系列产品被评为贵阳市（推荐）名牌特色旅游产品；“蚩尤”手工布艺包获“多彩贵州”两赛一会市级二等奖。2015年，“苗族娃娃”布艺包获中国（贵州）第一届文博会市级二等奖和省级二等奖；手工布艺包系列产品入选2015年度“物爽贵阳”特色旅游商品。

贵州小苗人文化创意设计有限公司，位于云岩区都司路中天商务港20楼E座，2003年12月2日成立。主要产品有紫袍玉带石系列工艺品、苗侗等民族刺绣工艺品、苗银工艺品、苗族蜡染工艺品等。2011年，为第九届全国少数民族运动会提供蜡画、烙画、牙周陶、植物鞋垫、扎染围巾、马尾绣、装框银饰画等特色工艺品，获得组委会嘉奖。2012年，获共青团贵州省委百度推广公益项目“万村百人百人创业就业示范基地”称号。2013年，第一届“贵御温泉”杯“物爽贵阳”特色旅游商品评选活动中获“物爽贵阳特色旅游商品”称号。2014年，“彩蝶飞舞”产品获中国（贵州）国际民间工艺博览会暨第三届中国（凯里）银饰刺绣博览会银奖。2015年，市旅发委旅游产品大赛，苗绣布艺纸巾盒、蜡染布艺环保手袋等3个产品被选入2015年度“物爽贵阳”特色旅游商品推荐名录。

第四章　旅游管理

云岩区旅游管理工作，除由区旅游局制定本地区各类旅游规章制度和组织实施外，还协同省、市和辖区工商、公安、卫生等有关部门，对与旅游安全有关的事务进行检查处理，对旅游企业进行验收和颁证，开展旅游安全综合治理，维护旅游者和经营者的合法权益。根据需要，自办或参加省和市举办的旅游宣传推介活动。组织和实施对旅游安全管理及导游人员的宣传、教育和培训。

第一节　管理机构

2001年11月，云岩区旅游事业局（区旅游局）成立，为主管全区旅游业工作的人民政府直属事业单位。2002年1月31日，内设机构质量规范管理科加挂云岩区旅游质量监督管理所牌子，实行“一套机构，两块牌子”运行方式。人员由区旅游局内部调剂。2010年6月，区旅游事业局更名为云岩区旅游局，由区人民政府直属事业单位调整为政府工作部门。2015年6月5日内设机构有办公室和综合科。

第二节　市场管理

一、市场检查

2001年以后，区旅游局从每年的1月起，定期或不定期与区消防大队、区市场监管局、区发改局等部门联合开展“旅游服务质量检查”。安检重点是辖区内宾馆酒店、景区、旅行社、社会住宿业等。

2013年，《中华人民共和国旅游法》实施以后，区旅游局根据《中华人民共和国旅游法》规定，制定《云岩区旅游局突发事件应急预案》，在节假日和中心工作下达时，联合各职能部门，对景区（点）、宾馆饭店、社会住宿业、旅游车队等开展相关消防、旅游道路安全、设施安全等方面进行检查；按照国家标准和行业标准，每年对景区、宾馆饭店、旅行社等旅游企业进行服务质量专项检查，要求旅游企业与旅游者签订“旅游服务合同”，根据合同提供对旅游者的服务，确保旅游者人身财产安全。2003年，区旅游局制定《2003年—2007年旅游市场秩序整顿工作计划》，采取与花溪区，息烽县进行交叉检查的方法，参加市旅游局“深化治理整顿贵阳市旅游市场秩序”的检查工作。检查期间审核上报旅行社门市部24家，定点餐馆4家，接受市旅游局转办旅游投诉2起。2004年，对各类非法旅游经营活动、欺诈和“宰客”等行业不正之风展开调查，规范整顿旅游区秩序。发现和查处手续不全旅行社门市部、旅游定点企业4家；接受旅游者投诉两起。同时，严格防治“禽流感”疫情，管控区内一星以上宾馆、酒店，确保疫情汇报及时准确；配合客运管理部门，查处非法旅游运营车辆。

2005年11月，区旅游局对手续不全的3家旅游定点企业下发限期整改通知书，限时整改。2006年，进行“云岩区旅游行政执法依据梳理”工作，将区属旅游行政执法的相关法律、法规、规章、制度进行梳理，并上报区法制办。2007年，更换各定点单位旅游定点单位经营许可证。同年，按照贵阳市旅游局“贵阳市旅游从业人力资源调查”工作会议的要求，区旅游局展开辖区普查工作，将调查表发送至相关调查对象，并完成回收的调查表整理和统计。2008年5月，联合公安分局治安大队，对辖区内300家住宿业进行全面的普查，普查的内容包括客房数、联系人、电话及传真设备状况等。11月，根据市旅发委要求，区人民政府组织区旅游局、区统计局等相关部门，对全区“十五”计划期间旅游业社会投入（财政投入以外的各种社会资金）进行全面统计。

云岩区旅游局2009年3月，配合市旅发委开展贵阳市旅游服务质量大检查，对辖区旅游企业的旅游服务质量、旅游质量规范、旅游安全、旅游软硬件等进行重点检查。区旅游局定期不定期派工作人员对景区（点）环境卫生、公厕卫生、旅游标识标牌、接待质量等进行专项检查。当年，结合全区“整治发展软环境建设服务型机关”专项工作，制定和完善“首问责任制”“考核考勤制”等10余个发展软环境长效机制。2012年，启动对社会住宿行业（15间房以上，50间房以下）和加盟、连锁住宿企业的备案登记工作，11月底进入统计名录库。依据《旅游法》，2014年与各旅游企业签订以确保对旅游者提供优质服务，营造安全、舒适、文明的旅游环境和规范辖区旅游市场为内容的合同。

二、环境管理

2006年年初，区旅游局制定《云岩区旅游行业2006年“整脏治乱”行动实施方案》，每周进行例行检查2次~4次，坚持每日日报和每周简报，不定期组织工商、卫生、质监、文体等职能部门进行联合检查，实现中共云岩区委、区人民政府“整脏治乱”专项整治行动目标。

2007年，拟定《2007年云岩区旅游行业“整脏治乱”工作计划》，检查宾馆饭店、旅行社、旅游景区（点）、名胜古迹、公园、广场等窗口区域的实际环境，督促保持环境整洁，清理违停车辆和违章摆摊设点现象。区旅游局实行每天对整治情况进行日报，每周进行二至三次例行检查，每周出整治情况简报1篇，不定期组织工商、卫生、质监、文体等职能部门进行联合检查，处理住宿业主改变住宿地，多收取游客费用发生等违规行为，此后，上述检查每年进行。

为贯彻中共云岩区委“建设生态文明城区”的新要求，2008年，云岩区出台《云岩区旅游行业2008年“整脏治乱”行动实施方案》，对旅游景区（点）、窗口单位、客车站等单位进行整治。实行整治情况日报和周例行检查制度。每周出《整治情况简报》1 期；不定期组织工商、卫生、质监、文体等职能部门进行联合检查。根据贵州省人民政府“满意在贵州”创建活动精神，区旅游局组织由区安监局、区卫生局、区公安分局消防科、区工商局、区卫生局、区质监局等职能部门组成联合检查组，对全区非星级宾馆饭店和餐饮企业进行服务质量大检查。检查工作持续 1 个月，共检查非星级宾馆饭店和餐饮企业 400 余家。对设施老化、环境卫生差的单位下达整改意见，并规定期限内进行整改。

2009 年 10 月 20 日，区旅游局参与全省“整脏治乱”专项行动，对阳明祠进行大检查，使景区（景点）环境卫生及服务设施等方面存在问题及时得到整改完善。2010 年 5 月，结合贵阳市旅游局开展的大检查，督促解决黔灵公园动物园厕所化粪池疏浚问题；完成黔灵公园、阳明祠被损坏水管、灯泡及路面石板的维修。2011 年 5 月，督促完成黔灵公园厕所异味问题的整改。

2011 年，制定《云岩区旅游行业“创建国家卫生城市”迎检工作方案》《云岩区旅游局创建“全国文明城市”迎检工作方案》，成立旅游行业“创建国家卫生城市”“创建全国文明城市”迎检工作领导小组；配合区“三创一办”办公室开展各项工作，对辖区宾馆、酒店、景区景点和旅行社（含网点）进行检查督导。2012 年，组织检查人员 600 余人次，开展“打非治违”“整脏治乱”“满意在贵州”等专项治理。此项治理工作建立了长效机制，相关工作截至 2015 年，仍在持续进行。

三、企业管理

（一）旅行社管理

2010 年 12 月以前，贵阳市旅行社网点的备案由市旅发委负责。2011 年 3 月 1 日，根据《关于下放市级行政审批管理权限有关问题的情况说明》文件要求，简化行政审批程序，加大行政审批事项向区（县、市）下放力度，将云岩区境内旅行社分支机构备案登记及日常监管工作下放至区旅游局。区旅游局由此开始负责云岩辖区旅行社服务网点备案登记工作。

2011 年—2012 年，区旅游局备案登记旅行社服务网点 121 家。2013 年，根据《旅行社服务网点设立与服务规范》拟定《云岩区旅行社网点备案登记现场勘察表》《云岩区旅行社网点服务承诺书》等文件和《云岩区旅行社设立服务网点资格试卷》，规范旅行社备案登记程序，加大对旅行社网点的服务管理。2013 年，备案登记旅行社服务网点 23 家。2014 年，备案登记旅行社服务网点 24 家。2015 年，备案登记旅行社服务网点 39 家。截至 2015 年 12 月，云岩辖区旅行社网点备案 207 家。

（二）宾馆酒店管理

2010 年以前，云岩区境内三星级以上宾馆饭店，均为贵州省和贵阳市旅游部门以及省、市工商行政管理、物价管理部门直接管理。2012 年 8 月，区旅游局根据《贵阳市住宿业管理办法》规定，组织研发《云岩区住宿业管理模式研究项目》，对辖区内住宿业现状进行调研；9 月—10 月，建立云岩区住宿业管理系统网络平台；11 月—12 月，进行数据采集、录入，编制研究报告。同时完善《云岩区住宿行业备案登记程序》，要求社会住宿企业进行登记备案。当年辖区（15 间房以上，50 间房以下）应备案的住宿企业共 255 家，截至 2013 年 5 月 20 日，住宿业完成备案登记 145 家。2014 年，预备案登记 59 家，正式备案登记 14 家。2015 年，预备案登记 30 家，正式备案登记 12 家。截至 2015 年 12 月，完成云岩辖区社会住宿业备案登记 171 家。由于三星级以上住宿业归贵阳市管理，辖区住宿企业每年有半数以上未在区旅游局登记。

第三节 安全管理

一、日常安全管理

2001 年以后，区旅游局每年都有例行安全检查。2003 年，对一星级以上宾馆、酒店的“非典”疫区抵筑人员的情况进行登记。2005 年 6 月，组织 41 家旅游定点企业和景区（点）责任人签订“2005 年旅游安全生产‘包保’责任书”；8 月，“2005 贵州黄果树瀑布节”期间，成立旅游安全检查领导小组，配合市旅游局开展“贵州黄果树瀑布节”期间的旅游安全检查；10 月，“安全生产月”活动期间，与区公安分局联合，检查定点旅游企事业单位 16 家，对其中不合格的 8 家单位下发责令整改通知书，同时下发处罚决定书 2 家。自此，这项检查成为常态化工作。以后两年中，全区未发生旅游安全事故。2006 年，与 78 家旅游企业签订《旅游安全生产包保责任书》。全年无旅游投诉和旅游安全事故发生。2007 年 4 月，在“2007 年云岩区旅游安全工作会”上，要求旅游企业按照“安全第一，预防为主”的方针，杜绝安全生产伤亡事故。共有 100 余家企业参会并签订“旅游安全生产目标包保责任书”。当年，区旅游局对两家违规门市部下达整顿意见书，并督促其定期完成整改。

“2008 年云岩区旅游安全工作会”5 月召开，安排部署杜绝安全生产伤亡事故工作。辖区内 70 余家旅游企业和单位参会，并签订《旅游安全生产包保责任书》，全年查出存在无安全制度和消防应急预案等违规现象企业 2 家，区旅游局责令并其督促完成整改。2009 年 4 月，在全区旅游安全工作会议上，区旅游局与 80 余家旅游企业签订《旅游安全生产包保责任书》。截至 2009 年 11 月 25 日，接到旅游投诉 4 起，均作出合理解决，全年区内未发生旅游安全事故。2010 年，区旅游局制定《云岩区旅游局 2010 年旅游安全生产年》活动方案。在大旱和汛期到各旅游企业进行检查。年内，与相关单位签订 2010 年《旅游安全生产包保责任书》和安全生产包保责任书，对不签订责任书的旅游企业，上报市旅发委依法处理；在“安全生产年”活动期间制定《云岩云岩区旅游局辖区旅游业创建国家卫生城市攻坚实施方案》《云岩区旅游局 2010 年开展创模攻坚宣传工作方案》《云岩区旅游局创建全国文明城市工作方案》《云岩区旅游行业现“讲文明、除陋习、树新风”主题实践活动方案》等一系列工作方案，并要求旅游企业上报“三创一办”工作方案。按照《文明旅游景区评选实施细则》规定，与相关单位签订创建责任书，不定期地上门检查督促方案落实情况。

云岩区“旅游行业高层建筑火灾隐患整改会议”2011 年 3 月召开，成立旅游行业消防安全隐患排查工作小组，督促辖区 52 家存在火灾隐患，位于高层建筑的旅游企业限期整改。同年 8 月，召开辖区旅游行业消防安全标准化管理及火灾隐患排查整治会议，并出台《云岩区旅游行业消防安全标准化管理及火灾隐患排查整治方案》，对全区的旅游星级宾馆、A 级旅游景区的消防安全火灾隐患进行督促整改。10 月，开展“清剿火患”战役，对辖区宾馆（饭店）、旅游景区开展全面排查，建立工作台账和开展工作信息报送机制。宾馆（饭店）和景区进行排查并向区消防大队通报排查情况，48 家企业签订整改责任书。2011 年全年未发生旅游安全事故。

2013 年年初，开展“2013 年云岩辖区旅游交通安全百日整顿行动”专项检查，联合区安监局、交警一大队检查旅游车队交通安全状况，并与车队签订交通安全承诺书；4 月，制定《云岩区旅游局 2013 年旅游安全生产目标责任书》《云岩区 2013 年旅游消防工作目标责任书》，并与旅游企业签订责任书 160 份；充实完善《云岩区旅行社网点备案登记程序》和《云岩区住宿行业备案登记程序》。

2014年4月，组织辖区旅游企业签订《云岩区旅游局2014年旅游安全生产目标责任书》和《云岩区2014年旅游消防工作目标责任书》。根据《中华人民共和国旅游法》规定，制定《云岩区旅游局突发事件应急预案》。

区旅游局在完善《云岩区旅游局突发事件应急预案》的基础上，于2015年5月，组织200余旅游企业签订《云岩区旅游局2015年旅游安全生产目标责任书》和《云岩区2015年旅游消防工作目标责任书》。11月，区人民政府召开旅游人员密集场所安全生产专题推进会，对当年冬季和次年春季旅游安全工作进行安排部署。当年，联合区安监、交管、消防等职能部门，对景区景点、宾馆饭店、社会住宿业、旅游车队等开展相关消防、旅游道路安全、设施安全等方面进行检查。

二、节假日安全管理

在每年的元旦节、春节、“五一”国际劳动节、“十一”国庆节称等节假日期间，为保证旅客安全，区旅游局加强相关时段的安检工作，与贵阳市旅游局（市旅发委）同步开展专项检查，实行24小时值班制度，办理旅游投诉案件。2003年节假日期间，区旅游局在全区开展安全检查；公布举报电话，维护旅游者合法权益，规范旅游市场秩序。同时参与旅游交通协调和事故处理工作；指导旅游企事业单位做好旅游安全工作，全区全年未发生旅游安全事故。2004年节假日期间，区旅游局成立消防安全检查领导小组，组织相关部门开展检查。与辖区内旅游定点企业、景区签订安全生产包保责任书，年内无旅游安全事故发生。2005年节假日期间，与区安监局、区卫生局、区公安分局消防科等单位联合开展“旅游安全工作大检查”，累计检查宾馆、酒店50余家，景区景点10家，旅游定点单位13家，确保节日期间无旅游安全事故发生。2006年节假日期间，成立旅游安全检查领导小组，组织工商、卫生、质监、消防等云岩区的相关部门对旅游景区景点和旅游企业进行安全检查。2007年节假日期间，与区安监局、区卫生局、区公安分局消防科联合在辖区内开展“旅游安全工作大检查”，检查宾馆、酒店30余家，景区景点4家，旅游定点单位10家。截至11月，无一起旅游安全事故发生。2008年国庆节期间，与区安监局、区卫生局、区公安分局消防科、区工商局、区卫生局、区质监局等职能部门组成联合检查组，对宾馆、酒、景区景点、旅游定点单位进行“旅游安全工作大检查”。当年10月，受理旅游投诉1起。2009年和2010年节假日期间，区旅游局对宾馆、酒店、景区景点和旅游定点单位进行普查或抽查，确保节日期间的旅游安全。

“第九届全国少数民族传统体育运动会”2011年在贵阳举行，区旅游局对宾馆酒店、景区景点、旅行社（网点）和旅游定点单位进行检查和抽查，未发生安全事故。2012年，区旅游局会同区安监局、区消防大队等单位，在节假日期间展开联合大检查及专项检查，对辖区宾馆、酒店，景区（点），旅行社网点进行专项检查和抽查10次，对个别宾馆饭店和旅游景区的安全隐患及时进行处理。2013年节假日期间，区旅游局单独检查，或联合相关部门开展市场检查6次。2014年开展节假日专项检查、中心工作检查以及旅游部门联合检查10多次，组织检查人员200余人次，检查旅游企业300余家，下达整改通知书4份。2015年节假日期间，除例行检查外，还要求旅游企业严格执行《中华人民共和国旅游法》，与旅游者签订合法有效的旅游服务合同，根据合同提供对旅游者的优质服务。

第四节 人员培训

区旅游局每年定期举办旅游安全、法规和旅游标准化试点等培训，使旅游从业人员加深对旅游安全、旅游法规等认识和理解，提高旅游管理人员整体素质和服务水平。2004 年 11 月，组织有关企业参加市旅游局举办的“乡村旅游”培训班。同时，配合市旅游局举办的贵阳地区旅游饭店从业人员持证上岗培训，对定点企业的从业人员进行培训。2005 年 4 月，区旅游局与区安监局联合举办“安全生产知识培训班”1 期，培训人员 60 人；11 月与市旅游局联合举办“云岩区旅游从业人员持证上岗培训班”1 期，组织宾馆、饭店旅游从业人员 80 人，参加旅游安全生产、职业道德旅游法律法规等知识培训，参训人员获得上岗证书。

2006 年，举办“云岩区旅游涉外定点单位年检复核培训班”“云岩区旅游食品卫生安全讲座”和“云岩区建设社会主义新农村乡村旅游从业人员培训班”培训各 1 期，对辖区内各层次的旅游企事业单位从业人员的相关业务知识进行系统培训，培训从业人员 200 余人。2007 年 4 月，举办“云岩区旅游年检复核培训班”1 期，培训 50 余人次，参训人员均取得结业证书。次年 5 月，举办“温泉旅游从业人员培训班”1 期，培训班历时 21 天，培训从业人员 130 余人。

新的《旅行社条例》2009 年 5 月 1 日颁布实施，区旅游局于 6 月 11 日特邀贵州省商业专科学院旅游系专家对辖区旅行社管理人员 110 余人进行为期 1 天的培训。当年区旅游局有 4 名干部通过全国导游资格考试，取得导游资格证。2010 年 6 月 8 日—10 日，与区安监局联合举办“云岩区旅游安全生产培训班”，与参训的 70 余家旅游企业签订《2011 年安全生产包保责任书》。2012 年，分期对社会旅馆从业人员进行培训，培训内容包括社会旅馆服务质量要求、住宿业管理系统操作、信息填报及应用等。全年举办“旅游行业安全生产培训会”5 次，参训人次千余人。同时，对在区旅游局备案的社会住宿企业和旅行社网点进行法规、安全知识等相关免费培训，并与企业签订服务承诺书；审核备案资料，实行一企一档，确保旅行企业提供备案资料具有真实性、合法性。2013 年 6 月，与区公安分局、区安监局和区消防大队联合组织辖区旅游企业 400 余家，进行旅游安全专项培训；11 月，组织 100 余家旅行社及服务网点参加《中华人民共和国旅游法》培训。全年各种培训人次超过千人次。

2015 年，举办关于旅游安全、法规和旅游标准化试点等各类培训 3 期，旅游企业管理人员和从业人员 600 余人次参加了培训；联合安监、消防、公安等部门，组织旅游企业参与专业教育培训；组织管理层和一线服务员，开展服务业务技能和礼仪等培训并参加服务技能大赛。

第五节 企业审批、评级及申报

自 2001 年起，区旅游局建立并逐步完善旅游资源数据库。根据贵阳市旅游局规定，开展旅游事业单位质量评优、企业审批和等级评定等工作，对符合国家旅游管理条例要求的旅游企事业单位给予挂牌。2003 年，审批上报旅行社分设部门 22 家，审批旅游定点餐馆 4 家，接受申办设外定点企业 3 家。

云岩区 2005 年发展旅行社 6 家，旅行社门市部 30 家，旅游定点单位 7 家。并对 4 家乡村旅社进行等级评定，其中金碧城、鸵鸟园两家达到二级（二朵花）等级。2006 年，全区发展旅行社门市部 19

家，旅游定点单位4家；因小关修路停业取消旅游定点单位资格8家。2008年，区旅游局完成6家旅行社、11家旅行社门市部审批及7家旅游定点单位审批。至2009年，全区新增旅行社8家、旅行社门市部17家、旅游定点单位2家，注册资金1500万余元。2010年，新增旅行社3家、旅行社网点33家、旅游定点单位2家。2011年，新增旅行社网点48家。同年，区旅游局成立“云岩区旅游饭店星级评定委员会”，完成二星级宾馆3家、一星级宾馆的年检复核1家；完成西湖酒店四星级、聚鑫酒店三星级和君安酒店二星级的星级饭店申报工作。此后至2015年，审批、评定和申报工作按规定开展，酒店星级也有微小的升降变更。

第二十一篇

民族 宗教

第一章　民族宗教事务

云岩区少数民族和宗教事务由云岩区民族宗教事务局（区民宗局）负责。区民宗局贯彻落实推进党的民族宗教政策和法律、法规；依法维护少数民族和各宗教信众的合法权利，参加民族宗教活动的安全保障工作，维护社会和谐安定，促进民族经济和文化体育事业发展。

第一节　管理机构

1990 年 9 月 20 日，贵阳市云岩区民族事务委员会成立（区民委）。1997 年 9 月 25 日，贵阳市云岩区民族宗教事务局挂牌成立（区民宗局），承担辖区内民族和宗教事务管理责任。原办公地址在毓秀路 66 号，后搬迁至北京东路未来方舟 D12 组团 B 栋 1 单元。2002 年 1 月 31 日，区人民政府办公室下发的《关于贵阳市云岩区民族宗教事务局职能配置内设机构和人员编制规定的通知》，确定区民宗局是主管全区民族、宗教工作的区人民政府工作部门，内设办公室、民族科和宗教科 3 个职能部门，截至 2015 年，区民宗局机构没有变化。

第二节　民族事务

一、民族政策贯彻执行

（一）少数民族平等权利保障

区民宗局根据国家和、省和贵阳市对少数民族干部的选拔、配备和使用的具体规定，协调各部门调整充实少数民族干部；配合区人民政府有关部门，加强对少数民族干部的培训，安排优秀少数民族干部到急、难、险、重工作岗位培养锻炼；通过在党校培训、异地挂职、交流等方式，为少数民族干部创造发展条件。配合区人民政府加强少数民族后备干部队伍建设，提高综合能力，推动全区少数民族干部培养选拔工作开展。中共云岩区委组织部、区人事劳动局每年举办民族宗教理论干部培训班，进行民族、宗教理论政策学习。历届区党代会代表、区人大代表和政协委员会中，少数民族代表均保持法定比例人数。截至 2015 年，全区少数民族科级干部占科级干部总数的 12.09%。

表 1　中共云岩区直机关少数民族党员统计表

（2001 年—2015 年）

年度	党员总数	少数民族党员（人）	百分比	年度	党员总数	少数民族党员（人）	百分比
2001 年	741	62	8.4%	2009	1012	101	10%
2002 年	807	65	8.1%	2010	1020	107	10.5%
2003 年	817	68	8.3%	2011	1072	114	10.6%
2004 年	849	72	8.5%	2012	1117	127	11.4%
2005 年	889	102	11.5%	2013	1043	110	10.5%
2006 年	912	85	9.3%	2014	876	92	10.5%
2007 年	915	86	9.4%	2015	937	101	10.8%
2008 年	991	102	10.3%				

表 2　中共云岩区历次代表大会少数民族代表统计表

（2003 年—2015 年）

届　别	年　份	代表总数（人）	少数民族代表（人）	百分比
第六次代表大会	2003 年 2 月—2006 年 10 月	255	37	14.5%
第七次代表大会	2006 年 11 月—2011 年 10 月	268	42	15.7%
第八次代表大会	2011 年 10 月—	279	49	17.6%

表 3　云岩区历届人大少数民族代表统计表

（2003—2015 年）

届别	年　份	代表总数（人）	少数民族代表（人）	百分比
第十四届人民代表大会	2003 年 3 月—2006 年 3 月	219	26	11.8
第十五届人民代表大会	2006 年 11 月—2012 年 1 月	217	37	17.1
第十六届人民代表大会	2012 年 1 月—2015 年 1 月	210	30	14.3

表 4　云岩区历届政协少数民族委员统计表

（1998 年—2015 年）

届别	年　份	委员总数（人）	少数民族委员（人）	百分比
政协云岩区第六届委员会	1998 年 3 月—2002 年 3 月	205	4	1.1%
政协云岩区第七届委员会	2003 年 11 月—2006 年 11 月	210	7	3.3%
政协云岩区第八届委员会	2006 年 12 月—2011 年 12 月	216	7	3.2%
政协云岩区第九届委员会	2011 年 1—2015 年 1 月	216	6	2.8%

（二）民族身份识别、恢复和更正

由于部分居民在办理户口迁移和身份证时，对民族成分不够重视，故民族成分填报错误的情况时有发生。而到需要明确身份时（如回民需要安葬在回民公墓，中考、高考涉及少数民族加分等），才向民宗局提出民族身分变更申请。因此，区民宗局每年都要对申请人进行甄别，并向贵阳市民宗局申报，恢复或更正申请人民族成分。2006 年，依法恢复和更正少数民族成分 82 人。2008 年，更正 165 人，为少数民族大学生出具民族成分证明 718 份。2009 年，申请更改民族成分有 219 人，获批准 114 人。2010 年，向上级申报民族成分更改、更正 187 人，获批 142 人，出具少数民族证明 59 份。2011 年，向上报民族成分更改、更正 167 人，出具少数民族证明 102 份。2012 年，上报民族成分更改（更正）初审 109 人，通过审批 108 人；出具少数民族证明 29 份。2013 年上报民族成分更改初审 89 人，获审批 89 人，出具少数民族证明 16 份。2014 年，上报民族成分更改初审 70 人，获审批 70 人，出具少数民族证明 19 份。2015 年，更正民族成分 42 人。

二、尊重少数民族风俗习惯

云岩区属三桥村、蔡家关村和杨惠村，是布依族和苗族聚居的村寨；偏坡村和安井村等村寨，也有部分苗族、布依族村民；城区也有散居的布依族和苗族群众。区民宗局每年都要划拨专款，支持各村举办好“四月八”“三月三”和“六月六”等民族文化节，利用节日活动增进各民族的了解和团结。每年节日期间，区民宗局配合贵阳市民族宗教委员会，组织人力物力，在中华路、延安路沿途设置免费饮水点，为外地苗族同胞安排临时休息、住宿点；安排各街道、社区、和村民组设立宣传点，宣传党的民族政策和法律法规，疏导的沿街观光人流，维持活动场地秩序；组织辖区各族人民参与全市民族文艺演出和各种赛事。

散居在城区的回族等各伊斯兰教民族，饮食忌讳较多，区民宗局协助贵阳市伊斯兰协会，安排外地伊斯兰教牛羊肉供应商，在清真寺等地段设立零售摊点，供应牛羊肉和牛羊肉制品；引进新疆、甘肃等地伊斯兰教民族餐饮业入驻辖区经营。20 世纪 80 年代末至 90 年代初，引进多家新疆烤肉串、烤馕和兰州拉面等餐馆，本地回民开设的餐馆主要分布在夏状元街、友谊路、文昌北路、普陀路、公园北路和市北街等人流量较大的地段。

云岩区的伊斯兰教信众主要为回族，外地在辖区从事商业经营活动的伊斯兰教民族，有维吾尔、撒拉族和哈萨克等。每年伊斯兰教民族在清真寺开展“开斋节”“古尔邦节”和“圣纪”活动时，区民宗局派人参加活动，除宣传党的民族和宗教政策外，还协助组织小型文艺活动，向市民介绍伊斯兰教的常识，加深市民对伊斯兰教风俗习惯的了解，自觉遵守不在“清真一条街”范围销售和食用禁忌食品的规定，维护民族团结。每年不定期召开天主教和基督教人员会议，组织教徒和宗教人员学习贯彻党的宗教工作方针政策。

第三节　宗教事务

一、宗教政策宣传落实

云岩区各宗教信教群众约 15 万人，天主教、伊斯兰教、基督教的省、市宗教团体均设在云岩区。云岩区的宗教活动场所，主要有弘福寺、觉园、栖霞寺、清真寺、贵阳北天主教堂和贵阳基督教堂等

6处，是贵阳市的重点宗教活动场所。

2001年，区民宗局在中共云岩区委党校举办培训班，宣传党的宗教政策，提高干部宗教意识，并深入各办事处和黔灵镇，联系信教群众，组织各宗教界爱国人士参加揭批邪教“法轮功”的会议，学习有关政策法规。2002年年初，区民宗局做好各宗教节日活动的安排部署，组织各项培训学习，提高宗教界学识水平，确保各教都能安详渡过自己的宗教节日。2003年，云岩区宗教工作协调领导小组成立，落实宗教工作经费10万元，在各办事处（镇）的社区（村）建立宗教工作两级网络。组织宗教界人士学习各级人民政府宗教工作会议精神。

云岩区宗教工作“三级网络，两级责任制”（县、镇、村三级网络和镇、村两级责任制）于2003年建立，宗教界爱国统一战线进一步巩固。区宗教局每年都要处理基督教信众私设聚会点、佛道两教非法开辟宗教场所，以及宗教房产确权等历史遗留问题。2004年3月，在区天主教爱国会第六届委员会议召开时，区民宗局组织学习区宗教工作会议精神和《中国天主教爱国会工作条例》。同年8月，组织召开云岩区天主教爱委会扩大会议，传达中国天主教第七届代表会议精神；加强对合法开放场所的管理，禁止向非法宗教活动场所派驻教职人员，把宗教活动纳入规范化、法制化的管理轨道。11月30日，国务院颁布《宗教事务条例》，区民宗局组织开展《宗教事务条例》宣传、学习活动，举办各街（镇）分管宗教工作的领导和专兼职干部40余人，参加的专门培训一期；利用各种会议，组织学习宣传《条例》。各街（镇）、社区、村也以黑板报、标语等形式广泛开展学习宣传活动。

2005年，区民宗局制定《云岩区宗教协调领导小组及其成员单位主要职责》《云岩区宗教工作协调领导小组工作制度》《云岩区宗教信息报告制度》，并下发《中共云岩区委云岩区人民政府关于切实加强新形势下宗教工作抵御境外利用宗教进行渗透的意见》。2006年，组织部分宗教界人士及部分信教群众代表学习《宗教事务条例》，办事处（镇）干部、社区专干积极分子2000余人集中学习。发放宣传资料200余份，张贴宣传品40余份；与区法制办联合举办“民族宗教干部执法”培训班一期。通过培训，有20人获得民族宗教行政管理执法证。2015年，开展以“国法与教规的关系”为主题的“宗教政策法规学习月”活动，通过以会代训等方式，宣传宗教政策法规，促进天主教和基督教信众提高遵纪守法，爱国爱教的自觉性。

二、依法行政

（一）建立规章制度

2001年以来，区民宗局建立一系列依法行政制度，如《错案追究制度》《执法责任制度》《行政执法证件管理办法》《执法公示制度》和《民族宗教执法人员行政规范十不准》等，规范依法行政的行为。中共云岩区委、区人民政府于2006年4月27日召开全区宗教工作会议，制定《云岩区民族宗教突发事件预案》，拟定《云岩区宗教工作协调领导小组及其成员单位主要职责（试行）》《云岩区宗教工作协调领导小组工作制度（试行）》和《云岩区宗教信息报告制度（试行）》，并于当年4月正式执行。同年5月，区民宗局接受区人大对2006年民族宗教执法工作检查。截至2015年，《云岩区宗教事务联合执法制度》《云岩区民族宗教信息员、协管员信息共享机制》《云岩区关于外国人出入宗教场所管理联动机制》《云岩区宗教活动场所管理规定》等制度均已健全和完善。

（二）节日和会议安保

云岩区境内影响大的道教和佛教节日，主要是春节、农历二月十九、六月十九和九月十九观音会。活动期间，佛、道两教信众和普通群众主要在觉园、弘福寺进香，以到弘福寺进香群众最多，每年都存在人流爆满的情况。

伊斯兰教主要节日有开斋节、古尔邦节和圣纪，其中以开斋节期间人员最集中。因为贵阳市只有1个清真寺，夏状元街（清真街）又比较狭窄，故活动时段非常拥挤。

天主教和基督教的节日，主要有耶稣复活瞻礼（又称复活节），时间在每年春分后第一个月圆日后的第一个星期日。当天天主教堂举行大礼弥撒活动。圣神降临瞻礼时间在复活节后第50日，是天主圣神降临日（又称五旬节），北天主堂要举行弥撒活动。圣母升天瞻礼（圣母升天节），时间为每年8月15日。最重要的节日是耶稣圣诞瞻礼（即圣诞节），时间是每年12月25日，原为12月25日零时，教堂先举行“迎圣婴”礼仪。为方便群众参与活动，贵阳市北主堂提前在当日晚上8时或9时开始节日活动。圣诞节当天，教堂附近街道拥挤。故区民宗局每年要会同公安等部门，加强和平路一带的安保工作，协会教会维持好教堂周边的秩序。

基督教主要节日活动有圣诞节、基督受难节、复活节、升天节、诸圣日（万圣节）等，其中圣诞节和天主教一样，参与活动的人众多。区民宗局重点做好基督教堂和黔灵西路、中华北路一带的安全保卫工作。

每年年初，区民宗局与各宗教场所签订消防安全目标责任书，协调相关部门开展宗教节日活动场所的安全检查；各教派重要节日活动时间，区民宗局都要提前制订工作方案，报区人民政府审定；协调组织相关部门开展节日安全值勤和活动场所安全和责任制落实情况等专项检查。如2007年7月，区民宗局在接到区应急办提出的弘福寺关于观音会人流拥挤存在严重的安全隐患的问题后，即研究起草《关于对贵阳黔灵山弘福寺观音会期间安全工作的建议》上报贵阳市人民政府和区人民政府。为确保9月8日北天主教堂“贵州教区祝圣助理主教”活动举行，区民宗局组织人员疏导人流，维持地段秩序，确保祝圣仪式如期完成。

2008年，区民宗局通过宗教协调领导小组工作会议，对宗教节日安全保障进行安排部署；春节和国庆前，组织对各宗教活动场所的安全检查；在全国两会及北京2008年奥运会即将召开时，制定《云岩区民宗局奥运会期间维稳工作方案》，实行每月一报。当美国影片《穆斯林的无知》在中东地区引发严重暴力活动时，组织人员引导穆斯林群众理性表达意愿，自觉维护贵阳市民族团结和社会稳定大局；开展“宗教政策法规学习月”活动，宣传宗教政策法规。同年，明确区人民政府为清真寺改建工程承建单位，区民宗局作为贵阳清真寺改建工程建设领导小组的成员单位，配合做好各项协调服务工作。

2014年4月，区民宗局协调区委统战部等相关部门200余人，协助贵阳市民族宗教委员会，在北京路国际会议中心，完成“全国汉传佛教讲经交流会讲经法师代表巡讲活动”执行现场值勤任务。同年9月8日，是天主教贵州教区正权主教交接仪式，参加庆祝活动的信徒和群众有3000余人。为确保天主教贵州教区正权主教交接仪式安全，区民宗局协调组织相关部门，组成300余人的工作队伍，参加天安全保障工作，使正权主教交接仪式圆满完成。次年，区民宗局制定《贵阳市北天主教堂、贵阳基督教堂2015年圣诞节活动保障方案》和《贵阳市北天主教堂、贵阳基督教堂2015年圣诞节活动保障预案》报区人民政府审定，加强节日安全保障机制。

（三）协调宗教会议活动

各宗教召开重要会议时，区民宗局都会协调其他宗教人士参加会议，起到促进互相学习，增进友谊的作用。贵阳市道教协会于2007年9月27日成立，区民宗局协助道教协会筹备工作，推荐参加成立大会代表15人。同年针对渔安祖师观移址问题，与开发商进行协商，并达成共识；参加市天主教爱国会、市基督教两会及北天主教堂、贵阳基督教堂的相关会议，加强与宗教界的沟通和了解。

根据上级要求，区民宗局于2013年1月在伊斯兰教、天主教爱国会、道教推荐第七次代表会议代表、委员、常委，其中推荐天主教爱国会代表2人，道教代表3人，伊斯兰教代表2人，参加贵阳市的民族宗教会议。

（四）非法宗教活动处置

2001年，区民宗局配合公安分局等部门，深入辖区内各非法宗教活动点进行调查和劝说工作，做到发现一处，取缔一处。次年，依法取缔基督教和佛教等非法活动点多处，并对“东山教令”活动组织者发出警告通知。2004年，取缔基督教非法“家庭活动”点8处，强制撤除改茶村境内鸡冠山非法佛教寺庙一处。次年，依法制止死灰复燃的相宝山、改茶鸡冠山非法佛教活动场所，取缔设在扁井居民区和东山的基督教私设聚会点。11月中旬，配合市民宗局对境外某旅游团在辖区的渗透活动进行监控。2006年，再次制止和取缔在改茶村鸡冠山建立的非法佛教活动场所；取缔基督教私设聚会点1处；同年5月对境外一些到北天主堂、鹿冲关圣母院人员进行监控，预防他们从事非法活动。2007年，按《宗教事务条例》的有关规定，要求黔灵镇处理在改茶村鸡冠山进行非法佛教活动事件。

2009年，报请区人民政府对金鸭村飞来寺合法化问题进行研究。后因飞来寺在轻轨建设规划红线范围内，不可能继续保留，故责成寺庙停止宗教活动。2010年3月，依法进行取缔头桥私设基督教聚会点。8月，取缔曦阳公寓“关心会”活动点；9月，取缔宅吉路11号非法佛教活动点。2011年，制止境外人员非法传教活动一起。2013年3月8日，区民宗局会同区政法委、区公安国保大队到金关社区调查“心灵法门”计划在某大厦举行共修活动情况，经说服教育，相关人员自动终止活动计划。3月28日，对觉园旁某法物流通店利用迷信思想骗钱行为进行调查取证，向当事店主宣传宗教政策法规。2014年，将基督教私设聚会点14个，佛教非法活动点1个（飞来寺）的情况报区人民政府处理。

2015年，区民宗局下发文件要求各社区（镇）对基督教私设聚会点活动情况进行排查，拆除私设聚会点6个。根据市民宗委合理布局基督教活动场所的文件要求，采取认定为家庭聚会点、审定为合法活动点、指定为临时活动点、协定为以教堂代管点和决定为取缔点等类别，分别宗教“家庭聚会”等问题的综合治理。将虎门巷、百草巷、东山、黄家湾及和尚坡的5个聚会点认定合法家庭聚会点，同时取缔广信四季家园聚会点。

三、宗教工作调研

2007年8月，区民宗局接待区政协对区民族宗教执法工作调研，提出《贵州省宗教事务管理条例》的修改意见和建议。同年10月，组织宗教工作调研辖区当前宗教工作中存在的重点和难点问题。11月20日，举办民族宗教理论政策培训班一期，培训各办事处、镇的民族宗教分管领导及专兼职干部，加强各民族宗教工作网络建设，组织干部撰写《妥善处理构建和谐社会中的宗教矛盾》和《宗教在新农村建设中的作用》等调研文章2篇。

四、解决宗教界实际困难

2003年，区人民政府及市基督教会共同出资100万元，采用购买解决区教育局占用宗教房产问题。同年，帮助处理基督教会环境卫生、违章建筑问题和周家山回民公墓被占问题。2004年，对清真寺、弘福寺实地考察调研，对宗教活动场所反映的困难和问题，协调有关部门解决。同年7月召开专题会议，协调渔安祖师庙的恢复筹建工作；8月，开展道教情况的普查，帮助解决道教活动困难。

2005 年，协调帮助贵阳市基督教两会解决北天主教堂拆迁遗留空地问题，改善教堂门口景观。2008 年，区民宗局再次对黔灵西路 52 号房屋依法展开调查。2009 年，继续配合省和市民宗委处理圣母山房产和黔灵西路 52 号房产遗留问题。同时落实天主教红岩村有争议地段问题。2011 年 6 月，拟定《云岩区关于解决市基督教两会黔灵西路 52 号危房问题的工作方案》，于 6 月 26 日前完成住户搬离工作，拖延多年的问题最终得到妥善解决。

2009 年，区民宗局协调渔安祖师道观的恢复重建工作。2012 年 2 月 29 日，渔安祖师道观获省宗教局批准重建。2010 年，区民宗局、黔灵镇、沙河村联合对天主教红岩村教产情况进行调查，由泰联房开公司赔偿迁坟费 60 万元。2015 年 9 月 5 日，天主教修士举行晋铎典礼，参加活动的有 1000 余人。区民宗局协调组织相关部门 300 余人参加安全保障工作，活动中没有发生安全事故。

第二章　少数民族

云岩区人口最多的少数民族是布依族和苗族，有的聚居在民族村寨，有的与汉族共同生活在散居在一般村寨。回族基本上都居住在中心城区。外来务工、经商的少数民族群众，多数分布在城区和城郊接合部。

第一节　民族构成与分布

一、民族人口构成

2000 年 11 月，全国第五次人口普查统计，辖区汉族人口为 625760 人，占 89. 54%；少数民族由苗族、布依族、侗族、土家族、仡佬族等 42 个民族组成，人口为 73120 人，占 10. 46%。与 1990 年第四次人口普查相比，汉族人口增加 194042 人，增长 44. 95%；少数民族人口增加 46286 人，增长 172. 49%，其中：布依族 4293 人，苗族 2685 人，侗族 2905 人，土家族 8447 人，白族 1996 人，回族 2945 人，仡佬族 2876 人。

2010 年，全国第六次人口普查统计，全区常住人口 957535 人，其中：汉族人口为 820477 人，占总人口比重的 85. 69%；少数民族人口为 137058 人，占 14. 31%。同 2000 年第六次人口普查相比，少数民族人口比重上升 3. 83 个百分点。

二、民族人口分布

云岩区没有少数民族乡镇，少数民族人口占总人口数 30% 以上的行政村，有三桥村、蔡家关村和杨惠村 3 个村。偏坡村、安井村有少数村民为苗族。回族及其他伊斯兰教民族均在城区工作，以工资收入或从事商业和服务业维持生活。第三次人口普查时，全区土家族人口为 34 人，到第五次普查时猛增至 8447 人，均从外地迁入云岩区。截至 2015 年，全区常住人口 99. 44 万人，其中少数民族人口

7.31 万人。留在村寨中生活的汉族和少数民族人口都逐年减少，而进入城区或去外地工作的人口动态增加。

三桥村总面积 3 平方千米，第五次人口普查（下同），总人口 3305 人，少数民族人口约占总人口数的 48%，有苗族、布依族、黎族、土家族等民族 1500 人。所辖村有二桥组、下五里组、黔川组，以及和尚坡组、大洼组和“农转非”的三桥居民组。

蔡家关村总面积 3.5 平方千米，耕地面积 27 公顷，总人口 1735 人，其中布依族、苗族等少数民族人口有 747 人约占总数的 43%，散居在草坝、新村和下寨 3 个村民组。

杨惠村总面积 6.9 平方千米，有村民小组 7 个，总人口 1967 人，其中布依族、苗族等少数民族人口有 582 人，约占总人口的 33%。

第二节　民族事业

一、民族村经济

少数民族聚居村寨的原住民和外来少数民族农民工，大都从事商业、服务业和运输业。20 世纪 90 年代，各村少数民族村民文化程度较低，掌握专业技能的人不多。自 2000 年金阳新区（今观山湖区）建设启动以后，村民依托日益发达的交通条件及新建楼盘，发展商品经济，收入逐年上升，新一代青年村民文化程度也有较大提高。2001 年以后，农村土地逐年被征拨，部分民族聚居村成为城中村。

三桥村村民主要经济来源，是房屋出租和征地补偿费，部分村民就近打工、经商或外出从事服务业、运输业等。三桥村主要农产品有樱桃、甜李和土豆，矿产资源有板钛矿、石膏、滑石、粘土等。村集体经济，除三桥村建材厂外，还有驻村的贵州江黔粮油贸易有限公司，提供场地租赁费用。1997 年，三桥村被中共贵阳市委、市人民政府评为“小康村”。2014 年以后，三桥村年人均纯收入达到 9180 元。

蔡家关村主要经济来源是农贸市场、零售店等村集体企业；村民经济收入来源以房屋出租和零星蔬菜种植等为主。此外，村范围内有工业企业 10 余家，商业企业 280 余家，规模以上企业有三力制药有限公司和介白娱乐有限公司 2 家。这些企业对村集体经济发展有一定贡献。1998 年，蔡家关村被中共贵阳市委、市人民政府评为“小康村”。2006 年，蔡家关村的村级经济工业产值达到 6240 万元，农业产值 302 万元，农民人均收入 4723 元。到 2014 年，人均年收入达 5000 余元。

杨惠村于 2007 年 8 月 30 日从金阳新区划归云岩区，村集体企业有倒土场 3 个、页岩砖厂 3 个、砂厂 1 个、净水剂厂 1 个、预制板厂 2 个、塑料厂 1 个；全村有农田 240.5 公顷，耕地 160.3 公顷，经济林木 230.5 公顷，优质经果林约 85 公顷，主要有板栗、核桃、杨梅、葡萄和桃子等水果及杉木林。村民经济收入以种植养殖为主。2005 年，杨惠村就被贵阳市人民政府授予“小康村”称号。随着“三马”片区开发建设，杨惠村土地不断被征用，种植业收益减少，但服务业、商业收入提高。

偏坡村是较边远的村寨，有村民组 7 个，主要民族为汉族和苗族，地处区北部盐沙路中段，面积约 14 平方千米。常住村民户 545 户，常住人口 1778 人。2009 年，尚有耕地面积 53.2 公顷，林地 100 公顷。村民主要经营种植业和养殖业，村内资源有赤铁矿、镓、蓝铜矿、镁盐、黑云母、石灰石等。村境内有贵阳云岩金筑冶炼厂、中铁十二局集团有限公司、贵阳北郊水厂工程项目经理部、贵阳云岩友谊好铝线加工厂，对村经济发展有一定推动作用。正常年份全村生产总值约 1000 万元，人均年收入约5000元。2014年起，偏坡境内棚户区改造二期工程启动，全村经济环境面临重大改变。

二、少数民族产业发展帮扶

区民宗局通过对少数民族困难户调查摸底，建立档案，最初是根据各村情况开展扶贫工作。2001年，在安井村和偏坡村投资扶持发展板蓝根种植，并专门举办种植技术培训，帮助种植户掌握好种植技术。同时扶持村民发展大棚养花、种植新品种水果，养猪、养殖肉牛、养观赏鸟等效益好的项目。区民宗局在安井村提出“公司加农户”和“订单农业”的办法，发动村民大面积推广种植板蓝根，从而增加收入。

2002年，区民宗局邀请养牛专家为农户讲解奶牛的养殖技术，采取“签协议，订合同，送技术，以点带面，无息小额贷款”的方式，帮助村民养殖奶牛。2003年以后，养牛户月收入达到1000元左右。2005年，在偏坡、安井等民族村举办少数民族妇女技术培训班，提高妇女增加收入的技能。2013年—2015年，进一步落实对少数民族聚居村的精准帮扶措施。

三、少数民族村寨建设

（一）解决用水困难

受地质条件局限，偏坡村、安井村和改茶村等村寨，长期受人畜饮水难的问题困扰。从1999年起，区民宗局争取到民族扶贫资金8.5万元，协同区农水局，解决上述村寨1050多户少数民族村民和家畜的饮用水问题。2013年，杨惠村提灌站被万科城项目征占，区农林水利局投资151万元，重建杨惠村供水系统，截至2015年，完成全村4000余人的用水工程。

（二）农房建设和道路改造

中共云岩区委、区人民政府于1999年年初提出“加大扶贫力度，在两年内率先消除人居茅草房”实事计划，并区民宗局负责具体实施。区民宗局与相关部门联合对黔灵镇13个村人居茅草房、危房和无房户进行摸底调查。2002年筹集资金近30万元，陆续在安井、渔安、雅关、偏坡4个村修建砖混结构新房31间1400多平方米，村民150多人住入新居。截至2004年，共筹集资金139万元，建房141户，提前半个月实现全区消除茅草房目标，村民全部搬进新居。

2001年—2002年，区民宗局争取到民族专项资金32万元，为偏坡村瓦瑶村民组和安井村大寨村民组修建硬化道路，解决村民生产、生活行路难的问题。2006年7月，区人民政府落实经费73万元，当年投入30余万元，硬化串寨道路3条约2000米；出资为安井村、偏坡村少数民族困难户建设新房、改造危房；协助区农田水利局解决少数民族村沼气池建设。2007年，为偏坡村投入4万元，修建黄甫田（地名）硬化道路。2009年，投资5万元，帮助改茶村建设“五一”砂厂道路；分别投入25万元和30万元，维修改茶村五组和金鸭村道路。

2010年，争取贵阳市和区级民族发展资金24.3万元，用于改茶村五、六村民组和改茶村西牛王村、偏坡村烂坝路建设。2011年，自筹资金15万元，修建三桥民族村王家院涵洞、改造村道。2012年，完成剩余的少数民族村寨道路硬化工程。

四、城区少数民族经济帮扶

在机关学校和其他企事业单位工作的少数民族职工与汉族职工相比，占比例很小，生活没有困难。对没有固定工作的本地少数民族或外来流动人口，区民宗局主要是帮助他们自主就业。如云岩区延中社区，从事餐饮业的有“醉苗乡”餐饮店、“亮欢”寨餐饮店等，流动人口多为黔南、黔东南州的苗族和侗族同胞。区民宗局有计划、有目标地协助他们解决具体困难；对本地少数民族群众也进行就业安排。如2004年7月，帮助回族困难户周天明在夏状元街开办云岩区第一家清真小吃馆，以后又帮助其他困难回民在市北街、普陀路等地段开办餐馆和小吃店多家。2013年5月，推荐辖区一户“农家乐”参加贵阳市民族乡村旅游美食烹饪大赛。

五、少数民族教育

（一）少数民族流动人口学校建设

1999年起，区民宗局投入资金用于民族教育事业，在大营坡沙河村煤窑寨创建全区首家少数民族小学——贵阳市云岩区流动儿童利民民族小学（利民小学）于2001年8月15日正式挂牌。利民小学设立特困少数民族学生助学基金，从2001年—2005年，共发放助学金5250元，帮助19名学生入学。2009年，区民宗局拨款4万元，为利民小学购买电教设施及开通“家校通”电话；另争取民族文化资金8万元，解决多媒体教学及主体化实验项目建设。

1997年，创办的贵阳市云岩区青青小学，校址在白云大道，占地面积1200平方米，少数民族教师占教师总数的60%。青青小学是专为农民工子女和少数民族服务的民办小学，由区教育局管理。1999年，成立的云岩区流动儿童少年华兴小学，是一所公办小学，校址位于鹿冲关路225号，重点招收少数民族学生。功能相似的学校还有：1998年6月成立的星宇小学、云岩区育华小学，2000年7月成立春蕾小学、光明小学、松山小学等流动儿童少年学校10余所。2005年10月，区民宗局向利民民族小学和偏坡民族小学赠送价值3600元的书籍。2008年，投入1.3万元，用于安井小学苗文试用教材编写；“六一”儿童节慰问利民小学、安井小学、茶店小学，向少数民族师生发放慰问金3000元。2010年，争取民族发展资金4万元，用于利民民族小学基础设施建设；争取民族发展资金6.5万元，用于育华小学多媒体教学建设。

（二）贫困学生帮扶

2002年，区民宗局帮助特困少数民族大、中专4名学生完成学业，安置少数民族大学毕业生就业3人。2005年，对安井村的3户贫困少数民族家庭学生发放助学金共计1300元；资助4名贫困大学生共4000元。2007年发放贫困少数民族大学生助学补助金4800元，解决贫困少数民族大学生学费4人。2010年，拨款6000元，帮助少数民族贫困大学生4人。2011年，拨款3300元，帮助少数民族贫困大学生3人。2013年，申请贵阳市民族扶贫资金，帮助2013年录取的少数民族大学生7人。2014年，申请民族资金6000元，帮助被大学录取的少数民族贫困学生3人。2015年，全区被大学本科录取的少数民族学生有9人，区民宗局向其中5人每人发放贫困助学金2000元。同年慰问辖区少数民族流动人口学校云岩区翔宇小学和云岩区成才学校贫困少数民族学生，发放慰问金6000余元。

第三节　少数民族文体活动

一、体育活动

2002年，云岩区组队参加贵阳市第六届少数民族传统体育运动会，获团体总分第一名；2005年，组队参加贵阳市第七届少数民族传统体育运动会，共获六项中的9块金牌、7块银牌、3块铜牌，金牌总数第一、奖牌总数第一、团体总分第一。2009 年，参加贵阳市第八届少数民族传统体育运动会，获金牌数第二、奖牌数排名第一，获组织奖。2011 年，完成全国第九届民族运动会开闭幕式、民族大联欢和“贵阳市一日游”活动等组委会要求的各项工作。

2013 年，区民宗局与市民宗委共同制定《云岩区参加贵阳市第九届民族运动会工作方案》、申报参赛项目和申请参赛经费，做好贵阳市第九届少数民族传统体育运动会筹备、组队参赛工作；组织代表队集训，参加押加（类似拔河比赛）、珍珠球、武术、射弩、陀螺、蹴球、板鞋竞速等7个竞赛项目和全民健身舞蹈等2个表演项目表演。区人民政府拨付参赛经费约40万元。云岩区以13枚金牌的总成绩名列10个区、县（市）第一名。

二、少数民族文艺活动

2003 年，云岩区在三桥村下五里举办“三月三”民族艺术节，展开大型布依歌会和苗族跳场活动，各族同胞近10万人参加。同年7月5日，组织布依族同胞到乌当区参加“六月六”歌会。2004年，在三桥村下五里举办有全省各地、州、市、县及外省的各民族同胞约10万余人参加的“三月三”民族艺术节。2008 年，组织50名苗族游演队伍参加贵阳市“四月八”巡演活动。同时组织少数民族同胞20人到人民广场观看文艺演出；选拔100余幅6个方面的图片参加市“爽爽的贵阳·浓浓的民风”摄影展。

2009 年元旦节期间，区民宗局配合市民宗委、贵阳市苗族学会，组织贵阳周边10多支的苗族同胞文艺演出队伍，在大十字广场开展大联欢活动，展出辖区苗族人民新时代的生产生活风貌图片。2011 年，组织辖区少数民族同胞200人，到贵州国际会议中心参加贵州省民族事务委员会和贵阳市人民政府承办的全国少数民族“中华民族一家亲、文化演艺下基层”活动。2015 年5月9日，遴选5个节目，参加贵阳市民才艺大赛——原生态民族歌舞展演比赛，其中有两个节目被选为“四月八”展演节目。

第四节　民族手工艺和民族节日

一、民族手工艺

云岩区布依族苗族手工艺品，主要有刺绣、蜡染等。刺绣形式多样，图案多取材于自然景物，色彩鲜艳，针法多变，色调清新淡雅。蜡染服装、服饰和各种生活实用品，朴素大方而经久耐用。属于非物质文化遗产的苗族、布依族艺术，主要有民族传统艺术、民族节日、服饰习俗及文物等类型。喷水池苗族“四月八”于2007年录入“第二批贵州省级非物质文化遗产名录”。2013 年，大刀王—吉靖羽、文昌阁等3个民族民间文化项目列为“云岩区第一批非物质文化遗产代表作”名录；吉靖羽以“大刀王”技艺，被贵阳市人民政府授予贵阳市民族文化传承人称号。2015 年9月，云岩区黔翠行、严小妮木人、花花部落和布艺坊等企业的工艺品入展中国（贵州）第一届国际民族民间工艺品文化产品博览会。

二、布依族和苗族节日

（一）“三月三”

农历三月初三是布依族传统节日“三月三地蚕会”节。布依族人民在这一天举行“祭地蚕”和歌会活动。每年的布依族“三月三”活动，一般会分为3个部分，一部分人去乌当区新堡乡参加布依族歌会；另一部分到白云区轩辕民族文化村参加文艺演出，还有一部分在三桥村参加一年一度的圣泉“三月三”民族艺术节，展开山歌对唱等多种形式的文娱活动。很多其他地区的布依族群众和游客，也赶来参加对歌活动和观光。1992年，云岩区在下五里举办首届民族艺术节，以后每年一届。2001年，区民宗局争取省、市资金28万元，用于三桥村下五里“三月三”民族活动场地堡坎建设；2003年—2007年，共争取到民族资金200余万元，逐步完善民族节日活动场地基础设施。2003年，下五里村圣泉“三月三”活动中心场地建成，活动条件进一步改善。至2015年，共举办民族艺术节24届，活动内容每年不尽相同，一般有对歌（比赛）、苗族跳场、文艺专场演出，以及斗鸡、斗鸟及等趣味性活动。

（二）“六月六”

“六月六”是布依族重要的传统节日。每年农历六月初六，贵阳市及邻区（县）布依族群众中，有部分集中下五里村开展对歌、赛歌，以及举行其他文艺演出；部分布依族则参加花溪区、乌当区或清镇市的“六月六”歌会和观光活动。

（三）“四月八”

每年农历四月初八，云岩区的苗族群众都要欢度自己的传统节日，演出队伍先到六广门体育场集中，分批列队沿中华路行至喷水池，进行吹芦笙、箫笛，跳苗家舞等演出。然后向城南游行到筑城广场结束。受城市交通条件，2012年后，“四月八”活动移址到花溪区高坡民族乡举行。

第三章　宗　教

第一节　宗教传入与现状

一、道教

道教传入云岩区境内的时间，可追溯到元朝初年。当时道教全真派特别受成吉思汗推崇，故在元至元十七年（1280年），元朝在今贵阳地置顺元路宣抚司后，直到元至正年间（1341年—1368年），道教首先传入贵阳地，并逐步拓展活动范围。云岩区境内道观，多数在民国前后已废圮，尚存的道教宫观只有化龙桥下1处，黔灵山南大门外山腰有1处，三民东路口的薛家井（三官殿）一处，均于20世纪60年代初消失。打渔寨的渔安祖师观，在“文化大革命”中损毁；保存完好的有文昌阁。2007年，贵阳市旅游局在考察渔安祖师观旧址后，初步决定修复，但因2009年修建水东路，渔安道观需要拆迁，故截至2015年，辖区内尚无批准开放登记的道观，道教活动都在南明区境内的仙人洞举行。截至2015年，云岩区约有道教信众3000人，教职人员26人。

二、佛　教

佛教传入贵阳的时间，可追溯到元至正年间（1341年—1368年），明永乐八年（1410年），明政权在今贵阳建立佛教管理机构僧纲司。明清两朝，今云岩区境内影响较大的佛寺有圣泉寺、紫林庵、大觉精舍、觉园、观音寺和弘福寺等。1950年前后，除大觉精舍、觉园、弘福寺外，其他寺庙均已消失，东山栖霞寺于2012年修复开放，相宝山寺仅有遗址尚存。区境内批准开放的佛教场所有弘福寺、觉园、东山栖霞寺3处，全区信佛教群众约12万人。

三、伊斯兰教

伊斯兰教于元朝初年传入贵阳，多为随元军进入贵州的回族及其他伊斯兰教民族军政人员、家属。明洪武四年（1371年），也有不少回族军人进入贵州屯垦定居。到清代有回族30余户，近百人在贵阳定居，相当部分在城北（今云岩区境内）生活。

贵阳清真寺是贵阳市唯一的清真寺，始建于清雍正二年（1724年），道光十七年（1837年）重修。1934年，由当时的乡老会筹款，进行第二次修复。1980年，贵阳市人民政府拨款进行全面维修。云岩区是回族人民较集中的区，2003年以来，区内回民迁居较频繁，无准确人数统计。

四、天主教

天主教于清乾隆三十九年（1774年）传入贵州，次年传入贵阳，由中国人孙本笃任神父，是贵州最早的中国神父。1848年3月27日，贵州教区成立。截至2015年，云岩区有天主教信众约1万人，批准开放的贵阳北天主教堂一处，有神父1人。区天主教爱国会设在贵阳北天主教堂。

五、基督教

基督教传入贵州省的时间，是清光绪三年（1877年）。光绪五年（1879年），基督教内地会派人进入贵阳，先是在福德街（今南明区富水南路）落脚。大约在光绪十三年（1887年）前后，第一座基督教堂在今云岩区境内的车家巷（今福音巷）建成。

云岩区经批准登记的基督教堂，只有贵阳基督教堂1处。贵阳市人民政府于1985年拨款32万元修建，可能容纳600人。2001年以后，位于黔灵西路的贵阳市基督教堂，每年都有许多国内外基督教来此参观或参与宗教活动，全区基督教信教群众约1.6万人。云岩区无基督团体，贵阳市基督教两会设在云岩辖区的贵阳基督教堂内，有7名教职人员（牧师3人，副牧师1人，传教士3人）。

2015年12月，区民宗局为满足信教群众宗教活动的需要，在荷塘社区水电九局娱乐中心设立由贵阳市基督教堂管理的活动点，可容纳约50人开展宗教活动。

第二节　宗教活动场所

一、弘福寺

位于云岩区境内的黔灵山群峰中心，有“黔南第一山”的美称。弘福寺于康熙十一年（1672年）由赤松和尚开创。赤松和尚是弘福寺开山祖师，为临济一系正宗。1983年，弘福寺被列为国务院公布的全国重点开放寺院之一，同时定为省重点文物保护单位。1987年7月，慧海法师出任方丈法席，为第十五任住持，2005年9月，心照法师接替慧海老法师，出任弘福寺第十六任住持。2006年9月，吉日升座，荣膺黔灵山第十六代方丈。2010年，弘福寺获首届全国创建和谐寺观教堂先进集体称号。

2012 年，获首届全省创建和谐寺观教堂先进集体称号。

二、觉园

原名长生庵，位于云岩区境内的民权路与延安东路交汇处。始建于清同治年间，1931 年，因失火，扶风寺主持尘空与长生庵主持永光分途募化，筹备重建。1937 年，重建大殿及辅助房屋，尘空将长生庵改名觉园。1958 年，觉园尼众组成觉园缝纫组，实现生产自给。1963 年，缝纫组尼众回觉园开设豆花饭店，主要经营豆花饭和素菜，1965 年，豆花饭店被贵阳市饮食公司接管。1983 年，觉园成立以宗满为组长，道融为副组长的管理小组，恢复佛事活动。1989 年，贵阳市人民政府将觉园改建为仿古建筑，于 1991 年竣工。建筑分前后两进各 3 层，临街第一进为餐馆部，经营素食；第二进是宗教活动场所，底层大雄宝殿，供奉由缅甸请来的玉佛一尊，高 1.9 米，二楼后的藏经楼，藏台湾佛陀教育基金会捐赠的《新修正大正藏》一部，中供弥勒玉佛一尊，1991 年 1 月，藏青法师出任觉园住持。觉园的素斋闻名贵阳。2012 年，觉园获首届全省创建和谐寺观教堂先进集体称号。

三、贵阳清真寺

位于云岩区境内的合群路夏状元街（又称团结巷）35 号。始建于清雍正二年（1724 年），原建筑为砖木结构瓦房，占地面积约 620 平方米，建筑面积约 420 平方米。大门为砖石结构牌楼，门顶为 2 米多长的“凸”形条石压盖，条石正面带形纹和卷草形纹。1980 年，由人民政府拨款重建，1984 年交付使用。该寺为院落结构，坐北朝南。大殿前有院落，面积约 100 平方米。大门、二门依原状作保护性维修。大殿易址，坐西向东，面阔三间，进深二间，为砖混结构歇山式建筑。为增大空间，采取抬梁式构架。大殿面积 118.72 平方米，内以 4 根钢混结构圆柱支撑，大殿正面有砖混结构阿拉伯式建筑 1 幢，高 4 层，面积约 480 平方米，为贵州省伊斯兰教协会办公楼。大殿左侧也有砖混结构阿拉伯式建筑 1 幢，高 5 层，总面积 704 平方米，邦克楼（宣礼塔）设在屋顶东侧。2000 年，清真寺被评为全国模范清真寺。

四、贵阳北天主教堂

位于云岩区境内的和平路与普陀路交汇处。清嘉庆三年（1798 年），神父罗玛弟、传教士胡世禄等人组织一些教徒，在猫猫巷（今虎门巷）购置民房作为讲经场所。同治十三年（1874 年）法国传教士李万美在今和平路北段建天主堂。次年底发生火灾，即将竣工的教堂焚毁。光绪二年（1876 年），教堂再次建成，即今北天主堂前身。“文化大革命”中，教堂被占用改作街道工厂。1980 年，归还天主教会，1981 年，由省、市人民政府出资修缮。2007 年，再度全面维修，工程款主要由省、市人民政府承担。贵州省、贵阳市和云岩区天主教爱国会、贵州省天主教教务委员会、天主教贵州教区都设在北天主堂内。

五、贵阳基督教堂

位于云岩区境内的黔灵西路中段，原建筑比较简陋。1985 年，贵阳市人民政府拨款 32 万元重新修建，可能容纳 600 人。

六、东山栖霞寺

曾名东山寺，位于云岩区境内的东门外栖霞岭（俗称老王山）。始建于明嘉靖年间，崇祯二年

（1629 年）重修。清康熙二十四年（1685 年）梅溪和尚驻锡栖霞寺，增修关圣殿、藏经楼、客堂、僧寮等。康熙中期至乾隆初，高僧梅溪福度、绍南真解、霞章海伟、慧颖庆绪、法雨照润先后在栖霞寺住持。嘉庆十六年（1811 年）又改建关圣殿，道光二年（1822 年）添建奎阁、小鲁亭、高会亭等，明清以来，栖霞寺即为贵阳名胜。省、市两级人民政府于 1952 年、1959 年和 1961 年 3 次拨款维修栖霞寺全部殿堂。“文化大革命”期间寺庙被“红卫兵”捣毁。2011 年 5 月，妙果大和尚主持重修东山栖霞寺，按杭州“六和塔”样式新建华丽佛塔一座。2012 年 11 月，寺庙建成部分对外开放，2015 年全部完工。

第二十二篇

医疗卫生 计划生育

第一章　医疗卫生

2001 年以后，云岩区医疗卫生管理部门坚持医疗卫生事业的公益性和福利性，保障和提高国家人民的健康、管理好疾病预防、疫情控制和疾病治疗等方面的工作，使病人和居民的满意度不断提高。区卫生系统通过医药卫生体制改革，达到全区医疗机构业务用房与设备配置合格、医疗废物及时毁形消毒、医务人员依法执业和保障医疗质量与安全等目标。

第一节　疾病预防控制

一、疫情统计管理

2001 年—2003 年，《国家公共卫生监测信息系统》只普及到区疾控中心，未普及到区医疗机构，所有传染病疫情报告卡均由区境医疗机构通过邮寄或者送达的方式报至区疾控中心，然后由区疾控中心指定专人将传染病报告卡上报至“国家公共卫生监测信息系统”。自 2004 年 1 月 1 日起，区疾控中心依托“国家公共卫生监测信息系统”，实施传染病疫情与突发公共卫生事件网络直报，提高法定传染病疫情和突发公共卫生事件报告的时间与质量，并要求各级医疗机构必须于 2004 年 2 月 1 日前，为本单位疫情管理科室配备专用计算机和计算机病毒防治软件。2004 年 1 月—3 月，为直报系统实施过渡期，传染病报告卡通过直报系统报告，同时采用原疫情报告系统上报疫情；自 2004 年 1 月 1 日起，丙类传染病纳入常规疫情报告与管理。区疾控中心工作人员每年均到区境医疗机构抽查门诊日志及住院病历，以杜绝传染病疫情漏报。2002 年，云岩区抽查病例 28.5 万例，查出甲、乙类传染病 8044 例，其中漏报 6 例，漏报率为 0.07%。2006 年，抽查病例 46.57 万例，查出甲、乙、丙三类传染病 4605 例，其中漏报 18 例，漏报率为 0.39%，均当场按《传染病防治法》对责任单位提出整改意见。2003 年—2013 年间，防控严重急性呼吸道综合症“非典”、甲型流感（H1N1）和人感染高致病性禽流感（H5N1）期间，抽查区境各级医疗机构病例累计 220.36 万例，未发现漏报现象，也未发现不明原因肺炎及死亡病例等预警病例。2014 年和 2015 年，定期对区内 10 所县级及其以及以上医疗机构不明原因肺炎病例、人禽流感预警病例和 SARS 预警病例的主动搜索，其中 2014 年共搜索病例 87.6 万例，未发现不明原因肺炎病例、人禽流感预警病例和 SARS 预警病例。

表1　云岩区传染病发病率、死亡率统计表

（2001年—2015年）　　单位：十万分之

年份	总计			甲类传染病			乙类传染病			丙类传染病		
	发病率	死亡率	发病种数	发病率	死亡率	发病种数	发病率	死亡率	发病种数	发病率	死亡率	发病种数
2001年	864.90	0.56	11	—	—	—	864.90	0.56	11	—	—	—
2002年	994.30	0.55	12	0.18	—	1	994.11	0.55	11	—	—	—
2003年	542.17	—	10	—	—	—	542.17	—	10	—	—	—
2004年	571.76	—	17	—	—	—	487.59	—	12	84.17	—	5
2005年	392.17	0.42	16	—	—	—	341.11	0.42	11	51.06	—	5
2006年	342.49	0.69	18	—	—	—	261.67	0.69	12	80.82	—	6
2007年	375.67	0.41	16	—	—	—	314.52	0.41	11	61.16	—	5
2008年	672.14	1.91	16	—	—	—	460.62	1.91	10	211.52	—	6
2009年	639.50	1.50	19	—	—	—	344.03	1.09	13	295.47	0.41	6
2010年	1004.89	0.82	19	—	—	—	271.15	0.68	12	733.74	0.14	7
2011年	770.21	0.94	18	—	—	—	206.05	0.94	12	564.16	—	6
2012年	720.64	1.05	17	—	—	—	210.04	0.94	11	510.60	0.10	6
2013年	506.27	1.04	17	—	—	—	207.52	1.04	11	298.75	—	6
2014年	469.27	0.51	18	—	—	—	200.71	0.51	12	268.56	—	6
2015年	446.02	0.50	15	—	—	—	182.84	0.50	9	263.18	—	6

二、主要传染病预防与控制

（一）霍乱

2001年—2015年的15年中，云岩区有条件的综合医院，均开设肠道门诊，每年5月—10月实行逢泻必检（验）规定，加强肠道传染病和水源及食品的霍乱弧菌监测工作。通过开展爱国卫生运动，集中力量清理卫生死角，降低蝇、蟑螂、鼠密度。通过各项综合防控措施的实施和落实，区境内未出现霍乱病例暴发疫情，仅2002年发生散发病例2例，对患者及时采取隔离治疗措施，未造成传播和流行。2003年—2015年连续13年，云岩区均无霍乱病例报告。

（二）伤寒和副伤寒

2001年以后，区内出现过伤寒和副伤寒病例。2001年和2002年的伤寒和副伤寒的发病率分别为10万分之186.48、10万分之228.29。2003年，随着大肠道传染病防控力度的加强，农村改水改厕，伤寒和副伤寒发病率降至10万分之79.61。2006年，全区经规范伤寒和副伤寒诊断及报告，以及伤寒Vi多糖疫苗的使用，2007年—2015年，伤寒和副伤寒发病率降至10万分之1.21至10万分之5.74，无聚集性疫情发生。

（三）细菌性痢疾

2001年，云岩区细菌性痢疾的发病率为10万分之141.65。全区通过多方面的健康教育，以及食品、餐饮、饮用水卫生等综合防控措施的加强。次年，细菌性痢疾发病率就下降至10万分之128.92。之后，在区境内发病率逐年下降，2005年为10万分之36.67，2010年为10万分之22.52，至2015年，下降至10万分之3.33。

（四）病毒性肝炎

1. 病毒性甲型肝炎

2000年，区内甲型肝炎（甲肝）发病率为10万分之25.28。之后，通过肠道传染病综合防控措施的落实，发病率得到有效控制，呈逐年下降趋势，至2007年，发病率降至10万分之13.24。2008年，由于地下运输管道被冻裂，造成某品牌桶装饮用水被污染，致使部分社区出现“甲肝”暴发或散发疫情，当年甲肝发病率上升至10万分之43.86。为此，区疾控中心成立专业小分队，制定“甲肝”防治预案及监测方案；严格执行24小时值班制，保证疫情电话畅通，专人负责网络搜寻，每日了解各医疗机构“甲肝”的报告情况，及时进行个案调查。监测中共发现病例4.12万例，查出传染病469例，未发现漏报。区防控中心对区境的8个供水点，13个受供单位的2350余人进行严密监控。印制“甲肝”防治知识宣传资料2万份，分发至区境各医疗卫生单位、街道办事处及学校，提高群众的防护知识。检测自抽水、自备水15户，井水1户，对卫生状况不合格者进行消毒技术指导，全区实施疫点消毒10万平方米，采取“甲肝”疫苗应急接种5.34万剂次。通过以上综合防控措施的实施，每个疫点均无“二代病例”发生。2009年国家将“甲肝”疫苗纳入免疫规划后，全区“甲肝”的发病率逐年下降。截至2015年，“甲肝”发病率为10万分之1.31。

2. 病毒性乙型肝炎

2001年—2003年，区内各医疗机构及疾病防控机构开展婴幼儿接种病毒性乙型肝炎（乙肝）疫苗，但因疫苗未列入计划免疫免费疫苗，成效不大。2004年，国家将乙肝疫苗纳入计划免疫，并大力推行疫苗预防接种，医疗机构严格采用“一人一针一管”，云岩区乙肝的发病率由2001年的10万分之270.12逐年下降到2015年的10万分之25.30。

（五）脊髓灰质炎

从2001年起，云岩区每年都对急性弛缓性麻痹（AFP）病例进行监控，对医院报告的AFP病例进行流行病学调查，采集患者双份粪便样品送贵州省疾控中心检测。2001年—2014年，全区持续开展常住儿童和流动儿童脊髓灰质炎疫苗强化服苗和查漏补种工作。连续15年，辖区内无“脊灰”病例报告。2001年—2015年，全区共追踪调查AFP病例343例，由于部分患者拒绝采便检验等因素，患者粪便只采集到297例，检验结果均未发现异常。

（六）手足口病

2008年5月，卫生部明确规定手足口病纳入法定传染病丙类管理，进入网络直报。2008年—2015年，全区手足口病年发病率依次为10万分之118.61，10万分之201.60、10万分之653.37、10万分之406.56、10万分之424.49、10万分之205.12、10万分之198.35和10万分之174.78，并由此推高相关年份全区传染病总发病率，8年中发生聚集性疫情294起，报告重症病例485例，其中死亡5例。当年，区卫生局与区教育局多次联合发文对手足口病防控工作进行部署，明确出现手足口病2例以上或发生1例以上重症或死亡病例的托幼机构的班级停课10天。2009年4月，云岩区手足口病防治领导小组成立，对医疗机构的医务人员进行培训，规范报告与治疗；疫情管理人员每日通过疫情网络对区境内的病例进行筛查，对聚集性疫情及时进行流行病学调查处理；加强与教育局及学校、托幼机构沟通协作，落实防控措施；开展多种形式的宣传教育；对区境内出现重症手足口病例，全部进行个案及流行病学调查，排查危险因素，并指导家庭进行消毒等综合措施，以降低手足口病的发病率及病死率。2009 年，发病率为 10 万分之 201.60，较 2008 年有所上升。2010 年，发病率上升至 10 万分之 653.37。之后的几年，发病率平稳下降。至 2015 年，降至 10 万分之 174.78。

（七）猩红热

2001 年，区内猩红热发病率为 10 万分之 8.85。通过普及猩红热的防治知识，提高托幼机构、学校等单位教职员工、家长和儿童的自我保护意识，养成良好的卫生习惯；对确诊病例及疑似病例进行隔离救治；切断传播途径，对学生、儿童等人群采取相应的消毒措施；完善猩红热的信息监测报告网络，做到早发现、早报告、早隔离、早治疗，建立快速反应和应急处理机制，及时采取措施，确保猩红热不在学校和托幼机构内蔓延。辖区内的猩红热发病率，除 2011 年达 10 万分之 13.58 外，其他年份均在 10 万分之 2.40 至 10 万分之 9.60 之间波动，未出现暴发流行疫情。至 2015 年，发病率为 10 万分之 3.33。

（八）流行性脑脊髓膜

2001 年，区内流行性脑脊髓膜炎（流脑），发病率为 10 万分之 0.38。2003 年和 2004 年有散发病例出现，发病率分别为 10 万分之 0.18 和 10 万分之 0.35。2006 年，将流脑疫苗纳入免疫规划，并把流脑病例作为疫苗针对性传染病进行管理和监测后，流脑疫苗的接种率得到提高。通过有针对性的流脑基础免疫和强化免疫，A 群脑膜炎球菌多糖疫苗基础免疫接种时间为 6 月龄、9 月龄接种，A 群 C 群脑膜炎球菌多糖疫苗加强免疫接种时间为 3 岁和 6 岁，有效预防流行性脑脊髓膜炎。2006 年—2015 年，无流脑病例报告。

（九）麻疹

2003 年，卫生部、教育部、中国疾控中心、世界卫生组织、联合国儿童基金会、美国疾控中心与贵州省合作开展“加速麻疹控制和加强常规免疫服务合作项目”。云岩区成立由区卫生局、区教育局和区疾控中心负责人组成的“加速麻疹控制和加强常规免疫服务合作项目”工作领导小组，强化对此项工作的领导与协调。各社区卫生服务机构、区人民医院黔灵分院及各村卫生室卫生人员开展麻疹疫苗接种。区疾控中心加强疫情监测，对报告的每一例麻疹病例均进行血清的检测、常规免疫服务情况调查，并对确认病例开展流行病学的调查和传播链调查。2001 年—2013 年，共调查疑似病例 1039 例，采样 1039 例，麻疹发病率从 2001 年的 10 万分之 9.04 降至 2006 年的 10 万分之 0.27。2001 年以后，由于大量流动人口进入区境，出现一定数量的儿童免疫空白。对此，全区开展麻疹疫苗查漏补种和强化免疫工作。2004 年—2015 年，共进行 12 次查漏补种和强化免疫活动，并在每次查漏补种和强化免疫活动后，通过抽样调查，对接种单位进行接种率考核。除 2005 年、2009 年、2012 年和 2015 年无麻疹病例报告外，其他年份均有散发发病例。

（十）“非典”

2003 年“非典”防控期间，区卫生局在采取开设发热专科门诊，广泛开展防病宣传、教育，加强对来自疫区人员的观察，发热病人排查，坚持“非典”日报告及零报告、应急演练等综合防控措施，未发生“非典”疫情。

（十一）甲型流感

辖区首例病例发生于 2009 年 7 月 9 日，由贵阳医学院附属医院上报。区疾控中心接报后立即采取隔离、救治患者、做好院内感染控制、对密切接触者进行医学观察及预防性服药等有效措施。至 7 月 16 日（甲型流感最长潜伏期），密切接触者中未出现新发病例，患者痊愈。2009 年，全区共报告甲型流感175例，发病率10万分之23.81，对所有病例均进行个案调查及处置。在贵州省建设学校、贵州工业职业技术学院、省府路小学、贵阳市第二十八中学校发生聚集性疫情，共有患者37人，波及人口1.31万人。通过采取对患者的积极隔离治疗、及时排查疑似病例并采取隔离、消杀、加强健康教育及加强对学校人员出入的管理等措施，疫情未造成暴发流行。2010年8月，世界卫生组织宣布甲型流感大流行期结束，中国甲型流感的管理进入常态，不再作为甲类传染病管理。2010年、2011年和2013年，全区甲型流感发病率仅为10万分之0.14、10万分之0.42、10万分之0.73，2012年无病例发生。

（十二）人感染高致病性禽流感

2007年以前，云岩区没有病例发生。2008年和2009年，全区共报告2例疑似禽流感病例，其中2008年的1例疑似病例经国家疾控中心实验室排除禽流感，2009年的1例疑似病例经国家疾控中心实验室确诊为人感染H5N1型禽流感。接到病例报告后，区疾控中心按照“人感染高致病性禽流感应急处置预案”要求，成立应急工作领导小组和流行病学调查、消杀、检验、健康教育、后勤保障等专业工作小组及医疗专家组，对127名密切接触者进行7天的医学观察，均未发病；采集患者购鸡的菜场环境样品9份进行检测，3份为阳性；开展疫点消杀工作，消杀外环境3540平方米。对患者居住地周围的个体私人诊所、社区卫生服务中心、村卫生室等医疗机构及辖区所有的医院、社区卫生服务中心进行主动搜索，未发现疑似病例。截至2015年，全区均无病例发生。

（十三）流行性乙型脑炎（乙脑）

2000年以后，云岩区群众性灭蚊、防蚊手段多样，蚊子滋生地减少，蚊密度降低；同时，推广乙脑疫苗接种。2006年，国家将乙脑疫苗纳入计划免疫。2001年—2015年期间，云岩区除2003年、2013年和2014年无乙脑病例报告，其他13年乙脑发病呈散发状态，发病率为10万分之0.10至10万分之0.82范围，且呈现小年龄组的乙脑患者明显减少，大年龄组相对增多现象。

（十四）狂犬病

区疾控中心每年开展1次对区境各级各类医疗机构疫情管理人员及基层接种单位医生的培训，使狂犬病暴露人员及就诊人员能够得到及时、正确的诊断和处理；对狂犬病暴露人员进行疫苗接种及规范处置。2001年—2012年，云岩区共接种狂犬疫苗26174人份。对2001年—2013年，云岩区发生的8起“一犬伤多人”事件，区疾控中心均及时进行处置，包括追踪所有被伤人员，进行疫苗及抗狂犬病免疫球蛋白的注射，同时追踪伤人犬，与辖区公安派出所、街道办事处（镇）、居（村）委会配合，对伤人犬进行处置，并将犬头送贵州省疾控中心传染病防治所实验室进行检测。每年的“9·28”狂犬病宣传日，全区二级以上医疗机构、各社区卫生服务中心（站）均设点进行宣传，提高人群对狂犬病防治知识的知晓率。2001年—2013年，共发放狂犬病宣传资料1.6万份，接待群众咨询2万余人次（包括电话咨询）。对辖区狂犬病病例进行个案调查，追踪病犬去向，通知区农水局进行处置，并做好终末消毒等工作。2001年—2015年期间，只有2002年、2005年、2007年、2009年和2010年，辖区内发现散发状态狂犬病，发病率为10万分之0.14至10万分之0.27，其他10年均无病例报告。

2014年，区卫生局按上级文件要求，组织人员对15家开展狂犬疫苗注射的门诊进行审核验收，其中12家狂犬病接种门诊获得开展狂犬病暴露处置资质，2015年增加到13家：云岩区疾病控制预防中心、贵州省第三人民医院、云岩区人民医院、云岩区第二人民医院、云岩区黔灵医院、云岩区中天社区卫生服务站、云岩区蔡关社区卫生服务站、云岩区荷塘社区卫生服务站、云岩区荷塘社区第二卫生服务站、云岩区金鸭村卫生室、云岩区金关村卫生室、云岩区普天社区茶园村卫生室、贵阳市疾病预防控制中心。

（十五）艾滋病（HIV）

从2000年开始，区疾控中心通过全国艾滋病信息管理系统录入和管理艾滋病毒感染者。2005年，区疾控中心正式成立艾滋病防治办公室，并建立艾滋病初筛实验室，将艾滋病监测及感染者的管理、随访工作纳入常规工作管理。2007年，区卫生系统建立由区人民政府牵头、各部门各司其职、全社会共同参与的艾滋病综合防治机制。辖区查获艾滋病疫情，区疾控中心根据卫生部部署开展全球基金防治艾滋病项目、中美全球合作项目（GAP）、中央补助艾滋病防治项目防控工作，加大经费投入；健全防控组织网络机构和配置卫生人员，建立咨询检测门诊、针具交换中心、妇女健康中心、美沙酮门诊，减少艾滋病流行危险因素；建立及完善艾滋病防治网络，密切关注艾滋病的疫情发展，加强外展及监测力度，提高发现率，管理源头人群；对农村居民和城镇未参加基本养老医疗保险、经济困难人员，在指定的传染病防治医院免费接受抗病毒治疗；所有自愿接受艾滋病咨询和病毒检测的人员，都可以在区疾病预防控制中心和指定的医疗机构免费咨询初筛检测。对已感染艾滋病病毒的孕妇，由辖区医院提供健康咨询、产前指导和分娩服务，及时免费提供母婴阻断药物和婴儿检测试剂。区人民政府筹集经费，开展艾滋病遗孤的心理康复教育，为其提供免费义务教育，并对艾滋病病毒感染者和患者提供救治，将经济困难的艾滋病患者及其家属纳入政府补助范围，给予生活补助，帮助艾滋病病毒感染者和患者在适当范围就业。2007年以后，由于涉黄、涉毒因素影响，区境内艾滋传播途径越来越多样化，加上区境流动人口不断增多，防控艾滋病工作难度越来越大，导致艾滋病发病率不能有效控制并逐年上升。2013年，发病率高达10万分之14.51。经各医疗部门的共同努力，2015年，全区艾滋病发病率降至10万分之5.44。

2015年8月，云岩区卫生和计划生育局对区内申请开展艾滋病检测点实验室机构进行评审，延中社区卫生服务中心、云岩区第二人民医院、云岩区黔灵医院、贵阳长江医院、贵州贵阳邮电医院、贵州省交通医院、贵阳和谐阳光医院、贵阳市红十字会康福医院、贵阳云岩金康医院、贵阳瑞特医院、贵阳同仁医院、蔡关社区卫生服务站12家医疗、卫生服务机构获得HIV抗体检测初筛实验室资质。

表2　云岩区15种主要传染病发病率统计表

（2001年—2015年）　　单位：十万分之一

年份	猩红热	痢疾	伤寒+副伤寒	肝炎	流脑	乙脑	麻疹	脊灰	霍乱	狂犬病	疟疾	甲型（H1N1）流感	人禽流感（H5N1）	手足口病	艾滋病
2001年	8.85	141.65	186.48	346.40	0.38	0.56	9.04	—	—	—	—	—	—	—	0.00
2002年	9.60	128.92	228.29	434.97	—	0.37	9.97	—	0.37	0.18	—	—	—	—	0.00
2003年	3.32	81.82	79.61	209.64	0.18	—	12.74	—	—	—	—	—	—	—	0.00
2004年	5.40	62.03	62.91	147.07	0.35	0.52	9.23	—	—	—	0.17	—	—	—	0.00
2005年	4.71	36.67	43.59	105.86	—	0.14	—	—	—	0.14	0.14	—	—	—	0.00
2006年	5.76	6.59	21.27	115.67	—	0.82	0.27	—	—	—	—	—	—	—	0.00
2007年	4.50	29.08	4.10	140.47	—	0.14	1.09	—	—	0.27	—	—	—	—	1.77
2008年	4.10	23.22	5.74	220.39	—	0.68	0.41	—	—	—	—	—	—	118.61	1.23
2009年	2.72	23.13	4.63	120.13	—	0.41	—	—	—	0.14	—	23.81	0.14	201.60	2.45

续上表

年份	猩红热	痢疾	伤寒+副伤寒	肝炎	流脑	乙脑	麻疹	脊灰	霍乱	狂犬病	疟疾	甲型(H1N1)流感	人禽流感(H5N1)	手足口病	艾滋病
2010年	4.37	22.52	4.50	98.26	—	0.27	0.41	—	—	0.14	—	0.14	—	653.37	4.09
2011年	13.58	14.62	2.40	64.55	—	0.42	0.10	—	—	—	0.10	0.42	—	406.56	2.40
2012年	4.50	12.78	2.83	69.36	—	0.10	—	—	—	—	0.42	—	—	424.49	12.89
2013年	2.40	8.35	2.09	68.37	—	—	0.42	—	—	—	0.10	0.73	—	205.12	14.51
2014年	3.49	7.28	1.23	68.17	—	—	0.31	—	—	—	0.92	—	—	198.35	4.93
2015年	3.33	3.33	1.21	63.50	—	0.10	—	—	—	—	—	—	—	174.78	5.44

注：甲型（H1N1）流感从2014年起不再从《中国疾病预防控制信息系统》进行单独报告，如有病例，归属于普通流感。

三、免疫接种

（一）计划免疫与免疫规划

云岩区接种率一直保持较高水平，相关传染病的发病得到有效控制。2001年—2005年由国家组织实施计划免疫，其中2001年—2003年，为儿童接种麻疹、脊髓灰质炎、百白破、白破、卡介苗疫苗，2004年，增加乙肝疫苗，以预防麻疹、脊髓灰质炎、白喉、百日咳、破伤风、结核、乙型肝炎等传染病，为“6苗防7病”。2006年，改称为国家免疫规划，乙脑、A群流脑疫苗纳入免疫规划，为“8苗防9病”。2008年，国家扩大免疫规划，新增麻腮风、A+C群流脑疫苗，以无细胞百白破逐步替代百白破疫苗、储备炭疽、钩体疫苗，为“12苗防13病”。2009年，新增甲肝疫苗，为“13苗防14病”，以预防乙型肝炎、结核病、脊髓灰质炎、百日咳、白喉、破伤风、麻疹、甲型肝炎、流行性脑脊髓膜炎、流行性乙型脑炎、风疹、流行性腮腺炎、炭疽、钩端螺旋体病。

（二）预防接种门诊设置与预防接种人员认定考核

2003年之前，云岩区预防接种工作由18家地段医院及13家村卫生室承担。2003年，贵阳市人民政府出台《关于发展社区卫生服务工作意见》，15家社区卫生服务中心承担原来由地段医院承担的预防接种工作。2005年，贵州省卫生厅印发《关于对预防接种单位和人员进行认定和考核的通知》，云岩区卫生局按照计划免疫工作要求，根据覆盖人口、服务半径、医疗资源等因素设置并认定接种单位。2007年后，由于云岩区新增“三马”片区，街道办事处改制为社区服务中心，部分基层接种单位辖区面积过大等原因，逐步增加9家社区卫生服务站、6家村卫生室开展预防接种工作。至2015年，全区共有47个预防接种门诊，其中15个社区卫生服务中心和云岩区黔灵医院，12个社区卫生服务站，19家村卫生室。全区预防接种专兼职人员由87名逐年增至122名，均具备执业医师、执业助理医师或执业护士、村医资格，经区疾控中心培训考核合格，颁发贵州省预防接种上岗证。此外，区卫生局根据辖区部分单位及高校实际情况，于2008年—2010年期间，批准贵州省国家安全厅医务室、贵州省公安厅医务室、贵州师范大学校医院、贵州大学蔡家关校区医院、贵阳医学院校医院作为本单位职工或师生成人疫苗接种点。

区疾控中心每年举办2期为期2天以上的免疫规划工作培训班，对基层接种单位免疫规划工作负责人、信息系统操作人员及新参加免疫规划工作的人员进行培训，培训后均进行考试，逐步提高全区免疫规划工作人员的素质及业务水平。每月还通过召开工作例会，安排布置免疫规划工作，将国家免疫规划工作的相关政策和要求贯彻到基层接种单位，使免疫规划得到有效落实，并及时解决基层接种单位在接种过程中遇到的问题和困难。

（三）预防接种门诊建设

2001年—2003年，云岩区31家预防接种门诊条件有限，面积小，设置不规范，设施简陋，接种流程不合理。从2004年起，按照贵阳市卫生局2004年印发的《贵阳市定点接种实施方案（试行）》和2006年印发的《贵阳市预防接种门诊验收标准（试行）》，创建市西、三桥、延中、宅吉、贵乌5家市级示范性预防接种门诊。2008年，区卫生局按省卫生厅要求，开展合格预防接种门诊及省级示范性预防接种门诊建设；各社区卫生服务中心（站）均按照要求加强预防接种门诊的硬件设施建设，扩大预防接种门诊面积并改善接种条件。当年，18家社区卫生服务中心（站）均达到合格预防接种门诊的要求，并创建三桥、威清、延中、环北4家省级示范性预防接种门诊；13个村卫生室也参照《贵州省乡镇卫生院免疫规划基本建设要求（试行）》规范，建成基本合格的村级预防接种门诊。同年，云岩区作为全市5家试点县之一，开展“儿童预防接种信息管理系统”建设工作，由区财政拨款购买23台电脑及23台打印机，分发给全区21家接种门诊开展信息系统工作。

贵州省卫生厅、贵阳市卫生局于2008年、2010年、2011年，分3次共下拨电脑37台、打印机给36台云岩区，装备全区接种门诊37家。截至2015年，全区47家接种点均独自建立“儿童预防接种信息管理系统”，完成2006年1月1日以后出生儿童接种信息录入，并将建卡儿童接种信息的录入纳入常规工作。

（四）冷链建设及疫苗管理

1. 冷链系统建设

2003年，云岩区建成由全省世行贷款卫生Ⅶ项目子项目及市人民政府配发的冷链设备组建的冷链系统。2004年，日本国际协力事业团援助贵州省300万元冷链设备（JICA），为云岩区配发16台冰箱、2个冷藏箱、58个冷藏包、438块冰排。2005年，卫生部“中西部冷链建设项目”援助云岩区8台冰箱。2008年，联合国儿童基金会、卫生部援助贵州省免疫规划冷链设备配发云岩区普通冰箱16台、低温冰箱14台（全进口），冷藏包36个，省卫生厅配发39个冷藏包、650块冰排。2009年，省卫生厅配发云岩区11台普通冰箱、6台低温冰箱。2010年，省卫生厅下发给云岩区155台小冰箱、3台药品保存箱。全区冷链设备均填写贵州省冷链设备管理登记表，将冷链设备编制全省统一的唯一标识码，建立冷链设备管理数据库表。至2015年，全区冷链管理工作逐步规范化和制度化，确保疫苗贮存质量和国有资产不流失。

2. 疫苗管理

2011年以前，疫苗管理由区疾控中心负责。2011年，区疾病预防控制中心疫苗管理委员会正式成立，由云岩区疾病预防控制中心主任、支部书记、分管副主任、办公室主任、财务科科长、疾控科科长、副科长及相关疫苗管理岗位工作人员组成。部分职能由区疾控中心及各接种单位均有专人负责疫苗管理，建立健全疫苗及注射器领发、保管、使用及销毁制度。设立专用账本，做到账物相符，按要求储藏、运输疫苗。

第一类疫苗是政府免费向公民提供，公民应当依照政府的规定受种的疫苗，包括国家免疫规划确定的疫苗，省、自治区、直辖市人民政府在执行国家免疫规划时增加的疫苗，以及县级以上人民政府或者其卫生主管部门组织的应急接种或者群体性预防接种所使用的疫苗，由市疾控中心统一下拨至区疾控中心，区疾控中心按照使用计划再分发到各接种单位。

第二类疫苗是由公民自费并且自愿受种的其他疫苗，按照国务院2005年3月发布的《疫苗流通和预防接种管理条例》规定，区疾控中心从具有资质的疫苗生产企业，疫苗批发企业，省、市疾控中心进购第二类疫苗后，按照《疫苗流通和预防接种管理条例》及贵州省物价局相关文件规定向接种单位供应第二类疫苗，并保存相关资料存档备查，确保疫苗质量安全；第二类疫苗接种对降低肺炎、流感、狂犬病、伤寒、霍乱等传染病的发病率起到积极作用。

（五）常规免疫接种

1. 定点接种

2001年起，全区预防接种门诊均实行定点接种，每周开诊2次~5次。村卫生室也由原来的每月开诊1次~2次逐步增加为每周开诊2次~5次，缩短接种周期，增加免疫服务次数。各接种点均按规定执行国家免疫程序，做好新生儿的建卡、建证工作，按照免疫程序免费接种国家免疫规划第一类疫苗。

基础免疫，2001年，全区脊髓灰质炎疫苗应种数1.15万剂次，接种数1.13万剂次，接种率98.25%；麻疹（含麻疹、风疹）疫苗应种数3561剂次，接种数3537剂次，接种率99.33%；百白破疫苗应种数1.21万剂次，接种数1.20万剂次，接种率98.36%；卡介苗应种数3780剂次，接种数3770剂次，接种率99.74%。之后，逐年增加乙肝、乙脑、A群流脑和甲肝疫苗的接种。至2015年，脊髓灰质炎疫苗应种数1.83万剂次，接种数1.82剂次，接种率99.87%；麻疹疫苗应种数1.95万剂次，接种数1.94万剂次，接种率99.86%；百白破应种数1.8万剂次，接种数1.79万剂次，接种率99.83%；卡介苗应种数8218剂次，接种数8207剂次，接种率99.87%；乙肝疫苗应种数2.09万剂次，接种数2.087万剂次，接种率99.86%；乙脑疫苗应种数1.88万剂次，接种数1.87万剂次，接种率99.83%；A群流脑疫苗应种数1.73万剂次，接种数1.72万剂次，接种率99.83%；甲肝疫苗应种数1.746万剂次，接种数1.742万剂次，接种率99.82%。

2001年—2015年，全区脊髓灰质炎疫苗接种率年均为99.33%，麻疹疫苗接种率年均为99.58%，百白破疫苗接种率年均为99.15%，卡介苗疫苗接种率年均为99.27%；2004年增加乙肝疫苗接种，接种率12年年均为99.65%，其中首针接种率12年年均为99.38%，首针24小时及时接种率12年年均为85.61%；2007年起增加乙脑疫苗接种，9年年均接种率为99.65%；2007年起增加A群流脑接种，9年年均接种率为99.62%；2009年起增加甲肝疫苗接种，7年年均接种率为99.53%。

2. “加强免疫”接种

2001年，区卫生局仅对麻疹疫苗、百白破疫苗进行加强免疫接种。全年麻疹疫苗加强应种数2666剂次，接种数2582剂次，接种率96.85%；百白破疫苗加强应种数2741剂次，接种数2659剂次，接种率97.08%。此后，陆续增加脊灰、A+C群流脑、乙脑、白破疫苗的加强接种。至2015年，全区接受脊灰疫苗加强应种数1.464万剂次，接种数1.461万剂次，接种率99.81%；A+C群流脑3岁组、6岁组加强免疫应种数、接种数、接种率分别为1.486万剂次和9233剂次、1.483万剂次和9215剂次、99.80%和99.81%；乙脑加强免疫应接种数1.61万剂次，接种数1.6万剂次，接种率99.84%；麻疹疫苗（含麻疹、流行性腮腺炎、风疹）加强免疫应种数1.68万剂次，接种数1.676万剂次，接种率99.84%；百白破加强免疫应种数1.4万剂次，接种数1.38剂次，接种率99.74%；白破加强免疫应种数1.23剂次，接种数1.225万剂次，接种率99.94%。

2004 年—2015 年，脊髓灰质炎疫苗加强接种率年均 99.13%。2008 年—2015 年，A + C 群流脑 3 岁组加强免疫接种率年均 99.65%；A + C 群流脑 6 岁组加强免疫接种率年均为 99.63%。2007 年—2015 年，乙脑加强免疫接种率年均接种率为 99.59%。2001 年—2015 年，麻疹（含麻腮风）疫苗加强免疫接种率年均 98.62%。2001 年—2015 年，百白破疫苗加强免疫接种率年均为 99.82%。2004 年—2015 年，百白破疫苗加强免疫接种率年均为 99.57%。

3. 儿童入学入托接种证查验

自 2003 年起，区卫生局每年 9 月对小学一年级入学新生和每年新进入幼儿园儿童查验接种证，查验基础免疫和加强免疫接种情况。每年秋季开学前，与教育局联合部署查验接种证工作，每年 9 月 18 日—25 日，由相关基层接种单位按免疫程序，对无免疫接种登记儿童进行疫苗接种。区卫生局、区教育局进行联合督导，对补种情况进行检查；对漏种儿童实施相关疫苗的补种，把好最后的补种关，有效控制儿童易患传染病的发生和流行。

（六）督导检查

2001 年—2005 年，区卫生局、区疾控中心每季度组织 1 次计划免疫工作督导考核。2006 年，除每季度组织免疫规划工作的督导考核及流动儿童接种率调查外，区疾控中心疾控专业技术人员还对各街道办事处（镇）的免疫规划工作进行分片包干，每月至少 1 次，每半年完成 1 轮对辖区所有街道办事处（镇）免疫规划工作督导，每年开展 1 次综合评审。每年开展 2 次入学入托查验接种证及免疫接种周督导，以及 1 岁~4 岁儿童免疫规划疫苗接种率调查、区境各街道办事处（镇）流动人口摸底调查及查漏补种活动的抽查、接生医院新生儿乙肝疫苗接种督导；对当年开展的麻疹、脊灰、乙脑、乙肝查漏补种、强化免疫等开展专题督导。每次督导后及时对发现的问题，分析原因，提出对策，要求及时采取措施改进，并发督导简报通报全区，同时进行督导工作总结，在下一次督导检查时对改进情况进行复查。由于督导得力，至 2015 年，全区免疫规划工作整体水平有较大提高。

（七）管理监测

按照国务院《疫苗流通和预防接种管理条例》及卫生部《预防接种异常反应鉴定办法》的要求，云岩区加强预防接种的管理监测，确保疫苗安全注射。2009 年 6 月，成立云岩区预防接种异常反应调查诊断专家组，负责调查处理云岩区各基层接种单位报告的“疑似预防接种异常反应”。2009 年—2013 年，对 8 起疑似预防接种异常反应进行调查处理，并按程序及时报告。

（八）普及预防接种知识

1986 年，经国务院批准，每年 4 月 25 日为全国儿童预防接种宣传日（“4·25”宣传日）。在每年的“4·25”宣传日，根据国家每年宣传日的主题，云岩区卫生局、区疾控中心以及各基层接种单位均组织人员，在全区流动儿童聚居地或人流量较大的集贸市场、广场、车站、商场门口等处开展宣传活动。通过悬挂宣传横幅、制作宣传展板、发放宣传资料、开展咨询活动等多种方式，让群众了解预防接种相关知识，增强群众主动接种意识。基层接种单位在平时儿童接种疫苗过程中，向家长发放宣传资料，为家长提供疫苗知识。2001 年—2013 年，全区共发放宣传资料 10 余万份，接待群众咨询 2 万余人次。2014 年和 2015 年，全区 47 个接种单位开设“妈妈课堂”，累计开课 984 次，讲授免疫接种的科学知识和应予关注事项，发放预防接种告知书两万余本。

表 3　云岩区基础免疫统计表

（2001 年—2015 年）

年份	脊灰苗			麻苗(含麻风)			百白破			卡介苗			乙肝								乙脑			A 群流脑			甲肝		
	应种数(剂次)	接种数(剂次)	接种率(%)	应种数(剂次)	接种数(剂次)	接种率(%)	应种数(剂次)	接种数(剂次)	接种率(%)	应种数(剂次)	接种数(剂次)	接种率(%)	应种数(剂次)	接种数(剂次)	接种率(%)	首针应种数(剂次)	首针接种数(剂次)	首针接种率(%)	及时数(剂次)	及时率(%)	应种数(剂次)	接种数(剂次)	接种率(%)	应种数(剂次)	接种数(剂次)	接种率(%)	应种数(剂次)	接种数(剂次)	接种率(%)
2001 年	11454	11254	98.25	3561	3537	99.33	12110	11911	98.36	3780	3770	99.74	—	—	—	—	—	—	—	—	—	—	—	—	—	—	—	—	—
2002 年	14178	14037	99.00	4156	4140	99.62	14228	14145	98.36	4654	4636	99.61	—	—	—	—	—	—	—	—	—	—	—	—	—	—	—	—	—
2003 年	11426	11260	98.24	4017	3988	99.28	11502	11171	97.13	3614	3513	97.21	—	—	—	—	—	—	—	—	—	—	—	—	—	—	—	—	—
2004 年	2733	2706	99.01	749	738	98.53	2500	2453	98.12	784	768	97.96	4007	3939	98.30	5003	4966	99.26	2444	48.85	—	—	—	—	—	—	—	—	—
2005 年	11394	11340	99.53	3770	3763	99.81	11383	11336	99.59	3233	3201	99.01	5510	5482	99.49	5405	5393	99.78	3831	70.88	—	—	—	—	—	—	—	—	—
2006 年	13307	13079	98.29	4322	4260	98.57	12956	12642	97.58	3737	3661	97.97	6000	5993	99.88	6092	6085	99.89	4741	72.82	—	—	—	—	—	—	—	—	—
2007 年	32101	32028	99.77	11356	11329	99.76	28101	28016	99.70	7557	7531	99.66	8068	8047	99.83	8326	8321	99.93	7048	84.65	7368	7348	99.73	3110	3102	99.74	—	—	—
2008 年	9477	9372	98.89	5146	5146	100.00	9450	9317	98.54	7644	7531	98.52	8738	8625	98.71	8496	8463	99.61	6511	86.07	5142	5115	99.47	2060	2023	98.20	—	—	—
2009 年	10391	10182	98.17	10105	9957	98.54	10766	10536	97.86	8029	7843	97.68	9264	9113	98.37	8383	8358	99.70	6757	81.58	8679	8558	98.61	5950	5914	99.34	4351	4232	97.26
2010 年	12941	12900	99.68	10356	10319	99.64	11839	11807	99.73	9738	9713	99.74	11061	11024	99.67	9522	9518	99.96	8052	84.66	9670	9648	99.77	10954	10923	99.72	5934	5920	99.76
2011 年	12942	12903	99.70	12724	12660	99.50	12504	12468	99.71	9009	8989	99.70	13368	13328	99.70	11983	11934	99.59	10286	76.94	10941	10916	99.77	22484	22414	99.69	6231	6205	99.58
2012 年	19832	19740	99.54	15074	14999	99.50	14082	13987	99.33	8170	8147	99.70	15634	15524	99.30	15977	15911	99.59	14126	88.41	13583	13520	99.54	12411	12305	99.15	11772	11685	99.26
2013 年	18638	18606	99.83	21850	21808	99.81	16365	16332	99.80	7136	7118	99.75	18614	18577	99.80	16751	16590	99.04	14615	87.25	18028	17987	99.77	16736	16695	99.76	15113	15071	99.72
2014 年	19192	19151	99.79	18084	18049	99.81	17621	17585	99.80	8791	8778	99.85	18843	18799	99.77	18783	18458	98.27	17555	93.46	17810	17772	99.79	15759	15717	99.71	18597	18545	99.72
2015 年	18262	18239	99.87	19464	19437	99.86	18026	17995	99.83	8218	8207	99.87	20907	20878	99.86	16180	16094	99.47	16094	99.47	18802	18770	99.83	17263	17233	99.83	17461	17429	99.82

表 4　云岩区加强免疫统计表

（2001 年—2015 年）

年份	脊灰疫苗			A+C 群流脑（3 岁组）			A+C 群流脑（6 岁组）			乙脑			麻苗（含麻腮风）			百白破			白破		
	应种数（剂次）	接种数（剂次）	接种率（%）	应种数（剂次）	接种数（剂次）	接种率（%）	应种数（剂次）	接种数（剂次）	接种率（%）	应种数（剂次）	接种数（剂次）	接种率（%）	应种数（剂次）	接种数（剂次）	接种率（%）	应种数（剂次）	接种数（剂次）	接种率（%）	应种数（剂次）	接种数（剂次）	接种率（%）
2001 年	—	—	—	—	—	—	—	—	—	—	—	—	2666	2582	96.85	2741	2659	97.08	—	—	—
2002 年	—	—	—	—	—	—	—	—	—	—	—	—	3292	3275	99.48	3393	3391	99.65	—	—	—
2003 年	—	—	—	—	—	—	—	—	—	—	—	—	2666	2582	96.85	2276	2659	97.08	—	—	—
2004 年	1428	1426	99.86	—	—	—	—	—	—	—	—	—	1744	1721	98.68	596	576	96.64	1381	1374	96.35
2005 年	408	401	98.28	—	—	—	—	—	—	—	—	—	2536	2518	99.29	2456	2436	99.19	489	482	98.57
2006 年	2203	2188	99.32	—	—	—	—	—	—	—	—	—	3765	3732	99.12	3532	3500	99.09	693	692	99.86
2007 年	11149	11132	99.84	—	—	—	—	—	—	400	386	96.50	10408	10392	99.85	6807	6776	99.54	15508	15254	98.34
2008 年	10830	10730	99.08	1502	1487	99.00	1502	1487	99.00	3269	3256	99.60	10992	10712	97.45	6187	6116	98.85	10830	10700	98.80
2009 年	10391	10182	98.67	3641	3606	99.04	3641	3606	99.04	7625	7562	99.17	11031	11010	99.81	9075	9028	99.48	7258	7252	99.92
2010 年	9890	9865	99.75	4141	4135	99.86	2015	2012	99.85	8095	8059	99.56	12805	12779	99.80	9893	9870	99.77	13012	13010	99.98
2011 年	9405	9386	99.80	7091	7072	99.73	3330	3315	99.55	9375	9342	99.65	11753	11734	99.84	9405	9386	99.80	6164	6164	1100.00
2012 年	27269	27143	99.54	9313	9247	99.29	4893	4860	99.33	11772	11685	99.26	15416	14349	99.57	10454	10353	99.03	10876	10868	99.93
2013 年	14094	14059	99.75	10016	9988	99.72	6168	6153	99.76	14686	14642	99.70	18854	18823	99.84	11930	11883	99.61	10813	10808	99.95
2014 年	15398	15355	99.72	12498	12475	99.82	9740	9723	99.83	16989	16945	99.74	18547	18518	99.84	14165	14118	99.67	11646	11631	99.87
2015 年	14642	14614	99.81	14860	14831	99.80	9233	9215	99.81	16070	16044	99.84	16793	16766	99.84	13840	13804	99.74	12257	12250	99.94

四、慢性非传染性疾病控制

2010年，贵阳市启动社区基本公共卫生服务均等化慢病管理工作。根据职责分工，区疾控中心承担对区境社区医疗机构慢病管理的培训、督导、考核。当年9月，区疾控中心明确1名卫生专业技术人员专职从事相关工作。2010年9月—2011年6月期间，主要开展完善组织机构，实施网络化管理，制定职责制度，拟定工作计划及实施方案，举办基层慢病人员业务技能培训等基础性工作。2011年6月以后，将慢病工作纳入健康教育科职能范畴。慢性非传染性疾病管理病种主要有糖尿病、高血压、重性精神疾病、碘缺乏病以及儿童口腔疾病综合干预。其中糖尿病患者管理人数，2010年—2015年分别为3274人、3227人、5330人、7653人、8472人、10787人。高血压病患者管理人数，2010年—2015年分别为12516人、12037人、16961人、23056人、24425人、30341人。

（一）重性精神疾病（重精）

云岩区疾控中心作为县级精神卫生防治技术管理与指导机构，于2011年首次将区内“重精”管理与“中央补助地方重性精神疾病管理治疗项目”工作纳入健康教育科的工作范畴，成立云岩区疾病预防控制中心重性精神疾病管理工作领导小组，健全职责制度和基本档案资料。区疾控中心与公安、民政、残联、社区服务中心等部门合作，联合开展疑似“重精”患者排查，协调贵阳市精神病人康复医院为疑似患者进行复核诊断，指导基层社区医疗机构对确诊患者进行基础档案的建立及定期随访管理，将相关数据录入至国家“重精”基本数据收集分析系统。截至2012年项目结束时，共计纳入“重精”管理1339人。在精神专科医生的指导下，完成65例危险性评级为3级~5级患者的用药疗效评价和治疗方案的调整以及家属护理教育工作；对55名贫困患者给予服药补助与免费化验；为11名病情严重贫困患者提供住院补助；对基层医疗机构开展“中央补助地方重性精神病管理治疗项目”相关知识进行培训。

2013年，开展“世界精神卫生日”主题活动；组织区境43家医疗机构“重精”管理人员139人进行培训，对3级~5级高风险患者146人（次）实施管理，为18名病情严重的贫困患者提供住院补助。2014年年初，云岩区建立“重精”患者信息交换制度，要求区疾病预防控制中心在每年的4月10日、7月10日、10月10日、次年1月10日之前，将上一季度危险性评估等级（3级~5级）的肇事肇祸精神病人信息递交区卫生和食品药品监督管理局和市疾病预防控制中心，区卫生行政管理部门向区级公安部门递交。各社区卫生服务中心（站），云岩区黔灵医院在每月10日前将上月新危险性评估等级为3－5级的肇事肇祸“重精”病人信息递交辖区公安派出所和区疾病预防控制中心，确保信息及时录入全国“重精”病人管理系统。2015年云岩区在管“重精”患者有2244名，当年对贫困患者155人给予免费服药，帮助21名贫困患者入院治疗，对598名患者家属进行护理知识教育，对2132名在管“重精”患者进行随访服务。

（二）碘缺乏病

由于自然环境因素，贵州省是全国碘缺乏导致甲状腺肿大患病率较高地区之一，属贵州省地方病，通过食用盐补充碘元素是防控碘缺乏症的有效措施。2001年以后，全省境内均坚持供应碘盐。区疾控中心自2002年起每年对云岩区境居民户碘盐进行抽样检验、监测，至2014年数据表明，云岩区居民户有9年食用食盐含碘量不合格检品占0.33%~9.72%，主要原因是居民户为敞放式储存食盐导致碘挥发。2012年有1户食盐为非碘盐，不排除被采样户贪图便宜购买“私盐”（即非法制售盐）因素。

（三）儿童口腔疾病综合干预

2008年，国家卫生部启动“中西部地区儿童口腔病综合干预试点项目”，由中央财政拨付专项经费，免费为适龄儿童（7 岁~ 10 岁）进行窝沟封闭防龋。云岩区被确定为项目区之一，为此成立项目办公室负责组织协调。区卫生局、教育局于 2010 年起逐年部署“儿童口腔疾病综合干预项目”工作。2010 年—2013 年期间，每年组织云岩区人民医院口腔科，云岩区第二人民医院，贵阳市口腔医院第二、三门诊部医护人员到相关学校对适龄儿童进行口腔检查、登记颌面深窝沟适应症儿童资料，派发“窝沟封闭家长知情同意书”和治疗卡（内容涵盖项目解绍、牙齿检查情况、封闭时间段、封闭术后注意事项、复查时间），再由相关学校班主任老师以家长会形式沟通、征求意见，回收“家长同意书”，最后由学校和 4 个项目医疗单位安排“窝沟封闭”适应症儿童在指定时间、指定地点进行治疗。2010 年—2013 年，每年均完成 10000 颗牙齿治疗。

五、疾控质量体系及设备

按照《全国疾病预防控制机构工作规范》要求，区疾控中心于 2003 年 7 月开始质量体系建立运行、实验室环境设施改造、仪器设备装备、专业技术人员培训、考核等相关工作。当年成立质量体系文件编写小组，按照《产品质量检验机构审查/认可（验收）评审准则》编写实验室质量体系文件，对组织管理、质量方针、质量目标、服务承诺等做出明确规定；明确程序与操作规程、检验细则，完善质量记录、表格。按照评审准则对实验室要求，区疾控中心 2003 年对实验室检验区域进行技术改造，设置理化室、微生物室、霉菌室及仪器设备室，各操作区之间互不干扰，检验操作区与办公区域分开，符合健康、安全和环保要求（危险品、防毒、防火、三废处理），添置完善通风柜、空调、除湿机、紫外线消毒灯等实验室必备设施。区疾控中心派出人到省疾控中心，进行专门的业务培训；对新进实验室人员或岗位轮换人员进行岗前培训考核合格持证上岗；对 3 名负责仪器设备管理工作人员，进行仪器设备工程式师 5 天现场培训。

2003 年以前，区疾控中心原有仪器设备 40 余台（套），能开展微生物检验，理化检验，公共场所现场监测。区疾控中心 2003 年自筹经费 50 万元，区科技局为区疾控预防控制中心实验检测服务项目课题拨付科研经费 20 万元，用于实验室改造工程，购置仪器设备及配套设施、人员培训。升级后，增加美国 PE 公司 AAamalyst200 原子吸收光谱仪、723 分光度计等具有速度快、灵敏度高、准确性好的仪器。其中，原子吸收光谱仪能检测铅、铜、锰、镉、铁、钠等 35 种微量金属元素，不仅缩短检测时间，不使用剧毒的氰化钾及有毒三氯甲脘化学试剂，而且检验精度得到极大提高。是年 12 月 17 日，区疾控中心获贵州省质量技术监督局评审颁发的《中华人民共和国计量认证合格证书》，是贵阳市县级疾控机构中首家获合格证单位。此后的 2008 年、2012 年、2014 年，分别通过省质量技术监督局复审换发证书。

第二节 健康体检和健康教育

一、健康体检

2001 年—2015 年，原区卫生防疫站、改制后的区疾控中心对云岩区境食品，药品生产、销售业，公共场所（理发、洗浴、住宿、娱乐、游泳业），水务（含二次供水）从业人员进行预防性健康体检，体检合格者颁发健康证。对患有化脓性皮肤病、活动性肺结核、病毒性肝炎（2001 年—2010 年，含甲肝、乙肝；2011 年—2015 年，不再检测乙肝，调整为检测甲肝、戊肝）、肠道传染病带菌者，由区卫生监督局（所）责成相关单位予以调离上述工作岗位。15 年间，云岩区共为 35 万余名从业人员进行预防性健康体检，检出阳性调离人员共 3699 人。

二、健康教育

云岩区健康教育领导小组 2007 年成立，并由区疾控中心负责全区健康教育业务的培训、督导、考核等工作职能。各街道办事处（镇）、机关企事业单位、社区（村）、医疗机构、学校、部分行业单位陆续成立“健康教育领导小组”138 个，区人民政府还将健康教育工作纳入各单位年终目标考核内容。

自 2007 年起，区疾控中心重点培训健康教育理论知识与工作方法、技巧。围绕卫生宣传日、卫生科普知识宣传日，创建“示范社区”“卫生村寨”“健康家庭”，卫生、文化科技“三下乡”等系列主题，在全区范围内开展各类大型群众性健康教育宣传活动，活动频率为每年 10 次以上。在人流量较为密集地段，每季一期以固定宣传栏的形式刊登各类卫生知识。每年自行编印宣传资料达 3 类 12 种以上，总印数达 8 万~12 万份。各类健康教育宣传资料下发社区，覆盖全区 80% 以上的居（村）民家庭。由区爱卫办牵头，区健康教育机构具体实施，多部门共同参与，陆续在中华街道办事处贵山社区、贵乌街道办事处中天社区、中东街道办事处警苑社区、黔灵镇茶店村罗家坡新村、三桥街道办事处三桥村下五里新村等地启动创建“健康教育示范社区”“卫生村寨”活动，开展健康知识讲座、卫生科普知识宣传、全民健康活动、文艺表演、主题演讲、健康知识竞赛等群众性健康教育与健康促进活动，使社区居（村）民的健康知识水平提高，健康行为逐渐形成。出现一批“健康教育示范社区”和“卫生村寨”。

2008 年—2009 年，区健康教育机构启动培训、制定方案、设计调查问卷、入户调查、健康体检、重点人群巡讲、网上宣传等系列工作，配合贵州省疾控中心项目组完成中东街道办事处东新社区、普陀街道办事处友谊社区、中华街道办事处正新社区、三桥街道办事处黎苏社区开展的“中央补助地方贵州省健康素养项目”的各项指标调查、监测工作。2010 年，在区疾控中心配合省疾控中心项目组完成贵乌街道办事处冠竹苑社区、中东街道办事处王家桥社区、市西街道办事处市西商业街社区、延中街道办事处下合群社区、金关街道办事处金关村居委会、金鸭街道办事处金马社区开展的“贵州省中国居民营养与健康状况监测项目”指标调查、监测工作；完成区健康教育办公室承担的“2009 年中央补助地方烟草控制项目”创建“无烟单位”工作。2011 年，贵阳市开展“创建全国卫生城市”，区疾控中心编印健康教育宣传资料 21 万份，分发到社区和村民组。2014 年，在云岩区黔灵医院多功能会场设“云岩区健康促进学校”，可容纳 100 人~ 150 人参会与培训。当年社区人群健康知识知晓率 92. 16%，健康行为形成率 89. 71%，基本技能掌握率 88. 26%，均达到中国公民健康素养的合格标准。

截至 2015 年，全区每年组织各街道办事处（镇）、教育局及有关部门分别对社区居（村）民，小饮食店、小旅馆、小理发美容店、小歌舞厅、小诊所（五小）从业人员，中小学生、教职工，机关企事业单位职工等各类人群开展健康知识知晓率、健康行为形成率、基本技能掌握率问卷调查。

第三节　卫生监督

一、卫生监督体系

2001 年年初，云岩区卫生局委托云岩区卫生防疫站代行卫生监督职能，委托期至 2001 年 12 月 31

日。区防疫站在作出重大行政处罚时，除依法定程序办理外，必须上报区卫生局审核批准。2002 年，撤销云岩区卫生防疫站，分别组建云岩区卫生局卫生监督所和云岩区疾病预防控制中心。2003 年，各街道办事处社区卫生服务中心及区人民医院黔灵分院设立卫生监督办公室，统一名称为“云岩区卫生局卫生监督所驻 XXX 街道办事处（镇）卫生监督办公室”，各社区卫生院和区人民医院黔灵分院负责人兼任办公室主任，由在编的中专及其以上学历或已取得医（技）士及其以上职称卫生专业技术人员兼任基层卫生监督员。办公经费每月 900 元，由市、区、街道办事处（镇）按 1∶1∶1 匹配。同年 7 月 28 日，区卫生局卫生监督所对基层卫生监督员开展为期一周的封闭式岗前培训。10 月，区卫生局为 16 个街道办事处（镇）卫生监督办公室统一命名，任命 12 个街道办事处社区卫生服务中心和区人民医院黔灵分院基层卫生监督员共 38 人。自此，区和街道办事处（镇）二级卫生监督体系形成。

2012 年，区卫生和食品药品监督管理局基本公共卫生服务技术指导中心成立，负责全区基本公共卫生服务的指导、培训、督导、绩效考核等项工作。6 月，区卫生监督局驻 14 个社区卫生服务中心卫生监督工作站成立，任命 43 名卫生监督协管员，14 个社区卫生服务中心负责人兼任工作站站长，卫生监督协管员。卫生监督协管工作由区卫生监督局稽查科统一管理，协管人员人事变动必须经区卫生监督局审查、考核批准。2013 年 7 月，贵阳市卫生局印发《贵阳市卫生监督协管指南（试行）》后，云岩区调整建立 31 个卫生监督工作站，任命 31 名专职卫生监督协管员。

二、制定规章制度

2004 年，区卫生局制定《云岩区卫生局行政许可办事窗口职责》《云岩区卫生局对被许可人监督检查制度》《云岩区卫生局行政许可监督检查制度》《云岩区卫生局行政许可违法责任追究制度》《云岩区卫生局行政许可听证程序》《云岩区卫生局行政许可受理、审查工作规范》。2005 年以后，先后制定《云岩区卫生局行政执法责任追究制度》《云岩区卫生局执法工作监督机制》《云岩区卫生局执法纪律》《云岩区卫生局卫生监督所执法错案责任追究制度》《云岩区卫生局行政执法责任制》等卫生行政许可配套制度。区卫生监督所作为卫生监督执行者，根据本所工作实际制定《云岩区卫生局卫生监督所工作规范（试行）》《云岩区卫生局卫生监督所卫生行政许可审核程序》《云岩区卫生局卫生监督所调查取证程序》《云岩区卫生局卫生监督所应诉程序》《云岩区卫生局卫生监督所受理社会举报询问要求》《云岩区卫生局卫生监督所执法工作监督机制》《云岩区卫生局卫生监督所行政处罚程序》《云岩区卫生局卫生监督所卫生行政许可审查发放程序》《云岩区卫生局卫生监督所卫生许可受理程序》《云岩区卫生局卫生监督所行政许可听证程序》等卫生行政许可配套制度。

三、依法实施监督管理

2001 年—2015 年，区卫生监督部门（含委托执法单位）通过经常性卫生监督、专项工作卫生监督两种形式实施卫生监督。每年的元旦、春节、五一、国庆期间，对餐饮服务业、食品零售批发业、住宿业、洗浴业、美发理发业、娱乐业进行卫生许可证持证、从业人员健康证持证、职业禁忌人员（化脓性、渗出性皮肤病、活动性肺结核、痢疾、伤寒、病毒性肝炎患者及带菌者）调离及加工、制作、销售、服务环节设施卫生状况的检查。对违反相关卫生法律、条例、规定的行为，给予口头警告，下达卫生行政执法文书，责令改正，直至给予卫生行政处罚。经常性卫生检查年户均达 3 次~4 次。

2001 年—2015 年，由区卫生监督部门审查核准颁发的餐饮及食品销售，公共场所（住宿、美发、洗浴、娱乐、游泳业）、生活饮用水、放射卫生许可证。餐饮服务食品销售卫生许可证自 2009 年起有效期为三年，食品生产企业监督由卫生监督划归质量技术监督局。餐饮服务食品卫生许可业务于2015年3月1日移交云岩区市场监管局。

（一）餐饮食品行业监督

区卫生监督部门每年对餐饮食品行业、公共场所进行经常性卫生监督。2001年，区卫生监督部门对餐饮食品行业进行经常性卫生监督2.12万户（次），其中：警告208户（次），责令改正2069户（次），责令425户（次）经营户销毁不符合卫生要求的食品，29户受到行政罚款处罚；对公共场所经常性卫生监督1809户（次），其中：对781户（次）予以口头警告，2户给予罚款处罚；监测公用物品6408项次，合格5778项次，合格率为90.17%。2005年，对餐饮服务、食品销售批发，公共场所进行监督9173户（次）。检查食品经营单位从业人员660人，持健康证600人，持证率90%；检查餐饮业、食堂从业人员450人，持健康证430人，持证率95%；检查公共餐饮具自行消毒户174户，共抽检858户（次）餐具样品3434件，消毒合格餐具3280件，合格率95.5%。全年卫生行政处罚125户，罚款6.15万元。2010年，对餐饮食品行业实施经常性卫监督2.62万户（次），对公共场所实施经常性卫生监督5965户（次），立案查处各类卫生违法案件860件，结案415件，依法吊销医疗机构执业许可证1件。

2013年，区卫监局检查区境内高校、中小学校、托幼机构食堂308所（次），各院校园周边餐饮服务单位5582户（次），查验卫生许可证、健康证，检查食品原料索证索票及台账记录，加工经营场所卫生状况，消毒餐具使用情况。当年对2871户食品生产经营户进行评级，公共场所经营户全部开展量化分级管理。实行餐饮经营户“年夜饭”申报制度，试行2013年夜饭承接单位食品安全管理员安全自查表、2013年除夕“年夜饭”主要菜单报区卫生监督局备案制度，发放《“年夜饭”冷菜制作10项要求告知书》。

2014年，在云岩区境的一、二级水源保护地附近区域的经营户，办理卫生行政许可须先到市环保部门办理“环评”手续。2015年，区卫监局派出卫生监督员对全区公共场所进行卫生监督检查，户均达3次以上。全区住宿业、美容美发业、沐浴场所、游泳场所量化分级管理单位达1882户，量化分级率达100%。对区境135所大专院校、中小学校和幼儿园进行监督检查，建立135份学校卫生综合档案。

（二）专项监督检查

云岩区每年根据区情，开展卫生方面的专项监督检查。2002年，在省、市、区部署的“卫生与秩序”专项工作中，云岩区取缔非法加工点28个，其中2户移交公安机关处理；收缴伪劣食品13.5吨，饮料千余瓶，案值7.26万元。2003年，在防控“非典”专项工作中，监督检查餐饮单位、消毒产品单位、公共场所、区境各级医疗单位、疾控中心、学校、区境各级医疗单位、留观站、城市社区等。在“2003年食品卫生安全保障春节大行动”专项工作中，查处取缔生产加工卤菜、黄喉、猪油的三家非法加工作坊，收缴假冒伪劣产品1800公斤。2005年，由区卫生局等部门组织开展的打击非法行医专项行动中，取缔非法行医黑诊所110户。在国家“2006中西部地区卫生监督执法专项整治项目”工作中，开展打击非法行医专项行动，食品、化妆品卫生专项整治，公共场所和生活饮用水卫生专项整治，打击非法采供血专项行动，职业卫生和放射卫生监督检查。对自备集中式供水、二次供水、农村20户以上生活饮用水水源303户（次）进行卫生监督检查，建立一户一档。

2007年，在“西部能力建设”（国家对中国西部地区省、市、自治区划拨公共卫生监督专项经费，调配公共卫生监督装备、培训公共卫生监督执法人员，加强公共卫生监督执法能力建设）专项工作中，区卫生部门先后监督检查公共场所1106户（次），饮用水62户（次），化妆品38户（次）。2008年，区卫生部门对桶装水进行专项监督，按贵阳市统一部署，对区内“竹源牌”桶装饮用水供水点进行查封，下达11份行政控制决定书，卫生监督意见书26份，异地或就地封存“竹源牌”桶装水680桶（含空桶353个）。在2009年“打击违法添加非食用物质和滥用食品添加剂”专项整治中，对区内餐饮单位使用添加剂情况进行调查，对违规使用食品添加剂的单位，下达整治公告和紧急通知。对熟肉剂品加工销售业、糕点加工销售业、米面加工销售业常用着色剂、甜味剂、护色剂等10类易滥用的添加剂的246户经营户进行重点排查。使餐饮消费环节违法添加非食用物质和滥用食品添加剂现象得到有效遏制。在“餐饮消费环节打击私屠滥宰和病死病害猪肉非法交易”专项整治中，向区内116户重点餐饮经营户和63所学校托幼机构发放专项整治紧急通知，对12户餐饮服务单位未索取肉类检疫证明票据、台账登记不规范、相关制度不健全等问题，下达卫生监督意见书，责令限期整改。

2010年，区卫监局检查辖区内宾馆、餐馆、书店、音乐厅、酒吧、咖啡厅、商场、浴业、影剧院、理发美容店等48户，对不能出示消毒效果评价报告及卫生部门评价报告的下达卫生监督文书，责其立即整改。2011年5月7日和8日，接贵阳市食品药品监督管理局电话通知，在云岩荷庭御时尚餐厅查获河豚60条，在沁雅酒店查获河豚17条，随即采取控制措施。

结合“全国环境模范保护城市”创建要求的卫生监督目标，2012年区卫生监督部门以10个专项工作确保目标实现。针对“五小”行业，选择飞山街、中天花园为创建示范街，推动“五小”行业规范管理；开展区境高校、中小学校及托幼机构周边餐饮服务、公共场所、生活饮用水的监督检查。2013年，在区境内一、二级水源保护地范围附近区域经营的申请人，必须经卫生监督员现场确认经营场所不在水源保护地范围内，并持有效的“环评”书证。同年，防控禽流感（H5N1）期间，监督检查重点餐饮服务单位，督查严禁采购病死、死因不明的禽类加工制作食品；严格执行索证索票、台账登记制度；严禁餐饮单位圈养、宰杀活禽；严禁加工制作白切鸡、凉拌鸡血等禽肉、血类凉菜等规定执行情况。监督检查区境内设有“发热门诊”的二级及其以上医疗机构，对贵阳医学院附属医院门诊部、贵州省第二人民医院“发热门诊”设置不规范现象下达卫生监督意见书，责令其按照规范整改。

在2014年的“严厉打击非法行医”专项工作中，取缔非法行医场所52户，查处医疗机构违法案件122户（次），执罚52.07万元。当年实施食品卫生监督量化分级管理单位2873户；公共场所量化分级管理单位1995户。发放公共场所卫生许可证332份，餐饮服务许可证2282份，生活饮用水卫生许可证21份，放射卫生许可证10份。全年立案查处违反《中华人民共和国食品卫生法》案件287件，结案287件，执罚金额95.046万元。在“食用明胶”“病死动物产品（肉及肉制品）”“魔爽烟类食品”“白酒质量”“活禽及禽类制品”“午托班（园）”“上海福喜食品”“儿童食品”等专项督查整治中，检查经营户8964户（次）。2015年，开展麻醉药品和精神药品专项监督检查2次，检查医疗机构24户次；开展临床用血专项监督检查，检查用血机构24户次。

第四节　爱国卫生运动

1995年，云岩区机构改革后，区爱国卫生运动委员会办公室归入区卫生系统，设在区卫生局内。2012年3月，恢复云岩区爱国卫生运动委员会办公室（简称“区爱卫办”），为区人民政府直属正科级事业单位，撤销区卫生和食品药品监督管理局原内设区爱国卫生运动委员会办公室。区爱卫办内设机构为综合科、业务科，全额事业编制6人。

一、爱国卫生大扫除

2001年，辖区完成贵阳市爱国卫生运动委员会办公室下达的无烟单位验收任务26个、无害化改厕200座、卫生厕所719座；8月，参加全市“首届健康教育知识竞赛”，获得第一名。2003年，全区有12.4万余人参加爱国卫生运动，消毒杀菌面积达650万平方米。2004年的全区爱国卫生大扫除中，清除垃圾废料20多吨，疏通下水道、化粪池，清扫院落。2005年以后，各年开展清理违章占道乱堆乱放、拆除有碍市容标牌、清理残破标语、清除卫生死角、清除垃圾废料、疏道下水道及化粪、清扫院落、强行拆除施工围场、清除“野广告”等卫生大扫除行动。2015年，清理卫生死角210处，清理建筑废料100余吨，清运垃圾102车4000余吨，清除野广告、乱贴乱画3.4万处，清洗护栏1.7万米，清扫路面3万余平方米，取缔占道经营500余处。

二、病媒生物防控

2001年—2011年期间，云岩区召开5次灭鼠、灭蝇、灭蚊、灭蟑（四害）动员培训会，近300人参加培训。按照常年病媒生物防控计划，在每年春秋两季开展灭鼠、灭蝇、灭蚊、灭蟑消杀活动。2001年—2015年，全区灭鼠、灭蟑螂、灭蚊、灭蝇消杀面积达50万平方米，病媒生物密度降低，疫病传播途径减少。

2012年，云岩区制定除“四害”技术实施方案，举办除“四害”动员培训会，各社区服务中心分管领导和城管负责人40余人参加培训；各社区服务中心和黔灵镇对本辖区单位进行培训，参加人员800余人。开展以彻底清理室内外环境卫生、清运暴露垃圾、堵塞鼠洞、清除各类积水为主的环境卫生综合整治行动。云岩区爱卫办2013年制定《云岩区2013年灭鼠工作技术实施方案》，要求各社区和黔灵镇把病媒生物防制工作作为爱国卫生运动的一项重要内容，向群众宣传“四害”的危害性及如何掌握科学有效的防治方法，让群众主动自觉地参与病媒生物防制活动。同时各社区、黔灵镇组织辖区群众，对辖区单位内部、小街小巷等的卫生死角进行整治，清除“四害”孳生地，开展以彻底清理室内外环境卫生、清运暴露垃圾、堵塞鼠洞、清除各类积水为主的环境卫生综合整治行动。2014年，针对7月暴雨后可能出现的疫情情况，区爱卫办于7月24日召集各社区和黔灵镇爱卫工作人员，召开云岩区鼠毒饵站现场培训会，共30人参加。组织消杀公司对辖区的一些公共区域，如小区绿化带、居民楼房的卫生死角和院落周边墙角进行集中消杀。2015年，组织消杀公司对辖区的部分小区绿化带、居民楼房卫生死角和院落周边墙角进行集中消杀，全区投放鼠毒饵合1.5万个，增补到各社区。统一投放溴敌隆灭鼠药，全面清理鼠害的生存环境，完善防鼠设施。

三、卫生乡村与爱卫精品社区创建

（一）卫生乡村

自2002年黔灵镇沙河新村首次获得市级“卫生村寨”称号以后，截至2015年，改茶新村、罗家坡新村、和尚坡新村等15个村寨先后获得市级“卫生村寨”称号。2015年，黔灵镇获得省、市级“卫生乡镇”称号，黔灵镇雅关村、偏坡村、渔安村、安井村获得省级“卫生村寨”称号。

（二）爱卫精品社区创建

2013年，市爱卫办下发《贵阳市开展爱国卫生精品社区创建活动实施方案（试行）》。云岩区成立爱国卫生精品社区创建工作组，组长为区人民政府分管副区长，副组长分别为区人民政府办公室、区卫生食药监局、区城管局、区爱卫办负责人。工作组设在区爱卫办，成员有区爱卫办、区卫生食品药品监督管理局、区城管局、区生态文明委、区农水局、区商务局、区工商局、区质监局等单位分管领导和各社区（镇）分管负责人、爱卫办主任组成。制定《云岩区开展爱国卫生精品社区创建活动实施方案》，明确创建标准和工作要求，落实责任。当年，中天社区服务中心创建为“贵阳市爱国卫生精品社区”。2014 年，宅吉社区服务中心创建为“贵阳市爱国卫生精品社区”。

第五节　医疗服务

一、医药惠民制度

（一）就医清单制度

2002 年，云岩区开始实行住院病人费用“就医清单”制度，开展创建“放心药房”活动，当年区卫生局列支 3 万元专项工作经费。云岩区人民医院各科（病区）护士长每天统计本科室（病区）住院病人当天在病房内所发生的费用，于当日下午 2 时送住院处，住院处即将每个人的费用输入微机，住院病人可在当天下午或第二天通过查询机查阅自己的费用（周六、周日除外）。云岩区第二人民医院住院病人使用住院记账卡，由患者自行保存，所用药品由管床医师开双处方，用于记账核对，护士将药品交患者保存，并在记账卡记录患者住院的各种费用，让患者明明白白消费。“就医清单”制度实施以后，有效地杜绝乱收费和搭车开药现象，也有助于医院应收不漏收。

（二）放心药房

云岩区自 2001 年起，区属医疗单位结合各项规章制度，开展创建“放心药房”，各医院药剂科（药房）严格把好“五关”，市民得到实惠。

第一关“进口关”，严格执行药品集中招标采购规定，参加市卫生局组织的集中招标采购，确保药品质量、杜绝假、劣药品进入医院，做到查看“四证”（查药品经营许可证、税务登记证、代码证和 GSP 认证），留存复印件，每批药品严格按照药名、批号、生产厂家、生产日期记录入档。

第二关“价格关”，严格执行药品价格政策，通过集中药品招标采购，最大限度降低药品价格，让利患者，通过医院设立的电子显示屏，滚动显示药品价格信息，使患者明白消费。

第三关“出口关”，在患者取药时，严格执行“三查七对”制（查处方，对科名，对姓名，对年龄；查药品，对剂量，对用法，对标签；查禁忌，对用量），加强对划价、收费、调剂、复核、发药等环节的管理，严防发生差错事故。

第四关“处方管理关”，取药处方实行专人管理，严禁药房工作人员为药品生产厂家、医药经销单位及营销人员登记、统计医生处方及提供用药数据。

第五关“服务关”，在药房窗口开展一张笑脸相迎、一片诚心服务、一句话语暖人心的“三个一”活动，指导患者正确用药；开展中药代煎服务。

（三）选择医生和病种包干

云岩区自 2002 年起，区人民医院开展病人选择医生服务工作，在门诊及病房设置介绍医生及技术专长一览表，在门诊设立门诊医师排班公示牌，既让患者有就诊的选择权，也促使医务人员改变服务态度，消除医生推诿病人现象。

2006年，云岩区黔灵医院妇产科推出平产780元包干、剖腹产1980元包干业务。2007年，区人民医院外科推出胆囊炎、胆囊切除、疝气手术包干，当年让利患者2.06万元。2009年，区属医院单病种包干增加到9个病种：急性阑尾炎，急性阑尾炎伴穿孔、破裂，胆囊结石、慢性胆囊炎，腹股沟疝、股疝，内、外痔（混合痔），子宫平滑肌瘤，乳房良性肿瘤乳房纤维性乳腺病乳腺增生，宫外孕，卵巢囊肿剔除术；当年100名患者得到实惠10万元。2012年，388名患者获得单病种包干服务，得到实惠10.71万元。

2013年以后至2015年，区属三家医院单病种包干增加剖宫产术，正常分娩，泌尿系结石体外、腔内碎石，子宫次全切除术，甲状腺良性肿瘤、非良性肿瘤、甲状腺肿瘤，单纯性锁骨骨折外固定治疗。其中2013年142名患者获得单病种包干服务，得到实惠11.47万元。

（四）惠民医疗服务

2006年，区第二人民医院成为云岩区首家“惠民医院”后，多次下调药品价格，降价药品64种，降价幅度达19.6%；当年4月25日，美沙酮维持治疗门诊开诊，标志着云岩区防艾工作的正式启动。医院在做好吸毒人员管理的同时，尽可能地恢复他们的社会功能和职业功能。2008年，云岩区将区第二人民医院定位为“平民化医院”，要求医院对三桥地区特困居民、低收入人群和进城农民工，实施多种形式、多层次、低费率的保障模式，调控医疗服务质量和价格，完善医疗贫困救助制度。根据本院及三桥地区实际情况，对辖区的低保户、残疾人、孤寡老人、70岁及其以上老人以及在辖区内住满二年以上的外来务工人员，实行到院就诊一律免除挂号费，住院床位费及检查治疗费均实行八折优惠，当年减免152人各项费用计2.1万元；与洛杉矶感恩工作室（美国洛杉矶感恩工作室致力于医疗慈善事业，为贫困病患联系医院进行治疗并支付医疗费用）合作，为22名儿童实施腹股沟疝气高位结扎术、睾丸鞘膜翻转术、精索静脉曲张结扎术、舌骨囊肿摘除术，减免医疗费用1.1万元。是年，区属医院为391名困难群众减免医疗费用5万余元。在当年“情系千万家·温馨在云岩”活动中，为190户空巢老人每人发放200元常用药品和价值130元的爱心健康体检卡共计6.27万元。云岩区黔灵医院在“温情系五月·健康在云岩”农民工大型健康活动中，为98位进城务工人员开展体检治疗，免除各种费用3.76万元。其他区属医院2011年，为121名困难群众减免医疗费用31.47万元；2012年，为2307名困难群众减免医疗费用28.37万元；2013年，为123名困难群众减免医疗费用11.69万元；2014年，为338名困难群众减免医疗费用29.13万元；2015年，为296名困难群办理惠民医疗，减免医疗费用23.26万元，民政救助33.45万元。

二、服务环境改造

云岩区人民医院，2003年，云岩区人民医院自筹资金70万元，改造燃气锅炉，使之符合环境保护要求；拓宽医院入口道路及美化环境；改造配电房，增添自备电源设施，免除临时停电后顾之忧；改善污水处理工作站，处理后的污水达环保标准。投资20万元建设医院局域网，逐年完善医院管理信息系统（HIS），使收费、药房、住院、病历、病案、后勤物资管理实现电子信息化、科学化。2004年，自筹资金61.5万元，其中13万元用于妇产科病区重新装修，使室内环境更为温馨、人性化，并为病区增添医疗设施；17万元为洗衣房增加洗衣机、烫衣机；15万元新建职工食堂，解决职工上班期间后顾之忧；16.5万元为各病区设置呼叫器、心电监护仪、电子熏蒸消毒柜。2006年，收回业务大楼一楼商业门面，投资50万元改建为医院门诊部、急诊室、中西药房、住院收费区域。2010年改建竣工投入使用。2007年，自筹资金90万元对业务综合大楼、行政办公楼进行改扩建，同年投入17万元用于维修全院消防系统，建设治安监控系统。2010 年，收回合同到期的第 5 层，改建为医院检验中心和体检中心。自筹 123 万元用于手术室层流净化系统工程，建设千级（标准洁净）手术室一间，万级（一般洁净）手术室二间。

云岩区第二人民医院，2003 年区第二人民医院自筹资金 68 万元，在医院五层主楼旁修建五层侧楼，业务用房增加 4656 平方米。自筹资金 55 万元购买救护车，装备常用体检器材，成为可直接上门服务的流动医院。2013 年，自筹资金 500 万元开发医院后山，修建 4 层业务用房，建设层流净化手术室，完善检验科，增加内科病房，业务用房增加至 7000 平方米。

三桥社区卫生服务中心，2010 年，由国家及云岩区投资的“三桥社区卫生服务中心改扩建项目”中，医院业务用房增至 5000 平方米；用 26.6 万元建污水处理工作站，34 万元安装电梯。

云岩区黔灵医院，2010 年，云岩区黔灵医院自筹资金 65 万元，其中 41 万元改造医院四、五、六楼，在四、五楼建颈腰椎科住院部和手术室，六楼改建为办公室；24 万元修建污水处理工程，2011 年 8 月竣工并投入使用。

三、医疗技术与设备更新

（一）医疗技术

云岩区第二人民医院于 2002 年建立手术室。2003 年，开展开胸术、乳癌根治术、胆囊切除术、胆总管切开取口“T”管引流术、四肢骨折切开复位内固定术、子宫全切、次全切、剖宫产。当年，手术共 132 例，其中外科手术 95 例，妇产科手术 37 例。2005 年起，通过长期聘请专家和候鸟式人才机制，开展各种外科手术 189 例。2007 年，外科手术种类增加直肠癌根治术、脾切除术、胆总管探查术、肝修补术、脾切除术。

云岩区黔灵医院根据农民工患颈腰椎疾病多的情况，设立颈腰椎病科，设立专科病房和手术室。2009 年，引进德国赫尔曼臭氧消融系统治疗颈腰椎病的新技术，在广西武警总队医院专家组指导下成功为 8 名腰椎病患者实施“超氧刀”手术。

在原有医疗项目的基础上，区人民医院 2011 年开展妇科腹腔镜手术检查与治疗，外科腹腔镜胆囊手术，妇科高频电波刀，骨科腰椎压缩性骨折后路径皮椎体成形术，影像科螺旋 CT 三维重建及薄层扫描，检验科碱性磷酸酶测定等新项目新技术。

（二）设备更新

由贵州省级财政担保，区级财政贴息，区人民医院、区第二人民医院、云岩区黔灵医院利用北欧贷款购置医疗设备项目，从 2013 年 9 月起，10 年内每年等额归还本金。三家医院共运用北欧贷款 120 万欧元，采购 13 台（套）医疗设备，分别于 2009 年—2011 年安装投入使用。

云岩区人民医院运用欧元贷款 66 万余元（折合人民币近 517 万元）购置 4 台（套）医疗设备，其中 PHILIPS 射线诊断设备 2011 年 1 月投入使用，BECKMAN 全自动生化分析仪 2011 年 6 月投入使用，2011 年投入使用的还有 AGFAX 线影像扫描系统、ALOKA 彩色超声波。

云岩区第二人民医院运用北欧贷款 38 万元（折合人民币 310 余万元）购 12 台（套）医疗设备，其中全自动生化分析仪、碎石机 2009 年 9 月投入使用，酶标仪、洗板机、三分类血球仪 2010 年 6 月投入使用，彩色超声波 2010 年 10 月投入使用，12 导动态心电分析系统 2011 年 3 月投入使用，外科平台内窥镜系统及外科平台内窥镜系统配套设备 2011 年 5 月投入使用。

云岩区黔灵医院运用北欧贷款 3.11 万元（折合人民币近 26 万元）购置 C 型 X 光机（型号

PLX112）1 台（套），2010 年 1 月投入使用。2012 年，云岩区卫生局根据市财政局、市医改办、市卫生局《关于下达基层医疗机构债务化解事项补助资金的通知》精神，划拨资金化解云岩区黔灵医院在 2005 年因购置环保处理设备和 2009 年用北欧欧元贷款购置 PL112 高频移动 X 射机形成的 55.89 万元长期债务。

四、区属医院

云岩区人民医院，位于贵阳市中心城区紫林庵。1960 年成立。是区内最早成立的区属医院，为省、市级“医保”定点医院，云岩区新型农村合作医疗定点医院。2001 年，业务用房面积 5000 平方米，设置的临床医技科室有内科、外科、骨科、妇产科、五官科、手术室、影像科、检验科、药剂科；设住院床位 130 张。2012 年成为二级甲等医院。至 2015 年，建筑面积达 1.1 万平方米，另有行政及辅助用房 5000 余平方米；临床医技科室有：内科（含心血管、内分泌、消化、肾内、重症医学专科）、外科、骨科（含中伤骨科及中西医结合骨科）、妇产科、儿科、康复理疗科、口腔科、五官科、体检科、麻醉科、手术室、影像科（含普放室、CT 室）、功能科（含 B 超室、心电图室）、检验科（含病理科、输血科）、药剂科（含中、西药房）；住院床位 240 张；大型、高端医疗设备有全身 CT 扫描机、大型数字 X 光机、爱克发 CR 影像处理系统、彩色多普勒（黑白）B 型超声波检测仪、腹腔内窥镜、全自动免疫检测仪等；手术室建有万级（一般洁净）手术室 2 间，千级（标准洁净）手术室一间，手术室走廊达到十万级（一般洁净）。

云岩区第二人民医院，位于云岩区三桥北路。为省、市级“医保”定点医院，云岩区新型农村合作医疗定点医院。2000 年年末，业务用房面积 2500 平方米，设置病床 48 张。至 2015 年年末，医院有业务用房 7000 平方米，设置病床 80 张。临床科室有内科、外科、妇产科、儿科、中医科、口腔科、五官科、检验科、医学影像科、中、西药房。大型、高端医疗设备有全自动生化分析仪、碎石机、酶标仪、洗板机、三分类血球仪、彩超、双通道经颅多普勒诊断系统、外科平台内窥镜系统、便携式除颤起博监护仪、肺功能仪、移动 X 光机、X 光胃肠机等。

云岩区黔灵医院，位于新添大道南段。2001 年—2004 年，为云岩区人民医院黔灵分院。2005 年，改名为云岩区黔灵医院，为市级“医保”医院、云岩区新型农村合作医疗定点医院。2011 年，医院业务用房面积 2959 平方米，住院床位数 50 个；临床科室有内科（含中医）、外科、儿科、妇产科、检验科、影像科、颈腰椎科、药房。至 2015 年，床位数增加至 120 个。

五、驻区医院

（一）国有全资（或控股）医院

云岩区国有全资（或控股）医院有贵阳医学院附属医院、贵州省第二人民医院、贵州省第三人民医院、贵阳中医学院第一附属医院、第二附属医院、贵州省肿瘤医院（含 2015 年并入的中国水利水电第九工程局有限公司中心医院）等 10 家国有（或控股）非营利性医院位于区境，有医护人员 7500 余名，住院床位 6000 余个。见附表。

表 5　云岩区境国有全资（控股）注册医院一览表

（2015 年）

序号	医院名称	成立时间	营利性质	地　址	医护人员数	床位数	备注
1	贵阳医学院附属医院	1941 年	非营利性	云岩区贵医街 28 号	2822	1687	省注册
2	贵州省交通医院	1943 年	非营利性	云岩区宝山北路东山巷 1 号	195	181	市注册
3	贵阳第五人民医院	1944 年	非营利性	云岩区大营路 6 号	430	500	市注册
4	贵阳中医学院第一附属医院	1956 年	非营利性	云岩区宝山北路 71 号	1076	1041	省注册
5	贵州省第二人民医院	1968 年	非营利性	云岩区新添大道南段 206 号	540	500	省注册
6	贵阳中医学院第二附属医院	1981 年	非营利性	云岩区飞山街 32 号	933	1027	省注册
7	贵州省第三人民医院	1989 年	非营利性	云岩区百花大道 34 号	280	230	省注册
8	贵州省轮胎厂职工医院	1997 年	非营利性	云岩区百花大道 22 号	26	30	云岩区注册
9	贵州省肿瘤医院	2007 年	非营利性	云岩区双峰路 54 号	1048	685	—
10	中国水利水电第九工程局有限公司中心医院	2015 年已合并入省肿瘤医院	非营利性	云岩区白云大道 201 号	补充数据	补充数据	省注册

（二）省、市注册的民营医院

2001 年以后，在区内开业的民营医疗企业逐步增多。截至 2015 年，全区有民营注册医院 19 家，如成立时间较早的贵阳白志祥骨科医院、2004 年成立的贵州利美康外科医院、改制为民营的贵阳邮电医院等。19 家民营医院有医护人员 1000 多名，住院床位近千个。

表 6　云岩区在省、市注册的民营医院一览表

（2015 年）

序号	医院名称	成立时间	性质	地址	医护人员数	床位数	备注
1	贵州利美康外科医院	2004 年	营利性	云岩区中华北路 101 号	187	120	省注册
2	贵阳皮肤病专科医院	1995 年	营利性	云岩区延安西路	35	35	市注册
3	贵阳同仁医院	2004 年	营利性	云岩区蔡家街 53 号	40	50	市注册
4	贵阳现代女子医院	2007 年	营利性	云岩区瑞金北路 1 号	109	22	市注册
5	贵阳一通源推拿中医院	2007 年	营利性	云岩区文昌北路 2 号	14	20	市注册
6	贵阳邮电医院	1958 年	非营利性	云岩区电台街 45 号	182	180	市注册
7	贵阳铭仁耳鼻喉医院	2006 年	营利性	云岩区新添大道南段 681 号	21	50	市注册

续上表

序号	医院名称	成立时间	性质	地址	医护人员数	床位数	备注
8	贵阳博爱医院	2003 年	营利性	云岩区枣山路 120 号	60	50	市注册
9	贵阳白志祥骨科医院	1993 年	营利性	云岩区上合群路铜佛巷 17 号	140	144	市注册
10	贵阳当代医疗美容医院	1988 年	营利性	云岩区中山东路中山大厦 A 座 2－4 层	40	28	市注册
11	贵阳肛肠杂病医院	1990 年	营利性	云岩区螺丝山路 8 号	25	20	市注册
12	贵阳乳腺疾病医院	2001 年	营利性	云岩区陕西路 23 号	43	23	市注册
13	贵阳友好妇科医院	2003 年	营利性	云岩区北京路 29 号	11	35	市注册
14	贵阳胃肠博大医院	2006 年	营利性	云岩区公园西路 90 号	26	20	市注册
15	贵阳市精神病人康复医院	1995 年	非营利性	云岩区宅吉路 62 号	35	50	市注册
16	贵阳圣济男科医院	2003 年	营利性	云岩区上合群路 68 号	19	20	市注册
17	贵阳中医康复医院	2013 年	营利性	云岩区新添大道南段化工路口	46	50	市注册
18	贵阳阳明眼科医院	2006 年	营利性	云岩区上合群路 74 号	29	25	市注册
19	贵州省红十字医院	2010 年	营利性	云岩区浣纱路 223 号	17	10	市注册

（三）云岩区注册的民营医院

截至 2015 年年末，在云岩区卫生管理部门注册的民营医院有贵阳和谐阳光医院、贵阳港雅医院、贵阳瑞特医院等 23 家，提供住院床位约 780 个。

表 7　云岩区注册的民营医院一览表

（2015 年）

序号	医院名称	当年门诊人数(次)	床位数（张）	年住院人数（次）	地　址
1	贵阳协和医院	6032	20	—	云岩区慈善巷 2 号
2	贵阳和谐阳光医院	13999	80	492	云岩区三桥南路 96 号
3	贵阳港雅医院	5900	20	84	云岩区宝山路 403 号
4	贵阳长江医院	4704	48	977	云岩区中华中路 137 号
5	贵阳云岩永安医院	13269	21	247	云岩区宅吉路 315 号
6	云岩大凹医院	25949	32	45	云财区金阳大道精忠桥
7	贵阳华美整形美容医院	6728	20	3310	云岩区富水北路 68 号天恒大厦南座 2 楼
8	贵阳云岩同济堂医院	47933	50	—	云岩区正新街 35 号
9	贵阳阳光医院	16911	60	1521	云岩区白云大道 247~1 号

续上表

序号	医院名称	当年门诊人数(次)	床位数（张）	年住院人数（次）	地　址
10	贵阳华西医院	8013	50	42	云岩区素山路20号
11	贵阳云岩长安医院	3800	21	—	云岩区中华北路216号
12	贵阳欧亚男科医院	29393	20	—	云岩区太平路12号
13	贵阳云岩荣光全胜医院	2800	13	—	云岩区北京路262号
14	贵阳瑞特医院	4679	50	2276	云岩区新添大道南段183号
15	贵阳人和医院	5799	20	263	云岩区宅吉小区吉祥路25号
16	贵阳养和医院	6970	20	—	云岩区瑞金北路24号
17	贵阳华亿医院	2341	50	1328	云岩区城基路58号
18	贵阳市红十字会康福医院	12689	70	884	云岩区友谊路86号
19	贵阳南佗医院	5842	30	87	云岩区白云大道201号
20	贵阳长峰医院	4200	20	500	云岩区旭东路285号
21	贵阳云岩西诚医院	7910	20	80	云岩区野鸭塘茶园村
22	贵阳云岩神奇普济医院	1260	20	—	云岩区中山东路140号
23	贵阳云岩大桦医院	8300	20	45	云岩区松山路2号

第六节　社区卫生

一、卫生机构建设

2001年，云岩区有15个街道办事处联合承担各街道办事处卫生防疫、妇幼保健工作的各级公立医院，开办社区卫生服务中心（站）21个。2002年，区卫生局发文，要求社区卫生服务中心主任，由街道办事处分管副主任兼任，中心副主任或社区卫生服务站的负责人，由承办医疗单位具有中级以上卫生技术职称、具备管理协调能力的医护人员担任。社区医务人员按1∶1000~1500人口配备，须具备执业医师资格证书、护士执业许可证书等专业技术资格证书；社区卫生服务中心业务用房面积为150平方米~200平方米，卫生服务站业务用房60平方米~80平方米，有三间以上独立房间，且不得是临时建筑；应具备必要的基本诊疗设备、计划免疫设备、妇幼保健设备、办公通讯设备。2003年，社区卫生服务机构发展到40家，区基层卫生监督网络同时建成。7月，区卫生局卫生监督所驻16个街道办事处（镇）卫生监督办公室成立，办公室主任由各社区卫生服务中心主任兼任，任命首批36名基层卫生监督员。区基层卫生预防保健网络同时建成。各社区卫生服务中心设预防保健科、各社区卫生服务站设预防保健组，承接卫生服务中心预防保健科交办的工作。年底，原地段医院承担的计划免疫和妇幼保健工作，移交社区卫生服务中心负责。全区各社区卫生服务机构实行全员聘任制，新增人员一律公开招聘、竞争上岗，形成以全科医师为骨干，公共卫生、中医药、护理等各专业卫生技术人员组成的社区卫生服务队伍。2005 年，全区 60% 的社区卫生服务机构达到贵阳市社区卫生服务中心（站）设置要求、审批程序及建设验收标准。2010 年，区卫生局将金关、延中、头桥、贵乌街道办事处社区卫生服务中心列为社区卫生服务中心规范化建设项目单位。2012 年 4 月，全区 17 个街道办事处改制为 25 个社区服务中心。社区卫生服务中心（站）的准入、退出、注册、校验以及相应机构医务人员的注册，变更和日常管理等工作，仍由区卫生行政部门负责管理。当年 10 月，36 个社区卫生服务机构完成重新命名、注册、变更和挂牌。2013 年年末，全区共建有社区卫生服务机构 37 个，其中 32 个是由政府或公立企、事业单位承办，北京路社区卫生服务中心为市卫生局直管，有 5 个为民办医疗机构承办。37 个社区卫生服务机构共有职工 656 人，其中卫生技术人员 486 人，占职工总数的 74.09%。卫生技术人员中，高级卫生技术职称 33 人，占卫生技术人员总数的 6.79%；中级卫生技术职称 154 人，占卫生技术人员总数的 31.69%；初级卫生技术职称 299 人，占卫生技术人员总数的 61.52%。2014 年年末，区内建有社区卫生服务机构 42 个，其中国有事业、企业单位承办的有 33 个，民办医疗机构承办 9 个。

2015 年年末，全区共建 45 个社区卫生服务机构，其中社区卫生服务中心 16 个，社区卫生服务站 29 个，政府办的卫生服务机构 2 个；公立医院承办卫生服务机构 10 个；企事业医院承办卫生服务机构 18 个；民营医疗机构承办 15 个。45 个卫生服务机构共有职工 963 人，其中各级各类卫生技术人员 677 人，占职工总数的 70.30%。卫生技术人员中，高级卫生技术职称 53 人，占 7.82%；中级卫生技术职称 168 人，占 24.82%；初级卫生技术职称 456 人，占 67.36%。

二、卫生服务

2001 年，各社区卫生服务中心（站），为 247 个居委会家庭及个人免费建立健康档案（卡）14 万份，其中 60 岁及其以上老人 2.9 万人。常见病、高血压、脑血管病、糖尿病、60 岁以上老年人和残疾人等相关资料被分类整理输入微机，进行统计和分析。免费为残疾人进行体检，建档，制定针对不同情况的残疾人康复计划。对 437 名“重精”患者实施系统管理。为高血压患者建档。在两次脊髓灰质炎强化服苗工作中，给适龄儿童服苗 4876 人次。为中小学生龋齿进行充填术。当年医疗门诊人次 16 万人次。2002 年，贵阳市卫生局下发《社区卫生服务中心（站）工作制度》，对全科医师诊室工作制度、社区治疗室制度、社区护理工作常规、门诊、急诊登记制度等 15 项制度统一范本。当年为 2.8 万名 60 岁及其以上老年人免费体检，对其中 1.07 万人进行系统管理。查出高血压 6607 人、对其中 4467 名患者进行系统管理，系统管理率达 67.61%。年门诊总计为 23 万人（次）。2003 年，全区社区卫生服务机构建立健康档案 13 万份；完成年门诊人次 18.3 万人（次），开设家庭病房 4410 人次；在“社区卫生服务活动周（月）”中，举行大型义诊，免费为残疾人、孤寡老人、下岗职工、困难家庭及社区居民健康检查 5 万人（次），免费赠送价值 2 万元各类药品；完成电脑管理软件的安装、调试。2004 年，实施社区卫生服务中心（站）双向转诊和鼓励大、中型医疗机构医务人员到社区卫生服务机构兼职的举措；全年累计建立健康档案 45 万余份；完成年门诊 15 万余人（次），为 1.03 万人（次）开设家庭病房；各社区卫生服务中心电脑管理一体化管理系统安装完成。

2005 年，在社区卫生服务工作中引入公共卫生监督、“无纸化”社区卫生服务、青少年心理服务咨询、计划免疫金卡、吗啡尿检。成立“云岩区健康教育促进学校”，举办健康知识、“除四害”知识、疾病预防知识（含性病，艾滋病预防知识）讲座。2008 年，云岩区卫生局对各社区卫生服务中心 6 个方面的工作进行考核：医疗；传染病、地方病、计划免疫；公共卫生监督；妇幼保健；慢病管理；

健康教育、计生咨询、康复工作。2009 年，云岩区境发生甲型 H1N1 流感疫情，确诊患者 153 例；区卫生局组织相关社区卫生服务中心（站）居家观察 107 例患者，对 2000 名密切接触者进行监控观察，使疫情得到及时控制。

2010 年，区卫生局出台促进基本卫生公共服务均等化（均等化）实施方案。各社区卫生服务中心（站）开展健康教育活动，发放各种宣传资料 10 万份；建立 0 岁~6 岁儿童 9437 份免疫接种档案，免疫规划接种 22.773 万剂（次），将 2006 年 1 月 1 日以后出生儿童预防接种信息录入“儿童预防接种管理系统”。2011 年，通过社区卫生服务中心录入健康电子档案 45 万份。2012 年，全区开展全科医师执业方式和服务模式改革试点工作，选定北京路、贵乌、延中、三桥 4 个社区卫生服务中心为试点单位。当年，建立健康档案累计 49.04 万份，电子档累计达到 45.74 万份；免疫规划接种 14.46 万剂（次）；建立儿童保健手册 4454 册；对 2.4 万名 65 岁以上老年人进行健康检查，对筛查出的高血压患者、糖尿病患者，对排查出的“重精”患者进行登记管理，按规定进行随访；开展非法行医信息监测收集及报告 78 件（次）。是年，云岩区卫生和食品药品监督管理局基本公共卫生服务技术指导中心成立，对社区卫生服务中心进行基本公共卫生服务指导、培训、督导、绩效考核等。2013 年，对社区基本公共卫生服务均等化工作职责进行细化，对绩效考核和均等化工作经费管理作进一步明确规定。全年累计建立健康档案 65 万份，电子录入 60 万份；举办健康教育讲座 391 次，举办健康主题咨询活动 326 次，1.6 万人参与；建立儿童保健手册 3322 册；65 岁以上老年人体检 11203 人（次）。2014 年，区卫生局指派 8 名卫生人员赴北京参加全科医生业务培训；在 14 个社区卫生服务中心和云岩区黔灵医院，组建 15 个以全科医生为核心、专科医生为技术支撑以及社区护士、公共卫生医生（预防保健员）、中医医生组成的全科医师团队，每个团队与 1500 名居民签订全科医生签约协议书，为签约居民提供连续、综合、全程的健康管理服务。15 个签约医疗机构与贵阳市各市级医院及区人民医院签订双向转诊协议、指定专门科室，确定专门负责人完善双向转诊工作，全面推进全科医生执业方式和服务模式改革，全区有 2.1 万人签约受益。

2015 年，各社区卫生服务中心和云岩区黔灵医院组建的 16 个全科医师团队，与居民签订全科医生协议书，为 2.4 万名签约者提供持续的综合健康管理服务。全年累计建立居民健康电子档案 69 万份，占全区常住人口数的 80%；印发健康教育宣传资料共 10 万册，更换健康教育宣传栏内容共 431 期（次），举办健康教育讲座 365 次，共 1 万人受益，举办健康主题日宣传活动共 382 次，有 2.5 万人参加；为儿童建立预防接种证、卡等预防接种档案，按规定开展各类疫苗的查漏补种应急接种。未发生预防接种异常反应。建立儿童保健手册 2030 册，开展新生儿访视 4975 人，新生儿满月管理 2066 人次；建立孕早期保健手册 5081 份，孕早期随访 1.5 万余人，产后访视 4596 人，产后 42 天体检 1909 次；管理 65 岁以上老年人 4 万人，开展一般体格检查 8153 人；管理糖尿病人 1.08 万人、高血压病人 3.43 万余人、“重精”患者 2244 人。开展非法行医信息监测收集及报告 540 次、食品安全宣传 80 次，同时开展中医适宜技术服务。

第七节　妇幼卫生

一、妇幼卫生网络

2001 年—2003 年，区内省、市、区级公立医院，承担规定的街道办事处全部地段或部分地段妇幼卫生职责，区人民医院黔灵分院（2005年1月更名为云岩区黔灵医院）承担13个村的妇幼卫生职责。原区妇幼保健所对各医疗机构进行业务技术指导和督促检查。2003年7月，各社区卫生服务中心、区人民医院黔灵分院承担基层疾控制及预防保健和辖区妇幼保健工作。8月中旬，各社区卫生服务中心、区人民医院黔灵分院预防保健科人员集中培训考试，9月正式组建预防保健科并开展工作。11月，原由各级公立医院分别承担的地段妇幼保健工作移交各社区卫生服务中心（站）。2004年1月1日，各社区卫生服务中心按《贵阳市妇幼保健工作规范》开始对外服务。至此，云岩区妇幼卫生工作网络实现市、区、社区卫生服务中心（含区人民医院黔灵分院）三级运行模式。

2011年3月，云岩区妇幼计生保健院设立妇幼卫生项目办公室。项目办公室主要职责：负责全区妇幼卫生项目日常管理，督导、检查评估；项目实施单位的各类横向联系、业务指导和协调管理；调查和规范理顺项目中存在的业务问题；收集记录并向上级卫生行政部门和业务指导部门报告项目实施过程中的困难、问题和相关数据信息（含网络直报）；协调并组织项目培训。

二、妇幼卫生保健

2001年—2015年，云岩区遵照《中华人民共和国母婴保健法》《母婴保健实施办法》《中国妇女发展纲要》《中国儿童发展纲要》以及国家、省、市关于妇幼卫生保健工作部署，开展妇幼卫生保健、孕产期保健及0至6岁儿童保健。2001年，辖区妇幼卫生保健机构，社区卫生服务机构以及有产科资质医疗机构，结合日常性妇女保健和孕妇保健、围产期保健工作，宣传住院分娩，消除新生儿破伤风科学知识。区卫生行政部门和区人民医院黔灵分院查处黔灵镇13个行政村区域范围内的旧法接生现象，同时随着区境经济和社会发展，广大育龄妇女文化卫生知识和生活质量提高。至2008年，区内孕产妇住院分娩率达98.09%~99.96%，新生儿破伤风发生率为零。

2009年，贵州省卫生厅将云岩区定为“降消项目新增县”（降低孕产妇死亡率，消除新生儿破伤风），区卫生局、区财政局、区妇女儿童工作委员会办公室联合印发《2008年中央转移支付降低孕产妇死亡率和消除新生儿破伤风项目实施方案》，提出2009年度孕产妇死亡率、婴儿死亡率、5岁以下儿童死亡率、新生儿破伤风发病率的控制性目标；城市和农村住院分娩率、农村孕产妇住院分娩受益率、消毒接生率、孕产妇系统管理率、城市和农村3岁以下儿童系统管理率、产前检查率、医疗保健机构基本理论、基本知识、基本技能考核合格率的支持性目标，以及项目监督与评价和17.17万元项目资金使用与管理办法，并成立项目技术指导小组，进行业务技术指导和管理。2010年，区卫生局印发《云岩区2009年中央转移支付“降消”项目实施方案》；2011年—2013年，修改印发各年的中央转移支付《云岩区妇幼卫生综合项目管理方案》，与2009年版和2011年版的《国家基本公共卫生服务规范》的“孕产期保健服务规范”“0岁~6岁儿童健康管理服务规范”接轨。

2011年—2015年的5年间，根据省、市卫生行政主管部门关于“农村孕产妇住院分娩补助项目”的规定，云岩区按每人400元的标准，分别补助农村孕产妇497人、534人、533人、589人和486人，总计补助金额106.04万元。2001年—2015年，云岩区无新生儿破伤风病例报告，孕产妇保健及0岁~6岁儿童保健取得成效。

三、出生缺陷监测

根据《中国提高出生人口素质，减少出生人口缺陷残疾行动计划（2002年—2010）》，2003年，云岩区建立以原云岩区妇幼保健院（2003年改制为云岩区妇幼计生保健院）为监测中心，各街道办事处、社区卫生服务中心和区人民医院黔灵分院为“监测站”，居委会和各村委会为“监测点”的三级“出生缺陷”监测网络。

2007 年，区妇幼计生保健院成立听力筛查中心。2009 年，云岩区被定为国家级“出生缺陷监测点”，贵阳医学院附属医院、贵阳中医学院二附院、贵州省交通医院、云岩区人民医院为监测定点医院。当年 4 家医院共出生“出生缺陷”婴儿 56 人，全年出生缺陷发生率 10 万分之 189. 89。其中，外耳道其他畸形（俗称小耳朵）18 例，占 32. 14%；左右马蹄内翻足 13 例，占 23. 21%；其他 25 例，占 44. 6%。2010 年，上述四家医院检查围产儿 3474 例，先天畸形 70 例，总发生率为 10 万分之 189. 98，其中小于妊娠 28 周的先天畸形有 4 例。2011 年，前述四家监测医院监测围产儿 3984 例，先天畸形 63 例，先天畸形总发生率 10 万分之 150. 64，其中小于妊娠 28 周的先天畸形为 3 例。2012 年—2015 年，出生缺陷发生率分别为 10 万分之 167. 02、10 万分之 197. 80、10 万分之 221. 47、10 万分之 233. 37。

四、“三网”监测

2002 年，区妇幼计生保健院参加全省孕产妇死亡、儿童死亡、新生儿出生缺陷监测（“三网”监测）专业知识和技能培训。2003 年—2007 年，参加全省“三网监测”科研实际工作。2008 年，区各级卫生机构每季度对监测点进行质量控制，无漏报发生。当年发生一例孕产妇死亡，及时上报市妇幼机构并组织调查、对一例婴儿死亡漏报问题进行补漏调查。2010 年，云岩区建立“三网”监测质量控制指导小组，加强对“三网监测”工作的管理。2008 年—2015 年，云岩区“三网”监测未发生漏报，重报现象。

五、新生儿疾病筛查

2007 年，区卫生局成立新生儿疾病筛查工作领导小组。2010 年，区妇幼计生保健院建立云岩区新生儿疾病监测管理中心，辐射贵州省疾控中心附属医院、贵阳中医学院第二附属医院、贵阳医学院附属医院、云岩区人民医院、贵州省第二人民医院、瑞特医院、云岩区第二人民医院、区人民医院黔灵分院、同仁医院、贵州省交通医院、贵州省邮电医院 12 家具有产科资质医院。12 家医院全年出生婴儿数为 6782 人，接受苯丙酮尿症筛查、甲状腺功能减低症筛查均为 5878 人，筛查率均为 86. 76%；听力筛查 57 人，筛查率为 0. 84%。2011 年，新增长江医院为监测医院。13 家医院当年出生婴儿 7903 人，接受苯丙酮尿症筛查、甲状腺功能减低症筛查均为 6258 人，筛查率均为 79. 19%，其中先天性甲状腺功能低下可疑阳性为 2 例；接受听力筛查 6 人，筛查率为 0. 08%。2012 年，新生儿疾病筛查医院增至 17 家，当年出生婴儿 4632 人，接受苯丙酮尿症、甲状腺功能减低症筛查人数均为 4206 人，接受听力筛查 649 人。2014 年，16 家监测点活产婴儿数 4818 人，接受苯丙酮尿症筛查及甲状腺功能减低症筛查均为 4464 人，听力筛查 4132 人。2015 年，17 家监测点活产婴儿 5161 人，苯丙酮尿症筛查、甲状腺功能减低症筛查均为 4925 人，筛查率均为 95. 43%；听力筛查 4589 人，筛查率为 88. 92%。

六、增补叶酸预防神经管缺陷项目

2010 年 3 月 25 日，全区正式启动“增补叶酸预防神经管缺陷”项目，组织全区妇幼卫生和计划生育工作人员进行专项培训，制定考核、评估标准。全年免费叶酸发放量为任务数的 63%。2011 年—2015 年期间，针对妇幼卫生、计生工作人员变动情况，持续开展项目培训工作，每年督导 4 次。

七、预防艾滋病、梅毒、乙肝母婴传播项目

2008年，云岩区被列为第四轮全球基金中英防治艾滋病（HIV）项目区。区卫生部门随即制订《云岩区预防艾滋病母婴传播工作实施方案》，建立和完善工作机制，举办相关工作人员业务知识和操作技术培训。2009年，区卫生局对从事妇幼卫生保健人员、助产医疗机构进行专业知识、防治技能培训。建立健全管理信息系统，加强信息收集、审核、报告、管理。建立健全实施项目的各项规章、制度（含监测流程）；印制相关报表及各类登记卡、表、册等基础性工作。2010年，云岩区成为卫生部和联合国基金会及国际药品采购机制预防艾滋病母婴传播合作项目区。全年对助产医院进行“艾滋病防治”督导2次，对社区、农村“艾滋病防治”督导4次，进行业务培训6次，共有250人（含实验室21人）参加培训；全年有5095人接受艾滋病病毒检测，发现HIV病毒阳性3人，阳性率为0.06%，对3例阳性产妇所生新生儿均予建档，及时上报，并跟踪管理。

云岩区2011年启动《2011年中央转移支付预防艾滋病、梅毒，乙肝母婴传播项目管理方案》，对助产医院、社区、农村进行督导。孕期接受梅毒检测孕妇为4920人，检测出梅毒感染孕妇3人，感染率为0.06%；仅产时接受梅毒检测产妇数为2099人，检测出梅毒感染产妇5人，感染率为0.24%。孕期接受乙肝表面抗原检测孕妇为5018人，乙肝表面抗原阳性人数为73人，阳性率为1.45%；仅产时接受乙肝表面抗原检测的产妇为2100人，乙肝表面抗原阳性人数为67人，阳性率为3.19%。接受产前艾滋病咨询并接受艾滋病抗体检测的1464对男女性人员中，检出抗体阳性2人（均为男性），阳性率为0.14%；接受初次产前保健的孕妇数为6341人，其中接受艾滋病咨询孕妇数为5372人，咨询率为84.72%；接受艾滋病抗体检测为4662人，检测率为73.52%，其中抗体阳性1人，阳性率为0.02%；对5例艾滋病抗体阳性产妇所生新生儿进行追踪管理，其中2010年4例，1例已结案。

2012年，接受婚前保健咨询率、接受艾滋病抗体检测率均为100%；孕产妇HIV咨询率98.8%，孕产妇HIV检测率为96.5%，阳性率为0；孕产妇接受梅毒检测率为98.2%，其中感染梅毒5人；孕产妇乙肝表面抗原检测率为98.7%，乙肝免疫球蛋白接种率为98.8%。是年，追踪管理梅毒10人，追踪管理HIV阳性3人。2013年，接受婚前HIV检测率为100%；孕产妇接受HIV咨询率为98.72，接受HIV检测率为99.32%。2014年，全区接受婚前艾滋病抗体检测率为100%，孕产妇HIV咨询率为99.68%；孕产妇孕产期HIV检测率为99.68%。区卫生和食药监局指定贵阳市公共卫生救治中心为梅毒孕妇定点治疗机构，完成预防梅毒母婴传播项目工作。

2015年，区内有产科资质医院及妇幼保健院产妇1.35万人，HIV咨询服务1.33万人，咨询率为98.89%，其中孕期咨询为1.17万人，孕期咨询率为87.18%；HIV检测人数1.33万人，检测率为98.87%，其中孕期检测为1.17万人，孕期检测率为87.80%；发现HIV阳性3例，其中有1例在孕期引产，1例分娩（双胎2名儿童），1例进行预防性干预；儿童进行预防性干预用药2人。全年发现梅毒阳性14人，其中10人分娩婴儿10人，未发现先天梅毒患儿；对10名梅毒阳性产妇进行治疗，其中有3例进行规范性治疗，其中有5例属孕晚期发现，无法进行规范干预；对出生婴儿进行预防性干预7人，实际干预5人，干预率为71.43%。是年共发现乙肝阳性产妇455人，活产婴儿数为448人，其中接种乙肝免疫球蛋白447人，接种率为99.78%

第八节　农村医疗卫生

一、镇级、村级医疗卫生管理

2001年年初，黔灵镇13个村建有卫生室，其中11个村为甲级村卫生室，2个为合格村卫生室。13个村级卫生室共有卫生人员33人。2月，村计生室与卫生室合并，实现资源共享、人员互用，为村民提供更大便利。为避免因追求经济利益而发生职能偏差，合并后的村卫生室不实行承包制，村委会与合并后的村卫生室签订目标责任书，制定管理办法。村卫生室对外聘请的医务人员，须按规定到区卫生局完善有关手续，执证行医。同年9月，区卫生局和黔灵镇出台加强13个村卫生室管理的意见，明确村卫生室由村委会举办，形式可以多样化，是为村民提供预防、保健医疗服务的非营利性机构，以实施农村初级卫生保健为龙头，以建设农村三级医疗预防保健网为基础，以发展农村合作医疗为契机，开展农村卫生工作。同时要选派留得住、热爱卫生事业人员到区医院、区卫生预防站、区妇幼保健所进行上岗培训。镇人民政府和村委会对村卫生室工作经费要纳入预算，管理纳入目标考核范围。

区人民医院黔灵分院2003年承担对村卫生室的指导与管理职能，做到统一培训、统一基本工资、统一进药渠道、统一收费标准、统一考核。2007年，原金关街道办事处、金鸭街道办事处、金惠街道办事处由外区划归云岩区管辖，因此增加金鸭村、金关村、杨惠村、大凹村、蔡家关村、茶园村6个农村行政村及6个村级卫生室。

区卫生和食药监局2011年对全区19个行政村卫生室基本公共卫生服务均等化考核。检查2011年基本公共卫生服务工作、实施国家基本药物制度情况和新型农村合作医疗工作开展情况。2012年，全区农村卫生室共有村医54人，其中中专以上学历51人，取得贵州省乡村医生执业证书42人，取得执业医师资格证书5人，执业护士资格证书7人。所有村卫生室配备120种以上药品，多数业务用房由村委会统一提供；部分用房为租赁，租金由村委会支付或村医自行支付。村医报酬由3方面构成：政府规定补助最高月人均1000元左右，加上医疗服务的收入和基本公共卫生服务项目考核经费。

2013年，全区村卫生室共有村医71人，其中，执业医师和助理执业医师5人，取得贵州省乡村医生执业证书47人。村卫生室纳入基层医疗机构信息化建设和管理范围甲级村卫生室，除偏坡村、雅关村、黔灵村因贵阳市“盐沙线”道路工程需要，村卫生室房屋被征占期间使用活动板房进行临时过渡外，其他村卫生室业务用房基本达到国家村卫生室标准。2014年，19个村卫生室共有村医74人，其中执业医师和助理执业医师4人，取得贵州省乡村医生执业证书53人。2015年，全区村卫生室有村医68人，村医中具有执业医师或执业助理医师资格的4人，具有中专以上学历的64人。村卫生室能够提供基本公共卫生和基本医疗服务，其中茶店、渔安、黔灵、改茶、大洼、蔡关、宅吉7个村卫生室能够从事中医药诊疗服务。各村卫生室为辖区村、居民提供国家基本公共卫生服务、中医药健康管理服务和卫生监督等。诊疗服务执行新型农村合作医疗制度和国家基本药物制度。

二、新型农村合作医疗（新农合）

2001年，黔灵镇的三桥、改茶、黔灵、沙河、云岩村根据村情继续实行互助共济性的合作医疗。其中，三桥村本村农民看病时只拿0.1元的挂号费便可以在村卫生室看病拿药，重病患者在指定医院住院报销50%的医疗费；宅吉村给100多名村民每人发一张“就医卡”，凭卡看病拿药；五保户、老党员、困难户、独生子女（家庭）等免费就医；沙河村针对不同年龄的村民看病收费就医收费标准不一样；茶店村对特困户、五保户等免费就医。因渔安、安井、雅关、偏坡等边远村集体经济发展落后，“因病致贫、因病返贫”已成为农民“奔小康”障碍。2003年10月，云岩区出台《关于进一步加强农村卫生工作的意见》，决定在这4个村开展合作医疗，帮助贫困村民减轻医疗负担，提高村民抵御大病风险的能力。

2004年，区卫生局、区财政局、区农水局、区人口计划生育局、区民政局、区食品药品监督管理局、区民族宗教事务局和黔灵镇人民政府八部门根据中央和省市的要求及政策规定，结合区情和镇情拟定《云岩区新型农村合作医疗制度实施方案（试行）》，报区人民政府审批。2005年5月，区人民政府印发《云岩区新型农村合作医疗制度实施方案（试行）》。“新农合”是由政府组织、引导、支持，农民自愿加入，个人、集体、政府多方筹资的农村医疗互助共济制度。6月，成立云岩区新型农村合作医疗小组及监督委员会。11月，区卫生局分别对黔灵镇13个村卫生室进行检查后建议黔灵镇新型农村合作医疗管理委员会与沙河村、茶店村、黔灵村、西瓜村、渔安村、安井村等卫生室签订云岩区新型农村合作医疗村级定点医疗机构合作协议书，授发《云岩区新型农村合作医疗村级定点医疗机构》牌。

2006年12月，成立云岩新型农村合作医疗管理中心。2008年1月，云岩区新型农村合作医疗管理中心印发《关于成立云岩区新型农村合作医疗技术专家组的通知》；是年起，区卫生局和云岩区新型农村合作医疗管理中心根据《云岩区新型农村合作医疗机构审批管理办法》，陆续公布云岩区新农合定点医疗机构名单，方便农民就近就医。

（一）“新农合”参与人数

2005年，黔灵镇自愿参加新农合农业人口为1.59万人，参保率达63.38%。2008年“三马”片区划归云岩区，参加新农合农业人口数增加到3.81万人。2009年以后参加新农合农业人口逐年增加，截至2015年年底，参加新农合人数达到4.4万人。

表8　云岩区参加“新农合”投保人数统计表

（2005年—2015年）

年份	参保人数(人)	参保率(%)	年份	参保人数(人)	参保率(%)
2005年	15829	63.38	2011年	41665	99.29
2006年	24580	95.74	2012年	40925	99.31
2007年	37863	96.72	2013年	42279	99.34
2008年	38087	99.23	2014年	43237	99.15
2009年	38825	99.18	2015年	44013	99.35
2010年	39291	98.38			

（二）“新农合”个人筹资

根据市和区财政部门关于“新农合”筹资规定，2005年—2007年，区卫生局设立初级年人交10元，中级年人交20元，高级年人交30元，按个人筹资金额享受不同补偿比例及最高补偿限额。其中中、高级多交的10元和20元纳入大病统筹（如住院医治）经费管理。

2008年，个人筹资只设两级，即年人交10元，30元两档，后者多交20元的用途同2005年—

2007年筹资使用办法。2009年—2010年，实行年人交20元标准，2011年，实行年人交30元标准；2012年—2013年，实行年人交50元标准，2014年—2015年，实行年人交70元标准。

表9　云岩区"新农合"农民个人筹资统计表

（2005年—2015年）

年份	农民筹资金额(元)	年份	农民筹资金额(元)
2005年	273320.00	2011年	1249950.00
2006年	312380.00	2012年	2046250.00
2007年	183640.00	2013年	2113950.00
2008年	626570.00	2014年	3026590.00
2009年	776500.00	2015年	3080910.00
2010年	785820.00		

（三）"新农合"财政补助

从2005年开始，国家、省、市、区四级人民政府为参加"新农合"农民出资购买医疗服务。2005年，市、区两级财政投入32.94万元，其中市级投入26.67万元，区级投入6.27万元。2006年，两级财政投入86.03万元，其中市级24.58万元，区级61.45万元。2007年，四级财政投入85.88万元，其中中央财政37.14万元，省级财政24.15万元，市级财政17.21万元，区级财政7.38万元。

2008年，从国家到乡镇5级财政投入253.07万元，其中中央财政99万元，省级财政113万元，市级财政26.36万元，区级财政12.53万元，黔灵镇2.18万元。2009年，5级财政投入379.83万元，其中中央财政225万元，省级财政116万元，市级财政27.18万元，区级财政9.42万元，黔灵镇2.23万元。2010年，四级财政投入471.73万元，其中中央财政236万元，省级财政176.8万元，市级财政39.29万元，区级财政19.64万元。2011年，四级财政投入834.16万元，其中中央财政517万元，省级财政238万元，市级财政50万元，区级财政29.16万元。2012年，辖区开始推行《国家基本公共卫生服务规范（2011年版）》，当年增加到年人均240元；四级财政共计投入981.94万元，其中中央财政638万元，省级财政258万元，市级财政57.29万元，区级财政28.65万元。2013年增加到年人均280元，2014年增加到年人均320元，2015年增加到年人均380元。

表10　云岩区各级财政对"新农合"投入总额统计表

（2005年—2015年）

年份	各级财政投入总金额(元)	年份	各级财政投入总金额(元)
2005年	329440.00	2011年	8341635.00
2006年	860300.00	2012年	9819425.00
2007年	858760.00	2013年	11840417.00
2008年	2530727.00	2014年	13835825.00
2009年	3798275.00	2015年	16724964.00
2010年	4717365.00		

第九节　医药卫生体制改革

一、新型农村合作医疗制度

2005 年，云岩区卫生局根据国家和省、市有关规定，印发《云岩区新型农村合作医疗制度实施方案（试行)》，除市、区人民政府财政依法拨款筹资外，通过宣传，建立健全规章制度，使农民积极参保筹资。根据具体情况，农业人口参加“新农合”筹资办法也作出相应调整。参见本章第八节第二目。

二、基本药物制度

2010 年，云岩区被定为贵阳市基本药物制度改革试点区。3 月，区卫生局印发《关于成立云岩区卫生系统推进基本药物制度工作领导小组》。6 月，区卫生局会同区发改局、区监察局、区人力资源和社会保障局、区商务局、区物价局、区食品药品监督管理局印发《关于印发〈云岩区基本药物制度实施方案〉的通知》，成立由区人民政府分管副区长任主任，区人民政办公室分管副主任、区卫生局长任副主任、联合行文单位负责人任委员的云岩区基本药物工作委员会，并在区卫生局下设区基本药物工作委员会办公室负责日常工作。

云岩区实施基本药物制度分为两个阶段：

第一阶段为 2010 年 5 月至 2011 年年底，实施单位为非营利性的延中社区卫生服务中心、区人民医院黔灵分院和 19 个非营利性的村卫生室，全部实行省级集中网上招标采购，配送国家基本药品目录药物，做到基本药物零差率销售。要求实施单位从制度实施之日起，留存的其他药品在过渡期内销售使用完毕，并实行零差价销售；实施单位配备和使用非目录药必须实行审批制，村卫生室的药品由实施乡村卫生一体化管理的云岩区黔灵医院统一购置，统一配送，统一管理，区卫生部门仅与区人民医院黔灵分院结算。

第二阶段为 2011 年年底至 2020 年年底，实施单位为除上述医疗机构以外的云岩区行政区域内所有公立非营利性的基层医疗机构；各实施单位要将基本药物作为首选药物，并达到贵州省卫生厅制定的比例标准，按贵州省基本药物零售价格销售，其他药物按省物价局物价标准执行。

2010 年—2013 年，区人民医院黔灵分院、延中社区卫生服务中心和各村卫生室实施基本药物制度。2014 年—2015 年，实施单位有区人民医院黔灵分院、各村卫生室和两个社区卫生服务中心。2010 年—2015 年，实施单位销售国家基本药物目录和省级增补目录药品分别为 59. 66 万元、89. 10 万元、149. 83 万元、155. 15 万元、146. 04 万元、159. 37 万元；5 年半时间，以零差率销售基本药品让利惠民金额分别为 8. 94 万元、13. 37 万元、22. 48 万元、23. 30 万元、21. 91 万元、23. 91 万元。通过补偿性绩效、基础性绩效、奖励性绩效等医改补偿机制，上述基层医疗单位获得相应补偿，保证医疗服务正常运营。

2015 年，区人民医院根据《贵州省卫生厅关于做好二级以上综合医院、中医院基本药物配备使用工作的通知》要求，制定促进基本药物优先和合理使用的实施办法，建立健全内部激励约束机制，合理设定监测指标，每月进行一次处方点评，使处方合格率达 98%；同时设立基本药物价格公示栏，接受社会监督。

三、基层医疗卫生体系

截至2015年年末，全区有两所区级医院，1所乡镇级医院，1所区级疾控中心（站），1所区级计生妇幼保健院，45个社区卫生服务中心（站）、19个村卫生室，均为不以营利为目的的公益性医疗、卫生、妇幼保健机构。另外有按照“谁审批、谁管理”的个体诊所391所，门诊部19所，民营医院23所，厂矿学校医院、医务室39所，为云岩区境居民、村民，以及企业单位职工、家属提供医疗卫生、保健服务，服务惠及97.6万人。

区人民医院是省、市社会医疗保险（医保）和区新农合定点医院，承办市西社区卫生服务中心、水东社区卫生服务中心，同时负责其他15个社区卫生服务中心双向转诊的医疗救治工作。

区第二人民医院是省、市医保和区新农合定点医院，承办中华社区卫生服务中心、三桥社区卫生服务中心、北京路社区第四卫生服务站、圣泉社区卫生服务站。

云岩区黔灵医院在镇村卫生“一体化”体系中，负责对村卫生室实行统一管理，为市级医保和新农合定点医疗医院，各社区卫生服务中心（站）均为市医保定点医疗机构，年门诊医疗人次由2001年的近15.7万人次逐年增加到2015年的近37.1万人次。

2012年，全区每千名农业人口配备1名乡村医生，按照人均不低于1017元补助标准落实到位。2013年—2015年，全区19个纳入基层医疗机构信息化建设和管理范围的甲级村卫生室，在各村实施“9元一般性诊疗费收费”项目，“新农合”参保人可享受自行交付1元，其余8元由“新农合”账户承担的优惠。

四、医药卫生体制改革

2009年，中共中央和贵州省提出关于深化医药卫生体制改革的意见和实施方案。2010年3月，云岩区卫生局成立医改领导小组及领导小组办公室，组织实施区属卫生系统深化医药卫生体制改革工作；12月，成立深化医药卫生体制改革领导小组，由中共云岩区委常委、区人民政府常务副区长任组长，区人民政府办公室常务副主任、区发改局局长、区卫食药监局局长、区财政局局长、区人力资源社会保障局局长任副组长。

区深化医药卫生体制改革领导小组主要职责：组织贯彻落实中央、省、市有关深化医药卫生体制改革的重大决策部署；审议全区深化医药卫生体制改革的重要方案、重大政策措施、重点实施计划；统筹协调全区深化医药卫生体制改革中的重大问题。领导小组办公室主要职责是：负责对区各街道（镇）、各有关部门和单位贯彻落实中央和中共贵州省委、省人民政府，中共贵阳市委、市人民政府及中共云岩区委、区人民政府关于深化医药卫生体制改革决策部署情况进行督促检查；组织有关部门和单位对全区深化医药卫生体制改革的重大问题进行调研，为领导小组和中共云岩区委、区人民政府提供决策依据和建议；协调解决各街道（镇）、各有关部门和单位在推进深化医药卫生体制改革中遇到的具体问题。

2015年10月，建立云岩区城市公立医院综合改革试点工作领导小组，由中共云岩区委副书记、区人民政府区长任组长，区委常委、常务副区长和分管卫生计划生育的副区长任副组长，区卫计局、区财政局、区发改局、区市场监管局、区人社局、区委组织部、区编办、区审计局主要负责人为成员。由领导小组制定《云岩区城市公立医院综合改革试点实施方案》，确定区人民医院、区第二人民医院、区妇幼计生保健院为城市公立医院综合改革试点单位。当年第四季度，3家试点单位根据公立医院改革工作需要，收集本单位人员、经费、药品收入、单位债权债务基本资料，为2016年全面铺开公立医院改革奠定基础。

第二章　计划生育

国家实行计划生育政策以后，云岩区严格执行国家和贵州省计划生育法律法规，贯彻落实中共中央和贵州省、贵阳市计划生育部署、政策和措施。

第一节　计划生育管理

一、人口出生率与自然增长率

2001年—2015年，辖区人口出生率在5.91‰~9.52‰范围之间运行，其中从2010年起由6.91‰逐步下降到2015年的5.91‰；云岩区人口自然增长率在2.78‰~4.90‰范围之间运行，其中从2010年的3.62‰，逐步下降到2015年的2.78‰。

表1　云岩区计划生育统计年度人口出生、死亡、自然增长情况统计表

（2001年—2015年）

计划生育统计年度	人口总数		出生人数及率		死亡人数及率		自然增长人数及率	
	期初（人）	期末（人）	出生人数（人）	出生率（‰）	死亡人数（人）	死亡率（‰）	自然增长人数（人）	自然增长率（‰）
2001年	523139	540212	4490	8.45	2413	4.54	2077	3.91
2002年	540212	555526	5213	9.52	2526	4.61	2687	4.90
2003年	555526	554496	4241	7.64	2473	4.46	1768	3.19
2004年	554496	569630	4864	8.65	2417	4.30	2447	4.35
2005年	569630	596596	5297	9.08	2475	4.24	2822	4.84
2006年	596596	630024	4674	7.62	2440	3.98	2234	3.64
2007年	489566	607799	4692	8.55	2343	4.27	2349	4.28
2008年	645095	683547	5471	8.24	2592	3.90	2879	4.33
2009年	683457	728898	5840	8.27	2428	3.44	3412	4.83
2010年	728898	754460	5123	6.91	2436	3.28	2687	3.62
2011年	754460	883508	5189	6.34	2502	3.04	2687	3.28
2012年	883508	897459	5568	6.25	2838	3.19	2730	3.07

续上表

计划生育统计年度	人口总数		出生人数及率		死亡人数及率		自然增长人数及率	
	期初（人）	期末（人）	出生人数（人）	出生率（‰）	死亡人数（人）	死亡率（‰）	自然增长人数（人）	自然增长率（‰）
2013 年	897459	902511	5468	6.08	2752	3.06	2716	3.02
2014 年	896097	890109	5634	6.31	2786	3.12	2848	3.19
2015 年	890109	948474	5435	5.91	2876	3.13	2559	2.78

二、政策内生育率

2001 年—2015 年期间，2009 年云岩区政策内生育率为 97.62%，2010 年，政策内生育率为 98.03%，2015 年政策内生育率为 99.94%，其他 12 年在 99.34%~99.96% 范围之间高位运行。

从 2014 年 5 月 18 日起，贵州省施行“单独二孩”（允许一方是独生子女的夫妇生育两个孩子）生育政策。2014 年，统计年度云岩区符合“单独二孩”政策出生人数 97 人，占年度政策内二孩 912 人的 10.64%；2015 年，符合“单独二孩”政策出生人数为 458 人，占年度政策内二孩 1206 人的 37.98%。

表 2　云岩区计划生育统计年度政策内外生育统计表

（2001 年—2015 年）

计划生育统计年度	出生总人数（人）	其中：政策内外生育				其中：按生育孩次					
		政策内生育		政策外生育		一孩		二孩		多孩	
		人数（人）	政策内生育率（%）	人数（人）	政策外生育率（%）	政策内（人）	政策外（人）	政策内（人）	政策外（人）	政策内（人）	政策外（人）
2001 年	4490	4488	99.96	2	0.04	3962	—	524	2	2	—
2002 年	5213	5210	99.94	3	0.06	4582	—	622	3	6	—
2003 年	4241	4239	99.90	5	0.10	4227	3	624	2	6	—
2004 年	4864	4859	99.90	5	0.10	4227	3	624	2	8	—
2005 年	5297	5292	99.91	5	0.09	4611	—	670	5	11	—
2006 年	4674	4672	99.96	2	0.04	3996	—	673	2	3	—
2007 年	4692	4686	99.87	6	0.13	4062	—	615	3	9	3
2008 年	5471	5435	99.34	36	0.66	4652	4	772	26	11	6
2009 年	5840	5701	97.62	139	2.38	4751	22	939	106	11	11
2010 年	5123	5022	98.03	101	1.97	4274	9	738	80	10	12
2011 年	5189	5171	99.65	18	0.35	4307	2	855	12	9	4
2012 年	5568	5562	99.89	6	0.11	4678	—	869	6	15	—
2013 年	5468	5462	99.89	6	0.11	4663	—	783	6	16	—
2014 年	5634	5631	99.95	3	0.05	4712	—	912	3	7	—
2015 年	5435	5432	99.94	3	0.06	4210	—	1206	3	16	—

三、婴儿性别比

2001年—2015年的15年间，云岩区仅有2001年出生婴儿性别比为113.91，其他年份均运行在102.79~107.28正常值范围。其中，2015年出生婴儿中符合“单独二孩”政策出生的男性婴儿223人，女性婴儿235人，性别比为94.89，低于正常值。

表3　云岩区计生年度出生婴儿情况统计表

（2001年—2015年）

计划生育统计年度	出生总人数（人）	其中：按性别分		出生人口性别比（女=100）
		男性	女性	
2001年	4490	2391	2099	113.91
2002年	5213	2698	2515	107.28
2003年	4241	2182	2059	105.97
2004年	4864	2498	2366	105.58
2005年	5297	2685	2612	102.79
2006年	4674	2396	2278	105.18
2007年	4692	2387	2305	103.56
2008年	5471	2815	2656	105.99
2009年	5840	3008	2832	106.21
2010年	5123	2607	2516	103.62
2011年	5189	2676	2513	106.49
2012年	5568	2869	2699	106.30
2013年	5468	2830	2638	107.28
2014年	5634	2883	2751	104.80
2015年	5435	2803	2632	106.50

四、基层计生队伍建设

2001年年初，各街道办事处辖235个居委会；黔灵镇辖13个村委会和1个居民委员会。当年8月，各街道办事处整合成113个社区居委会。各街道办事处、黔灵镇均设有计划生育科，有1名计划生育专职干部和数量不等的（一般为4名）计划生育工作人员（含临时聘用人员）。各社区居委会、村委会均有1名计划生育工作人员。2003年，所有社区居委会实行计划生育工作人员公开选拔、竞争上岗制度，使基层计划生育工作人员年龄结构、文化水平有较大的提高。2005年，区卫生局为街道办事处、黔灵镇计生科以及社区居（村）委会配备1名~4名计划生育工作人员（1名专职计划生育电脑操作员）。2007年6月27日，区人民政府办公室印发《关于转发〈贵阳市在岗临聘计生工作人员办理养老保险和基本医疗保险意见〉的通知》，要求各部门落实在岗临聘计划生育工作人员基本医疗和养老问题。三马片区划归云岩区后，街道办事处增加到 18 个，同时增加 6 个村委。2011 年，18 个街道办事处改制为 26 个社区服务中心，计划生育工作归属社区服务中心社会事务部。2015 年 9 月 30 日，黔灵镇和社区服务中心共辖 157 个社区居（村）委会；黔灵镇和全区 26 个社区服务中心共有专、兼职计划生育工作人员 218 人，居（村）委计划生育工作人员 411 人。

五、信息化管理

2001 年，全区各街道办事处、黔灵镇均实现计划生育工作“四专”（专室、专机、专话、专人），共配备计算机系统 18 台套，专用电话 17 部。区计划生育局投入资金为 15 个街道办事处、黔灵镇配备打印机；全区 22 名统计人员能熟练操作计划生育计算机管理系统。当年，全区各街道办事处、黔灵镇及各居（村）二级计划生育工作人员通过进家入户调查、登记近 16 万户人口与计划生育信息，并录入计划生育计算机管理系统。自此，全区进入计划生育工作动态管理阶段。2002 年 5 月，以中华、环北、延中等街道办事处为试点单位，进行局域网传输。9 个街道办事处的 55 个社区配备计算机，并安装社区版计生管理软件。

2003 年，在全区 114 个社区和 13 个行政村中，有 123 个居（村）委会配备计算机，安装使用社区版计划生育管理软件，实现全区联网运行，形成计划生育信息管理、统计、育龄妇女管理工作平台，统计信息准确率达 95%。2004 年，全区实施政务信息建设，区人口和计生局建立本部门局域网（FTD）。对育龄妇女信息管理系统进行升级改造，完善区、街道（镇）、社区（村）三级计算机网络；对三级计划生育工作人员 500 人（次）进行育龄妇女管理系统（WIS）知识和操作技能培训；严格执行云岩区计划生育系统信息化工作管理办法，确保计划生育信息上传或下达及时有效。2005 年 6 月，经国家人口与计划生育委员会评估验收，云岩区获“全国人口计生信息化建设先进单位”。

2006 年完善三级计生计算机网络，通过选择试点，开展信息应用达到国家甲级标准工作。随着全区网络传输通道（WPN）畅通，利用 WIS 系统生成报表指导工作使统计信息准确率在 95% 以上，流动人口信息平台反馈和交换准确率均达到较高水准。2007 年，完成计生三级网络由 WIS 升级为 PIS 技术改造。年内，区人口和计生局建立云岩区人口和计生信息网，完成“村（居）自治综合管理软件”安装。2008 年，全区组织开展社区数据调查，进行“三马”PIS 软件修改，将新划入云岩区的 6 个行政村 PIS 系统编码变更为区行政区域码，纳入区计生统一管理。

2010 年，完成云岩区 PIS 升级改造，并对三级网络计算机操作人员进行 PIS2.0 业务知识和操作技能培训。到 2011 年，全区 153 个社区（村）实现 VPN 网络全覆盖。2015 年，全区 16 家有母婴资质的医疗机构，统一安装使用“贵州省计划生育技术管理系统”。

六、居民（村民）自治管理

2000 年 12 月 13 日，中共云岩区委、区人民政府印发《中共云岩区委、云岩区人民政府关于计划生育居（村）民自治管理的实施意见》，计划生育工作重心下移至居（村）委会、延伸到居（村）民小组，建立“区指导、街（镇）负责、居（村）为主、组配合、户落实”的计划生育工作机制。

2001 年，全区选择 6 个居（村）委会开展试点工作。4 月 12 日，在市西街道办事处第八居委会召开云岩区计划生育“村为主”工作经验交流会，15 个街道办事处、黔灵镇分管领导、计划生育科长及各居（村）委会书记、主任、计划生育专职干部参加会议。9 月中旬，省计生委对云岩区 6 个试点单位“村为主”工作进行检查验收，6 个试点单位均达到“村为主”要求。9 月底，全区有 96 个居

（村）实行居（村）计划生育自治管理，覆盖面达75.59%。从2002年起，全区人口与计生工作在居（村）顺利开展。

2010年12月8日，区人口与计生工作领导小组印发《云岩区全面开展“诚信计生”工作的实施方案》，提出“调查摸底，搞好规划；宣传动员，培训骨干；建章立制，规范管理；健全机制，激励从优”等项工作的内容和措施；要求各社区服务中心、黔灵镇在2011年、2012年、2013年分别达到40%、60%、80%的居民（村民）“诚信”自治目标。

2013年7月，区人口和计生局印发《关于推进“双诚信双承诺”工作统筹解决人口问题的实施方案》，要求2013年9月底前完成中华、延中、北京路、普陀、宅吉、省府、中天、头桥等社区试点工作；年底，全区有50%以上的居（村）推行“双诚信、双承诺”（居、村委会与群众互相签订诚信计划生育承诺书，明确双方的责任和义务，双向诚信，互相守信，互相监督），其中有10%的居（村）建成“双诚信、双承诺”示范居（村）。

2014年9月底前，推行“双诚信、双承诺”工作的居（村）达100%，其中20%以上为示范居（村）。

七、流动人口管理

（一）特殊地段管理

2004年，在贵阳火车北站设立流动人口管理办公室，抽调4人专职从事火车北站铁路沿线、黔春路一带流动人口密集地的流动人口计划生育。2005年，在流动人口密集居住的宅吉街道办事处南垭社区、贵乌街道办事处百花山社区成立特殊地段流动人口计划生育管理办公室。2006年5月，黔灵镇汪家湾片区建立流动人口计划生育管理服务站，配备专管人员3人。2007年5月，在三桥片区、东山片区、煤矿村片区、雅关片区增设4个流动人口计划生育管理服务站，新增的流动人口计划生育管理服务站的建设被纳入云岩区2007年10件实事。每个流动人口计划生育管理服务站各配备4名工作人员，其中站长由相关街道办事处（镇）计生科工作人员担任。

2013年3月，贵阳市人口计划生育委员会认定云岩区设流动人口计划生育管理服务站5个，配备工作人员17人，其中蔡家关贵工片区站5人，东山王家桥片区站3人，汪家湾片区站3人，煤矿村扶风片区站3人，黔春路三桥片区站3人。

（二）信息管理

由于流入人口数量大，居住工作场所极不稳定，云岩区自2001年起，每年定期或不定期对城郊结合部、流入人口相对较多的地区进行清理、登记、造册、建档立卡。2002年5月15日，中共云岩区委、区人大常委会、区人民政府、政协云岩区委员会领导成员和黔灵镇领导班子成员检查黔灵镇9个村141户出租房，借以带动其他出租房业主自觉执行流动人口计划生育管理制度。根据流入云岩区流动人口以贵州省农村户籍转移劳动力居多情况，2004年和2006年，协调开阳县、修文县、清镇市、乌当区、花溪区计划生育工作部门，为这些区（市、县）流入云岩区的流动人口育龄妇女审验流动人口婚育证明。

区计生局于2006年1月印发《云岩区房屋出租、用工单位流动人口管理制度》，要求房屋出租户、用工单位在流动人口租赁房屋后3天之内，向所在地居（村）会、社区登记报告相关流动人口的计生信。

各街道办事处（镇）计生工作部门将出租屋房东、用工单位登记报告流入人口信息录入计算机系统，实行家家登记、户户建档，实施动态跟踪管理，提高房屋出租登记和流入人口登记及时性。建立特殊地段管理站，抓特殊地段流入人员管理；建立流动人口信息平台，抓流入人口家家登记、户户建档的计生管理工作方法，使流入人口计生管理机制有效运转。

2008 年，与贵州省毕节市、黔南州、黔东南州等 50 个县、市签订两地协作协议书，加强流动人口计划生育工作合作。

2014 年 3 月，制定流动人口信息采集规范，对流动人口信息采集对象、信息采集内容、信息采集时限、信息采集流程、信息交换制度、信息资料管理、信息质量考核作出规定。据此，居（村）委会计划生育工作人员入户调查核实后，填写贵阳市流动人口基础信息表，按时报送“贵州省人口计生信息系统”（PIS）和“贵阳市全员人口服务管理信息平台”，提高流入人口计划生育信息交换及时性，准确性、安全性。2015 年 2 月，贵州省流动人口信息交换系统升级后，新增电子婚育模板。区计生局经过核实上报个案 11.9 万人。

（三）均等化服务

自 2008 年起，区对流动人口实施均等化服务，区流动人口管理服务中心（站）向流入人口已婚育龄夫妇承诺：免费为流动人口验证、免费发放避孕药具、免费提供计划生育技术服务，同时承诺为流入人口子女入学入托、法律咨询、经商提供帮助。2009 年，云岩区规定凡居住 1 年以上，并办理有效独生子女父母光荣证的流动人口独生子女家庭，每年发放 60 元独生子女保健费。2009 年—2013 年 9 月，有 250 对夫妇累计领取独生子女保健费 1.5 万元。从 2013 年起，对持有居住证并采取绝育措施对象，发放绝育奖励 13.13 万元。2012 年，在区政务服务中心、区公安分局、黔灵镇和金鸭、市西、头桥、中华社区服务中心等地，设置居住证办理证网点，为在云辖区居住半年以上、年满 16 周岁的流入人口办理居住证，使其在就业、社会保障、计划生育相关事务上享受常住居民同等服务。2012 年和 2013 年，为 16 岁及其以上流入人口办理居住证 17.64 万份，为应办数 18.44 万人的 95.70%。2013 年，云岩区成立流动人口积分工作领导小组，建立流动人口积分入户联席会议制度。当年受理申请 54 份，为达到积分（260 分）标准的 12 人办理入户手续，同时帮助 5.05 万名流入人口独生子女办理入学手续；帮助 2.37 万名流动人口办理养老保险；帮助近 1.22 名流动人口办理失业保险；帮助 1.3 万名流动人口办理工伤保险；帮助 9479 名流动人口办理医疗保险；协助卫生部门为流动人口子女接种免疫规划疫苗 1.24 万剂（次）。

2014 年和 2015 年，按照均等化服务措施的要求，将流动人口权益保护作为重要工作，协调区有关职能部门，落实计生、就业、社保、住房、教育、医疗等方面的服务内容。2015 年，通过在基层建立社区卫生服务中心、卫生服务站及村卫生室，为流动人口开展基本公共卫生计生服务；建立流动人口健康档案，为流动人口提供健康教育宣传、咨询等服务；为流动孕产妇提供早期保健服务和指导、高危筛查、产前随访、产后访视等服务；为辖区内所有 0 岁~6 岁居住满 3 个月的流动儿童建立预防接种证和预防接种卡，并建立健全突发公共卫生事件和传染病疫情信息检测报告制度，免费为辖区流动人口提供计生服务，免费进行孕情环情检查和发放避孕药具。

第二节　生育技术服务

一、生殖健康保健

2001 年—2015 年，云岩区三级计划生育工作部门通过各种宣传形式或进家入户宣讲生殖健康保健技术服务科学知识。

生殖健康保健服务主要是对流动人口进行 B 超检查和妇科检查、查环查孕，并发现可以临床初步诊断的阴道炎、子宫肌瘤、卵巢囊肿等疾病，通过这两种方式，提高流动人口自愿参与孕情监测的主动性。对在调查中发现的妇科疾病患者，除对带环受孕、环下移对象，计生部门对其进行诊治，对其他患者提出自行到医院诊治的指导建议。

2001 年，各街道办事处与普查对象所在单位签订目标责任书，落实生殖健康保健技术服务责任。对无正式工作居民生殖健康保健对象进行普查，指导妇科病患者到医疗和妇幼保健机构就医。2003 年起，为普查对象建立“生殖健康档案”。2015 年，生殖健康保健服务主要是对流动人口进行孕情监测。当年全区普查对象为近 15 万人，实查 13.64 万人。

二、出生缺陷干预

（一）出生缺陷干预监测网络

根据《中国提高人口出生素质，减少出生人口缺陷残疾行动计划（2002—2010）》，云岩区建立以区妇幼计生保健院为监测中心，15 个街道社区卫生服务中心、区人民医院黔灵分院为“监测站”，各社区居委会、黔灵镇各村委会为“监测点”的三级监测网络。2002 年，区妇幼计生保健院派员参加全省“三网监测”（孕产妇死亡、儿童死亡，出生缺陷）专业知识和操作技能培训，并于 2003 年—2007 年参加贵州省妇幼保健院科研实际工作。2007 年，区妇幼计生保健院成立听力筛查中心。2009 年，云岩区被定为国家级“出生缺陷监测点”。

（二）出生缺陷调查

2002 年，云岩区印发《〈云岩区出生缺陷干预工程基线调查工作实施意见〉的通知》。7 月中旬组织各街道办事处、黔灵镇、区妇幼计生保健院选派的调查员分别参加省、市、区组织的业务培训班。7 月 31 日至 8 月 11 日，全体调查人员分赴 2000 年 1 月 1 日至 12 月 31 日出生婴儿家庭进行走访，填写“基线”调查表，有出生缺陷的还填写出生缺陷登记表，经技术指导人员对调查表、登记表进行逻辑审核，发现漏、错填项目，及时再次调查后更正，确保调查质量。调查结果显示，2000 年 1 月 1 日至 12 月 31 日全区出生婴儿 3235 人，出生缺陷患儿 79 人，出生缺陷病例 83 例（其中有 4 人并发两种畸形），出生缺陷出生率为 25.66‰。云岩区 2007 年—2013 年 7 年间，年度出生缺陷总发生率分别为：千分之 0.03、千分之 0.01、千分之 0.03、千分之 0.02、千分之 0.13、千分之 0.07、千分之 0.06。

（三）出生缺陷干预

2005 年 5 月 28 日，贵州省人口与计划生育工作部门印发《关于全省实施出生缺陷干预提高人口素质的指导意见》，在全省人口出生缺陷发生率高达千分之 18.99 的严峻形势下，提出“宣传教育、社会干预”“政策、政府行为干预”“药物干预、技术干预”的指导意见。

宣传教育、社会干预主要内容：婚前检查，遗传咨询，选择最佳生育年龄，孕期保健，合理营养，预防感染，谨慎用药，戒烟戒酒，避免接触放射线和有毒有害物质，避免接触高温环境等科学知识的宣传普及。

政策、政府行为干预主要内容：禁止近亲结婚，对法律法规规定不宜生育或暂缓生育的夫妇提供合理医学意见。

药物干预、技术干预主要内容：增补叶酸制剂预防神经管畸形（包括无脑儿、脊柱裂、脑膜膨出、脊膜膨出），为孕妇定期进行医学检查并建立孕妇健康档案，动员孕妇住院分娩，产后及时进行产妇和新生儿随访。

2008年3月30日，区人口和计生局印发《关于转发贵阳市人口和计划生育局、卫生局〈贵阳市免费婚前医学检查指导意见〉的通知》，指定云岩区妇幼计生保健院为云岩区“婚前医学检查”单位，婚前检查费用由云岩区财政负担；同时对婚前医学检查机构房屋、设备、卫生技术人员配备等作出明确规定。2013年3月11日，印发《云岩区2013年免费孕前优生健康检查工作实施方案》。云岩区两项便民利民举措有力地推动出生缺陷干预专项工作的实施。

三、出生人口性别比失衡综合治理

云岩区从2005年起，持续开展综合治理出生人口性别比失衡专项工作。2006年8月21日，区人口和计生局印发《云岩区关于出生性别比综合治理相关制度通知》，公布“孕妇终止妊娠批准制度”“出生人口情况公示制度”“对有‘两非’行为和单位进行举报有奖制度”“责任追究制度”“孕情调查追究责任制度”“计划生育证年检制度”，以制度管人、管事，确保全区综合治理出生人口性别失衡工作落到实处。

2005年—2015年的11年间，云岩区在开展大型宣传活动的同时，宣传禁止“两非”的法律、法规、管理制度；宣传生命生殖科学知识，生男生女都一样、关怀女孩、女儿一样能养老的人文关怀文化，树立新型婚育新风；组织计生、卫生、药监执法人员开展44次专项整治，监督检查云岩区境280家医疗卫生、妇幼保健机构和药品销售经营户的超声检查资质、超声检查登记报告管理、执业卫生技术人员资质，要求妇产科和计划生育手术室张挂“禁止非医学需要胎儿性别鉴定”“禁止非医学需要选择性别终止妊娠”醒目标志，监督检查药品零售经营户执行禁止销售终止妊娠药品和执行承诺书情况。检查中查出49户违法、违纪案件，下达执法监督书责令纠正，并对其中44户进行罚款。至2015年，对全区所有医疗机构、药店进行清理登记，全部纳入经常化管理；当年检查辖区各类医院、小型诊所及药店80多家，对情节严重的4家医院给予处罚。

2009年—2015年7年间，区人口和计生局严格审查申请终止妊娠申请人的证件、申请书、医学鉴定资料，签发98份《贵阳市14孕周以上终止妊娠介绍函》和《贵州省孕14周以上终止妊娠同意函》。

从2015年2月1日起，根据《贵阳市孕产期住院分娩实名登记和全程管理服务系统》规定，贵阳市具有终止妊娠手术资质医疗和妇幼保健机构要通过网上再次认证。同时，在全区28个社区（镇）、155个居（村）、16家助产医疗机构安装启用“孕产妇全程管理服务和住院分娩实名登记信息系统”，提高全程管理服务质量。当年全区全程管理服务对象应录9939人，实录1.02万余人，录入率为103%。启用“孕产妇全程管理服务和住院分娩实名登记信息系统”以后，基层工作量减轻，工作效率提高，也方便基层对孕产妇人群的监管和服务，管理和服务的重点人群更加明确。截至2015年5月，全区妇幼报表出生人口性别比为107（其中男1727人，女1610人），在正常值（103～107）范围内。

第三章 机构 协会

云岩区的卫生、计划生育机构，成立时间早。原卫生和计划生育一直是不同的机构管理，卫生属卫生行政机构管理，计划生育属计划生育行政机构管理。而且两个机构的名称和职能根据区情和工作需要，发生过多次变动。2014 年 11 月，机构合并，组建云岩区卫生和计划生育局，至此，区内的卫生和计划生育工作统一由云岩区卫生和计划生育局管理。

第一节 管理机构

一、区级管理机构

云岩区卫生和计划生育局管理，为管理区内卫生和计划生育工作的区级管理机构。

1976 年原云岩区卫生科改建为云岩区卫生局。2001 年，区卫生局内设机构为医政科、社会医疗科、妇幼防疫科、财务科、办公室、红十字会办公室、爱国卫生运动委员会办公室。人员编制中，行政编制 7 人，事业编制 21 人。2002 年 1 月，药政工作职能交贵阳市药品监督管理局，公费医疗与医疗保险工作职能交云岩区人事劳动和社会保障局；红十字会办公室及相关业务从区卫生局划出单列，由区人民政府直属领导，副科级建制，列入参照试行国家公务员制度范围。2010 年 6 月，云岩区卫生局、云岩区食品药品监督管理局撤销，组建云岩区卫生和食品药品监督管理局，为区人民政府工作部门。内设机构 7 个，即：办公室（党委办公室、人事、信息化建设、卫生应急办公室），财务科（项目管理办公室），餐饮服务食品、保健食品、化妆品监管科（政策法规科），基层卫生与妇幼保健科（农村卫生、妇幼保健、社区卫生、疾病预防控制科），医政科（医疗服务监管、中医药管理科），药品安全、药品市场、医疗器械监管科以及区爱国卫生运动委员会办公室。2012 年 3 月，恢复区爱国卫生运动委员会办公室，为区人民政府直属正科级事业单位，撤销区卫生和食品药品监督管理局内设的区爱国卫生运动委员会办公室。

1980 年，云岩区计划生育委员会更名为云岩区人民政府计划生育办公室。1984 年，改为云岩区计划生育委员会。1997 年，改制更名为云岩区计划生育局（区计生局）。2002 年 1 月，经过机构改革，保留区计生局，为区人民政府主管人口和计划生育的工作部门，内设办公室、宣传教育科、规划统计科、科学技术科、政策法规科（兼区流动人口计划生育管理办公室职能）、财务科等科室。2004 年 11 月，区计生局更名为云岩区人口和计划生育局，主要职责、内设机构和行政编制不变。2010 年 12 月，区人口和计生局经调整，职责增加到 13 项，内设办公室（兼财务科职能）、政策法规科（兼流动人口服务管理科、信访办职能）、发展规划与信息科（兼综合督查科职能）、宣传教育科、科学技术科（兼出生缺陷干预科、综合治理出生人口性别比偏高办公室职能）。

2014 年 11 月 21 日，区卫生和食品药品监督管理局与区人口和计划生育局合并，组建云岩区卫生和计划生育局（区卫计局）。区卫生和计划生育局内设机构8个：办公室（兼党委办公室职能），财务科（兼项目管理办公室职能），医政医管科（兼科教科职能），疾病预防控制科（兼突发公共卫生事件应急办公室、艾滋病防治办公室职能），基层卫生与妇幼保健科（兼医改办、出生缺陷干预科职能），政策法规科（兼宣传教育科、流动人口服务中心职能），发展规划与信息科（兼综合督查科职能），计划生育家庭发展科（兼治理出生人口性别偏高办公室、奖励扶助科职能）。将原区卫生和食品药品监督管理局、原区人口和计划生育局所属事业单位整体划入区卫生和计划生育局管理。

二、社区、镇级和居（村）级管理机构

云岩区的社区、镇级和居（村）级管理机构，主要针对计划生育工作。1990年，全区各街道办事处和黔灵乡设计划生育科。2001年—2010年，各街道办事处和黔灵镇计划生育科配备1名~4名计划生育工作人员，专职从事计划生育管理工作。2012年，街道办事处改制为社区服务中心，各社区服务中心社会事务部负责计划生育管理。居委会、村委会党支部和居（村）民委员会领导下实行计划生育居（村）民自治管理，配备专（兼）职计划生育工作人员。至2015年，全区共有居（村）委会计生工作人员411人。

第二节 事业单位

云岩区人民医院，成立于1960年，为区卫生局所属正科级事业单位。2001年年初，病床130张，职工216人，其中，卫生技术人员188人。卫生技术人员中，高级卫生技术职称9人，中级卫生技术职称51人，初级卫生技术职称128人。2012年2月2日，贵州省卫生厅认定云岩区人民医院为二级甲等医院，有效期至2015年12月。2015年年末，医院有病床200张；医护人员300余人，其中高级职称20余人、中级职称80余人。

云岩区第二人民医院，原为云岩区三桥医院，1993年更名为云岩区第二人民医院。2001年年初，设病床48张，职工47人，其中卫生技术人员39人；卫生技术人员中，中级卫生技术职称9人，初级卫生技术职称30人。2003年6月，为区卫生局所属副科级事业单位；2013年升格为正科级事业单位。核定事业编制55名。2015年年末，设病床80张，在编在岗职工45人，其中卫生技术人员40人；卫生技术人员中，高级卫生技术职称2人，中级卫生技术职称18人，初级卫生技术职称20人。

云岩区黔灵医院，原为1980年成立的黔灵卫生院。1993年，改为云岩区人民医院黔灵分院。2005年1月，更名为云岩区黔灵医院，升格为区卫生局所属副科级事业单位。2001年年初，设病床30张，有职工26人，其中卫生技术人员24人。卫生技术人员中，中级卫生技术职称6人，初级卫生技术职称18人。2015年年末，有病床35张（编制为50张），在编在岗职工22人，其中卫生技术人员19人。卫生技术人员中，高级卫生技术职称1人，中级卫生技术职称7人，初级卫生技术职称11人。

云岩区卫生监督局（卫生和食品药品监督管理局稽查局），2002年，由云岩区卫生防疫站拆分设立云岩区卫生监督所，为区卫生局所属正科级事业单位，财政全额拨款，人员编制30人。2011年8月2日，云岩区卫生监督所更名为云岩区卫生监督局并加挂云岩区卫生和食品药品监督管理局稽查局牌子，为区卫生和食品药品监督管理局所属正科级事业编制单位，核定事业编制35人，其中管理人员32人，工勤人员3人。2015年，在编在岗职工人数22人。

云岩区疾病预防控制中心，2002 年由云岩区卫生防疫站拆分设立云岩区疾病预防控制中心（区疾控中心），为区卫生局所属正科级事业单位，财政全额拨款，人员编制 40 人，其中卫生技术人员 36 人。卫生技术人员中，高级卫生技术职称 1 人，中级卫生技术职称 5 人，初级卫生技术职称 30 人。2003 年 12 月，区疾控中心获贵州省质量技术监督局颁发的《中华人民共和国计量认证合格证书》，是贵阳市县级疾病预防控制机构中第一家获此资质的单位。2008 年、2012 年、2014 年，分别通过省质量技术监督局复审换发证书。2015 年年末，在编在岗职工 31 人，其中卫生技术人员 26 人。卫生技术人员中，高级卫生技术职称 4 人，中级卫生技术职称 8 人，初级卫生技术职称 14 人。

云岩区妇幼计生保健院，前身为云岩妇幼保健所。2003 年 9 月 23 日，云岩区妇幼保健所、云岩区计划生育宣传指导站、云岩计划生育药具站合并组建为云岩区妇幼计生保健院，为区计划生育局所属正科级事业单位，财政全额预算管理。划归区计生局后，妇幼卫生业务仍受区卫生局及 2010 组建的区卫生和食品药品监督管理局领导和指导。2001 年年初，云岩区妇幼保健所有职工 28 人，其中卫生技术人员 24 人。卫生技术人员中，中级卫生技术职称 6 人，初级卫生技术职称 18 人。2014 年 11 月，组建云岩区卫生和计划生育局后，区妇幼计生保健院属云岩区卫生和计划生育局领导。截至 2015 年年末，有病床 25 张，在编在岗职工 39 人，其中卫生技术人员 24 人。卫生技术人员中，高级卫生技术职称 4 人，中级卫生技术职称 9 人，初级卫生技术职称 11 人。

云岩区新型农村合作医疗管理中心，2006 年 6 月成立，为区卫生局所属正股级事业单位，核定事业编制 4 人，所需经费由财政全额预算管理。2008 年，增加事业编制 2 人。2012 年 7 月，升格为副科级事业单位。2015 年年末，在编在岗职工 5 人。

云岩区流动人口管理工作领导小组办公室，原为 2005 年 9 月 1 日成立的区流动人口管理中心，为区人口和计生局所属事业单位。2012 年 9 月 28 日，更名为区流动人口管理工作领导小组办公室，为区人口和计划生育局所属事业单位。2013 年 2 月 4 日，升格为副科级。2014 年 11 月 28 日，划归中共云岩区委政法委管理。

云岩区人口和计划生育督查执法大队，成立于 2012 年 7 月 25 日，为区人口和计划生育局所属副科级事业单位。2014 年 11 月，归属区卫生和计划生育局领导。

第三节　协　会

云岩区计划生育协会（简称“计生协”）是中共云岩区委领导下的群众团体，是全区计划生育积极分子实行自我教育、自我服务、自我管理的群众自治组织。云岩区各街道办事处（2011 年后，为社区服务中心）和黔灵镇，以及所有居委会、村委会均有计划生育协会，归属相应行政区域党组织领导。2003 年，全区有区级计划生育协会 1 个，街道办事处、黔灵镇级计划生育协会 16 个，居（村）级计划生育协会 127 个，流动人口计划生育协会 23 个，有会员 78064 人，其中流动人口会员 2100 人。

2012 年，全区有区计划生育协会 1 个，黔灵镇和社区服务中心级计划生育协会 27 个，居（村）级计划生育协会 153 个，企业计划生育协会 2 个，流动人口计划生育协会 19 个，有会员 6.7 万人。

第二十三篇

就业和社会保障 民政

第一章　就业和社会保障

云岩区2008年在全省率先实行城市低保标准、参加“新农合”标准一体化，建立“低保、就业、社保”联动机制。2009年实现“零就业家庭”动态为零，2014年创建全国创业型城市。

第一节　人力资源和社会保障机构

2002年，云岩区人事劳动局更名为云岩区人事劳动和社会保障局（简称“区人社局”），行政编制为13名，后勤服务人员事业编制1名，由财政全额预算管理。

内设机构调整为办公室、综合调配科、工资福利科、专业技术人员职称管理科、退休干部管理科、劳动保障监察科、社会保险科、人事劳动争议仲裁办公室8个科室。同时，建立云岩区劳动监察执法分队（事业单位编制5名，列入参照国家公务员制度范围），与劳动保障监察科实行一套人员、两块牌子的管理制度。2004年，劳动保障监察科与劳动监察执法分队一并更名为云岩区劳动保障监察大队，升格为副科级，领导配备1正、1副，工作人员3名。

2005年1月8日，撤销区人社局下属二级局云岩区就业和社会保险局，设立云岩区社会保险收付管理中心、云岩区就业与职业技能开发中心。2006年1月16日，云岩区社会保险收付管理中心更名为云岩区社会保险事业局。是年，在全区街道办事处建立60个社区劳动保障服务站、13个村级就业服务站及普陀人力资源分市场。2007年4月5日，云岩区就业与职业技能开发中心更名为云岩区就业局。

2010年，区人社局更名为云岩区人力资源和社会保障局，内设办公室、干部调配科、工资福利科、专业技术人员管理科、退休干部管理科5个职能科室。保留云岩区劳动保障监察大队（副科级规格），核定事业编制5名，由财政全额预算管理，列入参照公务员法管理的单位。2012年，成立云岩区劳动人事争议仲裁院，副科级规格，核定人员编制6名，面向社会招录工作人员3名。至2015年，机构名称和内设机构不变。

第二节　就业培训

一、职业培训

云岩区人社局自2003年起，开始安排各类职业培训。针对辖区内有劳动能力和就业创业愿望者，男性年龄在16周岁到60周岁之间，女性年龄在16周岁到50周岁之间的贫困家庭子女、毕业年度高校毕业生（含师范学院高级工班、预备技师班和特殊教育院校职业教育类毕业生），城乡未继续升学的应届初高中毕业生、农村转移就业劳动者、城镇登记失业人员开展职业培训。培训内容包含创业培训以及电工、焊工、家政服务员、育婴师等各类技能培训。培训时间采取长短结合的方式，开展时间一般为实际培训天数至12个月，培训课时以国家职业（工种）标准需达到的规定课时为基准。技能培训操作流程按照培训对象到人社部门登记申请，由人社部门组织或培训对象自愿选择定点机构参加培训，人社部门负责监督管理，经培训合格颁发职业资格等级证书或培训合格证书。

2003年，全区城镇就业统筹培训7402人。2004年，全年培训城镇失业人员3366人，下岗失业再就业培训4745人。2005年，为下岗失业人员再就业提供技术支持，为弱势群体提供就业指导。2007年，举办农村富余劳动力转移技能培训班7期，农村富余劳动力培训764人次，劳动力转移684人次；“阳光工程”培训2238人次，转移1790人次。2008年，城乡统筹就业培训6423人，农村劳动力非农技能培训500人，培训内容涉及电工及养殖专业等。

云岩区创建国家级创业城区领导小组2009年成立，出台《云岩区创建国家级创业型城区工作意见》和具体工作实施方案，全面启动创建工作，并于6月和11月举办两期SYB创业（SYB的全称是“START YOUR BUSINESS”，意为“创办你的企业”，是“创办和改善你的企业”“SIYB”系列培训教程的一个重要组成部分，由联合国国际劳工组织开发，为有愿望开办自己中小企业的人士量身定制的培训项目）培训班。当年，城乡统筹培训6855人。2010年，城乡统筹培训4813人（次）。

2012年，云岩技能培训主要是营业员、厨师、美发等职业，培训人数1806人；创业培训1317人。全年培训3586人，其中农村转移劳动力培训662人，经各培训机构职业技能鉴定1600人。2013年，技能培训1822人，其中农村劳动者、城镇登记失业人员职业技能培训508人，企业新录用人员岗前培训及职工技能提升培训1314人；创业培训1890名，其中应届高校毕业生240人。全年共计培训3712人，其中农村转移劳动力培训1383人。当年经有资质培训机构职业技能鉴定1634人。2014年，职业技能培训3079人，其中农村劳动者、城镇登记失业人员职业技能培训611人，企业新录用人员岗前培训及职工技能提升培训2115人，毕业两年以内的城乡未继续升学的学生培训324人，退役士兵职业技能培训29人；创业指导培训1310人，其中应届高校毕业生200人，城乡各类劳动者创业培训1110人。全年共计培训4389人，其中农村转移劳动力培训2101人，经培训管理机构职业技能鉴定2106人。

2015年，职业技能培训3053人，其中农村劳动者、城镇登记失业人员职业技能培训512人，企业新录用人员岗前培训及职工技能提升培训2293人，毕业两年以内的城乡未继续升学的学生培训229人，退役士兵职业技能培训19人；创业指导培训800余人，其中应届高校毕业生创业培训349人，城乡各类劳动者创业培训481人。全年培训3883人，其中农村转移劳动力培训2614人。经培训管理机构职业技能鉴定1499人。

二、培训机构

云岩区自2012年开展职业技能培训以后，区内各类职业培训机构应运而生。经区人力资源和社会保障局批准或认定，取得职业培训资格的各类职业培训管理机构，均为贵阳市政策性补贴培训定点培训机构，具有各机构申报专业的授课师资，具备相关培训场地及实习操作设备，具有相应的职业技能鉴定资格。

第三节 劳动就业

一、就业促进

云岩区自2001年起，每年匹配300万元资金充实区级就业专项基金，确保就业工作顺利开展。2003年，发放下岗失业人员小额贷款30万元。2004年，为43人发放小额贷款，建立再创业组织40个；开发再创业项目15个，筹集再就业资金100万元。2005年，云岩区就业与职业技能开发中心正式成立，并独立举办及组织全区16家街道劳动保障所联动召开专场招聘会。3月9日，举办保持共产党员先进性教育为下岗失业人员送岗专场招聘会，达成就业意向300余人，其中下岗职工100余人。5月15日云岩区作为全省中心会场举办贵州省残疾人专场招聘会，达成就业意向500余人，其中残障人士100余人。2006年，云岩区发挥街道、社区就业平台的作用，建设就业信息网络，落实再就业优惠政策。有针对性地开展职业技能培训，为下岗失业人员再就业提供技术支持；同时为弱势群体提供就业指导，帮助“4050”人员（处于劳动年龄段女40岁以上、男50岁以上，本人就业愿望迫切，但因自身就业条件较差、技能单一等原因，难以在劳动力市场竞争就业的劳动者；其中，相当一部分是原国有企业下岗职工）等特困群体的再就业。

2007年4月，区就业局投入100余万元再就业资金，按照就业服务“新三化”（就业服务制度化，就业服务专业化，就业服务社会化）的要求和“七统一”（统一服务窗口标识，统一服务宗旨标志，统一配套资料储存柜，统一资料台账，统一工作职责、业务流程、服务规范和管理制度，统一信息系统，统一设置办事公开栏、宣传栏、信息栏）标准，加强街道、社区劳动保障服务窗口、计算机软硬件、干部队伍等方面建设，在全市率先建立“中天社区劳动保障工作站”“栖霞社区劳动保障工作站”等60个社区劳动保障工作站。同时，面向社区公开招考180名社区劳动保障协管员，经过专业培训后，从事基层劳动保障工作。通过政府采购的形式，为社区劳动保障工作站配置电脑、打印机、LED电子屏幕等设备，做到机构、人员、经费、场地、制度、工作“六到位”，实现市、区、街（镇）、社区劳动保障信息网络“四级联网”，居民办理职业介绍、培训报名、申领补贴、小贷申报事项不出社区，为辖区居民提供零距离、全方位就业服务。2008年，新建金鸭村劳动服务站、圣泉流云社区劳动保障服务站等9个劳动保障服务站及三桥人力资源分市场，同时在宅吉劳动保障所办证大厅、黔灵镇劳动保障所办事大厅等19个劳动保障服务平台安装LED显示屏。2009年，新增投入资金80余万元，在尚未建站的社区（村）建立劳动保障服务站，统一配发电脑、打印机等信息化设备，并接入贵州省就业信息网络，确保劳动保障服务站设备及网络覆盖率达到100%。

2010年，云岩区全面启动小额担保贷款工作，成立由区人社局局长为组长，区财政局、区审计局、区监察局、区就业局、区小贷中心共同参与的区小额担保贷款监管领导小组。区就业局调剂两名在编人员、三名协管员负责小额贷款放贷项目考察、贷后监管、催贷、基础台账建立、政策宣传等相关工作，按照《贵阳市小额担保贷款实施细则》规定，做好贷前调查，严格落实反担保措施。在辖区内人流量较大、商业较为繁荣的市中心地段设立面积约80平方米的云岩区小额贷款、创业扶持“一站式”服务窗口。2011年，云岩区通过“百姓—书记区长交流台”“政府网络新闻平台”等渠道，解决群众在就业等方面的实际困难和问题；当年率先在全市建立小额担保贷款贷后监管制度，确保担保基金的良性、安全运转。

中共云岩区委、区人民政府2012年将城镇新增就业工作纳入政府10件实事之一，并列入主要经济指标进行考核。区就业局加强对各社区服务中心、黔灵镇的督促检查工作，派出工作队分别于4月、6月、8月对各单位城镇新增就业目标任务完成情况进行检查。小额担保贷款工作持续开展，收回原区发改局移交区就业局的不良贷款6.99万元，并收回2012年12月底到期的小额担保贷款。是年，对“零就业家庭”成员自主创业、自谋职业给予一定的资金扶持，共发放各类小额担保贷款6066万元，直接扶持创业853人。2013年，将公益性岗位作为安置困难人员就业的主要渠道，开发社区保洁、环卫协管、城管协勤等公益性岗位，制定援助政策，有针对性的帮助就业困难人员实现就业。落实就业优惠政策，加强监管各项补贴的申领发放工作流程，继续开展对就业困难人员的认定。2014年，中共云岩区委、区人民政府将全年新增就业的5.68万人列为“10件实事”目标，出台《云岩区创业培训后跟踪服务实施方案》，逐步形成职业培训、技能鉴定、小额担保贷款、创业扶持等业务性政策体系和失业人员高校毕业生、农民工等群体性政策体系。支持辖区微型企业发展，当年发放省、市、区三级扶持资金3001万元，扶持发展微型企业900户，带动就业4575人。

2015年8月，云岩区“阳光助业驿站”正式成立，阳光驿站与云岩区心语创客驿站紧密联合，为社会特殊群体提供精准就业创业援助帮扶。在贵阳市率先建立为特殊就业困难群体提供精准服务的就业创业公益平台，建成区残疾人就业培训中心。当年，城乡统筹新增就业57215人，技能培训3883人，城镇登记失业率控制在3.44%。

二、就业安置

云岩区城镇登记失业率2002年、2003年控制在2.1%、2.3%以内。实现城乡统筹就业每年1.1万余人。2003年完成城镇就业8424人，安置下岗失业人员就业2430人，其中“4050”人员697人。2004年，全年增加城镇就业岗位近1.2万个，城乡统筹就业近1.4人，城镇失业人员就业8406人，下岗失业人员就业4675人；开发公益性岗位1315个。2005年，重点帮助“4050”等特困群体的再就业，当年城镇登记失业率控制在3.8%以内。“十五”计划期间，云岩区城乡统筹就业累计实现近2.83万人，其中城镇失业人员就业3.7万余人，下岗失业人员就业1.55万人，农村劳动力转移5660人。城镇登记失业率控制在3.5%以内。

云岩区2006年开展再就业优惠证的发放及更换工作，截至当年12月，为1.8万名下岗失业人员发放再就业优惠证，为领过再就业优惠证的4891名下岗失业人员换发新的再就业优惠证；当年新增就业岗位近1.4万个；城镇登记失业率控制在4.5%以内。2007年，全区新增就业岗位1.46万个，实现农村劳动力转移就业684人；消除“零就业家庭”384户，城镇登记失业率控制在4.5%以内。2008年新增就业岗位1.5万余个，完成城乡统筹就业近1.7万人，开发公益性岗位415个，消除“零就业家庭”71户，实现“零就业家庭”动态为零，城镇登记失业率控制在4.5%以内。2009年，新增就业岗位1.74万个，开发公益性岗位1800个，完成城乡统筹就业1.65万余人，实现“零就业家庭”动态为零，创建充分就业社区26个，城镇登记失业率控制在4%以内。

2010年，全区新增就业1.46万余人，其中下岗失业人员7201人，就业困难对象2414人。新增公益性岗位3000余个，帮助就业困难对象在公益性岗位上实现再就业，城乡统筹就业两万人。新建充分就业社区16个，实现“零就业家庭”动态为零。全区创业对新增就业的贡献率达38.36%，城镇登记失业率控制在4%以内。2011年，云岩区城乡统筹就业累计达2.5万人，城镇登记失业率控制在4.5%以内。2012年，新增就业人数4.99万人，保持“零就业家庭”动态为零，城镇登记失业率控制在

3.25%。2013年，全年新增就业5.68万人，城镇登记失业率控制在3.47%。2014年，新增城镇就业人数5.7万人，失业人员实现再就业1.37万人，就业困难人员再就业2873人，城镇登记失业率控制在4%以内。2015年，城镇新增就业5.72万人，“零就业家庭”保持动态为零。2001年—2015年，新增就业累计达24.56万人，持续保持全省第一。

第四节　社会保障

云岩区2001年开始实施养老保险。2005年，启动医疗保险、失业保险、工伤保险和生育保险，以社会保险为核心的五个险种全面铺开。

一、养老保险

2001年，云岩区建立统一的企业职工基本养老保险制度。养老保险参保人数6900人，征收养老保险费785.52万元。2002年，养老保险参保人数7933人，征收养老保险费1168.78万元。2003年，养老保险参保人数9270人，征收养老保险费1513.26万元。2004年，养老保险参保人数11198人，征收养老保险费2901.35万元。2005年，养老保险参保人数13844人，征收养老保险费2265.57万元。

贵州省劳动厅《贵州省企业职工基本养老金计发办法》改革基本养老金计发办法，2006年7月1日起执行。过渡期内退休的人员，按新办法计算的基本养老金低于按原办法计算的基本养老金的差额部分予以补齐；按新办法计算的基本养老金高于按原办法计算的养老金的高出部分予以封顶限制，按一定的比例逐年递增，直至放开。调整个人账户建账规模，当年7月1日起，企业职工基本养老保险个人账户记账规模统一由本人缴费工资的11%调整为8%，全部由个人缴费形成，单位缴费不再划入个人账户。逐步提高统筹层次，推进离退休人员社会化管理。以非公有制企业、城镇个体工商户和灵活就业人员参保工作为重点，扩大基本养老保险覆盖面，年末养老保险参保人数18141人，征收养老保险费2722.26万元。2007年，养老保险参保人数22980人，征收养老保险费4046.95万元。2008年6月，云岩区在全市率先启动实施新型农村社会养老保险，全区农村户籍人口年末参保人数达3832人。是年，全区养老保险参保人数31353人，征收养老保险费8348.07万元；新型农村养老保险参保人数3832人，征收新型农村养老保险费343.89万元。2009年，养老保险参保人数40987人，征收养老保险费10919.96万元；新型农村养老保险参保人数7185人，征收新型农村养老保险费470.38万元。

2010年1月，云岩区启动实施城镇老年居民社会养老保险，当月征收老年居民社会养老保险费976.47万元，941名60周岁以上参保老年居民按时足额领取养老金。是年，养老保险参保人数58672人，征收养老保险费16405.08万元；新型农村养老保险参保人数13388人，征收新型农村养老保险费659.33万元；城镇老年居民养老保险参保人数2000人，征收老年居民养老保险费2425.37万元。2011年7月，云岩区启动城镇居民社会养老保险，将16周岁以上非从业城镇居民纳入养老保障范围。同年9月，统一被征地农民参加社会养老保险政策。云岩区制定配套实施方案和业务经办规程，补充完善《云岩区征地社会保障资金审核程序》《云岩区被征地农民身份认定程序》后全面启动实施。年末被征地农民身份认定并参保1633人。是年，全区养老保险参保人数77688人，征收养老保险费30877.42万元；新型农村养老保险参保人数14289人，征收新型农村养老保险费231.18万元；老年居民养老保险参保人数达999人，征收老年居民养老保险费317.78万元。2012年，养老保险参保人数94476人，征收养老保险费39167.88万元；新型农村养老保险参保人数15024人，征收新型农村养老保险费238.96万元；城镇居民养老保险参保人数6463人，征收城镇居民养老保险费220.7万元。2013年，全区养老保险参保人数117158人，征收养老保险费43133.56万元；新型农村养老保险参保人数15309人，征收新型农村养老保险费222.31万元；城镇居民养老保险参保人数8919人，征收城镇居民养老保险费74.36万元。

2014年2月，新型农村社会养老保险、城镇居民社会养老保险合并为城乡居民基本养老保险，统一缴费档次、统一政府补助、统一养老金计发；10月，国家建立机关事业单位养老保险制度，云岩区1.37万名机关事业单位职工养老与企业职工养老制度并轨。全区全年养老保险参保人数132924人，征收养老保险费46280.41万元；城乡居民养老保险参保人数26400人，征收城乡居民养老保险费306.9万元。2015年，养老保险参保人数149054人，征收养老保险费52610.28万元；城乡居民养老保险参保人数26412人，征收城乡居民养老保险费415.99万元。

二、医疗保险

2005年4月，云岩区启动实施机关事业单位医疗保险制度，全区9718名机关事业单位正式在编职工全部纳入保障范围；医疗保险参保人数为9718人，征收医疗保险费582.28万元。2006年，参保人数12111人，征收医疗保险费2087.19万元。2007年9月，云岩区启动实施城镇居民基本医疗保险，将云岩区户籍非从业城镇居民及云岩辖区中小学生纳入医疗保险保障范围。年末参保人数11.41万人。区机关事业单位职工医疗保险参保人数12448人，征收医疗保险费2674.64万元。2008年起，云岩区开始办理企业职工基本医疗保险，年末参保人数1.61万人，征收医疗保险费2910.88万元。2009年8月，贵阳市将大学生纳入城镇居民基本医疗保险保障范围。云岩辖区内各类全日制普通高等学校、科研院所中接受普通高等学历教育的4.99万名全日制本专科生、全日制研究生参保。

截至2015年年末，云岩区参保人数为96515人，征收职工医疗保险费29886.86万元；居民参保人数230224人，征收城镇居民医疗保险费1312.17万元。

三、失业保险

1999年5月，贵阳市出台《失业保险办法》，规定企业事业单位及职工必须参加失业保险。云岩区从1999年12月开始，在辖区范围内对企业事业单位及其职工征收失业保险金。符合办法规定的城镇企业事业单位失业人员，享受失业保险待遇。2001年，云岩区失业保险参保人数3232人，当年征收失业保险费86.86万元。2001年—2015年，失业保险参保人数逐年上升，截至2015年年末，参保人数达58898人，征收失业保险费3066.8万元；2001年—2015年，累计征收失业保险费17784.39万元。2002年，有431人领取失业保险救助，此后领取失业保险救助的人数逐年增加，至2015年，领取失业保险救助为2990人，2002年—2015年，失业救助累计发放5831.62万元。

表1 云岩区失业保险统计表

（2001年—2015年）

年度	失业保险参保人数	征收失业保险费	失业保险救助领取人数	失业救助发放金额
2001年	3232	86.86	—	—
2002年	7179	113.21	431	6.28
2003年	8476	142.8	508	13.89
2004年	10368	187.41	622	17.26
2005年	11836	191.93	710	30.89
2006年	17303	347.48	1038	27.29
2007年	19995	423.8	1199	47.91
2008年	26274	727.61	1576	53.9
2009年	27149	795.26	1628	69.52
2010年	30274	975.87	1816	168.47
2011年	37639	1859.94	2258	171.25
2012年	43272	2311.31	2604	904.76
2013年	49052	2929.55	2525	1014.39
2014年	54169	3624.56	2820	1320.54
2015年	58898	3066.8	2990	1985.27
合计	405116	17784.39	22725	5831.62

四、工伤保险

2005年7月，云岩区开始启动实施工伤保险，全区590个参保企业7674名职工全部纳入保障范围。当年，征收工伤保险费25.6万元。工伤保险参保人数逐年递增，截至2015年，工伤保险参保人数达到59890人，累计征收工伤保险费5016.59万元。从2005年建立工伤保险制度后至2015年，工伤保险领取待遇的人数有583名，支付金额1490.4万元。

表2 云岩区工伤保险情况表

（2005年—2015年）

年份	参保人数(人)	征收工伤保险费（万元）	工伤保险领取待遇人数(人)	待遇支付金额（万元）
2005年	7674	25.6	—	—
2006年	13788	82.02	8	4.00
2007年	13872	119.06	12	6.94
2008年	18565	169.20	28	20.75

续上表

年份	参保人数(人)	征收工伤保险费(万元)	工伤保险领取待遇人数(人)	待遇支付金额(万元)
2009 年	26041	228.38	15	10.99
2010 年	29049	292.33	33	20.41
2011 年	37536	512.53	69	131.73
2012 年	45179	699.13	106	114.92
2013 年	50460	871.60	73	309.36
2014 年	55305	1007.92	93	337.08
2015 年	59890	1008.88	146	534.22
合计	357359	5016.65	583	1490.4

五、生育保险

2005 年，云岩区生育保险完成动员、登记工作，2006 年元月开始收费。2008 年 9 月，云岩区启动实施机关事业单位生育保险。当年有 1.58 万名机关事业单位职工参加生育保险，征收生育保险费 98.57 万元。参保人员生育保险待遇由生育保险基金支付，当年享受医疗保险待遇 60 人，生育保险待遇发放 2.8 万元。至 2015 年，生育保险参保人数达到 68635 人，征收生育保险费达到 995.62 万元。2008 年—2015 年，累计征收生育保险费 3221.45 万元，享受生育保险待遇 5470 人，发放生育保险待遇 2623.83 万元。

表 3　云岩区生育保险情况表

(2008 年—2015 年)

年份	参保人数(人)	征收生育保险费(万元)	享受生育保险待遇人数(人)	生育保险待遇发放金额(万元)
2008 年	15777	98.57	60	2.8
2009 年	20647	111.17	207	11.51
2010 年	25456	125.33	237	20.52
2011 年	32146	198.84	272	30.92
2012 年	37772	249.45	325	33.65
2013 年	45971	597.92	545	155.23
2014 年	58681	844.55	1289	740.49
2015 年	68635	995.62	2535	1628.71
合计	305085	3221.45	5470	2623.83

表4 云岩区四种保险收付使用情况表

(2001年—2015年)

年度	养老保险		医疗保险		工伤保险		生育保险	
	征收	支付	征收	支付	征收	支付	征收	支付
2001年	785.86	83.65	—	—	—	—	—	—
2002年	1143.24	137.28	—	—	—	—	—	—
2003年	1513.27	193.75	—	—	—	—	—	—
2004年	2902.81	284.84	—	—	—	—	—	—
2005年	2370.62	408.94	1225.14	1.57	25.54	—	—	—
2006年	2704.40	547.95	2087.18	28.24	82.02	1.55	—	—
2007年	4026.93	671.69	2675.82	50.57	119.06	10.27	—	—
2008年	8489.49	924.11	2916.32	54.10	169.20	32.18	38.91	2.80
2009年	10951.71	1406.36	3809.24	57.42	228.38	34.51	112.04	11.51
2010年	16361.60	1939.96	5171.44	88.44	292.33	25.29	161.06	20.52
2011年	28681.90	2681.42	7105.57	156.00	512.53	131.73	231.82	30.93
2012年	34106.75	5157.66	8722.33	160.00	699.13	122.61	291.82	33.55
2013年	33107.64	7332.13	10912.44	225.38	871.60	344.51	305.70	77.67
2014年	33221.39	10458.89	14723.63	280.20	1007.92	356.42	800.91	307.48
2015年	35682.20	13854.72	22388.30	443.62	1008.88	535.13	877.25	888.67
合计	216049.81	46083.35	81737.41	1545.54	5016.59	1594.20	2819.51	1373.13

第五节 劳动监察

一、劳动监察体系

为切实保障劳动者的合法权益，云岩区贯彻落实《中华人民共和国劳动法》和《中华人民共和国劳动合同法》《劳动保障监察条例》，不断加大劳动监察力度。1997年，区人事劳动局设劳动监察科。2002年，设劳动保障监察科，同时成立云岩区劳动监察分队。2004年，劳动保障监察科和区劳动监察分队一并更名为云岩区劳动保障监察大队（区劳动监察大队）。

2001年以后，劳动监察工作延伸到街道社区，为16个街道办事处（镇）配备劳动监察员，开展基层劳动保障监察工作，通过基层劳动保障所对辖区劳动用工进行年检；建立劳动监察投诉和信访接待登记制度，接待群众来信、来访，受理对违反劳动保障法律、法规或者规章的行为的举报、投诉；开展普法教育，宣传国家劳动保障政策和劳动保障法律法规和规章，监督检查用人单位遵守劳动保障法律法规和规章的情况；依法纠正和查处违反劳动保障法律法规或者规章的行为。2013年，又设立劳动执法前置机构东线劳动保障综合执法站，加强对东线片区建设工程项目劳动用工的监管。2014 年，监察大队对 5716 户劳动用工单位进行劳动保障监察年审，其中有网络年审 222 户。劳动保障监察“两网化”建设经费纳入区级财政预算，相关硬件设施逐步建立和完善；年内在各乡（镇）、社区服务中心全部设立劳动保障监察派出机构，成立劳动保障监察中队 27 个，设立专门工作服务功能区，建成劳动保障监察社区（镇）劳动监察二级网格。2015 年，监察大队与区法律援助中心合作，在区劳动监察大队内设立法律援助接待工作站，以便更好地为劳动者维权提供法律服务。

二、劳动用工管理

2001 年，区劳动监察大队年审和备案劳动用工单位 100 户，鉴定和续定劳动合同 5000 余人次。2002 年，完成劳动用工年审和备案 200 户，鉴订和续订劳动合 6000 余人次。2003 年，年审和备案劳动用工单位 302 户，鉴订和续订劳动合同 7000 余人次。2004 年，劳动用工年审和备案 406 户，鉴定和续定劳动合同 1 万余人次；建立劳动监察投诉台账和信访接待登记制度，做到投诉有记录，处理有登记；开展专项检查 3 次；工伤认定和劳动伤残等级鉴定以及工伤事故调解 10 余次；对辖区企业的实施劳动监察和开展检查工作。2005 年，围绕劳动用工年检、劳动合同签订，以及社会保险参保缴费、工资发放、企业规章制度是否合法等重要环节，区劳动监察大队对全区企业、个体工商户进行重点监察 145 次；全年共年检企业户数 830 家，对每户企业进行评分制考核，参检企业涉及职工人数 15847 人，督促签订劳动合同 15532 人。2006 年，根据贵阳市劳动监察部门安排，区劳动监察大队于 4 月初召开全区劳动保障所工作议会，安排当年劳动用工年审工作，并将任务分解到各街道办事处社保所，要求各社保所配合区劳动保障监察大队开展用工年审工作。为了保障年审工作的顺利完成和规范用人单位的用工行为，区劳动保障监察大队对云岩区管辖范围内的用人单位进行集中检查并发放年审通知书，收到较好效果。截至年末，云岩区对 840 户用人单位进行劳动用工年审；通过劳动用工年审工作和专项检查，促成用人单位与员工签订和续定劳动合同 800 多人次，劳动保险、失业保险参保人数同时得到提升。此外，对 20 家用人单位集体合同进行鉴证，涉及职工人数 500 人；对区域内企业劳动用工、民工工资发放情况进行检查，全年共查企业 20 多家，接待民工上访投诉 300 人次。

在 2007 年的劳动用工年审中，区劳动监察大队调动各街街道办事处及黔灵镇劳动保障所参与配合，对用人单位进行督促检查，当年审查 850 户用人单位，督促用人单位与劳动者签订、续订劳动合同 7485 人；全年立案查处用工单位违法案件 42 起，当年结案 41 件。2008 年签订劳动合同 6 万余份，在用人单位和劳动者之间建立和谐的劳动关系。2009 年，劳动监察年审 1168 户；督促用人单位与劳动者签订和续定劳动合同 2 万余份；同时按照市劳动和社会保障局的要求，全年开展各类专项检查 800 余户。2010 年，完成劳动用工年审 950 家，开展各类专项检查 600 户。2011 年，云岩区以提高劳动合同签订率和不断改善劳动关系为重点，推进协调联动机制工作，开展劳动合同签订“春暖行动”和小企业劳动合同制度专项行动，提高用人单位劳动合同签订率，扩大工资集体协商和集体合同制度的覆盖面。当年 1 月—10 月，全区共签订集体合同 453 户、签订人数达 26750 人。严格规范用人单位用工行为，对全区 1250 户用人单位的劳动用工情况进行年度审查，年审涉及职工人数 24802 人，合同签订率达 100%；缴纳社会保险 20747 人，参保率达 83.7%。对未按时参加年审和其他问题的 9 户企业进行行政罚款处理，罚款金额 9500 元。是年，云岩区开展劳动用工信息采集和备案工作，采集录入 12095 户、91183 人的劳动用工信息，劳动用工备案 38582 人。

云岩区劳动监察大队 2012 年 4 月 1 日开始，对全区用人单位进行 2012 年度年审。至 7 月底止，共计年审单位户数为4470户，完成率达178.8%。年审对象中，机关事业单位67户，国有集体单位83户，民办非企业单位17户，外资企业2户，私营企业1383户，个体工商户2918户（其中备案2743户）。年审涉及职工人数为36566人，实际签订劳动合同人数为36566人，签订率达100%。对未按时参加年审和其他问题的11户企业中给予行政处罚，其中对7户作出登报检查的处理，对4户做出行政罚款的处理，罚款金额3500元。是年，建立健全劳动监察台账档案，当年完成劳动用工备案录入229户，涉及劳动者7801人。2013年，开展劳动合同签订“春暖行动”和小企业劳动合同制度专项行动，扩大工资集体协商和集体合同制度的覆盖面，全年共签订综合类集体合同户数为150户、签订人数7120人；签订工资集体合同180户、签订人数10812人。全年共年审（含备案）单位户数为4120户，合同签订率达100%。对年审不合格的13户企业下达限期整改指令书，当年整改合格12户，1户整改后重新年审合格，登报批评2户。对未按时参加年审和其他问题的6户企业进行行政罚款处理，罚款金额5000元。2014年，对用人单位劳动保障监察书面审查中，年审单位户数为5716户，其中网上年审222户；年审共涉及职工27924人，实际签订劳动合同人数为27924人，签订率达100%；社保参保率达88.04%；对未按时参加年审和其他问题的8户企业中的3户进行了登报检查处理、5户进行的行政罚款处理，罚款金额1万元。

2015年4月1日至6月30日，区劳动监察大队发放《关于开展2015年度劳动保障书面审查的通知》1.5万余份，收回年审资料8300余份。排除与市定期书面审查重复的用人单位，当年共审查用人单位7271户（其中网上年审185户），完成率达151.5%；涉及职工人数为32866人，劳动合同签订率达100%，社保参保率达96.9%。对不及时签订劳动合同和缴纳社保不及时等不规范、不合法行为的用人单位，进行批评教育，并责令改正。

三、劳动力市场管理

2004年，区劳动监察大队配合市劳动监察部门加强对辖区非法职业介绍机构的打击，对贵阳客车站周边黑职业介绍机构进行突击检查清理，有效抑制非法职业介绍行为，规范云岩区人才市场秩序。至2006年，区劳动监察大队与市劳动监察支队、辖区劳动保障所配合，加强对非法职业介绍机构的查处，对贵阳客车站周边的非法职业介绍机构和个人进行经常性检查，随时发现随时清理、查处。2007年，区监察大队在专项整治行动中，查处一起非法使用农村童工案件，责令用人单位负责人开车将童工送回原籍，并亲自交与其监护人，并对违法行为人予以5000元罚款的处罚。与街道办事处劳动保障所配合行动，对区内的职业介绍机构进行联合检查。对以职业介绍为名、行诈骗之实的非法职业介绍所进行重点查处和取缔，年内，位于贵阳客车站、云岩区人民医院旁的两家非法职介机构被依法取缔。

区劳动监察大队在2008年会同市劳动监支队，先后对贵阳客车站、云岩区医院周边地区进行专项检查6次，查处非法职业介绍4次，取缔非法职业介绍所2户。2009年，会同相关办事处清理和整顿职业介绍市场6次，取缔非法职业介绍机构2户，并为求职劳动者追回求职金600余元。2010年，会同相关单位清理和整顿职业介绍市场4次。2011年，清理和整顿职业介绍市场5次。2012年，清理和整顿职业介绍市场8次。2013年，清理和整顿职业介绍市场4次。2014年，清理和整顿职业介绍市场3次。为进一步规范人力资源市场秩序，为劳动者就业营造良好的社会环境，区人力资源和社会保障局自2015年4月2日到4月16日，在全区范围内开展清理整顿人力资源市场秩序的专项行动。

四、农民工工资保障

（一）农民工工资清欠

为维护农民工的合法权益，云岩区在2005年建立由区人力资源和社会保障局、区建设局、区农民工工资清欠领导小组办公室（区清欠办）、区建筑工程管理站（区建管站）、区总工会组成的清欠领导小组及其办公室，形成清欠长效机制。区清欠办工作人员向在建工地农民工发放《劳动监察条例》《农民工维护手册》等，宣传劳动保护相关的法律、法规，使广大农民工加深依法维权意识。全年为农民工追回欠薪150余万元，涉及农民工300多人。

2006年春节前，区劳动监察大队会同区建设局、区清欠办、区建管站、区总工会对云岩区范围内的10余户建筑施工企业，进行针对农民工工资问题的专项检查，向被检查单位发放《劳动监察条例》《农民工维权手册》等宣传资料，让农民工加深维护自身合法利益的认识；针对有欠薪可能的单位进行重点检查，并对其单位下达限期整改指令，要求企业在春节前偿还拖欠的农民工工资。此次清欠工作共计为农民工追回拖欠工资达10万余元，涉及人数达30多人。2008年7月，中天花园一建筑施工工地因承建方包工头与修建方在结算上的差异，造成农民工工资无法支付，致使70余名未领到工资的农民工集聚堵路，在市劳动监察支队的配合下，区劳动监察大队妥当处理，促成用工单位对70余名农民工发放工资共计25万元。同年8月31日，接到中共云岩区委办公室紧急通知，威清路正在进行装修施工的福建大厦10多名农民工因未领到工资，聚集在大厦门口讨要工资，区劳动监察大队责成贵州榕厦房地产开发有限公司拿出工程款70余万元进行发放。同年，快速处置新地娱乐公司拖欠30名农民工4万元工资，为农民工及时追回损失，受助农民工向劳动监察大队赠送“关注民生、情亲百姓”的锦旗。同年区劳动监察部门还参与省、市相关部门处理神奇集团房地产开发公司、中航集团房地产开发公司等省市属企业的劳资纠纷的调解处置，为农民工追讨150万元工资。针对当时受国际金融风暴影响，部分企业生产经营困难，元旦、春节临近，按照中共贵阳市委、贵阳市人民政府关于落实“劳有所得”民生计划的工作要求，制定出具体工作方案，于2008年12月8日至2009年1月24日在全区范围内组织开展农民工工资支付专项检查活动。

2009年，处理突发性群体性讨薪事件10起，涉及农民工100余人，追讨被拖欠工资20万元。2010年，处理突发性群体性讨薪事件12起，涉及农民工300余人，追讨被拖欠工资100万元。2011年，处理突发性群体性讨薪事件14起，涉及农民工865人，追讨被拖欠工资（含工程款）1101.14万元。2012年，立案查处103件，涉及人数959人，为劳动者追回工资、保证金等663.8万元。2013年，处理突发性群体性讨薪事件17起，涉及农民工13094人，追讨被拖欠工资（含工程款）7259.06万元。2014年，以处理拖欠农民工工资为重点，查处投诉举报案件，追回劳动者工资110.408余万元。2014年—2015年，东线劳动保障综合执法站解决141起拖欠农民工工资案件，涉及人数达3700余人，共清欠4700余万元，及时维护了建筑工地农民工的合法权益。

（二）农民工工资保障金收缴

为保障进城务工人员的合法权益，云岩区从2007年5月开始，对部分建筑企业实施收缴务工人员工资保障金制度。当年年底，区劳动监察大队收缴6户建筑企业（6个工程项目）缴纳的务工人员工资保障金152万元。2008年—2011年，未发生拖欠务工人员工资的群体事件。2013年，继续加强务工人员工资保证金监管机制，明确一名专职监察员具体经办该项工作，并完善相关审批制度和程序。2014年，务工人员工资保障金收缴范围扩大至建筑、交通、林业绿化、水利等行业，收缴力度进一步加大。同时探索农民工工资按月支付制度，进入试点运行阶段。自2007年起至2014年12月，8年累计收取184个建筑企业项目、6个交通行业项目及4个其他行业项目的务工人员工资保障金11552万元；因建筑工程竣工验收（下同）退还70个项目保障金共计2288万元，保障金余额为9264万元。

截至2015年，辖区务工人员工资支付保障金制度不断完善，收缴的保障金存入专户管理，对未缴纳保证金的工程项目进行催缴，并联合相关行业主管部门督促违规用人单位整改和处罚。当年收取38个项目的务工人员工资保障金共计6833万元，退还16个项目保障金共计992余万元。累计收缴务工人员工资保障金18385万元，累计退还保障金3280万元，保障金余额为15105万元。

表5　云岩区农民工工资保障金收缴情况表

（2007年—2015年）

年份	保障金收缴项目数	收缴金额（万元）	保障金退还项目数	退还金额（万元）	保障金余额（万元）
2007年	6	152	—	—	152
2008年	15	376	2	50	478
2009年	18	599	9	159	918
2010年	35	1547	10	208	2257
2011年	28	1031	13	271	3017
2012年	24	783	9	194	3606
2013年	47	3523	17	782	6347
2014年	21	3541	10	624	9264
2015年	38	6833	16	992	15105
合计	232	18385	86	3280	—

五、劳动争议调解与仲裁

2001年—2015年，云岩区建立并不断完善劳动争议协调处理机制。劳动争议处理一般由区劳动监察大队具体办理，2012年6月区劳动人事争议仲裁院（区仲裁院）成立后，劳动争议案件由仲裁院调解审理。

（一）调解仲裁

2000年，区人事劳动局内设人事劳动争议仲裁办公室。2012年6月5日，云岩区劳动人事争议仲裁委员会成立，下设云岩区劳动人事争议仲裁院（区仲裁院），为区人力资源和社会保障局所属副科级事业单位。核定事业编制6名，区仲裁院内设机构有立案调解庭、审理庭。当年完善数据库，更新仲裁机构信息。截至2015年，在事业单位建立4家劳动人事争议调解组织，工作人员共46人；在社区服务中心（镇）建立27家社区服务中心（镇）劳动人事争议调解组织，工作人员共273人；在非公企业建立18家劳动争议调解组织，工作人员共99人。基层调解组织根据《调解仲裁法》《调解组织及工作规则》开展工作。区仲裁院每年所处理案件所涉及案由基本都是确认劳动关系、讨薪、要求支付未签订劳动合同的2倍工资差额、补缴社会保险、要求支付解除劳动合同的经济补偿金或赔偿金、要求支付工伤待遇等。自区劳动人事争议仲裁院成立至2015年，未收到过人事争议申请，所处理案件均为劳动争议案件。

为贯彻《中共中央关于构建社会主义和谐社会若干重大问题的决定》文件精神，推进社会矛盾化解、社会管理创新，发挥劳动人事争议调解及法律援助在促进劳动人事关系和谐稳定、保障争议双方合法权益中的作用，根据《贵阳市劳动人事争议法律援助仲裁服务工作站实施意见》要求，2013 年 8 月，云岩区劳动人事争议仲裁院、区法律援助中心、区总工会困难职工帮扶中心共同在区仲裁院设立劳动人事争议法律援助仲裁服务工作站，并派工作站人员参加市级组织的相关培训。自 2013 年成立后至 2015 年年末，区劳动人事争议法律援助仲裁服务工作站共计办理法律援助案件近 300 件。

（二）案件办理

劳动争议案件较多涉及要求支付工资、加班工资、补缴社会保险等，结案方式多以调解为主。

2001 年区劳动监察大队处理案件 2 件，2002 年处理案件 2 件，2003 年处理案件 4 件。2004 年，云岩区劳动争议仲裁收案 31 起，不予受理件 10 起，经审查处理 21 件，均在规定的时效内依法裁决结案，争议范围涉及拖欠工资、工伤赔偿，争议金额 14.4 万元。2005 年处理案件 5 件。2006 年，区劳动监察大队针对部分投诉金额较少、案件较为简单的情况下，采用电话直接与被投诉用人单位联系，告知用人单位违法情况和事实，并根据法律、法规责令用人单位按有关规定给予解决。当年共处理劳动争议投诉 25 起，涉及人数 40 多人，为劳动者追回工资、保证金共计 15 万元。全年立案查处 32 件，结案 32 件，涉及人数 36 人，为劳动者追回工资和保证金 20 万元。2007 年，简易调解劳动投诉 40 余件，为农民工和劳动者追回工资、保证金等 10 万余元，并对 14 户违反劳动法规的用人单位给予行政处罚，罚款金额 2.1 万元。在云岩区 2008 年的劳动监察和劳动争议案件投诉中，突出反映的是因用人单位没有与劳动者签订劳动合同而引发的讨要“欠薪”“双薪”问题。至年底，劳动监察大队共接待投诉、群众来信来访 544 次，涉及职工和劳动者 795 人，其中立案查处 90 件涉及人数 233 人，为职工追回工资、保证金共 29.9. 万元；采取协调处理 85 件，涉及人数 136 人，追回工资、押金等 4 万余元；为农民工追回拖欠工资 200 余万元；对用人单位主动监察 625 户次，开展专项检查 6 次；对未遵守劳动法律、法规的用人单位 32 户进行行政处罚，罚款金额 2.2 万元。2009 年处理案件 15 件。2010 年处理案件 14 件。2011 年处理案件 20 件。

2012 年，区劳动人事争议仲裁院设立当年，收案 272 件，立案 264 件，不予受理 8 件；当年结案 264 件，其中调解 146 件，裁决 118 件，结案率 100%，调解率 55%。2013 年，收案 425 件，其中立案 367 件，不予受理 58 件；结案 367 件，其中调解 221 件，裁决 146 件，结案率 100%，调解率 60%；劳动人事争议法律援助仲裁服务工作站帮助王某等 3 名劳动者申请到法律援助并申请仲裁。2014 年，收案 178 件，立案 144 件，不予受理 34 件；结案 138 件，其中裁决 73 件，调解 65 件，结案率 96%，调解率达到 47%。2015 年，收案 337 件，立案 240 件，不予受理 97 件；结案 231 件，其中裁决 164 件，调解 67 件，结案率 96%。

六、案件查处

2001 年，区劳动监察大队受理劳动保障投诉举报案件 5 件，结案 5 件，结案率 100%。2002 年，受理劳动保障投诉举报案件 8 件，结案 8 件，结案率 100%。2003 年，受理劳动保障投诉举报案件 9 件，结案 9 件，结案率 100%。2004 年，共接受投诉案件 41 件，涉及职工人数 89 人；立案 41 件，处理结案 40 件，结案率为 98%；投诉案件中，涉及工资的 22 件，保证金押金的 20 件，劳动合同的 4 件；为劳动者追回工资和保证金达 31.80 万元；信访接待 350 人次，涉及人数 450 余人，信访涉及内容有拖欠工资、未办用工手续、未签劳动合同、超时加班加点、工资低于最低工资标准、收取押金、非法使用童工、侵害女职工或未成工特殊劳动保护权益等。2005 年，共接待投诉 100 余人次，涉及 300 多人；调解处理拖欠工资、扣保证金、工伤赔付等投诉 30 次，立案查处 46 件，当年结案 40 件，共为劳动者追回损失金额 12 万元。区劳动监察大队组织区社保、就业两个服务中心和街、镇劳动保障部门兼职监察员，对社会保险费欠缴单位进行专项检查，并下达监察指令书。

在 2008 年的维稳工作中，区劳动监察大队在了解到太子道洗脚城法人代表拖欠工人工资并藏匿后，立即约请当地派出所共同参与处理，找到法人代表的亲属，筹集 4 万元资金，发放给 50 名员工。同时，对当事员工进行法律宣传，告知今后有问题应依法投诉，不能采取极端手段。事后由公安机关对带头堵路的人员给予行政拘留处罚。2009 年，案件查处 88 件，为劳动者追回工资、押金等 48.8 万元；调解处理 150 余件，追回劳动者工资、押金等 7 万多元。为确保辖区社会的稳定，区劳动监察大队 2010 年重点查处拖欠克扣农民工工资问题，加强劳动仲裁工作和各种投诉信访接待登记处理。2011 年，全年共开展专项检查行动 6 次，对用人单位主动监察 592 次户；接待投诉、群众来信来访 539 次，其中立案查处 125 件涉及人数 858 人，为劳动者追回工资、保证金及工程款等 1101.14 万元，结案率 100%。2012 年，接待投诉、群众来信来访 484 人次，涉及职工和劳动者 1900 人；其中立案查处 136 件，涉及人数 1086 人，为劳动者追回工资、保证金等 738.64 万元，结案率 100%；其余来访均给予较为满意的答复；对用人单位主动监察 462 余次户，并开展专项检查 5 次，督促用人单位规范用工行为。2013 年，开展 4 次专项检查行动，对用人单位主动监察 252 次（户）；接待投诉、群众来信来访 300 余次，其中立案处理 38 件，涉及人数 371 人，追回被拖欠工资、保证金、服装费等 123.7 万元，结案率 100%。2014 年，以处理拖欠农民工工资为重点，全年共开展专项检查行动 650 余次，对用人单位主动监察 145 次（户）；接待投诉、群众来信来访 1450 余次，其中立案处理 145 件，涉及人数 333 人，追回劳动者工资 110.408 余万元，结案率 100%。

2015 年，专项检查用人单位 845 次（户），对用人单位主动监察 196 次；接待投诉、群众来信来访 1543 余次，其中立案处理 79 件，涉及人数 146 人，追回劳动者工资约 83.5 万元，结案率 100%。解决 126 起拖欠农民工工资案件，涉及人数达 7702 余人，共清欠工资约 2.2 亿元，有效维护建筑工地农民工的合法权益。

七、宣传与培训

自 2001 年劳动监察延伸至基层，每年对基层劳动保障所兼职监察人员进行《劳动法》《劳动监察条例》培训考核。2007 年，开展《劳动合同法》《就业促进法》的宣传培训，为使广大劳动者和用工单位对《劳动合同法》深入了解，区人社局于 10 月 12 日在贵阳市喷水池地段设置宣传点，散发《劳动合同法》单行本千余份，接待咨询群众 200 余人；12 月 11 日，区人社局举办辖区重点民营企业 115 户 125 人参加的云岩区《劳动合同法》培训班，聘请贵阳市仲裁处、市劳动监察支队的负责人授课，向用人单位传输必须依法用工的意识，并现场解答提问，纠正用人单位认为《劳动合同法》仅仅是维护劳动者权益的认识误区，强调法律的公平、公正和农民工即是企业职工、与城镇职工一视同仁的观念；12 月 27 日，上街设点为群众宣传《劳动合同法》《就业促进法》，为《劳动合同法》的实施打下基础。

2015 年，云岩区劳动保障监察加强队伍建设，开展基层监察员业务培训，以提高劳动保障监察中队兼职监察员的业务素质。3 月 23 日，区劳动监察大队举办一期劳动保障监察中队人员业务培训班，培训对象为各社区、乡镇劳动保障监察中队监察员，培训班邀请市劳动监察支队负责人对受培训人员进行系统授课。通过培训，有效地提高基层监察队伍的业务素质和执法能力。

第二章　民　政

云岩区的民政工作，主要包括辖区内的救灾救济、城乡低保、优抚安置、福利企业、医疗救助、基层政权、地名管理、农村五保、慈善事业、民间组织管理、婚姻登记和殡葬管理等方面。

第一节　民政管理机构

云岩区民政局为管理辖区民政事务的机构，2000 年年末，内设机构有办公室，双拥（拥军优属、拥政爱民）办公室，社会福利、社会事务和社会慈善事业促进科，社会救助科，基层政权和社区建设科；下属事业单位有云岩区军队离退休干部休养所、云岩区殡葬管理所。

2004 年 4 月，成立区民政局下属正股级事业单位婚姻登记服务中心（正股级）。2007 年，婚姻登记服务中心更名为婚姻登记管理中心，核定事业编制 2 名，同年增加婚姻登记管理中心事业编制 4 名。

2010 年机构改革，保留云岩区民政局，为区人民政府工作部门。将原属区民政局的对大中小型水电工程移民安置工作的管理和监督职责划入区水利水电工程移民局。区民政局主要职责及内设机构、人员编制有所调整，调整后区民政局行政编制 8 名；股级职数按编制情况配备；工勤人员编制 1 名，由财政全额预算管理。同时，云岩区老龄工作委员会办公室（正科级）设在区民政局，核定事业编制 3 名，由财政全额预算管理。

2013 年，原云岩区社会救助站更名为云岩区社会救助局，为区民政局所属副科级事业单位，核定事业编制 4 名。2014 年，区民政局下属事业单位类别重新划分，云岩区婚姻登记管理中心、云岩区殡葬管理所、云岩区社会救助局、云岩区军队离退休干部休养所为公益一类事业单位。

至 2015 年，区民政局内设机构有办公室、双拥办公室、社会福利、社会事务和社会慈善事业促进科、社会救助科、基层政权和社区建设科，行政编制 8 人。下属事业单位有云岩区军队离退休干部休养所、云岩区殡葬管理所、云岩区婚姻登记管理中心、云岩区社会救助局。股级领导职数按编制情况配备，机关工勤人员编制 1 名，由财政全额预算管理。保留云岩区老龄工作委员会办公室，正科级事业单位，设在区民政局，编制 3 名，由财政全额预算管理。

第二节　拥军优属

云岩区的拥军优属活动，主要是对驻辖区的中国人民解放军或中国人民武装警察部队（驻地部队或驻军单位），军队离退休干部，烈属和因公牺牲军人家属、病故或失踪军人家属、无军籍退休退职职工、老复退军人和带病回乡的退伍军人、军属、伤残军人（合称“其他优抚对象”）等进行慰问和日常生活中的关爱和帮助。拥军优属活动通常在元旦和春节（两节）、“八一”建军节期间。

2001年，区民政局对驻辖区9个驻地部队或驻军单位团以上单位、13个团以下单位进行慰问，为部队送去价值4.5万元的慰问金和慰问品；慰问军队离退休干部74人；慰问其他优抚对象2848人，发放慰问金和慰问品8.6万元。2002年，慰问团以下驻军单位7个、团以上驻军单位7个，军队离退休干部180人，其他优抚对象3530人，慰问经费120余万元。2003年，云岩区各街道办事处、黔灵镇组织慰问团130余个，对辖区域2500余户优抚对象进行慰问，活动内容有贴春联，送挂历、发喜报、送慰问品、慰问金等；举行多场座谈会、联欢会；中共云岩区委、区人大常委会、区人民政府、区政协（四大班子）领导向驻地部队领导介绍全区经济社会发展情况，听取对云岩区拥军优属、拥政爱民（“双拥”）各项工作的意见；区“双拥”工作领导小组及四大班子领导组成慰问团，对17个辖区驻军单位慰问，为部队送去价值32万余元的慰问金和慰问品；对军队离退休干部和其他优抚对象送去慰问金及物品折合人民币23万余元。当年9月，云岩区被评为贵州省“双拥”先进单位、贵阳市“双拥”工作先进区，区民政局被贵阳市评为“双拥”先进单位。2004年，对17个辖区驻军单位进行慰问，为部队送去价值30万元的慰问金和慰问品；慰问军队离退休干部和其他优抚对象2000多户，送去慰问金及物品20余万元。2005年“两节”期间，云岩区四大班子领导，为每户优抚对象送去慰问金和慰问品；“八一”建军节期间，组成区四大班子领导参加的慰问团，慰问驻区团以上单位6个和驻区团以下单位13个，慰问其他优抚对象。由街道办事处组织本辖区烈军属、在乡革命伤残军人、在乡复员军人和带病回乡退伍军人等优抚对象，开展纪念“八一”建军节活动。

2006年，由区四大班子的领导组成慰问团到军营和优抚对象家中进行走访慰问，发放慰问部队款15万余元；慰问军队离退休干部和其他优抚对象2000多户，发放20多万元的慰问品和慰问金。同年，为中国人民武装警察部队云岩中队拨款3万元购置3套健身器材，拨款3.82万元支持部队四配套设施（执勤设施、生活设施、训练设施、文体设施配套）建设；为云岩消防中队、云岩中队拨款1.5万元作为生活补助。为配合部队做好一年一度的老兵退伍工作，为云岩中队、消防二中队和消防九中队退伍老兵发慰问金，共计6000余元；为区干休所解决医疗费100余万元。2007年春节前后，邀请驻区中国人民解放军、武警和区重点优抚对象，参加云岩区2007年军政军民新春双拥联谊会，并对驻区部队进行慰问。中共云岩区委、区人民政府及双拥领导小组成员各单位、各部门、各街道办事处、黔灵镇、区内企事业单位通过多种方式开展双拥活动，帮助烈军属做好事、办实事，到驻区部队进行慰问，与部队共同联欢。6月，区民政局与武警贵州省总队政治部共同组织纪念建军80周年“牵手走进橄榄绿”军民联谊活动；8月，为庆祝中国人民解放军建军80周年，区四大班子领导和区双拥工作领导小组成员及各部门的领导共同走进军营慰问驻地部队，感受军旅生活，接受国防教育，开展党政军军事日活动。在建军80周年庆祝活动期间，区四大班子领导对云岩区干休所的离退休老同志进行慰问，发放慰问金和纪念品，并组织开展纪念建军80周年自娱自乐活动。由区四大班子领导带队，组织区属各单位、各部门、企事业单位和部分群众代表近200人的双拥慰问团，分别对优抚对象进行慰问，发放慰问金5万余元。

2008年，“两节”期间，组织慰问团以下驻军单位13个、团以上驻军单位6个、军队离退休干部156人和其他优抚对象，发放慰问金30余万元；“八一”建军节期间，组织全区165名重点优抚对象、在乡残疾军人召开庆“八一”迎“奥运”座谈会；走访四川抗震救灾黔籍官兵100余人；解决部队子女入学入托5人；全区接受国防教育人数10多万人次；各街（镇）开展各种形式的座谈会、联欢会、消夏纳凉晚会达160余次。同年，还为112名参加汶川抗震救灾军人的家属发放慰问金1.12万元，贵阳凝冻灾害期间为580名重点优抚对象发慰问金5.8万元。2009年"两节"期间，慰问团以下驻军单位13个、团以上驻军单位6个、军队离退休干部156人和其他优抚对象，送出价值20余万元慰问品和慰问金；"八一"建军节期间，下拨全区优抚对象慰问活动经费12.85万元。在云岩区干休所召开军队离退休干部建军82周年纪念活动座谈会；区四大班子领导分组慰问重点优抚对象代表；组织开展"军事日"活动。2010年，"两节"期间慰问团以下驻军单位和团以上驻军单位各7个、军队离退休干部180人和其他优抚对象；为武警云岩中队拨款40万元，用于补充办公、营房建设、完善硬件设施、战士医疗保障等专项经费；"八一"建军节期间，下拨全区优抚对象慰问活动经费40余万元。在云岩区军休所召开军队离退休干部建军83周年纪念活动座谈会；开展"军事日"活动；全区接受国防教育人数10多万人次；各街道办事处及黔灵镇开展各种形式的座谈会、联欢会、消夏纳凉晚会。抗日战争胜利65周年纪念活动期间，慰问17名在乡抗日老战士和抗日战争中牺牲的烈士遗属。

2011年3月，云岩区人民政府被中共贵州省委、省人民政府、中国人民解放军贵州省军区评为拥军优属先进单位。当年，慰问团以下驻军单位和团以上驻军单位各7个、军队离退休干部180人和其他优抚对象，为武警云岩中队拨款40万元；"八一"建军节期间，下拨全区优抚对象慰问活动经费43.35万元。在中国共产党建党90周年及中国人民解放军建军84周年之际，分别组织云岩区干休所军队离退休干部开展纪念活动及座谈会；各街道办事处、黔灵镇开展各种形式的座谈会、联欢会、消夏纳凉晚会。2012年6月，组织开展的"进家入户解政策，真情服务暖人心"走访慰问活动，向辖区重点优抚对象发放慰问物资，向武警云岩中队拨款40万元；组织部分民营企业代表为武警云岩中队捐赠全自动洗衣机、熨烫机、笔记本电脑等设备设施；组织驻地部队官兵开展纪念建军85周年《云岩——我的第二故乡》摄影活动，以赞我家乡、爱我云岩为主题，展出200余幅照片，以驻区官兵的视角感受云岩区在加快经济建设、加快发展后的变化，激发官兵热爱云岩、建设云岩的热情，增强军民、军地之间的友好关系。2013年，慰问经费共计140余万元。向武警云岩中队拨款40万元；组织辖区部分民营企业代表为武警云岩中队捐赠，解决官兵生产生活中的实际难题；组织辖区驻地部队官兵开展纪念革命先烈祭扫烈士墓。2014年"两节"期间，发放慰问经费107.72万元；"八一"建军节期间，发放慰问经费90余万元。对驻区部队进行走访慰问，对全区优抚对象进行慰问，由各社区慰问八类优抚对象，其中"两参"（参战、参加核试验）人员755名、烈士遗属83人，因公牺牲军人遗属9人，病故军人遗属9人，老复退军人65人，带病回乡复退军人10人，60周岁农村籍复退军人110人，伤残军人463；慰问军属207户。

2015年"两节"期间，发放慰问经费105.39万元。慰问团以下驻军单位和团以上驻军单位各7个、军队离退休干部193人和其他优抚对象，慰问15名2级~6级在乡残疾军人；组建双拥慰问团组120余个、学习雷锋小组110余个、双拥服务志愿者900余人，为部队开展各种慰问活动。"八一"期间，慰问经费71.62万元。对驻区部队和全区优抚对象进行慰问，开展各种庆祝活动；由各社区慰问"两参"人员837名，烈士遗属97人，因公牺牲军人遗属9人，病故军人遗属24人，老复退军人64人，带病回乡复退军人5人，60周岁农村籍复退军人121人，伤残军人487人，发放慰问金49.32万元；慰问军属1616户，发放金额16.16万元。

表 1　云岩区优抚对象调查统计表

（2001 年—2015 年）

项目 年份	烈属	因公牺牲军人家属	病故军人家属	"三属"合计	带病回乡退伍军人	老复退军人	"两参"人员	60 周岁农村籍退伍士兵	伤残人员	重点优抚对象人数	复员退伍军人	军属	优抚对象总人数
2001 年	—	—	—	—	—	—	—	—	674	702	362	1850	2914
2002 年	—	—	—	—	—	—	—	—	682	650	360	1850	2860
2003 年	—	—	—	—	—	—	—	—	703	985	320	1850	3155
2004 年	—	—	—	52	—	103	—	—	735	968	418	—	—
2005 年	—	—	—	—	—	104	—	—	725	1007	343	—	—
2006 年	—	—	—	—	—	106	—	—	734	870	319	2050	3239
2007 年	25	3	6	34	4	108	350	13	753	1262	313	1138	2713
2008 年	25	3	6	34	4	107	484	18	776	1423	342	2300	4065
2009 年	30	3	12	45	5	113	521	33	773	1490	367	2600	4457
2010 年	30	3	13	46	5	112	564	51	769	1547	335	1755	3637
2011 年	23	3	11	37	7	81	633	53	787	1662	354	1800	3816
2012 年	24	10	13	47	10	79	628	78	871	1713	326	1819	3858
2013 年	24	10	13	47	9	75	746	91	880	1848	318	1814	3980
2014 年	20	6	12	38	10	75	759	112	909	1903	355	1885	4143
2015 年	20	6	12	38	5	64	837	121	547	1612	345	1616	3573

表 2　云岩区革命伤残人员统计表

（2001 年—2015 年）

年份 类别	在职					在乡					总人数
	革命伤残军人	革命伤残工作人员	革命伤残人民警察	革命伤残民兵民工	合计	革命伤残军人	革命伤残工作人员	革命伤残人民警察	革命伤残民兵民工	合计	
2001 年	601	53	—	—	654	19	—	—	1	20	674
2002 年	609	53	—	—	662	19	—	—	1	20	682
2003 年	625	55	—	—	680	22	—	—	1	23	703
2004 年	657	37	16	1	711	22	—	—	2	24	735
2005 年	647	37	16	1	701	22	—	—	2	24	725
2006 年	654	39	16	1	710	22	—	—	2	24	734
2007 年	676	41	17	1	735	16	—	—	2	18	753
2008 年	693	41	19	1	754	17	—	—	5	22	776

续上表

年份类别	在职					在乡					总人数
	革命伤残军人	革命伤残工作人员	革命伤残人民警察	革命伤残民兵民工	合计	革命伤残军人	革命伤残工作人员	革命伤残人民警察	革命伤残民兵民工	合计	
2009 年	677	43	20	1	741	27	—	—	5	32	773
2010 年	674	43	20	—	737	27	—	—	5	32	769
2011 年	687	45	24	—	756	26	—	—	5	31	787
2012 年	748	51	30	1	830	36	—	—	5	41	871
2013 年	754	51	30	1	836	39	—	—	5	44	880
2014 年	772	50	35	5	862	42	—	—	5	47	909
2015 年	438	40	31	1	510	32	—	—	5	37	547

第三节 优抚资金发放

云岩区民政局 2001 年为 620 名优抚对象发放伤残抚恤金和保健金，合计 23 万元；云岩区享受定期生活补助的复员军人有 93 人，为其中 12 名复员退伍军人办理定期生活补助；为烈属报销医药费 1500 元，新办理军属关系 500 人，办理各种迁转关系手续 40 次。在伤残军人优抚方面：为在乡伤残军人发放住院期间生活补助费 1200 元，为 2 名伤残军人办理补证，为 2 名伤残军人办理“军转地”手续，为 2 名伤残军人办理伤残申报、提高等级，为伤残军人定做假肢等护理物品 15 次，为 1 名一等伤残军人办理部队转地方接收手续。2002 年，为 135 名在乡复员军人、伤残军人和烈士遗属、因公牺牲军人遗属、病故军人遗属（“三属”）提高生活标准，增发 2. 99 万元；全年定补人均达 1200 元；下拨 768 名重点优抚对象医疗保障专款 64. 44 万元。2003 年，为 135 名在乡复员军人发放生活补贴 22. 8 万元，全年定补人均达 1900 元；为 600 名伤残军人发放保健金 39 万余元。

2004 年，为 5 名伤残人员申办伤残证，办理军转地 2 人，发立功喜报 60 份，申报烈士评定 1 例，办理烈军属登记 450 人，办理各种迁转关系、出具各种证明 100 余份，为 4 户在乡复员军人、1 户烈属办理生活困难补助，为 3 名在乡伤残军人住院期间发放生活补助费 1800 元，为困难伤残军人送衣物被褥。2005 年，为 128 人享受定期生活补助的重点优抚对象每月增发 6 元粮食补贴和增加补助金，共计发放 2. 51 万元。云岩区“三属”的优待抚恤生活补助和老复员军人的定期生活补助标准超过民政部规定的标准，分别达到 287 元和 182 元，并足额按时兑现到人。为 520 名伤残军人办理军人伤残证换发，发放和增发伤残金共计 293 万元。全年解决 58 名无军籍职工岗位补贴共计 29. 8 万元。2006 年，发放和增发伤残金 293 万元；为 128 名享受定期生活补助的重点优抚对象每月增发 6 元粮食补贴和补助递增共计 2. 98 万元；“三属”的优待抚恤生活补助和老复员军人的定期生活补助标准有所提高。2007 年，为 750 名残疾军人（含伤残人民警察、伤残国家机关工作人员、伤残民兵民工）发放和增补残疾军人抚恤（保健金）300 余万元；支付重点优抚对象生活困难和就医补助 2 万元，重点优抚对象档案全部进入电脑，实行规范化管理。2008 年，为 750 余名伤残人员发放抚恤金 400 余万元；发放中华人民共和国建立前老党员生活补贴11.34万元；受理484名“两参”人员申请，发放生活补贴48.02万元；补发355名“两参”人员生活补贴17.7万元；为6名一至四级残疾军人调整护理费合计7464元。2009年，向790名革命伤残人员发放伤残金500余万元；给7名老党员发放生活补贴1.56万元；为7名在乡一至四残疾军人调整护理费标准，合计3.14万元；向520名“两参”人员发放12个月生活补助费81.06元；为重点优抚对象解决医疗困难补助经费合计1.46万元。

2010年，为790名革命伤残人员发放伤残抚恤金500余万元；向145名重点优抚对象发放定期生活补助经费116.81万元；下拨649名重点优抚对象医疗保障专款17.23万元；给予1500名优抚对象一次性用气、用水及菜篮子补贴共计33万元。2011年，为790名革命伤残人员发放伤残抚恤金500余万元；下拨723名重点优抚对象医疗保障专款30.92万元；给予1248名重点优抚对象发放第二、三季度临时补贴资金，合计22.46万元。2012年，为527名革命伤残人员发放伤残金559.5万元；发放7名老党员生活补贴2.05万元；为13名在乡一至四级残疾军人调整护理费标准，共计20.30万元；发放709名“两参”人员全年生活补助费用共计205.50万元；发放60周岁农村籍退役士兵生活补助6.16万元；补发无军籍职工2011年7月—12月调整生活补贴、补差28.1万元；按照每人360元的标准，发放重点优抚对象一次性生活补助经费27.40万元。2013年，为527名革命伤残人员发放伤残金600余万元；给予7名老党员1月—12月生活补贴2.20万元；为16名在乡一至四级残疾军人调整护理费标准，合计31.28万元；给予756名“两参”人员全年生活补助258.40万元；向83名在乡老复员军人发放生活补助金108.98万元；为10名带病回乡退役军人发放生活补助金5.52万元；为92名60周岁农村籍退役士兵发放生活补助金5.87万元；向27名“三属”发放抚恤金56.17万元。

2013年10月—2014年12月，对辖区各类优抚对象待遇标准进行调整。烈属优抚金城镇每人每年13860元，农村每人每年7970元；因公牺牲家属定期生活补助城镇每人每年11890元，农村每人每年7610元；病故军人及失踪军人家属定期生活补助城镇每人每年11190元，农村每人每年7290；在乡复员军人定期生活补助每人每年16068元；带病回乡军人定期退伍军人生活补助每人每月320元，无工作“两参”人员生活补助每人每月320元，全面抗日战争时期（1937年7月7日至1945年9月2日）入党人员每人每月430元，解放战争时期（1945年9月3日至1949年9月30日）入党人员每人每月350元。

2014年，为692名革命伤残人员发放伤残金700.75万元；向参战退役人员、60周岁农村籍退役士兵发放生活补助共计305.59万元；发放家属优待金共计837.15万元。

2015年，云岩区优抚定期生活补助标准，按照上年农民纯收入的增长比例同步增长。同时，统一规定重点优抚对象定期生活补助标准：烈属每年19120元，因公牺牲军人家属每年16410元，病故军人及失踪军人家属每年15440元；在乡复员军人每月1790元，带病回乡军人每月460元，无工作参战参试退役人员每年460元。当年发放重点优抚对象医疗保障专款104.57万元；给予参战退役人员、60周岁农村籍退役士兵生活补助共计377.85万元；向575名革命伤残人员发放伤残金834.90万元；为38名残疾军人、伤残人民警察办理评残、军转地、补证等预约及相关申报手续；认定无工作“两参”人员104人；为38名伤残革命军人办理换发新证；按照国家民政部要求对云岩区烈属进行资料审核录入并换发烈士证。

第四节　复员退伍军人安置

2001年，云岩区接收退伍军人361人，需要安置人数为354人，发放复退军人待安置期间的生活费 16.57 万元。2002 年，接收退伍军人 360 人，对符合安置条件的 335 人分两批进行培训；为城镇退伍军人按每人每月 156 元的标准，发放 4 个月的待安期间生活费 21.65 万元；为 33 名农村入伍的义务兵，按上年农村人均纯收入 3402 元的标准发放优待金，共计 11.23 万元。2003 年，接收退伍士兵 319 人，对符合安置条件的 303 名退伍军人分两批进行培训；为城镇退伍军人按每人每月 156 元的标准，发放 4 个月的待安期间的生活费 18.91 万元；为 38 名农村入伍的义务兵，按上年农村人均纯收入 3606 元的标准发放优待金，共计 13.7 万元。2004 年，接收退伍军人 441 人，对符合安置条件的 404 人进行培训；为城镇退伍军人按每人每月 170 元的标准，发放 4 个月的待安期间的生活费 25.21 万元；为 32 名农村入伍的义务兵，按上年农村人均纯收入 3921 元的标准发放优待金，共计 12.55 万元。2005 年，接收退役士兵 326 人，农村退役士兵 9 名。对 317 名城镇退役士兵进行法规、政策培训，其中 52 人申请自谋职业，发自谋职业金 148.57 万元、发放待安置期间生活费 21.56 万元。为 32 名农村入伍义务兵，按上年农村人均纯收入 4293 元的标准发放优待金，共计 13.74 万元。

云岩区 2006 年，接收城镇退役士兵 315 人，其中 83 人申请自谋职业，发放自谋职业金 257 万余元、发放待安置期间生活费 2.04 万元。为 32 名农村入伍士兵，按上年农民人均纯收入 4669 元的标准发放优待金，共计 14.94 万元。2007 年，按人均 860 元的标准，为 306 名待安置城镇退役士兵发放生活补助费，共计 26.32 万元；发放 2005 年入伍的 317 名城镇义务兵家属优待金 569.27 万元；为 36 名农村义务兵，按上年农民人均纯收入 5048 元的标准发放优待金，共计 18.17 万元；对 305 名城镇退役士兵进行就业前培训，参训率 99.35%，培训合格率 100%。至年底，安置城镇退役士兵 149 人，97 名城镇退役士兵申请自谋职业，60 名城镇退役士兵申请自找工作单位。2008 年，接收退役士兵 338 人，其中安置城镇退役士兵 203 人，受理自谋职业人数 120 人，申请自找工作 15 人，自谋职业率达 37.15%；发放自谋职业金 478.5 万元；按人均 860 元标准，发放 323 人待安置期间生活费共计 27.78 万元。

2009 年，接收城镇退伍义务兵 330 名，其中安置城镇退伍军人 202 人，受理自谋职业申请 128 人，自谋职业率达 38.79%，发放自谋职业经费 565.39 万元；按人均每年 11341 元的标准，为 2007 年 12 月入伍的 346 名城镇义务兵家属发放第二年优待金 375.39 万元；按人均每年 12893 元的标准，为 2008 年 12 月入伍的 309 名城镇义务兵家属发放第一年优待金 398.39 万元；按人均每年 5048 元的标准，发放 34 名农村义务兵家属优待金 17.16 万元。2010 年，接收退伍士兵 335 名，其中安置城镇退伍军人 113 人；发放 2010 年度 117 名城镇退伍士兵自谋职业金 550.92 万元；按人均 960 元标准，发放 310 名城镇退伍军人待安置期间 4 个月生活补助费 29.76 万元。

2011 年 11 月 1 日，施行《退役士兵安置条例》，1987 年 12 月 12 日国务院发布的《退伍义务兵安置条例》，1999 年 12 月 13 日国务院、中央军委下发的《中国人民解放军士官退出现役安置暂行办法》同时废止。当年，接收退伍士兵 352 名，其中安置城镇退伍军人 116 人，受理 145 名城镇退伍士兵申请自谋职业；按人均 1800 元发放 314 名城镇退伍军人待安置期间 6 个月生活补助费，共计 56.52 万元；为 18 名城镇退役军人解决遗留问题，发放自谋职业金 75.43 万元；按人均每年 13817 元标准，向 332 名 2009 年入伍的城镇义务士兵家属发放第二年优待金 458.72 万元；按人均每年 6116 元的标准，向 32 名 2009 年入伍的农村义务士兵家属发放第二年优待金合计 18.72 万元。

2012 年，接收退伍士兵 326 名，其中安置城镇退伍军人 123 人，自主就业 55 人，135 人自谋职业，13 人回原籍报到；114 人在部队领取了自主择业金。发放自谋职业金 774.76 万元，发放自主就业金 558.69 万元；按每人 2300 元的标准，为 204 名城镇退伍军人发放待安置期间 6 个月生活补助费，共计46.92万元。2013年，接收退伍士兵322名，安置城镇退伍军人114人，112人在部队领取自主择业金。受理97名城镇退伍士兵申请自谋职业，发放自谋职业金600余万元；按人均2550元标准，为141名城镇退伍军人发放待安置期间6个月生活补助费，共计35.96万元。2014年，接收退伍士兵365名，对280名自主就业士兵发放一次性自主就业金，共计金额251.36万元；当年解决3名城镇退伍军人安置遗留问题，发放自谋职业金16.51万元。

2015年，接收复员退伍军人329人，安置5人，自谋职业22人，自主就业302人。《退役士兵安置条例》自2011年实施后的4年间，云岩区共接收安置复员退伍军人1342人，安置294人，自谋职业240人，自主就业808人。

第五节　军队离退休干部安置

云岩区军队离退休干部休养所（区军干所）1986年由贵阳市民政局下放至云岩区民政局管理。2001年，区军干所有军休人员75人，其中离休干部47人，退休干部28人；享受副师级待遇1人，团级待遇62人，营级待遇11人，连级待遇1人。区军干所总建筑面积2588.13平方米，居住25户军休人员；新添大道南段43号，总建筑面积2622.76平方米，居住军休人员32户；贵乌北路184号，总建筑面积745.62平方米，居住军休人员8户。2003年，区人民政府拨款15.9万元，为军队离退休干部维修宿舍。2004年，接收军休人员2人，为区干休所解决医疗费10余万元。2005年，接收军休人员45人；为区干休所解决医疗费10万余元，为无军籍退休退职职工补发西部边区补贴40余元。2006年，接收军休人员37人；为区干休所解决医疗费100余万元。2008年，在全国“和谐军休家园、和谐军休家庭”创建活动中，区军干所获得全省“和谐军休家园”称号。当年凝冻灾害期间，联系市消防特勤大队为停水十余天的军休人员送水，军干所工作人员为军休人员送菜、送药、送物上门，此间军休人员无一人发生意外。同时区军干所还组织军休干部为凝冻灾区募捐数万元。2009年，区军干所接收军休人员14人，发放军休人员离退休金867万元，医药费257万元，总支出1124万元。按照民政部、财政部、总政治部、总后勤部《关于调整规范移交政府安置的军队离退休干部和退休士官津补贴制度的通知》精神，调整军休人员津补贴，将350多万元津补贴在国庆节前发到军休人员手中；将105名军队退休干部纳入基本医疗保险。是年，组织军休人员参加“全国摄影大赛”，摄影作品获全省第1名，征文获3篇优秀奖、1篇参与奖；组织军休人员参加全省军休运动会，4个项目获第一名、1个项目获第二名、获组织奖和集体一等奖。2010年，接收军休人员2人，其中1人重病。“三创一办”活动中，改善集中安置点居住环境，为3处集中安置点安装室外健身器材和休闲椅。发放军休人员离退休金1357万元，医药费268万元；开展军休房改工作，完成3个集中安置点的房屋评估、信息采集、军休人员信息公示等工作。2011年，接收军休人员5人。发放军休人员离退休金1152.1万元，医药费344.9万元。当年10月，区军干所获得民政部颁发的“和谐军休家园”荣誉称号。2012年，接收军休人员3人。发放军休人员离退休金1834.1万元，医药费491万元。2013年，接收军休人员4人。发放军休人员离退休金1367万元，医药费570万元；组织军休人员参加全省第九届军休运动会，取得象棋第一名、钓鱼第一名，飞镖、摄影优秀、乒乓球第四名的成绩。2014年，发放军休人员离退休金1331万元、医药费483万元。

2015年，根据民政部、财政部、总政治部、总后勤部《关于调整军队离休退休干部离退休费和生活补贴标准以及地区生活津贴实施范围的通知》《关于调整军队离休退休干部遗属和1955年前后复员女同志生活补助标准的通知》《关于调整军队离休退休干部离退休费和艰苦边远地区津贴标准的通知》等文件精神，及时按调整标准，补发军休人员离退休金额411万元。全年发放军休人员离退休金1633万元，医药费416万元，总支出2460万元。在当年开展建军88周年庆祝活动期间，区民政局联系就近的社区医院为军休老同志提供医疗服务。截至2015年，区军干所先后接收军休人员190人，其中离休干部75人，退休干部115人；享受副师级待遇24人，团级待遇137人，营级待遇18人，连级待遇4人，排职待遇1人。

第六节　救济救灾

一、最低生活保障

2001年，云岩区11342人次享受城市最低生活保障，发放最低生活保障金74.13万元；452户次462人次享受农村最低生活保障，发放最低生活保障金4.45万元。4月，民政部副部长范宝俊到云岩区考察最低生活保障工作，对云岩区最低生活保障工作予以肯定。

云岩区将“城市居民最低生活覆盖面积达100%”列为2002年实事办理之首，匹配低保资金266万元，比2001年增长232.5%，同时下拨工作经费30万元。2003年，经中共云岩区委、区人民政府研究决定，将最低生活保障资金由商业银行进行社会化发放，最低生活保障工作沿着制度化、法制化、规范化的轨道发展。2005年，云岩区开始实施农村最低生活保障，农村最低生活保障标准每人每月120元。当年为728户次1763人次共发放农村最低生活保障金8.72万元；为农村五保户18人支付五保供养金3万余元；为集体企业退休职工858人次发放基本生活费16.90万元。2006年，为农村五保户7人支付五保供养金4.2万元。

自2008年8月开始，云岩区在全省率先实行城乡最低生活保障标准一体化，统一最低生活保障标准。次年清退不符合条件的低保户1091户2321人。2010年，全区143415户次333114人次享受城市最低生活保障，发放最低生活保障金共计5387.97万元；农村8787人次享受农村最低生活保障，发放最低生活保障金142.69万元；为集体企业退休职工12871人次，发放基本生活费330.4万元。2012年，城乡最低生活保障标准从原来每人每月340元调整为380元。次年，城乡最低生活保障标准从上年的每人每月380元调整为425元，增幅为12%。2014年，城乡最低生活保障标准从上年的每人每月425元调整为475元，增幅为10%。

2015年，城乡低保标准从上年的每人每月475元调整到为530元，增幅11.6%。当年150618户次312913人次享受城市最低生活保障，发放最低生活保障金12841.84万元；4866户次9584人次享受农村最低生活保障，发放最低生活保障金387.22万元；为集体企业退休职工发放基本生活费5512人次共292.14.63万元。

表 3　云岩区最低生活保障金发放情况统计表

（2001 年—2015 年）

时间	城市最低生活保障			农村最低生活保障			集体企业退休职工	
	户次	人次	金额(万元)	户次	人次	金额(万元)	人次	金额(万元)
2001 年	—	11342	74.13	452	462	4.45	—	—
2002 年	102363	295190	1520.1	1045	1254	10.06	—	—
2003 年	104016	293300	1631.6	—	—	—	—	—
2004 年	116871	317166	2231.6	92	134	13	—	—
2005 年	123464	328771	2379.4	728	1763	8.72	858	16.90
2006 年	129042	332250	3333.2	1463	3668	18.45	964	15.13
2007 年	137294	342215	4421.41	1944	4912	29.74	1019	21.93
2008 年	140096	341889	4433.63	3983	9099	92.45	929	25.05
2009 年	161621	385538	5902.24	5192	11210	180.1	1072	25.73
2010 年	143415	333114	5389.97	—	8787	142.69	12871	330.4
2011 年	151577	346676	7444.88	4320	8890	200.82	8313	282.64
2012 年	138258	312864	8779.13	4453	9160	249.88	7273	276.37
2013 年	150046	335484	10760.63	4273	8653	274.41	6678	283.82
2014 年	123847	269025	9746.45	3729	7590	272.47	5285	251.04
2015 年	150618	312913	12841.8440	4866	9584	387.22	5512	292.1361

二、医疗救助

云岩区从 2005 年起实施农村医疗救助，当年有 2 户农村贫困家庭得到救助，发放资金 0.33 万元。自 2006 年起，全面实施农村医疗救助和城市医疗救助，当年医疗救助城市困难群众 57 人次，救助金额为 11.4 万元；救助农村困难群众 1 人，救助金额为 0.25 万元。2007 年，医疗救助城市困难群众 196 人次，救助金额为 30.63 万元；救助农村困难群众 6 人，救助金额为 1.45 万元。帮助 282 名农村困难群众参加农村合作医疗，直接支出 0.14 万元。同年 10 月，按照《贵阳市城镇居民基本医疗保险试点实施办法》，为 15488 名城镇低保对象和无生活来源、无劳动能力、无法定抚养义务人（“三无”）人员缴纳医疗保险经费 4.79 万元。2008 年，医疗救助城市困难群众 296 人次，救助金额 68.68 万元；救助农村困难群众 9 人，救助金额为 1.93 万元；为 20891 人支付社会医疗保险，共计支出 19.06 万元；帮助 1116 名农村困难群众参加农村合作医疗，直接支出 1.12 万元。2009 年，医疗救助城市困难群众 562 人次，救助金额 83.67 万元；救助农村困难群众 9 人次，金额 2.15 万元；为 659 名农村困难户、农村困难优抚对象、农村五保户支付社会医疗保险，共计支出 1.38 万元；为城市 23782 名低保对象支付社会医疗保险，共计支出 23.22 万元。2010 年，医疗救助城市困难群众 475 人，共计救助金额 94.23 万元；支助城市最低生活保障户参加医疗保险 23886 人，直接支出 23.54 万元；救助农村困难群众 10 人，救助支出 2.41 万元；帮助 722 名农村困难群众参加农村合作医疗，直接支出 1.444 万元。此外，为 14 户 33 人城市困难群众实施临时因病救助，支助金额 3.43 万元。

2011年，医疗救助城市困难群众838人次，共计救助支出153.49万元；资助城市参保人数22983人，支出金额为22.69万元；医疗救助农村困难群众5人，救助支出2.46万元；为农村困难群众、五保对象、优抚对象613人缴纳农村合作医疗费1.84万元。为13户城市困难群众家庭实施临时因病救助，支助金额2.88万元。2012年，医疗救助城市困难群众683人次，共计支出253.75万元；资助参保22095人，支出金额为21.54万元；医疗救助农村困难群众4人，救助支出1.41万元；为农村困难群众、五保对象、优抚对象599人缴纳农村合作医疗费2.99万元。2013年，救助城市困难对象1387人次，发放医疗救助金508.64万元；救助农村困难对象13人，发放医疗救助金12.26万元；为558名农村困难群众参加农村合作医疗支付费用2.79万元；为21132名城市困难群众参加城市医疗保险，使用资金20.81万元。2014年，医疗救助城乡困难对象2131人次，发放医疗救助资金767.43万元。为519名农村困难群众参加农村合作医疗，使用救助资金3.63万元；为20859名城市困难群众参加城市医疗保险，使用救助资金20.07万元。

2015年，直接救助城乡困难对象2514人次，发放医疗救助资金801.17万元；为553名农村困难群众参加农村合作医疗，使用救助资金3.87万元；为20066名城市困难群众参加城市医疗保险，使用救助资金19.82万元。

三、临时救助

自2005年起，云岩区针对由于突发情况而导致临时性困难的家庭进行救助，当年共计救助10余人次，发放救助金3.2万元；开展“爱心成就梦想”的助学活动，52名贫困学生得到救助，资助金额共计5.59万元。临时救助从2011年开始全面执行，当年为35户75人城市困难群众家庭实施临时困难救助，支助金额7.55万元，这些家庭主要是因为疾病治疗费用过高、因家庭变故以及其他特殊原因造成生活困难。2012年，为49户城市困难群众家庭实施临时困难救助，资助金额10.84万元。2013年，为119户城市困难群众家庭实施临时困难救助，资助金额35.91万元。2014年，为268户城市困难群众家庭实施临时困难救助，资助金额81.4万元。

2015年，为570户次城乡困难群众实施临时困难救助，支助金额275.69万元。救助原因主要是治病费用过高、因家庭变故、因孩子读书费用过高、因灾以及其他特殊原因造成家庭生活困难。其中“救急难”（指确保遭遇急难问题的家庭或个人求助有门、受助及时；整合运用好各项社会救助制度和社会救助资源，有效帮助遭遇急难问题的家庭或个人摆脱生活困境、化解生存危机）救助91户次，救助支助金额为160.75万元。

四、灾害救济

2001年，云岩区遭受特大雹灾，黔灵镇各村农户不同程度遭受灾害，经济损失达900多万元。区民政局向受灾农户发放救灾衣物177套（件）、粮食610公斤、发放救灾款18.1万元。2002年，向贫困户发放价值45566元的冬令救济物资，其中棉衣裤116套、绒衣裤126套、棉被300床、棉毯74床、其他衣物844件。2003年，黔灵镇茶店、雅关、渔安、三桥等村及中东辖区受到特大暴雨袭击，灾情严重，向受灾群众发放价值2.5万元的救灾物资，其中棉被254床、衣物128件；为帮助群众开展生产自救，发放救灾资金4.5万元。2004年，贵阳地区遭遇大暴雨，黔灵镇有5户农民房屋因大暴雨受损，获救灾款1.3万元维修受损房屋。

2005年1月，市西路商业街发生火灾，下拨救灾资金2.5万元、棉被10床；8月，中东辖区的市建二公司和三公司宿舍发生火灾，受灾18户，发放救灾物资棉被40床，救灾资金0.5万元。辖区建立救灾款专户储存、专户管理制度，落实《贵阳市春荒、冬令灾民生活救助制度》。全年发放“救助卡”100多张，为遭受特大暴雨袭击部分街道办事处发放救灾资金7.2万元，棉被86床，共救济100余户200余人。2006年10月，黔灵镇和三桥辖区共有49户遭受水灾，区民政局分别为灾民发放棉被46床、绒衣裤10套；11月，下发6万余元的救济物资（其中棉被240床、棉毯293床、绒衣裤189套）到各街道办事处和黔灵镇。对2户遭受火灾家庭实施救助4000元；2007年5月，中北办事处毓秀社区有3户低保户受灾，区民政局下拨6床棉被、4床毯子；7月，头桥办事处和黔灵镇4户居民房屋因强降暴雨受损，下拨0.48万元给黔灵镇，0.2万元给头桥办事处。

2008年，贵阳地区遭受重大雪凝灾害，造成云岩区197户计600间农房受损。区民政局对房屋受损户共发放资金9.85万元，全额发到197户受灾群众手中。当年3月，全区受损房屋全部维修完毕。雪凝灾害中发放的救灾物资有棉被410床、棉大衣468件、羽绒衣102件、棉衣97件、绒衣裤3套、棉毯2床。同年，为使露宿街头的农民工能够有温暖的过夜居所，区民政部门分别在黄山冲和栖霞建立能够容纳150人的“农民工之家”两处，并购置棉被50床、垫褥30床、枕头40个，共计支出约5万元；为农民工送去大米、食用油、现金，安排专人负责管理食宿。其间，区民政局拨出1万元救灾款，用于滞留车站旅客就餐。

2009年，对4户遭受火灾的家庭发放救助金1.15万元。次年，对黔灵镇4户遭受旱灾的群众资助金额4000元和6床棉被。同年，全区开展为期一周的社会各界募捐活动，收到社会各界捐款共计70余万元，捐款全部用于支持抗旱救灾。2011年年初，为城乡困难群众及农村五保对象发放棉被288床、棉大衣216件、绒衣裤8套、羽绒服66件、床垫10床、棉鞋66双、棉袜60双、棉衣裤11套；每户发放慰问金600元；为1户房屋受损群众发放房屋维修金3000元。入夏后发生旱灾，全区7个村受灾，农作物受灾面积为3725亩，其中重旱953.3亩，绝收面积为100亩，饮水困难人口1.8万人，直接经济损失为820.82万元。区民政局下拨旱灾救灾款25万元，用于受灾农户困难补助。

2012年年初，发放抗凝冻物资棉被160床、棉衣裤21套、棉大衣83件、绒衣裤衣14套、棉鞋17双，共投入资金近5万元，确保困难群众保暖过冬。同年7月，三桥辖区出现山体滑坡，灾后投入资金5万元，维修滑坡山体。2013年2月10日晚，中山西路新生巷12号~15号居民住宅突发火灾，区民政局对8户受灾的家庭每户发放3000元临时救助金。

2014年7月，云岩区持续强降雨，受灾人口2547人，紧急转移安置656人；农作物受灾37.37公顷，房屋倒塌或严重损害，造成经济损失400万余元。灾后区民政局下拨救灾款26.3余万元。

2015年5月20日，头桥辖区海马冲发生山体滑坡，致使头桥社区宏福景苑第21栋居民楼第3、4单元部分垮塌。倒塌房屋35户105间，16人遇难1092人受灾；直接经济损失2700万元。区民政部门转移安置1092人，集中安置320人，分散安置772人；向因灾遇难人员家属和因灾房屋垮塌群众发放各类灾后救助金1381.9万元，使受灾群众灾后基本生活得到保障，稳定受灾人员情绪。

第七节　社会福利事业

一、老年福利事业

2001年以前，云岩区仅有2家养老机构，一个是成立于1958年的黔灵敬老院，另一个是成立于

1985年的头桥敬老院。主要服务对象是辖区内孤寡老人。2000年年末，2家敬老院各只有10余名孤老入住。2001年—2015年的15年间，云岩区养老服务事业发生较大变化。至2015年年末，有11家养老机构，其中公建民营类养老机构两家，民办公助类养老机构9家；社区老年人日间照料中心9家及老年护理院2家。开通“96811”养老服务信息平台和老年人健康医疗信息平台（云健康）。

（一）养老机构

2002年，云岩区投入3000余万元建成云岩曦阳老年公寓，为区内第一家公建民营类养老机构。总建筑面积8800平方米，有房间128多间（套）、床位235张，配有老年健身房、医疗保健中心、图书阅览室、棋牌室、书画室等，是一所集休闲、娱乐、住养、健身于一体的综合性老年服务中心。曦阳老年公寓采用委托第三方管理经营的模式运营，率先在贵州全省实现养老机构规模化、规范化、标准化。

2003年，区内第一家民办养老机构云岩区社会老年公寓成立，当年更名为云岩区东山敬老院。位于黔灵镇仙鹤路1号。房屋建筑面积约1780平方米，床位137张，入住老年人80余人。2007年4月，云岩区诚信托老所成立，位于云岩区小关黄土田路22号，总投资50余万元，建筑面积1700平方米，床位80张。2009年4月，云岩区天怡敬老院成立，位于黔灵镇偏坡村一组，总投资120余万元，建筑面积2000平方米，床位108张。2009年8月，云岩区康颐养老院成立，位于煤矿村五峰路147号，投资100余万元，建筑面积1200平方米，床位106张。2010年11月，云岩区安康老年公寓成立，位于三桥后坝256号，建筑面积1580平方米，床位76张。

2011年5月，云岩区怡欣敬老院成立，位于汪家湾路41号，投入资金60余万元，建筑面积604平方米，床位56张。2012年，由社会力量投入2500余万元，将黔灵镇茶店村20世纪70年代修建的村级孤老院改建成云岩区康园老年公寓，位于黔灵镇茶店村滥坝；次年4月改建完成并投入使用，建筑面积6200平方米，有床位200张。

2013年7月，云岩区外来务工人员杨美学在省民政厅和市、区人民政府支持下创办云岩区杨美学敬老院，位于区内黄家湾121号，建筑面积2300平方米，床位134张。同年，引入贵州皇钻老年产业开发有限公司，在区内大洼村燕子岩大桥南端（云潭南路）共同建设云岩区中心敬老院（一期），投资额约7000余万元，当年8月正式动工。

2015年8月，云岩区中心敬老院（一期）建成并交付使用。中心敬老院一期建筑面积为1.1万平方米，床位300张，内设康复理疗室、图书室、娱乐室、餐厅等，为老年人提供日常照护、文化休闲、心理咨询和康复理疗等服务。同年，云岩区祈曦养老院挂牌成立，位于黔灵镇小石城，建筑面积1000平方米，总投资860万元，床位85张。

（二）居家社区养老服务

2001年，云岩区在全区范围内建设22家“星光老年之家”活动室。2007年8月，黔东街道办事处陕西路社区成为全省首批居家养老服务示范点。2008年，云岩区推出全市首家居家养老服务热线6608999试点。2010年，云岩区被列为全省居家养老信息化建设试点区。2011年8月，中华社区建立首个互助式养老服务点。2012年6月，云岩区率先在全市设立高龄老人“长寿补贴”专户。2014年4月，与贵州都市报96811，搭建养老服务信息平台，拓展居家养老服务项目，首创政府托底、市场服务、网络支撑的居家养老服务模式。2014年，以“为居家老年人创造健康快乐颐养条件”为宗旨，引入社会力量投入100多万元，建立中天社区皇钻居家养老中心，创建社会组织居家养老服务示范项目，为中天社区老年人提供日常家政服务、休闲娱乐、餐饮等全方位养老服务。2015年，以中天社区为试点，建立“大数据·云健康”养老服务信息平台。

（三）医养结合

2014 年 9 月，云岩区康园老年公寓与贵阳市第三人民医院合作，设立康复医疗点，实行医养结合的养老新模式。2015 年，区民政局将曦阳老年公寓和康园老年公寓列为试点，与贵阳市老年病专科医院合作推出医养结合模式，引导其开展医养结合的护理工作，将生活照料和康复关怀融为一体，探索建立符合云岩区实际情况的医养结合体制机制，实现“既能养老、还能治病”的养老模式。

（四）养老服务人才培养

2015 年 11 月，为满足现有养老机构和老人的双重护理需求，尤其是对优质专业护理的需求，云岩区中心敬老院与贵阳护理职业学院合作，在中心敬老院建立教学实训基地，通过“校企合作，强强联合”的办学形式，实现用人单位与培训学校优势互补。

二、残疾人康复与教育

云岩区人民政府将残疾人康复工作经费纳入财政预算，2001 年—2015 年，落实区级康复经费共 265 万元，各社区（镇）级残疾人康复工作经费 118 万元。15 年间，通过康复管理干部及康复专业技术人员培训会，对各社区服务中心（镇）助理员、居（村）康复协调员、社区医疗卫生服务中心医生进行康复知识及业务知识培训，培训 600 余人次。在社区康复工作中，培训低视力儿童家长 30 人，盲人定向行走训练 115 人次；收训聋儿 30 人，聋儿家长培训 30 人；肢体残疾人康复训练 180 人，肢残儿童训练 40 人；智力残疾儿童康复训练 80 名，智力残疾儿童家长培训 50 人。创建“全国白内障无障碍县”，建立以区残联分管副理事长为组长的领导小组及办事机构，实施白内障手术 613 例。

在精神病防治康复中，检出率、建档率、监护率、显好率、社会参与率、肇事率均符合精神病防治康复工作的合格标准。救助 420 人次精神病人入院治疗，为 780 名精神病人提供精防药品救助。辅助器具适配，发放轮椅、拐杖、盲杖、助行器、坐姿椅、助视器等残疾人的辅助器具 1000 余件，装配普及型大、小腿假肢 36 例、矫形器验配 8 例。开展康复宣传工作，在每年的爱眼日、爱耳日、自闭症日等残疾人日期间开展宣传活动，通过康复知识宣传、政策咨询和残疾预防知识讲座等形式提高群众自身健康保护及残疾预防意识。2001 年—2015 年，在残疾儿童机构康复救助中，脑瘫儿童康复 20 人，孤独症儿童康复 45 人，聋儿康复 27 人，智力残疾儿童康复 40 人，肢体矫形手术 4 例。

为未入学适龄残疾儿童少年开展特殊教育，主要以特殊教育学校、普小随班就读和云岩区特殊教育学校送教上门辅助三种方式。视力、听力、言语三类残疾儿童直接就读于贵阳市盲聋哑学校；智力残疾儿童直接就读于贵阳惠智学校；其他残疾儿童可选择普小随班就近入学。贵阳市盲聋哑学校、云岩区惠智学校建立资源教室。对义务教育阶段的“特校就读”“随班就读”“送教育上门”，残疾学生落实每人生均 6000 元的公用经费。根据《中央专项彩票公益金残疾人教育（学前教育）项目实施方案》，5 岁以下入园的残疾儿童连续三年享受每人 3000 元“专项彩金助学”补贴。云岩区残联每年划拨助学专款给贵阳市盲聋哑学校、云岩区惠智学校等特教单位，扶持残疾儿童特殊教育。每年“六一”儿童节、教师节，向贵阳市盲聋哑学校、云岩区惠智学校等单位赠送课桌椅、黑板等教学用具和发放慰问金。

三、慈善事业

2004 年，区民政局开展“扶贫济困送温暖”捐赠活动，共接收捐款 5.4 万元、衣物 2.3 万件。是年 10 月，宅吉街道办事处在全省率先推出为贫困群众服务的“爱心超市”，随后其他街道办事处的“爱心超市”“慈善超市”陆续向低保户开放。2005 年，开展“扶贫济困送温暖”捐赠月和宣传周活动，共接收捐款10.8余万元、衣物2万余件。2006年4月和10月，开展“社会捐助月”活动。两次活动共募集到捐赠款18.99万元，衣被1.85万余件，捐赠物资折款8.56万元。2008年，开展“抗凝冻，保民生”的捐赠活动，接收捐款1000余万元。2011年6月，云岩区开展向望谟县等洪涝灾区“抗洪救灾，奉献爱心”捐赠活动，接受社会各界捐赠共计47.14万元，所募集的捐款全部用于支持灾区抗洪救灾。

2013年4月，四川雅安芦山地震后，区民政局联合云岩区红十字会向各部门及单位发出“伸援手，献爱心”捐赠倡议，到社会各界捐赠款73.2万元。2013年为考上大学贫困学子争取上级慈善助学资金4万元，资助10户贫困学子每户4000元；次年为10户考上大学困难家庭发放慈善助款4万元。2013年、2014年、2015年元旦、春节期间，在驻区永辉超市“慈善情暖万家”每户1000元的爱心活动中，云岩区各年有300户城乡困难群众受益。

2015年，全区有留守困境儿童153名，其中健康的有149名，残疾3名，患病1名；学龄前未入园27名、幼儿园15名、小学89名、初中18名、辍学4名；区民政局对31名留守儿童给予最低生活保障救助，对2名留守儿童给予住房救助，对1名留守儿童给予其他救助。全年1.02万人次吸毒人员享受低保待遇，发放保障金约540.5万元；为吸毒人员提供救助145人次，救助金额34.76万元。提供医疗救助5人次，救助金额3.96万元。

第八节　社会行政管理

一、婚姻登记

云岩区的婚姻登记工作，在2004年以前由区民政局社会事业科办理。2004年4月，云岩区婚姻登记服务中心成立，为负责辖区婚姻登记的事业单位。2007年，更名为云岩区婚姻登记管理中心。2007年，区婚姻登记管理中心获贵阳市婚姻登记机关先进单位称号。2009年，获全国婚姻登记机关先进单位称号。

2000年，云岩区办理结婚登记3979对，办理离婚登记472对。2001年，办理结婚登记1604对，办理离婚登记210对。2003年，办理结婚登记1477对，离婚登记523对，补办结婚登记245对，补办离婚登记57对。2011年，因某些机构要求居民在买房、贷款、办理产权登记，以及在办理涉外公证事项时，需要提供无婚姻登记证明，增加办理无婚姻登记11071份；当年办理结婚登记4557对，办理离婚登记1535对，补办结婚登记315对，补办离婚登记80对。2015年，办理结婚登记7409对，办理离婚登记3409对，补办结婚登记1021对，补办离婚登记316对，办理无婚姻登记17781份。

2001年—2015年15年间，办理结婚登记最多的是2009年，达到8655对；最少的是2003年1477对。办理离婚登记最多的是2015年，达到3409对，最少的是2001年210对，离婚登记数呈上升态势。

表4　云岩区婚姻登记情况一览表

（2001年—2015年）

年度	结婚（对）	离婚（对）	补领结婚（对）	补领离婚（对）	办理无 婚姻登记（份）
2001年	1604	210	—	—	—
2002年	3427	442	—	—	—

续上表

年度	结婚（对）	离婚（对）	补领结婚（对）	补领离婚（对）	办理无婚姻登记（份）
2003 年	1477	523	245	57	—
2004 年	5653	1990	311	48	—
2005 年	4887	1972	211	52	—
2006 年	6743	2243	321	38	—
2007 年	6931	2411	472	72	—
2008 年	7752	2350	528	77	—
2009 年	8655	2862	740	97	—
2010 年	7949	3042	812	169	—
2011 年	4557	1535	315	80	11071
2012 年	8528	4131	932	244	22989
2013 年	7861	3099	1054	217	24418
2014 年	8050	3332	940	258	21576
2015 年	7409	3409	1021	316	17781

二、收养登记

云岩区民政局以 1999 年 5 月颁布的《中华人民共和国收养法》为依据，为辖区居民收养子女或解除收养关系。

2001 年—2015 年，区民政局办理收养登记共计 250 例，其中 2001 年办理 9 例，2002 年办理 35 例，2003 年办理 37 例，2004 年办理 46 例，2005 年办理 18 例，2006 年为 19 例，2007 年为 23 例，2008 年为 18 例，2009 年为 29 例，2010 年办理 7 例，2011 年办理 6 例，2012 年和 2013 年无收养登记，2014 年和 2015 年分别办理 1 例和 2 例。

三、殡葬管理

1991 年，国家实行殡葬改革后，云岩区通过向市民进行厚养薄葬理念的宣传，推行火化，提倡文明节俭办丧事。经过 10 多年的教育宣传和采取有效的措施，火化安葬方式被群众普遍接纳。

区内始建于 1993 年的“仰天乐”公墓原址，2001 年划入贵阳高新技术开发区规划红线范围。2005 年云岩区开始动工建设“思亲园”公墓，同年开始分期投入使用。至 2015 年年底，“仰天乐”公墓全部整体搬迁完毕，其中大部分搬迁至“思亲园”。

自 2011 年起，云岩区按照以民为本、厚养薄葬、节地生态安葬原则，实施惠民殡葬。为辖区低保、特殊困难家庭免除遗体接运、单间停放、遗体火化、骨灰寄存等 4 项殡仪服务项目服务费用，每例合计 670 元。此举有效地解决贫困群众的丧葬问题，减轻贫困群众的丧葬负担，实现殡葬改革的目标，以期实现基本殡葬公共服务均等化。2012 年—2015 年，云岩区支付惠民殡葬款累计 567.76 万元，其中 2012 年为 3700 元，2013 年为 123.14 万元，2014 年为 111.8 万元，2015 年为 332.45 万元。2001 年—2015 年，区内死亡人口近 3.43 人，火化率为 100%。

四、社会组织管理

根据1998年9月25日国务院第八次常务会议通过的《社会团体登记管理条例》和《民办非企业单位登记管理暂行条例》，云岩区民政局对全境各类社会组织实施管理。2001年，仅有1家民办非企业单位（民非）办理登记。自2001年起至2015年年底，区民政局登记管理的社会组织共有285家，其中民办非企业单位255个，社会组织（社团）30个。

表5 云岩区社会组织年检统计表

（2001年—2015年）

年度	新增社会组织数（家）			社会组织总数（家）	当年年检社会组织数（家）	年检率（%）
2001年	1	民非	1	1	—	—
		社团	0			
2002年	6	民非	6	7	1	100
		社团	0			
2003年	12	民非	5	19	7	100
		社团	7			
2004年	3	民非	3	22	19	100
		社团	0			
2005年	40	民非	37	62	21	95.4
		社团	3			
2006年	32	民非	29	94	59	95.1
		社团	3			
2007年	22	民非	19	116	88	93.6
		社团	3			
2008年	60	民非	57	176	107	91.4
		社团	3			
2009年	18	民非	17	194	163	92
		社团	1			
2010年	11	民非	9	205	178	91.2
		社团	2			
2011年	14	民非	14	219	192	93.2
		社团	0			
2012年	6	民非	4	225	203	92.2
		社团	2			

续上表

年度	新增社会组织数（家）			社会组织总数（家）	当年年检社会组织数（家）	年检率（%）
2013 年	26	民非	24	251	193	85.4
		社团	2			
2014 年	16	民非	15	267	221	87.7
		社团	1			
2015 年	18	民非	15	285	272	95.1
		社团	3			

五、收容遣送

云岩区民政局根据 1982 年起实施的《城市流浪乞讨人员收容遣送办法》，在收容遣送工作中协助公安机关办理部分涉及福利救助方面的事宜。自 2005 年起，按照《城市生活无着落流浪乞讨人员管理办法》，为需要救助的流浪人员开具返乡乘车证明，采购冬凝救助救济物资、食品、医疗救助等。

2003 年 6 月 20 日，国务院颁布《城市生活无着的流浪乞讨人员救助管理办法》，并于同年 8 月 1 日起正式实施；1982 年起实施的《城市流浪乞讨人员收容遣送办法》同时废止。区民政局按新办法执行收容遣送工作。

表 6　云岩区流浪乞讨救助情况汇报表

（2005 年—2015 年）

年度	救助人数	救助金额（万元）（含购买救助物资）	年度	救助人数	救助金额（万元）（含购买救助物资）
2005 年	30	2	2011 年	3	0.0197
2006 年	6	0.0075	2012 年	2	0.0192
2007 年	3	0.0015	2013 年	66	36.5081
2008 年	19	0.0783	2014 年	18	3.2609
2009 年	8	0.0152	2015 年	20	20.9014
2010 年	4	0.04			

第九节　区划、地名管理

一、区划管理

2001 年，云岩区对拟新建茶店、东山街道办事处进行申报准备，初步完成定界、划界。2002 年，再次对拟新建茶店、东山街道办事处的区域进行踏勘，重新调整部分区域，对涵盖的人口、资源进行重新统计后，上报中共云岩区委、区人民政府审批。2003 年，区民政局配合云岩区人大常委会、区政协开展云岩区街道办事处整合及村改居调研。2004 年，对辖区内“飞地”的管理问题进行调研，次年完成《云岩区行政区划调整专项规划》和“十一五”农村城市化进程的调查课题及专项规划的编制。2006 年，提出《云岩区撤销黔灵镇设立两个街道办事处等调整部分行政区划工作的建议方案》。

2007 年 8 月，按照《贵州省人民政府关于同意贵阳市云岩区南明区乌当区调整部分行政区划的批复》，将乌当区金阳街道办事处所属茶园村、金关村、金鸭村、杨惠村、大凹村以及南明区后巢乡所属蔡家关村划归云岩区管辖。是年，完成《三桥马王庙片区行政区划调整方案》，配合相关部门实施“三马”片区的开发建设和管理。2008 年，对“三马”片区区划调整前的基本情况进行摸底调查，形成调研报告，制定《金鸭、金关、金惠三个街道办事处的挂牌方案》。2009 年 2 月，金鸭、金关、金惠三个街道办事处成立。2010 年，进行与南明、乌当、白云、花溪区第二轮行政区域界线联合检查。2011 年，处理边界纠纷 2 起，分别是金鸭村与龙泉村边界问题、茶园村与思亲园公墓土地纠纷。

云岩区 2012 年开展基层管理体制改革，将原来的 18 个街道办事处改建成 26 个社区服务中心。当年以张贴标语、黑板报、发放宣传册等方式，开展“平安边界”宣传工作。2013 年 2 月，完成云岩区与观山湖区行政区域界线勘定，此次勘定涉及云岩区与观山湖区边界接壤线共长 26.7 千米，设置两面桩 2 个，三面桩 1 个（云岩区、白云区、观山湖区）；同年 10 月，云岩区圣泉社区服务中心阳关、新阳关、建材 3 个居民委员会划归观山湖区管理，结束长达 50 年的“跨区”管理状态。

2014 年 6 月，云岩、南明两区民政部门共同召集相关区域内的社区（镇）、村（居）负责人，对彭家湾五里冲棚户区城中村改造项目出现行政界线交叉管理问题进行协调。2015 年 10 月，完成与毗邻的南明、乌当、白云区边界年检。是年，东山社区王家桥居委会，黔灵镇渔安、安井村划归水东社区管辖。

二、地名管理

2001 年，区民政局发放云岩区新编制门牌正号、副（附）号牌共计 10 万个。2002 年，完成延安东路、延安中路、延安西路三条主要街道的标准化地名设置工作；在新添大道设置地名指示牌 7 块；对云岩区范围内无门牌的单位和民居房屋进行普查，补充门牌 2.1 万块。2003 年，完成“数字民政”办公专用网建设。2004 年，建筑物命名 9 家，分别为小康苑、向阳公寓、龙福花园、锦泰家园、东山怡景苑、华谊苑、金枫豪庭、世贸广场、京苑大厦。2005 年，为 12 处建筑物命名，分别为圣泉流云、富水花园、杉木河大厦、扶风花园、林诚金鼎、贵州建设大厦、智慧龙城、银海嘉怡花园、水晶苑、新里程商城、鸿基都市花园二期、东山美庐。

云岩区民政局 2006 年制定《云岩区“地名公共服务工程”实施方案》，收集各类表格 1509 张，资料 3 万字；为 10 处建筑物命名，分别是京瑞大厦、鸿鹄园、世纪星苑、铁建大厦、祥源大厦、御荣新城、东方欣苑、摩卡空间、六福居、东山翠庭。2007 年，为 11 处建筑物命名，分别是贝地・卢加诺、兴合家园、花香上海城、龙砚东山、恒峰步行街、景天城、世纪园、宇虹・罗马假日、宏业・阳光家居、公园・2008、碧云山居。2008 年，对区内 141 条街巷设置路牌，共设置巷牌 273 块，增设地名标志牌 259 块；为 10 处建筑物命名，分别是宏阳商住楼、百灵・阳光、福建大厦、贵山城市酒店、贵州省防汛抢险办公楼、宏业・康馨园、和泓海恒・半山、瑞源星城、文昌星园、逸景翠园。

2009 年，区民政局数字地名系统录入数据完成 700 多条；为建筑物命名 13 处，即保利・云山国际、布艺大厦、光明・桂花园、佳居院、金宇・紫林广场、锦东・叠彩城、龙祥大厦、黔灵半山、天誉城、乌江怡苑小区、振华凯都大厦、紫金庄园、施格名门。2010 年 2 月 4 日，根据贵阳市人民政府决定，贵阳市门楼牌号编制、制作、安装、管理由公安机关接管。当年设置地名指示牌涉及道路68条、小巷76条，安装路、街牌119块，巷牌121块，投入资金23万元。为金耀华庭、百灵·时尚天地、鸿基·文昌院、银通花园、环北商住楼、加州公寓、建和兴院、黔灵·文峰苑、黔逸大厦、阳光金10处建筑物命名。2011年，为红盾新寓、名门国际广场、汇金国际广场、未来方舟、星宸、宅学、首席·溪山庭院、天玺苑建筑物命名。2012年，为优山美诗、万隆国际、胜鹏商务大厦、百灵·尚品一号、大上海、金龙·星岛国际6处建筑物命名。同年2月，《中华人民共和国政区大典·贵阳市云岩分卷》的撰写启动，至9月中旬完稿。全书共计19万字。

2015年，为贵园御景、滨河大厦2处建筑物命名。同年12月，中华、黔东、中东、东山、栖霞5个社区作为地名普查试点单位，启动云岩区第二次全国地名普查工作。

第十节　居（村）民委员会换届选举

云岩区居（村）民委员会的换届选举工作，在区民政部门的领导下开展。2001年10月—2002年3月，云岩区124个居民委员会和13个村民委员会进行换届选举，选举产生第六届居（村）民委员会。124个居民委员会选举产生委员770人，委员中选举产生主任111人，副主任72人；主任、副主任平均年龄39岁，有中共党员217人，下岗职工292人；文化程度为大专以上186人，高中513人，初中以下71人。13个村民委员会选举产生委员57人，委员中选举产生主任13人，副主任23人；主任、副主任平均年龄40.2岁，有中共党员44人，妇女21人；文化程度为大专以上10人，高中30人，初中17人。

2007年10月—2008年3月，云岩区134个居民委员会和19个村民委员会进行换届选举，选举产生第七届居（村）民委员会。134个居民委员会选举产生委员785人，委员中选举产生主任134人；主任、副主任平均年龄约40岁，有中共党员323人，女性640人；文化程度为本科22人，大专292人，高中421人，初中22人。19个村民委员会选举产生委员86人，委员中选举产生主任19人；主任、副主任平均年龄41.7岁，有中共党员61人，女性16人；文化程度为本科2人，大专17人，高中40人，初中26人。

2010年10月—2011年3月，云岩区135个居民委员会和19个村民委员会进行换届选举，选举产生第八届居（村）民委员会。135个居民委员会选举产生委员900人，委员中选举产生主任135人，副主任125人；主任、副主任平均年龄42.6岁，有中共党员447人，女性729人；文化程度为本科和大专38人，高中456人，初中46人。19个村民委员会选举产生委员88人，委员中选举产生主任19人，副主任29人；主任、副主任平均年龄40.5岁，有中共党员26人，女性22人；文化程度为大专9人，高中9人，初中70人。

2013年10月—2014年3月，云岩区137个居民委员会和19个村民委员会进行换届选举，选举产生第九届居（村）民委员会。本届选举有26个居民委员会进行直选，直选居民委员会选民参选率80%。137个居民委员会选举产生委员1106人，委员中选举产生主任137人，副主任126人；主任、副主任平均年龄约44岁，有中共党员486人，女性808人；文化程度为本科81人，大专441人，高中545人，初中39人。19个村民委员会选举产生委员87人，委员中选举产生主任17人，副主任31人；主任、副主任平均年龄约43岁，有中共党员27人，女性20人；文化程度为本科2人，大专24人，高中37人，初中21人，小学3人。

人　物

GUI YANG SHI YUN YAN QU ZHI 2001–2015

本志人物设人物传和人物表。历史人物，主要补首轮《贵阳市云岩区志》之缺。在抗日战争期间，黔军部队11个师出黔抗日，为记录黔军抗战历史，本志收录4位久居境内的抗日将领，其中吴剑平给好友陈凤楼的信，代表了黔籍将士为保卫国家以身许国的决心，故将此信作附件收录。

一、人物传

赤　松

赤松（1633—1706），俗姓韩，佛名释道领，号赤松。四川潼川人（今四川省三台县），贵阳黔灵山弘福寺开山祖师。

明崇祯十二年（1639年）赤松父亲去世，家道中落，为避战祸迁居贵州，过继杜姓人家为养子。养父送赤松入读私塾，但学习儒术不是赤松的志愿。清顺治五年（1648年），养父及母想为他成婚，但赤松一心向佛，坚决拒绝。随后，躲避到息烽（今息烽县境）南望山中，以干草御寒，以野果为食。被父母找到劝回后，仍不食荤酒。最终，其父亲和兄长只好允许他出家为僧。顺治十年（1653年），临济宗高僧密云的传人灵药和尚由浙江天童山到贵阳弘扬临济宗旨。赤松前往参谒，拜灵药为师，皈依佛门。灵药去云南后，赤松师从广顺白云寺西识和尚学法，然后又去云南五华寺参礼九峰和尚，参悟“万法归一”佛理。经过3个月的学习后，告别九峰，回到广顺白云寺研读《华严经》，觉悟到从前所学就是《华严经》的宗旨。之后，他云游四川，参谒敏树和尚，继续精研临济宗，并成为该宗派第33代传人。

赤松回贵阳后，仍在白云寺修持，声名逐渐远播贵州各地。康熙六年（1667年），贵州提督张光焕等请赤松任贵阳寿世禅院住持，赤松就院闭关3年。闭关结束后创建黔灵山弘福寺。康熙二十二年（1683年），云贵总督蔡毓云等迎赤松到云南五华寺说法。康熙三十年（1691年），赤松云游巴蜀、荆楚、浙江等地名山大川，并从天童山带回佛教经典若干。赤松主持黔灵山弘福寺30年余年，陆续购置田产或接受信众布施，使山寺规模日渐扩大，形成西南地区著名丛林。康熙四十五年（1706年），赤松在弘福寺圆寂，享年73岁。生前著有《黔灵山志》20卷，《语录》5卷，《游行草》（诗集）2卷及《弘福寺清规》等。

朱射斗

朱射斗（1742—1800），字文光，号辉亭。贵州贵筑（今贵阳）人。祖籍山西洪洞，曾祖名贤阳，入黔居贵筑。父亲名成林，在荔波营任把总，朱射斗幼年随父居荔波。父亲病逝后，随母亲迁贵筑。

清乾隆三十二年（1767 年），朱射斗随安顺提标后营军队征讨缅甸，因立功授川北镇标外委军职。乾隆三十六年至四十六年（1771 年—1781 年），随军参加平定四川大小金川土司互相征伐引发的叛乱。五年的战争中，朱射斗身经大小战斗 180 余次，连带 9 伤，率军攻破碉楼 12 座，积功受赏 13 次。因其英勇善战、足智多谋，为将军阿桂所赏识，由贵州平远协把总连续提拔至贵州新添营千总、贵州荔波营守备、湖北施南协都司、襄阳镇标右营游击、广西宾州营参将和贵州平远协副将，赏戴花翎。

乾隆五十年（1785 年），升湖南镇筸镇总兵，不久，调云南普洱镇总兵。针对辖地汉苗杂处，容易发生械斗的情况，朱射斗采取“恩威并济”策略，保持境内安宁。乾隆五十七年（1792 年），进京觐见皇帝后，又率部随军到西藏噶尔喀平息动乱。第二年先调任福建福宁镇，后调四川川北镇总兵。乾隆六十年（1795 年），贵州黔东南爆发以苗族为主的民族起义。朱射斗奉命率本镇兵赴黔平乱，以功获赏“干勇巴图鲁”称号。

嘉庆二年（1797 年）春，朱射斗率部回川北镇，正值川东北王三槐、冉文俦、罗其清、张世龙等分别聚众起义。朱射斗先在金峨寺破王三槐，后攻击方山坪冉文俦、罗其清部。第二年，与副将穆克登布一起消灭罗其清部。嘉庆四年（1799 年），在罗坝寨消灭冉文俦及其部将萧占国、张长庚等。嘉庆五年（1800 年）二月，朱射斗追击义军至蓬溪高院场，被义军反击所杀，年 58 岁。清廷赐二等轻车都尉世职，依提督例议恤，谥号“勇烈”。今中华社区王家巷建有纪念朱射斗的勇烈公祠，贵阳的勇烈路因此得名。

石赞清

石赞清（1805—1869），字次皋，一字襄臣。生于贵州黄平。幼年父母双亡，到贵阳倚靠伯父为生，就读私塾，深得塾师喜欢，推荐到东家高某到塾师。成年后就读贵山书院。清道光三年（1823 年）中秀才，以教读为业。道光十五年（1835 年）考取举人；道光十八年（1838 年）中进士，分发直隶，补阜城县知县。后历任献县、正定、卢龙等县，以大计卓异，因政绩著称，被迁芦任台抚民通判。先后在永定河北岸同知，升顺天府治中，署通永道、霸昌道道尹等职。咸丰六年（1856 年），石赞清任天津知府。正值天津、河东各地洪灾，饥民遍地。石赞清与民众一起修堤筑坝，救助灾民。之后整顿天津辅仁书院，在发展地方教育、平抑物价、理民诉讼方面，有贡献。

石赞清治天津 4 年，天津百姓称之为“石父母”。咸丰八年（1858 年），英法联军舰队攻占大沽口炮台，进攻天津。总督逃离，但石赞清坚持守城，直至清廷与英法签订《天津条约》，英法联军撤离天津。咸丰十年（1860 年），英法联军再次攻占天津，并占领各个官署衙门，自总督以下官吏多忍受凌辱。只有石赞清一人面对英法军队的威胁，宁死不屈。他连续几日绝食，天津市民闻讯，群情激奋，一起到英军营地，要求放回石赞清。英军恐发生民变，只好按石赞清提出的条件，派 500 士兵为前导，用轿子送他回府署。在英法联军侵占天津的几个月内，石赞清始终未离开过知府衙门一步，因此得到清廷嘉奖。咸丰十一年（1861 年），擢升他为顺天府府尹。同治元年（1862 年），石赞清兼署刑部右侍郎，不久又任省举人补行复试阅卷大臣。九月，授直隶布政使。同治四年（1865 年），代理湖南巡抚。同治五年（1866 年）擢太常侍卿。时值贵州各族人民大起义，贵州政局混乱。石赞清向清廷提出“八条建议”，并推荐学政黎培敬出面平息起义事态。清廷擢升黎培敬为贵州布政使，会同贵州巡抚办理相关事宜。同治六年（1867 年）九月，石赞清稽查左翼宗学；十一月，升宗人府丞。同治七年（1868 年）六月，迁都察院左副都御史；七月，调工部右侍郎。

同治八年（1869 年）九月，石赞清在京城逝世，享年 64 岁，归葬贵阳宅吉坝南部。生前著有《钉恒吟》十二卷，收入民国《贵州通志·艺文志》，《钉恒词》一卷，收入《黔南丛书》第四集。贵州遵义黎庶昌有《工部侍郎石公神道碑铭》记其事。

颜嗣徽

颜嗣徽（1835—1902），字文宣，别号望眉。贵州贵筑（今贵阳）人。世居今云岩辖区。

同治九年（1870 年），颜嗣徽中庚午科乡试第一名。光绪二年（1876 年），奉旨到广西，历任迁江、归顺、雒容、凌云、苍梧等县知县；历清光绪八年（1882 年）、清光绪十五年（1889 年）、清光绪二十年（1894 年）等科广西乡试房考官。

颜嗣徽家庭富裕，藏书很多，故得以博览群书。年轻时常与当时贵阳名士钱衡、杜梦龙、黄诗聘、文天骏等交往。同治十三年（1874 年），与钱衡一同旅居京城。光绪二年（1876 年），钱衡公差返贵州，两人又在贵阳相聚。后钱衡病逝于汴梁（今开封市），颜嗣徽出资为他办理丧事，遗体迁回贵州故里安葬，并搜集钱衡遗稿，辑成《芋岩诗钞》一卷刊行。在迁江（今广西壮族自治区来宾市兴宾区）、归顺（今靖西县新靖镇旧州村）任内，出资创修地方志，自任总纂，成《迁江县志》四卷；《归顺州志》六卷。在苍梧任内，民间田舍水灾多为江水淹没，颜嗣徽不顾初愈病体，单人独骑遍访民间疾苦，并代请上司发粮赈灾。在广西凌云县任内，因地处瘴疠地区，其妻子及家人因病而死，但他忍痛勤政，励精图治，深得当地人爱戴。光绪二十八年（1902 年）颜嗣徽逝世，享年 67 岁。著有《望眉草堂诗集》十二卷、《望眉草堂文集》五卷、《乔梓联吟》一卷、《联语》一卷、《仿玉溪生体别集》一卷。

刘春霖

刘春霖（1840—1913），字润民，号雨山。贵州安顺人。家居云岩区忠烈街，“刘氏支祠”也建在忠烈街。

刘春霖清同治六年（1867 年）中举人，第二年中进士授翰林院编修。历任云南广南，昭通，东川知府，南防统领，兼督办理滇越（今越南）边界事务。刘春霖受命督办滇越边界事务后，认真实地勤察，不畏外强，不畏胁迫，做到寸土必争，坚决捍卫国家主权及民族尊严，他还亲临边界定界立碑，受到朝廷嘉奖。

在云南为官 30 年，政绩显著而两袖清风，离任时行装简单，受到云南人民众交口称道。他还是著名的书法家，当时向他索书的人很多，并视为珍宝。昆明市圆通寺有他的摩崖石刻“秀拥五华”，贵州省博物馆里也收藏他的《行书颜真卿贴扇面》。回到贵阳后，定居忠烈街。刘氏支祠是刘春霖后人按其遗愿所建，现为贵阳市文物保护单位。1946 年，贵阳凌惕安著《清代贵州名贤像传》由商务书店初版，内选贵州48位历代先贤，刘春霖被列为“贵州名贤”。

刘韫良

刘韫良（1845—?），字玉山，号我真氏。先祖原籍江西永新禾山镇，父翰林出身，入籍贵州，由普定迁贵阳，故居在贵阳三块田（今云岩区龙泉巷），大门上曾有“翰林第”匾额。

清同治七年（1868年），刘韫良乡试中举，名列贵州第五名。同治十年（1871年）中进士，为殿试第七名，赐进士出身，进翰林院为庶吉士。散馆（庶吉士经考试分到外地任职），安排在云南恩安任知县。到任不久，刘韫良即遭上司参劾革职，并“永不叙用”。刘韫良丢官后，漫游各地，足迹西至崆峒，东到大海，北达长城，南抵镇南关。游览很多历史名胜遗址，所到之处都题留有楹联。回贵阳后，以行医为业。除行医外，还多有著述，以“壶隐”为自己书房名称，有意学陶渊明归隐故里选矿的生活。

刘韫良著有《壶隐斋诗集》二十九卷、《壶隐斋联语类编》十二卷、《牂牁群苗杂咏》一卷、《禽言杂咏》一卷、《俚饾解颐》二卷、《俚语谐律》一卷传世。《壶隐斋联语类编》十二卷，每类为一卷。一至四类为贵州名胜、关河、古迹、祠宇，凡是贵州境内名胜风景、古建筑、关隘、河流湖泊、桥梁、渡口、城门、水井、名人故居、私家园林、会馆、书院、祠宇所题楹联均归入；五类和六类为历览、怀古，为游览省外各地所题楹联；七至十一类为题咏、酬赠、庆贺、哀挽、短杂，多为应酬之作；十二类为游戏，内容涉及社会的各个方面。全书2353联，被称为“联语巨著”。刘韫良为贵阳名胜甲秀楼所作长联，可与昆明大观园长联媲美，现甲秀楼用长联，是几种抄本中的一种。

了　尘

了尘（1851—1914），俗姓张，原名圆州。贵州贵阳府（今贵阳）人，居住今云岩辖区。

清同治五年（1866年），了尘皈依佛法，跟从碧峰长老到四川合江法王寺参拜果山法师，受戒后继承临济宗。在法王寺学习大量的佛学经典，并云游各地拜谒高僧大德。光绪元年（1875年）回到贵阳，在鹿冲关建精舍，读经耕种以自养，并在贵阳九华宫讲经。光绪二十六年（1900年），贵阳遭遇大饥荒，乡绅、商户推举了尘主持赈济事务，设粥棚，赈济饥民，帮助饥民渡过难关。光绪二十九年（1903年），前往贵州平坝高峰山任万华寺住持，变卖父母遗产，加上募化所得银两，重修早已破败的万华寺，香火逐渐恢复兴旺。第二年，与空月和尚赴南京，带回一套完整的日本版《大正藏经》收藏于寺内。

1911年，官府下令禁止种植鸦片，凡已种植的一律铲除。贵州安顺、镇宁、郎岱一带的种烟户聚集数千人，准备对抗铲烟。贵州巡抚派统领袁义保率兵镇压，形势危急。当地人推荐了尘前往安顺等地劝说烟民和平解决。了尘向慨然答应。他向烟民列举鸦片对国家对民众的危害，终于使大部分烟民放弃与朝廷对抗。另一方面，了尘对于官府设卡禁烟，私吞赃物的丑行深恶痛绝，作《禁烟诗》予以揭露；又作数十首诗，规劝群众戒除吸食鸦片恶习。

了尘于佛教各宗各派宗旨均有所学习，晚年主要研习华严宗。他认为净土宗适合初学佛法者修习，创作大量通俗易解的诗歌，宣扬净土佛法。《了尘和尚事迹》一书中，涉及禅宗佛理的诗文、偈言很多。对禅宗的教义也有相当研究，诗词创作风格别具，有一定成果。还专门以贵阳方言写成《俗语对韵》一卷，用于教初学者写对联押诗韵，在贵阳方言中分不清的韵，通过《俗语对韵》就能区别。平生著作，内容庞杂，涉及面广。由弟子编辑为《贵州佛教会会长高峰万华藏中兴第一代了尘和尚事迹》十卷，贵阳文通书局出版，作品多为赞佛、赞法、阐法、劝诫之偈、颂，也有反映社会现实的“愤激诗”，反映隐逸生活的“山居诗”，描绘景物及游踪的“题景诗”，以及赠答怀人作品等。他与陈夔龙、李经羲、邢端、杨仁山、刘春霖等名人都是诗友；与人和韵诗有百余首，个人诗词作品达数千首。其中未刊印的有《俗语对韵》和《博古心传》等。

1914 年 4 月 22 日，圆寂于贵阳九华宫，享年 63 岁，葬在今天平坝县高峰山南。

张　忞

张忞（1854—1925），原名张铭。贵州贵阳府（今贵阳）人。居住云岩辖区。

戊戌变法前，贵州开办武备学堂，张忞被聘为历史教员，后又被贵州陆军小学聘为历史教员。此间接受新思想，赞成维新变法。张忞最先表示赞成孙中山的思想，决定从培养人才入手，准备武装起义。张忞、平刚等人以组织“科学会”为掩护，建立革命团体。在贵阳北门楼上的真武庙办寻常小学堂，教授历史、修身课。清光绪三十一年（1905 年），张忞负责学校管理工作。加入同盟会后，在华严寺暗设革命据点，秘密策划起义，因机密被泄露，逃到省外隐蔽。后经熊范舆介绍在云南两级师范学校当教员，教授历史、国文。

1911 年农历九月，云南起义成功，张忞被蔡锷聘为幕宾。因张忞私放张天煋（腾越光复后军政府的总指挥，同盟会员），云南人要求蔡锷查办，张忞辞去幕宾职务。1913 年，出任永宁（今关岭县）县长，不久辞职赋闲家居。

1925 年 4 月 13 日，张忞在贵阳逝世，享年 70 岁。

夏同龢

夏同龢（1868—1925），字季平，号用清，又号狮山山人。贵州麻哈州（今麻江县）人。住今云岩辖区夏状元街。夏壮元街即以夏同龢中状元而得名。

夏同龢出生于书香人家，从小接受良好的家庭教育，成年后，赴广东在知名学者陶笔峰门下求学。清光绪十九年（1893 年），乡试中举人，光绪二十四年（1898 年），会试中贡生，同年参加殿试大考。经光绪帝“御笔钦点”，为戊戌科（恩科）一甲一名进士，授翰林院修撰，是贵州省第二个文状元。不久，夏同龢迁贵阳团井巷（今夏状元街）。光绪二十八年（1902 年），夏同龢出任湖南乡试考官。光绪三十年（1904 年），考入日本法政大学速成科，第二年完成《清国财政论策》，成为唯一在《政法大学清国留学生法政速成科特集》发表论文的中国人，并且是中国第一个“状元”兼留学生的人物；

完成介绍日本近代行政法学理念的《行政法》15万字。光绪三十一年（1905年）十一月，任北京法政学堂监督。年底出任广东政法学堂校长，为国家培养新式官吏。1913年被贵州省都匀府选为国会议员。1919年—1921年，出任江西省实业厅厅长。1923年，住北京劈柴胡同，1925年，在北京逝世，享年57岁。

夏同龢是当时知名书法家。存世作品有他给广东学政丘逢甲故居写的“澹定邨”，现为岭南文史研究馆保存。他为赤水县官渡谢氏节孝坊题联谢氏节孝坊，被列入赤水县文物保护单位；其他一些墨迹收藏于贵州省博物馆。

冯介丞

冯介丞（1872—1943），名乔荣。贵州贵筑县（今贵阳）人。

清光绪五年（1879年），冯介丞由母亲带其兄弟3人入尚节堂（官绅为节妇办的慈善机构）生活。光绪三十一年（1885年），在贵阳柴鸿川丝线铺当学徒，三年期满后，升为伙计。后被老板柴仕舟提为管事（经理）。因经营能力强，生意顺利，渐有积蓄，于是租借房屋，接母亲及弟兄一起生活。

民国初年，冯介丞脱离柴鸿川绸布号，以“邀会”方式，筹集资金，开设永兴布号（后改名德聚恒布号），因为人诚实，信守诺言，在贵阳商界深孚众望。经营数年渐有盈余。1916年，冯介丞当选贵州省城总商会副会长。1920年，当选为会长。以总商会名义号召商界各工会、帮、行集资，购买消防器材，成立贵阳第一支消防队。1922年，又以总商会名义，自筹资金，成立民营官钱局，发行一百文、五百文、一千文的辅币3种，方便市民和商家使用。

贵阳自辛亥革命后，社会一直动荡，匪盗猖獗，商户惶恐。冯介丞报请政府批准，由总商会自筹经费，招募400余人，成立保商营，维护地方治安和商户安全。一年后，当局因保商营有利可图，予以撤销。

1924年，滇军准备撤离贵阳，准备将贵州库存的10余万银元带走。省长刘显世不敢反对。冯介丞闻讯后，立即赶到省政府面见滇黔联军军事会办唐继虞，对之晓以利害。唐继虞自知强行带走银元，会对云贵两省经济产生严重后果，终于未敢妄动。冯介丞的义举，为贵州避免一场金融灾难。1925年5月30日，上海发生“五卅惨案”。消息传到贵阳，冯介丞带领贵阳商界罢市，抵制英、日货物，并亲自率家人及店铺伙计参加游行示威。同年，贵州连续两年遭遇涝旱灾害，大批饥民涌入省城，当局束手无策。冯介丞发动贵阳商界、士绅、慈善机构出资平抑粮价，按时施粥，医治伤员，尽力帮助灾民。截至1927年，冯介丞先后捐资数千银元用于慈善事业。1930年，贵州省城总商会改为贵阳县商会，冯介丞改任贵阳县商会常务监事。同年，主持资善堂（慈善机构）事务，并参与红十字会和华洋义赈会的工作，坚持10余年。他每年都要向居住在尚节堂的寡妇每人赠送给银七角、布一匹。时尚节堂所住寡妇多时千余人，少时也有五六百人，故冯介丞每年的捐助银元，均在千元以上。1939年2月4日，日寇对贵阳城进行空袭，冯介丞和资善堂、华洋义赈会的同事奋力抢救伤员，安葬死者。1941年，贵阳市市长何辑五聘请冯介丞任救济院（即原资善堂）院长，冯介丞欣然接受，后因病辞职。

1943年2月，冯介丞在贵阳逝世，享年71岁，安葬于图云关黑坡寨。

桂百铸

桂百铸（1878—1968），字诗成，号连头陀，晚年自号百蕙堂主。贵州贵筑（今贵阳）人。

清光绪二十九年（1903 年），桂百铸考取举人。光绪三十二年（1906 年）到北京以策论《俄罗斯侵略海参崴》考取学部主事。民国初期，在教育部任职，后回贵州。历任护国军第二兵站站长，贵州省长公署教育科长，黔军总司令部秘书长，贵州文献征辑馆副馆长以及云南宣威，贵州独山、息烽、定番（今惠水）等县县长。1949 年 11 月 15 日后，当选为贵州省人民代表，并任贵州省文史研究馆副馆长、中国美术家协会贵州分会主席。

桂百铸自幼从伯父桂炎廷学画，所作画多有姚茫父题跋。他藏有元代赵孟頫所画《八骏图》条屏 4 蝠，历代鉴赏家、收藏家在画上加盖印章竟达 117 个之多。

全面抗战时期，故宫文物书画南迁。院长马衡应贵阳书画艺术界人士之请，在贵州省艺术馆（今科学路）举办一次“故宫博物院书画在筑展览”。桂百铸终日在展会上观摩鉴赏，后来写成《观故宫书画展记》一文。

桂百铸对国画有极深造诣，尤其工于山水画。贵州山川出在桂百铸笔下，多为巨制长卷。1938 年，桂百铸作《花溪揽胜图》，次年作《蒙台华氏别业图卷》，两幅长卷生机盎然，是他一生中最得意的代表作。桂百铸也是书法名家，所书《姚茫父先生传》字幅是代表作之一。1964 年，该字幅与《花溪揽胜图》和《蒙台华氏别业图卷》选送日本展出，现藏贵州省博物馆。

桂百铸曾从贵阳古琴名家寇子春、寇剑秋父子学琴。贵阳名士王蔬农说他“有时圆成，填词其上，曼声按节，谱入琴歌。”可见其琴艺之精妙。1960 年，捷克斯洛伐克音乐家代表团来贵阳访问，桂百铸与谢根梅用琴箫合奏古曲《平沙落雁》及《归去来辞》，甚得国际友人赞赏。

1968 年 2 月 23 日，桂百铸病逝于贵阳，享年 90 岁。

简　书

简书（1886—1937），字孟平，贵州大定（今大方县）人。葬今云岩辖区。

简书青年时就读于贵阳简易师范学堂。清光绪三十三年（1907 年），在贵阳参加贵州自治学社，后回大定筹建自治学社大定分社、创办大定东区自治讲习所，吸收进步青年参加学习，培养革命人才。宣统二年（1910 年），清政府实施“立宪”，大定城设董事会，简书任副董事。他利用合法身份筹办团练，训练乡兵 300 多人，组成一个模范营，成为大定光复的重要力量。

1911 年 11 月 4 日，贵州光复，简仲蔡、谭冠英赶回大定，向简书汇报光复情况，简书立即部署起义事宜。11 月 8 日，大定知府陈庆慈请简书赴宴，阴谋除简，简书抢先宣布大定独立，设大定军分政府，任行政长官，谭冠英任参谋长，简忠义任义勇军队长。12 月 11 日，保皇派发动政变，杀害谭冠英和简忠义。简书负重伤，先逃到百纳场隐藏，后逃离贵州。1912 年秋，简书在北京与周素园、蔡奎祥等人组织“冤愤团”，控诉唐继尧、刘显世屠杀贵州革命党人的罪行，被袁世凯通缉。简书逃出北京，参加“倒袁”斗争。1914 年，简书先暂居日本香港两地，后和蔡奎祥到昆明从事讨袁斗争。蔡奎祥被杀害，简书脱险逃离云南。1915 年，到上海主编《爱国报》，用舆论揭露袁世凯祸国罪行。1924 年 1 月，作为孙中山指定的贵州代表参加国民党第一次全国代表大会。简书寓居上海期间，潜心从事写作，著有《商君书笺证》《荀子笺证》《墨子笺证》《公孙龙子笺证》《说诗》《说曲》《简书之诗》等文献注释类著作，以及专著《简书日记》等。1926 年，任国民革命军第九军秘书长。

1931 年，李宗仁、白崇禧、胡汉民等在广州成立西南政府，简书在政府下设的西南政务委员会任秘书。1934 年，回贵州任西南政务委员会云贵宣慰使。1935 年，返回广州。1937 年 7 月，带家眷回贵州。途中病逝于广西，享年 48 岁。归葬于贵阳黔灵湖畔。其墓为贵阳市文物保护单位。

黄耀初

黄耀初（1888—1971），名德燧。原籍江西高安，其先祖于明代落籍贵阳，曾在今云岩区工作和生活。黄耀初幼年时随父读书，清光绪三十三年（1907 年），考入贵州省优级师范选科学堂学理科，两年后毕业。宣统元年（1909 年），在贵州通省公立中学任教。1930 年，贵阳县县立中学成立，黄耀初受聘到县中教代数。是当年贵阳著名的数学教师，教育界尊称他叫“黄代数”。贵阳县中注重明师教学。黄耀初为当时贵阳教育界公认的贵阳县立中学“三杰”之一。黄耀初虽家庭生活困难，但对贫困学生却能尽力给予帮助。他在贵阳县立中学任教时，见学生丰家奎因家庭贫困，面临辍学，便将其带到家中一同吃住，直至毕业。

1939 年 2 月，贵阳遭日军“二四”轰炸后，贵阳县立中学堂疏散到今乌当区的洛湾乡一座寺庙内上课。黄耀初时任教导主任，校长辞职离开后，他接任校长。因学校办学条件差，聘请教师很难，黄耀初依靠以自己的声誉及人脉关系，邀请一批优秀的青年教师到校执教，直至全面抗战结束。

1941 年，贵阳县立中学改称贵筑县立初级中学，黄耀初曾聘请大夏大学毕业的聂江麟到贵筑县立初级中学上课，因聂江麟是大夏大学歌咏队骨干，被国民党当局列为危险分子，不准任何学校聘用。后当局欲逮捕聂江麟时，黄耀初掩护聂江麟逃离。1944 年，黄耀初赋闲在家。1946 年，到麻江县任麻江中学校长，很受学生爱戴，但因地方势力的排挤，只好而辞职。后应贵阳私立程万中学聘请，任代数教师，同时又在永初中学兼课。1950 年，在贵阳女子中学任代数教师，得到贵州省和贵阳市人民政府重视。1956 年，被评为全省优秀教师，并当选为贵州省第一、二届人民代表。1958 年 8 月，黄耀初加入中国共产党。1966 年 7 月，在“文化大革命”中，被造反派批斗摧残，卧病不起。

1971 年 6 月 18 日，黄耀初含冤去世，享年 83 岁。1979 年 4 月 15 日，贵阳市在第二中学（即原贵阳女子中学）为其平反昭雪。1985 年，中共贵阳市委和贵阳市人民政府授予黄耀初子女“教育世家”称号。

双 清

双清（1890—1970），字子征。贵阳府（今贵阳）人。家住云岩区黔灵西路。

1911 年，毕业于贵州省优级师范学堂，历任贵阳教育会会长，贵州省第二区省视学。在上海加入中国同盟会，后入中国国民党。1916 年，贵州组织护国黔军，双清参加黔军讨伐袁世凯。1917 年，任黔车总司令王文华秘书兼驻广东军事代表。1920 年，随孙中山北伐，任大总统行营参议，并受命到柳州、重庆等地联系黔军、川军商讨共同出兵事宜。同年，因王文华遇刺身亡，双清只得去北京任教育部秘书。1924 年，任段祺瑞政府国务院秘书。1926 年，双清到广东任国民革命军东路军总指挥部秘书，不久随何应钦出战福建，并留任漳龙地区财政处处长及福建省财政厅厅长。第二年，双清随调任浙江省政府主席的何应钦，去浙江省政府任委员兼秘书长。1928 年，调任交通部参事兼秘书，被派往德国，与汉莎航空公司协商签订合作创办欧亚航空公司事宜。回国后出任设于上海的欧亚航空公司副董事长兼总经理兼任交通部民用航空委员会委员，主持国内航空事业。期间，开辟上海至南京、北平至南京、上海至成都等航线，开展上海、南京武汉、重庆等城市间的民间航运和邮政航空业务。1934 年，回贵阳赋闲。1940 年，参与组织名为“大乘社”的团体，任理事长，从事反对蒋介石及国民党统治的活动。1946 年 4 月，经史良、辛志超介绍加入中国民主同盟，并负责筹建中国民主同盟（简称“民盟”）贵州支部，任筹备委员会主任。

1948 年 10 月，双清离开贵阳前往南京、北平等地，常与各界爱国人士讨论建立新中国的大事。1949 年 11 月，在北京出席民盟第四次中央委员会全体会议。1950 年 6 月 8 日，双清被任命为贵州省人民政府委员兼人民监察委员会委员。1951 年 10 月，列席全国政协一届三次会议。之后，以民盟贵州省委主要负责人身份，参加参政议政和建设社会主义的各项活动。抗美援朝时，带头捐款购买飞机大炮。

双清从 1951 年起，历任民盟贵州省临时工作委员会主任委员、民盟西南总支部委员、民盟贵州省委员会主任委员、民盟中央第三届委员会委员；贵州省第一、二、三届人民代表大会代表，贵州省人民委员会委员；贵州省第一届各族各界人民代表会议协商委员会副主席，政协贵州省第一、二、三届委员会副主席，全国政协第三、四届委员会委员等职务。

1970 年 12 月 14 日，双清受到造反派迫害，在贵阳逝世，享年 80 岁。1979 年 5 月 24 日，由中共贵州省委、省人民政府为双清平反，恢复名誉。

王家烈

王家烈（1893—1966），字绍武。贵州桐梓人。居住云岩辖区中山东路。

清末，王家烈考入桐梓县立高等学校，后考入贵州讲武堂。1923 年，随贵州省主席兼国民革命军第二十五军军长周西成入川，升任连长。历经清剿、护国、护法等战役，以勇敢善战升团长。1925 年，以旅长之职作清乡剿匪前卫，安定贵州局势而升师长。后任黔湘剿匪司令，驻军铜仁。1929 年，周西成战死关岭，省城动乱。王家烈星夜由铜仁驰马经遵义进驻贵阳，控制贵州局势，由毛光翔主政。1932年，毛光翔下野，国民政府命王家烈为贵州省主席兼国民革命军第二十五军军长，晋升中将。1934年，王辞去省政府主席职务，只任国民革命军第二十五军军长。1935年，中国工农红军抵达滇西，蒋介石以王家烈堵截无功而解除其兵权。同年冬，王家烈奉令入南京陆军大学学习。1942年，蒋介石委王家烈为陆军二十军团副军团长，后又调入国民党军事委员会任高级参谋。全面抗战胜利后，1946年，王家烈回遵义城大井坎闲居。1947年，王家烈选为国大代表，李宗仁选为总统，蒋介石宣布下野，但仍掌控党政财政大权。王家烈见状再次返回遵义，被时任贵州省主席的谷正伦举荐任贵州省绥靖公署主任。1949年，秋王家烈回到贵阳。1950年，中共贵州省委任命王家烈贵州省支前委员会主任。在他的影响下，当地一些国民党要员先后到达贵阳，参加中共组织的学习和政治协商工作。

1951年，王家烈至成都参加西南军政会议。1952年，选为贵州省政治协商会议副主席。1959年9月，王家烈赴首都北京参加全国政治协商会议，受到毛泽东和周恩来的接见，登上天安门城楼观光。他把这次活动当做一生中最大的荣幸。

1966年8月11日，王家烈在贵阳去世，享年73岁。

何知重

何知重（1893—1976），原名良权。贵州桐梓人。抗日将领。居住今云岩区黔灵西路。

清光绪三十四年（1908年），何知重进入桐梓县高等学堂。1914年，转赴贵阳勤工局主办的勤工俭学学堂陶瓷科半工半读，攻读绘画专业。后投稿从戎，被编入黔军第一团第三营第十一连当士兵，3年后升为排长。1918年，考入贵州讲武堂学习，次年毕业被分配到黔军第一团第一营任连长。1920年，升任团部副官，1921年调任第二营副营长。1924，年彭汉章当贵州省主席兼黔军第二师师长时，何知重任第二师司令部上校副官处处长。1925年，调任省长公署上校参谋。1926年9月，任国民革命军第二十五军第二师参谋长。1928年7月，任国民革命军第二十五军副官长。1929年，任国民革命军第二十五军军部副官。1930年3月，任国民革命军第二十五军第一师副师长。1932年2月，任国民革命军第二十五军第一师师长兼湘黔边区剿匪司令。1934年12月，兼任贵州全省剿匪总指挥部副总指挥。1935年5月，调任军委会中将高参。国民革命军第二十五军第一师改编为国民革命军第一零三师，任师长，调往四川整训。1936年11月，就任陆军少将。1937年秋，国民革命军第一零三师与国民革命军第一二一师一起开赴淞沪前线，奉命调守江阴要塞。与日军浴血奋战数月后突围至武汉整训。在对日作战中，因战绩突出，受到国民政府军政部多次表彰，不久调升国民革命军八十六军中将军长。之后参加武汉外围田家镇（武汉会战）、松山战役。1939年1月，何知重回到贵阳后，主持修建位于贵阳三桥滇川黔公路交汇处国民革命军八十六军抗日阵亡将士的抗日阵亡将士纪念碑。以后与人合资经营“琳记”西南药房、“永大”面粉厂和汽车运输，并创办贵州水泥厂、集资开办金矿和桐梓县银行。1949年11月，何知重从桐梓到遵义迎接解放，于1950年被贵阳市人民政府特邀出席贵阳市首届各界人民代表议会。任贵州省政协资料室顾问。

1976年10月4日，何知重因病在贵阳去世，享年83岁。

吴剑平

吴剑平（1895—1962），贵州绥阳人。抗日将领。早年移居贵阳圆通街原18号（今云岩区境）。

1913年—1916年春，在贵州省立师范学校读书。1916年春至1918年，从贵州讲武学堂第一期毕业。吴剑平先后历任黔军步兵第二团和第六团团长、国民革命军十六军、四十三军旅长、国民革命军第二十五军二师参谋长、师长和国民革命军第一二一师师长。1938年春至1940年，陆军大学毕业。

1937年，全面抗战开始，率国民革命军第一二一师出黔抗战。“八一三”上海抗战爆发，率国民革命军第一二一师开赴上海，与同为黔军的国民革命军第一零二、一零三师坚守江阴要塞两个多月，多次与日军血战，粉碎日军由江阴截断在上海抗日的中国军队退路的企图。上海外围阻击战后，升任国民革命军第八十六军副军长。“八一三”上海抗战后，率部先后参加武汉、鄂西、桂林等重大战役。并率部在桐柏、隋县、枣阳、钟祥等地区展开游击战。1938年秋，他与国民革命军第八十六军军长何知重共同指挥一二一师和一零三师，在武汉外围的松山口、田家镇战役中，接连打三次大胜仗，歼灭日军一个联队。这一战役被国民政府战史编纂委员会选为战例编入史册。

1938年春至1940年春，带职进陆军大学深造。1940年—1941年冬，任渝西司管区司令。1941年冬至1944年春，调中国远征军系列参加滇西抗战，任国民革命军第八军副军长。1944年春至1946年夏，任遵（义）婺（川）司管区兼司令。

全面抗战胜利后，吴剑平所在部队因非蒋介石嫡系，被整编遣散，返遵义丰乐路自办农场。1947年夏至1949年春，任国民政府立法院立法委员。1949年秋，任黔北绥靖区司令。同年9月、10月间，与中共贵州省工委秘密派去的代表，川黔边区纵队副司令员辛必泽和“边纵”政委潘名辉达成“先秘密起义，再公开宣布。”以保护遵义县城的完整。其间吴剑平不断向辛、潘二人提供情报。率领绥靖公署所有武装及收容的散兵千余名，于11月21日通电起义。

1949年12月，贵州省人民政府成立后，吴被任命为贵州省人民政府委员、省民政厅副厅长。参加中国国民党革命委员会，为中国国民党革命委员会中央团结委员，民革贵州省委常委、秘书长，中国人民政治协商会贵州省委员会常委。贵州解放初期，匪患猖獗，省人民政府成立省剿匪三人领导小组，吴剑平为领导者之一（非剿匪指挥机关），曾协助剿匪部队击溃雷山县土匪，粉碎土匪血洗绥阳县城的阴谋。

1962年1月19日，吴剑平在贵阳病逝，享年67岁。其圆通街故居在第三次全国文物普查后列为文物保护单位。

刘方岳

刘方岳（1896—1981），原名锡麟，号方岳。贵州贵阳府（今贵阳）人。出生于广西桂林，居今云岩区。

1911年，刘方岳考入贵阳南明中学。1914年毕业，在达德小学任教。1915年，袁世凯政府与日本签订《二十一条》，遭到全国人民反对。刘方岳参与声讨袁世凯的爱国运动。12 月 25 日，蔡锷在云南宣布独立，组织“护国军”讨伐袁世凯。贵州省长公署委派黄齐生率代表团到云南与蔡锷接洽参加讨袁事宜，刘方岳作为代表之一随黄齐生前往。1917 年，刘方岳以第一名成绩考取官费留学生，与王若飞等随黄齐生去日本。1919 年“五四”运动爆发，不久与王若飞等弃学归国。11 月，随贵州参观团到上海。贵州籍人士王伯群、蔡岳和商务印书馆张菊生共同资助参观团成员赴欧洲勤工俭学。王若飞、刘方岳、刘嵩生 3 人先赴英国。到英国后，刘方岳结识了李立三、蔡和森、蔡畅、李维汉、李富春、陈延年等无产阶级革命家，参与组织工学世界社，并当选为理事。1921 年，中国留学生反对北洋军阀政府向法国贷款购买军火，遭到法国军警的阻拦和殴打，部分学生被拘禁。后法方将刘方岳等中国留学生百余人押送回国。刘方岳回到贵阳，在达德学校任教，向学生讲授巴黎公社的革命历史，宣传进步思想。1925 年，与梅梅生等人创办《黔灵日报》，撰文讽刺地方军阀，宣传进步思想，被贵州军阀政府下令抓捕，刘辗转出走上海，在贵州商人开设的德胜棉花号当经理。1927 年“四一二”反革命政变期间，刘方岳利用德胜棉花号经理的身份帮助共产党代收汇款，掩护王若飞脱离险境；为被捕的陈延年聘请著名律师吴凯声辩护，营救陈延年出狱。1928 年，王伯群出任国民政府交通部长。刘方岳任王伯群的秘书。一年后，因母亲病重辞职回贵阳，任贵阳电信局监理兼会计室主任。1931 年“九一八”事变后，刘方岳联合贵阳的爱国知识分子组织“江流社”，研究社会主义学说，分析国内外局势，宣传马列主义。滇军张汝翼部某旅参谋长黄大陆受刘方岳影响走上革命道路。在贵阳电信局工作期间，应贵州保安处处长、学生冯剑飞之邀，到保安处任中校主任秘书。1933 年，调任贵州定番县政府（今惠水县）秘书兼教育科科长。1937 年，到省立高中教书。1937 年“七七”事变后，刘方岳担任中共贵州省工委组织的贵阳抗敌后援会、文化界抗敌后援会、社会科学座谈会的主要负责人。创办《抗战教育》杂志，举办社会科学讲座，指导爱国青年参加革命活动。1946 年春，刘任贵州大学历史系教授，以经济发展为基本线索讲述历史，提出“制衡史观”理论。1949 年，受聘贵阳师范学院史地系教授。

1950 年年初，刘方岳向中共贵州省委和省人民政府提出对贵阳市建设和管理许多合理化建议，均得到采纳。1951 年，加入中国民主同盟，出任贵阳市人民监察委员会副主任。曾任贵阳市人民代表、市人民委员会委员等。1954 年，任贵州民盟秘书处主任，贵州省政协委员。1978 年，任贵州省政协常委。

1981 年 5 月 28 日，刘方岳在贵阳逝世。享年 85 岁。

葛天回

葛天回（1897—1977），字希颜。贵州毕节人。1949 年以后，居云岩区文庙巷、三才巷、省府路等处。

葛天回幼年随父母到北京。1913 年，在上海南洋中学读书时形成科学民主救国思想。1918 年，在唐山交通大学学习土木工程。1919 年，参加“五四运动”，创办《救国报》《科学的唐山》，参加游行示威、演讲宣传。1922 年，从交通大学毕业。1922 年—1932 年，葛先后在山海关铁路工厂、吉长铁路、吉敦铁路、江苏水利局、长沙工赈局、安徽五河工赈局、苏嘉五河赈局、苏嘉公路分别任制图员、佐理工程师、代理总工程师、副工程师、副主任。1933 年—1943 年，历任广州中山大学、梧州广西大学、中山大学、重庆大学、桂林广西大学、贵州大学、安顺贵大工学院的教授、系主任。他主张“墨行救国”（指按墨子的学说，进行实业救国），号召“各尽其能，抗战救国”，并身体力行，寒假率学生参加勘测贺梧铁路。

1935年7月19日，中共贵州地下党遭破坏，秦天真、徐健生到梧州，葛天回为他们担保租房做联络站，且借给食宿费用。在《时事新报》《统一评论》等报刊杂志发表论文时评。1944年，受聘毕节弘毅中学校长。以“提倡毕节教育与实业，发扬地方科学与文艺”为目的，延聘有才学的进步老师，由于他关心师生疾苦，开除违纪资本家子弟而名声大振。他以“民主、科学”为办学宗旨，号召学生自治自学，成立学生自治会培养优秀人才；油印《弘毅周刊》，立志“建县建国、打倒列强、振兴中华”，学好科学文学艺术知识，追求真理。他领导组建“弘毅话剧团”，演出《日出》《罗密欧与朱丽叶》等话戏剧；开办书店，销售进步书籍，普及新文化。因受国民党当局威胁辞职。1947年春，回到贵州大学任土木工程系教授兼系主任，潜心培育优秀土木人才。1954年，设计贵阳客车站的吴继武，国内首创最大跨度拱桥的，全国劳模潘成杰等，都是他的学生。

1950年，葛天回出席贵阳市第一届各界人民代表会议。贵阳第一个兴建项目是贵州省军区大礼堂的建设，特聘葛天回参加设计组。1956年，经葛天回建议，贵阳火车站重新选址在玉田坝。1951年，当选市人民政府委员兼建设局副局长。1952年，西南军政委员会副主任贺龙和西南文教委员会主任楚图南视察指示师范学院搬家，葛天回选定照壁山为新校址。1954年，应用古建筑规范，结合俄罗斯建筑风格设计延安路小学主教学楼；整修甲秀楼、东山、黔灵山、花溪等名胜古迹；在花溪公园指导公园大门修红墙绿瓦拱门。按贵阳市初步规划，改建三民西路为延安路，提出改造旧城“避实就虚”，选线穿过居民后院的建议。1955年，延安路通车。

葛天回编制园林规划布局设计、设计黔灵公园内的解放贵州革命先烈永垂不朽纪念碑碑体造型。纪念碑建成后，经受住洪峰的考验。他组织“以工代赈”挖掘总下水道，以污泥填平中山公园（原市委驻地）污水池，修筑自老东门到省医的混凝土道路。

1958年3月，参加筹建贵州工学院。同年11月，在新校址蔡家关开荒地、自力更生兴建校舍。因师资奇缺，率先开讲一年级《高等数学》课。

葛天回历任贵州省人民政府财政经济委员会委员，省人大代表，省政协委员，贵阳市人大代表，九三学社贵阳分社筹备委员会秘书长，分社委员，贵阳科学联合会组织部长，贵州科学技术协会业务部长，中国建筑学会理事。1956年，出席全国职工第一次科学技术普及工作积极分子代表大会。

1977年3月7日，葛天回逝世，享年80岁。

陈　铁

陈铁（1898—1982）原名陈永桢，号志坚。贵州遵义人。抗日将领。工作和居住云岩辖区电台街。

陈铁中学毕业后，在家乡团溪女校任校长兼教员。1924年5月，考入黄埔军校第一期。毕业后，被分配到教导团，先后任排长、连长、副营长。北伐战争中任国民革命军营长、团长。1928年，入陆军大学特别班学习。1931年—1940年，历任国民革命军旅长、副师长、师长等职。

1931年12月，原黔军袁祖铭、李燊（晓炎）部国民革命军43军改为国民革命军第85师。1935

年秋末，陈铁被任命为85师师长。1937年10月，日寇坂垣征四郎指挥三个师团、约六万人，先后攻占山西省崞县、原平，向忻口进犯。陈铁奉命加入第二战区第十四集团军对日作战。陈铁率八十五师到达河北保定时，八十三师旅长陈武率部至门头沟以西千军台，阻击从北平截击十四军后路的日军，陈铁率部增援，打退日军的进攻。在太原保卫战中，日军使用坦克、大炮10多门，向国民革命军第85师阵地发动猛攻，陈铁率部顽强抗击，经过五、六天的激烈战斗，伤亡惨重，忻口失守。蒋介石从新八师抽调两个团，补充国民革命军第85师，坚持在晋东南、豫西一带对日展开游击战。

1938年2月，陈铁率八十五师北上，在山西省西南闻喜和侯马两县境内与日军激战。6月，济源日军企图打通垣曲与运城联络线。八十五师在蒲掌地区阻敌，激战8天，击退日军。蒲掌地区阻敌战斗后，陈铁随十四军调驻山西垣曲、阳城之间的董封、上登板山区。1938年年初，朱德路过垣曲时，住垣曲城郊卫立煌集团军总部，此后陈铁与朱德总司令联系密切。1939年，彭德怀到洛阳与卫立煌会谈。在十四军军部住宿时，陈铁特意叮嘱他手下高级军官“同太行山友军友好相处”，对十八集团军将领去洛阳、西安的通道和运送物资的必经之路，负起保卫的责任。十四军驻地成为共产党八路军重要人物及其物资往返的安全通道。同年6月，率部进驻翼城以东地区，击败向阳城窜扰的日军。1940年5月，日军从东西两面向阳城发起攻势，陈铁率部阻击东进的日军。鏖战10余天，迫使日军退回翼城。7月，八十五师移驻晋城以北二十里铺，消灭日军500余人后，因部队伤亡严重，开往中条山驻防整训。同年底，升任第十四军军长，此后历任第五集团军副总司令、第四集团军副总司令、第三十六集团军副总司令、第十九集团军副总司令、第一集团军副总司令、第六兵团副总司令以及国防部部属参谋等职。1941年5月，陈铁令所部二五三团和二五四团北渡黄河，增援垣曲以北的九十四师和刘茂恩军团的第十五军抗击日寇。1943年春，辞去十四军军长职务，并于7月返回遵义。

全面抗战胜利后，何应钦要陈铁去云南任孙渡第一集团军副总司令，1946年夏，随孙渡集团军到锦州，1947年离开孙部回遵义。1948年年初，蒋介石任命陈铁为沈阳剿总副总司令，陈表示拒绝。后因蒋再三催促，迫于无奈，陈前往南京再次婉辞。同年6月，任东北“剿共”副总司令兼锦西指挥所主任。9月，辽沈战役爆发，被派往葫芦岛任指挥所主任，不久指挥所解散。1949年8月，陈铁在遵义成立第八编练司令部，下辖四个军和一个军士教导总队。蒋介石令他接任次长之职，为陈拒绝，要求保留已募军士总队。经蒋介石同意，下令军士总队编为二七五师，归四十九军建制。陈从南京回遵义，经同学陈又新推荐，到上海会见中共地下党负责人，陈铁表示愿意为解放贵州、解放西南出力。1949年11月28日，二七五师在金沙安底宣布通电起义。二七五师在遵义龙坪改编为中国人民解放军。

1950年年初，陈铁出席中国人民政治协商会议全国委员会第二届大会。此后，由中共中央任命为西南军政委员会委员、农林部部长、国防委员会委员，当选为第二、三、四、五届全国政协委员，贵州省第一、二、三、五届人大代表、副省长、省第一、二、三届政协副主席，贵州省林业厅厅长。1980年1月，再次当选为贵州省人民政府副省长。

1982年2月19日，陈铁去世，享年83岁。

吴道安

吴道安（1898—1972），原名德远，号稻庵，别号倬安、佩韦。贵州镇远人。居云岩辖区。

1914 年，吴道安考入贵州模范中学。1919 年，考入北京大学预科。次年考入中文系，获贵州省教育厅公费助学金。在校参加在京黔人组织的“新贵州学会”，参加编辑出版刊物《黔人之声》，抨击军阀统治，介绍贵州风土人情。1926 年毕业后，先后到上海、无锡、南京任教，其间加入中国国民党。1928 年，受国民党中央委派，以党务指导员身份回贵州开展党务工作。次年 7 月，被贵州省政府主席毛光翔委任为省政府秘书长。1932 年，吴道安弃政从教，先后任贵州省立贵阳女子中学、贵州省立第二中学等校国文教员。1938 年后，任贵阳文通书局编辑所编审委员、贵州文献征辑馆编审兼采访等职。曾受聘大夏大学文学系教授。1942 年，任贵阳师范学院副教授。1945 年，当选贵州省参议会参议员、副参议长。1946 年，当选国民政府立法院立法委员。1950 年起，先后任贵阳市各界人民代表会议协商委员会副秘书长、秘书长，贵阳市政协副主席，市人民政府委员，市人民监察委员会副主委，市第一、二届人民代表大会代表。

吴道安自幼喜爱书法，楷、隶、篆、行各体皆有成就，尤以行书为精。所书楹联、匾牌、屏幅。著有《论衡校释》《郑子尹先生年谱》《贵州型的社会》《贵州政局演变史》和《中国当代史讲义》等史籍传世。

1972 年，吴道安病逝于贵阳，享年 74 岁。

谢六逸

谢六逸（1898—1945）号光燊，笔名宏徒、鲁愚。贵州贵阳人。境内中国现代新闻教育事业开创者之一。

谢六逸幼年由父母教以诗文。年龄稍长进入贵州达德学堂高中部和省立贵阳模范中学，品学兼优，国文科尤其出类拔萃，最受老师器重。1917 年，考取官费生，东渡日本留学，进入早稻田大学习文科。其间，他开始发表文学作品。1922 年，大学毕业回国，在上海商务印书馆编辑所任编辑，并加入文学研究会，着重介绍日本及西方文学。1924 年，谢六逸的第一部著作《西洋小说发达史》出版，被文学界誉为中国现代最初的、也是最好且最详的西洋小说史。这一时期，历任神州女子学院教务主任以及暨南、复旦、大夏等校教授。

1930 年，谢六逸出任复旦大学中文系主任，又创设复旦大学新闻系，任系主任，主讲《中国文学史》和《新闻概论》等课程。他所创设的复旦大学新闻系是中国大学新闻系的开端。课余时间兼任上海《时报》编辑《小春秋》副刊，兼上海《立报》编辑《言林》副刊，积极推进新文学运动。在《言林》副刊登载的文章，风格清新，短小精悍，文笔锐利，拥有大量读者，时有“言林体”美誉。

1937 年，中国全面抗战开始，随同复旦、大夏联合大学内迁贵阳。谢六逸在贵阳以振兴家乡文化教育为己任。先后任大夏大学文学院院长、贵州大学中文系讲座、贵阳师范学院国文系主任，主讲

《中国文学史》《文学批评》《国文教材及教法研究》等课程，与蹇先艾等人发起组织“每周文艺社”、出版期刊《每周文艺》，联合文艺界爱国人士成立“中华文艺抗敌协会贵州分会”，致力于抗战文艺宣传。1942 年，应华问渠邀请出任文通书局编辑所副所长，主编《文讯》月刊。编辑社先后出版《大学丛书》等各种新书数百部，对抗战文化作出重大贡献。在学术界声誉卓著。年底，谢六逸出任贵州第二届临时参议会议员。

1944 年，大夏大学举办图文展览，他的著作就有 40 多种。1945 年 8 月 8 日，谢六逸因贫病交加，逝于贵阳师范学院寓所，享年 47 岁。葬于贵阳北郊关刀岩中华圣公会坟地（今黔灵山公园东门小竹园），其墓为贵阳市文物保护单位。

王伯勋

王伯勋（1899—1983），曾名王廷烈、王白心。贵州安龙人。在今云岩区境内工作和居住。

1916 年，王伯勋考入贵阳模范中学学习。1918 年，选进贵州陆军学生营，半年后入贵州讲武堂。1920 年起，在军中服役，参加过北伐战争，又到日本留学，学习军事。全面抗战时期，转战在抗日战场。1941 年冬至 1943 年夏，在重庆陆军大学将官班学习。1943 年，任黔军改编的国民革命军第 82 师师长，调云南参加远征军系列，率部在云南怒江边防守御，并粉碎日军偷渡怒江进攻云南的企图。特别是在滇缅路上的松山战役中，率国民革命军第 82 师与 103 师共同消灭日寇一个旅团，打通由缅甸仰光到昆明的国际运输线，为此，获得“青天白日”勋章。

全面抗战胜利后，升任国民革命军第 39 军军长。解放战争中，所部从锦西葫芦岛起一路败退，辗转回到贵州，任国民革命军第十九兵团副司令。

1949 年 12 月 10 日，与谭本良、刘鹤鸣等人在普安联名通电起义。1950 年后，历任贵州省交通厅厅长、省政府参事室主任和省政协副主席等职。

1983 年 11 月 9 日，王伯勋在贵阳逝世，享年 84 岁。

李侠公

李侠公（1899—1994），贵州贵筑（今贵阳）人。工作单位在今云岩境内。

李侠公在“五四”运动的鼓励和家庭环境的影响下，于 1920 年在贵州法政学校毕业后东渡日本，以官费生待遇留学日本明治大学攻读政治经济学，与同在日本求学的周逸群结识，结为挚友。日本明治大学毕业后，回国后受《中国青年》《浙江潮》《湘江评论》等进步刊物的影响和启发，于 1924 年在上海与周逸群、胡秉铎等贵州青年创办《贵州青年》旬刊，积极传播进步思想，受到青年团中央负责人、《中国青年》主编萧楚女的赞扬。7 月，李侠公离开上海赴广州，出任黄埔军校特别官佐，从事教导团秘书工作。好友周逸群、胡秉铎相继到达广州进入黄埔军校二期学习。在军校，李侠公、周逸群联名写信给孙中山，表达殷切的求见心情。时隔一周，孙中山在广州大元帅府召见了他二人。同年，李侠公加入中国共产党，在周恩来的领导下开展中共秘密工作。与蒋先云、周逸群、王一飞等人一道组织“青年军人联合会”，担任联合会机关刊物《青年军人》编辑。期间受周恩来的指派，李侠公将第二次东征中缴获的400多支枪支交给中共组织，用以武装农民，成立农民自卫军。在东征、北伐中，李侠公历任东征军第一师（师长何应钦）政治部主任、第三军军官学校整治教官，并担任广州中共军委会技术书记职务。

1927年2月，受中共中央派遣，李侠公赴苏联，在东方劳动大学、列宁格勒军政大学学习，并任中共旅莫斯科支部宣传部部长。留苏期间，李侠公的俄文名叫“莫洛索夫”。与同支部的孙冶方相交密切，私谊甚厚。与中共党员、国民革军第四军党代表罗汉，蒋介石之子蒋经国等友善，被视为“托派嫌疑分子”，受到米夫、王明一伙人的打击和排挤。1930年10月回国，在上海被国民党特务跟踪逮捕。经其兄李仲公保释出狱，遂与中共失去联系，匿名隐居在无锡孙冶方家，从事教书，并潜心翻译苏联出版的《政治经济学丛书》。1932年，李侠公又与孙冶方一起赴日本，在东京商务书馆继续从事翻译工作，编写《政治经济学史》。1936年回国。李侠公的生活和学习得到孙冶方多方帮助。孙冶方还介绍进步女青年姜曼薇与李侠公结婚。20世纪70年代末，孙冶方曾专程赴贵阳看望李侠公，在李侠公家逗留一个多月。1937年8月底，李侠公受陈独秀委托，与留苏同学罗汉一道，从八路军驻南京办事处叶剑英、李克农手中领取去延安的介绍信和路费，联系陈独秀回党合作事宜，并要求恢复他们的中共党籍和安排工作。在西安受到林伯渠的热情接待。1938年以后的第二次国共合作时期，李侠公历任国民党军事委员会政治部少将设计委员和陆军大学中将政治部主任，参加中国共产党领导的抗日民族统一战线工作。曾在《抗战》三日刊上发表《肃清汉奸的根治办法》一文，抨击妥协投降论调；参与在鄂西各县进行为期45天的视察活动，撰写出《鄂西视察总结报告》。1944年9月，李侠公在上海参加国民党内民主人士谭平山等人组织的三民主义同志联合会活动，担任联合会干事。1946年2月24日，参加“中国民主宪政促进会”的发起工作，积极主张实现民主宪政。后又到苏州继续翻译卢森堡的《政治经济学》，并与原陆军大学校长杨杰和定居苏州的李仲公一道，秘密从事反蒋民主活动。

中华人民共和国成立前夕，李侠公到北平参加中国人民政治协商会议筹备工作，并以待解放区民主人士代表身份，参加会议。1949年10月1日，出席开国典礼后，中央人民政府任命他为政务院参事。1950年，李侠公担任西南军政委员会委员、贵州省政治法律委员会副主任兼贵州省民政厅厅长、贵州省参事室主任等职。1951年，任中国国民党革命委员会贵州委员会（民革贵州省委）召集人，并负责组建民革贵州省委员会。1956年后，连任民革贵州省委第一至五届主任委员、名誉主席和第三、四届民革中央委员、民革中央常委会顾问及监委常委等职务。1980年以后，连任人民政协贵州省第四、五、六届委员会副主席；当选第二、三和第四届全国人大代表。

“文化大革命”中，李侠公受到不公正待遇，周恩来、陈独秀等人的信件、诗词和题词等珍贵文献均被抄没遗失。1976年以后，出任贵州省政协副主席。1994年2月7日，病逝于贵阳，享年95岁。

花莱峰

花莱峰（1900—1966），字蓬瀛，贵阳人。居今云岩区长春巷。

1913年，花莱峰考入贵州省立模范中学。1918年中学毕业后，由贵州省公费派往日本留学，1920年，考入日本福冈明治专门学校，学习电气工程。1925年毕业归国，任江苏戚墅堰发电厂工程师，负责发电设备维修。1926年辞职回贵阳。

此前，王文华、蔡岳准备在贵阳开设电厂，购买一套美国75千瓦发电设备。后因政局动荡，设备一直搁置在镇远。1926年，周西成决定在贵阳建设电厂，并于9月成立贵州电气局筹备处，任命花莱峰为省城电灯筹备处主任兼总工程师。花莱峰派人把设备运回贵阳，于1927年9月10日中秋节开机发电。1928年2月，花莱峰任贵州电气局总技师，次年任代理局长。1930年，电气局划归贵州省建设厅，花莱峰转至建设厅任技正、贵阳电灯厂厂长。同时，花莱峰还在贵阳私立达德中学、贵州省立贵阳女子中学和贵阳私立毅成初级中学等中学任教。同年，参加中国技术人员赴美考察团，考察美国的公路建设和公路运输状况。在贵州建设厅工作期间，花莱峰相继担任科长，主管公路建设。奉命修筑川黔公路赤水威宁段，兼任督工处处长。1935年，再次任电灯厂厂长。1940年3月，花莱峰受命为桂穗路三靖段段长。三靖段起于三穗，东至天柱，再南向锦屏与湖南靖州公路连接，全长136千米，跨河27处。花莱峰组织5万名民工承担工程项目，于1941年7月按时竣工。不久转入教育界工作，先后在贵阳高等工业学校电机科、贵州大学电机系、安顺工业职业学校任教，创办平坝毅成中学。1943年，贵州大学工学院一部迁至安顺，与安顺实用职业学校合并为贵州大学附属工业职业学校，花莱峰任校长兼机电工程教师。1945年，专任贵州大学教授，兼任贵州大学电厂厂长。

1949年11月，花莱峰任贵州大学总务长。1953年，调往云南大学任教。1954年，调任昆明工学院电工教研组组长、教研室主任，教授电工学、矿山电气设备等课程。期间，当选为昆明市五华区人民代表。

“文化大革命”初期，花莱峰在昆明被迫害致死，享年66岁。1978年平反昭雪，骨灰安放昆明黑龙潭公园后山。1979年，亲属将骨灰接回贵阳安葬在南郊观音山。

孟庆华

孟庆华（1900—1986），吉林怀德人。居云岩区。

1926年，孟庆华考入济南齐鲁大学生物系，获理学士学位，留校任助教。全面抗战时期，随校迁至四川成都，初任讲师，后升副教授。1947年，留学美国，入爱荷华大学进修，次年获理学学士毕业回国。初任上海国防医学院生物教授，后任贵阳医学院生物课教授。1956年，孟庆华评为全国劳动模范。1957年，加入中国共产党，任贵阳医学院科研室主任。1961年后，任贵阳医学院副院长。1978年，任中国昆虫学会理事、卫生部医学科学委员会委员，中国自然辩证法研究会第一届理事会理事、贵州省自然辩证法研究会理事长多种职务。孟庆华从事科研和教学近50年，是中国著名的昆虫科学家。

中华民国时期，孟庆华致力于家蝇研究，他曾与齐鲁大学生物系主任美国人温福定合作多年，共同发表多篇论文，并单独发表《家蝇的危害与防治》《成都市危害家畜与人类健康之两翅昆虫杂志》《家蝇类成熟幼虫咽骨内较小骨片的研究》等论文。1950年后，主要研究蚊虫，著有《册亨蚊虫调查》《芒市蚊虫调查》《昆明蚊虫调查》等论文；完成出版《中国蚊类检查表》和《中国按蚊的分类、习性与防治》等专著。连续发表《祖国西南地区蚊虫的分布》《按蚊一新种》《地球上生命的起源》《生命强化论》《正常生理、疾病与医学发展辩证法提纲》等论文10余篇，出版专著《中国库蚊鉴别手册》。

1986年，孟庆华因病在贵阳逝世，享年80岁。

张　涛

张涛（1909—1972），字文渊，幼名伯春，学名巨富。抗日将领。祖籍重庆巴县，生于绥阳县。

1925年1月，与同乡刘浩（刘舜生）、付波、郑沅等人到广州报考黄埔陆军军官学校被录取。张涛以军事才能突出，被推荐给何应钦。1931年，何应钦调张涛为上尉侍从副官。第二年，何应钦调任国民党北平军分会代理委员长，张涛随何到北平。不久升上校，旋即升侍从副官主任。1938年，何应钦调张涛任国民革命军第一四零师上校团长，参加1939年第三次长沙会战，多次打退和挫败日寇的进攻，受到战区传令嘉奖，军委会铨叙厅晋升他为少将副师长。

1942年，张涛调任军政部特务第二团少将团长，驻防贵州独山县，负责黔南至毕节一带护路和军械库防守。1944年12月25日，张涛调陆军总部特务团任少将团长。1945年，陆军总部由昆明移驻湖南芷江，特务团改名为警卫团，张涛仍为团长，负责芷江保卫工作。同年8月15日，日本宣布无条件投降，侵华日军总司令冈村宁次，按何应钦命令派今井武夫到芷江。第二天何应钦召见今井武夫，明确受降的时间和地点。张涛则带领刘家骥等4人于9月5日飞往南京，到国民党中央军校安排有关陆军总部迁京诸事宜。9月9日，张涛在南京担任受降仪式的警卫任务。1946年，陆军总部撤销，总部警卫团随之改为重庆绥署警卫团，由南京移驻重庆，张涛仍任团长。淮海战役结束后，在组建国民革命军第三二八师时，他通过李光勋、龚建其及曾参加中共地下工作的尹司农了解共产党和中国人民解放军的政策。1949年11月11日晚，张涛约团长王光炜和龚健其到家中研究起义事宜，在贵阳设立国民革命军第三二八师办事处，由龚任主任，负责联系解放军。此时，张涛升任国民革命军第八十九军军长。1949年12月7日，张召集师、团长会议，起草以张涛领衔，全军团以上军官联名签字的起义通电。12月9日，二野五兵团向刘伯承、邓小平转报89军起义通电。12月10日，张与有关人员在普安县盘水镇后街89军军部举行起义签字仪式，并立即发出联名起义通电。

1950年7月，张涛被任命为中国人民解放军贵州军区镇远军分区司令员，同年9月，担任贵州省人民政府委员会委员。1955年后，历任贵州省体委副主任，中苏友好协会贵州分会组织部部长，并当选为贵州省一、二、三届人大代表，民革贵州省委员会副主任委员。1959年，任贵州省体育代表团团长，率队出席第一届全运会。

1972年7月13日，张涛因病医治无效于贵阳逝世，享年63岁。

熊　毅

熊毅（1910—1985），又名其毅。贵州贵阳人。曾住今云岩区。中国科学院早期的学部委员、知名土壤学家。

1926年，熊毅的父亲熊述之去世，兄弟二人到北京投靠舅父姚华。后熊毅考入北京农业大学。1932年毕业后，在中央地质研究所土壤研究室工作，历任助理员、研究室主任。1947年，赴美深造，初进美国密苏里大学土壤系，后转入威斯康星大学，从事土壤化学和物理研究，1951年，获土壤博士学位。同年7月回国，到中科院土壤及水土保持研究所任研究员，历任土壤队队长、土壤及水土保持研究所所长、中国科学院南京土壤研究所所长、中国科学院南京分院院长等职。

为研究土壤科学熊毅走遍及大江南北、黄河两岸各省农村。他注重基础理论研究，又善于解决实践中存在的问题。他在国内外发表论文220篇，著作多部。他把中国农民施用有机肥培养土壤的经验和土壤矿质胶体的研究辩证结合，进行“土壤有机复合体”新领域的研究。率领数百专业人员对华北平原、宁夏、银川平原和内蒙古河套平原的土壤改良利用进行系统的调查研究，并主编《华北平原土壤》和《华北平原土壤图集》。他率先提出“井灌井排”防止旱、涝、碱的措施；主持太湖地区水稻土的研究，对土壤资源及耕作制度提出的卓越见解，是对中国土壤科学的发展的重要贡献。

1985年1月24日，熊毅因病在南京逝世，享年75岁。中科院南京分院党组和中共江苏省省级机关委员会、省科技厅党委作出《向优秀共产党员、老科学家熊毅同志学习的决定》，广泛深入地开展向他学习的活动。1988年7月27日，国务院授予熊毅“黄淮海平原农业开发优秀科技人员荣誉奖”。

欧少久

欧少久（1911—1985），艺名宝珊。祖籍北京，出生于天津。在今云岩区居住和工作。

欧少久1924年进北京“斌庆班”学京剧，演武行和架子花脸。1934年，在一次演出中右腿骨折致残，不能再登台演出。1935年，拜天津李寿增为师，学习相声表演，得艺名“宝珊”。欧少久博采众长，相声表演独树一帜，很受观众喜爱。1937年—1942年间，先后在重庆、成都、桂林、柳州、昆明、遵义、贵阳等地表演相声及其他京津地区曲艺。1938年，在重庆演出时，老舍也在重庆，为曲艺人编写反映抗日内容的《卢沟桥之役》《中秋月饼》《樱花会议》和《欧战风云》等剧本，其中的相声段子成了欧少久的保留节目。1945年年初，欧少久到贵阳挂牌“北京相声”演出，成为在贵阳传播相声艺术第一人。除相声之外，欧少久还擅长太平歌词、京韵大鼓、山东快书等曲艺样式。他注重从贵阳方言中汲取营养融入表演之中，丰富了相声语言；他创作大量单口相声段子，形成独有的表演特色。

1950年后，欧少久把相声艺术送到农村、工厂、军营、机关。他先后在省戏剧、剧曲两训班接受培训。1950年—1951年，先后担任“新华”“九龙”和“大三元”3家清唱园的主要演员，任3园的总负责人和贵州黔力技艺社社长。黔力技艺社改名为贵阳市曲艺社后，欧少久仍任社长。1952年9月，陈毅元帅亲自点名，要欧少久参加中共西南局慰问团，赴朝鲜进行慰问中国人民志愿军。随后到东北三省和西藏进行慰问演出。1955年12月，贵阳市曲艺团成立，欧少久任主要演员，并成为该团第一任团长。欧少久重视培养弟子，他的许多弟子成为优秀相声演员。他曾是贵阳市戏曲家协会常委、贵阳市政协委员。

1957年，欧少久被错划为“右派分子”。1978年改正。1980年退休。1985年4月17日逝于贵阳，享年74岁。

吕本仁

吕本仁（1914—2005），河北武安人。1936 年，在河南省郾城卫生学校毕业，转入医学专科学校进修。1938 年，毕业即从事医务工作。1939 年，到贵阳定居。

1958 年 8 月，吕本仁从云岩区第二人民医院调到黔灵公社，负责筹备黔灵卫生院的工作。卫生院成立后，吕本仁因医务人员太少，无法承担 2 万多公社社员的医疗任务，特建议在各大队建立卫生站，克服无经费、设备等困难，在公社建立红十字会，在大队建红十字会总站，在生产队建分站。亲自授课，培养农村卫生员。不到 1 年，全公社各大队、小队红十字会全部建成，建成 100 多人的农村卫生员队伍。从那时起，吕本仁每年都要在公社办培训班，30 多年从未间断，共培养农村医护、卫生员 700 多人。其中有 309 人分别获得农村医师，接生员、卫生员的合格证书。1970 年 10 月，全国推行合作医疗制度，吕本仁向社员们宣讲国务院《农村合作医疗章程》，将红十字站更名为合作医疗站，负责社员们的医疗保健和小病小伤治疗。由于他的努力，黔灵乡的合作医疗制度得以长期保存和巩固发展。1985 年退休后的 10 多年里，仍然坚持为农民出诊。每月去六冲关黔灵乡敬老院 3 天~5 天，免费为老人们义诊达 3 万多人次，并自费购买奶山羊 17 头，让老人喝上新鲜羊奶。吕本仁作为云岩区卫生局派驻黔灵乡 40 多年的乡村医生，为农民防治疾病，行程累计达 10 万多千米，经他治疗的村民数以万计，为儿童、老人体检达 1.5 万多人次；预防接种 10 万多人次。

1982 年，吕本仁被评为贵阳市劳动模范。1983 年，获全国卫生系统先进工作者称号，1988 年和 1989 年，获贵阳市“义务献血优秀宣传组织者”奖和“老有所为”精英奖等奖励。他曾当选为云岩区第三、四、五、六、八届人民代表，贵阳市第七届人民代表、云岩区政协第一、二、三、四届委员。

2005 年，吕本仁因病在贵阳逝世，享年 91 岁。

王萼华

王萼华（1917—2001），号微波楼主。贵州贵阳人，原籍浙江。长期居住在今云岩区。1929 年即从祖父敬彝学习诗词文赋，奠定古典文学根基。高中时所作诗词，已有文名。1937 年，考入云南大学文史系，师从闻宥、胡小石。大学毕业后，王萼华加入中国远征军进入缅甸，抗击日寇，有《入缅前随军驻宜良县临发抒怀》诗壮行。不久回国，先后在昆明昆华中学，贵阳青年中学、程万中学等校任文史教师，并担任过中央通讯社昆明分社助理编辑，贵阳文通书局重庆分局经理及总局驻渝办事处主任等职务，从事编辑及图书印刷工作。

1953 年起，从事教育工作，先在贵阳市第一中学担任语文教研组组长、班主任。20 世纪 60 年代初，调贵阳市第六中学。“文化大革命”中下放黔南福泉张上坪村数年。1973 年，落实政策，返回贵阳。

1980 年，王萼华调贵阳志编纂委员会办公室，主持筹办社会主义新方志的编纂工作。次年 3 月，任贵阳志编纂委员会副主任。1984 年 11 月—1989 年，兼任贵阳志办公室主任。主持编纂《贵阳市志

·建置志》《贵阳市志·地理志》等专志总纂，审定《贵阳市志·文物志》筹书；主持编著《贵阳名胜诗词选》《贵阳名胜文赋选》《贵阳名胜楹联选》等史籍。20 世纪 80 年代中期，参与创办贵州省楹联学会、贵州省诗词学会和贵阳楹联学会。1994 年，被聘为贵州省文史研究馆馆员。曾任贵州省第七、八届人大代表，贵阳市政协第五、六、七、八届常务委员；中国书法家协会理事，贵州省书法家协会副主席、名誉主席；中国楹联学会常务理事，贵州省楹联学会副会长，贵州省诗歌学会常务理事，贵阳楹联学会会长；贵州省地方志协会副会长。还担任过贵州省、贵阳市文物管理委员会委员等职务。

王萼华对贵阳市的名胜古迹阳明祠、文昌阁、甲秀楼、翠微园、圣泉、桐野书屋和达德学校、大觉精舍及青岩古镇的修复开放出谋划策，提供历史资料，做出重要贡献。是贵州省影响很大的诗词和书法家，诗词作品散见报地方报刊，出版的《微波楼诗词集》，收古今体诗 320 首，词 140 余首。1991 年，与赵西林、朱曦、王燕玉合作《四弦集》，收录诗词 300 余首，为王萼华诗词中的精华。著名书法家何萧娴、何怀德对他都有高评价；有专家称他的行书有“苏东坡之精神，气息淳雅刚健，结构端庄，意态潇洒，笔法细腻灵动，锋颖的离挪纵故在其腕下有着良性的表现，从而显示出不俗的格调”。

王萼华早年研习汉隶，遍临《张迁》《礼器》《曹全》《史晨》诸碑，王萼华中青年时代的书法作品多次参加省内外展览，其作品民间收藏居多，贵州及全国各地风景名胜区，多有他的书法作品可见。王萼华名列《中国书法家大辞典》。

2001 年 3 月 19 日，王萼华病逝于贵阳，享年 84 岁，葬于凤凰山公墓。

汤韵文

汤韵文（女，1920—2001），贵州贵阳人。住云岩区环城东路。中国民主同盟盟员，中共党员。

1938 年，汤韵文从贵阳女子师范学校幼师班毕业后，先后在贵阳市省立幼儿园、福利幼儿园、敬一幼儿园、贵阳实验小学幼儿园担任教师和园主任。1949 年 11 月后，敬一幼儿园改名为贵阳市第五幼儿园，汤韵文担任主任。在此期间，她热爱儿童，教学方法科学，成效显著，曾多次评为优秀教师。

1977 年，她退休后到邮电幼儿园任义务教师。当时因市民孩子入托难的问题突出，她于 1978 年 7 月在中山东路街道办事处第九居委会办托儿组。经过多年的艰苦创业，托儿组发展为有一定规模的正规幼儿园，共有教室、寝室、食堂、办公室、卫生间等建筑 246 平方米，露天游戏场 300 多平方米，工作人员 19 人；有风琴、收录机等教学用具 300 多件，收 1 岁~6 岁的幼儿近 200 人。幼儿园连年被评为省、市、区先进单位。汤韵文在担任区残联妇女组副组长时，配合区妇联对办事处居委会和黔灵乡、村办的幼儿园、托儿所进行技术咨询、指导。并拿出 600 多元捐助区妇联兴办的中心幼儿园。

汤韵文曾受市教委聘任，但任中东第九居委会托儿所所长、家长学校校长、贵阳市公安局迷失儿童托儿所名誉所长、受省少工委聘任，担任省少先队校外辅导员等职务，以毕生心血奉献给托幼事业。曾获全国“三八”红旗手、贵阳市劳动模范、贵阳市优秀儿童工作者、优秀教师等荣誉称号，还得到中共贵阳市委、市人民政府赠送的“从事幼教工作五十年”的光荣匾额。1984 年，加入中国共产党，并当选为云岩区人大代表，云岩区一、二、三、四届政协委员。

2001 年 3 月，汤韵文在贵阳逝世，享年 81 岁。

何静梧

何静梧（1938—2007），湖南长沙人。中共党员，编审，长期居住在云岩区。

何静梧 1957 考入贵阳师范学院历史系。1961 年 9 月，毕业后在凯里市任第一中学教师。1963 年 9 月，任贵阳市第十一中学教师，任语文和历史教研组长。1980 年 1 月，参加贵阳志编纂委员会办公室的筹建工作。1988 年 3 月，任贵阳志编纂委员会副主任、副总纂，兼贵阳志编纂委员会办公室副主任，主持贵阳志的编修工作。

何静梧长期潜心研究贵阳历史，与他人共同编著出版的《贵阳志建置志》，是贵阳首轮社会主义新方志的第一部专志。贵阳志（后改为贵阳市志）编纂出版的首轮志书中，他大多参与编纂、总纂或编审；还收集整理了大量的历史文献，为贵阳的地方志事业积累了珍贵的历史资料。1994 年，何静梧被贵阳市人民政府授予“贵阳市有突出贡献知识分子”称号。1995 年，被聘任为贵州历史文献研究会常务理事。1996 年 3 月—2001 年 1 月，担任贵阳市第八届政协委员、市政协文史资料委员会副主任。1999 年，被贵州省文史馆聘为馆员。著有《贵阳历史研究》，合著的《贵阳掌故》《贵阳指南》等。

2007 年 1 月 4 日，何静梧因病逝世，享年 69 年。

二、抗日战争参加者、劳动模范和先进工作者名录

表 1　云岩区“中国人民抗日战争胜利 70 周年纪念章”获得者一览表

姓名	参加革命时间或抗战时期所在部队	原工作单位或所属社区、镇	纪念章编号
汪振	1938 年 10 月参加革命	云岩区人大	2015199284
王兆兰（女）	1944 年 2 月山东省观城县耿王村加入中国共产党	云岩区劳动人事局	2015199318
柳亭尧	1945 年 8 月中国人民解放军步兵第九十二师炮兵团	云岩区纪委	2015199308
李新科	1945 年 2 月在山东菏泽入伍参加革命	云岩区威清派出所	2015200289
刘全孝	1945 年 7 月中国人民解放军空军第二十团	云岩区人防办	2015199293
王银举	1945 年 8 月晋冀鲁豫边区第九分区工训队	中共云岩区委	2015199304
王维新	1945 年 9 月中国人民解放军东北军区空军第二十团	云岩区人大	2015199289
寇兴建	1945 年 9 月参加革命	云岩区建设局	2015199298

续上表

姓名	参加革命时间或抗战时期所在部队	原工作单位或所属社区、镇	纪念章编号
韩小和	1945 年 9 月中国人民解放军步兵第四二一团	云岩区人大	2015199313
程玉祥	国民革命军第 16 军汽车连	市西路社区服务中心	2015200828
谢世荣	国民革命军第 52 军 82 旅 24 团	市西路社区服务中心	2015200813
汪宗超	国民革命军第 98 军 117 师 349 团	黔灵镇	2015200814
吴连昌	中国人民解放军七纵二十师	金鸭社区服务中心	2015200801
王　金	国民革命军第 16 军汽车连	北京路社区服务中心	2015200826
和杰轩	不详	贵乌路社区服务中心	2015200272
陈家利	不详	头桥社区服务中心	2015199199
李　秀（女）	不详	北京路社区服务中心	2018200838

表 2　云岩区获全国和省级先进工作者（劳动模范）一览表

（2000 年—2015 年）

姓名	工作单位	获奖时间	获奖名称	授奖单位
李洪明	云岩区环境卫生管理站	2000 年 4 月	全国先进工作者	国务院
刘　群（女）	云岩区妇幼计生保健院	2000 年 4 月	全国先进工作者	国务院
赵坤武	云岩区环管站	2015 年 4 月	全国劳动模范	国务院
刘　宾	贵州黄果树立爽药业有限公司	2010 年	贵州省劳动模范	贵州省人民政府
赵坤武	云岩区环管站	2015 年 4 月	贵州省劳动模范	贵州省人民政府
张　豪	贵州荣清工具有限公司	2015 年 5 月	贵州省劳动模范	贵州省人民政府

表 3　云岩区获省（部）级先进（优秀）工作者一览表

（2000 年—2015 年）

姓名	工作单位	获奖时间	获奖名称	授奖单位
宋玉英（女）	普陀社区和平居委会	2003 年 9 月	全国优秀社会工作者	中央组织部、民政部
王华荣	云岩区政法委	2003 年	全国铁路护路职务工作先进工作者	中央综治委铁道部、公安部总动员部
陈　娇（女）	云岩区文化馆	2004 年 9 月	全国第十三届“群星奖”作品辅导老师	文化部
杨　镕	云岩区国土分局	2005 年 4 月	全国建设用地审查报批工作先进	国土资源部

续上表

姓名	工作单位	获奖时间	获奖名称	授奖单位
郭　蒂（女）	云岩区军休所	2005 年 6 月	全国优秀少先队辅导员	教育部
石　梅（女）	市西社区服务中心	2005 年 6 月	全国人口计划生育系统药具工作先进个人	国家人口和计划生育委员会
郑　璐（女）	云岩区妇联	2005 年	第二届中国青少年社会教育银杏奖突出贡献奖	中央宣传部、中央文明办、教育部
蒋　杰	云岩区市场监督管理局	2005 年	红盾护农先进个人	国家工商局
马家强	中共云岩区委办公室	2006 年	绿化先进工作者	贵州省人民政府
陶　燕（女）	云岩区科技局	2008 年 12 月	全国科技管理模范先进工作者	国家人社部、科技部
王祝平	云岩区民宗局	2010 年 12 月	全国民族系统先进工作者	人力资源和社会保障部、国家民族事务委员会
翟　莉（女）	市西社区服务中心	2012 年 7 月	全国就业先进工作者	国务院
关　关（女）	云岩区科技局	2013 年 11 月	全国县（市）科技进步考核先进个人	科技部
杨　可	贵乌社区服务中心	2014 年	第二次全国民族团结进步模范	国务院
兰　岚（女）	黔东社区服务中心	2014 年	全国优秀社区党组织书记称号	中共贵州省委、贵州省人民政府
许　洁（女）	云岩区人民法院	2015 年 1 月	全国法院办案标兵	最高人民法院
潘春柳（女）	云岩区疾病控制中心	2015 年 3 月	全国疾病预防控制工作先进个人	国家卫生和计划生育委员会
刘　伟（女）	云岩区民政局	2015 年 11 月	优秀颁证员	民政部
高毅华	云岩区红十字会	2015 年	中国红十字会工作者荣誉证章	中国红十字会
张忠敏（女）	云岩区红十字会	2015 年	中国红十字会工作者荣誉证章	中国红十字会
杨明树	云岩区红十字会	2015 年	中国红十字会工作者荣誉证章	中国红十字会

附 录

GUI YANG SHI YUN YAN QU ZHI 2001–2015

附录一　艺　文

贵阳历代题咏景物的诗有读本可查的共143首，其中题咏今云岩区境内景物的80首；为景物题书楹联125副，在今云岩境内的有86副。贵阳地区还有阳明祠和其他名胜古迹的众多碑文。本志艺文，录入中华人民共和国成立前历史人物留下的诗词、联语、文赋，以补首轮《贵阳市云岩区志》之缺。

一、诗　选

（一）黔灵山诗选

黔灵山古“八景诗”

刘世恩①

阅尽黔南几处峰，四围山色影重重。
黔灵秀绝犹堪画，今古人传云水封。

圣泉百盈

山后涓涓涌圣泉，盈虚消长景堪传。
濯缨濯足凭君取，千古流清出自然。

洗钵澄溪

优钵花开照眼明，曹溪一滴水同清。
老僧净钵沉潭下，无限红莲顷刻生。

檀山清涧

百尺飞泉落涧低，空山一路有猿啼。
稚川何必求勾漏，无量丹砂是此溪。

翠竹龙潭

寒潭云墨隐潜鳞，翠竹青青不计春。
岂是懒为行雨去，听经稳卧不惊尘。

---

① 刘世恩，清正黄旗人，监生、贵州石阡太守。

云盖三台

祥云如盖覆山来，点缀烟霞去复回。
飘缈三台天际外，衡山瑞霭不须开。

狮象现瑞

狮象岩传天目南，如今编缴亦同参。
巍巍并峙惊人意，日照霞烘翠拥蓝。

玉猊拥座

万种奇离佛法宽，青猊高踞似龙盘。
从来瓦砾犹能说，非相非空似大观。

黔灵山题壁

赤　松①

一

青山隐隐白云横，一片闲花野色晴。
溪上数椽茅屋稳，绿阴清昼有书声。

二

翠嶂清溪跨白牛，乐眠水草已忘忧。
横吹铁笛无腔调，水月松风一韵收。

黔灵山题壁

瞿　脉②

行李萧萧两鬓华，担头犹自插梅花。
会稽踏遍无人问，还访孤山处士家。

春日游黔灵山示赤松和尚

周起渭③

尘土无因到上方，亭林风日净年光。
轻烟作阵扶杨柳，细雨如丝浴海棠。
忽听鸟吟天籁发，更闻禅语竹风凉。
桃花作饭终须悟，曲几何因着漫郎？

---

① 赤松，名道领，清潼川杨氏子，为临济宗三十三世传人。
② 瞿脉，名净和，俗姓笪，清四川内江人，赤松弟子。为弘福寺第二代方丈。
③ 周起渭，字渔璜，一字桐野，清贵州贵筑县（今贵阳市花溪区人），康熙进士。工诗，著有《桐野诗钞》。

同赤松上人登黔灵山最高峰（四首）

查慎行①

一

绕磴扳跻望已穷，忽穿鸟道入禅宫。
云端方丈娑罗日，井底孤城觱篥风。
草木连天人骨白，关山满眼夕阳红。
兴亡何与闲僧事，一角枯棋万劫空。

二

空谷西风昼怒号，山寨九月马归槽。
路危怪石惊将坠，天纵诸峰势竞高。
罗甸一军深壁垒，滇池千顷沸波涛。
劳人何限登临意，不向糟丘觅二豪。

三

诸将开边振鼓鼙，几时京观筑鲸鲵？
巴賨未脱金牛险，上贡长闻枥马嘶。
事异汶阳休许鲁，谋新曹沫恐轻齐。
乱山中有豺狼穴，曲突何人议水西。

四

渡泸沟畔辟新阡，瘦棘荒苔半石田。
渐有疏烟生郭外，那无一雁到天边。
蛮方对景怜佳节，客路登高感去年。
落帽台孤风雨暗，短裘长路又三千。

重登黔灵山访赤松和尚

何素儒②

不到黔灵寺，于今二十年。
林深山愈古，僧老发苍然。
携手青松下，同游白水边。
快谈生造化，忘却日西旋。

---

① 查慎行，字悔余，号初白，清浙江海宁人，康熙诸生。著有《敬业堂集》《黔中风土纪》等。
② 素儒，清贵阳人，康熙举人。

重到黔灵

邹继圣①

一岭晴辉照客颜，昔年浪迹几跻攀。
到门人破烟中阁，歇马帘收槛外山。
醉落云霞浮地底，尽藏弦管隔城间。
清幽近枉风尘辔，好让高僧独坐闲。

初秋登黔灵山赠瞿脉上人

曹维城②

居与佛庐近，探幽不厌频。
开来天外寺，隔断世间尘。
檐敞风烟细，窗虚景物新。
白云常住处，从而问禅真。

前　　提

曹维城

黔山精舍好，相对有名僧。
道悟无生妙，惮参最上乘。
茶煎涧中水，香霭佛前灯。
不许尘凡到，云岚护几层。

雪中登黔灵山访瞿脉上人

章　节③

市远山深云四围，冲寒曳杖扣禅扉。
林间竹林含霜瘦，岭畔松高带雪肥。
细读新诗如玉戛，饱闻清话似紘挥。
钟声夜半惊尘变，始悟从前念念非。

游黔灵山即景偶成

伊汤安④

为揽黔峰胜，纡廻经独寻。
松生山壑满，竹隐寺门深。
客屐希题咏，僧坛聚梵音。
圣泉灵杲著，还望更为霖。

---

① 邹继圣，字远绍，清思州（今贵州岑巩）人，康熙贡生。
② 曹维城，字价人，康熙武进士第一。辞官后居贵阳，能诗善画。
③ 章节，清贵阳人，康熙举人。
④ 伊汤安，清满洲正白族人，嘉庆十八年（1813 年），任贵州按察使。

黔灵山看梅

吴达善①

遮道苍松翠欲流，竹林茅屋半山幽。
箇中清趣谁消受？袖得梅花过岭头。

黔灵山道上口占

吴达善

青山叠翠占青苔，雀转新声隔水来。
最爱城西行不足，白沙堤畅菜花开。

冬日游黔灵山

李坤耀②

毕竟冬晴胜素秋，探梅何待几生修！
试看莲社谭三昧，怪石峥嵘尚点头。

秋日游黔灵山途次口占

王覆升③

野寺藏幽谷，遥闻钟磬声。
山空啼鸟静，秋老暮云横。
古木欹危磴，灵泉泻碧泓。
廿年重到此，无限故园情。

黔灵山（二首）

刘　藻④

一

拂竹攀腾破绿苔，侧峰横岭自天开。
黔阳十月犹蒸燠，喜到清凉法界来。

二

松籁清廖殷户清，残英琐碎缀崖幽。
何当更待梅花发，折取高枝上岭头。

---

① 吴达善，清满洲正红旗人，瓜尔佳氏，乾隆进士。乾隆二十四年（1759 年）任云贵总督。
② 李坤耀，女，清贵州贵筑人，著《嘉荫堂吟稿》一卷。
③ 王覆升，字卓如，别号夷白山人，清嘉庆年间贵筑县贡生。
④ 刘藻，字鳞兆，号素存，清山东菏泽人，乾隆初举博学鸿词，1963 年任贵州巡抚。

游黔灵山回途次口占

王履升

郊行风物好，况值暮春天！
野老欹蓬户，闲鸥立水田。
晚烟笼远树，曲径引流泉。
策杖寻归路，山花落满前。

登黔灵山（二首）

花　杰①

一

拨云攀登践莓苔，小憩孤亭四面开。
白鹿竟随僧老去，青山依旧我归来。
千身佛拜千层塔，一首诗成一树梅。
到此风尘机已息，置身高处即蓬莱。

二

经楼百尺坐中峰，山外云山几万重。
犀角又添新出笋，龙鳞不改后凋松。
犹存古刹思前度，久别清泉照旧容。
圆觉可能参妙谛，惊人谁打寺门钟？

游黔灵山憩云栖亭

郑　珍②

去郭亦不远，及麓方见之。
每上觉径穷；去途生转时。
偶然入深处，却顾忘前巇。
几年初辟地，亭小幽可憩。
久坐绝声响，林影澹无际。
松风迴夕阳，苍然两峰翠。

① 花杰，字晓婷，清贵州贵筑人，嘉庆进士。著有《宝研斋诗钞》。
② 郑珍，字子伊，遵义人，清道光举人。著有《巢经巢诗集》

戊申正月十七日游黔灵山寺即景用花晓亭先生题壁韵（二首）

陈夔龙①

一

石磴重寻旧点苔，荡胸绝顶白云开。
人如退院闲僧在，我为看山倒屣来。
落叶半飞烟外寺，拈花一笑佛前梅。
亭碑剥蚀依稀认，谁向天荒辟草来？

二

大好黔南第一峰，回栏曲曲路重重。
客来活火双旗茗，风送奔涛万壑松。
石壁又添新韵事，钵池难照少年容。
平生出处殊王播，喜听阇黎饭后钟。

登黔灵山绝顶

许秀贞②

绝顶登临日，长天一望中。
山高凭小立，风峻逼长空。
树黑疑藏虎，谭腥欲起龙。
一声清呗响，苍翠锁冥濛。

人日偕寿慈、协安、之白游黔灵山访梅

王敬彝③

寒梅艳发灵峰晓，空谷安知亦有人。
树老几时修到此？花开微雪又逢春。
鹤盟同访孤山梦，龙战犹飞五岳尘。
欲问茅庵留席地，藐姑仙子接芳邻。

---

① 陈夔龙，清贵州贵筑县人，光绪进士，清季任直隶总督北洋大臣。著有《松寿堂诗钞》。

② 许秀贞，女，字芝仙，清贵阳人，著有《枣香山房集》一卷。

③ 王敬彝，字蔬农，贵州贵阳县人，清末以诸生佐滇督李经羲幕。民国时，任贵州文献政辑馆副馆长。参与编修《贵州通志》，著有《柳瘿庵》《柳瘿庵诗集》。

和蔬农黔灵山观梅原韵

聂树楷①

枝北枝南花似雪，陇头愁煞未归人。
萧条野径成孤往，料峭寒威勒早春。
瞥眼自开还自落，回头如梦复如尘。
无端又发寻春兴，粗俗漫山与结邻。

初冬冒雨登黔灵山访果瑶禅师

聂树楷

黔灵山顶古兰若，为访名僧冒雨游。
妙粲舌莲无量义，追怀眉月半轮秋。
苾刍拥座环三匝，梵筴分函萃一楼。
更向开山溯初祖，苔封短塔殿西头。

游黔灵山赠赤松方丈（二首）

杨光焘②

一

黔地钟灵远，兹山独擅名。
峰峦环臂指，星汉落檐楹。
坐觉松风好，吟余茗椀清。
参禅非我事，聊以畅孤情。

二

寂寥于俗远，奥旷与神谋。
地僻飞潜适，春深草木稠。
君怀惟极乐，吾道合先忧。
且莫生同异，诗篇足唱酬。

游黔灵山

董必武③

竟上黔南第一山，老夫腰脚尚称顽。
泉清树古叶微脱，寺外双峰峙若关。

---

① 聂树楷，字尊吾，别号鳌园，婺川人。清光绪二十年（1894年）举人。民国时参与修《贵州通志》著有《鳌园诗词》一卷。

② 杨光焘，字覆野，清铜仁人，著有《梦游草》五卷。

③ 董必武，中华人民共和国原国家副主席。

游黔灵山登瞰筑亭

朱　德①

黔灵山上望贵阳，建设十年换新装。
青年子弟多豪俊，鼓足干劲建家乡。

（二）东山诗选

东　　山

王　训②

百里花封早挂冠，东山深处好盘桓。
公卿不入新来梦，父老犹思旧任官。
鞭犊试耕耘半亩，闻鸡常卧日三竿。
不应海内思霖雨，却使苍生望谢安！

东　　山

吴达善

一望青葱入画图，恰当新雨湿平芜。
闲吟不觉莺啼晚，槛外青山半有无。

东　　山

杨雍建③

危峰东峙郁岧峣，小阁凭虚瞰碧霄。
战伐几经飞鸟乱，登临犹见落霞标。
留将片纸增题咏，剩有孤僧伴寂寥。
极目乡关何处是？归情早逐断云飘。

东　　山

李　专④

望里招提别有天，楼台隐隐隔苍烟。
短筇出郭寻幽径，野鸟呼人上极颠。
摩诘不来谁作画，生公如到许栖禅。
只愁灵谷钟山水，未免嘲讥此地偏。

---

① 朱德，中华人民共和国开国元帅，第二届全国人民代表大会常务委员会委员长。
② 王训，字继善，贵州卫（今贵阳）人，明宣德十年（1435 年）举人。
③ 杨雍建，浙江海宁人。清顺治十二年（1655 年）进士。
④ 李专，字知山，一字白云，清息烽人。著有《白云居士集》。

登东山

黄　珂①

城上旌旗带雨悬，城中草树昼生烟。
山光水色迷千里，人影鸡声傍一川。
望眼漫劳迎过雁，愁怀无奈听啼鹃。
登临且上最高处，搔首南荒欲问天。

偕友登东山

袁应福②

老夫平生好山水，十年车马泥涂里。
归来幸免缨绂累，布鞋青袜从此始。
晓闻骑马去看山，多病相违负吾子。
渔矶湾下一溪烟，雪崖洞前双屐齿。
瘗鹤旧铭多漫灭，十数字存而已矣。
定知崖户有新题，合与山灵先志喜。
因思汉朝重风节，束帛安车犹不起。
纷纷尘网谁能逃？空羡巢由能洗耳。
君看脉脉山中泉，依旧流行还坎止。

东岭寺

孙应鳌③

逸客无俗轨，灵区寡尘迹。
躁静实异缘，趣景各有适。
东陵表黔中，奕奕清虚宅。
长峦莽四抱，峭壁隐络绎。
渐次入云林，潜觉中途隔。
洞天忽开朗，径登递掀掷。
飞崖覆远空，坐卧平于席。
风雨万壑惊，泉响泻湔涪。
芳木沉遥翠，素烟突浮白。
以兹飘洒境，契我泓澄积。
度阿愿考室，故里况咫尺。
终当谢此鞅，托所忻晨夕。

---

① 黄珂，四川遂宁人，明泓治十一年（1498 年）任贵州巡抚。
② 袁应福，字华宇，明贵阳人，万历庚午（1570 年）举人。
③ 孙应鳌，字山甫，号淮海，明贵州清平卫（今凯里）人，明嘉靖三十二年（1553 年）进士。

九日登东山

刘之龙①

晴日东山纵远眸，西南万里尽皇州。
风云不变中原色，花鸟都消旅客愁。
九面危峰争密合，一襟远水信分流。
登楼次日同王粲，扫石题诗纪胜游。

九日同黄侍御再游东山寺

卞三元②

九日寻芳景，东山只里余。
延宾来鸟径，携酒借僧庐。
古树垂青影，层层荫碧虚。
临流多客意，未免忆鲈鱼。

偕邵亭游东山

郑 珍

东山在城东，望近行转远。
非为脚无力，实缘举步缓。
壮年惜鲁莽，一日陟数巘。
贪奇及玩僻，回忆两皆浅。
兹山经廿载，今日乃复践。
雾散天宇明，木落露崖窾。
初心信所诣，但视日早晚。
屡息遂及顶，万家俯在眼。
君山读书处，遗迹杳莫辩。
冷风袭兰桂，返照上苔藓。
峙危思古人，一杯何由遣？

栖霞岭（东山一名栖霞岭）

赵德昌③

东岭路如梯，云深曙色迷。
仰攀高鸟近，俯视万峰低。
酒醉戈为枕，更阑月映溪。
举头天尺五，拟上岱山西。

---

① 刘之龙，字子云，明富顺人，进士，曾任贵阳知府。
② 卞三元，明奉天盖平人，清顺治十六年（1659 年）任贵州巡抚。
③ 赵德昌，字达庵，清朗岱人，咸丰初以军功累官至参将，居军旅，颇习文学。著有《枕戈室诗钞》。

上东山

朱 德①

登峰直上画楼台，春色满城眼底开。
四面环山成屋海，河水清清绕市来。

登东山

陈 毅②

闲步跑上东山头，贵阳全景一望收。
新城气旺旧城尽，不愧雄奇冠此州。

和卞抚军游东山寺前韵

黄敬玑③

古刹东山下，萧条兵火余。
秋声连远壑，酒兴满幽庐。
翠色当窗合，云光映座虚。
诸侯正好客，不必赋无鱼。

早起登东山

潘 驯④

繄余遭世乱，窘迫非一状；
独有山水缘，梦寐不能放。
无才合幽栖，岂曰抱微尚？
迩日秋正清，诸峰竞殊相。
泼墨两三重，拔萃几千丈。
奇光入我怀，高兴遂难量。
晨起揽衣裙，历历穿林上；
四际天宇宽，元气恣洸漾；
忽讶青山移，始知白云涨；
少焉发初暾，明媚互争让；
恰似丹砂丸，跃出碧瑶盎。
暂领心颜开，久坐形神畅。
天地尚干戈，风尘日凋丧。
世俗固称险，江海未云旷。
安得生羽翰，直往凌元阆。

---

① 朱德，见前注。
② 陈毅，中华人民共和国开国元帅，曾任国务院副总理。
③ 黄敬玑，清曲阜人，评事，顺治庚子任贵州正考官。
④ 潘驯，字士雅，一字韵人，贵阳人，明崇祯十二年（1639 年）举人。著有《瘦竹亭诗集》四卷。

杨君山先生读书处

潘　骧①

读书人已往，犹存读书处。
遥想抗心时，古今旦暮遇。
至今苍莽中，先生神所据。
我来览遗踪，旷望动遐慕。

游东山

阎兴邦②

宛宛南明水，回环抱此山。
解鞍寻曲磴，策杖度禅关。
薄雾侵衣湿，孤云入座闲。
少留心已寂，不信在乌蛮。

登东山

潘德徵③

危峰开曲径，步步入烟深。
寺古资禅悦，人闲长道心。
当杯残磬落，依杖宿云侵。
归路斜阳里，飞鸦返旧林。

秋归郡城登东山漫兴（二首）

杨光焘

一

六载游方倦，孤峰看有情。
烟霞屯绝壁，鸟兔走雕楹。
载酒新亭好，怀人旧感生。
晚风何处笛？吹雨入江城。

二

高阁矗峰巅，登临思渺然。
钟声云外落，石濑雨中悬。
绕郭双江小，归帆一叶偏。
浮名如可却，衹此挟飞仙。

---

① 潘骧，字子襄，贵阳人，明末诸生。
② 阎兴邦，字豉仲，号梅公，清直隶宣化人。康熙举人。
③ 潘德徵，字道子，贵阳人，清康熙举人。著有《玉树亭诗集》。

九日登东山

刘远誉①

极顶人争上，狂游趁晓晴。
蝉声催落木，秋气肃边城。
僧老禅心定，林幽隐念生。
潺湲余野况，隔岭听泉鸣。

筑室东山

夏　时②

好吟吾亦爱吾庐，一枕清风绕梦余。
地僻每多新得句，家贫犹有旧藏书。
座中明月供携取；天外浮云任卷舒。
蟋蟀从来惊岁晚；无荒肯自负闲居！

次陈香泉登东山韵

瞿　脉

参差怪石倚高台，当户林花映碧苔。
遥识醉翁归去晚，夕阳无数鸟飞来。

重游东山

雪　斋③

湿衣春径雨，名胜记重游。
松子敲门落，炉烟结篆浮。
巢空栖鹤老；阶静数花幽。
禅室依岩筑，闲云宿树头。

九日宴集东山登高

蒋攸铦④

倚城东面绿回环，画景全收翠霭间，
雉堞烟濛初酿雨，鳌矶云桶欲浮山。
朱颜醉认枫林叶，金缕歌穿佛髻鬟。
指点坡陀峰下路，腰镰齐负稻孙还。

① 刘远益，清新贵（今贵阳）人，县学生。康熙三十一年（1692 年）参与修纂《贵州通志》。
② 夏时，贵阳人，清康熙举人。
③ 雪斋，名性莲，清章江人，贵阳扶风寺主持。有《雪斋草》二卷。
④ 蒋攸铦，字颖芳，号砺堂，清辽阳人，乾隆进士。著有《滇轺纪行集》。

乙亥重九东山栖霞寺　登高分韵得奇字（四首录二）

王敬彝

一

牢落牂牁道，登临有所思，
时艰方未已，国难欲何之？
名士滕王阁，离境楚客辞。
黄花三径闼，迟放若居奇。

二

四十年前梦，读书曾几时。
下山秋踏月，贳酒夜联诗。
岁事侵寻久，风烟变幻奇。
开轩望牛渚，幽愤欲然犀。

重阳后五日应永昌禅人之约重游东山

聂树楷

重来古刹访参寥，一鹤翛然在九皋，
秋尽花将人比瘦，径穷山与我争高，
虎虽善射北平老，虫不禁寒东野号，
周抱暮年萧瑟感，登临选胜兴偏豪。

（三）扶风山诗选

春游扶风山

潘文芮①

倏然动霞兴，春风酒一尊。
欣然随屐齿，不惜破苔痕。
花亚树如醉，日斜山欲吞。
勾留归路晚，芳草恋王孙。

春日游扶风山

吴振棫②

山近来尤数，晴光翠胜骆。
径深新树密，雨歇断云多。

① 潘文芮，字右质，贵阳人，清雍正诸生。著有《翠屏寄客集》。
② 吴振棫，字仲云，号毅甫，晚号再翁。清浙江钱塘人。嘉庆进士，道光二十三年（1843 年）任贵州按察使。

鸟解当花舞，僧容载酒过。
似闻松坞里，隐约有樵歌。

游芙峰山

郑 珍①

上下蜂房著芙足，春来车马如游蜂。
美人劝我扶病起，为指铜驼泪如许。
今年此地不看花，明年次日知何似。
春风吹衣上高楼，开筵即在楼上头。
虽无二十五老者，座客尽是珊瑚钩。
俯视城郭销我忧，烟花十里烂不收。
济火何年受节制？令人却亿忠武侯。
酒酣嘘气吹十洲，狂来发语无千秋。
卧看西山日将尽，碧云鸟去心悠悠。
藻米溪、龙尾谭，乱红已过三月三。
何因便遂四婆裙子后，花边送饷还祈蚕。

辛酉十二月四日游扶风山阳明、道真二祠观红梅花宴集感事

王敬彝

一

萧然踏叶入苍烟，记别梅花又十年。
鹤氅清风怀处士，羊珠岁月志夷坚。
西苑雅集前朝韵，南国人伦后代贤。
欲忆桃园忘汉晋，唐且搔首又华颠。

二

雪泥鸿爪足清寒。萧瑟荒祠点缀难。
偶息尘芳煎玉茗，共怜时世逐金丸。
逢人形面疑鸠鹊，望古情怀渺风鸾。
借问孤山梅鹤外，更于何处访袁安。

扶风山晚眺

王延直②

数点寒鸦断续飞，满山荒草夕阳肥。
水流南浦犹伤别，路出东郊更注欷。

① 芙峰山，在城东、插天一朵青芙蓉。

② 王延直，名怀彝，字仲肃，贵州贵阳府（今贵阳）人，王敬彝弟，书法家。清光绪二十六年（1900 年）举人，曾留学日本。

尘怨暗吹何处笛，酒痕频恋旧时衣。
一杯在手昏昏醉，不觉愁城已破围。

游扶风山

张　琚①

东风作意报新晴，挽我扶风寺里行。
一道青穿芳草径，千峰绣拥百花城。
游鱼极泳人知乐。山鸟忘机自赞名。
独椅疏篁亭上久，娟娟归路月初明。

过扶风山拜阳明画像（二首）

莫友芝②

一

手扶明社正，心与孔庭通。
胜国推人杰，谁能夫子同？
勋名蜚语至，宗旨末流空。
一笑何加损，英英百世风。

二

即在投荒日，狂酋竟革心。
生徒来稍稍，文武并骎骎。
道废储材乏，时危望古深。
空山拜遗像，回首一沾襟。

偕郘亭子寿游芙峰山观王阳明先生大小二画像（四首）

郑　珍

一

出游预生忧，日短城早闭；
欲多数刻玩，相携食羊肆。
漠漠烟际村，苍苍松间寺；
红树稀昨日，萧寒满冬意。

二

微雨歇还作，沙沙鸣竹林。

① 张琚，字子佩，贵州黔西人。清道光五年（1825年）副榜。
② 莫友芝，字子偲，号郘亭，清独山人，道光十一年（1831年）举人，同治初诏以知县征用，不就，著作甚富。

登楼一周眺，城共山色深。
干戈百里外，欲拯力不任。
方为麋鹿游，遥遥沮溺心。

三

乾愁漫自慰，且止看松竹。
焚香礼阳明，中感复怅触。
一丞落酋胆，三使国日蹙。
古今不相及，生齿付鱼肉。

四

意行不知处，花木还精庐；
中有狂道人，埋头多残书。
不出三十载，无语问痴夫。
问之止瞪眼，吁嗟吾不如！

题阳明遗像

何绍基①

我行龙标越龙溪，龙场更在龙溪西；
阳明洞天早梦到，日新万古开荒迷。
我行黄平月潭寺，千仞悬岩读碑记；
螭蟠猱攫鹏鹄翔，想见看云此游憩。
中丞丈人方抚黔，示我遗像虔拜瞻；
英风道气见温肃，鹤骨瘦立松苍髯。
当时一疏貂珰悚，万里投荒狎蛮种；
山篙玩易通神明，石廓观天豁尘壅。
吾性洞澈夜气真，立约设教诸生亲；
奇哉胆落安贵荣！责以减驿促出军。
罗施宣慰慑且感，荼傕摧枯何不敢！
擒王胜算非足惊，任道余力随所览。
先生经义先穷研，性天顿悟空蹄筌；
后儒思学有偏废，超崖走棘多危颠。
丈人有道莅兹久，考礼修文涤顽垢；
庋藏遗像扶风山，风教扶持意何厚！
学术孰始开黔陬？许君弟子尹荆州；

① 何绍基，字子贞，号东洲，清湖南道州人，道光十六年（1836 年）进士，二十四年（1844 年）充贵州乡试副考官，著有《东洲草堂诗钞》。

图书业成授乡里，千载坠绪悬悠悠。
先生施教遥与继，礼乐须明典章制；
黔士无徒仰止劳，欲悟良知先六艺。

谒王文成公祠

沈毓荪①

荒凉祠宇对斜曛，儒术千秋大雅群；
朱陆之间分一席，孙吴而外有三军。
牂州古驿生春草，越国青山隔暮云。
当日龙场曾瘗旅，他乡谁忍读遗文！

（四）阳明祠诗选

题阳明画像

袁　枚②

讲学才停口，勤王便挽弓。
山河双手定，孔孟一心通。
像画凌烟外，神传阿堵中。
焚香展卷拜，纸上起英风。

褐阳明祠

吴国伦③

想象居夷日，蛮王半执经。
泽宫虚俎豆，麟阁俨丹青。
终古悲长夜，遗书炳列星。
残碑堪堕泪，风雨过群星。

王文成公祠

晏斯盛④

孟氏学有源，龙门观禹迹；
公独得径途，良知自开辟。
当年谪龙场，真几兹勃发；
讲学来贵阳，知君无歧陌。
时复重一言，大方消虺蝎。

① 沈毓荪，号苹滨，清浙江海昌人，侨寓金筑，能诗。
② 袁枚，字子才，号简斋，清浙江钱塘人。乾隆进士，官江宁县。告终养，著作甚富。
③ 吴国伦，字明卿，明湖北兴国人，嘉靖进士。隆庆六年（1572 年）任贵州提学副使。
④ 晏斯盛，字一斋，江西新喻人，清康熙进士，雍正八年（1730 年）任贵州提督学政。

经济遽峥嵘，有明资干擘。
煌煌著事功，的的原心宅；
中稍异程朱，亦自沛津筏。
夜来读要书，钱王未窥摘。
至善在人心，此知奚假易？
夏游思念瘖，记言在细绎。
安得祈滥觞，相与存余泽？
世世事春秋，庸敢漫骚屑！

过扶风山拜阳明画像

莫友芝①

一

手扶明社正，心与孔庭通。
胜国推人杰，谁能夫子同？
陨名蜚语至，宗旨未流空。
一笑何加损，英英百世风。

二

既在投荒日，狂酋竟革心。
生徒来稍稍，文武并骎骎。
道废储材乏，时危望古深。
空山拜遗像，回首一沾襟。

题阳明祠

三岛毅②

亿昔阳明讲学堂，震天动地活机藏。
龙岗山上一轮月，仰见良知千古光。

阳明祠

陈昭令③

扶风烟树翠岭嶒，王尹丛祠路几层。
先辈功名光日月，岁时伏腊冷尝蒸。
传来清磬音三面，想象空堂佛一灯。
庙貌已荒文藻没，黄昏蝙蝠下觚棱。

---

① 莫有芝，字自子思，号郘亭，清贵州独山人，道光十一年（1831 年）举人，同治初诏以知县征用，不就，著作甚富。

② 三岛毅，日本人，东宫侍讲文学博士。

③ 陈昭令，号子和，直隶玉田人，北京大学预科毕业，曾任模范中学校长。

（五）相宝山诗选

暮秋游照壁山

吴延祯①

孤嶂开僧舍，山门碧藓侵。
游人不到处，吾辈独登临。
黄叶尊前树，清秋客里心。
黔南风日好，只是忆山阴。

游相宝山示息知上人

朱　文②

乘醉逃禅散步游，闲云笑我碧山头。
忘年古木栖玄鹤，超劫朱栏卧白牛。
开路昔人沈电火，弹丸敌国事蜉蝣。
欲来就此同君往，弄月吟风任岁流。

照壁山

邹一柱③

山势裁成幅，帆开未见舟。
游人常面壁，落日好登楼。
万景容窗隙，千峰插案头。
率然环雉拱，卓尔画屏秋。
拂藓寻题句，凭栏恣远眸。
啸空宜舞鹤，飞杖欲乘虬。
新月城笳动，疏钟梵呗幽。
归来衫袖重，携稿上鸣驺。

重过相宝山寺

沈毓荪④

石梯依旧入烟霞，桃李幽蹊满落花。
应是山灵解人意，不教两度见繁华。
看云爱向曲栏凭，又上危楼第一层。
万里登临慵照镜，前生可是此山僧？

---

① 吴延祯，清山阴（今浙江绍兴）人，康熙举人，著有《南村集》。
② 朱文，字湄云，明贵州广顺州人，崇祯时诸生。
③ 邹一柱，字小山，清江苏无锡人。雍正五年（1727 年）翰林，十三年（1735 年）督学贵州。
④ 沈毓荪，号莘滨，清浙江海昌人，侨寓金筑，能诗。

登相宝山次董观察嘉庆癸亥九日诗韵

郑 珍

老去登临意尚豪，万千环翠拟奔涛。
大风呼洶憎楼震，细雨霏微石路高。
游本随心忘带酒，生犹无造忆题糕。
昏昏兵气苍茫外，喜未将身付马曹。

次韵兰泉抚军九日相宝山登高（四首之一）

王本玉①

凭临绝巘兴添豪，爽籁时喧耳畔涛。
纵目剧怜红树满，举头弥觉碧天高。
忻看同乐挥银管，务去陈言隶锈糕。
微捻吟须闲四顾，群峰罗列俨分曹。

（六）鹿冲关诗选

六冲列屏

六冲关高遮半空，疑是碧玉长屏风；
樵夫欲上先惊胆，飞鸟思度叫声洪。

山结奇景

仰天三窝形似梯，山结奇特世上稀；
有人将它竖得起，欲上青天不用飞。

五虎朝阳

五虎咆哮齐朝阳，似向东君祝安康；
可惜日头无耳目，不知还礼叫回乡。

（七）文昌阁诗选

春日同人集文昌阁看桃李

王履升

故人折柬招，期我登高阁。
花气袭衣裙，晴光透林壑。
郊原浮青葱，桃李遍城郭。

---

① 王本玉，字琢章，清贵阳人，乾隆二十七年（1762 年）举人。

远瞻云霞明，俯瞰峰峦削。
筵开琥珀樽，诗词琼瑶作。
曲曲化平生，殷殷慰落魄。
迷离醉眼横，慷慨雄心烁。
长啸遏行云，高歌振檐铎。
徒钦渤海鳞，空羡青霄鹤。
始知竟虚名，曷若寻真乐！
直欲与天游；形骸笑束缚。
眠食外无求，只服神仙药。

二、词　选

百字令　游东山

聂树楷

近城二里，见青空兀突，断霞栖岭。缘壁几重之字路，倏已攒身绝顶。一角危楼，翼然天半，揽尽无边景。夕阳城郭，炊烟四合成暝。

记得前岁新秋，招邀小谢，同赴山亭饮。醉墨淋漓留殿壁，不觉驹光一瞬。风物依然，故人何在？伯听哀蝉哽。月明归路，婆娑自弄清影。

听绿轩赏荷即席赋采莲词（十二首）

洪亮吉①

一

泮泂秋到雨如麻，盼得新晴露以华。
我自看红君听绿，参差一月赏名花。

二

晓日华筵水上开，琐窗千尺接层台。
笙歌小部雍容甚，都杂儿童竹马来。

三

门前赤棒肯拦遮，齐放游人入使衙。
怪底鹭鸶无立处，压波人影黑于鸦。

四

鸣驺来处甫侵晨，午榻横排任欠伸。

① 洪亮吉，字雅存，号北江，清江苏阳湖人，进士。乾隆五十七年（1792年）视学贵州。

各占一亭陈百戏，却忘宾主是何人。

五

束素腰纤点缀高，花非芍药即樱桃。
旁人错认红妆好，十五吴姬刺锦篙。

六

偶然击楫趁波平，也学津船打鼓行。
消受小年无个事，一花开处一飞舭。

七

缭垣日午转骄阳、一例都将小伞张。
知有美人空处立，好云低为护明珰。

八

水心亭北接危城，亭左先闻按玉笙。
见觅柳荫深处坐，暂停杂技奏新声。

九

无端灯影欲迷星，高柱檐牙下绕汀。
空里忽惊添异彩，晚霞黄入电光青。

十

百重担子憩墙阴，小合高擎唱点心。
一样酒帘花外飐，乱吹羌笛搊胡琴。

十一

薄暝遥看打桨迎，紫薇花点照波明。
若非万里桥横岸，尚误吴头楚尾行。

十二

廿年前乏此花枝，小艇何由泛曲池？
此日黔阳似江左，当莛为谱采莲词。

三、文赋楹联

（一）文赋

重修王阳明祠碑序

贵州行省城东里许扶风山麓，故有阳明王先生祠堂，创始嘉庆中。一再举而后定，特规模狭隘，久益荒落。祠门倚僧厨左厢，窘于圭窦，院落径丈许，不容旋马。

祠左屋二楹，限于址，楮木虚其下，若危楼。祠宇五楹，户牖不具。承尘摇落，榱桷危攵斜，又偏夹室，山僧穴通庖屋。规其中为谷藏、舂舀、簸皆在宇下，嚣且尘上。泥户木室，鸟鼠栖焉！旁配食者，始故庆蕉园中丞，以尹田两乡先生为言，当时在事诸君，固以尹文端增入文端故，中丞父也坐是滥觞，纷遝踵进，岁辄有增充。几塞坐累如东笋，左偏夹室则乡人花晓亭、方伯木宝在焉。

光绪丁丑岁，予偕遵义唐公鄂生展谒祠堂，相顾彷皇。予谓：是我辈责也！公曰然，亟首捐金，先奠基址成。而公之蜀有二年，予再寓书告公。辄自蜀集同志，自平远丁公稚璜以下，人捐金各有差。复书抵于（予），谓苟非其人，神其吐之？盖其慎也。先是，阶下地低窊而前狭，累石又不固。悉改拓增十三四旧有屋数楹，负祠立寺僧。

所谓祖堂者，介具间又偏曲，室达僧房，颇幽暗。其外则方丈也。予究庤形势，为移方丈祖堂于心所，即就万丈屋为祠门，馀愁毁之。别建厅事三楹，为春秋报祀。公集所，其地即前曲屋也。阶以降式郭而界石阑焉。即前负祠屋及祖堂也，惟祠堂五楹仍旧址，而易桷、易瓦，易其柱之弱者朽者、腐者；与夫垣墉之击者盖十八九。前与左方，则周以长廊。又得旧刻先生家书，与复罗整庵先生出遗迹及祠堂旧藏小像诸题识句，摹上石嵌壁间。

经始己卯夏四月迄冬十月而毕。予谓尹先生汉儒也！学术异同姑弗论，其生去王先生二千载，上配享在旁，惧无以绥两先生之灵；欲并祀，又非建祠本旨。辄移祀尹先生于惜字房，而以田先生配焉。花晓亭、方伯祀诸夹室，于义无取。则移附王翟何三先生祠。佗木宝不尽详审，姑埦诸山寺别室。祠堂尚有先生大像，亡而復还。惧其久而佚也。则摹刻诸石，并故明改封先生，新建伯敕，为二石树像左右。或者谓予先生以学造吾黔，祀故宜。然贵山书院祀之矣！修文龙场祀之矣！是不可以已乎？予谓学人自淑之心无穷，是乌能已？如曰可以将并前人已成之举，而故废之乎？抑坐视其朽落而莫之或恤也？然向者，非有唐公之克集众志卒抵予成，予虽抱此不得已之。微衷亦有欲不已而不能者。呜呼！祠堂甫成，予方有蜀游粤一年回，始举祀事。肃诸宾耆落之而去有二年，回乃得备识，改修始卒，并诸集资者爵里名氏之碑阴

光绪九年癸未五月朔贵阳罗文彬识并书

四川总督平远丁宝桢四百

江苏补用知府贵筑周莲五十

四川毕节杨泽□百

云南布政使遵义唐炯二千六百十八

四川特用知府遵义华联辉四川叙永直隶同知华国英百

山西布政使龙阳易佩绅百
四川石柱直隶同知贵筑于德楷五十
四川补用知县贵筑阮恩涛五十
恩南府教授独山莫庭之江苏上海县知县莫祥芝三百
四川补用知县贵筑陈桂馨百
刑部郎中清镇文天骏五十
四川资州直隶州贵筑高培谷二百
四川潼州府经历顺德张炘五十
桐城黄珣二十
四川新宁县知县遵义赵庭璜五十
礼部主事贵阳罗文彬五十

重修王阳明先生祠堂记

贵阳城东扶风山麓，故有阳明先生祠堂，创始于嘉庆中，规模湫隘，岁久愈倾圮。丁丑春，偕罗君质庵展谒，质庵谓余：此吾侪责也。余曰：然。已而去之蜀。逾年，谋于稚璜丁公，集资寄质庵主其事。

经始己卯夏四月，迄十一月落成。质安谓余为之记。时方督鹾政，纷纭少暇。既奉命布政云南。寻晋巡抚，内修政事，外备边要，益无晷刻闲。甲申秋八月，逮系部狱，终日读书静坐，若于先生学有所会，乃敬记之曰：日月代明，寒暑相推，天之道也。殷因于夏，周因于殷，损益焉以救时也。惟学亦然。孔门教人，要各因其材质高下刚柔而道之入德。不待求民生日用伦常之外。至于战国，杨墨之言扬天下，孟子辞而辟之。于是称说仁谊，道性善，使人求其放心，以蕲至于尧舜。汉唐以来，佛老大行。南渡之际，新学横恣。周程朱子，相与取孔孟之书，讲明而切究之。于是，有性命之学。大抵尊所闻，行所知，以自道其心之所得焉已耳。明高皇起自盗贼，奄有天下，胡蓝之狱。屠戮至四万余人。洎乎成祖篡窃，十族之籍，瓜蔓之抄，元气铲剥殆尽。驯至权归阉竖，毒深海宇，以至于亡。一时士大夫翕然媚阉以取富贵，而其间号称佼佼者三杨辈，类皆依阿苟容，顽钝嗜利无耻。当是之时，天理澌灭，人心或几乎熄矣。阳明子惧，于是直揭心学，相与一二同志，讲学于山居戎马之间，举天下非笑毁谤之而不顾。嗟乎！救时之心，若是其勤且切也。虽其格致知行之说，若微异朱子，要之，为学不敢苟同。尊所闻，行所知，以自道其心之所得而已耳。而后之学者，诋以洪水猛兽，毋亦门户见深，挟胜心以取决于语言文字，以云卫道，而不知去道远甚。

国家崇儒重道二百余年矣！自海夷要盟，异端之祸，中于人心。佛老、新学、阉竖、不若是之烈也，而士大夫方且窃乡愿之似，自私自利，而无能出一谋，发一虑，以舒吾君宵旰之忧。是亦一洪水猛兽也，夫先生谪吾黔龙场三年，学始进。夷獠日益亲敬，服其教。然则登斯堂者，其言先生之言，行先生之行，毋色厉内荏，随世波靡，以自失其本心，并夷獠不若也。

凡攻土木之工若干，与夫廓新更易及置产以为春秋祭祀需者，具详质庵所记碑阴，不更著。

光绪十一年二月己卯唐炯撰　独山莫庭芝书

黔灵山弘福寺记

王继文①

辛未之冬，余重抚滇南之又明年也，大司马范公巡视黔州，归告余曰："黔灵为新辟名胜，工既竣，住持僧状请记。"询其由，公云："欲余一言，用志成事。"余奉公命，唯唯不敢辞，谨援笔书颠末焉！

黔灵峙贵阳西北隅，可五里。千峦拱翠，一水抱蓝，以平畴坦壤隐藏於卷阿之中。龙迴虎顾，異境独标，殆天巧神工，为飞峰卓锡耶！禪師赤松者，临济宗也。自蜀历楚，携瓢至山，斩茅伐石，为招提衹园计。土人罗妙德静观乐施其地，而山左曹澹余实经营之。厥后名公巨卿叱驭至者，前后相望。拓其基而增扩之，则有制军蔡公，抚军杨公、慕公、提军侯公，余亦得其后焉。仍其旧而修培之，则有藩臬柯君、蒋君、李君、监司傅君、高君，而襄厥成功者，实大司马也。

当国家修和，府事百废俱兴，公余登眺之下，悠然有珠林宝地之思。分俸布金，地与时会。於是梵宫缥缈，龙象庄严，层楼杰阁，曲栏长廊，亭院斋舍香厨之属，翚飞鸟革，炫日凌云。且山林足以供樵苏，溪泉足以供灌溉，园圃足以具果蔬，田土足以济饔餐，规模弘备，为金筑第一名区。

鸠工庀材，积十有八年而工始告成。匪止金城香树，追迹白社风流，实亦祝国祈年，点缀太平盛世。矢愿大而用力深，归不徒有漏之因矣。余自己已过之，尘嚣俱寂，天籁自鸣，游心纵目，不觉爽然自得。未几，岁华两易，今之所闻，又有加于昔日所见矣。因是，知崇法象而成选佛场者，日新月盛，正未有量也，敢以告后之游山者。

黔灵山弘福寺碑记

蒋　寅②

贵阳四面环山，山之秀拔可观者，曰栖霞，曰照壁，其亭楼烟树，可于数十里外見也。黔灵峙于西北，别有缥缈迥異之致，然众峰攒之，游人必循山根转登峰口，而后幽胜之概，始接於耳目。若下望之，绝不知其真面目也。岂非乾坤奥府，率多邃密深藏，而不露其奇耶！

去山半里許有漏汋泉，昼夜百盈虚，亦此山灵气之所致也。闻之此山二十年前，荒烟野树，人迹罕至，固虎豹之宅而狐狸之居也。

壬子春，上人赤松者，临济之宗也，游于黔，怅望其地而即拟居焉。有山之主人罗氏妙德净观，亦乐与之。时中丞曹澹余先生为之经营，命其山曰："黔灵"。造殿二：一奉佛，一奉观音大士，旁置僧寮。王师恢黔，总制蔡公、滇中丞王公、黔中丞杨公、慕公、阎公、提督侯公，共捐资修楼於殿后。

丁卯岁，余官於黔，又与臬司李君，宪长高君，参议傅君，共辟险径，装修天王金像，后置一堂于殿旁，为方丈室于赤松上人。而上人得购募若干田亩供饘粥，於是远近游缁每多往焉。殿阁辉煌，云树离奇，兹山之盛，遂冠于黔。余每暇日偕二三宾僚游，一觞一咏，如入蓬瀛，辄终日不忍去。又叹兹山之奇秀而得名独后，因知隐见之故盖有素焉！即山水亦有然也。

辛未夏，余仰奉朝命，行有日矣，上人以求记告余，因撰数语志开创之由，以附不朽；且以为山灵别。至于峰影树色，奇石清泉，共四时之烟景，朝昏之气象，览者各自得焉，非余所能罄述也。是为记。

---

① 王继文（？—1703），字在燕，汉军镶黄旗人，清朝大臣。

② 蒋寅（生卒年不详），江南丹徒（今镇江市）人，康熙二十五年（1686年）后任贵州布政使。

又

贵阳之西北五里，曰黔灵山。地非孔道，蹊径幽偏僻。然远近诸山，皆蜿蜒而环拱焉，宜其为省会之镇乎！其颠若莲花之形，峰峦四出，排列云霄，而中藏平壤，恍然别一天地。非蓬壶羽旆，乾竺香台，不足以主斯胜境，而土人未之謀也。

适禅宗赤松者，卜筑精蓝于此，故前抚澹余曹公则经营之。迨至西杨公、鹤鸣慕公先后抚黔，藩臬又恢廓之。继而制军仁庵蔡公、苏公、范公、在兹王公襄厥成功，於是梵宫禅院，规模略备云。

山左危梯一线，游者必屡憩而登，前则峭壁巉岩，跻攀無自。虽经频岁欃枪，独此□檀片地，尘□不侵，殆佛力山为交为护耶？

余承乏黔藩，與宪长李公长白、高公霖雨、少参傅公济川公余登眺，芳菲满目，猿鸟亲人，解带留连，啸咏弥日，自以为乐天庐阜，永叔平山，未能过之，因名之曰："弘福禅林"而寺右圃余有隙地。山中烟霞泉石之奇，林峦花竹之丽，大小悉献于前，李公倡议构亭其间，用资欣赏。余亦以后道纡，而山前新石磴复险而狭，相与捐俸而修凿之。□是游者坦然纵目，兹山之胜，遂甲于黔省。

夫柳州丘壑，得子厚而始传；雁荡溪山，遇康乐而后著。信乎！古今奥区，显晦有数。诸公先后肇造，而余辈得乐观其成，可不谓幸焉！然非时际升平，政多休暇，则虽有福地洞天，岂遑渐次开辟若是哉？登陟者又可以慨然论世矣。

黔灵山弘福寺碑记

韩　傅①

丙寅春，余奉命來黔，由建昌发轫，所历名山古刹，其形胜奇特之地，不可枚举。及抵紫池，惟見羊肠一线，满目荊榛，雖有群山屹崒，而黑子弹丸，局促不堪，余心窃慨之！谓黔省古稱罗甸，接壤滇蜀，蜀有峨眉，滇有鸡足，胡黔山之叠峙，竟無一可览者。

聞西北二三里许，有泉曰"百盈泉"，其上有山曰黔灵。余遂揽辔登临，見梵翠凌空，檐花印谷，頗足壮观。山之中有赤松者，乃临济三十三代孙，即此山诛茅卓锡之上人也。余考其來由，系前抚军曹及司道諸公之所创始，迨后杨、慕、阎众抚军，提军侯公、滇抚王公暨制军蔡公、范公、並现任诸君子接踵涂塈，遂使此山碧靄岎崯，苍然疏秀，虽不能媲美於峨嵋、鸡足，亦可称夜郎之一胜地焉！惟寺后藏经阁修葺尚未告竣，家慈捐发生平余积，鸠工盖庀。复虑各僧无常住之供，又助百金赎回山下水田一份入寺收租，永远接众之费，是阁已成而粮有餘余赡矣。

阁旁一隙地，可建静院三间以为方丈，余与同人方伯亮天、蒋公、观察长白李公、宪长霖雨高公共捐资构造，並装山门四大天王金像。且辟山前小径，尽导康通衢。

工成，僧请勒石，問序於余。余曰："汝岂不知佛教云：'三轮体空，施受何必见相？'"云："勒石刊名，垂之奕禩，亦劝善意矣！"余然其言，爰为之记。並冀后之官斯土者，登山览眺之余，或由是而加培之，以同志不朽云。

天下名山三百六，号为洞天福地者，在在皆有，而黔之山川不与焉。岂尽黔山之不灵哉？或亦未得其人，而山之灵不见，山之名亦遂不传。然则人为万物之灵，山川草木，莫不因人而灵，人固各赋此灵性，往往昧焉罔觉者，皆以习染既深，本來尽失。其了脱生死之事，超出轮回之苦，誰则能之？

① 韩傅，清黔粮驿使。

是不能不亟望于修之者！

贫衲质本鲁钝，矢智空门，生平足迹未遍方州，不知世中尘嚣。惟以坚持苦行，闭关三载，学焉未逮，顾安得如虎溪鹤林之地，以为栖息修证之所。兹于会城北数里许，偶得此山，万峰环绕，中廓平原，龙虎伏於前，狮象拥于后，是可以结精舍，上以祝国，下以修持，此独非黔灵山乎！惟是营建犹虚，规为未备，沿门持鉢，艰于聚沙。伏望大宰官、诸檀越，慨发诚心，弘施愿力，共襄最胜之因，早成清净之域。使缨络现于禅灯，续西來拈花之会；金钱涌于平地，作东土选佛之场，庶几山以人而效灵，人因山而修证。功行善利，善果同登，安在此山不作洞天福地，为黔之胜概耶？是为引。

黔灵山弘福寺募请藏经引

陈起蛟①

黔省四面皆山也，势如万马奔驰，争先恐后。又如万壑朝宗，至止渟蓄，五行正位，纵目所如。盖天钟秀于是，不限于遐裔也。而其西北隅有山，崔然直腾云表，林木蔽亏，中藏平原，延袤数亩，僧寮佛阁，参差窈窕，朝霏夕霭，烟云如画。兼之晨钟暮鼓，梵語清奇；铎月松风，幽境可掬，号曰黔灵，盖赤松和尚面壁之后而为之者。是山既踞登临之胜，而骚人旅宦，往往挈壶觞，御驺驭，以为登高避暑之地，黔之一大观也。

先是，制宪蔡公、司馬王公及諸宰官相继捐资以助其不逮，而寺始于是乎落成。独是藏經阁只字蔑有，入其中者，徒嗟壁立。乃吾师朝夕念兹如疚，欲杖锡金陵，誓兴缺緒。用是与余议：按五大部经，乃西方圣人明心觉世之书。犹吾儒之有六经，教人修身正心，以归于圣贤之路也。诵其诗，美刺备矣；读其书，治乱彰矣。通乎易，可以察幽明之原。习乎乐，可以平暴慢之气。明乎礼与春秋，可以知君臣父子之道，故曰：六经如日中天，其所以关世道人心不小也，佛经则亦有然者矣。至所谓律者，恐后人之汩陈吾法，故设为积重难返之说，使人怵心重足，懔懔不敢入，亦犹治国家者，明刑弼教，無二理也。至於大乘、小乘诸论，则皆耆年古德，具体而微，往复辩难，自成一家言，与吾儒之著书立说，倡明圣道，無以異概。

自宗教两歧，浸假而门户角立，祖分左右，矛戟相寻，弃文字为糟粕，蔑法律为桎梏，经之不尊，何有于律？而二三黠陋之徒，往往窃拈花棒喝之剩义，使人奔走若狂，以致贝叶尘封，供蠹魚之一饱而已矣。呜呼！可胜叹哉！

吾师有见于是，愍焉如捣，爰修藏经阁以贮奥典。欲使后之人因经起悟，所悟不背于经。如大匠诲人，必以规矩，较之区区棒喝，所得为已多矣。志斯道者，尚其解带挥金，慨然成就，俾琳宫梵宇，名实俱存，缁流衲子，悟從眞諦，将来大阐宗风，比肩接踵而起者，利益又何可量哉！是为引。

奉頒藏经原行

乾隆四年九月初三日，贵州布政使陈，奉总督部院张牌开：为知会事，准礼部咨，祠祭司案呈，准总理藏经馆事务和碩庄亲王等折奏内开：本年五月初十日，经臣等奏称：已装订藏经八部，未装藏经九十部，俱已告竣。应否照例頒发京师勅建之大寺庙，以及颁赐直隶各省古刹之处，伏祈皇上训示等因具奏。

奉旨：装订藏经八部，著御书房安设一部，武英殿收贮一部，万善殿供奉一部，贤良寺供奉一部，

① 陈起蛟，清朝广西莆田举人。

赏庄亲王一部，和亲王一部，其余二部，暂行收贮。其未装订之九十部，有应供奉之寺庙酌议具奏，钦此钦遵！

臣等议得：京师所有堪供奉藏经大寺庙二十八处，应各给发一部。其直隶各省所有堪可供奉藏经之寺庙，臣等派僧人超盛等选拟得共五十六处，每处亦应各给发一部，俟命下之日，臣等将颁发京师藏经即行颁发外，其颁发各省藏经五十六部，请交礼部行知各该督抚，令其在京提塘领去，赍送各该省遵照供奉。谨将应行颁给之寺庙，缮单恭呈御览等因，奉旨依议，钦此钦遵！相应移咨贵部遵照办理。等因前來，所有应颁直隶等省寺庙处所，相应行文贵州总督，于文到之日，令该省在京提塘赴藏经馆请领赍回，该督遵照原奏办理，转交该庙住持敬谨收贮供奉可也等因，咨院行司遵照查明，转发贵筑县黔灵山弘福寺住持，敬谨收贮供奉，勿违！

重修黔灵山石路碑记

陈大文①

天地灵秀之氣，结而为山，其列名五岳者固已。他如梁为晋望，会稽名浙，英霍缘以立县，蒙峄因之称鲁，亦各据一郡一邑之秀，而名以传。全黔皆山也，连峰叠嶂，一成再成者不数里皆是。即以省垣论：去城西北隅三里许，黔灵一山，耸处万壑之中，三台、锡杖诸峰，罗列左右。上则翠竹苍松，掩映禅宇。后则一泓澄澈，圣泉在焉。虽不敢与五岳称尊，亦可比於一郡一邑之秀，考古者略之，何欤？夫蓬莱琼室，不能使视听之外者，详其地而纪其胜。足迹所经，期有稽之言，可传而可信。原兹山之始，地为大罗木寨苗民所有，木不拔，道不通，乌知山之灵也者。

自康熙十一年，有僧赤松策杖來游，見群峰环绕，堪为选佛之场，谋修建禅院。尔时居处栖息，不过班荊荫松；高下出入，不过攀萝扪石。仍由大龙泉木寨故道，荒径未辟，人亦罕至。逮康熙二十七年间，有方伯蒋公、廉访李公、观察傅公三君子者，始於山前开辟大路。因地之广狭累以石，俾來此者，得拾級而登，乃共知有黔灵也。然迄今越一百一年矣！上雨旁风，苔侵路毁，山石荦角，行径甚微，畏而裹足者有之，山之灵终未得著。

余自丁未岁秉臬事來黔，闻兹山清净峻削，陟其巅可睹全黔形势。公余至，止及山腰，肩舆不能近，缓步以上。因动念捐资，並劝同志者共襄厥事，旋命土工、石工重修之。

其径较前广而方，无頗无偏，荡荡平平，徒步可行，山车可入，庶几幽谷无私，有至斯响。览胜者接踵而游，访道者梯山而至，由此荫法云於真境，曜慧日於通衢，灵山之胜，流播寰区，使探幽之士，纪其实以笔之简编，佥知山之佳者，于黔称贵阳黔灵为最，可附群岳后传之不朽，则兹山效灵于黔，黔亦借兹山灵矣。功成，爰书数语以纪事。其捐金各姓氏並录之碑阴焉。是为记。

东山志略

谢三秀②

山在黔东门外，故曰东山。峭壁斗绝百仞，朱楼縹缈欲飞。前附金汤，后枕铜鼓，固俨然西南一具瞻云。山麓旧无结构，万历初，中丞何公始建东山阁两山夹谷之间，颇足幽胜。阁后为都是春风楼，楼高不及阁之半而阔倍之。槛外社坛诸山，一目都尽。劲松谡谡，如听浙江八月潮，能令坐者忘倦。

① 陈大文（1742—1815），字简亭，号研斋，清河南杞县人，原籍浙江会稽。曾任贵州按察使。

② 谢三秀，明贵州前卫（今贵阳）人，诸生。

出阁启短扉，梯石而上，望一天门，如在霞表。山椒祠灵官，虬髯如戟，凛凛有生气。门东西各翼以祠，祀关、赵二将军，岁时香火不乏。祠右高阜，则小鲁亭在焉。亭据三面之胜，故自佳，惜不见城南如练耳。

亭下有小洞，仅容二人坐，乱石岌岌相倚。去小鲁，望棹楔而进，是为空中楼阁。阁不甚华，呼吸帝座，左右与楼络绎，东为云堂，以客方外。残碑断碣相枕藉，苔藓蚀而茑萝封也。僧横小楼于丛薄中，三圣殿与阁对峙，负山雄丽而眺望不赊。殿左为文昌宫，少爽闿，近亦倾圮。斗姥阁半嵌崖半飞驾空中，凭栏极目，便自有天际真人想，然而据险，为不甚适。

自此过通明殿，仅数十武，皆从冈脊上行，罡风蓬蓬然，吹人欲起。殿祀东岳玉帝，金像颇肃，真足奔走万灵。左为钟亭，右为积翠亭，咸与殿称。前楹轩豁，松桧阴森，即六月不受暑，下视城市，殆为蚁垤。千甍翼张，万瓦鳞次；明江一派，盈盈扇履间，虹桥卧波，渔人操舴艋，如在镜中行。大都黔中之胜无逾于此。

黔灵山记

阎兴邦①

山川，天地之秀也，有异者焉，则人羡之矣，有尤异者焉，则人尤羡之矣。然亦有晦于古显于今，若雁荡之物色于宋，西山、钴鉧，皆因子厚而传。要之，扶舆磅礴之气产在一未可涯量也。曩于京师，值天子命儒臣修《一统志》，征四方地图郡邑之册说，上之太史。余时往披览，如贵阳一府，曰某山、某山，无所谓黔灵者也。及癸酉，移节斯地，适新地志初成，因阅山川条，而郡之有司，往往向余谈其胜，且有以山诗示余者。而余也既无康乐之癖，又不蹈潘孟阳之辙，孜孜矻矻自蚤及暮，惟一方之利病是问，虽山林 水 石 笑余为俗，而余岂遑顾哉！

今夏四月，既生魄，与诸佐劝农于郊，遂过威清关，寻檀山逶迤而进，则众山环抱，石径险仄，一线盘旋，诚有若新志所云者。是日也，农阴覆谷，雨师作祟，浓浓沥沥而不止。于是目益眩，路益滑，足益屡蹶，群相扶掖，始陟其颠，乃憩于弘福寺。寺则赤松上人所建也。因问山之始末于上人，上人曰："此盖大罗木寨民罗氏世业。康熙十一年，杖锡到此，爱其上有平原地可以结庵，因乞之。至十二年，大殿两廊告成；又五年，经楼五间，余殿若干，次第 毕 工。辛未冬；又从巴蜀涉荆楚，下江浙，礼普陀、太白、天童，复由金凌达章贡，循彭蠡，遵鄂岳，溯湘沅而归。乃得释藏之全部而贮诸楼。此僧一生之苦行，敢稽首达尊，为作方便，愿大檀越共记之，庶黔灵一山，藉以益传。"余以不文辞。

薄暮回署，明晨，上人命徒请记。余告之曰："凡事不难创而难于守。余游天下多矣，曹溪一席地，已为膻争之场，而嵩之少林，亦渐漂于风雨。今上人建刹兹山，如台之雁荡，永之西山，自唐、宋讫今，愈久愈新，斯为荷担如来。非然者，山石有时而泐，象教有时而湮，皮纸骨笔岂能长留于虚空？诚悟及于无始无生，则一切功德皆有漏之因，而木落山空，水流云委，万壑千岩，纳之芥粒。兹山也，如舍卫城，固有龙象护之矣！"

重修扶风山寺记（注）

庆　保②

黔中跬步皆山，形如聚米，蜂攒蚕列，荦确而为蹄辙之妨，行役者恒苦之。然贵阳省会，风景清

① 阎兴邦，清直隶宣化人，举人，清康熙三十一年（1692 年）任贵州巡抚。

② 庆保，清满洲镶黄旗人，曾任贵州巡抚。

佳，左栖霞，右相宝，烟鬟岌岌 ，郁乎苍苍。每一放目，五仓皆为之豁。

嘉庆甲戌夏，予奉命来抚牂牁，未半载，政事粗理，群僚咸乐予之简而谅予之诚。因于秋日高爽，循行阡陌，远度林峦，见螺峰一山，奇秀独绝。山之巅有寺曰“扶风”，复廊涌翠，飞阁流丹，如天际嫏嬛，列 拱而相间。询之，知主僧慧先从峨眉来，始结其上。邦之善士，骖履偶留，见林壑湾圜，实关一郡文人之秀，而慧先又能却扫禅关，剪除茨棘，爰相乐助，构此招堤。美哉洵足尚已！惟版筑位置，稍有未宜，楹桷亦渐巧剥，遂解俸为葺治，匝月讫工，弥增清旷，窃愿此邦之人，亦如兹山之苍翠奋兴，英华叠级，以成观国之光，岂不盛哉？将拭目而俟之，是为记。嘉庆十九年岁次甲戌仲冬之月，庆保撰，并书。

阳明祠记

张 輶①

正习院长傅小泉言于余曰：“省东扶风山新建阳明先生祠，未成而中辍，阅五年矣。今不修葺，来者曷望焉。”予闻之瞿然。翌日，更约贵山院长王晓亭、正本院长贺公甫，偕往相视，门户墙阶，规模具矣。计瓦石甃筑之费，尚需三百金。

归而谋诸同僚，咸翕然乐助。乃属清平教谕陈勉斋董其役，并众议所以尊崇先生者，不塑像，不书衔，惟设木主志向往焉。适余出试兴、安二府，比旋省，鸠工既竣，择日竭诚偕诸君子恭诣成礼，至则巍然焕然，冕服赫矣。小泉曰：“此黔人之愿，不能止也。”予喟然叹曰：“先生之德大矣哉！先生，天下之人也，万世之人也，非黔人所得而私也。且先生在粤，平祸乱，靖封疆，其祀先生以功，而黔人之祀先生也以学。当谪官龙场，潜心大道，顿悟良知之旨，三百年来，黔人知圣贤之学者，实自先生倡之。高山景行，馨香俎豆，宜也。乃下至乡曲里巷，咸思瞻礼，像设震耀无穷，是岂强而致者哉！盖先生之德，入人至深，感人甚广，故黔人之尊崇先生者，心悦诚服，不介而孚也，况乎儒衣儒冠，闻风兴起者耶！且是役也，都人士创基于始，黔抚庆公定谋于继，乃因雀角微嫌，半途而废。予与诸君子，再任其事，而众志勃然，如川之决，如风之行，向之郁而未发者，踊跃鼓舞，不能自已，岂非秉彝好德，人性皆同，而废者修，堕者举，断群疑，明大义，则在上者之责，有不容自诿者耶?”诸君子皆曰：“然。”遂稍次其语而刻之石。嘉庆二十有四年六月二十八日，洛阳张輶幼轩氏记。

漏沟泉记

范承勋②

辛未秋，余以代抚篆下黔，闻城西有漏沟泉颇异，一日一夜百盈百缩，又名百盈泉。视事之暇，秋光甚爽，因策马往探焉。出城行十余里，转入山僻，见荒烟乱石间，一泓清浅，甫数刻即消长数次，以一昼夜计之，约可百度，名之以百盈，信不诬也。于是偕同游诸友共坐泉上，酌酒赋诗，日斜而返。

翌日，偶与司道诸君言及之，思欲为之构亭植树，以憩游人，适旋滇，匆匆未暇也。归未几，诸君走字来言，已结亭矣，且为构堂，索余言记之。余因慨夫天下名山胜水，生于通都大邑，为高人达士所赏而传者，固不必言。若乃钟灵异之气，擅造化之奇，生于遐陬僻壤，沉沦于荒烟乱石之间，名湮没而不彰有如此泉者，盖又不知凡几矣？爰书数言寄诸君，俾勒之石，以告夫后此之探奇览胜者共

---

① 张輶，清河南人，嘉庆进士，督学贵州。

② 范承勋，清沈阳人，曾官云贵总督。

物色而表彰之。

太平河碑记

嵩 溥

太平河者，即省垣之贯城河，明杨中丞鹤题为玉带，而今易之以名也。河之为患屡矣，兹于重浚之余，复为筹岁修计，欲与斯民永赖太平之利。且河自入城西行，迤逦磬折而南，有桥曰太平，嘉名肇锡，有自来矣。按河源导于城北之崯山，南经六广水门，达于苏家桥，复纳东西诸山麓之水，会流入关。

地势北高南下，水抉沙行，沙泥易积，河身恒苦淤塞。每伏雨暴涨，水无所容，辄四出为患。杨公题曰玉带，其称名取类，故意在东流以顺轨与？志称公以激扬自任，诸生时从问难索书者满前，欣然洒翰，意题名之时，必有大书深刻，而今邈不可复识矣。

国朝康熙初，佟中丞凤彩抚黔时多火灾，俗谓由于河患。佟公仍浚河以禳之，灾寻止。此与《汉史》所称灭火反风者何异？越四十八年，陈中丞诜谙于形家术，谓此河如垣端委深合局法，惟向背稍有参差，而图钜思艰，非一时可举，乃仅加开凿，俾之畅流以导迎和气。按陈公之言隐而未发。夫古之设险守国，相阴阳以观流泉，其经营遍布周密，凡改火治水，禳灾受禧，皆所以阴调民瘼也。

丙戌春，余奉命来抚是邦，贵阳于莲亭郡守具述河自嘉庆丁卯挑浚后，迄今二十年，泥沙复堙塞，非及时修浚不可。且上游之沙，不有以遏之，其势将复积。余深韪之，捐廉以倡，属太守董其事，自同官以至绅耆，咸相助焉。

肇工于道光七年仲夏，越十五月蒇事，自北门化龙桥至大南门六硐桥，计六百八十余丈，一律疏通。复于崯山以下之三台土、相宝山等处，建大小石坝七座，以堵浮沙；城内筑堤三道，以御迅流。综费金七千九百六十有奇，出纳委之绅士，官为督催，故其事不劳而集。今年五月二十五日，河水异涨，旋即消退，居民佥曰："今岁之水，视丁卯为甚，乃获安全，是非堤防之明效与？而且年谷累丰，疵疠不作，陈公导迎和气之言，为不诬也。"虽然事不难于图成而难于持久，随时而预筹与补救于事后，其劳佚不可同日语。于是太守请立岁修法：每岁长雇挑夫二十名，常时挑沙，不使稍淤，每名月支银一两二钱；董事一人督率之，年支薪水银三十两。祁竹轩方伯、郎苏门观察偕太守每岁共捐四百两以为经费，是诚良法美意，与民享其利于无穷也，岂直一时之保障已哉！太守以碑记请，爰书其始末如此。其出赀各衔名，并泐碑阴，以昭善举云。

注：太平河为今贯城河的一段，自北门桥起至狮子桥止。

美盛相传碑

张大学①

文昌阁创自前明，至嘉庆庚申始添设左右殿宇，重廊复道，颇壮观瞻。迄戊寅秋，地复震，阁鼎挫斜，墙垣倾圮，爰谋修葺，而工浩繁，势难卒举。窃思东隅，乃吾黔入脉总处，风水攸关。去岁因造作维艰，来年又值方向不利，况庚申之役，学曾董事其中，今老矣，安知后此之复能为役耶？用是勉力从事，更补前之所未逮。并列乐输芳名于左；

左宗连捐拱银一百两。

---

① 张大学，贵阳人，嘉庆时倡议并主持重修文昌阁修理事务。

伍玉书捐纹银一百两。

高廷瑶捐银四两。

赵延瓒捐银一十五两。

何正机捐银十两。

谭维纶捐银六两。

袁建梧捐银五两。狄思孝捐银四两。

范义顺、陈文郁、马崧三人各捐银二两。

喻德兴、王延璋、董万泰三人各捐银一两。

张大学督工并记

住持僧合机

道光元年岁次辛巳正月谷旦　　立

阁中另有重修碑记二。一碑叙述重修该阁经过，漶漫过甚，已开不清文字。另一碑为捐银人姓名，字迹模糊，难以详录，但最后两行字迹尚清晰，载明了这次重修时间。其文云：“道光二十二年岁次壬寅仲冬立住持僧合机、徒刘教修……郝永受”

棠荫亭铭并序

昔宋程予山先生至渠杨，即令黎平湖耳司地乡民，特筑观亭以居之，魏了翁为作《观亭记》。事见《黎平府志》。

夫程先生远适遐陬，原以迁谪於湖耳，居民本无惠泽之可言，当代重其名犹作亭以志敬仰，矧保障一方百废俱举，渝肌浃髓化，被闾阎其应勒后书勋以留纪念为何如哉？我郑县长绍臣莅首善之区，于令三载，当受任之初，值政变之后，人心惶惧，一夕数惊，伏莽纷纭，岌岌不可终日。我县长如龚遂之，临渤海王尊之治长安。未岁而四境安谧，七畅不鷩，由是进行新政，如濬辟財源，提倡林业，讲求自治，清理团甲，剪除强梁，扶植社会，诸端条理秩然。不愧为八十县之模楷；而对于学务尤为书心。

先是，省垣僅官立中学一所，私立者亦未见充分发展，近來学子云合景从，每苦应接不暇。我县长乃筹款数万，金创建县立中学，延聘名师，执掌校务。著讲席者皆极一时之选，故能蒸蒸日上，才俊闻风兴起，其余各区，推广小学至数十所之多！弦歌相闻，菁莪广被。猗欤盛哉！此黔省历来所未有也！省政府以成绩昭著，上达中央升任財政厅长紳民等。窃谓与其使一县进化，何如使阖省蒙庥？锥來敢攀，留而长怀感戴愛。就县中学辟地一区，以立斯亭，並刊肖像，名曰“堂蔭”盖犹南國思召公之遗意也！考亭之有铭者，陈江总永杨、王齐后山亭铭、宋苏轼择胜亭铭，皆载在典册，敢援斯例，敬勒铭文。其辞曰：

粤稽雨，汉代有循良遗风既杳，孰廸前光？惟我聚邑贵山之阳，西南都会，领袖崖疆，屠維荒落，運厄红羊。哀莪黎庶，艰苦备档。拯溺救焚，幸來贤守。系本乐源，支分谷口，洞达民情，起自陇亩，委任贵成，三年之久。庶绩咸熙，应有尽有。袵席同登，功堪不朽。乐育英才，意尤注重。厦千间以絃以诵，眼前突兀何來梁栋？煞费经营，筹策屡中。取诸名者还为民用四境，从风域朴与颂环桥观听。翼然有亭，艳以“棠荫”。召伯遗型。如瞻书带，如识履声。思我贤尹，计望榛芩。山河并寿，砺带為盟。商盘孔鼎，请视兹铭。

贵州省政府顾问安顺杨恩元拜撰

前往麻哈县县长贵阳许嘉珍敬书

文昌阁碑记

张大学

文昌阁乃会城入脉左辅，风水攸关，省志载悉。自建阁以来，文风日盛，科甲连绵。凡官弁士民，均蒙福庇。前屡经各大宪并乡缙绅先生不时修葺，规模俨然。近数十年来，倾颓已极。是以苏湛、王胜文、周世俊、陆家骐、并学等五人，筹酌协一，公捐重建。其鸠工庀材，皆以嘱学。余惧不克荷而未之辞也，择吉兴工，载余尚未告竣，来观者交错于途。有数友过憩，周阅其间，向余言曰："观君等之功，可惊可喜。"余未解而叩其意，诸友曰："喜者，布置有法，坚固可久，文质得宜；惊者，此系风水重地，理合普捐公办，且以数千金公事，而君等引为己任，某言固非谬也。"余曰："非余等好事沽名，斯阁位于生气之方，又在入脉总处，岂宜破碎。譬之首领受病，四肢能保全乎？迩者灾异频仍，各大宪暨公祖父母保赤之诚，有加无已，罔所归咎。安知非风水休戚所致耶？余等熟思之久，此举刻不容缓也。况时值兴义、铜仁苗种之变，军务尚未告平，人心动摇，未便向人捐款。"诸友聆余言，欣然乐助；李友字天锡，苏州人，独任字藏一座，东西字库各一座，围绕字库，字藏花墙一壁，其工料价值皆属自发，只托余布置监造，约计须用银一百六十七两。但友字樗，助银百两；夏友字淮，助银百两；王友字兴文，助银二十两；胡友字发荣，助银十两；除李友字藏外，四友共助银二百三十两。余皆学等五人公平捐资完结。凡阅两寒暑而完成，恰逢上下游军务凯旋，是夏又接会试捷首：中式进士五人，用翰林者二，用部属者一，用教习者一。虽曰地运使然，岂非阁中圣神呵护之力哉！风水之响应，略见于兹矣。是为记。

今将新建殿宇房屋、神帐、东壁、西园、周围墙院、石脚、江坎、江带、桌几、铺垫、灯彩、石栏杆、泐石志左。其阁上属坚固，惟装修油漆、彩画，整顿重新。余皆改其旧制。计开：

娘娘殿三间，财神殿三间，拱辰轩三间，左厢房三间，骡厩一间，内更衣所一间，东壁三间，西园楼阁一间，字藏一座，东字库一座，西字库一座，龙神土地祠一座，上下厨房二所，周围走廊十七间，谒圣台并周围石栏杆三十一块，栏柱四十九根。东屋二处，漆桌六张，圈几十六把，漆几三十二张，汉文条炕桌一张，汉文小炕桌一张，西洋画挂屏五张，红哔叽桌围六张，绿哔叽几批青缎镶边十六张，红哔叽几垫十六个，绿哔叽几垫三十二个，用绿哔叽大炕枕四个，大小颜色绣纱灯三十对，三花彩绸一匹，周围里面火砖墙，河漫河硼石，骡马厩二甲圈石，七子图窗石，文经武纬匾石，江带脚墙屋基石，各处江坎丈石，皆属新选。苏湛除公捐外，另助银一百两，右厢房三间。

嘉庆五年岁次庚申季冬月谷旦　　立

重修昭文门文昌阁碑记

佟凤采①

中州西南皆山也。岿然高而大者不可以数纪。其蜿蜒扶舆欲入于中州，而磅礴郁积钟为郡邑者，黔也。黔之中，山峙而川分，土衍而流驶，清淑之气于是钟焉。冠盖之盛，于是为最者，贵阳也。奥稽玩牒，舞干羽而格命者，此其故墟，盖信然也。

岁戊申年，余奉命抚兹土，入其境，见负峒而依箐者居相错；椎髻而侏俪者踵相接；草木而木食者习相安。余因疑黔之民，殆不可以干羽之治治也。及观风于士，而见怀瑾握瑜者不胜屈，乃始信黔

① 佟凤彩，康熙八年（1669）贵州巡抚。

之民未尝不可干羽之治治之也。黔于明季兵燹之际，僭据之地也。洪维世祖章皇帝，嗟一方之倒悬，命介藩重臣分道出师，群策群力，祗承庙谟，不崇朝而土宇版章。

余考其山川，按其图籍，升高以望远，求逋逃陆梁之所，皆宛然可睹也。盖自明失其政，天下秏竭，不逞之徒，乘间而起，倾倒抚攘，民鲜孑遗。大清奉命驱除寇虏，圣人出而四海一，向之凭陵桀骜者，划削消磨，数年之间，漠然徒见山高而水清。威武纷纭，湛恩汪濊，近古以来，未尝有也。今黔介楚、粤、滇、蜀之间，丹车商贾，四方宾客之所时至。民生安于畎亩，衣食以乐生老死，弦诵以果行育德。而孰知上之拯于水火，休养生息，涵煦于文教之深也！

余来之明年，因政简民和，时进诸耆老而询以逸事，或告余曰："古开创之世，类以文教为治，故今郡东门之堙，隆然而纷颓者，为文昌阁废址，昔人祠之以为教也。惜丧乱之余，无或能起而鼎新之。"余因之重有感也。夫念无所起，起于所触。子矜也不能游胶序，则敦诗说礼之志，无由自生。今试立一阁于此，有过之者必曰："斯神也，职司文教也。而国之祠之也，示相助为理也。其翻然于藏修息游之业，而潜消其鄙陋狡黠之性，固不待干羽之舞，而优入于时雍于变之世，无难也。"乃举而质诸少司马卞公，公曰："有是哉！诚不可无以似续之也。"正与捐赀经营之，未果。而公以予告归旗。时少司马甘公代至，闻之，欣然曰："斯固化成之首务也。"力赞之，而阁乃焕然为郡国观也。是役也，不伤财，不劳民，经始于己酉之梅月，阅七月而落成。余既喜黔之民见斯阁而有矜式之心，又幸其明乐其倒悬之解，而得优游于文教之世。因为本其山川，道其风俗之渐淳，使民知所以安其生者，皆上之德教为之也。夫宣上之德教，以与民休息，使有所观感而兴起者，一方大吏事也。砻石而书其事，俾后之莅兹土者，视其细，务其大可也。是为记。

螺峰赋

袁如凯

螺峰在会城之东，秀削天成，东山障其南，相宝障其北，为黔之第一峰，人物之杰出者系焉。陈寅斋中丞作论及之，旧志不之载，询诸父老，以俗名 尖山或遗之；迨台名扶风，则亦不及志。予不揣固陋，作赋表之，谓拾遗补阙，后人之责也。爰政古赋，体例意义，超轶竞尚，未易匹俦，又其字句多无所承袭，兼无附意之字能造字达之，予拙不能为，仅就习见之字赋之，并访旧例赋宫室不用木旁字，概去山旁字不用，以为便观焉。

词曰：伊螺鬟之从翠，为犍牂之最灵，千层霄而矗矗，立天际之异人。东麓是其左辅，相宝为之右丞。龙番卫而绮蔟，狮蹲拱而霞蒸。临会垣之东野，亘终古以长清。容有自滇南来者，见而异曰："此固源于三巴至于六诏而见宣威者也，复何年而止于兹乎？匪秦鞭之所及，讵愚叟之能移？讶玉垒其谁削？度炅关而飞来。开张森其天骨，魁梧挺其瑰姿，即披文丽骇豹，复按剑而惊螭；俨介胄之难犯，宛圭臬之可师；中含虚以积健，外象仪而畏威；古来特立独行之君子其卓卓也类如斯。"

挟风主人闻而肃然曰："信哉客之为是言也！余卜居扶风之下，读书螺翠之旁，门延其色，座揽其光，晨招而咏，夕引而殇，日与觌也，习而忘焉。若乃致轩轩兮独举，意眇眇兮相望，有凌虚之鹤舞，有绝顶 之鸾翔。气清高而深隐，何顾视之非常。时直追其力魄，殊可畏于彼将。予初偔其武毅兮，而美人不可忘也；予复悦其豪迈兮，如讲进于我狂也。微我客之告我，毋乃日近芝兰而莫知其芳？尔其万仞高瞻，群砍礅莫匹，神兮海上之三，秀 擢黔天之一。春烟罩而颖抽，夏云乱而形惑，秋天净而清臞，冬寒洌而绝特，能撑苴而庌风，且摇星云乱而扶日。映清霱于长空兮，荡吾胸而俱遗。吸沆瀣于碧落兮，澄吾怀而可挹。就其丰标，探其由立，几世几年，孰倾孰侧？庄蹻曾何能开？即五丁无所用力；项籍其又焉拨？虽娲皇不能立极。天心于此忽私，地灵为之涌出。遂乃分青城之黛色，争鸡足于上游；抚雄关之铜柱，控南粤而远柔；向横庐以夺席，齐名胜于罗浮；招武彝而把臂，临天台上头；等金焦于建业，咸冠冕于南州。胜迹已半天下，黔中拨此为尤。爰稽乎舆志：地近荆梁，星分参井。伟兹螺鬟，中立英挺。奇气所钟，人物殊秉。流耀铺芬。达乎四境。一经物产而盈昌，一纬人理而彪炳。罗甸之郊，有丹砂之室焉；五开之野，有银汞之灵汁焉。嵺铁亦贲其华，金锡莫韬其色。采以紫石之英，泽以雄晶之质。又有琥珀之精，又有篆簜之实。嘉卉逾于梗楠。药苗多于苓术。洲杯杜若之劳，林藏芝草之茁。楮可腊而橡可蚕，构可纸而松可墨。七星之锂纵壑，九香之虫扶蛰。鸡吐绶而翕皇，马跃龙而腾轶。即含华于瑰奇，复表异于动植。惟斯灵之昭昭，悉数不能终其物。存乎人者多磊落负气，恒磷磷以自豪，不砼砼以立异。产金竹之最良，毓且兰而殊致。其出也象武曲以文章，类方伯与连帅。或染翰以为章，联奎壁于星次；或专阃以临戎，埽欃枪子瞬际。而又文者兼武功，武者娴文事，静者安乎仁，动者比乎义，並能膺大难於危时，秦肤功於绝塞，树砥柱以回澜，作于城而道济。盖本廉贞之精，而成贪狼之贵。奕奕乎熙朝景天寿之舒发，迺极于都京。正则局庯輢枕，侧则太行列屏。三公倡率以跄济，百神怀柔以趋承。四方分伺乎时狩，三呼悉奉乎钦明。一人首出若斯象也，万化从生若斯神也。以故鸿图即彰乾治，乌罗亦阐坤元。爰敷纶于荒缴。简大臣以屏藩。除鳌氛而廓宇，涤瘴雾而清源。极一邱一壑，罔外乎醇化；凡一草一木，胥被乎殊恩，非甚盛得垂于二百年乎？兹螺鬟之卓秀，亦西南之效灵。共戴高而覆复，以拱向于北平，鸣乎懿哉！黔至今日，民乐徭轻之业，士敦任重之行，地转硗壤之沃，物生寒谷之春，胡以然者？作霖雨于天末，是所望于青螺先生。”

客闻主人之语，起揖而前曰：“吾思子之言矣！徒论夫金马、碧鸡之胜，石门、铜鼓之观，为滇人兮知滇，为黔人兮知黔，吾因子言进矣！彼夫巨鱼涵淹，统乎鳞族，犹有神龙灵变，长于重渊；焦鹏奋翮，率乎繁羽，曷若威风翔鸣，先于八线；长江大河，汇乎众派，犹有洪溟渤海，纳乎万川。至于高阜硊螺，丛陵层叠，群赴乎螺鬟矣！曷若四维旷曼，八荒棉亘，悉主于燕然焉？以知一隅之有所庇，皆王者之大无外而然。

（二）楹联

贵　山

一

天地之间人性贵，风雨不动安如山。

二

刘韫良①

巍巍北极高峻，置诸五岳之间，势雄相抗；
赫赫南邦永镇，超乎九州而外，名有独尊。

---

① 刘蕴良，字玉山，别号我真，清贵筑（今贵阳）人，入普定学，清同治十年，二甲七名进士，曾官知县。著有《壶隐斋联语类编》。

洗钵池

达菴居士

弹琴惊鹤乘风舞；洗钵收龙带雨还。

东 山

刘韫良

身到此间，丝竹也应怀谢傅；
仙疑在上，炬云恰好迓刘安。

扶风山

一

赵德昌①

雨滋苔藓侵阶绿，露洗松荫满院清。

二

刘韫良

螺环远自东方，双城揽秀；
龙脉挺分南干，半壁称雄。

相宝山

刘韫良

云联一片寺前寺，露拥千层山外山。

象宝山

刘韫良

高陵北极千寻，讶宝象云端，腾身突起；
远障南卅半壁，笑金鳌浪里，侧面低垂。

关刀岩

刘韫良

偃月近摩天，想当年酉可蛮征，定英灵趋助军中，误从手堕；
入云高插地，慨此日贼犹汉扰，意遗孽窜滋宇内，恨未头诛。

① 赵德昌，字达庵，贵州朗岱人，清咸丰时，累官至参将颇习文学，著有《枕戈室诗钞》。

三元井

刘韫良

科目蝉联翘厚泽，状头鳌占俯清流。

太乙井

刘韫良

金壶瀊合星官洒，宝镜磨宜月娣揃。

龙　井

刘韫良

彩常云护光腾五，润每霖施瑞应三。

薛家井

刘韫良

红浣花笺通蜀国，翠漂竹箭导天山。

竹筒井

刘韫良

泉本能廉因有节，源真不匮岂无根。

黑羊井

刘韫良

犹疑神女江臬牧，或讶仙翁水府骑。

牛头井

刘韫良

水倩角分犀暗伏，泉争鼻饮犊同牵。

月亮井

刘韫良

蟾镜轻揩菱漾彩，鸡缸浅酌桂飘香。

四方井

刘韫良

盟到贤人心本正，濯将孺子步能端。

白鹤井

刘韫良

红溉琪花称一品，翠涵珠树许双栖。

团 井

刘韫良

桂轮月映香皆满，菱镜烟涵影更圆。

竹叶井

刘韫良

酒疑名士携樽饮，妆许佳人倚袖窥。

琵琶井

刘韫良

灵曲和来巫峡晓；仙音弹出洞庭秋。

珠朝井

刘韫良

河北趋风撑掌上，江妃踏月解腰间。

姚家井

刘韫良

翠调符轻颁竹使，黄披衣重概花王。

沙 井

刘韫良

弱水源通金暗炼，恒河派衍玉新磨。

金 井

刘韫良

鲛工盘底珠常映，龙女钗边玉可相。

圣 泉

刘韫良

增增减减，不增不减常增减。
长长消消，或长或消自长消。

题圣泉

刘韫良

此地从何代开荒？问滚滚流泉，来源奚自？
是山系黔灵后衬，看苍苍古木，毓秀良多。

梦草池

沈毓荪①

谢家屐不来，西堂梦谁结。
芳草一池青，年年送离别。

尹道真祠戏楼联

政事文章汉史无虚誉，
传经授业黔中第一人。

皇经阁②

刘韫良

皇级躬建民绥福；经世文敷天亶聪。

题文昌阁

一

张大学

盛世车书环斗极，遐方文物应奎垣。

二

赵尔巽③

众山环绕供诗料，层楼高标入画图。

文昌阁

一

张先杰

浓翠万重当槛山，清光一片抱城来。

① 沈毓荪，号苹滨，清浙江海昌人，寓居金筑（今贵阳）。
② 原址在今省府路小学。
③ 赵尔巽，清进士，光绪二十七年（1894 年）任贵东兵备道。

二

刘韫良

蟾窟幽香披九面；螺峰远翠扑双眉。

玉皇阁

刘韫良

玉枢炯炯诸天拱；皇极巍巍亿劫超。

灵官阁

刘韫良

灵混一而炁涵三，三藐归真，玄妙常昭参两造；
官用五则理该万，万神听命，声威丕着镇群魔。

梦草亭

黄元善①

新开茅舍留云住，小拓荷池待雨来。

关刀岩（贵山亭联）

刘韫良

千里河山雄掌上；万家花竹秀眉端。

萁草亭

陈　矩②

池上诗萦春草梦，水心人坐藕花风。

君子亭

一

潘　霨③

莲出清波，花如人面；
云开远岫，月到天心。

① 黄元善，字让卿，清钟祥人。进士，曾任贵州按察使。
② 陈矩，字衡山，清贵州贵筑县（今贵阳）人。曾随黎庶昌出始日本，任随员。
③ 潘霨，字伟如，清吴县人。曾任贵州巡抚。

二

李端棻①

游钓记芳踪，重看莲沼波清，君子高风同仰止；
秀灵钟间气，为报杏林春满，状元得意正归来。

题君子亭

李瑞棻

傍郭临池，坐揽烟波迟素月；
浮香送馥，人来殿阁扇熏风。

陪风亭

刘韫良

昂头浓更延今月，举眼人犹乐古风。

环秀亭

刘韫良

四围苔翠腰染，一径花香展齿通。

题池心亭

袁开第

袁开第，字杏村，清直泉玉田人。
六月好风四面来，一樽清话水中央。

题池心亭

黄元善

两三客到飞觞醉，十万莲开带水香。

鸦　关

刘韫良

龙身分自滇南，巧削成插汉奇峰，层层螺拥；
马首瞻从西蜀，远踏着梯云古道，阵阵鸦啼。

文笔关

刘韫良

拔地挺千寻，却赛他三峡倒悬，词源夸富；
开天成一画，终让我九州府览，文阵称雄。

① 李端棻，字苾园，贵州贵筑县（今贵阳）人，进士，曾官礼部尚书，戊戌贬归乡里。光绪丙戌，赵以炯以第一人及第，李曾赠联相贺，值重建君子亭落成，再题此联亦赠。

阳明祠

刘韫良

文明肇龙冈，旧迹千秋，化雨犹沾我辈；
道统追鹿洞，名山一席，扶风原杖先生。

扶风山尹道真先生祠

曾 燠①

北学游中国，南天破大荒。

相宝山屏山寺旧联

张广泗

揽胜喜重来，最好众山供一览；
登高端不负，恰逢九日集群贤。

相宝山屏东寺

袁开第

合向西南撑半壁；试看高下拱群山。

云南会馆山门

刘韫良

云澜于今光圣世；南明终古壮仙区。

四川会馆

旧 联

夏屋壮黔中，问故乡金马碧鸡，恰逢蜀道人来，座拥三千珠履客；
春风吹锦里，望远岸绿波青草，恍似巴山雨涨，门迎十二小巫峰。

江西会馆

君自故乡来，画栋珠帘，可见阁中帝子；
我逢良宴会，俯诗作序，深惭江上人才。

江南会馆佳丽堂

刘蕴良

仙界总繁华，最难忘金粉六朝，传来白下；
乡情仍旖旎，也应诧烟花三月，分向黔中。

① 曾燠，字庶蕃，号宾谷，乾隆进士，选庶吉士改主事，曾任贵州巡抚。

浙江会馆门联

界道识双流，观瀑恍登台岳去；
朝宗有三浪，赋涛直到曲江来。

湖南会馆（紫林庵时期）

黎培敬

迢递潇湘，千里关山新旧雨；
纵横冠盖，一堂清话往来人。

题云南会馆

别馆新开，遥分新云停画槛；
疏帘暮卷，西来秋色满苍山。

题四川会馆

客尽他乡，莫瘴雨峦烟，顿勾起千里相思，三刀旧梦；
地满南徼，即此清泉白石，依然是浣花溪畔，濯锦江头。

四川会馆大门

刘韫良

他乡追溯蓉城，宛然玉垒钢梁，象皆立现；
神宇创开竹壤，恰如贵山富水，龙尽奔朝。

江西会馆

此地好论文，何须牛诸云开，马当送风；
主人原是客，领略鸢飞化境，鱼跃天机。
君自故乡来，画栋珠帘，可见阁中帝子？
我逢良宴会，赋诗作行序，深渐江上才人。

江南会馆

孙起端①

游子出来折杨柳；故乡人至问梅花。

① 孙起端，字心筠，清桐城人，进士，曾官贵州布政使。

题江南会馆二联

清 鲍源琛

一

越千山万水，年年登楼做客，记否空江烟景？
乐今雨旧雨，处处赋诗把酒，怡然去国心情。

二

几度此经营，竹坞花溪，料明日思量，已有横云隔天末；
一方小丘壑，诗坛酒垒，愿诸君珍重，时传芳讯到江南。

题江南会馆

一

凌彝铭

秋来黄叶成村，把酒忽生归櫂想。
雨后青山满郭，登楼权当故乡看。

二

清 松塄

壁间旧句无寻，最难忘扬子江声，晥公山色；
醉里乡心何处？好共话杏花春雨，莼菜秋风。

湖南会馆别墅

风月无边，岳阳楼中三弄笛；
文章绝好，屈公祠畔一挥毫。

云南会馆

刘韫良

元诏奠金瓯，秀毓碧鸡，北阙遥瞻仙日永；
九重调玉烛，瑞腾丹凤，南滇转新彩云多。

江西会馆大殿

刘韫良

石函妙阐玄机，我亦乡人，仙决不难暗付；
铁柱雄标伟绩，世多丑类，神功尚未全诛。

正本书院

刘韫良

正其谊不谋其利，本诸身以征诸名。
正人心以变风俗，本经术而为文章。

贡院头门①

刘韫良

玉井使星临，揽八百里云物山川，特钟灵秀；
瑶阶仙露湛，萃十三郡衣冠剑佩，肇启贤良。

化龙桥

刘韫良

晓霁虹犹波上卧，秋高龙早雨中飞。

苏家桥

刘韫良

玄府精灵钟北郭，紫宵姓字忆东坡。

头 桥

陈文政

送别河头，说到一声去也，叹万里长驱，过桥便入天涯路；
迎来道左，盼将今日归哉，喜古人见面，握手还疑梦里身。

普陀桥

刘韫良

孽海问谁超觉岸，送津渡尔代慈航。

遵德桥

刘韫良

龙门足展云生屐，狮岭脉通水合襟。

太平桥

刘韫良

水挽银河兵尽洗，风乘琼岛劫难侵。

① 见《刘韫良楹联集注》

蟠　桥

刘韫良

秋风香送仙娥桂，春雨膏流召伯棠。

金锁桥

刘韫良

柳边艇击扃绿，花外萧吹月拖红。

香炉桥

刘韫良

海神杖启龙涎绕，天女衣熏鹊皆沾。

新东门

刘韫良

谷播元辰农待雨，花探上巳女如云。

西　门

刘韫良

近听河声宜洗马，远窥山意欲搏狮。

北　门

刘韫良

笙歌十里市中市，冠盖千家城外城。

威清门

刘韫良

峰挺狮形争巽位，岭穿龙脉演乾爻。

六广门

刘韫良

关雄北控三巴远，江险西围六广深。

洪边门

刘韫良

隔岭田耕乌党近，插云山拥麓瞳高。

东　门

刘韫良

楼伫蟾光先入座，出随龙势远穿越。

麒麟洞

刘韫良

花掩寺门幽，爪竟雪消，招鹤怕将迁客问；
苔缘山径曲，户常云绕，骑麟惟有谪仙来。

附录二 专 文

市西路小百货批发市场

2013年4月11日，贵阳市商务局、贵阳市城乡规划局、贵阳市工商行政管理局、贵阳市城市综合执法局、贵阳市公安交通管理局、贵阳市公安消防支队、云岩区人民政府、观山湖区人民政府，根据筑府发【2011】66号文《贵阳市人民政府关于规范全市商贸批发市场布局和管理工作的通知》精神，联合发布“关于转移市西路批发市场批发业态的通告”。至此，由云岩区在20世纪80年代中期建设，名列全国“百家大市场”行业之一的市西路小百货批发市场谢幕！市西路小百货批发市场在贵阳经济建设中作出的贡献，应当载入史册。

早期市场自发形成

云岩辖区的市西路，旧名市西巷。位于贵阳老城区，以位于大西门外的市西河畔得名。原先仅有987米长、7.5米宽的市西巷，由于地处贵阳历史上最重要的头桥西出口，早在1924年，贵州省公路管理局在紫林庵旁建的客车站——贵阳站。1939年，西南公路运输管理局在环城西路建的客车站，1954年在延安西路建的贵阳客车总站和贵阳汽车中心站，与市西路的距离都较近。来筑经商的旅客，大都选择在离车站较近的地方就宿。市西路从民国时期到贵阳解放初期，自然形成客栈一条街。这条街居民的经商意识比较浓。20世纪80年代初期，街上就出现自发形成的肉食、蔬菜、餐饮、小百货、小五金等零星摊点和“夫妻店”。有铺面经营，搭棚经营，铺张塑料布在地上摆摊经营。30余户虽然没有形成规范经营的市场气候，虽然看起来有点杂乱，但却初显了市场经济的生命力，为1996年正式建成市西路大市场建设奠定基础。

政府引导入正轨

对于市西路1986年后自发形成的“自由市场”，云岩区市西路街道办事处和市西工商所，采取引导、帮助、规范、服务、管理的方式，促使其在政策允许的前提下，健康发展。1986年，市西路街道办事处筹资20万元，建成1.5米长的水泥摊位575个。市西工商所投资20万元，为水泥摊位盖了顶棚。同时，支持沿街有条件的住户开设门面自营或出租。形成了水泥摊位与铺面共存的市场经营场地。不但为本地商户提供较为规范有序的经营场所。还吸引了一批外来商户入驻。啄木鸟、老人头、劲霸、与狼共舞、曼西尔奴、靓沙国际、唐朝、曼芭、花花公子、香港鳄鱼、爱登堡、名乐、5+1等，当时国内外知名品牌商品汇集市西路。完成了从杂货市场转型到百货精品市场，从中小型市场升级为大型百货批发市场蜕变的条件。

大市场应时而生

1986年，中共云岩区委、云岩区人民政府根据中共贵阳市委“建设大市场、组织大贸易、参加大循环、搞活大流通”的精神，决定将市西路小百货市场建成大市场，定名“市西路小百货批发市场”。采取以下建设大市场的措施：

一、政府投资，社会融资，商户集资，引进外资筹措市场建设资金。

二、给予入驻市场商户政策扶持，允许价格自由浮动，允许长途贩运。允许批量销售兼零售，降低入驻市场门槛，低收市场监管费，在不违背国家税收政策的原则下，放宽征税，允许生产厂家进入市场直销。

三、改善市场经营和购物环境，提升市场形象。

1996年将市西路改为商业步行街，禁止市场小型运货车以外的车辆行驶，保证人群安全。拓宽路面，增设照明设施和消防设置，组建市场消防队。美化环境。修建绿化购物休闲区。

四、改进市场管理机制，成立由市西路街道办事处、市西工商所、市西路公安派出所、商户代表共同组成的“市西路小百货批发市场管委会”，实行政府主导，民主管理。

市西路小百货批发市场，从1986年中期开辟到2013年年底，全部转移至观山湖区贵阳西南国际商贸城，27年发展，经营场地从低级上升到高级。1991年前为水泥摊位经营，1991年后为铺面加摊位经营，新世纪伊始逐步升级，为商场+公司+铺面经营。2001年，引进外贸1.6亿元，建成可容纳省内外大型商户500余家，形成总规模达6000户商家的经营大市场。隆福公司、龙翔百货精品加盟中心、男人大世界、女人大世界、化纤布料批发市场、化妆品专营商场、毛线专营商场、市西大商场，以及诸多全国知名商家生产的品牌产品贵州代理商，纷纷入驻市西大市场。经营的商品种类多达数百钟，经营规模达到12万平方米，每天购物人口流动量20余万，日均营业额达120余万元，年创营业额达30亿元，年均缴纳国家税收2000多万元。

政策支持成就市场发展

市西路小百货批发市场的辉煌，是政府的政策支持（包括人力资源和资金投入），商户勤奋经营和消费者（包括外地的零售商）的信任共同铸就。反过来看，市西路小百货批发市场对社会的回报是巨大的。最重要的反映在三个方面：

一、助推各地小百货市场发展，满足不同人群的消费需求，为社会生活增添色彩，市西路小百货批发市场，是贵州全省最大小百货品类，最丰富的小百货商品集散地。贵州各地（包括贵阳）私营，甚至是国营百货营销商，基本上都来这儿进货。而全国各地的地方特色产品，如温州、义乌、石狮、广州、上海生产经营的百货商品，也以这儿为集散地。1989年夏，北京市朝阳区委宣传部部长张建来贵阳与云岩区委宣传部领导交流时说：“贵阳的青年爱穿，特别是女青年。我在北京见不到的新款服饰，贵阳的女孩子都穿在身上了！”而这些新款服饰，包括当时贵阳服装店橱窗展示的新款服饰，和当时国营百货店的新款服饰，大都是在市西路小百货批发市场进货。当时，贵阳服装零销售，不用远赴外地进货，在市西路小百货市场就能进到，即省时又省钱，全国各地只要一款服装出来，在市西路就能进到货，商家称为“铲地皮”。

二、为大批无固定生活来源的困难市民，提供了从业机会，解决了生活困难。原先生活贫困的市民，不但解脱了贫困，许多人还成了“先富起来”的人群。

三、为国家增加了税收。1985 年云岩区进行财政管理体制改革，在区政府下属的 15 个街道办事处设主财政所，国企以外的工商户，按属地纳税。街道办事处的税收，成为区地方财政收入的重要来源。各街道办事处的税源是办事处自己办的街道企业上交的税收。哪个街道办事处的街道企业发展好，哪个街道办事处的税源就多。市西路小百货批发市场，是市西路街道办事处的街道企业，市西路街道办事处的税收，百分之九十五是市西路小百货批发市场的纳税户交纳的。自市西路小百货批发市场建设投入经营后，市西路街道办事处每年的财政收入直线上升。以 5 年为一个台阶，1996 年为 391. 6 万元；2006 年上升到 7477. 0 万元；2011 年为 1. 5 亿元。在云岩区 15 个街道办事处名列首位。

腾飞的云岩经济

一

乘风扬帆正当时，百舸争流我当先！在不断深化的改革开放中，云岩区历史形成的区位优势充分展现。从20世纪80年代初到2000年，中共云岩区委实施一系列改革重大决策，1984年10月率先在全省进行财政管理体制改革，在街道办事处设一级财政，以“保上活下，藏富于街”为目的，充分提升发展街道经济的潜力，奠定一系列改革措施实施的经济基础。1999年3月，中共贵州省委、省人民政府决定在全省开展建设经济强县活动。中共云岩区委以自我加压的魄力，加入经济强县建设行列，推动全区发展经济社会的事业上一往直前。

2003年12月30日，中共贵州省委颁发《中共贵州省委、贵州省人民政府关于命名表彰首轮经济强县的决定》，授予云岩区“贵州省十强县（市、区）”称号，名列全省。

二

新世纪开始，云岩区在迎来诸多发展机遇的同时，也面临着诸多困难，特别是发展空间被挤压，全区经济发展造成极大制约。为此，中共云岩区委在顶层设计上，用跨越式的思路制定出台一系列重大决策。2004年以来，有效实施“楼宇＋总部”经济的模式，将平面经济转变为立体经济，冲出发展经济空间的制约的瓶颈，拓展新的发展空间。由于2012年街道办事处撤销，街道经济面临“流失”。中共云岩区委、区人民政府及时将街道经济变为片区经济，成立中华、三马、黔灵3个片区经济发展中心，将原15个街道办事处下的近千家企业，按区域划归3个片区经济发展中心管理和服务，最大限度地减少街道企业因体制改变而引起企业流失。云岩区是省、市党政部门所地，虽然在诸多方面有“近水楼台先得月”的优势，但城区建设的发展，也给云岩区增加不少制约因素，特别是工业企的发展空间被挤压；城镇化发展使农业经济萎缩至几乎为零。加上城市消费多元化发展等因素，致使工商业区位优势受到严重挑战。

为把制约因素减少到最低，适应贵阳城市建设的迅猛发展带来的区情变化，中共云岩区委制定以云岩老城区为核心区，东西发展带和南北发展带，东线渔安、安井片，西线三桥、马王庙片区，北线小关、雅关片区的“一核两带三片区”等一系列适应新形势发展的重大决策。从区的顶层设计上，为经济持续速发展开拓新发展途径。在一系列重大决策引领下，云岩区经济得到跨越式发展。其最终成果是财力剧增。在1993年区财政总收入上了亿元台阶的基础上，进入新世纪后，仅18年时间，便跃上20亿元台阶。其中2005年完成区财政总收入10.3亿元；2014年完成区财政总收入101.93亿元，跃上百亿元台阶。2018年完成区财政总收入1854948万元，接近“双百”亿元目标。

在“十五”计划期间，云岩区生产总值从2000年的79.25亿元增加到2005年的156.53亿元，年均增长12.07%，分别比全国、全省的年均增长速度高出2.57个百分点和1.87个百分点。2005年生产总值增长速度达到14.1%，是5年来增长最快的一年。为全省各区、县（市）之首。

云岩区土地面积为67.5平方千米，占全省土地面积的0.04%，而生产总值却占全省生产总值的8.06%。其中第一产业价值为0.12亿元；第二产业增加值为71.75亿元；第三产业增加值为86.65亿元。一、二、三产在国民经济中比重，由2000年的0.5%、56.1%、43.4%调整为0.2%、45.8%、54%。“十一五”规划期间的2010年，云岩区实现地区生产总值306.12亿元，增长45.2%。三次产业结构中，第三产业跃居首位。经济总量在全省排位，仍保持第一。

云岩区2001年—2015年经济飞速发展，为此后的经济发展打下了牢固的基础。2018年云岩区地区生产总值已达到80571亿元，年均增速10%，继续保持全省第一。

2018年，工业增值完成46.13亿元，增速5.3%；固定资产投资增速8.3%；公共财政预算收入完成33.4亿元，增速2.3%；社会消费品零售总额完成367.3亿元，增速8%；城镇常住居民人均可支配收入达35809元，增速8.6%；规模以上其他营利性服务业营业收入完成44.95亿元；增速11.5%；新引进到位资金199.4亿元；实际直接利用外资1.65亿元，增速5.3%；旅游总收入完成694.35亿元，增速24.2%，连续十年蝉联全市第一。加快大数据融合发展，新增上规模大数据企业6家，完成大数据融合发展。业务94.5亿元，增长26%；自建平台电商企业8家，电子商务网络零售额达17亿元；促进高新技术产业发展，66家高新技术企业通过认定。新建省级以上科技研发机构2家，完成技术合同交易额21.9亿元。综合科技进步水平指数99.78%，连续7年保持全省第一，评为2018年度全国科技创新百强区。

三

2015年2月14日下午，国务院总理李克强莅临云岩区渔安新城，并发表祝福说：“希望这个福字，能让你们鱼乐连年，富贵有余。”李克强总理的祝福词，表达了中国共产党要让人们“鱼乐连年”“富贵有余”的最高目的。云岩区发展经济，正是为了造福一方，藏富于民。从云岩区历年财政预算总支出中，用于公共财政在总支出占的比例来看，印证云岩区财政工作，一切为民的宗旨。2006年，云岩区公共财政预算为7.91亿元，其中投入民生资金为4.43亿元，占公共财政预算的55.98%；2007年公共财政预算为10.50亿元，其中投入民生资金为6.44亿元，占公共财政预算的61.35%；2008年公共财政预算为13.45亿元，其中投入民生资金为7.96亿元，占公共财政预算的59.18%；2009年公共财政预算为15.66亿元，其中投入民生资金为9.6亿元，占公共财政预算的61.65%；2010年公共财政预算为17.81亿元，其中投入民生资金为14.51亿元，占公共财政预算的66.75%；2011年，公共财政预算为22.39亿元，其中投入民生资金为14.51亿元，占公共财政预算的64.81%；2012年公共财政预算为36.14亿元，其中投入民生资金为25.17亿元，占公共财政预算的25.17%；2013年公共财政预算为35.33亿元，其中投入民生资金为24.21亿元，占公共财政预算的69.64%；2014年公共财政预算为37.80亿元，其中投入民生资金为27.33亿元，占公共财政预算的72.31%；2015年公共财政预算为43.16亿元，其中投入民生资金为32.62亿元，占公共财政预算的75.57%。

云岩区对公共财政支出的逐年增加，使云岩区的城市建设、生态建设、科技文卫体事业的发展和民生社会保障事业诸领域的发展，在量和质上得到迅速提升。一座城市面貌日新月异，生态建设良性发展。科教文卫事业全面发展，民生社会保障事业稳定，城镇居民可支配收入逐年增加；富裕、祥和、美丽的新云岩展现在贵阳筑城。得到云岩人民的认可，受到了上级领导机关的褒奖：2003年获贵州省十大经济强县（区）称号，排名第一；2007 年，经市县经济发展增比位综合测评达标验收，提前 8 年在全省率先建成全面小康社会；2018 年发布的《2018 年中国百强区白皮书》云岩区被评选为中国 2018 年百强区；2018 年于 1978 年相比，区财政总收入增加 140 倍；云岩区参加贵州省二轮建设经济强县（区）活动，连续 11 年位居榜首。

云岩区改革开放以来，特别是新世纪以来，经济建设跨越发展，给云岩区带来的整体性的巨变。

楼宇经济：撬动云岩经济转型升级的新引擎

楼宇经济作为一种新兴的经济形态，它的发展对城市发展空间的拓宽、现代服务业的发展、城市服务功能的不断提升和中心城区辐射带动作用的发挥具有重要意义。2004 年以来，云岩区通过加强土地规划利用、加强资源整合配置、明确发展规划、加大政策扶持力度、加大服务力度、创新管理体制机制等举措。云岩区通过学习外地经验，明确发展目标和思路、科学制定发展规划、健全转型发展的招商机制、强化楼宇改造升级、完善各项扶持鼓励政策、强化楼宇经济引导和管理推动楼宇经济快速、全面的发展。形成“六大板块、三大商圈”的空间格局，楼宇经济，10 年中，楼宇经济发展取得相当可观的成效。

楼宇经济是一种以集约化发展为本质特征的总部经济形态，它以占地面积小、科技含量高、集聚功能强和产值效益高为显著特点的新兴经济形态。楼宇经济伴随着经济社会的发展而出现，成为一种都市特色经济。它在本质上是一种空间战略思维，即通过打造高层商务楼宇、构造功能性板块或区域来拓展土地要素，实现空间资源的充分利用，把土地经营从二维平面向三维空间拓展，带来土地使用率和产出率的大幅提升从而培育新的税种，税源。

云岩区在不断探索中确定“楼宇经济”和“三产立区”的发展思路，使之成为中心城区经济发展的新亮点。

一、云岩区楼宇经济发展的基本情况

云岩区作为省会贵阳的中心城区，地域面积小，而交通便捷、人流密集，商贸物流高度集聚。2004 年开始实践“楼宇经济”的发展，围绕“有限空间，无限发展”的理念，依托楼宇资源，进一步引进和发展总部经济，着力打造中央商务区。

（一）六大板块

云岩区按照这一发展思路，确定“六大商业发展板块”，即电子、电器商业板块（大西门—紫林庵—喷水池一线），百货零售商业板块（大十字—喷水池一线），金融、证券板块（中华北路一线），饮食娱乐板块（普陀路一线），体育文化板块（六广门一线）和商贸中心板块（北京路一线）。

（二）三大商圈

为了进一步拓展发展楼宇经济涵盖面，云岩区推动总部战略的实施，使发展楼宇经济发展跨上一个新台阶。楼宇经济平台沿中华北路展开，其区域内的喷水池、大十字、紫林庵先后被打造为三大商圈，仅此一项，每年为全区带来 3 亿多元税收。

喷水池商圈根据定位，云岩区把喷水池打造成建设“楼宇经济”和“总部经济”的核心区域。以城区建设整体推进为契机，以喷水池为中心，以延安东路、中华中路等主要路段为重点，着力开发建设高档商务楼宇，打造智能化程度高、配套设施齐全的现代化功能性板块，实现商圈快速扩容和升级。除对楼宇进行精心包装，还根据“楼宇经济”发展要求，在招商引资上进行相应的选择和升级。截至 2015 年，以国贸、国美、苏宁、百盛、智诚等为代表，一大批省内外知名企业纷纷入住，喷水池商圈每天能够汇聚人流量达数十万人次，消费能力十分可观。

大十字商圈大十字商是贵阳“楼宇经济”最为集中的区域之一。云岩区以大十字为桥头堡，有针对性地引导业主进行功能定位，推动金融、中介等产业实现聚集，形成产业集群。云岩区围绕大十字对附近高档商业楼宇进行整体规划和包装，沿市西路、中华中路一线，建成集购物、文化娱乐和休闲旅游为一体的综合中心商业区。从2004年—2015年，国际餐饮连锁肯德基、智诚百货大楼等贵阳人耳熟能详的知名商家相继在此选点经营，贵阳第一家麦当劳店面也在此落地。

紫林庵商圈紫林庵商圈主要是走建立“多主体、多层次、多渠道”的立体开放式招商体系为主的规划路线。2005年以来，怡信数码港、国鼎家电、红华家电等品牌陆续落户紫林庵商圈。

（三）楼宇经济典型模式

中华北路是“楼宇经济”的典型样板。其辖区面积仅有0.23平方千米，但公共服务设施完备，高档酒店林立，商贸服务业和文化业发达。区域密集指数高居西南各大市区之首。云岩区将中华北路、省府路规划为金融中心。先后有8家大型金融企业将总部定点在云岩区；一批金融、咨询、会计、法律服务等特色街区依托“楼宇经济”走上升级发展之路，从而涌现出凯都大厦等7栋亿元总部楼、智诚大厦等30余栋千万元总部楼和中大国际等一批总部商务楼宇。

“楼宇经济”的发展策略，成就了三大商圈的高速发展，同时拉动区域经济的快速发展。截至2014年，三大商圈的三产增加值高于贵阳市平均发展水平，达到33174亿元，占云岩区GDP的64.35%。

二、云岩区发展楼宇经济办法

（一）加强土地规划利用

从2005年起，云岩区通过实施棚户区和城中村改造的方式盘活存量土地。一方面，以快速推进中心城区的棚户区改造为重心，按照“组团式”空间布局，重点实施新型生态住宅小区建设，使土地增量进一步扩容。另一方面，以“城中村”改造为抓手，试点建设农民集中安置点，使城区辐射力、承载力和带动力得到进一步提升。此外，积极科学规划，合理开发利用地下空间，大力修建商业街、地铁、隧道、地下停车场和地下过街人行道等设施。2008年以来已建成、利用地下空间建筑面积1763万平方米。云岩区为贵阳市矿产禁采区，原有矿山企业按规定均已到期关停。遗留下来的废弃砂石、矿山，通过科技手段改造和利用，变废为宝。新建保利云山国际、天誉城等楼盘小区，建筑面积140余万平方米，生态环境恢复和楼宇经济发展实现“双赢”。

（二）加强资源整合配置

针对中心区域有一定量的闲置楼宇资源以及信息不共享的情况，云岩区加强整合闲置资源，实现全区楼宇信息的共享和资源的合理利用，实行动态管理。主要引进环保，科技含量高的现代产业项目和企业，以适应城区发展。先后引进北京华联（BHG）、金元电力、德龙港（服装）等著名企业，同时引导各类新兴产业，如中介服务、广告评估、设计类、软件开发等产业，入驻楼宇。“总部”的入驻，大幅度促楼宇经济发展，形成实现良性循环。

（三）明确发展规划

云岩区量身定做“三圈发展计划”，在二维平面角度，将全区划分为三圈，即核心圈、周边圈和外围圈。核心圈位于城区中心地带，商业聚集，交通便捷，人、财、物信息流汇集，充分发挥自身优势，辐射带动周边区域发展。核心圈外围是周边圈，在实践中，周边圈受辐射影响较大；城区以外的空间属于外围圈，通过推动三商圈向中央商务区发展，促进商圈不断发展壮大，贸易更加繁荣。外围圈的发展，受体制和行政区划制约。为了更好地推行“总部+基地”新模式，云岩区加强与周边区县的交流合作。同时注重新型工业的发展，促进传统优势产业向高新技术产业转变升级。

（四）加大政策扶持力度

云岩区通过政策扶持促发展，制定出台加快楼宇经济发展的扶持办法，着力扶持培育特色楼宇，挖掘高档楼宇潜力，吸引大型企业、区域性总部和高品质、高影响力的国内外中介服务业企业入驻，打造出一批具有一定特色和税收规模的楼宇。

2004年以来，云岩区先后制定《关于大力发展楼宇经济的实施意见》《云岩区“楼宇经济”发展扶持资金管理办法（试行）的通知》《关于进一步提升服务质量，促进楼宇经济健康发展的意见》以及2014年最新制定的《云岩区扶持发展总部经济、楼宇经济奖励政策》等一系列促进楼宇经济快速发展的文件。专门设立“楼宇经济”扶持资金，对重点培育的楼宇，每年年底由区、街道财政按楼宇内辖区企业缴纳税收构成的地方财政收入总额的5%提取资金，给予新引进企业必要的资助。

（五）加大服务力度

2004年以来，云岩区坚持一手抓楼宇资源整合，一手抓招商引资的方针，将分散、零星的引进与针对性的集中引进相结合，有意识地引导商务楼宇凸显自身特色，形成城区板块；主动与楼宇开发商或其他相关人士取得联系，了解新开发楼宇的定位与规划思路；实行联合招商，为进驻企业提供“一站受理、限期办结”的一站式服务；组织工商、税务、一站式服务中心人员进驻商务楼宇，全程代办有关手续，听取企业诉求，协调解决困难和问题；建立信息数据库和服务平台加强与进驻企业的沟通。

（六）创新管理体制机制

云岩区针对传统商务楼宇管理模式存在的缺陷，提出构建以商务楼宇社会管理综合服务体系为核心的新型“楼宇经济”模式；以“打造亮点、突出重点、整体推进”为主线，全面做好商务楼宇的社会管理工作；推动商务楼宇党务、政务、商务工作有机结合，构建“党务主导、政务延伸、商务衔接”的多元化现代商务楼宇管理模式。具体措施包括建立集党建工作站、社会工作站、工会工作站、团建工作站和妇联工作站的“五站合一”商务楼宇社会管理综合服务站；建立社情民意反馈机制，建立商务楼宇工作站群众利益协调机制，建立工作站规范化建设标准和考核评价体系机制；构建工作站信息网络系统，连接党建网络和各级政务服务中心以及商务服务平台，实现为楼宇党（团）员，员工和商户提供网络便捷服务、信息共享、网络宣传等基本功能，以及营造和谐的商务楼宇环境，推动所服务的商务楼宇经济规模不断发展壮大等工作内容。

三、发展楼宇经济的成效

云岩区楼宇经济经过10年的发展壮大，形成以喷水池、大西门、大十字和紫林庵为商贸核心的中央商务区。

（一）总部经济成效

中华北路辖区内较知名的振华科技、金辉大厦、银海大厦、众厦大厦和世纪商务城等楼宇企业，围绕中心行业发展链接行业，已然成为云岩区楼宇经济的“风向标”；省府路、中华北路和瑞金北路片区内，保险业、银行和证券等多家金融服务机构齐聚，形成较强的行业优势和金融服务中心雏形；贵州银行、融通金融超市、华融金融中心、国信证券等金融企业纷纷入驻云岩区，延安路、北京路、中山路等一批特色街区得到了升级发展，各行业的服务水平逐步提高，亿元总部楼宇林立。区域内的大十字、喷水池、紫林庵等片区已成为成熟的商贸集聚地；未来方舟、“三马”片区等形成新兴大型高端商贸综合体，集中一批区域性总部集群。

（二）服务配套和带动作用

截至2015年，云岩区境内以中大国际、银海元隆、中航城、大营坡棚改项目等大型高端商贸综合体为重点的建设项目进展迅速；国贸集团、星力百货、北京华联等商贸企业进一步做大做强；银海元隆、龙润广场等商贸综合体相继开业；阿玛尼、哈根达斯等国际顶级品牌旗舰店纷纷入驻云岩区；万达影院、世贸国际影城等一流院线正式营运，天宇服饰、康迈电器、一批企业上规入统，商贸服务业档次品位明显提升；喷水池、大十字、紫林庵、大西门及周边地带配套体系建设进一步完善，核心圈增量扩容，发挥更大的辐射带动作用；建设国际会议中心二期酒店等一批星级酒店。

全区主干道上有商务楼宇57栋，其中纯办公商务楼占比为74%，为42栋。2012年—2013年，其进驻企业数量从1171户增长到1433户，楼宇的出租和使用率也从80%上升到了9828%。2013年，全区楼宇销售额近36亿元，全年实现税收339亿元，累计税收达136亿元，其中税收超过1000万元的楼宇就有10栋。

云岩区三大商圈“楼宇经济”的成功发展，在贵阳掀起一轮“楼宇经济”热潮，省内外众多商家都把发展机会投向贵阳的“楼宇经济”。

四、发展楼宇经济对策

云岩区按照政府引导、市场运作的原则，把发展楼宇经济与产业规划、城市建设、优化环境、招商引资等有机结合起来，加快引进国内外大型知名公司企业，协调金融、中介、咨询服务、现代物流、法律会计等相关现代服务业的发展，组成产业链；使云岩区的楼宇经济欲取得良好的发展。围绕全面建设生态文明强区的总体要求，继续按照“一核两带三片区”的整体发展思路，深化“空间有限、发展无限”理念，促进优势产业聚集和产业结构升级，大力促进信息服务、金融中介、酒店餐饮、旅游休闲、特色商贸等行业的发展。

楼宇经济基本发展目标，是繁华喷水池、提升大西门、打造紫林庵和重塑大十字，形成四大商圈。以“四大商圈”为基点，沿延安路、中华路、瑞金路和中山路等线路延伸，点连成线，线连成片，最终形成集购物、金融商务、文化、休闲旅游于一体的中央商务区。引导开发主体规划建设配套功能齐全、建筑风格鲜明的商务楼宇，针对现有存量资源，科学制定整合、改造和提升方案，鼓励产权单位整合盘活楼宇，提升商务楼宇档次，并加大政府政策的支持力度，壮大楼宇经济的发展平台。2008年起，大营坡新商圈建设开始筹备，201以后，相关建设项目先后启动，使楼宇经济基本发展目标进一步完善。

黔灵山公园

黔灵山公园1957年建园时，名黔灵公园。2009年5月4日更名叫黔灵山公园。位于云岩区境内枣山路北端。

黔灵山公园从1957年9月30日批准成立到今天，虽然才60余年，但黔灵景区作为贵阳最早的游览胜地，却已有600多年。

早在明代初期，人们在黔灵山（当时无黔灵山之名）后山发现一处地泉，泉水由山麓石罅迸出，昼夜消长有序，世人视为圣泉奇观。明洪武年间的贵州总兵、镇远候顾成将其建成一景。明弘治《贵州图经新志》载："本朝镇远候顾成甃石为池，覆以亭，池中置一石鼓以验水消长。其流溉田数百亩；亭侧有观音堂，岁时灼观焉。"自此，成为贵阳一景。因昼夜盈缩百次，称"百盈泉"。又因水质特佳，而得名"圣泉"。明代列为贵阳八景之一叫"圣泉流盈"。

清康熙十一年（1672年）赤松和尚在山上建弘福寺后，将圣泉列为黔灵八景，叫"圣泉百盈"。黔灵八景诗中的《圣泉百盈》诗曰："山后涓涓涌圣泉，盈虚消长景堪传。濯缨濯足憑君取，千古流清出自然。"

在黔灵山半山腰山道崖壁处，有一处凹进去的浅"洞"，是苦行僧们歇脚之地。叫"苦佛洞"或"古佛洞"。明代地理学家徐霞客《黔游日记》中记载："崇祯十一年戊寅岁（1638年）四月十一日至贵州，十二日止贵阳，游古佛洞。"古佛洞因而成为黔灵一景。

黔灵山北边的檀山，山麓有一天然溶洞名"云崖洞"，又名"檀山洞"和"唐山洞"。洞口内有一座钟乳石酷似民间传说中的吉祥神兽麒麟，俗名就叫"麒麟洞"。也是明代贵阳一景。"圣泉""古佛洞""麒麟洞"这3处景点，成为黔灵山公园前身最早（明代开始）的游览景点。也是筑城贵阳"东栖霞"（含东山、扶风山）"南甲秀""西黔灵""北六冲"（鹿冲关）四大著名游览胜地之一。

贵在城中 美在自然

黔灵山公园的特质之一是公园在省会城市的中心。作为贵州首善之地的贵阳，南明、云岩两城区是中心城区。而公园又位于云岩区的中心。在贵阳城区未出现高楼大厦之前，站在市中心大十字原百货大楼的四楼上，就能看到今黔灵山公园正门左侧那郁郁葱葱的山峰。每天清晨，到黔灵山公园晨练的市民成千上万，正是因为公园离得近，不论步行，还是乘公交车，都不会费时久。而站在公园动物园西侧的天马上或东侧的贵山（关刀岩）上环视城市，更倍感公园在城市的中心地位。公园建在城中，在全国不止一处，但黔灵山公园贵就贵在自然生长在城中心，是闹市区的一座真山真水且面积宽广的公园。旅游部门将其列为贵阳市区游的必选景区。

黔灵山公园美在自然，是在原始生态美的基础上形成的，公园是自然生态园美的升华。山、水、景，是公园综合美的展示。

山，黔灵山并非指一座山。而是一山，一岩、二岭、四峰连成的总称。一山是钵盂山，《黔灵山志》载："钵盂山，在狮子岩外，圆峰特起，如钵盂列案间，与锡杖峰相接，堪舆谓之杖钵连中"。一岩是狮子岩，《黔灵山志》载："狮子岩，在寺之东北，蹲伏如狮子状。中有檀山洞，陡峭不可攀陟"。二岭，是象王岭和大罗岭，《黔灵山志》载："象王峰，在寺之右，与主山相连，上有双石並踞，堪舆呼为双凤采莲，此岭宛转内颜，有若象然，与狮子岩对峙，为南北屏障"；"大罗峰，距山之西北，绵亘十余里，盘回绕抢，若跃若翔，为山之来龙。其最高处，上望清镇，下望龙里，俱五十里。黔中归有贵山富水之称，堪舆言：此乃诰封也"。四峰是中锋，北峰、三台峰、锡杖峰。《黔灵山志》载："中锋，在毗庐图后稍左，即宝塔峰边，深秀端直，长松 藏，千峰环绕，一山之主峰边"；"北峰，在中峰左，层叠回环，与狮子岩互相联系"；"三台峰，峙寺之正东，为黔灵远期，缥缈天际，殆生成之向。又象王岭东南，亦有三台峰，峰下有金钟山，乃本山之余支也"；"锡杖峰，在象王岭处，与钵盂山对峙。中间凹处，正向三台，堪舆称为品字文峰。"除黔灵山外，公园内还有关刀岩、天马山、白象山。关刀岩，为明代确认的贵阳名源－－贵山之南的贵山。黔灵山公园诸山不但是公园之魂，其中贵山还是贵阳之根。公园内有树木花卉1500多种，大都植于山中；森林覆盖整个公园内诸山。而公园的园林绿化面积达349万平方米。

水，出于檀山脚下的檀溪水，向南蜿蜒流经三里湾至公园正门。赤松和尚著《檀山清涧》诗中有这样的诗句："那是檀山幽涧水，和烟和月到前溪。"前溪就是今天公园进门的首景－－七星潭景区的天枢潭。从公园西北边的小关湖流下来的水，经黔灵山后山凹槽流至二桥。1954年贵阳市人民政府在此拦河、筑坝、围坎建成湖水面积20公顷，蓄水100万立方的人工湖，取名黔灵湖，湖岸两边青山倒映，水榭、长廊、茶室、餐厅碧瓦朱棂、成为公园最靓丽的景区之一。泉、井、潭、涧遍布公园，既滋润植物生长，又增添公园韵味。白象泉、檀泉、月亮井为市级文物保护单位。生生泉、大罗井、赤松造井、檀山涧、北涧、翠竹龙潭……水韵无处不现。地泉是贵阳市民最珍爱的饮用水。公园内原有多处地泉。如今尚存白象山脚的一股地泉。另一处在公园内二坝风雨景区两边的一股地泉水最受市民珍爱，被誉为贵阳第二圣泉，每天都有成百上千的市民来这里背水作为饮用水。

清代的"黔灵八景"：贵山永奠（关刀岩）、圣泉百盈（圣泉）、洗钵澄溪（九曲径上）、檀山清涧（檀山下）、翠竹龙潭（九曲径顶端）、云盖三台（白象山上）、狮象献瑞（狮子岩和象玉岭）、玉貌拥座（弘福寺后），由于自然环境的变化，虽有的景原貌不复存在，但"黔灵八景诗"却流传至今。公园经过两度提质升级改造，建成了今天新的八大景区，分别是：

七星潭景区，从檀山涧流到公园正门内的小溪，蜿蜒经三里湾曲曲折折的地形，似天上的七星形状。清代贵阳诗人胡知三在题咏这段水景时称叫"七星湖"。公园据此称七星潭。进园门第一潭叫天枢潭，顺溪逆行，依次是天璇潭、天矶潭、天权潭、玉衡潭、开阳潭、摇光潭。春夏秋冬，四季葱绿。给游人有"先声夺人"之感。

九曲径弘福寺景区，九曲径上有明清和当代摩崖石刻21处，其中尤以一拐道左岩壁上，清代贵州总兵赵德昌书的"虎"字，字高6.5米、宽3.29米，与东山的摩崖石刻"龙"字交相辉映，是贵阳49处摩崖中的精品，市民誉为贵阳摩崖石刻中的"东西二胜"。九曲径上的古佛洞，因明代著名旅行家徐霞客崇祯十一年（1638年）曾到此游览而知名，是黔灵山最早的古迹之一，比弘福建寺建寺早34年。九曲径山道改造前，有383级石级上至弘福寺。弘福寺的建筑，由外至里有法华塔、九龙浴佛壁、赤松道场碑；进山门，有钟楼、鼓楼、天王殿、观音殿、大雄宝殿、玉佛殿、藏经楼、说法堂、客堂、双桂楼、方丈苑、碑廊、五百罗汉堂、素香斋等建筑72座；有放生池、茶楼等，占地面积11433平方米。观瞻弘福寺，有几处亮点；其一是悬挂在钟楼的大铜钟。钟高四尺余，钮长一尺五寸，口周一丈六尺，重3千余斤，铸于明代成化五年（1469年），为已发现的贵州名寺铜钟之最。原在城内大兴寺，1980年移此，钟龄比寺龄要大203年。其二是玉佛殿，玉佛为缅甸籍华尼宏慧请自仰光，有释迦、弥勒、观音等大小玉雕佛像十余尊。其中释迦坐像玉雕高1.5米，宽1.2米，重900公斤。观音卧像玉雕姿态优美，弥足珍贵。其三是五百罗汉堂，五百罗汉形态各异，栩栩如生，惟妙惟肖。每尊罗汉，均刻名其上。在全国名寺也不多见。

麒麟洞景区，麒麟洞原名云崖洞，因洞在檀山半腰，又名檀山洞（也叫唐山洞）。因洞口内有一钟乳石酷似民间传说中的吉祥神兽“麒麟”，民间俗称麒麟洞，云崖洞和檀山洞之名倒淡出了。贵州当代杂志出版社出版的《贵州地名溯源》载，云岩区名源出自云崖洞，因贵阳话读音，崖和岩同音，故叫云岩。麒麟洞、古佛洞、圣泉，同为明代最早的景观。洞不深，有出口在去动物园的道旁。洞外为台地，原建有寺，早圮。在洞口正面有平房三间。1941年5月—1942年2月，抗日爱国将领，张学良曾被蒋介石囚禁麒麟洞洞口前的三间平房里。张学良被囚麒麟洞期间，曾著诗铭志。想带兵抗击日寇：“犯上已是祸当头，作乱原非愿所求。心存广宇壮山河，意挽中流助君舟。春秋褒贬分内事，明史鞭策固所由。龙场原学王阳明，权把贵州当荆州。”1949年2月与张学良一道发动“西安事变”促蒋介石抗日的杨虎臣，在被国民党保密局特务从息烽玄天洞押送重庆时，曾短暂被囚在麒麟洞。20世纪80年代，麒麟洞景点扩大，在坎脚的小桥以南曾建一庭院，庭院大门门楣上为原国家主席江泽民1991年12月27日题书的“麒麟洞”。麒麟洞集融洞，清涧、名泉为一景，松竹成趣，曲径通幽。昔日是黔灵山风景区最幽静之处。早在清代，赤松和尚即有诗赞：“夕阳西下万松低，但有飞鸦向客啼。那是檀山幽涧水，和烟和月到前溪。”更早在明代，镇守贵州的太监杨金以视这里为“世外桃源”。在麒麟洞口左侧的崖壁上，有一处在“文化大革命”中被破坏，后被复原的杨金赞此景的诗曰：“白云深隐一唐川，枕石烟萝洞口连。策杖适情寻古迹，分云乘兴见壶天。千重岚气千峰翠，万颗垂珠万象悬，柯烂棋终事已往，吾身来复入桃园。”如今这里仍被市民视为“世外桃源”。麒麟洞北侧有水月轩，茶室。昔日贵阳的文人雅士常在茶室品茗著诗。茶室大门曾有一副对联：上联“洗砚鱼吞墨”下联“烹茶鹤避烟”。再北是“黔灵洞天”小园林，市民称为公园中的“园中园”。每天清晨，喜欢清静的市民都爱到“园中园”来图个清静。这处景区因张、杨两将军曾囚于此，并有生平事迹成列而提升了景区，乃至公园的历史文化底蕴。

动物园景区，1958年7月1日动物园对游人开放。动物园占地面积27000平方米，其中笼舍面积3300平方米，圈养各种珍禽稀兽50余种。集观赏、繁殖、科研为一园，曾成功繁殖华南虎51头，支援了国内13个城市的动物园，并出口到苏丹、朝鲜等国。对黑叶猴的饲养和管理技术及繁殖习性的研究，已达到国内先进水平，动物园还采取猴群放养办法，增加了公园一景——猴趣融融，人猴共乐。

2016年9月29日，经过升质提级后的动物园举行开园仪式。新动物园占地面积39960平方米。园内分别设食草动物区、小兽区、猛兽区（又分设狼区、虎区、熊区、狮区、豹区）、水禽区、灵长区、两爬馆、百鸟园，各类动物多达72种，1210只（头），继又在动物园北边建熊猫馆，成为贵州省最靓丽的动物园。

小梅湾晨练广场景区，贵阳市民每天清晨前往公园晨练的人成百上千，不分春夏秋冬。公园为了适应市民的需要，将小梅湾原公园花圃培植基地和周边空旷之地建成晨练广场，广场可容千人。这里远离喧啸，地势开阔，周围绿树成荫。广场周围建有游人休息设施。晨练结束后，人们便三三两两散步在林荫处，或闲坐谈心，或穿过小梅湾涵洞到动物园观赏。

小竹园景区，在公园东门的关刀岩山脚。这里清幽淡雅，翠竹幽篁，靠山壁一组《咏竹》竹刻景观，选历代著名诗人咏竹诗句刻于“竹上”。更添小竹园高雅之气。在园内靠关刀岩一边竖有一座标志性仿古牌坊。眉端刻有书法家戴明贤先生题书的“贵山耸秀”四字，标志着贵阳名源“贵山之阳”的贵山即关刀岩。小竹园与贵山融为一景。在山的胫部有一组摩崖石刻贵山耸秀和贵山耸秀诗：“山能特立方称贵，人必孤始足传。纵使岱山高万丈，若无孔子亦徒然”关刀岩山顶有亭，虽无名字，但不少游人都称其叫“贵山亭”。正面亭柱上有一联，上联：“千里山河雄掌上”；下联“万家花竹笑眉端。”小竹园至“一棵树”（游人自取的地名）的两边崖壁，是一组贵州少数民族婚俗浮雕。还有一处市级文物保护单位——贵州近代文化名人谢六逸墓。

黔灵湖景区，从黔灵山北面的小关湖的水源，流到大罗岭下，叫大罗溪水。1954 年贵阳市人民政府决定在此拦大罗溪水筑坝造人工湖。取名黔灵湖。湖面积 28 公顷，库容 100 万立方米。湖岸建有长廊、水榭、茶室、餐厅、碧瓦朱棂，静雅相宜。湖东是“解放贵州革命烈士纪念碑”，纪念碑南依黔灵山，东侧有松林坡，北傍大罗木岭，西临黔灵湖，地占地 15 亩，分三层，正面对湖，每层有石级上下，最上层的碑身周围砌有汉白玉栏杆。湖上有游船，为游人喜爱的公园景区，湖岸有市级文物保护单位简书墓。

二坝风雨桥景区，位于黔灵湖上游的二坝，坝东是二层建筑的游船码头，坝西傍山，风景清幽。坝上东西相向建有长廊式风雨桥，圆顶翘檐，黄瓦红棂，廊内两侧绘有花鸟山水。两边依山就势建有茶室，离茶室不远处有一古老地泉从山麓涌出，内含多种矿物质。被誉为第二“圣泉”。

人文胜迹丰富 公园品位升华

黔灵山公园蕴含有极其丰富的人文历史：

一、历代文人雅士和政要题咏贵阳著名风景名胜的诗句，据《贵阳名胜诗词选》记载，题咏黔灵山的有 44 首，为贵阳著名景点之冠。

二、贵阳（指老城区）共有摩崖石刻 49 处，而黔灵山公园内就有 21 处。其中清代贵州总兵赵德昌于咸丰十年（1860 年）腊月题书，刻在公园内九曲径一拐道左崖壁上的“虎”字，被誉为贵阳摩崖“东西二胜”。清康熙十五年（1760 年）石阡府陈奕禧题书的“黔灵胜境”、更早年代的明嘉靖庚午年黄宗源临的“第一山”、明嘉靖二十二年（1543 年）秋临川徐纯书刻的狂草“佛”、原国家副主席董必武 1959 年 10 月，游黔灵山时题书的“黔南第一山”、1994 年，全国政协副主席、原中国佛教协会会长赵朴初题书的“南无阿弥陀佛”等 10 余处摩崖荟萃九曲径上，为九曲径乃至公园增添了深厚的文化底蕴。在公园大门东侧的白象山南端，竖刻的“黔南第一山”摩崖下边崖壁上，新发现并保存完好的“新生活第一纪念林”摩崖，是贵阳发现的，反映民国时期，为了提高国民道德修养，开展的以“四维八德”道德观中的“四维”（礼、义、廉、耻）为核心，引导国民，做人要讲礼、义、廉、耻的全民运动，叫“新生活运动”的唯一一处摩崖，有一定历史价值。

三、历代文人结缘黔灵：明代旅行家徐霞客于明崇祯十一年（1638 年）游黔灵山古佛洞，成就其为古今的著名景点；抗日战争时期，著名地质学家李四光带领在贵阳参加全国地质学会的代表到黔灵山考察时，李四光提出，弘福寺所在凹地是第四季冰川形成。为这块福地提出了成因根据；1941 年 5 月—1942 年 2 月，抗日将领张学良在公园内麒麟洞度过 9 个月的囚禁生活。1949 年 2 月，抗日将领杨虎臣也在麒麟洞度过短暂的囚禁生活；1946 年 4 月 9 日中午，蒋介石与张学良在公园三里湾一幢别墅会面；1959 年 10 月，原国家副主席董必武登黔灵山，留下了诗句：“竞上黔南第一山，老夫腰脚尚称顽。泉清树古叫微脱，寺外双峰峙若关。”并为公园题书“黔南第一山”摩崖。1960年2月，朱德委员长登黔灵山，著诗《黔灵山》：“黔灵山上望贵阳，建设十年换新装。青年子弟多英俊，鼓足干劲建家乡”；1991年12月27日国家主席江泽民为麒麟洞题书洞名“麒麟洞”；1994年全国政协副主席、中国佛教协会会长赵朴初为弘福寺题书寺名于三门门楣，又题书“南无阿弥陀佛”摩崖于九曲径。8、弘福寺南侧象玉岭上瞰筑亭亭名为国画大师刘海粟题书。以上文人政要，为黔灵山留下的手迹墨宝和史迹，从不同方面提升了黔灵山公园的历史文化含金量。

四、集多处文物保护单位为一园，贵阳市集多处省、市级文物保护单位为一园的，只有黔灵山公园，计有省级文物保护单位弘福寺、麒麟洞。贵阳市市级文物保护单位简书墓、谢六逸墓、蒋介石和张学良会面处、月亮井、檀泉、白象泉。

五、黔灵山公园最具有历史意义的是，贵阳之名的源是“贵山之阳”。“贵山”即公园东门小竹园内的关刀岩。清代有一副楹联《贵山》，上联是“天地之间人性贵”宣扬以人文本，多行善事；下联是“风雨不动安如山。”张扬了贵阳人不惧风雨，勇往直前的精神。

“十五”计划至“十二五”规划期间政府工作

一、“十五”计划期间政府工作

云岩区“十五”计划（2001年—2005年）期间，经济社会快速、健康、协调和可持续发展。2000年与2005年相比，全区生产总值从79.75亿元增加到156.63亿元，年均增长12.07%，翻了近一番；人均生产总值从15087元增至26441元。财政总收入和地方财政收入分别由3.37亿元和1.83亿元增至10.3亿元和6.96亿元，年均分别增长25.06%和30.53%。城镇居民人均可支配收入达到10074元，农民人均纯收入达到4669元，年均分别增长9.2%和8.2%。在全省首轮经济强县建设中名列第一。三次产业在国民经济中的比重由2000年的0.5∶56.1∶43.4调整为0.2∶45.8∶54，产业结构由“九五”计划期末的“二、三、一”转变为“三、二、一”。城市基础设施建设完成黔灵东、西路、黔春路等11条干道总长11.3千米，相继建成欣韵园、小石城等10多个居住小区和改茶鸡冠山、沙河红土田等5个农民新村。累计取缔占道经营11万余次，清退马路市场37条，新建和改造农贸市炀12个。拆除违法建筑35万平方米，新增绿化面积36.37万平方米。深化财政体制改革，激发街（镇）创收活力；完成农村税费改革。5年累计引进项目1124个，资金69.01亿元；投入科技三项经费4677万元，为“九五”计划时期的5.8倍；组织实施科技项目154项，新创产值10.8亿元，新增利税3.12亿元，获国家科技先进县（区）；投入教育经费37314万元，比“九五”计划净增21680万元；发放最低生活保障金8993.6万元，覆盖126.8万人次，实现全覆盖；实现城乡统筹就业58281人，城镇登记失业率控制在3.5%以内。获全国社区卫生服务示范区。计划生育率年均控制在99.8%以上，计生工作保持全市第一，获全国优质服务区。

二、“十一五”规划期间政府工作

云岩区“十一五”规划（2006年—2010年）期间，纵深推进生态文明城区建设各项工作，经济社会又好又快发展。2010年国民生产总值完成306.12亿元，比2005年增长了近一倍；财政总收入完成27.99亿元、地方财政收入完成14.92亿元，分别比2005年增长了17.69亿元、9.58亿元。五年共引进资金210.95亿元，落实招商引资项目3381个。

着力转变发展方式，促进经济实力巩固提升。优三产，大力发展楼宇经济，实施“总部战略”，引进国内外知名金融机构，中介、物流、信息等现代服务业发展加快；强工业，继续壮大橡胶、生物制药、印刷包装等传统产业，引导汽车销售及维修、特色食品等新兴产业发展，“十一五”规划期间工业总产值年均增长8.83%。

以保民生为出发点，全面发展社会各项事业。五年来，全区共投入教育经费近20亿元，确保教育事业全面进步；累计投入1.15亿元，推动科技创新能力不断增强；覆盖城乡居民的社会保障体系和公共医疗卫生服务体系基本建立。2010年，城镇居民人均可支配收入16597.28元、农民人均纯收入7638.95元，比2005年分别增长64.75%、63.6%。全力维护社会稳定，深入开展严打“两抢一盗”

“打黑除恶”等专项行动。深入开展区委书记大接访活动，扎实做好矛盾纠纷的排查化解工作。持续五年实现安全生产控制指标事故起数和死亡人数“双下降”。群众安全感满意率77.56%。

不断优化城区环境，扎实推进“三创一办”。市政建设五年累计完成固定资产投资538.56亿元，东线、西线片区开发步入实质性阶段，城区路网日趋完善，生态环境持续改善。2010年，全社会固定资产投资完成143.99亿元，比2005年增长61.71%；完成了花溪二道、中坝路、黔灵山路、北京西路、市北路延伸段、北京东路、北二环、东二环、甲秀中路、贵广铁路等重点基础设施建设项目的征地拆迁。

三、“十二五”规划期间政府工作

云岩区“十二五”规划（2011年—2015年）期间，经济实力与“十一五”规划末相比，全区生产总值从306.12亿元增至650.02亿元，年均增长16.25%；财政总收入从27.99亿元增至136.99亿元，年均增长37.38%；公共财政预算收入从14.92亿元增至35.88亿元，年均增长19.18%；固定资产投资从143.99亿元增至408.3亿元，年均增长23.18%；社会消费品零售总额从181.9亿元增至306.45亿元，年均增长14.85%；三次产业结构从0.19∶40.53∶59.28转为0.08∶19.14∶80.78。农村常住居民人均可支配收入从7638.95元增至14080元，年均增长13.01%，城镇居民人均可支配收入从16597.28元增至28142元，年均增长11.14%。

产业转型升级。服务业增加值超过500亿元，年均增长16%以上，并逐步向高端转型发展。以生产性服务业为核心，成功引进光大银行、招商银行、浦发银行、贵州银行、国信证券等一批金融企业，云岩区金融业法人单位达74家占全市49.33%，从业9529人占78.97%。以商圈建设为依托，喷水池、紫林庵、大西门、大十字四大商圈提质升级，完成市西路批发业态转移。商贸业多元化形态快速聚集，地均产值达6.95亿元/平方千米。全区上亿元的楼宇21栋，进驻企业227家，年均税收46.48亿元。未来方舟城市综合体列入全省100个旅游景区，引进20余个文化产业项目，文化产业增加值28亿元。高新技术产业增加值占地区生产总值达25%以上，益佰工业园被纳入全省“5个100工程”。成功引进美国康德乐、中国华融、万科地产、恒大地产、中航地产、香港阳晨、腾讯集团、腾邦集团、深圳劲嘉、西南能矿等国内外500强和知名企业入驻云岩区。2015年云岩区经济发展在全省增比进位排名由三进二，地区生产总值、税收收入增速、旅游总收入、综合科技进步水平指数、城镇新增就业人数、农村和城镇常住居民人均可支配收入等13项指标名列全省第一。

加快城市建设。共实施棚户区改造31个，累计改造面积445万平方米，惠及群众8.9万人。实施“新型社区·温馨家园”项目353个，完成50条市政道路的提升和230个老旧小区院落的改造。重点完成了轨道交通1号线、1.5环用地征收。东片区依托未来方舟，打造七公里滨河长廊，已建成480万平方米，完成销售315万平方米，在渔安新城探索出城中村改造和农民安置新模式。西片区围绕益佰工业园、普天信息产业园和三马都市产业园，构建“一区三园”产业格局。金西大道延伸段、金工路等道路建成通车。北片区于2012年实现盐沙线竣工通车，打通了云岩向北发展的门户。

优化城区环境。在全省率先探索推行环卫作业市场化，实施综合执法扁平化，健全完善城市道路分类定级管理、综合执法联动及应急处置等工作机制。五年共拆除违法建筑7127户面积207万平方米，完成66条次干道、小街巷路面及排水整治，升级改造公厕133座，完成中华路、北京路等21条道路周边建筑物立面整治。环境空气质量状况优良天数达标率93%。单位GDP综合能耗降低率18%以上，工业固体废物综合利用率95%以上。完成阿哈湖一级水源保护区的搬迁。全区绿地率达

45.34%，森林覆盖率33.5%。

民生事业进步。坚持教育优先发展，云岩区义务教育基本均衡发展以全省最高分通过国家认定，建立五大学区共同体，新建中小学7所、幼儿园10所。新型农村合作医疗做到应保尽保，人口计生工作连续名列全省首位。2015年，云岩区综合科技进步水平指数达95.3%，连续四年位居全省第一，连续7轮获全国科技进步先进区。完善保障体系，参保规模68.5万人，平均覆盖率98%以上；全区养老床位3023张入驻1800余人，创新曦阳老年公寓社会化养老模式。创建为全国创业型城区，新增就业累计23.93万人，保持全省第一。建成渔安新城文化活动广场和水东社区文化活动中心，建立10个“阅享云岩”图书馆小站。旅游总收入全省领先，荣膺“最美中国·生态旅游·文化旅游目游地”称号。安全生产连续五年实现死亡人数和事故起数的“双降”目标。在社会治理水平的测评中，群众安全感从80%升至96.66%，经济社会发展满意度从84.8%上升至95.04%。

云岩区人民政府为民办实事

（2001 年—2015 年）

2001 年—2015 年，云岩区人民政府持续推进改善民生系统工程，以“十件实事”为抓手，通过多方面具体工作，提高群众的幸福指数。聚焦群众最关注的教育、医疗等重点难点问题，为进城务工农民子女提供与城镇居民子女平等的教育为城乡居民提供医疗卫生保障和养老保障；改善城乡医疗卫生、交通通讯系统条件，特别是村寨农民饮用水等困难；为居民提供充分的技能培训和就业机会，使他们通过劳动增加收入，逐步达到小康水平；不断提升社会治理体系和治理能力，营造安全稳定的社会环境，提升居民的安全感。

2007 年以前，云岩区根据区情开展实施“实事”，不定件数；从 2008 年起，经方向和策略调整，每年办理“实事”10 件，要求全部完成。

2001 年办理的实事：

1. 松山村道路改造工程，到 12 月底完成所有管网铺设，主干道进入砼浇注。

2. 投资 3600 万元建设市西路步行街，到年底已完成改造工程地下排水、道路路基及地下管网铺设。

3. 西瓜村木瓜田至渔安谢家岩道路建设于 5 月完工，6 月 10 日通车。

4. 清退市交通街马路市场，9 月 20 日清退入室内，搬入经营户 208 户。

5. 搬迁改造东山水果批发市场、花香村农副产品批发市场，12 月 28 日分别搬迁至原三桥蔬菜批发市场和原三桥蛋禽站内。

6. 投入 3735.66 万元，加强城市绿化建设，全年新增绿化面积 115284.49 平方米，新增屋顶绿化面积 41493.5 平方米，完成绿化面积 156778 平方米；各街道办事处（镇）建成绿化点 238 个、精品绿化点（含地面、屋顶、裙楼）28 个。

2002 年办理的实事：

1. 实现城市居民最低生活保障全员覆盖，做到应保尽保，低保覆盖率达 100%，全区全年 113251 户次、326484 人次享受低保，累计实发低保金 1688.2 万元。

2. 完成云岩区现代化老年公寓建设主体工程。

3. 建成云岩星力绿化广场，8 月 2 日落成并向市民开放。

4. 完成“星光计划”项目 22 个，提前超额完成目标任务。

5. 清退延安巷、大营坡、鹿冲关路、云鹤巷、长青路、海马冲、东山巷、百花山路、筑新路、麻冲路、兴贵路、汪家湾 12 条马路市场，超额完成目标任务。

6. 完成黔灵镇安井村高寨——大梁口——菊花冲全长 3300 米道路改造绿化工程，5 月 19 日通车，解决安井村 300 余户村民行路难问题。

7. 新建和启用龙港大厦室内停车场和云岩星力绿化广场室内停车场。

2003 年办理的实事：

1. 全年完成城镇就业 8424 人，超目标任务 20.34%；城镇统筹培训 7402 人，超目标任务 33.36%；小额贷款担保资金 150 万元全部划入开户银行，核拨 50 万元再就业资金；养老保险征缴 1513.27 万元，超目标任务 34.1%；失业保险征缴 142.8 万元，超目标任务 19%；建成并启动 16 个劳动保障所，做到组织、人员、经费、场地、工作及制度六个到位，建立劳动保障三项会议制度和劳动保障所台账，开展劳动保障各项工作，各劳保所工作运行情况良好；建立 114 个社区劳动服务平台，为 90 多个社区居委会配备微机。

2. 投资 17260 万元，完成海马小区路、百花山路、三桥中坝路、筑新路 4 条城市道路改造；海马小区路长 580 米，宽 20 米，4 月初开工，工程完成拆迁面积 5500 平方米，管网迁改 600 米，土石方开挖量 3000 余立方米，混凝土浇筑 1200 立方米，完成总投资 1800 万元，工程于 12 月 28 日竣工；百花山路长 355 米，宽 20 米，年初动工，完成拆迁安置 4 户，拆迁面积 380 平方米，管线迁改 200 余米，土石方开挖量 2500 余立方米，完成投资 760 余万元，12 月 28 竣工；三桥中坝路长 2715 米，宽 25 米，4 月动工，分南、北两段同时施工，拆迁 178 户，拆迁面积 22768 平方米，完成总投资 9500 万元，北段整个工程完成土石方开挖 50 余万立方米，挡墙砌垒 308 米，南段车行道于 12 月 29 日正式通车；筑新路长 1400 米，宽 25 米，5 月 8 日开工，工程完成拆迁安置 42 户，拆迁面积近 10000 平方米，水、电、气、信管线迁改 2000 余米，土石方开挖量 8000 余立方米，砼浇筑 6720 余立方米，完成总投资 5200 万元，车行道 10 月 31 日竣工通车，整体工程 11 月底全部完成。

3. 投入近千万元，完成 3 条道路硬化工程，其中大众橡胶厂至申一橡胶厂路段，全长 750 米，宽 6.5 米，投资 75 万元，年底完工；三桥马王庙至高坡哨路段，全长 2570 米，宽 6.5 米，投资 250 万元，年底完工；顺海林场新公园道路，由云岩区负责的征地拆迁工作全部完成，投入拆迁费 544 万元；原列入计划的三联公司至小关公路因建设论证工作尚未完成，待论证结束后再实施。

4. 新增绿地面积 5 万平方米，拆除违章建筑 8 万平方米；新建 30 个绿化点，新增绿地面积 5.8 万平方米；拆除违章建筑 83932 平方米（含南明河沿岸违法建筑、构筑物）。

5. 完成永安巷、永安寺街、宅吉小区路、二桥集贸市场、鲤鱼街 5 条马路市场的清退工作。

6. 基本完成南明河三年变清工程和环境整治工程；参加南明河沿岸污染源达标排放“零点行动”，对 64 家工业企业进行检查，建立长效管理机制；引进香港澳龙投资有限公司承建黔春大沟工程，该工程全长 1758 米，宽 10 米，到年底拆迁安置 169 户，拆迁面积 5.8 万余平方米，开挖土石方 38 万余立方米，沟墙砌垒 13500 立方米，完成投资 2800 余万元；加大对市西河、贯城河沿岸绿化保护范围和 10 条防洪大沟沿线违法建筑的拆除力度，绿化美化环境等；完成二蒸吨燃煤锅炉的动员、取缔工作。

7. 按照社区居委会办公用房建设资金由市、区、街（镇）三级财政按 4∶3∶3 比例投入的原则，全区投入资金 1258.26 万元（其中市级匹配 487.6 万元，区、街匹配 681.44 万元），如期完成 65 个社区居委会、面积 6139.61 平方米的办公用房目标任务。

8. 新建成实验小学科技教学楼，建成教师宿舍及辅助教学用房 7459 平方米。

2004 年办理的实事：

1. 全年增加城镇就业岗位 11987 个，城乡统筹就业 13871 人，城镇失业人员就业 8406 人，下岗失业人员就业 4675 人（其中“4050”人员 1818 人），超额完成目标任务。

2. 城市道路和城市大沟改造。城市道路：黔灵东、西道路全长 1210 米，总投资 5482.95 万元，到位资金 4475 万元，其中区级配套资金 3375 万元，市级安排 1100 万元，2004 年 9 月 29 日通车；宅吉路全长612.4米，计划投资4300万元，受国家宏观政策调控影响，改造工程经贵阳市人民政府同意暂缓动工；飞山街道路全长200米，计划投资3008.85万元，市承贷开发银行资金一直未到位，区向商业银行贷款，建设项目前期报审手续及招投标完成，12月23日动工。城市大沟：大洼大沟，长全1200米，计划资金6204.95万元，国开行贷款资金到位4255万元，雨水沟、污水管建设全部完工，其余附属设施栏杆制作等基本完工，绿化工程正在招投标；杨柳冲大沟，全长2600米，计划资金6815.3万元，国开行贷款资金到位4615万元，上游段埋管已全部完成，下游沟管段完成130米，整条大沟已完成总工程量40%；三桥大沟，全长725米，计划资金2468.66万元，国开行贷款到位资金1320万元，区级自筹资金500万元，整个大沟改造工程2004年10月24日完成。

3. 全年新增绿地面积46147平方米，绿化植物种类有桂花、海桐、香樟、杜鹃、小叶女贞、金叶女贞、雪松、银杏、樱花、毛叶丁香、草坪等；拆除违章建筑75312.2平方米，改造化粪池143座，清掏疏通化粪池1430座，全年完成1573座化粪池改造、清掏工作。由于市财政资金困难，尚有294座化粪池未组织实施改造。

4. 建成16个社区居委会办公用房。

2005年办理的实事：

1. 建成16家“爱心超市”，其中自建4家，联建12家，共计投入资金46.05万元。全区有2428余户特困群众凭着“爱心卡”在超市内免费选购食品、日用品等。

2. 在云岩区黔灵镇13个行政村选出20户“四改一气”修建户，完工21口。

3. 建成7座公厕4个垃圾台，2座升级换代垃圾转运站土建工程完工；双峰路云岩明进康室内农贸市场、西瓜村农贸市场建成，建成社会公共停车位1000个。

4. 投入资金170万元对普陀相宝小区、三桥大发小区进行环境综合治理。大发小区完成排水管网工程、公共照明路灯、环境绿化。相宝小区完成道路、排水管网的改造及街景绿化、休闲座椅的安装。

5. 投入资金600万元，新增绿地面积41130平方米。

6. 投入资金648万元，在5个街道办事处开展“绿色社区”创建；省交通厅出资近30万元，对市西街道办事处交通小区进行园林绿化，对周边的墙体进行修复，增设健身器材，新增绿地3000余平方米，加强小区院落的治安、卫生环境管理，建成社会治安、人居环境和谐发展精品绿化院落。

7. 投资58.7万元对雅关、渔安小学厨房进行改造；投资8.3万元建设维修雅关、渔安、安井、偏坡、三桥、百花坪小学厕所。

8. 投资50万元在贵乌办事处文体活动中心内建成区国民体质监测站，购置2套国民体质监测器材开展监测。

9. 建成信息呼叫服务网络。网络覆盖全区，收集服务机构的基础资源数据，包括单位名称、地址、电话、服务项目、工作时间、办事流程等。

10. 匹配部分资金建成黔灵镇司法所办公用房。

11. 投入资金2398.61万元，修建总长10.39千米，总投资3855万元，到位资金3898.61万元的雅关截污沟。

12. 投资3010万元改造全长452米、宽20米的飞山街。

2006年办理的实事：

1. 启动宅吉路道路拓宽改造工程，建设资金由市人民政府、区人民政府各承担50%。

2. 在三桥、友谊路、民生路、雅关、宅吉新村、宝山北路新建公厕6座，在合群路、文昌北路、北京路改造公厕3座；在三桥、水电八局基地、偏坡、宅吉新村新建垃圾转运站4座；在金顶山、黔灵西路升级改造垃圾转运站2座；全年完成新增城市绿化面积52000平方米；清退松山路、半边街2个马路市场。

3. 将原90个独立厕所修建方案改为2个“集中式”三格式无害化厕所；在雅关村小寨坝选定两处作为修建地点，2006年12月25日完工，经市爱卫办检查验收。

4. 创建9个绿色社区，通过市环保局的检查验收。投入400余万元资金全力打造两个精品社区（贵乌街道中天社区、黔东街道栖霞社区），创建工作全面完成。创建1个健康教育示范社区（黔东办事处栖霞社区）；创建1个健康教育示范村寨（雅关村小寨坝村民组），9月通过市卫生局、市爱卫会检查验收；修建的中天花园绿色农贸市场9月27日正式开业。

5. 完成云岩区文体活动中心建设。2006年7月28日动工，年底完成地下车库基础加固工作，第一层完成工程量70%。

6. 对村民子女在义务教育阶段就读区公办学校实行“两免一补”政策（免书本费和免杂费）；对农村寄宿制学校家庭困难的学生给予生活补助。春季，区农村义务教育阶段的小学生2203人、中学生355人全部免除杂费和书费；城市低保户小学生933人、中学生617人全部免除了杂费和书费。秋季，区农村义务教育阶段的小学生2730人、中学生1068人全部免除杂费和书费；城市低保户小学生1091人、中学生808人全部免除杂费和书费。

7. 区人民政府将中央、省、市、区下达的专项经费统筹安排，全年下拨到各校共168.05万元。

8. 全年完成新增就业岗位13778人。

2007年办理的实事：

1. 为帮助困难家庭子女入学，享受“两免一补”优惠政策12589人，两项费用为180万元；完成市东小学、林木小学及黔灵小学改建。

2. 全面推行新型农村合作医疗制度，农村合作医疗农业人口参合率达95.74%。

3. 新建盐务街、金马街、宅吉药厂以及金马社区刺梨巷等4座公厕；在雅关、市西路、松山路新建3座垃圾站，升级改造省政府和长青路两座垃圾站；雅关、偏坡两村的污水进入小关截污管。

4. 创建北京路、三桥、环北3个示范性社区卫生服务中心。

5. 黔灵镇的渔安、安井两村建立两个“贵州省无公害产品产地”蔬菜基地；升级改造东山农贸市场，11月2日建成开业。

6. 完成区人民法院第一人民法庭建设，建筑面积303.6平方米。

7. 新建绿化点52个，新增城市绿化面积81000平方米；沙河花园、广信四季家园、歆欣园、栖霞社区、八鸽岩社区等5个社区获市级“绿色社区”称号。

8. 举办农村富余劳动力转移技能培训班7期，培训764人，实现农村劳动力转移就业684人；完成新增就业岗位14601个。

2008年办理的实事：

1. 完成雅关学校综合教学楼新建工程，建筑面积2600平方米，投入资金167万元；完成东山小学、林泉小学、金鸭小学和贵阳市第三实验小学4所薄弱学校改造工程；春季公办中小学校接收外来务工农民子女9795人；秋季公办中小学校接收外来务工农民子女11518人；民办中小学共接收外来务工农民子女26932人。当年，全区公办中小学共48所，面向农民工子女开放，其中9所学校定为挂牌招收农民工子女学校。

2. 完成新增就业岗位 15157 个，完成城乡统筹就业 16985 人；完成劳动用工年审 1305 户；立案查处投诉 90 起；为劳动者追回工资和保证金共 29. 9 万余元，处理突发事件 8 起；配合上级部门为农民工追回拖欠工资 200 余万元；对区域内种类建筑企事业的 22 项工程项目收缴保障金 480 万元；启动新型社会养老保险工作，完成新型养老保险金缴纳 3678 人，征缴金额 318. 46 万元。

3. 完成城镇职工医疗保险 4888 人，征缴金额 2858. 83 万元；完成偏坡村猫坝“卫生寨”和“健康教育示范村寨”创建工作；创建宅吉社区和鲤鱼东巷小区两个“教育示范社区”；完成“三桥圣泉”农村基层卫生院建设。

4. 完成城乡低保并轨工作，实现人均每月 215 元的低保标准；“曦阳”老年公寓开业；黔灵镇和全区 16 个街道都设立老年人综合服务中心，解决 100 位孤老的养老问题。

5. 基本完成黄花街道路改造一期工程和清真寺改扩建工程。

6. 完成金关、金鸭、金惠 3 个公安派出所辞行建工作；完成 100 个监控点安装，其中 43 个监控点投入使用。

7. 红边门投资 347 万元的标准绿色农贸市场升级改造工程完工，达 4A 级农贸市场标准；投资 150 万元，完成“龙诚”室内农贸市场升级改造。

8. 创建曦阳山庄小区、世纪星苑小区、金狮小区、碧玉园小区、贵山苑小区和铝镁院小区等绿色社区 6 个；创建圣泉社区、达兴社区、正新社区五柳社区、相宝山社区、吉新社区和宅吉社区服务中心等精品社区 7 个；创建万江社区、富水社区和市西商业街社区等特色社区 3 个；创建绿色学校（含幼儿园）9 所，治理油烟污染单位 100 家。

9. 新建公厕 5 座，完成升级改造公厕 10 座，完成 6 个垃圾转运站的新建和升级改造；整治化粪池 276 座，拆除违法违章建筑 1515 万平方米；完成合群路饮食夜市的规范治理；完成 6 个社区的绿化，全区新增绿地 6. 1 万平方米。

10. 完成农村劳动力非农业技能培训 500 人，解决杨惠村的饮水难问题，新建大凹村道路，解决村民行路难问题。

2009 年办理的实事：

1. 秋季全区 71 所公办中小学接收外来务工农民子女 10675 人，68 所民办中小学接收 35835 人；为外来务工农民随迁子女减免学杂费用、免费提供教科书；启动贵阳市第二十八中学和 3 所偏远地点小学改造项目。

2. 全年新增就业岗位 17352 个，开发公益性岗位 1800 个，向 90 岁以上老年人发放高龄补贴，完成老年人信息搜集调研；完成信息录入建档和热线试点工作。

3. 完成黄金路农贸市场等 25 家农贸市场 2046 台计量器具的免费检定工作，受检率为 100%；完成北京路、云阳佳苑两个农贸市场升级改造工程通过贵阳市验收。

4. 投资 5300 万元，实施蔡家关污水提升泵站及截污管道改造；完成公园西路道路拓宽改造拆迁摸底工作；完成 400 米黄草路拓宽改造工程。

5. 完成 18. 05 万平方米违章建筑拆除，新建公厕 3 个，改造升级公厕 10 座；新建边远地区垃圾转运站 3 座；完成 5 座垃圾转运站改造升级工程；清理化粪池 246 座。

6. 启动大营坡市民绿化广场建设 1 万平方米，全年全区新增绿地 41285 平方米；完成双龙峰山体公园建设。

7. 重新成立国民体质监测站；黔灵镇 10 个行政村申报并通过省、市新闻出版部门审批，设立

“农家书屋”建设点。

8. 沙河村大营一组创建“卫生村寨和教育示范社区（村寨）”，通过贵阳市爱国卫生运动委员会验收。

9. 完成雅关村自来水供水系统建设，解决573户村民用水难问题；完成《偏坡片区村民自来水管网建设实施方案》制订，下拨220万元；实施各项改水项目，对大凹村损坏的供水管网进行修复。

10. 完成危房改造39户。

2010年办理的实事：

1. 农民工子女和城镇居民经济困难家庭子女享受中央特教免费教书小学阶段学生12921人次、中学阶段学生4446人次；享受市级资金免费教科书小学生学生4403人次、中学阶段学生3323人次；享受区级资金（进城务工农民工子女）免费教科书小学阶段学生15174人次、中学阶段学生7338人次。全区小学生每人每年公用经费补助标准为120元，中学生每人每年170元。全年划拨经费488万元（其中区级资金244万元），招聘特岗教师100人，分配给31所民办学校任教。启动建设和改扩建工程学校两所。

2. 城镇新增就业人口14620人；启动城镇老年居民社保，完成扩大面积新参保人数11059人。

3. 总投资2065万元，全面完成农贸市场升级改造18家。

4. 完成“三马”片区蔡家关截污二期工程隧洞施工2360米；完成金西大道云岩段有2000米建成通车；完成征地42.51公顷，拆迁103户计3万平方米，拆除违法建筑3.25万平方米。

5. 全年投入资金1059.6万元，新建蔡关村等垃圾转运站5座，完成垃圾站升级改造4座；新建清洁间（指环卫工人清洗工具的地方）217个，改扩建33个；新建公厕10所座，完成升级改造22座；整治清理化粪池376处。

6. 拆除违法建筑（构筑）789户，计146154.8平方米；投入资金2214.31万元，翻修改造道路43条。

7. 建成“仙鹤山”山体公园；新增贵山城市花园等绿化点24个；新增绿地面积5.16万平方米。

8. 投资15万元，改善10个社区办公条件；区级财政拨款617.1万元，支付社区服务工作者待遇，安排243万元，作为社区运转经费；街道和黔灵镇，安排370.26万元，提高社区工作者待遇；投入资金370万元，建设社区社区服务体系。

9. 投资30万元，完成茶店村高坡组用水管网改造项目；投资80万元，改造煤窑寨、黄家湾电灌站提水设备和管网，解决村民用水问题。

10. 改造杨惠村等5处村级道路11条，计9.6千米。

2011年办理的实事：

1. 全区全年享受中央免费教科书学生8779人，金额40.96万元；享受市级资金免费教科书学生3898人，金额22.23万元；免除11084名进城务工农民工子女教科书费用金额72.82万元；启动大坪小学改扩建工程；投资103万元，完成贵阳市第九幼儿园校舍和运动场设施改造更新。

2. 云岩区社会救助站全年救助3人，全区城镇老年居民养老保险待遇从每人每月300元，提高至350元；为2010年已领取保险人员1885人调整补发养老金94250元。

3. 全年展开拆除违法建筑行动300余次，涉及居民727户，计149968.3平方米；投入资金2036万元，维修25条小街小巷破损道路、疏通整治排水管道；全年投入资金260万元，整治维护化粪池410座；新建垃圾中转站8座、公厕5座，升级改造公厕103座。

4. 投资350余万元，新建面积达6万多平方米的云贵山体公园；全年全区新增绿地面积67750平方米；投资近100万元，在开誉城小区铺设步道780米；投入50万元，完成圣泉文物景区的清污修缮工程。

5. 修改完城《云岩区养老敬老工程实施方案》；举办居家养老服务信息技术培训班1期，完成黔灵镇和各街道老年人基础信息、协作单位信息录入。

6. 启动残疾人综合服务中心建设。

7. 投入资金50万元，对龙井社区等14个社区居委会实施改造，主要维修服务大厅，规范公示栏，设置宣传栏及便民栏等。

8. 完成云岩区政务服务中心建设；完成投资约1亿元，改造东山路及线道路工程完成60%。

9. 公开招聘巡防队员197人；为110个一级治安卡点购置设备，改善工作条件，新建社区防范治安卡点50个，新增监控探头脑清醒4个，安装防盗门5853扇，全区居民楼栋单元防盗门覆盖率达80%；安装居民报警器材3200台（户），安装C3报警器148台；设置报警指挥平台8个。

10. 受理法律援助案件611件；提供义务咨询2073人次。

2012年办理的实事：

1. 投入资金600万元，在原贵阳市市北小学校址上建设云岩区第一幼儿园，规模2183平方米，可容纳适龄幼儿240人；由中天房开集团投资30万元，完成渔安小学和安井小学的合并迁建，新建学校可容纳学生600人。

2. 全年全区新增就业人数12.67万人，保持“零就业家庭”数为零；发放各类小额贷款6066万元，直接扶持创业853人。

3. 在茶店村烂坝，利用原有房屋改建成建筑面积5000平方米的云岩区中心敬老院，设置床位200张；完善《云岩区养老敬老工程实施方案》；完成老年人信息采集工作。

4. 确定将残疾人、精神病人、65岁以上老年人及在社区建档的高血压、糖尿病人和低保居民作为医疗救助主要对象，救助率达100%；扩大包干病种、优惠病种10种，全年收治病例2533人次，优惠减免费用354万元。

5. 全年新增绿化面积5.7万平方米，利用中央拨款300万元石漠化综合治理资金，完成城区种植乔木3218株；折合石漠化治理面积4.8公顷；在社区新建绿化点20个；投资200万元，新建面积4.36万平方米的海马冲山体公园。

6. 为慈善巷等10条小街小巷铺设混凝土排水管道，浇筑硬化路面和透水砖人行道；疏通整治老旧居民点化粪池352座。

7. 全年启动渔安安井片区等8个棚户区的旧城改造项目；启动东安新苑和贵开路安置房建设项目；配合市政基础建设，启动盐（务街）沙（冲路）及彭家湾等3个棚户区的道路改造，完成改造面积248万平方米。

8. 从5月起，以黔灵镇、宅吉小区、省府社区和中天社区为试点单位，开展“云岩区城市网格化管理系统”搭建和系统安装调试；对中华社区原有的“网格化管理系统”进行升级改造；采取政府补贴、单位购买、居民自购等方式，推进“平安E家”电话报警工作，累计安装“平安E家”报警电话2.2万余户；全年安装防盗门6452扇。

9. 建成“阳光就业生产”基地（三期）工程，成立贵阳云岩园艺阳光绿化工程有限公司；由区林业绿化局对区禁毒办公室组织的特殊人群进行职业技能培训。

10. 全年受理法律援助案件616件，提供义务法律援助361人次；加强群众来访咨询接待和“12348”法律援助专线工作，开展街头宣传200人次。

2013年办理的实事：

1. 在全区26个社区启动“新型社区·温馨家园”建设工程，累计投资4320万元，完成社区公交事业项目201个。

2. 建立城乡医疗求助服务平台，单病种包干减免患者183人；减免医疗费10.48万元；惠民医疗减免101人，减免医疗费7.59万元；民政救助费用9.6万元，援助率达100%。

3. 完成投资1800万元的云岩区中心敬老院二期主体工程；在黔东社区、栖霞社区建立居家养老服务中心示范点，投入资金100万元，为600余位老年人提供养老综合服务。

4. 继续实施“中小学、幼儿园安全监管工程”，区安监局和教育局成立云岩区学校安全整治办公室。

5. 完成微型企业核准注册1280户，评审1100户；支付财政补助资金8254万元，全年新增就业56800人。

6. 全年落实生鲜直销店（点）30个，投入使用的有12户，其余的进入验收程序；建成猪肉平价直销店15个，投入营业。

7. 全年启动棚户区改造面积195.6万平方米；完成改造面积76.8万平方米。

8. 小关湖——鹿冲关湿地公园核心圈建设开工。

9. 投入资金600万元，在金钟河草坝等地完成污水收集治理项目；阿哈水库一、二级保护区全部纳入截污管网；投入资金3700万元，对金钟河沿线进行生态环境修复治理，蔡家关贵州工业大学校区河道环境治理工程竣工。

10. 全年受理法律援助案件336件，援助率达100%。新增执勤警车17辆。

2014年办理的实事：

1. 全年创建“新型社区·温馨家园”11个；实施新型社区各类公益项目65个大项；总批复金额4362.6万元，整体改造院落47个，环境整治项目102个，道路改造项目40个，安保工程项目97个，照明工程项目35个，文体设施项目45个，全部通过市级检查验收。

2. 投入资金100万元，在贵乌和三桥社区实施社区卫生中心标准化建设，组建15个全科医生团队，与相关医院签订双向转诊协议，全年完成签约22500份，惠及居民22500人；扩建黔灵医院规划面积5194平方米，建筑面积2958.62平方米。

3. 新建义务教育学校渔安中学，项目总投资5800万元，总面积14630平方米，设36个班级，可容纳学生1800人。

4. 实现全区三无（指城镇居民中无劳动能力、无生活来源、无赡养人和扶养人，或者其赡养人和扶养人确无赡养或扶养能力）、空巢、失独、失能和半失能等特殊困难老年人社区养老服务全覆盖；正式启动“96811信息平台”，为老年人配发“一键通”手机650台；按月为老年人提供限额为150元一人的服务；建立20张床位的居家养老服务中心1个、农村老年人互助“幸福院”1个；全年发放高龄补贴费1422万元，惠及老年人1.79万人；建立云岩区残疾人就业培训中心。

5. 开展SYB创业（SYB为“创办你的企业”英文缩写）培训26人；发放创业奖励补贴费9.6万元，发放场租补贴费7.23万元，发放小额贷款60余万元，开展创业咨询1.5万人次；全年新增就业人数5.7万人，实现再就业13696人；就业完成率为100.21%；全年共发放微型企业扶持资金3001万元；扶持发展微型企业900户，带动就业4575人。

6. 实施社区健身路径建设工程中，建成占地面积3000平方米的场地，建成跑步道路15条；投入资金300万元，实施渔安新城广场升级改造，升级改造后的渔安新城广场占地面积2060平方米，是多功能的文化综合体示范点。

7. 刑事案件发生率下降20%；在“两严一降”工作中，建立居委会工作站137个；建立黔灵镇和社区法律援助工作站15个；投入资金15万元，在居委会和村委会设立法律援助联络点，配备联络员，做到“一所一站”“一村（居）一员”；拨专款30万元，设立区级法律援助基金；全年办理法律援助案件591件。

8. 增设空气监测站2个；实施环城绿化带建设54.5公顷；新增及提升改造绿地面积37.5万平方米；实施阿哈水库水源一级保护区道路、农田和村寨搬迁工程；全年投入资金1.83亿元，搬迁村民77户，房屋动迁4.77万平方米；完成水源保护区土地测量和地上附着物清点，补偿耕地面积11.93公顷；投入资金150万元，解决金关村1.6万人的饮水困难；建立“卫生精品”社区1个；改造垃圾转运站4座。

9. 启动城市轨道1号线棚户区改造，完成拆迁签约2177户，拆迁率为100%；完成城中村改造20万平方米；完成城中村改造拆迁1178户；“中建华府”项目开工建设；渔安新城项目高层安置房封顶；茶博园项目实现“三通一平”完成拆迁补偿76户。

10. 实施“菜篮子”“肉案子”和“果盘子”计划，完成蔬菜种植1.7万亩次，累计生产蔬菜1.67万吨；新增生鲜直销超市3个。

2015年办理的实事：

1. 完成背街小巷12条道路升级改造工程；清理疏通化粪池829个、更新改造公厕30座；筹资1617万元，改造提灌设备，解决约5万村寨的居民用水难问题；创立“享阅云岩”图书馆小站10个；15条全民健身道路全部投入使用。

2. 完成蔬菜播种面积1.14万亩次，上市蔬菜1.48万吨；出栏生猪2.9万头，出栏肉鸡4.36万羽，肉类总产量超过2500吨；水产品产量5吨。

3. 确保5个社区实现“新型社区·温馨家园”建设；完成老旧院落改造升级80个，创建“爱卫精品”院落6个；实施病媒生物和环境卫生治理和“四害”防治。

4. 投入资金100万元，在50个小区开展“星级示范小区创建”工作；创建“区级禁毒预防教育”基地和禁毒康复示范点。

5. 新建和改建公办幼儿园4所，新建城镇义务教育阶段学校2所。

6. 创建标准化社区卫生服务中心2所；建立云岩公共法律援助中心。

7. 建设医养结合老年康复基地和大数据“云健康养老服务信息平台”，收入600余人的信息。

8. 完成城镇新增就业57215人，建成社会保障办证大厅3000平方米；落实“三个20万”扶持政策（投资者自出10万元，政府出资10万元补助、20万元税收奖励和20万元银行贷款支持），全年引导发展小微企业900户，扶持微型企业510户。

9. 全区新增绿地16万平方米；在文峰苑山体公园修建步道2.3千米，绿化美化环境6公顷；投入资金2400万元，治理金钟河河道6.4千米。

10. 开展非集中成片改造项目10个，推进老城区城中村棚户区和“三马”工矿区改造；争取到中央补助棚户区改造专项资金2699万元，完成改造面积55.2万平方米。

附录三　中共云岩区委、区人民政府重要文件选录

省人民政府关于撤销云岩区黔灵乡设立黔灵镇的批复

黔府函［2000］9号

贵阳市人民政府：

你市《关于黔灵乡撤乡建镇的请示》（筑府报〔1999〕79号）及附件收悉。省人民政府同意撤销云岩区黔灵乡，设立黔灵镇，黔灵镇的行政区域为原黔灵乡的行政区域，镇人民政府驻地新添大道南段149号。

贵州省人民政府

二〇〇〇年二月十一日

省人民政府
关于同意贵阳市云岩区南明区乌当区
调整部分行政区划的批复

黔府函［2007］156号

贵阳市人民政府：

你市《关于云岩区南明区乌当区交界处马王庙片区行政区划调整的请示》（筑府报［2007］79号）收悉。经研究，同意你市调整云岩区、南明区、乌当区部分行政区划，将乌当区金阳街道办事处所属茶园村、金关村、金鸭村、杨惠村、大凹村以及南明区后巢乡所属蔡关村划归云岩区管辖。

贵州省人民政府

二〇〇七年八月三十日

中共云岩区委
关于制定云岩区国民经济和社会发展
第十二个五年规划的建议

（2011 年 1 月 11 日中共云岩区委七届八次全会通过）

“十二五”时期，是我区深入贯彻落实科学发展观，努力实现经济社会又好又快、更好更快发展的关键时期。科学制定“十二五”规划，对于准确把握今后 5 年我区面临的发展形势，进一步增强忧患意识、机遇意识、责任意识，促进经济社会加速发展、加快转型、推动跨越具有十分重大的意义。全区上下要按照中央和省、市有关精神，把心思和力量都凝聚到发展上来，开拓创新，锐意进取，着力解决制约我区加快发展的根本问题，大力提升我区综合竞争力，全力夺取全面建设小康社会和生态文明城区建设新胜利。

一、全面贯彻落实科学发展观，推动经济社会又好又快发展

1. “十一五”时期经济社会发展取得显著成就。

“十一五”时期是我区经历的极不平凡的一个发展阶段。5 年来，我区始终坚持以科学发展观统揽经济社会发展全局，坚决执行中央一系列方针政策，认真贯彻落实省、市决策部署，紧紧抓住既定目标体系，按照“一核两带三片区”的发展方向，真抓实干，开拓创新，先后启动了“八大主题”“五大工程”和“六大攻坚”等系列活动，纵深推进生态文明城区建设。全区经济快速发展，商贸服务中心地位日益显现，生物制药、印刷包装、特色食品、汽车配售、橡胶轮胎等优势产业进一步壮大规模，产业结构明显优化；城市管理措施有力，市政基础设施建设力度切实加大，“城中村”改造步伐加快，“三创一办”扎实推进，城乡居民生活环境明显改善；环境保护事业全面进步，生态文明理念深入人心；行政体制机制加快创新，机关效能建设再上新水平，招商引资平台更加广阔；社会保障体系、公共服务体系进一步完善，人民群众生活水平和安全感明显提高；深入开展“创先争优”等活动，党的基层组织战斗力不断增强，党员干部执行力显著提高。2010 年全区地区生产总值将突破 300 亿元，预计达到 303 亿元，5 年全区地区生产总值年均增长 14%，财政总收入和地方财政收入年均增长 20%，综合实力不断增强，连续 11 年排名全省强县建设第一。可以说，经济社会各个领域取得的重大成就，为我区“十二五”时期的发展奠定了坚强有力的基础。

2. “十二五”时期经济社会发展内外环境和条件。

“十二五”时期，我区经济社会面临重大发展机遇。国际间交流合作进一步加深，世界经济向好的基础愈加稳固；国内经济深度调整，中央坚持实行扩大内需的方针，基础设施建设、产业结构和消费结构优化升级及社会事业发展等方面存在巨大需求，新一轮西部大开发战略更是为我们发挥资源和产业优势，承接东部发达地区产业转移和要素重组，加快经济结构调整提供了新的历史机遇；省内高

举发展大旗，奏响了“加速发展、加快转型、推动跨越”的主基调，特别是明确提出要支持黔中经济区加快发展，着力将贵阳市打造为全省经济社会发展的“火车头”和“发动机”，形成中部崛起、带动全省和优势互补、竞相发展的区域经济发展格局，这有利于我们进一步、深层次地争取中央和省、市支持，更好地利用国内外两种资源、两种市场，尽可能创造一切有助于我们发展的条件，切实加快全面建设小康社会的步伐。

同时，必须清醒地认识到，我区人口增长、产业发展与地域空间等资源之间的矛盾日渐突出；工业整体规模小，服务业产业链带动弱，资本、技术、人才等要素市场以及产业结构还需优化；科技创新乏力，经济增长依靠科技进步的转变任务仍然艰巨；政府公共服务管理水平和工作效率有待进一步提高；生态环境建设和保护力度需进一步加大；社会管理特别是“城中村”管理、流动人口管理等方面还存在不足的地方，社会公共安全防控和应急体系需进一步完善；科技、教育、文化、卫生、社会保障等各项公共事业发展仍有不少问题亟待解决。

综合来看，“十二五”时期全区经济社会发展既面临重大机遇，又面临着艰巨的挑战，但机遇大于挑战。我们要积极发挥主观能动性，做到科学谋划，准确研判，抢抓机遇，趋利避害，真正把思想和行动统一到科学发展上来，一心一意谋发展，聚精会神搞建设，在追求速度、追求效益的同时追求质量，发扬云岩人勇于挑战、攻坚克难的优良作风，竭尽全力推动全区经济社会又好又快、更好更快发展。

3. 指导思想和基本要求。

制定我区“十二五”规划，必须全面贯彻党的十七大、十七届五中全会、省委十届十次全会和市委八届十次全会精神，高举中国特色社会主义伟大旗帜，以邓小平理论和“三个代表”重要思想为指导，全面贯彻落实科学发展观，坚持发展是硬道理的要求，牢牢把握“加速发展、加快转型、推动跨越”的主基调，抢抓新一轮西部大开发的历史性机遇，积极响应省、市决策部署，结合实际，深化“一核两带三片区”发展战略，立足优化提升产业结构，统筹发展经济社会各项事业，力争成为贵阳市发展的“火车头”，为黔中经济区崛起作出新的重要贡献。未来5年，要紧紧围绕生态文明城区建设目标，以加快发展和转变发展方式为主线，以发展现代服务业为主攻方向，以引进培育现代化、科技化的新型工业为重要手段，以加强城市管理和保障民生为立足点，着力改善基础设施条件，切实优化经济结构；以建设现代化城区为重点，加快现代化、信息化、城市化和市场化步伐，改善投资环境，努力在高新技术产业和现代服务业发展方面取得新的突破；以构建和谐社会为宗旨，加强社会主义精神文明和民主法制建设，认真做好矛盾纠纷排查工作，切实维护社会稳定，加强社会治安综合治理，深入开展严打“两抢一盗”专项行动，为经济社会又好又快、更好更快发展提供有力保障，努力实现新的历史性跨越，全面建成小康社会。

4. “十二五”规划主要目标。

要使“十二五”时期成为全区经济社会更好更快发展的时期。

——综合实力跃上新台阶。力争实现“两个翻番，一个突破”。即到“十二五”规划末年，在2010年的基础上，全区地区生产总值翻一番，超过600亿元；财政总收入翻一番，超过60亿元；固定资产投资累计突破1500亿元。

——产业结构调整取得新进展。高新技术产业、现代服务业增加值比重和社会消费品零售总额明显提高，自主创新能力增强，科技进步对经济发展的贡献水平明显提高。

——生态文明建设取得突破。单位地区生产总值能耗和二氧化碳排放大幅下降，环境污染得到有效治理，生态环境明显改善，经济循环发展、可持续发展能力明显增强。

——人民生活得到新提高。城镇居民人均可支配收入和农村居民人均纯收入较快增长，覆盖城乡居民的基本公共服务体系逐步完善，社会公共事业加快发展，群众生活更加和谐幸福。

——改革开放取得新成果。经济管理体制、行政管理体制和社会管理体制等重要领域和关键环节改革不断深化，实际利用外资、与外部交流合作大幅度提升。

二、加快结构优化升级，努力提升服务业发展水平

按照“调整结构、壮大规模、提升定位”的整体要求，强化“三产立区”战略，向空间要效益，化传统为现代，大力发展总部楼宇经济，着力夯实我区服务业基础地位。

坚持“一核两带三片区”发展方向，巩固优化核心商圈，加快喷水池、大十字、紫林庵、大西门及周边地带配套体系建设，着力改造提升商业中心档次、规模和现代化水平，促进核心圈增量扩容，发挥更大的辐射带动作用；积极舞动两翼商贸，着力培育头桥—三桥—金阳和北京路—大营坡—新添大道经济带，加快建设和完善各类专业批发市场、专业特色商业街、大型商场及超市、便民商业网点相结合的层次分明、特色突出、服务优良的现代商业贸易体系；充分盘活三个片区资源，利用全省旅游集散中心的地位优势，进一步加快餐饮、居住、休闲、娱乐、物流等产业发展，重点发展一批特色旅游品牌，增强项目优势，培育区域经济增长极，着力将东线片区打造成集旅游、居住、休闲为一体的现代化新区；将西线片区打造成以基础设施、商贸居住、物流园建设为重点、连接新老城区的枢纽；将北线片区建设成高科技、无污染、创新研发、文化创意聚集的生态园区。

培植楼宇经济是加快繁荣服务业的重要措施，也是突破空间限制的重要发展模式。我区必须发挥中心城区综合优势，大力发展楼宇经济。要以总部为载体，通过完善相关政策、创新招商模式、优化服务等措施，着力营造有利于总部楼宇发展的环境和条件，大力吸引大型商贸企业总部、科研机构及高等院校技术开发总部、中介咨询机构、金融机构总部，以及省内各上市公司的总部及研发机构、各市（地、州）和各区（市、县）的企业及政府驻筑代表机构入驻，突出楼宇开发建设对经济的带动作用，打造楼宇总部集群，提升空间经济效益。同时，多层次、多方位、多功能推进楼宇建设，构建写字楼、大型商厦、商旅酒店等现代综合楼体，推进城市整体建设，展现现代都市文化，结合楼宇商业文化、楼宇饮食文化、城市广场文化等，积极开发都市娱乐旅游项目。切实加强食、住、行、游、购、娱等旅游服务业基础设施建设，提高接待能力，大力营造热情友好、特色鲜明的旅游氛围和环境，更多地吸引外来游客，促进休闲文化娱乐产业进一步发展。

三、坚持工业强区，全力推进城区新型工业建设

强化“工业强区”战略，推动产业资源整合，技改创新，大力发展新兴产业，提升工业支撑作用，进一步优化产业布局，积极培育打造上规模、实力强的品牌企业，增强经济综合实力和产业竞争力。高新技术产业是我区发展工业的重要突破口。必须立足我区产业基础，加大投入力度，引进和培养高技术人才，营造良好的创新环境，促进高新技术产业的跨越式发展，带动我区工业结构的全面升级。重点支持生物制药、印刷包装、食品加工等工业企业的技术进步和技术改造，大力推进企业与科研机构交流结合，积极引进、开发先进技术和科技成果，提高企业的技术水平、新产品开发能力和市场竞争力。走新型都市工业发展道路，重点发展信息、软件等现代产业，扶持、引入一批较有实力的高新技术企业，实施高起点、高技术、规模化、创品牌的发展战略，促进产业集约化发展，培育打造

一批自主创新、技术先进、享誉省内外的知名大企业、大集团，逐步形成以传统优势产业为基础，以高新技术产业为先导的工业体系。借助省内矿产资源丰富和我区人才、科研机构聚集等条件，加快研发生产信息、环保等新材料的步伐，积极推进新材料的产业化发展。同时，利用政策引导企业积极采取合资合作、股份制、兼并收购等方式，促进现有企业特别是不具备竞争力的中小企业资源整合，增强实力，壮大规模。

四、加快项目投资建设，拉动经济跨越增长

始终把项目建设作为加速发展、加快转型、推动跨越的重要手段，努力扩大投资，实施项目拉动战略，切实发挥项目建设对固定资产投资和经济增长的拉动作用，促进全区经济社会实现更好更快发展。按照“突出基础设施项目、提升产业项目、完善民生项目”的基本思路，围绕“一核两带三片区”整体城区规划，全力推动项目建设。要紧扣政策导向，结合我区实际，着力谋划一批扩大内需见效快、拉动增长作用大、经济社会效益好的重大项目。通过项目投资建设，走聚集与集约的发展道路，促进产业升级，提高民生质量，加快城市化进程。突出城市基础设施、道路交通、重要产业、生态环保、民生工程等建设重点，科学编制项目建设方案。坚持“政府引导、企业为主、市场化运作”的模式，进一步发挥政府在重大项目建设中的导向作用，充分利用好金融资金，激发民营企业投资意愿，拓宽引资渠道，全方位吸纳各类资金，实施市场化运转模式，切实推动项目建设。建立重大项目投资协调机制，争取省、市支持，简化项目审批程序，增强服务意识，提高服务效率。

五、强化基础设施建设，全力推进城市化进程

以强化市政路网、环境保护、信息网络等基础性设施建设为重点，进一步增强城市综合承载力，加快推进城镇化建设，力争城市化率达 100%。依托三马片区区位优势，加强道路基础设施建设，形成中心区与金阳新区交通转换的枢纽；积极配合市完成“三条环线十六条射线”、市域铁路、轻轨等路网体系建设。加强阿哈水库水源保护，按照一级水源保护区、二级水源保护区分级保护，加快推进阿哈水库上游流域的跨流域污水排放工程的实施。积极稳妥地推进“三改”工作。合理调整行政区划，加快将现有行政村改为社区，将城郊农民身份转为城市居民，并做好村级集体资产及债权、债务的处置工作。按照统一规划、集中建设的原则，推进“城中村”改造。积极开展农转非人员的就业和社会保障工作，建立和完善有利于促进农村城市化发展的机制体制。推进“数字云岩”建设，加快经济社会各领域信息化，不断提高省会城市中心城区的信息服务水平。

六、统筹协调，纵深推进生态文明城区建设

以推进生态文明城区建设为载体，进一步加强生态环境保护，进一步改善重点流域和区域的环境质量。积极倡导节约型生产模式、消费模式和城市建设模式，促进资源高效利用和循环利用，努力建设资源节约型和环境友好型城区。加强城市中心区周边区域环境污染的防治工作，严格控制污染物排放和噪音污染，加强对新建项目和主要污染物排放单位的监督管理，加快推进垃圾分类回收工作和雨污分流工程建设，进一步提高城市垃圾、污水的无害化处理水平，扎实推进节能降耗，努力使我区生态环境整治取得新进展，城市环境质量得到根本改善。建立健全城区环境考核方案，将责任分解到街道（镇）、社区（村），整合资源，明确责任，加强社会监督和专业监督，提升环境保障能力和管理水平。结合“三创一办”工作，进一步加强城市绿化、美化、亮化建设。按不同功能区进行绿化和美

化，形成一批特色的绿色长廊或城市中心花园。

七、深化体制改革和提高开放水平，切实增强发展动力和活力

坚持把改革开放作为加速发展、加快转型、推动跨越的不竭动力，不断推进体制机制创新，加快构建有利于经济社会又好又快、更好更快发展的环境。采取更加积极的措施，稳步推进重点领域关键环节的改革创新，促进和谐社会、平安社会、信用社会的构建。进一步创新政府管理模式，把政府的经济管理职能转变到主要为市场主体服务和创造良好的发展环境上来，着力于社会管理。积极推进投融资体制和行政审批制度改革，进一步简化行政审批程序。积极推进公共事业管理体制改革，努力构建政事分离的管理体制。积极推进土地征用制度改革。按照科学规划、合理利用、依法管理，努力提高土地利用效益。优化经济发展环境，大力营造促进非公有制经济发展的优良环境，鼓励和支持有条件的非公有制经济进入金融、公共事业、基础设施等领域。鼓励各类人才到非公有制企业发展，提高就业率。创新招商引资机制，努力扩大对外开放领域和范围，力争在开放的观念、思想、领域以及环境上实现新的突破。打破行政区域限制，搭建资源融合、项目整合、生产联合的发展平台，完善经济合作机制，努力探索建立行政协调、产业互动、利益同享、合作共赢的发展格局。

八、科教兴区，为经济发展提供有力的技术和人才支撑

认真贯彻落实国家中长期科技、教育、人才规划及科学素质纲要，大力发展教育事业，加强公民科学素质建设，提高科学技术普及水平，努力整合区内科技和人才资源，为经济社会发展奠定基础。巩固“两基”成果，促进教育事业发展。坚持教育公平，合理配置教育资源，优化中小学校布局，促进义务教育均衡发展。大力发展学前教育和职业教育。切实加大教育经费财政支出，改善办学条件，健全和完善贫困学生助学资助政策体系，保障进城务工人员随迁子女平等接受义务教育。加强教师队伍建设，提高教师素质。把实施人才强区战略放在突出位置，制定切实可行的优惠政策，加快人才培养和引进，把经济社会发展真正转移到依靠科技、依靠人才上来。建立有效的人才激励机制，采取多种措施，整合人才资源，用好和培训提高现有人才，大力引进高技术人才，积极培养区内各类人才，建立与经济社会发展相适应的、高水平的人才队伍。

九、大力改善民生，努力提高人民群众幸福指数

按照全面建设小康社会的要求，始终坚持将民生改善作为加快发展的出发点和落脚点，大力实施民生工程，统筹公共事业全面进步，使广大人民享受到改革和发展的成果。进一步拓展就业领域，广开就业门路，扩大就业容量，大力开发公益性岗位，保持城乡就业稳定增长。深化社会保障制度改革，完善城镇职工基本养老保险、医疗保险等制度建设，健全失业保险制度和城市最低生活保障制度，加快建立和完善农村最低生活保障、养老保险、医疗保险等社会保障体系，努力发展老龄事业。健全医疗卫生服务网络，加强社区医疗卫生服务体系和农村卫生服务网络建设。加强保障性住房建设，优化住房供给结构，重点建设廉租房，积极发展公共租赁房，满足居民多层次住房需求。加快“城中村”棚户区、农村危旧房改造步伐，完善住宅配套设施，扩大人均居住面积，提高居民住房质量。巩固计划生育成果，继续做好计划生育工作，提高人口综合素质。推进社会管理创新，建立矛盾化解机制，畅通领导接访、干部下访等信访渠道，加强人民调解、行政调解和司法调解。加强社会治安综合治理，强力打造“平安云岩”，进一步健全社会治安防控体系，依法严厉打击各种刑事犯罪，坚决扫除“黄

赌毒”等社会丑恶现象，切实提高人民群众的安全感，努力提升人民群众的幸福指数。

十、强化保障机制，努力实现跨越式发展

“十二五”时期，我区将按照中央和省、市的要求，强化保障机制，统一思想，深化认识，强化措施，开拓进取，努力实现加速发展、加快转型、推动跨越的历史性任务。围绕经济社会发展的目标任务，不断完善决策执行机制和跟踪督办机制，认真执行区、街道（镇）和覆盖各部门、各行业、各领域的目标分解机制，一级抓一级，层层抓落实。加强社会主义政治文明和精神文明建设，加强人大的法律监督和政协的民主监督，推进决策科学化、民主化。完善村民自治，加强社区民主建设，努力扩大基层民主监督。深入开展公民道德意识教育，不断提高广大市民的思想道德素质，树立文明和谐的社会新风尚，努力营造良好的社会秩序和和谐的社会环境。充分发挥共产党员先锋模范作用，始终坚持全心全意为人民服务的根本宗旨，加强和改进新形势下群众工作。切实加强惩治和预防腐败体系建设，严格执行党风廉政建设责任制和党政领导干部经济责任审计制度。

全区各级党组织和广大共产党员，要切实增强历史责任感、使命感和紧迫感，紧密团结在以胡锦涛同志为总书记的党中央周围，高举中国特色社会主义伟大旗帜，深入贯彻落实科学发展观，带领云岩人民解放思想、开拓创新，攻坚克难、真抓实干，为全面完成我区国民经济和社会发展第十二个五年规划和生态文明城区建设的宏伟目标而努力奋斗！

云岩区全民健身实施计划

（2011 年—2015 年）

全民健身关系人民群众身体健康和生活幸福，是综合国力和社会文明进步的重要标志，是社会主义精神文明建设的重要内容，是全面建设小康社会的重要组成部分。为深入贯彻落实《全民健身条例》，进一步发展全民健身事业，促进云岩区全民健身活动的开展，保障市民在全民健身活动中的合法权益，提高市民的身体素质，根据《中华人民共和国体育法》《全民健身条例》和《贵阳市全民健身实施计划（2011 年—2015 年）》，结合我区实际，制定本实施计划。

一、指导思想和工作原则

（一）指导思想

以全面贯彻落实科学发展观为统领，以满足群众日益增长的体育需求为出发点，以提高云岩区群众健康素质和生活质量为根本任务，大力开展全民健身运动，形成政府、社会、市场共同发展全民健身事业的格局，全面提高人民体质和生活品位，为全面建成小康社会和构建社会主义和谐社会做出贡献。

（二）工作原则

发挥政府主导作用，提供基本体育公共服务，引导广大市民广泛参与全民健身活动，营造良好的政策环境和浓厚的社会氛围；坚持群众体育与经济社会相适应；服务于党和国家中心任务；坚持统筹兼顾，重在基层，促进各类人群参与健身活动协调发展，推进区域间全民健身均衡发展；坚持活动与建设并举，重在建设，扎实推进全民健身公共服务体系建设。

二、目标任务

（一）经常参加体育健身活动人数明显增加

到 2015 年，经常参加体育锻炼的人数比例达到 35%，其中，不含在校学生的 16 岁以上城区居民达到 22% 以上，农村居民达到 10% 以上。学生在校期间每天至少参加 1 小时的体育锻炼活动。提高老年人、残疾人参加体育锻炼人数比例。

（二）进一步提高城乡居民身体素质

城乡居民达到《国民体质测定标准》合格以上的人数比例明显增加。在校学生普遍达到《国家学生体质健康标准》基本要求，其中达到优秀标准的人数比例达到 20%，耐力、力量、速度等体能素质明显提高。

（三）加快群众身边健身场地和设施建设步伐

全区人均体育场地面积达到 1.5 平方米以上，实现全民健身场地设施基本覆盖全区，各社区均建有全民健身场地设施；100% 的乡镇建有“农民体育健身工程”。100% 的社区和 80% 以上的行政村建有便捷、实用的体育健身设施。有条件的公园、绿地、广场建有体育健身设施。各类体育设施的开放率和利用率有较大提高。形成各级各类体育设施布局合理、互为补充、覆盖面广、普惠性强的网络化格局。为我区承接高水平竞赛和组织大型群众体育活动创造条件。

（四）组织开展群众性体育活动

扎实举办针对不同人群、大型小型相结合的各类体育活动，并发挥其推动群众体育活动的引领作用。大力开展足球、篮球、乒乓球、羽毛球、网球等竞技性强、普及面广的体育运动项目，广泛组织健身操（舞）、太极拳（剑）、登山、自行车、跳绳等群众喜闻乐见、简单易行的健身活动。每年组织开展“体育主题赛季”竞技活动，丰富社区群众的体育生活，根据云岩区的实际情况，依托足球文化资源丰富的优势，继续打造具有一定影响力的区域性、城市化、国家级品牌活动，内容更加丰富，亮点更加突出。

（五）健身指导队伍进一步发展

建成一支规模合理、结构科学、素质优良的各级公益社会体育指导员队伍。加大社会体育指导员培训、登记和管理力度，成立区社会体育指导员协会，实现社会体育指导员协会的规范化管理和培训工作的制度化。

（六）健全城区基层全民健身组织网络

建立区级体育总会，健全单项体育协会、行业体育协会及老年人、残疾人、少数民族、农民、学生等体育社团。着重发展社区体育俱乐部、青少年体育俱乐部，形成遍布城乡、规范有序、富有活力的社会化全民健身组织网络。

三、保障和措施

（一）强化政府公共服务职能，将全民健身事业纳入我区国民经济和社会发展规划，扩大公共服务覆盖范围，提高公共服务水平。发挥激励机制，逐步把全民健身工作作为精神文明考评体系指标。

（二）有计划地建设公共体育设施，将公共体育健身设施的建设依法纳入城区规划和土地利用总体规划。加大基层公共体育设施建设投入，促进全民健身事业均衡发展。城区新建居住区要按照国家有关居住区规划设计规范标准，设计建设体育健身设施。任何组织和个人不得侵占公共体育健身设施或者将其挪作他用。

（三）加大对全民健身事业的投入，按照《全民健身条例》规定，将全民健身事业纳入区级国民经济和社会发展规划，将全民健身工作所需经费列入区级财政预算。加强基础建设和重大全民健身活动的经费投入，对公益性全民健身事业单位和服务机构给予必要的经费保障。随着本地国民经济的发展逐步增加对全民健身事业的投入。

（四）鼓励自然人、法人或者其他组织对全民健身事业提供捐赠和赞助，对在发展全民健身事业中做出突出贡献的组织和个人，按照国家有关规定给予表彰奖励。

（五）结合国家扩大内需、拉动发展的新形势，进一步推进全民健身中心工程、社区体育俱乐部、青少年体育户外营地和俱乐部、全民健身路径工程等建设。

（六）调动社会各方面积极性，开展不同竞技水平的群众体育活动。体育部门要在全民健身日组织开展丰富多彩的群众体育活动，提供免费健身指导服务，公共体育设施应当在全民健身日向公众免费开放，鼓励其他各类体育设施在全民健身日向公众开放。

（七）认真贯彻落实中共中央、国务院《关于加强青少年体育、增强青少年体质的意见》，积极开展亿万青少年阳光体育活动。逐步增加中小学校体育课时，每年至少举办一次全校运动会，保证学生每天参加体育锻炼的时间不少于1小时，使学生掌握1项~2项终身受益的体育技能，并养成经常性锻炼的习惯。积极开展全区中小学足球、篮球活动，有条件的学校可根据实际情况开设课程，加强培训，提高体育教师培养学生体育锻炼意识的教学水平。

（八）突出重点，坚持城市体育以社区体育为基础，大力推行全民健身实施计划。各社区要加强对体育工作的组织，区政府要对各社区开展全民健身实施计划给予经费上的支持和指导，让社区能够更好地开展社区体育工作。

（九）机关和企事业单位要加强职工体育工作，广泛建立职工体育俱乐部和体育健身团队，开展符合单位特点和职工喜闻乐见的体育健身活动和体育竞赛。坚持工间（前）操制度，开展体育锻炼标准达标测验和职工体质测试活动。各行业、系统结合自身特点，每年要举行1次大型职工体育健身活动。

（十）积极广泛开展以少数民族传统体育项目为主的体育健身活动。建立健全少数民族体育协会，培养少数民族体育人才，积极参加上级举办的少数民族体育运动会。

（十一）广泛开展残疾人体育健身活动，提高残疾人的身体素质和平等参与社会活动的能力。建设无障碍体育设施，丰富残疾人体育健身方法，培养体育骨干，提高残疾人体育运动教学水平。

（十二）重视妇女和老年人的体质和健康问题，积极倡导科学、文明的健身理念，倡导和推广适合其特点的体育健身方法，积极支持他们参加体育健身活动。公共体育设施对老年人参加体育活动提供便利和优惠，社区服务兼顾老年人体育健身服务。适时举办不同类型人群参加的运动会或竞赛活动。

（十三）加强各级社会体育指导员的培训工作，鼓励和支持社会体育指导员发挥作用，逐步推进成立社会体育指导员协会。体育行政部门要设立社会体育指导员专项经费，用于培养、业务交流、表彰奖励和必要的工作补贴，为社会体育指导员开展工作提供便利和支持。积极发展职业社会体育指导员，严格职业技能培训和鉴定，继续推行职业资格证书制度，加大体育行政执法力度，全面推行营利性和高危项目体育健身场所职业社会体育指导员持社会体育指导员职业资格证书上岗工作。

（十四）加大资金投入，建立健全国民体质监测网络。体育行政部门要配备体质测试器材，逐步建立国民体质监测工作常态化机制，并将本地的国民体质现状定期向社会公布，为广大人民群众提供健身咨询服务，并作为制定和实施全民健身计划的重要依据之一。

（十五）广泛开展全民健身志愿服务活动。动员社会各界积极投身全民健身志愿服务活动，形成以社会体育指导员为主体，优秀运动员、教练员、体育教师、体育专业学生和社会热心人士参与的全民健身志愿服务队伍。建立全民健身志愿服务工作体系，健全注册管理和培训制度，普及志愿服务相关知识，提高全民健身志愿服务队伍的专业化水平和服务质量，形成全民健身志愿服务长效化机制。

四、实施步骤

本计划在中共云岩区委、区人民政府领导下，由云岩区文体局会同各社区、群众组织和社会团体共同推行。各部门、各系统根据行业具体情况，制定相应的规划和实施方案。

本计划采取整体规划，逐步实施的方式。2011年为第一阶段，进行安排部署和宣传发动，初步掀起全民健身活动热潮。2012年—2014年为第二阶段，通过重点实施、逐步推进，全面展开全民健身计划的各项工作，形成崇尚健身、参与健身的社会环境和社会风气。2015年为第三阶段，全民健身计划的各项工作普遍取得成效，建立具有云岩区特色的全民健身体系的框架。

云岩区人民政府关于进一步加大扶持微型企业发展工作力度

各社区服务中心、黔灵镇人民政府、区人民政府各工作部门：

为充分发挥微型企业带动社会就业、壮大实体经济、促进社会稳定、增加社会经济总量的良好作用，进一步做好2013年云岩区扶持微型企业发展工作，现就有关事项通知如下：

一、提高服务效能，缩短审批环节和办理时限

（一）创业者申办微型企业时，可直接向当地工商部门提出创业扶持申请，取消乡（镇）政府推荐环节；取消创业申请人应取得人力资源社会保障部门颁发的创业培训合格证的前置要求，但申请人最迟应于注册登记后2个月内取得创业培训合格证。

（二）建立健全微型企业行政审批定期联合办公制度，集中办理微型企业注册登记、行政审批、补助兑现、税收奖励、贷款申请等业务。

（三）各有关部门在办理微型企业必要的行政审批时，要在受理3个工作日内完成审批并回复申请人，要件齐备的，应做到立等可取。区微企办、微企评审委员会、工商局应在3个工作日内完成审核和注册登记工作。

二、抓好政策落实，及时兑现财政补助资金和税收奖励

（一）区财政要将扶持微型企业财政补助资金纳入年度预算。受理微型企业拨款申请后，区微企办要会同财政等有关部门在5个工作日内将补助资金划入符合条件的微型企业银行账户。

（二）区微企办要会同财政、国税、地税等部门，按照《关于开展2012年扶持微型企业发展税收奖励工作的通知》（黔微企办通〔2013〕2号）要求，对微型企业实际缴付的所有税收中省级以下地方留存部分总额进行等额奖励。

三、整合资源，切实解决微企融资难问题

（一）区微企办要加强与金融机构的沟通，积极引导金融机构为微型企业提供贷款服务，并督促银行业金融机构落实关于扶持微型企业发展的金融服务政策，建立针对微型企业贷款的风险准备金制度，提高对微型企业贷款不良率的容忍度，建立微型企业呆账坏账核销“绿色通道”，提高坏账、呆账核销效率。

（二）继续建立融资担保风险基金，专项用于微型企业贷款风险补助。根据筑府办发〔2013〕56号文件从2013年起，不再从每户微型企业的补助资金中提取1万元的融资风险基金，区政府要结合自身实际，建立区级融资扶持专项资金。对2012年已提取的融资扶持专项资金严格按《贵阳市微型企业融资扶持专项资金管理暂行办法》进行使用。建立健全由财政、工信、工商、金融、人社等部门参与

的区级微型企业融资扶持专项资金联合评审小组，负责使用和管理好融资扶持专项资金。

（三）区人力资源社会保障部门要积极为符合就业小额担保贷款（包括妇女就业贴息小额担保贷款）申贷条件的微型企业办理借贷手续。经办担保机构要通过银行评级授信、联保等担保方式拓宽反担保渠道，降低反担保门槛。区政府于2013年4月底前建立政府出资的就业小额担保中小企业信用担保机构，为符合扶持条件的微型企业提供担保支持。

（四）区直有关部门在安排涉企项目和专项资金时，对微型企业要适度放宽条件，原则上要将资金总额的10%以上投向微型企业，并逐年递增。政府采购、外包项目要向微型企业倾斜，针对微型企业的采购，外包项目要在政府采购、外包项目中占一定比例。鼓励大中小型企业与微型企业组成联合体共同参加政府采购。

（五）结合“5个100”工程以及扶贫生态移民工程等，制定鼓励微型企业进驻相关工业园区、产业园区、现代高效农业示范园、特色小城镇、城市综合体、旅游景点等的具体优惠措施、鼓励建立微型企业创业园、孵化园、产业版块、引导加工制造、电子商务、软件开发、商贸物流、信息服务、建材安装等微型企业集聚发展，形成有特色的微型企业体系、微型企业村镇。

（六）区有关部门要帮助和引导微型企业加强财务、安全、节能、环保、用工等管理，开展创业指导和综合服务。加强商标品牌指导，引导微型企业创建自主品牌。鼓励微型企业以提升产品科技含量为目标转化科技成果。广播、电视、报纸等媒体要开设固定栏目或开辟专栏，为微型企业免费或微利登载宣传广告。

四、加强宣传，营造全民创业气氛

区微企办、工商局要通过便民手册、宣传栏、现场咨询等方式，向社会公开申办微型企业的有关条件、手续、程序、政策等，提高知晓率，调动群众申办微型企业的激情，引导创业促进就业。

五、规范工作程序，推动微企发展

（一）建立联席会议制度。扶持发展微型企业工作领导小组每季度要召开一次联席会议，传达省、市的各项政策、决定、会议精神，安排部署全区扶持微型企业发展工作，研究解决工作中存在的困难和问题。

（二）建立扶持微型企业发展工作联席制度。扶持微型企业发展工作领导小组成员单位分别对口包保一个联系点，帮助解决工作中存在的困难和问题，结合区域经济特点引导建立微型企业孵化园，解决发展特色产业和相关配套产业，促进微型企业发展。

（三）建立健全组织机构。明确工作职责，强化资金保障，将配套财政补助资金纳入本级财政预算，同时落实微企办工作经费，保障扶持微型企业发展工作有序开展。

中共云岩区委　云岩区人民政府
关于加快生态文明示范城区建设
全面推进幸福云岩进程的实施意见

云党发〔2013〕3号

（2013年1月28日）

为全面贯彻落实党的十八大、省委十一届二次全会、市委九届二次全会精神，围绕“幸福云岩”建设的总体目标，积极动员全区广大干部群众，抢抓战略机遇期和黄金发展期，进一步解放思想、锐意进取、攻坚克难、奋力拼搏，努力实现经济社会更好更快发展，在迈向生态文明新时代的征程中继续作表率、走前列，特制定本实施意见。

一、重大意义

1. 加快生态文明示范城区建设，全面推进幸福云岩进程是贯彻落实中央、省、市战略决策部署，实现经济社会更好更快发展的历史责任。党的十八大把生态文明建设纳入中国特色社会主义事业“五位一体”总布局；省委十一届二次全会提出了“大力推进生态文明建设”，“把生态文明建设放在现代化建设全局的突出位置”的要求；市委九届二次全会明确了建设全国生态文明示范城市的目标。作为全省经济强县建设排头兵的云岩，肩负着实现更好更快发展，继续作表率、走前列的责任，肩负着认真贯彻落实中央和省、市重大决策部署，加快建设幸福云岩的使命。全区上下要牢固树立强烈的责任意识和大局意识，充分认清云岩在迈向生态文明新征程中的重要地位和历史使命，把思想和行动统一到加快推进生态文明示范城区建设上来，凝聚各方智慧和力量，团结拼搏、克难攻坚、勇挑重担、多作贡献。

2. 加快生态文明示范城区建设，全面推进幸福云岩进程是云岩抢抓重大发展机遇，实现跨越发展的现实要求。我国仍处于可以大有作为的重要战略机遇期，机遇与挑战并存，机遇大于挑战。为此，云岩必须准确判断重要战略机遇期内涵和条件的变化，全面把握新一轮发展机遇，沉着应对挑战，赢得主动，赢得优势，赢得未来。当前，第二轮西部大开发战略深入实施，国发2号文件的出台和黔中经济区的加快开发，省政府大力支持贵阳发展，各类资源要素加速集聚，为全区顺势而为、乘势而上创造了十分有利的外部环境。中心城区独特的产业优势、区位优势、人文优势，以及日趋增强的综合实力、日益优化的发展环境、日渐浓厚的创业氛围，都为我们应对各种挑战考验、实现又好又快、更好更快发展奠定了坚实基础。全区上下要树立强烈的发展意识和奋进意识，充分认清国内外经济环境深刻变化的新形势，牢牢把握“加速发展，加快转型，推动跨越”的主基调，紧紧围绕“坚持走科学发展路，加快建生态文明市”的总路径，发挥自身优势，主动应对挑战，努力走出一条推动云岩率先实现跨越式发展的道路。

3. 加快生态文明示范城区建设，全面推进幸福云岩进程是我区应对区域竞争挑战，增创新优势，开创新局面的迫切需要。国际竞争历来就是时间和速度的竞争，谁动作快，谁就能抢占先机，掌握制高点和主动权；谁动作慢，谁就会丢失机会，被别人甩在后边。当前，区域发展竞争势态日趋激烈，云岩的发展正处在百舸争流、不进则退、慢进也退的关键转折时期。全省其他区县在增比进位中的发展速度普遍快于云岩，总量追赶和单项超越之势日趋明显。云岩要进一步巩固和扩大全省第一经济强区的地位和优势，就必须树立强烈的忧患意识和危机意识，准确把握云岩所处的历史方位和现实定位，准确把握各区县激烈竞争的发展趋势，始终掌握制高点，全面推进幸福云岩进程，不断突破重点、攻克难点，努力开创新局面，使云岩经济社会发展继续走在全市、全省前列。

4. 加快生态文明示范城区建设，全面推进幸福云岩进程是顺应人民群众对幸福生活新期待的必然要求。生态文明和幸福云岩是时代的召唤、人民的期盼、发展的需要，符合省情、市情，切合云岩实际。经过改革开放30多年的快速发展，全区经济社会发展取得历史性重大成就，人民群众的物质文化需求和生态诉求日益增长；加快生态文明示范城区建设，全面推进幸福云岩进程是对人民从追求小康向过上更美好生活的主动顺应。面对新期待，全区上下必须树立强烈的宗旨意识和为民意识，始终秉持为人民谋幸福的理念，不停顿、不止步、不懈怠，努力把经济社会发展提高到一个新水平，为人民群众创造更好的生产生活环境。

二、指导思想

以邓小平理论、"三个代表"重要思想、科学发展观为指导，不断巩固和提升创建全面小康社会水平，加快生态文明示范城区建设，全面推进幸福云岩进程。坚持能快则快、又好又快、更好更快，千方百计扩大经济总量、提高发展质量、增强创新优势、着力改善民生、加快城乡一体、促进文化繁荣、建设生态文明、维护和谐稳定、提升服务效能，推动经济社会实现快速、健康、全面协调发展。

三、基本原则

——坚持以生态文明引导发展方式。促进经济发展方式实质性转变，在机遇面前敢于发展、善于发展，实现经济发展与资源节约、环境改善相得益彰，协调推进，努力走出一条体现时代要求、具有云岩特色的生产发展、生活富裕、生态良好的绿色发展道路。

——坚持以改革创新增强发展动力。坚定不移把改革创新作为经济社会发展的第一驱动力，全面推进科技创新、管理创新和体制机制创新，充分激发基层和群众的创造活力，在全社会营造鼓励改革创新、支持改革创新的浓厚氛围，当好全省发展的排头兵。

——坚持以民生改善检验发展成果。始终坚持把保障改善民生、维护群众利益作为一切工作的出发点和落脚点，在民生事业上倾注更多的精力、投入更多的财力，多做惠民利民的实事好事，努力营造人民安居乐业、社会和谐稳定的良好环境。

——坚持以务实作风保障发展成效。大力弘扬"知行合一、协力争先"的贵阳精神，继续发扬"团结拼搏、自强不息、艰苦奋斗、争创一流"的云岩精神，始终保持昂扬向上的精神风貌、奋发有为的进取意识、敢打敢拼的工作劲头、服务群众的务实作风，为民、务实、清廉地保障发展、造福于民、取信于民。

四、工作目标

在迈向生态文明新时代进程中，以率先在全省实现全面小康、率先建成生态文明示范城区、率先向现代化迈进的奋斗目标为载体，全面推进幸福云岩建设。具体分三个阶段实施：

1. 率先在全省实现全面小康阶段。2012 年，人均地区生产总值突破 7000 美元，城镇居民人均可支配收入超过 3500 美元，农民人均纯收入超过 1700 美元，在圆满实现“531”核心指标的基础上，确保 2013 年通过全省小康社会创建测评考核，率先实现全面小康；经济、政治、文化、社会和生态文明建设不断加强。

2. 率先建成生态文明示范城区阶段。按照市委关于建设全国生态文明示范城市的安排部署，到 2018 年，率先两年在全市建成生态文明示范城区。空间开发格局更加优化，城市人居环境显著改善，力争森林覆盖率达到 40%，建成区绿化覆盖率达到 50%。形成以服务业为主导的产业体系，现代服务业和高新技术产业比重不断提高。人民生活更加殷实，基本公共服务均等化基本实现。生态文明意识牢固树立，生态文明制度体系更加完善，实现经济实力强、生态环境好、幸福指数高的目标。

3. 率先向现代化迈进阶段。到 2020 年，在生态文明示范城区的基础上率先向现代化迈进，为基本实现现代化打下坚实基础。地区生产总值在 2010 年的基础上翻两番，突破 1200 亿元；城乡布局更加优化，生态环境实现良性发展，统筹水平不断提高，公共服务均衡发展，人民生活整体迈向富裕阶段。

五、重点任务

围绕“三个率先”、建设幸福云岩的目标，突出重点领域，采取有力措施，强攻薄弱环节，分阶段逐步推进，全面提升云岩经济社会综合实力和可持续发展能力，推动云岩各项工作作表率、走前列。

（一）全力推动经济更好更快发展

1. 着力构建生态产业体系。坚持走内涵式发展道路，着力提高创新发展能力，推进产业升级换代和产业结构调整，加快构建以高新技术产业为主导、服务经济为主体、都市工业为支撑的生态产业体系。把发展现代服务业作为产业优化升级的战略重点，推动生产性服务业与都市型工业融合发展，生活性服务业与扩大居民消费相互促进，服务业集聚区与总部楼宇经济区配套建设，旅游文化服务资源与“黔灵毓秀、贵中云岩”城区品牌同步提升，大力发展信息中介、金融证券、创意设计、教育培训、会展服务、生态旅游等服务业，促进服务业比重提高、结构优化、竞争力提升，力争 2020 年全区服务业比重提高到 70% 以上。大力发展战略性新兴产业，强化政策支持和规划引导，重点推动生物制药、印刷包装、食品加工、橡胶轮胎等四大优势产业和新能源、新材料、新传感产业健康有序发展，加快突破一批制约新兴产业发展的关键核心技术，开发一批具有自主知识产权和市场竞争力的品牌产品，培育一批带动力强的创新型龙头企业，尽快把新兴产业培育成为我区经济增长的先导产业。着力改造提升传统商贸业和餐饮业，推进规模化与信息化深度融合，实施品牌和质量战略，支持企业兼并重组、做大做强，加快向产业链两端延伸、价值链高端攀升，进一步提高行业平均利润率和市场占有率。以项目建设为依托，创新招商方式，加大招商力度，积极组织参加国内外重大招商，重点加强终端产品和产业链招商，更加注重项目投入，极力提高利用外资的规模和质量，加快推进在建、续建重点项目，力争每年重点项目投资增长 40%。高度重视培育领军企业，保障中小企业稳步发展，重点扶持打造销售收入上亿元的民营企业集群。（主要责任领导：董亚伟、沈川、陈卫，牵头单位：区发展改革局、区工信和科技局、区商务局、区投资促进局、区工商局、区旅游局、各片区经济发展中心）

2. 进一步优化空间布局。全面提升“一核两带三片区”的发展内涵，积极向空间要效益，不断增强发展优势。加快核心区改造升级，打造全省现代商贸中心。将城区改造和产业升级结合起来，注重从规划源头做起，加大城区改造建设力度，全力推动中心区棚改项目进程，着力提升城区经济承载力和单位面积产出率，推动中心城区向高端化、集约化、品牌化发展。充分发挥云岩的区位优势和资源优势，注入城市文化资源，进一步推进喷水池、大十字、大西门、紫林庵、新三桥、大营坡等六大商圈调整提升，加强业态之间的联动和整合，突出业态培育和品牌引进，倾力打造省会总部经济发达、高端商务云集、生活品质突出的中央商务游憩区和核心商业商务旗舰区。抓好东、西、北三片区开发，推进云岩产业转移工业园区建设，打造活力强劲的增长极。以招商引资为重点、项目建设为抓手，按照“重点突破、以点带面、示范带动”的思路，高效率、快节奏、大力度地加快三个片区开发。推进三片区和核心区产业发展互补共融、基础设施无缝对接和市场资源优化整合，将三片区打造成云岩战略新兴产业功能区，着力提升云岩发展核心的竞争力和带动力，形成全区最为强劲、最具活力的经济增长极。（主要责任领导：董亚伟、段蓓、沈川、陈卫、罗丕，牵头单位：区发展改革局、区商务局、区投资促进局、区规划分局、区国土分局、区住房城乡建设局、区棚改办、区国土征收局、区东线建设指挥部、区三马项目建设指挥部、区北线建设指挥部、各片区经济发展中心）

3. 进一步加强自主创新。抓住“人才”和“投入”两个关键环节，以深化改革为动力，搭建平台、健全机制、创新政策，大力发展创新型经济，培育更多的自主知识产权、自主品牌和创新型企业，大幅度提高科技进步贡献率。大力实施人才强区战略，加强产业人才队伍建设，加大高层次人才引进培养力度，全面实施教育、人才发展规划纲要，深入推进“领军人才引进工程”建设，围绕重点产业和科技优先发展领域的需要，大力引进国际化领军人才、科研人才及其团队来云岩创新创业，加快培养具有战略眼光的高素质管理人才和紧缺急需的高技能人才，强化人才服务体系和创业载体配套建设，进一步完善激励机制，落实优惠政策，使人才引得进、留得住、用得好、出成果。加大科技创新投入力度，坚持科技创新创业与实现产业化深度结合，深化与周边区县合作，共建科技产业园区。加大科技创业扶持力度，创新推进机制，极力帮助创业者实施“科技创业计划”。构建多元化多层次科技投入机制，实现政府引导性投入稳步增长、企业主体性投入持续增长、社会多渠道投入大幅增长，力争到2020年社会研发投入占GDP比重上升到2.8%。（主要责任领导：杨晓阳、沈川，牵头单位：区委组织部、区工信和科技局）

（二）努力让人民过上更加美好的生活

1. 更快促进居民增收。全力扩大社会就业，大力发展城市经济，极力扶持中小微企业，多渠道开发就业岗位，促进就业创业稳定。加强组织合作促增收，引导各类富民合作经济组织做大做强，着力促进农民增收，进一步推进土地承包经营权流转入股，强化承包土地确权确股确利，增加集体经济分配性收入、政策扶持补贴性收入和股份合作投资性收入。（主要责任领导：吴永康、罗丕，牵头单位：区人力资源社会保障局、区农水局）

2. 更大力度健全保障。进一步增加财政对民生事业的投入，不断提升城乡居民保障水平。坚持“全覆盖、保基本、多层次、可持续”方针，努力扩大社会保险覆盖范围，实现应保尽保；加强基金征缴力度，努力做到应收尽收。纵深推进被征地农民社会养老保障工作。加大住房保障力度，突出城镇低收入家庭住房保障，加快廉租房、公共租赁房、经济适用房、拆迁安置房建设步伐，到2020年城镇保障性住房供给率达到98%。完善养老服务体系，鼓励社会力量参与兴办养老事业和养老产业，推广机构养老、居家养老、社区养老等多元化的养老服务模式。（主要责任领导：董亚伟、赵震洋、吴永康、杜凌云、罗丕，牵头单位：区财政局、区人力资源社会保障局、区民政局、区卫生食品药品监管局、区住房城乡建设局、区老龄办）

3. 更实举措便民利民。大力实施各项民生实事工程。突出教育优先，认真落实《深化教育改革建设教育强区的实施意见》以推进“两项改革”和“五大任务”为重点，以实施“七大工程”为载体，加快推进教育改革和发展，努力在全省率先基本实现教育现代化，办人民满意的教育。着力完善一社区一公办幼儿园的学前教育布局，大力推进中小学校均衡发展，全面提升办学水平和教育质量。积极扶持一批民办教育学校，实现优质、健康、规范发展。到2020年，主要劳动年龄人口平均受教育年限超过13年。提高医疗水平，推行公立医院改革，鼓励社会资本进入医疗服务领域，打造多层次医疗服务平台。加快片区医院改扩建设。延伸文体普惠，坚持公益、均等、便利原则，实施全民健身计划，居民小区、自然村实现公共体育设施全覆盖。推动企业、学校等各类文化设施资源共享，扩充公共文化服务网点，人均拥有公共文化体育设施面积始终保持全省前列。（主要责任领导：赵震洋、杜凌云，牵头单位：区教育局、区卫生食品药品监管局、区文体局）

（三）大力改善城区生态环境

1. 高标准实施生态建设。大力建设和保护环城林带、百花山脉、黔灵山脉等生态绿色屏障，继续实施荒山造林，搞好防护林带建设、主次干道绿化、街头绿化、广场绿化、庭院绿化和通道绿化建设，突出抓好沿湖、沿河、沿路、沿场、沿山“五沿”绿化，加大公园绿地建设力度，高水平建设山体公园，着力打造小关湖湿地公园、鹿冲关森林公园等，不断提高森林覆盖率和建成区绿化率。进一步加强“南明河变清”长效管理，严格保护阿哈湖水库等饮用水源，实施对南明河、市西河、小关水库、黔灵湖等河湖水系的生态环境修复和综合治理，实施绿化景观改造，加强黔灵山公园等生态和景观敏感区的管理。到2018年，累计完成城区绿化带改造建设25万平方米，彰显“显山、露水、见林、透气”的城市特色。（主要责任领导：罗丕，牵头单位：区生态文明局）

2. 高强度推动城市管理整体提升。按照“净、绿、亮、齐、便、美”的标准，强化城市管理，美化市容环境，提升城区品位。深入推进“整脏治乱”工程，继续加强对违法建筑、户外广告以及流动摊点、违章占道经营等专项治理，努力创造优美、整洁、有序的市容环境。认真强化“门前三包”制度，加强街道规范化管理，着力打造具有云岩特色的环境样板街，进一步美化、亮化城区环境。全面开展农村环境综合整治，重点整治生活垃圾、生活污水、乱堆乱放等，着力提升公共设施配套、绿化美化、农村环境管理等方面的水平。通过建章立制、细化标准、量化目标、明确职责，实现城市管理的无缝隙、无死角和全覆盖。不断完善源头治理、职能部门协同参与、网格化联动等机制，实施长效化管理。完善数字化城市综合管理系统，积极发挥“12319”公共服务指挥中心作用，为群众提供便捷的综合性公共服务，逐步增加公共服务覆盖面，推行一站式、一条龙服务模式，推进城市管理标准化、精细化、人性化。（主要责任领导：杨晓阳、董亚伟、罗丕，牵头单位：区委群工委、区城管局、区生态文明局）

3. 高品质打造生态宜居城区。巩固提升“全国文明城市、国家卫生城市”创建成果，坚持不懈争创“国家环境保护模范城市”，不断改善城区人居环境。积极开展“生态文明学校、生态文明医院、生态文明企业、生态文明社区、生态文明家庭”等创建活动，扩大生态示范创建活动成果，营造宜居宜业的生态空间。坚持发展循环经济和低碳经济，大力实施节能减排工程，促进生态经济化、经济生态化。充分发挥政府在低碳消费中的引领作用，着力建设节约型低碳政府，实行政府机关采购绿色产品和节能产品制度。广泛推广绿色建筑技术，公共建筑物率先执行绿色建筑标准。（主要责任领导：董亚伟、段蓓、罗丕，牵头单位：区文明办、区财政局、区生态文明局、区住房城乡建设局）

（四）竭力促进社会各项事业进步

1. 开创精神文明建设新局面。深入开展中国特色社会主义理论体系的宣传普及。不断拓展群众性精神文明创建活动，全面实施公民素质提升行动计划。大力宣传生态文明理念，把生态文明纳入国民教育体系，进一步加强对机关、企业、社区和村寨的生态文明教育宣传。积极倡导绿色生活方式，深入开展保护生态、爱护环境、节约资源宣传活动，强化绿色环保理念，培养节能环保、爱护生态、崇尚自然、绿色消费的生活习惯，推动形成低碳消费模式，让爱护生态、亲近自然成为社会风尚和全区人民的自觉行动。广泛开展科学知识普及和全民读书活动，深入推进学习型社会建设，塑造和弘扬新时期云岩精神。提倡修身律己、尊老爱幼、勤勉做事、平实做人，积极营造我为人人、人人为我的社会氛围。加强职业操守，支持创新创业，鼓励劳动致富，发扬团队精神。大力开展志愿服务活动。进一步加强未成年人思想道德建设。净化社会文化环境，保护青少年身心健康。引导人们知荣辱、讲正气、尽义务，形成扶正祛邪、惩恶扬善的社会风气。（主要责任领导：段蓓、沈川、赵震洋、罗丕，牵头单位：区委宣传部、区文明办、区文体局、团区委、区妇联、区科协）

2. 开创社会管理创新新局面。坚持以群众工作为统揽，建立健全“党委领导、政府负责、社会协同、公众参与、法治保障”的社会管理格局。深入推进社区扁平化管理，进一步完善社区功能，推动社区服务资源向基层和社会转移。健全社区基层组织建设，强化规范管理，提供便捷社区服务，丰富社区活动，维护良好社区治安，促进邻里和谐相处。加大对社会组织发展的支持力度，引导社会团体、行业组织、中介机构、志愿者团体等社会组织增强自我管理、服务社会的能力，努力构建政府、社会、公民多元互补的和谐关系。加强管理机制建设，健全群众权益维护机制，畅通群众诉求表达、利益协调、权益保障渠道，完善矛盾排查、预警、调处机制、应急管理机制和虚拟社会管理机制，努力从源头上预防和减少不稳定因素。健全人口服务管理体制，完善人口社区化、社会化管理服务体系，提高人口服务水平。深入推进法治云岩、平安云岩建设，加大公共安全投入，完善社会治安防控体系。全面提升生产、交通、消防、食品药品等安全监管水平，确保不发生有重大影响的公共安全事故，为人民群众提供一个和谐、稳定、有序的生产生活环境。（主要责任领导：杨晓阳、董亚伟、宋庆松、赵震洋、吴永康、杜凌云、罗丕，牵头单位：区委群工委、区委政法委、区群工中心、区公安分局、区司法局、区民政局、区人口计生局、区卫生食品药品监管局、区安监局、区质监局、团区委）

3. 开创文化繁荣发展新局面。大力弘扬“团结拼搏、自强不息、艰苦奋斗、争创一流”的云岩精神，进一步提振“精气神”。深入推进学习型党组织和学习型领导班子建设，全面带动学习型社会建设。大力实施文化惠民工程，完善公共文化服务体系，丰富群众文化生活。突出公益性、基本性、均等性、便利性，建成结构合理、功能健全、实用高效、惠及全区群众的公共文化服务体系。广泛开展群众性文化活动，继续办好“三月三”、“四月八”、“六月六”等少数民族传统节日，积极开展消夏纳凉晚会、激情广场、文化下乡、文化进企等活动，丰富人民群众生活。大力提升专业文化水平，充分发挥云岩城市文化旅游年、少儿艺术节等专业文化资源优势，创作一批贴近生活、贴近群众、体现云岩特色的文化精品，进一步丰富专业文化品牌内涵。力争 2020 年文化产业增加值占 GDP 比重超过 10%。（主要责任领导：段蓓、沈川、赵震洋，牵头单位：区委宣传部、区文体局、区民宗局）

六、保障措施

1. 加强组织领导，凝聚合力。全区各级党组织和领导干部要以组织实施本《意见》为统领，加快生态文明示范城区建设，全面推进幸福云岩进程。区委、区政府成立由主要领导为组长，区分管领导为副组长，各相关部门、各社区（镇）为成员的领导小组，切实加强组织领导。各部门、各社区（镇）也要成立相应的工作机构，制定具体方案和工作措施，切实加强对生态文明示范城区和幸福云岩建设的组织领导及工作协调。（主要责任领导：聂雪松、杨继，牵头单位：区委办公室、区政府办公室，责任单位：各部门及各社区〈镇〉）

2. 注重政策研究，完善机制。加快建立完善有利于生态文明示范城区和幸福云岩建设的体制机制和政策体系。对国家、省和市出台的相关政策措施进行全面梳理和整合、协调、对接，确保用足用好。紧盯国家、省和市出台的有关政策，争取更多新政策在云岩先行先试。要加强对上衔接，随时对上沟通汇报，确保各项工作得到上级的支持和认可。针对新情况、新问题，深入开展调查研究，重点围绕转变经济发展方式、保障和改善民生、推进生态文明、加强社会建设管理等方面，抓紧制定完善并有效落实相关政策。（主要责任领导：董亚伟、吴永康、罗丕，牵头单位：区委办公室、区政府办公室、区发展改革局、区财政局、区人力资源社会保障局、区民政局、区生态文明局）

3. 弘扬实干作风，务求实效。积极倡导脚踏实地、埋头苦干、多做少说、崇尚实干的优良作风，切实引导和激励全区干部群众积极投身于全面推进生态文明示范城区和幸福云岩建设的伟大实践。加强领导干部作风建设，领导干部要以身作则、率先垂范，带头开拓创新、带头真抓实干、带头服务群众、带头廉洁自律，树立开拓进取、勤政廉政的良好形象。加强机关作风建设，切实增强责任意识、服务意识、大局意识，加快建设服务型机关，大力提升为群众服务、为基层服务、为企业服务、为发展服务的水平，树立为民务实、优质高效的良好形象。加强基层干部作风建设，引导基层干部切实增强宗旨观念，不断提高工作水平，想群众所想、急群众所急，在知难事、破难题、解民忧上下功夫，争做人民群众的贴心人、群众致富的带头人和为民办事的当家人，树立真情为民、服务群众的良好形象。（主要责任领导：杨晓阳、张洪，牵头单位：区委办公室、区政府办公室、区纪委、区委组织部）

4. 强化监测考核，加大奖惩。将生态文明示范城区建设，全面推进幸福云岩进程的各项工作进行量化细化，并纳入全区的工作计划和奋斗目标，纳入各部门、各社区（镇）的工作目标。定期对工作落实情况进行统计分析和综合考评，并将考核评价结果记入各单位党政领导班子绩效，作为领导班子调整和领导干部选拔、奖惩的重要依据，力求考出导向，评出压力，奖出动力。积极鼓励有条件的部门、社区（镇）提升标杆，主动作为，努力形成“你追我赶、攀高比强、奋勇争先”的工作格局。对各项任务进展实施季度监测、半年评估、年度考核，对目标任务完成好的单位通报表彰，对未达时序进度的责任部门给予通报批评，督促后进变先进，推动先进再提高，全力确保各项任务落实到位。（主要责任领导：杨晓阳、董亚伟，牵头单位：区委办公室、区政府办公室、区委组织部、区督办督查局）

中共云岩区委
关于率先迈向基本现代化的实施意见

云党发〔2015〕3 号

（2015 年 3 月 2 日）

为认真贯彻党的十八大和十八届三中、四中全会精神，深入落实省委、市委对云岩经济发展的新要求，充分发挥勇当贵阳发展升级版主力军作用，坚守发展和生态两条底线，努力走出经济发展与生态建设的“双赢之路”，进一步巩固全面小康创建成果，加快建成生态文明示范城区，在全省率先开启迈向基本现代化的新征程，特制定本实施意见。

一、总体思路和目标

（一）总体思路

进一步巩固全面小康创建成果，以科学发展观为指导，以改革开放为根本动力，以科技创新为主要引擎，以现代服务业为产业支撑，以生态保护为底线，以城市建设管理转型升级为重点，坚持立足现实、分类指导、统筹推进、逐步达标的工作原则，抢抓机遇，强力推进，实现产业现代化、城市现代化、文化现代化、公共服务现代化和生活现代化，建成全省率先迈向基本现代化的先行区和示范区，实现经济社会快速健康持续发展。

（二）奋斗目标

力争到 2020 年，建成全省率先迈向基本现代化的示范城区。全区地区生产总值超过 1200 亿元，人均生产总值超过 12 万元，基本建成现代、和谐、有创造力的社会，不断巩固创建成果，努力实现经济社会发展历史性跨越。

——经济更加发达。基本形成以现代服务业为主导，高新技术产业为支撑的现代产业体系。第三产业增加值占地区生产总值比重达到 75% 以上，科技进步贡献率达 90% 以上，研发经费支出占地区生产总值比重达 3% 以上，区域创新体系更趋完善。

——生活更加幸福。城市居民人均可支配收入超过 5 万元，覆盖全区的社会保障体系更加健全，公共服务水平大幅提高。城镇化率达到 100% 。

——生态更加优化。地区生产总值单位能耗和主要污染物排放总量明显下降，城市生活垃圾无害化处理率达到 100% ，城区空气质量明显向好，形成功能互补、特色鲜明、优美宜居的现代化城区。

——文化更加繁荣。深入推进“教育强区”战略，进一步加大教育投入，力争公共教育经费占地区生产总值比重达到 4% ；高等教育毛入学率达到 85% ，每万人人才资源数达到 2100 人；居民文教娱乐服务支出占家庭消费支出比重达到 25% 。

——社会更加和谐。大力发展社会主义民主政治，加强社会主义民主政治制度建设，实现社会主义民主政治的制度化、规范化、程序化。公民政治参与有序扩大，社会主义法治更加健全，社会安定有序、诚信友爱、文明和谐、充满活力。

二、工作重点

（一）坚持对外开放，加快构建现代化的开放平台

1. 深化区域合作，搭建发展平台。抢抓贵阳创新驱动机遇，依托全市打造中关村贵阳科技园、综合保税区、双龙临空经济区、西南商贸服务业集聚区等开放新平台，加强与泛珠三角区域、成渝经济区、长三角区域合作，主动融入黔中经济区建设，积极参与长江经济带、贵广高铁经济带建设。以总部经济建设为重点，聚集优质发展要素，吸引世界500强和国内500强企业进驻云岩，加快发展总部经济产业园区、旅游文化产业园区、都市工业产业园区等“无形”产业园区，探索“飞地”产业园区共建模式。

2. 创新招商方式，完善引资机制。充分利用生态文明贵阳国际论坛、中国（贵州）国际酒类博览会、贵阳国际大数据产业博览会等重要开放窗口作用，采取领导带头招商、专业招商、小分队招商、以商招商、网上招商、会议招商等方式，积极举办和参与各类交流、展览、招商等活动。加快推进与其他区市县的合作交流，推进机遇共享、资源共享、市场共享、人才共享，实现互利共赢。切实优化项目库内项目结构，做到各级别、各领域项目兼备，努力形成在建一批、签约一批、洽谈一批、储备一批的项目运行机制。建立招商引资与招才引智融合互动机制，形成招商引人才、人才促产业、产业再聚才的良性循环。

3. 优化开放环境，构建发展高地。建立健全窗口受理、全程代办、领导包保、服务评议等工作机制，强化全程跟踪服务。加快制定完善“权力清单”、“责任清单”、“负面清单”，着力简政放权，激发市场活力。利用大数据深化政府改革，推进管理型政府向透明、高效、廉洁的服务型、责任型政府转变。着力清除市场壁垒，营造更加稳定透明高效的对外投资环境，基本形成统一开放、竞争有序的现代市场体系。

（二）坚持创新驱动，加速构建现代化的产业体系

1. 实施总部战略，发展楼宇经济。依托金融、信息、中介、法律服务、文化创意等产业聚集的基础条件，以总部楼宇建设为依托，科学规范商务办公、居住、娱乐休闲等楼宇功能配置，优化商务楼宇标准化管理、建设和外形包装，推动楼宇管理建设水平与国际标准接轨，完善“一楼一策”的“保姆式”服务体系，实施楼宇等次评定提升工程，形成一批千万元级、亿元级总部楼宇。到2020年，力争建成税收上亿元的总部经济大楼5栋，税收上千万元的现代服务业大楼10栋，评定商务楼宇100栋。重点发展金融、物流、科技服务、商务服务、文化创意等服务业，大力打造以地区总部和研发中心、营销中心为主体的高端服务业“集聚区”。

2. 加快发展生产性服务业。大力发展以金融业为龙头的现代服务业，加快推动一批金融项目建设，吸引国内外各类金融机构、保险机构、证券机构在云岩设立总部、分支机构、产品研发中心、数据单据处理中心、后台服务中心。加大对本土优质金融企业的培育力度，积极推动民间担保、民间融资行业规模化、规范化发展。加大金融创新力度，支持金融机构发展新兴金融业务。加快打造“政金企铁三角”，建立完善政金企合作常态化机制。依托国际会议中心促进会展经济发展，培育具有云岩特色的品牌展会。大力培育发展咨询、形象设计、战略策划、法律服务、资产评估、中介服务等生产性服务业态，发挥资源优势，汇聚服务功能。

3. 打造科技创新“四大平台”。按照“整合、共享、服务、创新、完善、提高”的建设思路，打

造科技创新服务平台、商贸创新服务平台、旅游创新服务平台、行业创新服务平台，大力实施科技创新企业培育工程，积极培育一批、发展一批、壮大一批科技企业。加大科技创新政策奖励力度，创新政府数据开放、共享、应用示范区，建设大数据创业孵化示范基地。引导产业集中度高、创新企业多、发展潜力大的楼宇组建专业孵化器，强化科技培训、信息咨询、技术研发、融资、产业化推广等方面的孵化服务，提升企业自主创新能力，引导企业加大研发投入，鼓励企业牵头实施区级和市级以上科技重大专项和重点项目。大力发展"大数据"及配套产业，推进呼叫中心建设，依托移动、电信等运营商发展，加快扶持成形的呼叫中心运营企业整合形成规模大、质量优的呼叫中心产业。引进500坐席以上的呼叫中心在中天未来方舟、三马高新技术产业园落地，争取在2020年前发展到30000坐席，打造具有产业聚集效应的呼叫服务产业集群。

4. 推进传统产业创新发展。全力支持餐饮、零售、电器等传统产业创新营销方式，开展品牌自营及代理、定制业务，实现差异化经营；采取线上与线下相结合，搭建二维码、微博、微信、手机APP应用软件等新媒体网络营销平台，拓展销售方式。开展智慧旅游工程，依托无线网、物联网和云计算技术，带动餐饮、住宿、游乐、购物、文化等综合性、多样化消费，加快建设一批富有特色的旅游综合体、度假基地、度假酒店，努力把云岩建成全省旅游集散地、目的地和服务中心。积极发展健康产品研发和第三方健康服务，培育形成一批养老服务产业品牌。深入拓展社区经营性服务，加快开发公共环境绿化、社区保安和托老、托幼、助残、保洁等家政服务岗位，积极开展疾病预防、医疗、保健、康复、健康教育等服务，建设满足多层次需求的"大社区"服务体系。

5. 加快发展现代都市工业。依托中关村贵阳科技园建设，加快推进云岩区产业园区建设，运用先进的信息技术、生物技术和制造技术，进一步拓宽现代信息、生物医药、印刷包装等产业发展渠道，加快推进益佰、普天、永吉等高新技术企业转型升级。促进区内资源加工包装型企业充分利用品牌、管理、技术、资金等要素进行优化重组，推动区域科技创新和科技成果转化，进一步做优、做强都市工业。

（三）坚持统筹发展，加速构建现代化的城区格局

1. 加快商圈建设，打造中央商务区。建成以喷水池为中心、中华路为主轴、四大商圈为重点，汇聚金融、商贸、休闲、居住等各种要素的中央商务区（CBD）；建成以喷水池辐射带动延安路、中华北路、北京路沿线，重点布局银行、保险证券、会计、中介、会展、商贸等产业的金融商务服务功能圈；以大西门辐射带动市西路沿线，重点布局大型商业、休闲娱乐、餐饮酒店等产业的"新市西"商业休闲功能圈；以紫林庵辐射带动瑞金路沿线，重点布局金融、会计、律师、信息咨询等产业的现代商务服务功能圈；以大十字辐射带动中华路、中山路、小十字周边区域，重点布局现代商贸、新闻传媒、文化创意、信息咨询等产业的文化服务功能圈。

2. 加快片区开发，推进"三个中心"建设。按照"六统一"要求，统筹抓好城区基础设施建设、产业发展、功能完善和品位提升等工作，统筹推进区域经济社会与人口、资源、环境协调发展，将城市综合功能与山水生态环境贯穿于新片区开发建设中。以未来方舟城市旅游综合体建设为重点，加快发展文化旅游、休闲娱乐等产业，加快推进"四大门户"建设，着力建设综合性企业总部基地、五星级酒店、国际主题公园等，积极打造全省七公里滨河风情街——外滩码头商业时尚休闲长廊，把东线片区建成集综合性宜居新城和标志性生态廊道于一体的城市副中心；依托综合保税区建设和盐沙大道、北二环道路，积极谋划片区产业布局，加快小关湿地公园建设，依托小关良好的自然生态条件，推动小关生态文化创业园建设，加快发展大健康产业，积极推进小关生态小镇建设，着力建设成为创新研

发、文化创意、休闲旅游、养生保健等产业聚集的生态经济中心；依托西南商贸服务业集聚区和贵阳北站综合功能区，围绕“一区三园”和中航城、万科城、九州城等建设，加快完善贵中大道、云中环线等基础设施建设，着力发展生产性服务业，努力形成产业高端型、资金和技术密集型的低污染、高附加值的产业集群，进一步拓展城市配套、专业服务、居住生活等功能，把西线片区建设成集高新技术聚集体、对外开放窗口和重要交通枢纽于一体的生态绿色循环都市产业中心。

（四）坚持生态保护，加速构建现代化的城区环境

1. 实施城区绿化工程。围绕率先建成生态文明示范城区目标，积极将东线片区中天未来方舟打造成为全国首批绿色生态示范城区，加快建设一批低碳社区、绿色社区。深入实施“蓝天、碧水、绿地、清洁”等保护计划，着力提升空气质量、水源质量、市容质量。加快环城林带、黔灵山等生态区域的环境保护和生态修复，努力形成“一街一景、一路一貌”。完善森林资源管理，结合公益林、天然林资源管护，切实保护森林资源，力争2020年森林覆盖率达到40%；巩固优良天数达标率达到80%、环境空气质量达标率达到96%。依托辖区内森林、河湖、山体等自然资源，全力打造城市组团间、组团内的生态廊道，构建森林公园、湿地公园、城市公园、山体公园、社区公园五位一体的城市公园体系，到2020年建成各类公园81个，形成生态良好、适宜居住的城市环境。

2. 实施资源优化工程。按照“疏老城、建新城”要求，加大棚户区、城中村改造力度，全力推动“一祠一阁、两河一线”等棚改项目建设，到2020年前，基本完成全区现有棚户区改造。按照“大联通、小分布”的原则，根据自然环境、人口密度和社区管理范围，科学合理划分“经济生活圈”，加快完善基础配套设施，努力优化各经济生活圈在居住、商务、产业、教育、卫生医疗、文化娱乐、生态休闲和基础设施等方面功能，使基础配套设施和公共服务设施分类布局、相对集聚、互相配套。积极配合推进城市轨道交通、1.5环和畅通工程二期等重大基础设施建设，努力形成立体式交通体系。通过城市道路、轨道交通等互联互通，有利有效地疏导人流物流，促进城市资源优化配置。

3. 实施城区靓化工程。进一步完善环卫市场化、城管执法扁平化、市政维护多元化体制改革，重拳整治背街小巷、居民院落、城郊结合部等区域的“脏乱”现象，着力打击违法建设行为，全面加强城市现代化管理能力，打造云岩城市管理升级版。加强环保教育，搭建公众参与环保的平台，引导群众自觉践行生态文明理念。实施主干道综合景观整治，进一步美化靓化城区，解决辖区噪音污染，打造绿色、低碳、环保的生态城区。全面实施老旧小区改造提升工程，加大“新型社区·温馨家园”建设力度。

4. 实施管理智能化工程。提升城市管理和公共服务智慧化水平。以科技创新、生态理念推动城区建设，实施“7+N”云工程应用示范，面向社会提供应用服务。全面推进Internet云岩、“无线云岩”、“云端信息共享云岩”工程建设，实现免费wifi服务覆盖全区主要公共场所。推广物联网、云计算等新技术，到2020年互联网普及率达到95%以上。推进智慧交通、智慧商务、智慧医疗、智慧家居、智慧养老、智慧社区等应用系统的建设，建设新一代互联网数据中心。加快区政务信息资源共享交换平台、综合信息服务平台、社区综合信息平台等公共服务平台建设，完善与经济社会发展相适应的“数字云岩”信息化基础设施，形成以互联互通、充分整合、协同运作、创新发展为主要特征的城市发展新模式。

（五）坚持协调并进，加速构建现代化的社会环境

1. 完善社会保障体系。完善促进就业创业制度，实施激励创业的优惠政策。高标准推进学习教育、就业服务、社会保险、基本医疗卫生、养老服务等保障体系建设，做好社会保障政策与就业政策

的衔接，不断健全区、社区（镇）、居（村）三级社会保障体系和社会救助体系，进一步完善基本养老、基本医疗、失业、工伤和生育保险制度，到2020年基本社会保险覆盖率达到98%。健全终生教育体系，高水平普及学前教育，到2020年，全区幼儿园总数达到120所，确保各社区有1个公立或普惠性幼儿园，幼儿园社区（镇）覆盖率达100%。推进义务教育优质均衡发展、普通高中教育多样化发展，提高常住人口人均受教育年限，全面促进信息技术、教育行政与学校管理的深入融合发展，打造现代化教育城区。深化医药卫生体制改革，率先建立覆盖居民的基本医疗卫生制度，推进健康云岩建设，实现市民主要健康指标居全省前列。建成云岩区居家养老服务中心和云岩区残疾人综合服务中心，完善残疾人社区康复、创业就业服务体系建设。加大疾病预防控制能力、提高各类人员保健水平及健康教育水平。力争到2020年人均预期寿命达到78岁。

2. 创新社会治理格局。加强社会治理创新，进一步健全社会协同体系和公众参与体系，形成“大治理”格局。强化社区统筹协调、资源整合能力，发挥市民公约、乡规民约等基层规范作用，强化道德约束，规范社会行为，协调社会关系，促进群众依法自我管理、自我服务、自我教育、自我监督。充分发挥社会组织培育中心作用，引导社会组织积极参与社会管理和公共服务，加快培育各类社会组织。完善社区内设机构设置，理顺社区管理关系。建立健全基层网格化建设，实现社区（村）网格化全覆盖。以网格化建设为基础，注重运用云计算、“大数据”等信息化手段，探索建立数据采集、分析、应用、处理、安全为一体的政府数据服务网，建立“线上交流线下解决、线上问题线下解决”的服务模式，实现政府公关服务的技术创新、管理创新、服务模式创新，以及政府决策信息的透明化、公开化和科学化，提高政府公共服务的公开度和上网率。

3. 提升“平安云岩”建设能力。继续以“化积案、建台账、强机制、重实效”为重点，深入推进信访维稳反“四风”“一号工程”建设，健全重大决策社会风险评估机制，最大限度预防和化解社会矛盾的发生，进一步畅通人大、政协和人民团体、行业协会以及大众传媒等表达社会利益诉求的渠道，完善公共决策社会公示、公共听证、专家咨询论证等制度，建立完善人民调解、行政调解、司法调解的联动调处化解综合机制，健全矛盾纠纷排查化解及稳控调处机制，实行网上受理办结信访制度。以“两严一降”为重点，打造良好的法制环境、社会环境和发展环境。强化食品药品安全、生产安全、防灾救灾、社会治安防控，确保到2020年，群众安全感和幸福感始终保持在90%以上。

4. 健全依法治区工作机制。依法规范公共权力和保障公民权益，推动全社会成员的法律信仰，保障人民享有更多更切实的民主权利，维护社会公平正义。执行党内各项法规制度，健全依法治区工作机制，完善考核评价体系，提高基层法治水平。弘扬法治文化，传播法治理念，推进法治社会建设，引导群众自觉依靠法律解决问题、化解矛盾。建立健全法律服务体系，创新法治人才培养机制，提高司法队伍素质，健全依法维权和化解纠纷机制。加强对社会组织和非政府组织的管理，引导和监督其依法开展活动。

（六）坚持文化引领，加速构建现代化的人文支撑

1. 弘扬社会主义核心价值观。借助纸质媒体和网络媒体报道、手机发送信息、海报等宣传方式对民众进行宣传，推动社会主义核心价值观大众化、制度化、本土化。坚持开展“道德讲堂”、“明礼知耻·崇德向善”等宣传活动，积极评选和宣传一批群众认可的先进典型和杰出代表，弘扬中华传统美德，传递道德力量，凝聚向上向善的精神力量。将社会主义核心价值观贯穿于学校教育、市民教育、职业培训、企业文化培育等各方面，融入到全区人民的生产生活和精神世界。加强宣传思想文化工作，重点完善网上舆情管理，开展网络舆情监测，营造网上主流舆论，强化网络道德建设，推进网络制度

创新，切实加强网络舆情信息工作，健全网上舆论引导机制，发挥网络在宣传思想文化上的积极作用。

2. 大力弘扬城市精神。大力弘扬“知行合一、协力争先”的贵阳精神和“团结拼搏、自强不息、艰苦奋斗、争创一流”的云岩精神，进一步解放思想、抢抓机遇、奋力拼搏、乘势而上，提升云岩活力，培养市民统一的城市认同感，提高市民文明素养和道德理想，提升云岩意志品格与文化特色，以文化软实力建设优化城市形象。提高社会力量参与宣传力度，把“绿丝带”志愿服务与宣传社会主义核心价值观相结合，探索志愿服务活动制度化、常态化，推进志愿服务进社区、进家庭、进基层。

3. 打造历史文化街区。按照宣传教育、立法保护、科学管理的总体要求，充分挖掘阳明祠、文昌阁、华家阁楼、林青烈士墓、毛家公馆、《新华日报》分销处等历史文化资源，规划建设一批城市历史文化街区，切实加强重点文物、文化遗产和非物质文化遗产保护力度。大力宣传和弘扬阳明文化，加快阳明文化公园及周边片区改造建设，着力建设形成集休闲与文化聚集、生态与商业辉映、历史与现代结合的传统文化特色商业休闲区，打造特有的、有影响力的“王学圣地”品牌。充分发掘市西河、贯城河“贵阳文化发源地”的特色，整治河道、修建沿河步行系统、新修古色店铺，形成地产开发、旅游文化、商业零售、娱乐休闲为一体的老贵阳商业街，恢复和再现“城市记忆”和历史文脉，提升城市文化软实力和竞争力，打造城区特色风貌。

4. 完善公共文化服务体系。改进公共服务扶持方式，强化文化产业协调互动，积极扶持219文化创意广场等一批集文化艺术展示、文化创意孵化于一体的文化产业平台，建立健全文化、艺术、体育等社会组织，满足群众多样化、多层次的文化需求。实施文化惠民工程，着力建设一批数字图书馆、数字博物馆、网上文化馆、网上剧院、数字电影广场，实现资源联动共享、文化服务数字化、资源信息数字化，让数字文化切实改变居民的文化生活。

（七）坚持党的领导，加速构建现代化的政治环境

1. 强化党委领导核心作用。充分发挥党委总揽全局、协调各方的核心作用，有效实施在各个领域的政治、思想和组织领导。加强对人大、政府、政协的领导，加强同各民主党派和无党派人士的团结合作，加强对民族、宗教、武装等工作的领导，进一步汇聚各方智慧、凝聚发展力量。

2. 完善民主政治建设。健全人大讨论、决定重大事项制度，支持和保证人大代表依法履职，保障人民的知情权、表达权、监督权。发挥政协作为协商民主重要渠道的作用，推进协商民主广泛、多层、制度化发展。大力发展基层民主，提高公众参与协商的意识，拓宽参与协商的途径，团结各方群众，集聚各方智慧，增进共识、增强合力，推动云岩率先迈向基本现代化。

3. 加强干部人才队伍建设。大力实施人才兴区战略，完善人才规划和政策意见。通过加大培养和引进力度，打造一支具有较高专业水平和较强创新能力，适应我区经济社会发展需求的专业技术人才队伍，力争到2020年，专业技术人才数达到20万人。不断优化干部队伍建设，拓宽选人用人渠道，加大公开选拔干部力度，探索建立党政机关与企事业单位优秀人才的双向交流渠道，完善和创新干部教育培训工作制度和措施，进一步提高我区干部队伍整体素质。

4. 加强基层组织建设。以社区党委为核心，探索基层党政群共商共治机制，实现与驻区单位的共驻共建、资源共享和优势互补。以社区（镇）党员服务中心、业余党校、道德讲堂、远程教育站点和党代表工作室为依托，创建社区党员之家、社区党员联络站、社区党员服务站、党员志愿者（义工）工作站等，建立党员与群众结对子帮扶机制，切实加强基层党组织建设，提升党员服务水平，发挥基层党组织的战斗堡垒作用。着力建设服务型、发展型党组织，构建由楼（院）党小组、功能型党小组组成的基层一线立体式党组织构架体系。严格落实和完善居（村）党组织“三会一评”、“四议两公

开”等制度，探索建立基层党组织晋位升级长效机制，强化党员教育管理。

5. 加强党风廉政建设。认真贯彻落实党风廉政建设“两个责任”要求，强化各级党委（组）的主体责任、纪委（纪检组）监督责任和党员领导干部“一岗双责”意识。继续加大“四风”整治力度，严明党的纪律，加大查办案件工作力度，加强群众信访举报受理工作，建立健全网络舆情收集、研判、处置机制和引导、反馈、应对机制。针对薄弱环节和廉政风险点，加强分析评估和监督管理，健全内控机制。健全改进作风常态化制度，探索建立领导干部作风评析制度，完善干部作风评价指标体系，严格干部考核评价。

三、组织保障

（一）建立组织机构和工作机制。建立区四大家主要领导为组长的工作领导小组，研究解决在率先迈向基本现代化进程中的重大问题，把握全区时序进度，部署阶段性重点工作，形成党委、人大、政府、政协共同推动的强大合力。建立统筹协调、定期研究等工作机制，明确分工、细化步骤、优化流程。

（二）建立统计监测和台账制度。研究制定向基本现代化迈进统计监测指标体系和监测试行办法，把率先迈向基本现代化的目标和要求转化为可考核的客观指标，形成科学的评价导向，每年开展一次统计监测。建立完善工作台账，掌握工作进度、项目落实和指标完成情况，定期研究分析，及时提出解决问题的措施和办法。

（三）建立健全协调机制。对省、市出台的相关政策、措施，特别是省委、省政府出台的《关于支持贵阳市云岩区率先向基本现代化迈进联系指导方案》（黔委厅字〔2015〕2号）进行全面梳理和整合，加强与省、市相关部门协调、对接，建立定期对接协调机制，将工作目标细化到具体对接部门和联系人，确保用足用好相关政策。密切关注国家、省、市出台的新政策、举措，争取更多政策在云岩先行先试，努力在率先迈向基本现代化上积极探索，做好表率。

（四）建立目标考核督查体系。将目标和指标细化分解，纳入各部门、单位的目标考核，实行层级目标责任管理，确保责任到人到岗。定期对各部门、单位工作情况进行统计分析和综合考评，考评结果计入党政领导班子绩效考核档案，作为领导班子调整和领导干部选拔、奖惩的重要依据，力求考出导向、评出压力、奖出动力。切实落实问责制度，进一步强化责任、改进作风，创新机制、狠抓落实。

修志始末

GUI YANG SHI YUN YAN QU ZHI 2001-2015

2015 年 1 月，云岩区地方志编纂委员会办公室（云岩区志办）按照贵阳市地方志编纂委员会办公室（贵阳市志办）统一部署，启动第二轮区志编纂前期工作。2 月—3 月，编纂人员查阅 2001 年—2015 年的 15 年间，历届中共云岩区委书记代表区委在党代会和区委全会（扩大）上作的工作报告《贵阳市云岩区人民政府公报》、区人大常务委员会编制的《会刊》、区统计局公布的《云岩区统计公报》，从整体上对云岩区在 15 年间的政治、经济、生态、文化、教育、民生事业等发展概况做到心中有底。在比较全面和系统地了解区情的前提下，按照方志体例规定，于 2015 年 2 月 10 日完成《贵阳市云岩区志（2001 年—2015 年）》《编目大纲》，计正文 23 篇 97 章 690 节，报送贵阳市地方志办公室。至此，云岩区志编纂的前期准备工作完成。3 月 4 日，按照贵阳市人民政府办公室印发的《贵阳市推进城市区志续修工作的指导意见的通知》要求，第二轮《贵阳市云岩区志》编修工作纳入区人民政府议事日程，成立由中共云岩区委书记、区长任主任委员，区委副书记和一名副区长任副主任委员；区志办主任、区委办主任、区人大常委会办主任、区政府办主任和区政协秘书长为委员的贵阳市云岩区地方志编纂委员会，由副区长石洋分管区志编纂工作，组建《云岩区志》编辑部，聘请社会力量参加编辑部工作，同时编制区志编修工作经费预算，呈报区人民政府。

2016 年 3 月，修志工作正式启动，编辑部先是组织全区各部门负责资料搜集、资料长篇撰写的人员进行业务培训，组织区志编辑人员 9 人，参加贵阳市志办举办的培训。之后又派出 6 人到四川大学参加全国地方志编纂业务培训；随着编纂工作的开展，区地方志办公室又分“党政群团”“政法军事”“经济”“文化”“教育”“社区服务中心、黔灵镇”等不同领域举办专业培训 9 次。在资料搜集工作期间，区志办自办业务培训会，先后对全区 103 个部门有关人员进行业务培训 3 次，由省志办和市志办业务人员分别授课。篇目设计工作同步进行；初步设计为：除概述、大事记、专记、附录等附文外，正文部设计为 25 篇共 107 章，2019 年又调整为 23 篇 99 章，彩页按正文内容分类编排。全书近 200 万字，尽可能全面、客观、翔实地记述 2001 年—2015 年间云岩区区经济社会发展的历程和各方面的成就，力求突显时代特征和地域特色。

从 2016 年 4 月—5 月，编辑部以基础篇目为依据，全面展开资料搜集和初稿编纂工作。

2016 年—2018 年的间，编辑部分批召开专业对口培训会和编纂推进会 9 次。为了进一步提高志书质量，编辑部人员采取一对一培训的方式，根据自身承担的篇章任务，分别深入各部门，与分管领导和参与修志的人员进行对接和辅导座谈会。因受各部门修志人员变动频繁和资料搜集困难等因素影响，编纂工作进度一直比较缓慢。

2017 年年初，由于资料缺失情况严重、初稿存在很多问题，同时，根据搜集资料情况，编辑部重新调整编纂方案和篇目，继续对缺失资料进行补充。

《云岩区志》主要资料来源于区属各部门、各街道办事处（社区服务中心）和黔灵镇提供的部门资料长篇，以及中共云岩区委、区人民政府等相关部门编写出版的关于云岩区各方面历史与现状的专著，以及新闻媒体和官方网络重要信息材料；查阅省、市、区档案馆中的馆藏资料；2016 年—2019 年，编辑部查阅各类档案千余卷，搜集摘录各类档案、专著、报刊、杂志和政府官网信息千余万字，搜集图片 2000 余幅。2019 年年底《云岩区志》送审稿完成，2020 年 1 月，先后通过中共云岩区委、区人民政府、贵阳市志办公室和贵州省地方志办公室评审。根据评审提出的意见，对志稿进行修改完善。期间，因受受新型冠状病毒（SARS－COV－2）疫情影响，导致原定 2020 年 4 月 30 日前出版时间推延，在总纂和编审过程中，经过反复研讨，最终将全志原 25 篇压缩为 23 篇，对部分章节进行调整；收录的区四大班子领导人名录，涉及全区性法定统计数据分别报请区委组织部、区统计局、区保密局审核；将各篇章志稿反馈各部门最后审核和确认。

2020 年 4 月总纂工作结束，历时 5 年之久的《云岩区志》全书终于可以付梓。《云岩区志》能够顺利出版，首先得益于中共云岩区委、区人民政府领导的高度重视。2008 年—2019 年间，副区长石洋和挂职副区长张樱，帮助区地方志办解决了许多实际困难。区地方志办随区档案馆划归区委系列后，区委副书记王峰对修志工作高度重视，为编辑部提供诸多方便，改善办公条件。省、市志办的领导在技术层面给予多方指导。

另一方面，全区各部门领导和各部门资料长篇撰写人按照区志办提出的要求，不厌其烦地反复增补资料，完善志稿篇；编辑部聘请的人员，多是老同志，经常放弃节假日，加班加点工作。在此，我们真诚地对给予第二轮《贵阳市云岩区志》无私帮助和支持的各界同仁表示诚挚的谢意！对云岩区各级领导的重视表示衷心感谢！

云岩区地方志编纂委员会办公室

2020 年 4 月

提供资料单位

GUI YANG SHI YUN YAN QU ZHI 2001-2015

中共云岩区委办公室
中共云岩区委组织部
中共云岩区委宣传部
中共云岩区委统战部
中共云岩区委政法委员会
中共云岩区委校
中共云岩区直属机关工作委员会
中共云岩区委老干部局
中共云岩区委机构编制委员会办公室
中共云岩区关心下一代工作委员会
中共云岩区纪律检查委员会
中共云岩区委群众工作委员会
云岩区人大常务委员会办公室
云岩区人民政府办公室
政协云岩区委员会办公室
云岩区人民武装部
云岩区人民检察院
云岩区人民法院
云岩区发展改革局
云岩区教育局
云岩区卫生和计划生育局
云岩区审计局
云岩区统计局
云岩区商务局
云岩区投资促进局
云岩区科学技术局
云岩区工业和信息化局
云岩区民族宗教事务局
云岩区民政局
云岩区公安分局
云岩区司法局
云岩区财政局
云岩区人力资源和社会保障局
云岩区城市管理局
云岩区城市综合执法大队
云岩区档案局（地方志办公室）
云岩区政务服务中心
云岩区教师进修学校
云岩区环境卫生管理站
云岩区市政工程管理站
云岩区国土资源局
云岩区住房和城乡建设局
云岩区农业水利局
云岩区生态文明局
云岩区文体广电旅游局
云岩区卫生监督局
云岩区爱国卫生运动委员会办公室
云岩区贵中公司
云岩区正阳公司
云岩区东线建设指挥部
云岩区西北线建设指挥部
云岩区国有土地上房屋征收管理局
云岩区棚户区城旧城改造办公室
云岩区产业园区建设开发办公室
云岩区土地储备中心
云岩区国家税务局
云岩区地方税务局
云岩区移民局
云岩区疾病预防控制中心
云岩区老龄委办公室
云岩区总工会
共青团云岩区委员会
云岩区妇女联合会
云岩区残疾人联合会
云岩区工商业联合会
云岩区文学艺术界联合会
云岩区科学技术协
云岩区红十字会
云岩区归侨侨眷联合会
云岩区中华片区经济发展中心
云岩区三马片区经济发展中心
云岩区黔灵片区经济发展中心
云岩区中华社区服务中心
云岩区中环社区服务中心
云岩区延中社区服务中心
云岩区威清社区服务中心
云岩区市西社区服务中心
云岩区北京路社区服务中心
云岩区中东社区服务中心
云岩区东山社区服务中心
云岩区普陀社区服务中心
云岩区黔东社区服务中心
云岩区栖霞社区服务中心
云岩区省府社区服务中心
云岩区贵乌社区服务中心
云岩区中天社区服务中心
云岩区金狮社区服务中心
云岩区金龙社区服务中心
云岩区金鸭社区服务中心
云岩区金惠社区服务中心
云岩区金关社区服务中心
云岩区三桥社区服务中心
云岩区圣泉社区服务中心
云岩区普天社区服务中心
云岩区水东社区服务中心
云岩区宅吉社区服务中心
云岩区黔灵镇人民政府

提供照片的个人和单位

GUI YANG SHI YUN YAN QU ZHI 2001-2015

杨　弘
中共云岩区委办公室
中共云岩区委宣传部
中共云岩区委老干部局
中共云岩区纪律检查委员会
云岩区人大常务委员会办公室
云岩区卫生和计划生育局
云岩区教育局
贵阳市实验小学
云岩区统计局
云岩区文体广电旅游局
云岩区文学艺术界联合会
云岩区投资促进局
云岩区住房和城乡建设局
云岩区地方志编制委员会
云岩区残疾人联合会
云岩区民族宗教事务局
云岩区总工会
云岩区老龄工作委员会办公室
共青团云岩区委员会
云岩区民政局
云岩区贵中公司
云岩区市西社区服务中心
云岩区三桥社区服务中心
云岩区省府社区服务中心
云岩区中华社区服务中心
云岩区宅吉社区服务中心

索　引

GUI YANG SHI YUN YAN QU ZHI 2001-2015

使用说明

一、本索引采用内容分析索引法，按索引条目汉语拼音字母顺序排列。

二、索引条目后的数字表示内容所在的页码。

数字

A

B

C

D

E

F

G

H

J

K

L

M

N

P

Q

R

S

T

W

X

Y

Z

图书在版编目(CIP)数据

贵阳市云岩区志:2001—2015 / 贵阳市云岩区地方志编纂委员会办公室. —北京: 方志出版社, 2019.12

ISBN 978-7-5144-3954-0

Ⅰ.①贵… Ⅱ.①贵… Ⅲ.①区(城市)—地方志—贵阳—2001-2015 Ⅳ.①K297.34

中国版本图书馆 CIP 数据核字(2020)第 101374 号

贵阳市云岩区志(2001—2015)

编　　者: 贵阳市云岩区地方志编纂委员会办公室
责任编辑: 高孟君

出 版 者: 方志出版社
地址　北京市朝阳区潘家园东里 9 号(国家方志馆 4 层)
邮编　100021
网址　http://www.fzph.org
发　　行: 方志出版社发行中心
电话(010)67110500
经　　销: 各地新华书店
装帧设计: 四川标点文化发展有限公司
印　　刷: 成都市标点制版印务有限责任公司

开　　本: 889×1194　1/16
印　　张: 58.5
字　　数: 2110 千字
版　　次: 2019 年 12 月第 1 版　2019 年 12 月第 1 次印刷
印　　数: 0001~4000 册

ISBN 978-7-5144-3954-0　　定价: 314.00 元